완역
完譯

사 기 열 전 ..1

인물들의 흥망사

완역 사기 열전 1

초판 1쇄 발행 2015년 12월 24일 **초판 2쇄 발행** 2023년 11월 29일

지은이 사마천
옮긴이 신동준
펴낸이 이승현

출판2 본부장 박태근
지적인 독자 팀장 송두나
표지디자인 이세호 **본문디자인** 이세호 한향림

펴낸곳 ㈜위즈덤하우스 **출판등록** 2000년 5월 23일 제13-1071호
주소 서울특별시 마포구 양화로 19 합정오피스빌딩 17층
전화 02) 2179-5600 **홈페이지** www.wisdomhouse.co.kr

ISBN 978-89-6086-864-9 04910
　　　978-89-6086-866-3 (세트)

완역
完譯

사기 열전

史記 列傳··1

— 인물들의 흥망사 —

사마천 지음 · 신동준 옮김

위즈덤하우스

| 해제 |

《사기史記》의 압권은 단연 〈열전列傳〉으로, 내용과 문체 모두 뛰어나다는 평가를 받고 있다. 이는 역대 문인들이 하나같이 동의한 것이기도 하다. 먼저 내용 면에서 등장인물의 사적이 일목요연하게 정리되어 있다. 사마천司馬遷이 해당인물의 특징적인 면모만 선별적으로 기록해놓은 덕분이다. 함축성이 큰 만큼 울림도 크다. 문체 면에서도 뛰어나 등장인물 모두 살아 움직이는 듯해 독자들에게 마치 오늘날일처럼 착각하게 만든다. 독자들이 〈열전〉을 읽다가 자신도 모르게 책상을 치고 가슴을 두드리는 이유다. 분량도 《사기》 가운데 가장 많다. 사마천은 총 130편 가운데 절반이 넘는 70편을 할애했다. 내용도 의미심장하다. 〈열전〉에 대한 《사기색은史記索隱》의 해석이 그렇다.

사마천은 신하의 사적事跡을 서술하고 나열하는 서열敍列 작업을 통해 해당 인물의 전기傳記를 후세에 전하고자 했다. 〈열전〉이라 칭한 이유다.

〈열전〉에는 백이伯夷와 숙제叔齊를 시작으로 해서 한무제漢武帝 때까지 활약한 귀족·관료·장군·책사·자객·토호·은자·미희 등 온갖 유형의 인물이 등장한다. 인물 선정은 전적으로 사마천의 역사관과 가치관에 따른 것이다. 기준은 선善과 의義다. 〈열전〉의 첫 편인 〈백이열전伯夷列傳〉에 그 취지가 선명히 드러나고 있다. 해당 구절이다.

백이와 숙제는 인仁을 쌓고 행실을 깨끗이 했는데도 굶어 죽었다. 또 공자는 일흔 명의 제자 가운데 오직 안연顏淵만이 학문을 좋아한다고 칭찬했으나 안연 역시 늘 가난해 술지게미와 쌀겨[糟糠]조차 배불리 먹지 못하고 끝내 요절하고 말았다. 하늘이 선한 사람[善人]에게 복을 내려준다면 어찌해서 이런 일이 일어날 수 있는가? 춘추시대 말기 도척盜蹠은 날마다 죄 없는 사람을 죽이고 그 간을 회 쳐서 먹었다. 포악무도한 짓을 자행하며 수천 명의 무리를 모아 천하를 횡행했지만 끝내 천수를 누리고 죽었다. 이는 도대체 그의 어떤 덕행에 따른 것인가? 이는 여러 사례 가운데 가장 두드러진 것만 언급한 것이다. 근래의 사례를 보면 하는 일이 정도를 벗어나고, 법령이 금하는 일을 일삼는데도 편히 즐기며 그 부귀가 대대로 이어지는 자가 있다. 반면 걸을 때도 땅을 가려서 딛고, 말할 때도 때를 기다려 하고, 길을 갈 때도 옆길로 가지 않고, 일을 할 때도 공정하지 않으면 분발하지 않는데도 재앙을 만나는 자가 부지기수로 많다. 나는 이를 매우 당혹스럽게 생각한다. 만일 이것이 이른바 천도라면, 그것은 과연 옳은 것인가, 아니면 그른 것인가?

불가항력으로 적군에 항복한 이릉李陵을 엄호하다가 한무제의 노여움을 사 궁형을 당한 사마천의 억울한 심경이 절절이 묻어나고 있다. 착한 사람은 복을 받고 악한 사람은 벌을 받는 것이 하늘의 도리이고 이치이나 실제로는 그렇지 않다는 원망의 취지를 담고 있다. 옳은 일을 하려다가 궁형까지 받은 이유를 하늘에 물은 것이 그렇다. 그러나 하늘이 대답할 리 없다.

〈열전〉은 이상과 현실의 괴리를 따지는 데서 출발한다. 억울하게 죽은 사람이 대거 등장할 것임을 예고한 셈이다. 실제로 〈열전〉은 비극적인 인물이 대종을 이루고 있다. 사마천이 죽음보다 더한 굴욕을 참아가며 글을 쓴 결과로 해석할 수 있다.

사마천이 〈열전〉에서 도덕적 기여도가 높은 인물을 우선적으로 고른 뒤 사평을 가한 것도 이런 맥락에서 이해할 수 있다. 선을 행한 자는 복을 받고, 그렇지 않은 자는 화를 입게 된다는 이치를 전하고자 한 것이다. 《사기》의 마지막 편인 〈태사공자서太史公自序〉에서 밝힌 인물선정의 이유가 그 증거다.

그는 본받을 만한 가치가 없으면 아예 다른 사람의 전기에 집어넣기도 했다. 이른바 합전合傳이다. 인물을 묘사할 때 극적인 효과를 더하기 위해 합전 형식을 취하기도 했다. 대립되는 인물을 같은 편에 실어놓은 〈유림열전儒林列傳〉·〈혹리열전酷吏列傳〉·〈자객열전刺客列傳〉·〈유협열전遊俠列傳〉·〈골계열전滑稽列傳〉 등의 편제가 그렇다. 해당 인물들의 특징을 유림 또는 자객 등으로 묶어 일목요연하게 보여주고자 한 것이다. 〈중니제자열전仲尼弟子列傳〉처럼 공자의 제자 가운데 그다지 중요하지 않은 인물은 후반부에 이름만 나열하는 방식을 취하기도 했다.

주목할 것은 사마천이 세상을 원망하며 자결을 택하는 극단적인 방법 대신 불후의 역저인 《사기》를 완성해 자신의 불우한 처지를 승화시킨 점이다. 성실한 자세가 빚어낸 위대한 인간승리에 해당한다. 역설적으로, 통한 어린 삶이 있었기에 이런 일이 가능했는지도 모른다. 일각에서 〈열전〉의 문학적 특징으로 비장미를 꼽는 것도 이와 무관치 않을 것이다. 중국 현대문학의 태두인 노신魯迅은 그 배경을 이같이 평해놓았다.

> 비록 모욕을 당한 자신의 신세에 관한 느낌 등을 가미한 탓에 《춘추春秋》의 뜻에 배치되기는 하나 사가史家의 절창이자 운율이 없는 〈이소離騷〉에 해당한다. 사마천은 사가의 법식과 자구에 얽매이지 않고, 자신이 느낀 대로 표현하고 마음에서 우러나오는 대로 글을 지었다.

〈이소〉는 《초사楚辭》에 실린 굴원屈原의 작품을 말한다. 전국시대 말기 조국 초楚나라의 앞날을 근심하며 군주에게 버림받은 슬픔을 노래한 천고의 명문이다. 노신은 〈열전〉을 〈이소〉와 같다고 평한 셈이다. 사실 〈열전〉에 나오는 비극의 주인공들은 굴원과 별반 다를 바가 없다. 이는 춘추전국시대의 난세와 진한秦漢시대의 격동기를 살다가 비극적인 최후를 맞이한 자들의 공통점이기도 하다. 노신이 《사기》를 "운율이 없는 이소"로 평한 것은 결코 터무니없는 말이 아니다.

노신의 평가는 《사기》가 후대에 얼마나 큰 영향을 미쳤는지를 반증한다. 수천 년에 걸쳐 많은 사람이 《사기》에서 난세를 타개할 교훈과 비결을 얻은 것도 이런 맥락에서 이해할 수 있다. 〈열전〉이 핵심이다. 학자들이 〈열전〉을 두고 전기傳記문학의 새로운 장을 열었다고 입을 모으는 것이 그렇다. 한고조 유방劉邦의 책사인 장량張良을 주인공으로 삼은 〈대철추전大鐵椎傳〉과 남북조시대 당시 남조 동진의 선비인 도연명陶淵明의 행적을 그린 〈오류선생전五柳先生傳〉 등을 논거로 들고 있다. 모두 〈열전〉을 그대로 흉내 낸 것이다. 작품의 구성과 문체, 인물묘사와 사건 전개 방식이 〈열전〉을 빼닮았다. 〈열전〉은 문학과 역사를 하나로 버무린 것이 특징이다. 남북조南北朝시대까지만 해도 전기문학은 비록 창작소설의 형식을 띠고는 있었으나 〈열전〉의 형식에서 한 치도 벗어나지 못했다.

역사와 문학을 엄격히 구분하기 시작한 것은 당唐나라 이후의 일이다. 그렇다고 이후의 전기문학이 〈열전〉의 영향에서 벗어난 것은 아니다. 원元나라 이후에 유행한 단편 문어소설文語小說이나 명청明淸대의 장편 백화소설白話小說이 〈열전〉에서 소재를 얻은 것이 그렇다. 대표적인 작품으로 원나라 말에서 명나라 초에 나온 역사소설《삼국지연의三國志演義》와《열국지列國志》를 들 수 있다. 분량만 늘어났을 뿐 인물형상 및 구성 등은 여전히 〈열전〉을 모방하고 있다. 많은 사람이 《사기》를 '문학적 역사' 내지 '역사적 문학'으로 평하는 것도 이런 맥락에서 이해할 수 있다. 20세기에 들어와 문학과 역사에 두루 밝았던 모택동毛澤東도 비슷한 취지의 발언을 한 바 있다.

"중국에는 두 편의 대작이 있다. 바로《사기》와《자치통감資治通鑑》이 그것이다."

북송北宋대의 사마광司馬光이 쓴《자치통감》은 엄밀한 사료史料를 선택한 것으로 유명하다.《사기》와 달리 문학적 색채를 철저히 배제한 결과다. 실제로《자치통감》은 사면초가에 몰린 항우項羽가 노래했다는 〈해하가垓下歌〉를 생략한 것은 물론 《삼국지연의》의 백미에 해당하는 적벽대전赤壁大戰도 일개 국지전으로 기술해놓았다. 항간에 나도는 이야기에 불과하며 역사적 진실과 거리가 멀다고 판단한 결과다.

운문체韻文體 문학과 산문체散文體 사서는 서로 버티며 대립하는 길항拮抗 관계에 있다. 신화를 뜻하는 미토스mythos에서 출발한 문학이 이성을 뜻하는 로고스logos의 철학에 우호적인 입장을 보이는 반면 관찰을 의미하는 히스토리아historia가 현실을 중시하는 정치인 폴리티카pollitika와 친근성을 띠기 때문이다. 물론 폴리티카는 비록 현실을 중시하는 히스토리아에 두 발을 딛고 서 있지만 이상향에 대한 열망을 포기할 수 없는 까닭에 미토스와 로고스를 마냥 무시할 수만도 없다. 난세와 치세의 상황을 좇아 《맹자孟子》와 《한비자韓非子》, 《국가론·Politeia》과 《군주론·Il Principe》 사이를 오가며 폴리티카의 근본취지를 살리는 것이 요체다.

그럼에도 문학적인 서술방식의 역사서가 가지는 문제점을 딛고 넘어갈 수만도 없는 일이다. 《사기》의 기록을 액면 그대로 받아들여서는 안 된다. 대표적인 것이 바로 〈열전〉이다. 업적을 논해 칭찬하는 논찬論贊 형식으로 성공과 실패를 재단하고, 사평史評으로 인물을 자의적으로 평했다. 개인의 주관적인 평가가 과도하게 개입되어 있다는 지적이다. 전기문학의 성격을 띤 〈열전〉이 연대기 성격이 강한 〈본기本紀〉·〈세가世家〉와 차이를 보이는 지점이 바로 여기다.

한정된 사료 등으로 인한 한계를 감안할지라도 사마천이 〈열전〉에서 해당 인물을 마치 곁에서 본 것처럼 묘사한 것은 분명 지나치다. 인물의 생각 내지 속셈까지 마치 역사적 사실인 양 기술해놓은 것이 그렇다. 이것이 과도하면 주종이 바뀌어 역사가 아닌 문학이 된다.

《사기》의 경우는 오랫동안 가전家傳 형식으로 전해지다가 뒤늦게 공개적으로 간행된 점을 고려해야 한다. 옮기는 과정에서 누락되었 거나 편 또는 장이 잘못되었거나 잘못 기록되는 등의 문제를 안고 있다. 사마천이 사실史實을 있는 그대로 기록하는 춘추필법을 구사한 것이 근본원인이다.

일설에 따르면 한무제는 《사기》가 부황인 한경제漢景帝와 자신의 치부를 가차 없이 드러낸 것에 대로한 나머지 〈효경본기孝景本紀〉와 〈효무본기孝武本紀〉를 폐기하도록 명했다고 한다. 세상에 나온 이후 에도 오랫동안 사적으로 편찬한 일개 사서로 치부되며 황실과 사대 부들에게 외면을 받은 이유다. 게다가 《사기》는 잡술로 간주되는 도 가道家와 음양가陰陽家 등의 사적을 〈일자열전日者列傳〉 내지 〈귀책열 전龜策列傳〉 등에 실어놓았다. 사대부들이 크게 반발한 것은 말할 것 도 없다. 실제로 반고班固의 《한서漢書》는 이들을 언급조차 하지 않았 다. 반고는 《한서》 〈사마천전司馬遷傳〉에서 사마천이 시비를 가리느 라 성인의 모습을 왜곡하고, 황로黃老를 앞에 둔 채 육경六經을 뒤에 놓고, 처사處士 대신 간웅에 지나지 않는 유협儒俠을 앞에 두었다고 비판했다.

《한서》 〈화식전貨殖傳〉에서는 사마천이 〈화식열전貨殖列傳〉에서 장 사에 매진하는 성일誠一의 자세로 거만의 재산을 모은 옹락성雍樂成 등을 극찬한 것을 두고 "교화를 해치고 풍속을 깨뜨리는 대란의 길 이다"라고 혹평했다. 반고는 유가儒家의 관점에서 상가商家를 비판적 으로 바라본 데 반해, 사마천은 오히려 처자식을 제대로 먹이지도 못한 채 입만 열면 인의仁義를 말하는 유자儒者를 혐오했다. 이것이 《사기》가 오랫동안 황실과 사대부들로부터 외면을 받은 이유로,《사기》와《한서》의 차이를 극명하게 보여준다.

이는《사기》가 일부 유가에 의해 의도적으로 윤색 내지 첨삭되었을 가능성을 시사한다. 실제로 〈고조본기高祖本紀〉와 〈항우본기項羽本紀〉 등의 일부 대목은 가필加筆의 흔적이 완연하다. 반드시 〈세가〉 및 〈열전〉의 관련대목과 비교 검토해야 하는 이유다.

현재 일부 학자들의 심도 있는 분석 덕분에 가필의 흔적이 상당수 밝혀졌으나 아직도 더 깊은 탐색을 요하고 있다. 〈열전〉의 일부 대목이 특히 그렇다. 월왕越王 구천句踐이 오吳나라를 패망시킨 직후 태재太宰 백비白嚭를 주살한 것으로 기록해놓은 것이 대표적이다.《춘추좌전春秋左傳》에 따르면 백비는 오나라 패망 이후에도 월나라의 태재가 되어 계속 살아남았다. 의리를 중시한 유가의 관점에서 볼 때 도저히 용납할 수 없는 일이었다. 그렇다고 구천이 백비를 '만고의 간신'으로 지목해 주살했다고 왜곡한 것은 있을 수 없는 일이다. 어렸을 때부터《춘추좌전》을 익힌 사마천의 행보를 보았을 때 후대인의 가필로 보는 것이 합리적이다.

필자가 본서의 출간에 앞서《사기》의 1차 사료로 활용된《춘추좌전》과《국어國語》및《전국책戰國策》등의 완역에 심혈을 기울인 것도 이 때문이다. 본서는 기존의 삼가주三家注처럼 해당 대목마다 각주에서《사기》와 다른 사서에 나오는 해당 기록의 차이점을 밝혀놓았다. 여기에는 삼가주가 발견해내지 못한 사항이 제법 많다.

그럼에도《사기》는《자치통감》에 버금하는 위대한 사서에 해당한다. 여기에는 시간과 공간의 제약을 받지 않은 채 여러 일화와 사건을 하나로 녹여 해당인물의 성격과 특징을 생생히 묘사해놓은 〈열전〉의 공이 크다. 시간과 공간의 추이에 따라 자연스럽게 뒤따르는 인간의 성격변화와 인성의 이중적인 면모 등이 마치 눈앞의 일처럼 펼쳐지고 있다. 인간은 시종 좋거나 나쁜 사람으로 존재하는 것이 아니라는 사실을 자연스레 깨우쳐주고 있는 것이다.

이는 정통 사서의 상징인 《춘추좌전》이나 《자치통감》이 도저히 따라갈 수 없는 〈열전〉만의 자랑이기도 하다. 시공간의 제한으로 인해 연대기의 성격을 띨 수밖에 없는 편년체編年體 사서는 이런 식의 묘사가 불가능하다. 전기문학의 단초를 열었다는 호평도 이와 무관할 수 없다. 대표적인 인물이 당나라 때 활약한 '당송팔대가'의 한 사람인 유종원柳宗元이다. 그는 《사기》를 "깊고 우아하다[雄深雅健]"고 요약하면서 문장학습의 기본서로 삼았다. 프랑스의 저명한 중국학자 샤반느E. Chavannes는 유종원의 손을 들어주었다. 20세기 초에 《한서》가 아닌 《사기》를 번역해 서구에 소개한 것이 그렇다.

모두 《사기》의 꽃에 해당하는 〈열전〉이 생동적이고 입체적인 묘사에 성공한 덕분이다. 사마천은 〈열전〉에서 해당인물의 역동적인 모습을 구현하기 위해 편년체 사서에 내장된 시공간의 올가미를 과감히 내던졌다. 역사와 문학의 타협을 추구한 결과다. 이에 대한 평가는 사람마다 다를 것이다. 역사적 사실을 중시하는 사람은 《자치통감》, 난세를 살아가는 인간 군상의 적나라한 모습을 보고 싶은 사람은 《사기》를 택하면 될 것이다. 그러나 역시 가장 좋은 방안은 모택동처럼 《사기》와 《자치통감》을 모두 곁에 놓고 죽을 때까지 반복해 읽는 것이다.

일러두기

- 이 책은 사마천司馬遷의 《사기史記》 〈열전〉 가운데 권 61 〈백이열전伯夷列傳〉부터 권 95 〈번역등관열전樊酈滕灌列傳〉까지 이르는 부분을 완역한 것이다.
- 각 권 도입부에 있는 해제와 본문 주석은 역자의 글이다. 또한 본문은 역자가 소제목을 붙이고 구분했다.
- 번역은 원문에 충실하되, 독자의 이해를 돕기 위해 풀어 썼다.
- 인명·지명·서명 등의 한자어는 원칙적으로 처음 나올 때만 병기했다.
- 본문의 전집이나 총서, 단행본 등은 《 》로, 개별 작품이나 편명 등은 〈 〉로 표기했다.

권 61

백이열전
伯夷列傳

〈백이열전〉은 고죽국孤竹國의 공자 백이와 숙제의 인품을 적고 있다. 백이·숙제의 기록은 간략하고 대부분 내용이 사마천 자신의 논설이다. 여기에는 백이와 숙제에 관한 이야기와 공자의 평이 같이 기술되어 있다.

백이와 숙제는 서로 사양하면서 끝내는 둘 다 보위에 오르지 않았다. 무왕武王의 잘못된 행동을 보고 다른 신하들이 무서워서 말을 하지 않는 것과 달리 당당하게 잘못을 지적하고 자신의 견해를 말했다. 그리고 나라를 끝까지 지키고자 하는 충성심을 보였다. 그러나 두 사람 모두 굶어 죽고 말았다. 공자에 의해 알려지지 않았다면 시대에 묻혀버려 그들을 기리는 일도 없었을 것이다. 사마천이 〈백이열전〉을 〈열전〉의 첫머리에 실은 것도 같은 취지에서 나온 것이다.

무릇 학자들이 섭렵하는 책[載籍]은 매우 많지만 믿을 만한 것은 육예六藝, 즉 《시경詩經》·《서경書經》·《역경易經》·《악경樂經》·《예기禮記》·《춘추》 등 육경에서 찾을 수 있다. 《시경》과 《서경》도 비록 도중에 일부가 없어지기는 했으나 남아 있는 우虞나라 순舜임금과 하夏나라 우禹왕에 관한 글을 통해서도 이 사실을 알 수 있다. 요임금은 보위에서 물러날 때 순임금에게 물려주었고, 순임금도 우왕에게 물려주었다. 당시 사악四嶽과 열두 개 주州의 지방장관인 주목州牧이 함께 우왕을 천거했다. 시험 삼아 벼슬을 준 뒤 수십 년 동안 정사를 맡겨 공적이 이루어진 다음에 비로소 넘겨주었다. 천하는 귀중하고 보배로운 그릇이고, 제왕은 가장 높은 자이기에 천하를 물려준다는 것이 그만큼 어렵다는 사실을 보여주고자 한 것이다. 그럼에도 일부 학자는 이같이 말했다.

"요임금이 천하를 허유許由에게 양위하고자 했을 때 허유는 받아들이지 않고, 오히려 이를 치욕으로 여겨 달아나 숨어버렸다. 하나라 때도 변수卞隨와 부광務光 같은 은자가 있었다. 이런 자들은 무슨 이유로 오랫동안 칭송을 받는 것일까?"

●● 夫學者載籍極博, 猶考信於六藝. 詩書雖缺, 然虞夏之文可知也. 堯將遜位, 讓於虞舜, 舜禹之間, 嶽牧咸薦, 乃試之於位, 典職數十年, 功用旣興, 然後授政. 示天下重器, 王者大統, 傳天下若斯之難也. 而說者曰, "堯讓天下於許由, 許由不受, 恥之逃隱. 及夏之時, 有卞隨·務光者. 此何以稱焉?"

태사공은 평한다.

"나는 기산箕山에 올라갔을 때 산 위에 허유의 무덤이 있다는 말을 들었다. 공자는 옛 인인仁人과 성인 및 현인賢人을 차례로 열거하면서 오태백吳太伯과 백이 같은 사람에 대해서도 매우 상세히 언급했다. 나도 허유와 무광의 절의가 지극히 고결하다고 들었다. 그럼에도 《시경》과 《서경》에 이들에 관한 개략적인 글조차 보이지 않으니 이는 어찌 된 일인가?"

●● 太史公曰, "余登箕山, 其上蓋有許由冢云. 孔子序列古之仁聖賢人, 如吳太伯·伯夷之倫詳矣. 余以所聞由·光義至高, 其文辭不少槪見, 何哉?"

공자는 《논어論語》〈공야장公冶長〉에서 이같이 말했다.

"백이와 숙제는 과거의 원한을 생각지 않았으니 이로써 세상을 원망하는 일이 드물었다."●

또 《논어》〈술이述而〉에서 이같이 말했다.

"이들은 인仁을 구해 얻었는데, 또 무엇을 원망했겠는가?"●●

그러나 나는 백이와 숙제의 심경이 비통했을 것으로 본다. 《시경》에 실려 있지 않은 이들의 시[軼詩]●●●인 〈채미가采薇歌〉를 보면 공자의 말과 다른 점이 있다. 여기에는 이같이 언급되어 있다.

백이와 숙제는 고죽국 군주의 아들이다. 고죽국의 군주는 숙제에게

● '불념구악不念舊惡, 원시용희怨是用希' 구절은 《논어》〈공야장〉에서 차용한 것이다. 시용是用用은 '이로써'의 뜻인 시이是以와 같다. 희希는 드물 희稀와 통한다.
●● '구인득인求仁得仁, 우하원호又何怨乎?' 구절은 《논어》〈술이〉에서 차용한 것이다. 이에 따르면 공자의 제자 자공子貢이 하루는 공자에게 묻기를, "백이와 숙제는 어떤 사람입니까?"라고 했다. 공자가 대답하기를, "옛날의 현인이었다"라고 했다. 자공이 묻기를, "후회했습니까?"라고 하자 공자가 대답하기를, "인을 구해 인을 얻었는데 또 무엇을 후회하겠는가"라고 했다.
●●● 일시의 일軼은 수레바퀴가 지나가거나 빠진다는 뜻으로 《사기색은》은 질迭 내지 일逸과 통한다고 했다.

뒤를 잇게 할 생각이었다. 군주 사후 숙제가 보위를 형 백이에게 양보하려 하자 백이가 "부친의 명이다"라며 이내 망명했다. 숙제도 보위에 오르려 하지 않고 망명했다. 고죽국 사람들이 백이의 동생이자 숙제의 형인 둘째 아들을 옹립했다. 당시 백이와 숙제는 서백西伯 희창姬昌이 노인을 잘 봉양한다는 소문을 듣고는 이내 그를 찾아가서 의탁하고자 했다. 가서 보니 서백은 이미 죽고 없었다.

그의 아들 무왕 희발姬發이 시호를 문왕文王으로 올린 부왕의 나무 위패를 수레에 실은 뒤 동쪽 은殷나라 주紂를 치려고 했다. 백이와 숙제가 무왕의 말고삐를 잡고 간하기를, "부친이 돌아가셨는데 장례도 치르지 않은 채 곧바로 전쟁을 일으키려 하니 이를 효라고 말할 수 있습니까? 신하 된 자로써 군주를 시해하려 하니 이를 인이라고 말할 수 있습니까?"라고 했다. 무왕의 좌우가 이들의 목을 치려고 했다. 당시 군사軍師로 있던 강태공姜太公이 "이들은 의인義人이다"라며 이들을 보호해 돌려보냈다. 이후 무왕이 은나라를 평정하자 천하의 제후들은 주나라를 종주宗主로 섬겼다. 그러나 백이와 숙제는 주나라 백성이 되는 것을 치욕으로 여겼다. 지조를 지켜 주나라의 양식을 먹으려 하지 않고, 수양산首陽山으로 들어가 고사리를 뜯어 먹으며 배를 채웠다. 이들은 굶주려 죽을 지경에 이르러 노래를 지어 불렀다. 가사는 이러했다.

저 서산에 올라 고사리나 뜯어 먹고살지
폭력으로 폭력을 바꾸고도 잘못을 모르지
신농神農 · 순임금 · 우왕 때는 홀연히 지나갔지
우린 장차 어디로 돌아가야 좋단 말인가

아! 이제 죽음뿐, 우리 운명도 다했으니

마침내 이들은 수양산에서 굶어 죽고 말았다

이로써 보면 백이와 숙제는 과연 세상을 원망한 것인가, 원망하지

않은 것인가?

●● 孔子曰, "伯夷·叔齊, 不念舊惡, 怨是用希." "求仁得仁, 又何怨

乎?" 余悲伯夷之意, 睹軼詩可異焉. 其傳曰, "伯夷·叔齊, 孤竹君之二

子也. 父欲立叔齊, 及父卒, 叔齊讓伯夷. 伯夷曰, '父命也.' 遂逃去. 叔

齊亦不肯立而逃之. 國人立其中子. 於是伯夷·叔齊聞西伯昌善養老,

盍往歸焉. 及至, 西伯卒, 武王載木主, 號爲文王, 東伐紂. 伯夷·叔齊

叩馬而諫曰, '父死不葬, 爰及干戈, 可謂孝乎? 以臣弒君, 可謂仁乎?'

左右欲兵之. 太公曰, '此義人也.' 扶而去之. 武王已平殷亂, 天下宗周,

而伯夷·叔齊恥之, 義不食周粟, 隱於首陽山, 采薇而食之. 及餓且死,

作歌. 其辭曰, '登彼西山兮, 采其薇矣. 以暴易暴兮, 不知其非矣. 神

農·虞·夏忽焉沒兮, 我安適歸矣? 于嗟徂兮, 命之衰矣!' 遂餓死於首

陽山." 由此觀之, 怨邪非邪?

노자老子는 《도덕경道德經》 제79장에서 이같이 말했다.

"천도는 사사롭게 가까이하는 바가 없고, 늘 선한 사람과 함께한다."

그렇다면 백이와 숙제는 착한 사람이라고 말할 수 있지 않은가?

그러나 백이와 숙제는 인仁을 쌓고 행실을 깨끗이 했는데도 굶어 죽

었다. 또 공자는 일흔 명의 제자 가운데 오직 안연만이 학문을 좋아

한다고 칭찬했으나 안연 역시 늘 가난해 술지게미와 쌀겨조차 배불

리 먹지 못하고 끝내 요절하고 말았다. 하늘이 선한 사람에게 복을

내려준다면 어찌해서 이런 일이 일어날 수 있는가? 춘추시대 말기 도척은 날마다 죄 없는 사람을 죽이고 그 간을 회 쳐서 먹었다. 포악 무도한 짓을 자행하며 수천 명의 무리를 모아 천하를 횡행했지만 끝내 천수를 누리고 죽었다. 이는 도대체 그의 어떤 덕행에 따른 것인가? 이는 여러 사례 가운데 가장 두드러진 것만 언급한 것이다.

근래의 사례를 보면 하는 일이 정도를 벗어나고, 법령이 금하는 일을 일삼는데도 편히 즐기며 그 부귀가 대대로 이어지는 자가 있다. 반면 걸을 때도 땅을 가려서 딛고, 말할 때도 때를 기다려 하고, 길을 갈 때도 옆길로 가지 않고, 일을 할 때도 공정하지 않으면 분발하지 않는데도 재앙을 만나는 자가 부지기수로 많다. 이는 매우 당혹스럽다. 만일 이것이 이른바 천도라면, 그것은 과연 옳은 것인가, 아니면 그른 것인가?

●● 或曰, "天道無親, 常與善人." 若伯夷 · 叔齊, 可謂善人者非邪? 積仁絜行如此而餓死! 且七十子之徒, 仲尼獨薦顔淵爲好學. 然回也屢空, 糟穅不厭, 而卒蚤夭. 天之報施善人, 其何如哉? 盜蹠日殺不辜, 肝人之肉, 暴戾恣睢, 聚黨數千人橫行天下, 竟以壽終. 是遵何德哉? 此其尤大彰明較著者也. 若至近世, 操行不軌, 專犯忌諱, 而終身逸樂, 富厚累世不絶. 或擇地而蹈之, 時然後出言, 行不由徑, 非公正不發憤, 而遇禍災者, 不可勝數也. 余甚惑焉, 儻所謂天道, 是邪非邪?

공자는《논어》〈위령공衛靈公〉에서 이같이 말했다.

"도가 같지 않으면, 함께 일을 도모하지 않는다."•

● "도부동道不同, 불상위모不相爲謀" 구절은《논어》〈위령공〉에서 차용한 것이다. 여기의 도道는 '군자로 나아가는 길'을 말한다. 불상위모는 군자가 되고자 하는 뜻을 세우지 않은 사람

이는 사람이 각자 뜻에 따라 일을 행한다는 뜻이다. 공자는《논어》
〈술이〉에서 이같이 말했다.

"만약 부富를 구해서 얻을 수 있는 것이라면 비록 말채찍을 잡는
마부가 될지라도 나 또한 할 것이다. 그러나 만일 구할 수 없는 것이
라면 내가 좋아하는 것을 좇을 것이다."•

또《논어》〈자한子罕〉에서 이같이 말하기도 했다.

"추운 계절이 된 연후에야 소나무와 잣나무는 시들지 않고 푸르게
남아 있는 것을 안다."••

세상이 혼탁해졌을 때 비로소 청렴한 자가 드러나게 마련이다. 부
귀를 두고 어찌해서 세인世人은 그토록 중시하고, 청렴한 자는 그토
록 경시하는 것일까? 공자는《논어》〈위령공〉에서 이같이 말했다.

"군자는 죽는 순간까지 자신의 이름이 일컬어지지 않는 것을 혐오
한다."•••

한문제漢文帝 때 활약한 가의賈誼는 〈붕조부鵬鳥賦〉에서 이같이 말
했다.

"탐욕스러운 자는 재물을 추구하다 목숨을 잃고, 절의를 중시하

과는 함께 일을 도모하지 않는다는 취지다.
• "부귀여가구富貴如可求" 구절을 두고 북송대의 소동파蘇東坡는 풀이하기를, "성인은 일찍
이 부를 구하는 일을 마음을 둔 적이 없다. 그러니 어찌 가불가可不可를 따질 이유가 있겠는
가? 공자가 이런 말을 한 것은 단지 아무리 구할지라도 구할 수 없는 경우가 있다는 사실을
밝히고자 한 것일 뿐이다"라고 했다.
•• 원문은 "세한연후지송백지후조歲寒然後知松柏之後凋"다. 이 구절은 난세의 충신을 비유할
때 자주 인용된다. 선비는 궁할 때 그 절의를 볼 수 있다는 뜻의 사궁견절의士窮見節義, 충신은
세상이 어지러울 때 알아볼 수 있다는 뜻의 세란식충신世亂識忠臣과 취지를 같이한다.
••• 원문은 "군자질몰세이명불칭언君子疾沒世而名不稱焉"이다. 군자의 학문은 자신을 위한 것
으로 결코 남이 알아주기를 바라지 않는다. 그러나 평생 이름이 일컬어지지 않는다면 결코
볼만한 것이 없다는 의미가 된다. 공자가 추구한 학문의 궁극적인 목표가 수신제가가 아닌
치국평천하에 있음을 뒷받침하는 대목이다.

는 자는 이름을 얻기 위해 목숨을 바친다. 과시하기 좋아하는 자는 권세를 추구하다 목숨을 잃고, 먹고살기 힘든 서민은 그날그날 살기 위해 이익에 매달린다."●

이런 격언이 있다.

"같은 종류의 빛은 서로 비추어주고, 같은 종류의 사물은 서로 구한다."●●

또 이런 격언도 있다.

"구름은 용을 따르고 바람은 범을 따른다. 성인이 일어나 세상을 밝고 맑게 다스리자 만물도 지니고 있는 지극한 이치를 훤히 드러낸다."●●●

백이와 숙제가 비록 현인이나 공자의 칭찬 이후 그 명성이 더욱 두드러지게 나타났다. 안연이 비록 학문에 독실했으나 천리마의 꼬리에 붙어 1,000리를 가는 부기천리附驥千里처럼 공자의 칭찬 이후 그 덕행이 더욱 뚜렷해졌다.●●●● 바위나 동굴 속에 숨어 사는 은자는 때를 보아 나아가거나 물러나는 취사趣舍를 행한다. 이런 사람들의 명성이

● 원문은 "탐부순재貪夫徇財, 열사순명烈士徇名, 과자사권誇者死權, 중서빙생衆庶馮生"이다. 빙馮은 기댈 빙憑과 통한다. 모두 〈봉조부〉에서 차용한 것이다. 중서빙생衆庶馮生이 〈봉조부〉에는 품서매생品庶每生으로 나온다.
●● 원문은 "동명상조同明相照, 동류상구同類相求"다. 출처는《주역周易》〈건괘乾卦〉의 구오九五 효사爻辭에 대한 문언전文言傳의 해석이다. 여기에는 "동성상응同聲相應, 동기상구同氣相求"로 되어 있다. 같은 소리는 서로 응하고, 같은 기운은 서로 구한다는 뜻이다.
●●● 원문은 "운종룡풍종호雲從龍風從虎, 성인작이만물도聖人作而萬物覩"다. 이 또한《주역》〈건괘〉에 나오는 구오 효사에 대한 문언전의 해석을 인용한 것이다.
●●●● 원문은 "부기미附驥尾"다. 천리마의 꼬리에 붙어 먼 길을 내달린다는 뜻이다. 통상 부기천리로 쓰고, 부기附驥로 줄여 쓰기도 한다. 유사한 성어로 반홍사해攀鴻四海가 있다. 전한 중엽 왕포王褒는 〈사자강덕론四子講德論〉에서 말하기를, "파리나 모기 같은 자와 종일 있어도 계단조차 넘기 힘들다. 그러나 천리마의 꼬리에 붙으면 1,000리를 가고, 기러기 날개[鴻翮]에 올라타면 사해를 일거에 날아갈 수 있다"고 했다. 용의 등에 올라타고, 봉황에게 붙는 반룡부봉攀龍附鳳도 같은 뜻이다.

파묻혀 세상에 알려지지 않으니 실로 슬프구나! 시골에 묻혀 살면서 덕행을 닦아 명성을 떨치려는 자가 청운의 뜻을 가진 선비[青雲之士]를 만나지 못하면 어떻게 후세에 그 이름을 남길 수 있겠는가?

●● 子曰, "道不同, 不相爲謀", 亦各從其志也. 故曰, "富貴如可求, 雖執鞭之士, 吾亦爲之. 如不可求, 從吾所好." "歲寒然後知松柏之後凋." 擧世混濁, 淸士乃見. 豈以其重若彼, 其輕若此哉? "君子疾沒世而名不稱焉." 賈子曰, "貪夫徇財, 烈士徇名, 誇者死權, 衆庶馮生." "同明相照, 同類相求." "雲從龍風從虎, 聖人作而萬物覩." 伯夷·叔齊雖賢, 得夫子而名益彰. 顔淵雖篤學, 附驥尾而行益顯. 巖穴之士, 趣舍有時若此, 類名堙滅而不稱, 悲夫! 閭巷之人, 欲砥行立名者, 非附靑雲之士, 惡能施于後世哉?

관안열전
管晏列傳

〈관안열전管晏列傳〉은 제齊나라의 명재상 관중管仲과 안영晏嬰에 관한 기록이다. 관중은 제환공齊桓公을 도와 최초의 패업霸業을 이룬 명재상이다. 포숙아鮑叔牙와의 관포지교管鮑之交로 유명하다. 그는 역저《관자管子》에서 싱업을 농업만큼 중시하는 농상병중農商竝重을 강조하며, 부민富民을 통한 부국강병을 역설했다. 21세기에 늘어와 사상 최초의 정치경제학파인 상가를 창립한 인물로 평가받고 있다. 안영은 관중 사후 100년 뒤에 태어나 제경공齊景公을 도와 제나라의 중흥을 이끈 명재상이다. 제영공齊靈公과 제장공齊莊公, 제경공 3대를 섬기면서 근면한 정사로 백성들의 신망이 두터웠다. 한 가지 갖옷을 30년 동안 입어 안자구晏子裘 내지 안구晏裘의 성어를 만들어낸 것이 그렇다. 자신에게 엄격해 절약과 검소를 몸소 실천한 덕분이다.

그의 저서로 알려진《안자춘추晏子春秋》는 후대인의 위작이라는 것이 정설이다. 사마천은 두 사람의 활동시기가 100여 년 차이가 나지만 모두 제나라 재상으로서 뛰어난 공을 세운 까닭에 〈관안열전〉으로 합전했다.

관자열전

관중 이오夷吾는 영수穎水 부근 출신이다. 그는 젊을 때 늘 포숙아와 어울려 지냈다. 포숙아는 그의 현명함을 알아주었다. 관중은 곤궁한 까닭에 언제나 포숙아를 속였지만, 포숙아는 늘 그를 잘 대해주고 속인 일을 따지지 않았다. 이후 포숙아는 제나라 공자 소백小白, 관중은 공자 규糾를 섬기게 되었다. 소백이 제환공으로 즉위하면서 공자 규는 노魯나라에서 죽임을 당했고, 관중은 붙잡혀 옥에 갇히게 되었다. 이때 포숙아의 천거로 관중은 제환공에게 발탁되어 국정을 맡게 되었다. 제환공이 천하의 패자霸者가 되어 제후들과 아홉 번 회맹會盟하는 구합제후九合諸侯와 단번에 천하를 바로잡는 일광천하一匡天下를 이룬 것은 전적으로 관중의 지모智謀 덕분이다. 훗날 관중은 이같이 술회했다.

"내가 빈궁할 때 포숙아와 장사를 한 적이 있다. 이익을 나눌 때마다 내가 더 많이 차지하곤 했다. 그러나 그는 나를 욕심스럽다고 하지 않았다. 내가 가난한 것을 알고 있었기 때문이다. 한번은 포숙아를 대신해 어떤 일을 하다가 실패해 그를 더욱 어렵게 만든 적이 있다. 그러나 그는 나를 어리석다고 하지 않았다. 시운이 좋을 때와 나쁠 때가 있다는 것을 알았기 때문이다. 나는 일찍이 세 번이나 벼슬길에 나섰다가 세 번 모두 군주에게 내쫓긴 적이 있다. 그러나 그는 나를 불초不肖하다고 여기지 않았다. 내가 아직 때를 만나지 못한 것을 알았기 때문이다. 전에 나는 세 번 출전해 세 번 모두 달아난 적이 있다. 그러나 그는 나를 비겁하다고 여기지 않았다. 나에게 노모가 있다는 것을 알았기 때문이다. 공자 규가 보위를 놓고 다투다가 패사했을 때 소홀召忽은 자진했으나 나는 붙잡혀 굴욕을 당하는 쪽을 택했다. 그러나 그는 나를 후안무치하다고 여기지 않았다. 내가 사적인 의리[小節]는 부끄러워하지 않으나 천하에 공명功名을 떨치지 못하는 것은 부끄러워 한다는 사실을 알았기 때문이다. 나를 낳아준 것은 부모이고, 나를 알아준 것은 포숙아다."

포숙아는 관중을 천거한 후 아랫자리에 있으면서 그를 받들었다. 포숙아의 후손은 대대로 제나라의 녹봉을 받으며 봉지를 10여 대 동안 보유했고, 늘 명문 사대부 집안으로 명성을 떨쳤다. 천하 사람들이 관중의 현명함보다 사람을 잘 알아보는 포숙아의 지인지감知人之鑑을 더욱 칭송한 이유다.

●● 管仲夷吾者, 潁上人也. 少時常與鮑叔牙遊, 鮑叔知其賢. 管仲貧困, 常欺鮑叔, 鮑叔終善遇之, 不以爲言. 已而鮑叔事齊公子小白, 管仲事公子糾. 及小白立爲桓公, 公子糾死, 管仲囚焉. 鮑叔遂進管仲. 管仲旣用, 任政於齊, 齊桓公以霸, 九合諸侯, 一匡天下, 管仲之謀也. 管仲曰, "吾始困時, 嘗與鮑叔賈, 分財利多自與, 鮑叔不以我爲貪, 知我貧也. 吾嘗爲鮑叔謀事而更窮困, 鮑叔不以我爲愚, 知時有利不利也. 吾嘗三仕三見逐於君, 鮑叔不以我爲不肖, 知我不遭時也. 吾嘗三戰三走, 鮑叔不以我爲怯, 知我有老母也. 公子糾敗, 召忽死之, 吾幽囚受辱, 鮑叔不以我爲無恥, 知我不羞小節而恥功名不顯于天下也. 生我者父母, 知我者鮑子也." 鮑叔旣進管仲, 以身下之. 子孫世祿於齊, 有封邑者十餘世, 常爲名大夫. 天下不多管仲之賢而多鮑叔能知人也.

관중은 제나라 재상이 되어 국정을 맡은 후 제나라가 바닷가에 있는 지리地利를 최대한 활용해 재화의 유통과 축적을 통한 부국강병에 힘쓰면서 백성과 고락을 함께했다. 그는 《관자》〈목민牧民〉에서 이같이 말했다.

> 백성은 창고가 가득 차야 예절을 알고, 의식이 풍족해야 영욕榮辱을 안다.* 군주가 법도를 준수하면 육친六親(부모와 형제 및 처자)이 굳게 단결하고, 나라를 다스리는 데 필요한 사유四維(예의염치의 네 가지 밧줄)가 해이해지면 그 나라는 이내 패망하고 만다. 명령은 물이 수원에서 흘러 내리듯 자연스러워야 민심에 순응할 수 있다.

정사를 간략하게 해 백성 모두 쉽게 실천하도록 하고, 백성이 바라는 것을 그대로 들어주고, 백성이 반대하는 것을 그들의 뜻대로 없애주었다. 관중은 정사를 펼치면서 화가 될 일도 잘 활용해 복으로 만드는 것[因禍爲福]과 실패할 일도 성공으로 잘 이끄는 것[轉敗爲功]에 능했다. 또한 재화의 유통과 등락 조절[輕重]을 중시하고, 득실을 저울질하는 데 매우 신중했다.

한번은 제환공이 뱃놀이 도중에 배를 흔든 세 번째 부인 채희蔡姬에게 화가 나 친정으로 내쫓은 적이 있다. 채목공蔡穆公이 다른 곳으로 시집을 보내자 제환공이 대로해 남쪽 채蔡나라를 쳤다. 이때 관중은 내친 김에 초나라를 치면서 초나라가 주나라 왕실에 제사용 띠풀[包茅]을 바치지 않은 것을 꾸짖었다. 제환공이 북쪽으로 산융山戎

● 원문은 "창름실이지예절倉廩實而知禮節, 의식족이지영욕衣食足而知榮辱"이다. 이는 《관자》 전체를 관통하는 통치의 기본원칙을 언급한 것이다. 백성을 이롭게 만드는 일련의 이민利民 정책을 통해 백성 전체가 고루 잘사는 부민이 전제되어야 부국강병을 이루어 천하를 호령하는 치국평천하를 이룰 수 있다는 취지다. 궁극적인 목표는 온 백성이 예의염치를 아는 문화대국의 건설이다.

을 칠 때 관중은 이 기회에 연燕나라에 연소공燕召公의 선정을 실행하도록 했다. 또 가柯 땅의 회맹 때 제환공이 조말曹沫과 한 약조를 어기려 하자 관중은 그 약조를 지켜 신의를 세우도록 했다. 제후들이 제나라에 귀순한 이유다. 그는 《관자》〈목민〉에서 이같이 말했다.

주는 것이 곧 얻는 것임을 아는 것이 성공하는 정사의 비결이다.•

관중은 공실公室만큼이나 부귀해 백성이 거두는 생산물의 3할을 상세商稅(잡세 가운데 하나)로 거두어들이는 만큼의 수입을 얻었고,•• 제후들이 친선을 도모할 때 술잔을 되돌려놓기 위해 설치하는 반점反坫을 갖추었다. 그러나 제나라 백성은 이를 사치스럽다고 여기지 않았다. 관중 사후에도 제나라는 그의 정책을 이어갔다. 늘 여타 제후국

• 원문은 "지여지위취知與之爲取, 정지보야政之寶也"다. 이는 도가에 입각한 정사인 이른바 도치道治의 핵심을 언급한 것이다. 《도덕경》 제36장의 "장차 빼앗고자 하면 반드시 잠시 내주어야 한다[將欲奪之, 必固與之]"는 구절과 취지를 같이한다.
•• "백성이 거두는 생산물의 3할" 운운의 원문은 "삼귀三歸"다. 이는 《논어》〈팔일八佾〉에서 차용한 것이다. 이에 따르면 하루는 공자가 말하기를, "관중의 그릇이 작구나"라고 했다. 어떤 자가 묻기를, "관중은 검소합니까?"라고 했다. 공자가 대답하기를, "관중은 삼귀를 했고, 관원들에게 여러 직책을 겸하게 하지 않았으니 어찌 검소할 수 있는가?"라고 했다. "관중은 예를 알았습니까?"라고 묻자 공자가 대답하기를, "일국의 군주라야 색문塞門을 설치할 수 있는데 관중은 색문을 했다. 일국의 군주라야 반점을 둘 수 있는데 관중은 반점을 두었다. 관중이 예를 안다면 누가 예를 알지 못하겠는가?"라고 했다. 예로부터 삼귀를 두고 설이 분분하다. 청淸나라 때의 곽숭도郭嵩燾는 《관자》에서 그 해답을 찾아야 한다고 주장하며 《관자》〈산지수山至數〉와 〈경중輕重〉 등을 근거로 백성이 10, 군주가 3의 비율로 생산물을 취하는 부세의 기준으로 풀이했다. 매년 백성이 거두는 생산물의 3할을 상세로 거두어들이는 만큼의 수입을 얻었다는 의미로 풀이한 것이다. 삼국시대 위나라의 하안何晏은 《논어집해論語集解》에서 세 개 성씨의 여자를 맞아들이는 것으로 풀이했다. 한 명의 처와 두 명의 첩으로 해석하는 것도 같은 맥락이다. 주희朱熹는 《논어집주論語集註》에서 누대樓臺의 명칭으로 풀이했다. 청대의 유월兪樾은 《군경평의群經平議》에서 세 곳에 살림을 꾸린 것으로 보았다. 청대의 양옥승梁玉繩은 관중의 식읍 명칭으로 간주했고, 일본의 에도시대 학자 오오타 젠사이太田全齋는 300승乘의 수레를 부세로 낼 정도의 식읍으로 풀이했다. 곽숭도의 해설이 가장 그럴듯하다.

보다 강성했던 이유다.

●● 管仲既任政相齊, 以區區之齊在海濱, 通貨積財, 富國彊兵, 與俗
同好惡. 故其稱曰, "倉廩實而知禮節, 衣食足而知榮辱, 上服度則六親
固. 四維不張, 國乃滅亡. 下令如流水之原, 令順民心." 故論卑而易行.
俗之所欲, 因而予之, 俗之所否, 因而去之. 其爲政也, 善因禍而爲福,
轉敗而爲功. 貴輕重, 愼權衡. 桓公實怒少姬, 南襲蔡, 管仲因而伐楚,
責包茅不入貢於周室. 桓公實北征山戎, 而管仲因而令燕修召公之政.
於柯之會, 桓公欲背曹沫之約, 管仲因而信之, 諸侯由是歸齊. 故曰,
"知與之爲取, 政之寶也." 管仲富擬於公室, 有三歸·反坫, 齊人不以爲
侈. 管仲卒, 齊國遵其政, 常彊於諸侯.

안자열전

관중 사후 100여 년 뒤 안영이 태어났다. 자가 평중平仲인 영嬰은
내萊나라 이유夷維 출신으로 제영공과 제장공 및 제경공을 섬겼다.
근검절약하며 힘써 노력한 덕분에 제나라에서 중용되었다. 안영은
재상이 된 뒤에도 식사할 때 밥상에 고기반찬을 두 가지 이상 올리
지 못하게 했고, 첩에게도 비단옷을 입지 못하게 했다. 조정에 들어
가면 군주가 물을 때만 신중히 대답하고, 묻지 않을 때는 몸가짐을
바르게 했다. 군주가 나라를 바르게 다스리면 그 명을 따르고, 그러
지 못하면 그 명의 시비를 가려 실행했다. 제영공과 제장공 및 제경
공의 3대에 걸쳐 제후들 사이에서 명성을 떨친 이유다.

《안자춘추》에 따르면 한번은 월석보越石父라는 현인이 어쩌다가

죄수의 몸이 되었다.• 안영이 외출했다가 길에서 우연히 그를 만났다. 곧 수레의 왼쪽 말을 풀어 속죄금으로 내준 뒤 월석보를 태우고 귀가했다. 안영이 아무런 인사말도 없이 내실로 들어갔다. 잠시 후 월석보가 절연할 뜻을 비쳤다. 안영이 화들짝 놀라•• 의관을 단정히 한 뒤 사죄하고 물었다.

"제가 어질지는 못하지만 그대가 어려울 때 구해주었소. 어째서 이처럼 빨리 인연을 끊으려는 것이오?"

월석보가 대답했다.

"그런 것이 아닙니다. 제가 듣건대 군자는 자신을 알아주지 않는 자에게는 뜻을 굽히지만 자신을 알아주는 자에게는 뜻을 드러낸다고 했습니다. 방금 제가 죄수의 몸이었을 때 사람들은 저에 대해 모르고 있었습니다. 그러나 그대는 깨달은 바가 있어 속죄금을 내주고 저를 구해주었습니다. 저를 알아준 것입니다. 저를 알아주면서도 예의를 갖추지 않으면 차라리 죄수의 몸으로 있는 것이 낫습니다."

안영이 월석보를 맞아들여 상객上客으로 대우했다. 한번은 안영이 재상이 된 후 외출을 하려 했다. 이때 마부의 아내가 문틈으로 남편을 엿보았다. 그의 남편은 재상의 마부로서 수레의 큰 차양을 받쳐 든 채 네 마리 말에 채찍질을 가하면서 의기양양한 표정으로 매우 만족스러워했다. 얼마 후 마부가 돌아오자 아내가 헤어지자고 청했다. 남편이 그 까닭을 묻자 아내가 대답했다.

"안자는 키가 6척도 되지 않는데 재상이 되어 제후들 사이에 명성

• "죄수의 몸이 되었다"의 원문은 "재류설중在縲絏中"이다. 류縲는 포승할 때 사용하는 흑색 포승줄을 말한다. 설絏은 묶는다는 뜻이다.
•• "화들짝 놀라"의 원문은 "확연矍然"이다. 확矍은 눈을 휘둥그레 뜬 모습을 표현한 것이다. 크게 놀라 멍한 모습을 보이는 당惝 내지 창惝과 통한다.

을 떨치고 있습니다. 오늘 제가 그의 외출 자세를 보니 품은 뜻이 심오하고 늘 자신을 낮추는 겸허한 모습을 보였습니다. 그대는 키는 8척이나 되건만 남의 마부 노릇이나 하며 의기양양해 하고 있습니다. 제가 헤어지려는 이유입니다.”

이후 마부는 자신을 낮추며 겸손해했다. 안영이 이상히 여겨 그 연유를 묻자 마부가 사실대로 대답했다. 안자가 그를 천거해 대부大夫로 삼았다.

●● 後百餘年而有晏子焉. 晏平仲嬰者, 萊之夷維人也. 事齊靈公·莊公·景公, 以節儉力行重於齊. 既相齊, 食不重肉, 妾不衣帛. 其在朝, 君語及之, 卽危言, 語不及之, 卽危行. 國有道, 卽順命, 無道, 卽衡命. 以此三世顯名於諸侯. 越石父賢, 在縲絏中. 晏子出, 遭之塗, 解左驂贖之, 載歸. 弗謝, 入閨. 久之, 越石父請絶. 晏子懼然, 攝衣冠謝曰, “嬰雖不仁, 免子於戹, 何子求絶之速也?” 石父曰, “不然. 吾聞君子詘於不知己而信於知己者. 方吾在縲絏中, 彼不知我也. 夫子既已感寤而贖我, 是知己, 知己而無禮, 固不如在縲絏之中.” 晏子於是延入爲上客. 晏子爲齊相, 出, 其御之妻從門閒而闚其夫. 其夫爲相御, 擁大蓋, 策駟馬, 意氣揚揚, 甚自得也. 既而歸, 其妻請去. 夫問其故. 妻曰, “晏子長不滿六尺, 身相齊國, 名顯諸侯. 今者妾觀其出, 志念深矣, 常有以自下者. 今子長八尺, 乃爲人僕御, 然子之意自以爲足, 妾是以求去也.” 其後夫自抑損. 晏子怪而問之, 御以實對. 晏子薦以爲大夫.

태사공은 평한다.

“나는 일찍이 관중이 쓴 《목민》과 《산고山高》, 《승마乘馬》, 《경중》, 《구부九府》를 비롯해 《안자춘추》를 읽어보았다.• 그 내용이 매우 상세했다. 저서를 읽고 나니 이들이 살아온 자취를 살펴보려는 생각이 들어 전기를 쓰게 되었다. 이들의 저서는 세상에 이미 많이 나와 있는 까닭에 여기서는 상세히 논하지 않고, 잘 알려지지 않은 일화만 언급했다. 관중을 두고 세인은 현신賢臣이라 말하고 있으나 공자는 그가 예의에 어긋나는 것을 근거로 소인으로 지목했다. 주나라가 쇠미해진 상황에서 현명한 제환공을 도와 왕도王道를 이룰 생각을 하지 않고, 패도覇道를 추구한 탓이 아니겠는가? 《효경孝經》〈사군장事君章〉에 이르기를, '군주의 장점을 북돋우고 결점을 바로잡아주어야 군신이 서로 친할 수 있다'고 했다. 이 어찌 관중을 두고 하는 말이 아니겠는가? 안자는 제장공이 대신 최저崔杼에 의해 죽임을 당했을 때 시신 위에 엎드려 소리 높여 우는 군신의 예를 다한 뒤 떠났다. 이 어찌 '의를 보고도 용기를 내지 못하는 자'라고 할 수 있겠는가? 군주에게 간할 때는 조금도 군주의 안색에 아랑곳하지 않았다. 이 어찌 '나아가서는 충성을 다하고[盡忠], 물러나서는 군주의 과실을 보완할 것을 생각하는[補過] 자'가 아니겠는가! 안자가 살아 있다면 나는 설령 그를 위해 채찍을 드는 마부가 될지라도 기꺼이 받아들이며 그를 흠모할 것이다."

●● 太史公曰, "吾讀管氏牧民·山高·乘馬·輕重·九府, 及晏子春

● 당시만 해도 《목민》·《산고》·《승마》·《경중》·《구부》 등은 모두 별개의 책으로 존재했다. 이들을 하나로 묶어 《관자》로 펴낸 것은 나중의 일이다. 현존하는 《관자》는 전한 말기 유향劉向이 편집한 것이다. 그는 《승마》를 둘로 나누어 '거승마巨乘馬'와 '승마수乘馬數'는 〈경중〉, '승마乘馬'는 〈경언經言〉에 편제했다. 또 《구부》는 모두 〈경중〉의 일부로 삽입했다. 이는 잘못된 편제다. 원래의 《승마》는 토지세제 가운데 군사상의 세금이나 부역을 뜻하는 군부軍賦를 의미하는 것이다. 승乘은 네 마리 말이 이끄는 병거兵車를 뜻한다. 중국에서는 말이나 차량을 타는 통상적인 의미의 승마와 승차일 때는 청chéng, 병거 단위로 사용될 때는 성shèng으로 읽는다.

秋, 詳哉其言之也. 既見其著書, 欲觀其行事, 故次其傳. 至其書, 世多有之, 是以不論, 論其軼事. 管仲世所謂賢臣, 然孔子小之. 豈以爲周道衰微, 桓公旣賢, 而不勉之至王, 乃稱霸哉? 語曰, '將順其美, 匡救其惡, 故上下能相親也.' 豈管仲之謂乎? 方晏子伏莊公尸哭之, 成禮然後去, 豈所謂'見義不爲無勇者' 邪? 至其諫說, 犯君之顔, 此所謂'進思盡忠, 退思補過者'哉! 假令晏子而在, 余雖爲之執鞭, 所忻慕焉."

노자한비열전

老子韓非列傳

〈노자한비열전老子韓非列傳〉은 도가의 상징인 노자와 법가 사상을
집대성한 한비자韓非子의 전기다. 여기에는 제신술制臣術로 신하들
을 통제하는 이른바 술치術治를 역설한 신불해申不害와 무위자연을
역설한 장자莊子의 사적도 함께 기록되어 있다. 통상 도가와 법가는
별개의 제자백가로 분류되고 있으나 그 내막은 매우 밀접하다. 한
비자가 《도덕경》에 최초의 주석을 가한 〈유로喩老〉와 〈해로解老〉를
《한비자》에 실어놓은 것이 그 증거다. 사마천이 노자와 한비자를
합전한 것도 이 때문이다.

사상사의 관점에서 보면 노자는 현실세계에 초점을 맞추고 있다.
공자와 하등 다를 바가 없다. 《도덕경》 제25장에서 군왕을 두고 "도
가 크고, 하늘이 크고, 땅이 크고, 왕 또한 큰 것이다. 우주에 네 가
지 큰 것이 있으니 왕이 그 가운데 하나에 해당한다"고 언급한 것이
그렇다. 그런 의미에서 보면 노자 사상은 장자가 아닌 한비자에게
흘러갔다고 보는 것이 옳다. 장자는 비록 노자처럼 무위無爲를 전면
에 내세웠으나 현실정치에서 완전히 떠나 유유자적하며 자연과 하
나가 되는 소요유逍遙遊 내지 제물론齊物論의 입장에 서 있어 현실

에 초점을 맞춘 노자의 입장과 반대된다. 장자 사상은 불교처럼 속세를 완전히 떠나는 것을 바탕으로 한다. 단지 천당과 지옥 등의 내세를 언급하지 않은 것만 다를 뿐이다.

한비자는 노자 사상을 현실세계로 끌어당긴 우파, 장자는 비현실적인 세계로 나아간 좌파에 해당한다. 마치 수신제가와 치국평천하로 요약되는 공자 사상이 이상론에 치우쳐 수신제가에 방점을 찍은 맹자孟子의 좌파와 현실론에 입각해 치국평천하에 초점을 맞춘 순자荀子의 우파로 나뉜 것과 닮았다.

《한비자》를 보면 쉽게 알 수 있듯이 상앙商鞅의 법치法治와 신불해의 술치 및 신도愼到의 세치勢治가 노자 사상에 뿌리를 둔 도가의 도치로 수렴된다. 한비자의 독창성은 바로 도치에 있다. 그가 단순히 이전의 법가 사상가인 상앙과 신불해 및 신도의 이론을 하나로 묶는 데 그친 것이 아님을 알 수 있다. 도가 및 법가에 대한 새로운 해석이 절실하다.

노자열전

노자는 초나라의 고현苦縣 여향厲鄉 곡인리曲仁里 출신이다.● 성은 이 씨李氏이며 이름은 이耳, 자는 담聃이라 한다. 그는 주나라의 장실藏室 을 관리하는 사관史官이다.●● 공자가 주나라로 갔을 때 예禮에 관해 물 은 적이 있다.●●● 노자가 이같이 대답했다.

"그대가 말하는 성현은 육신과 뼈가 모두 이미 썩어버렸고 단지

● 고현의 위치를 두고 해석이 분분하다. 본래 진陳나라에 속해 있던 곳이다. 춘추시대 말기 초나라가 진나라를 멸망시킨 뒤 초나라 땅으로 편입된 까닭에 〈노자한비열저〉에 '초나라의 고현'으로 기술되었다. 지난 1995년 가을, 중국 신화사 통신은 노자의 고향을 현재의 안휘성 정점촌鄭店村이라고 보도한 바 있다. 고고학자들이 정점촌에 노자묘老子廟로 불리는 천정궁 天靜宮 유적지를 조사하다가 노자가 이곳에서 태어났다고 기록한 비문을 발견했다는 것이다. 반론도 만만치 않다. 현재 중국에서는 노자의 출생지를 둘러싸고 관내의 태청궁太淸宮을 주 장하는 하남성河南城 녹읍현鹿邑縣과 이곳에서 100킬로미터가량 떨어져 있는 천정궁을 주장 하는 안휘성 와양현渦陽縣이 치열한 각축전을 전개하고 있다.
●● 장실은 대략 주나라의 장서실로 해석되고 있다. 장서실의 관직은 주하사柱下史로 불리었 다. 목판과 죽간의 책을 관장하는 것을 말한다. 장실이 전각의 기둥 아래에 있었기 때문에 주 하사는 왕실 도서관장 검도료로 이해되고 있다.
●●● 《공자세가孔子世家》를 비롯해 《예기》와 《장자莊子》, 《여씨춘추呂氏春秋》 등에도 이 설화가 기록되어 있으나 내용은 약간씩 다르다. 현재는 문례問禮 설화를 인정하는 견해가 훨씬 많다. 사마천 역시 이 설화를 사실로 간주했을 공산이 크다. 당시 신뢰할 만한 자료가 있었다면 사 마천이 공자를 비하하는 설화를 〈노자한비열전〉에 실을 리 없었을 것이다. 물론 이를 사마천 이 내심 공자를 비하하고자 하는 의도가 있었다고 해석하는 견해도 있으나, 이는 《사기》의 전 체 맥락에 비추어 따르기 어렵다. 문례 설화를 긍정하는 학자들은 이 설화를 기록한 글이 대 단히 많다는 점을 근거로 들고 있다. 만약 전국시대 사람들이 꾸며낸 글이라면 지금처럼 널 리 전해지지는 않았으리라 보는 것이다. 실제로 《예기》 〈증자문曾子問〉에는 공자가 노자를 쫓 아 향당에서 장례를 돕고 하루 식사를 대접받았다는 기록이 나오고 있다. 이들은 공자와 노 자가 최소한 두 번 이상 만났을 것으로 추정한다. 첫 만남은 공자가 서른네 살 때 주나라에서 이루어졌고, 또 한 번은 공자가 쉰한 살 때 패沛 땅에서 이루어졌을 것으로 보고 있다. 다만 이 들도 〈노자한비열전〉에서 말하는 만남이 첫 번째 만남인지 두 번째인지 여부는 단언치 못하 고 있다. 후대의 성리학자들은 문례 설화를 허구로 치부했다. 주희는 《주자어류朱子語類》에서 비판하기를, "사람들 모두 맹자가 노자를 배척하지 않았다고 하지만 노자는 곧 양주楊朱의 무 리다"라고 했다. 사실 《맹자》에도 양주와 묵자墨子를 비판한 대목은 여러 차례 나오지만 노자 에 대한 비판은 전혀 없다. 그럼에도 주희는 노자가 양주에게 도가 사상을 전하고, 양주가 다 시 장자와 열자에게 이를 전한 것으로 단정한 것이다. 주희 역시 노자 사상에 대한 비판적인 입장을 정당화하기 위해 이런 주장을 편 것이다.

그의 말만 남아 있을 뿐이오. 하물며 군자의 경우는 다행히 때를 만나면 관직에 나아가지만, 만나지 못하면 이리저리 날아다니는 다북쑥 신세가 되오. 뛰어난 장사꾼은 좋은 물건을 깊이 숨겨두어 겉으로는 아무것도 없는 것처럼 내보이고, 군자는 훌륭한 덕을 간직하고 있음에도 겉모습은 어리석게 내보인다고 들었소. 그대의 교만과 탐욕, 위선적인 표정과 과도한 야심을 버리도록 하시오. 모두 그대에게 아무런 도움도 되지 않소. 내가 그대에게 할 말은 단지 이것뿐이오."

공자는 돌아와 제자들에게 말했다.

"나는 새가 잘 날고, 물고기가 헤엄을 잘 치고, 들짐승이 잘 달린다는 것을 알고 있다. 달리는 들짐승은 그물로 잡을 수 있고, 헤엄치는 물고기는 낚시로 낚을 수 있고, 나는 새는 화살로 쏘아 잡을 수 있다. 그러나 용은 구름과 바람을 타고 하늘로 올라간다. 용에 관해 나는 아무것도 알 수 없다. 오늘 내가 노자를 만나보니 그는 마치 용과 같은 존재였다."

노자는 도와 덕을 닦고 스스로 학문을 숨겨 헛된 이름이 드러나지 않도록 힘썼다. 주나라에서 오래 살다가 주나라가 쇠미해지는 것을 보고는 그곳을 떠났다. 함곡관函谷關에 이르자 관령關令 윤희尹喜가 청했다.

"선생이 앞으로 은둔하고자 하니 수고롭지만 저를 위해 글을 남겨주십시오."

노자가《도덕경》상·하를 지어 도와 덕의 의미를 5,000여 자로 서술한 뒤 떠났다. 이후 아무도 그의 최후를 알지 못했다.• 어떤 자는

• 《장자》〈양생주養生主〉에 노자가 죽었을 때 "진일秦佚이 찾아가 세 번 울부짖고 나갔다"는 기록이 나온다. 이 기록을 믿는 사람들은 노자는 진秦나라 국경 부근인 부풍扶風에서 죽고 괴

춘추시대의 은자인 노래자老萊子 역시 초나라 출신으로 열다섯 편의 저서를 남겨 도가의 효용을 논했고, 공자와 같은 시대에 살았다고 말한다. 또 어떤 자는 노자가 160살 내지 200여 살까지 살았다고 한다. 도를 닦아 양생의 비법을 터득했기에 장수했다는 것이다. 공자 사후 129년 되던 해의 사서 기록에 따르면 주나라 태사太史 담儋이 진 헌공秦獻公을 만나 이같이 말했다고 한다.

"진秦나라는 당초 주나라와 합했다가 500년 뒤 나뉘고, 나뉜 지 70년 뒤 패왕覇王이 출현할 것이다."

혹자는 태사 담이 바로 노자라고 하고, 혹자는 아니라고 한다.• 세

리櫌里에 매장된 것으로 추정하면서 "죽은 곳을 모른다"는 〈노자한비열전〉의 기록은 잘못이라고 주장했다. 노자가 이국땅인 진나라에서 죽은 이유는 왕실의 관리로 재직한 사실에 주목해 권력투쟁에서 희생된 것으로 해석하는 견해가 유력하다. 노자가 비판하고 가르치고자 한 사람이 일반 백성이 아니라 당시의 위정자였다는 사실에 주목한 견해다. 그러나 노자의 생몰연대와 관련해 현재까지 알려진 것이 없다. 다만 공자와 같은 시기에 잠깐 살았던 점은 추정이 가능하다. 이에 대한 근거로《논어》와《도덕경》의 시대배경이 크게 다르지 않은 점, 도와 덕이라는 용어를 사용하고 있는 점 등을 들고 있다.

• 노자의 실존 여부는 여전히 논란거리다. 〈노사한비열진〉에 니오는 노자 관련 전설은 크게 세 가지로 요약할 수 있다. 첫째, 공자와 같은 시기에 초나라에 살았던 노담老耼이라는 설이다. 둘째, 공자와 같은 시대에 살았던 초나라 출신 노래자라는 설이다. 셋째, 주나라의 태사 담이라는 설이다.《장자》는 모두 노자가 아니라고 보았다.《장자》에 노담이 마흔다섯 번, 노자가 스물두 번, 노래자가 세 번 나오고 있는 것이 그렇다. 〈내편內編〉에는 노담이 다섯 번, 〈외편〉에는 노담이 서른 번, 노자가 아홉 번 나온다. 또 〈잡편〉에는 노담 열 번, 노자가 열세 번, 노래자가 세 번 나온다. 사마천도 같은 입장이었던 듯하다.《사기》〈중니제자열전〉에 나오는 "공자가 존경한 사람으로는 주나라의 노자, 위나라의 거백옥蘧伯玉, 제나라의 안평중晏平仲, 초나라의 노래자, 정鄭나라의 자산子産, 노나라의 맹공작孟公綽 등이 있었다"는 구절이 그렇다. 이들은 모두 실존인물이다. 공자가 그들과 교제한 일화는 선진시대 문헌에 모두 나온다. 이를 토대로 노자 역시 실존인물이었을 공산이 크다. 노래자의 경우는《사기》〈중니제자열전〉에 두 사람이 각각 다른 사람으로 기록되어 있는 점 등에 비추어《도덕경》의 저자는 아닌 것으로 추정한다. 〈노자한비열전〉 역시 노담에 대해서는 "상·하편의 책을 지으면서 도덕의 의미를 5,000여 자로 말하고 떠났다"고 기술하면서도 노래자에 대해서는 "저서 열다섯 편은 도가의 운용을 말했다"고 해서 내용상 차이가 있음을 시사하고 있다. 특히 사마천이 노래자를 서술할 때 특별히 앞에 '역亦'을 덧붙여 두 사람이 같은 고향임을 강조한 것도 동일인이 아닐 가능성을 뒷받침한다. 태사 담은 대략 초기에 나온《도덕경》인 이른바《백서본帛書本 노자老子》를 만들 당시의 또 다른 노자일 공산이 크다. 태사 담을 노자의 후손으로 간주하는

상에 그 진위를 아는 자는 아무도 없다. 노자는 은둔한 군자였다.

노자의 아들 이름은 종宗이다. 위魏나라 장수가 되어 단간段幹을 봉지로 받았다. 종의 아들은 주注, 주의 아들은 궁宮, 궁의 현손女孫은 가假다. 가는 한문제를 섬겼다. 가의 아들 해解는 교서왕膠西王 유앙劉卬의 태부太傅가 되어 제나라에서 머물렀다. 세상에서 노자의 도가 학문을 배우는 자는 유가의 학문을 배척하고, 유가는 노자의 도가 학문을 배척한다. "도가 다르면 서로 상의하지 않는다"는 말은 이를 두고 하는 말인가? 노자는 무위를 통해 절로 교화되고, 맑고 고요하게 절로 바르게 되는 길을 가르쳤다.

●● 老子者, 楚苦縣厲鄉曲仁里人也, 姓李氏, 名耳, 字聃, 周守藏室之史也. 孔子適周, 將問禮於老子. 老子曰, "子所言者, 其人與骨皆已朽矣, 獨其言在耳. 且君子得其時則駕, 不得其時則蓬累而行. 吾聞之, 良賈深藏若虛, 君子盛德, 容貌若愚. 去子之驕氣與多欲, 態色與淫志, 是皆無益於子之身. 吾所以告子, 若是而已." 孔子去, 謂弟子曰, "鳥, 吾知其能飛, 魚, 吾知其能遊, 獸, 吾知其能走. 走者可以爲罔, 遊者可以爲綸, 飛者可以爲矰. 至於龍吾不能知, 其乘風雲而上天. 吾今日見老子, 其猶龍邪!" 老子脩道德, 其學以自隱無名爲務. 居周久之, 見周之衰, 迺遂去. 至關, 關令尹喜曰, "子將隱矣, 彊爲我著書." 於是老子迺著書上下篇, 言道德之意五千餘言而去, 莫知其所終. 或曰, 老萊子亦楚人也, 著書十五篇, 言道家之用, 與孔子同時云. 蓋老子百有六十餘歲, 或言二百餘歲, 以其脩道而養壽也. 自孔子死之後百二十九年,

---

견해가 이를 뒷받침한다. 이들은 후대인이 원래의 노자와 그 후손을 혼동했을 공산이 크다고 보고 있다. 담聃과 담儋의 발음이 같고, 두 사람이 주나라의 사관으로 있었던데다가 모두 일찍 함곡관을 빠져나와 진나라로 갔던 점 등이 근거로 제시되고 있다.

而史記周太史儋見秦獻公曰, "始秦與周合, 合五百歲而離, 離七十歲
而霸王者出焉." 或曰儋卽老子, 或曰非也, 世莫知其然否. 老子, 隱君
子也. 老子之子名宗, 宗爲魏將, 封於段幹. 宗子注, 注子宮, 宮玄孫假,
假仕於漢孝文帝. 而假之子解爲膠西王卬太傅, 因家于齊焉. 世之學老
子者則絀儒學, 儒學亦絀老子. "道不同不相爲謀", 豈謂是邪? 李耳無
爲自化, 淸靜自正.

장자열전

　장자는 몽蒙 땅 출신으로 이름은 주周다. 장주는 일찍이 몽 땅의 칠
원漆園이라는 고을에 관원으로 있었다. 양혜왕梁惠王 및 제선왕齊宣王
과 같은 시대 사람이다. 그는 매우 박학해 통달하지 않은 것이 없었
다. 그의 학문은 노자의 가르침을 근본으로 하고 있다. 10여만 자나
되는 그의 저서는 대부분 우언寓言으로 되어 있다. 〈어부漁父〉·〈도척
盜跖〉·〈거협胠篋〉 등을 지어 공자의 무리를 비방하고 노자의 가르침
을 밝혔다. 〈외루허畏累虛〉·〈항상자亢桑子〉 등은 모두 사실이 아닌 허
구다. 장자는 문장력이 뛰어나고 세상사와 인간의 마음의 이치를 살
피고 이에 부합하는 비유를 잘 들어 유가와 묵가墨家˙를 공격했다.

● 묵가는 주로 공인·장인·무사로 이루어졌다. 강한 결속력을 자랑하며 집단생활을 영위
했다. 이들은 열국의 군주와 백성을 대상으로 약소국을 위한 방어 전술을 전하고, 각종 수비
용 무기와 설비를 만들어 제공하기도 했다. 책과 문헌을 정리하는 설서說書, 수공업 기능과
군사 기술을 익혀 몸으로 일하는 종사從事, 사상을 전파하기 위한 논증과 언변을 갈고닦는 담
변談辯 등 세 가지 업무의 전문가를 집중 양성한 배경이다. 역사상 매우 보기 드문 정치결사
체에 해당한다. 《묵자》의 〈비성문備城門〉에서 〈잡수雜守〉에 이르는 20여 편은 여타 병서에서
는 전혀 찾아볼 길이 없는 뛰어난 수성守城 전략전술로 채워져 있다. 〈비성문〉 이하를 '묵자

당대의 내로라하는 학자도 그의 공격을 벗어나지 못했다. 그의 말은 거센 물결처럼 자유분방하고 자유자재했다. 그러나 왕공대인王公大人들은 그를 등용하지 않았다. 초위왕楚威王은 장주가 현인이라는 말을 듣고는 사자를 보내 후한 예물로 맞아들인 뒤 재상으로 삼고자 했다. 장주는 웃으며 초나라 사자에게 이같이 말했다.

"천금千金은 막대한 이익이고, 재상은 존귀한 자리요. 그대는 교제郊祭를 지낼 때 희생으로 바치는 소를 보지 못했소? 그 소는 여러 해 동안 잘 먹다가 수놓은 옷을 입고 결국 태묘太廟로 끌려 들어가오. 그때 작은 돼지가 되고자 한들 과연 그리될 수 있겠소? 그대는 빨리 돌아가 더는 나를 욕되게 하지 마시오. 나는 차라리 더러운 시궁창에서 노닐며 즐거워할지언정 나라를 가진 제후들에게 얽매이지는 않을 것이오. 죽을 때까지 벼슬하지 않고 마음대로 즐겁게 살고 싶소."

●● 莊子者, 蒙人也, 名周. 周嘗爲蒙漆園吏, 與梁惠王·齊宣王同時, 其學無所不闚, 然其要本歸於老子之言. 故其著書十餘萬言, 大抵率寓言也. 作漁父·盜跖·胠篋, 以詆訿孔子之徒, 以明老子之術. 畏累虛·亢桑子之屬, 皆空語無事實. 然善屬書離辭, 指事類情, 用剽剝儒·墨, 雖當世宿學不能自解免也. 其言洸洋自恣以適己, 故自王公大人不能器之. 楚威王聞莊周賢, 使使厚幣迎之, 許以爲相. 莊周笑謂楚使者曰, "千金, 重利, 卿相, 尊位也. 子獨不見郊祭之犧牛乎? 養食之數歲, 衣

병법'으로 칭하는 이유다. 굳게 지킨다는 뜻의 묵수墨守 성어도 여기서 나왔다. 묵가 집단의 지도자는 거자鉅子로 불렸다. 거자는 집단 성원에 대한 생살권도 있었다. 묵가는 두 가지 점에서 통상적인 무사와는 달랐다. 첫째, 공격성을 띤 전쟁을 극력 반대했다. 오직 방어를 목적으로 한 전쟁만 용인했다. 둘째, 실용주의에 입각해 직업윤리를 가다듬었다. 묵가가 유가에 이어 사상 두 번째 제자백가로 등장한 배경이다. 묵가 집단이 일정 수준의 교양을 갖춘 덕분이다.

以文繡, 以入大廟. 當是之時, 雖欲爲孤豚, 豈可得乎? 子亟去, 無汚我. 我寧遊戲汚瀆之中自快, 無爲有國者所羈, 終身不仕, 以快吾志焉."

신자열전

신불해는 경읍京邑 출신으로, 원래 정나라의 하찮은 신하였다. 이후 법가의 학술을 배워 한소후韓昭侯에게 유세해 재상이 되었다. 15년 동안 안으로 정교政敎를 정비하고, 밖으로 제후들을 상대했다. 그가 살아 있는 동안 한나라가 잘 다스려졌다. 무력이 튼튼해 감히 침공하는 나라가 없었다. 신자申子의 학문은 황로의 학설을 근본을 두고 있다. 그는 형명刑名을 주장했다.* 생전에 두 편의 글을 썼다. 이를《신자申子》라고 한다.

●● 申不害者, 京人也, 故鄭之賤臣. 學術以幹韓昭侯, 昭侯用爲相. 內脩政敎, 外應諸侯, 十五年. 終申子之身, 國治兵彊, 無侵韓者. 申子之學本於黃老而主刑名. 著書二篇, 號曰申子.

---

* 형명은 여러 의미로 사용되었다.《순자荀子》〈정명正名〉은 형벌의 의미로 사용했다.《사기》〈진시황본기秦始皇本紀〉는 형률刑律의 의미로 인용했다.《한비자》〈이병二柄〉에도 형명이 나오는데, 이는 명분과 실질을 신중히 비교해 상벌을 내리는 계책을 지칭한다. 이 계책을 최초로 주장한 사람이 바로 신불해다. 형形은 사물의 실체 내지 형태, 명名은 사물의 명칭 내지 명분을 말한다. 형명은 곧 겉과 속, 명목과 실제, 명분과 실리를 뜻한다. 명의 실제 내용이 곧 형이 되는 것을 형명참동刑名參同이라 한다. 한비자는 형명참동을 상벌의 의미로 새기면서 명목과 실제를 비교해 공죄를 판정한 뒤 그에 맞추어 상벌을 내려야 한다고 주장했다. 법가 사상을 관통하는 키워드로 신상필벌信賞必罰을 꼽는 이유다.《사기》는 형명의 학술을 형명지학刑名之學으로 표현해놓았다.

한자열전

　한비자는 한나라 공자로 형명과 법술法術의 학설을 좋아했다. 그의 학설은 노자 사상을 근본으로 삼고 있다. 그는 선천적으로 말을 더듬어 변론에 서툴렀으나 글은 뛰어났다. 이사李斯와 함께 순자의 문하에서 공부했다. 이사는 자신이 한비자만 못하다고 생각했다. 한비자는 한나라가 날로 쇠미해지는 것을 보고 누차 상서해 한왕韓王 안安에게 간했으나 한왕은 이를 채택하지 않았다. 한왕이 나라를 다스리면서 법제를 정비하고 권세를 장악해 신하를 통제하지 않고, 부국강병을 추진하지 않고, 인재를 등용하는 데에 힘쓰지 않고, 쓸모없는 소인배를 발탁해 공을 세운 자의 윗자리에 앉히는 것을 통탄했다. 유자는 경전으로 나라의 법도를 어지럽히고, 협사俠士는 힘으로 나라의 금령을 어긴다고 생각했다. 그럼에도 열국의 군주는 나라가 태평할 때는 이름 있는 유자[名譽之士]를 아끼고, 위급할 때는 갑옷을 입고 투구를 쓴 무사[介甲之士]를 등용한다. 지금 한나라가 녹봉을 주며 기르는 자는 위급할 때 쓸 수 있는 자가 아니고, 위급할 때 쓸 수 있는 자는 평소 녹봉을 주어 기르는 자가 아니라고 여겼다.

　한비자는 청렴하고 강직한 자들이 사악한 신하[邪枉之臣]에 의해 배척당하는 것을 슬퍼했다. 이전의 군왕이 시행한 정책의 득실 변화를 살펴 〈고분孤憤〉·〈오두五蠹〉·〈내저설內儲〉·〈외저설外儲說〉·〈설림說林〉·〈세난說難〉 등 10여 만 자의 글을 저술한 이유다. 그러나 유세의 어려움을 알고 있던 한비자는 〈세난〉을 상세하게 저술했음에도 결국은 진秦나라에서 죽임을 당해서 스스로는 유세의 화를 벗어나지 못했다. 그는 〈세난〉에서 이같이 말한 바 있다.

무릇 유세의 어려움은 내 지식으로 상대를 설득시키기 어렵다는 뜻이 아니다. 또 내 말솜씨로 뜻을 분명히 밝히기 어렵다는 뜻도 아니다. 나아가 내가 감히 해야 할 말을 자유롭게 모두 말하기 어렵다는 뜻도 아니다.

유세의 어려움은 상대인 군주의 마음을 잘 헤아려 내 주장을 그의 마음에 꼭 들어맞게 하는 데 있다. 상대가 높은 명성을 얻고자 하는데 큰 이익을 얻도록 설득하면 식견이 낮고 속된 사람으로 간주되어 배척당할 것이다. 상대가 큰 이익을 얻고자 하는데 높은 명성을 얻도록 설득하면 몰상식하고 세상 물정에 어두운 사람으로 간주되어 받아들여지지 않을 것이다. 상대가 속으로는 큰 이익을 바라면서 겉으로는 높은 명성을 얻고자 할 때 높은 명성을 얻도록 설득하면 겉으로는 받아들이는 척하지만 속으로 멀리할 것이다. 이때 큰 이익을 얻도록 설득하면 속으로는 받아들이면서도 겉으로는 꺼릴 것이다. 이런 점들을 잘 새겨두어야 한다.

무릇 모든 일은 비밀이 유지되면 이루어지고, 누설되면 실패한다. 말을 하다가 문득 자신도 모르게 상대의 비밀을 언급하면 그 신상이 위태로워진다. 군주에게 허물이 있을 때 분명한 직언 또는 교묘한 의론으로 그 허물을 들추어내면 그 신상이 위태로워진다. 군주의 신임과 은덕이 아직 두텁지도 않은데 자신이 알고 있는 것을 모두 말해버리면 설령 그 주장이 실행되어 효과를 볼지라도 군주는 그 공을 잊어버린다. 그 주장이 실행되지 않아 실패하면 군주의 의심을 살 것이다. 이 경우 모두 그 신상이 위태로워진다. 군주가 좋은 계책을 내 자신의 공으로 삼고자 하는데 그 내막을 알아채면 그 신상이 위태로워진다. 군주가 겉으로는 어떤 일을 하는 척하면서 실제로는 다른 일을 꾸밀 때 이를 알아채면 이 역시 그 신상이 위태로워진다. 군주가 결코 하고 싶지 않은 일을 억지로 시키거나 그만두고 싶지 않은 일을 억지로 멈추게 하면 이 또한 그 신상이 위태로워진다.

그래서 말하기를, "군주는 유세가가 원로대신을 평하면 군신 사이를 이간하려는 것으로 여기고, 하급 관원을 평하면 군주의 권력을 팔아 아랫사람에게 사적인 은혜를 베풀려는 것으로 여기고, 총애하는 자를 평하면 그들의 힘을 빌리려는 것으로 여기고, 미워하는 자를 평하면 군주의 속마음을 떠보려는 것으로 여기고, 거두절미하고 요점만 말하면 지혜가 없어 졸렬하다고 여기고, 장광설을 늘어놓으면 말이 많아 잡다하다고 여기고, 사실을 생략한 채 취지만 말하면 겁이 많아 할 말도 제대로 하지 못한다고 여기고, 생각한 바를 거침없이 진술하면 야비한 자가 오만한 모습을 보인다고 여긴다"고 하는 것이다. 이것이 유세의 어려움이다. 잘 알지 않으면 안 된다.

무릇 유세의 요체는 상대의 장점을 띄워주고, 단점을 덮어주는 데 있다. 상대가 자신의 계책을 탁월한 것으로 여기면 군이 실패한 사례를 들어 궁지로 몰아서는 안 된다. 자신의 결단을 용감한 것으로 여기면 구태여 그 잘못을 들어 화나게 만들어서는 안 된다.* 자신의 능력을 과시하고자 하면 그 일의 어려운 점을 들어 가로막아서는 안 된다. 군주가 행한 어떤 일을 바로잡고자 할 때는 그와 유사한 일을 예로 들어 충고하고, 군주를 칭송할 때는 비슷한 사례를 들어 칭찬한다.**

● 원문은 "무이기적노지毋以其敵怒之"다. 《사기색은》과 《사기정의史記正義》 모두 적敵 자를 직역해 군주와 척을 지는 것으로 풀이했다. 그러나 《한비자》〈세난〉에는 군주의 잘못을 지적한다는 뜻의 적適으로 되어 있다. 〈세난〉의 해석을 따랐다.
●● 원문은 "규이사여동계規異事與同計, 예이인여동행자譽異人與同行者"다. 《한비자》〈세난〉은 뒤의 구절이 앞에 나온다.

군주가 신하와 더불어 비루한 일을 저질렀을 때는 군주에게 아무런 해가 없으리라 이야기하며 덮어주고, 군주가 신하와 더불어 행한 일이 실패했을 때는 군주에게 아무런 과실이 없음을 이야기하며 덮어준다.●

군주가 유세가의 충성스러운 마음에 반감을 가지지 않고, 나아가 유세 내용을 배척하지 않아야 비로소 그 지혜와 언변을 마음껏 펼 수 있다. 유세가가 군주의 신임을 얻어 의심을 받지 않고, 아는 바를 다 말하는 것이 어려운 이유가 바로 여기에 있다. 오랜 시일이 지나 군주의 총애가 깊어지면 심원한 계책을 올려도 의심받지 않고, 군주와 논쟁을 벌일지라도 벌을 받지 않는다. 이런 과정을 통해 이해득실을 분명히 해 공을 세우고, 시비를 있는 그대로 지적해 군주를 바로잡는 식으로 군주를 대할 수 있다면 그 유세는 성공한 것이다.

은나라 창업공신 이윤伊尹이 한때 요리사가 되어 탕왕湯王을 만나고, 춘추시대 중엽 우나라의 신하 백리해百里奚가 한때 노비가 되어 진목공을 만난 것은 모두 군주에게 등용되기 위한 수단이었다. 두 사람 모두 성인인데도 이처럼 자신의 몸을 수고롭게 하고, 천한 일을 겪은 뒤 세상에 나왔다. 재능 있는 인재가 이런 일을 부끄럽게 생각해서는 안 되는 이유다.

송나라에 한 부자가 있었다. 비가 와서 그의 집 담장이 무너졌다. 그의 아들이 말했다.

"다시 쌓지 않으면 도둑이 들 것입니다."

● 원문은 "즉이식지무상야則以飾之無傷也. 유여동실자有與同失者, 즉명식기무실야則明飾其無失也"다. 《한비자》〈세난〉에 따르면 이 대목은 맨 앞에 유여동패자有與同敗者와 짝을 이루는 조건절 "유여동오자有與同汚者" 구절이 누락된 것이다. 그러나 삼가주 모두 이 점을 지적하지 않았다. 《한비자》〈세난〉의 구절과 비교하지 않은 탓으로 보인다.

이웃집 주인도 그리 말했다. 날이 저물자 도둑이 들어와 과연 많은 재물을 잃었다. 부자는 자신의 아들을 똑똑하다고 여기면서도 이웃집 주인을 의심했다.

춘추시대 초엽 정무공鄭武公이 호胡나라를 칠 생각으로 자신의 딸을 호나라 군주에게 시집보냈다. 그러고는 대신들에게 이같이 물었다.

"전쟁을 일으키려 하는데, 어느 나라를 치면 좋겠소?"

관기사關其思라는 자가 대답했다.

"호나라를 쳐야 합니다."

정무공이 짐짓 화를 냈다.

"호나라는 형제 같은 나라인데 그대는 어찌 호나라를 치라 하는가?"

그러고는 관기사를 죽였다. 호나라 군주가 이 소식을 듣고는 정나라를 우방으로 여기며 전혀 방비하지 않았다. 이 틈을 타 정나라 군사가 호나라를 습격해 함락시켰다. 이웃집 주인과 관기사가 한 말은 모두 옳았음에도 심한 경우 목숨을 잃고, 가벼운 경우 의심을 받았다. 아는 것이 어려운 일이 아니라, 아는 것을 어떻게 사용하는지 여부가 어려운 일임을 보여준다.

춘추시대 말엽 미자하彌子瑕는 남색을 밝힌 위령공衛靈公의 총애를 입었다. 위나라 국법에 군주의 수레를 훔쳐 타는 자를 월형刖刑에 처하도록 했다. 얼마 후 미자하의 모친이 병이 나자 어떤 사람이 밤에 이를 미자하에게 알렸다. 미자하가 군명君命을 사칭해 위령공의 수레를 타고 궐문을 빠져나갔다. 위령공이 이 소식을 듣고는 미자하를 현명하다고 칭찬했다.

"실로 효성스럽구나, 모친을 위해 월형까지 감수하려 했으니!"

한번은 또 미자하가 위령공과 함께 과수원에 놀러 갔다. 미자하가 복숭아를 먹어보았더니 맛이 달았다. 먹던 것을 바치자 위령공이 칭송했다.

"나를 끔찍이 위하는구나, 당기는 입맛까지 참으며 나에게 주려고 생각하다니!"

이후 미자하의 미색이 쇠해지자 총애를 잃게 되었다. 어떤 일로 죄를 짓자 위령공이 비난했다.

"이자는 전에 군명을 사칭해 내 수레를 탔고, 또 먹다 남은 복숭아를 나에게 먹인 자다."

미자하의 행위는 처음이나 나중이나 다를 바가 없었다. 그럼에도 처음에는 현명하다고 여겨졌으나, 나중에는 죄를 받게 되었다. 군주의 애증이 완전히 바뀐 탓이다. 군주에게 총애를 받을 때는 그 지혜가 군주의 마음에 들어 더욱 친밀해지고, 군주에게 미움을 받을 때는 그 죄가 마땅한 것으로 여겨져 더욱 멀어지는 것이다. 군주에게 간하거나 유세하고자 하는 자가 불가불 자신에 대한 군주의 애증을 살펴본 뒤 유세해야 하는 이유가 여기에 있다.

무릇 용이란 동물은 잘 길들이면 능히 그 등에 탈 수 있다. 그러나 목덜미 아래 1척 길이의 거꾸로 난 비늘인 역린逆鱗이 있다. 이를 건드리는 자는 반드시 죽여버린다. 군주에게도 역린이 있다. 유세하는 자가 군주의 역린을 건드리지 않고 유세할 수만 있으면 거의 성공적인 유세라고 할 수 있다.

어떤 자가 한비자의 저서를 진秦나라로 가지고 가 퍼뜨렸다. 진왕秦王 정政이 〈고분〉과 〈오두〉를 보고 탄식하기를, "아, 과인이 이 책을 쓴 사람을 만나 사귈 수 있다면 죽어도 여한이 없을 것이다"라고 했다. 곁에 있던 이사가 말하기를, "이는 한비자가 쓴 책입니다"라고 했다. 진나라가 급히 한나라를 쳤다. 한왕은 당초 한비자를 등용하지 않았으나 상황이 급해지자 한비자를 진나라에 사자로 보냈다. 진왕 정은 한비자를 좋아했으나 믿고 등용하지는 않았다. 이때 이사와 유세가 요가姚賈가 한비자를 시기한 나머지 해치고자 했다.* 이같이 헐뜯었다.

"한비자는 한나라 공자입니다. 지금 대왕께서 천하를 통일하려는 상황에서 한비자는 결국 한나라를 위해 일하지 진나라를 위해 일하지 않을 것입니다. 그것이 인지상정입니다. 지금 대왕이 등용도 하지 않고 오랫동안 억류했다가 돌려보내면 이는 스스로 뒤탈을 남기는 것이 됩니다. 차라리 잘못을 잡아낸 뒤 법에 따라 주살하느니만 못합니다."

진왕 정이 옳다고 여기고, 옥리에게 한비자를 넘겨 처리하게 했다. 이때 이사가 사람을 시켜 한비자에게 사약을 보내 자진하게 했다. 당시 한비자는 직접 진왕 정에게 진언하고자 했으나 만날 길이 없었다. 진왕 정이 이내 후회하며 사자를 보내 한비자를 사면하고자 했으나 한비자는 이미 죽은 뒤였다. 신불해와 한비자 모두 책을 지어 후대

● 원문은 "이사요가해지李斯姚賈害之"다. 이사가 동문수학한 한비자를 죽인 당사자로 낙인이 찍힌 대목이다. 이는 새로운 해석이 요구된다. 이 구절을 두고 배인裴駰은《사기집해史記集解》에서《전국책》〈진책秦策〉의 기록을 각주에 기록해놓았다. 〈진책〉에는 한비자가 종횡가縱橫家 요가를 무고했다가 진시황秦始皇의 노여움을 사 죽임을 당한 것으로 되어 있기 때문이다. 한비자가 동문수학한 이사에 의해 억울하게 옥사한 것으로 되어 있는 〈노자한비열전〉 기록과 정면으로 배치된다. 배인이 의문을 제기한 이후 1,000여 년이 지나도록 이에 관해 아무도 큰 관심을 기울이지 않았다. 두 번째로 의문을 제기한 인물은 일본학자 가이즈카 시게키貝塚茂樹다. 그는 저서《한비자》(講談社, 2003)에서 〈노자한비열전〉의 기록에 강한 의구심을 표했다. 그러나 한비자가 순자의 제자였다는 사실까지 부인한 것은 지나쳤다. 한비자의 죽음은 요가와의 총애 경쟁에서 패한 결과로 보인다. 이사는 한비자 독살사건의 당사자가 아니다. 자세한 내용은《귀곡자》(인간사랑, 2013) 부록 2편 〈법가와 종횡가의 충돌〉에 나온다.

에 전했다. 이를 배우는 자가 매우 많다. 나는 다만 한비자가 〈세난〉
을 저술하고도 정작 자신은 화를 벗어나지 못한 것이 슬플 따름이다.

●● 韓非者, 韓之諸公子也. 喜刑名法術之學, 而其歸本於黃老. 非爲
人口吃, 不能道說, 而善著書. 與李斯俱事荀卿, 斯自以爲不如非. 非見
韓之削弱, 數以書諫韓王, 韓王不能用. 於是韓非疾治國不務脩明其法
制, 執勢以御其臣下, 富國彊兵而以求人任賢, 反擧浮淫之蠹而加之於
功實之上. 以爲儒者用文亂法, 而俠者以武犯禁. 寬則寵名譽之人, 急
則用介冑之士. 今者所養非所用, 所用非所養. 悲廉直不容於邪枉之
臣, 觀往者得失之變, 故作孤憤·五蠹·內外儲·說林·說難十餘萬言.
然韓非知說之難, 爲說難書甚具, 終死於秦, 不能自脫.

說難曰, "凡說之難, 非吾知之有以說之難也, 又非吾辯之難能明吾
意之難也, 又非吾敢橫失能盡之難也. 凡說之難, 在知所說之心, 可以
吾說當之. 所說出於爲名高者也, 而說之以厚利, 則見下節而遇卑賤,
必棄遠矣. 所說出於厚利者也, 而說之以名高, 則見無心而遠事情, 必
不收矣. 所說實爲厚利而顯爲名高者也, 而說之以名高, 則陽收其身而
實疏之, 若說之以厚利, 則陰用其言而顯棄其身. 此之不可不知也. 夫
事以密成, 語以泄敗. 未必其身泄之也, 而語及其所匿之事, 如是者身
危. 貴人有過端, 而說者明言善議以推其惡者, 則身危. 周澤未渥也而
語極知, 說行而有功則德亡, 說不行而有敗則見疑, 如是者身危. 夫貴
人得計而欲自以爲功, 說者與知焉, 則身危. 彼顯有所出事, 迺自以爲
也故, 說者與知焉, 則身危. 彊之以其所必不爲, 止之以其所不能已者,
身危. 故曰, '與之論大人, 則以爲閒己, 與之論細人, 則以爲粥權. 論其
所愛, 則以爲借資, 論其所憎, 則以爲嘗己. 徑省其辭, 則不知而屈之,
汎濫博文, 則多而久之. 順事陳意, 則曰怯懦而不盡, 慮事廣肆, 則曰草

野而倨侮.' 此說之難, 不可不知也.

凡說之務, 在知飾所說之所敬, 而滅其所醜. 彼自知其計, 則毋以其失窮之, 自勇其斷, 則毋以其敵怒之, 自多其力, 則毋以其難槪之. 規異事與同計, 譽異人與同行者, 則以飾之無傷也. 有與同失者, 則明飾其無失也. 大忠無所拂悟, 辭言無所擊排, 迺後申其辯知焉. 此所以親近不疑, 知盡之難也. 得曠日彌久, 而周澤旣渥, 深計而不疑, 交爭而不罪, 迺明計利害以致其功, 直指是非以飾其身, 以此相持, 此說之成也. 伊尹爲庖, 百里奚爲虜, 皆所由幹其上也. 故此二子者, 皆聖人也, 猶不能無役身而涉世如此其汙也, 則非能仕之所說也. 宋有富人, 天雨牆壞. 其子曰, '不築且有盜', 其鄰人之父亦云, 暮而果大亡其財, 其家甚知其子而疑鄰人之父. 昔者鄭武公欲伐胡, 迺以其子妻之. 因問羣臣曰, '吾欲用兵, 誰可伐者?' 關其思曰, '胡可伐.' 迺戮關其思, 曰, '胡, 兄弟之國也, 子言伐之, 何也?' 胡君聞之, 以鄭爲親己而不備鄭. 鄭人襲胡, 取之. 此二說者, 其知皆當矣, 然而甚者爲戮, 薄者見疑. 非知之難也, 處知則難矣.

昔者彌子瑕見愛於衛君. 衛國之法, 竊駕君車者罪至刖. 旣而彌子之母病, 人聞, 往夜告之, 彌子矯駕君車而出. 君聞之而賢之曰, '孝哉, 爲母之故而犯刖罪!' 與君遊果園, 彌子食桃而甘, 不盡而奉君. 君曰, '愛我哉, 忘其口而念我!' 及彌子色衰而愛弛, 得罪於君. 君曰, '是嘗矯駕吾車, 又嘗食我以其餘桃.' 故彌子之行未變於初也, 前見賢而後獲罪者, 愛憎之至變也. 故有愛於主, 則知當而加親, 見憎於主, 則罪當而加疏. 故諫說之士不可不察愛憎之主而後說之矣. 夫龍之爲蟲也, 可擾狎而騎也. 然其喉下有逆鱗徑尺, 人有嬰之, 則必殺人. 人主亦有逆鱗, 說之者能無嬰人主之逆鱗, 則幾矣."

或傳其書至秦. 秦王見 孤憤·五蠹之書, 曰, "嗟乎, 寡人得見此人與
之遊, 死不恨矣!" 李斯曰, "此韓非之所著書也." 秦因急攻韓. 韓王始
不用非, 及急, 迺遣非使秦. 秦王悅之, 未信用. 李斯·姚賈害之, 毁之
曰, "韓非, 韓之諸公子也. 今王欲幷諸侯, 非終爲韓不爲秦, 此人之情
也. 今王不用, 久留而歸之, 此自遺患也, 不如以過法誅之." 秦王以爲
然, 下吏治非. 李斯使人遺非藥, 使自殺. 韓非欲自陳, 不得見. 秦王後
悔之, 使人赦之, 非已死矣. 申子·韓子皆著書, 傳於後世, 學者多有.
余獨悲韓子爲 說難而不能自脫耳.

태사공은 평한다.

"노자가 귀하게 여긴 도는 허虛와 무無다. 무위를 행하면서 천지의
변화를 좇아 응변하는 이른바 임기응변臨機應變이 관건이다. 《도덕
경》은 언사가 극히 미묘해 이해하기가 어렵다. 장자는 노자가 말한
도와 덕을 확장해 자신의 생각을 자유롭게 펼쳤다. 요지는 자연으로
돌아가라는 것이다. 신불해는 자신을 낮추며 부지런히 노력하는 비
비卑卑의 자세로 명목과 실질이 부합하는지 여부를 논하는 형명학刑
名學에 힘을 썼다. 한비자는 먹줄을 친 것처럼 법규로 세상사를 결단
하고, 시비를 분명히 했다. 그러나 너무 가혹해 은덕이 부족했다. 이
들의 학설 모두 도덕에 근원을 두고 있다. 그 가운데 노자의 학설이
가장 심원하다."

●● 太史公曰, "老子所貴道, 虛無, 因應變化於無爲, 故著書辭稱微
妙難識. 莊子散道德, 放論, 要亦歸之自然. 申子卑卑, 施之於名實. 韓
子引繩墨, 切事情, 明是非, 其極慘礉少恩. 皆原於道德之意, 而老子深
遠矣."

사마양저열전
司馬穰苴列傳

〈사마양저열전司馬穰苴列傳〉은 춘추시대 말기 제나라의 유명한 병법가 전양저田穰苴에 관한 전기다. 사마양저司馬穰苴는 제환공 때 망명한 진陳나라 공자 진완陳完의 후손이다. 그의 후손이 전국시대 초기 강씨姜氏의 제나라를 찬탈한 후 성씨를 진에서 전田으로 바꾸었다. 진양저가 전양저로 바뀐 이유다. 제경공 때 재상 안영의 천거로 대사마大司馬로 임명된 까닭에 통상 사마양저로 불리게 되었다. 제경공의 패업은 안영과 사마양저의 보필이 있었기에 가능했다.

그는 병서 《사마양저병법司馬穰苴兵法》을 지었다. 통상 《사마병법司馬兵法》 내지 《사마법司馬法》으로 약칭한다. 전한 초기에 《사마병법》은 《손자병법孫子兵法》 및 《오자병법吳子兵法》과 더불어 '3대 병서'로 널리 통용되었다. 삼국시대 당시 조조曹操는 《손자병법》을 주석하면서 《사마병법》을 여러 차례 언급하고 있다. 《사마병법》이 21세기에 이르기까지 병법가들 사이에 애호를 받고 있는 것도 이런 전통과 무관하지 않을 것이다.

《사마병법》의 내용 가운데 상당 부분은 후대인의 가필이다. 일각에서는 아예 위서로 보기도 한다. 《춘추좌전》에 그에 관한 기록이 전혀 나오지 않고 있는 점 등이 논거로 제시되고 있다.《춘추좌전》은 해당 대목과 관련한 사람을 거의 모두 망라하고 있다.《춘추좌전》에 이름이 단 한 번도 거명되지 않았다는 것은 그가 가공인물일 가능성을 암시한다.

〈사마양저열전〉은 그가 대사마에 발탁되어 군공軍功을 세웠으나 곧 무함을 받고 파직된 뒤 이내 병사한 것으로 기록해놓았다. 이것이 사실이라면 대사마에 발탁되어 병사할 때까지의 기간이 극히 짧았던 탓에 별다른 기록을 남기지 못했을 수 있다. 그래도 여전히 의문은 남는다. 〈사마양저열전〉에는 그가 뛰어난 병법을 구사해 전공戰功을 거둔 사례가 오직 하나밖에 소개되어 있지 않다. 그 시기가 구체적으로 언제인지도 알 길이 없다. 나아가 내용 자체도 항간의 소문을 토대로 편제한 느낌이 강하다.

그러나 사서의 기록을 종합할 때 사마양저는 실존 인물 가능성이 크다. 다만 현존《사마병법》의 원형만큼은 어디까지나 서주西周 시대 이래의 병법서였던 것으로 보인다.

사마양저는 제나라 대부 전완田完의 후손이다. 제경공 때 중원의 진晉나라가 아阿와 견甄 땅을 공략하고, 연나라가 황하黃河 부근을 침공했다. 제나라 군사들이 크게 패하자 제경공이 앞날을 우려했다. 안영이 건의했다.

"전양저는 비록 전씨田氏 문중의 서자庶子이지만 그의 글은 뭇 사람의 마음을 사로잡고, 무예는 적을 위협할 만합니다. 군주는 그를 불러 시험해보십시오."

제경공이 전양저를 불러 함께 병사兵事에 관해 이야기한 뒤 크게 기뻐했다. 곧바로 그를 장군으로 삼은 뒤 군사를 이끌고 가 연나라와 진나라 군사를 막게 했다. 전양저가 말했다.

"신은 원래 미천한 신분입니다. 군주가 이런 저를 백성 가운데서 발탁해 대부의 윗자리에 두었습니다. 그러나 병사들은 아직 복종하지 않고, 백성들은 저를 신임하지 않고 있습니다. 이는 저의 출신이 미천하고, 권세가 가볍기 때문입니다. 바라건대 군주가 총애하고 백성들이 존경하는 인물을 감군監軍으로 보내주십시오."

제경공이 이를 허락하고 대부 장가莊賈에게 전양저를 보필하게 했다. 전양저가 제경공에게 하직인사를 올린 뒤 장가와 약속했다.

"내일 정오에 군문軍門에서 만납시다."

이튿날 전양저가 먼저 군영으로 달려와 해시계와 물시계를 설치해놓고 장가를 기다렸다. 장가는 원래 교만한 자였다. 장차 자신이 지휘할 군사고, 이미 감군의 역할을 맡은 만큼 급히 서두를 필요가 없다고 생각했다. 친척과 측근 들이 송별연을 베풀자 술을 마시며 시간을 지체했다. 정오가 되어도 장가가 오지 않자 전양저가 해시계를 엎고, 물시계를 쏟아버렸다. 이어 군영으로 들어가 순시한 뒤 병사들을 지휘하며 군령軍令을 선포했다. 전군에 군령이 선포되고 저녁 때가 되어서야 장가가 도착했다. 전양저가 물었다.

"어찌 약속시간에 늦은 것이오?"

장가가 사과했다.

"대부와 친지 들이 송별연을 열어 지체되었습니다."

전양저가 꾸짖었다.

"장수는 명을 받은 날부터 집안을 잊고, 군영에 이르러 군령이 정해지면 육친을 잊고, 북을 치며 급히 진격할 때는 자기 몸을 잊어버려야 한다. 지금 적군이 나라 깊숙이 침공해 나라에 소동이 났다. 병사들은 국경에서 낮에는 땡볕을 쬐고, 밤에는 노숙을 하고 있다. 군주는 잠자리에 들어도 편치 않고, 음식을 먹어도 그 맛을 모른다. 백성의 목숨이 모두 그대에게 달려 있는데, 무슨 송별연이라는 말인가?"

그러고는 군법을 담당한 군정軍正을 불러 물었다.

"군법에는 약속시간에 늦은 자를 어찌 처리하도록 했는가?"

군정이 대답했다.

"참형斬刑입니다."

크게 겁이 난 장가가 급히 사람을 제경공에게 보내 이를 알리며 구원을 청했다. 제경공에게 알리러 간 자가 돌아오기도 전에 전양저는 장가를 참한 뒤 전군에 본보기로 보였다. 전군의 병사 모두 두려움에 떨었다. 얼마 후 제경공이 보낸 사자가 장가를 사면시키기 위해 부절符節을 든 채 말을 내달려 군영 안으로 들이닥쳤다. 전양저가 말했다.

"장수는 군영에 있는 때 군주의 명일지라도 받아들이지 않을 수

있는 것이오."•

그러고는 군정에게 물었다.

"군영 안에서 말을 타고 달리면 군법에는 어찌 처리하도록 했는가?"

군정이 대답했다.

"참형입니다."

사자가 크게 두려워했다. 전양저가 말했다.

"군주의 사자이니 죽일 수는 없다."

그러고는 그의 마부를 참수하고, 수레의 외곽에 빙 둘러 세운 왼쪽 나무를 잘라내고,•• 네 필의 말 가운데 왼쪽 곁말[左驂]의 목을 벤 뒤 이를 전군에 본보기로 보였다. 전양저가 사자를 보내 제경공에게 이를 보고한 뒤 싸움터로 나갔다.

●● 司馬穰苴者, 田完之苗裔也. 齊景公時, 晉伐阿·甄, 而燕侵河上,

• 원문은 "장재군將在軍, 군령유소불수君令有所不受"다. 제갈량諸葛亮의 병서 《장원將苑》에는 "장지출병將之出兵, 군명유소불수君命有所不受"로 되어 있다. 출병한 건장의 장수는 군명을 받아들이는 것이 원칙이나 상황에 따라서는 일시 거부할 수 있다는 뜻이다. 모두 《손자병법》 〈구변九變〉에 나오는 "군명유소불수君命有所不受"를 인용한 것이다. 이를 조조는 《손자약해孫子略解》에서 풀이하기를, "전쟁터의 상황은 늘 급변하는 까닭에 장수는 오직 현장의 상황변화에 따라 움직여야 한다. 군주의 명에 얽매일 필요가 없는 이유다. 그래서 말하기를, '중앙 조정의 통제를 좇지 않아도 좋다'고 한 것이다"고 했다. 《손자병법》 〈지형地形〉은 군명을 거부할 수 있는 경우를 구체적으로 예시해놓았다. "전쟁의 이치에 비추어 승리가 확실할 경우, 싸우지 말라는 군명을 거슬러 싸울지라도 무방하다. 반면 전쟁의 이치에 비추어 승리를 기약할 수 없을 경우, 싸우라는 군명을 거슬러 싸우지 않을지라도 무방하다"는 구절이 그것이다. 이때는 두 가지 전제조건이 충족되어야만 한다. 첫째 군명이 전쟁의 기본이치에 어긋나야 하고, 둘째 누가 볼지라도 승패가 분명해야만 한다. 두 조건 가운데 하나만 충족시킬 경우는 부득불 군명을 좇아야 한다. 군명이 전쟁의 이치에 어긋날지라도 승패가 분명치 않거나, 승패가 분명할지라도 군주의 명이 전쟁의 이치에 어긋나지 않을 경우는 승복해야 한다. 두 가지 전제조건이 충족되지 않았는데도 군명을 거부할 경우 이는 장수가 반군을 자처하는 것이 된다. 고려 말에 이성계李成桂가 위화도에서 임의로 회군한 것이 대표적인 사례에 해당한다.
●● 원문은 "좌부左駙"로 되어 있다. 《사기색은》은 곁말을 뜻하는 부駙가, 수레 무게를 견디기 위해 수레의 외곽에 빙 둘러 세운 나무인 용輴의 잘못이라고 했다. 또 좌용左輴과 좌참左驂을 벤 이유는 마부가 왼쪽에 있었기 때문이라고 풀이했다.

齊師敗績. 景公患之. 晏嬰乃薦田穰苴曰, "穰苴雖田氏庶孽, 然其人文能附衆, 武能威敵, 願君試之." 景公召穰苴, 與語兵事, 大說之, 以爲將軍, 將兵扞燕晉之師. 穰苴曰, "臣素卑賤, 君擢之閭伍之中, 加之大夫之上, 士卒未附, 百姓不信, 人微權輕, 願得君之寵臣, 國之所尊, 以監軍, 乃可." 於是景公許之, 使莊賈往. 穰苴旣辭, 與莊賈約曰, "旦日日中會於軍門." 穰苴先馳至軍, 立表下漏待賈. 賈素驕貴, 以爲將己之軍而己爲監, 不甚急, 親戚左右送之, 留飮. 日中而賈不至. 穰苴則仆表決漏, 入, 行軍勒兵, 申明約束. 約束旣定, 夕時, 莊賈乃至. 穰苴曰, "何後期爲?" 賈謝曰, "不佞大夫親戚送之, 故留." 穰苴曰, "將受命之日則忘其家, 臨軍約束則忘其親, 援枹鼓之急則忘其身. 今敵國深侵, 邦內騷動, 士卒暴露於境, 君寢不安席, 食不甘味, 百姓之命皆懸於君, 何謂相送乎!" 召軍正問曰, "軍法期而後至者云何?" 對曰, "當斬." 莊賈懼, 使人馳報景公, 請救. 旣往, 未及反, 於是遂斬莊賈以徇三軍. 三軍之士皆振慄. 久之, 景公遣使者持節赦賈, 馳入軍中. 穰苴曰, "將在軍, 君令有所不受." 問軍正曰, "馳三軍法何?" 正曰, "當斬." 使者大懼. 穰苴曰, "君之使不可殺之." 乃斬其僕, 車之左駙, 馬之左驂, 以徇三軍. 遣使者還報, 然後行.

당시 전양저는 병사들의 막사·우물·아궁이·음식을 직접 챙겼다. 병이 나거나 상처를 입은 자를 직접 문병하고 약을 제조하는 일까지 몸소 살폈다. 또 장군에게 주는 재물과 양식을 모두 병사들에게 베풀고, 나눌 때 군관과 사병의 몫을 같이하도록 조치하고, 자신은 가장 몸이 약한 병사의 몫과 똑같이 했다. 사흘 뒤 병사들을 다시 순시하자 병든 병사까지 함께 행군할 뜻을 밝히며 다투어 싸움터로 나가고자 했다. 진나라 군사는 이 소식을 듣고 이내 철군했고, 연나라 군사도 이 소식을 듣고 황급히 황하를 건넌 뒤 해산했다. 전양저가 이들을 추격해 잃었던 영토를 수복한 뒤 병사들을 이끌고 돌아왔다. 도성에 이르기 전에 병사들의 무장을 풀고, 군령을 거두고, 충성을 다짐하게 한 뒤 비로소 입성했다. 제경공이 대부들을 이끌고 교외로 나와 군사들의 노고를 위로하고, 개선의 예식을 마친 뒤 궁궐로 돌아갔다. 제경공은 전양저를 접견하고는 직위를 높여 대사마로 승진시켰다. 전양저는 날이 갈수록 제나라에서 더 큰 존경을 받게 되었다.

얼마 후 대부 포씨鮑氏 · 고씨高氏 · 국씨國氏의 무리가 전양저를 시기해 제경공 앞에서 헐뜯었다. 제경공이 전양저를 파면시켰다. 전양저가 병이 나서 죽었다. 전기田乞와 전표田豹 무리는 이 일로 고씨 및 국씨 등에게 원한을 품었다. 이후 전상田常이 제간공齊簡公을 시해하고, 고씨와 국씨 일족을 모두 주살했다. 전상의 증손인 전화田和 때 자립해 제후가 되고, 전화의 손자 전인제田因齊가 제위왕齊威王으로 즉위했다. 제위왕은 병력을 사용하고 권위를 행사할 때 전양저의 병법을 크게 본받았다. 제후들이 제나라에 입조한 이유다. 당시 그는 대신들에게 고대부터 내려온《사마병법》을 연구하게 하면서, 전양저의 병법을 여기에 덧붙였다. 그것이 바로《사마양저병법》이다.

●● 士卒次舍井竈飲食問疾醫藥, 身自拊循之. 悉取將軍之資糧享士卒, 身與士卒平分糧食. 最比其羸弱者, 三日而後勒兵. 病者皆求行, 爭奮出爲之赴戰. 晉師聞之, 爲罷去. 燕師聞之, 度水而解. 於是追擊之, 遂取所亡封內故境而引兵歸. 未至國, 釋兵旅, 解約束, 誓盟而後入邑. 景公與諸大夫郊迎, 勞師成禮, 然後反歸寢. 旣見穰苴, 尊爲大司馬. 田氏日以益尊於齊. 已而大夫鮑氏·高·國之屬害之, 譖於景公. 景公退穰苴, 苴發疾而死. 田乞·田豹之徒由此怨高·國等. 其後及田常殺簡公, 盡滅高子·國子之族. 至常曾孫和, 因自立爲齊威王, 用兵行威, 大放穰苴之法, 而諸侯朝齊. 齊威王使大夫追論古者司馬兵法而附穰苴於其中, 因號曰司馬穰苴兵法.

태사공은 평한다.

"내가 《사마병법》을 읽으니 그 내용이 방대하고 심원했다. 설령 3대 제왕이 전쟁에 나설지라도 거기에 소개된 병법을 다 구사하지는 못할 것이다. 그러나 그 문장은 칭송할 바가 많지 않다. 전양저는 보잘것없는 소국 제나라를 위해 용병했으니 어찌 《사마병법》이 역설한 3대의 겸양하는 예절을 지킬 겨를이 있었겠는가? 세상에는 이미 《사마병법》이 널리 유포되어 있다. 여기서 이를 논하지 않고 전양저의 열전만 기록한 이유다."

●● 太史公曰, "余讀司馬兵法, 閎廓深遠, 雖三代征伐, 未能竟其義, 如其文也, 亦少褒矣. 若夫穰苴, 區區爲小國行師, 何暇及司馬兵法之揖讓乎? 世旣多司馬兵法, 以故不論, 著穰苴之列傳焉."

손자오기열전

孫子吳起列傳

〈손자오기열전孫子吳起列傳〉은《손자병법》의 저자로 알려진 손무孫武와《제손자병법齊孫子兵法》의 저자인 그의 후손 손빈孫臏,《오자병법》의 저자 오기吳起에 관한 합전이다. 손무는 제나라 출신으로 오왕 합려闔廬 때 등용되어 오자서伍子胥와 함께 초나라를 격파했다. 예로부터 손무가 실존인물인지 여부를 놓고 많은 논란이 있다. 손무를 실존인물로 간주한 사마천은 〈손자오기열전〉을 쓰기 전에 손무에 관한 이야기를 그러모으기 위해 애썼다. 그러나 합려의 궁녀들을 대상으로 자신의 병법을 시험했다는 일화밖에 수집하지 못했다.《춘추좌전》에는 오자서의 이름만 나오고 손무의 이름이 나오지 않는다. 손무처럼 혁혁한 공을 세운 사람의 이름이《춘추좌전》에 단 한 번도 나오지 않는다는 것은 납득하기 어려운 일이다.

《손자병법》은 춘추시대 이전부터 내려오는 병서를 누군가 정리한 뒤 손무라는 이름에 가탁해 펴냈을 가능성이 높다. 손무라는 이름 자체가 실존인물인 손빈에서 손孫이라는 글자를 따오고, 병서를 뜻하는 병兵과 같은 의미인 무武 자를 덧붙여 창작해냈을 공산이 크다. 춘추전국시대가 무려 500여 년 동안 진행된 점에 비추어《손자

병법》을 포함해 저자를 알 수 없는 무수한 병서가 만들어졌다고 보는 것이 사리에 부합한다.

손무 사후 100년 뒤 그의 후손으로 알려진 손빈이 출현했다. 손빈은 일찍이 방연龐涓과 함께 병법을 배웠다. 위혜왕魏惠王의 장군이 된 방연은 손빈이 찾아오자 죄를 뒤집어씌워 무릎 연골을 발라내는 빈형臏刑을 가했다. 이후 제나라의 군사軍師가 된 그는 위나라를 격파하고 방연을 자진하게 만들었다. 손빈의 저서인《제손자병법》은 손무의《손자병법》과 함께 널리 읽혔다.《제손자병법》은 통상《손빈병법孫臏兵法》으로 불린다.

오기는 위衛나라 출신으로 일찍이 증자曾子에게 배우고 노나라 군주를 섬겼다. 위문후魏文侯를 섬기며 패업을 도왔다. 여기서 오기연저吳起吮疽 내지 연저지인吮疽之仁 성어가 생겨났다. 부하의 종기를 빨아 싸움에 임하게 했다는 고사를 뜻한다. 그러나 위문후의 뒤를 이은 위무후魏武侯가 자신을 의심하자 이내 죄를 얻을까 두려워 초나라로 망명했다. 초도왕楚悼王은 그가 오자마자 곧바로 재상으로 삼아 일련의 변법變法을 시행했다. 초나라가 문득 천하를 호령한 이유다. 이후 초도왕이 죽자 변법에 불만을 품고 있던 왕족과 대신들이 난을 일으켜 궁에 난입해 오기를 쏘아 죽였다. 타국 출신 대신인 이른바 기려지신羈旅之臣의 한계이기도 하다. 기려지신 표현은《춘추좌전》〈노장공魯莊公 22년〉조에 처음으로 등장한다. 텃세 때문에 불행한 최후를 맞이하는 타국 출신 대신을 지칭할 때 사용한다.

손무열전

손자 무는 제나라 출신이다. 병법이 뛰어나 오왕 합려를 만나게 되었다. 합려가 물었다.

"그대가 지은 병서 열세 편을 모두 읽어보았소. 시험 삼아 군사를 지휘해 보여줄 수 있겠소?"

손무가 대답했다.

"좋습니다."

합려가 재차 물었다.

"그러면 부녀자로도 시험해볼 수 있겠소?"

"좋습니다."

합려가 궁중의 미녀 180명을 불러 모았다. 손무가 이들을 두 편으로 나눈 뒤 합려가 총애하는 후궁 두 명을 각각 대장으로 삼았다. 이어 모든 이에게 창을 들게 하고는 이같이 물었다.

"너희는 가슴, 좌우의 손, 등을 알고 있는가?"

궁녀들이 대답했다.

"압니다."

손무가 명했다.

"내가 '앞으로'라고 하면 가슴 쪽을 보고, '좌로'라고 하면 왼손 쪽을 보고, '우로'라고 하면 오른손 쪽을 보고, '뒤로'라고 하면 등 뒤쪽을 보도록 하라."

궁녀들이 대답했다.

"알겠습니다."

이어 훈련규정을 공포한 뒤 군법에 따라 머리나 허리를 끊을 때

사용하는 부월鈇鉞을 갖추어놓고는 세 번 명하고 다섯 번 훈계하는
식으로 누차 군령을 발했다[三令五申]. 북을 치면서 "우로"라고 구령을
내렸지만 궁녀들은 크게 웃기만 할 뿐 이를 좇지 않았다. 손무가 말
했다.

"군령이 불분명하고 호령이 숙달되지 않은 것은 장수의 잘못이다."

그러고는 다시 훈계한 뒤 북을 치면서 "좌로"라고 구령을 내렸다.
이번에도 궁녀들은 크게 웃기만 할 뿐이었다. 손무가 말했다.

"군령이 불분명하고 호령이 숙달되지 않은 것은 장수의 잘못이다.
그러나 군령이 이미 분명함에도 구령대로 따르지 않는 것은 병사들
의 직속 지휘관인 대장의 잘못이다."

그러고는 좌우 양쪽의 대장의 몸을 베려고 했다. 대臺 위에서 이
광경을 보고 있던 합려는 자신의 총희寵姬 두 명을 베려는 것을 보고
는 크게 놀라 급히 전령을 보냈다.

"과인은 이미 장군이 용병에 능하다는 것을 알았소. 두 후궁이 없
으면 과인은 음식을 먹어도 맛있는 줄 모를 것이니 제발 목숨만은
살려주시오."

손무가 거절했다.

"저는 이미 군주의 명을 받아 장수가 되었습니다. 장수가 군중軍中
에 있을 때는 군주의 명일지라도 받들지 않는 경우가 있습니다."

결국 두 대장의 목을 베어 전군에 돌리며 본보기를 보였다. 이어
이들 다음으로 합려의 총애를 받는 후궁을 대장으로 삼아 다시 북을
쳤다. 후궁들 모두 좌로, 우로, 앞으로, 뒤로, 꿇어앉기, 일어서기 등
을 마치 자로 재고 먹물을 긋듯 정확히 했다. 감히 다른 소리를 내지
못했다. 손무는 전령을 보내 합려에게 보고했다.

"군대는 이미 잘 정비되었으니 대왕이 내려와 시험하도록 해보십시오. 대왕이 명을 내리면 이들은 물불을 가리지 않고 뛰어들 것입니다."

합려가 말했다.

"장군은 그만 숙사로 돌아가 쉬도록 하시오. 과인은 내려가 보고 싶지 않소."

손무가 힐난했다.

"대왕은 병법 이론만 좋아할 뿐, 병법을 실질로 운용할 줄을 모릅니다."

합려는 손무의 뛰어난 용병술을 인정하고 마침내 그를 장군으로 삼았다. 이후 오나라는 서쪽으로 남방의 강국 초나라를 격파하고 도성인 영郢에 입성했다. 또 북쪽으로 제나라와 진나라를 위협해 제후들 사이에서 명성을 떨쳤다. 모두 손무가 힘을 보태준 덕분이다.

●● 孫子武者, 齊人也. 以兵法見於吳王闔廬. 闔廬曰, "子之十三篇, 吾盡觀之矣, 可以小試勒兵乎?" 對曰, "可." 闔廬曰, "可試以婦人乎?" 曰, "可." 於是許之, 出宮中美女, 得百八十人. 孫子分爲二隊, 以王之寵姬二人各爲隊長, 皆令持戟. 令之曰, "汝知而心與左右手背乎?" 婦人曰, "知之." 孫子曰, "前, 則視心, 左, 視左手, 右, 視右手, 後, 卽視背." 婦人曰, "諾." 約束旣布, 乃設鈇鉞, 卽三令五申之. 於是鼓之右, 婦人大笑. 孫子曰, "約束不明, 申令不熟, 將之罪也." 復三令五申而鼓之左, 婦人復大笑. 孫子曰, "約束不明, 申令不熟, 將之罪也, 旣已明而不如法者, 吏士之罪也." 乃欲斬左右隊長. 吳王從臺上觀, 見且斬愛姬, 大駭. 趣使使下令曰, "寡人已知將軍能用兵矣. 寡人非此二姬, 食不甘味, 願勿斬也." 孫子曰, "臣旣已受命爲將, 將在軍, 君命有所不受." 遂

斬隊長二人以徇. 用其次爲隊長, 於是復鼓之. 婦人左右前後跪起皆中
規矩繩墨, 無敢出聲. 於是孫子使使報王曰, "兵旣整齊, 王可試下觀之,
唯王所欲用之, 雖赴水火猶可也." 吳王曰, "將軍罷休就舍, 寡人不願
下觀." 孫子曰, "王徒好其言, 不能用其實." 於是闔廬知孫子能用兵, 卒
以爲將. 西破彊楚, 入郢, 北威齊晉, 顯名諸侯, 孫子與有力焉.

손빈열전

　　손무 사후 100여 년 뒤 손빈이 등장했다. 그는 제나라의 아읍阿邑
과 견읍甄邑 일대에서 태어났다. 손무의 후대 자손이다. 그는 일찍이
방연과 함께 병법을 배웠다. 방연은 공부를 마치고 위나라를 섬겨
위혜왕의 장수가 되었다. 그는 자신의 재능이 손빈만 못하다고 생각
해 은밀히 사람을 시켜 손빈을 불렀다. 손빈이 오자 그는 손빈이 자
신보다 뛰어난 재능을 보일까 두려워하며 크게 시기했다. 이내 죄를
뒤집어씌워 두 다리를 자르고 묵형墨刑을 가한 이유다. 손빈이 숨어
지내며 밖에 나타나지 않기를 바란 것이다.* 제나라 사자가 위나라

● 이 구절은 크게 세 가지 점에서 의심을 낳을 만하다. 첫째, 손빈이 선뜻 방연의 초청에 응
한 점이다. 오히려 서로 다른 나라로 가 각기 출세할 생각이 있었다고 보는 것이 상식이다. 둘
째, 방연이 손빈을 살려둔 점이다. 방연이 손빈을 제거하려 했다면 얼마든지 구실을 만들 수
있었다. 그런데도 빈형과 묵형으로 불구로 만든 뒤 감시하는 선에 그쳤다. 손빈의 설욕을 두
려워하지 않은 배경을 납득하기 어렵다. 셋째, 방연은 철두철미한 악인, 손빈은 지극히 순진
하고 선한 사람으로 묘사된 점이다. 후대인이 제나라와 위나라의 격돌을 극적으로 묘사하기
위해 꾸며냈을 공산이 크다. 방연과 손빈 모두 독자적으로 병법을 연마한 후 각각 위나라와
제나라에서 군사로 활약하다가 충돌한 것으로 보는 것이 합리적이다. 방연과 손빈이 귀곡자
鬼谷子 밑에서 병법을 배웠고, 귀곡자가 손무의 《손자병법》을 손빈에게 전했다는 전설이 그
렇다. 귀곡자는 가공인물이다. 사마천이 항간의 이야기를 그대로 실었을 가능성을 시사한다.

로 오자 손빈은 형벌을 받은 까닭에 몰래 제나라 사자를 만나 설득했다. 제나라 사자가 손빈의 기재奇才에 놀라 은밀히 수레에 태워 제나라로 데리고 갔다. 제나라 장수 전기田忌가 손빈의 기재를 알아보고 빈객의 예로 대우했다. 전기는 자주 제나라 공자들과 거금을 내걸고 경마 도박을 벌였다[馳逐重射].• 손빈은 말의 달리기에는 별 차이가 없으나 상중하 등급이 있는 것을 알고 이같이 건의했다.

"가능한 한 큰돈을 거십시오. 이길 수 있도록 해드리겠습니다."

전기가 그 말을 믿고 제나라 왕 및 여러 공자와 함께 다투어 1,000금의 돈을 걸었다. 경기가 시작되려 하자 손빈이 말했다.

"하급 말을 상대의 상급 말, 상급 말을 상대의 중급 말, 중급 말을 상대의 하급 말과 겨루게 하십시오."

세 등급 말의 시합이 끝난 결과 전기는 2승 1패로 1,000금을 얻었다. 전기가 손빈을 제위왕에게 천거했다. 제위왕이 병법을 물어보고는 마침내 군사軍師로 삼았다. 이후 위나라가 조나라를 쳤다. 위급해진 조나라가 제나라에 구원을 청했다. 제위왕이 손빈을 장군으로 삼으려 하자 손빈이 사양했다.

"형벌을 받은 자는 장군이 될 수 없습니다."

전기를 장군, 손빈을 군사로 삼았다. 손빈이 휘장을 친 수레[輜車] 안에 앉아 계략을 짰다. 전기가 곧바로 병사들을 이끌고 조나라로 가려 하자 손빈이 만류했다.

"어지럽게 엉켜 있는 실을 풀려면 주먹으로 쳐서는 안 됩니다. 싸

• 《사기색은》은 중석重射을 호석好射으로 풀이했다. 그러나 문맥상 중重은 무거운 상을 내건다는 뜻으로 풀이하는 것이 자연스럽다. 석射은 통상 쏜다는 뜻일 때는 사로 읽으나 쏘아 맞춘다는 뜻일 때는 석으로 읽는다. 치馳는 말을 내달리는 경마와 뜻이 같다. 축逐은 다투어 중석을 행한다는 뜻으로 사용된 것이다.

우는 사람을 말리려면 사이에 끼어들어 주먹을 휘둘러서도 안 됩니다. 양측이 서로 맞서 싸울 때는 그 허점을 쳐 형세를 불리하게 만들면 자연히 해결됩니다. 지금 위나라와 조나라가 서로 맞서 싸우고 있으니 날렵한 정예병 모두 국외로 빠져나가고 노약자들만 국내에 남아 있을 것입니다. 장군은 속히 병사들을 이끌고 위나라 도성 대량大梁으로 진격한 뒤 중요한 길목을 차지하고 방비가 허술한 곳을 치십시오. 그러면 위나라 군사는 틀림없이 조나라를 포기한 채 위나라를 구하기 위해 황급히 철군할 것입니다. 이는 한 번의 거사로 조나라의 포위를 풀고, 동시에 위나라를 피폐하게 만들 상책에 해당합니다."

전기가 손빈의 계책을 좇았다. 위나라가 과연 포위하고 있던 조나라 도성 한단邯鄲을 떠나 제나라 군사와 계릉桂陵에서 교전했다. 길목에 있던 제나라 군사가 위나라 군사를 대파했다. 이로부터 13년 뒤 위나라와 조나라가 함께 한韓나라를 쳤다. 한나라가 제나라에 위급을 알렸다. 제나라가 전기를 장군으로 삼아 파견했다. 전기가 곧바로 대량으로 진격했다. 위나라 장수 방연이 이 소식을 듣고는 즉시 한나라를 떠나 본국으로 철군했다. 이때 제나라 군사는 이미 국경을 넘어 서쪽으로 진격 중이었다. 손빈이 전기에게 건의했다.

"저 한·위·조 삼진三晉의 병사는 원래 사납고 용맹합니다. 게다가 제나라를 얕보며 제나라 군사를 겁쟁이라고 부르고 있습니다. 싸움을 잘하는 자는 주어진 형세를 적극 활용해 싸움을 유리하게 만듭니다. 《손자병법》〈군쟁軍爭〉에 이르기를, '승리를 좇아 100리를 급히 행군하면 선두부대의 장수인 상장군上將軍을 잃고, 50리를 급히 행군하면 군사의 절반만 목적지에 이른다'고 했습니다.* 위나라 땅에 들어서면 병사들에게 첫날에는 아궁이를 10만 개, 다음날에는 5만 개, 그 다음날에는 3만 개를 만들게 하십시오."

방연이 제나라 군사를 추격한 지 사흘이 되자 크게 기뻐했다.

"나는 실로 제나라 군사가 겁쟁이인 줄 알고 있었다. 우리 땅을 침공한 지 사흘만에 도주한 병사가 절반을 넘었다."

그러고는 보병을 남겨둔 채 날랜 정예병만 이끌고 이틀 길을 하루 만에 달려[倍日并行] 황급히 제나라 군사를 추격했다. 손빈은 방연의 추격 속도를 헤아려 저녁 무렵이면 마릉馬陵에 도착할 것으로 예상했다. 마릉은 길이 협소하고 양쪽으로 험한 산이 많아 병사를 매복시키기에 좋았다. 손빈이 큰 나무의 껍질을 벗겨낸 뒤 이같이 썼다.

방연은 이 나무 아래서 죽을 것이다[龐涓死于此樹之下].

이어 제나라 군사 가운데 활을 잘 쏘는 병사 1만 명을 골라 길 양쪽에 매복시킨 뒤 이같이 일렀다.

"밤에 불빛이 보이는 곳을 향해 일제히 활을 쏘도록 하라."

방연이 과연 밤에 껍질이 벗겨진 나무 아래 이르렀다. 흰 부분에

● 원문은 "백리이취리자궐상장百里而趣利者蹶上將, 오십리이취리자군반지五十里而趣利者軍半至"다. 〈군쟁〉은 "전군이 가볍게 무장한 채 밤낮으로 쉬지 않고 달리는 경우가 있다. 이런 식으로 100리를 강행군해 이기고자 하면 삼장군三將軍 모두 생포하게 된다. 건장한 병사는 앞서 가고 약하고 피로한 병사는 낙오되어 병력의 10분이 1만 목적지에 도착하기 때문이다. 50리를 강행군해 이기고자 하면 상장군이 좌절을 맛보게 된다. 병력의 절반만 도착하기 때문이다. 30리를 강행군해 이기고자 하면 병력의 3분의 2만 목적지에 도착하게 된다"고 했다. 삼장군은 전군을 뜻하는 삼군三軍의 장수, 상장군은 선두부대 장수를 의미한다. 〈군쟁〉의 50리가 100리, 30리가 50리로 바뀌었음을 알 수 있다. 손빈이 경무장한 채 급히 내달리는 위험을 상대적으로 축소해 말한 셈이다. 삼가주는 이에 대한 자세한 주석을 시도하지 않았다. 《사기집해》만 《손자병법》에 대한 조조의 주석을 인용해 궐蹶을 좌절할 좌挫로 풀이해놓았을 뿐이다.

쓴 글씨를 발견하고는 곧 불을 밝혀 비추어보았다. 그가 글을 다 읽기도 전에 제나라 군사들이 일제히 1만 개의 쇠뇌를 쏘았다. 위나라 군사들이 혼비백산해 어지러이 흩어졌다. 방연은 지혜가 다해 싸움에 패한 사실을 자인하며 이같이 탄식했다.

"결국 어린애[豎子]의 명성만 떨치게 만들었구나!"

그러고는 목을 찔러 자진했다. 제나라 군사가 승세를 몰아 위나라 군사를 전멸시키고, 위나라의 태자 신申을 포로로 잡아 귀국했다. 이로써 손빈은 천하에 명성을 떨친 것은 물론 그의 병법을 대대로 전하게 되었다.

●● 孫武旣死, 後百餘歲有孫臏. 臏生阿鄄之閒, 臏亦孫武之後世子孫也. 孫臏嘗與龐涓俱學兵法. 龐涓旣事魏, 得爲惠王將軍, 而自以爲能不及孫臏, 乃陰使召孫臏. 臏至, 龐涓恐其賢於己, 疾之, 則以法刑斷其兩足而黥之, 欲隱勿見. 齊使者如梁, 孫臏以刑徒陰見, 說齊使. 齊使以爲奇, 竊載與之齊. 齊將田忌善而客待之. 忌數與齊諸公子馳逐重射. 孫子見其馬足不甚相遠, 馬有上·中·下輩. 於是孫子謂田忌曰, "君弟重射, 臣能令君勝." 田忌信然之, 與王及諸公子逐射千金. 及臨質, 孫子曰, "今以君之下駟與彼上駟, 取君上駟與彼中駟, 取君中駟與彼下駟." 旣馳三輩畢, 而田忌一不勝而再勝, 卒得王千金. 於是忌進孫子於威王. 威王問兵法, 遂以爲師. 其後魏伐趙, 趙急, 請救於齊. 齊威王欲將孫臏, 臏辭謝曰, "刑餘之人不可." 於是乃以田忌爲將, 而孫子爲師, 居輜車中, 坐爲計謀. 田忌欲引兵之趙, 孫子曰, "夫解雜亂紛糾者不控捲, 救鬪者不搏撠, 批亢擣虛, 形格勢禁, 則自爲解耳. 今梁趙相攻, 輕兵銳卒必竭於外, 老弱罷於內. 君不若引兵疾走大梁, 據其街路, 衝其方虛, 彼必釋趙而自救. 是我一擧解趙之圍而收獘於魏也." 田忌從之, 魏果去邯鄲, 與齊戰於桂陵, 大破梁軍.

後十三歲, 魏與趙攻韓, 韓告急於齊. 齊使田忌將而往, 直走大梁. 魏將龐涓聞之, 去韓而歸, 齊軍旣已過而西矣. 孫子謂田忌曰, "彼三晉之兵素悍勇而輕齊, 齊號爲怯, 善戰者因其勢而利導之. 兵法, '百里而趣利者蹶上將, 五十里而趣利者軍半至.' 使齊軍入魏地爲十萬竈, 明日爲五萬竈, 又明日爲三萬竈." 龐涓行三日, 大喜, 曰, "我固知齊軍怯, 入吾地三日, 士卒亡者過半矣." 乃棄其步軍, 與其輕銳倍日幷行逐之. 孫子度其行, 暮當至馬陵. 馬陵道陜, 而旁多阻隘, 可伏兵, 乃斫大樹白而書之曰, "龐涓死于此樹之下." 於是令齊軍善射者萬弩, 夾道而伏, 期曰, "暮見火擧而俱發." 龐涓果夜至所木下, 見白書, 乃鑽火燭之. 讀其書未畢, 齊軍萬弩俱發, 魏軍大亂相失. 龐涓自知智窮兵敗, 乃自剄, 曰, "遂成豎子之名!" 齊因乘勝盡破其軍, 虜魏太子申以歸. 孫臏以此名顯天下, 世傳其兵法.

오기열전

오기는 위衛나라 출신으로 용병을 좋아했다. 일찍이 공자의 제자인 증자에게 배우고 노나라 군주를 섬겼다. 제나라가 노나라를 치자 노나라가 오기를 장군으로 삼고자 했다. 그러나 오기가 제나라 여자를 아내로 맞아들인 까닭에 의심을 품었다. 오기가 명성을 얻기 위해 아내를 죽였다. 제나라 편이 아님을 밝힌 것이다. 노나라가 마침내 그를 장군으로 삼았다. 오기는 병사들을 이끌고 제나라를 공격해 대파했다. 노나라의 어떤 사람이 오기를 비난했다.

"오기는 의심이 많은데다 잔인한 인물이다. 어렸을 때 1,000금의 재산이 있었지만 벼슬을 구하러 다니느라 뜻도 이루지 못한 채 가산만 탕진했다. 마을 사람들이 비웃자 자신을 비방한 30여 명을 죽인 뒤 동쪽 성문을 통해 위나라 성문을 빠져나왔다. 모친과 이별할 때 자신의 팔을 깨물며 '경상卿相(대신·재상)이 되지 못하면 다시는 위나라에 돌아오지 않겠다'고 맹서했다. 증자를 섬긴 지 얼마 되지 않아 모친이 죽었다. 오기는 공부를 핑계로 끝내 돌아가지 않았다. 증자가 그의 비정한 행동을 꾸짖으며 관계를 끊었다. 이후 그는 노나라로 가 병법을 배운 뒤 노나라 군주를 섬겼다. 노나라 군주가 의심하자 그는 아내를 죽이면서까지 장수의 자리를 얻었다. 노나라 같은 소국이 제나라 같은 대국과 싸워 승리했다는 명성을 얻게 되면 제후들은 노나라를 표적으로 삼을 것이다. 게다가 노나라는 위나라와 형제지국이다. 오기를 중용하면 위나라를 저버리는 것이 된다."

이런 소문을 들은 노나라 군주가 오기를 미덥지 않게 여겨 멀리했다. 오기는 위문후가 현명하다는 말을 듣고는 그를 섬기고자 했다. 위문후가 대부 이극李克에게 물었다.

"오기는 어떤 사람이오?"

이극이 대답했다.

"오기는 탐욕스럽고 여색을 밝힙니다. 그러나 용병에서는 사마양저도 따라갈 수 없을 정도로 뛰어납니다."

위문후가 오기를 장군으로 삼아 진秦나라를 공격해 다섯 개의 성읍을 빼앗았다. 오기는 위나라 장군이 된 후 가장 신분이 낮은 병사와 똑같은 옷을 입고, 식사도 함께했다. 잠을 잘 때도 자리를 깔지 않았고, 행군할 때도 말이나 수레를 타지 않고, 식량도 직접 들고 다녔다. 병사들과 노고를 함께한 것이다. 한번은 악성 종기가 난 병사가 있었다. 오기가 종기를 빨아주었다. 병사의 모친이 그 소식을 듣고 통곡했다. 어떤 자가 물었다.

"그대의 아들은 일개 사병에 지나지 않소. 장군이 친히 그 종기를 빨아주었는데, 어찌해서 통곡하는 것이오?"

그 모친이 대답했다.

"그렇지 않소. 전에 오공吳公이 내 남편의 종기를 빨아준 적이 있소. 그는 감격한 나머지 전쟁터에서 몸을 돌보지 않고 분전하다 적진에서 죽고 말았소. 오공이 지금 또 내 자식의 종기를 빨아주었으니, 이제 그 애가 어디서 죽을지 모르게 되었소. 그래서 통곡하는 것이오."

위문후는 오기가 용병에 뛰어날 뿐 아니라 청렴하고 공정해 병사들의 인망을 얻고 있다고 판단했다. 오기를 서하西河의 태수로 삼아 진秦나라와 한韓나라를 방비하게 한 이유다. 위문후 사후 오기는 그의 아들 위무후를 섬겼다. 한번은 위무후가 배를 타고 서하를 내려가다가 중간에 이르러 오기를 돌아보며 말했다.

"아름답구나, 산하의 견고함이여! 이는 위나라의 보배로다!"

오기가 반박했다.

"나라의 보배는 군주의 덕행에 있지, 지형의 험준함에 있는 것이 아닙니다. 옛날 삼묘씨三苗氏의 나라는 왼쪽으로 동정호洞庭湖, 오른쪽으로는 팽려호彭蠡湖가 있었습니다. 그러나 덕의德義를 닦지 못해 결국 하나라 우왕에게 멸망당했습니다. 하나라 걸桀의 거처는 황하와 제수濟水를 왼쪽, 태산泰山과 화산華山을 오른쪽, 이궐伊闕의 관문을 남쪽, 구불구불한 양장羊腸의 고갯길을 북쪽에 두고 있었습니다. 그러나 인정을 베풀지 못해 결국 은나라 탕왕에게 추방당했습니다. 또 주의 은나라는 왼쪽으로 맹문산孟門山, 오른쪽으로 태항산太行山, 북쪽으로 상산常山, 남쪽으로 황하가 지나고 있었습니다. 그러나 덕정을 펴지 못해 주무왕周武王에게 죽임을 당했습니다. 이로써 보면 나라를 다스리는 데 중요한 것은 군주의 덕행에 있는 것이지, 지형의 험준함에 있는 것이 아닙니다. 만일 군주가 덕을 닦지 않으면 이 배 안에 있는 사람 모두 적국 사람이 될 것입니다."

위무후가 말했다.

"옳은 말이오."

●● 吳起者, 衛人也, 好用兵. 嘗學於曾子, 事魯君. 齊人攻魯, 魯欲將 吳起, 吳起取齊女爲妻, 而魯疑之. 吳起於是欲就名, 遂殺其妻, 以明不 與齊也. 魯卒以爲將. 將而攻齊, 大破之. 魯人或惡吳起曰, "起之爲人, 猜忍人也. 其少時, 家累千金, 遊仕不遂, 遂破其家. 鄕黨笑之, 吳起殺 其謗己者三十餘人, 而東出衛郭門. 與其母訣, 齧臂而盟曰, '起不爲卿 相, 不復入衛.' 遂事曾子. 居頃之, 其母死, 起終不歸. 曾子薄之, 而與 起絶. 起乃之魯, 學兵法以事魯君. 魯君疑之, 起殺妻以求將. 夫魯小國, 而有戰勝之名, 則諸侯圖魯矣. 且魯衛兄弟之國也, 而君用起, 則是棄 衛." 魯君疑之, 謝吳起. 吳起於是聞魏文侯賢, 欲事之. 文侯問李克曰, "吳起何如人哉?" 李克曰, "起貪而好色, 然用兵司馬穰苴不能過也." 於 是魏文侯以爲將, 擊秦, 拔五城. 起之爲將, 與士卒最下者同衣食. 臥不 設席, 行不騎乘, 親裹贏糧, 與士卒分勞苦. 卒有病疽者, 起爲吮之. 卒 母聞而哭之. 人曰, "子卒也, 而將軍自吮其疽, 何哭爲?" 母曰, "非然也. 往年吳公吮其父, 其父戰不旋踵, 遂死於敵. 吳公今又吮其子, 妾不知 其死所矣. 是以哭之." 文侯以吳起善用兵, 廉平, 盡能得士心, 乃以爲西河守, 以拒秦·韓. 魏文侯旣卒, 起事其子武侯. 武侯浮西河而下, 中流, 顧而謂吳起曰, "美哉乎山河之固, 此魏國之寶也!" 起對曰, "在德不在險. 昔三苗氏左洞庭, 右彭蠡, 德義不修, 禹滅之. 夏桀之居, 左河濟, 右泰華, 伊闕在其南, 羊腸在其北, 修政不仁, 湯放之. 殷紂之國, 左孟門, 右太行, 常山在其北, 大河經其南, 修政不德, 武王殺之. 由此觀之, 在德不在險. 若君不修德, 舟中之人盡爲敵國也." 武侯曰, "善."

오기는 서하의 태수로 있으면서 명성이 매우 높아졌다. 위나라 조정이 재상의 자리를 만든 뒤 전문田文을 임명했다. 기분이 언짢아진 오기가 전문을 찾아가 물었다.

"당신과 공을 비교해보고자 하는데 어떻소?"

전문이 대답했다.

"좋소."

오기가 물었다.

"삼군의 장군이 되어 병사들이 기꺼이 목숨을 바쳐 싸우게 하고, 적국이 감히 넘보지 못하게 한 점에서 두 사람을 비교하면 누가 더 낫소?"

전문이 대답했다.

"내가 당신만 못하오."

오기가 물었다.

"백관百官을 다스리고, 백성을 가까이하고, 나라의 창고를 가득 채운 점에서 두 사람을 비교하면 누가 더 낫소?"

전문이 대답했다.

"내가 당신만 못하오."

오기가 물었다.

"서하를 수비해 진나라가 감히 동쪽으로 침공하지 못하고, 한나라와 조나라를 복종하게 만든 점에서 두 사람을 비교하면 누가 더 낫소?"

전문이 대답했다.

"내가 당신만 못하오."

오기가 힐난했다.

"이 세 가지 점에서 그대가 나보다 못한데도 윗자리를 차지한 것은 무슨 까닭이오?"

전문이 대답했다.

"군주가 나이가 어려 나라가 불안하고, 대신들이 복종하지 않고, 백성이 신뢰하지 않고 있소. 이런 때 재상의 자리를 당신에게 맡기겠소, 아니면 나에게 맡기겠소?"

오기가 한참 동안 조용히 있다가 말했다.

"그대에게 맡길 것이오."

전문이 말했다.

"이것이 바로 내가 당신보다 윗자리를 차지한 까닭이오."

오기는 그제야 비로소 자신이 전문만 못하다는 사실을 알게 되었다. 전문이 죽은 뒤 한나라 공족公族 출신 공숙公叔이 재상이 되었다. 공숙은 위나라 공주를 아내로 얻은 뒤 오기를 해치고자 했다. 공숙의 하인이 말했다.

"오기는 쉽게 내칠 수 있습니다."

공숙이 물었다.

"어떻게 그리할 수 있단 말인가?"

하인이 대답했다.

"오기는 사람이 절조가 있고 청렴하며 명예를 소중히 여깁니다. 우선 무후武侯에게 말하기를, '오기는 현인입니다. 군주의 나라는 작고 강국 진秦나라와 접경하고 있습니다. 신은 내심 오기가 우리나라에 오래 머무를 생각이 없을까 우려됩니다'라고 하십시오. 그러면 무후가 묻기를, '어찌하면 좋겠소?'라고 할 것입니다. 그때 무후에게 말하기를, '시험 삼아 공주를 아내로 주겠다고 떠보십시오. 오기가 머물 생각이 있으면 받아들일 것이고, 그럴 생각이 없으면 틀림없이 사양할 것입니다. 이것으로 판단하십시오'라고 하십시오. 이어 오기를 초대해 함께 댁으로 간 뒤 공주의 화를 돋워 주군主君을 깔보게 만드십시오. 공주가 주군을 천대하는 것을 보면 틀림없이 오기는 군주의 제안을 사양할 것입니다."

공주가 위나라 재상 공숙을 천대하는 것을 목격한 오기는 과연 사양하는 뜻을 밝혔다. 위무후가 그를 의심하며 믿지 않았다. 오기는 이내 죄를 얻을까 두려워 위나라를 떠나 초나라로 갔다. 초도왕은 평소 오기가 현명하다는 말을 들은 까닭에 그가 오자마자 재상으로 삼았다. 오기는 법령을 정비하고, 불필요한 관직을 없애고, 왕실의 먼 일족들의 녹봉을 폐지해 그 재원으로 군사를 양성했다. 그가 행한 변법의 요체는 병력을 강화해 종횡가의 외교책략을 배척하는 데 있었다. 덕분에 남쪽으로 백월百越을 평정하고, 북쪽으로 진채陳蔡 일대를 병탄하며 삼진을 격파하고, 서쪽으로 진秦나라를 쳤다. 제후들이 강성해지는 초나라를 우려한 이유다.

당시 초나라의 귀족과 왕실의 인척 모두 오기를 미워했다. 초도왕이 죽자 이들이 대신들과 함께 난을 일으켜 오기를 쳤다. 오기가 황급히 달아나 초도왕의 시신 위에 엎드렸다. 오기를 치던 무리가 화살을 난사해 죽였다. 이때 초도왕의 시신에도 화살이 꽂혔다. 초도왕의 장례식이 끝나고 태자가 즉위하자 곧 영윤令尹에게 명해 오기를 죽이려고 초도왕의 시신에 화살을 쏜 자들을 모두 잡아 죽이게 했다. 오기를 사살한 죄에 연루되어 일족이 멸족한 자가 70여 가구에 이르렀다.

●● 卽封吳起爲西河守, 甚有聲名. 魏置相, 相田文. 吳起不悅, 謂田文曰, "請與子論功, 可乎?" 田文曰, "可." 起曰, "將三軍, 使士卒樂死, 敵國不敢謀, 子孰與起?" 文曰, "不如子." 起曰, "治百官, 親萬民, 實府庫, 子孰與起?" 文曰, "不如子." 起曰, "守西河而秦兵不敢東鄕, 韓趙賓從, 子孰與起?" 文曰, "不如子." 起曰, "此三者, 子皆出吾下, 而位加吾上, 何也?" 文曰, "主少國疑, 大臣未附, 百姓不信, 方是之時, 屬之於子乎? 屬之於我乎?" 起默然良久, 曰, "屬之子矣." 文曰, "此乃吾所以居子之上也." 吳起乃自知弗如田文. 田文旣死, 公叔爲相, 尙魏公主, 而害吳起. 公叔之僕曰, "起易去也." 公叔曰, "奈何?" 其僕曰, "吳起爲人節廉而自喜名也. 君因先與武侯言曰, '夫吳起賢人也, 而侯之國小, 又與彊秦壤界, 臣竊恐起之無留心也.' 武侯卽曰, '奈何?' 君因謂武侯曰, '試延以公主, 起有留心則必受之, 無留心則必辭矣. 以此蔔之.' 君因召吳起而與歸, 卽令公主怒而輕君. 吳起見公主之賤君也, 則必辭." 於是吳起見公主之賤魏相, 果辭魏武侯. 武侯疑之而弗信也. 吳起懼得罪, 遂去, 卽之楚. 楚悼王素聞起賢, 至則相楚. 明法審令, 捐不急之官, 廢公族疏遠者, 以撫養戰鬪之士. 要在彊兵, 破馳說之言從橫者. 於是南平百越, 北幷陳蔡, 卻三晉, 西伐秦. 諸侯患楚之彊. 故楚之貴戚盡欲害吳起. 及悼王死, 宗室大臣作亂而攻吳起, 吳起走之王尸而伏之. 擊起之徒因射刺吳起, 并中悼王. 悼王旣葬, 太子立, 乃使令尹盡誅射吳起而并中王尸者. 坐射起而夷宗死者七十餘家.

　　태사공은 평한다.

　"세상에서 병법을 논하는 자는 모두《손자》열세 편과《오기병법吳起兵法》을 거론한다. 두 책은 세상에 많이 알려져 있으므로 자세히 서술하지 않고, 이들의 사적과 계책만 논했다. 옛날 말에 이르기를, '실행에 능한 자가 반드시 언변에 능한 것도 아니고, 언변에 능한 자가 반드시 실행에 능한 것도 아니다'라고 했다. 손빈이 방연을 해치운 계략은 뛰어났지만, 그 전에 형벌을 당하는 재난을 막지는 못했다. 오기는 위무후에게 험준한 지형이 군주의 덕행만 못하다고 말했으나, 초나라에서 행한 일은 각박하고 몰인정했다. 그로 인해 목숨을 잃었던 것이니 슬픈 일이다!"

　●● 太史公曰, "世俗所稱師旅, 皆道孫子十三篇, 吳起兵法, 世多有, 故弗論, 論其行事所施設者. 語曰, '能行之者未必能言, 能言之者未必能行.' 孫子籌策龐涓明矣, 然不能蚤救患於被刑. 吳起說武侯以形勢不如德, 然行之於楚, 以刻暴少恩亡其軀. 悲夫!"

오자서열전
伍子胥列傳

〈오자서열전伍子胥列傳〉은 춘추시대 말기 오왕 합려를 도와 패업을 이룬 오자서의 사적을 다루고 있다. 오자서는 초나라 출신이다. 초평왕楚平王이 부친과 형을 죽이자 복수를 다짐하며 오나라로 망명했다. 오왕 합려의 즉위에 결정적인 공을 세운 뒤 손무와 함께 초나라를 격파했다. 그러나 합려 사후 부차夫差와 대립하다가 비참한 최후를 맞이했다. 오기처럼 기려지신의 한계를 벗어나지 못한 셈이다.

주의할 것은 '만고의 충신'으로 알려진 오자서와 '만고의 간신'으로 낙인찍힌 백비에 대한 재평가다. 결론부터 말하면 백비는 결코 만고의 간신도 아니었고, 오자서 역시 만고의 충신도 아니었다. 백비를 만고의 간신으로 매도하는 이유는 그가 오자서를 무함했고, 오왕 부차는 이를 곧이들었다는 전제에서 출발한다. 그러나 당시 백비가 오왕 부차에게 진언한 것은 참언讒言이 아니었다. 사실을 고했을 뿐이었다. 오자서의 자진을 결단한 장본인은 오왕 부차였다. 부차 역시 결코 암군은 아니었다. 그가 암군이었다면 중원의 패자인 진나라를 제압하고 패자의 자리에 오르는 일 자체가 불가능했다.

오자서는 부친의 원수를 갚기 위해 수단과 방법을 가리지 않은 인물이었다. 뜻을 이루기 위해 망명 과정에서 초평왕의 아들 태자 건建을 진나라의 첩자로 활용했고, 오나라 공자 광光을 지렛대로 삼기 위해 자객을 동원해 멀쩡한 오왕 요僚를 서슴없이 척살했다. 이후 초나라 도성을 점령한 직후 부형父兄의 원수인 초평왕의 시신을 꺼내고 채찍으로 매질을 해 초나라 백성들의 분노를 자아냈다. 합려가 죽은 뒤에는 오왕 부차의 즉위에 대공을 세운 것을 이유로 군신들이 보는 앞에서 부차의 체면을 사정없이 깎아내렸다. 군주를 두렵게 하는 위세를 떨친 신하는 목숨을 부지하기 어렵다는 간단한 이치를 무시한 것이다.

가장 큰 문제는 오왕 부차가 자신을 멀리하자 이내 제나라 사행使行을 자처하면서 아들을 제나라에 맡긴 행위다. 오나라가 장차 폐망할 것을 염두에 둔 행보였으나, 이는 반역행위에 해당한다. 백비가 오자서를 지탄한 것은 바로 이 때문이었다.

오자서와 백비를 평할 때 주의할 대목은 두 사람 모두 기려지신이었고, 조상 때부터 서로 갈등관계였다는 점이다. 기려지신은 공이 크면 클수록 더 큰 위기에 직면하게 된다. 해당국 군신들의 질시와 경계가 더욱 커지기 때문이다. 오자서는 이를 무시했다. 그의 비명횡사는 자업자득의 측면이 강하다. 이에 반해 백비는 몸을 낮추며 질시의 표적에서 벗어나고자 애썼다.

사서는 반드시 행간을 읽을 필요가 있다. 오자서와 백비에 대한 평가는 엄밀한 잣대에 따른 객관적인 평가가 요구된다.

오자서는 초나라 출신으로 이름은 원員이다. 그의 부친은 오사伍奢, 형은 오상伍尙이다. 고조부는 오삼伍參, 증조부는 오거伍舉였다. 오거는 초장왕을 섬기면서 직간直諫하는 것으로 명성이 높았다. 그 후손들이 초나라에서 명문가로 존재한 이유다. 당초 초평왕에게는 건이라는 태자가 있었다. 초평왕은 오사를 태부, 비무기費無忌를 소부少傅로 삼았다. 비무기는 태자 건에게 불충했다. 초평왕은 비무기를 시켜 진秦나라로 가 태자비를 맞이하게 했다. 진나라 여인은 미인이었다. 비무기가 말을 달려 돌아와 초평왕에게 고했다.

"진나라 여인은 절세의 미인입니다. 대왕이 왕비로 맞이하고, 태자에게는 따로 비를 얻어주십시오."

초평왕이 진나라 여인을 차지한 뒤 크게 총애해 아들 진軫을 낳았다. 태자에게는 따로 비를 구해주었다. 비무기는 이 일로 초평왕의 환심을 산 뒤 태자를 떠나 초평왕을 섬겼다. 그는 늘 초평왕이 죽고 태자가 보위에 오르면 자신을 죽이지 않을까 두려워했다. 수시로 태자 건을 중상한 이유다. 태자 건의 모친은 채나라 출신이다. 총애를 받지 못하자 초평왕은 더욱 태자 건을 멀리했다. 끝내 태자 건을 성보城父의 수장守將으로 삼아 변경을 지키게 했다. 얼마 후 비무기가 또 밤낮으로 초평왕 앞에서 태자 건을 헐뜯었다.

"태자는 진나라 여인의 일로 인해 원한을 품지 않을 리 없습니다. 대왕은 모쪼록 스스로 경계하도록 하십시오. 태자는 성보에 머물게 된 후 군사를 이끌고 훈련을 강화하면서, 밖으로 제후들과 사귀고 있습니다. 장차 도성으로 쳐들어와 반란을 일으킬 것입니다."

초평왕이 태자의 태부인 오사를 불러 사실을 캐물었다. 오사는 비무기가 초평왕에게 태자를 헐뜯은 사실을 알고 이같이 말했다.

"대왕은 어찌해서 참언을 일삼는 소인배의 말을 듣고 골육을 멀리하려는 것입니까?"

비무기가 말했다.

"대왕이 지금 제지하지 못하면 이들의 음모가 성사되어 이내 포로가 되고 말 것입니다."

초평왕이 대로해 오사를 옥에 가두고, 성보의 사마司馬 분양奮揚을 보내 태자 건을 죽이게 했다. 분양은 성보에 도착하기 전에 태자 건에게 사람을 보내 이 일을 알렸다.

"태자는 속히 달아나십시오. 그러지 않으면 죽게 될 것입니다."

태자 건이 황급히 송나라로 달아났다. 비무기는 초평왕에게 건의했다.

"오사에게 두 명의 아들이 있습니다. 모두 현명합니다. 지금 제거하지 않으면 장차 초나라의 걱정거리가 될 것입니다. 그 아비를 볼모로 삼아 이들을 불러들이도록 하십시오. 그리하지 않으면 후환을 남기게 됩니다."

초평왕이 오사에게 사자를 보냈다.

"너의 두 아들을 불러오면 살려주겠다. 불러오지 못하면 죽일 것이다."

오사가 말했다.

"오상은 사람됨이 어질어 부르면 틀림없이 올 것입니다. 그러나 오원은 고집이 세고 모진데다 능히 굴욕을 견딜 수 있어* 장차 큰일

● "고집이 세고 모진데다 능히 굴욕을 견딜 수 있어"의 원문은 "강려인구剛戾忍詢"다. 강려剛戾는 강퍅폭려剛愎暴戾의 준말이다. 강퍅剛愎은 까다롭고 고집이 세다는 의미이고, 폭려暴戾는 모질고 사납다는 뜻이다. 《사기색은》은 정씨鄭氏의 주를 인용해 인구忍詢가 인후忍詬로 된 판본이 있다고 했다. 《장자》〈양왕讓王〉에는 인구忍垢로 되어 있다.

을 이룰 수 있을 것입니다. 그는 이곳에 오면 부자가 함께 사로잡힐 줄 알고 틀림없이 오지 않을 것입니다.”

초평왕이 듣지 않은 채 사람을 보내 두 아들을 불렀다.

“너희가 온다면 아비를 살려줄 것이나, 오지 않으면 당장 죽일 것이다.”

오상이 가려 하자 오원이 만류했다.

“초나라에서 우리 형제를 부르는 것은 부친을 살려주려는 것이 아닙니다. 달아나는 자가 생기면 후환이 될까 두려운 나머지 부친을 볼모로 삼아 거짓으로 부르는 것입니다. 우리가 가면 부자가 모두 죽게 됩니다. 그것이 부친의 죽음에 무슨 도움이 되겠습니까? 가면 원수를 갚을 수 없게 되니 차라리 다른 나라로 망명했다가 병력을 빌려 부친의 원수를 갚는 것이 낫습니다. 함께 죽는 것은 아무런 의미가 없습니다.”

오상이 말했다.

“나 역시 그곳으로 갈지라도 부친의 목숨을 구할 수 없다는 것을 알고 있다. 그러나 부친이 살기 위해 나를 불렀는데 가지 않았다가 나중에 원수도 갚지 못하면 결국 세인의 웃음거리가 될 뿐이다.”

그러고는 오원에게 당부했다.

“너는 달아나도록 해라. 너라면 부친의 원수를 갚을 수 있을 것이다. 나는 부친이 있는 곳으로 가 함께 죽을 것이다.”

오상이 붙잡히자 사자는 오자서마저 붙잡으려 했다. 오자서가 활을 당겨 겨누자 사자가 감히 접근하지 못했다. 마침내 사지를 빠져나간 오자서는 태자 건이 있는 송나라로 달아나 그를 섬겼다. 오사는 오자서가 달아났다는 소식을 듣고 이같이 말했다.

"초나라 군신은 머지않아 전란에 시달릴 것이다."

오상이 초나라에 이르자 초나라는 오사와 오상을 모두 죽였다. 오자서가 송나라에 이르렀을 때 화씨華氏 일족이 군주를 시해하려는 난이 일어났다. 곧 태자 건과 함께 정나라로 달아났다. 정나라가 이들을 잘 대우해주었으나 태자 건은 작은 나라가 자신에게 힘이 되지 못한다고 생각해 중원의 진晉나라로 갔다. 진경공晉頃公이 제안했다.

"태자는 정나라와 사이가 좋고, 정나라도 태자를 신임하고 있소. 태자가 나를 위해 안에서 호응하고, 내가 밖에서 치면 틀림없이 멸망시킬 수 있을 것이오. 정나라가 멸망하면 태자를 그곳에 봉하겠소."

태자 건이 이를 수락하고 정나라로 돌아왔다. 그러나 거사가 제대로 이루어지기도 전에 공교롭게도 태자가 사적인 일로 인해 시종을 죽이려고 하는 일이 일어났다. 음모를 알고 있던 시종이 이를 정나라에 밀고했다. 정정공鄭定公과 재상 자산이 태자 건을 주살했다. 태자 건에게는 승勝이라는 아들이 있었다. 겁이 난 오자서가 왕손王孫 승과 함께 오나라로 달아났다. 이들이 소관昭關에 이르렀을 때 소관의 병사들이 이들을 체포하고자 했다. 오자서가 왕손 승과 함께 말도 타지 못한 채 맨몸으로 줄행랑을 쳤다.● 이내 말을 타고 오는 병사들이 바짝 따라붙어 거의 잡힐 지경이 되었다. 오자서가 가까스로 강에 이르렀을 때 마침 배를 타고 있던 한 어부가 오자서의 위급한 상황을 알고 배에 태워 건너편으로 실어주었다. 오자서는 강을 건넌

● 원문은 "여승독신보주與勝獨身步走"다. 대대수 번역본이 '오자서가 승과 헤어져 홀로 달아났다'로 번역해놓았으나, 원문에는 분명히 왕손 승과 함께 달아났다는 뜻의 여승與勝으로 되어 있다. 독신獨身은 '말도 타지 못한 채 맨몸으로'의 뜻으로 결코 왕손 승을 버려두고 홀로 달아났다는 의미가 아니다. '줄행랑을 쳤다'는 뜻의 보주步走가 이를 뒷받침한다. 상식적으로 생각할지라도 홀로 달아나는 것은 왕손 승을 적의 손에 거저 넘겨주는 행동이나 다름없다.

뒤 자신의 칼을 풀어주며 고마움을 표했다.

"이 칼은 100금의 값이 나가오. 이를 그대에게 주겠소."

어부가 말했다.

"초나라 법령에 오자서를 잡는 자에게 곡식 5만 석과 봉지를 보유한 집규執珪*의 작위를 내린다고 했소. 내가 이런 포상을 탐했다면 어찌 이까짓 100금의 칼이 문제겠소?"

그러고는 끝내 받지 않았다. 오자서는 오나라에 도착할 때까지 도중에 병이 나 가던 길을 멈추기도 하고, 먹을 것이 없어 걸식도 했다.

●● 伍子胥者, 楚人也, 名員. 員父曰伍奢. 員兄曰伍尙. 其先曰伍擧, 以直諫事楚莊王, 有顯, 故其後世有名於楚. 楚平王有太子名曰建, 使伍奢爲太傅, 費無忌爲少傅. 無忌不忠於太子建. 平王使無忌爲太子取婦於秦, 秦女好, 無忌馳歸報平王曰, "秦女絶美, 王可自取, 而更爲太子取婦." 平王遂自取秦女而絶愛幸之, 生子軫. 更爲太子取婦. 無忌旣以秦女自媚於平王, 因去太子而事平王. 恐一旦平王卒而太子立, 殺己, 乃因讒太子建. 建母, 蔡女也, 無寵於平王. 平王稍益疏建, 使建守城父, 備邊兵. 頃之, 無忌又日夜言太子短於王曰, "太子以秦女之故, 不能無怨望, 願王少自備也. 自太子居城父, 將兵, 外交諸侯, 且欲入爲亂矣." 平王乃召其太傅伍奢考問之. 伍奢知無忌讒太子於平王, 因曰, "王獨奈何以讒賊小臣疏骨肉之親乎?" 無忌曰, "王今不制, 其事成矣. 王且見禽." 於是平王怒, 囚伍奢, 而使城父司馬奮揚往殺太子. 行未至, 奮揚使人先告太子, "太子急去, 不然將誅." 太子建亡奔宋. 無忌言

● 집규執珪는 집규執圭와 같다. 크게 두 가지 뜻이 있다. 첫째, 홀笏을 들고 있는 모습을 지칭한 말로, 곧 관직생활을 뜻한다. 사환仕宦과 같다. 《논어》〈향당〉에 나오는 표현이 대표적이다. 둘째, 초나라의 최고 작위를 지칭하는 고유 명칭이다. 《전국책》〈제책〉에 "초나라의 최고 관직은 상주국上柱國, 최고 지위는 집규다"라는 표현이 나온다.

於平王曰, "伍奢有二子, 皆賢, 不誅且爲楚憂. 可以其父質而召之, 不然且爲楚患." 王使使謂伍奢曰, "能致汝二子則生, 不能則死." 伍奢曰, "尙爲人仁, 呼必來. 員爲人剛戾忍訽, 能成大事, 彼見來之幷禽, 其勢必不來." 王不聽, 使人召二子曰, "來, 吾生汝父, 不來, 今殺奢也." 伍尙欲往, 員曰, "楚之召我兄弟, 非欲以生我父也, 恐有脫者後生患, 故以父爲質, 詐召二子. 二子到, 則父子俱死. 何益父之死? 往而令讎不得報耳. 不如奔他國, 借力以雪父之恥, 俱滅, 無爲也." 伍尙曰, "我知往終不能全父命. 然恨父召我以求生而不往, 後不能雪恥, 終爲天下笑耳." 謂員, "可去矣! 汝能報殺父之讎, 我將歸死." 尙旣就執, 使者捕伍胥. 伍胥貫弓執矢嚮使者, 使者不敢進, 伍胥遂亡. 聞太子建之在宋, 往從之. 奢聞子胥之亡也, 曰, "楚國君臣且苦兵矣." 伍尙至楚, 楚幷殺奢與尙也. 伍胥旣至宋, 宋有華氏之亂, 乃與太子建俱奔於鄭. 鄭人甚善之. 太子建又適晉, 晉頃公曰, "太子旣善鄭, 鄭信太子. 太子能爲我內應, 而我攻其外, 滅鄭必矣. 滅鄭而封太子." 太子乃還鄭. 事未會, 會自私欲殺其從者, 從者知其謀, 乃告之於鄭. 鄭定公與子産誅殺太子建. 建有子名勝. 伍胥懼, 乃與勝俱奔吳. 到昭關, 昭關欲執之. 伍胥遂與勝獨身步走, 幾不得脫. 追者在後. 至江, 江上有一漁父乘船, 知伍胥之急, 乃渡伍胥. 伍胥旣渡, 解其劍曰, "此劍直百金, 以與父." 父曰, "楚國之法, 得伍胥者賜粟五萬石, 爵執珪, 豈徒百金劍邪!" 不受. 伍胥未至吳而疾, 止中道, 乞食.

오자서가 오나라에 이르렀을 당시 오나라는 오왕 요가 다스리고 있었다. 오왕 요의 사촌 형인 공자 광은 장군으로 있었다. 오자서는 공자 광에게 오왕 요의 알현을 부탁했다. 당시 초나라 변경 종리鍾離

와 오나라 변경 비량씨卑梁氏 모두 누에를 치고 있었다. 얼마 후 두 곳 여자가 뽕잎을 차지하려 다투다가 마을 사이에 싸움이 일어났다. 초평왕이 크게 화를 내자 이내 두 나라가 군사를 일으켜 서로 공격하게 되었다. 오나라는 공자 광에게 명해 초나라를 치게 했다. 공자 광이 초나라의 종리와 거소居巢를 함락시키고 돌아오자 오자서가 오왕 요에게 건의했다.

"차제에 초나라를 멸망시킬 수 있으니 다시 공자 광을 보내십시오."

공자 광이 반대했다.

"오자서는 부형이 초나라에서 죽임을 당했습니다. 그가 초나라 공벌을 권하는 것은 단지 원수를 갚기 위한 것입니다. 지금 초나라를 칠지라도 아직은 멸망시킬 수 없습니다."

오자서는 오왕 요를 죽이고 보위에 오르고자 하는 공자 광의 속셈을 읽었다. 아직은 초나라 공벌과 같은 대외적인 일을 이야기할 때가 아니라고 판단했다. 곧 공자 광에게 자객 전제專諸를 천거한 뒤 전제가 오왕 요를 척살할 때까지 뒤로 물러나 왕손 승과 함께 초야에 묻혀 농사를 지은 이유다. 이로부터 5년 뒤 초평왕이 죽었다. 초평왕이 태자 건으로부터 가로챈 진나라 여인 소생의 진이 초평왕을 이어 즉위했다. 그가 바로 초소왕楚昭王이다. 당시 오왕 요는 초나라의 국상을 틈타 동생인 두 공자에게 병사를 이끌고 초나라를 기습 공격하게 했다.* 초나라가 병사를 출동시켜 오나라 군사의 퇴로를 차단하자 오나라 군사는 진퇴양난에 처하게 되었다. 당시 오나라 도성은

● 오왕 요의 동생인 공자 엄여掩餘와 공자 촉용燭庸을 말한다. 《춘추좌전》〈노소공魯昭公 27년〉조에 따르면 기원전 515년 오왕 요는 초나라 국상을 틈타 초나라를 칠 생각으로 공자 엄여와 촉용을 시켜 군사를 이끌고 가 안휘성 곽산현 동북쪽 30리에 위치한 잠潛나라를 포위하게 했다. 〈오자서열전〉에는 엄여가 갑여蓋餘로 나온다.

텅 비다시피 했다. 공자 광이 전제를 시켜 오왕 요를 기습해 암살하게 한 뒤 스스로 즉위했다. 그가 바로 오왕 합려다.•

합려는 보위에 올라 뜻을 이루자 곧 오자서를 불러 외교사령外交辭令을 담당한 행인行人으로 삼고 그와 국사를 논했다. 당시 초나라에서 대부 극완郤宛과 백주리伯州犁가 주살되자, 백주리의 손자 백비가 오나라로 망명했다.•• 오왕 합려가 백비를 대부로 삼았다. 당시 오왕 요의 명을 좇아 초나라를 공격한 두 공자는 퇴로가 차단되어 돌아갈 수 없었다. 이들은 합려가 오왕 요를 시해하고 즉위했다는 소식을 듣고는 이내 병사들을 이끌고 초나라에 투항했다. 초나라가 이들을 서舒 땅에 봉했다.

●● 至於吳, 吳王僚方用事, 公子光爲將. 伍胥乃因公子光以求見吳

• 합려는 《춘추좌전》과 《국어》에도 같은 이름으로 나온다. 직역하면 '누추한 오두막집'을 뜻한다. 《춘추좌전》에 용례가 나온다. 《오월춘추吳越春秋》에는 합려闔廬로 나온다. 이 또한 '길에 세워진 여닫이 문짝'의 의미밖에 없다. 오왕 부차도 '덜 떨어진 일개 사내'라는 뜻이다. 사가들이 월나라에게 패망한 오나라의 역사를 업신여긴 나머지 이름을 오나라의 방언에 기초해 비슷한 음의 누추한 뜻으로 둔갑시켰을 가능성이 있다. 《사기》는 합려闔廬와 합려闔閭를 혼용해 사용한다.
•• 극완과 백주리를 두고 《사기집해》는 서광徐廣의 주를 인용해 백주리는 진晉나라에서 망명한 백종伯宗의 아들, 극완은 백주리의 아들, 백비는 극완의 아들이라며 백씨伯氏를 달리 극씨郤氏로 불렸다고 풀이했다. 《사기색은》도 백비의 비嚭를 희횸와 같은 음으로 읽어야 한다며 유사하게 풀이했다. 이런 해석은 《춘추좌전》의 기록과 배치된다. 관건은 극완을 백비의 부친으로 볼 것인지 여부다. 〈오자서열전〉은 극완이 죽임을 당할 때 백주리도 함께 죽었고, 그의 손자 백비가 오나라로 망명했다고 기록해놓았다. 백주리를 극완의 무리로 본 것이다. 《춘추좌전》은 다음과 같이 기록해놓았다. "좌윤 극완을 죽였을 때 백씨 일족이 국외로 달아났다. 백주리의 손자 백비가 오나라로 달아나 후에 태재가 되었다." 이처럼 《춘추좌전》은 극완과 백씨를 따로 기록하고, 극완을 백비의 부친이라고 기록해놓지 않았다. 사서와 제자백가서에 백비의 부친 이름이 나오지 않는 점에 주목할 필요가 있다. 이는 백비의 부친이 극완의 일당으로 몰려 함께 죽임을 당했을 가능성을 시사한다. 춘추전국시대를 통틀어 4대에 걸쳐 진晉나라에서 초나라, 오나라 등 여러 나라로 연이어 망명한 경우도 드물지만 망명지에서 태재의 고관직에 올라갔다가 비참한 죽임을 당한 것은 백비 집안이 유일하다. 백종과 백주리는 변란이 일어나는 상황에서 패배하는 쪽에 있었기에 화를 당했다. 백비의 부친도 이 와중에 비명횡사했다. 백비는 이런 불운한 집안 내력을 끊기 위해 나름대로 최선을 다했다고 평할 수 있다.

王. 久之, 楚平王以其邊邑鍾離與吳邊邑卑梁氏俱蠶, 兩女子爭桑相攻, 乃大怒, 至於兩國舉兵相伐. 吳使公子光伐楚, 拔其鍾離·居巢而歸. 伍子胥說吳王僚曰, "楚可破也. 願復遣公子光." 公子光謂吳王曰, "彼伍胥父兄爲戮於楚, 而勸王伐楚者, 欲以自報其讎耳. 伐楚未可破也." 伍胥知公子光有內志, 欲殺王而自立, 未可說以外事, 乃進專諸於公子光, 退而與太子建之子勝耕於野. 五年而楚平王卒. 初, 平王所奪太子建秦女生子軫, 及平王卒, 軫竟立爲後, 是爲昭王. 吳王僚因楚喪, 使二公子將兵往襲楚. 楚發兵絶吳兵之後, 不得歸. 吳國內空, 而公子光乃令專諸襲刺吳王僚而自立, 是爲吳王闔廬. 闔廬旣立, 得志, 乃召伍員以爲行人, 而與謀國事. 楚誅其大臣郤宛·伯州犁, 伯州犁之孫伯嚭亡奔吳, 吳亦以嚭爲大夫. 前王僚所遣二公子將兵伐楚者, 道絶不得歸. 後聞闔廬弑王僚自立, 遂以其兵降楚, 楚封之於舒.

합려는 보위에 오른 지 3년째 되던 해에 군사를 일으켜 오자서·백비와 함께 초나라를 공격해 서 낭을 함락시키고, 전에 오나라를 배반하고 초나라에 투항한 두 공자를 생포했다. 이어 여세를 몰아 초나라 도성 영까지 진격하고자 했다. 장군 손무가 만류했다.

"백성들이 지쳐 있어 아직은 때가 되지 않았습니다. 잠시 기다리는 것이 낫습니다."

협려가 이를 좇아 회군했다. 합려 4년, 오나라가 초나라를 쳐 육六과 잠灊 땅을 점령했다. 합려 5년, 월나라를 쳐 승리했다. 합려 6년, 초소왕이 영윤인 공자 낭와囊瓦에게 명해 군사를 이끌고 가 오나라를 치게 했다. 합려가 오자서에게 명해 반격을 가하게 했다. 오자서가 초나라 군사를 예장豫章에서 대파하고 초나라의 거소를 빼앗았다. 합려 9년, 합려가 오자서와 손무에게 물었다.

"당초 그대들은 초나라 도성 영으로 진격할 수 없다고 했다. 지금은 과연 어떠한가?"

두 사람이 대답했다.

"초나라 영윤 낭와가 탐욕스럽게 뇌물을 요구한 탓에 당나라와 채나라 모두 그를 원망하고 있습니다. 대왕이 꼭 초나라를 대대적으로 토벌하고자 하면 반드시 먼저 당나라와 채나라를 우리 편으로 끌어들여야 합니다."

합려가 이를 받아들였다. 전군을 동원한 뒤 당나라·채나라와 합세해 초나라를 쳤다. 오나라 군사가 초나라와 한수漢水를 사이에 두고 대진했다. 이때 합려의 동생 부개夫槪가 일부 병사를 이끌고 초나라 군사와 싸우고자 했으나 합려가 허락하지 않았다. 결국 휘하 군사 5,000명을 이끌고 초나라 장수 자상子常을 쳤다. 자상이 패주해 정나라로 달아났다. 오나라가 승세를 몰아 진격하며 다섯 번의 전투를 치른 끝에 마침내 초나라 도성 영에 도착했다.

이해 11월 기묘일, 초소왕이 황급히 도성에서 달아났다. 다음날인 이달 경진일, 합려가 영에 입성했다.* 초소왕이 왕실의 사냥터인 운몽택雲夢澤으로 달아났다가 도둑 떼의 습격을 받았다. 다시 운鄖나라로 달아났다. 운공鄖公의 동생 회懷가 말했다.

"초평왕이 우리 부친을 죽였으니 내가 그의 아들을 죽여도 가하지 않은가!"

운공은 동생 회가 초소왕을 죽일까 우려해 초소왕과 함께 수隨나

• 본문에는 기묘己卯와 경진庚辰으로만 나와 있으나 《춘추좌전》〈노정공 4년〉조의 주석에 따르면 각각 기원전 506년 11월 28일과 29일에 해당한다.

라로 달아났다. 오나라 병사들이 수나라를 포위한 뒤 수나라 백성을 부추겼다.

"운몽택 부근 한천漢川 일대의 주나라 왕실 후손은 모두 초나라가 멸망시켰다."

수나라 백성들이 초소왕을 죽이려 했다. 왕자 기綦가 초소왕을 숨겨둔 뒤 자신이 대신 죽고자 했다. 수나라 백성들이 점을 쳐보니 오나라에 초소왕을 넘겨주는 것이 불길하다고 나왔다. 오나라의 청을 거절하고 초소왕을 넘겨주지 않은 이유다.

●● 闔廬立三年, 乃興師與伍胥·伯嚭伐楚, 拔舒, 遂禽故吳反二將軍. 因欲至郢, 將軍孫武曰, "民勞, 未可, 且待之."乃歸. 四年, 吳伐楚, 取六與灊. 五年, 伐越, 敗之. 六年, 楚昭王使公子囊瓦將兵伐吳. 吳使伍員迎擊, 大破楚軍於豫章, 取楚之居巢. 九年, 吳王闔廬謂子胥·孫武曰, "始子言郢未可入, 今果何如?"二子對曰, "楚將囊瓦貪, 而唐·蔡皆怨之. 王必欲大伐之, 必先得唐·蔡乃可."闔廬聽之, 悉興師與唐·蔡伐楚, 與楚夾漢水而陳. 吳王之弟夫概將兵請從, 王不聽, 遂以其屬五千人擊楚將子常. 子常敗走, 奔鄭. 於是吳乘勝而前, 五戰, 遂至郢. 己卯, 楚昭王出奔. 庚辰, 吳王入郢. 昭王出亡, 入雲夢, 盜擊王, 王走鄖. 鄖公弟懷曰, "平王殺我父, 我殺其子, 不亦可乎!"鄖公恐其弟殺王, 與王奔隨. 吳兵圍隨, 謂隨人曰, "周之子孫在漢川者, 楚盡滅之." 隨人欲殺王, 王子綦匿王, 己自爲王以當之. 隨人卜與王於吳, 不吉, 乃謝吳不與王.

당초 오자서와 신포서申包胥는 친하게 지냈다. 오자서가 망명할 때 신포서에게 말했다.

"나는 반드시 초나라를 뒤엎고 말 것이다."

신포서는 응수했다.

"나는 반드시 초나라를 지킬 것이다."

오나라 군사가 영에 입성했을 때 오자서는 초소왕을 잡기 위해 사방을 뒤졌으나 뜻을 이루지 못했다. 부득이 초평왕의 무덤을 파헤쳐 그의 시신을 꺼내 채찍질을 300번 가한 뒤 그만두었다. 신포서가 산중으로 달아난 뒤 사람을 보내 오자서를 힐난했다.

"그대의 복수는 너무 심하다. 내가 듣건대 '사람이 많으면 한때 하늘을 이길 수 있으나, 일단 하늘의 뜻이 정해지면 사람을 깨뜨릴 수 있다'●고 했다. 일찍이 초평왕의 신하가 되어 북면北面하며 섬긴 그대가 지금 그 시신을 욕되게 했으니 이보다 더 천리에 어긋난 일이 있겠는가?"

오자서가 대답했다.

"나를 대신해 신포서에게 사과한 뒤 '해는 지고 갈 길이 먼 상황[日暮途遠]에서 부득이 도리에 어긋난 짓을 할 수밖에 없었다'고 전해주시오."

신포서가 진秦나라로 달려가 위급을 알리고 구원을 청했다. 진나라가 대답치 않자 신포서는 진나라의 궁궐 앞에서 밤낮으로 통곡했다. 일주일 동안 밤낮으로 통곡하는 소리가 끊이지 않았다. 그를 불쌍히 여긴 진애공秦哀公이 말했다.

"초나라가 비록 무도하기는 하나 이런 충신이 있으니 어찌 망하도

● 원문은 "인중자승천人衆者勝天, 천정역능파인天定亦能破人"이다.《사기정의》는 풀이하기를, "사람들이 모여 일시 흉포한 모습을 드러내 하늘을 이기는 듯이 보이나, 하늘은 재앙을 내려 흉포한 자들을 깨뜨릴 수 있다는 뜻이다"라고 했다.

록 놔둘 수 있겠는가?"

이내 병거 500승을 보내 초나라를 구하고, 오나라를 치게 했다. 이 듬해인 합려 10년 6월, 진나라 군사가 직稷 땅에서 오나라 군사를 격파했다. 이에 앞서 합려가 오랫동안 초나라에 머물며 초소왕을 찾고 있는 동안 합려의 동생 부개가 대열에서 이탈해 귀국한 뒤 스스로 즉위했다. 이 소식을 들은 합려는 초나라를 포기하고 귀국한 즉시 동생 부개를 쳤다. 부개가 패해 초나라로 달아났다. 초소왕은 오나라에 내란이 일어난 것을 알고는 다시 도성으로 들어온 뒤 부개를 당계堂溪에 봉하고, 당계씨堂溪氏로 불렀다. 초나라가 다시 오나라와 싸워 이겼다. 오왕 부차가 철군했다.

2년 뒤 합려가 태자 부차에게 명해 병사를 이끌고 가 초나라를 치게 했다. 초나라 파番 땅을 빼앗았다. 초나라는 오나라가 다시 급습해 올까 두려운 나머지 영을 떠나 약鄀으로 천도했다. 당시 오나라는 오자서와 손무의 계책 덕분에 서쪽으로 초나라를 격파하고, 북쪽으로 제나라와 진晉나라를 위협하고, 남쪽으로 월나라를 굴복시켰다. 4년 뒤 공자가 노나라 재상이 되었다. 5년 뒤 오나라가 월나라를 쳤다. 월왕 구천이 반격해 고소姑蘇에서 오나라를 격파하고, 합려의 손가락에 상처를 입혔다. 오나라 군사가 곧바로 퇴각한 이유다. 합려는 상처가 커져 이내 죽게 되자 태자 부차를 불러 이같이 물었다.

"너는 구천이 아비를 죽게 만든 일을 잊을 수 있겠는가?"

부차가 다짐했다.

"결코 잊지 않을 것입니다."

이날 저녁 합려가 죽자 부차가 뒤를 이었다. 곧 백비를 왕실을 담당한 태재로 삼고, 병사들에게 싸우는 법과 활쏘기를 훈련시켰다.

●● 始伍員與申包胥爲交, 員之亡也, 謂包胥曰, "我必覆楚." 包胥曰, "我必存之." 及吳兵入郢, 伍子胥求昭王. 旣不得, 乃掘楚平王墓, 出其尸, 鞭之三百, 然後已. 申包胥亡於山中, 使人謂子胥曰, "子之報讎, 其以甚乎! 吾聞之, '人衆者勝天, 天定亦能破人.' 今子故平王之臣, 親北面而事之, 今至於僇死人, 此豈其無天道之極乎!" 伍子胥曰, "爲我謝申包胥曰, 吾日莫途遠, 吾故倒行而逆施之." 於是申包胥走秦告急, 求救於秦. 秦不許. 包胥立於秦廷, 晝夜哭, 七日七夜不絶其聲. 秦哀公憐之, 曰, "楚雖無道, 有臣若是, 可無存乎!" 乃遣車五百乘救楚擊吳. 六月, 敗吳兵於稷. 會吳王久留楚求昭王, 而闔廬弟夫槪乃亡歸, 自立爲王. 闔廬聞之, 乃釋楚而歸, 擊其弟夫槪. 夫槪敗走, 遂奔楚. 楚昭王見吳有內亂, 乃復入郢. 封夫槪於堂谿, 爲堂谿氏. 楚復與吳戰, 敗吳, 吳王乃歸. 後二歲, 闔廬使太子夫差將兵伐楚, 取番. 楚懼吳復大來, 乃去郢, 徙於鄀. 當是時, 吳以伍子胥·孫武之謀, 西破彊楚, 北威齊晉, 南服越人. 其後四年, 孔子相魯. 後五年, 伐越. 越王句踐迎擊, 敗吳於姑蘇, 傷闔廬指, 軍卻. 闔廬病創將死, 謂太子夫差曰, "爾忘句踐殺爾父乎?" 夫差對曰, "不敢忘." 是夕, 闔廬死. 夫差旣立爲王, 以伯嚭爲太宰, 習戰射.

합려 사후 2년 뒤 오왕 부차가 월나라를 공격해 부초산夫湫山에서 승리를 거두었다. 월왕 구천이 패잔병 5,000명을 이끌고 회계산會稽山으로 들어갔다. 대부 문종文種을 시켜 후한 예물을 오나라 태재 백비에게 보내 강화를 요청하게 했다. 월나라를 오나라에 바치고, 군신 모두 오나라의 노복奴僕이 된다는 조건이었다. 부차가 이를 응낙하려 하자 오자서가 간했다.

"월왕은 온갖 어려움과 고통[千辛萬苦]을 잘 견디는 자입니다. 지금 그를 제거하지 않으면 나중에 반드시 후회할 것입니다."

부차가 이를 듣지 않고 태재 백비의 계책을 좇아 월나라와 강화했다. 5년 뒤 제경공이 죽었다. 부차는 제나라 대신들이 서로 다투고 새 군주가 유약하다는 말을 듣고는 군사를 일으켜 북쪽 제나라를 치려 했다. 오자서가 만류했다.

"구천은 지금 반찬 하나로 식사를 하고, 죽은 자를 조문하고, 병든 자를 문병하고 있습니다. 이는 장차 이들을 요긴하게 쓰려는 것입니다. 그를 죽이지 않으면 반드시 오나라의 우환이 될 것입니다. 지금 오나라에게 월나라의 존재는 마치 사람에게 뱃속의 질병[腹心之疾]이 있는 것과 같습니다. 그럼에도 대왕은 월나라를 먼저 없애려 하지 않고 제나라에만 힘을 쓰니 이 어찌 잘못된 일이 아니겠습니까?"

부차가 듣지 않고 제나라를 쳤다. 제나라 군사를 애릉艾陵에서 대파한 뒤 여세를 몰아 추鄒나라와 노나라 군주까지 위협하고 돌아왔다. 이후 오자서의 계책을 더욱 홀시했다.

4년 뒤 부차가 다시 북쪽으로 제나라를 치려 하자 월왕 구천이 공자의 제자 자공의 계책을 썼다.• 자신의 군사를 이끌고 부차를 도우면서 귀중한 보물을 태재 백비에게 바친 것이다. 태재 백비는 이미 누차 구천의 뇌물을 받은 까닭에 구천을 유난히 좋아하고 신임하면서 밤낮으로 부차에게 그를 좋게 이야기했다. 부차가 백비의 계책을 신용한 이유다. 오자서가 간했다.

• 《춘추좌전》은 기원전 484년에 애릉전투에서 제나라 군사를 격파한 뒤 기원전 482년에 부차가 황지黃池에서 제후들과 회맹한 것으로 기록해놓았다. 자공의 계책을 쓴 것은 애릉전투로부터 4년 뒤가 아니라 2년 뒤다.

"무릇 월나라는 오나라에게 뱃속의 질병입니다. 지금 월왕의 허황된 감언이설과 속임수를 믿고 제나라를 탐내고 계십니다. 설령 제나라를 쳐 빼앗을지라도 돌밭과 같은 제나라는 아무런 쓸모가 없습니다. 또《서경》〈반경盤庚〉에 나오는 훈계인 반경지고盤庚之誥에 이르기를, '예법을 거스르고 불공한 짓을 한 자는 가볍게는 코를 베고 무겁게는 목을 베어 이 땅에 번식하지 못하게 하라'고 했습니다. 은나라가 흥성한 까닭입니다. 원컨대 대왕은 제나라를 단념하고 먼저 월나라부터 처치하십시오. 그리하지 않으면 나중에 후회해도 소용이 없습니다."

부차가 이를 듣지 않고 오자서를 제나라에 사자로 보냈다. 오자서는 제나라를 떠나 귀국하기에 앞서 아들에게 말했다.

"내가 누차 간했으나 대왕이 내 말을 듣지 않는다. 내가 이제 오나라의 패망을 보게 될 것이다. 네가 오나라와 함께 패망하는 것은 무익한 일이다."

그러고는 아들을 제나라 대부 포목鮑牧에게 맡긴 뒤 귀국해 복명復命했다. 태재 백비는 원래 오자서와 사이가 좋지 않았다. 오자서를 헐뜯었다.

"오자서는 고집이 세고 사나우며 인정이 없고 시기심이 강합니다. 그가 대왕에게 원한을 품고 있어 장차 큰 화근을 될까 걱정됩니다. 전에 대왕이 제나라를 치려 할 때 오자서가 반대했지만 대왕은 결국 제나라를 쳐 대공을 이루었습니다. 오자서는 계책이 받아들여지지 않은 것을 부끄럽게 여기며 오히려 원망을 품었습니다. 지금 대왕이 또 제나라를 치려 하자 오자서가 고집을 부리고 강력히 간하며 군사 동원을 저지하고 있습니다. 이는 단지 오나라가 실패해 자신의 계책이 옳았다는 것을 증명하고자 하는 것입니다.

지금 대왕은 나라의 모든 병력을 동원해 친히 제나라를 치려 합니다. 오자서는 간언이 받아들여지지 않자 이내 병을 핑계 삼아 자리에서 물러났습니다. 대왕은 미리 대비책을 세워두어야 합니다. 그가 화난을 일으키는 것은 어려운 일도 아닙니다. 사람을 시켜 은밀히 조사해보니 그는 제나라에 사자로 갔을 때 자식을 포씨에게 맡겼습니다. 무릇 신하가 되어 안에서 뜻을 이루지 못했다고 밖으로 제후들에게 기대려 하고, 선왕의 모신謀臣인데도 지금 버림을 당했다고 생각해 늘 불평불만하고 마음속에 원한을 품고 있습니다.* 원컨대 대왕은 속히 대비책을 세우십시오."

부차가 말했다.

"그대가 말하지 않았어도 나 역시 그를 의심하고 있었소."

그러고는 사자를 시켜 오자서에게 촉루屬鏤라는 칼을 전하며 이같이 명했다.

"그대는 이 칼로 자결하도록 하라."

오자서가 하늘을 우러러보고 탄식했다.

"아, 아첨하는 간신[諛臣] 백비가 나라를 어지럽히고 있는데 군왕은 오히려 나를 죽이려 하는구나. 나는 그의 부친 합려를 패자로 만들었고, 또 그가 즉위하기 전에 여러 공자가 보위를 다툴 때 죽음을

● "늘 불평불만하고 마음속에 원한을 품고 있습니다"의 원문은 "상앙앙원망常怏怏怨望"이다. 〈회음후열전淮陰侯列傳〉에 나오는 "일야원망日夜怨望, 거상앙앙居常怏怏" 구절과 뜻이 같다. 〈진시황본기〉에도 "대신앙앙大臣怏怏" 표현이 나온다. 앙앙怏怏은 불평불만으로 우울한 표정을 짓는 것을 말한다. 앙앙불락怏怏不樂과 같다. 울울불락鬱鬱不樂으로도 표현한다. 원망怨望은 마음속에 불만을 품은 것으로 원한과 뜻이 같다. 가의의 〈과진론過秦論〉에 백성원망百姓怨望 표현이 나온다.

무릅쓰고 선왕에게 간했다. 그리하지 않았으면 즉위하지 못했을 것이다. 그가 즉위 후 오나라를 나누어주려 했을 때도 감히 이를 바라지 않았다. 그런데도 지금 그는 아첨하는 간신의 말만 듣고 나를 죽이려 하는구나."

이어 사인舍人에게 이같이 당부했다.

"내 무덤 위에 반드시 가래나무[梓]를 심어 관재棺材로 삼도록 하라. 그리고 내 눈알을 도려내 도성의 동문東門 위에 걸어두도록 하라. 월나라 군사들이 쳐들어와 오나라를 멸하는 것을 똑똑히 보려 한다."

그러고는 스스로 목을 찔러 죽었다. 부차는 이 소식을 듣고 대로한 나머지 오자서의 시체를 가져다가 말가죽 자루에 넣은 뒤 강물에 던져버렸다. 오나라 백성들이 그를 불쌍히 여겨 강기슭에 사당을 세웠다. 서산胥山의 명칭을 얻은 이유다. 오왕 부차는 오자서를 죽인 뒤 마침내 제나라를 쳤다. 당시 제나라 대부 포씨는 군주인 안유자晏孺子 도荼를 살해한 뒤 공자 양생陽生을 제도공齊悼公으로 옹립했다.● 오왕 부차는 이들 역적을 토벌하고자 했으나 승리하지 못하고 귀국했다.

2년 뒤 부차가 노나라 및 위衛나라 군주를 불러 탁고橐皋에서 회맹했다. 이듬해, 북상해 황지에서 제후들을 크게 모아 회맹하고 주나라 왕실의 이름으로 호령했다. 월왕 구천이 이 틈에 오나라를 기습해 오나라 태자 우友를 죽이는 등 대승을 거두었다. 이 소식을 듣고 귀국한 부차가 사자를 시켜 후한 예물을 보내고 월나라와 강화했다. 9년 뒤 월왕 구천이 마침내 오나라를 멸망시킨 뒤 부차를 죽이고 태

● 원문은 "살기군도공이입양생殺其君悼公而立陽生"이다. 이는 〈제태공세가齊太公世家〉의 기록과 배치된다. 노나라로 망명했던 공자 양생이 제도공으로 즉위한 것이고, 포목이 살해한 군주는 제경공의 막내아들인 안유자 도였다. 〈제태공세가〉의 기록을 좇았다.

재 백비를 주살했다.* 모시던 군주인 부차에게 불충했고, 외부에서 많은 뇌물을 받고, 적국인 월나라와 내통했다는 이유였다. 이에 앞서 오자서와 함께 망명했던 초평왕의 태자 건의 아들 공손公孫 승勝은 오나라에 있었다. 오왕 부차가 생존해 있을 때 초혜왕楚惠王이 그를 초나라로 불러들이려고 했다. 섭공葉公 심제량沈諸梁이 간했다.

"공손 승은 용맹한 것을 좋아해 죽음을 불사하는 무사[死士]를 은밀히 찾고 있습니다. 아마도 음모를 꾸미고 있는 듯합니다."

초혜왕이 이를 듣지 않고 마침내 공손 승을 불러 변경의 언鄢 땅에 살게 하고 백공白公으로 불렀다. 백공 승이 초나라로 돌아온 지 3년째 되던 해에 오왕 부차가 오자서를 주살했다. 백공 승은 초나라로 돌아온 뒤 정나라가 자신의 부친인 태자 건을 죽인 것에 원한을 품고, 은밀히 죽음을 불사하는 무사들을 양성해 복수하고자 했다.

초나라로 돌아온 지 5년째 되던 해에 정나라 토벌을 청하자 영윤으로 있던 초평왕의 아들 공자 신申이 이를 허락했다. 출병도 하기 선에 신晉나라가 정나라를 쳤다. 정나라가 초나라에 구원을 청하사 초나라 조정은 자가 자서子西인 공자 신을 보내 구원하게 했다. 자서가 정나라와 맹약을 맺고 돌아왔다. 백공 승이 대로했다.

"원수는 정나라가 아니라 바로 자서다."

백공 승이 직접 칼을 갈자 사마로 있던 초평왕의 또 다른 아들인 공자 결結의 아들 평平이 물었다.

● "부차를 죽이고 태재 백비를 주살했다"의 원문은 "살왕부차殺王夫差, 이주태재비而誅太宰嚭"다. 이는 《춘추좌전》〈노애공魯哀公 22년〉 및 〈노애공 24년〉조의 기록과 배치된다. 〈노애공 22년〉조의 기록에 따르면 기원전 473년, 오왕 부차가 목을 매어 자진했다[乃縊]고 기록해놓았다. 〈노애공 24년〉조의 기록에 따르면 기원전 471년, 백비는 월나라의 태재가 되어 생존해 있었다. 〈오자서열전〉의 기록은 사마천의 곡필曲筆이 아닌 후대인의 가필로 보인다.

"무엇을 하려는 것이오?"

백공 승이 대답했다.

"자서를 죽일 생각이다."

이 말을 전해 들은 자서는 웃으며 말했다.

"백공 승은 아직 새알과 같은 존재다. 그가 무슨 일을 할 수 있겠는가?"

4년 뒤 백공 승이 대부 석기石乞 등과 함께 초나라 조정을 기습해 영윤 자서와 사마 자기 등을 죽였다. 석기가 간했다.

"왕을 죽이지 않으면 안 됩니다."

왕을 죽이려 했으나 초혜왕은 고부高府로 달아난 뒤였다. 이때 석기의 시종인 굴고屈固가 초혜왕을 등에 업고 초혜왕의 생모인 소부인昭夫人의 궁으로 달아났다.• 섭공 심제량은 백공이 반기를 들었다는 소식을 듣고 곧바로 백성을 이끌고 가 백공을 쳤다. 백공의 무리가 싸움에서 패하자 산중으로 달아났다. 백공 승은 스스로 목을 매고 죽었다. 섭공이 석기를 생포하고 백공의 시체를 묻은 곳을 물었다. 말하지 않으면 팽살烹殺하겠다고 위협하자 석기가 말했다.

"일이 성공했으면 나는 경卿이 되었을 것이다. 실패했으니 팽살을 당하는 것이 마땅하다••."

그러고는 끝내 백공의 시체가 묻힌 곳을 말하지 않았다. 마침내 섭공은 석기를 팽살한 뒤 초혜왕을 찾아 다시 세웠다.

• 석기의 시종 굴고가 《춘추좌전》 〈노애공 16년〉조에는 대부 어공양圉公陽으로 나온다. 이에 따르면 어공양은 궁내의 별궁 또는 곡식창고로 간주되는 고부의 담에 구멍을 뚫고 들어간 뒤 초혜왕을 업고 나와 초혜왕의 생모인 소부인의 궁으로 달아난 것으로 되어 있다.
•• "실패했으니 팽살을 당하는 것이 마땅하다"의 원문은 "불성이팽不成而亨, 고기직야固其職也"다. 여기의 팽亨은 삶을 팽烹으로 사용된 것이다. 《춘추좌전》에는 직職이 소所로 나온다. 실로 그에 합당한 장소를 찾았다는 뜻으로, 팽살을 당하는 것이 마땅하다는 의미다.

●● 二年後伐越, 敗越於夫湫. 越王句踐乃以餘兵五千人棲於會稽之上, 使大夫種厚幣遺吳太宰嚭以請和, 求委國爲臣妾. 吳王將許之. 伍子胥諫曰, "越王爲人能辛苦. 今王不滅, 後必悔之." 吳王不聽, 用太宰嚭計, 與越平. 其後五年, 而吳王聞齊景公死而大臣爭寵, 新君弱, 乃興師北伐齊. 伍子胥諫曰, "句踐食不重味, 弔死問疾, 且欲有所用之也. 此人不死, 必爲吳患. 今吳之有越, 猶人之有腹心疾也. 而王不先越而乃務齊, 不亦謬乎!" 吳王不聽, 伐齊, 大敗齊師於艾陵, 遂威鄒魯之君以歸. 益疏子胥之謀. 其後四年, 吳王將北伐齊, 越王句踐用子貢之謀, 乃率其衆以助吳, 而重寶以獻遺太宰嚭. 太宰嚭既數受越賂, 其愛信越殊甚, 日夜爲言於吳王. 吳王信用嚭之計. 伍子胥諫曰, "夫越, 腹心之病, 今信其浮辭詐僞而貪齊. 破齊, 譬猶石田, 無所用之. 且盤庚之誥曰, '有顚越不恭, 劓殄滅之, 俾無遺育, 無使易種于玆邑.' 此商之所以興. 願王釋齊而先越, 若不然, 後將悔之無及." 而吳王不聽, 使子胥於齊. 子胥臨行, 謂其子曰, "吾數諫王, 王不用, 吾今見吳之亡矣. 汝與吳俱亡, 無益也." 乃屬其子於齊鮑牧, 而還報吳. 吳人宰嚭既與子胥有隙, 因讒曰, "子胥爲人剛暴, 少恩, 猜賊, 其怨望恐爲深禍也. 前日王欲伐齊, 子胥以爲不可, 王卒伐之而有大功. 子胥恥其計謀不用, 乃反怨望. 而今王又復伐齊, 子胥專愎彊諫, 沮毀用事, 徒幸吳之敗以自勝其計謀耳. 今王自行, 悉國中武力以伐齊, 而子胥諫不用, 因輟謝, 詳病不行. 王不可不備, 此起禍不難. 且嚭使人微伺之, 其使於齊也, 乃屬其子於齊之鮑氏. 夫爲人臣, 內不得意, 外倚諸侯, 自以爲先王之謀臣, 今不見用, 常鞅鞅怨望. 願王早圖之." 吳王曰, "微子之言, 吾亦疑之." 乃使使賜伍子胥屬鏤之劍, 曰, "子以此死." 伍子胥仰天歎曰, "嗟乎! 讒臣嚭爲亂矣, 王乃反誅我. 我令若父霸. 自若未立時, 諸公子爭立, 我以死爭之於先王, 幾不得立. 若旣得立, 欲分吳國予我, 我顧不敢望也. 然今若聽諛臣言以殺長者.” 乃告其舍人曰, “必樹吾墓上以梓, 令可以爲器, 而抉吾眼縣吳東門之上, 以觀越寇之入滅吳也.” 乃自剄死. 吳王聞之大怒, 乃取子胥尸盛以鴟夷革, 浮之江中. 吳人憐之, 爲立祠於江上, 因命曰胥山. 吳王旣誅伍子胥, 遂伐齊. 齊鮑氏殺其君悼公而立陽生. 吳王欲討其賊, 不勝而去. 其後二年, 吳王召魯衛之君會之橐皋. 其明年, 因北大會諸侯於黃池, 以令周室. 越王句踐襲殺吳太子, 破吳兵. 吳王聞之, 乃歸, 使使厚幣與越平. 後九年, 越王句踐遂滅吳, 殺王夫差, 而誅太宰嚭, 以不忠於其君, 而外受重賂, 與己比周也. 伍子胥初所與俱亡故楚太子建之子勝者. 在於吳. 吳王夫差之時, 楚惠王欲召勝歸楚. 葉公諫曰, “勝好勇而陰求死士, 殆有私乎!” 惠王不聽. 遂召勝, 使居楚之邊邑鄢, 號爲白公. 白公歸楚三年而吳誅子胥. 白公勝旣歸楚, 怨鄭之殺其父, 乃陰養死士求報鄭. 歸楚五年, 請伐鄭, 楚令尹子西許之. 兵未發而晉伐鄭, 鄭請救於楚. 楚使子西往救, 與盟而還. 白公勝怒曰, “非鄭之仇, 乃子西也.” 勝自礪劍, 人問曰, “何以爲?” 勝曰, “欲以殺子西.” 子西聞之, 笑曰, “勝如卵耳, 何能爲也.” 其後四歲, 白公勝與石乞襲殺楚令尹子西 · 司馬子綦於朝. 石乞曰, “不殺王, 不可.” 乃劫之王如高府. 石乞從者屈固負楚惠王亡走昭夫人之宮. 葉公聞白公爲亂, 率其國人攻白公. 白公之徒敗, 亡走山中, 自殺. 而虜石乞, 而問白公尸處, 不言將亨. 石乞曰, “事成爲卿, 不成而亨, 固其職也.” 終不肯告其尸處. 遂亨石乞, 而求惠王復立之.

태사공은 평한다.

"원한을 품은 사람이 끼치는 해독이 실로 크다! 군왕이라도 신하에게 원한을 사서는 안 되는데, 하물며 동등한 지위에 있는 사람인 경우이겠는가! 일찍이 오자서가 부친 오사를 좇아 함께 죽었다면 하찮은 땅강아지나 개미[螻蟻]와 무슨 차이가 있겠는가? 그는 소소한 의義를 버리고 큰 치욕을 씻어 명성을 후대까지 전했으니 그 뜻이 실로 비장하다! 오자서가 강가에 이르러 위급한 상황에 처하고, 길에서 걸식할 때도 어찌 초나라의 도성 영을 잠시라도 잊었겠는가? 그는 모든 고초를 참고 견디며 공명을 이루었다. 강인한 대장부가 아니면 누가 이런 일을 이룰 수 있겠는가? 백공 승도 보위에 욕심을 내지 않았으면 그 공적과 계책이 어찌 말로 다할 수 있었겠는가!"

●● 太史公曰, "怨毒之於人甚矣哉! 王者尚不能行之於臣下, 況同列乎! 向令伍子胥從奢俱死, 何異螻蟻. 棄小義, 雪大恥, 名垂於後世, 悲夫! 方子胥窘於江上, 道乞食, 志豈嘗須臾忘郢邪邪? 故隱忍就功名, 非烈丈夫孰能致此哉? 白公如不自立爲君者, 其功謀亦不可勝道者哉!"

중니제자열전
仲尼弟子列傳

〈중니제자열전〉은 공자와 그 제자 일흔세 명에 관한 내용이다. 중국의 사학자 전목은 공자의 제자들을 공자의 천하유세를 기점으로 크게 전기제자와 후기제자로 나눈 바 있다. 전기와 후기의 제자를 구분하는 것은 쉬운 일이 아니다. 후기제자로 보이는 제자도 공자가 여행을 떠나기 전에 짧게나마 배웠을지도 모른다. 그러나《공자가어孔子家語》와《사기》〈중니제자열전〉의 내용을 토대로 전기와 후기로 개괄적으로 분류하는 것이 불가능하지는 않다. 공자가 천하유세 여정에 나설 때만 해도 전기제자는 그리 많지 않았을 것으로 짐작된다. 전기제자들은 공자가 14년에 걸친 천하유세에 들어가면서 대부분 흩어졌으리라 보는 것이 타당하다. 천하유세 과정에서 공자를 수종한 자가 극소수에 지나지 않은 사실이 이를 뒷받침한다.

전기제자 가운데 극히 일부만 공자와 함께 여정에 나섰다.《논어》에서 찾을 경우 자로子路·안회顏回·자공·염유冉有 등 네 명뿐이다. 자공과 염유는 정확한 시기는 단정할 수 없으나 도중에 노나라로 돌아가 계씨季氏의 가재家宰가 되었다. 처음부터 마지막 여정까지 함께한 전기제자는 오직 자로와 안연밖에 없는 셈이다. 《논어》를 포함한 제자백가서 및 사서의 내용을 종합해볼 때 공자의 제자 가운데 가장 뛰어난 면모를 보인 사람은 자공·안연·자로 등 세 명이다.

주목할 만한 사람이 자공이다. 사마천도 그에게 지대한 관심을 기울였다. 〈중니제자열전〉의 절반 이상을 자공에게 할애한 것이 그렇다. 〈화식열전〉에서는 관중부터 시작된 상가 사상이 자공에 의해 구체적인 결실을 맺은 것으로 기록해놓았다. 이른바 유상儒商이다. 이는 공자의 학문을 연마하며 상업을 통해 부를 쌓은 자를 의미한다. 그는 유가의 다섯 덕목 가운데 예와 지知를 상징한다. 부친과 함께 공자의 제자가 된 안연은 《논어》에서 공자 사상을 한마디로 응축해놓은 인仁의 화신으로 그려져 있다. 공자가 자신의 후계자로 생각한 안연의 요절에 애통해한 사실이 이를 뒷받침한다. 원래 시정잡배 출신인 자로는 신信과 의義를 상징한다.

공자가 14년에 걸친 천하유세 도중에 제후들로부터 동등한 대우를 받고, 즐겨 학문을 논하고, 수모를 당하지 않은 이유는 세 명의 공이 컸다. 후기제자 가운데서는 예학禮學을 완성한 자하子夏와 효孝의 상징인 증삼曾參이 가장 눈에 띈다.

공자가 말했다.

"내 문하에서 학업에 힘써 육예에 통달한 자는 모두 일흔일곱 명이다."

모두 재능이 탁월한 자들이다. 이 가운데 덕행으로는 안연과 민자건閔子騫과 염백우冉伯牛●와 중궁仲弓, 정치로는 염유와 자로, 언변으로는 재아宰我와 자공, 문학으로는 자유子遊와 자하가 특별히 뛰어났다. 그러나 전손사顓孫師는 한쪽으로 치우친 데가 있고, 증삼은 어리석은 바가 있고, 고시高柴는 우직한 면이 있고, 중유仲由(자로)는 거친데가 있었다. 안연은 매우 가난했고, 자공은 천명을 받지 않고 재물을 불렸지만 시세 파악에 능했다.

공자가 존경한 사람으로는 주나라의 노자, 위衛나라의 거백옥, 제나라의 안평중, 초나라의 노래자, 정나라의 자산, 노나라의 맹공작 등이 있었다. 자주 칭송한 사람으로는 노나라 대부 장문중臧文仲, 이름이 전획展獲인 노나라 대부 유하혜柳下惠, 식읍이 동제銅鞮이고 자가 백화伯華여서 동제백화로 불린 진晉나라 대부 양설적羊舌赤, 신문공이 망명했을 때 곁에서 도운 개산자연介山子然●● 등이 있었다. 그러나 뒤의 네 명은 모두 공자보다 앞선 시대의 사람들로, 같은 시대의 사람이 아니다.

●● 孔子曰, "受業身通者七十有七人", 皆異能之士也. 德行, 顔淵, 閔

● 《논어》에는 염백우와 염유의 염冉이 염冄으로 되어 있다. 가는 털이 길에 늘어져 있다는 뜻으로 같은 글자다.
●● 개산자연은 진문공이 19년에 걸친 망명생활을 할 때 곁에서 도운 공신 개자추介子推를 말한다. 《춘추좌전》은 개지추介之推, 《여씨춘추》와 《한비자》, 《사기》 〈진세가晉世家〉 등은 개자추, 굴원의 〈구장九章〉, 석왕일惜往日〉은 개자介子, 채옹蔡邕의 〈금조琴操〉는 개자수介子綏, 당나라 고황顧況의 〈의고삼수擬古三首〉에는 개추介推로 나온다. 여기의 지之는 의미가 없는 허사虛詞이고, 자子는 존대어인 경사敬辭로 사용된 것이다. 유향의 《열선전列仙傳》에는 왕광王光으로 나온다. 개자추를 숭상한 도가의 별칭이다.

子騫, 冉伯牛, 仲弓. 政事, 冉有, 季路. 言語, 宰我, 子貢. 文學, 子遊, 子夏. 師也辟, 參也魯, 柴也愚, 由也喭, 回也屢空. 賜不受命而貨殖焉, 億則屢中. 孔子之所嚴事, 於周則老子, 於衛, 蘧伯玉, 於齊, 晏平仲, 於 楚, 老萊子, 於鄭, 子產, 於魯, 孟公綽. 數稱臧文仲・柳下惠・銅鞮伯 華・介山子然, 孔子皆後之, 不並世.

안회열전

안회는 노나라 출신으로 자는 자연子淵이다. 공자보다 서른 살 어리다.《논어》〈안연顏淵〉에 따르면 안연이 인仁을 실현하는 방법을 묻자 공자가 이같이 대답했다.

"스스로 절제해 예로 돌아가는 극기복례克己復禮를 하면 된다. 하루만이라도 극기복례하면 천하가 인仁으로 돌아갈 수 있다."

공자가《논어》〈옹야雍也〉에서 안회를 이같이 칭송했다.

"현명하구나, 회여, 밥 한 그릇과 물 한 바가지로 누추한 거리에 살고 있으니! 사람들은 그 근심을 견디지 못하는데 회는 그 즐거움을 그치지 않는구나!"

공자는 또《논어》〈위정爲政〉에서 이같이 말했다.

"회는 얼핏 어리석은 듯이 보였다. 그가 물러간 뒤 그의 언행을 살펴보니 나의 가르침이 제대로 발휘되고 있었다. 회는 결코 어리석지 않다!"•

• 이 구절의 원문은 "회야여우回也如愚, 퇴이성기사退而省其私, 역족이발亦足以發, 회야불우回也不愚!"다.《논어》〈위정〉에는 "회야여우回也如愚"가 "내가 회와 더불어 온종일 이야기해보

이어 《논어》 〈술이〉에서 이같이 말했다.

"발탁하면 도를 행하고, 버려두면 도를 숨기며 즐기는 것은 오직 나와 너만이 할 수 있을 것이다!"

안회는 스물아홉에 백발이 되어 젊은 나이에 죽었다. 공자는 그가 죽자 매우 애통해했다. 슬피 울며 이같이 탄식했다.

"나에게 안회가 있은 뒤 제자들이 나와 더욱 친숙해졌다."

《논어》 〈옹야〉에 따르면 한번은 노애공魯哀公이 공자에게 이같이 물었다.

"제자 가운데 누가 배우기를 좋아합니까?"

공자가 대답했다.

"안회라는 제자가 배우기를 좋아했습니다. 노여움을 옮기지 않고 두 번 다시 잘못을 저지르지 않았습니다. 다만 불행히도 명이 짧아 죽고 말았습니다. 지금은 배우기를 좋아하는 사람이 없습니다."•

●● 顔回者, 魯人也, 字子淵. 少孔子三十歲. 顔淵問仁, 孔子曰, "克己復禮, 天下歸仁焉." 孔子曰, "賢哉回也! 一簞食, 一瓢飮, 在陋巷, 人不堪其憂, 回也不改其樂." "回也如愚, 退而省其私, 亦足以發, 回也不愚." "用之則行, 捨之則藏, 唯我與爾有是夫!" 回年二十九, 髮盡白, 蚤死. 孔子哭之慟, 曰, "自吾有回, 門人益親." 魯哀公問, "弟子孰爲好學?" 孔子對曰, "有顔回者好學, 不遷怒, 不貳過. 不幸短命死矣, 今也則亡."

니 그가 내 말을 어기지 않아 일견 어리석은 듯했다[吾與回, 言終日, 不違如愚]고 되어 있다.
• 《논어》 〈옹야〉에는 맨 뒤에 "아직 안회처럼 배우기를 좋아하는 사람이 있다는 이야기를 듣지 못했습니다[未聞好學者也]"라는 구절이 덧붙어 있다.

민손열전

민손閔損은 자가 자건이며 공자보다 열다섯 살 어리다. 공자는《논어》〈선진先進〉에서 그의 효행을 이같이 칭송했다.

"효자로다, 민자건이여! 그의 효행을 칭송하는 부모형제의 말에 사람들이 아무런 이의를 달지 못하는구나."

그는 대부를 섬기지 않았고, 옳지 못한 일을 한 군주의 녹봉을 받으려 하지 않았다.《논어》〈옹야〉에 따르면 노나라 권신 계씨가 비읍費邑의 읍재邑宰로 삼으려 하자 그 사자에게 이같이 말했다.

"만일 나를 다시 부르면 반드시 노나라를 빠져나가 제나라 남쪽을 흐르는 문수汶水 부근에 가 있을 것이오."

●● 閔損字子騫. 少孔子十五歲. 孔子曰, "孝哉, 閔子騫! 人不閒於其父母昆弟之言!" 不仕大夫, 不食汙君之祿. "如有復我者, 必在汶上矣."

백우열전

염경冉耕은 자가 백우伯牛다. 공자는 그에게 덕행이 있다고 여겼다.《논어》〈옹야〉에 따르면 백우에게 악질惡疾이 있었다. 공자가 위문을 갔다가 창문을 통해 그의 손을 잡고 이같이 탄식했다.

"운명이다! 이 사람이 이런 병에 걸리다니, 이는 운명이다!"*

● 원문은 "명야부命也夫! 사인야이유사질斯人也而有斯疾, 명야부!"다. 《논어》〈옹야〉의 원문과 약간 다르다. 여기에는 "이러한 병에 걸릴 리 없는데, 이는 운명이다. 이 사람이 이런 병에

●● 冉耕字伯牛. 孔子以爲有德行. 伯牛有惡疾, 孔子往問之, 自牖執其手, 曰, "命也夫! 斯人也而有斯疾, 命也夫!"

염옹열전

염옹冉雍은 자가 중궁이다.《논어》〈안연〉에 따르면 하루는 중궁이 정치하는 방법을 묻자 공자가 이같이 대답했다.

"문을 나서서는 귀중한 손님을 대접하듯이 하고, 백성을 부릴 때는 큰 제사를 받들듯이 하면 된다. 그러면 제후의 나라에서도 원망하는 자가 없고, 대부의 집에서도 원망하는 자가 없을 것이다."

공자는《논어》〈옹야〉에서 중궁에게 덕행이 있다고 여겨 이같이 평했다.

"옹은 가히 보위에 앉힐 만하다."

《논어》〈옹야〉에 따르면 중궁의 부친은 미천한 사람이었으나 공자는 중궁을 높이 평가했다.

"얼룩소의 새끼라도 털이 붉고 뿔이 곧다면* 사람들이 비록 쓰지 않으려 해도 산천의 신들이 어찌 이를 그대로 놓아두겠는가?"

●● 冉雍字仲弓. 仲弓問政, 孔子曰, "出門如見大賓, 使民如承大祭. 在邦無怨, 在家無怨." 孔子以仲弓爲有德行, 曰, "雍也可使南面." 仲弓

걸리다니, 이 사람이 이런 병에 걸리다니[亡之, 命矣夫! 斯人也而有斯疾也, 斯人也而有斯疾也)!"로 되어 있다.

● "털이 붉고 뿔이 곧다면"의 원문은 "성차각騂且角"이다. 성騂은 소가 붉은색을 띠고 있다는 뜻이다. 주나라는 붉은색을 숭상해 붉은색 소를 희생으로 사용했다. 각角은 뿔이 곧다는 뜻이다. 공자가 비록 중궁의 아비는 천하고 행실이 부정하나 그 자식만큼은 그렇지 않다는 취지로 말한 것이다.

父, 賤人. 孔子曰, "犁牛之子騂且角, 雖欲勿用, 山川其舍諸?"

염구열전

염구冉求의 자는 자유子有다. 공자보다 스물아홉 살 어리다. 일찍이 노나라 권신 계씨의 집안일을 총괄하는 가재가 되었다. 《논어》〈공야장〉에 따르면 하루는 노나라 대부 맹무백孟武伯이 공자에게 물었다.•

"염구는 인仁합니까?"

공자가 대답했다.

"1,000호의 큰 고을과 100승의 대부 집안의 집사인 가재를 맡길 만하나 그가 인한지는 모르겠소."

또 물었다.

"자로는 인합니까?"

공자가 대답했다.

"염구와 마찬가지로 그가 인한지는 모르겠소."

《논어》〈선진〉에 따르면 하루는 염구가 스승인 공자에게 물었다.

"들은 것은 곧바로 실행해야 합니까?"••

● 원문에는 계강자季康子가 물은 것으로 되어 있으나 《논어》〈공야장〉에는 맹무백으로 나온다. 또 "군정인 병부兵賦를 맡길 만하다[可使治其賦]"는 구절도 〈공야장〉에는 "가재가 될 만하다[可使爲之宰也]"로 되어 있다. 이는 자로에 대한 평으로 나온 것이다. 〈중니제자열전〉의 자로에 대한 기사는 〈공야장〉과 같다. 염유에 관한 기사는 베껴 쓰는 과정에서 착오가 있었던 듯하다. 삼가주는 이에 대해 아무런 언급도 해놓지 않았다. 염유는 세심하기에 가재에 어울리고, 자로는 용맹하기에 군정에 어울린다. 두 사람에 대한 공자의 평이 결코 바뀌어서는 안된다. 〈공야장〉을 좇아 해석해놓았다.

공자가 대답했다.

"바로 실행해야 한다."

자로가 물었다.

"들은 것은 곧바로 실행해야 합니까?"

공자가 반문했다.

"부형이 살아 있는데 어찌 듣자마자 행할 수 있겠는가?"

자가 자화子華인 공서화公西華가 괴이하게 여겨 물었다.

"감히 여쭙건대, 질문은 같은데 어찌해서 대답은 다른 것입니까?"

공자가 대답했다.

"염구는 매사에 뒤로 물러나는 까닭에 앞으로 나아가게 한 것이
고, 자로는 남보다 배나 앞서 가는 까닭에 뒤로 물러나게 한 것이다."

● 冉求字子有, 少孔子二十九歲. 爲季氏宰. 季康子問孔子曰, "冉
求仁乎?"曰, "千室之邑, 百乘之家, 求也可使治其賦. 仁則吾不知
也."復問, "子路仁乎?"孔子對曰, "如求."求問曰, "聞斯行諸?"子
曰, "行之."子路問, "聞斯行諸?"子曰, "有父兄在, 如之何其聞斯行
之!"子華怪之, "敢問問同而答異?"孔子曰, "求也退, 故進之. 由也
兼人, 故退之."

중유열전

중유는 자가 자로 또는 계로季路다. 노나라의 변卞 땅 출신이다. 공

● 원문은 "문사행저聞斯行諸"다. 저諸는 지호之乎의 줄임말이다. 문장 중간에 들어가 지어之
於의 줄임말로 사용하는 경우도 있다. 이때는 제가 아닌 저로 읽는다.

자보다 아홉 살 어리다. 자로는 성질이 거칠고 용맹하며 심지가 강하고 곧았다. 수탉의 꼬리로 만든 관을 머리에 쓰고, 수퇘지의 가죽으로 만든 주머니를 허리에 차고 다녔다. 공자의 제자가 되기 전만해도 공자를 업신여기며 포악한 짓을 했다. 공자가 예로 대하며 조금씩 바른길로 인도하자 이후 유자儒者의 의상을 입고 충성을 서약하는 예를 올린 뒤 공자의 문인門人을 통해 제자가 되기를 청했다.•
《논어》〈자로子路〉에 따르면 하루는 자로가 정치에 관해 묻자 공자가 이같이 대답했다.

"백성을 위해 솔선해 노력하는 것이다."

더 해야 할 일을 묻자 이같이 대답했다.

"게으르지 않는 것이다."

《논어》〈양화陽貨〉에 따르면 하루는 자로가 공자에게 물었다.

"군자도 용맹을 숭상합니까?"

공자가 대답했다.

"군자는 의를 가장 소중히 여긴다. 군자가 용맹만 있고 의를 소중히 하지 않으면 난을 일으키고,•• 소인이 용맹만 있고 의가 없으면 도적질을 한다."

자로는 좋은 말을 듣고 아직 실행하지 않았는데 또다시 다른 좋은 말을 듣게 될까봐 걱정했다. 이를 두고 공자는 《논어》〈안연〉에서 자

• "충성의 예를 올렸다"의 원문은 "위질爲質"이다. 원래는 인질이 된다는 뜻이다. 《사기색은》은 《춘추좌전》에 대한 복건服虔의 주를 인용해 풀이하기를, "옛 사람들은 출사出仕할 때 먼저 책명策命에 자신의 이름을 기입해 군주에게 목숨을 바친 인질이 되었음을 밝혔다. 그런 연후에 비로소 신하가 될 수 있었다"고 했다.
•• "군자가 용맹을 좋아하고 의를 소중히 하지 않으면 난을 일으킨다"의 원문은 "군자호용이무의즉란君子好勇而無義則亂"이다. 《논어》〈양화〉의 원문에는 "군자유용이무의위란君子有勇而無義爲亂"으로 나온다. 〈양화〉의 원문을 좇았다.

로를 이같이 평했다.

"반 마디 말[片言]로 옥사를 판결하는[折獄] 자는 아마도 자로일 것이다."•

또《논어》〈공야장〉에서 이같이 말하기도 했다.

"자로는 나보다 용맹을 좋아하나 바다로 나아가는 뗏목의 재료로 삼을 것이 없다."••

공자는《논어》〈선진〉에서는 이같이 걱정하기도 했다.

"자로는 제 명대로 살다 죽는 것이 어려울 것이다."•••

《논어》〈자한〉에서는 이같이 칭송했다.

"해진 베옷을 입고 여우나 담비가죽으로 만든 갓옷을 입은 자••••와 함께 서 있으면서도 부끄러워하지 않는 자는 아마 자로일 것이다."

공자는 또《논어》〈선진〉에서 이같이 평했다.

"유는 승당升堂한 사람이다. 단지 입실入室하지 못했을 뿐이다."•••••

• 《논어》〈안연〉에는 이 구절 뒤에 "자로는 승낙한 것을 하루라도 미루는 법이 없었다[子路無宿諾]"라는 구절이 덧붙어 있다. 자로의 충성과 신의를 칭송한 대목이다. 이를 두고 주희는 《논어집주》에서 풀이하기를, "자로가 말하면 사람들은 이를 믿고 복종해 그의 말이 채 반도 끝나기를 기다리지 않았다"고 했다.
•• "바다로 나아가는 뗏목의 재료로 삼을 것이 없다"의 원문은 "무소취재無所取材"다. 《논어》〈공야장〉에 따르면 하루는 공자가 이같이 말했다. "도가 행해지지 않는구나. 뗏목을 타고 바다로 나아가면 나를 따라올 사람은 아마도 자로일 것이다." 자로가 이 말을 듣고 기뻐하자 공자가 힐난하기를, "자로는 용맹을 좋아하는 것이 나보다 나으나 뗏목의 재료로 삼을 것이 없다"고 했다. 주희는 《논어집주》에서 무소취재의 재材를 사리판단을 뜻하는 재裁로 새겼다. 지나치게 도학적인 해석이다. 재裁로 보아 공자가 탄식한 것으로 풀이하는 견해도 있으나, 글자 그대로 '재료'의 의미로 새기는 것이 낫다. 후한 말기의 정현鄭玄도 재료로 풀이했다.
••• 《논어》〈선진〉에 따르면 하루는 제자들이 공자를 곁에서 모시게 되었다. 민자건은 공정했고, 자로는 굳세고, 염유와 자공은 화락했다. 공자가 기뻐하면서도 자로를 염려하며 말하기를, "자로와 같은 사람은 제 명대로 살다 죽는 것이 어려울 듯하구나"라고 했다.
•••• "해진 베옷을 입고 여우나 담비가죽으로 만든 갓옷을 입은 자"의 원문은 "의폐온포衣敝縕袍, 여의호학與衣狐貉"이다. 폐敝는 옷이 해졌다는 뜻으로 폐弊와 같다. 학貉은 담비 학貈의 뜻일 때는 학, 오랑캐를 지칭할 때는 맥으로 읽는다.
••••• 《논어》〈선진〉에 따르면 하루는 공자가 비판하기를, "자로가 비파 가락을 어찌 내 문 안에서 연주하는가"라고 했다. 그러자 문인들이 자로를 공경치 않았다. 이에 공자가 문인들 앞에

《논어》〈공야장〉에 따르면 하루는 대부 맹무백이 물었다.●

"자로는 인仁합니까?"

공자가 대답했다.

"1,000승의 나라에서 군정인 병부를 맡길 만하나 그가 인한지는 모르겠소."

자로는 공자를 수행해 천하를 두루 돌아다니는 것을 좋아했다. 도중에 은자인 장저長沮와 걸닉桀溺을 포함해 삼태기를 맨 노인인 하조장인荷篠丈人 등을 만나기도 했다. 《논어》〈선진〉에 따르면 하루는 자로가 계씨의 가재로 있을 때 계손씨季孫氏가 공자에게 이같이 물은 바 있다.

"자로는 가신의 우두머리[大臣]라고 말할 수 있습니까?"

공자가 대답했다.

"머릿수만 채우는 구신具臣이라고 말할 수 있소."

자로가 포蒲 땅의 대부가 되어 공자에게 작별하러 왔을 때 공자가 말했다.

"포 땅은 힘센 장사가 많아 다스리기 어려운 곳이다. 내가 당부의 말을 할 터이니 명심하도록 해라. 첫째, 몸가짐을 공경하게 하면 그곳의 힘센 장사를 제어할 수 있을 것이다. 둘째, 일처리를 관대하고 올바르게 하면 그곳의 백성을 따르게 만들 수 있을 것이다. 셋째, 공

서 자로를 대놓고 칭송하기를, "유는 승당한 사람이다. 단지 입실만 하지 못했을 뿐이다"라고 했다. 승당은 당 위로 오른다는 뜻으로 고명한 수준, 입실은 완성된 경지를 상징한다. 공자가 자로의 비파연주를 비판한 배경과 관련해 북송대의 정이程頤는 "소리가 조화를 이루지 못해 공자 자신과 같지 않았기 때문이다"라고 했다. 《공자가어》에 있는 "자로가 비파를 탈 때 북쪽 변방의 살벌한 소리가 났다"는 기록에 비추어 정이의 분석이 타당할 듯싶다.

● 앞서 언급한 것처럼 원문에는 계강자가 물은 것으로 되어 있으나 《논어》〈공야장〉에는 노나라 대부 맹무백이 물은 것으로 나온다. 〈공야장〉을 좇았다.

손하고 바른 자세로 정사를 펼치면 그곳의 상사上司에게 보답할 수 있을 것이다."

●● 仲由字子路, 卞人也. 少孔子九歲. 子路性鄙, 好勇力, 志伉直, 冠雄雞, 佩猳豚, 陵暴孔子. 孔子設禮稍誘子路, 子路後儒服委質, 因門人請爲弟子. 子路問政, 孔子曰, "先之勞之." 請益. 曰, "無倦." 子路問, "君子尙勇乎?" 孔子曰, "義之爲上. 君子好勇而無義則亂, 小人好勇而無義則盜." 子路有聞, 未之能行, 唯恐有聞. 孔子曰, "片言可以折獄者, 其由也與!" "由也好勇過我, 無所取材." "若由也, 不得其死然." "衣敝縕袍與衣狐貉者立而不恥者, 其由也與!" "由也升堂矣, 未入於室也." 季康子問, "仲由仁乎?" 孔子曰, "千乘之國可使治其賦, 不知其仁." 子路喜從遊, 遇長沮 · 桀溺 · 荷蓧丈人. 子路爲季氏宰, 季孫問曰, "子路可謂大臣與?" 孔子曰, "可謂具臣矣." 子路爲蒲大夫, 辭孔子. 孔子曰, "蒲多壯士, 又難治. 然吾語汝, 恭以敬, 可以執勇, 寬以正, 可以比衆, 恭正以靜, 可以報上."

당초 남색을 밝힌 위령공은 부인 남자南子를 총애했다. 태자 괴외蒯聵는 생모인 남자에게 잘못을 저지른 뒤 죽임을 당할까 두려워 나라 밖으로 달아났다. 위령공이 죽자 남자는 공자 영郢을 세우려 했다. 공자 영이 사양했다.

"달아난 태자의 아들 첩輒이 있습니다."

위나라 대신들이 공손 첩을 옹립했다. 그가 바로 위출공衛出公이다. 위출공이 즉위한 지 12년이 되도록 부친 괴외는 나라 밖에 살면서 국내로 들어오지 못했다. 당시 자로는 위나라 대부 공회孔悝의 읍재로 있었다. 괴외는 공회와 함께 반란을 꾀했다. 계책을 내 공회의 집으로 몰래 숨어 들어간 뒤 이내 공회의 무리와 함께 위출공을 습격했다. 위출공이 노나라로 달아나자 괴외가 즉위했다. 그가 위장공衛莊公이다. 공회의 난이 일어났을 때 밖에 있던 자로가 소식을 듣고는 곧바로 달려갔다. 마침 위나라 성문을 빠져나오는 동문同門 자고子羔와 마주쳤다. 자고가 말했다.

"출공은 달아났고 성문은 이미 닫혔소. 그냥 돌아가는 것이 좋겠소. 공연히 들어갔다가는 화를 당하게 되오."

자로가 대답했다.

"녹봉을 받는 자는 녹봉을 내린 군주가 환난에 처했을 때 피하지 않는 법이오."

자고는 그대로 떠났으나 자로는 마침 성으로 들어가는 사자를 따라 안으로 들어갔다. 괴외가 있는 곳으로 가자 괴외는 공회와 함께 누대 위에 올라가 있었다. 자로가 말했다.

"군주는 어찌해서 공회를 쓰려는 것입니까? 청컨대 그를 잡아 죽이고자 합니다."

괴외가 들어주지 않자 자로가 누대를 불태우려 했다. 괴외가 두려운 나머지 석기와 호염壺黶*에게 명해 누대 아래로 내려가 자로를 치게 했다. 이들의 칼에 갓끈이 끊어지자 자로가 외쳤다.

"군자는 죽을지라도 관을 벗지 않는 법이다."

끝내 갓끈을 다시 매고 싸우다 죽었다. 공자가 위나라에 난이 일어났다는 이야기를 듣고 탄식했다.

"아, 자로가 죽겠구나!"

● 《춘추좌전》 〈노애공 14년〉조에는 호염이 우염盂黶으로 나온다.

과연 얼마 안 되어 자로가 죽었다. 공자는 자로의 사망 소식을 듣
고 탄식했다.

"내가 자로를 제자로 삼은 뒤로 나에 대한 험담이 들리지 않았다!"

당시 자공은 노나라를 위해 제나라에 사자로 가 있었다.

●● 初, 衛靈公有寵姬曰南子. 靈公太子蕢聵得過南子, 懼誅出奔. 及
靈公卒而夫人欲立公子郢. 郢不肯, 曰, "亡人太子之子輒在." 於是衛
立輒爲君, 是爲出公. 出公立十二年, 其父蕢聵居外, 不得入. 子路爲
衛大夫孔悝之邑宰. 蕢聵乃與孔悝作亂, 謀入孔悝家, 遂與其徒襲攻出
公. 出公奔魯, 而蕢聵入立, 是爲莊公. 方孔悝作亂, 子路在外, 聞之而
馳往. 遇子羔出衛城門, 謂子路曰, "出公去矣, 而門已閉, 子可還矣, 毋
空受其禍." 子路曰, "食其食者不避其難." 子羔卒去. 有使者入城, 城門
開, 子路隨而入. 造蕢聵, 蕢聵與孔悝登臺. 子路曰, "君焉用孔悝? 請
得而殺之." 蕢聵弗聽. 於是子路欲燔臺, 蕢聵懼, 乃下石乞 · 壺黶攻子
路, 擊斷子路之纓. 子路曰, "君子死而冠不免." 遂結纓而死. 孔子聞衛
亂, 曰, "嗟乎, 由死矣!" 已而果死. 故孔子曰, "自吾得由, 惡言不聞於
耳." 是時子貢爲魯使於齊.

재여열전

재여宰予는 자가 자아子我다. 말하는 솜씨가 좋았다. 《논어》〈양화〉
에 따르면 하루는 재여가 공자에게 가르침을 받다가 이같이 물었다.

"부모의 상을 3년이나 치르는 것은 너무 길지 않습니까? 예악禮樂
의 경우 군자가 3년 동안 예를 닦지 않으면 예가 반드시 무너질 것이

고, 3년 동안 악을 버려두면 악도 반드시 무너질 것입니다. 1년이 지나면 묵은 곡식이 소진되고 새 곡식이 익습니다. 또 나무를 마주 비벼 얻는 불씨도 1년에 한 번씩 바꿉니다. 부모의 상도 1년이면 될 듯합니다."

공자가 반문했다.

"그러면 네 마음이 편하겠느냐?"•

"예."

공자가 말했다.

"그것이 편하면 그렇게 해라! 군자는 부모의 상을 치르는 동안 맛있는 음식을 먹어도 달지 않고, 듣기 좋은 음악을 들어도 즐겁지 않다. 그렇기에 그리하지 않는 것이다."

재여가 나가자 공자가 말했다.

"재여는 실로 인하지 않다! 자식은 태어나 3년 뒤라야 부모의 품에서 벗어난다. 무릇 삼년상은 천하에 두루 적용되는 의義다."

《논어》〈공야장〉에 따르면 하루는 재여가 낮잠을 잤다. 이를 본 공자가 힐난했다.

"썩은 나무[朽木]에는 조각할 수 없고, 거름흙으로 쌓은 담[糞土之牆]에는 흙손질을 할 수가 없다."••

공자는 재여가 오제五帝의 덕을 묻자 이같이 일갈했다.

• 원문은 "어여안호於汝安乎"다. 《논어》〈양화〉에는 "상기를 1년으로 한 뒤 쌀밥을 먹으며 비단옷을 입는 것이 너에게 편안하냐[食夫稻, 衣夫錦, 於女安乎]"로 나온다.

•• 《논어》〈공야장〉에는 이 대목 뒤에 "내가 재여에 대해 무엇을 꾸짖겠는가?"라는 구절이 덧붙어 있다. 더 중요한 것은 그 뒤에 나오는 공자의 탄식이다. "전에 나는 남을 대하면서 그의 말만 듣고 그의 행실을 믿었다. 그러나 이제는 남을 대하면서 그의 말을 들은 뒤 그의 행실을 살피게 되었다. 재여로 인해 고치게 된 것이다[始吾於人也, 聽其言而信其行. 今吾於人也, 聽其言而觀其行. 於予與改是]"이다. 사람을 단박에 알아보는 것이 어렵다는 말이다.

"재여야, 너는 그것에 관해 물을 자격이 없다."•

재여가 임치臨菑의 대부가 되었다. 전상과 함께 난을 일으켰다가 멸족의 화를 당했다. 공자가 이를 부끄럽게 여겼다.

●● 宰予字子我. 利口辯辭. 旣受業, 問, "三年之喪不已久乎? 君子三年不爲禮, 禮必壞, 三年不爲樂, 樂必崩. 舊穀旣沒, 新穀旣升, 鑽燧改火, 期可已矣." 子曰, "於汝安乎?" 曰, "安." "汝安則爲之. 君子居喪, 食旨不甘, 聞樂不樂, 故弗爲也." 宰我出, 子曰, "予之不仁也! 子生三年然後免於父母之懷. 夫三年之喪, 天下之通義也." 宰予晝寢. 子曰, "朽木不可雕也, 糞土之牆不可圬也." 宰我問五帝之德, 子曰, "予非其人也." 宰我爲臨菑大夫, 與田常作亂, 以夷其族, 孔子恥之.

자공열전

단목사端沐賜는 위衛나라 출신으로, 자는 자공이다. 공사보다 서른한 살 어리다. 말재주에 뛰어나 공자가 늘 이를 경계시키곤 했다. 《논어》〈공야장〉에 따르면 하루는 공자가 자공에게 이같이 물었다.

"너와 안회 가운데 누가 더 나으냐?"

자공이 대답했다.

"제가 어찌 감히 안회를 바라볼 수 있겠습니까? 안회는 하나를 들으면 열을 알고[聞一知十], 저는 하나를 들으면 겨우 둘을 아는 데[聞一知二] 불과합니다."••

• 원문은 "여予, 비기인야非其人也"다. 여予는 1인칭 여予가 아니라 재여를 지칭한 말이다.
•• 《논어》〈공야장〉에는 이 구절 뒤에 "그만 못하다. 나와 너는 그만 못하다[弗如也, 吾與女弗如

《논어》〈공야장〉에 따르면 자공은 공자의 가르침을 받고 난 뒤 이같이 물었다.

"저는 어떤 사람입니까?"

공자가

"너는 쓰임이 있는 그릇이다."

자공이 거듭 물었다.

"어떤 그릇입니까?"

공자가 대답했다.

"종묘제사에 사용되는 호련瑚璉과 같다."•

《논어》〈자장子張〉에 따르면 하루는 위나라 대부 공손 조朝가 자공에게 물었다.••

"중니仲尼(공자)는 누구에게 배웠소?"

자공이 대답했다.

"주문왕周文王과 주무왕의 도가 아직 땅에 떨어지지 않아 사람들의 기억 속에 남아 있소. 현명한 자는 그 큰 것을 기억하고, 현명치 못한 자는 그 작은 것을 기억하고 있소. 문무文武의 도를 빠짐없이 갖추고

也]"라는 구절이 나온다. 예로부터 이를 두고 논란이 많았다. 성인으로 추앙된 공자가 스스로 제자인 안연만 못하다고 말했을 리 없다고 여겼기 때문이다. 이로 인해 여與를 허許로 해석해 "나는 네가 그만 못함을 인정한다"고 풀이하는 견해도 나왔다. 그러나 《논어》 전편을 살펴보면 알 수 있듯이 공자는 생전에 안연을 친구 내지 스승처럼 간주했다. 아예 《장자》는 공자를 안연의 가르침을 받는 인물로 묘사해놓았다.

• 호련은 기장과 피를 담기 위한 종묘제사용 옥제玉製 그릇을 말한다. 종묘제사용 그릇 가운데 가장 귀중하고 화려하다. 하나라에서는 연璉, 은나라에서는 호瑚, 주나라에서는 보궤簠簋라고 했다. 주희는 《논어집주》에서 풀이하기를, "자공은 비록 군자불기君子不器에 이르지는 못했으나 호련과 같이 귀중한 그릇의 경지에 달했다"고 풀이했다.

•• 원문에는 진자금陳子禽이 물은 것으로 되어 있다. 진자금은 이름이 항亢으로 자공의 제자다. 진항은 자공이 공자보다 현명하다고 생각한 인물이다. 《논어》 〈학이學而〉와 〈자장〉에 그에 관한 언급이 두 번에 걸쳐 나온다.

있으니 선생님께서 어디선들 주문왕과 주무왕의 도를 배우지 못했을 리 있겠소? 또한 어찌 일정한 스승을 두고 배웠을 리 있겠소?"

《논어》〈학이〉에 따르면 하루는 자공의 제자 진자금이 스승인 자공에게 물었다.•

"공자는 방문하는 나라마다 반드시 그 나라의 정사에 관해 듣습니다. 이는 공자가 청해 그런 것입니까, 아니면 그 나라가 청해 그런 것입니까?"

자공이 대답했다.

"선생님은 온화·선량·공경·절제·겸양의 미덕을 갖춘 까닭에 그 나라 군주가 정사에 관한 조언을 청해 그런 것이다. 설령 선생님이 청했을지라도 그 요청은 다른 사람의 요청과 다를 수밖에 없다."

《논어》〈학이〉에 따르면 하루는 자공이 공자에게 물었다.

"부유하면서도 교만하지 않고, 가난한데도 아첨하지 않으면 어떻습니까?"

공자가 대답했다.

"가하다. 그러나 가난한데도 즐거워하고, 부유한데도 예를 좋아하는 것만 못하다."

●● 端沐賜, 衛人, 字子貢. 少孔子三十一歳. 子貢利口巧辭, 孔子常黜其辯. 問曰, "汝與回也孰愈?" 對曰, "賜也何敢望回! 回也聞一以知十, 賜也聞一以知二." 子貢既已受業, 問曰, "賜何人也?" 孔子曰, "汝器也." 曰, "何器也?" 曰, "瑚璉也." 陳子禽問子貢曰, "仲尼焉學?" 子貢曰, "文武之道未墜於地, 在人, 賢者識其大者, 不賢者識其小者, 莫不

• "스승인 자공에게 물었다"의 원문이 "우문왈又問曰"로 되어 있다. 이는 앞서 언급했듯이 위나라 대부 공손 조의 질문을 진자금의 질문으로 잘못 파악한 데 따른 것이다.

有文武之道. 夫子焉不學, 而亦何常師之有!" 又問曰, "孔子適是國必
聞其政. 求之與? 抑與之與?" 子貢曰, "夫子溫良恭儉讓以得之. 夫子
之求之也, 其諸異乎人之求之也." 子貢問曰, "富而無驕, 貧而無諂, 何
如?" 孔子曰, "可也, 不如貧而樂道, 富而好禮."

당시 제나라 권신 전상이 제나라에서 난을 일으키고자 했다. 그러
나 제나라의 세족世族인 고씨·국씨·포씨·안씨顔氏의 세력이 두려웠
다. 이내 이들의 세력을 약화시키기 위해 함께 노나라를 치려 했다.
공자가 이 소식을 듣고는 제자들에게 이같이 말했다.

"노나라는 조상의 무덤이 있는 부모의 나라다. 노나라가 이처럼
위태로운데 그대들은 어찌해서 나서지 않는 것인가?"

자로가 나서기를 청했으나 공자가 말렸다. 자장子張과 자석子石이
나서고자 했으나 이 역시 허락지 않았다. 자공이 나서기를 청하자
비로소 허락했다. 자공이 제나라로 가 전상을 설득했다.

"대군大君이 노나라를 치려는 것은 잘못입니다. 노나라는 치기 어
려운 상대입니다. 성벽은 얇고 낮으며, 성을 둘러싼 해자垓字는 좁고
얕습니다. 대신들은 위선적인데다 무능하고, 군주는 어리석은데다
어질지 못하고, 병사와 백성은 전쟁을 싫어합니다. 이런 나라는 싸울
상대가 되지 못합니다. 그러니 오나라를 치느니만 못합니다. 오나라
는 성벽이 높은데다 두텁고, 해자는 넓고 깊습니다. 무기는 견고한데
다 새것이고, 군사들은 정예한데다 배불리 먹고, 중무장한 정예병이
성안에 있고, 현명한 대부들이 그곳을 지키고 있습니다. 이런 나라는
치기가 쉽습니다."

전상이 화를 냈다.

"그대가 어렵다는 것은 다른 사람이 보기에 쉬운 일이고, 그대가 쉽다는 것은 다른 사람이 보기에 어려운 일이오. 이런 터무니없는 이야기로 나에게 유세하는 까닭이 무엇이오?"

자공이 말했다.

"제가 듣건대, 걱정거리가 국내에 있으면 강한 적을 치고, 국외에 있으면 약한 적을 친다고 했습니다. 지금 그대의 걱정거리는 내부에 있습니다. 제나라 왕이 그대를 세 번이나 봉하려 했으나 세 번 모두 일부 대신의 반대로 무산되었다고 들었습니다. 지금 그대가 저들과 합세해 노나라를 치고 제나라 영토를 넓히면 제나라 군주는 승전으로 인해 더욱 교만해질 것이고, 대신들의 위세는 더욱 높아질 것입니다. 그러면 그대는 공을 인정받지 못하고, 오히려 군주와 관계만 소원해질 뿐입니다. 이처럼 위로 군주를 교만하게 하고, 아래로 군신들을 방자하게 만들면 그대는 뜻하는 바를 이루기 어려울 것입니다.

무릇 군주가 교만해지면 하지 못할 일이 없고, 신하들이 방사해지면 권력을 다투게 됩니다. 그러면 그대는 위로 군주와 틈이 생기게 되고 아래로 대신들과 권력을 다투게 됩니다. 제나라에서 그대가 설 곳은 더욱 좁아질 것입니다. 제가 오나라를 치느니만 못하다고 말한 이유입니다. 오나라를 쳐 이기지 못하면 세족 휘하 병사는 나라 밖에서 죽고, 대신들은 나라 안에서 그 세력을 잃게 됩니다. 이리되면 당신은 위로 대적할 강신強臣이 없고, 아래로 백성의 비난을 받을 일이 없습니다. 군주를 고립시켜 제나라를 마음대로 좌우할 수 있는 사람은 오직 당신밖에 없게 되는 것입니다."

전상이 물었다.

"좋소. 그렇지만 우리 군사는 이미 노나라를 향해 떠났소. 노나라에서 오나라로 방향을 돌리면 대신들이 의심할 것이오. 어찌하면 좋소?"

자공이 대답했다.

"그대는 평계를 대 군사를 전진시키지 마십시오. 그사이에 제가 오왕을 설득해 노나라를 도와 제나라를 치도록 할 것입니다. 그때 오나라를 맞아 싸우십시오."

전상이 이를 받아들여 자공에게 남쪽으로 가 오왕 부차를 만나보게 했다. 자공이 오왕 부차를 설득했다.

"신이 듣건대 '왕자王者는 다른 나라의 후사가 끊어지지 않도록 하고, 패자는 적을 강하게 만들지 않는다. 3만 근斤에 달하는 1,000균鈞 무게도 1수銖(24분의 1량兩)에 이내 균형이 무너져 기울어진다'고 했습니다. 지금 만승萬乘의 제나라가 천승千乘의 노나라를 치려는 것도 바로 이 때문입니다. 오나라와 강함을 다투려는 속셈입니다. 저는 실로 왕을 위해 걱정이 됩니다. 노나라를 구하는 것은 명분을 드높이는 일이고, 제나라를 치는 것은 큰 이익을 얻는 길입니다. 사수泗水 주변의 제후를 다독여 포악한 제나라를 징벌하고, 여세를 몰아 중원의 진晉나라까지 굴복시키면 이보다 큰 이익은 없을 것입니다. 망해가는 노나라를 존속시키는 명분을 얻고, 강한 제나라를 곤경에 빠뜨리는 실속까지 챙기는 셈입니다. 지혜로운 자라면 이를 의심치 않고 결행할 것입니다."

부차가 말했다.

"좋소. 그렇지만 나는 일찍이 월나라와 싸움을 벌여 월왕 구천을 회계산으로 몰아넣은 적이 있소. 이후 월왕은 절치부심切齒腐心하며 군사를 양성하고 있소. 설욕할 기회만 노리고 있는 것이오. 내가 월나라를 칠 때까지 기다려주면 그대의 말을 좇도록 하겠소."

자공이 말했다.

"월나라 국력은 노나라 수준을 넘지 못하고, 오나라 국력은 제나라 수준을 넘지 못합니다. 대왕이 제나라를 놔둔 채 월나라를 치면 제나라는 이미 노나라를 평정한 뒤일 것입니다. 대왕은 바야흐로 망해가는 노나라를 존속시켜 끊어진 후사를 잇는 존망계절存亡繼絶의 패업으로 명분을 삼게 되는데도, 작은 월나라를 치고 강한 제나라를 두려워하는 것은 용맹한 자[勇者]의 길이 아닙니다. 무릇 용맹한 자는 어려움을 피하지 않고, 어진 자[仁者]는 곤경에 처한 사람을 궁지로 몰아넣지 않고, 지혜로운 자[智者]는 때를 잃지 않고, 왕자는 다른 나라의 후사를 끊지 않음으로써 의를 세웁니다. 지금 월나라를 존속시켜 제후들에게 인덕仁德을 보이고, 제나라로부터 핍박당하고 있는 노나라를 구해 제나라를 징벌하고, 중원의 진晉나라에 오나라의 위세를 떨치면 제후들이 반드시 서로를 이끌고 조현하러 올 것입니다. 패업도 자연스레 이루어질 것입니다.

대왕이 월나라를 그토록 염려하면 청컨대 제가 월왕을 설득해 응원군을 보내게 하겠습니다. 그러면 월나라를 텅 비게 만드는 실리를 챙기고, 제후를 이끌고 제나라를 친다는 명분도 얻을 수 있습니다."

오왕 부차가 크게 기뻐하며 자공을 월나라로 보냈다. 월왕 구천은 길을 청소하고, 교외까지 나와 자공을 맞이했다. 이어 친히 수레를 몰아 숙사에 이른 뒤 자공에게 물었다.

"여기는 만이蠻夷의 나라인데 대부는 어찌해서 욕되게도 여기까지 온 것이오?"

자공이 대답했다.

"지금 저는 오왕에게 노나라를 도와 제나라를 치라고 권했습니다. 오왕은 그럴 뜻이 있는데도 월나라가 걱정되어 말하기를, '월나라를 칠 때까지 기다리면 그리하겠다'고 했습니다. 그러니 반드시 월나라를 칠 것입니다. 설욕할 뜻도 없으면서 남의 의심을 사면 이는 졸렬한 것이고, 설욕할 뜻이 있는데 남이 알아채게 하면 이는 위태로운 것이고, 계책을 행동으로 옮기기도 전에 새어나가면 이는 매우 위험한 것입니다. 이 세 가지는 거사의 대환大患입니다."

월왕 구천이 머리를 조아려 두 번 절하고 이같이 말했다.

"과인은 일찍이 자신의 힘을 헤아리지 않고 오나라와 싸움을 벌였다가 회계會稽에서 큰 곤욕을 치렀소. 당시의 분통이 골수에 사무쳐 밤낮으로 복수할 생각에 입술은 타들어가고 혀가 바싹 마르고 있소. 오왕과 맞서 싸워 죽는 것이 과인의 소원이오."

그러고는 오나라에 복수할 계책을 물었다. 자공이 대답했다.

"오왕은 사람이 난폭해 신하들이 견뎌내지 못하고, 나라는 잦은 전쟁으로 피폐해졌고, 군사는 더는 참지 못하고 있습니다. 백성은 군왕을 원망하고, 대신들은 속으로 동요를 일으키고 있습니다. 오자서는 간하다 죽고, 태재 백비는 국사를 주관하면서 군주의 그릇된 명을 그대로 따르며 사리만 채우고 있을 뿐입니다. 나라를 해치는 정사를 펴고 있는 셈입니다.

지금 대왕이 원군을 보내 그의 의지를 부추기고, 귀중한 보물들을 보내 그의 환심을 사고, 스스로 낮추어 그를 높이면 그는 반드시 안심하고 제나라를 칠 것입니다. 오나라가 패하면 왕의 복이고, 설령 이길지라도 반드시 여세를 몰아 중원의 진晉나라까지 공격할 것입니다. 저는 진나라 군주가 제나라와 합세해 오나라를 치도록 설득하겠습니다. 그러면 오나라의 세력은 반드시 약해질 것입니다. 오나라의 정예군은 제나라에서 기진맥진할 것이고, 중무장을 한 군사는 진나라에서 곤경에 처하게 될 것입니다. 대왕이 그 틈을 타 치면 오나라의 멸망은 반드시 이루어질 것입니다.”

월왕 구천이 크게 기뻐하며 그리할 것을 허락했다. 자공이 떠날 즈음 황금 100일鎰과 명검 한 자루, 좋은 창 두 자루를 선물했다. 자공은 이를 받지 않고 오나라로 갔다. 자공이 오왕에게 보고했다.

“신이 삼가 대왕의 말씀을 월왕에게 고하자 그는 두려워하며 말하기를, ‘나 구천은 불행히도 어려서 부친을 잃고 안으로 스스로를 헤아리지 못해 오나라에 죄를 범했소. 군사는 싸움에서 패하고, 몸은 욕되게도 회계산에 숨긴 채 나라를 폐허로 만든 것이 그렇소. 오왕의 은혜를 입어 다시 조상에 대한 제사를 받들게 되었으니 죽어도 그 은혜를 잊을 수 없소. 어찌 감히 오나라에 관한 음모를 생각할 수 있겠소?’라고 했습니다.”

닷새 뒤 월나라가 오왕 부차에게 대부 문종을 사자로 보냈다. 문종이 머리를 조아리며 부차에게 고했다.

“동해東海 구천의 사자 신 문종이 삼가 대왕의 신하를 통해 문안드립니다. 지금 듣건대 대왕은 대의大義의 군사를 일으켜 강자를 쳐 약자를 구하고[誅彊救弱], 포악한 제나라를 곤경에 빠뜨려 주나라 왕실을 편안하게 만들려 한다고 합니다. 국내의 병사 3,000명을 모두 동원한 뒤 구천이 직접 갑옷을 입고 무기를 든 채 선두에 서서 적의 화살과 돌을 받을 생각입니다. 천신賤臣 문종 또한 선대로부터 물려받은 갑옷 스무 벌과 도끼, 장인 굴로屈盧가 만든 창, 차고 다니면 빛이

나는 보광검步光劍을 헌상해 출정을 하례하도록 하겠습니다."

부차가 크게 기뻐하며 자공에게 물었다.

"월왕이 친히 과인을 쫓아 제나라 정벌에 나서겠다고 하니 허락해도 괜찮겠소?"

자공이 반대했다.

"안 됩니다. 남의 나라를 텅 비게 하고, 남의 군사를 모두 동원하면서 그 군주까지 출정하도록 만드는 것은 불의입니다. 대왕은 그가 보내는 예물과 원군만 받고, 월왕의 종군은 사양하십시오."

부차가 자공의 말을 좇아 월왕 구천의 종군은 사양했다. 부차가 이내 아홉 개 군郡의 병사를 동원해 제나라의 정벌에 나섰다. 자공이 곧 진晉나라로 가 진정공晉定公을 설득했다.

"신이 듣건대 '생각을 미리 정하지 않으면 의외의 사태에 대비할 수 없고, 군사를 미리 정비하지 않으면 적을 이길 수 없다'고 했습니다. 지금 제나라와 오나라가 서로 싸우려 하는데 오나라가 패하면 월나라가 반드시 틈을 노려 오나라를 칠 것이고, 이기면 반드시 여세를 몰아 진나라로 쳐들어올 것입니다."

진정공이 크게 두려워하며 물었다.

"어찌하면 좋겠소?"

자공이 대답했다.

"군사를 잘 정비하고 병사에게 휴식을 취하게 한 뒤 기다리십시오."

진정공이 그리하겠다고 약속했다. 자공이 진나라를 떠나 노나라로 돌아왔을 때 오왕 부차는 과연 제나라와 애릉에서 싸워 대승을 거두었다. 일곱 명의 장수를 비롯해 그들이 이끄는 제나라 군사를 대거 포획한 것이 그렇다. 이어 철군하지 않은 채 여세를 몰아 진나라로 진격했다.* 진나라 군사와 황지에서 마주쳤다. 서로 강함을 다투다가 오나라가 무력시위 끝에 진나라보다 먼저 삽혈歃血해 패자를 공인받았다.** 이사이 월왕 구천이 강을 건너 오나라를 습격해 도성 밖 7리쯤에 주둔했다. 오왕 부차가 소식을 듣고 급히 철군했다. 이후 오호五湖를 사이에 두고 월나라와 접전을 벌이게 되었다. 모두 세 번을 싸웠다. 결국은 패해 월나라 군사에게 도성을 함몰당했다. 월왕 구천이 마침내 왕궁을 포위해 오왕 부차를 죽이고 그 재상인 백비를 주살했다.*** 오나라를 격파한 지 3년 뒤 월나라가 동쪽으로 진군해 제후들로부터 패자로 인정받게 되었다.

이로써 자공은 단 한 번의 유세로 노나라를 존속시키고[存魯], 제나라를 혼란에 빠뜨리고[亂齊], 오나라를 파멸로 이끌며[破吳], 진나라를 강하게 만들고[彊晉], 월나라를 패자로 우뚝 서게 하는[霸越] 다섯 가지 업적을 이루는 성과를 거두었다. 자공이 사자가 되어 한번 뛰어다니자 각국의 형세에 균열이 생겨 10년 내에 5국에 각각 큰 변동이 생긴 것이다.

원래 자공은 쌀 때 사두었다가 비쌀 때 파는 폐거廢擧를 좋아했다. 시세를 보아 재화를 유통시키는 방법으로 많은 재산을 모은 이유다. 그는 남의 장점을 드러나게 하는 것을 좋아했으나 남의 잘못을 덮어

• 원문은 "불귀不歸, 과이병림진果以兵臨晉"이다. 이는 〈오자서열전〉의 기록과 배치된다. 《춘추좌전》은 기원전 484년에 애릉전투에서 제나라 군사를 격파한 뒤 기원전 482년에 부차가 황지에서 제후들과 회맹한 것으로 기록해놓았다. 애릉전투 후 일단 철군했다가 2년 뒤 황지에서 진晉나라 군사와 대치하다 제후들과 회맹하며 패자가 된 것으로 보인다.
•• 원문은 "진인격지晉人擊之, 대패오사大敗吳師"다. 직역하면 '진나라가 공격을 가해 오나라 군사를 크게 이겼다'는 뜻이 된다. 이는 《춘추좌전》 〈노애공 15년〉조의 기록과 배치된다. 여기에는 오왕 부차가 진정공보다 먼저 삽혈했다는 뜻으로 내선진인乃先晉人으로 표현되어 있다. 양측은 기싸움만 벌였을 뿐 진나라 군사가 오나라 군사를 공격한 적이 없다.
••• 앞서 〈오자서열전〉에서 《춘추좌전》을 인용해 월왕 구천이 백비를 주살하기는커녕 오히려 월나라의 태재로 삼았다는 점을 지적한 바 있다.

주지는 못했다. 일찍이 노나라와 위衛나라에서 재상을 지냈고, 집안에 천금을 쌓아두기도 했다. 결국 제나라에서 생을 마쳤다.

●● 田常欲作亂於齊, 憚高·國·鮑·晏, 故移其兵欲以伐魯. 孔子聞之, 謂門弟子曰, "夫魯, 墳墓所處, 父母之國, 國危如此, 二三子何爲莫出?" 子路請出, 孔子止之. 子張·子石請行, 孔子弗許. 子貢請行, 孔子許之. 遂行, 至齊, 說田常曰, "君之伐魯過矣. 夫魯, 難伐之國, 其城薄以卑, 其地狹以泄, 其君愚而不仁, 大臣僞而無用, 其士民又惡甲兵之事, 此不可與戰. 君不如伐吳. 夫吳, 城高以厚, 地廣以深, 甲堅以新, 士選以飽, 重器精兵盡在其中, 又使明大夫守之, 此易伐也." 田常忿然作色曰, "子之所難, 人之所易, 子之所易, 人之所難, 而以敎常, 何也?" 子貢曰, "臣聞之, 憂在內者攻彊, 憂在外者攻弱. 今君憂在內. 吾聞君三封而三不成者, 大臣有不聽者也. 今君破魯以廣齊, 戰勝以驕主, 破國以尊臣, 而君之功不與焉, 則交日疏於主. 是君上驕主心, 下恣羣臣, 求以成大事, 難矣. 夫上驕則恣, 臣驕則爭, 是君上與主有卻, 下與大臣交爭也. 如此, 則君之立於齊危矣. 故曰不如伐吳. 伐吳不勝, 民人外死, 大臣內空, 是君上無彊臣之敵, 下無民人之過, 孤主制齊者唯君也." 田常曰, "善. 雖然, 吾兵業已加魯矣, 去而之吳, 大臣疑我, 柰何?" 子貢曰, "君按兵無伐, 臣請往使吳王, 令之救魯而伐齊, 君因以兵迎之." 田常許之, 使子貢南見吳王. 說曰, "臣聞之, '王者不絶世, 霸者無彊敵. 千鈞之重, 加銖兩而移.' 今以萬乘之齊而私千乘之魯, 與吳爭彊, 竊爲王危之. 且夫救魯, 顯名也, 伐齊, 大利也. 以撫泗上諸侯, 誅暴齊以服彊晉, 利莫大焉. 名存亡魯, 實困彊齊, 智者不疑也." 吳王曰, "善. 雖然, 吾嘗與越戰, 棲之會稽. 越王苦身養士, 有報我心. 子待我伐越而聽子." 子貢曰, "越之勁不過魯, 吳之彊不過齊, 王置齊而伐越, 則齊已平魯矣. 且王方以存亡繼絶爲名, 夫伐小越而畏彊齊, 非勇也. 夫勇者不避難, 仁者不窮約, 智者不失時, 王者不絶世, 以立其義. 今存越示諸侯以仁, 救魯伐齊, 威加晉國, 諸侯必相率而朝吳, 霸業成矣. 且王必惡越, 臣請東見越王, 令出兵以從, 此實空越, 名從諸侯以伐也." 吳王大說, 乃使子貢之越. 越王除道郊迎, 身御至舍而問曰, "此蠻夷之國, 大夫何以儼然辱而臨之?" 子貢曰, "今者吾說吳王以救魯伐齊, 其志欲之而畏越, 曰'待我伐越乃可'. 如此, 破越必矣. 且夫無報人之志而令人疑之, 拙也, 有報人之志, 使人知之, 殆也, 事未發而先聞, 危也. 三者擧事之大患." 句踐頓首再拜曰, "孤嘗不料力, 乃與吳戰, 困于會稽, 痛入於骨髓, 日夜焦脣乾舌, 徒欲與吳王接踵而死, 孤之願也." 遂問子貢. 子貢曰, "吳王爲人猛暴, 羣臣不堪, 國家敝以數戰, 士卒弗忍, 百姓怨上, 大臣內變, 子胥以諫死, 太宰嚭用事, 順君之過以安其私, 是殘國之治也. 今王誠發士卒佐之以徼其志, 重寶以說其心, 卑辭以尊其禮, 其伐齊必也. 彼戰不勝, 王之福矣. 戰勝, 必以兵臨晉, 臣請北見晉君, 令共攻之, 弱吳必矣. 其銳兵盡於齊, 重甲困於晉, 而王制其敝, 此滅吳必矣." 越王大說, 許諾. 送子貢金百鎰, 劍一, 良矛二. 子貢不受, 遂行. 報吳王曰, "臣敬以大王之言告越王, 越王大恐, 曰, '孤不幸, 少失先人, 內不自量, 抵罪於吳, 軍敗身辱, 棲於會稽, 國爲虛莽, 賴大王之賜, 使得奉俎豆而修祭祀, 死不敢忘, 何謀之敢慮!'" 後五日, 越使大夫種頓首言於吳王曰, "東海役臣孤句踐使者臣種, 敢修下吏問於左右. 今竊聞大王將興大義, 誅彊救弱, 困暴齊而撫周室, 請悉起境內士卒三千人, 孤請自被堅執銳, 以先受矢石. 因越賤臣種奉先人藏器, 甲二十領, 鈇屈盧之矛, 步光之劍, 以賀軍吏." 吳王大說, 以告子貢曰, "越王欲身從寡人伐齊, 可乎?" 子貢曰, "不可. 夫空人之國, 悉人之衆, 又從其君, 不義. 君受其

幣, 許其師, 而辭其君." 吳王許諾. 乃謝越王. 於是吳王乃遂發九郡兵
伐齊. 子貢因去之晉, 謂晉君曰, "臣聞之, 慮不先定不可以應卒, 兵不
先辨不可以勝敵. 今夫齊與吳將戰, 彼戰而不勝, 越亂之必矣, 與齊戰
而勝, 必以其兵臨晉." 晉君大恐, 曰, "爲之奈何?" 子貢曰, "修兵休卒
以待之." 晉君許諾. 子貢去而之魯. 吳王果與齊人戰於艾陵, 大破齊師,
獲七將軍之兵而不歸, 果以兵臨晉, 與晉人相遇黃池之上. 吳晉爭彊.
晉人擊之, 大敗吳師. 越王聞之, 涉江襲吳, 去城七里而軍. 吳王聞之,
去晉而歸, 與越戰於五湖. 三戰不勝, 城門不守, 越遂圍王宮, 殺夫差而
戮其相. 破吳三年, 東向而霸. 故子貢一出, 存魯, 亂齊, 破吳, 彊晉而霸
越. 子貢一使, 使勢相破, 十年之中, 五國各有變. 子貢好廢舉, 與時轉
貨貲. 喜揚人之美, 不能匿人之過. 常相魯衛, 家累千金, 卒終于齊.

자유열전

언언言偃은 오나라 출신으로 자가 자유다. 공자보다 마흔다섯 살
어리다. 자유가 공자에게 가르침을 받고 난 뒤 무성武城의 읍재가 되
었다. 《논어》〈양화〉에 따르면 하루는 공자가 이곳을 지나가다가 무
성 사람들이 거문고를 타며 노래하는 소리를 듣게 되었다. 빙그레
웃으며 말했다.

"무성은 작은 고을인데 큰 도로 다스리고 있다. 어찌해서 닭을 잡
는데 소 칼을 쓰는 것인가[割雞牛刀]?"

자유가 반박했다.

"전에 저는 선생님으로부터 '군자가 도를 배우면 남을 사랑하게

되고, 소인이 도를 배우면 부리기가 쉽다'고 들었습니다."

작은 고을이라도 예악을 가르치지 않을 수 있다는 반박에 공자가 곁에 있던 제자들에게 말했다.

"얘들아, 자유의 말이 옳다. 내가 방금 한 말은 농담이었다."

공자는 자유가 문학에 뛰어나다고 여겼다.

●● 言偃, 吳人, 字子遊. 少孔子四十五歲. 子遊旣已受業, 爲武城宰. 孔子過, 聞弦歌之聲. 孔子莞爾而笑曰, "割雞焉用牛刀?" 子遊曰, "昔者偃聞諸夫子曰, 君子學道則愛人, 小人學道則易使." 孔子曰, "二三子, 偃之言是也. 前言戲之耳." 孔子以爲子遊習於文學.

자하열전

복상卜商은 자가 자하로, 공자보다 마흔네 살 어리다. 《논어》〈팔일〉에 따르면 하루는 자하가 공자에게 물었다.

"《시경》에 이르기를, '방긋 웃으면 어여쁜 보조개라네, 눈을 움직이면 황홀한 눈매라네, 흰 비단으로 채색을 하네!'●라고 했습니다. 이는 무엇을 말한 것입니까?"

공자가 대답했다.

"그림 그리는 일은 흰 비단을 마련한 후에 하는 것이다."●●

자하가 또 물었다.

● 《시경》〈위풍衛風, 석인碩人〉에서 차용한 것이다.
●● 《주례周禮》〈고공기考工記〉에서 차용한 것이다. 기본적인 자질이 있은 뒤에야 문식文飾을 가한다는 취지다.

"예가 나중입니까?"

공자가 기뻐하며 대답했다.

"상商은 비로소 함께 《시》를 이야기할 만하다."

《논어》〈선진〉에 따르면 하루는 자공이 자가 자장인 사師와 자하인 상을 두고 공자에게 이같이 물었다.

"사와 상 가운데 누가 더 낫습니까?"

공자가 대답했다.

"사는 지나친 데가 있고, 상은 미치지 못하는 데가 있다."

자공이 또 물었다.

"그렇다면 사가 더 낫다는 말씀입니까?"

공자가 대답했다.

"과유불급過猶不及이니 지나친 것은 미치지 못하는 것과 다를 바가 없다."

《논어》〈옹야〉에 따르면 공자는 자하에게 이같이 당부했다.

"너는 군자를 닮은 유자[君子儒]가 되어야지, 형식에 얽매이는 유자[小人儒]가 되어서는 안 된다."

공자가 세상을 떠난 뒤 자하는 서하에서 학생들을 가르치다가 위문후의 스승이 되었다. 그는 자식의 죽음을 너무 슬퍼해 소리 높여 울다가 눈이 멀었다.

●● 卜商字子夏. 少孔子四十四歲. 子夏問, "巧笑倩兮, 美目盼兮, 素以爲絢兮', 何謂也?" 子曰, "繪事後素." 曰, "禮後乎?" 孔子曰, "商始可與言詩已矣." 子貢問, "師與商孰賢?" 子曰, "師也過, 商也不及." 然則師愈與?" 曰, "過猶不及." 子謂子夏曰, "汝爲君子儒, 無爲小人儒." 孔子旣沒, 子夏居西河敎授, 爲魏文侯師. 其子死, 哭之失明.

자장열전

　전손사는 진陳나라 출신으로, 자가 자장子張이다. 공자보다 마흔여
덟 살 어리다.《논어》〈위정〉에 따르면 하루는 자장이 녹을 구하는
방법을 배우려 하자 공자가 이같이 말했다.

　"많이 들으면서 의심나는 부분을 빼놓고 나머지를 삼가서 말하면
허물이 적다. 많이 보면서 실행하기 어려운 부분을 빼놓고 그 나머
지를 삼가서 실행하면 후회하는 일이 적다. 말에 허물이 적고, 실행
에 후회하는 일이 적으면 녹이 그 안에 있을 것이다."

　다른 날에 자장이 공자를 수행하다가 진陳나라와 채나라 사이에
서 어려움을 겪게 되었다.《논어》〈위령공〉에 따르면 하루는 자장이
행실에 대해 묻자 공자가 이같이 대답했다.

　"충직하고 믿음직하게 말하고[忠信], 돈독하고 경건하게 행동하면
[篤敬] 비록 남북의 오랑캐[蠻貊] 나라일지라도 치도治道가 능히 행해
질 것이다. 그러나 충직하고 믿음직하게 말하지 않고, 돈독하고 경건
하게 행동하지 않으면 비록 중원의 주리州里라도 어찌 치도를 행할
수 있겠는가! 수레에서 일어서면 끝채 끝의 멍에를 메는 부분을 볼
수 있고, 수레에 앉으면 여러 멍에의 가로 나무 연결 부분을 볼 수 있
어야 한다. 그런 연후에 비로소 치도가 능히 행해질 수 있다."

　자장이 이를 잊지 않기 위해 예복 허리띠에 적어두었다.《논어》
〈안연〉에 따르면 하루는 자장이 공자에게 이같이 물었다.

　"선비는 어찌해야 가히 통달했다고 말할 수 있습니까?"

　공자가 반문했다.

　"그게 무슨 말인가? 네가 말하는 통달은 무엇을 말하는 것인가?"

자장이 대답했다.

"나라에서도 반드시 이름이 알려지고, 집안에서도 반드시 이름이 나는 것을 말합니다."

공자가 말했다.

"그것은 소문이지 통달이 아니다. 무릇 통달은 질박하고 정직해서 사물의 마땅함에 부합하고, 남의 말을 자세히 듣고 낯빛을 살핀 뒤 앞뒤를 깊이 생각해 몸을 낮추는 데서 비롯된다. 나라에서도 반드시 통달하고, 집안에서도 통달하는 이유다. 무릇 소문은 낯빛만 인(仁)을 취하고 행실이 이에 어긋나는데도 여전히 안주하며 조금도 의심치 않는 것을 말한다. 나라에서도 반드시 소문이 나고, 집안에서도 소문이 나는 이유다."

●● 顓孫師, 陳人, 字子張. 少孔子四十八歲. 子張問幹祿, 孔子曰, "多聞闕疑, 愼言其餘則寡尤. 多見闕殆, 愼行其餘則寡悔. 言寡尤, 行寡悔, 祿在其中矣." 他日從在陳蔡閒, 困, 問行. 孔子曰, "言忠信, 行篤敬, 雖蠻貊之國行也, 言不忠信, 行不篤敬, 雖州里行乎哉! 立則見其參於前也, 在輿則見其倚於衡, 夫然後行." 子張書諸紳. 子張問, "士何如斯可謂之達矣?" 孔子曰, "何哉? 爾所謂達者?" 子張對曰, "在國必聞, 在家必聞." 孔子曰, "是聞也, 非達也. 夫達者, 質直而好義, 察言而觀色, 慮以下人, 在國及家必達. 夫聞也者, 色取仁而行違, 居之不疑, 在國及家必聞."

증삼열전

증삼은 남무성南武城 출신으로, 자가 자여子輿다. 공자보다 마흔여섯 살 어리다. 공자는 그가 효도에 능통하다고 여겨 가르침을 베풀었다. 그는《효경》을 지었다. 노나라에서 죽었다.

●● 曾參, 南武城人, 字子輿. 少孔子四十六歲. 孔子以爲能通孝道, 故授之業. 作孝經. 死於魯.

자우열전

담대멸명澹臺滅明은 무성 출신으로, 자가 자우子羽다. 공자보다 서른아홉 살 어리다.《공자가어》〈제자해弟子解〉에 따르면 그는 용모가 매우 못생겼다. 그가 가르침을 청하러 왔을 때 공자는 그의 재능이 얼마 되지 않으리라 여겼다. 그러나 그는 가르침을 받고 난 뒤 물러나면 덕행을 닦는 데 힘쓰고, 길을 갈 때는 결코 사잇길로 가지 않고, 공적인 일이 아니면 경대부卿大夫를 만나지 않았다.● 그가 남쪽으로 내려가 장강 부근에 이르자 따르는 제자가 300명이나 되었다. 그는 제자들에게 물건을 주고받는 이치[取予]와 벼슬에 나아가고 물러나는 이치[去就]를 정확히 가르쳤다. 제후들 사이에 명성이 널리 알려진

● 《논어》〈옹야〉에 그에 관한 일화가 나온다. 이에 따르면 자유가 무성의 읍재가 되었을 때 공자가 자유에게 묻기를, "너는 그곳에서 인물을 얻었느냐"라고 했다. 자유가 대답하기를, "담대멸명이 있습니다. 그는 길을 갈 때에도 지름길로 가지 않았고, 공적인 일이 아니면 일찍이 저희 집에 이른 적이 없습니다"라고 했다. 자유가 담대멸명을 천거해 공자의 제자가 되었음을 알 수 있다.

이유다. 《공자가어》〈자로초견子路初見〉에 따르면 당시 공자는 이 이
야기를 듣고 탄식했다.

"내가 언변으로 사람을 취했다가 재여에게 실수했고, 용모로 사람
을 취했다가 자우에게 실수했다!"

●● 澹臺滅明, 武城人, 字子羽. 少孔子三十九歲. 狀貌甚惡. 欲事孔
子, 孔子以爲材薄. 旣已受業, 退而修行, 行不由徑, 非公事不見卿大
夫. 南遊至江, 從弟子三百人, 設取予去就, 名施乎諸侯. 孔子聞之, 曰,
"吾以言取人, 失之宰予, 以貌取人, 失之子羽!"

자천 열전

복부제宓不齊는 자가 자천子賤으로, 공자보다 서른 살 어리다. 《논
어》〈공야장〉에 따르면 하루는 공자가 자천을 이같이 칭송했다.

"자천은 군자다! 노나라에 군자가 없었다면 이 사람이 어디에서
이런 덕을 취했겠는가?"

《공자가어》〈변정辯政〉에 따르면 자천이 선보單父의 읍재로 있을
때 하루는 공자에게 들러 이같이 말했다.

"이곳에는 저보다 현명한 자가 다섯 명이나 있습니다. 이들은 저
에게 치도를 가르쳐주었습니다."

이를 듣고 공자가 탄식했다.

"애석하구나, 부제不齊가 다스리는 곳이 작은 것이! 만일 다스리는
곳이 크다면 거의 이상적인 정사를 펼칠 수 있을 터인데!"

●● 宓不齊字子賤. 少孔子三十歲. 孔子謂, "子賤君子哉! 魯無君子,

斯焉取斯?" 子賤爲單父宰, 反命於孔子, 曰, "此國有賢不齊者五人, 教不齊所以治者." 孔子曰, "惜哉, 不齊所治者小! 所治者大則庶幾矣!"

원헌열전

원헌原憲은 자가 공자의 손자 공급孔伋과 같은 자사子思다. 《논어》 〈헌문〉에 따르면 하루는 자사가 수치심에 관해 묻자 공자가 이같이 대답했다.

"나라에 도가 있는데도 할 일을 하지 않고 녹이나 축내고, 나라에 도가 없는데도 벼슬에 연연해 녹이나 축내는 것이 수치다."

같은 〈헌문〉에 따르면 하루는 자사가 공자에게 물었다.

"남을 이기려 하고, 자신의 공을 자랑하고, 남을 원망하고, 분수에 맞지 않게 욕심을 내는 일[克伐怨欲]을 하지 않으면 가히 어질다고 할 수 있습니까?"

공자가 대답했다.

"실행하기 어려운 것을 행했다고는 할 수 있다. 그러나 어진지 여부는 잘 모르겠다."

《장자》 〈양왕〉에 따르면 원헌은 공자의 사후 풀이 우거진 늪가[草澤]에 은거했다. 하루는 위衛나라 재상으로 있던 자공이 말 네 필이 끄는 수레를 타고 방문했다. 원헌이 해진 의관을 단정히 차려입고 그를 맞이했다. 자공이 그의 초라한 행색을 부끄럽게 여겨 이같이 물었다.

"그대는 어쩌다 이토록 병색이 짙은 것이오?"

원헌이 반박했다.

"나는 재물이 없는 것을 빈貧, 도를 배우고도 실천하지 못하는 것을 병病이라 한다고 들었소. 나는 빈할지언정 병이 든 것은 아니오."

자공이 크게 부끄러워하며 언짢은 표정으로 떠났다. 이후 평생 자신의 말이 지나친 것을 부끄러워했다.•

●● 原憲字子思. 子思問恥. 孔子曰, "國有道, 穀. 國無道, 穀, 恥也." 子思曰, "克伐怨欲不行焉, 可以爲仁乎?" 孔子曰, "可以爲難矣, 仁則吾弗知也." 孔子卒, 原憲遂亡在草澤中. 子貢相衛, 而結駟連騎, 排藜藋入窮閭, 過謝原憲. 憲攝敝衣冠見子貢. 子貢恥之, 曰, "夫子豈病乎?" 原憲曰, "吾聞之, 無財者謂之貧, 學道而不能行者謂之病. 若憲, 貧也, 非病也." 子貢慙, 不懌而去, 終身恥其言之過也.

• 이하는 《장자》〈양왕〉에 나오는 원헌감빈原憲甘貧 설화를 인용한 것이다. 〈양왕〉에 따르면 공자의 제자 원헌이 살던 집은 사방이 10척밖에 되지 않는 작은 집이었다. 지붕은 푸른 풀로 이었고, 쑥대로 엮은 문은 불안했다. 뽕나무 가지를 깎아 지도리, 밑 빠진 항아리를 창으로 삼았다. 두 개의 방은 거친 갈포로 둘러막았다. 지붕에 비가 새서 바닥이 축축했다. 원헌이 그 가운데 똑바로 앉아 거문고를 타고 있었다. 하루는 자공이 네 필의 말이 이끄는 수레를 타고 감색 속옷에 흰색 겉옷을 입고 그를 찾아왔다. 수레가 좁은 골목으로 들어올 수 없어 이내 걸어서 원헌을 찾아왔다. 이때 원헌은 머리에 자작나무 껍질로 만든 갓을 쓰고, 뒤꿈치 없는 신을 신고, 명아주 지팡이를 짚은 모습으로 문에 나가 자공을 맞이했다. 자공이 묻기를, "아, 선생은 어찌 이처럼 병색이 짙은 것이오?"라고 했다. 원헌이 대답하기를, "나는 듣건대 '재물이 없는 것을 가난이라 하고, 도를 배우고도 실천하지 않는 것을 병이라 한다'고 했소. 지금 나는 가난할지언정 병든 것이 아니오." 자공이 이 말을 듣고 뒷걸음치며 부끄러운 기색을 드러냈다. 원헌이 웃으며 말하기를, "무릇 세상에 명성을 얻기 위해 행동하고, 패거리를 지으며 친구를 사귀고, 남을 다스리기 위해 학문을 익히고, 자신의 이익을 위해 남을 가르치고, 인의를 내건 채 나쁜 짓을 일삼고, 화려한 수레와 말 장식으로 자신을 꾸미는 짓을 나 원헌은 차마 할 수 없소"라고 했다. 이 일화는 장자 사상이 안빈낙도安貧樂道를 실천한 안연·원헌과 사상적으로 통하고 있음을 보여준다. 장자 사상은 비록 무위를 역설했지만 노자 사상과 거리가 멀다. 현실을 중시하는 노자 사상은 한비자, 이상을 추구한 노자 사상은 장자에게 흘러갔다.

자장열전

공야장公冶長은 제나라 출신으로, 자는 자장子長이다.《논어》〈공야
장〉에 따르면 공자는 일찍이 이같이 평한 바 있다.

"공야장은 사위로 삼을 만하다. 지금 비록 수감되어 있지만* 그가
죄를 지어서 거기에 있는 것은 아니다."

그러고는 자신의 딸을 아내로 삼게 했다.

●● 公冶長, 齊人, 字子長. 孔子曰, "長可妻也, 雖在累紲之中, 非其
罪也." 以其子妻之.

자용열전

남궁괄南宮括은 자가 자용子容이다.《논어》〈헌문〉에 따르면 하루는
그가 공자에게 이같이 말했다.

"예羿는 활쏘기에 능했고 오奡는 땅 위에서 배를 움직일 수 있을 만
큼 장사였습니다.** 그러나 모두 제 명에 죽지 못했습니다. 하나라 우
왕과 후직은 몸소 밭을 갈면서도 천하를 차지했습니다."

공자가 아무 말도 하지 않았다. 자용이 나가자 이같이 말했다.

● "비록 감옥에 있지만"의 원문은 "수재누설지중雖在累紲之中"이다. 누설累紲이《논어》〈공야
장〉에는 누설縲絏로 나온다. 검은 포승으로 묶는다는 뜻으로 수감을 의미한다.
●● 예는 하나라를 찬탈한 전설적인 명궁이고, 오는 예를 죽인 한착寒浞이 예의 부인과 사이
에서 얻은 용사를 말한다. 남궁괄은 맹의자孟懿子 중손하기仲孫何忌의 친형이다.《춘추좌전》
은 남궁경숙南宮敬叔,《공자가어》는 남궁도南宮韜로 기록해놓았다. 성씨 남궁은 그가 살던 곳
이 남쪽 궁궐 부근인 데서 나온 것으로 본래의 성씨는 중손이다.《춘추좌전》은 그의 본래 이
름을 중손열仲孫說로 기록해놓았다. 자는 자용이고, 시호는 경숙敬叔이다. 남용은 성과 자를
축약한 것이다.《논어》〈공야장〉과 〈선진〉에는 남용南容으로 나온다.

"군자로다, 저 사람은! 덕을 숭상하는구나, 저 사람은!"

공자는《논어》〈공야장〉에서 조카사위인 자용을 이같이 평했다.

"나라에 도가 있으면 버려지지 않을 것이고, 도가 없을지라도 형
륙은 면할 것이다."

《논어》〈선진〉에 따르면 하루는 그가《시경》을 읽다가 '흰 옥의 티
는 갈아서 없앨 수 있지만, 내뱉은 말의 티는 어찌할 수 없다'는 뜻의
백규지점白珪之玷● 대목을 세 번 반복해서 읽었다. 이를 본 공자가 조
카딸을 그에게 시집보냈다.●●

●● 南宮括字子容. 問孔子曰, "羿善射, 奡盪舟, 俱不得其死然, 禹
稷躬稼而有天下?" 孔子弗答. 容出, 孔子曰, "君子哉若人! 上德哉若
人!" "國有道, 不廢, 國無道, 免於刑戮." 三復 '白珪之玷', 以其兄之子
妻之.

계차열전

공석애公晳哀는 자가 계차季次다.《공자가어》〈제자해〉에 따르면 공

● 백규지점은《시경》〈대아大雅, 억抑〉에서 차용한 것이다. 규珪는 고대에 예식을 행할 때 사
용한 옥기玉器를 말한다. 점玷은 백옥白玉의 규 위에 있는 작은 반점이다. 하자瑕疵와 같다. 인
물이나 사물이 매우 훌륭하나 약간의 흠이 있는 것을 뜻한다. 〈대야, 억〉의 원문은 "백규지점
白圭之玷, 상가마야尙可磨也. 사언지점斯言之玷, 불가위야不可爲也"다. 남궁괄은 바로 한번 뱉은
말은 주워 담을 수 없으니 신중을 기해야 한다는 뜻을 감명 깊게 받아들여 반복해 읊조린 것
이다. 공자는 남궁괄의 이런 자세를 높이 사 마침내 그를 조카사위로 삼았다.
●● 원문은 "국유도國有道, 불폐不廢, 국무도國無道, 면어형륙免於刑戮"이다. 북송 때의 도학자
정이는 이 대목을 "공야장이 남용에 미치지 못했으므로 성인이 자신의 딸을 공야장에게 시집
보내고, 형의 딸을 남용에게 시집보낸 것이다. 이는 형에게 후하게 하고 자신에게 박하게 한
것이다"라고 비판했다. 두 사람의 우열을 가린 결과가 아니라는 것이다.

자는 그를 이같이 평했다.•

　"천하의 선비들은 대부분 도리를 실행하지 않고 대부의 가신이 되어 도성에서 벼슬을 살고 있다. 그러나 오직 계차만큼은 그런 일이 없었다."

　●● 公晳哀字季次. 孔子曰, "天下無行, 多爲家臣, 仕於都, 唯季次未嘗仕."

증석열전

　증점曾蒧은 자가 석晳이다.•• 《논어》〈선진〉에 따르면 하루는 증점이 공자를 곁에서 모시고 있을 때 공자가 말했다.

　"사람들이 그대를 알아주면 무엇을 할 것인지 말해보라."

　증점이 대답했다.

　"늦봄에 봄옷이 만들어지면 관례를 올린 스무 살 이상 성인[冠子] 대여섯 명, 동자童子 여서일곱 명을 데리고 기수沂水 가로 가 목욕하고, 기우제를 드리는 무우舞雩의 대臺 밑에서 바람을 쐰 뒤 시를 읊으며 돌아오고 싶습니다."

　공자가 위연喟然히 찬탄했다.

　"나는 증점과 함께할 것이다!"

　●● 曾蒧字晳. 侍孔子, 孔子曰, "言爾志." 蒧曰, "春服旣成, 冠者

● 《공자가어》에는 자가 계침季沈으로 나온다. 《사기》〈유협열전〉에는 사마천이 계차와 원헌이 평생 빈궁한 유생으로 지냈다[終身空室蓬戶]라고 표현한 대목이 나온다.
●● 《논어》에는 증점曾點으로 나온다.

五六人, 童子六七人, 浴乎沂, 風乎舞雩, 詠而歸." 孔子喟爾歎曰, "吾
與蔵也!"

안로열전

　안무요顔無繇는 자가 로路다. 안회의 부친이다. 부자가 일찍이 각각
다른 때 공자를 섬겼다. 《논어》〈선진〉에 따르면 안회가 죽었을 때
그의 부친 안로顔路는 가난 때문에 관곽을 갖출 길이 없자 공자에게
수레를 팔아서라도 만들어줄 것을 청했다. 공자가 거절했다.

　"부모는 자식이 재주가 있거나 없거나 간에 모두 똑같은 자식이라
고 말할 것이다. 나도 자식 공리孔鯉가 죽었을 때 내관內棺만 있고 외
곽外槨은 없었다. 당시 나는 걸어 다닐 각오로 수레를 팔아 그에게 곽
을 만들어주는 일을 하지 않았다. 내가 대부의 뒤를 쫓아 조정 출입
을 하는 위치에 있었던 까닭에 조정의 체모를 위해서라도 걸어 다닐
수는 없었기 때문이다."

　●● 顔無繇字路. 路者, 顔回父, 父子嘗各異時事孔子. 顔回死, 顔路
貧, 請孔子車以葬. 孔子曰, "材不材, 亦各言其子也. 鯉也死, 有棺而無
槨, 吾不徒行以爲之槨, 以吾從大夫之後, 不可以徒行."

자목열전

　상구商瞿는 노나라 출신으로, 자는 자목子木이다. 공자보다 스물아

흡 살 어리다. 공자는 《주역》을 상구에게 전했다. 상구는 초나라 출신 한비자軒臂子 홍弘, 한비자 홍은 강동江東 출신 교자矯子 용자庸疵, 용자는 연나라 출신 주자周子 가수家豎, 가수는 순우淳于 출신 광자光子 승우乘羽, 승우는 제나라 출신 전자田子 장하莊何, 장하는 동무東武 출신 왕자王子 중동中同, 중동은 치천菑川 출신 양하楊何에게 전해주었다. 양하는 원삭元朔 연간에 《주역》에 능통하다는 이유로 중대부中大夫에 임명되었다.

●● 商瞿, 魯人, 字子木. 少孔子二十九歲. 孔子傳易於瞿. 瞿傳楚人軒臂子弘, 弘傳江東人矯子庸疵, 疵傳燕人周子家豎, 豎傳淳于人光子乘羽, 羽傳齊人田子莊何, 何傳東武人王子中同, 同傳菑川人楊何. 何元朔中以治易爲漢中大夫.

자고열전

고시는 자가 자고이고, 공자보다 서른 살 어리다. 자고는 신장이 5척에도 미치지 못했다. 공자에게 가르침을 받을 때 공자는 그를 우직하다고 여겼다. 《논어》〈선진〉에 따르면 하루는 자로가 자고를 계씨의 근거지인 비읍의 읍재로 천거하려 하자 공자가 탄식했다.

"남의 자식을 해치려 하는구나."

자로가 물었다.

"백성이 있고 사직이 있습니다. 어찌 꼭 글 읽는 것만으로 학문을 한다고 말할 수 있겠습니까?"

공자가 꾸짖었다.

"그래서 나는 말 잘하는 자들을 미워하는 것이다."

●● 高柴字子羔. 少孔子三十歲. 子羔長不盈五尺, 受業孔子, 孔子以爲愚. 子路使子羔爲費郈宰, 孔子曰, "賊夫人之子!" 子路曰, "有民人焉, 有社稷焉, 何必讀書然後爲學!" 孔子曰, "是故惡夫佞者."

자개열전

칠조개漆雕開는 자가 자개子開다.● 《논어》〈공야장〉에 따르면 하루는 공자가 칠조개에게 벼슬길로 나아가게 하자 칠조개가 사양했다.

"저는 공부가 부족해 벼슬할 자신이 아직 없습니다."

공자는 그의 뜻이 도에 있다는 것을 알고 기뻐했다.

●● 漆彫開字子開. 孔子使開仕, 對曰, "吾斯之未能信." 孔子說.

자주열전

공백료公伯繚는 자가 자주子周다. 《논어》〈헌문〉에 따르면 하루는 자주가 계손씨에게 자로를 참소했다. 노나라 대부 자복경백子服景伯이 이를 공자에게 알리면서 이같이 말했다.

"계손씨는 자주의 말에 속아 자로를 의심하고 있습니다. 제게는 공백료를 죽인 뒤 그 시체를 시장이나 조정에 내걸 수 있는 정도의

● 칠조개의 원래 이름은 칠조계漆雕啓다. 한경제 유계劉啓의 이름을 피하기 위해 계啓를 개開로 바꾼 것이다.

힘이 있습니다."

공자가 말했다.

"장차 도가 행해지는 것도 천명이고, 폐해지는 것도 천명이오. 공백료가 그 천명을 어찌할 수 있겠소? 내버려 두시오."

●● 公伯繚字子周. 周愬子路於季孫, 子服景伯以告孔子, 曰, "夫子固有惑志, 繚也, 吾力猶能肆諸市朝." 孔子曰, "道之將行, 命也, 道之將廢, 命也. 公伯繚其如命何!"

자우열전

사마경司馬耕은 자가 자우子牛다.• 자우는 말이 많고 성질이 조급했다. 《논어》〈안연〉에 따르면 하루는 그가 인仁에 관해 묻자 공자가 이같이 대답했다.

"어진 자는 말을 함부로 하지 않는다."

그가 재차 물었다.

"말을 함부로 하지 않으면 어질다고 할 수 있습니까?"

공자가 대답했다.

"행하기가 어려운 법인데 말을 함부로 할 수 있겠는가?"

또 하루는 그가 군자에 관해 묻자 공자가 이같이 대답했다.

"군자는 근심하거나 두려워하지 않는다."

• 사마경은 공자에게 해를 끼치려 했던 송나라 대부 환퇴桓魋의 동생이다. 그가 언제 얼마나 공자 밑에서 공부했는지는 알 길이 없다. 학자들은 공자가 천하유세를 떠나기 전에 제자로 있었던 것으로 보고 있다.

그가 다시 물었다.

"근심하지 않고 두려워하지 않으면 곧 군자라고 할 수 있습니까?"

공자가 대답했다.

"스스로 자신을 살펴 조그마한 허물도 없는데 무엇을 근심하고 무엇을 두려워하겠는가?"

●● 司馬耕字子牛. 牛多言而躁. 問仁於孔子, 孔子曰, "仁者其言也訒." 曰, "其言也訒. 斯可謂之仁乎?" 子曰, "爲之難, 言之得無訒乎!" 問君子, 子曰, "君子不憂不懼." 曰, "不憂不懼, 斯可謂之君子乎?" 子曰, "內省不疚, 夫何憂何懼!"

번지열전

번수樊須는 자가 자지子遲로, 공자보다 서른여섯 살 어리다.《논어》〈자로〉에 따르면 하루는 번지樊遲가 농경에 관한 가르침을 청하자 공자가 대답했다.

"나는 오랫동안 농사를 지은 늙은 농부만 못하다."

채소 농사에 관한 가르침을 청하자 공자가 대답했다.

"나는 오랫동안 채소를 가꾼 늙은 농부만 못하다."

번지가 나가자 공자가 말했다.

"소인이구나, 번지여! 윗사람이 예를 좋아하면 백성들이 감히 공경하지 않을 리 없고, 윗사람이 의義를 좋아하면 백성들이 감히 복종하지 않을 리 없고, 윗사람이 신의를 좋아하면 백성들이 감히 실정에 맞지 않게 행할 리 없다. 이같이 하면 사방에서 백성들이 포대기

로 아이를 싸서 업고 올 터인데 어찌해서 직접 농사를 지으려는 것
인가!"

《논어》〈안연〉에 따르면 하루는 번지가 인에 관해 묻자 공자가 이
같이 대답했다.

"사람을 사랑하는 것이다[愛人]."

이어 지智에 관해 묻자 이같이 대답했다.

"사람을 아는 것이다[知人]."

●● 樊須字子遲. 少孔子三十六歲. 樊遲請學稼, 孔子曰, "吾不如老
農." 請學圃, 曰, "吾不如老圃." 樊遲出, 孔子曰, "小人哉樊須也! 上好
禮, 則民莫敢不敬, 上好義, 則民莫敢不服, 上好信, 則民莫敢不用情.
夫如是, 則四方之民襁負其子而至矣, 焉用稼!" 樊遲問仁, 子曰, "愛
人." 問智, 曰, "知人."

유약열전

유약有若은 공자보다 마흔세 살 어리다.《논어》〈학이〉에 따르면
하루는 유약이 이같이 말했다.

"예의 운용은 조화를 귀하게 여긴다. 선왕의 도는 이를 아름다운
것으로 여겼다. 크고 작은 일 모두 이를 좇은 이유다. 그러나 예가 행
해지지 않는 경우도 있다. 조화의 취지만 알아 조화 자체에만 힘쓰
고 예로써 이를 절제할 줄 모르면 또한 행해지지 않을 것이다."

《논어》〈학이〉에서 그는 또 이같이 말했다.

"믿음이 의에 가까우면 약속한 말을 실행할 수 있다. 공손함이 예

에 가까우면 치욕을 멀리할 수 있다. 여기에 친근함을 잃지 않으면 가히 받들어 모실 만하다."

공자 사후 제자들이 스승에 대한 추모를 그치지 않았다. 유약의 모습이 공자와 닮았다. 제자들은 그를 선생으로 세우고서 공자를 섬길 때처럼 했다. 《공자가어》〈제자해〉에 따르면 하루는 공자의 한 제자가 그의 앞으로 나아가 물었다.

"옛날에 스승님이 제자 무마기巫馬期가 외출할 때 우산을 가지고 나가라고 일렀소. 얼마 뒤 과연 비가 내렸소. 무마기가 묻기를, '선생님은 어떻게 비가 올 줄 알았습니까?'라고 하자 스승님이 대답하기를, '《시경》〈점점지석漸漸之石〉에서 달이 필성畢星에 걸려 있으면 큰비가 내린다고 하지 않았는가?'라고 했소. 내가 유심히 살펴보니 하루는 달이 필성에 걸려 있었는데도 비가 내리지 않았소. 상구는 나이가 많은데도 자식이 없자 그 모친이 재혼을 권했소. 마침 공자께서 그를 제나라에 사자로 보내려 하자 그의 모친이 연기해줄 것을 청했소. 스승님이 호언하기를, '조금도 걱정할 것이 없다. 구瞿는 마흔 이후에도 분명 아들을 다섯 명 둘 것이다'라고 했소. 과연 그리되었소. 감히 묻건대 스승님은 어떻게 이를 알게 되었다고 생각하오?"

유약이 아무 대답도 하지 못한 채 가만히 앉아 있었다. 질문한 공자의 제자가 분연히 일어나 이같이 힐난했다.

"유자有子는 그 자리에서 물러나시오. 그 자리는 그대가 앉아 있을 자리가 아니오."

●● 有若少孔子四十三歲. 有若曰, "禮之用, 和爲貴, 先王之道斯爲美. 小大由之, 有所不行, 知和而和, 不以禮節之, 亦不可行也." "信近於義, 言可復也, 恭近於禮, 遠恥辱也, 因不失其親, 亦可宗也." 孔子旣沒, 弟子思慕, 有若狀似孔子, 弟子相與共立爲師, 師之如夫子時也. 他日, 弟子進問曰, "昔夫子當行, 使弟子持雨具, 已而果雨. 弟子問曰, '夫子何以知之?' 夫子曰, '詩不云乎, 月離于畢, 俾滂沱矣. 昨暮月不宿畢乎?' 他日, 月宿畢, 竟不雨. 商瞿年長無子, 其母爲取室. 孔子使之齊, 瞿母請之. 孔子曰, '無憂, 瞿年四十後當有五丈夫子.' 已而果然. 敢問夫子何以知此?" 有若默然無以應. 弟子起曰, "有子避之, 此非子之座也!"

자화열전

공서적公西赤은 자가 자화로, 공자보다 마흔두 살 어리다. 《논어》〈옹야〉에 따르면 자화가 제나라로 심부름을 갔을 때, 염유가 그가 없는 동안 그의 모친을 위해 먹을 양식을 청했다. 공자가 말했다.

"1부釜(6두斗 4승升)를 주어라"

더 달라고 청하자 공자가 말했다.

"1유庾(16두)를 주어라"

염유가 임의로 5병秉(80석)을 주었다. 공자가 힐난했다.

"공서적이 제나라로 갈 때 살찐 말을 탔고 좋은 갖옷을 입고 있었다. 내가 듣건대 '군자는 절박한 자를 도와주고 부자에게는 보태주지 않는다'고 했다."

●● 公西赤字子華. 少孔子四十二歲. 子華使於齊, 冉有爲其母請粟. 孔子曰, "與之釜." 請益, 曰, "與之庾." 冉子與之粟五秉. 孔子曰, "赤之適齊也, 乘肥馬, 衣輕裘. 吾聞君子周急不繼富."

자기열전

무마시巫馬施는 자가 자기子旗로, 공자보다 서른 살 어리다.《논어》
〈술이〉에 따르면 하루는 형옥을 다루는 진陳나라의 사패司敗가 공자
에게 물었다.

"노소공魯昭公은 예를 압니까?"

공자가 대답했다.

"예를 압니다."

"내가 듣건대 군자는 편당偏黨을 짓지 않는다고 했는데 군자도 편
당을 짓는 것이오? 노소공이 오나라에서 부인을 얻자 사람들이 같은
성씨인 희씨姬氏인 것을 꺼려 노소공의 부인을 오맹자吳孟子라고 불
렀소. 노소공이 예를 알면 그 누가 예를 알지 못할 리 있겠소?"

무마시가 이를 공자에게 알리자 공자가 말했다.

"나는 나의 허물을 곧바로 전해 들을 수 있으니 참으로 다행이다.
실로 나에게 허물이 있으면 사람들이 반드시 이를 알아채는구나. 그
러나 신하는 군주의 잘못을 다른 사람에게 말하지 않는 법이다. 숨
겨주는 것이 예다.●"

●● 巫馬施字子旗. 少孔子三十歲. 陳司敗問孔子曰, "魯昭公知禮
乎?" 孔子曰, "知禮." 退而揖巫馬旗曰, "吾聞君子不黨, 君子亦黨乎?
魯君娶吳女爲夫人, 命之爲孟子. 孟子姓姬, 諱稱同姓, 故謂之孟子. 魯

● "그러나 신하는 군주의 잘못을 다른 사람에게 말하지 않는 법이다. 숨겨주는 것이 예다"
의 원문은 "신불가언군친지악臣不可言君親之惡, 위휘자爲諱者, 례야禮也"다. 이 대목은《논어》
〈술이〉에 나오지 않는다. 사마천이 기록한 것인지, 아니면 후대인이 끼워 넣은 것인지 알 길
이 없다. 군친君親은 통상 군주와 부모로 해석되나 여기서는 군주 자신을 지칭한 것이다.《사
기집해》가 공안국孔安國의 주를 인용해 군친지악君親之惡을 '군주가 친히 저지른 악[國惡]'으
로 풀이한 것이 그렇다.

君而知禮, 孰不知禮!" 施以告孔子, 孔子曰, "丘也幸, 苟有過, 人必知之. 臣不可言君親之惡, 爲諱者, 禮也."

문생열전

양전梁鱣은 자가 숙어叔魚로, 공자보다 스물아홉 살 어리다.

안행顏幸은 자가 자류子柳로, 공자보다 마흔여섯 살 어리다.

염유는 자가 자로로, 공자보다 쉰 살 어리다.

조휼曹卹은 자가 자순子循으로, 공자보다 쉰 살 어리다.

백건伯虔은 자가 자석子析으로, 공자보다 쉰 살 어리다.

공손룡公孫龍은 자가 자석子石으로, 공자보다 쉰세 살 어리다.

이상 안회에서 자석까지 총 서른다섯 명은 나이와 성명이 분명하다. 대부분 공자에게 가르침을 받고 문답한 내용이 글로 전해지고 있다. 그러나 다음으로 언급한 나머지 마흔두 명은 그렇지 않다.

염계冉季는 자가 자산子産이다.

공조구자公祖句玆는 자가 자지子之다.

진조秦祖는 자가 자남子南이다.

칠조치漆雕哆는 자가 자렴子斂이다.

안고顏高는 자가 자교子驕다.

칠조도보漆雕徒父.[•]

양사적壤駟赤은 자가 자도子徒다.

[•] 《사기색은》은 《공자가어》를 인용해 자가 고固라고 했다.

상택商澤[•]

석작촉石作蜀은 자가 자명子明이다.

임부제任不齊는 자가 선選이다.

공량유公良孺는 자가 자정子正이다.

후처后處는 자가 자리子里다.

진염秦冉은 자가 개開다.

공하수公夏首는 자가 승乘이다.

해용잠奚容箴은 자가 자석子晳이다.

공견정公堅定은 자가 자중子中이다.

안조顏祖는 자가 양襄이다.

교선鄡單은 자가 자가子家다.

구정강句井疆^{••}

한보흑罕父黑은 자가 자색子索이다.

진상秦商은 자가 자비子丕다.

신당申黨은 자가 주周다.

안지복顏之僕은 자가 숙叔이다.

영기榮旂는 자가 자기子祈다.

현성懸成은 자가 자기子祺다.

좌인영左人郢은 자가 행行이다.

연급燕伋은 자가 사思다.

정국鄭國은 자가 자도子徒다.

진비秦非는 자가 자지子之다.

● 《사기집해》는 《공자가어》를 인용해 자가 자계子季라고 했다.
●● 《사기집해》는 정현의 주를 인용해 그가 위衛나라 출신이라고 했다.

시지상施之常은 자가 자항子恒이다.

안쾌顔噲는 자가 자성子聲이다.

보숙승步叔乘은 자가 자거子車다.

원항적原亢籍. •

악해樂欬는 자가 자성子聲이다.

염결廉絜은 자가 용庸이다.

숙중회叔仲會는 자가 자기子期다.

안하顔何는 자가 염冄이다.

적흑狄黑은 자가 석晳이다.

방손邦巽은 자가 자렴子斂이다.

공충孔忠. ••

공서여여公西輿如는 자가 자상子上이다.

공서침公西蒧은 자가 자상子上이다. •••

•• 梁鱣字叔魚. 少孔子二十九歲. 顔幸字子柳. 少孔子四十六歲. 冄
孺字子魯, 少孔子五十歲. 曹䘏字子循. 少孔子五十歲. 伯虔字子析, 少
孔子五十歲. 公孫龍字子石. 少孔子五十三歲. 自子石已右三十五人,
顯有年名及受業聞見于書傳. 其四十有二人, 無年及不見書傳者紀于
左, 冄季字子産. 公祖句玆字子之. 秦祖字子南. 漆雕哆字子斂. 顔高字
子驕. 漆雕徒父. 壤駟赤字子徒. 商澤. 石作蜀字子明. 任不齊字選. 公
良孺字子正. 后處字子里. 秦冄字開. 公夏首字乘. 奚容箴字子皙. 公肩

<hr>

• 《사기집해》는 《공자가어》를 인용해 이름이 항亢, 자가 적籍이라고 했다.
•• 《사기집해》와 《사기색은》는 《공자가어》를 인용해 자가 자멸子蔑이고, 공자의 형의 아들이
라고 했다.
••• 《사기색은》은 공서잠公西蒧으로 간주하면서 자가 자상이라고 했다. 또 《공자가어》에는 자
상子尙으로 되어 있다고 지적했다.

定字子中. 顔祖字襄. 鄡單字子家. 句井疆. 罕父黑字子索. 秦商字子
丕. 申黨字周. 顔之僕字叔. 榮旂字子祈. 縣成字子祺. 左人郢字行. 燕
伋字思. 鄭國字子徒. 秦非字子之. 施之常字子恒. 顔噲字子聲. 步叔乘
字子車. 原亢籍. 樂欬字子聲. 廉絜字庸. 叔仲會字子期. 顔何字冉. 狄
黑字晳. 邦巽字子斂. 孔忠. 公西輿如字子上. 公西葴字子上.

태사공은 평한다.

"학자 가운데 공자의 70여 제자에 관해 말하는 자가 많다. 칭송하
는 자 가운데 과하게 칭찬하는 경우도 있고, 비방하는 자 가운데 과
하게 폄하하는 경우도 있다. 어느 경우든 참모습을 모르고 말한 것
이다. 공자 제자들의 명부는 공안국 집안 벽에서 나온 고문古文에 기
재된 것이 거의 옳을 것이다. 나는 제자들의 이름과 언행을 모두 《논
어》에 나오는 사제 사이의 문답에서 취한 뒤 이를 차례로 정리해 〈중
니제자열전〉을 만들었다. 의심나는 것은 싣지 않았다."

●● 太史公曰, "學者多稱七十子之徒, 譽者或過其實, 毀者或損其眞,
鈞之未覩厥容貌, 則論言弟子籍, 出孔氏古文近是. 余以弟子名姓文字
悉取論語弟子問幷次爲篇, 疑者闕焉."

상군열전

商君列傳

〈상군열전商君列傳〉은 전국시대 중엽 두 차례에 걸친 대대적인 변법을 통해 서쪽 변방의 진秦나라를 문득 최강의 군사대국으로 만든 상앙의 사적을 다룬 것이다. 상앙은 전국시대 중엽 법가를 대표하는 인물이다. 한비자는 상앙의 법치와 신불해의 술치 및 신도의 세치를 종합한 자신의 녹특한 도치 개념을 덧붙여 법가 사상을 완성했다. 법가가 제자백가의 일원이 된 근본 배경이다. 상앙은 병법을 거의 언급치 않은 한비자와 달리 저서《상군서》의 절반을 병가 사상의 기본이념 및 병법이론에 할애하고 있다.

일각에서는《상군서》를 '상앙병법'으로 부른다. 분량도《손자병법》보다 많을 뿐 아니라 내용 또한 정밀하다. 그가 부국강병의 비책으로, 일하면서 싸우는 이른바 경전耕戰 내지 농전農戰을 역설한 데 따른 것으로 보인다. 진수陳壽의《삼국지三國志》〈선주전先主傳〉의 주석에 따르면 유비劉備는 죽기 직전 아들 유선劉禪에게 내린 유언에 "시간이 나면 제자백가서를 포함해 반드시《상군서》를 읽도록 해라. 의지와 지혜를 넓히는 데 도움을 줄 것이다"라고 언급한 바 있다.《한비자》〈오두〉는 "지금 집집마다《상군서》와《관자》를 소장하고 있지만 나라가 더욱 가난해지는 것은 입으로 농사짓는 자만 많고 정작 손에 쟁기나 호미를 잡고 농사를 짓는 자는 적기 때문이다"라고 지적했다. 아는 것이 중요한 것이 아니라 실행이 문제라고 지적한 것이다.

강력한 법치를 전제로 한 상앙의 변법이 중국의 전 역사를 통틀어 유일하게 성공한 변법 사례로 거론되는 것도 이런 맥락에서 이해할 수 있다. 실제로 그는 진효공秦孝公의 태자 사駟가 법을 어기자 태자의 스승과 교관에게 코를 베어내고 얼굴에 먹을 뜨는 형벌을 가했다. 권세와 지위를 가리지 않은 것이다. 이는 현재까지 법치의 대표적인 사례로 거론되고 있다. 요체는 최고통치권자의 강력한 결단이다. 《상군서》는 이를 독제獨制와 군단君斷으로 표현해놓았다. 난세의 정도가 심할수록 신속하고 단호한 결단이 필요하다. 위기상황일수록 고독한 결단을 뜻하는 독재의 요구 수위는 더 높아질 수밖에 없다. 강고한 의지와 단호한 결단, 불퇴전의 추진력이 관건이다.

상군商君은 위衞나라 군주의 후궁이 낳은 여러 공자 가운데 한 사람이다. 이름은 앙鞅, 성은 공손公孫이다. 그의 선조는 원래 주나라 왕실과 같은 희씨였다. 공손앙公孫鞅은 젊어서부터 법가 사상의 뿌리에 해당하는 형명학을 좋아했다. 위나라 재상인 공숙좌公叔座를 섬겨 대부의 집사인 중서자中庶子가 되었다. 공숙좌는 그가 현명하다는 것을 알았으나 위혜왕에게 천거하지는 않았다. 마침 공숙좌가 병에 걸리자 위혜왕이 직접 문병을 가 물었다.

"만일 공숙의 병이 회복되지 않는다면 장차 사직을 어찌해야 좋소?"

공숙은 대답했다.

"저의 중서자 공손앙은 비록 나이는 어리나 재능이 뛰어납니다. 대왕은 국사를 그에게 맡기고 그의 말을 듣도록 하십시오.".

위혜왕은 묵묵히 있었다. 위혜왕이 떠나려 하자 공숙좌가 주위 사람들을 물리치고 말했다.

"대왕이 그를 기용하지 않을 생각이면 반드시 그를 죽여 국경을 넘지 못하게 하십시오."

위혜왕은 고개를 끄덕인 뒤 떠났다. 이어 공숙좌는 공손앙을 불러 사과했다.

"오늘 대왕이 재상이 될 만한 사람을 묻기에 그대를 천거했소. 그러나 대왕의 안색으로 보아 내 말을 들어주지 않을 듯하오. 나는 군주에게 먼저 충성을 다한 뒤 신하를 돌봐야 한다고 여기고 있소. 대왕에게 그대를 기용하지 않으려면 응당 그대를 죽여야 한다고 건의한 이유요. 대왕은 그리하시겠다고 했소. 그대는 빨리 이곳을 떠나도록 하시오. 그러지 않으면 잡히고 말 것이오."

공손앙이 말했다.

"대왕은 그대의 말을 듣고도 저를 임용하지 않는데, 또 어찌 그대의 말을 받아들여 저를 죽일 수 있겠습니까?"

그러고는 끝내 떠나지 않았다. 위혜왕이 궁으로 돌아와 좌우에게 말했다.

"공숙좌의 병이 위중해 슬프오. 과인에게 나라를 공손앙에게 맡긴 뒤 매사를 상의해 처리하라고 하니, 이 어찌 황당한 일이 아니겠소!"

공숙좌 사후, 공손앙은 진효공이 전국에 포고령을 내려 현자를 찾는다는 이야기를 들었다. 장차 진목공의 위업을 계승해 동쪽의 땅을 탈환하고자 한다는 취지였다. 공손앙이 이내 서쪽 진나라로 가 진효공의 총신寵臣 경감景監의 주선으로 진효공을 만나고자 했던 이유다.

●● 商君者, 衛之諸庶孽公子也, 名鞅, 姓公孫氏, 其祖本姬姓也. 鞅少好刑名之學, 事魏相公叔座爲中庶子. 公叔座知其賢, 未及進. 會座病, 魏惠王親往問病, 曰, "公叔病有如不可諱, 將奈社稷何?" 公叔曰, "座之中庶子公孫鞅, 年雖少, 有奇才, 願王擧國而聽之." 王嘿然. 王且去, 座屛人言曰, "王卽不聽用鞅, 必殺之, 無令出境." 王許諾而去. 公叔座召鞅謝曰, "今者王問可以爲相者, 我言若, 王色不許我. 我方先君後臣, 因謂王卽弗用鞅, 當殺之. 王許我. 汝可疾去矣, 且見禽." 鞅曰, "彼王不能用君之言任臣, 又安能用君之言殺臣乎?" 卒不去. 惠王旣去, 而謂左右曰, "公叔病甚, 悲乎, 欲令寡人以國聽公孫鞅也, 豈不悖哉!" 公叔旣死, 公孫鞅聞秦孝公下令國中求賢者, 將修繆公之業, 東復侵地, 迺遂西入秦, 因孝公寵臣景監以求見孝公.

진효공은 위앙衛鞅을 만나 오랫동안 이야기를 나누었다. 그러나 때때로 조는가 하면 아예 듣지도 않았다. 위앙이 물러나자 진효공은 화를 내며 경감을 꾸짖었다.

"그대의 빈객은 망령된 자다. 어찌 임용할 수 있겠는가!"

경감은 위앙을 책망하자 위앙이 말했다.

"저는 그에게 전설적인 제왕 요순의 치도인 제도帝道를 이야기했습니다. 그 취지를 이해하지 못한 듯합니다."

닷새 뒤 경감이 진효공에게 위앙을 다시 불러 만날 것을 청했다. 위앙이 다시 진효공을 만나 더욱더 열심히 논했으나 마음을 얻지는 못했다. 위앙이 물러난 뒤 진효공이 또 경감을 책망했다. 경감이 위앙을 책망하자 위앙이 말했다.

"저는 그에게 하나라 우왕, 은나라 탕왕, 주문왕 및 주무왕인 삼왕三王의 치도인 왕도를 이야기했습니다. 아직도 마음에 들지 않은 듯합니다. 한 번 더 만나게 해주십시오."

위앙이 또다시 진효공을 만났다. 진효공이 좋게 평가했지만 등용할 생각은 하지 않았다. 위앙이 물러가자 진효공은 경감에게 이야기했다.

"그대의 빈객은 괜찮은 사람이오. 함께 이야기를 나눌 만하오."

이 말을 경감에게 전해 듣고 위앙이 말했다.

"저는 그에게 춘추오패의 치도인 패도를 이야기했습니다. 이를 받아들일 만하다고 생각한 듯합니다. 한 번만 더 만나게 해주십시오. 이제 무슨 말을 해야 좋을지 알았습니다."

위앙은 다시 진효공을 만났다. 진효공이 함께 이야기를 나누다가 너무 열중한 나머지 무릎이 위앙 앞으로 나오는 것도 알지 못했다.

여러 날 동안 말을 주고받으며 싫증을 낼 줄 몰랐다. 경감이 이같이 물었다.

"그대는 무슨 수로 우리 군주의 마음을 사로잡은 것이오? 우리 군주가 여간 기뻐하는 것이 아니오."

위앙이 말했다.

"저는 먼저 군주에게 제도와 왕도를 행하면 하·은·주 3대에 비길 만한 태평을 누릴 것이라고 이야기했습니다. 그러자 대답하기를, '너무나 길고 멀어 기다릴 수 없소. 현명한 군주는 재위할 때 천하에 이름을 떨치는 법이오. 어찌 수십 년 내지 수백 년을 기다리며 제왕의 대업이 이루어지기를 기다릴 수 있단 말이오?'라고 했습니다. 제가 나라를 부강하게 만드는 부도富道와 강도強道를 이야기하자 군주가 기뻐한 것일 뿐입니다. 그러나 이는 은나라와 주나라가 행한 치도에 견줄 수는 없습니다."

진효공은 위앙의 의견을 받아들여 변법을 시행하고자 했다. 그러나 천하 사람들이 자신을 비방할까 걱정되었다. 위앙이 말했다.

"의심하며 움직이면 공명도 없고[疑行無名], 의심하며 사업하면 성공이 없습니다[疑事無功]. 남보다 뛰어나게 행동하는 자는 세인의 비난을 받고, 남과 다르게 지혜가 뛰어난 자는 반드시 오만하다는 소리를 듣게 마련입니다. 어리석은 자는 이미 이루어진 일도 모르지만, 지혜로운 자는 일이 시작되기도 전에 압니다. 백성은 일을 시작할 때 함께 의논할 수는 없으나, 성공을 거두면 함께 즐길 수 있습니다. 지고한 덕을 논하는 자는 세속과 타협하지 않고, 큰 성과를 이루는 자는 범인과 상의하지 않습니다. 성인은 나라를 강하게 할 수 있으면 옛 관습을 좇지 않고, 백성을 이롭게 할 수 있으면 옛 예제를 좇지 않습니다."

효공이 화답했다.

"좋은 생각이오."

대부 감룡甘龍이 반박했다.

"그렇지 않습니다. 성인은 백성의 풍속을 고치지 않은 채 교화하고, 지혜로운 자는 법을 고치지 않고 다스립니다. 백성의 풍속을 좇아 교화하면 애쓰지 않고도 공을 이룰 수 있고, 시행되는 법제에 따라 다스리면 관원은 익숙해하고 백성은 편안해할 것입니다."

위앙이 다시 반박했다.

"감룡의 의견은 속된 것입니다. 세인은 옛 풍속에 안주하고, 학자는 자신이 배운 것에 몰두합니다. 이 두 부류는 관직에 앉혀 법을 지키게 할 수는 있지만, 법의 테두리를 벗어난 변법에 관해서는 더불어 논의할 수 없습니다. 하·은·주 3대의 예악은 서로 달랐지만 모두 왕업王業을 이루었고, 춘추오패의 법제는 서로 달랐지만 모두 패업을 이루었습니다. 지혜로운 자는 법을 만들고, 어리석은 자는 법의 제제를 받습니다. 또 현명한 자는 예제를 고치고, 불초한 자는 예제에 구속되는 법입니다."

대부 두지杜摯가 유가의 관점에서 비판했다.

"100배의 이익이 없으면 법과 제도를 고쳐서는 안 되고, 열 배의 효과가 없으면 기물을 바꾸어서는[易器] 안 됩니다. 옛 법을 본받으면 [法古] 허물이 없고, 옛 예제를 좇으면[循禮] 간사함이 없는 법입니다."

위앙이 법가의 관점에서 반박했다.

"세상을 다스리는 도는 꼭 하나만 있는 것이 아닙니다. 나라에 이로우면 옛 법을 고집할 필요가 없습니다. 은나라 탕왕과 주무왕은 옛 법을 행하지 않았지만 왕업을 이루었고, 하나라 걸과 은나라 주는 옛 예제를 좇았는데도 패망했습니다. 옛 법을 거부한다고 비난해서도 안 되고, 옛 예제를 행한다고 칭찬할 것도 없습니다."

진효공이 상앙의 손을 들어주었다.

"좋은 생각이오."

마침내 위앙을 좌서장左庶長으로 삼은 뒤 변법의 강령을 정하도록 했다. 새 법을 좇아 10호를 십什, 5호를 오伍로 짜서 서로 감시하도록 하고, 십과 오 가운데 한 호가 죄를 범하면 열 호를 연좌해 처벌했다. 고발하지 않는 자는 허리를 자르는 요참腰斬에 처하고, 나쁜 짓을 한 자를 고발하는 자는 적의 머리를 벤 자와 동일한 상을 주고, 나쁜 짓을 한 자는 적에게 항복한 자와 동일한 벌을 내렸다. 백성 가운데 두 명 이상의 성년 남자가 분가하지 않으면 부세를 두 배로 했다.

군공이 있는 자는 각각 공의 대소에 따라 벼슬을 받았고, 사사로이 다투는 자는 각각 죄의 경중에 따라 처벌을 받았다. 본업에 힘써 밭을 갈고 길쌈을 해서 곡식이나 비단을 많이 생산해 바치는 자는 부역과 부세를 면제받았다. 상공업에 종사해 이익을 추구하고 게으른 탓에 가난한 자는 모두 체포해 관청의 노비로 삼았다. 군주의 친척이라도 군공이 없으면 엄격한 심사로 인해 공족의 명부에 오를 수 없었다. 신분상의 존비를 포함해 작위와 녹봉의 등급을 분명히 규정하고 각각 차등을 두었다. 토지와 집, 남녀 노비[臣妾]의 숫자, 의복의 종류와 형식 모두 그 집안의 작위 등급에 의해 결정되었다. 군공이 있는 자는 영예를 누리지만, 군공이 없는 자는 아무리 부유해도 영예를 누릴 수 없었다.

●● 孝公旣見衛鞅, 語事良久, 孝公時時睡, 弗聽. 罷而孝公怒景監曰,

"子之客妄人耳, 安足用邪!"景監以讓衛鞅. 衛鞅曰, "吾說公以帝道, 其志不開悟矣."後五日, 復求見鞅. 鞅復見孝公, 益愈, 然而未中旨. 罷而孝公復讓景監, 景監亦讓鞅. 鞅曰, "吾說公以王道而未入也. 請復見鞅."鞅復見孝公, 孝公善之而未用也. 罷而去. 孝公謂景監曰, "汝客善, 可與語矣."鞅曰, "吾說公以霸道, 其意欲用之矣. 誠復見我, 我知之矣."衛鞅復見孝公. 公與語, 不自知膝之前於席也. 語數日不厭. 景監曰, "子何以中吾君? 吾君之驩甚也."鞅曰, "吾說君以帝王之道比三代, 而君曰, '久遠, 吾不能待. 且賢君者, 各及其身顯名天下, 安能邑邑待數十百年以成帝王乎?'故吾以彊國之術說君, 君大說之耳. 然亦難以比德於殷周矣."孝公既用衛鞅, 鞅欲變法, 恐天下議己. 衛鞅曰, "疑行無名, 疑事無功. 且夫有高人之行者, 固見非於世, 有獨知之慮者, 必見敖於民. 愚者闇於成事, 知者見於未萌. 民不可與慮始而可與樂成. 論至德者不和於俗, 成大功者不謀於衆. 是以聖人苟可以彊國, 不法其故, 苟可以利民, 不循其禮."孝公曰, "善."甘龍曰, "不然. 聖人不易民而教, 知者不變法而治. 因民而教, 不勞而成功, 緣法而治者, 吏習而民安之."衛鞅曰, "龍之所言, 世俗之言也. 常人安於故俗, 學者溺於所聞. 以此兩者居官守法可也, 非所與論於法之外也. 三代不同禮而王, 五伯不同法而霸. 智者作法, 愚者制焉, 賢者更禮, 不肖者拘焉."杜摯曰, "利不百, 不變法, 功不十, 不易器. 法古無過, 循禮無邪."衛鞅曰, "治世不一道, 便國不法古. 故湯武不循古而王, 夏殷不易禮而亡. 反古者不可非, 而循禮者不足多."孝公曰, "善."以衛鞅爲左庶長, 卒定變法之令. 令民爲什伍, 而相牧司連坐. 不告姦者腰斬, 告姦者與斬敵首同賞, 匿姦者與降敵同罰. 民有二男以上不分異者, 倍其賦. 有軍功者, 各以率受上爵, 爲私鬪者, 各以輕重被刑大小. 僇力本業, 耕織致粟帛多者

復其身. 事末利及怠而貧者, 擧以爲收孥. 宗室非有軍功論, 不得爲屬
籍. 明尊卑爵秩等級, 各以差次名田宅, 臣妾衣服以家次. 有功者顯榮,
無功者雖富無所芬華.

　　상앙은 변법의 영을 마련하자마자 포고하지는 않았다. 백성이 새
법령을 불신할까 염려했기 때문이다. 곧 3장丈 높이의 나무를 도성
저잣거리 남문에 세우고, 백성을 불러 모아 이같이 고했다.

　　"이 나무를 북문으로 옮겨놓는 자에게 10금金을 준다."

　　도성의 백성들이 이상히 여겨 아무도 옮기려 들지 않았다. 다시
고했다.

　　"이를 옮기는 자에게는 50금을 준다."

　　어떤 사람이 이를 옮기자 곧바로 50금을 주었다. 나라가 백성을
속이지 않는다는 사실을 분명히 밝힌 것이다. 그 후에 새 법령을 공
포했다. 새 법령이 시행된 지 1년 만에 진나라 백성 가운데 도성까지
올라와 새 법령의 부당함을 호소하는 자가 1,000명을 헤아릴 정도였
다. 마침 태자가 법을 위반하는 일이 일어났다. 위앙이 공개적으로
밝혔다.

　　"법이 통행되지 못하는 것은 위에서 이를 지키지 않기 때문이다."

　　그러고는 곧 법에 따라 태자를 처벌하고자 했다. 그러나 군주의
뒤를 이을 태자에게 형벌을 가할 수는 없는 일이었다. 대신 태자의
태부 공자 건虔의 목을 베고, 태사太師 공손 가賈를 묵형에 처했다. 다
음날부터 진나라 백성은 모두 새 법령을 준수하게 되었다. 새 법령
이 시행된 지 10년이 되자 진나라 백성 모두 매우 만족했다. 길에 떨
어진 물건을 줍지 않았고, 산에 도적이 없었고, 집집마다 풍족해 모

두 마음이 넉넉해졌다. 백성 모두 나라를 위한 전쟁에는 용감했고, 사적인 싸움에는 겁을 먹었다. 도시와 시골 모두 잘 다스려졌다. 백성 가운데 전에는 법령이 불편했으나 이제는 편하다고 말하는 자가 있었다. 위앙이 명했다.

"이 모두 교화를 어지럽히는 자다."

모두 변경으로 내쫓았다. 이후 감히 새 법령에 관해 논하는 자가 없었다. 진효공이 위앙을 군정대신에 해당하는 16등급의 대량조大良造로 삼았다.* 위앙이 병사를 이끌고 위나라의 안읍安邑을 포위해 항복시켰다. 3년 뒤 함양에 기궐冀闕**과 궁정을 세운 다음 도성을 옹雍에서 함양으로 옮겼다. 이어 명을 내려 백성 가운데 부자 또는 형제가 한 집에 사는 것을 금했다. 작은 향읍鄕邑을 하나로 모아 현으로 삼고, 규모에 따라 현령縣令 또는 현승縣丞을 두었다. 모두 서른한 개 현이 만들어졌다. 농지를 정리해 경지 사이의 가로와 세로 경계를 터 농사를 짓게 하고, 부세를 공평히 했다. 또 도량형을 통일시켰다. 이를 실시한 지 4년 만에 공자 건이 또 법령을 위반해 코를 베는

● 당시 상앙은 최상급의 20등급부터 최하급의 1등급까지 군공에 따른 작위를 설치했다. 군공의 대소에 따라 상이한 작위와 토지, 가옥 등을 내리는 것을 군공작軍功爵이라 한다. 가장 낮은 1급 공사公士부터 2급 상조上造, 3급 잠뇨簪裊, 4급 불경不更, 5급 대부, 6급 관대부官大夫, 7급 공대부公大夫, 8급 공승公丞, 9급 오대부五大夫, 10급 좌서장, 11급 우서장右庶長, 12급 좌경左更, 13급 중경中更, 14급 우경右更, 15급 소상조少上造, 16급 대상조大上造(이후의 대량조), 17급 사거서장駟車庶長, 18급 대서장大庶長, 19급 관내후關內侯, 20급 철후徹侯까지 있다. 한나라는 진나라의 군공작 체계를 이어받았다. 다만 20급 철후를 통후通侯 내지 열후列侯로 불렀다. 한무제 유철劉徹의 이름을 피한 것이다. 진시황의 천하통일 이후 철후는 명목만 있는 관내후와 달리 봉읍封邑이 있었다. 봉국封國을 지닌 자는 왕공王公에 한정되었다. 봉읍은 통상 현縣을 단위로 했다. 큰 현은 1만 호, 작은 현은 500~600호에 불과했다. 열후는 봉지의 조세를 직접 거두었다. 지방행정은 중앙에서 파견된 관원이 다스렸다. 열후는 대개 도성에 머문 까닭에 봉지와의 관계는 희박했다. 봉지로 내려가라는 명은 곧 폄축貶逐을 의미했다.
●● 기궐을 《사기색은》은 높이 솟은 궁궐인 위궐魏闕로 풀이하면서 기冀를 기記로 해석했다. 법령을 궐문에 새겨 선포한 까닭에 이러한 명칭을 얻게 되었다는 것이다.

의형劓刑에 처해졌다. 다시 5년이 지나자 진나라 백성 모두 생활이 넉넉해지고 병력 또한 강해졌다. 주나라 천자가 제사를 지낸 고기를 진효공에게 하사했다. 진효공이 명실상부한 패자로 공인받자 제후들 모두 이를 축하했다.

●● 令旣具, 未布, 恐民之不信, 已乃立三丈之木於國都市南門, 募民有能徙置北門者予十金. 民怪之, 莫敢徙. 復曰, "能徙者予五十金." 有一人徙之, 輒予五十金, 以明不欺. 卒下令. 令行於民朞年, 秦民之國都言初令之不便者以千數. 於是太子犯法. 衛鞅曰, "法之不行, 自上犯之." 將法太子. 太子, 君嗣也, 不可施刑, 刑其傅公子虔, 黥其師公孫賈. 明日, 秦人皆趨令. 行之十年, 秦民大說, 道不拾遺, 山無盜賊, 家給人足. 民勇於公戰, 怯於私鬪, 鄕邑大治. 秦民初言令不便者有來言令便者, 衛鞅曰, "此皆亂化之民也", 盡遷之於邊城. 其後民莫敢議令. 於是以鞅爲大良造. 將兵圍魏安邑, 降之. 居三年, 作爲築冀闕宮庭於咸陽, 秦自雍徙都之. 而令民父子兄弟同室內息者爲禁. 而集小都鄕邑聚爲縣, 置令·丞, 凡三十一縣. 爲田開阡陌封疆, 而賦稅平. 平斗桶權衡丈尺. 行之四年, 公子虔復犯約, 劓之. 居五年, 秦人富彊, 天子致胙於孝公, 諸侯畢賀.

진효공이 패자로 공인받은 이듬해에 제나라가 마릉에서 위나라 군사를 대파해 위나라 태자 신을 생포하고, 장수 방연을 죽이는 일이 일어났다. 그 이듬해에 위앙이 진효공에게 말했다.

"진나라와 위나라의 관계는 뱃속의 질병에 해당합니다. 위나라가 진나라를 병탄하지 못하면 진나라가 위나라를 병탄할 것입니다. 무슨 까닭이겠습니까? 위나라는 험준한 산맥의 서쪽에 자리 잡으며 안읍에 도읍했습니다. 진나라와 황하를 경계로 해 독천산獨擅山 동쪽의 이로움을 독차지하는 이유입니다. 유리하면 서쪽 진나라를 치고, 지치면 동쪽으로 진출합니다. 지금 진나라는 군주가 현성賢聖한 덕분에 강성해졌습니다. 그러나 위나라는 지난해 제나라에 대패해 제후들이 등을 돌리고 있습니다. 이 틈을 타 위나라를 정벌할 수 있습니다. 위나라가 진나라의 공격을 견디지 못하면 반드시 동쪽으로 옮길 것입니다. 위나라가 동쪽으로 이동하면 진나라는 황하와 효산崤山의 요충지를 차지해 동쪽 제후들을 제압할 수 있습니다. 이것이 제왕의 대업을 이룰 수 있는 길입니다."

진효공이 그 말이 옳다고 여겼다. 위앙을 장군으로 삼아 위나라를 치게 했다. 위나라가 공자 앙卬에게 명해 군사를 이끌고 가 공격하게 했다. 양군이 서로 대치했다. 위앙이 공자 앙에게 이같이 서신을 보냈다.

저는 원래 공자와 가까운 사이였습니다. 비록 지금 적국의 장수가 되었지만 차마 어떻게 서로 칠 수 있겠습니까? 공자와 직접 마주보며 맹약한 뒤 즐겁게 마시며 전쟁을 중지시켜 두 나라를 평안하게 만들고자 합니다.

위나라 공자 앙도 그 말이 옳다고 생각했다. 맹약을 맺고 술을 마실 때 위앙이 미리 숨겨둔 병사들에게 명해 위나라 공자 앙을 덮치게 했다. 공자 앙을 포획하고 위나라 군사를 대파한 뒤 철군했다. 위혜왕은 제나라와 진나라에 잇달아 패해 나라 안이 텅 비고, 날로 영토가 줄어들자 크게 두려워했다. 곧 사자를 보내 황하 서쪽의 땅을 진나라에 바치고 강화했다. 이어 안읍을 떠나 대량으로 천도했다. 양혜왕이 탄식했다.

"과인이 일찍이 공숙좌의 말을 듣지 않은 것이 한스럽다."

위앙이 위나라 군사를 대파하고 돌아오자 진효공이 위앙에게 오於와 상商 땅의 열다섯 개 성읍에 봉하고 상군으로 불렀다.

●● 其明年, 齊敗魏兵於馬陵, 虜其太子申, 殺將軍龐涓. 其明年, 衛鞅說孝公曰, "秦之與魏, 譬若人之有腹心疾, 非魏幷秦, 秦卽幷魏. 何者? 魏居領阨之西, 都安邑, 與秦界河而獨擅山東之利. 利則西侵秦, 病則東收地. 今以君之賢聖, 國賴以盛. 而魏往年大破於齊, 諸侯畔之, 可因此時伐魏. 魏不支秦, 必東徙. 東徙, 秦據河山之固, 東鄕以制諸侯, 此帝王之業也." 孝公以爲然, 使衛鞅將而伐魏. 魏使公子卬將而擊之. 軍旣相距, 衛鞅遺魏將公子卬書曰, "吾始與公子驩, 今俱爲兩國將, 不忍相攻, 可與公子面相見, 盟, 樂飮而罷兵, 以安秦魏." 魏公子卬以爲然. 會盟已, 飮, 而衛鞅伏甲士而襲虜魏公子卬, 因攻其軍, 盡破之以歸秦. 魏惠王兵數破於齊秦, 國內空, 日以削, 恐, 乃使使割河西之地獻於秦以和. 而魏遂去安邑, 徙都大梁. 梁惠王曰, "寡人恨不用公叔座之言也." 衛鞅旣破魏還, 秦封之於 · 商十五邑, 號爲商君.

관내후인 상군이 진나라 재상이 된 지 10년이 흘렀다. 그간 군주의 일족이나 외척 가운데 상군을 원망하는 자가 매우 많아졌다. 은자인 조량趙良이 찾아오자 상군이 말했다.

"내가 그대를 만난 것은 맹난고孟蘭皐가 소개한 덕분이오. 이후 그대와 교제하고자 하는데 어찌 생각하오?"

조량이 거절했다.

"굳이 그리하고 싶지 않습니다. 공자가 말하기를, '현자를 천거해 받들면 영예로워지고, 불초한 자를 불러 모아 왕 노릇을 하면 몰락한다'고 했습니다. 저는 현명하지 못하기에 감히 분부를 따를 수 없습니다. 또 듣건대 '자격이 없는 자가 자리에 앉아 있는 것을 탐위貪位, 누려서는 안 될 명성을 누리는 것을 탐명貪名이라 한다'고 했습니다. 그대의 뜻을 받아들여 탐위와 탐명의 비난을 받을까 두렵습니다. 감히 명을 따를 수 없습니다."

상군이 물었다.

"그대는 진나라를 다스리는 내 방식이 잘못되었다고 생각하는 것이오?"

조량이 대답했다.

"반성하며 다른 사람의 말에 귀를 기울이는 것을 총聰, 마음속의 눈으로 성찰하는 것을 명明, 자신을 이기는 것을 강強이라고 합니다. 순임금도 말하기를, '스스로 낮추면 더욱더 높아진다'고 했습니다. 순임금의 치도를 좇느니만 못합니다. 저에게 의견을 물을 것도 없습니다."

상군이 말했다.

"원래 진나라는 융적戎翟의 풍습을 받아들여 부자 사이의 구별도 없이 한집에서 살았소. 지금 그런 풍습을 뜯어고쳐 남녀를 구별하고, 기궐을 크게 세워 노나라와 위衛나라 수준으로 문화가 뛰어나게 되었소. 내가 지금 진나라를 다스리는 것을 오고대부五羖大夫로 명성을 떨친 진목공 때의 백리해와 비교할 때 누가 더 낫다고 생각하오?"

조량이 말했다.

"양 1,000마리의 가죽[千羊之皮]은 여우 한 마리의 겨드랑이 가죽[一

狐之掖]만 못합니다. 1,000명이 아부하는 말[千人諾諾]은 선비 한 사람의 직언[一士諤諤]만 못합니다. 주무왕은 신하들의 거리낌 없이 말해[諤諤] 흥기했고, 은나라 주는 신하들이 입을 다물어[黙黙] 패망했습니다. 그대가 주무왕을 그르다고 생각지 않으면 제가 종일 정직하게 말씀드려도 주살하지 않을 것입니다. 가능하겠습니까?"

상군이 말했다.

"옛말에 이르기를, '겉치레 말은 허황되고, 마음속에서 우러나오는 말은 참되다. 쓴 말은 약이고, 달콤한 말은 독이다'라고 했소. 그대가 과감히 진정으로 종일 바른 말을 해주면 이는 나에게 약이 될 것이오. 나는 그대를 섬기고자 하는데 그대는 어찌해서 사양하려는 것이오!"

조량이 말했다.

"무릇 오고대부는 형荊 땅의 보잘것없는 사람이었습니다. 진목공이 현명하다는 소문을 듣고 만나보고 싶지만 알현할 방법이 없었습니다. 스스로를 진나라로 가는 나그네에게 팔아 남루한 홑옷을 입고 소를 친 이유입니다. 1년이 지나서야 진목공은 백리해가 현명하다는 것을 알고는 곧 미천한 소치기인 그를 발탁해 백성의 윗자리에 앉혔습니다. 진나라에서는 이에 대해 감히 불만을 품은 자가 없었습니다.

그가 진나라 재상이 된 지 6, 7년이 지나자 동쪽으로 정나라를 쳤고, 진晉나라 군주를 세 번 옹립했고, 초나라의 재앙을 한 번 구해주었습니다. 안으로는 교화를 널리 베풀어 파巴 땅의 백성까지 공물을 가져오게 했고, 은덕을 제후에게 베풀어 8방의 융적까지 귀의시켰습니다. 서융西戎의 현자 유여由余도 소문을 듣고 문을 두드리며 알현을 청했습니다.

오고대부는 진나라 재상이 된 이래 피곤해도 수레에 걸터앉지 않았고, 더워도 수레 덮개를 씌우지 않고, 도성 안에서 행차할 때는 뒤따르는 수레는 물론 무기를 든 호위병도 없었습니다. 그의 공로와 명예는 사서를 모아놓은 부고府庫에 보존되고, 덕행은 후대까지 전해지고 있습니다. 오고대부가 죽자 진나라의 남녀 모두 눈물을 흘렸고, 아이들은 노래를 부르지 않았습니다. 절구질을 할 때도 방아타령인 〈저가杵歌〉를 부르지 않았습니다. 모두 오고대부의 덕정을 기린 것입니다.

　그대는 군주의 총애를 받는 경감의 소개로 진나라 군주를 만났습니다. 이는 명예로운 행위라고 할 수 없습니다. 진나라 재상이 된 후 백성의 이익을 중시하지 않고 큰 기궐을 세운 것은 공적이라고 할 수 없습니다. 태자의 태사와 태부를 처형하고 먹물을 들인 것처럼 가혹한 형벌로 백성을 상하게 한 것은 원한을 사고 재앙을 쌓는 일입니다. 그대의 교화는 백성에게 군명보다 더 깊은 영향을 미치고, 백성 또한 군명보다 더 빠르게 그대의 교화를 받아들입니다. 지금 그대는 또 권세를 높이기 위해 법도를 바꾸려 하고 있습니다. 이는 교화라고 할 수 없습니다. 게다가 그대는 또한 군주처럼 남면南面한 채 과인寡人•을 칭하며 날마다 진나라의 공자들을 핍박하고 있습니다.

　《시경》〈상서相鼠〉에 이르기를, '쥐에게도 예의가 있는데 사람이 예의도 없네. 사람이 예의도 없으면 어찌해서 일찍 죽지 않는가!'라고 했습니다. 이 시를 볼지라도 그대는 천수를 다 누릴 수 없는 행동

• 과인은 덕이 적은 사람을 뜻하는 말로 군주의 자칭이다. 고孤와 같다. 여기서는 상앙이 봉지를 받고 상군으로 봉해진 것을 지칭한다. 당시에는 군으로 봉해지면 모두 과인을 칭할 수 있었다.

을 했습니다. 공자 건은 의형을 받은 후 두문불출한 지 8년이 되었습니다. 그대는 또 축환祝歡을 사형에 처하고, 공손 가를 묵형에 처했습니다. 옛말에 이르기를, '인심을 얻는 자는 일어서고, 인심을 잃는 자는 무너진다'고 했습니다.* 그대가 행한 이런 몇 가지 일은 인심을 얻을 만한 행위가 아닙니다. 그대는 외출할 때 무장한 병사가 탄 수십 대의 수레가 뒤따르고, 수레에는 신체가 건장한 장사가 탑승해 수행하고, 갖가지 창을 지닌 자가** 수레 곁에 붙어 함께 달립니다.

공자가 편제한 《일주서逸周書》에 이르기를, '덕을 믿는 자[恃德者]는 창성하고, 힘을 믿는 자[恃力者]는 패망한다'고 했습니다.*** 그대는 지금 마치 아침 이슬처럼 위태롭습니다. 그런데도 아직 목숨을 늘려 더 오래 살기를 바라는 것입니까? 그렇다면 어찌해서 상과 어於 땅의 열다섯 개 성읍을 돌려준 뒤 전원으로 물러나 화초에 물을 주며 살지 않는 것입니까? 또 굴에 숨어 지내는 현인을 세상에 나오도록 진나라 군주에게 권하고, 노인을 봉양하며 고아를 기르고, 부형을 공경하고, 공 있는 자에게 자리를 주고, 유덕한 자를 존중하는 일을 하지 않는 것입니까? 만일 그리하면 조금은 편해질 수 있을 것입니다.

그대는 아직도 상과 어의 부를 탐내고, 진나라의 정사를 멋대로 주물러 백성의 원한을 사고 있습니다. 진나라 군주가 하루아침에 세

- 원문은 "득인자흥得人者興, 실인자붕失人者崩"이다. 현존 《시경》에는 나오지 않는다. 착오인 듯하다.
- "갖가지 창을 지닌 자"의 원문은 "지모이조흡극자持矛而操闟戟者"다. 모矛는 자루가 긴 창, 흡闟은 수레 경호용 가지 달린 창, 극戟은 끝이 둘로 갈린 창을 뜻한다. 지持와 조操는 창을 잡거나 쥐었다는 의미다.
- 《일주서》는 원래 명칭이 《주서周書》다. 《한서》 〈예문지藝文志〉는 "《주서》는 모두 일흔 편이고, 이는 주나라의 사기史記다"라고 기록해놓았다. 수당 이후는 《급총주서汲冢周書》로 불리었다. 기록된 시대는 편마다 다르며, 대략 전국시대에 완성된 것으로 추정되고 있다. 현재는 예순 편만 남아 있다.

상을 떠나 조정에 서지 못하면 어찌 진나라에서 그대를 즉각 잡아들이려는 자가 적다고 하겠습니까? 그대의 파멸은 발끝을 세우고 기다리는 것처럼** 순식간에 닥쳐올 것입니다."

상군이 조량의 말을 따르지 않았다. 다섯 달 뒤 진효공이 죽고 태자 사가 뒤를 이어 진혜문공으로 즉위했다. 공자 건과 그의 무리가 상군이 반란을 꾀한다고 밀고했다. 진혜문공이 관원을 보내 상군을 잡아오게 했다. 상군이 황급히 달아나 변경의 함곡관 부근 객사客舍에 묵고자 했다. 객사 주인은 그가 상앙인 것을 알지 못하고 이같이 말했다.

"상군의 법에 따르면 여행증이 없는 자를 묵게 하면 연좌죄로 처벌을 받습니다."

상군은 한숨을 쉬며 탄식했다.

"아! 법을 만든 폐해가 결국 이 지경까지 이르렀구나."

상군은 그곳을 떠나 위나라로 갔다. 위나라 백성은 상앙이 공자 앙을 속여 위나라 군사를 친 것을 원망한 까닭에 받아주지 않았다. 상군이 다른 나라로 가려 하자 위나라 사람이 말했다.

"상군은 진秦나라의 적이다. 진나라는 강국인데 그 나라의 적이 위나라로 들어왔으니 돌려보내지 않으면 안 된다."

그러고는 진나라로 돌려보냈다. 상군은 다시 진나라로 들어가 봉지인 상읍商邑으로 갔다. 자신을 따르는 무리와 함께 봉지의 백성을

● "하루아침에 세상을 떠난다"의 원문은 "일단연빈객一旦捐賓客"이다. 연빈객捐賓客은 손님을 버린다는 뜻으로 주인인 군주가 손님인 신하들을 버리고 세상을 떠난다는 의미다. 붕어와 뜻이 같다. 연빈捐賓으로 줄여 표현하기도 한다.
●● "발끝을 세우고 기다린다"의 원문은 "교족이대翹足而待"다. 교翹는 들 거擧와 통한다. 〈고조본기〉에도 같은 표현이 나온다.

동원해 북쪽 정나라를 쳤다. 진나라가 군사를 동원해 상군을 치고, 정나라의 면지黽池에서 그를 죽였다. 진혜문공이 상군을 거열형車裂刑에 처한 뒤 이같이 말했다.

"상앙처럼 모반하는 자가 되지 마라!"

그러고는 상군의 일족을 모두 주살했다.

●● 商君相秦十年, 宗室貴戚多怨望者. 趙良見商君. 商君曰, "鞅之得見也, 從孟蘭皐, 今鞅請得交, 可乎?" 趙良曰, "僕弗敢願也. 孔丘有言曰, '推賢而戴者進, 聚不肖而王者退.' 僕不肖, 故不敢受命. 僕聞之曰, '非其位而居之曰貪位, 非其名而有之曰貪名.' 僕聽君之義, 則恐僕貪位貪名也. 故不敢聞命." 商君曰, "子不說吾治秦與?" 趙良曰, "反聽之謂聰, 內視之謂明, 自勝之謂彊. 虞舜有言曰, '自卑也尙矣.' 君不若道虞舜之道, 無爲問僕矣." 商君曰, "始秦戎翟之敎, 父子無別, 同室而居. 今我更制其敎, 而爲其男女之別, 大築冀闕, 營如魯衛矣. 子觀我治秦也, 孰與五羖大夫賢?" 趙良曰, "千羊之皮, 不如一狐之掖, 千人之諾諾, 不如一士之諤諤. 武王諤諤以昌, 殷紂墨墨以亡. 君若不非武王乎, 則僕請終日正言而無誅, 可乎?" 商君曰, "語有之矣, 貌言華也, 至言實也, 苦言藥也, 甘言疾也. 夫子果肯終日正言, 鞅之藥也. 鞅將事子, 子又何辭焉!" 趙良曰, "夫五羖大夫, 荊之鄙人也. 聞秦繆公之賢而願望見, 行而無資, 自粥於秦客, 被褐食牛. 期年, 繆公知之, 擧之牛口之下, 而加之百姓之上, 秦國莫敢望焉. 相秦六七年, 而東伐鄭, 三置晉國之君, 一救荊國之禍. 發敎封內, 而巴人致貢, 施德諸侯, 而八戎來服. 由余聞之, 款關請見. 五羖大夫之相秦也, 勞不坐乘, 暑不張蓋, 行於國中, 不從車乘, 不操干戈, 功名藏於府庫, 德行施於後世. 五羖大夫死, 秦國男女流涕, 童子不歌謠, 舂者不相杵. 此五羖大夫之德也. 今君之

見秦王也, 因嬖人景監以爲主, 非所以爲名也. 相秦不以百姓爲事, 而
大築冀闕, 非所以爲功也. 刑黥太子之師傅, 殘傷民以駿刑, 是積怨畜
禍也. 敎之化民也深於命, 民之效上也捷於令. 今君又左建外易, 非所
以爲敎也. 君又南面而稱寡人, 日繩秦之貴公子. 詩曰, '相鼠有體, 人
而無禮, 人而無禮, 何不遄死.' 以詩觀之, 非所以爲壽也. 公子虔杜門
不出已八年矣, 君又殺祝懽而黥公孫賈. 詩曰, '得人者興, 失人者崩.'
此數事者, 非所以得人也. 君之出也, 後車十數, 從車載甲, 多力而骿
脅者爲驂乘, 持矛而操闟戟者旁車而趨. 此一物不具, 君固不出. 書曰,
'恃德者昌, 恃力者亡.' 君之危若朝露, 尙將欲延年益壽乎? 則何不歸
十五都, 灌園於鄙, 勸秦王顯巖穴之士, 養老存孤, 敬父兄, 序有功, 尊
有德, 可以少安. 君尙將貪商於之富, 寵秦國之敎, 畜百姓之怨, 秦王一
旦捐賓客而不立朝, 秦國之所以收君者, 豈其微哉? 亡可翹足而待." 商
君弗從. 後五月而秦孝公卒, 太子立. 公子虔之徒告商君欲反, 發吏捕
商君. 商君亡至關下, 欲舍客舍. 客人不知其是商君也, 曰, "商君之法,
舍人無驗者坐之." 商君喟然歎曰, "嗟乎, 爲法之敝一至此哉!" 去之魏.
魏人怨其欺公子卬而破魏師, 弗受. 商君欲之他國. 魏人曰, "商君, 秦
之賊. 秦彊而賊入魏, 弗歸, 不可." 遂內秦. 商君旣復入秦, 走商邑, 與
其徒屬發邑兵北出擊鄭. 秦發兵攻商君, 殺之於鄭黽池. 秦惠王車裂商
君以徇, 曰, "莫如商鞅反者!" 遂滅商君之家.

태사공은 평한다.

"상군은 천성이 각박한 사람이다. 당초 제도와 왕도로 진효공에게
유세한 것을 살펴보면 허위를 늘어놓은 것이지 결코 진심이 아니었
다. 진효공의 총애를 받는 태감에게 알현을 부탁하고 등용된 후 공

자 건을 처형하고, 위나라 장수 앙을 속이고, 은자인 조량의 충고를 따르지 않은 것 역시 그의 부족한 은정을 충분히 뒷받침한다. 나는 일찍이 상군이 저술한 《상군서》의 〈개색開塞〉과 〈경전耕戰〉 등을 읽었다. 그 내용이 본인의 행적과 비슷하다. 상군이 결국 진나라에서 악명을 얻게 된 데는 다 그만한 까닭이 있다."

●● 太史公曰, "商君, 其天資刻薄人也. 跡其欲幹孝公以帝王術, 挾持浮說, 非其質矣. 且所因由嬖臣, 及得用, 刑公子虔, 欺魏將卬, 不師趙良之言, 亦足發明商君之少恩矣. 余嘗讀商君開塞耕戰書, 與其人行事相類. 卒受惡名於秦, 有以也夫."

소진열전

蘇秦列傳

〈소진열전蘇秦列傳〉은 종횡가의 대표적인 인물인 소진蘇秦에 관한 전기다. 전설에 따르면 소진은 귀곡자 밑에서 장의張儀와 함께 유세술을 배운 뒤 열국을 종횡하며 세상을 다스렸다. 전국시대에 진나라에 맞서 한·위·제·초·연·조의 육국을 연합하는 합종책合縱策을 내세워 육국의 재상을 지낸 것이 그렇다. 열국을 진나라와 묶어 생존을 꾀하도록 한 장의의 연횡책連衡策과 대비된다. 소진의 활약을 집대성한 책이 《전국책》이다. 여기에는 전국시대에 활약한 여러 종횡가의 일화가 나오고 있으나 압권은 단연 소진이다.

주목할 것은 〈소진열전〉이 소진을 장의에 앞서 천하를 호령한 종횡가로 묘사해놓았으나 이는 역사적 사실이 아니라는 점이다. 《백서전국책帛書戰國策》에 따르면 장의는 소진보다 한 세대 앞서 활약한 인물이다. 이는 장의가 소진의 사주를 받아 진나라에서 활약했다는 〈소진열전〉의 기록과 정면으로 배치된다.

《백서전국책》에 따르면 소진은 장의가 위나라에서 병사하기 직전에 즉위한 연소왕燕昭王 때 활약한 인물이다. 그는 연소왕이 널리 인재를 구한다는 소문을 듣고 연나라로 가 중용되었다. 이후 연소왕의 밀명을 받고 제나라로 들어갔다. 그는 진혜문왕秦惠文王이 죽은 시점과 비슷한 시기에 즉위한 제민왕齊湣王 12년에 제나라의 상국相國에 임명되었고, 제민왕 17년까지 활약했다. 이를 통해 소진이 재상을 역임한 곳은 연나라가 아닌 제나라였음을 알 수 있다. 제민왕이 연소왕의 밀명을 받은 소진의 거짓 망명을 사실로 믿은 결과다. 제민왕 때 활약한 소진이 진혜문왕이 사망한 지 2년 뒤에 죽은 장의를 만날 일은 없었다고 보아야 한다. 소진이 합종책으로 육국의 재상이 되었고, 이로 인해 진나라가 15년 동안 함곡관 밖으로 나올 생각을 하지 못했다는 〈소진열전〉의 기록은 재검토가 필요하다.

사마천은 〈소진열전〉에서 "세상에 퍼진 소진의 사적에는 이설이 매우 많다. 시대를 달리하는 사적이라도 모두 소진에게 끌어다 붙였기 때문이다"라고 언급한 바 있다. 항간에 나도는 이야기까지 모두 그러모아 〈소진열전〉을 편제했음을 시사한다.

〈소진열전〉에는 소진 사후 그의 간첩행위가 드러났고, 제민왕이 연나라에 원한을 품자 연소왕이 소진의 동생인 소대蘇代와 소려蘇厲의 계책을 좇아 열국과 합세해 제나라를 친 것으로 되어 있으나 이는 앞뒤가 바뀌었다. 다만 연소왕이 소진 사후 소대와 소려의 계책을 사용한 것은 역사적 사실에 부합한다.

소진이 보여준 일련의 행보는 《귀곡자鬼谷子》에 나오는 책략 및 유세술과 긴밀히 통한다. 《백서전국책》을 소진의 유저인 《소자蘇子》의 일부로 추론한 것도 전혀 근거 없는 주장은 아니다. 실제로 소진의 유세 행보는 매우 뛰어났다. 지금도 많은 사람이 소진의 유세술에 관심을 기울이는 것도 이런 맥락에서 이해할 수 있다.

소자열전

소진은 동주東周의 낙양雒陽 출신이다. 스승을 찾아 동쪽 제나라로 가 귀곡자 밑에서 유세술을 배웠다. 이후 천하를 돌아다니며 수년 동안 유세했으나 오히려 큰 곤란을 겪고 이내 집으로 돌아오게 되었다. 형제·형수·누이·아내·첩 등이 모두 속으로 그를 비웃으며 이같이 말했다.

"우리 주나라 풍속에 따르면 농업을 주로 하면서도 상공업에 진력해 10분의 2의 이익을 올리는 데 힘을 쓰고 있습니다. 그대는 본업을 팽개친 채 입과 혀끝을 놀리고 있으니 곤궁한 것 또한 당연한 것이 아닙니까?"

소진은 이 말을 듣고 일면 부끄럽고 일면 슬펐다. 상심한 나머지 방문을 잠그고 밖으로 나오지도 않으면서[閉室不出] 책을 꺼내 두루 훑어보았다.

"무릇 선비가 이미 머리를 숙여가며 글을 배우고도 높은 벼슬과 영화를 얻을 수 없다면 많은 책을 읽은들 무슨 소용이 있겠는가?"

그러고는《일주서》와 강태공의《태공음부경太公陰符經》을 찾아낸 뒤 머리를 파묻은 채 읽고 또 읽었다.

●● 蘇秦者, 東周雒陽人也. 東事師於齊, 而習之於鬼谷先生. 出遊數歲, 大困而歸. 兄弟嫂妹妻妾竊皆笑之, 曰, "周人之俗, 治産業, 力工商, 逐什二以爲務. 今子釋本而事口舌, 困, 不亦宜乎!"蘇秦聞之而慙, 自傷, 乃閉室不出, 出其書徧觀之. 曰, "夫士業已屈首受書, 而不能以取尊榮, 雖多亦奚以爲!"於是得周書陰符, 伏而讀之.

소진이 열심히 공부한 지 1년이 지난 후 남의 마음을 알아내는 술법을 터득하고는 이같이 말했다.

"이 방법만 있으면 당대의 군주를 모두 설득할 수 있을 것이다."

그러고는 주현왕周顯王을 만나 설득하고자 했다. 그러나 주현왕의 측근들은 평소 그를 익히 알고 있었기에 경시하고 믿지 않았다. 소진이 서쪽 진秦나라로 갔다. 마침 진효공이 죽고 그의 아들 진혜문왕이 즉위해 있었다. 그가 이같이 유세했다.

"진나라는 사방이 요새로 이루어진 나라입니다. 산에 둘러싸여 있고, 위수渭水를 끼고 있는 것이 그렇습니다. 동쪽으로 함곡관과 황하, 서쪽으로 한중漢中, 남쪽으로 파군巴郡과 촉군蜀郡, 북쪽으로 대군代郡과 마읍馬邑이 있습니다. 모두 하늘이 내린 창고[天府]에 해당합니다. 진나라 사민士民에게 병법을 가르치면 능히 천하를 삼켜 능히 제왕帝王을 칭하며 다스릴 수 있습니다."

진혜문왕이 말했다.

"새도 깃털이 자라지 않으면 높이 날 수가 없소. 우리 진나라는 치도가 아직 밝지 못해 천하를 병탄할 수 없소."

당시 진나라는 마침 상앙을 주살한 직후여서 유세하는 선비[辯士]를 질시했다. 그를 등용치 않은 이유다. 소진이 다시 동쪽 조나라로 갔다. 당시 조숙후趙肅侯는 동생인 공자 성成을 재상으로 삼고 봉양군奉陽君으로 불렀다. 봉양군은 소진을 탐탁지 않게 생각했다. 소진이 또다시 연나라로 가 유세했다. 1년여 뒤 연문후燕文侯를 만났다. 그가 이같이 유세했다.

"연나라는 동쪽으로 조선朝鮮과 요동遼東, 북쪽으로 임호林胡와 누번樓煩, 서쪽으로 운중雲中과 구원九原, 남쪽으로 호타하嘑沱河와 역수易

水가 있습니다. 땅은 사방 2,000여 리가 되고, 무장한 병력이 수십만 명에 달하고, 병거가 600승이고, 군마는 6,000필이고, 식량은 몇 년을 견딜 수 있습니다. 남쪽으로 갈석碣石 및 안문雁門 같은 비옥한 토지가 있습니다. 북쪽으로 대추와 밤에서 얻는 이익이 있어 백성은 밭을 갈지 않아도 대추와 밤으로 넉넉히 살 수 있습니다. 이는 하늘이 내려준 창고입니다. 대략 안락하고 일이 없는 까닭에 전쟁에 져 장수까지 죽이는 참사[覆軍殺將]를 당하지 않는 나라는 연나라밖에 없습니다. 군주는 그 이유를 알고 있습니까? 연나라가 외침을 받지 않고 무장한 병력이 피해를 입지 않은 것은 조나라가 그 남쪽을 가리고 있기 때문입니다.

진나라와 조나라가 다섯 번 싸워 진나라가 두 번, 조나라가 세 번 이겼습니다. 이로 인해 진나라와 조나라 모두 피폐하게 되었습니다. 군주는 지금 연나라를 온전하게 하면서 그 배후를 누르고 있습니다. 이제까지 연나라가 외침을 받지 않은 이유입니다. 진나라가 연나라를 치려면 운중과 구원을 넘고, 대군과 상곡上谷을 통과해 수천 리를 지나야 합니다. 설령 연나라의 성을 얻는 경우조차 어떠한 계책을 쓸지라도 도저히 이를 지킬 수 없습니다. 진나라가 연나라를 침공할수 없는 것 또한 명백한 일입니다. 그러나 조나라가 연나라를 치면 호령을 내린 지 채 열흘도 안 되어 수십만 명의 군사가 동원東垣에 진을 치게 됩니다. 호타하를 건너고 역수를 건넌 지 4, 5일도 안 되어 연나라의 국토에 이를 수 있습니다.

진나라가 연나라를 치면 1,000리 밖에서 싸우는 것이 되지만, 조나라가 연나라를 치면 100리 안에서 싸우는 것이 됩니다. 100리 안의 근심거리인 조나라를 생각하지 않고, 1,000리 밖에 있는 진나라를 중시하면 이보다 더 큰 잘못은 없을 것입니다. 대왕이 조나라와 합종하기를 바라는 이유입니다. 천하가 하나로 통일되면 연나라는 반드시 우환이 사라지게 될 것입니다."

연문후가 말했다.

"그대의 말은 옳소. 그러나 우리 연나라는 약소하고, 서쪽으로 강대한 조나라가 핍박하고, 남쪽으로 제나라에 인접해 있소. 제나라와 조나라는 강성한 나라요. 그대가 반드시 합종을 이루어 연나라를 편안하게 해줄 수만 있다면 과인은 온 나라를 들어 그대를 좇도록 하겠소."

그러고는 소진에게 거마車馬과 금백金帛을 주고 조나라로 가게 했다.

●● 期年, 以出揣摩, 曰, "此可以說當世之君矣." 求說周顯王. 顯王左右素習知蘇秦, 皆少之. 弗信. 乃西至秦. 秦孝公卒. 說惠王曰, "秦四塞之國, 被山帶渭, 東有關河, 西有漢中, 南有巴蜀, 北有代馬, 此天府也. 以秦士民之衆, 兵法之敎, 可以吞天下, 稱帝而治." 秦王曰, "毛羽未成, 不可以高蜚, 文理未明, 不可以幷兼." 方誅商鞅, 疾辯士, 弗用. 乃東之趙. 趙肅侯令其弟成爲相, 號奉陽君. 奉陽君弗說之. 去遊燕, 歲餘而後得見. 說燕文侯曰, "燕東有朝鮮·遼東, 北有林胡·樓煩, 西有雲中·九原, 南有嘑沱·易水, 地方二千餘里, 帶甲數十萬, 車六百乘, 騎六千匹, 粟支數年. 南有碣石·鴈門之饒, 北有棗栗之利, 民雖不佃作而足於棗栗矣. 此所謂天府者也. "夫安樂無事, 不見覆軍殺將, 無過燕者. 大王知其所以然乎? 夫燕之所以不犯寇被甲兵者, 以趙之爲蔽其南也. 秦趙五戰, 秦再勝而趙三勝. 秦趙相斃, 而王以全燕制其後, 此燕之所以不犯寇也. 且夫秦之攻燕也, 蹂雲中·九原, 過代·上谷, 彌地數千

里, 雖得燕城, 秦計固不能守也. 秦之不能害燕亦明矣. 今趙之攻燕也,
發號出令, 不至十日而數十萬之軍軍於東垣矣. 渡嘑沱, 涉易水, 不至
四五日而距國都矣. 故曰秦之攻燕也, 戰於千里之外, 趙之攻燕也, 戰
於百里之內. 夫不憂百里之患而重千里之外, 計無過於此者. 是故願大
王與趙從親, 天下爲一, 則燕國必無患矣." 文侯曰, "子言則可, 然吾國
小, 西迫彊趙, 南近齊, 齊·趙彊國也. 子必欲合從以安燕, 寡人請以國
從." 於是資蘇秦車馬金帛以至趙.

　　당시 종횡가를 꺼린 봉양군이 이미 죽은 까닭에 소진은 직접 조숙
후를 만나 이같이 유세했다.

　　"천하의 경상과 크고 작은 신하를 비롯해 벼슬하지 않은 포의지사
布衣之士까지 모두 군주가 의를 행하는 것을 고명하며 현명하다고 여
기고 있습니다. 오래전부터 군주 앞에서 진정한 충언을 올리자고 생
각한 이유입니다. 그럼에도 봉양군이 질시로 인해 인재를 등용하지
않고, 군주 또한 국성을 식섭 밭지 않은 낫에 빈색이나 유세하는 선
비[遊士] 가운데 감히 스스로 군주 앞에서 의견을 개진하는 자가 없
었습니다. 지금 봉양군이 세상을 떠났으니 군주는 곧 백성과 서로
친할 수 있게 되었습니다.* 신이 감히 어리석은 생각을 진언하고자
하는 이유입니다. 신의 생각으로는 군주를 위한 계책으로 백성이 평
안하고 나라가 무사한 것[安民無事]보다 더 나은 길은 없습니다. 새로
운 일을 일으켜 백성을 수고롭게 해서는 안 되는 이유입니다. 안민
의 기본은 우방국의 선택에 달려 있습니다. 우방국을 잘 선택하면

● "세상을 떠났다"의 원문은 "연관사捐館舍"다. 죽음으로 인해 청사廳舍를 떠나게 되었다는
뜻으로 고관의 죽음을 에둘러 표현한 것이다.

백성이 안정되고, 그렇지 못하면 백성은 안정을 얻을 수 없습니다. 우선 외환에 관해 말씀드리겠습니다.

만일 제나라와 진나라 모두 조나라의 적국이 되면 백성은 안정을 얻을 수 없고, 진나라에 의지해 제나라를 쳐도 백성은 안정을 얻을 수 없고, 제나라에 의지해 진나라를 쳐도 백성은 안정을 얻을 수 없습니다. 다른 나라 군주를 회유해 다른 나라를 치고자 하면 늘 비밀이 새 다른 나라와 맺은 외교관계를 공개적으로 단절하는 대가를 치르게 됩니다. 바라건대 군주는 신중한 태도를 견지해 이런 마음을 드러내지 않도록 하십시오. 그러면 조나라의 이해관계를 흑백과 음양의 차이처럼 명확히 구분해 말씀드리겠습니다.

군주가 실로 저의 충고를 들으면 연나라는 반드시 모직물·갖옷·개·말 등이 생산되는 땅을 바칠 것입니다. 또 제나라는 반드시 물고기와 소금이 생산되는 해변의 땅을 바칠 것이고, 초나라 역시 반드시 귤과 유자가 생산되는 땅을 바칠 것입니다. 그밖에 한나라와 위나라 및 중산中山 등도 대왕과 후비 들에게 부세를 거둘 수 있는 탕목읍湯沐邑을 바칠 것이고, 대왕의 존귀한 친척과 부형 또한 제후에 봉해질 수 있습니다.

무릇 땅을 탈취하고 이익을 차지하는 일[割地包利]은 춘추오패가 다른 나라 군사를 격파하고 장수를 생포하며 추구해온 것입니다. 또 자신의 친인척을 제후로 봉하는 것은 은나라 탕왕이나 주무왕이 군주를 내쫓거나 죽여 쟁취해온 것입니다. 지금 대왕이 팔짱을 낀 채 이 두 가지를 얻을 수 있도록 돕는 것이 바로 신이 군주를 위해 이루고자 하는 것입니다. 지금 군주가 진나라를 지원하면 진나라는 틀림없이 한나라와 위나라를 쇠약하게 만들 것이고, 제나라를 지원하면 제나라는 반드시 초나라와 위나라를 쇠약하게 만들 것입니다. 위나라가 쇠약해지면 하외河外를 진나라에 베어줄 것이고, 한나라가 약해지면 의양宜陽을 진나라에 바칠 것입니다. 의양을 바치면 상당上黨●에 이르는 길이 끊기고, 하외를 베어주면 상당으로 통하는 길이 막히게 됩니다. 초나라가 쇠약해지면 조나라는 지원을 잃게 됩니다. 이 세 방면의 대책은 심사숙고할 수밖에 없습니다.

무릇 진나라 군사가 지도軹道를 공격해 취하면 남양南陽은 위험에 처하게 되고, 한나라를 위협하며 주나라 왕실을 포위하면 조나라는 스스로 무기를 들고 일어서게 되고, 위衛나라를 근거지로 삼아 권읍卷邑을 취하면 제나라는 반드시 진나라에 입조하게 될 것입니다. 진나라는 탐욕스러워 산동의 각 나라로부터 어느 정도 만족을 얻으면 반드시 군사를 일으켜 조나라를 칠 것입니다. 진나라 군사가 황하를 건너고 장하漳河를 넘어 파오番吾를 점거하면 진나라와 조나라 군사는 반드시 한단 아래서 싸울 것입니다. 이것이 바로 신이 군주를 위해 우려하는 것입니다.

지금 산동의 나라 가운데 조나라보다 강한 나라는 없습니다. 조나라의 영토는 사방 2,000여 리이고, 무장한 병사는 수십만 명이고, 병거는 1,000승이고, 기병騎兵은 1만 기騎에 이르고, 군량은 몇 년을 버틸 만큼 풍족합니다. 조나라는 서쪽으로 상산, 남쪽으로 장하, 동쪽으로 청하淸河, 북쪽으로 연나라가 있습니다. 연나라는 원래 약소국으로 두려워할 만한 존재가 아닙니다. 진나라가 자신에게 해로운 존재로 여기는 나라 가운데 조나라만한 나라가 없습니다. 그런데도 진

● 원문에는 상당이 상군上郡으로 되어 있다.《사기정의》도 상군으로 간주했으나 이는 잘못이다. 한나라의 북쪽에는 상군이 아닌 상당이 있었다.《전국책》은 상당으로 기록해놓았다.

나라가 감히 군사를 동원해 조나라를 치지 못하는 것은 무슨 까닭이 겠습니까? 한나라와 위나라가 뒤를 칠까 우려하기 때문입니다. 한나라와 위나라는 조나라의 남쪽 장벽인 셈입니다. 진나라가 한나라와 위나라를 칠 경우 큰 산이나 강 등의 장애물이 없습니다. 누에가 뽕잎을 갉아 먹듯이 점진적으로 이들의 땅을 차지해 마침내 도성까지 이를 것입니다. 한나라와 위나라는 진나라에 저항할 수 없는 까닭에 반드시 신하를 칭하며 굴복할 것입니다. 한나라와 위나라가 진나라를 견제하지 못하면 전란의 화는 반드시 조나라로 모일 것입니다. 이것이 바로 신이 대왕을 위해 우려하는 점입니다.

신이 들건대 요임금은 300무畝의 땅도 없고 순임금은 지척咫尺의 땅도 없었지만 천하를 차지했고, 우왕은 100명이 모여 사는 마을이 없었지만 제후를 호령하며 왕업을 이루었고, 탕왕과 무왕은 선비가 3,000명밖에 없고 병거 300승에 군사 3만 명에 지나지 않았지만 천자의 자리에 올랐다고 합니다. 이는 천하를 얻는 이치를 분명히 안 덕분입니다. 현명한 군주는 밖으로 적의 강약을 헤아리고, 안으로 군사의 우열을 헤아립니다. 양측 군사가 서로 접전하는 것을 기다리지 않아도 승패와 존망의 관건을 이미 가슴속에 품고 있는 이유입니다. 어찌 범인의 말에 휘둘려 분명치 못한 태도로 우물쭈물하며 국가대사를 결정할 수 있겠습니까!

신이 천하의 지도를 놓고 살펴보니 제후의 땅은 진나라보다 다섯 배나 크고, 제후의 군사를 헤아려보니 진나라보다 열 배나 큽니다. 산동의 육국이 하나가 되어 힘을 합쳐 서쪽으로 진나라를 치면 진나라는 반드시 패할 것입니다. 지금 군주가 서쪽으로 진나라를 섬기면 진나라의 신하 노릇을 하는 것이 됩니다. 무릇 다른 사람을 격파하는 것과 다른 사람에게 격파당하는 것, 다른 사람을 신하로 만드는 것과 다른 사람에게 신하를 칭하는 것을 어찌 같은 날에 함께 논할 수 있겠습니까!

연횡책을 주장한 자들은 하나같이 제후들의 땅을 쪼개 진나라에 바치려 합니다. 진나라는 패업을 이루면 누대와 정자를 더욱 높이 세우고, 궁궐을 더욱 화려하게 꾸미고, 종일 생황과 거문고의 아름다운 소리를 들을 것입니다. 앞에는 누대와 궁궐 및 큰 수레[軒轅]가 있고, 뒤에는 교태가 넘치는 미희들이 있을 것입니다. 지금 열국은 진나라에 재난을 입고도 각국의 근심을 나누려 하지 않습니다. 연횡책을 주장하는 자가 밤낮으로 진나라의 권세에 의지해 열국을 위협하며 땅을 나누어달라고 요구하는 이유입니다. 군주는 이 문제를 심사숙고하기를 바랍니다.

신이 듣건대 현명한 군주는 의심을 끊고 참언을 제거하고[絶疑去讒] 유언비어의 흔적과 붕당朋黨의 문을 틀어막는 것[屏跡塞門]에 뛰어나다고 했습니다. 군주를 존중하고, 영토를 확장하고, 병력을 증강시키는 계책을 신하들이 군주 앞에서 충심을 다해 진술할 수 있었던 이유입니다. 잠시 군주를 위해 계략을 이야기하면 그 어떤 계책도 산동육국이 합종해 진나라에 대항하는 것만 못합니다. 지금이라도 천하의 장수와 재상 들을 원수洹水 가로 모은 뒤 인질을 교환하고 백마를 죽여 맹서하며 이같이 약속해야 합니다.

'진나라가 초나라를 치면 제나라와 위나라는 각기 정예병을 보내 초나라를 원조하고, 한나라는 진나라의 보급로를 차단하고, 조나라는 장하를 건너고, 연나라는 상산 북쪽 일대를 지킨다. 진나라가 한나라와 위나라를 치면 초나라는 진나라의 퇴로를 끊고, 제나라는 정예병을 보내 한나라와 위나라를 지원하고, 조나라는 장하를 건너고, 연나라는 운중을 지킨다. 진나라가 제나라를 치면 초나라는 진나라의 퇴로를 끊고, 한나라는 성고城皋를 지키고, 위나라는 진나라가 제나라로 진격하는 길을 차단하고, 조나라는 장하를 건너 박관博關을 지나고, 연나라는 정예병을 보내 제나라를 원조한다. 진나라가 연나라를 치면 조나라는 상산을 지키고, 초나라는 무관武關에 군사를 주둔시키고, 제나라는 발해渤海를 건너고, 한나라와 위나라는 정예병을 보내 연나라를 원조한다. 진나라가 조나라를 치면 한나라는 의양에 군사를 주둔시키고, 초나라는 무관에 군사를 주둔시키고, 위나라는 황하 남서쪽에 군사를 주둔시키고, 제나라는 청하를 건너고, 연나라는 정예병을 보내 조나라를 원조한다. 제후 가운데 이 약속을 좇지 않는 자가 있으면 나머지 다섯 국이 합세해 그 나라를 친다.'

육국이 이처럼 합종해서 진나라에 대항하면 진나라 군사는 반드시 감히 함곡관 밖으로 나와 산동을 위협하지 못할 것입니다. 이같이 하면 가히 패왕의 대업을 이룰 수 있습니다."

조숙후가 말했다.

"과인은 나이도 어리고 보위에 오른 지도 얼마 되지 않아 일찍이 사직을 안정시키는 장구한 계책을 들어본 적이 없소. 지금 상객은 천하를 보존하고 열국을 안정시킬 의지가 있으니 과인은 공손히 나라를 들어 그대의 말을 좇도록 하겠소."

그러고는 치장한 수레 100승과 황금 1,000일, 백옥 100쌍, 비단 1,000돈純을 내준 뒤 열국의 제후들과 맹약을 추진하게 했다.●

● 《사기색은》은 고유高誘의 《전국책》에 대한 주를 인용해 돈純의 음이 '돈'이라고 했고, 《사기집해》는 옷감을 세는 단위인 필疋 내지 필匹과 같다고 했다.

●● 而奉陽君已死, 卽因說趙肅侯曰, "天下卿相人臣及布衣之士, 皆高賢君之行義, 皆願奉敎陳忠於前之日久矣. 雖然, 奉陽君妒而君不任事, 是以賓客遊士莫敢自盡於前者. 今奉陽君捐館舍, 君乃今復與士民相親也, 臣故敢進其愚慮." 竊爲君計者, 莫若安民無事, 且無庸有事於民也. 安民之本, 在於擇交, 擇交而得則民安, 擇交而不得則民終身不安. 請言外患, 齊秦爲兩敵而民不得安, 倚秦攻齊而民不得安, 倚齊攻秦而民不得安. 故夫謀人之主, 伐人之國, 常苦出辭斷絶人之交也. 願君愼勿出於口. 請別白黑, 所以異陰陽而已矣. 君誠能聽臣, 燕必致旃裘狗馬之地, 齊必致魚鹽之海, 楚必致橘柚之園, 韓·魏·中山皆可使致湯沐之奉, 而貴戚父兄皆可以受封侯. 夫割地包利, 五伯之所以覆軍禽將而求也, 封侯貴戚, 湯武之所以放弑而爭也. 今君高拱而兩有之, 此臣之所以爲君願也. 今大王與秦, 則秦必弱韓·魏, 與齊, 則齊必弱楚·魏. 魏弱則割河外, 韓弱則效宜陽, 宜陽效則上郡絶, 河外割則道不通, 楚弱則無援. 此三策者, 不可不孰計也. 夫秦下軹道, 則南陽危, 劫韓包周, 則趙氏自操兵, 據衛取卷, 則齊必入朝秦. 秦欲已得乎山東, 則必擧兵而嚮趙矣. 秦甲渡河踰漳, 據番吾, 則兵必戰於邯鄲之下矣. 此臣之所爲君患也. 當今之時, 山東之建國莫彊於趙. 趙地方二千餘里, 帶甲數十萬, 車千乘, 騎萬匹, 粟支數年. 西有常山, 南有河漳, 東有清河, 北有燕國. 燕固弱國, 不足畏也. 秦之所害於天下者莫如趙, 然而秦不敢擧兵伐趙者, 何也? 畏韓·魏之議其後也. 然則韓·魏, 趙之南蔽也. 秦之攻韓·魏也, 無有名山大川之限, 稍蠶食之, 傅國都而止. 韓·魏不能支秦, 必入臣於秦. 秦無韓·魏之規, 則禍必中於趙矣. 此臣之所爲君患也." 臣聞堯無三夫之分, 舜無咫尺之地, 以有天下, 禹無百人之聚, 以王諸侯, 湯武之士不過三千, 車不過三百乘, 卒不過三萬, 立爲天子, 誠得其道也. 是故明主外料其敵之彊弱, 內度其士卒賢不肖, 不待兩軍相當而勝敗存亡之機固已形於胸中矣, 豈揜於衆人之言而以冥冥決事哉! 臣竊以天下之地圖案之, 諸侯之地五倍於秦, 料度諸侯之卒十倍於秦, 六國爲一, 幷力西鄕而攻秦, 秦必破矣. 今西面而事之, 見臣於秦. 夫破人之與破於人也, 臣人之與臣於人也, 豈可同日而論哉! 夫衡人者, 皆欲割諸侯之地以予秦. 秦成, 則高臺榭, 美宮室, 聽竽瑟之音, 前有樓闕軒轅, 後有長姣美人, 國被秦患而不與其憂. 是故夫衡人日夜務以秦權恐愒諸侯以求割地, 故願大王孰計之也. 臣聞明主絶疑去讒, 屏流言之跡, 塞朋黨之門, 故尊主廣地彊兵之計臣得陳忠於前矣. 故竊爲大王計, 莫如一韓·魏·齊·楚·燕·趙以從親, 以畔秦. 令天下之將相會於洹水之上, 通質, 刳白馬而盟. 要約曰, '秦攻楚, 齊·魏各出銳師以佐之, 韓絶其糧道, 趙涉河漳, 燕守常山之北. 秦攻韓魏, 則楚絶其後, 齊出銳師而佐之, 趙涉河漳, 燕守雲中. 秦攻齊, 則楚絶其後, 韓守城皐, 魏塞其道, 趙涉河漳·博關, 燕出銳師以佐之. 秦攻燕, 則趙守常山, 楚軍武關, 齊涉勃海, 韓·魏皆出銳師以佐之. 秦攻趙, 則韓軍宜陽, 楚軍武關, 魏軍河外, 齊涉淸河, 燕出銳師以佐之. 諸侯有不如約者, 以五國之兵共伐之.' 六國從親以賓秦, 則秦甲必不敢出於函谷以害山東矣. 如此, 則霸王之業成矣." 趙王曰, "寡人年少, 立國日淺, 未嘗得聞社稷之長計也. 今上客有意存天下, 安諸侯, 寡人敬以國從." 乃飾車百乘, 黃金千溢, 白璧百雙, 錦繡千純, 以約諸侯.

당시 주나라 천자는 주문왕과 주무왕에게 제사 지내고 남은 고기를 진혜문왕에게 주었다. 진혜문왕은 일명 서수犀首로 불리는 종횡가 공손연公孫衍에게 명해 위나라를 치게 했다. 위나라 장수 용가龍賈를

생포하고, 위나라의 조음雕陰을 점령하고, 여세를 몰아 동진하고자
했다. 소진은 진나라 군사가 조나라에 이르게 될 것을 우려해 곧 장
의의 화를 돋워 진나라로 가게 했다. 소진이 한소후에게 유세했다.*

"한나라는 북쪽으로 공읍鞏邑 및 성고와 같은 견고한 성과 연못, 서
쪽으로 의양과 상판商阪 같은 요새, 동쪽으로 완읍宛邑과 양읍穰邑 및
유수洧水, 남쪽으로 형산陘山이 있습니다. 영토는 사방 900여 리이고,
무장한 병력은 수십만 명이고, 천하의 강한 활과 쇠뇌는 모두 한나
라에서 생산됩니다. 계자谿子에서 생산되는 쇠뇌, 소부少府에서 생산
되는 시력時力과 거래距來 등의 명궁은 모두 600보 밖까지 도달합니
다. 한나라 병사들이 발로 쇠뇌를 밟고 양손으로 기계를 잡아당겨
쏘면 100발이 연속해서 발사됩니다. 멀리서 맞을지라도 화살 끝이
보이지 않을 정도로 몸에 박히고, 가까운 데서 맞으면 화살 끝이 가
슴을 깊이 뚫고 들어갑니다. 한나라 병사들의 칼과 갈라진 창은 모
두 명산冥山에서 생산됩니다. 당계·묵양墨陽·합부合賻·등사鄧師·원
풍宛馮·용연龍淵·태아太阿 능지에서 생산뇌는 섯은 모두 육지에서는
소나 말을 베고, 물에서는 고니나 기러기를 베고, 적과 싸울 때는 견
고한 갑옷이나 쇠 방패를 쪼갭니다. 한나라는 가죽 깍지를 위시해
방패의 끈 등 구비하지 않은 것이 없습니다.**

● 한소후가 〈소진열전〉 원문에는 한선왕韓宣王으로 되어 있다. 그러나 《전국책》〈한책韓策〉
에는 한소후로 나온다. 중국 학계에서는 《백서전국책》을 좇아 소진은 기원전 284년, 장의는
그보다 25년 앞선 기원전 309년에 사망한 것으로 추정하고 있다. 《사기》〈표〉에는 소진이 처
음으로 연문후에게 유세한 햇수를 기원전 334년으로 기록해놓았다. 한선왕의 시호는 원래
선혜왕宣惠王이다. 그는 기원전 333년 한소후의 뒤를 이어 한선혜후韓宣惠侯로 즉위한 뒤 재
위 10년인 기원전 323년에 왕을 칭했다. 〈한책〉을 좇았다.

●● 원문은 "혁결벌예革抉𠂤芮, 무불필구無不畢具"다. 《사기집해》는 벌예𠂤芮가 방패를 뜻하는 벌폐𠂤敝
과 같다고 했다. 《사기정의》는 전한 말기에 나온 양웅揚雄의 《방언方言》을 인용해 관동關東에
서는 벌𠂤, 관서關西에서는 순盾으로 부른다고 했다.

한나라 병사의 용맹에 기대 견고한 갑옷을 입고, 강한 쇠뇌를 밟고, 날카로운 칼을 차면 한 사람이 100명의 적을 감당할 수 있습니다. 이는 과장된 말이 아닙니다. 한나라가 이처럼 병력이 강대하고 군주가 뛰어나도 서쪽 진나라를 섬겨 손을 모아 복종하면 이는 한나라의 치욕이고, 천하 사람의 웃음거리가 됩니다. 이보다 더 심한 모욕은 없을 것입니다. 군주는 이를 심사숙고하기 바랍니다.

군주가 진나라를 섬기면 진나라는 반드시 의양과 성고를 취하고자 할 것입니다. 지금 땅을 바치면 이듬해에 또다시 땅을 떼어달라고 요구할 것입니다. 요구하는 대로 주면 결국 떼어줄 땅이 없게 될 것이고, 땅을 떼어주지 않으면 이전에 땅을 바친 공은 허사가 되고 후환만 안겨줄 뿐입니다. 군주의 영토는 한도가 있지만, 진나라의 탐욕스러운 요구는 끝이 없다는 이야기입니다. 이것이 바로 원한을 사고 화를 자초하는 이른바 시원결화市怨結禍입니다. 싸워보지도 못한 채 땅만 남의 것이 되어버리는 격입니다. 속담에 차라리 닭 부리가 될지언정 쇠꼬리가 되지 말라[寧爲雞口, 無爲牛後]는 말이 있습니다. 지금 군주가 서쪽 진나라를 향해 손을 모아 복종하고, 끝내 신하의 신분으로 진나라를 받들면 이는 쇠꼬리가 되는 것과 무엇이 다르겠습니까? 한나라 군주가 현명하고 무력이 강대한데도 오히려 쇠꼬리의 오명을 얻게 되면 이는 군주에게 커다란 수치가 될 것입니다."

한소후가 이 말을 듣고는 문득 안색이 바뀌더니 팔을 걷어붙이고 눈을 부릅뜬 채 보검을 어루만지며 하늘을 우러러보고 긴 한숨을 내쉬었다.

"과인이 비록 불초하기는 하나 결코 진나라를 섬기려는 것이 아니오. 지금 주군主君•은 조나라 왕의 가르침으로 과인을 깨우쳐주었소.

과인은 공손히 나라를 들어 주군의 계책을 좇도록 하겠소."

●● 是時周天子致文武之胙於秦惠王. 惠王使犀首攻魏, 禽將龍賈, 取魏之雕陰, 且欲東兵. 蘇秦恐秦兵之至趙也, 乃激怒張儀, 入之于秦. 於是說韓宣王曰, "韓北有鞏·成皋之固, 西有宜陽·商阪之塞, 東有宛·穰·洧水, 南有陘山, 地方九百餘里, 帶甲數十萬, 天下之彊弓勁弩 皆從韓出. 谿子·少府時力·距來者, 皆射六百步之外. 韓卒超足而射, 百發不暇止, 遠者括蔽洞胸, 近者鏑弇心. 韓卒之劍戟皆出於冥山·棠 谿·墨陽·合賻·鄧師·宛馮·龍淵·太阿, 皆陸斷牛馬, 水截鵠鴈, 當 敵則斬堅甲鐵幕, 革抉䀌芮, 無不畢具. 以韓卒之勇, 被堅甲, 蹠勁弩, 帶利劍, 一人當百, 不足言也. 夫以韓之勁與大王之賢, 乃西面事秦, 交 臂而服, 羞社稷而爲天下笑, 無大於此者矣. 是故願大王孰計之. 大王 事秦, 秦必求宜陽·成皋. 今玆效之, 明年又復求割地. 與則無地以給 之, 不與則棄前功而受後禍. 且大王之地有盡而秦之求無已, 以有盡之 地而逆無已之求, 此所謂市怨結禍者也, 不戰而地已削矣. 臣聞鄙諺 曰, '寧爲雞口, 無爲牛後.' 今西面交臂而臣事秦, 何異於牛後乎? 夫以 大王之賢, 挾彊韓之兵, 而有牛後之名, 臣竊爲大王羞之." 於是韓王勃 然作色, 攘臂瞋目, 按劍仰天太息曰, "寡人雖不肖, 必不能事秦. 今主 君詔以趙王之敎, 敬奉社稷以從."

소진은 한소후에 대한 유세를 마친 뒤 곧바로 위나라로 가 위양왕 魏襄王에게 이같이 유세했다.

"대왕의 영토는 남쪽으로 홍구鴻溝와 진陳과 여남汝南과 허許와 언

● 주군을 두고 《사기색은》은 예를 갖추어 경대부를 칭할 때 주主로 표현한다고 풀이했다. 뒤에 군君을 덧붙여 상대를 극도로 높였다. 조숙후가 소진을 상객으로 표현한 것과 대비된다.

鄢과 곤양昆陽과 소릉召陵과 무양舞陽과 신도新都와 신처新郪, 동쪽으로 회수淮水와 영수와 자조煮棗와 무서無胥, 서쪽으로 길게 이어진 장성長城, 북쪽으로 황하 남서쪽의 권卷과 연衍과 산조酸棗가 있습니다. 영토는 사방 1,000리입니다. 명목상 비록 협소하기는 하나 가옥과 농지가 매우 밀집해 꼴을 베고 가축을 방목할 만한 곳이 없을 정도입니다. 백성은 물론 수레와 말이 많아 밤낮으로 끊임없이 오가고, 지나는 소리가 마치 삼군의 군사가 행진하는 것처럼 요란합니다. 제가 잠시 헤아려보니 대왕의 나라는 그 역량이 초나라에 뒤지지 않습니다.

그럼에도 연횡책을 주장하는 자들은 대왕을 위협해 호랑이나 이리처럼 흉악한 진나라와 친교를 맺도록 사주하며 진나라의 천하 병탄을 돕고 있습니다. 그들은 진나라가 문득 대왕의 나라를 해롭게 할 우려가 있는데도 그 재앙을 돌아보지 않고 있습니다. 강대한 진나라의 세력만 믿고 안으로 자국의 군주를 위협하니 이보다 더 큰 죄는 없습니다.

위나라는 천하의 강국이고, 대왕은 천하의 현왕賢王입니다. 지금 대왕이 서쪽으로 진나라를 섬기고, 스스로 진나라의 동쪽 속국을 칭하고, 진나라의 순수巡狩(임금이 나라 안을 두루 살피며 돌아다니던 일)를 위한 제궁帝宮을 짓고, 진나라의 복식제도를 받아들이고, 봄가을로 공물을 바쳐 진나라의 제사에 도움을 주고자 합니다. 저는 대왕을 위해 이를 부끄럽게 여깁니다.

제가 듣건대 월왕 구천은 싸움에 지친 병사 3,000명으로 오왕 부차를 장강 인근의 간수幹遂에서 생포하고, 주무왕은 병사 3,000명과 병거 300승으로 목야牧野에서 은나라 주를 제압했습니다. 어찌 이들이 군사가 많아 이긴 것이겠습니까? 단지 이들은 자신들의 위세를 능히 발휘했을 뿐입니다. 제가 듣건대 지금 대왕에게는 정예병이 20만, 파란 두건을 쓴 일반 병사[蒼頭軍]가 20만, 선봉대[奮擊]가 20만, 잡역부[廝徒]가 10만, 병거가 600승, 전마傳馬가 5,000필 있다고 했습니다. 이는 월왕 구천과 주무왕의 병력을 훨씬 뛰어넘는 것입니다. 그런데도 지금 대왕은 신하들의 말만 듣고 신하가 되어 진나라를 섬기려 합니다. 진나라에 굴복해 섬기게 되면 반드시 땅을 베어 충성을 표시해야 합니다. 이는 군사를 쓰기도 전에 나라가 일거에 무너지는 것입니다.

무릇 신하 가운데 진나라를 섬길 것을 건의하는 자들은 모두 간신이지 충신이 아닙니다. 이들은 신하가 되어 군주의 땅을 떼어주고 외국과 우의를 맺도록 요구함으로써 한때의 성공만 구하고 이후의 결과는 돌아보지 않는 자들입니다. 나라를 무너뜨려 사적인 이익을 취하기 위해 밖으로 강대한 세력에 의지하며 안으로 군주를 위협해 땅을 나누어주기를 요구하는 것은 바로 이 때문입니다. 대왕은 이를 세심히 살펴보도록 하십시오.

《주서》에 이르기를, '처음에 싹을 자르지 않아 덩굴이 무성해지면 장차 이를 어찌할 것인가? 터럭같이 작을 때 베지 않으면 장차 도끼를 사용해야 한다'고 했습니다. 미리 깊이 생각하지 않으면 나중에 큰 화가 닥칠 터인데 이를 장차 어찌할 것입니까? 대왕이 저의 건의를 좇아 산동육국이 합종해 서로 친교하며 뜻을 하나로 모으는 쪽으로 나아가면 강한 진나라를 근심하지 않아도 될 것입니다. 조나라 군주가 저를 시켜 어리석은 계책[愚計]을 제시한 뒤 명확한 약속을 받아내도록 한 이유입니다. 모두 대왕의 조명詔命에 달려 있습니다."

위양왕이 대답했다.

"과인은 불초한 까닭에 일찍이 이처럼 훌륭한 가르침을 들은 적이 없었소. 지금 주군은 조나라 군주의 가르침으로 과인을 깨우쳐주었소. 공손히 나라를 들어 주군의 계책을 좇도록 하겠소."

●● 又說魏襄王曰, "大王之地, 南有鴻溝·陳·汝南·許·郾·昆陽·召陵·舞陽·新都·新郪, 東有淮·潁·煮棗·無胥, 西有長城之界, 北有河外·卷·衍·酸棗, 地方千里. 地名雖小, 然而田舍廬廡之數, 曾無所芻牧. 人民之衆, 車馬之多, 日夜行不絶, 輷輷殷殷, 若有三軍之衆. 臣竊量大王之國不下楚. 然衡人怵王交彊虎狼之秦以侵天下, 卒有秦患, 不顧其禍. 夫挾彊秦之勢以內劫其主, 罪無過此者. 魏, 天下之彊國也, 王, 天下之賢王也. 今乃有意西面而事秦, 稱東藩, 築帝宮, 受冠帶, 祠春秋, 臣竊爲大王恥之." "臣聞越王句踐戰敝卒三千人, 禽夫差於幹遂, 武王卒三千人, 革車三百乘, 制紂於牧野, 豈其士卒衆哉, 誠能奮其威也. 今竊聞大王之卒, 武士二十萬, 蒼頭二十萬, 奮擊二十萬, 廝徒十萬, 車六百乘, 騎五千匹. 此其過越王句踐·武王遠矣, 今乃聽於羣臣之說而欲臣事秦. 夫事秦必割地以效實, 故兵未用而國已虧矣. 凡羣臣之言事秦者, 皆姦人, 非忠臣也. 夫爲人臣, 割其主之地以求外交, 偸取一時之功而不顧其後, 破公家而成私門, 外挾彊秦之勢以內劫其主, 以求割地, 願大王孰察之. 周書曰, '緜緜不絶, 蔓蔓奈何? 豪氂不伐, 將用斧柯.' 前慮不定, 後有大患, 將奈之何? 大王誠能聽臣, 六國從親, 專心幷力壹意, 則必無彊秦之患. 故敝邑趙王使臣效愚計, 奉明約, 在大王之詔詔之." 魏王曰, "寡人不肖, 未嘗得聞明敎. 今主君以趙王之詔詔之, 敬以國從."

소진은 위양왕에 대한 유세를 마친 뒤 곧바로 동쪽으로 가 제선왕에게 이같이 유세했다.

"제나라는 남쪽으로 태산, 동쪽으로 낭야산琅邪山, 서쪽으로 청하, 북쪽으로 발해가 있습니다. 사면이 모두 천연의 요새[四塞之國]●입니다. 제나라의 영토는 사방 2,000여 리이고, 무장한 병사는 수십만 명이고, 비축한 식량은 산더미 같습니다. 삼군의 정예군은 나머지 산동오국의 군사에 상당합니다. 적을 공격할 때는 마치 날카로운 칼이나 화살을 쓰는 듯하고, 전투할 때는 우레처럼 빠르며 힘이 있고, 물러날 때는 비바람처럼 재빨리 흩어집니다. 군사를 동원할지라도 태산을 넘거나, 청하를 도하하거나, 발해를 건널 필요가 없습니다. 임치에 7만 호가 있습니다. 대략적으로 집집마다 남자 세 명씩 있다고 치면 병사 21만 명을 모을 수 있습니다. 먼 곳의 현이나 읍에서 징집할 것도 없이 임치의 병사만으로도 거뜬히 21만 명을 징집할 수 있는 것입니다.

임지는 매우 풍족한데다 선고합니다. 백성 가운데서는 생황을 불고 비파를 뜯는 놀이[吹竽鼓瑟], 거문고를 타고 아쟁을 켜는 놀이[彈琴擊築], 닭싸움과 개 경주[鬪雞走狗], 윷놀이와 제기차기[六博蹋鞠]를 즐기지 않는 자가 없습니다. 임치의 도로는 수레바퀴가 서로 부딪치고 사람들의 어깨가 서로 부딪칠 정도로 붐빕니다. 옷자락이 서로 이어져 휘장을 이루고, 옷소매를 들면 장막을 이루고, 사람들이 땀을 뿌리면 비가 오는 듯합니다. 집집마다 풍족해 모두 만족해하고, 뜻을 높고 먼 곳에 두어 기운이 넘칩니다. 대왕의 현명함과 제나라의 강

● 새塞는 변경의 요새를 지칭한다. 메우거나 막혔다는 뜻일 때는 색으로 읽으나 요새를 의미할 때는 새로 읽는다.

대함은 천하의 그 누구도 맞설 수 없습니다. 그런데도 지금 대왕은 서쪽 진나라를 섬기려 합니다. 저는 대왕을 위해 이를 부끄럽게 여깁니다.

한나라와 위나라가 진나라를 매우 두려워하는 이유는 진나라와 접경해 있기 때문입니다. 두 나라 군사가 한번 출동해 정면으로 맞붙으면 열흘을 넘기지 않아 승패와 존망이 결정될 것입니다. 설령 한나라와 위나라가 진나라를 이길지라도 병력의 절반가량을 잃게 되어 사방의 국경을 안전하게 지킬 수 없습니다. 이기지 못하면 위망危亡에 처해 이내 멸망하고 말 것입니다. 두 나라가 진나라와 싸우는 것을 극도로 꺼리며 진나라의 신하가 되는 것을 가볍게 여기는 이유입니다.

그러나 지금 진나라가 제나라를 칠 경우에는 사정이 다릅니다. 진나라는 한나라와 위나라를 등지고, 위衛나라 양진陽晉의 길을 거쳐 항보亢父의 험지를 지나야 합니다. 그곳은 병거 두 대가 나란히 지날 수 없고, 기병이 나란히 나아갈 수 없는 곳입니다. 군사 100명이 지키면 군사 1,000명으로도 감히 이곳을 통과할 수 없습니다. 설령 진나라가 깊숙이 쳐들어가고 싶어도 마치 이리처럼 겁을 먹고 수시로 뒤를 돌아보는 낭고狼顧에 빠지는 까닭에 계속 전진할 수 없습니다. 한나라와 위나라가 뒤를 칠까 우려하기 때문입니다. 진나라가 다른 나라에 두려운 모습으로 의심하며 큰소리를 치면서도 뒤를 돌아보고,[•] 교만한 자세로 제멋대로 굴면서도 감히 전진하지 못하는 이유

• "두려운 모습으로 의심하며 큰소리를 치면서도 뒤를 돌아보고"의 원문은 "통의허갈恫疑虛猲"이다. 《사기색은》은 통恫을 두려워할 공구恐懼로 풀이했다. 허갈虛猲을 《사기정의》는 이리처럼 겁을 먹고 뒤를 돌아보는 낭고로 해석했다.

가 여기에 있습니다. 진나라가 제나라를 위태롭게 할 수 없는 것 또
한 분명한 사실입니다.

진나라가 제나라를 어찌할 수 없다는 사실을 깊이 생각지도 않은
채 서쪽을 향해 진나라를 섬기려 하니 이는 대왕 신하들의 계책이
잘못된 것입니다. 지금 대왕이 저의 계책을 좇으면 진나라에 신하를
칭하는 오명을 얻지 않고, 나라를 날로 강하게 만드는 실리를 얻을
수 있습니다. 대왕이 이를 유념해 앞날을 헤아리기 바랍니다."

제선왕이 말했다.

"과인은 어리석고 둔하고, 제나라는 멀리 치우친 외진 곳에서 바
다에 의지하고 있소. 길이 끊긴 동쪽 구석에 위치한 까닭에 일찍이
그대[足下]•와 같은 가르침을 듣지 못했소. 지금 그대는 조나라 군주
의 가르침으로 나를 깨우쳐주었소. 공손히 나라를 들어 그대의 계책
을 좇도록 하겠소."

●● 因東說齊宣王曰, "齊南有泰山, 東有琅邪, 西有淸河, 北有勃
海, 此所謂四塞之國也. 齊地方二千餘里, 帶甲數十萬, 衆如丘山. 三
軍之良, 五家之兵, 進如鋒矢, 戰如雷霆, 解如風雨. 卽有軍役, 未嘗倍
泰山, 絶淸河, 涉勃海也. 臨菑之中七萬戶, 臣竊度之, 不下戶三男子,
三七二十一萬, 不待發於遠縣, 而臨菑之卒固已二十一萬矣. 臨菑甚富
而實, 其民無不吹竽鼓瑟, 彈琴擊築, 鬪鷄走狗, 六博蹋鞠者. 臨菑之
塗, 車轂擊, 人肩摩, 連袵成帷, 擧袂成幕, 揮汗成雨, 家殷人足, 志高氣
揚. 夫以大王之賢與齊之彊, 天下莫能當. 今乃西面而事秦, 臣竊爲大

● 족하足下는 전국시대 이래 신하가 군주를 높이거나 동년배가 상대를 높일 때 사용했다.
〈항우본기〉에 나오는 대장군족하大將軍足下 표현이 대표적이다. 《전국책》〈제책齊策〉에는 족
하가 주군으로 나온다.

王羞之. 且夫韓·魏之所以重畏秦者, 爲與秦接境壤界也. 兵出而相當,
不出十日而戰勝存亡之機決矣. 韓·魏戰而勝秦, 則兵半折, 四境不守,
戰而不勝, 則國已危亡隨其後. 是故韓·魏之所以重與秦戰, 而輕爲之
臣也. 今秦之攻齊則不然. 倍韓·魏之地, 過衛陽晉之道, 徑乎亢父之
險, 車不得方軌, 騎不得比行, 百人守險, 千人不敢過也. 秦雖欲深入,
則狼顧, 恐韓·魏之議其後也. 是故恫疑虛猲, 驕矜而不敢進, 則秦之
不能害齊亦明矣. "夫不深料秦之無奈齊何, 而欲西面而事之, 是羣臣
之計過也. 今無臣事秦之名而有彊國之實, 臣是故願大王少留意計之."
齊王曰, "寡人不敏, 僻遠守海, 窮道東境之國也, 未嘗得聞餘敎. 今足
下以趙王詔詔之, 敬以國從."

소진은 제선왕에 대한 유세를 마친 뒤 곧바로 서남쪽으로 가 초위
왕에게 이같이 유세했다.

"초나라는 천하의 강국이고, 대왕은 천하의 현왕입니다. 초나라는
서쪽으로 검중黔中과 무군巫郡, 동쪽으로 하주夏州와 해양海陽, 남쪽으
로 동정호와 창오蒼梧, 북쪽으로 형산의 요새[陘塞]와 순양郇陽이 있습
니다. 영토는 사방 5,000리에 달합니다. 무장한 병사는 100만, 병거는
1,000승, 전마는 1만 필입니다. 식량은 10년을 견딜 수 있습니다. 이
는 패왕이 될 수 있는 자산입니다. 초나라의 강대함과 대왕의 현명
함에 기대 떨쳐 일어나면 천하에 당해낼 자가 없습니다. 지금 대왕
이 서쪽을 향해 진나라를 섬기면 제후 가운데 서쪽을 향해 진나라의
장대章臺 아래 입조하지 않는 자가 없을 것입니다. 진나라 입장에서
볼 때 초나라만큼 해로운 나라는 없습니다. 초나라가 강해지면 진나
라는 약해지고, 진나라가 강해지면 초나라는 약해집니다. 두 나라는

세력의 양립이 불가능한 상황에 처해 있습니다[勢不兩立].

제가 대왕을 위해 계책을 짜냈습니다. 산동육국 입장에서 볼 때 서로 합종을 통해 친교를 맺고 진나라를 고립시키는 것보다 더 나은 계책은 없습니다. 대왕이 합종으로 친교를 맺지 않으면 진나라는 반드시 군사를 두 곳에서 일으켜 한쪽 군사는 무관으로 나가게 하고, 다른 한쪽 군사는 검중 땅으로 내려보낼 것입니다. 그러면 초나라 도성인 언과 영 땅 일대가 크게 동요할 것입니다. 제가 듣건대 '사안이 어지러워지기 전에 다스리고, 해악이 일어나기 전에 제어한다'고 했습니다. 우환이 닥친 뒤 걱정한들 이미 늦습니다. 대왕은 이를 속히 숙고하기 바랍니다.

대왕이 실로 제 의견을 받아들이면 저는 열국의 군주들에게 계절마다 공물을 바치며 대왕의 밝은 가르침을 받들고, 종묘사직의 운명을 대왕에게 맡기고, 병사훈련과 무기제조를 통해 대왕의 지휘에 따르도록 만들겠습니다. 대왕이 실로 신의 어리석은 계책을 사용할 수만 있다면 한·위魏·제·연·조·위衛의 질묘한 음악과 미녀가 반드시 대왕의 후궁에 가득 찰 것이고, 연과 대代 땅에서 생산되는 낙타와 훌륭한 말이 반드시 대왕의 마구간에 가득 찰 것입니다. 합종이 성공하면 초나라가 천하의 패왕이 되고, 연횡이 이루어지면 진나라가 천하의 제왕이 됩니다. 지금 대왕이 패왕의 사업을 버리고 다른 사람을 섬기는 오명을 뒤집어쓰려고 하시니 대왕을 위해 그리 권할 수는 없습니다.

무릇 진나라는 범과 이리[虎狼] 같은 나라로, 천하를 집어삼킬 야심을 품고 있으니 천하의 원수입니다. 연횡책을 주장하는 자는 모두 열국의 땅을 쪼개 진나라에 바치려 합니다. 이는 적을 양성하고 원수를 받드는 것과 같습니다[養仇奉讎]. 신하가 된 자가 군주의 땅을 베어 외부의 강포한 범과 이리 같은 진나라와 친교를 맺으며 진나라의 침공을 부추기고, 자국이 문득 진나라의 침공을 받을지라도 그 재앙을 돌보지 않는 것이 그렇습니다. 밖으로 강대한 진나라의 권세에 의지하며 안으로 자국의 군주를 위협해 땅을 베어주도록 겁박하는 것은 대역불충大逆不忠으로, 이보다 더한 대역불충은 없습니다.

합종이 이루어져 열국이 서로 친교하면 제후들은 땅을 베어 초나라를 섬길 것이고, 연횡책이 성공하면 초나라마저 땅을 떼어 진나라를 섬겨야 할 것입니다. 이 두 계책은 서로 커다란 차이가 나는데 대왕은 양자 가운데 어느 쪽을 선택할 것입니까? 조나라 군주가 저를 시켜 어리석은 계책을 제시한 뒤 명확한 약속을 받아내도록 한 이유입니다. 모두 대왕의 조명에 달려 있습니다.”

초위왕이 말했다.

“우리나라는 서쪽으로 진나라와 접경하고 있소. 진나라는 파촉巴蜀을 빼앗고 한중을 병탄할 야심을 품고 있소. 범과 이리 같은 나라이니 친하게 지낼 수 없소. 한나라와 위나라도 늘 진나라로부터 침공 위협을 받고 있는 까닭에 이들과는 깊은 계책을 꾀할 수 없소. 이들과 깊은 계책을 꾀하면 도중에 우리를 배반하고 진나라에게 갈 것이오. 이리되면 계책을 실행하기도 전에 나라가 위험해질 것이오. 과인의 생각으로는 초나라가 진나라에 맞서는 것은 승산이 없소. 조정에서 신하들과 상의할지라도 특별히 기대할 것이 없소. 과인이 침상에 누워도 편히 자지 못하고, 음식을 먹어도 단맛을 느끼지 못하고, 마치 심경이 내걸린 깃발처럼 좌우로 흔들려 의지할 곳이 없는 이유요. 지금 주군이 합종을 통해 열국 제후들의 힘을 하나로 합쳐 위기에 처해 있는 나라를 보존하려 하니 과인은 삼가 사직을 받들어 주군의 고견을 좇고자 하오."

이로써 산동육국이 합종해서 힘을 합치게 되었다. 소진이 합종의 맹약의 우두머리가 되어 육국의 재상을 겸임하게 된 이유다.

●● 乃西南說楚威王曰, "楚, 天下之彊國也, 王, 天下之賢王也. 西有黔中·巫郡, 東有夏州·海陽, 南有洞庭·蒼梧, 北有陘塞·郇陽, 地方五千餘里, 帶甲百萬, 車千乘, 騎萬匹, 粟支十年. 此霸王之資也. 夫以楚之彊與王之賢, 天下莫能當也. 今乃欲西面而事秦, 則諸侯莫不西面而朝於章臺之下矣. "秦之所害莫如楚, 楚彊則秦弱, 秦彊則楚弱, 其勢不兩立. 故爲大王計, 莫如從親以孤秦. 大王不從親, 秦必起兩軍, 一軍出武關, 一軍下黔中, 則鄢郢動矣. "臣聞治之其未亂也, 爲之其未有也. 患至而後憂之, 則無及已. 故願大王蚤孰計之. "大王誠能聽臣, 臣請令山東之國奉四時之獻, 以承大王之明詔, 委社稷, 奉宗廟, 練士厲兵, 在大王之所用之. 大王誠能用臣之愚計, 則韓·魏·齊·燕·趙·衛之妙音美人必充後宮, 燕·代橐駝良馬必實外廐. 故從合則楚王, 衡成則秦帝. 今釋霸王之業, 而有事人之名, 臣竊爲大王不取也. "夫秦, 虎狼之國也, 有吞天下之心. 秦, 天下之仇讎也. 衡人皆欲割諸侯之地以事秦, 此所謂養仇而奉讎者也. 夫爲人臣, 割其主之地以外交彊虎狼之秦, 以侵天下, 卒有秦患, 不顧其禍. 夫外挾彊秦之威以內劫其主, 以求割地, 大逆不忠, 無過此者. 故從親則諸侯割地以事楚, 衡合則楚割地以事秦, 此兩策者相去遠矣, 二者大王何居焉? 故敝邑趙王使臣效愚計, 奉明約, 在大王詔之." 楚王曰, "寡人之國西與秦接境, 秦有擧巴蜀幷漢中之心. 秦, 虎狼之國, 不可親也. 而韓·魏迫於秦患, 不可與深謀, 與深謀恐反人以入於秦, 故謀未發而國已危矣. 寡人自料以楚當秦, 不見勝也, 內與羣臣謀, 不足恃也. 寡人臥不安席, 食不甘味, 心搖搖然如縣旌而無所終薄. 今主君欲一天下, 收諸侯, 存危國, 寡人謹奉社稷以從." 於是六國從合而并力焉. 蘇秦爲從約長, 并相六國.

소진이 북쪽으로 조숙후에게 합종 추진의 경위를 보고하러 가다가 낙양을 지나게 되었다. 소진을 실은 수레와 호위 기마[車騎]와 온갖 짐을 실은 수레[輜重]를 비롯해 열국 제후들이 소진을 호송하기 위해 보낸 사자들로 인해 그 행렬이 일국의 군주에 비길 만했다. 주현왕은 보고를 받고 크게 놀라 두려운 나머지 사람을 시켜 길을 청소하고 교외까지 나가 영접하게 했다. 소진의 형제와 처, 형수는 곁눈으로 볼 뿐 감히 고개를 들어 바라보지 못했다. 이들이 고개를 숙인 채 시중을 들며 식사를 하자 소진이 웃으며 형수에게 말했다.

"어찌해서 전에는 오만하더니 지금은 이토록 공손한 것입니까?"

형수가 배를 땅에 대고 기는 것처럼 다가와 얼굴을 땅에 대고 사죄했다.•

"계자季子••의 지위가 존귀하고 재물이 매우 많은 것을 보았기 때문입니다."

• "기다시피 몸을 굽힌 채 다가와"의 원문은 "위이포복委蛇蒲服"이다. 이虵는 이蛇의 속자다. 이蛇는 통상 사로 읽으나 떳떳한 모습을 뜻할 때는 이로 읽는다. 《시경》〈소남召南, 고양羔羊〉에 위이위이委蛇委蛇 구절이 그렇다. 주희는 《시경집전詩經集傳》에서 "스스로 만족해하는 모습"으로 풀이했다. 이때의 이蛇는 비스듬히 가거나 잇달아 있다는 뜻의 이迤와 같다. 위이는 크게 일곱 가지 의미로 사용된다. 첫째, 스스로 만족하며 침착하고 느긋한 모습. 둘째, 배를 땅에 대고 기어가는 모습. 셋째, 구부러진 모습. 넷째, 비스듬히 나오는 모습. 다섯째, 순순히 좇는 모습. 여섯째, 기다랗게 이어진 모습. 일곱째, 힘이 빠져 흐느적거리는 모습을 뜻한다. 포복蒲服을 두고 《사기집해》는 배를 땅에 대고 기어가는 포복匍匐과 같다고 했다. 위이와 포복은 기어간다는 뜻을 강조한 것이다.
•• 계자를 《사기집해》는 초주譙周의 주를 인용해 소진의 자라고 했으나 《사기색은》은 형수가 시동생을 부를 때 사용하는 호칭에 지나지 않는다고 했다. 《사기색은》의 해석이 옳다.

소진은 길게 탄식했다.

"이 한 몸도 부귀해지자 친척들까지 두려워하나 가난했을 때는 한 없이 업신여김을 당했다. 하물며 일반 사람[衆人]의 경우이겠는가! 나에게 낙양 근교의 좋은 밭 두 마지기만 있었던들* 내가 어찌 육국 재상의 인수印綬를 찰 일이 있었겠는가?"

그는 1,000금을 풀어 일족과 친구들에게 나누어주었다. 일찍이 소진이 연나라로 갈 때 다른 사람에게 100전錢을 빌려 노자로 삼은 적이 있다. 그는 부귀해지자 이를 100금으로 갚았다. 또 일찍이 그에게 여러 가지로 은혜를 베푼 사람들에게 두루 보답했다. 그의 종자 가운데 유독 한 사람만 보답을 받지 못했다. 그가 소진 앞으로 나와 이를 말하자 소진이 이같이 대답했다.

"나는 결코 너를 잊지 않았다. 너는 당초 나를 따라 연나라로 갈 때 역수 가에서 여러 차례 나를 버리고 떠나려 했다. 그때 나는 곤란한 처지에 놓여 있었기에 너를 매우 원망했다. 너를 맨 뒤로 미룬 이유다. 너에게노 이제 보답하겠다."

소진이 육국의 합종의 맹약을 성사시킨 뒤 조나라로 돌아오자 조숙후가 그를 무안군武安君으로 봉했다. 소진이 합종의 맹약 문서를 진나라로 보내자 진나라 군사는 이후 15년 동안 감히 함곡관 밖을 넘보지 못했다.**

• "근교의 좋은 밭 두 마지기"의 원문은 "부곽전이경負郭田二頃"이다. 《사기색은》은 부負를 배背로 새기면서 부곽負郭을 인근의 가장 비옥한 땅의 의미로 풀이했다. 경頃은 논밭 넓이의 단위로, 100무를 말한다. 100평(마지기)을 지칭하는 두락斗落과 같다.
•• 이 문장은 《사기》〈표〉의 기록과 모순된다. 〈표〉에 따르면 소진이 연문후 등에게 유세한 것은 연문후 28년이다. 이어 2년 뒤인 제선왕 11년에 제나라가 위나라와 연합해 조나라를 친 것으로 되어 있다. 또 이해에 위나라가 음진陰晉 땅을 바치며 진나라에 화해를 청한 것으로 나온다. 합종의 맹약은 1년여 밖에 유지되지 못한 것으로 보인다.

●● 北報趙王, 乃行過雒陽, 車騎輜重, 諸侯各發使送之甚衆, 疑於王者. 周顯王聞之恐懼, 除道, 使人郊勞. 蘇秦之昆弟妻嫂側目不敢仰視, 俯伏侍取食. 蘇秦笑謂其嫂曰, "何前倨而後恭也?" 嫂委虵蒲服, 以面掩地而謝曰, "見季子位高金多也." 蘇秦喟然歎曰, "此一人之身, 富貴則親戚畏懼之, 貧賤則輕易之, 況衆人乎! 且使我有雒陽負郭田二頃, 吾豈能佩六國相印乎!" 於是散千金以賜宗族朋友. 初, 蘇秦之燕, 貸人百錢爲資, 及得富貴, 以百金償之. 徧報諸所嘗見德者. 其從者有一人獨未得報, 乃前自言. 蘇秦曰, "我非忘子. 子之與我至燕, 再三欲去我易水之上, 方是時, 我困, 故望子深, 是以後子. 子今亦得矣." 蘇秦旣約六國從親, 歸趙, 趙肅侯封爲武安君, 乃投從約書於秦. 秦兵不敢闚函谷關十五年.

이후 진나라는 종횡가 서수를 활용해 제나라와 위나라를 속인 뒤 진나라와 함께 조나라를 침으로써 합종의 맹약을 깨고자 했다. 이것이 주효해 마침내 제나라와 위나라가 조나라를 치자 조나라 군주가 소진을 꾸짖었다. 소진이 두려운 나머지 자청해 연나라에 사자로 갔다. 연나라를 설득해 필히 제나라에 보복하고자 한 것이다. 소진이 조나라를 떠나자 합종의 맹약은 완전히 깨져버렸다.

이에 앞서 진혜문왕은 재위 5년에 딸을 연나라의 태자에게 보내 아내로 삼게 했다. 이해에 연문후가 세상을 떠나고 태자가 뒤를 이었다. 그가 연역공燕易公이다.● 연역공이 막 보위에 올랐을 때 연나라의 국상을 틈탄 제선왕이 연나라를 치고 열 개의 성읍을 빼앗았다.

● 원문에는 연역왕燕易王으로 나오나 〈표〉에 따르면 연역공은 재위 10년에 작호爵號를 공에서 왕으로 바꾸었다. 〈표〉의 기록을 좇았다.

연역공이 소진에게 말했다.

"전에 선생이 연나라로 왔을 때 선군이 선생에게 자금을 주어 조나라 군주를 만나보도록 해 마침내 육국의 합종 맹약이 성사되었소. 지금 제나라가 먼저 조나라를 치고, 이어서 또 우리 연나라까지 쳤소. 이로 인해 연나라는 선생 때문에 천하의 웃음거리가 되었소. 선생이 연나라를 위해 빼앗긴 땅을 되찾아줄 수 있겠소?"

소진이 매우 부끄러워하며 이같이 약속했다.

"대왕을 위해 빼앗긴 땅을 되찾아오도록 하겠습니다."

소진이 제선왕을 만나 재배하고 엎드려 축하한 뒤 다시 고개를 들어 조의를 표했다. 제선왕이 의아해하며 물었다.

"무엇 때문에 축하하자마자 조의를 표하는 것이오?"

소진이 대답했다.

"신이 들건대 아무리 굶주릴지라도 독초[烏喙]*를 먹지 않는 것은 그것으로 배를 채울 수는 있지만 이내 아사하는 것과 동일한 결과를 초래하기 때문이라고 합니다. 지금 연나라는 비록 약소하지만, 연나라 왕은 진나라 군주의 작은 사위입니다. 대왕은 연나라의 열 개 성읍을 얻은 대가로 강대한 진나라와 길이 원수가 되었습니다. 약소한 연나라가 기러기 행렬처럼 선봉이 되고 강대한 진나라가 뒤를 엄호하며 쳐들어오면 천하의 정예병을 불러들이는 것이 됩니다. 이는 독초를 먹는 것과 같습니다."

제선왕이 이 말을 듣고는 크게 걱정스러워 안색이 바뀌었다.

"그러면 어찌하는 것이 좋겠소?"

● 《사기정의》는 《광아廣雅》의 주를 인용해 1년생 부자는 오훼, 3년생은 부자附子, 4년생은 오두烏頭, 5년생은 천웅天雄으로 부른다고 풀이했다.

소진이 대답했다.

"신이 듣건대 옛날 일을 잘 처리하는 자는 전화위복轉禍爲福과 패할 계기를 활용해 공을 이루는 것[因敗爲功]에 능하다고 했습니다. 대왕이 저의 계책을 좇고자 하면 먼저 연나라의 열 개 성읍을 돌려주어야 합니다. 연나라는 이유 없이 열 개 성읍을 돌려받으면 틀림없이 기뻐할 것입니다. 진나라 군주 역시 진나라 덕분에 연나라가 열 개 성읍을 돌려받았다는 사실을 알면 틀림없이 좋아할 것입니다. 이는 원한을 없애고 반석 같은 친교를 맺는 계책입니다[棄仇得石交]. 연나라와 진나라 모두 제나라를 같은 편으로 여기면 대왕의 호령을 따르지 않을 자가 없을 것입니다. 빈말로 진나라를 좇으면서 열 개 성읍을 내주어 천하를 호령하는 셈입니다. 이는 패왕의 사업에 해당합니다."

제선왕이 동조했다.

"옳은 말이오."

그러고는 연나라의 열 개 성읍을 돌려주었다. 이때 제나라의 어떤 자가 소진을 헐뜯었다.

"소진은 좌우를 오가며 나라를 팔아먹는 신하입니다[反覆之臣]. 장차 반란을 일으킬 자입니다."

소진이 누명을 쓸까 두려워 연나라로 돌아왔다. 그러나 연역공은 그를 본래 관직에 복직시키지 않았다. 소진이 연역공을 만나 이같이 말했다.

"원래 신은 동주의 비천한 자입니다. 공을 조금도 세우지 못했지만 선군은 친히 종묘에서 저에게 관직을 내리고, 조정에서 예로써 대했습니다. 지금 저는 군주를 위해 제나라 군사를 물리치고 열 개 성읍을 돌려받았습니다. 이치를 좇아 말하면 군주는 저를 더욱 친근히 대해야 할 것입니다. 지금 제가 연나라로 돌아왔는데도 군주는 저에게 관직을 주지 않고 있습니다. 이는 틀림없이 어떤 자가 신을 두고 신실치 못한 자라고 무함한 탓입니다. 사실 신이 신실치 못한 것이 대왕에게는 복입니다. 신이 듣건대 '충성과 신의는 자신을 위한 것이고, 적극적으로 일을 이룩하는 것은 남을 위한 것이다'라고 했습니다. 제가 제나라 왕을 설득한 것은 결코 그를 속인 것이 아닙니다. 제가 연로한 모친을 동주에 두고 온 것은 실로 사익을 꾀하는 자세를 버리고 남을 돕기 위해 택한 결과입니다. 지금 증삼 같은 효자와 백이 같은 청렴한 인물, 미생尾生 같은 신의 있는 인물이 있다고 칩시다. 이 세 명을 찾아내 군주를 섬기도록 하면 과연 어찌되겠습니까?"

연역공이 대답했다.

"매우 만족해할 것이오."

소진이 밀했다.

"증삼과 같은 효자는 효도를 위해 부모 곁을 떠나 밖에서 단 하룻밤도 자지 못할 것입니다. 군주는 무슨 수로 증삼 같은 사람에게 부모를 떠나 천리 밖의 위기에 빠진 약소한 연나라 군주를 섬기도록 만들 수 있겠습니까? 또 청렴한 백이는 의리를 지켜 고죽군孤竹君의 뒤를 잇지 않았고, 주무왕의 신하가 되는 것도 기꺼워하지 않았습니다. 제후 책봉을 마다하고 수양산에서 굶어 죽은 이유입니다. 군주는 무슨 수로 백이 같은 사람을 천리 밖의 제나라로 보내 연나라를 위한 진취적인 사업을 펴도록 만들 수 있겠습니까? 신의를 지킨 미생은 다리 밑에서 여자와 기약했으나 여자가 오지 않자 물이 차도록 떠나지 않고 다리 기둥을 껴안고 죽었습니다. 군주는 무슨 수로 미생 같은 사람을 천리 밖으로 내보내 제나라 강병을 물리치도록 만들 수 있겠습니까? 신이 충성하고 신의를 다하면 오히려 군주에게 죄를 짓게 된다고 말한 이유입니다."

연역공이 물었다.

"그대는 충성하고 신의를 다하지 못했을 뿐이다. 어찌 충성하고 신의를 다하는데도 죄를 지을 수 있겠는가?"

소진이 대답했다.

"그렇지 않습니다. 신은 이런 이야기를 들었습니다. 어떤 자가 관원이 되어 멀리 떠나게 되었습니다. 그사이 아내가 다른 사람과 사통했습니다. 남편이 돌아올 즈음 정부情夫가 이를 우려하자 그 아내가 말하기를, '염려하지 마시오. 나는 이미 독약을 탄 술을 만들어놓고 기다리고 있소'라고 했습니다. 사흘 뒤 남편이 돌아오자 아내는 첩에게 독주를 들고 가 권하게 했습니다. 첩은 술에 독이 있다는 말을 하고 싶었으나 말을 하면 정실인 주모主母가 내쫓길까 두렵고, 말을 하지 않자니 주인을 죽이게 될까 두려웠습니다. 결국 짐짓 쓰러지며 술을 엎질러버렸습니다. 주인이 크게 화를 내며 채찍질을 쉰 번이나 했습니다. 첩이 한번 쓰러져 술을 엎은 덕분에 위로는 주인을 살리고, 아래로는 주모를 살렸으나 정작 자신은 채찍질에서 벗어나지 못했습니다. 그러니 어찌 충성하고 신의를 다하면 죄를 짓지 않는다고 말할 수 있겠습니까? 신의 허물은 불행하게도 이와 비슷한 경우입니다."

연역공이 말했다.

"선생은 다시 복직하도록 하시오."

그러고는 더욱 예우했다. 연역공의 모친은 연문후의 부인이다. 연문후 사후 소진과 사통했다. 연역공은 이를 알게 되었으나 오히려 소진을 더욱 우대했다. 그러나 소진은 피살될까 두려운 나머지 연역공에게 이같이 자청했다.

"제가 연나라에 머물면 연나라의 위세를 높일 길이 없습니다. 제나라로 가면 틀림없이 연나라의 위세를 높일 수 있을 것입니다."

연역공이 허락했다.

"선생이 뜻하는 대로 하시오."

소진이 거짓으로 연나라에서 죄를 얻은 뒤 제나라로 망명했다. 제선왕이 그를 객경客卿으로 삼았다. 제선왕 19년, 제선왕이 죽자 뒤를 이어 제민왕이 즉위했다. 소진은 제민왕을 설득해 선왕의 장례를 성대히 치러 효행을 드러내고, 궁실을 높게 짓고 정원을 넓혀 뜻하는 바를 얻게 되었음을 밝히게 했다. 사실 이는 연나라를 위해 제나라를 황폐하게 만들려는 속셈이었다. 연역왕 12년, 연역왕이 죽고 태자 쾌噲가 뒤를 이어 보위에 올랐다. 이때 세나라 내부 가운데 기려지신인 소진과 국왕의 총애를 다투는 자가 많았다. 이 가운데 어떤 자가 사람을 보내 소진을 척살하고자 했다. 소진이 죽지 않고 중상을 입은 채 달아났다. 제민왕이 사람을 보내 가해자를 찾게 했으나 찾지 못했다. 소진이 죽기 직전에 제민왕에게 부탁했다.

"신이 죽으면 신을 거열형에 처해 시장 사람들에게 돌려 보이면서 선언하기를, '소진이 연나라를 위해 제나라에서 난리를 일으켰다'라고 하십시오. 그러면 신을 살해하고자 한 자를 반드시 체포할 수 있을 것입니다."

제민왕이 그의 말대로 하자 과연 가해자가 자수해왔다. 제민왕이 그를 죽였다. 연나라 사람들이 이 소식을 듣고는 이같이 말했다.

"심하구나, 제나라가 소진을 위해 원수를 갚는 방법이!"

소진 사후 소진이 몰래 연나라를 위해 제나라를 피폐하게 만들고자 한 사실이 대대적으로 드러났다. 제나라가 이를 알고는 연나라를 원망했다. 연나라가 매우 두려워한 이유다.

●● 其後秦使犀首欺齊·魏, 與共伐趙, 欲敗從約. 齊·魏伐趙, 趙王讓蘇秦. 蘇秦恐, 請使燕, 必報齊. 蘇秦去趙而從約皆解. 秦惠王以其女爲燕太子婦. 是歲, 文侯卒, 太子立, 是爲燕易王. 易王初立, 齊宣王因燕喪伐燕, 取十城. 易王謂蘇秦曰, "往日先生至燕, 而先王資先生見趙, 遂約六國從. 今齊先伐趙, 次至燕, 以先生之故爲天下笑, 先生能爲燕得侵地乎?" 蘇秦大慙, 曰, "請爲王取之." 蘇秦見齊王, 再拜, 俯而慶, 仰而弔. 齊王曰, "是何慶弔相隨之速也?" 蘇秦曰, "臣聞飢人所以飢而不食烏喙者, 爲其愈充腹而與餓死同患也. 今燕雖弱小, 卽秦王之少壻也. 大王利其十城而長與彊秦爲仇. 今使弱燕爲鴈行而彊秦敝其後, 以招天下之精兵, 是食烏喙之類也." 齊王愀然變色曰, "然則奈何?" 蘇秦曰, "臣聞古之善制事者, 轉禍爲福, 因敗爲功. 大王誠能聽臣計, 卽歸燕之十城. 燕無故而得十城, 必喜, 秦王知以己之故而歸燕之十城, 亦必喜. 此所謂棄仇讎而得石交者也. 夫燕·秦俱事齊, 則大王號令天下, 莫敢不聽. 是王以虛辭附秦, 以十城取天下. 此霸王之業也." 王曰, "善." 於是乃歸燕之十城. 人有毁蘇秦者曰, "左右賣國反覆之臣也, 將作亂." 蘇秦恐得罪歸, 而燕王不復官也. 蘇秦見燕王曰, "臣, 東周之鄙人也, 無有分寸之功, 而王親拜之於廟而禮之於廷. 今臣爲王卻齊之兵而攻得十城, 宜以益親. 今來而王不官臣者, 人必有以不信傷臣於王者. 臣之不信, 王之福也. 臣聞忠信者, 所以自爲也, 進取者, 所以爲人也. 且臣之說齊王, 曾非欺之也. 臣棄老母於東周, 固去自爲而行進取也. 今有孝如曾參, 廉如伯夷, 信如尾生. 得此三人者以事大王, 何若?"王曰, "足矣."蘇秦曰, "孝如曾參, 義不離其親一宿於外, 王又安能使之步行千里而事弱燕之危王哉? 廉如伯夷, 義不爲孤竹君之嗣, 不肯爲武王臣, 不受封侯而餓死首陽山下. 有廉如此, 王又安能使之步行千里而行進取於齊哉? 信如尾生, 與女子期於梁下, 女子不來, 水至不去, 抱柱而死. 有信如此, 王又安能使之步行千里卻齊之彊兵哉? 臣所謂以忠信得罪於上者也."燕王曰, "若不忠信耳, 豈有以忠信而得罪者乎?"蘇秦曰, "不然. 臣聞客有遠爲吏而其妻私於人者, 其夫將來, 其私者憂之, 妻曰'勿憂, 吾已作藥酒待之矣'. 居三日, 其夫果至, 妻使妾擧藥酒進之. 妾欲言酒之有藥, 則恐其逐主母也, 欲勿言乎, 則恐其殺主父也. 於是乎詳僵而棄酒. 主父大怒, 笞之五十. 故妾一僵而覆酒, 上存主父, 下存主母, 然而不免於笞, 惡在乎忠信之無罪也? 夫臣之過, 不幸而類是乎!"燕王曰, "先生覆就故官."益厚遇之. 易王母, 文侯夫人也, 與蘇秦私通. 燕王知之, 而事之加厚. 蘇秦恐誅, 乃說燕王曰, "臣居燕不能使燕重, 而在齊則燕必重."燕王曰, "唯先生之所爲."於是蘇秦詳爲得罪於燕而亡走齊, 齊宣王以爲客卿. 齊宣王卒, 湣王卽位, 說湣王厚葬以明孝, 高宮室大苑囿以明得意, 欲破敝齊而爲燕. 燕易王卒, 燕噲立爲王. 其後齊大夫多與蘇秦爭寵者, 而使人刺蘇秦, 不死, 殊而走. 齊王使人求賊, 不得. 蘇秦且死, 乃謂齊王曰, "臣卽死, 車裂臣以徇於市, 曰'蘇秦爲燕作亂於齊', 如此則臣之賊必得矣."於是如其言, 而殺蘇秦者果自出, 齊王因而誅之. 燕聞之曰, "甚矣, 齊之爲蘇生報仇也!"蘇秦旣死, 其事大泄. 齊後聞之, 乃恨怒燕. 燕甚恐.

소대 열전

　소진의 동생은 소대이고, 소대의 동생은 소려다. 이 두 사람은 형의 성공을 보고 모두 분발해 학문에 정진했다. 소진 사후 소대가 연왕燕王 쾌를 만나고자 했다. 소진의 일을 잇고자 한 것이다. 그가 말했다.

　"저는 원래 동주의 미천한 사람입니다. 대왕의 의기가 매우 높다는 이야기를 듣고는 비록 천하고 어리석지만 호미와 괭이를 내던지고 대왕을 섬기러 왔습니다. 제가 조나라의 한단에 가서 보니 동주에서 들은 것과 거리가 멀어 크게 실망했습니다. 이제 연나라의 조정에 와서 대왕의 신하들을 보니 대왕이 천하의 명왕明王이라는 사실을 알게 되었습니다."

　연왕 쾌가 물었다.

　"그대가 말하는 명왕은 어떤 사람이오?"

　소대가 대답했다.

　"신이 듣건대 명왕은 자신의 허물을 듣는 데 힘쓰고, 자신의 장점에 관해 듣는 것을 좋아하지 않는다고 합니다. 신이 대왕의 허물을 지적할 수 있도록 허락해주십시오. 제나라와 조나라는 연나라의 원수이고, 초나라와 위나라는 연나라의 동맹국입니다. 지금 대왕은 원수를 끼고 동맹국을 치고 있으니 이는 연나라를 이롭게 하는 것이 아닙니다. 대왕이 스스로 잘 생각해보십시오. 이는 잘못된 계책입니다. 이런 허물을 간하지 않는 자는 결코 충신이 될 수 없습니다."

　연왕 쾌가 말했다.

　"제나라는 원래 과인의 원수 나라로 토벌해야만 하오. 다만 연나라가 피폐해 역부족일까 걱정하고 있을 뿐이오. 그대가 지금의 연나라로 제나라를 칠 수만 있다면 과인은 나라를 그대에게 맡길 생각이오."

소대가 말했다.

"무릇 천하에는 막강한 전력을 지닌 일곱 개의 전국戰國이 있습니다. 그 가운데 연나라는 상대적으로 약소한 까닭에 단독으로 싸우는 것은 불가능합니다. 기대는 나라가 있다면 그 나라는 반드시 비중이 높아질 것입니다. 남쪽으로 초나라에 기대면 초나라의 비중이 높아지고, 서쪽으로 진나라에 기대면 진나라의 비중이 높아지고, 중원의 한나라 및 위나라에 의지하면 두 나라의 비중이 높아질 것입니다. 연나라가 기대는 나라의 비중이 높아지면 대왕의 지위 또한 높아질 것입니다.

지금 제나라는 나이 많은 군주가 모든 일을 홀로 결정합니다. 남쪽으로 초나라를 5년 동안 잇달아 공격해 비축한 재화가 모두 소진되었고, 서쪽으로 진나라를 3년 동안 포위해 병사들이 피폐해졌습니다. 또 북쪽으로 연나라와 교전해 연나라의 전 군사를 격파하고 장수 두 명을 생포했습니다. 그런데도 남은 병력으로 5,000승의 병거를 보유한 남쪽 송나라를 공격해 멸하고, 열두 개의 소국을 병탄하고자 합니다. 이는 군주의 욕망을 채우기 위해 민력을 고갈시키는 것입니다. 이것이 어찌 받아들일 만한 것이겠습니까! 게다가 신이 듣건대 '연속해 싸우면 백성이 피로해지고, 장기간 싸우면 병사가 지친다'고 했습니다."

연왕 쾌가 물었다.

"내가 듣건대 '제나라는 맑은 제수와 탁한 황하가 있어 가히 견고

할 수 있고, 장성과 거방鉅防이 있어 족히 요새로 삼을 만하다'고 했소. 과연 그러하오?"

소대가 대답했다.

"천시天時가 함께하지 않으면 아무리 맑은 제수와 탁한 황하가 있은들 어찌 그것으로 견고하게 지킬 수 있겠습니까? 민력이 피폐해지면 장성과 거방이 있은들 어찌 그것을 요새로 삼기에 충분할 수 있겠습니까? 전에 제나라가 제수 서쪽 지역에서 징병하지 않은 것은 조나라를 대비하고자 한 것이고, 황하 이북 지역에서 징병하지 않은 것은 연나라를 방지하고자 한 것입니다. 지금 제수 이서와 황하 이북 일대에서 모두 징병한 데서 알 수 있듯이 전국이 모두 피폐해 있습니다. 무릇 교만한 군주는 반드시 이익을 좋아하는 모습을[好利], 망국의 신하는 반드시 재물을 탐하는 모습을 보입니다[貪財]. 대왕이 실로 총애하는 아들과 동생을 제나라에 볼모로 보내고, 보배로운 구슬[寶珠]과 옥과 비단[玉帛]으로 제나라 군주 좌우의 신임을 얻는 것을 부끄럽게 여기지 않으면 제나라는 연나라를 자기편으로 여겨 경솔히 송나라를 멸망시키려 들 것입니다. 제나라가 송나라와 싸워 피폐해지면 이내 패망하고 말 것입니다."

연왕 쾌가 말했다.

"나는 마침내 그대 덕분에 하늘의 명을 잇게 되었소."

연나라가 공자 한 명을 제나라에 볼모로 보냈다. 소려는 연나라 인질을 통해 제민왕을 알현할 생각이었다. 그러나 제민왕은 소진을 원망하고 있었기에 소려를 구금하고자 했다. 연나라에서 볼모로 온 공자가 소려를 위해 사죄했다. 소려가 예물을 바치며 서약한 뒤 제나라의 신하가 되었다. 이때 연나라 재상 자지子之는 소대와 인척관계를 맺고 연나라의 실권을 쥐고자 했다. 소대를 제나라로 보내 인질이 된 공자를 모시게 한 이유다. 제나라가 소대를 연나라로 보내 보고하도록 했다. 연왕 쾌가 물었다.

"제나라 왕은 패자가 될 수 있소?"

"불가합니다."

"왜 그렇소?"

소대가 대답했다.

"제나라 왕은 자신의 신하를 믿지 않습니다."

연왕 쾌가 실권을 재상 자지에게 넘겨주었다. 얼마 후 사실상 보위까지 양위했다. 연나라가 큰 혼란을 맞이한 이유다. 이 틈을 타 제나라가 연나라를 치고, 연왕 쾌와 재상 자지를 살해했다. 연나라가 공자 평을 연소왕으로 옹립했다. 소대와 소려는 이후 감히 연나라로 들어갈 생각을 하지 못했다. 결국 제나라에 귀의했다. 제나라에서는 이들을 후하게 대우했다.

●● 蘇秦之弟曰代, 代弟蘇厲, 見兄遂, 亦皆學. 及蘇秦死. 代乃求見燕王, 欲襲故事. 曰, "臣, 東周之鄙人也. 竊聞大王義甚高, 鄙人不敏, 釋鉏耨而幹大王. 至於邯鄲, 所見者紬於所聞於東周, 臣竊負其志. 及至燕廷, 觀王之羣臣下吏, 王, 天下之明王也." 燕王曰, "子所謂明王者何如也?" 對曰, "臣聞明王務聞其過, 不欲聞其善, 臣請謁王之過. 夫齊・趙者, 燕之仇讎也, 楚・魏者, 燕之援國也. 今王奉仇讎以伐援國, 非所以利燕也. 王自慮之, 此則計過, 無以聞者, 非忠臣也." 王曰, "夫齊者固寡人之讎, 所欲伐也, 直患國敝力不足也. 子能以燕伐齊, 則寡人擧國委子." 對曰, "凡天下戰國七, 燕處弱焉. 獨戰則不能, 有所附則無不重. 南附楚, 楚重, 西附秦, 秦重, 中附韓・魏, 韓・魏重. 且苟所附之國重, 此必使王重矣. 今夫齊, 長主而自用也. 南攻楚五年, 畜聚竭, 西困秦三年, 士卒罷敝, 北與燕人戰, 覆三軍, 得二將. 然而以其餘兵南面擧五千乘之大宋, 而包十二諸侯. 此其君欲得, 其民力竭, 惡足取乎! 且臣聞之, 數戰則民勞, 入師則兵敝矣."燕王曰, "吾聞齊有淸濟‧濁河可以爲固, 長城‧鉅防足以爲塞, 誠有之乎?"對曰, "天時不與, 雖有淸濟‧濁河, 惡足以爲固! 民力罷敝, 雖有長城‧鉅防, 惡足以爲塞! 且異日濟西不師, 所以備趙也, 河北不師, 所以備燕也. 今濟西河北盡已役矣, 封內敝矣. 夫驕君必好利, 而亡國之臣必貪於財. 王誠能無羞從子母弟以爲質, 寶珠玉帛以事左右, 彼將有德燕而輕亡宋, 則齊可亡已."燕王曰, "吾終以子受命於天矣."燕乃使一子質於齊. 而蘇厲因燕質子而求見齊王. 齊王怨蘇秦, 欲囚蘇厲. 燕質子爲謝, 已遂委質爲齊臣. 燕相子之與蘇代婚, 而欲得燕權, 乃使蘇代侍質子於齊. 齊使代報燕, 燕王噲問曰, "齊王其霸乎?"曰, "不能."曰, "何也"曰, "不信其臣."於是燕王專任子之, 已而讓位, 燕大亂. 齊伐燕, 殺王噲‧子之. 燕立昭王, 而蘇代‧蘇厲遂不敢入燕, 皆終歸齊, 齊善待之.

한번은 소대가 위나라를 지날 때 위나라가 연나라를 위해 소대를 잡아두었다. 제민왕이 사람을 위소왕魏昭王에게 보내 설득했다.

"제나라가 송나라 땅을 진秦나라 경양군涇陽君의 봉지로 바치려 해도 진나라는 반드시 받아들이지 않을 것입니다. 제나라와 가까이 지내며 송나라 땅을 얻는 것을 좋아하지 않기 때문이 아니라 제나라 왕과 소자蘇子를 믿지 않기 때문입니다. 지금 제나라와 위나라가 이처럼 심하게 대립하면 제나라는 진나라를 속이지 않을 것입니다. 진나라가 제나라를 신뢰하면 제나라와 진나라가 연합할 것이고, 경양군 또한 송나라 땅을 얻게 될 것입니다. 이는 위나라에 이로운 일이 아닙니다. 대왕은 소자를 동쪽 제나라로 돌려보내느니만 못합니다. 그러면 진나라는 반드시 제나라를 의심하고 소자를 믿지 않을 것입니다. 제나라와 진나라가 합세하지 않으면 천하형세는 큰 변동이 일어나지 않고, 오히려 제나라를 토벌하는 형세가 이루어지게 될 것입니다."

위나라가 소대를 풀어주었다. 소대가 송나라에 이르자 송나라가 그를 후대했다. 제나라가 송나라를 치자 송나라가 다급해졌다. 소대가 연소왕에게 서신을 보냈다.

첫째, 연나라가 만승의 대국으로 있으면서 제나라에 인질을 보낸 것은 명성을 떨어뜨리고 권력을 손상시킨 일입니다. 둘째, 대국의 신분으로 제나라를 도와 송나라를 치면 백성만 지치고 재력 또한 크게 소진됩니다. 셋째, 송나라를 격파하며 초나라의 회수 이북 일대를 쇠약하게 만드는 것은 강대한 제나라를 더욱 살찌우게 하는 것입니다. 이는 적을 더욱 강하게 만들어 자국의 이익을 스스로 해치는 길입니다. 이 세 가지는 연나라에 모두 큰 손실을 끼치는 것입니다.

대왕이 이런 일을 지속하시려는 것은 제나라의 신임을 얻으려는 속셈입니다. 그러나 제나라는 오히려 신용을 지키지 않았다며 연나라를 더욱 꺼릴 것이니 이는 대왕의 계책이 잘못된 것임을 보여줍니다. 송나라를 초나라의 회수 이북 지역과 합치면 그것만으로도 만승의 대국이 됩니다. 제나라가 이를 병탄하면 또 하나의 제나라를 보태는 셈이 됩니다. 북이北夷 땅은 사방이 700리입니다. 여기에 노나라와 위衛나라를 더하면 강대한 만승의 나라가 됩니다. 제나라가 이마저 병탄하면 두 개의 제나라를 더 보태는 결과가 됩니다. 하나의 제나라도 버거워 낑고하며 힘들어하는 상황에서 장차 세 개의 제나라 힘이 연나라를 짓누르면 그 재앙은 틀림없이 엄청날 것입니다.

비록 그렇기는 하나 지혜로운 자는 화가 될 일도 잘 활용해 복으로 만드는 인화위복因禍爲福과 실패할 일도 잘 다스려 성공으로 이끄는 전패위공転敗爲功에 능합니다. 제나라의 자주색 비단은 질이 나쁜 흰 비단을 염색한 것이지만 가격은 열 배나 비쌉니다. 월왕 구천은 일찍이 회계산으로 패퇴했지만 오히려 이를 계기로 강대한 오나라를 멸망시키고 천하를 제패했습니다. 이는 모두 인화위복과 전패위공의 구체적인 사례입니다. 지금 대왕이 그리하려면 제나라를 패자로 만들어 추앙하는 것보다 나은 계책은 없습니다. 그러자면 먼저 사자를 주나라 왕실로 보내 제나라를 맹주로 받들 것을 맹서하게 하고 진나라와 맺은 맹서문을 불태워야 합니다. 이때 말하기를, '가장 좋은 계책은 진나라를 멸망시키는 것이고, 그다음 계책은 진나라를 영원히 배척하는 것입니다'라고 하십시오. 진나라가 배척을 당해 파멸을 기다리는 처지가 되면 진나라 왕은 반드시 이를 우려할 것입니다.

진나라는 5대 선군 이래 지금까지 열국을 공격해왔지만 지금은 제나라 밑에 있습니다. 진나라 왕의 속셈은 제나라를 궁지에 몰아넣을 수만 있다면 진나라의 힘이 기우는 것도 두려워하지 않고 성공을 거두고자 할 것입니다. 그런데도 대왕은 어찌해서 유세하는 선비를 진나라 왕에게 보내 이와 같은 말로 설득하시지 않는 것입니까?

"연나라와 조나라가 송나라를 격파해 제나라를 살찌우고 추숭하며 스스로 그 밑에 있는 것은 결코 그것이 유리하다고 생각하기 때문이 아닙니다. 두 나라가 자국에 이롭지도 않은데 이리하는 것은 진나라 왕을 믿지 않기 때문입니다. 그런데도 대왕은 어찌해서 믿을 만한 사람을 보내 연나라 및 조나라를 같은 편으로 끌어들이지 않는 것입니까? 먼저 경양군과 고릉군高陵君을 연나라와 조나라에 인질로 보내십시오. 그러면 두 나라는 진나라를 믿게 될 것입니다.

진나라가 서제西帝, 연나라가 북제北帝, 조나라가 중제中帝 등, 삼제三帝 체제로 천하를 호령할 수 있습니다. 한나라와 위나라가 복종하지 않으면 진나라가 이들을 치고, 제나라가 복종하지 않으면 연나라와 조나라가 이를 칩니다. 그러면 천하의 그 누가 감히 순종치 않을 수 있겠습니까? 천하가 순종하면 한나라와 위나라를 시켜 제나라를 공격하게 하고, 반드시 송나라의 땅을 돌려주고 초나라의 회수 이북 일대를 돌려달라고 청하십시오. 제나라가 송나라의 땅을 돌려주고 초나라의 회수 이북 일대를 돌려주는 것은 연나라와 조나라에 모두 이로운 일입니다. 삼제가 나란히 서는 것 또한 연나라와 조나라가 바라는 것입니다. 실리를 얻고 명분상 바라던 자리를 얻게 되면 연나라와 조나라는 헌 짚신을 내던지듯 제나라를 버릴 것입니다.

만일 대왕이 연나라 및 조나라와 싸우지 않으면 제나라의 패업은 반드시 성공할 것입니다. 열국이 제나라를 돕는데 대왕이 복종치 않으면 대왕은 열국의 공격을 받게 됩니다. 열국이 제나라를 돕는 상황에서 대왕도 열국을 좇아 행하면 대왕의 명성은 땅에 떨어집니다. 진나라가 연나라와 조나라를 거두어들이면 대왕의 진나라는 평안하고 명성도 높아지나, 연나라와 조나라를 거두어들이지 않으면 대왕의 진나라는 위험에 처하고 명성 또한 떨어질 것입니다. 무릇 높고 안정된 길[尊安]을 버리고 낮고 위험한 길[卑危]을 택하는 것은 총명한 자가 취할 바가 아닙니다.”

진나라 왕은 이런 말을 들으면 틀림없이 심장을 찔린 듯한 충격을 받을 것입니다. 그런데도 대왕은 어찌해서 유세하는 선비를 시켜 이런 말로 진나라를 설득치 않는 것입니까? 진나라 왕은 틀림없이 이를 받아들일 것이고, 제나라는 반드시 정벌될 것입니다. 진나라와 친하게 지내는 것은 중요한 외교이고, 제나라를 토벌하는 것은 정당한 이익입니다. 중요한 외교 업무를 진지하게 처리하고 정당한 이익을 추구하는 것은 성왕聖王의 사업이기도 합니다.

연소왕이 소대의 서신을 읽고 말했다.

"선왕은 일찍이 소진에게 은덕을 베풀었으나 자지의 난으로 소씨昭氏 형제가 연나라를 떠났다. 연나라가 제나라에 설욕하고자 하면 소씨 형제가 아니고는 안 된다."

연소왕이 소대를 불러들여 잘 대우하며 함께 제나라를 칠 계책을 상의했다. 마침내 연나라 군사가 제나라를 쳐부수자 제민왕은 황급히 달아났다.

●● 蘇代過魏, 魏爲燕執代. 齊使人謂魏王曰, "齊請以宋地封涇陽君, 秦必不受. 秦非不利有齊而得宋地也, 不信齊王與蘇子也. 今齊魏不和如此其甚, 則齊不欺秦. 秦信齊, 齊秦合, 涇陽君有宋地, 非魏之利也. 故王不如東蘇子, 秦必疑齊而不信蘇子矣. 齊秦不合, 天下無變, 伐齊之形成矣." 於是出蘇代. 代之宋, 宋善待之. 齊伐宋, 宋急, 蘇代乃遺燕昭王書曰, "夫列在萬乘而寄質於齊, 名卑而權輕, 奉萬乘助齊伐宋, 民勞而實費, 夫破宋, 殘楚淮北, 肥大齊, 讎彊而國害, 此三者皆國之大敗也. 然且王行之者, 將以取信於齊也. 齊加不信於王, 而忌燕愈甚, 是王之計過矣. 夫以宋加之淮北, 强萬乘之國也, 而齊幷之, 是益一齊也. 北

夷方七百里, 加之以魯·衛, 彊萬乘之國也, 而齊幷之, 是益二齊也. 夫
一齊之彊, 燕猶狼顧而不能支, 今以三齊臨燕, 其禍必大矣. 雖然, 智
者擧事, 因禍爲福, 轉敗爲功. 齊紫, 敗素也, 而賈十倍, 越王句踐棲於
會稽, 復殘彊吳而霸天下, 此皆因禍爲福, 轉敗爲功者也. 今王若欲因
禍爲福, 轉敗爲功, 則莫若挑霸齊而尊之, 使使盟於周室, 焚秦符, 曰,
'其大上計, 破秦, 其次, 必長賓之.' 秦挾賓以待破, 秦王必患之. 秦五
世伐諸侯, 今爲齊下, 秦王之志苟得窮齊, 不憚以國爲功. 然則王何不
使辯士以此言說秦王曰, '燕·趙破宋肥齊, 尊之爲之下者, 燕·趙非利
之也.' 燕·趙不利而勢爲之者, 以不信秦王也. 然則王何不使可信者接
收燕·趙, 今涇陽君·高陵君先於燕·趙? 秦有變, 因以爲質, 則燕·趙
信秦. 秦爲西帝, 燕爲北帝, 趙爲中帝, 立三帝以令於天下. 韓·魏不聽
則秦伐之, 齊不聽則燕·趙伐之, 天下孰敢不聽? 天下服聽, 因驅韓·
魏以伐齊, 曰'必反宋地, 歸楚淮北'. 反宋地, 歸楚淮北, 燕·趙之所利
也, 並立三帝, 燕·趙之所願也. 夫實得所利, 尊得所願, 燕·趙棄齊如
脫躧矣. 今不收燕·趙, 齊霸必成. 諸侯贊齊而王不從, 是國伐也, 諸侯
贊齊而王從之, 是名卑也. 今收燕·趙, 國安而名尊, 不收燕·趙國危而
名卑. 夫去尊安而取危卑, 智者不爲也. 秦王聞若說, 必若刺心然. 則王
何不使辯士以此若言說秦? 秦必取, 齊必伐矣. 夫取秦, 厚交也, 代齊,
正利也. 尊厚交, 務正利, 聖王之事也." 燕昭王善其書, 曰, "先人嘗有
德蘇氏, 子之之亂而蘇氏去燕. 燕欲報仇於齊, 非蘇氏莫可." 乃召蘇代,
復善待之, 與謀伐齊. 竟破齊, 湣王出走.

이후 오랜 시간이 지나 진나라는 연나라 왕을 초대했다. 연나라
왕이 가려고 하자 소대가 만류했다.

"초나라는 지(枳) 땅을 얻어 나라가 패망 지경에 이르고, 제나라는 송 땅을 얻어 나라가 패망 지경에 이르렀습니다. 제나라와 초나라가 지 땅과 송 땅을 차지하고도 진나라를 섬기지 않은 것은 무슨 까닭입니까? 전공을 세운 나라는 진나라의 숙적이 되기 때문입니다. 진나라가 천하를 취한 것은 의를 행한 덕분이 아니라 폭력에 기댄 결과입니다. 진나라는 폭력을 행사하며 천하에 공공연히 선포했습니다.

먼저 초나라에 통고하기를, '촉(蜀) 땅의 군사가 배를 타고 민강(汶江)에 떠서 여름에 물이 불었을 때 수세(水勢)를 타고 장강을 따라 내려오면 닷새 내에 영도(郢都)에 이를 수 있다. 한중의 군사가 배를 타고 파강(巴江)을 나와 여름에 물이 불었을 때 수세를 타고 한수를 따라 내려오면 나흘 내에 오저(五渚)에 이를 수 있다. 내가 직접 완(宛) 땅에서 군대를 집결시켜 수읍(隨邑)을 따라 내려가면 현자도 계략을 세울 겨를이 없고, 용맹한 자도 성내며 맞설 겨를이 없다. 나는 매를 쏘는 것처럼 당신들을 칠 것이다. 당신들은 천하의 군사를 기다려 함곡관을 치려고 하나 이는 아주 아득한 이야기가 아니겠는가!'라고 했습니다. 초나라가 17년 동안 진나라를 섬긴 이유입니다.

또 한나라에 통고하기를, '우리 군사가 소곡(少曲)에서 출발하면 하루 내에 태항산으로 가는 통로를 차단할 수 있다. 우리 군사가 의양에서 출발해 평양(平陽)에 도달하면 이틀 내에 그대의 나라는 전 영토가 동요할 것이다. 우리 군사가 동주와 서주를 지나 정 땅에 이르면 닷새 내에 그대의 도성은 함락될 것이다'라고 했습니다. 한나라는 실정이 그렇다고 여겨 진나라를 섬겼습니다.

이어 위나라에 통고하기를, '우리 군사가 안읍을 치고 여극(女戟)을 포위하면 태원太原의 길이 끊기게 된다.• 우리 군사가 직접 지도로 내려가 남양과 봉릉封陵과 기읍冀邑을 거쳐 동주와 서주를 포위할 것이다. 여름에 물이 불었을 때 수세를 타고 가벼운 전투용 배를 띄운 뒤 강력한 쇠뇌를 앞세우고 예리한 창을 뒤따르게 해 형택榮澤의 물이 드나드는 어귀를 터놓으면 위나라의 대량은 이내 물에 잠겨 사라질 것이다. 백마白馬의 물목을 터놓으면 위나라의 외황外黃과 제양濟陽은 없어지고, 숙서宿胥의 물이 드나드는 어귀를 터놓으면 위나라의 허虛와 돈구頓丘가 없어질 것이다. 육지로 공격하면 하내河內를 치고, 수로로 공격하면 대량을 격멸할 것이다'라고 했습니다. 위나라도 실정이 그렇다고 여겨 진나라를 섬겼습니다.

당시 진나라는 위나라의 안읍을 칠 때 제나라가 구원하러 올까 두려워했습니다. 이에 제나라에 송나라 처리를 맡기며 이르기를, '송나라 왕은 무도해 과인의 모습을 본뜬 나무인형을 만들어놓고 그 얼굴에 화살을 쏜다고 합니다. 과인의 땅은 송나라와 멀리 떨어져 있어 군대를 보내도 직접 나아가 칠 수 없습니다. 대왕이 만일 송나라를 쳐 병탄하면 과인은 내 일처럼 기뻐할 것입니다'라고 했습니다. 이후 진나라는 안읍을 빼앗고 여극을 포위한 뒤 송나라 멸망의 책임을 제나라에 떠넘겼습니다.

진나라는 한나라를 칠 때 열국이 구원하러 올까 두려워했습니다. 이에 제후들에게 제나라의 처리를 맡기며 이르기를, '제나라 왕은 네 번 맹약했으나 네 번 모두 과인을 속였다. 또 열국의 군사를 이끌

• "태원의 길이 끊기게 된다"의 원문은 "한씨태원권韓氏太原卷"이다. 이 문장에 대한 해석이 분분하다. 《사기색은》은 태太를 연자衍字, 원原을 경京의 오자로 보고 경과 권 모두 형양榮陽에 속한 지명으로 보았다. 이에 대해 《사기정의》는 유백장劉伯莊의 주를 인용해 태원은 태항太行의 오자이고, 권卷은 단절을 뜻한다고 했다.

고 우리 진나라를 치려고 한 것이 앞뒤로 세 번이나 된다. 제나라가 있는 한 진나라는 없고, 진나라가 있는 한 제나라는 없다. 나는 제나라를 토벌해 반드시 멸망시킬 것이다'라고 했습니다. 이후 진나라는 의양과 소곡을 빼앗고, 인읍藺邑과 이석離石을 점령하자 제나라를 친 죄를 제후들에게 덮어씌웠습니다.

진나라는 위나라를 칠 때 먼저 초나라를 높여 한나라의 옛 땅인 남양을 초나라에 주고 이르기를, '과인은 원래 한나라와 절교하고자 한다. 초나라가 균릉均陵을 평정하고 맹액鄳隘의 요새를 막아 한나라를 제압하는 것이 초나라 이익에 부합하면 과인은 내 일처럼 기뻐할 것이다'라고 했습니다. 이후 위나라가 동맹국을 버리고 진나라와 연합하자 진나라는 맹액의 요새를 막은 것을 초나라 탓으로 돌렸습니다.

진나라는 위나라를 치다가 임중林中에서 위험에 처했을 때 연나라와 조나라가 위나라에 합세할 것을 염려해 교동膠東을 연나라에 주고, 제수 이서 일대를 조나라에 주었습니다. 이후 위나라와 화해하자 위나라 공자 연延을 볼모로 잡고, 위나라 장수 서수를 시켜 군사를 일으켜 조나라를 치게 했습니다. 또 초석譙石에서 조나라와 싸우다가 저지되고 양마陽馬에서 패하자 위나라가 염려된 나머지 섭葉과 채를 위나라에 맡겼습니다. 이후 조나라와 화해하자 위나라를 위협해 땅을 떼어주지 않았습니다. 진나라 왕은 싸움에 져 궁지에 몰리면 태후太后의 동생 양후穰侯를 시켜 화친을 맺도록 하고, 싸움에 이기면 외숙인 양후와 모친인 태후를 속였습니다.

진나라는 연나라를 질책할 때는 교동을 탈취하고, 조나라를 질책할 때는 제수 이서 일대를 탈취하고, 위나라를 질책할 때는 섭과 채를 탈취하고, 초나라를 질책할 때는 맹액의 요새를 봉쇄하고, 제나라를 질책할 때는 송나라를 멸망을 구실로 삼았습니다. 이처럼 진나라의 외교사령은 둥근 고리처럼 돌고 돌며, 용병술은 마치 나는 새처럼 재빠르고 흉악합니다. 태후도 제어할 수 없었고, 양후도 말릴 수 없었습니다. 위나라 장수 용가와 벌인 전투, 안문전투, 봉릉전투, 고상高商전투, 조장趙莊과의 전투 등 진나라가 죽인 삼진의 백성은 수백만 명에 이릅니다.

지금 생존자는 모두 진나라가 살해한 자들이 남긴 고아와 과부입니다. 서하 외에도 상락上雒의 땅, 삼천三川 일대 등 삼진의 땅 가운데 진나라에 침공당한 땅이 절반에 이릅니다. 진나라로 인해 조성된 재앙은 이처럼 큽니다. 그런데도 진나라를 다녀온 연나라와 조나라의 유세가 모두 자국 군주에게 진나라를 섬길 것을 다투어 진언합니다. 이것이 바로 신이 가장 우려하는 것입니다."

연소왕이 진나라로 가지 않았다. 소대가 다시 연나라에서 중용되었다. 연나라는 소진이 활약했던 때처럼 힙종의 맹약을 맺고사 했다. 제후 가운데 합종을 찬동하는 자도 있고, 그렇지 않은 자도 있었다. 천하는 이를 계기로 소대의 합종책을 중시하게 되었다. 소대와 소려 모두 천수를 누렸다. 그 이름을 제후들 사이에서 널리 알렸다.

●● 久之, 秦召燕王, 燕王欲往, 蘇代約燕王曰, "楚得枳而國亡, 齊得宋而國亡, 齊·楚不得以有枳·宋而事秦者, 何也? 則有功者, 秦之深讎也. 秦取天下, 非行義也, 暴也. 秦之行暴, 正告天下. 告楚曰, '蜀地之甲, 乘船浮於汶, 乘夏水而下江, 五日而至郢. 漢中之甲, 乘船出於巴, 乘夏水而下漢, 四日而至五渚. 寡人積甲宛東下隨, 智者不及謀, 勇士不及怒, 寡人如射隼矣. 王乃欲待天下之攻函谷, 不亦遠乎!' 楚王爲是故, 十七年事秦. 秦正告韓曰, '我起乎少曲, 一日而斷大行. 我起乎宜陽而觸平陽, 二日而莫不盡繇. 我離兩周而觸鄭, 五日而國擧.' 韓氏以爲然, 故事秦. 秦正告魏曰, '我擧安邑, 塞女戟, 韓氏太原卷. 我下軹, 道南陽, 封冀, 包兩周. 乘夏水, 浮輕舟, 彊弩在前, 鏦戈在後, 決滎口, 魏無大梁, 決白馬之口, 魏無外黃·濟陽, 決宿胥之口, 魏無虛·頓丘. 陸攻則擊河內, 水攻則滅大梁.' 魏氏以爲然, 故事秦. 秦欲攻安邑, 恐齊救之, 則以宋委於齊. 曰, '宋王無道, 爲木人以寫象寡人, 射其面. 寡人地絶兵遠, 不能攻也. 王苟能破宋有之, 寡人如自得之.' 已得安邑, 塞女戟, 因以破宋爲齊罪. 秦欲攻韓, 恐天下救之, 則以齊委於天下. 曰, '齊王四與寡人約, 四欺寡人, 必率天下以攻寡人者三. 有齊無秦, 有秦無齊, 必伐之, 必亡之.' 已得宜陽·少曲, 致藺·離石, 因以破齊爲天下罪. 秦欲攻魏重楚, 則以南陽委於楚. 曰, '寡人固與韓且絶矣. 殘均陵, 塞鄳阸, 苟利於楚, 寡人如自有之.' 魏棄與國而合於秦, 因以塞鄳阸爲楚罪. 兵困於林中, 重燕·趙, 以膠東委於燕, 以濟西委於趙. 已得講於魏, 至公子延, 因犀首屬行而攻趙. 兵傷於譙石, 而遇敗於陽馬, 而重魏, 則以葉·蔡委於魏. 已得講於趙, 則劫魏, 魏不爲割. 困則使太后弟穰侯爲和, 嬴則兼欺舅與母. 適燕者曰 '以膠東', 適趙者曰 '以濟西', 適魏者曰 '以葉·蔡', 適楚者曰 '以塞鄳阸', 適齊者曰 '以宋'. 此必令言如循環, 用兵如刺蜚, 母不能制, 舅不能約. "龍賈之戰, 岸門之戰, 封陵之戰, 高商之戰, 趙莊之戰, 秦之所殺三晉之民數百萬, 今其生者皆死秦之孤也. 西河之外, 上雒之地, 三川晉國之禍, 三晉之半, 秦禍如此其大也. 而燕·趙之秦者, 皆以爭事秦說其主, 此臣之所大患也." 燕昭王不行. 蘇代復重於燕. 燕使約諸侯從親如蘇秦時, 或從或不, 而天下由此宗蘇氏之從約. 代·厲皆以壽死, 名顯諸侯.

태사공은 평한다.

"소진의 형제 세 명은* 모두 제후들에게 유세해 명성을 떨쳤다. 이들의 술수는 권모權謀와 임기응변에 뛰어난 것이었다. 소진은 제나라에서 반간계反間計 혐의로 죽었다. 천하 사람 모두 그를 비웃고, 그의 술수를 배우는 것을 꺼렸다. 세상에 퍼진 소진의 사적에는 이설이 많다. 시대를 달리하는 사적이라도 모두 소진에게 끌어다 붙인 탓이다. 소진이 백성의 신분에서 입신해 육국을 연결시켜 합종을 맺게 한 것은 그 지혜가 범인을 뛰어넘는다는 사실을 뒷받침한다. 나는 시대 순으로 그의 경력과 사적을 기술했다. 소진 홀로 악평을 받지 않도록 조치한 결과다."

●● 太史公曰, "蘇秦兄弟三人, 皆遊說諸侯以顯名, 其術長於權變. 而蘇秦被反閒以死, 天下共笑之, 諱學其術. 然世言蘇秦多異, 異時事有類之者皆附之蘇秦. 夫蘇秦起閭閻, 連六國從親, 此其智有過人者. 吾故列其行事, 次其時序, 毋令獨蒙惡聲焉."

• 《사기색은》은 초주의 주를 인용해 소진·소대·소려 이외에도 소벽蘇辟·소곡蘇鵠이 있었다며, 《전략典略》과 《소씨보蘇氏譜》도 소진 형제를 다섯 명으로 기록해놓았다고 했다.

장의열전
張儀列傳

〈장의열전張儀列傳〉은 소진과 함께 전국시대 말기 천하를 풍미한 대표적인 종횡가 장의의 사적을 추적한 것이다. 장의와 소진이 활약한 기원전 4세기 초부터 진시황이 천하를 통일하는 기원전 3세기 초까지 약 100년은 말 그대로 '종횡가의 시대'였다. 법가와 병가는 종횡가의 보조적인 측면이 강하다. 그만큼 외교 책략의 전성기라고 할 수 있다. 난세가 강해질수록 외교 책략의 중요성 또한 커질수밖에 없다. 종횡가들은 바로 이런 시기에 대거 등장해 자신들의 기량을 유감없이 발휘했다.

진나라의 천하통일은 단순히 무력으로 이루어진 것이 아니다. 진나라의 무력 동원은 연횡책에 저항하는 나라에 개별적·지속적으로 이루어졌다. 진나라가 무력 동원에 앞서 추진한 것은 영토 할양이었다. 진나라는 산동육국으로부터 수시로 영토를 할양받아 자국의 군현郡縣으로 흡수함으로써 천하통일 작업을 시도했다. 이때의 결정적인 역할을 종횡가들이 했다.

이 시기는 명목뿐인 주나라가 역사무대에서 사라진 데서 알 수 있듯이 봉건질서가 붕괴되고 새로운 통치질서가 절실히 요구된 시기였다. 그 대안이 '제국질서'였다. 제국질서의 특징은 강력한 제왕권을 바탕으로 효율적인 통치권력의 발동을 보장하는 중앙집권체제에 있다. 진나라는 이런 정지작업을 차질 없이 진행시켰다. 진나라의 무력이 최강이었기에 가능했다. 장의가 이때 활약했다.

장의를 전폭적으로 밀어준 인물은 진혜문왕이다. 진효공은 상앙을 등용해 진나라를 최강의 나라로 만드는 데 성공했다. 이것이 훗날 진시황의 천하통일에 결정적인 배경이 되었다. 진혜문왕도 장의를 중용한 덕분에 영토를 대폭 늘리고 진나라의 열국에 대한 우위를 확고히 하는 데 성공했다. 이것이 훗날 외교 책략을 전면에 내세운 진시황의 천하통일에 이론적인 토대가 된 것은 말할 것도 없다. 장의도 진시황의 천하통일에 일조한 셈이다.

〈장의열전〉은 장의가 뒤늦게 소진의 합종책에 맞서 연횡책을 구사한 것으로 그려놓았으나 《백서전국책》의 기록은 다르다. 장의가 연횡책을 구체화한 것은 진나라의 재상이 된 이후다. 그는 외교뿐 아니라 군사 부문에도 뛰어난 자질을 보였다. 진혜문왕 16년, 장의가 진나라 군사를 이끌고 가 위나라를 치고 지금의 하남성 삼문협시 서쪽의 섬陜 땅을 공략한 것이 대표적이다. 소진과 장의 모두 재산을 관리하는 능력은 형편없었으나 사람의 속셈을 헤아려 유세를 펴고 책략을 꾸미는 데는 남다른 능력을 자랑했다.

이런 시류에 편승해 일약 재상의 반열에 오른 대표적인 인물이 바로 소진·장의·범수范睢·채택蔡澤 등의 종횡가였다. 큰 틀에서 보면 이들은 임기응변에 능한 당대 최고의 외교 책략가였다. 외교는 국가존립 및 발전에 없어서는 안 될 당면 과제다. 종횡가에 대한 새로운 해석 및 조명이 절실한 이유다.

장자열전

장의는 위나라 출신이다. 일찍이 소진과 함께 귀곡자를 스승으로 모시고 유세술을 배웠다. 소진은 스스로 장의에 미치지 못한다고 여겼다. 장의는 학업을 마친 뒤 유세를 위해 제후들을 찾아다녔다. 그는 일찍이 초나라 재상과 술을 마신 적이 있다. 초나라 재상이 둥글고 구멍이 뚫린 제사용 벽옥(璧玉)을 잃어버렸다. 재상의 문객(門客)들이 장의에게 혐의를 두었다.

"장의는 가난해 행실이 좋지 않습니다. 분명 그가 재상의 벽옥을 훔쳤을 것입니다."

그러고는 함께 장의를 붙잡은 뒤 수백 번 매질을 가했다. 장의가 승복하지 않자 이내 그를 놓아주었다. 장의의 아내가 탄식했다.

"아, 당신이 글을 읽어 유세하지 않았던들 어찌 이런 수모를 당했겠소?"

장의가 자기 아내에게 대꾸했다.

"내 혓바닥이 아직 붙어 있는지 봐주시오."

장의의 아내가 웃으며 말했다.

"혀는 붙어 있소."

장의가 말했다.

"그러면 되었소!"

당시 소진은 이미 조나라 군주를 설득해 합종을 약조하고 재상이 되었다. 그러나 그는 장차 진나라가 제후들을 공격하며 합종 맹약이 붕괴할 경우 산동의 열국이 서로 등을 돌리며 합종을 깰까 두려워했다. 아무리 생각해보아도 진나라로 보내 공작할 만한 인물이 떠오르지 않았다. 이내 장의를 생각해내고는 은밀히 사람을 보내 이같이 권하게 했다.

"당초 선생은 소진과 사이가 좋았습니다. 지금 소진은 이미 요로에 들어가 있습니다. 선생은 어찌해서 그를 찾아가 바라는 바를 이룰 수 있도록 도와달라고 청하지 않는 것입니까?"

장의가 곧 조나라로 가 이름을 알리고 면회를 청했다. 소진은 문지기에게 미리 일러 들여보내지 말고, 아울러 여러 날 동안 떠나지도 못하게 했다. 얼마 뒤 장의를 만나서는 당하堂下에 앉히고, 남녀 노비가 먹는 음식을 내려주었다. 그러고는 잘못을 일일이 들추면서 꾸짖었다.

"어찌해서 자네 같은 재사가 이처럼 곤란한 수모를 겪는 지경에 이르게 되었는가? 내 어찌 자네를 군주에게 천거해 부귀하게 만들 수 없겠는가? 그러나 자네는 거두어 쓸 만한 존재가 되지 못하네."

그러고는 장의의 부탁을 거절한 뒤 떠나게 했다. 장의는 당초 옛 친구의 도움을 받을 수 있다고 여겼다가 오히려 모욕을 당하자 화가 치밀었다. 제후들 가운데 섬길 만한 자는 없지만, 진秦나라만큼은 조나라를 곤경에 빠뜨릴 수 있다고 여겼다. 진나라로 들어간 이유다. 소진이 자신의 사인에게 지시했다.

"장의는 천하의 현사賢士로, 나는 그를 능가할 수 없소. 지금 요행히 내가 먼저 등용되었지만, 진나라의 실권을 잡아 휘두를 사람은 장의밖에 없소. 그는 가난해 남에게 천거를 부탁할 처지가 되지 못하오. 나는 그가 작은 이익을 즐기다가 대공을 이루지 못할까 우려해 짐짓 그를 불러다 모욕을 준 것이오. 그의 분발을 자극하려는 취지였소. 그대는 지금 나 대신 은밀히 그를 보살펴주시오."

그러고는 조나라 왕에게 금폐金幣와 거마를 청했다. 이어 사람을 시켜 은밀히 장의를 뒤따라간 뒤 그와 함께 먹고 자고, 점차 친해지면 그가 필요로 하는 거마와 돈을 주어 돕게 했다. 다만 소진의 머리에서 나온 계책은 말하지 말도록 당부했다. 장의는 마침내 진혜문왕을 만날 수 있었다. 진혜문왕이 장의를 객경으로 삼고, 함께 제후 정벌 계책을 상의했다. 소진의 사인이 장의에게 하직하고 돌아가려 하자 장의가 물었다.

"당신의 도움으로 현달顯達하게 되었소. 이제 그 은덕에 보답하려는데 왜 문득 떠나려는 것이오?"

사인이 대답했다.

"저는 원래 선생을 모르고, 선생을 아는 분은 바로 소군蘇君입니다. 진나라가 조나라를 쳐 합종의 맹약이 깨질까 우려한 소군은 선생만이 진나라의 실권을 잡고 휘두를 수 있다고 여겼습니다. 선생을 격분하게 만든 뒤 저를 시켜 몰래 선생에게 비용을 보태게 한 이유입니다. 모두 소군의 계책입니다. 이제 선생이 등용되었으니 저는 돌아가 복명하고자 합니다."

장의가 탄식했다.

"아! 이는 내가 배운 유세술에 있는 것인데 미처 깨닫지 못했소. 내가 소진에게 미치지 못하는 것이 분명해졌소. 이제 내가 새로이 등용되었는데 어찌 조나라를 칠 계책을 꾸미겠소? 나를 대신해 소선생에게 '소군이 살아 있는 한 내가 감히 무슨 말을 할 수 있겠소? 소군이 자리에 앉아 있는 한 내가 감히 무슨 일을 꾸밀 수 있겠소?'라고 전해주시오."

●● 張儀者, 魏人也. 始嘗與蘇秦俱事鬼谷先生, 學術, 蘇秦自以不及張儀. 張儀已學而遊說諸侯. 嘗從楚相飮, 已而楚相亡璧, 門下意張儀, 曰, "儀貧無行, 必此盜相君之璧." 共執張儀, 掠笞數百, 不服, 醳之. 其妻曰, "嘻! 子毋讀書遊說, 安得此辱乎?" 張儀謂其妻曰, "視吾舌尙在不?" 其妻笑曰, "舌在也." 儀曰, "足矣." 蘇秦已說趙王而得相約從親, 然恐秦之攻諸侯, 敗約後負, 念莫可使用於秦者, 乃使人微感張儀曰, "子始與蘇秦善, 今秦已當路, 子何不往遊, 以求通子之願?" 張儀於是之趙, 上謁求見蘇秦. 蘇秦乃誡門下人不爲通, 又使不得去者數日. 已而見之, 坐之堂下, 賜僕妾之食. 因而數讓之曰, "以子之材能, 乃自令困辱至此. 吾寧不能言而富貴子, 子不足收也." 謝去之. 張儀之來也, 自以爲故人, 求益, 反見辱, 怒, 念諸侯莫可事, 獨秦能苦趙, 乃遂入秦. 蘇秦已而告其舍人曰, "張儀, 天下賢士, 吾殆弗如也. 今吾幸先用, 而能用秦柄者, 獨張儀可耳. 然貧, 無因以進. 吾恐其樂小利而不遂, 故召辱之, 以激其意. 子爲我陰奉之." 乃言趙王, 發金幣車馬, 使人微隨張儀, 與同宿舍, 稍稍近就之, 奉以車馬金錢, 所欲用, 爲取給, 而弗告. 張儀遂得以見秦惠王. 惠王以爲客卿, 與謀伐諸侯. 蘇秦之舍人乃辭去. 張儀曰, "賴子得顯, 方且報德, 何故去也?" 舍人曰, "臣非知君, 知君乃蘇君. 蘇君憂秦伐趙敗從約, 以爲非君莫能得秦柄, 故感怒君, 使臣陰奉給君資, 盡蘇君之計謀. 今君已用, 請歸報." 張儀曰, "嗟乎, 此在吾術中而不悟, 吾不及蘇君明矣! 吾又新用, 安能謀趙乎? 爲吾謝蘇君, 蘇君之時, 儀何敢言. 且蘇君在, 儀寧渠能乎!"

장의는 진나라 재상이 된 뒤 격문檄文을 써 초나라 재상에게 통고했다.

지난날 내가 그대와 술을 마실 때 나는 그대의 벽옥을 훔치지 않았건만 그대는 나에게 매질을 가했다. 이제 그대는 그대의 나라를 잘 지키도록 하라. 내가 그대 나라의 성읍을 훔칠 것이다.

당시 저苴와 촉이 서로를 치고는 서로 진나라에 와 위급을 호소했다. 진혜문왕이 군사를 일으켜 촉나라를 치고자 했으나 길이 험하고 좁아 행군이 어려울 것으로 생각했다. 게다가 한나라가 진나라의 뒤를 칠까 걱정되었다. 진혜문왕은 한나라부터 치자니 불리하게 될까 우려되고, 촉나라부터 치자니 한나라가 기습할까 우려되어 결정을 내리지 못했다. 진혜문왕 9년, 사마조司馬錯와 장의가 진혜문왕 앞에서 논쟁을 벌였다. 사마조가 촉나라부터 칠 것을 건의하자 장의가 반대했다.

"한나라부터 치는 것이 낫습니다."

진혜문왕이 청했다.

"그 이유를 들어보겠소."

장의는 대답했다.

"먼저 위나라 및 초나라와 모두 가까이 지내면서 군사를 삼천으로 보내 십곡什谷의 어귀를 막고 둔류屯留의 길목을 차단하십시오. 이어 위나라를 시켜 남양에서 길을 막게 하고, 초나라를 시켜 남정南鄭으로 진격하게 합니다. 우리 진나라 군사는 신성新城과 의양을 친 뒤동주와 서주의 교외로 진격해 주나라 왕실의 죄를 꾸짖고, 다시 초나라와 위나라 땅을 점령합니다. 그러면 주나라 왕실은 구원받을 수 없다는 사실을 스스로 깨닫고 구정九鼎을 내놓고 항복할 것입니다. 구정을 차지하고 도적圖籍을 손에 넣은 뒤 천자를 끼고서 천하 제후들을 호령하면[挾天子令天下] 세상에 감히 명을 듣지 않는 자가 없을 것입니다. 이것이 왕업을 이루는 길입니다.

지금 촉나라는 서쪽 구석진 곳에 있어 융적과 다를 바 없습니다. 촉을 치는 것은 군사를 지치게 하고 백성을 고달프게 할 뿐 명분을 얻기에 부족합니다. 설령 땅을 손에 넣을지라도 실리와 거리가 있습니다. 신이 듣건대 '명분을 다투는 자는 조정에서 다투는 모습을[爭名於朝], 이익을 다투는 자는 저잣거리에서 다투는 모습을 보인다[爭利於市]'고 했습니다. 지금 삼천과 주나라 왕실은 천하의 조정 내지 저잣거리에 해당합니다. 대왕이 이것을 다투지 않고 융적을 다툰다면 이는 왕업과는 거리가 먼 일입니다."

사마조가 반박했다.

"그렇지 않습니다. 신이 듣건대 '나라를 부유하게 만들고자 하는 사람은 영토를 넓히는 것에 힘쓰고[廣地], 군사를 강하게 만들고자 하는 사람은 백성을 부유하게 만드는 것에 힘쓰고, 왕업을 이루고자 하는 사람은 덕정을 널리 펴는 것에 힘쓴다[博德]'고 했습니다. 이 세 가지를 갖추면 왕업은 절로 따라오는 것입니다. 지금 대왕의 영토는 좁고 백성은 가난합니다. 쉬운 일부터 추진하기를 건의한 이유입니다. 촉나라는 서쪽의 구석진 나라로, 융적의 수장입니다. 게다가 하나라 걸과 은나라 주처럼 난폭합니다. 이를 치면 마치 이리나 승냥이가 양 떼를 쫓듯이 쉬울 것입니다. 이들의 땅을 얻으면 영토를 넓히는 것이 가능하고, 이들의 재물을 손에 넣으면 부민이 가능하고, 군사를 배불리 먹이면 많은 사람을 잃지 않고도 저들을 굴복시킬 수 있습니다. 한 나라를 빼앗을지라도 천하가 포악하다고 여기지 않고, 서해西海의 이익을 독차지할지라도 천하가 탐욕스럽다고 비난치 않을 것입니다. 이는 명분과 실속을 한꺼번에 얻을 수 있는 길입니다. 포악한 짓을 그치게 한다[禁暴止亂]는 명분도 얻을 수 있습니다.

지금 한나라를 치고 주나라 천자를 위협하면 악명을 얻게 됩니다. 게다가 반드시 이익이 된다고 할 수도 없습니다. 오히려 불의한 짓을 저질렀다는 오명만 남게 됩니다. 천하가 원치 않는 것을 치는 것은 위험합니다. 신이 그 이유를 말씀드리겠습니다. 주나라는 천하의 종실宗室이고, 제나라는 한나라의 동맹국입니다. 주나라가 구정을 잃고, 한나라가 삼천을 잃게 될 것을 깨달으면 힘과 머리를 한데 모아 제나라와 조나라를 통해 초나라와 위나라에 구원을 청할 것입니다. 주나라가 구정을 초나라, 영토를 위나라에 줄지라도 대왕은 이를 막을 길이 없습니다. 신이 위태롭다고 말한 이유입니다. 촉나라를 치는 것만큼 완전하지 못합니다."

진혜문왕이 사마조의 손을 들어주었다.

"좋소. 과인은 그대의 의견에 따르겠소."

느니어 군사를 일으켜 촉나라를 쳤다. 이해 10월, 촉나라를 평정한 뒤 촉나라 군주의 호칭을 왕에서 후侯로 낮추었다. 진장陳莊을 촉나라 재상으로 삼았다. 촉나라가 진나라에 귀속되자 진나라는 더욱 부강해졌다. 열국의 제후를 경시한 이유다.

●● 張儀既相秦, 爲文檄告楚相曰, "始吾從若飮, 我不盜而璧, 若笞我. 若善守汝國, 我顧且盜而城!" 苴蜀相攻擊, 各來告急於秦. 秦惠王欲發兵以伐蜀, 以爲道險狹難至, 而韓又來侵秦, 秦惠王欲先伐韓, 後伐蜀, 恐不利, 欲先伐蜀, 恐韓襲秦之敝, 猶豫未能決. 司馬錯與張儀爭論於惠王之前, 司馬錯欲伐蜀, 張儀曰, "不如伐韓." 王曰, "請聞其說." 儀曰, "親魏善楚, 下兵三川, 塞什谷之口, 當屯留之道, 魏絶南陽, 楚臨南鄭, 秦攻新城·宜陽, 以臨二周之郊, 誅周王之罪, 侵楚·魏之地. 周自知不能救, 九鼎寶器必出. 據九鼎, 案圖籍, 挾天子以令於天下, 天下莫敢不聽, 此王業也. 今夫蜀, 西僻之國而戎翟之倫也, 敝兵勞衆不足以成名, 得其地不足以爲利. 臣聞爭名者於朝, 爭利者於市. 今三川·周室, 天下之朝市也, 而王不爭焉, 顧爭於戎翟, 去王業遠矣." 司馬錯曰, "不然. 臣聞之, 欲富國者務廣其地, 欲彊兵者務富其民, 欲王者務博其德, 三資者備而王隨之矣. 今王地小民貧, 故臣願先從事於易. 夫蜀, 西僻之國也, 而戎翟之長也, 有桀紂之亂. 以秦攻之, 譬如使豺狼逐羣羊. 得其地足以廣國, 取其財足以富民繕兵, 不傷衆而彼已服焉. 拔一國而天下不以爲暴, 利盡西海而天下不以爲貪, 是我一擧而名實附也, 而又有禁暴止亂之名. 今攻韓, 劫天子, 惡名也, 而未必利也, 又有不義之名, 而攻天下所不欲, 危矣. 臣請謁其故, 周, 天下之宗室也, 齊, 韓之與國也. 周自知失九鼎, 韓自知亡三川, 將二國幷力合謀, 以因乎齊·趙而求解乎楚·魏, 以鼎與楚, 以地與魏, 王弗能止也. 此臣之所謂危也. 不如伐蜀完." 惠王曰, "善, 寡人請聽子." 卒起兵伐蜀, 十月, 取之, 遂定蜀, 貶蜀王更號爲侯, 而使陳莊相蜀. 蜀旣屬秦, 秦以益彊, 富厚, 輕諸侯.

진혜문공 10년, 장의가 공자 화華와 함께 위나라 포양蒲陽을 포위해 항복을 받아냈다.● 이어 진혜문공에게 건의해 그 땅을 위나라에 돌려주고, 진나라 공자 요繇를 위나라에 볼모로 보내게 했다. 이어 위애왕魏哀王을 이같이 설득했다.

● 《사기집해》는 서광의 주를 인용해 공자 화가 혁革으로 된 판본이 있다고 했다. 그러나 〈표〉에는 공자 상桑으로 나온다.

"진나라 군주가 위나라를 매우 후대했으니 위나라도 사례가 없어
서는 안 됩니다."

위나라가 상군과 소량少梁을 바치며 진혜문공에게 사례했다. 진혜
문왕이 장의를 재상으로 삼은 뒤 소량을 하양夏陽으로 개명했다. 장
의는 진나라 재상을 지낸 지 4년째인 진혜문공 13년, 진혜문공의 호
칭을 공에서 왕으로 격상시켰다. 1년 뒤 장의가 진나라 장수가 되어
섬 땅을 빼앗고, 상군에 요새를 쌓았다. 2년 뒤인 진혜문왕 2년, 사자
가 되어 제나라와 초나라 재상과 설상齧桑 동쪽에서 회맹했다. 이듬
해인 진혜문왕 3년, 진나라 재상을 사직하고, 위나라 재상이 되어 진
나라를 위해 일을 꾀했다. 위나라에 진나라를 섬기게 만든 뒤 나머
지 제후들도 이를 본받게 하려는 취지였다. 그러나 위양왕이 장의의
의견을 좇으려 하지 않았다. 진혜문왕이 대로해 위나라를 쳐 곡옥曲
沃과 평주平周를 빼앗고 은밀히 장의를 더욱 후대했다. 장의가 진나
라에 보고할 공적이 없는 것을 부끄러워했다.

장의가 위나라에 머문 지 4년 만에 위양왕이 죽고 위애왕이 즉위
했다. 장의가 다시 위애왕을 설득했지만 위애왕이 듣지 않았다. 장의
가 은밀히 진나라에 위나라를 치게 했다. 위애왕 원년, 위나라가 진
나라와 싸워 패했다. 이듬해인 위애왕 2년, 제나라가 위나라를 공격
해 관진觀津에서 위나라 군사를 격파했다. 진나라가 다시 위나라를
치고자 했다. 먼저 한나라 장수 신차申差가 거느린 군사를 깨뜨리고
8만 명의 수급首級을 얻었다. 제후들이 크게 두려워했다. 장의는 다시
위애왕을 설득했다.

"위나라는 국토가 사방 1,000리가 못 되고, 군사는 30만 명에 지나
지 않습니다. 국토는 사방이 평탄해 제후들이 사방에서 공격해 들어

오기가 용이합니다. 명산대천에 의한 장애물도 없어 신정新鄭에서 대량에 이르는 200여 리는 수레를 몰며 사람이 내달릴 경우 힘들이지 않고 도달할 수 있습니다. 위나라는 남쪽으로 초나라, 서쪽으로 한나라, 북쪽으로는 조나라, 동쪽으로는 제나라와 접경하고 있습니다. 사방의 초소와 변경의 보루인 정장亭鄣을 지키는 자가 10만을 넘어서는 이유입니다. 위나라는 지세地勢로 보면 본래 전쟁터입니다. 위나라가 남쪽으로 초나라와 한편이 되고 제나라 쪽에 가담하지 않으면 제나라는 위나라 동쪽을 칠 것입니다. 동쪽으로 제나라의 한편이 되고 조나라 쪽에 가담하지 않으면 조나라는 위나라 북쪽을, 한나라 쪽에 가담하지 않으면 한나라는 위나라 서쪽을 칠 것입니다. 초나라와 친하게 지내지 않으면 초나라는 위나라 남쪽을 칠 것입니다. 이를 일컬어 이른바 사분오열四分五裂의 지세라고 하는 것입니다.

제후들이 합종을 꾀하는 이유는 그것으로 사직을 편안하게 하고, 군주를 높이고, 군대를 튼튼히 해 이름을 드러내려는 것입니다. 이제 합종하는 자들은 천하를 하나로 묶어 형제처럼 되기를 약속하고, 백마를 잡아 원수 가에서 맹서하며 서로 굳게 지키기로 약속했습니다. 그러나 같은 부모 소생의 형제도 재물로 인해 다투기도 합니다. 양심을 속여 거짓을 말하고[詐僞] 말을 자꾸 번복하는[反覆] 소진의 계책을 믿는다면 성공할 수 없다는 것 역시 명백합니다. 대왕이 진나라를 섬기지 않으면 진나라가 군사를 동원해 하외를 친 뒤 권과 연, 산조에 웅거하면서 위衛나라를 협박해 양진을 취할 것입니다. 그러면 조나라는 남하하지 않을 것이고, 조나라가 남하하지 않으면 위나라도 북상하지 않을 것입니다. 위나라가 북상하지 않으면 합종의 책략은 끊어집니다. 합종의 책략이 끊어지면 대왕의 나라는 위태롭지 않기를 바랄지라도 그리될 수 없습니다. 진나라가 한나라를 꺾고 위나라를 친다면 한나라는 진나라를 두려워해 순종하고, 진나라와 한나라가 한편이 되면 위나라는 단숨에 파멸로 치달을 것입니다. 신이 대왕을 위해 근심하는 이유입니다.

대왕을 위한 계책으로는 진나라를 섬기는 것이 가장 낫습니다. 진나라를 섬기면 초나라와 한나라는 감히 움직이지 못할 것이 분명합니다. 초나라와 한나라에 대한 근심이 없다면 대왕은 베개를 높이 하고 편히 주무실 수 있고 나라에는 아무런 근심이 없을 것이 분명합니다. 진나라가 약화시키고자 하는 나라로 초나라만한 나라가 없습니다. 초나라를 약화시킬 수 있는 나라로 위나라만한 나라도 없습니다. 초나라가 부유하고 강대하다는 명성이 있기는 하나 실상은 그렇지 않습니다. 초나라 군사가 많다고는 하나 쉽게 패주해 굳게 지켜 싸우지 못합니다. 위나라 군사를 모두 동원해 남쪽 초나라를 치면 분명 승리할 것입니다. 초나라의 땅을 베어 위나라에 보태고, 초나라가 쇠퇴해 진나라에 귀속되면 재앙을 국외로 놀린 넉에 위나라는 편안해질 것입니다. 이것이 최선의 길입니다.

대왕이 신의 말을 좇지 않으면 진나라는 갑사를 동원해 동쪽으로 위나라를 칠 것입니다. 그리되면 진나라를 섬기려 해도 섬길 수 없게 됩니다. 합종을 주장하는 자들은 큰소리만 치고 믿을 만한 말은 적습니다. 제후 한 사람만 설득하면 봉후封侯의 포상을 받습니다. 천하의 유세하는 자 모두 밤낮 없이 팔을 걷어붙인 채 눈을 부릅뜨고 이를 가는 모습으로 합종의 유익함을 떠벌리며 열국 군주를 설득하려고 하는 이유입니다. 군주들은 이들의 교묘한 언론을 현명하다고 여겨 속아 넘어갑니다. 어찌 현혹되지 않을 수 있겠습니까?

신은 깃털도 쌓으면 배를 가라앉히고[積羽沈舟], 가벼운 사람도 떼를 지어 타면 수레의 축이 부러지며[羣輕折軸], 여러 사람이 떠들면 무쇠도 녹이고[衆口鑠金], 참소가 쌓이면 뼈도 녹인다고[積毁銷骨] 들었습니다. 대왕은 잘 살펴 계책과 논의를 결정하도록 하십시오. 신은 잠시 휴가를 얻어 위나라를 떠나 있고자 합니다."

위애왕이 마침내 합종의 맹약을 배반하고 장의를 통해 진나라에 화친을 청했다. 장의는 돌아가서 다시 진나라 재상이 되었다. 3년 뒤 위나라가 다시 진나라를 배반하고 합종책을 좇았다. 진나라가 위나라를 쳐 곡옥을 빼앗았다. 이듬해, 위나라가 합종책을 버리고 다시 진나라를 섬겼다.

●● 秦惠王十年, 使公子華與張儀圍蒲陽, 降之. 儀因言秦復與魏, 而使公子繇質於魏. 儀因說魏王曰, "秦王之遇魏甚厚, 魏不可以無禮." 魏因入上郡·少梁, 謝秦惠王. 惠王乃以張儀爲相, 更名少梁曰夏陽. 儀相秦四歲, 立惠王爲王. 居一歲, 爲秦將, 取陝. 築上郡塞. 其後二年, 使與齊·楚之相會齧桑. 東還而免相, 相魏以爲秦, 欲令魏先事秦而諸侯效之. 魏王不肯聽儀. 秦王怒, 伐取魏之曲沃·平周, 復陰厚張儀益甚. 張儀慙, 無以歸報. 留魏四歲而魏襄王卒, 哀王立. 張儀復說哀王, 哀王不聽. 於是張儀陰令秦伐魏. 魏與秦戰, 敗. 明年, 齊又來敗魏於觀津. 秦復欲攻魏, 先敗韓申差軍, 斬首八萬, 諸侯震恐. 而張儀復說魏王曰, "魏地方不至千里, 卒不過三十萬. 地四平, 諸侯四通輻湊, 無名山大川之限. 從鄭至梁二百餘里, 車馳人走, 不待力而至. 梁南與楚境, 西與韓境, 北與趙境, 東與齊境, 卒戍四方, 守亭鄣者不下十萬. 梁之地勢, 固戰場也. 梁南與楚而不與齊, 則齊攻其東, 東與齊而不與趙, 則趙攻其北, 不合於韓, 則韓攻其西, 不親於楚, 則楚攻其南, 此所謂四分五裂之道也. 且夫諸侯之爲從者, 將以安社稷尊主彊兵顯名也. 今從者一天下, 約爲昆弟, 刑白馬以盟洹水之上, 以相堅也. 而親昆弟同父母, 尙有爭錢財, 而欲恃詐僞反覆蘇秦之餘謀, 其不可成亦明矣. 大王不事秦, 秦下兵攻河外, 據卷 · 衍 · 燕 · 酸棗, 劫衛取陽晉, 則趙不南, 趙不南而梁不北, 梁不北則從道絶, 從道絶則大王之國欲毋危不可得也. 秦折韓而攻梁, 韓怯於秦, 秦韓爲一, 梁之亡可立而須也. 此臣之所爲大王患也. 爲大王計, 莫如事秦. 事秦則楚 · 韓必不敢動, 無楚 · 韓之患, 則大王高枕而臥, 國必無憂矣. 且夫秦之所欲弱者莫如楚, 而能弱楚者莫如梁. 楚雖有富大之名而實空虛, 其卒雖多, 然而輕走易北, 不能堅戰. 悉梁之兵南面而伐楚, 勝之必矣. 割楚而益梁, 虧楚而適秦, 嫁禍安國, 此善事也. 大王不聽臣, 秦下甲士而東伐, 雖欲事秦, 不可得矣. 且夫從人多奮辭而少可信, 說一諸侯而成封侯, 是故天下之遊談士莫不日夜搤腕瞋目切齒以言從之便, 以說人主. 人主賢其辯而牽其說, 豈得無眩哉. 臣聞之, 積羽沈舟, 群輕折軸, 衆口鑠金, 積毀銷骨, 故願大王審定計議, 且賜骸骨辟魏." 哀王於是乃倍從約而因儀請成於秦. 張儀歸, 復相秦. 三歲而魏復背秦爲從. 秦攻魏, 取曲沃. 明年, 魏復事秦.

진나라가 제나라를 치려 하자 제나라가 초나라와 합종했다. 초회왕楚懷王 17년, 장의가 초나라로 유세를 갔다가 재상이 되는 일이 일어났다. 당초 초회왕은 장의가 온다는 소식을 듣고 상등上等의 객사를 비운 뒤 친히 장의를 객사로 안내했다.

"이곳은 외지고 누추한 나라요. 선생은 무엇을 가르쳐줄 생각이오?"

장의가 유세했다.

"대왕이 실로 신의 말을 옳다고 여겨 관문을 닫아건 뒤 제나라와 합종의 맹약을 끊으면 신은 상과 어 일대의 땅 600리를 초나라에 바치고, 진나라가 공주를 대왕의 시첩으로 보내게 할 것입니다. 진나라와 초나라가 서로 며느리를 맞아오고 딸을 시집보내는 사이가 되어 영원히 형제지국이 되도록 하겠습니다. 북쪽으로 제나라를 약화시키고, 서쪽으로 진나라를 이롭게 하는 계책으로 이보다 더 나은 것은 없습니다.”

초회왕이 크게 기뻐하며 이를 허락했다. 군신들 모두 축하했다. 그러나 종횡가 진진陳軫만은 이를 우려했다. 초회왕이 화를 냈다.

“과인이 전쟁을 일으켜 군사를 동원하는 일 없이 600리의 땅을 얻게 되었소. 군신들이 모두 축하하는데 오직 그대만 우려하는 것은 무슨 까닭이오?”

진진이 대답했다.

“그렇지 않습니다. 신이 보기에 상과 어 땅은 얻을 수 없고, 제나라와 진나라는 힘을 합칠 것입니다. 그리되면 반드시 재앙이 닥칠 것입니다.”

초회왕이 물었다.

“근거가 있소?”

진진이 대답했다.

“진나라가 초나라를 중시하는 것은 제나라와 사이가 좋기 때문입니다. 이제 관문을 닫고 제나라와 합종의 맹약을 끊으면 초나라는 고립됩니다. 진나라가 어찌 고립된 초나라와 친교를 맺기 위해 상과 어 땅 600리를 내줄 리 있겠습니까? 장의는 진나라에 도착하면 분명 대왕을 저버릴 것입니다. 이는 북쪽으로 제나라와 친교를 끊고, 서쪽으로 진나라의 침공 위협을 증폭시키는 것입니다. 장차 진나라와 제나라가 합세해 쳐들어올 것이 분명합니다. 대왕을 위한 최선의 계책은 겉으로만 절교하는 척하면서 은밀히 제나라와 제휴하고, 장의에게 사람을 딸려 보내는 것입니다. 실제로 진나라가 우리에게 600리 땅을 주면 그때 제나라와 관계를 끊어도 늦지 않습니다. 땅을 주지 않으면 당초 은밀히 제나라와 제휴한 까닭에 크게 문제될 것이 없습니다."

초회왕이 잘라 말했다.

"진자陳子는 입을 다물고 더는 아무 말도 하지 마시오. 과인이 땅을 얻는 것이나 기다리시오."

그러고는 초나라 재상의 인수를 장의에게 주고 예물을 후하게 내렸다. 이어 관문을 닫아걸어 제나라와 합종의 맹약을 깬 다음 장수 한 사람을 장의에게 딸려 보냈다. 장의는 진나라에 이르자 짐짓 수레에 오를 때 잡는 줄을 놓쳐 수레에서 굴러떨어졌다. 이를 구실로 석 달 동안 조정에 나아가지 않았다. 초회왕이 소문을 듣고 이같이 말했다.

"장의는 과인이 제나라와 완전히 절교하지 않았다고 여겨 그러는 것인가?"

그러고는 마침내 용사를 송나라에 보낸 뒤 송나라의 부절을 빌려 북쪽으로 가서 제민왕을 강력히 비난하게 했다. 제민왕은 크게 화를 내며 초나라와 맹약할 때 나누어 가진 부절을 꺾어버리고, 진나라를 향해 몸을 낮추었다. 진나라와 제나라간의 화친이 성립되자 장의가 비로소 조정으로 나아가 초나라 사자에게 이같이 말했다.

"신이 소유한 사방 6리의 봉지를 초왕楚王의 좌우에게 바치고자 합니다."

초나라의 사자가 말했다.

"신이 명을 받은 것은 상과 어의 땅 600리입니다. 6리는 들은 적이
없습니다."

사자가 돌아가 초회왕에게 복명했다. 대로한 초회왕이 곧바로 군
사를 일으켜 진나라를 치려고 했다. 진진이 만류했다.

"신이 말을 해도 되겠습니까? 진나라를 치는 것은 땅을 베어 진나
라에 주느니만 못합니다. 진나라에 뇌물을 준 뒤 힘을 합쳐 제나라
를 치면 우리가 땅을 진나라에 내주고 제나라에서 보상받는 셈이 됩
니다. 그러면 대왕의 나라도 보존할 수 있습니다."

초회왕이 이를 듣지 않고 결국 군사를 일으켰다. 장수 굴개屈匄에
게 진나라를 치게 하자 진나라는 제나라와 합세해 초나라를 쳤다.
초나라 군사 8만 명을 베고 굴개를 죽였다. 결국 단양丹陽과 한중의
땅을 빼앗아갔다. 초나라는 다시 더 많은 군사를 동원해 진나라를
습격했다. 남전藍田에 이르러 큰 전투를 벌였으나 초나라 군사는 또
다시 대패하고 말았다. 결국 초나라는 두 개의 성읍을 할양하고 진
나라와 강화했다.

●● 秦欲伐齊, 齊楚從親, 於是張儀往相楚. 楚懷王聞張儀來, 虛上
舍而自館之. 曰, "此僻陋之國, 子何以敎之?" 儀說楚王曰, "大王誠能
聽臣, 閉關絕約於齊, 臣請獻商於之地六百里, 使秦女得爲大王箕帚
之妾, 秦楚娶婦嫁女, 長爲兄弟之國. 此北弱齊而西益秦也, 計無便此
者." 楚王大說而許之. 羣臣皆賀, 陳軫獨弔之. 楚王怒曰, "寡人不興師
發兵得六百里地, 羣臣皆賀, 子獨弔, 何也?" 陳軫對曰, "不然, 以臣觀
之, 商於之地不可得而齊秦合, 齊秦合則患必至矣." 楚王曰, "有說乎?"
陳軫對曰, "夫秦之所以重楚者, 以其有齊也. 今閉關絕約於齊, 則楚孤.

秦奚貪夫孤國, 而與之商於之地六百里? 張儀至秦, 必負王, 是北絶齊交, 西生患於秦也, 而兩國之兵必俱至. 善爲王計者, 不若陰合而陽絶於齊, 使人隨張儀. 苟與吾地, 絶齊未晩也, 不與吾地, 陰合謀計也." 楚王曰, "願陳子閉口母復言, 以待寡人得地." 乃以相印授張儀, 厚賂之. 於是遂閉關絶約於齊, 使一將軍隨張儀. 張儀至秦, 詳失綏墮車, 不朝三月. 楚王聞之, 曰, "儀以寡人絶齊未甚邪?" 乃使勇士至宋, 借宋之符, 北罵齊王. 齊王大怒, 折節而下秦. 秦齊之交合, 張儀乃朝, 謂楚使者曰, "臣有奉邑六里, 願以獻大王左右." 楚使者曰, "臣受令於王, 以商於之地六百里, 不聞六里." 還報楚王, 楚王大怒, 發兵而攻秦. 陳軫曰, "軫可發口言乎? 攻之不如割地反以賂秦, 與之幷兵而攻齊, 是我出地於秦, 取償於齊也, 王國尚可存." 楚王不聽, 卒發兵而使將軍屈匄擊秦. 秦齊共攻楚, 斬首八萬, 殺屈匄, 遂取丹陽·漢中之地. 楚又復益發兵而襲秦, 至藍田, 大戰, 楚大敗, 於是楚割兩城以與秦平.

　진나라가 초나라 검중 땅을 손에 넣고자 했다. 먼저 무관 밖의 땅을 내주면서 검중 땅을 달라고 했다. 초회왕이 이같이 제안했다.

　"땅을 교환하는 것은 싫소. 장의를 보내주면 검중 땅을 그냥 내주겠소."

　진혜문왕은 장의를 보내고 싶었으나 차마 말을 꺼내지 못했다. 장의가 사자로 가기를 청하자 진혜문왕이 만류했다.

　"초왕은 그대가 상과 어 땅을 주겠다고 한 약속을 저버린 것에 화가 나 있소. 이는 그대에게 화풀이를 하려는 것이오."

　장의가 말했다.

　"진나라는 강하고 초나라는 약합니다. 또 신은 근상靳尚과 사이가 좋습니다. 근상은 초왕의 부인 정수鄭袖의 신임을 받고 있습니다. 정수의 말은 초왕이 모두 들어줍니다. 또 대왕의 부절을 받들고 사자로 가는데 초나라가 어찌 감히 저를 죽일 수 있겠습니까? 설령 신이 죽을지라도 진나라가 검중 땅을 얻는다면 이는 신이 가장 바라는 것입니다."

장의는 결국 초나라에 사자로 갔다. 초회왕은 장의가 이르자 곧바로 옥에 가두고 죽이려 했다. 근상이 정수에게 물었다.

"부인도 장차 군주에게 천대받게 되는 것을 아십니까?"

정수가 반문했다.

"무슨 말씀이오?"

근상이 대답했다.

"진나라 왕은 장의를 크게 아끼는 만큼 분명 옥에서 꺼내려 할 것입니다. 지금 진나라가 상용上庸의 여섯 개 성읍을 초나라에 뇌물로 주고, 미인을 바치고, 궁중의 노래 잘하는 여인을 시녀로 보내려 합니다. 초나라 왕은 땅을 소중하게 여기고 또 진나라를 존대하니 진나라의 여인은 필시 귀하게 될 것이고, 반대로 부인은 배척을 당할 것입니다. 대왕에게 읍소해 장의를 석방시키느니만 못합니다."

정수가 밤낮으로 초회왕 앞에서 읍소했다.

"신하 된 자는 각자 자신의 군주를 위해 사력을 다하게 마련입니다. 지금 검중 땅을 진나라에 베어주지 않았는데도 장의를 보내온 것은 대왕을 대단히 존중하기 때문입니다. 대왕이 사례하지도 않은 채 장의를 죽인다면 진나라는 분명 크게 노해 초나라를 칠 것입니다. 소첩이 아들과 함께 강남으로 옮겨가는 것을 허락해 진나라의 어육魚肉이 되는 일이 없도록 해주십시오."

초회왕이 후회하며 장의를 석방한 뒤 이전처럼 후대했다. 장의는 옥에서 풀려나 초나라를 떠나기 전에 소진이 죽었다는 소문을 들었다. 초회왕에게 이같이 유세했다.

"진나라의 국토는 천하의 절반을 차지하고 있고, 군사는 사방을 둘러싸고 있는 열국의 군사력에 필적합니다. 험준한 산으로 둘러싸여 있고, 황하가 띠처럼 둘러 있어 사방이 막힌 천연의 요새입니다. 호랑이처럼 용맹한 정예병이 100여만 명, 병거가 1,000승, 전마가 1만 필입니다. 군량은 산더미처럼 쌓여 있습니다. 법령이 엄격하고, 병사들은 어려운 것도 편히 여기고 죽는 것도 마다하지 않습니다. 군주는 현명하고도 준엄하고, 장수는 지혜롭고도 용감합니다. 군사를 출동시키지 않고도 상산의 요새를 석권해 천하의 척추를 부러뜨릴 수 있을 정도입니다. 천하의 제후 가운데 남보다 늦게 진나라에 복종하면 남보다 먼저 멸망할 것입니다. 합종에 참여하는 나라는 양 떼를 몰아 맹호猛虎를 치는 것과 다름없습니다. 양이 맹호의 상대가 되지 않는 것은 명백합니다. 지금 대왕은 맹호 편이 아니라 양의 편이 되어 있습니다. 신은 대왕의 계책이 잘못되었다고 생각합니다.

무릇 천하의 강국은 진나라가 아니면 초나라이고, 초나라가 아니면 진나라입니다. 두 나라가 다투면 형세상 서로 양립할 수 없습니다. 대왕이 진나라 편이 되지 않으면 진나라는 군사를 보내 의양을 칠 것이고, 한나라의 고지대는 고립될 것입니다. 진나라 군사가 하동河東으로 내려와 성고를 탈취하면 한나라는 분명 진나라에 입조할 것이고, 위나라는 대세를 따라 움직일 것입니다. 진나라가 초나라의 서쪽을 치고, 한나라와 위나라가 초나라의 북쪽을 치면 사직이 어찌 위태하지 않겠습니까? 합종을 주장하는 자들은 약소국을 규합해 지극히 강한 진나라를 치자며 적을 헤아리지 않고 섣불리 싸움을 벌이고 있습니다. 나라가 가난한데도 번번이 전쟁을 일으키면 망할 수밖에 없습니다.

신이 듣건대 '병력이 부치면 정면으로 싸우지 말고, 군량이 부치면 지구전을 피하라!'고 했습니다. 합종을 주장하는 자들은 말을 부풀려 꾸미고, 군주의 절개를 추켜올리고, 이로운 것만 말하며 해로운 것은 언급하지 않습니다. 진나라 공격의 재앙을 초래해도 어쩔 도리가 없는 것입니다. 대왕은 심사숙고하시기 바랍니다.

진나라는 서쪽으로 파촉을 차지한 까닭에 큰 배에 식량을 실은 뒤 문산汶山을 출발해 강을 타고 내려오면 초나라에 이르기까지 총 3,000여 리가 됩니다. 배를 두 척씩 짝지우고, 배 한 쌍에 병사 쉰 명과 석 달치 군량을 실은 뒤 물결을 타고 내려오면 하루에 300리는 갈 수 있습니다. 거리가 멀다고는 하나 소나 말의 힘을 빌리지 않고도 열흘 이내에 간관扞關에 이를 것입니다. 간관이 놀라 흔들리면 초나라의 동쪽 변경은 모두 성을 지키기만 하는 형세가 되어, 검중과 무군은 적의 손에 넘어갈 것입니다. 진나라가 군사를 이끌고 무관을 빠져나와 남쪽으로 진격하면 초나라 북부는 고립되고 맙니다. 진나라 군사가 초나라를 치면 석 달 내에 위기가 닥치나, 초나라가 제후들의 도움을 받으려면 여섯 달 이상 걸립니다. 필요한 세력이 제때 이르지 못하는 격입니다. 약소국의 도움을 기다리며 강대국의 침공으로 인한 화란을 잊는 것이 바로 신이 대왕을 위해 근심하는 내용입니다.

대왕은 일찍이 오나라와 다섯 번 싸워 세 번 승리했습니다. 그러나 전투에 나선 군사들을 모두 잃었고, 한쪽 구석의 새로 얻은 성을 지키느라 백성만 고달파하고 있습니다. 신이 듣건대 '공이 크면 쉽게 위험에 처하고[功大易危], 백성이 고달프면 윗사람을 원망한다[民敝怨上]'고 했습니다. 신이 보건대 위험을 무릅쓰고 강한 진나라의 비위를 거스르는 것은 대왕에게 위험합니다. 그리고 진나라가 15년 동안 함곡관 밖으로 출병해 제나라나 조나라를 공격하는 일을 벌이지 않은 것은 천하를 통째로 집어삼키려는 꿍꿍이속 때문입니다.

초나라는 일찍이 진나라와 충돌해 한중에서 싸운 적이 있습니다. 초나라는 승리하지 못해 열후나 집규 가운데 죽은 자가 70여 명에 달했고, 한중도 빼앗기고 말았습니다. 대로한 초나라 왕이 군사를 일으켜 기습적으로 남전에서 진나라와 싸웠습니다. 실로 호랑이 두 마리가 서로 치고받는 것과 같았습니다. 결국 진나라와 초나라는 서로 타격을 입었습니다. 한나라와 위나라가 힘을 보전하고 있다가 후방을 치면 이보다 더 위험한 계책은 없습니다. 대왕은 깊이 헤아리기 바랍니다.

진나라가 군사를 보내 衛나라의 양진을 치면 이는 천하의 가슴을 억누르는 것과 같습니다. 대왕이 군사를 대거 동원해 송나라를 치면 몇 달 내로 송나라를 빼앗을 수 있습니다. 송나라를 이끌고 동쪽으로 진격하면 사수 주변 열두 개 제후국 모두 대왕 손에 들어올 것입니다. 신의를 토대로 합종의 맹약을 맺어 서로를 튼튼하게 만들자고 주장한 자가 소진입니다. 소진은 무안군에 봉해지고 연나라 재상이 된 후 은밀히 연나라 왕과 짜고 제나라를 정벌한 뒤 그 땅을 나누어 가지려 했습니다. 거짓으로 연나라에 죄를 지은 뒤 제나라로 망명하자 제나라 왕은 그를 재상으로 삼았습니다. 2년 만에 그 음모가 발각되자 크게 노한 제나라 왕은 그를 저잣거리에서 거열형에 처했습니다. 일개 사기꾼인 소진이 천하를 체계적으로 다스리고[經營天下] 제후들을 하나로 묶어 다스리는 일[混一諸侯]은 분명히 할 수 없습니다.

지금 진나라는 초나라와 접경하고 있으니 실로 형세상 가깝게 지내야 할 나라입니다. 대왕이 진심으로 신의 진언을 받아들일 수 있다면 신은 진나라 태자를 초나라에 볼모로 보내고, 초나라 역시 태자를 진나라에 볼모로 보내는 방안을 제시하고자 합니다. 또 진나라의 왕녀를 대왕의 시첩으로 삼고, 1만 호戸의 성읍을 바쳐 초나라 왕실의 탕목읍으로 삼는 방안을 추진하도록 하겠습니다. 두 나라가 길이 형제지국이 되어 평생 서로 치고받는 일이 없도록 해야 할 것입니다. 신이 보건대 이보다 더 나은 계책은 없습니다."

초회왕은 자신이 약속한 것처럼 이미 장의를 손에 넣었다고 판단해 다시금 검중의 땅을 베어 진나라에 주려 했다. 굴원이 간했다.

"전에 대왕은 장의에게 속은 것입니다. 신은 장의가 오면 대왕이 그를 팽살할 것으로 생각했습니다. 지금 차마 그를 죽일 수 없다면 최소한 또다시 그의 간사한 말을 좇는 일이 있어서는 안 됩니다."

초회왕이 말했다.

"장의를 용서하고 검중을 얻는 것은 큰 이득이오. 한번 약속한 이상 이를 어겨서는 안 되오."

마침내 장의를 용서하고 진나라와 친교를 맺었다.

●● 秦要楚欲得黔中地, 欲以武關外易之. 楚王曰, "不願易地, 願得張儀而獻黔中地." 秦王欲遣之, 口弗忍言. 張儀乃請行. 惠王曰, "彼楚王怒子之負以商於之地, 是且甘心於子." 張儀曰, "秦彊楚弱, 臣善靳尙, 尙得事楚夫人鄭袖, 袖所言皆從. 且臣奉王之節使楚, 楚何敢加誅.

假令誅臣而爲秦得黔中之地, 臣之上願." 遂使楚. 楚懷王至則囚張儀,
將殺之. 靳尙謂鄭袖曰, "子亦知子之賤於王乎?" 鄭袖曰, "何也?" 靳尙
曰, "秦王甚愛張儀而不欲出之, 今將以上庸之地六縣賂楚, 以美人聘
楚, 以宮中善歌謳者爲媵. 楚王重地尊秦, 秦女必貴而夫人斥矣. 不若
爲言而出之." 於是鄭袖日夜言懷王曰, "人臣各爲其主用. 今地未入秦,
秦使張儀來, 至重王. 王未有禮而殺張儀, 秦必大怒攻楚. 妾請子母俱
遷江南, 母爲秦所魚肉也." 懷王後悔, 赦張儀, 厚禮之如故. 張儀旣出,
未去, 聞蘇秦死, 乃說楚王曰, "秦地半天下, 兵敵四國, 被險帶河, 四塞
以爲固. 虎賁之士百餘萬, 車千乘, 騎萬匹, 積粟如丘山. 法令旣明, 士
卒安難樂死, 主明以嚴, 將智以武, 雖無出甲, 席卷常山之險, 必折天下
之脊, 天下有後服者先亡. 且夫爲從者, 無以異於驅羣羊而攻猛虎, 虎
之與羊不格明矣. 今王不與猛虎而與羣羊, 臣竊以爲大王之計過也. 凡
天下彊國, 非秦而楚, 非楚而秦, 兩國交爭, 其勢不兩立. 大王不與秦,
秦下甲據宜陽, 韓之上地不通. 下河東, 取成皐, 韓必入臣, 梁則從風而
動. 秦攻楚之西, 韓·梁攻其北, 社稷安得毋危? 且夫從者聚羣弱而攻
至彊, 不料敵而輕戰, 國貧而數擧兵, 危亡之術也. 臣聞之, 兵不如者勿
與挑戰, 粟不如者勿與持久. 夫從人飾辯虛辭, 高主之節, 言其利不言
其害, 卒有秦禍, 無及爲已. 是故願大王之孰計之. 秦西有巴蜀, 大船積
粟, 起於汶山, 浮江已下, 至楚三千餘里. 舫船載卒, 一舫載五十人與三
月之食, 下水而浮, 一日行三百餘里, 里數雖多, 然而不費牛馬之力, 不
至十日而距扞關. 扞關驚, 則從境以東盡城守矣, 黔中·巫郡非王之有.
秦擧甲出武關, 南面而伐, 則北地絶. 秦兵之攻楚也, 危難在三月之內,
而楚待諸侯之救, 在半歲之外, 此其勢不相及也. 夫待恃弱國之救, 忘
彊秦之禍, 此臣所以爲大王患也. 大王嘗與吳人戰, 五戰而三勝, 陣卒

盡矣, 偏守新城, 存民苦矣. 臣聞功大者易危, 而民敝者怨上. 夫守易危之功而逆彊秦之心, 臣竊爲大王危之. 且夫秦之所以不出兵函谷十五年以攻齊·趙者, 陰謀有合天下之心. 楚嘗與秦構難, 戰於漢中, 楚人不勝, 列侯執珪死者七十餘人, 遂亡漢中. 楚王大怒, 興兵襲秦, 戰於藍田. 此所謂兩虎相搏者也. 夫秦楚相敝而韓魏以全制其後, 計無危於此者矣. 願大王孰計之. 秦下甲攻衛陽晉, 必大關天下之匈. 大王悉起兵以攻宋, 不至數月而宋可擧, 擧宋而東指, 則泗上十二諸侯盡王之有也. 凡天下而以信約從親相堅者蘇秦, 封武安君, 相燕, 卽陰與燕王謀伐破齊而分其地, 乃詳有罪出走入齊, 齊王因受而相之, 居二年而覺, 齊王大怒, 車裂蘇秦於市. 夫以一詐僞之蘇秦, 而欲經營天下, 混一諸侯, 其不可成亦明矣."今秦與楚接境壤界, 固形親之國也. 大王誠能聽臣, 臣請使秦太子入質於楚, 楚太子入質於秦, 請以秦女爲大王箕帚之妾, 效萬室之都以爲湯沐之邑, 長爲昆弟之國, 終身無相攻伐. 臣以爲計無便於此者."於是楚王已得張儀而重出黔中地與秦, 欲許之. 屈原曰, "前大王見欺於張儀, 張儀至, 臣以爲大王烹之, 今縱弗忍殺之, 又聽其邪說, 不可."懷王曰, "許儀而得黔中, 美利也. 後而倍之, 不可." 故卒許張儀, 與秦親.

장의가 초나라를 떠난 뒤 곧바로 한나라로 가 한양왕韓襄王을 설득했다.

"한나라는 지세가 험난한 까닭에 백성들이 산지에 자리 잡고 있습니다. 오곡은 콩 아니면 보리가 생산될 뿐이고, 백성은 대부분 콩밥에 명아주 국을 먹으며 삽니다. 단 1년만 흉년이 들어도 백성은 술지게미와 쌀겨조차 배불리 먹지 못합니다. 국토는 900리에 지나지 않

습니다. 2년을 버틸 만한 군량도 없습니다. 대왕의 군사를 추산해보
니 모두 30만 명에 지나지 않고, 거기에는 잡역부와 짐꾼[負養] 등이
포함되어 있습니다. 변경의 역참[徼亭]과 관문의 요새[鄣塞]를 지키
는 자를 제외하면 운용할 수 있는 병력은 20만 명에 지나지 않습니
다. 진나라는 중무장한 군사가 100여만 명, 병거는 1,000승, 기마는
1만 필이나 됩니다. 호본虎賁의 정예병 가운데 날랜 동작으로 투구도
쓰지 않은 채 손으로 턱을 감싸고 창을 휘두르며 적진으로 돌진하는
자가 이루 셀 수 없을 정도입니다.•

   진나라는 병마가 훌륭하고 기병이 많습니다. 앞발을 쳐들고 뒷발
로 땅을 차면[前趹後蹄] 단번에 3길 높이로 뛰어오르며 내닫는 말이
셀 수 없을 정도입니다. 산동의 전사는 갑옷을 입고 투구를 쓰고 싸
우지만, 진나라 군사는 갑옷을 벗어던지고 맨발에 어깨를 드러낸 채
적진으로 뛰어듭니다. 왼손으로 적의 머리채를 잡아끌고, 오른쪽 옆
구리에는 포로를 잡아 낍니다. 진나라 군사와 산동의 군사는 마치
전설적인 용사인 맹분孟賁이 겁 많은 사내[怯夫]와 대결하는 것 같고,
무거운 힘으로 억누르는 것은 마치 또 다른 전설적인 용사인 오획烏
獲이 어린아이[嬰兒]와 싸우는 것 같습니다. 맹분과 오획 같은 용사를
고취해 말을 듣지 않는 약소국을 치는 것은 마치 1,000균의 무거운
물건을 새알 위에 내려놓는 것과 다를 것이 없습니다. 요행으로 살

• "날랜 동작으로 투구도 쓰지 않은 채"의 원문은 "도구과두跿跔科頭"다.《사기집해》는 도구
跿跔를 도약 내지 한쪽 발을 들고 뛰는 것으로 풀이했다. 과두科頭는 투구를 쓰지 않은 채 적
진에 뛰어드는 것으로 해석했다. "손으로 턱을 감싸고 창을 휘두르며 적진으로 돌진하는"의
원문은 "관이분극貫頤奮戟"이다. 관이貫頤를 두고《사기색은》은 두 손으로 턱을 감싼 채 돌격
하는 것으로 새겼다. 분극奮戟을《사기집해》는 창을 들고 분노한 표정으로 적진에 뛰어드는
것으로 해석했다.

아남을 가능성은 결코 없습니다.

　그런데도 군신들과 제후들은 국토가 협소한 것은 헤아리지도 않은 채 합종을 주장하는 자들의 감언이설에 혹해 한패가 되었습니다. 서로 말을 꾸미며 과장하기를, '나의 계책을 따르면 강대해져 천하의 패자가 될 수 있다'고 큰소리를 칩니다. 사직의 장구한 이익을 돌아보지 않고 한순간의 감언이설을 들으니 남의 군주를 망치는 것으로 이보다 더한 것이 없습니다.

　대왕이 진나라를 섬기지 않으면 진나라는 군사를 출동시켜 의양을 점거한 뒤 한나라의 고지대를 차단할 것이고, 동쪽으로 성고와 형양을 빼앗을 것입니다. 그러면 홍대鴻臺의 궁궐과 상림桑林의 금원禁苑 모두 적의 손에 들어가게 됩니다. 성고를 봉쇄하고 고지대를 고립시키면 대왕의 나라는 토막이 나고 맙니다. 다른 제후에 앞서 먼저 진나라를 섬기면 편안할 것이고, 그렇지 않으면 위태로울 것입니다. 화를 만들어놓고 복이 오기를 바라는 계책[造禍求福]은 엉성해 뼈 아픈 후회를 초래하게 됩니다. 진나라를 거스르며 초나라에 순종하면 아무리 멸망하지 않으려 노력해도 불가능한 일입니다.

　대왕을 위한 계책을 말하면 진나라를 섬기는 것이 최상입니다. 진나라에서는 초나라를 약화시키는 것이 최우선 과제이고, 초나라를 약화시킬 나라로는 한나라가 가장 적합합니다. 이는 한나라가 초나라보다 강하기 때문이 아니라 지세가 그러하기 때문입니다. 지금 대왕이 서쪽으로 진나라를 섬기고 초나라를 치면 진나라 왕은 틀림없이 기뻐할 것입니다. 초나라를 쳐 그 땅을 얻고, 진나라 침공의 위협을 일대 전환시켜 진나라를 기쁘게 만드는 것이 최상의 계책입니다."

　한양왕이 장의의 계책을 좇았다. 장의가 돌아가 복명하자 진혜문왕은 다섯 개 성읍을 장의에게 내리고 무신군武信君으로 불렀다.

●● 張儀去楚, 因遂之韓, 說韓王曰, "韓地險惡山居, 五穀所生, 非菽而麥, 民之食大抵飯菽飯藿羹. 一歲不收, 民不饜糟糠. 地不過九百里, 無二歲之食. 料大王之卒, 悉之不過三十萬, 而廝徒負養在其中矣. 除守徼亭鄣塞, 見卒不過二十萬而已矣. 秦帶甲百餘萬, 車千乘, 騎萬匹, 虎賁之士跿跔科頭貫頤奮戟者, 至不可勝計. 秦馬之良, 戎兵之衆, 探前趹後蹄閒三尋騰者, 不可勝數. 山東之士被甲蒙胄以會戰, 秦人捐甲徒裼以趨敵, 左挈人頭, 右挾生虜. 夫秦卒與山東之卒, 猶孟賁之與怯夫, 以重力相壓, 猶烏獲之與嬰兒. 夫戰孟賁·烏獲之士以攻不服之弱國, 無異垂千鈞之重於鳥卵之上, 必無幸矣. 夫羣臣諸侯不料地之寡, 而聽從人之甘言好辭, 比周以相飾也, 皆奮曰'聽吾計可以彊霸天下.' 夫不顧社稷之長利而聽須臾之說, 詿誤人主, 無過此者. 大王不事秦, 秦下甲據宜陽, 斷韓之上地, 東取成皋·滎陽, 則鴻臺之宮·桑林之苑非王之有也. 夫塞成皋, 絕上地, 則王之國分矣. 先事秦則安, 不事秦則危. 夫造禍而求其福報, 計淺而怨深, 逆秦而順楚, 雖欲毋亡, 不可得也. 故爲大王計, 莫如爲秦. 秦之所欲莫如弱楚, 而能弱楚者莫如韓. 非以韓能彊於楚也, 其地勢然也. 今王西面而事秦以攻楚, 秦王必喜. 夫攻楚以利其地, 轉禍而說秦, 計無便於此者." 韓王聽儀計. 張儀歸報, 秦惠王封儀五邑, 號曰武信君.

진혜문왕이 장의를 동쪽 제나라로 보냈다. 장의가 제민왕에게 유세했다.

"천하의 강국 가운데 제나라를 능가할 나라는 없습니다. 대신들과 왕실 일족이 수도 없이 많고, 모두 풍족하게 살고 있습니다. 그러나 대왕을 위해 계책을 내는 자는 모두 임시변통의 변론[一時之說]만 할 뿐 먼 앞날을 내다보는 이익[百世之利]을 돌아보지 않고 있습니다. 합종을 주장하며 대왕을 설득하는 자들은 틀림없이 말하기를, '제나라는 서쪽에 강한 조나라, 남쪽에 한나라와 위나라가 있습니다. 제나라는 바다를 등지고 있고, 국토가 광대하며 백성이 많고, 군사는 강하고 용감해 100개의 진나라가 있을지라도 어찌할 수 없습니다'라고 할 것입니다. 대왕은 그 말을 옳다고 여기며 실상을 따져볼 생각을 하지 않습니다. 합종을 주장하는 자들은 붕당을 만든 뒤 서로 두둔하며 합종으로 해결치 못할 것이 없다고 말합니다.

신이 듣건대 노나라는 제나라와 세 번 싸워 모두 이겼으나 크게 위태로워 이내 멸망했다고 합니다. 전쟁에서 승리했다는 헛된 명성을 얻었을 뿐 나라가 멸망하는 결과를 초래한 것입니다. 이는 무슨 까닭입니까? 제나라는 크고 노나라는 작기 때문입니다. 지금 진나라와 제나라는 마치 제나라와 노나라의 관계와 같습니다. 진나라와 조나라가 황하와 장하에서 싸운 적이 있습니다. 두 번 모두 제나라가 진나라를 격파하고 승리를 거두었습니다. 파오의 싸움에서도 두 번 모두 진나라를 격파했습니다. 그러나 네 번의 싸움에서 조나라가 잃은 군사는 수십만 명에 달했고, 한단만 겨우 보존되었을 뿐입니다. 전쟁에서 승리했다는 헛된 명성만 얻었을 뿐 나라는 파탄되고 만 것입니다. 이는 무슨 까닭입니까? 진나라는 강하고 조나라는 약하기 때문입니다.

지금 진나라와 초나라는 딸을 시집보내고 며느리를 맞아오는 형제지국이 되었습니다. 한나라는 의양, 위나라는 하외를 진나라에 바쳤습니다. 또 조나라는 민지澠池에 입조하고 하간河間 땅을 할양해 진나라를 섬기고 있습니다. 대왕이 진나라를 섬기지 않으면 한나라와 위나라를 시켜 제나라의 남쪽을 치게 하고, 조나라 군사를 총동원해 청하를 건너 박관으로 진격하게 할 것입니다. 그러면 임치와 즉묵卽墨은 적의 손에 들어가게 됩니다. 나라가 일단 공격을 받게 되면 뒤늦게 진나라를 섬기려고 해도 그리할 수 없습니다. 대왕은 이를 잘 헤아리기 바랍니다."

제민왕이 말했다.

"제나라는 외지고 보잘것없는 나라로 동해 가에 숨어 있소. 이제껏 사직의 장구한 이익에 관해 들어보지 못했소."

그러고는 장의의 의견을 좇기로 했다.

●● 使張儀東說齊湣王曰, "天下彊國無過齊者, 大臣父兄殷衆富樂. 然而爲大王計者, 皆爲一時之說, 不顧百世之利. 從人說大王者, 必曰'齊西有彊趙, 南有韓與梁. 齊, 負海之國也, 地廣民衆, 兵彊士勇, 雖有百秦, 將無奈齊何'. 大王賢其說而不計其實. 夫從人朋黨比周, 莫不以從爲可. 臣聞之, 齊與魯三戰而魯三勝, 國以危亡隨其後, 雖有戰勝之名, 而有亡國之實. 是何也? 齊大而魯小也. 今秦之與齊也, 猶齊之與魯也. 秦趙戰於河漳之上, 再戰而趙再勝秦, 戰於番吾之下, 再戰又勝秦. 四戰之後, 趙之亡卒數十萬, 邯鄲僅存, 雖有戰勝之名而國已破矣. 是何也? 秦彊而趙弱. "今秦楚嫁女娶婦, 爲昆弟之國. 韓獻宜陽, 梁效河外, 趙入朝澠池, 割河閒以事秦. 大王不事秦, 秦驅韓梁攻齊之南地, 悉趙兵渡淸河, 指博關, 臨菑 · 卽墨非王之有也. 國一日見攻, 雖欲事秦, 不可得也. 是故願大王執計之也." 齊王曰, "齊僻陋, 隱居東海之上, 未嘗聞社稷之長利也." 乃許張儀.

장의는 제나라를 떠나 서쪽으로 가 조무령왕을 설득했다.

"폐읍敝邑 진나라의 군주가 저를 조나라에 사자로 보내 어리석은 계책을 대왕에게 진언하게 했습니다. 대왕이 천하의 제후를 거두어 진나라에 등을 돌린 뒤 진나라 군사는 15년 동안 함곡관 밖을 넘지 못하고 있습니다. 지금 대왕은 산동 일대에 위엄을 널리 떨치고 있습니다. 폐읍 진나라는 두려움에 움츠린 채 무기를 정비하고, 군사를 조련하고, 병거를 꾸미고, 말타기와 활쏘기를 익히고, 농사에 힘써 군량미를 비축하고 있습니다. 사방의 국경을 지키면서 근심과 두려움에 휩싸인 채 감히 움직일 엄두도 내지 못합니다. 이는 오직 대왕이 진나라에 대해 그 과실을 꾸짖는 데[督過] 초점을 맞추고 있기 때문입니다. 그간 진나라는 대왕의 힘에 맞서는 과정에서 파촉을 얻고, 한중을 통일하고, 양주兩周를 손에 넣어 구정을 옮기고, 백마진白馬津을 지키게 되었습니다.

진나라가 비록 한쪽에 치우쳐 있는 먼 나라이지만 오랜 세월 동안 품은 분노와 원한이 사무쳤습니다. 이제 진나라는 해진 갑옷을 걸친 피폐한 군사이기는 하나 민지에 주둔시키고, 황하와 장하를 건너 파오를 점거하려 합니다. 한단에서 서로 만나 마치 주무왕이 갑자일에 은나라 주를 친 것처럼 결판을 내기를 청합니다. 삼가 사자를 보내 미리 알려드립니다.

대왕이 합종을 믿는 것은 소진을 믿기 때문입니다. 소진은 제후들을 현혹해 옳은 것을 그르다 하고, 그른 것을 옳다고 했습니다. 제나라에서 등졌다가 저자에서 거열형을 당한 것이 그렇습니다. 그런 자의 계책으로 천하를 하나로 결속할 수 없는 것이 명백해졌습니다. 지금 초나라는 진나라와 형제지국이 되었고, 한나라와 위나라는 동번東藩의 신하를 자처하고, 제나라는 어염魚鹽의 산지를 헌상했습니다. 이는 조나라의 오른팔을 잘라버린 셈입니다. 도대체 오른팔을 잘린 채 남과 싸우는 처지이고, 자기 패를 잃고 외톨이가 된 상황인데도 위태롭지 않기를 바란다면 과연 그것이 가능하겠습니까?

이제 진나라가 삼군을 보내면 첫 번째 군은 오도午道를 차단한 뒤 제나라에 통보해 곧 군사를 일으켜 청하를 건너 한단의 동쪽에 주둔하도록 할 것입니다. 또 다른 군은 성고에 주둔한 뒤 한나라와 위나라 군사를 압박해 하외에 주둔하도록 할 것입니다. 나머지 한 군은 민지에 주둔하도록 할 것입니다. 네 나라가 합세해 조나라를 쳐 함락시킨 뒤 조나라의 땅을 넷으로 분할할 것입니다. 감히 우리의 뜻을 숨기지 않고 미리 대왕에게 알려드리는 것입니다. 신이 보건대 대왕을 위한 계책으로는 대왕이 진나라 왕과 민지에서 만나는 것이 최상이라고 생각합니다. 얼굴을 맞댄 채 구두로 약속하고, 군사 동원을 자제하며 서로 공격치 않도록 하는 방안을 마련하고자 하는 것입니다. 대왕은 이 계책을 채택하기 바랍니다."

조무령왕이 말했다.

"선왕 때 봉양군이 권력을 농단한 탓에 선왕의 총명을 가려 속이는 짓을 일삼고 국사를 멋대로 처리하는 일이 일어났소. 당시 과인은 나이가 어려 스승의 가르침만 열심히 좇을 뿐 나라의 계책에는 직접 참여하지 못했소. 선왕이 군신들을 남겨둔 채 죽을 때[棄群臣] 과인은 어린 나이에 보위에 올라 종묘사직의 제사를 받들게 되었소. 마음 한구석에 늘 합종에 대한 의구심이 있었소. 이내 합종으로 진나라를 섬기지 않는 것은 나라의 장구한 이익에 부합치 않는다고 여기게 되었소. 마음을 바꾼 뒤 땅에 쪼개 바치는 식으로 옛날 잘못을 사과하며 진나라를 섬기고자 한 이유가 여기에 있소. 지금 마침 수레를 올라 떠나려는 참인데 사자의 고명한 가르침을 듣게 되었소.”

조무령왕이 건의를 받아들이자 장의는 곧 조나라를 떠났다.

●● 張儀去, 西說趙王曰, “敝邑秦王使使臣效愚計於大王. 大王收率天下以賓秦, 秦兵不敢出函谷關十五年. 大王之威行於山東, 敝邑恐懼懾伏, 繕甲厲兵, 飾車騎, 習馳射, 力田積粟, 守四封之內, 愁居懾處, 不敢動搖, 唯大王有意督過之也. 今以大王之力, 擧巴蜀, 幷漢中, 包兩周, 遷九鼎, 守白馬之津. 秦雖僻遠, 然而心忿含怒之日久矣. 今秦有敝甲凋兵, 軍於澠池, 願渡河踰漳, 據番吾, 會邯鄲之下, 願以甲子合戰, 以正殷紂之事, 敬使使臣先聞左右. 凡大王之所信爲從者恃蘇秦. 蘇秦熒惑諸侯, 以是爲非, 以非爲是, 欲反齊國, 而自令車裂於市. 夫天下之不可一亦明矣. 今楚與秦爲昆弟之國, 而韓梁稱爲東藩之臣, 齊獻魚鹽之地, 此斷趙之右臂也. 夫斷右臂而與人鬪, 失其黨而孤居, 求欲毋危, 豈可得乎? 今秦發三將軍, 其一軍塞午道, 告齊使興師渡淸河, 軍於邯鄲之東, 一軍軍成皋, 驅韓梁軍於河外, 一軍軍於澠池. 約四國爲一以攻趙, 趙服破, 必四分其地. 是故不敢匿意隱情, 先以聞於左右. 臣竊爲大王計, 莫如與秦王遇於澠池, 面相見而口相結, 請案兵無攻. 願大王之定計.” 趙王曰, “先王之時, 奉陽君專權擅勢, 蔽欺先王, 獨擅綰事, 寡人居屬師傅, 不與國謀計. 先王弃羣臣, 寡人年幼, 奉祀之日新, 心固竊疑焉, 以爲一從不事秦, 非國之長利也. 乃且願變心易慮, 割地謝前過以事秦. 方將約車趨行, 適聞使者之明詔.” 趙王許張儀, 張儀乃去.

조나라를 떠난 장의가 북쪽 연나라의 연소왕에게 가 설득했다.

“대왕은 조나라와 가장 가깝게 지내고 있습니다. 전에 조양자趙襄

子는 자신의 손위 누이를 대나라 군주의 아내로 보내 대나라를 병탄하고자 했습니다. 이에 대나라 군주와 구주산句注山의 요새지에서 만나기로 약속했습니다. 이때 그는 대장장이에게 사람을 칠 수 있도록 자루가 긴 국자 모양의 철제 술그릇[金斗]을 만들게 했습니다. 그는 대나라 군주와 술을 마실 때 몰래 요리사에게 명하기를, '술자리에 흥이 오르거든 뜨거운 국을 올리면서 술그릇으로 그를 가격하라!'고 했습니다. 술자리가 한창 흥겨울 때 요리사가 뜨거운 국을 올리고 술을 따르는 척하다가 술그릇을 돌려 잡고 대나라 군주를 쳐 죽였습니다. 대나라 군주는 골이 땅바닥에 흩어져 죽고 말았습니다. 그의 누이는 이 소식을 듣고 비녀를 갈아 뾰족하게 만든 뒤 이것으로 자신의 목을 찔렀습니다. 지금까지 마계산摩笄山이라는 이름이 전해지고 있는 이유입니다. 대나라 군주가 죽은 이야기는 너무 유명해 듣지 않은 자가 없습니다.

조나라 왕이 매우 포악하고 가까이하는 자가 없다는 것은 대왕도 잘 아실 것입니다. 그런데도 소나라 왕을 가까이할 만한 자라고 봅니까? 조나라는 무력으로 연나라를 쳐 두 번이나 연나라의 도성을 포위하고 대왕을 위협했습니다. 대왕이 열 개 성읍을 베어주고 사과한 이유입니다. 지금 조나라 왕은 이미 민지에서 입조해 하간 땅을 바치고 진나라를 섬기고 있습니다. 이제 대왕이 진나라를 섬기지 않으면 진나라는 운중과 구원으로 군사를 보낸 뒤 조나라 군사를 압박해 연나라를 치게 만들 것입니다. 그리되면 역수와 장성은 대왕의 수중에 남아 있지 않게 됩니다. 조나라는 진나라의 군현과 마찬가지입니다. 함부로 군사를 일으켜 칠 수도 없습니다. 지금 대왕이 진나라를 섬긴다면 진나라 왕은 분명히 기뻐할 것이고, 조나라는 함부로 움직이지 못할 것입니다. 이는 서쪽으로 강한 진나라의 원조를 얻어내고, 남쪽으로 제나라와 조나라로 인한 근심을 없애는 길입니다. 대왕은 이를 숙고하십시오."

연소왕이 말했다.

"과인은 미개한 벽지에 사는 탓에 몸만 어른이고 식견은 어린애와 같소. 게다가 올바른 계책을 얻기에는 주변 참모의 역량이 달렸소. 상객이 다행히 가르쳐주셨으니 서쪽으로 진나라를 섬기고자 하오. 항산恒山 끝에 있는 다섯 개의 성읍을 상객에게 바치겠소."

그러고는 장의의 말을 좇았다.

●● 北之燕, 說燕昭王曰, "大王之所親莫如趙. 昔趙襄子嘗以其姊爲代王妻, 欲幷代, 約與代王遇於句注之塞. 乃令工人作爲金斗, 長其尾, 令可以擊人. 與代王飮, 陰告廚人曰,'卽酒酣樂, 進熱啜, 反斗以擊之.' 於是酒酣樂, 進熱啜, 廚人進斟, 因反斗以擊代王, 殺之, 王腦塗地. 其姊聞之, 因摩笄以自刺, 故至今有摩笄之山. 代王之亡, 天下莫不聞. 夫趙王之很戾無親, 大王之所明見, 且以趙王爲可親乎? 趙興兵攻燕, 再圍燕都而劫大王, 大王割十城以謝. 今趙王已入朝澠池, 效河閒以事秦. 今大王不事秦, 秦下甲雲中·九原, 驅趙而攻燕, 則易水·長城非大王之有也. 且今時趙之於秦猶郡縣也, 不敢妄擧師以攻伐. 今王事秦, 秦王必喜, 趙不敢妄動, 是西有彊秦之援, 而南無齊趙之患, 是故願大王孰計之." 燕王曰, "寡人蠻夷僻處, 雖大男子裁如嬰兒, 言不足以采正計. 今上客幸敎之, 請西面而事秦, 獻恒山之尾五城." 燕王聽儀.

장의가 연횡책을 마무리한 뒤 복명하기 위해 진나라로 돌아가다가 미처 함양에 도착하기도 전에 진혜문왕이 죽고, 태자가 진무왕秦

武王으로 즉위했다. 진무왕은 태자 때부터 장의를 달가워하지 않았다. 그가 즉위하자 군신들이 앞다투어 장의를 헐뜯었다.

"장의는 신의가 없습니다. 이리저리 나라를 팔아 자신의 주장이 받아들여지기를 구하는 자입니다. 진나라가 다시 그를 등용하면 천하의 웃음거리가 될 것입니다."

제후들이 장의와 진무왕 사이에 틈이 있다는 이야기를 듣고는 모두 연횡책의 맹약을 어기고 다시 합종으로 돌아섰다. 진무왕 원년, 군신들이 밤낮으로 장의를 헐뜯는데다 제나라까지 사자를 보내 장의를 비난했다. 장의는 이내 죽게 될까 두려워 진무왕에게 건의했다.

"신에게 어리석은 계책이 하나 있습니다. 이를 건의하고자 합니다."

진무왕이 물었다.

"어떤 계책이오?"

장의가 대답했다.

"진나라의 사직을 위한 계책입니다. 산동 일대에 커다란 변화가 있어야 대왕은 제후들의 많은 땅을 할양받을 수 있습니다. 지금 들으니 제나라 왕이 저를 크게 미워한다고 합니다. 제가 있는 곳이면 반드시 군사를 이끌고 와 칠 것입니다. 제가 불초한 몸을 이끌고 위나라로 가면 제나라는 반드시 군사를 일으켜 위나라를 칠 것입니다. 위나라와 제나라 군사가 성 아래서 맞붙어 싸우느라 그곳을 떠나지 못하면 대왕은 이를 적극 활용하십시오. 먼저 한나라를 쳐 삼천으로 들어가고, 이어 군사를 함곡관 밖으로 내보내 공격을 멈춘 채 주나라로 다가가도록 하십시오. 주나라 왕실은 틀림없이 제기祭器를 내놓을 것입니다. 천자를 끼고 천하의 토지와 호적을 살펴 제후를 호령하는 것이야말로 왕업입니다."

진무왕이 그럴듯하게 여겼다. 이내 병거 30승을 갖추어 장의를 위나라로 들여보냈다. 그러자 과연 제나라가 군사를 동원해 위나라를 쳤다. 위애왕이 두려워하자 장의가 안심시켰다.

"대왕은 염려하지 마십시오. 제나라가 싸움을 멈추도록 만들겠습니다."

그러고는 사인 풍희馮喜를 초나라로 보냈다. 초회왕 사자라는 명의를 얻은 뒤 제나라로 들어가 제민왕에게 이같이 유세하게 했다.

"대왕은 장의를 크게 미워하고 있습니다. 그러면서도 대왕은 진나라보다 더 장의에게 의지하고 있습니다."

제민왕이 물었다.

"과인은 장의를 미워하오. 그가 있는 곳이면 반드시 군사를 일으켜 칠 것이오. 그런데도 왜 장의에게 의지한다고 하는 것이오?"

풍희가 대답했다.

"그게 바로 대왕이 장의에게 의지하는 것입니다. 장의는 진나라를 떠나 위나라로 갈 때 진나라 왕과 약속하기를, '대왕을 위한 계책인데, 산동에 커다란 정변이 있어야 대왕이 제후의 많은 땅을 할양받을 수 있습니다. 지금 제나라 왕은 저를 매우 미워해 제가 있는 곳이면 반드시 군사를 이끌고 와 친다고 합니다. 제가 불초한 몸을 이끌고 위나라로 가면 반드시 군사를 일으켜 위나라를 칠 것입니다. 위나라와 제나라 군사가 성 아래서 맞붙어 싸우느라 그곳을 떠나지 못할 때 대왕은 그 틈을 타서 한나라를 쳐 삼천으로 진격하고, 군사를 함곡관 밖으로 내보내 공격을 멈춘 채 주나라로 다가가면 주나라는 틀림없이 제기를 내놓을 것입니다. 천자를 끼고 천하의 토지와 호적을 살펴 제후를 호령하는 것이 왕업입니다'라고 했습니다. 진나라 왕이 병거 30승을 갖추어 장의를 위나라로 들여보낸 이유입니다.

지금 장의가 위나라로 가자 대왕은 과연 곧바로 그를 쳤습니다. 이는 군주가 안으로 나라를 피폐하게 만들며, 밖으로 동맹국을 친 꼴입니다. 이웃한 적국 진나라의 땅을 넓혀주는 데 가담함으로써 장의가 진나라 왕의 돈독한 신임을 받도록 만든 것입니다. 대왕이 장의에게 의지하고 있다고 지적한 것은 바로 이 때문입니다."

제민왕이 말했다.

"그 말이 옳소."

그러고는 공격을 중지했다. 장의는 위나라 재상이 된 지 1년 만에 위나라에서 죽었다.

●● 儀歸報, 未至咸陽而秦惠王卒, 武王立. 武王自爲太子時不說張儀, 及卽位, 羣臣多讒張儀曰, "無信, 左右賣國以取容. 秦必復用之, 恐爲天下笑." 諸侯聞張儀有郤武王, 皆畔衡, 復合從. 秦武王元年, 羣臣日夜惡張儀未已, 而齊讓又至. 張儀懼誅, 乃因謂秦武王曰, "儀有愚計, 願效之." 王曰, "柰何?" 對曰, "爲秦社稷計者, 東方有人變, 然後王可以多割得地也. 今聞齊王甚憎儀, 儀之所在, 必興師伐之. 故儀願乞其不肖之身之梁, 齊必興師而伐梁. 梁齊之兵連於城下而不能相去, 王以其閒伐韓, 入三川, 出兵函谷而毋伐, 以臨周, 祭器必出. 挾天子, 按圖籍, 此王業也." 秦王以爲然, 乃具革車三十乘, 入儀之梁. 齊果興師伐之. 梁哀王恐. 張儀曰, "王勿患也, 請令罷齊兵." 乃使其舍人馮喜之楚, 借使之齊, 謂齊王曰, "王甚憎張儀, 雖然, 亦厚矣王之託儀於秦也!" 齊王曰, "寡人憎儀, 儀之所在, 必興師伐之, 何以託儀?" 對曰, "是乃王之託儀也. 夫儀之出也, 固與秦王約曰, '爲王計者, 東方有大變, 然後王可以多割得地. 今齊王甚憎儀, 儀之所在, 必興師伐之. 故儀願乞其不肯之身之梁, 齊必興師伐之. 齊梁之兵連於城下而不能相去, 王以其閒伐韓, 入三川, 出兵函谷而無伐, 以臨周, 祭器必出. 挾天子, 案圖籍, 此王業也.' 秦王以爲然, 故具革車三十乘而入之梁也. 今儀入梁, 王果伐之, 是王內罷國而外伐與國, 廣鄰敵以內自臨, 而信儀於秦王也. 此臣之所謂'託儀'也. 齊王曰, "善." 乃使解兵. 張儀相魏一歲, 卒於魏也.

진진열전

진진은 유세를 업으로 하는 종횡가다[遊說之士]. 장의와 함께 진혜문왕을 섬겼다. 모두 중요시되어 군주의 총애를 다투었다. 장의가 진혜문왕 앞에서 진진을 비난했다.

"진진이 많은 예물을 들고 진나라와 초나라 사이를 사자로서 오가는 것은 두 나라의 수교를 위한 것입니다. 지금 초나라가 진나라를 더는 가까이하지 않으면서 진진을 후대하는 것은 진진이 자신의 이익을 꾀하는 것이 크고, 대왕을 위하는 것이 작기 때문입니다. 게다가 진진은 진나라를 떠나 초나라로 가려 합니다. 대왕은 어찌해서 그 이유를 물어보지 않는 것입니까?"

진혜문왕이 진진에게 물었다.

"과인이 듣건대 그대가 진나라를 떠나 초나라로 간다고 하오. 과연 그것이 사실이오?"

진진이 대답했다.

"그렇습니다."

진혜문왕이 감탄했다.

"장의의 말이 실로 옳다!"

진진이 말했다.

"그것은 장의뿐 아니라 길 가는 사람도 하는 것입니다. 옛날 오자서는 자신의 군주에게 충성했기에 천하의 모든 제후가 그를 신하로 삼고자 서로 다투었습니다. 증삼은 자신의 부모에게 효도했기에 천하의 모든 부모가 그를 자식으로 삼고자 했습니다. 노비를 팔 때 그 마을을 미처 벗어나기도 전에 팔리면 좋은 노비이고, 소박맞은 아낙이 같은 마을에 시집가면 좋은 아낙입니다. 지금 신이 군주에게 충성스럽지 않다면 초나라도 어떻게 신을 충성스럽다고 여기겠습니까? 충성을 다해도 버림받는 상황인데 신이 초나라로 가지 않으면 어디로 가겠습니까?"

진혜문왕이 옳다고 여겨 그를 잘 대우했다. 진진이 진나라로 온 지 1년이 지나자 진혜문왕이 장의를 재상으로 등용했다. 진진이 초나라로 달아났다. 초나라는 그를 중용하기도 전에 진나라에 사자로 보냈다. 진진이 위나라에 들러 서수를 만나보고자 했으나 서수가 핑계를 대며 만나주지 않았다. 진진이 말했다.

"일 때문에 왔는데 공이 만나주지 않으니 나는 떠나겠소. 지체할 수 없기 때문이오."

서수가 급히 진진을 만났다. 진진이 물었다.

"그대는 어째서 술을 그토록 즐겨 마시는 것이오?"

서수가 대답했다.

"할 일이 없기 때문이오."

진진이 물었다.

"그렇다면 공이 일에 신물이 나도록 만들어주어도 되겠소?"

서수가 반문했다.

"어떻게 말이오?"

진진이 대답했다.

"위나라 재상 전수田需가 제후들과 합종의 맹약을 맺고자 하나 초나라 왕이 그를 의심하며 믿지 않고 있소. 공이 위나라 왕에게 부탁하기를, '신은 연나라 및 조나라 군주와의 교분이 오래되었습니다. 이들이 누차 사람을 보내 위나라에 일이 없는데도 왜 만나러 오지 않느냐고 추궁합니다. 바라건대 가서 만나도록 허락해주십시오'라고 하시오. 위나라 군주가 공에게 허락할지라도 공은 많은 수레를 요구하지 말고, 수레 30승을 뜰에 벌리고 연나라 및 조나라로 간다고 떠벌리시오."

서수가 진진의 말대로 하자 위나라에 와 있던 연나라와 조나라의 유세객들이 이 소식을 듣고는 수레에 황급히 올라타 이를 자국의 군주에게 보고했다. 연나라와 조나라 모두 사람을 보내 서수를 영접하게 했다. 초회왕이 이 소문을 듣고 발끈 화를 냈다.

"전수는 전에 과인과 약조한 바가 있다. 그런데도 서수가 연나라와 조나라로 갔다. 이는 과인을 기만한 것이다."

합종해야 한다는 전수의 주장을 초회왕이 좇지 않은 이유다. 제나라는 서수가 북쪽으로 간다는 말을 듣고, 사람을 시켜 그에게 제나라 일을 맡겼다. 서수가 마침내 제·연·조 3국 재상의 직무를 겸하게 된 배경이다. 모든 일이 그에 의해 결정되었다. 진진이 이내 진나라에 이르렀다. 당시 한나라와 위나라는 서로 땅을 놓고 싸운 지 1년이 지났다. 그러나 결판이 나지 않았다. 진혜문왕이 화해를 주선하기 위해 신하들의 의견을 물었다. 혹자는 주선하는 것이 낫다고 하고, 혹자는 그렇지 않다고 했다. 진혜문왕이 망설이고 있을 때 진진이 마침 진나라에 왔다. 진혜문왕이 그에게 물었다.

"그대는 과인을 떠나 초나라에 가서도 과인을 생각했소?"

진진이 반문했다.

"대왕은 월나라 출신 장석莊舃에 관해 들어본 적이 있습니까?"

진혜문왕이 대답했다.

"듣지 못했소."

진진이 말했다.

"월나라 출신 장석은 초나라를 섬겨 최고의 작위인 집규까지 올라갔습니다. 얼마 후 병이 나자 초나라 왕이 말하기를, '장석은 원래 월나라의 미천한 사람이다. 지금 초나라에서 집규가 되어 부귀해졌는데도 아직 월나라를 생각할까?'라고 했습니다. 시종관인 중사中謝가 대답하기를, '사람은 병이 났을 때 고향을 생각합니다. 월나라를 생각하면 월나라 말을 할 것이고, 월나라를 생각지 않으면 초나라 말을 할 것입니다'라고 했습니다. 사람을 시켜 들어보게 하자 월나라 말을 했다고 합니다. 지금 신이 비록 버림을 받아 초나라로 쫓겨 있을지언정 어찌 진나라 말을 쓰지 않겠습니까?"

진혜문왕이 청했다.

"좋은 말이오. 지금 한나라와 위나라가 싸움을 벌인 지 1년이 되었는데도 그치지 않고 있소. 어떤 사람은 과인이 이들을 화해시키는 것이 낫다고 하고, 어떤 사람은 그러지 않는 것이 낫다고 하오. 과인으로서는 결정을 내릴 수가 없소. 그대는 초나라 왕을 위해 계책을 낸 여력으로 과인을 위해 계책을 내주시오."

진진이 대답했다.

"대왕은 일찍이 변장자卞莊子가 호랑이를 찔러 죽인 일에 관해 들어보신 적이 있습니까? 변장자가 호랑이를 찌르려고 하자 객관客館에서 심부름하는 아이가 이를 만류하기를, '호랑이 두 마리가 소를 막 잡아먹으려 합니다. 먹어보아 맛이 좋으면 분명히 서로 다툴 것입니다. 다투면 서로 싸울 것이 뻔하고, 서로 싸우면 큰놈은 상처를 입고 작은놈은 죽게 됩니다. 상처를 입은 놈을 찔러 죽이면 한꺼번에 두 마리 호랑이를 잡았다는 명성을 들을 것입니다'라고 했습니다. 변장자도 그럴듯하다고 생각해 서서 기다렸습니다. 조금 있자 과연 두 호랑이가 싸워 큰놈은 상처를 입고 작은놈은 죽었습니다. 변장자가 상처를 입은 놈을 찔러 죽여 단번에 호랑이 두 마리를 잡는 공을 세웠다고 합니다.

지금 한나라와 위나라가 싸움을 벌인 지 1년이 되도록 그치지 않으니 큰 나라는 타격을 받고 작은 나라는 멸망할 것입니다. 타격을 받은 나라를 정벌하면 틀림없이 한번에 두 개의 실리를 챙기는 일거양실一擧兩實이 있을 것입니다. 이는 변장자가 호랑이를 찔러 죽인 것과 같은 경우입니다. 신이 대왕에게 바치는 계책과 초나라 왕을 위해 바치는 계책에 무슨 차이가 있겠습니까?"

진혜문왕이 동조했다.

"옳은 말이오."

그러고는 결국 화해시키지 않았다. 과연 대국은 타격을 입었고, 소국은 멸망하고 말았다. 진나라는 군사를 일으켜 상처를 입은 대국을 크게 무찔렀다. 모두 진진의 계책에 따른 것이다.

●● 陳軫者, 遊說之士. 與張儀俱事秦惠王, 皆貴重, 爭寵. 張儀惡陳軫於秦王曰, "軫重幣輕使秦楚之間, 將爲國交也. 今楚不加善於秦而善軫者, 軫自爲厚而爲王薄也. 且軫欲去秦而之楚, 王胡不聽乎?" 王謂陳軫曰, "吾聞子欲去秦之楚, 有之乎?" 軫曰, "然." 王曰, "儀之言果信矣." 軫曰, "非獨儀知之也, 行道之士盡知之矣. 昔子胥忠於其君而天下爭以爲臣, 曾參孝於其親而天下願以爲子. 故賣僕妾不出閭巷而售者, 良僕妾也, 出婦嫁於鄕曲者, 良婦也. 今軫不忠其君, 楚亦何以軫爲忠乎? 忠且見棄, 軫不之楚何歸乎?" 王以其言爲然, 遂善待之. 居秦期年, 秦惠王終相張儀, 而陳軫奔楚. 楚未之重也, 而使陳軫使於秦. 過梁, 欲見犀首. 犀首謝弗見. 軫曰, "吾爲事來, 公不見軫, 軫將行, 不得待異日." 犀首見之. 陳軫曰, "公何好飮也?" 犀首曰, "無事也." 曰, "吾請令公厭事可乎?" 曰, "奈何?" 曰, "田需約諸侯從親, 楚王疑之, 未信也. 公謂於王曰, '臣與燕·趙之王有故, 數使人來, 曰, 無事何不相見, 願謁行於王.' 王雖許公, 公請毋多車, 以車三十乘, 可陳之於庭, 明言之燕·趙." 燕·趙客聞之, 馳車告其王, 使人迎犀首. 楚王聞之大怒, 曰, "田需與寡人約, 而犀首之燕·趙, 是欺我也." 怒而不聽其事. 齊聞犀首之北, 使人以事委焉. 犀首遂行, 三國相事皆斷於犀首. 軫遂全秦. 韓魏相攻, 期年不解. 秦惠王欲救之, 問於左右. 左右或曰救之便, 或曰勿救便, 惠王未能爲之決. 陳軫適至秦, 惠王曰, "子去寡人之楚, 亦思寡人不?" 陳軫對曰, "王聞夫越人莊舄乎?" 王曰, "不聞." 曰, "越人莊舄仕楚執珪, 有頃而病. 楚王曰, '舄故越之鄙細人也, 今仕楚執珪, 貴富矣, 亦思越不?' 中謝對曰, '凡人之思故, 在其病也. 彼思越則越聲, 不思越則楚聲.' 使人往聽之, 猶尙越聲也. 今臣雖棄逐之楚, 豈能無秦聲哉!" 惠王曰, "善. 今韓魏相攻, 期年不解, 或謂寡人救之便, 或曰勿救便, 寡人不能決, 願子爲子主計之餘, 爲寡人計之." 陳軫對曰, "亦嘗有以夫卞莊子刺虎聞於王者乎? 莊子欲刺虎, 館豎子止之, 曰, '兩虎方且食牛,

食甘必爭, 爭則必鬪, 鬪則大者傷, 小者死, 從傷而刺之, 一擧必有雙虎
之名.' 卞莊子以爲然, 立須之. 有頃, 兩虎果鬪, 大者傷, 小者死. 莊子
從傷者而刺之, 一擧果有雙虎之功. 今韓魏相攻, 期年不解, 是必大國
傷, 小國亡, 從傷而伐之, 一擧必有兩實. 此猶莊子刺虎之類也. 臣主與
王何異也." 惠王曰, "善." 卒弗救. 大國果傷, 小國亡, 秦興兵而伐, 大
剋之. 此陳軫之計也.

서수열전

서수는 위나라 음진 출신이다. 이름은 연衍, 성은 공손씨公孫氏다.
장의와 사이가 좋지 않았다. 장의가 진나라를 위해 위나라로 가자
위나라 군주가 그를 재상으로 삼았다. 서수는 이를 불리하게 여겼다.
곧 사람을 한나라 태자 공숙에게 보내 이같이 말했다.

"장의가 이미 진나라와 위나라의 연합을 성사시켰습니다. 그는 말
하기를, '위나라는 한나라의 남양을 치고, 진나라는 한나라의 삼천을
칠 것이다'라고 했습니다. 위나라 군주가 장의를 소중히 여기는 것
은 한나라의 땅을 빼앗으려 하기 때문입니다. 실제로 한나라의 남양
은 이미 빼앗길 위기에 처해 있습니다. 태자는 왜 저에게 조금이라
도 일을 맡겨 공을 이루려 하지 않는 것입니까? 그러면 진나라와 위
나라의 친밀한 관계도 능히 끊을 수 있습니다. 위나라는 반드시 진
나라를 치기 위해 장의를 내치고, 한나라와 합세하기 위해 저를 재
상으로 삼을 것입니다."

공숙은 서수의 말대로 하는 것이 이롭다고 생각했다. 곧 남양 땅을

서수에게 맡겨 공을 세우게 했다. 서수는 결국 위나라 재상이 되었고, 장의는 위나라를 떠나게 되었다. 한번은 의거義渠의 군주가 위나라에 입조했다. 서수는 장의가 다시 진나라 재상이 되었다는 소식을 들었다. 이를 불리하게 여긴 그는 곧 의거의 군주에게 이같이 말했다.

"가는 길이 멀어 다시 들르기 어려울 터이니 이곳 사정을 상세히 말씀드리겠습니다."

그러고는 이같이 말했다.

"중원의 열국이 합세해 진나라를 치지 않으면 진나라는 반드시 군주의 나라를 불사르고 짓밟을 것입니다. 그러나 중원의 열국이 진나라를 치면 진나라는 서둘러 사신들 편에 많은 예물을 보내며 군주의 나라를 섬길 것입니다."

이후 산동의 5개국이 진나라를 쳤다. 마침 진진이 진혜문왕에게 말했다.

"의거의 군주는 만이 가운데 현군賢君입니다. 그에게 뇌물을 써서 그의 마음을 달래는 것이 좋겠습니다."

진혜문왕이 말했다.

"좋은 생각이오."

그러고는 곧바로 의거의 군주에게 채색 비단 1,000돈, 여인 100명을 예물로 보냈다. 의거의 군주가 군신들을 모아놓고 의논했다.

"이것이 바로 공손연이 말한 것인가?"

그러고는 군사를 일으켜 진나라를 습격했다. 진나라 군사를 이백李伯에서 대파했다.● 장의가 죽자 서수가 진나라로 가 재상이 되었다.

● 《사기색은》은 이백을 인명 내지 읍호邑號로 간주했으며, 《전국책》에 백伯이 백帛으로 나온다고 했다. 《전국책》에 〈진책〉에는 이백李帛으로 나온다.

그는 일찍이 5개국 재상의 인수를 차고 합종 맹약의 수장이 되었다.

●● 犀首者, 魏之陰晉人也, 名衍, 姓公孫氏. 與張儀不善. 張儀爲秦之魏, 魏王相張儀. 犀首弗利, 故令人謂韓公叔曰, "張儀已合秦魏矣, 其言曰'魏攻南陽, 秦攻三川', 魏王所以貴張子者, 欲得韓地也. 且韓之南陽已擧矣, 子何不少委焉以爲衍功, 則秦魏之交可錯矣. 然則魏必圖秦而棄儀, 收韓而相衍." 公叔以爲便, 因委之犀首以爲功. 果相魏. 張儀去. 義渠君朝於魏. 犀首聞張儀復相秦, 害之. 犀首乃謂義渠君曰, "道遠不得復過, 請謁事情." 曰, "中國無事, 秦得燒掇焚杆君之國, 有事, 秦將輕使重幣事君之國." 其後五國伐秦. 會陳軫謂秦王曰, "義渠君者, 蠻夷之賢君也, 不如賂之以撫其志." 秦王曰, "善." 乃以文繡千純, 婦女百人遺義渠君. 義渠君致羣臣而謀曰, "此公孫衍所謂邪?" 乃起兵襲秦, 大敗秦人李伯之下.

태사공은 평한다.

"삼진에는 임기응변의 유세하는 선비가 많았다. 각각 합종과 연횡을 내세워 진나라를 강성하게 만든 자들은 대략 거의 삼진 출신이다. 장의가 한 일은 소진보다 더 심하다. 그런데도 세인들은 소진을 더 미워한다. 그가 먼저 죽자 장의가 그의 단점을 들추어내며 자신의 주장을 유리하게 다듬은 뒤 연횡책을 완성했기 때문이다. 요컨대 두 명은 실로 나라를 위험에 빠뜨리는 경우[傾危之士]에 해당한다!"

●● 太史公曰, "三晉多權變之士, 夫言從衡彊秦者大抵皆三晉之人也. 夫張儀之行事甚於蘇秦, 然世惡蘇秦者, 以其先死, 而儀振暴其短以扶其說, 成其衡道. 要之, 此兩人眞傾危之士哉!"

저리자감무열전

樗里子甘茂列傳

〈저리자감무열전樗里子甘茂列傳〉은 진시황이 산동육국을 통일하는 과정에서 가장 큰 공을 세운 종횡가 저리자樗里子와 감무甘茂의 사적을 다룬 것이다. 저리자는 진나라의 이익을 극대화하기 위해 여러 계책을 구사했다. 대표적인 것이 산동육국을 싸움 붙인 뒤 가만히 앉아 이익을 챙기는 이이제이以夷制夷와 어부지리 계책이었다. 이것이 주효했다. 저리자가 꾀주머니인 지낭智囊으로 명성이 높았던 이유다. 당시 진나라 백성들 사이에 "힘은 임비任鄙, 지혜는 저리자"라는 말이 유행한 사실이 이를 뒷받침한다.

책사 감무는 권모술수에 밝았다. 다만 그는 진혜문왕 때 장군이 되었으나 자신의 포부를 제대로 펴지 못하고 비극적인 최후를 맞이했다. 사마천도 사평을 통해 아쉬움을 드러냈다.

저리자열전

저리자의 이름은 질疾이다. 진혜문왕의 이복동생이다. 그의 생모는 한나라 출신이다. 저리자는 언변이 유창하고 매우 지혜로웠다. 진나라 백성이 그를 지낭으로 부른 이유다. 진혜문공 8년, 저리자가 우경에 제수된 뒤 군사를 이끌고 곡옥을 치러 나섰다. 그곳 백성을 모두 내쫓고 성을 점령한 뒤 진나라 영토에 편입시켰다. 왕을 칭한 지 12년이 되는 진혜문왕 12년, 저리자를 장수로 삼아 조나라를 치게 했다. 조나라 장수 장표莊豹를 생포하고 인藺 땅을 함락시켰다. 이듬해인 진혜문왕 13년, 서장庶長 위장魏章을 도와 초나라를 쳤다. 초나라 장수 굴개를 격파하고 한중을 점령했다. 진나라 조정이 저리자에게 봉지를 내리고 엄군嚴君으로 불렀다.

진혜문왕이 죽자 태자가 진무왕으로 즉위한 뒤 곧 장의와 위장을 내쫓았다. 진무왕 2년, 처음으로 승상제도를 도입한 뒤 저리자와 감무를 긱긱 좌승상左丞相과 우승상右丞相에 임명했다. 감무를 시켜 한나라를 치고 의양을 함락시켰다. 저리자에게 수레 100승을 이끌고 주나라로 들어가게 했다. 주나라가 군사를 내보내 공손히 맞이했다. 초회왕이 소문을 듣고 화를 냈다. 진나라를 지나치게 떠받든다며 주나라를 책망했다. 종횡가 유등遊騰이 주나라를 위해 초회왕을 설득했다.

"춘추시대 말기 진晉나라 지백知伯은 구유仇猶를 칠 때 그에게 광거廣車에 대종大鍾을 실어 선물로 보내며 군사를 뒤따라 보냈습니다. 결국 구유는 멸망하고 말았습니다.* 무슨 까닭이겠습니까? 대비하지

---

* 구유가 《전국책》〈서주책西周策〉에는 구유厹由로 나온다. 〈서주책〉에 나오는 일화에 따르면 당시 지백은 구유를 토벌하기 위해 먼저 큰 종을 실어다 바쳤다. 구유는 그 종을 수송하기

않았기 때문입니다. 제환공이 채나라를 칠 때 겉으로는 초나라를 성토하면서 실제로는 채나라를 쳤습니다. 지금 진나라는 범과 이리 같은 나라입니다. 저리자에게 병거 100승을 이끌고 주나라에 들어가게 했습니다. 주나라는 구유와 채나라를 거울삼아 긴 창을 든 군사를 앞서게 하고 강한 쇠뇌를 지닌 군사들을 뒤에 배치했습니다. 겉으로는 저리자 경호를 구실로 내세웠지만 실상은 그를 가둔 것입니다. 주나라인들 어찌 사직을 걱정하지 않을 리 있겠습니까? 하루아침에 나라를 잃어 대왕에게까지 심려를 끼치게 될까 우려한 것입니다."

초회왕이 이 말을 듣고 기뻐했다. 진무왕이 죽고 진소양왕秦昭襄王이 즉위했다. 저리자는 더욱 존중받았다. 진소양왕 원년, 저리자가 위衛나라의 포읍蒲邑을 치려 했다. 포읍의 수령이 두려운 나머지 호연胡衍에게 구원을 청했다. 호연이 포읍을 위해 저리자를 설득했다.

"공이 포읍을 치는 것이 진나라를 위한 것이오? 아니면 위나라를 위한 것이오? 위나라를 위한 것이라면 가하나, 진나라를 위한 것이라면 득이 될 것이 없소. 위衛나라가 그나마 존립할 수 있는 것은 포읍이 있기 때문이오. 지금 포읍을 치면 포읍은 재앙을 피하기 위해 위魏나라로 귀의할 것이오. 그리되면 위衛나라도 분명 사기를 잃고 위魏나라를 좇게 되오. 전에 위魏나라가 서하 밖의 땅을 잃고도 회복하지 못한 것은 군사가 약했기 때문이오. 지금 위衛나라가 병탄되면 위魏나라는 반드시 강해질 것이오. 그 경우 서하 밖의 땅 역시 분명 위태롭게 되오. 진나라 왕은 공의 이번 행동이 진나라를 위태롭게 만들고 오히려 위나라를 이롭게 만든 것을 알면 틀림없이 공에게 벌

위해 도로를 넓혔다. 지백이 때를 놓치지 않고 확장된 도로로 군사를 들여보내 구유를 멸망시켰다.

을 내릴 것이오."

저리자가 물었다.

"어찌하면 좋겠소?"

호연이 대답했다.

"공은 포읍을 버려둔 채 공격하지 마시오. 내가 일단 공을 위해 포읍으로 들어가 공의 생각을 전한 뒤 위衛나라 군주에게 공이 덕을 베풀었다고 말하겠소."

저리자가 말했다.

"좋소."

호연이 포읍으로 들어가 현령에게 말했다.

"저리자는 포읍의 약점을 잘 알고 있소. 그는 '포읍을 기필코 함락시키겠다'고 벼르고 있소. 내가 잘 말해 포읍에 관한 포위를 풀고 공격치 않도록 만들겠소.".

포읍의 현령이 두려워하며 거듭 절했다.

"부디 그렇게만 해주십시오."

그러고는 금 300근을 바치면서 이같이 덧붙였다.

"진나라 군사가 물러나면 반드시 위衛나라 군주에게 말해 선생이 높은 자리에 오를 수 있도록 하겠습니다."

이로써 호연은 포읍에서 금 300근을 받고, 그 자신은 위衛나라에서 귀한 신분이 되었다. 저리자는 마침내 포읍에 관한 포위를 풀고 군사를 이동시켜 피씨皮氏를 쳤다. 피씨가 항복하지 않자 포기하고 떠나버렸다. 진소왕 7년, 저리자가 죽었다. 위하渭河 남쪽에 있는 장대의 동쪽에 장사 지냈다. 저리자는 생전에 이같이 말한 바 있다.

"나의 사후 이 자리에는 내 무덤을 끼고 천자의 궁궐이 들어설 것이다."

저리자의 저택은 진소양왕 사당의 서쪽인 위하 남쪽 음향_{陰鄕}의 저리_{樗里}에 있었다. 세인들이 그를 저리자라고 부른 이유다. 한나라 건국 당시 장락궁_{長樂宮}이 그의 무덤 동쪽에 섰다. 미앙궁_{未央宮}이 그 서쪽, 무기고가 무덤 정면에 자리 잡았다. 진나라 백성들 속담에 "힘은 임비, 지혜는 저리자"라는 말이 유행했다.

●● 樗里子者, 名疾, 秦惠王之弟也, 與惠王異母. 母, 韓女也, 樗里子滑稽多智, 秦人號曰, "智囊." 秦惠王八年, 爵樗里子右更, 使將而伐曲沃, 盡出其人, 取其城, 地入秦. 秦惠王二十五年, 使樗里子爲將伐趙, 虜趙將軍莊豹, 拔藺. 明年, 助魏章攻楚, 敗楚將屈丐, 取漢中地. 秦封樗里子, 號爲嚴君. 秦惠王卒, 太子武王立, 逐張儀·魏章, 而以樗里子·甘茂爲左右丞相. 秦使甘茂攻韓, 拔宜陽. 使樗里子以車百乘入周. 周以卒迎之, 意甚敬. 楚王怒, 讓周, 以其重秦客. 遊騰爲周說楚王曰, "知伯之伐仇猶, 遺之廣車, 因隨之以兵, 仇猶遂亡. 何則? 無備故也. 齊桓公伐蔡, 號曰誅楚, 其實襲蔡. 今秦, 虎狼之國, 使樗里子以車百乘入周, 周以仇猶·蔡觀焉, 故使長戟居前, 彊弩在後, 名曰衛疾, 而實囚之. 且夫周豈能無憂其社稷哉? 恐一旦亡國以憂大王." 楚王乃悅. 秦武王卒, 昭王立, 樗里子又益尊重. 昭王元年, 樗里子將伐蒲. 蒲守恐, 請胡衍. 胡衍爲蒲謂樗里子曰, "公之攻蒲, 爲秦乎? 爲魏乎? 爲魏則善矣, 爲秦則不爲賴矣. 夫衛之所以爲衛者, 以蒲也. 今伐蒲入於魏, 衛必折而從之. 魏亡西河之外而無以取者, 兵弱也. 今并衛於魏, 魏必彊. 魏彊之日, 西河之外必危矣. 且秦王將觀公之事, 害秦而利魏, 王必罪公." 樗里子曰, "柰何?" 胡衍曰, "公釋蒲勿攻, 臣試爲公入言之, 以德衛君." 樗里子曰, "善." 胡衍入蒲, 謂其守曰, "樗里子知蒲之病矣, 其言曰必拔蒲. 衍能令釋蒲勿攻." 蒲守恐, 因再拜曰, "願以請." 因效金三百斤, 曰, "秦兵苟退, 請必言子於衛君, 使子爲南面." 故胡衍受金於蒲以自貴於衛. 於是遂解蒲而去. 還擊皮氏, 皮氏未降, 又去. 昭王七年, 樗里子卒, 葬於渭南章臺之東. 曰, "後百歲, 是當有天子之宮夾我墓." 樗里子疾室在于昭王廟西渭南陰鄕樗里, 故俗謂之樗里子. 至漢興, 長樂宮在其東, 未央宮在其西, 武庫正直其墓. 秦人諺曰, "力則任鄙, 智則樗里."

감무열전

감무는 하채下蔡 출신이다. 하채의 사거史擧 선생을 모시고 제자백가의 학설을 배웠다. 장의와 저리자를 통해 진혜문왕을 만났다. 진혜문왕은 그를 보고는 크게 기뻐하며 곧바로 장수로 삼았다. 이어 위장을 도와 한중을 평정하게 했다. 진혜문왕이 죽자 진무왕이 즉위했다. 장의와 위장이 진나라를 떠나 동쪽 위나라로 가버렸다. 이후 촉후蜀侯 휘煇와 재상 진장이 반기를 들었다. 진나라가 감무를 시켜 촉을 평정했다. 감무가 돌아오자 좌승상에 제수하고, 저리자를 우승상으로 삼았다. 진무왕 3년, 진무왕이 감무에게 말했다.

"과인은 주나라 왕실이 있는 삼천으로 가는 길을 넓힌 뒤 휘장이 쳐진 수레[容車]를 타고 주나라 왕실을 엿보고 싶소. 그러면 과인은 죽을지라도 그 이름은 남을 것이오."

감무가 말했다.

"제가 위나라에 사자로 가 한나라 토벌의 약조를 맺도록 하겠습니다. 상수向壽를 부사副使로 데려갈 수 있게 해주십시오."

감무는 위나라에 이르자 상수에게 이같이 말했다.

"그대는 돌아가 대왕에게 '위나라가 한나라 토벌 제의를 수락했습니다. 대왕은 한나라를 치지 마십시오'라고 전하시오. 일이 성사되면 모두 그대의 공으로 돌리겠소."

상수가 돌아가 감무의 말을 진무왕에게 전했다. 진무왕이 식양息壤까지 나가 감무를 맞이했다. 이어 한나라를 치지 말라고 권한 이유를 묻자 감무가 이같이 대답했다.

"한나라의 의양은 큰 고을입니다. 또 상당과 남양은 재화와 군량을 비축한 지 오래되었습니다. 이름만 현이지 실은 군입니다. 지금 대왕은 여러 험준한 곳을 넘어 1,000리 먼 길을 가 공격하고자 합니다. 이는 매우 어려운 일입니다. 옛날 효자로 유명한 증삼이 비읍에 살 때 노나라 출신 가운데 증삼과 이름이 같은 자가 사람을 죽였습니다. 누군가가 증삼의 모친에게 '증삼이 사람을 죽였다'고 했습니다. 증삼의 모친이 태연하게 베를 짰습니다. 얼마 후 또 한 사람이 와서 '증삼이 사람을 죽였다'고 말했습니다. 증삼의 모친이 여전히 태연하게 베를 짰습니다. 조금 뒤에 또 한 사람이 와서 '증삼이 사람을 죽였다'고 말했습니다. 마침내 증삼의 모친이 북을 내던지고 베틀에서 내려온 뒤[投杼下機] 담을 넘어 달아났습니다. 증삼의 현명함과 그 모친의 믿음으로도 세 명이 증삼을 의심하자 그 모친은 겁을 덜컥 내고 말았습니다.

지금 신의 현명함은 증삼만 못하고, 군주의 신에 대한 신뢰 또한 증삼에 관한 그 모친의 믿음만 못합니다. 신을 의심하는 사람은 비단 세 명에 그치는 것이 아닙니다. 신은 대왕이 언제 북을 내던질까 걱정스럽습니다. 전에 장의는 서쪽으로 파촉의 땅을 병탄하고, 북쪽으로 서하 밖의 땅을 개척하고, 남쪽으로 상용을 빼앗았습니다. 그러나 세인은 장의가 공을 세웠다고 말하지 않고, 선왕을 현명하다고 했습니다. 위문후는 악양樂羊에게 중산을 공격하게 해 3년 만에 함락시켰습니다. 악양이 개선해 논공행상論功行賞을 할 때 위문후는 악양을 헐뜯는 문서 상자를 보였습니다. 악양은 거듭 절하고 머리를 조아리며 말하기를, '이번 승리는 신의 공이 아니고 대왕의 힘입니다'라고 했습니다. 신은 기려지신에 지나지 않습니다. 저리자와 공손석公孫奭● 두 사람이 한나라를 친 일로 시비를 논하면 대왕은 반드시 저들의 말을 들을 것입니다. 그러면 대왕은 위나라 왕을 속이고, 신은 한나라 재상 공중치公仲侈●●의 원망을 사게 될 것입니다."

진무왕이 말했다.

"과인은 이들의 말을 듣지 않을 것이오. 그대와 맹서할 수 있소."

승상 감무를 시켜 군사를 이끌고 가 의양을 치게 했다. 다섯 달이 지나도록 함락시키지 못했다. 저리자와 공손석이 과연 이를 문제 삼고 나왔다. 신무왕이 감무를 소환해 싸움을 중지시키려 했다. 감무가 진무왕에게 옛날 약속을 상기시켰다.

"식양이 저기 있습니다."

진무왕이 말했다.

"그렇소."

그러고는 대대적으로 군사를 동원한 뒤 감무에게 이들을 이끌고 한나라를 치게 했다. 마침내 6만 명의 적을 베고 의양을 함락시켰다.

● 《사기색은》은 공손석이 《전국책》에는 공손연으로 나온다고 했다.
●● 공중치가 《전국책》〈한책〉 등에는 공중붕公仲朋으로 나온다. 붕朋이 베껴 쓰는 과정에서 치侈로 바뀌었을 가능성이 크다. 《사기집해》는 공중치가 공중풍公仲馮으로 나오는 판본도 있다고 했다.

한양왕이 공중치를 시켜 사죄한 뒤 진나라와 강화했다. 진무왕은 마침내 주나라 궁정에 와 힘자랑을 하다가 그곳에서 죽었다. 주무왕의 이복동생이 즉위했다. 그가 진소양왕이다. 진소양왕의 생모 선태후宣太后는 초나라 출신이다. 초회왕은 전에 초나라 군사가 단양에서 진나라 군사에게 패할 때 한나라가 도와주지 않은 것을 원망했다. 이에 앙심을 품고 군사를 동원해 한나라의 옹씨雍氏를 포위했다. 한나라가 공중치를 보내 진나라에 위급을 알렸다. 진나라는 진소양왕이 막 즉위하고, 태후가 초나라 출신인 점 등을 감안해 한나라의 위급을 구하려 하지 않았다. 공중치가 감무에게 사정했다. 감무가 한나라를 위해 진소양왕을 회유했다.

"공중치는 지금 진나라의 구원을 받을 수 있다고 믿기에 감히 초나라에 맞서는 것입니다. 지금 옹씨가 포위되었는데도 진나라 군사가 효산 쪽으로 내려가지 않으면 공중치는 절망한 나머지 머리를 처들고 조회하지 않으며[仰首不朝] 진나라에 입조하지 않을 것입니다. 공숙은 나라를 들어 남쪽 초나라와 연합하고자 할 것입니다. 초나라와 한나라가 연합하면 위나라도 이들의 말을 들을 수밖에 없습니다. 그리되면 진나라를 칠 형세가 갖추어집니다. 앉아서 남의 공격을 기다리는 것과 남을 먼저 공략하는 것 가운데 어느 쪽이 더 유리하겠습니까?"

진소양왕이 말했다.

"알겠소."

이내 군사를 효산으로 내려보내 한나라를 구했다. 초나라 군사가 철군했다. 진나라가 상수를 시켜 의양을 평정하고, 저리자와 감무에게 위나라의 피씨를 치게 했다. 상수는 선태후의 외척이다. 어렸을 때부터 진소양왕과 함께 생장한 덕분에 중용되었다. 상수가 초나라로 가자 초나라는 진나라가 상수를 귀하게 여긴다는 말을 듣고 극진히 대접했다. 상수가 진나라를 위해 의양을 빼놓은 채 한나라를 치려 했다. 한나라의 공중치는 소대를 통해 상수에게 이같이 전했다.

"새도 급하면 수레를 뒤엎습니다[禽困覆車]. 공이 한나라를 깨뜨리고 공중치에게 치욕을 안겨주려 하자 공중치는 나라를 거두어 다시 진나라를 섬기려 합니다. 그는 틀림없이 봉지를 받을 것으로 기대하고 있습니다. 지금 공은 초나라에 해구解口의 땅을 주고, 초나라의 소영윤小令尹을 두양杜陽에 봉했습니다. 진나라와 초나라가 합세해 한나라를 치면 한나라는 반드시 멸망할 것입니다. 한나라가 멸망하면 공중치는 직접 자신의 사병私兵을 이끌고 진나라를 막으려 할 것입니다. 공은 이 점을 잘 생각하십시오."

상수가 말했다.

"내가 진나라와 초나라를 연합하려는 것은 그것으로 한나라를 치려는 것이 아닙니다. 그대는 상수를 위해 공중치에게 '진나라와 한나라는 서로 연합할 만하다'고 전해주시오."

소대가 대답했다.

"공에게 드릴 말씀이 있습니다. 사람들은 귀하게 되는 배경을 귀하게 여기는 자는 귀해진다고 합니다[貴貴者貴]. 지금 진나라 군주는 공을 공손석만큼 아끼지 않고, 공의 지혜와 능력이 감무만 못하다고 여깁니다. 그런데도 공손석과 감무 모두 진나라 국사에 직접 참여하지 못하고, 공만 군주와 함께 국사를 주관하고 있습니다. 그 까닭은 무엇이겠습니까? 저 두 사람은 군주의 신임을 잃은 이유가 있습니다. 공손석은 한나라, 감무는 위나라 편을 들었기에 군주의 신임을 잃은 것입니다. 지금 진나라와 초나라가 힘을 다투는 상황에서 공이 초나라 편을 들면 이는 공손석과 감무의 전철을 밟는 것입니다. 공이 그들과 무엇이 다르겠습니까? 모두 초나라는 약속을 교묘히 어겨 믿을 수 없다고 말하는데 공만 극구 그렇지 않다고 부인합니다. 이는 공이 스스로 책임져야 하는 것입니다. 공은 군주와 함께 초나라의 속임수에 관한 대비책을 세우고 한나라를 가까이해 초나라에 대비하느니만 못합니다. 그러면 우환이 없을 것입니다.

당초 한나라는 나라를 들어 공손석을 좇았고, 이후 나라를 감무에게 맡겼습니다. 한나라는 공의 원수입니다. 지금 공이 한나라를 가까이해 초나라에 대비해야 한다고 말하면, 이는 외부 인재를 등용할 때 원수도 마다하지 않는 것에 해당합니다[外擧不僻讎]."

상수가 말했다.

"그렇소. 나는 진나라와 한나라가 서로 연합하기를 바라오."

소대가 말했다.

"감무는 공중치에게 빼앗은 무수武遂를 반환하고, 의양에서 생포한 한나라의 백성을 돌려보내겠다고 약속했습니다. 공은 지금 맨입으로 한나라의 마음을 얻고자 합니다. 이는 매우 어려운 일입니다."

상수가 물었다.

"그럼 어찌해야 좋소? 무수는 끝내 손에 넣을 수 없는 것이오?"

소대가 대답했다.

"공은 어찌해서 한나라의 환심을 사는 방법으로 진나라의 위세를 적극 활용해 초나라에 영천潁川을 요구하지 않는 것입니까? 영천은 본래 한나라 땅인데 초나라가 빼앗아간 것입니다. 공이 이를 요구해 관철시키면 진나라의 정령政令이 초나라에 시행된 것이고, 한나라 땅을 되찾아주어 덕을 베푼 셈이 됩니다. 또 공의 요구가 좌절되면 한나라와 초나라 사이의 원한은 풀릴 길이 없고, 두 나라 모두 진나라의 환심을 사기 위해 다투어 달려올 것입니다. 진나라와 초나라가 힘을 다투는 동안 공은 느긋이 초나라를 책망하고, 한나라의 마음을 다독이면 됩니다. 이리하면 진나라에 매우 유리할 것입니다."

상수가 물었다.

"그럼 어찌하면 좋겠소?"

소대가 대답했다.

"이같이 하는 것이 좋을 것입니다. 지금 감무는 위나라의 마음을 얻어 제나라를 치고, 공손석은 한나라의 마음을 얻어 제나라를 치려 합니다. 공은 의양을 손에 넣어 공을 세운 뒤 초나라와 한나라의 마음을 다독여 안정시키고, 제나라와 위나라의 과실을 꾸짖으면 됩니다. 그러면 공손석과 감무는 할 일이 없게 될 것입니다."

감무가 마침내 진소양왕에게 건의해 무수를 다시 한나라에 돌려주었다. 상수와 공손석이 반대했지만 받아들여지지 않았다. 상수와 공손석이 감무를 원망하며 헐뜯었다. 감무가 두려운 나머지 위나라 포판蒲阪에 대한 공격을 멈추고 달아났다. 저리자가 위나라와 강화한 뒤 철군했다.

●● 甘茂者, 下蔡人也. 事下蔡史擧先生, 學百家之術. 因張儀·樗里子而求見秦惠王. 王見而說之, 使將, 而佐魏章略定漢中地. 惠王卒, 武王立. 張儀·魏章去, 東之魏. 蜀侯煇·相壯反, 秦使甘茂定蜀. 還, 而以甘茂爲左丞相, 以樗里子爲右丞相. 秦武王三年, 謂甘茂曰, "寡人欲容車通三川, 以窺周室, 而寡人死不朽矣." 甘茂曰, "請之魏, 約以伐韓, 而令向壽輔行." 甘茂至, 謂向壽曰, "子歸, 言之於王曰 '魏聽臣矣, 然願王勿伐'. 事成, 盡以爲子功." 向壽歸, 以告王, 王迎甘茂於息壤. 甘茂至, 王問其故. 對曰, "宜陽, 大縣也, 上黨·南陽積之久矣. 名曰縣, 其實郡也. 今王倍數險, 行千里攻之, 難. 昔曾參之處費, 魯人有與曾參同姓名者殺人, 人告其母曰'曾參殺人', 其母織自若也. 頃之, 一人又告之曰'曾參殺人', 其母尙織自若也. 頃又一人告之曰'曾參殺人', 其母投杼下機, 踰牆而走. 夫以曾參之賢與其母信之也, 三人疑之, 其母懼焉. 今臣之賢不若曾參, 王之信臣又不如曾參之母信曾參也, 疑臣者非特三人, 臣恐大王之投杼也. 始張儀西幷巴蜀之地, 北開西河之外, 南取上庸, 天下不以多張子而以賢先王. 魏文侯令樂羊將而攻中山, 三年而拔之. 樂羊返而論功, 文侯示之謗書一篋. 樂羊再拜稽首曰, '此非臣之功也, 主君之力也.' 今臣, 羈旅之臣也. 樗里子·公孫奭二人者挾韓而議之, 王必聽之, 是王欺魏王而臣受公仲侈之怨也." 王曰, "寡人不聽也, 請與子盟." 卒使丞相甘茂將兵伐宜陽. 五月而不拔, 樗里子·公孫奭果爭之. 武王召甘茂, 欲罷兵. 甘茂曰, "息壤在彼." 王曰, "有之." 因大悉起兵, 使甘茂擊之. 斬首六萬, 遂拔宜陽. 韓襄王使公仲侈入謝, 與秦平. 武王竟至周, 而卒於周. 其弟立, 爲昭王. 王母宣太后, 楚女也. 楚懷王怨前秦敗楚於丹陽而韓不救, 乃以兵圍韓雍氏. 韓使公仲侈告急於秦. 秦昭王新立, 太后楚人, 不肯救. 公仲因甘茂, 茂爲韓言於秦昭王曰, "公仲方有得秦救, 故敢扞楚也. 今雍氏圍, 秦師不下殽, 公仲且仰首而不朝, 公叔且以國南合於楚. 楚·韓爲一, 魏氏不敢不聽, 然則伐秦之形成矣. 不識坐而待伐孰與伐人之利?" 秦王曰, "善." 乃下師於殽以救韓. 楚兵去. 秦使向壽平宜陽, 而使樗里子·甘茂伐魏皮氏. 向壽者, 宣太后外族也, 而與昭王少相長, 故任用. 向壽如楚, 楚聞秦之貴向壽, 而厚事向壽. 向壽爲秦守宜陽, 將以伐韓. 韓公仲使蘇代謂向壽曰,

"禽困覆車. 公破韓, 辱公仲, 公仲收國復事秦, 自以爲必可以封. 今公與楚解口地, 封小令尹以杜陽. 秦楚合, 復攻韓, 韓必亡. 韓亡, 公仲且躬率其私徒以閼於秦. 願公孰慮之也." 向壽曰, "吾合秦楚非以當韓也, 子爲壽謁之公仲, 曰秦韓之交可合也." 蘇代對曰, "願有謁於公. 人曰貴其所以貴者貴. 王之愛習公也, 不如公孫奭, 其智能公也, 不如甘茂. 今二人者皆不得親於秦事, 而公獨與王主斷於國者何? 彼有以失之也. 公孫奭黨於韓, 而甘茂黨於魏, 故王不信也. 今秦楚爭彊而公黨於楚, 是與公孫奭·甘茂同道也, 公何以異之? 人皆言楚之善變也, 而公必亡之, 是自爲責也. 公不如與王謀其變也, 善韓以備楚, 如此則無患矣. 韓氏必先以國從公孫奭而後委國於甘茂. 韓, 公之讎也. 今公言善韓以備楚, 是外擧不僻讎也." 向壽曰, "然, 吾甚欲韓合." 對曰, "甘茂許公仲以武遂, 反宜陽之民, 今公徒收之, 甚難." 向壽曰, "然則奈何? 武遂終不可得也?" 對曰, "公奚不以秦爲韓求潁川於楚? 此韓之寄地也. 公求而得之, 是令行於楚而以其地德韓也. 公求而不得, 是韓楚之怨不解而交走秦也. 秦楚爭彊, 而公徐過楚以收韓, 此利於秦." 向壽曰, "奈何?" 對曰, "此善事也. 甘茂欲以魏取齊, 公孫奭欲以韓取齊. 今公取宜陽以爲功, 收楚韓以安之, 而誅齊魏之罪, 是以公孫奭·甘茂無事也." 甘茂竟言秦昭王, 以武遂復歸之韓. 向壽·公孫奭爭之, 不能得. 向壽·公孫奭由此怨, 讒甘茂, 茂懼, 輟伐魏蒲阪, 亡去. 樗里子與魏講, 罷兵.

　감무는 진나라를 떠나 제나라로 달아났다가 소대를 만났다. 소대가 제나라를 위해 진나라에 사자로 가게 되자 감무가 부탁했다.

　"나는 진나라에 죄를 짓고 두려워 달아났지만 몸을 의탁할 곳이 없소. 들은 이야기에 따르면 옛날 가난한 여인과 부유한 여인이 함께 길쌈을 했소. 가난한 여인이 말하기를, '나는 촛불을 살 돈이 없고, 그대의 촛불은 다행히 빛이 남아 있으니 나에게 나누어주십시오. 그대는 당신의 빛을 전혀 덜지 않고도 남은 빛으로 남에게 이익을 나누어줄 수 있습니다'라고 했소. 지금 나는 곤궁하오. 공은 이제 진나라에 사자로 가게 되었소. 내 처자가 진나라에 있소. 공이 남는 빛으로 이들을 구해주시오.'"

소대가 허락한 뒤 진나라에 사자로 가 진소양왕을 설득했다.

"감무는 비상한 인물입니다. 진나라에 있을 때 여러 대에 걸쳐 중용된 것이 그렇습니다. 효산의 요새부터 귀곡鬼谷에 이르기까지 지형의 특징을 훤히 꿰고 있습니다. 그가 만일 제나라를 부추겨 한나라 및 위나라와 맹약한 뒤 진나라를 치게 하면 진나라에 이롭지 않을 것입니다."

진소양왕이 물었다.

"그렇다면 어찌해야 좋소?"

소대가 대답했다.

"대왕은 많은 예물을 보내고 녹봉을 두텁게 해 그를 맞아들이는 것이 낫습니다. 그가 오면 곧바로 귀곡에 유폐시킨 뒤 평생 나오지 못하게 하십시오."

진소양왕이 말했다.

"좋은 생각이오."

진소양왕은 곧바로 그에게 상경上卿의 벼슬을 주고 재상의 인수를 보내 제나라로부터 맞아오려 했다. 그러나 감무는 오지 않았다. 소대가 제민왕에게 물었다.

"감무는 현능한 사람입니다. 지금 진나라가 그에게 상경의 벼슬을 주고, 재상의 인수를 가지고 와 그를 맞이하려는 것이 그렇습니다. 감무는 대왕의 은덕을 고맙게 여겨 기꺼이 대왕의 신하가 되고자 합니다. 사양하고 돌아가지 않은 이유입니다. 지금 대왕은 무엇으로 그를 예우할 것입니까?"

제민왕이 대답했다.

"알겠소."

곧 상경의 벼슬을 내리고, 제나라에 머물러 있게 했다. 진나라도 감무의 집안을 회복시켜주고, 감무를 데려오기 위해 제나라와 경쟁했다. 얼마 후 제나라가 감무를 초나라에 사자로 보냈다. 당시 초회왕은 진나라와 혼인관계를 맺고 친하게 지냈다. 진나라는 감무가 초나라에 있다는 말을 듣고 사람을 시켜 초회왕에게 이같이 청했다.

"감무를 진나라로 보내주십시오."

초회왕은 대부 범연范蜎에게 물었다.

"과인이 재상을 진나라에 천거하고자 하는데 누가 좋겠소?"

범연이 대답했다.

"신은 그런 인물을 천거할 만한 식견이 없습니다."

초회왕이 물었다.

"과인이 감무를 재상으로 천거하고자 하는데 어찌 생각하오?"

범연이 반대했다.

"안 됩니다. 그의 스승 사거는 하채의 문지기였습니다. 크게는 군주를 섬기는 일을 하지 않았고, 작게는 집안을 돌보지 못했습니다. 구차하게 사는 미천한 신분으로 청렴하지도 않은 것으로 알려졌습니다. 감무는 그런 인물을 묵묵히 스승으로 섬겼습니다. 현명한 진혜문왕, 명철한 진무왕, 말재주에 능한 장의도 잘 섬겼습니다. 열 가지 벼슬을 역임했으나 허물을 만든 적이 없습니다. 감무를 현명하다고 말하는 이유입니다. 그러나 그를 재상으로 천거해서는 안 됩니다. 진나라에 현능한 재상이 있으면 초나라에 이로울 것이 없습니다.

대왕은 얼마 전에 소활召滑을 월나라에 천거한 적이 있습니다. 장의章義가 내란을 일으켜 월나라가 어지러워지자, 초나라는 남쪽으로 여문厲門을 막고 월나라의 강동을 초나라의 군으로 편입시켰습니다. 대왕이 이런 공을 쌓을 수 있었던 것은 바로 월나라는 어지러운데 반해 초나라는 잘 다스려졌기 때문입니다. 대왕은 지금 이런 계책을 월나라에만 쓸 줄 알고, 진나라에도 써야 한다는 사실을 잊고 있습니다. 신은 대왕의 일이 크게 잘못되었다고 생각합니다.

대왕이 굳이 진나라에 재상을 천거하고자 하면 상수가 가장 적당합니다. 그는 진나라 왕과 가깝습니다. 어렸을 때 서로 옷을 돌려 입었고, 커서는 수레를 함께 타고 다니며 국사를 논의했습니다. 대왕은 반드시 상수를 진나라 재상으로 천거하십시오. 그리하는 것이 초나라에 이롭습니다."

곧 사자를 진소양왕에게 보내 상수를 재상으로 삼게 했다. 진나라가 상수를 재상으로 삼자 감무는 끝내 진나라로 돌아가지 못한 채 위나라에서 죽었다.

●● 甘茂之亡秦奔齊, 逢蘇代. 代爲齊使於秦. 甘茂曰, "臣得罪於秦, 懼而遁逃, 無所容跡. 臣聞貧人女與富人女會績, 貧人女曰, '我無以買燭, 而子之燭光幸有餘, 子可分我餘光, 無損子明而得一斯便焉.' 今臣困而君方使秦而當路矣. 茂之妻子在焉, 願君以餘光振之." 蘇代許諾. 遂致使於秦. 已, 因說秦王曰, "甘茂, 非常士也. 其居於秦, 累世重矣. 自殽塞及至鬼谷, 其地形險易皆明知之. 彼以齊約韓魏反以圖秦, 非秦

之利也."秦王曰, "然則奈何?" 蘇代曰, "王不若重其贄, 厚其祿以迎之,
使彼來則置之鬼谷, 終身勿出." 秦王曰, "善." 卽賜之上卿, 以相印迎之
於齊. 甘茂不往. 蘇代謂齊湣王曰, "夫甘茂, 賢人也. 今秦賜之上卿, 以
相印迎之. 甘茂德王之賜, 好爲王臣, 故辭而不往. 今王何以禮之?" 齊
王曰, "善." 卽位之上卿而處之. 秦因復甘茂之家以市於齊. 齊使甘茂
於楚, 楚懷王新與秦合婚而驩. 而秦聞甘茂在楚, 使人謂楚王曰, "願送
甘茂於秦." 楚王問於范蜎曰, "寡人欲置相於秦, 孰可?" 對曰, "臣不足
以識之." 楚王曰, "寡人欲相甘茂, 可乎?" 對曰, "不可. 夫史擧, 下蔡之
監門也, 大不爲事君, 少不爲家室, 以苟賤不廉聞於世, 甘茂事之順焉.
故惠王之明, 武王之察, 張儀之辯, 而甘茂事之, 取十官而無罪. 茂誠賢
者也, 然不可相於秦. 夫秦之有賢相, 非楚國之利也. 且王前嘗用召滑
於越, 而內行章義之難, 越國亂, 故楚南塞厲門而郡江東. 計王之功所
以能如此者, 越國亂而楚治也. 今王知用諸越而忘用諸秦, 臣以王爲
鉅過矣. 然則王若欲置相於秦, 則莫若向壽者可. 夫向壽之於秦王, 親
也, 少與之同衣, 長與之同車, 以聽事. 王必相向壽於秦, 則楚國之利
也." 於是使使請秦相向壽於秦. 秦卒相向壽. 而甘茂竟不得復入秦,
卒於魏.

감라열전

감무에게 감라甘羅라는 후손이 있었다. 감라는 감무의 손자다. 감
무 사후 감라는 열두 살 나이에 진나라 재상 문신후文信侯 여불위呂不
韋를 섬겼다. 진시황이 강성군剛成君 채택을 연나라에 사자로 보낸

지 3년 만에 연왕 희喜가 태자 단丹을 진나라에 볼모로 보냈다. 진나라는 장당張唐을 보내 연나라 재상에 앉힌 뒤 연나라와 합세해 조나라를 치고 하간 땅을 확장하고자 했다. 장당이 여불위에게 말했다.

"제가 일찍이 진소양왕을 위해 조나라를 쳤습니다. 조나라가 선언하기를, '장당을 생포하는 자에게는 100리의 땅을 주겠다'고 했습니다. 지금 연나라로 가려면 반드시 조나라를 거쳐야 합니다. 신은 갈 수가 없습니다."

여불위는 내심 불쾌했지만 강요할 수도 없는 일이었다. 감라가 물었다.

"군후君侯는 무슨 일로 그토록 불쾌한 표정을 하고 있는 것입니까?"

여불위가 대답했다.

"내가 강성군 채택에게 연나라를 섬기게 한 지 3년 만에 연나라가 태자 단을 볼모로 보내왔소. 내가 직접 장당에게 연나라로 가 재상의 자리에 오를 것을 권했지만 그는 가려 하지 않소."

감라가 말했다.

"제가 가도록 만들겠습니다."

여불위가 큰소리로 꾸짖었다.

"그만두어라. 내가 직접 청해도 듣지 않는데, 네가 무슨 수로 그를 보낼 수 있단 말인가?"

감라가 대꾸했다.

"항탁項橐은 일곱 살 때 공자의 스승이 되었습니다. 지금 저는 열두 살입니다. 군후는 저를 시험해보면 될 터인데 왜 막무가내로 꾸짖기만 하는 것입니까?"

감라가 장경을 만나 물었다.

"그대와 무안군 백기白起 가운데 누구의 공이 더 크다고 생각하오?"

장경이 대답했다.

"무안군은 남쪽으로 강한 초나라를 꺾었고, 북쪽으로는 연나라와 조나라를 위압했소. 싸우면 이기고 공격하면 탈취하는 일이 거듭되었소. 성읍을 공략한 것이 이루 헤아릴 수 없을 정도요. 나의 공은 무안군에 미치지 못하오."

감라가 또 물었다.

"응후應侯 범수가 진나라에서 국사를 제멋대로 주무르는 것이 문신후 여불위와 비교해 누가 심하다고 생각하오?"

"응후의 권세는 문신후를 따를 수 없소."

감라가 거듭 물었다.

"그대는 응후의 전횡專橫이 문신후에 미치지 못하다는 것을 확실히 알고 있소?"

장경이 대답했다.

"알고 있소."

감라가 말했다.

"응후가 조나라를 치려 했을 때 무안군은 이를 어렵게 여겼소. 함양에서 7리 떨어진 두우杜郵에 이르러 피살되었소. 이제 문신후가 직접 나서 그대에게 연나라 재상이 되기를 청했소. 그런데도 그대는 가지 않으려 하니, 나는 그대가 어디서 죽음을 맞이할지 알 수 없소."

장당이 황급히 말했다.

"젊은이 말대로 하겠소."

장당이 곧바로 길을 떠날 채비를 했다. 떠나기까지 아직 며칠 여유가 있었다. 감라가 문신후에게 말했다.

"신에게 수레 다섯 승만 빌려주십시오. 장당을 위해 먼저 조나라에 일러둘 것이 있습니다."

문신후가 곧 궁중에 들어가 진시황에게 말했다.

"옛날에 감무의 손자 감라는 나이가 어리기는 하나 명문가의 후손으로 제후들 모두 그에 관해 알고 있습니다. 이번에 장당이 병을 평계로 연나라에 가지 않으려는 것을 감라가 설득해 가도록 만들었습니다. 지금 또 먼저 조나라로 가 이를 알려주려고 합니다. 그를 보내도록 허락해주십시오."

진시황이 감라를 불러 이야기를 나눈 뒤 조나라에 사자로 보냈다. 조도양왕趙悼襄王이 교외에 나와 감라를 영접했다. 감라가 조도양왕에게 물었다.

"대왕은 연나라 태자 단이 진나라에 볼모로 가 있다는 이야기를 들은 적이 있습니까?"

조도양왕이 대답했다.

"들었소."

감라가 또 물었다.

"장당이 연나라 재상으로 간다는 말은 들었습니까?"

조도양왕이 대답했다.

"들었소."

감라는 조도양왕을 설득했다.

"연나라의 태자 단이 진나라에 볼모로 가는 것은 장차 진나라를 속이지 않겠다는 뜻이고, 장당이 연나라에 재상으로 가는 것은 진나라가 장차 연나라를 속이지 않겠다는 취지입니다. 연나라와 진나라가 서로 속이지 않으면 조나라를 칠 터이니 이는 매우 위험한 일입니다. 연나라와 진나라가 서로 속이지 않는 것은 다름이 아니라 조나라를 쳐 하간의 땅을 확장하려는 취지입니다. 대왕은 차제에 신을 통해 다섯 개 성읍을 베어주어 진나라가 하간 땅을 확장하도록 돕는 것이 낫습니다. 그러면 연나라 태자 단을 돌려보내 국교를 끊게 한 뒤 강한 조나라와 합세해 약한 연나라를 치도록 하겠습니다."

조도양왕이 즉석에서 다섯 개의 성읍을 할양해 진나라의 하간 땅 확장을 도왔다. 진나라는 연나라 태자 단을 돌려보내며 국교를 끊었다. 조나라가 연나라를 쳐 상곡의 서른 개의 성읍을 빼앗았다. 그 가운데 열한 개의 성을 진나라에 주었다. 감라가 돌아와 복명하자 진시황이 감라에게 봉지를 내리고 상경으로 삼았다. 전에 감무가 소유했던 전답과 저택을 다시 감라에게 내렸다.

◉◉ 甘茂有孫曰甘羅. 甘羅者, 甘茂孫也. 茂既死後, 甘羅年十二, 事秦相文信侯呂不韋. 秦始皇帝使剛成君蔡澤於燕, 三年而燕王喜使太子丹入質於秦. 秦使張唐往相燕, 欲與燕共伐趙以廣河閒之地. 張唐謂文信侯曰, "臣嘗爲秦昭王伐趙, 趙怨臣, 曰, '得唐者與百里之地.' 今之燕必經趙, 臣不可以行." 文信侯不快, 未有以彊也. 甘羅曰, "君侯何不快之甚也?" 文信侯曰, "吾令剛成君蔡澤事燕三年, 燕太子丹已入質矣, 吾自請張卿相燕而不肯行." 甘羅曰, "臣請行之." 文信侯叱曰, "去! 我身自請之而不肯, 女焉能行之?" 甘羅曰, "大項囊生七歲爲孔子師. 今臣生十二歲於玆矣, 君其試臣, 何遽叱乎?" 於是甘羅見張卿曰, "卿之功孰與武安君?" 卿曰, "武安君南挫彊楚, 北威燕·趙, 戰勝攻取, 破城墮邑, 不知其數, 臣之功不如也." 甘羅曰, "應侯之用於秦也, 孰與文信侯專?" 張卿曰, "應侯不如文信侯專." 甘羅曰, "卿明知其不如文信侯專與?" 曰, "知之." 甘羅曰, "應侯欲攻趙, 武安君難之, 去咸陽七里而立死於杜郵. 今文信侯自請卿相燕而不肯行, 臣不知卿所死處矣." 張唐曰, "請因孺子行." 令裝治行. 行有日, 甘羅謂文信侯曰, "借臣車五乘, 請爲張唐先報趙." 文信侯乃入言之於始皇曰, "昔甘茂之孫甘羅, 年少耳, 然名家之子孫, 諸侯皆聞之. 今者張唐欲稱疾不肯行, 甘羅說而行之. 今願先報趙, 請許遣之." 始皇召見, 使甘羅於趙. 趙襄王郊迎甘羅. 甘羅說趙王曰, "王聞燕太子丹入質秦歟?" 曰, "聞之." 曰, "聞張唐相燕歟?" 曰, "聞之." "燕太子丹入秦者, 燕不欺秦也. 張唐相燕者, 秦不欺燕也. 燕·秦不相欺者, 伐趙, 危矣. 燕·秦不相欺無異故, 欲攻趙而廣河閒. 王不如齎臣五城以廣河閒, 請歸燕太子, 與彊趙攻弱燕." 趙王立自割五城以廣河閒. 秦歸燕太子. 趙攻燕, 得上谷三十城, 令秦有十一. 甘羅還報秦, 乃封甘羅以爲上卿, 復以始甘茂田宅賜之.

태사공은 평한다.

"저리자가 진혜문왕의 골육지간이 되어 중용된 것은 당연한 일이다. 진나라 백성이 그의 지혜를 크게 칭송했다. 그의 사적을 비교적 많이 실은 이유다. 감무는 하채의 미천한 집안 출신으로 제후들 내에서 이름을 떨치고, 강대한 제나라와 초나라에서 중용되었다. 감라는 나이는 어렸지만 기묘한 계책으로 명성을 후대에 남겼다. 행실이 성실한 군자는 아닐지라도 전국시대의 책사로 부를 만하다. 진나라가 강성해질 무렵 천하는 더욱 간교한 권모술수가 횡행했다!"

太史公曰, "樗里子以骨肉重, 固其理, 而秦人稱其智, 故頗采焉. 甘茂起下蔡閭閻, 顯名諸侯, 重彊齊楚. 甘羅年少, 然出一奇計, 聲稱後世. 雖非篤行之君子, 然亦戰國之策士也. 方秦之彊時, 天下尤趨謀詐哉!"

권 72

양후열전

穰侯列傳

〈양후열전穰侯列傳〉은 전국시대 중기 진소양왕의 숙부인 승상 위염魏冉에 관한 전기다. 진소양왕이 어린 나이에 즉위하자 선태후가 섭정했고, 선태후의 동생인 위염이 실권을 휘둘렀다. 위염은 장군으로 임명된 후 여러 번 공을 세워 양후에 봉해졌다. 이후 그는 백기를 장수로 삼아 진나라의 영토를 대폭 확장하는 데 성공했다. 덕분에 세 번이나 재상의 자리에 오르게 되었다. 그러나 세력이 커질수록 좌우의 견제도 심해졌다. 대표적인 인물이 유세객 범수였다. 결국 양후는 범수의 예봉을 벗어나지 못해 낙향한 뒤 울분 속에 죽음을 맞이하게 되었다. 권력무상이 상기되는 대목이다. 당시의 정황을 보다 소상히 파악하기 위해서는 〈양후열전〉과 비슷한 내용을 다루고 있는 〈백기왕전열전白起王翦列傳〉 및 〈범수채택열전范睢蔡澤列傳〉과 함께 읽을 필요가 있다.

양후 위염은 진소양왕의 생모인 선태후의 동생이다. 선대는 초나라 출신으로, 성은 미씨芈氏다. 진무왕이 문득 세상을 떠났을 때 보위를 계승할 자식이 없어 이복동생을 세웠다. 그가 바로 진소양왕이다. 진소양왕 생모의 호칭은 미팔자芈八子였다. 아들이 진소양왕으로 즉위하면서 선태후로 불리었다.

선태후는 진무왕의 생모가 아니다. 진무왕의 생모는 진혜문후秦惠文后다. 진무왕보다 먼저 죽었다. 선태후에게는 두 명의 이복동생이 있었다. 첫째는 부친이 다른 동생인 양후 위염이다. 성은 위魏, 이름은 염冉이다. 둘째는 부친이 같은 동생인 미융芈戎으로 곧 화양군華陽君이다. 진소양왕과 동복동생으로는 고릉군과 경양군이 있었다. 이 가운데 위염이 가장 현명했다. 진혜문왕과 진무왕 때부터 관직에 임용되어 국정에 깊이 참여했다. 진무왕이 세상을 떠났을 때 그의 여러 동생이 보위를 놓고 다투었다. 진소양왕은 위염의 지원 덕분에 즉위할 수 있었다.

진소양왕은 즉위 직후 위염을 장군으로 임명한 뒤 함양을 수守비하게 했다. 당시 위염은 진소양왕 2년, 공자 장壯이 일으킨 이른바 계군지란季君之亂을 평정하고, 진무왕의 왕후를 위나라로 쫓아냈다. 이어 진소양왕의 여러 형제 가운데 불만을 품고 있던 자들을 모두 죽여 위세를 크게 떨쳤다. 진소양왕은 아직 어린 탓에 선태후가 섭정을 했다. 사실상 선태후의 동생인 위염이 국정을 주도한 배경이다.

진소양왕 7년, 저리자가 죽자 경양군을 제나라에 볼모로 보냈다. 조나라 출신 유세가인 누완樓緩이 진나라로 와 승상이 되었다. 조나라는 자국에 이로울 것이 없다고 여겨 구액仇液을 진나라에 사자로 보내 위염을 승상으로 천거했다. 구액이 떠나려 할 때 위염의 문객인 송공宋公이 말했다.

"진나라가 공의 말을 들어주지 않으면 누완은 반드시 공을 원망할 것입니다. 공은 미리 누완에게 '당신을 위해 위염을 급히 승상에 앉히는 일을 삼가하라고 청하겠다'고 말해두는 것이 좋습니다. 진나라 왕은 조나라가 위염을 승상에 앉히는 것을 급히 하지 말라고 청하는 것을 보면 틀림없이 공의 말을 들어주지 않을 것입니다. 공의 말이 의도한 대로 이루어지지 않으면 누완에게 덕을 베푸는 것이 되고, 의도한 대로 이루어지면 위염은 공에게 틀림없이 고마움을 느낄 것입니다."

구액이 이를 좇았다. 진나라는 과연 누완을 면직시키고 위염을 승상의 자리에 앉혔다. 진나라에서 위염을 재상에 임명하는 것을 반대했던 여례呂禮를 죽이려 하자 여례가 제나라로 달아났다. 진소양왕 14년, 위염이 백기를 천거해 상수를 대신하도록 했다. 백기가 군사를 이끌고 한나라와 위나라를 쳤다. 이궐에서 24만 명을 참수하고, 위나라 장수 공손희公孫喜를 생포했다. 이듬해인 진소양왕 15년, 또 초나라의 완과 섭 땅을 취했다. 위염이 병을 칭하며 승상 자리에서 물러날 것을 청했다. 진나라가 객경 수촉壽燭을 승상에 앉혔다. 이듬해인 진소양왕 16년, 수촉이 면직되자 다시 위염을 승상에 앉혔다. 양穰 땅을 봉지로 내리고 도陶 땅을 더해주었다. 이후 양후로 불린 이유다.

●● 穰侯魏冄者, 秦昭王母宣太后弟也. 其先楚人, 姓羋氏. 秦武王卒, 無子, 立其弟爲昭王. 昭王母故號爲羋八子, 及昭王卽位, 羋八子號爲宣太后. 宣太后非武王母. 武王母號曰惠文后, 先武王死. 宣太后二弟, 其異父長弟曰穰侯, 姓魏氏, 名冄, 同父弟曰羋戎, 爲華陽君. 而昭王同

母弟曰高陵君·涇陽君. 而魏冄最賢, 自惠王·武王時任職用事. 武王
卒, 諸弟爭立, 唯魏冄力爲能立昭王. 昭王卽位, 以冄爲將軍, 衛咸陽.
誅季君之亂, 而逐武王后出之魏, 昭王諸兄弟不善者皆滅之, 威振秦
國. 昭王少, 宣太后自治, 任魏冄爲政. 昭王七年, 樗里子死, 而使涇陽
君質於齊. 趙人樓緩來相秦, 趙不利, 乃使仇液之秦, 請以魏冄爲秦相.
仇液將行, 其客宋公謂液曰, "秦不聽公, 樓緩必怨公. 公不若謂樓緩曰
'請爲公毋急秦'. 秦王見趙請相魏冄之不急, 且不聽公. 公言而事不成,
以德樓子, 事成, 魏冄故德公矣." 於是仇液從之. 而秦果免樓緩而魏冄
相秦. 欲誅呂禮, 禮出奔齊. 昭王十四年, 魏冄擧白起, 使代向壽將而攻
韓·魏, 敗之伊闕, 斬首二十四萬, 虜魏將公孫喜. 明年, 又取楚之宛·
葉. 魏冄謝病免相, 以客卿壽燭爲相. 其明年, 燭免, 復相冄, 乃封魏冄
於穰, 復益封陶, 號曰穰侯.

　위염이 양후로 봉해진 이듬해인 진소양왕 17년,[•] 군사를 이끌고
가 위나라를 쳤다. 위나라가 하동 땅 400리를 바치고 강화를 청했다.
그 이듬해인 진소양왕 18년, 대량조 백기와 객경 사마조가 위나라
의 예순한 개 성읍을 빼앗았다. 진소양왕 19년, 진나라가 서제, 제나
라가 동제東帝를 칭했다. 한 달여 뒤 여례가 다시 진나라로 돌아왔다.
제나라와 진나라가 다시 칭호를 제에서 왕으로 돌렸다. 위염은 다시
승상이 되었다가 6년 뒤 물러났다. 물러난 지 2년 만에 다시 승상이
되었다. 4년 뒤 백기에게 초나라의 도성 영을 점령하게 했다. 점령한

● "봉해진 이듬해인"의 원문은 "봉사세封四歲"다. 〈표〉에 따르면 양후에 봉해진 이듬해인 진
소양왕 17년에 위나라를 친 것으로 나온다. 《자치통감》의 기록도 〈표〉와 같다. 〈표〉의 기록을
좇았다.

뒤 거기에 남군南郡을 두었다. 이때의 공으로 백기가 무안군이 되었다. 백기는 양후 위염이 천거한 자다. 두 사람이 서로 가까이 지냈다. 당시 양후 위염은 왕실보다 더 부유했다.

진소양왕 32년, 양후가 상국이 되었다. 상국 위염이 군사를 이끌고 위나라를 쳤다. 위나라 장수 망묘芒卯를 격파한 뒤 북택北宅으로 진격해 위나라 도성 대량을 포위했다. 위나라 대부 수가須賈가 양후 위염에게 이같이 유세했다.

"저는 위나라 고관들이 위나라 왕에게 이런 말을 했다고 들었습니다.

'옛날 위혜왕이 조나라를 칠 때 삼량三梁의 전투에서 승리하고 조나라 도성 한단을 점령했습니다. 조나라는 끝끝내 땅을 떼어주지 않았고, 마침내 한단을 수복했습니다. 제나라가 위衛나라를 쳤을 때 옛 도읍인 초구楚丘를 빼앗고 대부 자량子良을 죽였습니다. 위나라는 끝내 땅을 떼어주지 않았고, 마침내 초구를 회복했습니다. 위나라와 조나라가 나라를 온전히 보존하고, 강한 군사를 유지하고, 영토 합병의 재앙에서 벗어난 이유입니다. 어려움 속에서도 견뎌내고, 영토를 소중히 여겨 적에게 떼어주지 않은 덕분입니다. 이에 반해 송나라와 중산국은 적의 침공 때마다 땅을 떼어주다가 결국 패망하고 말았습니다. 위나라와 조나라는 본받을 만하고, 송나라와 중산국은 경계로 삼을 만합니다.

진나라는 탐욕스럽고 포악하니 가까이하지 마십시오. 조금씩 잠식해 들어오다가 마침내 옛 진晉나라에 속한 위나라 땅을 거의 다 삼켜버렸고, 위나라 장수 포연暴鳶을 격파해 여덟 개의 현을 빼앗았습니다. 그 땅을 다 접수하기도 전에 또 군사를 출동시켰습니다. 진나라가 어찌 만족해할 리 있겠습니까? 지금 또 위나라 장수 망묘를 패주시키고, 북택까지 쳐들어왔습니다. 이는 위나라를 침공하려는 것이 아니라 군주를 위협해 더 많은 땅을 떼어가려는 속셈입니다. 대왕은 결코 이들의 말을 들어주어서는 안 됩니다.

지금 대왕이 초나라와 조나라를 배신하고 진나라와 친교를 맺으면 초나라와 조나라는 크게 노한 나머지 대왕을 버리고 다투어 진나라를 섬길 것이고, 진나라 또한 반드시 이들을 받아들일 것입니다. 진나라가 이들과 합세해 공격하면 우리는 반드시 패망하고 말 것입니다. 원컨대 대왕은 결코 진나라와 화친을 맺지 마십시오. 대왕이 굳이 화친을 맺고 싶다면 땅을 조금 떼어주는 대신 반드시 인질을 잡아두도록 하십시오. 그러지 않으면 반드시 속을 것입니다.'

이상이 제가 위나라에서 들은 이야기입니다. 장군은 이를 고려해 일을 처리하도록 하십시오. 《주서》에 이르기를, '천명은 고정되어 있지 않다'고 했습니다. 요행을 계산에 넣어서는 안 된다는 취지입니다. 전에 포연을 물리치고 여덟 개의 현을 빼앗은 것은 병사가 성예하거나, 계략이 뛰어났기 때문이 아닙니다. 단지 하늘이 큰 행운을 내려준 덕분입니다. 지금 또 망묘를 패주시킨 뒤 북택으로 진공해 대량을 포위하고 있습니다. 장군 측은 하늘이 내린 행운이 늘 곁에 있다고 멋대로 생각하고 있습니다. 그러나 지혜로운 자는 그리 여기지 않습니다.

듣건대, 위나라는 100개의 현에서 선발한 정예병을 소집해 대량을 지키고 있다고 합니다. 제가 보건대 족히 30만 명은 될 것입니다. 30만 명의 병력으로 7인仞 높이의 성을 지키고 있습니다. 설령 은나라 탕왕과 주무왕이 다시 태어난다고 해도 쉽게 공략치 못할 것입니다. 초나라와 조나라 군사를 얕보고, 7인 높이의 성을 타고 올라가 30만 명 되는 군사와 싸워 이기고자 하는 것은 하늘과 땅이 생긴 이래 이제껏 없었던 일입니다. 공격해도 이기지 못하고, 진나라 군사는 반드시 피폐해지고, 장군의 봉지인 도 땅마저 분명히 잃게 될 것입니다. 이리되면 장군이 이전에 세운 공적은 모두 사라지고 말 것입니다.

지금 위나라는 결정하지 못한 채 망설이고 있습니다. 땅을 조금 떼어주는 것이 이롭다고 생각하면 반드시 그리할 것입니다. 원컨대 초나라와 조나라 군사가 오기 전에 속히 땅을 조금 떼어 받아 위나라와 화친을 맺으십시오. 그러면 초나라와 조나라는 위나라가 선수 친 것에 크게 노해 반드시 진나라를 다투어 섬길 것입니다. 이로써 합종은 깨질 것입니다. 이후 장군은 원하는 사업을 골라서 할 수 있습니다. 그 경우 장군이 땅을 얻기 위해 무력을 동원할 이유가 어디에 있겠습니까? 옛 진나라 땅을 손에 넣고 싶으면 진나라 군사가 공격하지 않아도 위나라는 반드시 강絳과 안읍을 바칠 것입니다. 또 도 땅으로 통하는 남북의 두 길을 개통할 것입니다. 옛 송나라 땅을 거의 다 차지하면 위衛나라는 선보를 내줄 것입니다. 진나라는 병사를 한 명도 잃지 않은 채 천하를 제어할 수 있습니다. 무엇을 구한들 얻지 못하고, 무엇을 한들 이루지 못할 리 있겠습니까? 장군은 이를 깊이 헤아려 대량을 포위하는 위험한 일은 하지 마십시오."

양후가 대답했다.

"좋은 말이오."

그러고는 이내 대량의 포위를 풀었다. 이듬해인 진소양왕 33년, 위나라가 진나라를 등지고 제나라와 합종했다. 진나라가 양후에게 명해 위나라를 치게 했다. 4만 명을 참수하고 위나라 장수 포연을 패주시켰다. 세 개의 현을 빼앗았다. 이때의 공으로 양후의 봉지가 더 늘어났다.

이듬해인 진소양왕 34년, 양후가 무안군 백기 및 객경 호양胡陽과 더불어 다시 조·한·위나라를 공격했다. 화양華陽에서 망묘를 격파하고, 10만 명을 참수했다. 위나라의 권·채양蔡陽·장사長社 및 조나라의 관진을 빼앗았다. 이어 조나라에게 관진을 돌려주는 대신 진나라 군대와 합세해 제나라를 치게 했다. 제양왕齊襄王이 두려운 나머지 소대를 시켜 은밀히 양후에게 다음과 같은 내용의 서신을 보내게 했다.

저는 길 가는 사람들이 "진나라가 장차 조나라에 군사 4만 명을 보내 제나라를 치려 한다"고 말하는 것을 들었습니다. 저는 제나라 왕에게 은밀히 고하기를, "진나라 왕은 현명하고 계략에 뛰어납니다. 양후는 지혜로워 일처리에 능합니다. 조나라에 군사 4만 명을 보내 제나라를 치는 일은 결코 하지 않을 것입니다"라고 했습니다. 무슨 근거로 이같이 말했겠습니까? 한·위·조 삼진이 일치단결하면 진나라에게는 큰 적이 됩니다. 삼진은 수도 없이 배신하고 속였으면서도 스스로는 신의가 없다고 여기지도 않고, 불의한 짓을 했다고 생각지도 않기 때문입니다. 지금 제나라를 격파해 조나라를 살찌우면 조나라는 진나라에 큰 적으로 돌변해 진나라에 불리할 것입니다. 이것이 첫 번째 이유입니다.

진나라의 책사들은 틀림없이 말하기를, "삼진과 초나라에게 제나라를 치게 하고, 이들이 피폐해진 틈을 타 일거에 제압해야 합니다"라고 할 것입니다. 제나라는 피폐해진 나라이니 만일 천하 각국의 병력을 동원해 공격하면 1,000균의 쇠뇌로 곪은 종기를 터뜨리는 것과 같습니다. 제나라를 쉽게 무너뜨릴 수는 있으나 삼진과 초나라를 지치게 만들 수는 없습니다. 이것이 두 번째 이유입니다.

진나라가 병력을 조금 출동시키면 삼진과 초나라는 믿지 않을 것이고, 많이 출동시키면 삼진과 초나라는 진나라에 압도되어 결국 진나라가 제나라를 치는 것이 됩니다. 이 경우 제나라는 두려운 나머지 진나라가 아닌 삼진과 초나라를 쫓을 것입니다. 이것이 세 번째 이유입니다. 진나라가 제나라 땅을 쪼개 삼진과 초나라에 주면 이들은 여기에 군사를 진주시킬 것입니다. 진나라가 오히려 적을 맞아들이는 것이 됩니다. 이것이 네 번째 이유입니다.

진나라가 삼진과 초나라를 도와 제나라를 치는 것은 삼진과 초나라가 진나라를 이용해 제나라를 도모하고, 제나라를 이용해 진나라를 도모하는 것이 됩니다. 삼진과 초나라는 얼마나 지혜롭게 행보하고, 진나라와 제나라는 얼마나 어리석은 짓을 하는 것입니까? 이것이 다섯 번째 이유입니다. 진나라는 안읍을 얻어 잘 다스리면 반드시 아무 근심이 없을 것입니다. 안읍을 차지하면 한나라는 형세상 반드시 천하의 위장인 상당을 바칠 것입니다. 천하의 위장을 차지하는 것과 군사를 출동시켰다가 돌아오지 못할까 염려하는 것 가운데 어느 쪽이 유리합니까? 제가 제나라 왕에게 은밀히 "진나라 왕은 현명하고 계략에 뛰어납니다. 양후는 지혜로워 일처리에 능합니다. 조나라에 군사 4만 명을 보내 제나라를 치는 일은 결코 하지 않을 것입니다"라고 고한 이유입니다.

양후는 이 서신을 읽고 곧바로 철군했다. 진소양왕 36년, 양후가 객경 조竈와 상의해 제나라를 공격하고자 했다. 강剛과 수壽 두 고을을 탈취해 영지인 도 땅을 확장하고자 한 것이다. 스스로를 장록張祿 선생이라 칭한 위나라 출신 유세객 범수가 양후를 비난했다.

"양후가 삼진을 건너뛰어 제나라로 원정하려 한다."

진소양왕이 범수를 불러들였다. 범수가 진소양왕에게 선태후의 전제專制, 양후가 제후 사이에서 권력을 제멋대로 휘두르는 천군擅權, 경양군과 고릉군 무리의 왕실보다 더 부유한 수준으로 과도하게 사치하는 태치太侈 등을 말했다. 진소양왕이 깨닫는 바가 있어 곧 양후를 사임시켰다. 이어 양후를 비롯한 경양군 등에게 모두 함양을 떠나 함곡관 밖의 봉지로 가게 했다. 양후 위염이 봉지로 떠날 때 따르는 짐수레가 무려 1,000승이 넘었다. 양후 위염은 도 땅에서 죽었고, 거기에 묻혔다. 그의 사후 진나라는 성읍을 회수한 뒤 그곳에 군을 두었다.

●● 穰侯封四歲, 爲秦將攻魏. 魏獻河東方四百里. 拔魏之河內, 取城大小六十餘. 昭王十九年, 秦稱西帝, 齊稱東帝. 月餘, 呂禮來, 而齊·秦各復歸帝爲王. 魏冄復相秦, 六歲而免. 免二歲, 復相秦. 四歲, 而使白起拔楚之郢, 秦置南郡. 乃封白起爲武安君. 白起者, 穰侯之所任擧也, 相善. 於是穰侯之富, 當於王室. 昭王三十二年, 穰侯爲相國, 將兵攻魏, 走芒卯, 入北宅, 遂圍大梁. 梁大夫須賈說穰侯曰, "臣聞魏之長吏謂魏王曰, '昔梁惠王伐趙, 戰勝三梁, 拔邯鄲, 趙氏不割, 而邯鄲復歸. 齊人攻衛, 拔故國, 殺子良, 衛人不割, 而故地復反. 衛·趙之所以國全兵勁而地不幷於諸侯者, 以其能忍難而重出地也. 宋·中山數伐割地, 而國隨以亡. 臣以爲衛·趙可法, 而宋·中山可爲戒也. 秦, 貪戾之國也. 而毋親囓食魏氏, 又盡晉國, 戰勝暴子, 割八縣, 地未畢入, 兵復出矣. 夫秦何厭之有哉! 今又走芒卯, 入北宅, 此非敢攻梁也, 且劫王以求多割地. 王必勿聽也. 今王背楚‧趙而講秦, 楚‧趙怒而去王, 與王爭事秦, 秦必受之. 秦挾楚‧趙之兵以復攻梁, 則國求無亡不可得也. 願王之必無講也. 王若欲講, 少割而有質, 不然, 必見欺.' 此臣之所聞於魏也, 願君之以是慮事也. 周書曰'惟命不于常', 此言幸之不可數也. 夫戰勝暴子, 割八縣, 此非兵力之精也, 又非計之工也, 天幸爲多矣. 今又走芒卯, 入北宅, 以攻大梁, 是以天幸自爲常也, 智者不然. 臣聞魏氏悉其百縣勝甲以上戍大梁, 臣以爲不下三十萬. 以三十萬之衆守梁七仞之城, 臣以爲湯‧武復生, 不易攻也. 夫輕背楚‧趙之兵, 陵七仞之城, 戰三十萬之衆, 而志必擧之, 臣以爲自天地始分以至于今, 未嘗有者也. 攻而不拔, 秦兵必罷, 陶邑必亡, 則前功必棄矣. 今魏氏方疑, 可以少割收也. 願君逮楚‧趙之兵未至於梁, 亟以少割收魏. 魏方疑而得以少割爲利, 必欲之, 則君得所欲矣. 楚‧趙怒於魏之先己也, 必爭事秦, 從以此散, 而君後擇焉. 且君之得地豈必以兵哉! 割晉國, 秦兵不收, 而魏必效絳安邑. 又爲陶開兩道, 幾盡故宋, 衛必效單父. 秦兵可全, 而君制之, 何索而不得, 何爲而不成! 願君熟慮之而無行危." 穰侯曰, "善." 乃罷梁圍. 明年, 魏背秦, 與齊從親. 秦使穰侯伐魏, 斬首四萬, 走魏將暴鳶, 得魏三縣. 穰侯益封. 明年, 穰侯與白起客卿胡陽復攻趙‧韓‧魏, 破芒卯於華陽下, 斬首十萬, 取魏之卷‧蔡陽‧長社, 趙氏觀津. 且與趙觀津, 益趙以兵, 伐齊. 齊襄王懼, 使蘇代爲齊陰遺穰侯書曰, "臣聞往來者言曰'秦將益趙甲四萬以伐齊', 臣竊必之敝邑之王曰'秦王明而熟於計, 穰侯智而習於事, 必不益趙甲四萬以伐齊'. 是何也? 夫三晉之相與也, 秦之深讎也. 百相背也, 百相欺也, 不爲不信, 不爲無行. 今破齊以肥趙. 趙, 秦之深讎, 不利於秦. 此一也. 秦之謀者, 必曰 '破齊, 獘晉·楚, 而後制晉·楚之勝'. 夫齊, 罷國也, 以天下攻齊, 如以千鈞之弩決潰癰也, 必死, 安能獘晉·楚. 此二也. 秦少出兵, 則晉·楚不信也, 多出兵, 則晉·楚爲制於秦. 齊恐, 不走秦, 必走晉·楚. 此三也. 秦割齊以啖晉·楚, 晉·楚案之以兵, 秦反受敵. 此四也. 是晉·楚以秦謀齊, 以齊謀秦也, 何晉·楚之智而秦·齊之愚? 此五也. 故得安邑以善事之, 亦必無患矣. 秦有安邑, 韓氏必無上黨矣. 取天下之腸胃, 與出兵而懼其不反也, 孰利? 臣故曰秦王明而熟於計, 穰侯智而習於事, 必不益趙甲四萬以伐齊矣." 於是穰侯不行, 引兵而歸. 昭王三十六年, 相國穰侯言客卿竈, 欲伐齊取剛·壽, 以廣其陶邑. 於是魏人范雎自謂張祿先生, 譏穰侯之伐齊, 乃越三晉以攻齊也, 以此時奸說秦昭王. 昭王於是用范雎. 范雎言宣太后專制, 穰侯擅權於諸侯, 涇陽君·高陵君之屬太侈, 富於王室. 於是秦昭王悟, 乃免相國, 令涇陽之屬皆出關, 就封邑. 穰侯出關, 輜車千乘有餘. 穰侯卒於陶, 而因葬焉. 秦復收陶爲郡.

태사공은 평한다.

"양후 위염은 진소양왕의 친외삼촌이다. 진나라가 동쪽으로 영토를 확장해 제후들 세력을 약화시키고, 스스로 왕을 칭하면서 천하 사람에게 서쪽을 향해 머리를 조아리게 한 것은 모두 양후의 공이다. 그의 부귀가 절정에 이르렀을 때 일개 사내인 범수가 끼어들어 한마디 유세로 그를 실각시켰다. 양후는 권세를 잃은 후 울분 속에 살다 죽었다. 하물며 진나라에 들어와 벼슬한 타국 출신 기려지신의 경우이겠는가!"

●● 太史公曰, "穰侯, 昭王親舅也. 而秦所以東益地, 弱諸侯, 嘗稱帝於天下, 天下皆西鄉稽首者, 穰侯之功也. 及其貴極富溢, 一夫開說, 身折勢奪而以憂死, 況於羈旅之臣乎!"

백기왕전열전

白起王翦列傳

〈백기왕전열전〉은 전국시대 말기 진나라의 명장 백기와 왕전王翦에 관한 전기다. 백기는 전국시대 진나라 장수로 용병술에 뛰어났다. 공손기公孫起라고도 한다. 진소양왕 때 무안군에 봉해졌다. 장평대전長平大戰에서 조나라 군사를 대파하고, 포로 40여만 명을 산 채로 묻어버렸다. 이후 범수의 건세로 신소양왕의 미움을 받아 유배형에 처해졌다가 아내 자진했다. 왕전은 진시황 때의 장수로 아들 왕분王賁과 함께 진나라의 천하통일에 크게 기여했다.

사마천은 합전의 배경과 관련해 두 사람이 용병에 뛰어났기 때문이라고 밝혔다.

백기열전

백기는 미읍郿邑 출신이다. 용병에 뛰어났고, 진소양왕을 섬겼다. 진
소양왕 13년, 좌서장이 되었다. 군사를 이끌고 가 한나라 신성을 쳤
다. 이해에 양후 위염이 승상이 되었다. 임비를 발탁해 한중군漢中郡
태수로 삼았다. 이듬해, 백기가 좌경이 되었다. 이궐에서 한나라와
위나라 연합군을 격파해 24만 명을 참수하고, 위나라 장수 공손희를
생포했다. 다섯 개 성읍을 함락시켰다. 백기가 태위太尉의 전신인 국
위國尉로 승진했다. 황하를 건넌 뒤 한나라의 안읍에서 동쪽으로 간하
乾河에 이르는 지역을 공략했다. 이듬해에 백기가 군정대신인 대량조
가 되었다. 위나라를 함락시켜 크고 작은 예순한 개 성읍을 취했다.

이듬해에 객경인 사마조와 함께 원성垣城을 쳐 함락시켰다. 5년 뒤
백기가 조나라를 쳐 광랑성光狼城을 함락시켰다. 7년 뒤 백기가 초나
라를 공격해 언과 등鄧 땅을 비롯해 다섯 개 성읍을 함락시켰다. 이
듬해에 재차 초나라를 쳐 도성 영을 함락시키고, 이릉夷陵을 불태웠
다. 마침내 동쪽으로 경릉竟陵에 이르렀다. 초경양왕楚頃襄王이 두려
운 나머지 도성 영을 떠나 동쪽 진陳으로 천도했다. 진나라가 영을
남군으로 삼았다. 백기가 무안군이 되었다. 무안군 백기가 여세를 몰
아 무군과 검중을 취했다.

진소양왕 34년, 백기가 위나라를 공격해 화양을 함락시키고, 망
묘를 패주시켰다. 삼진의 장수를 사로잡고, 병사 13만 명을 참수했
다. 조나라 장수 가언賈偃과 싸워 그의 사병 2만 명을 황하에 수장시
켰다. 진소양왕 43년, 백기가 한나라의 형성陘城을 쳐 다섯 개 성읍을
함락시키고 5만 명을 참수했다. 진소양왕 44년, 백기가 남양을 쳐 구

불구불한 태항산의 길을 차단했다. 진소양왕 45년, 한나라의 야왕野王을 쳤다. 야왕이 항복하자 한나라에서 상당으로 가는 길이 끊겼다. 상당군 태수 풍정馮亭이 그곳 백성들과 상의했다.

"한나라 도성 신정으로 가는 길이 끊겼다. 한나라가 우리를 보호할 수 없다. 진나라 군사가 날로 다가오는데, 한나라는 이들을 맞이해 싸울 수 없다. 상당을 모두 들어 조나라에 귀순하느니만 못하다. 조나라가 우리를 받아들이면 진나라는 대로해 반드시 조나라를 칠 것이다. 조나라가 공격을 받으면 필히 한나라와 친교를 맺게 될 것이다. 한나라와 조나라가 하나가 되면 진나라를 당해낼 수 있다."

풍정이 조나라에 사람을 보내 이런 뜻을 알렸다. 조효성왕趙孝成王이 평양군平陽君 조표趙豹 및 평원군平原君 조승趙勝을 불러 이 문제를 깊이 논의했다. 평양군이 말했다.

"받지 않느니만 못합니다. 받아들이면 화가 득보다 클 것입니다."

평원군이 반박했다.

"아무 조건 없이 군 하나를 얻는 것이니 받아들이는 것이 좋겠습니다."

조나라가 이를 받아들였다. 풍정을 화양군으로 삼았다. 진소양왕 46년, 진나라가 한나라의 구씨緱氏와 인 땅을 공격해 함락시켰다. 진소양왕 47년, 진나라가 좌서장 왕흘王齕에게 한나라를 치도록 해 상당을 취했다. 상당의 백성이 조나라로 달아났다. 조나라가 군사를 장평長平에 진주시켜 상당의 백성을 위로했다. 이해 4월, 왕흘이 조나라를 쳤다. 조나라가 염파廉頗를 장수로 삼았다. 조나라 군사가 진나라 척후병에게 싸움을 걸었다가 오히려 조나라의 비장裨將 가가茄가 죽임을 당했다. 이해 6월, 진나라 군사가 조나라 군사를 함몰시켜 두 개의 보루를 손에 넣고, 네 명의 도위都尉를 생포했다. 이해 7월, 조나라 군사가 보루를 쌓고 지켰다. 진나라가 그 보루를 공격해 두 명의 도위를 포로로 잡았다. 또 진지를 허물고 서쪽 보루를 손에 넣었다. 염파가 보루를 더욱 견고히 하며 진나라 군사에 대비했다. 진나라 군사가 누차 싸움을 걸었으나 조나라 군사가 보루를 나가지 않았다. 조효성왕이 누차 사자를 보내 염파를 책망했다. 진나라 쪽에서 승상 응후 범수가 첩자들을 시켜 1,000금을 들고 조나라로 들어가 군신 사이를 이간하게 했다. 첩자들이 조나라로 들어가 이같이 떠벌렸다.

"진나라에서 두려워하는 것은 마복군馬服君 조사趙奢의 아들 조괄 趙括이 장수가 되는 것일 뿐이다. 염파는 상대하기가 쉽다. 그는 이내 진나라에 항복하고 말 것이다."

조효성왕은 내심 염파의 부대 내에 죽거나 다친 병사[失亡]가 많고, 누차 패했는데도 만회하려 하지 않고, 오히려 보루를 군건히 하며 감히 싸우지 않으려는 것에 화를 내고 있었다. 이 와중에 진나라 첩자가 퍼뜨린 말을 듣자 조괄을 장수로 임명해 진나라를 치게 했다. 진나라는 조괄이 장군이 되었다는 소문을 듣고는 몰래 무안군 백기를 상장군, 왕흘을 부장副將으로 삼고 군중에 이런 명을 내렸다.

"감히 무안군이 장군이 되었다는 말을 입 밖에 내는 자는 참수할 것이다."

조괄은 보루에 이르자마자 군사를 내어 진나라 군사를 치게 했다. 진나라 군사는 짐짓 패주했다. 두 갈래로 복병을 두었다가 협공을 가할 생각이었다. 조나라 군사가 이런 속사정도 모른 채 여세를 몰아 진나라 보루까지 이르렀다. 진나라 보루가 튼튼해 함락시킬 수 없었다. 이때 진나라의 복병 2만 5,000명이 조나라 군사의 뒤를 차단했다. 또 진나라의 기병 5,000명이 조나라 군사와 보루 사이를 끊었다. 조나라 군사가 양분되어 양도糧道가 끊겼다. 진나라 쪽에서 경무장한 병사[輕兵]를 출동시켜 이들을 쳤다. 조나라 군대는 전세가 불리해지자 보루를 쌓은 뒤 견고하게 수비하면서 구원병을 기다렸다.

진소양왕은 조나라의 양도가 끊겼다는 보고를 받고 친히 하내로 행차했다. 그곳 백성에게 작위를 1등급씩 내리면서 열다섯 살 이상 남자들을 전원 징발해 장평으로 보냈다. 조나라의 구원병과 식량이 오는 것을 막고자 한 것이다. 이해 9월, 조나라 군사가 군량을 보급받지 못한 지 46일이 되었다. 안으로 몰래 서로를 죽여 잡아먹는 지경에 이르게 되었다. 진나라 군사를 공격해 포위망을 탈출하고자 네 개의 돌격대를 만들어 네다섯 차례 시도했지만 성공하지 못했다. 마침내 조괄이 직접 정예병을 이끌고 맨 앞에 나서 싸웠지만 화살을 맞고 전사했다. 조괄이 죽자 그의 군사 40만 명이 무안군에게 투항했다. 무안군이 심사숙고한 뒤 이같이 말했다.

"전에 상당을 함락시켰을 때 그곳의 백성들이 모두 진나라의 백성이 되는 것을 원치 않아 조나라로 귀의했다. 조나라 병사는 반복을 잘한다. 모두 죽이지 않으면 뒤에 난을 일으킬 것이다."

속임수를 써서 이들을 모두 갱살坑殺했다. 단지 어린아이 240명만 돌려보냈다. 앞뒤로 합쳐 참수되거나 사로잡힌 자가 무려 45만 명에 달했다. 조나라 백성이 크게 공포에 떨었다. 진소양왕 48년 10월, 진나라가 상당군을 재차 평정했다. 군사를 둘로 편성해 왕흘은 피뢰皮牢, 사마경은 태원을 평정했다. 한나라와 조나라는 두려운 나머지 소대에게 부탁했다. 후한 예물을 가지고 가 진나라의 승상 응후 범수를 회유해 달라는 것이었다. 소대가 응후에게 물었다.

"진나라 장수 무안군 백기가 조괄을 죽였습니까?"

범수가 대답했다.

"그렇소."

소대가 물었다.

"곧 한단을 포위하실 작정입니까?"

범수가 대답했다.

"그렇소."

소대가 말했다.

"조나라가 망하면 진나라 왕은 천하의 제왕이 되고, 무안군은 삼공三公이 됩니다. 무안군은 진나라를 위해 빼앗은 성읍만 70여 개나 됩니다. 남쪽으로 언과 영 및 한중 땅을 평정했고, 북쪽으로 조괄의 군사를 격파했습니다. 설령 주공周公과 소공召公 및 여상呂尙의 공일지라도 그보다 더하지는 못할 것입니다. 지금 조나라가 망하고 진나라 왕이 천하의 제왕이 되면 무안군은 반드시 삼공이 될 터인데 승상은 그 밑에서 참을 수 있습니까? 비록 그 밑에 있시 않으려 해노 뜻대로 되지 않을 것입니다. 진나라가 일찍이 한나라를 공격해 형구邢丘를 포위하고 상당을 괴롭혔지만 상당의 백성은 오히려 조나라로 귀의했습니다. 천하 사람들이 진나라의 백성이 되기를 달가워하지 않은 지 이미 오래되었습니다. 이제 진나라가 조나라를 멸망시키면 그 북쪽은 연나라, 동쪽은 제나라, 남쪽은 한나라와 위나라로 귀의할 것입니다. 승상이 얻는 백성은 얼마 되지 않을 것입니다. 차라리 한나라와 조나라로부터 땅을 일부 할양받고 화친을 맺어 무안군의 공으로 돌리지 않느니만 못합니다."

응후 범수가 이를 수락한 뒤 진소양왕을 설득했다.

"진나라 병사는 지금 크게 지쳐 있습니다. 한나라와 조나라로부터 땅을 할양받고 화친을 맺어 잠시 휴식을 취하도록 해야 합니다."

진소양왕이 이를 받아들였다. 한나라는 원옹垣雍, 조나라는 여섯 개의 성읍을 할양하고 화친을 맺었다. 이해 정월, 진나라가 군사를 모두 철수시켰다. 이후 무안군이 그 내막을 듣게 되었다. 이후 응후와 틈이 생긴 이유다. 이해 9월, 진나라가 다시 출병했다. 오대부 왕릉王陵에게 명해 조나라의 한단을 치게 했다. 무안군은 병이 나 출정하지 못했다. 진소양왕 49년 정월, 왕릉이 한단을 쳤으나 별로 얻은 것이 없었다. 진나라가 지원군을 급파했다. 그러나 왕릉은 다섯 부대를 잃었을 뿐이다. 무안군의 병에 조금 차도가 있자 진소양왕이 왕릉 대신 무안군을 장군으로 삼고자 했다. 무안군이 사양했다.

"한단은 쉽게 빼앗을 수 없습니다. 또한 다른 제후국의 원군이 곧 도우러 올 것입니다. 제후들이 우리 진나라를 원망한 지 이미 오래되었습니다. 진나라는 비록 장평에서 적군을 대파했다고는 하나 진나라 군사도 절반 넘게 전사해 나라가 텅 비어 있습니다. 그런데도 멀리 산과 물을 건너 남의 나라 도성을 치려고 합니다. 조나라 군사가 안에서 호응하고 제후들이 밖에서 치면 진나라 군사는 반드시 패하고 말 것입니다. 한단을 쳐서는 안 됩니다."

진소양왕이 친히 명했으나 무안군 백기가 응하지 않았다. 응후 범수에게 청하게 했으나 끝내 사양하고 가지 않았다. 곧 병을 핑계대고 자리에 누워버렸다. 진소양왕이 부득불 왕릉을 왕흘로 대체한 뒤 여덟에서 아홉 달에 걸쳐 한단을 포위했으나 함락시키지 못했다. 초나라는 춘신군春申君 황헐黃歇에게 명해 위나라 공자 신릉군信陵君과 합세해 수십만 명의 병력을 이끌고 가 진나라 군사를 공격하게 했다. 진나라 군사 가운데 많은 전사자와 도망병이 나왔다. 무안군 백기가 탄식했다.

"진나라 왕은 나의 계모를 듣지 않더니 과연 지금 어떠한가!"

진소양왕이 이 이야기를 듣고는 대로했다. 무안군에게 곧 출정을 명했으나 무안군은 병이 중하다며 응하지 않았다. 응후가 청해도 마찬가지였다. 진소양왕은 무안군을 관직에서 내치고 사병으로 강등시킨 뒤 음밀陰密로 옮겨가게 했다. 당시 무안군은 병 때문에 바로 떠나지 못하고 석 달을 함양에 더 머물렀다. 제후들의 공격이 치열해지면서 진나라 군사는 퇴각을 거듭했다. 급보를 알리는 사자들이 연일 함양에 이르렀다. 진소양왕이 화가 나서 사람을 시켜 압박을 가하자 무안군은 더는 함양에 머물 수 없었다. 그가 함양성咸陽城 서문西門에서 10리쯤 떨어진 두우에 이르렀을 즈음 진소양왕은 응후를 비롯한 군신들과 함께 백기의 처리 문제를 상의하고 있었다.

"백기가 떠날 때 불만에 가득 찬 나머지 원망하는 말을 했습니다."

사자에게 검을 내려 무안군에게 자진하게 했다. 무안군이 검으로 자진하기 직전에 이같이 탄식했다.

"내가 하늘에 무슨 죄가 있어서 이런 지경에 이르렀는가?"

잠시 그렇게 있다가 말을 이었다.

"나는 실로 죽어 마땅하다. 장평의 싸움에서 투항한 조나라 병사 수십만 명을 속여 갱살했다. 이것만으로도 죽어 마땅하다."

그러고는 이내 자진했다. 진소양왕 50년 11월에 일어난 일이다. 그는 죽었지만 죄를 지어 죽은 것이 아닌 까닭에 진나라 백성 모두 그를 불쌍히 여겼다. 향읍에서는 모두 그를 제사 지냈다.

●● 白起者, 郿人也. 善用兵, 事秦昭王. 昭王十三年, 而白起爲左庶長, 將而擊韓之新城. 是歲, 穰侯相秦, 擧任鄙以爲漢中守. 其明年, 白起爲左更, 攻韓·魏於伊闕, 斬首二十四萬, 又虜其將公孫喜, 拔五城. 起遷爲國尉. 涉河取韓安邑以東, 到乾河. 明年, 白起爲大良造. 攻魏, 拔之, 取城小大六十一. 明年, 起與客卿錯攻垣城, 拔之. 後五年, 白起攻趙, 拔光狼城. 後七年, 白起攻楚, 拔鄢·鄧五城. 其明年, 攻楚, 拔郢, 燒夷陵, 遂東至竟陵. 楚王亡去郢, 東走徙陳. 秦以郢爲南郡. 白起遷爲武安君. 武安君因取楚, 定巫·黔中郡. 昭王三十四年, 白起攻魏, 拔華陽, 走芒卯, 而虜三晉將, 斬首十三萬. 與趙將賈偃戰, 沈其卒二萬人於河中. 昭王四十三年, 白起攻韓陘城, 拔五城, 斬首五萬. 四十四年, 白起攻南陽太行道, 絶之. 四十五年, 伐韓之野王. 野王降秦, 上黨道絶. 其守馮亭與民謀曰, "鄭道已絶, 韓必不可得爲民. 秦兵日進, 韓不能應, 不如以上黨歸趙. 趙若受我, 秦怒, 必攻趙. 趙被兵, 必親韓. 韓趙爲一, 則可以當秦." 因使人報趙. 趙孝成王與平陽君·平原君計之. 平陽君曰, "不如勿受. 受之, 禍大於所得." 平原君曰, "無故得一郡, 受之便." 趙受之, 因封馮亭爲華陽君. 四十六年, 秦攻韓緱氏·藺, 拔之. 四十七年, 秦使左庶長王齕攻韓, 取上黨. 上黨民走趙. 趙軍長平, 以按據上黨民. 四月, 齕因攻趙. 趙使廉頗將. 趙軍士卒犯秦斥兵, 秦斥兵斬趙裨將茄六月, 陷趙軍, 取二鄣四尉. 七月, 趙軍築壘壁而守之. 秦又攻其壘, 取二尉, 敗其陣, 奪西壘壁. 廉頗堅壁以待秦, 秦數挑戰, 趙兵不出. 趙王數以爲讓. 而秦相應侯又使人行千金於趙爲反間, 曰, "秦之所惡, 獨畏馬服子趙括將耳, 廉頗易與, 且降矣." 趙王旣怒廉頗軍多失亡, 軍數敗, 又反堅壁不敢戰, 而又聞秦反間之言, 因使趙括代廉頗將以擊秦. 秦聞馬服子將, 乃陰使武安君白起爲上將軍, 而王齕爲尉裨將, 令軍中有敢泄武安君將者斬. 趙括至, 則出兵擊秦軍. 秦軍詳敗而走, 張二奇兵以劫之. 趙軍逐勝, 追造秦壁. 壁堅拒不得入, 而秦奇兵二萬五千人絕趙軍後, 又一軍五千騎絕趙壁閒, 趙軍分而爲二, 糧道絕. 而秦出輕兵擊之. 趙戰不利, 因築壁堅守, 以待救至. 秦王聞趙食道絕, 王自之河內, 賜民爵各一級, 發年十五以上悉詣長平, 遮絕趙救及糧食. 至九月, 趙卒不得食四十六日, 皆內陰相殺食. 來攻秦壘, 欲出. 爲四隊, 四五復之, 不能出. 其將軍趙括出銳卒自搏戰, 秦軍射殺趙括. 括軍敗, 卒四十萬人降武安君. 武安君計曰, “前秦已拔上黨, 上黨民不樂爲秦而歸趙. 趙卒反覆, 非盡殺之, 恐爲亂.” 乃挾詐而盡阬殺之, 遺其小者二百四十人歸趙. 前後斬首虜四十五萬人. 趙人大震. 四十八年十月, 秦復定上黨郡. 秦分軍爲二, 王齕攻皮牢, 拔之, 司馬梗定太原. 韓・趙恐, 使蘇代厚幣說秦相應侯曰, “武安君禽馬服子乎?” 曰, “然.” 又曰, “卽圍邯鄲乎?” 曰, “然.” “趙亡則秦王王矣, 武安君爲三公. 武安君所爲秦戰勝攻取者七十餘城, 南定鄢・郢・漢中, 北禽趙括之軍, 雖周・召・呂望之功不益於此矣. 今趙亡, 秦王王, 則武安君必爲三公, 君能爲之下乎? 雖無欲爲之下, 固不得已矣. 秦嘗攻韓, 圍邢丘, 困上黨, 上黨之民皆反爲趙, 天下不樂爲秦民之日久矣. 今亡趙, 北地入燕, 東地入齊, 南地入韓・魏, 則君之所得民亡幾何人. 故不如因而割之, 無以爲武安君功也.” 於是應侯言於秦王曰, “秦兵勞, 請許韓・趙之割地以和, 且休士卒.” 王聽之, 割韓垣雍・趙六城以和. 正月, 皆罷兵. 武安君聞之, 由是與應侯有隙. 其九月, 秦復發兵, 使五大夫王陵攻趙邯鄲. 是時武安君病, 不任行. 四十九年正月, 陵攻邯鄲, 少利, 秦益發兵佐陵. 陵兵亡五校. 武安君病愈, 秦王欲使武安君代陵將. 武安君言曰, “邯鄲實未易攻也. 且諸侯救日至, 彼諸侯怨秦之日久矣. 今秦雖破長平軍, 而秦卒死者過半, 國內空. 遠絕河山而爭人國都, 趙應其內, 諸侯攻其外, 破秦

軍必矣. 不可." 秦王自命, 不行, 乃使應侯請之, 武安君終辭不肯行, 遂
稱病. 秦王使王齕代陵將, 八九月圍邯鄲, 不能拔. 楚使春申君及魏公
子將兵數十萬攻秦軍, 秦軍多失亡. 武安君言曰, "秦不聽臣計, 今如何
矣!" 秦王聞之, 怒, 彊起武安君, 武安君遂稱病篤. 應侯請之, 不起. 於
是免武安君爲士伍, 遷之陰密. 武安君病, 未能行. 居三月, 諸侯攻秦軍
急, 秦軍數卻, 使者日至. 秦王乃使人遣白起, 不得留咸陽中. 武安君既
行, 出咸陽西門十里, 至杜郵. 秦昭王與應侯羣臣議曰, "白起之遷, 其
意尙怏怏不服, 有餘言." 秦王乃使使者賜之劍, 自裁. 武安君引劍將自
剄, 曰, "我何罪于天而至此哉?" 良久, 曰, "我固當死. 長平之戰, 趙卒
降者數十萬人, 我詐而盡阬之, 是足以死." 遂自殺. 武安君之死也, 以
秦昭王五十年十一月. 死而非其罪, 秦人憐之, 鄕邑皆祭祀焉.

왕전열전

왕전은 빈양頻陽 동향東鄕 출신이다. 어려서부터 병법을 좋아했고,
진시황을 섬겼다. 진시황 11년, 왕전이 장군이 되어 조나라의 알여
閼與를 공격해 아홉 개의 성을 함락시켰다. 진시황 18년, 조나라를 쳤
다. 1년여 뒤 마침내 조나라는 함락되고 왕이 항복했다. 조나라 영토
를 완전히 평정한 뒤 군으로 삼았다. 이듬해인 진시황 19년, 연나라
에서 형가荊軻를 보내 진나라 왕을 척살하려는 사건이 발생했다. 진
왕 정이 왕전을 보내 연나라를 치게 했다. 연나라 왕 희가 요동으로
달아났다. 왕전이 연나라 도성 계薊를 평정한 뒤 철군했다. 진나라
가 왕전의 아들 왕분을 시켜 초나라를 치게 했다. 초나라 군사를 격

파하고 귀환하는 도중에 위나라를 쳤다. 위나라 왕이 항복해 마침내 위나라를 평정했다. 진왕 정이 삼진을 이미 멸했고 연나라 왕을 요동으로 패주하게 했고, 초나라 군사를 수차례 격파했다.

진나라 장수 가운데 이신李信이 있었다. 그는 젊고 용감했다. 그는 일찍이 수천 명의 군사로써 연나라 태자 단을 추격해 연수衍水 가에서 연나라 군사를 격파하고 끝내 단을 생포했다. 진왕 정이 그를 현능하고 용감하다고 여겼다. 하루는 그에게 물었다.

"과인은 초나라를 공략하고자 하오. 장군이 보기에 병력이 어느 정도면 된다고 생각하오?"

이신이 대답했다.

"20만 명이면 충분합니다."

진왕 정이 왕전에게 똑같은 질문을 하자 왕전은 이같이 대답했다.

"60만 명이 아니면 안 됩니다."

진왕 정이 말했다.

"왕장군은 늙었소. 어찌 이렇게노 겁이 많은 것이오! 이장군은 기세가 건장하고 용감하다더니 그 말이 옳소."

이신에게 몽념蒙恬과 함께 20만 명의 병력을 이끌고 가 초나라를 치게 했다. 왕전은 자신의 말이 수용되지 않자 병을 핑계로 사직한 뒤 고향 빈양으로 돌아갔다. 이신은 평여平與를 치고 몽념은 침寢을 공격해 초나라 군사를 대파했다. 이신은 또 언과 영 땅을 공격해 함락시켰다. 이후 군사를 이끌고 서쪽으로 진격해 몽념과 성보에서 조우하고자 했다. 초나라 군사가 사흘 밤낮을 쉬지 않고 쫓아와 이신의 군사를 격파하고, 두 개의 진영에 침입해 일곱 명의 도위를 죽였다. 진나라 군사는 패주했다. 진왕 정이 이 소식을 접하고는 대로했다. 친히 말을 몰고 빈양으로 가 왕전에게 사과했다.

"짐이 장군의 계책을 쓰지 않은 탓에 이신이 과연 진나라 군사를 욕되게 만들었소. 지금 들으니 초나라 군사가 날마다 서진하고 있다고 하오. 장군이 비록 편치 않으나 어찌 차마 과인을 버릴 수 있겠소!"

왕전이 거듭 사양했다.

"노신老臣은 병들고 지쳐 정신마저 흐릿합니다. 대왕은 다른 현장賢將을 쓰도록 하십시오."

진왕 정이 다시 사과했다.

"그만하면 되었소! 장군은 더는 나의 청을 거절하지 마시오."

왕전이 부탁했다.

"대왕이 부득이 신을 쓰겠다면 60만 명이 아니면 안 됩니다."

진왕 정이 약속했다.

"장군의 말대로 하겠소."

왕전이 60만 대군을 이끌고 출정할 때 진왕 정이 파상灞上까지 전송했다. 출발에 즈음해 진왕 정에게 좋은 전답과 저택, 동산, 연못을 내려 달라고 거듭 청했다. 진왕 정이 말했다.

"장군은 속히 떠나시오. 어찌 가난 따위를 염려하는 것이오?"

왕전이 대답했다.

"대왕의 장군 가운데 공을 세웠는데도 후侯에 봉해진 자가 없습니다. 대왕이 신을 친하게 대할 때 신 또한 때맞추어 동산과 연못 등을 청해 후손의 자산으로 남겨놓고자 하는 것입니다."

진왕 정이 이 말에 크게 웃었다. 왕전이 함곡관에 이른 뒤에도 사자를 다섯 번이나 보내 좋은 논밭을 거듭 청했다. 어떤 자가 힐난했다.

"장군의 청이 너무 심합니다."

왕전이 대답했다.

"그렇지 않소. 진왕은 성품이 거칠고 남을 신임하지 않소.• 지금 진나라는 전군을 나에게 맡겼소. 내가 후손을 위한 재산을 만들기 위해 많은 전답과 저택을 거듭 요청하며 다른 뜻이 없음을 보여주지 않으면 이는 황제에게 앉아서 나를 의심하도록 만드는 짓이오."

왕전이 이신을 대신해 초나라를 쳤다. 초나라는 왕전이 병사를 늘려 쳐들어온다는 소식에 국내의 모든 병력을 동원해 대항하고자 했다. 뜻밖에도 왕전은 초나라에 이르러 성채를 견고히 하며 수비만 할 뿐 싸우려 하지 않았다. 초나라 군사가 누차 싸움을 걸었으나 끝내 나오지 않았다. 왕전은 날마다 병사들에게 충분한 휴식을 취하게 했다. 목욕을 시키고, 좋은 음식으로 다독이고, 친히 병사들과 함께 식사를 했다. 시일이 제법 지나자 사람을 시켜 진중을 둘러보게 하고는 이같이 물었다.

"장병들이 무슨 놀이를 하고 놀던가?"

"돌던지기 놀이[投石]와 장애물 넘기 놀이[超距]를 하고 있습니다."

왕전이 말했다.

"되었다. 이제 가히 용병할 수 있다."

초나라는 누차 싸움을 걸었으나 진나라가 불응하자 병사들을 이끌고 동쪽으로 나아갔다. 왕전이 이 틈을 타 전 병력을 동원해 급히 추격함으로써 초나라 군사를 대파했다. 기蘄 땅의 남쪽에 이르러 초나라 장수 항연項燕을 죽였다. 초나라 군사가 사방으로 달아났다. 진나라가 여세를 몰아 초나라의 성읍을 평정했다. 1년여 후 초나라 왕

• 원문은 "저이불신인恀而不信人"이다. 저恀는 교만한 모습으로 사람을 거칠게 대하는 것을 말한다. 비슷한 글자인 두려워할 달怛과 구분해야 한다.

부추負芻를 생포하고, 초나라 영토를 평정해 군현으로 삼았다. 여세를 몰아 이웃한 백월도 정복했다. 이사이 왕전의 아들 왕분과 이신도 연나라와 제나라를 평정했다.

진시황 26년, 진왕 정이 천하를 완전히 하나로 통합했다. 왕씨王氏와 몽씨蒙氏의 공이 컸다. 이들의 이름이 후대로 전해진 이유다. 진나라 2세 황제 때 왕전 및 그의 자식 왕분 모두 이미 죽은 뒤였고, 진나라 조정은 몽씨 일족을 멸했다. 진승陳勝이 진나라에 반기를 들었을 때 진나라는 왕전의 손자인 왕리王離를 보내 조나라를 치게 했다. 조나라 왕 및 장이張耳를 거록성鉅鹿城에서 포위했다. 이를 두고 어떤 자가 말했다.

"왕리는 진나라의 명장이다. 지금 강한 진나라 군사로 새로 만들어진 조나라 군사를 치니, 반드시 이길 것이다."

그의 빈객이 반박했다.

"그렇지 않소. 3대째 장군을 하는 자는 반드시 패하게 마련이오. 그 이유가 무엇이겠소? 조부와 부친 때 살벌한 일이 많아 후손이 재앙을 입기 때문이오. 왕리는 3대째 장군에 해당하오."

과연 왕리는 거록성을 포위한 지 얼마 되지 않아 항우가 조나라를 구하기 위해 달려와 진나라 군사를 격파하고, 왕리를 생포했다. 왕리의 군사 모두 제후들에게 투항했다.

●● 王翦者, 頻陽東鄕人也. 少而好兵, 事秦始皇. 始皇十一年, 翦將攻趙閼與, 破之, 拔九城. 十八年, 翦將攻趙. 歲餘, 遂拔趙, 趙王降, 盡定趙地爲郡. 明年, 燕使荊軻爲賊於秦, 秦王使王翦攻燕. 燕王喜走遼東, 翦遂定燕薊而還. 秦使翦子王賁擊荊, 荊兵敗. 還擊魏, 魏王降, 遂定魏地. 秦始皇旣滅三晉, 走燕王, 而數破荊師. 秦將李信者, 年少壯勇, 嘗以兵數千逐燕太子丹至於衍水中, 卒破得丹, 始皇以爲賢勇. 於是始皇問李信, "吾欲攻取荊, 於將軍度用幾何人而足?" 李信曰, "不過用二十萬人." 始皇問王翦, 王翦曰, "非六十萬人不可." 始皇曰, "王將軍老矣, 何怯也! 李將軍果勢壯勇, 其言是也." 遂使李信及蒙恬將二十萬南伐荊. 王翦言不用, 因謝病, 歸老於頻陽. 李信攻平與, 蒙恬攻寢, 大破荊軍. 信又攻鄢郢, 破之, 於是引兵而西, 與蒙恬會城父. 荊人因隨之, 三日三夜不頓舍, 大破李信軍, 入兩壁, 殺七都尉, 秦軍走. 始皇聞之, 大怒, 自馳如頻陽, 見謝王翦曰, "寡人以不用將軍計, 李信果辱秦軍. 今聞荊兵日進而西, 將軍雖病, 獨忍棄寡人乎!" 王翦謝曰, "老臣罷病悖亂, 唯大王更擇賢將." 始皇謝曰, "已矣, 將軍勿復言!" 王翦曰, "大王必不得已用臣, 非六十萬人不可." 始皇曰, "爲聽將軍計耳." 於是王翦將兵六十萬人, 始皇自送至灞上. 王翦行, 請美田宅園池甚衆. 始皇曰, "將軍行矣, 何憂貧乎?" 王翦曰, "爲大王將, 有功終不得封侯, 故及大王之嚮臣, 臣亦及時以請園池爲子孫業耳." 始皇大笑. 王翦既至關, 使使還請善田者五輩. 或曰, "將軍之乞貸, 亦已甚矣." 王翦曰, "不然. 夫秦王怚而不信人. 今空秦國甲士而專委於我, 我不多請田宅爲子孫業以自堅, 顧令秦王坐而疑我邪?" 王翦果代李信擊荊. 荊聞王翦益軍而來, 乃悉國中兵以拒秦. 王翦至, 堅壁而守之, 不肯戰. 荊兵數出挑戰, 終不出. 王翦日休士洗沐, 而善飮食撫循之, 親與士卒同食. 久之, 王翦使人問軍中戲乎? 對曰, "方投石超距." 於是王翦曰, "士卒可用矣." 荊數挑戰而秦不出, 乃引而東. 翦因舉兵追之, 令壯士擊, 大破荊軍. 至蘄南, 殺其將軍項燕, 荊兵遂敗走. 秦因乘勝略定荊地城邑. 歲餘, 虜荊王負芻, 竟平荊地爲郡縣. 因南征百越之君. 而王翦子王賁, 與李信破定燕·齊地. 秦始皇二十六年, 盡幷天下, 王氏·蒙氏功爲多, 名

施於後世. 秦二世之時, 王翦及其子賁皆已死, 而又滅蒙氏. 陳勝之反
秦, 秦使王翦之孫王離擊趙, 圍趙王及張耳鉅鹿城. 或曰, "王離, 秦之
名將也. 今將彊秦之兵, 攻新造之趙, 擧之必矣." 客曰, "不然. 夫爲將
三世者必敗. 必敗者何也? 必其所殺伐多矣, 其後受其不祥. 今王離已
三世將矣." 居無何, 項羽救趙, 擊秦軍, 果虜王離, 王離軍遂降諸侯.

태사공은 평한다.

"속어에 이르기를, '척尺에도 짧은 곳이 있고, 촌寸에도 긴 곳이 있
다'고 했다.• 백기는 적의 전력을 헤아려 임기응변의 기계奇計를 끊
임없이 내어 명성을 천하에 떨쳤다. 그러나 응후 범수로 인한 환란
에서 스스로를 구하지 못했다. 왕전은 진나라 장군이 되어 산동육국
을 멸망시키는 데 대공을 세웠다. 당시 진시황은 숙장宿將인 그를 스
승으로 모셨다. 그러나 그는 진나라를 보필해 덕치의 근본을 굳건히
하는 사업을 이루지 못했고, 구차히 영합해 일신의 안일만 꾀하다가
죽음에 이르렀다. 그의 손자 왕리가 항우에게 포로가 된 것 또한 당
연하지 않은가? 백기와 왕전에게는 각각 이런 단점이 있었다."

●● 太史公曰, "鄙語云'尺有所短, 寸有所長.' 白起料敵合變, 出奇無
窮, 聲震天下, 然不能救患於應侯. 王翦爲秦將, 夷六國, 當是時, 翦爲
宿將, 始皇師之, 然不能輔秦建德, 固其根本, 偸合取容, 以至歿身. 及
孫王離爲項羽所虜, 不亦宜乎! 彼各有所短也."

• 원문은 "척유소단尺有所短, 촌유소장寸有所長"이다. 《초사》〈복거卜居〉에서 차용한 구절이
다. 굴원이 참소를 당해 점을 쳐보니 이런 점괘가 나왔다고 한다. 장점이 있으면 단점도 있고,
단점이 있으면 장점도 있다는 뜻이다.

맹자순경열전

孟子荀卿列傳

〈맹자순경열전孟子荀卿列傳〉은 맹자와 순자에 관한 전기다. 맹자는 노나라 출신으로 본인은 공자 사상의 수호자를 자처했으나, 묵자의 사상적 후계자에 해당한다.

인의 개념은《묵자》와《맹자》를 관통하는 키워드에 해당한다. 실제로《논어》에는 한 구절도 나오지 않는 인의가《묵자墨子》에 스물아홉 번,《맹자》에 스물일곱 번 나온다. 맹자가 최초로 언급한 왕도와 패도 역시《묵자》에 나오는 의정義政과 역정力政의 다른 표현이다. 맹자가 최초로 주장했다고 알려진 폭군방벌론暴君放伐論 역시 묵자가 역설한 폭군천벌론暴君天伐論을 윤색한 것에 지나지 않는다. 맹자를 묵자의 사상적 후계자로 간주하는 이유가 여기에 있다.

순자는 맹자에 의해 크게 왜곡된 공자 사상을 복원시키는 데 결정적인 역할을 수행한 장본인이다. 이는 그가 통상적인 예절 차원으로 격하된 예를 다시 공자의 인을 실현하는 최고의 덕목으로 격상시킨 데 따른 것이다. 순자의 예치禮治 사상은 공자 사상을 복원시킨 결과물로 해석할 수 있다. 순자는 기본적으로 인간은 사적인 이욕 때문에 다툴 수밖에 없다고 생각했다. 이를 군거화일群居和一의 상태로 전환시키기 위해서는 일정한 기준과 원칙이 존재해야 한다. 순자는 이를 예에서 찾은 것이다. 그는《순자》〈예론禮論〉에서 말하기를, "사람은 태어날 때부터 욕망이 있다. 바라는 것을 얻지 못하면 추구하지 않을 수 없게 된다. 추구하는데 도량분계度量分界가 없으면 다투지 않을 수 없게 된다. 다투면 어지러워지고, 어지러워지면 궁해진다"고 했다. 도량분계는 일정한 기준과 한계를 뜻한다. 이것이 바로 예를 뜻한다. 순자는 재화의 공급이 충분히 뒷받침될 수 있기 때문에 도량분계만 정해주면 수급조절이 가능하다고 보았다. 이 점이 순자와 법가가 갈리는 기점이다.

예에 의해 분수를 한정함으로써 개인은 물론 개인과 국가 간에도 욕망을 모두 충족시킬 수 있다는 것이 순자의 생각이다. 맹자는 인민을 높이고 군주를 가벼이 여기는 데 반해 순자는 군민 간에 우선순위를 배제한 중민존군重民尊君 사상을 주장했다. 군신과 부자 및 형제가 각자 맡은 바에 충실한 것을 말한다. 인민을 위한다는 이유로 군주를 가볍게 보지 않은 것이 특징이다. 이를 분의론分宜論이라 한다. 군민관계에 관한 순자의 시각은 군민을 동일한 공동체 구성원으로 간주하는 입장에서 백성을 위하고 군주를 존중하는 공자의 위민존군爲民尊君 주장과 궤를 같이한다. 순자의 중민존군은 군주가 백성을 얕보면 패망을 자초할 수밖에 없고, 신민 또한 군주를 가벼이 여기면 나라의 쇠망을 자초해 유랑민의 신세가 된다는 취지를 담고 있다. 중민존군의 관건이 바로 예치에 있음을 웅변한다.

순자의 예치 사상은 공자의 인치仁治를 복원시켰다는 점에서 그 의미를 찾을 수 있다. 순자의 문하에서 한비자를 비롯해 진시황의 천하통일을 도운 이사가 나온 것도 중민존군 이념에서 존군에 초점을 맞춘 결과로 해석할 수 있다.

맹자열전

태사공은 평한다.

"내가 《맹자》를 읽다가 양혜왕이 맹자를 보고 '어찌해야 우리 양梁나라를 이롭게 할 수 있소?'라고 물은 대목에 이르면 일찍이 책을 덮고 탄식하지 않은 적이 없었다. 아, 이익이야말로 실로 혼란의 시작인가! 공자가 이익을 거의 입에 올리지 않은 것은 혼란의 근원을 막으려는 취지였다. 공자는 《논어》〈이인里仁〉에서 말하기를, '이익을 좇아 행동하면 원망이 많다'고 했다. 천자로부터 서민에 이르기까지 이익을 좇아 생긴 병폐가 어찌 다를 리 있겠는가!"

●● 太史公曰, "余讀孟子書, 至梁惠王問, '何以利吾國'. 未嘗不廢書而歎也. 曰, 嗟乎, 利誠亂之始也! 夫子罕言利者, 常防其原也. 故曰, '放於利而行, 多怨.' 自天子至於庶人, 好利之弊何以異哉!"

맹가孟軻는 노나라 추騶 땅● 출신으로, 공자의 손자인 자사子思 공급의 제자로부터 학문을 배웠다. 학문의 이치를 깨우친 뒤 제선왕에게 유세해 섬기고자 했으나 제선왕이 그의 주장을 좇지 않자 양나라로 갔다. 양혜왕도 입으로만 찬성하고 실제로는 받아들이지 않았다. 맹자의 말이 지나치게 이상적인 이야기가 많고 실정에 부합치 않는 주장이 많다고 여긴 결과다. 당시 진나라는 상앙을 등용해 부국강병을 이루었고, 초나라와 위나라는 오기를 등용해 전승을 거두며 적을 약하게 만들었고, 제위왕과 제선왕은 손빈과 전기의 무리를 등용해

● 추를 두고 《사기색은》은 주邾로 표현하기도 한다고 했다. 《사기정의》는 맹가의 자는 자여子與이고, 추騶는 추鄒와 같다고 했다.

제후들에게 동쪽 제나라에 조현하게 만들었다. 천하는 바야흐로 합종과 연횡에 힘쓰며 남을 쳐 정벌하는 것을 현명하다고 여길 때 맹가는 요순과 3대의 덕정을 논한 것이다. 그가 가는 곳마다 받아들여지지 않은 이유다. 이후 정치현실에서 물러나와 제자 만장萬章의 무리와 함께《시경》과《서경》을 순서대로 정리하고, 공자의 뜻을 받들어 기술한다는 차원에서《맹자》일곱 편을 썼다.

●● 孟軻, 騶人也. 受業子思之門人. 道旣通, 遊事齊宣王, 宣王不能用. 適梁, 梁惠王不果所言, 則見以爲迂遠而闊於事情. 當是之時, 秦用商君, 富國彊兵, 楚·魏用吳起, 戰勝弱敵, 齊威王·宣王用孫子·田忌之徒, 而諸侯東面朝齊. 天下方務於合從連衡, 以攻伐爲賢, 而孟軻乃述唐·虞·三代之德, 是以所如者不合. 退而與萬章之徒序詩書, 述仲尼之意, 作孟子七篇.

추기열전

제나라에 추씨騶氏 성을 지닌 학자인 이른바 추자騶子가 세 명 있었다. 첫째, 추기騶忌다. 거문고를 타는 것으로써 제위왕에게 벼슬을 구해 국정에 참여할 수 있게 되었다. 봉지를 받은 후 성후成侯가 되었고, 재상의 인장을 받았다. 맹자보다 선대 사람이다.

●● 其後有騶子之屬. 齊有三騶子. 其前騶忌, 以鼓琴幹威王, 因及國政, 封爲成侯而受相印, 先孟子.

추연열전

둘째, 추연騶衍이다. 맹자보다 후대 사람이다. 추연은 시간이 지날수록 나라를 보유한 제후 등이 더 음란하고 사치해져 도덕을 숭상할 수 없다고 보았다. 《시경》〈대아〉에서 말한 것처럼 먼저 덕을 스스로 체화하면 멀리 일반 백성까지 영향을 미칠 수 있다고 생각했다. 음양의 소멸과 성장 및 변화하는 이치와 기이한 변화를 세밀히 관찰해 《종시終始》와 《대성大聖》 등 10만여 자를 지은 이유다. 그의 학설은 굉대宏大해 종잡을 수 없고, 일반적인 이치에 맞지 않는다. 그는 먼저 반드시 작은 일을 살핀 뒤 이를 추론하고 확대해 무한한 곳까지 이르렀다. 시대를 살필 때도 먼저 현재부터 시작해 황제黃帝까지 거슬러 올라가 서술했다. 이는 학자들이 공통적으로 연구하는 것이다. 대개는 세상의 흥망성쇠를 논하는 데서 시작해 천지가 만들어지기 이전의 깊고 신비해 근원을 알 수 없는 혼돈의 시대에 이른다. 먼저 명산대천과 깊은 계곡의 금수禽獸 및 물과 뭍에서 생장하는 동물 기운데 가장 진귀한 것을 열거하고, 여기서 유추해 사람이 볼 수 없는 요원한 이역異域의 사물까지 논했다. 천지가 나뉜 이래 오행이 차례로 옮겨가 각 시대에 부응하는 정사가 이루어지고, 길흉의 조짐이 이에 상응하는 것을 설명했다. 그는 이같이 말했다.

"유가에서 말하는 중국은 천하의 81분의 1일 뿐이다. 그들은 중국을 적현신주赤縣神州로 불렀다. 적현신주 안에 아홉 개의 주州가 있다. 하나라 우왕이 정리한 9주가 바로 이것이지만 본래 추연이 말한 9주로 간주할 만한 것이 없다. 중국 말고도 적현신주 같은 것이 아홉 개나 된다. 그것이 바로 9주다. 거기에는 비해裨海라는 작은 바다가 있어 9주를 두르고 있다. 백성과 짐승이 서로 통하지 않는 하나의 독립된 구역이 있다. 그것이 1주州다. 이런 것이 아홉 개 있고, 거기에 대영해大瀛海라는 끝없이 넓은 바다가 있어 그 밖을 두르고 있다. 그것이 하늘과 땅이 서로 만나는 끝 지점이다."

추연의 학설은 모두 이런 식이다. 결론을 요약하면 반드시 인의·절검·군신·상하·육친 사이의 일로 귀결되며 학설은 그 시작에 해당한다. 왕공대인이 그의 학설을 처음 접하면 크게 놀라 좋아서 시행하고자 하는 고화顧化가 되지만 결코 이를 실행할 수는 없다. 제나라에서 크게 존중을 받은 이유다. 추연이 양나라로 갔을 때는 양혜왕이 교외까지 나와 영접했다. 손님과 주인의 예로 대우한 것이다. 조나라로 갔을 때는 평원군이 곁으로 걸어가다가 그가 앉을자리의 먼지를 옷자락으로 털어낼 정도로 정중히 모셨다. 연나라로 갔을 때는 연소왕이 빗자루를 들고 길을 쓸면서 앞에서 인도했고, 제자의 자리에 앉아 지도받기를 청했다. 실제로 연소왕은 갈석궁碣石宮을 지어 그를 머물게 한 뒤 친히 찾아가 가르침을 받았다. 추연은 이곳에서 《주운主運》을 지었다. 그가 제후들 사이에서 유세하며 존경과 예우를 받은 것이 이와 같았다. 어찌 공자가 진陳과 채나라 사이에서 굶주린 나머지 안색이 창백해지고 맹가가 제와 양나라 사이에서 곤욕을 치른 것과 유사한 일이 있었겠는가? 주무왕이 인의를 내세운 채 은나라 주를 치고 보위에 올랐지만 백이와 숙제는 굶주리면서도 주나라의 곡식을 먹지 않았다. 또 위령공이 군사에 관한 일을 묻자 공자는 대답하지 않고 그곳을 떠났다. 양혜왕이 조나라를 치려고 하자 맹자는 주나라 태왕太王인 고공단보가 인명피해를 줄이기 위해 빈邠을 버리고 떠난 일을 칭송했다. 이런 일들이 어찌 세속에 아첨하며 구차하게 영합하려는 취지에서 나온 것이겠는가? 네모난 장부를 둥근 구멍에 넣으려고 한들 어찌 안으로 들어갈 수 있겠는가? 누군가 이런 말을 했다.

"이윤은 솥을 짊어진 요리사 신분으로 은나라 탕왕을 고취해 제왕의 대업을 이루게 했다. 백리해는 수레 아래서 소를 먹이다가 진목공에게 발탁되자 마침내 그를 천하의 패자로 만들었다. 두 사람 모두 먼저 상대의 뜻에 영합한 후 대도大道로 인도한 경우다. 추연의 말은 통상적인 법칙을 벗어난 것이다. 그럼에도 그 역시 백리해가 소를 먹이고 이윤이 솥을 짊어진 것처럼 남의 뜻에 영합한 뒤 대도로 이끄는 우정지의牛鼎之意를 지니고 있었던 것일까?"

●● 其次騶衍, 後孟子. 騶衍睹有國者益淫侈, 不能尙德, 若大雅整之於身, 施及黎庶矣. 乃深觀陰陽消息而作怪迂之變, 終始·大聖之篇十餘萬言. 其語閎大不經, 必先驗小物, 推而大之, 至於無垠. 先序今以上至黃帝, 學者所共術, 大並世盛衰, 因載其禨祥度制, 推而遠之, 至天地未生, 窈冥不可考而原也. 先列中國名山大川, 通谷禽獸, 水土所殖, 物類所珍, 因而推之, 及海外人之所不能睹. 稱引天地剖判以來, 五德轉移, 治各有宜, 而符應若玆. 以爲儒者所謂中國者, 於天下乃八十一分居其一分耳. 中國名曰赤縣神州. 赤縣神州內自有九州, 禹之序九州是也, 不得爲州數. 中國外如赤縣神州者九, 乃所謂九州也. 於是有裨海環之, 人民禽獸莫能相通者, 如一區中者, 乃爲一州. 如此者九, 乃有大瀛海環其外, 天地之際焉. 其術皆此類也. 然要其歸, 必止乎仁義節儉, 君臣上下六親之施, 始也濫耳. 王公大人初見其術, 懼然顧化, 其後不能行之. 是以騶子重於齊. 適梁, 惠王郊迎, 執賓主之禮. 適趙, 平原君側行撇席. 如燕, 昭王擁篲先驅, 請列弟子之座而受業, 築碣石宮, 身親

往師之. 作主運. 其遊諸侯見尊禮如此, 豈與仲尼菜色陳蔡, 孟軻困於
齊梁同乎哉! 故武王以仁義伐紂而王, 伯夷餓不食周粟, 衛靈公問陳,
而孔子不答, 梁惠王謀欲攻趙, 孟軻稱大王去邠. 此豈有意阿世俗苟合
而已哉? 持方柄欲內圜鑿, 其能入乎? 或曰,“伊尹負鼎而勉湯以王, 百
里奚飯牛車下而繆公用霸, 作先合, 然後引之大道. 騶衍其言雖不軌,
儻亦有牛鼎之意乎?”

순우곤열전

　추연 이외에도 순우곤淳于髡 신도, 환연環淵, 접자接子, 전변田騈, 추석
騶奭 등은 제나라의 직하선생稷下先生으로 있었다. 이들은 각자 글을
지어 천하의 치란治亂을 논하며 열국 군주에게 등용되기를 바랐다.
그 사연을 어찌 이루 다 말할 수 있겠는가? 원래 순우곤은 제나라 출
신이다. 견문이 넓고 기억력이 뛰어났다. 어느 한 학설에 국한해 배
우지 않았다. 풍간風諫과 유세에서는 안영의 풍모를 사모했음에도
상대의 뜻을 좇고 안색을 살피는데 급급했다. 어느 식객이 순우곤을
양혜왕과 만나도록 주선했다. 양혜왕이 좌우를 물리친 뒤 두 번이나
그를 만났지만 순우곤은 끝내 아무 말도 하지 않았다. 양혜왕이 이
를 이상하게 여겨 소개한 식객을 꾸짖었다.

　“그대가 순우곤 선생은 관중과 안영도 따를 수 없다고 칭송해 만
나보았으나 아무 말도 듣지 못했다. 이 어찌 함께 이야기하기에 부
족하다는 뜻이 아닌가? 도대체 무슨 까닭인가?”

　식객이 이를 말하자 순우곤이 이같이 대답했다.

"확실히 그렇소. 내가 전에 왕을 만났을 때 왕은 말을 내달리는 구축驅逐에 정신이 팔려 있었소. 그다음에 만났을 때 왕은 음악소리인 음성音聲에 정신이 팔려 있었소. 제가 침묵한 이유요."

식객이 양혜왕에게 보고하자 양혜왕이 크게 놀랐다.

"아! 실로 순우 선생은 성인이다! 전에 선생이 왔을 때 어떤 자가 좋은 말을 바쳤다. 마침 과인이 그 말을 보기도 전에 선생이 도착했던 것이다. 뒤에 다시 선생이 왔을 때 어떤 자가 노래 잘하는 사람을 소개했다. 마침 그를 시험해보기도 전에 선생이 도착했던 것이다. 과인이 비록 사람들을 물리치기는 했으나 마음은 이들에게 가 있었다. 그것이 사실이다."

이후 순우곤은 양혜왕을 만나 처음으로 입을 연 뒤 사흘 밤낮을 이어서 말했다. 양혜왕은 피곤한 줄 몰랐다. 양혜왕이 공경과 재상의 자리로 대우하고자 했으나 순우곤은 사양하고 물러갔다. 양혜왕이 전송할 때 네 마리의 말이 끄는 안거安車와 비단 묶음, 벽옥, 황금 100일을 주었다. 순우곤은 죽을 때까지 벼슬을 하지 않았다.

●● 自騶衍與齊之稷下先生, 如淳于髡·愼到·環淵·接子·田駢·騶奭之徒, 各著書言治亂之事, 以干世主, 豈可勝道哉! 淳于髡, 齊人也. 博聞彊記, 學無所主. 其諫說, 慕晏嬰之爲人也, 然而承意觀色爲務. 客有見髡於梁惠王, 惠王屛左右, 獨坐而再見之, 終無言也. 惠王怪之, 以讓客曰, "子之稱淳于先生, 管·晏不及, 及見寡人, 寡人未有得也. 豈寡人不足爲言邪? 何故哉?" 客以謂髡. 髡曰, "固也. 吾前見王, 王志在驅逐, 後復見王, 王志在音聲, 吾是以黙然." 客具以報王, 王大駭, 曰, "嗟乎. 淳于先生誠聖人也! 前淳于先生之來, 人有獻善馬者, 寡人未及視, 會先生至. 後先生之來, 人有獻謳者, 未及試, 亦會先生來. 寡人雖屛

人, 然私心在彼, 有之." 後淳于髡見, 壹語連三日三夜無倦. 惠王欲以
卿相位待之, 髡因謝去. 於是送以安車駕駟, 束帛加璧, 黃金百鎰. 終身
不仕.

추석열전

신도는 조나라, 전변田駢과 접자接子는 제나라, 환연環淵은 초나라
출신이다. 모두 황로학黃老學을 배워 나름의 독자적인 입장에서 도가
사상을 정립했다. 신도가 열두 편의 이론을 저술하고, 환연이 상하
편을 저술했다. 전변과 접자도 도가에 관해 논술한 바가 있다. 추석騶
奭은 추기騶忌 및 추연과 더불어 제나라에 있는 세 명의 추자騶子 가운
데 한 명이다. 그 역시 비교적 많은 부분에서 추연의 학설을 끌어들
여 논술했다. 제나라 왕은 이런 모습을 좋아했다. 순우곤 이하 여러
사람들을 열대부列大夫로 칭하고, 번화한 거리에 저택을 지은 뒤 높
은 문과 커다란 집에 살게 하고, 이들을 존경하고 총애한 이유다. 그
는 이런 모습을 천하의 제후들과 빈객들에게 내보이며, 제나라가 천
하의 현사를 초빙했다고 말했다.

●● 愼到, 趙人. 田駢 · 接子, 齊人. 環淵, 楚人. 皆學黃老道德之術,
因發明序其指意. 故愼到著十二論, 環淵著上下篇, 而田駢 · 接子皆有
所論焉. 騶奭者, 齊諸騶子, 亦頗采騶衍之術以紀文. 於是齊王嘉之, 自
如淳于髡以下, 皆命曰列大夫, 爲開第康莊之衢, 高門大屋, 尊寵之. 覽
天下諸侯賓客, 言齊能致天下賢士也.

순자열전

순경荀卿은 조나라 출신이다.• 나이 쉰 살 때 비로소 제나라 직하학궁稷下學宮으로 와 자신의 학설을 설파하며 학사들의 특징을 이같이 평했다.

"추연의 학설은 멀고 크며, 넓고 웅변적이다. 추석의 학설은 글이 완벽하나 시행하기 어렵다. 순우곤과 오랫동안 함께 있으면 때로 유익한 말을 얻을 수 있다."

실제로 제나라 백성은 이들을 이같이 칭송했다.

"하늘을 말하는 자는 추연, 용을 아로새긴 듯 문장을 꾸미는 자는 추석, 수레의 굴대 기름통처럼 지혜가 샘솟는 자는 순우곤이다••."

전변田駢의 무리는 모두 세상을 떠난 까닭에 제양왕 때 순경이 가장 나이가 많은 스승인 노사老師가 되었다. 제나라는 열대부가 자리가 모자라면 그때마다 보충했다. 순경이 세 차례나 좨주祭酒가 되었다. 제나라 출신 가운데 어떤 자가 순경을 무함하자 순경은 초나라로 떠났다. 춘신군이 그를 난릉蘭陵의 현령으로 삼았다. 춘신군이 죽자 순경도 면직되었다. 이후 계속 난릉에 살았다. 이사는 일찍이 그의 제자로 있다가 진나라의 재상이 되었다. 순경은 혼탁한 세상인 탁세濁世의 정사를 미워했다. 멸망하는 나라와 난폭한 군주가 잇달

• 본명은 순황荀況이고, 자는 경卿이다. 《사기색은》은 경을 후대인이 존경의 표시로 붙인 것으로 간주했다. 성까지 바뀐 손경자孫卿子의 명칭은 순荀이 한선제 유순劉詢의 순詢과 유사하기에 이를 피한 것으로 풀이했다.
•• "수레의 굴대 기름통처럼 지혜가 샘솟는 자"의 원문은 "자곡과炙轂過"다. 자炙는 많이 달려 수레의 굴대가 뻑뻑해진 것을, 고기를 바짝 구운 것에 비유한 것이다. 기름칠이 필요한 이유다. 그것이 바로 수레바퀴인 곡轂의 굴대에 기름을 칠하기 위해 장치해놓은 굴대 기름통 과過다. 《사기집해》는 유향의 《별록別錄》을 인용해 '과'가 과鑵로 되어 있다고 했다. 《사기색은》은 '과'의 명칭이 솥 과鍋에서 나온 것으로 보았다.

아 나오고, 대도를 닦아 실천하기는커녕 무축巫祝에 빠지고, 길흉화복의 징조인 기상機祥을 믿고, 비속한 유생인 비유鄙儒가 하찮은 일에 구애되고, 장주莊周 같은 무리가 우스갯소리로 풍속을 어지럽히는 것 등이 그러했다. 유가·묵가·도가의 학설이 펼쳐진 결과, 이룬 것과 실패한 것을 자세히 살핀 뒤 차례로 정리했다. 수만 자로 된《순자》를 남기고 죽었다. 사람들이 그를 난릉에 장사 지냈다.

●● 荀卿, 趙人. 年五十始來遊學於齊. 騶衍之術迂大而閎辯, 奭也文具難施, 淳于髡久與處, 時有得善言. 故齊人頌曰, "談天衍, 雕龍奭, 炙轂過髡." 田駢之屬皆已死齊襄王時, 而荀卿最爲老師. 齊尙脩列大夫之缺, 而荀卿三爲祭酒焉. 齊人或讒荀卿, 荀卿乃適楚, 而春申君以爲蘭陵令. 春申君死而荀卿廢, 因家蘭陵. 李斯嘗爲弟子, 已而相秦. 荀卿嫉濁世之政, 亡國亂君相屬, 不遂大道而營於巫祝, 信機祥, 鄙儒小拘, 如莊周等又猾稽亂俗, 於是推儒·墨·道德之行事興壞, 序列著數萬言而卒. 因葬蘭陵.

공손룡열전

조나라에는 명가名家인 공손룡이 있었다. 그는 견백동이堅白同異의 궤변을 펼쳤다.* 이밖에 법가인 극자劇子의 언설이 있었다.** 위나라

---

* 견백동이는 논리학파에 해당하는 명가名家의 공손룡이 주장한 궤변이다. 공손룡은 전국 시대 중기의 인물로 이름은 용龍, 자는 자병子秉이다. 일찍이 전국 4대 공자의 하나인 조나라 평원군 조승의 문하에서 활동했다. 그는 양극단의 논리를 엮어내는 데 뛰어났다.《장자》〈천하〉는 공손룡 등의 제시한 '알에는 털이 있다', '닭은 발이 셋이다', '개는 양이 될 수 있다'는 등의 스물한 가지 논제를 언급하고 있다. 저서로 알려진《공손룡자公孫龍子》는 현재 〈적부跡

에는 이회李悝가 있었다. 그는 지력地力을 최대한 활용해 부강한 나라
를 만드는 이른바 진지력지교盡地力之敎***를 역설했다.

●● 而趙亦有公孫龍爲堅白同異之辯, 劇子之言. 魏有李悝, 盡地力
之敎.

시자열전

　초나라에는 시자尸子와 장로長盧가 있었다. 아 땅에는 우자吁子가
있었다.**** 맹자부터 우자에 이르기까지 많은 사람의 저술이 세상에

<hr>

府〉·〈백마론白馬論〉·〈지물론指物論〉·〈통변론通變論〉·〈견백론堅白論〉·〈명실론名實論〉 등 여
섯 편이 남아 있다. 가장 유명한 것이 〈백마론〉과 〈견백론〉이다. 그는 〈견백론〉에서 '백마는
말이 아니다'는 주장을 펼쳤다. 백마라는 특수개념과 말이라는 일반개념이 일치하지 않는다
는 취지에서 나온 것이다. 〈견백론〉도 같은 맥락이다. 견백석堅白石을 볼 때는 희다는 사실만
알 뿐 단단한 사실을 모르고, 만질 때는 단단한 것만 알 뿐 희다는 사실을 모른다. 결국 희고
단단한 성질의 견백석은 동시에 성립할 수 없다는 논리다. 이는 하나의 사물이 여러 성질을
띠고 있다는 사실을 부인한 데 따른 것이나. 명가가 논쟁에서 승리를 기두었음에도 불신을 받
은 이유다. 결국 명가의 이론은 서양처럼 논리학으로 발전하지 못하고 이내 사라지고 말았다.
●● 《사기색은》는 조나라에 극자로 불릴 만한 사람으로 극맹劇孟과 극신劇辛이 있다고 했다.
청나라 때 주준성朱駿聲은 《설문통훈정성說文通訓定聲》〈예부豫部〉에서 극자는 《전국책》〈연
책燕策〉에 나오는 극신을 지칭한다고 풀이했다. 극신은 연소왕을 찾아온 조나라 출신 장수로
법가의 대표적인 인물이다. 《한서》〈예문지〉에 따르면 저서로 법가 사상서인 《극자劇子》 아홉
편이 있다고 했다. 민국시대 당시 전목은 안사고顏師古의 주에 인용된 《처자處子》를 극신의
《극자》로 보았다.
●●● 진지력지교는 부국강병의 토지정책으로 위나라가 위문후 때 위세를 떨친 배경이 되었
다. 이 정책의 배후에는 곡물 가격의 변동에 따라 생활을 위협받는 일반농민을 보호하고, 반
대로 부당한 이윤을 취하는 상인의 활동을 억제하는 중농억상重農抑商 사상이 깔려 있다. 상
앙이 농사를 지으며 싸움을 하는 농전을 역설한 것은 바로 이회의 진지력지교를 수용한 결과
다. 그 역시 이회처럼 농민의 수입을 적자상태에 놓아둠으로써 빈궁을 탈출하기 위한 유일한
수단인 군공을 앞다투어 세우도록 유도했다. 그 효과는 엄청났다. 진나라 백성들은 전쟁이
나면 부귀에 참여할 기회가 생겼다고 서로 축하하고 자나 깨나 전쟁이 일어나기를 노래한 것
이 그렇다. 《한서》〈예문지〉는 이회의 저서 《이자李子》 서른두 편이 있다고 기록해놓았다.
●●●● 시자는 《한서》〈예문지〉에 대한 반고의 자주自注에 따르면 이름은 교佼이고, 노나라
출신으로 상앙의 스승이었다. 유향의 《별록》에 따르면 상앙이 법과 계책을 정할 때 늘 스승

널리 유포되었다. 그 내용을 일일이 논하지는 않겠다.

　◉◉ 楚有尸子·長盧, 阿之吁子焉. 自如孟子至于吁子, 世多有其書,
故不論其傳云.

묵자열전

　묵적墨翟은 송나라 대부다. 성을 지키고 방어하는 수어守禦에 능했
고, 비용을 절약하는 절용節用을 주장했다. 혹자는 공자와 같은 시대,
혹자는 그 이후에 활약했다고 말한다.●

　◉◉ 蓋墨翟, 宋之大夫, 善守禦, 爲節用. 或曰並孔子時, 或曰在其後.

시교와 상의했다고 한다. 그의 저서로 알려진 《시자尸子》가 지금까지 전해지나 이는 후대인
들이 편집한 것이다. 장로는 아홉 편의 글을 남겼다고 하나 현존하지 않는다. 우자는 제나라
출신으로 이름은 영嬰이고, 열아홉 편의 글을 남겼다고 한다.

● 묵적의 묵墨을 성씨, 적翟을 이름으로 보는 것이 통설이다. 남송 때 정초鄭樵는 기전체 사서
《통지通志》에서 당나라 때 나온 《원화성찬元和姓纂》을 인용해 본래 묵태씨墨胎氏였다고 주장
했다. 이에 대해 명말 청초에 활약한 주량공周亮工은 적이 성씨이나, 얼굴에 먹을 뜨는 묵형을
받았기에 묵 자를 앞에 썼다고 했다. 전목도 《묵자》에서 묵형을 받은 까닭에 묵씨를 가지게
되었다고 주장했다. 문학자 호회침胡懷琛의 《묵자학변墨子學辨》과 고고학자 위취현衛聚賢의
《묵자소전墨子小傳》은 입고 있던 옷과 피부가 까맣기 때문이라고 보았다. 모두 묵자를 천인賤
人으로 간주했다는 점에서 동일하다. 그러나 방어용 무기를 만들거나 성을 쌓는 데 뛰어났다
는 점에서 노비 출신으로 단정하는 것은 비합리적이다. 방어를 위주로 한 그의 뛰어난 병법
사상에 주목할 필요가 있다. 묵자는 묵가의 초대 거자에 해당한다.

맹상군열전

孟嘗君列傳

〈맹상군열전孟嘗君列傳〉은 제나라 맹상군孟嘗君 전문에 관한 사적을 그린 것이다. 그는 제나라 왕족의 서얼庶孼 출신으로 평소 3,000명의 식객을 두었다. 그의 부친 전영田嬰은 제위왕의 아들로 재상을 지냈다. 당초 전영에게는 40여 명의 아들이 있었다. 전영의 첩 가운데 한 사람이 맹상군이다. 맹상군은 어릴 때부터 총명해 부친의 뒤를 이을 수 있었다. 설薛 땅에 머물며 가산을 기울여 빈객을 우대하자 천하의 인재가 그의 휘하로 모여들었다. 소문을 들은 진소양왕이 제나라에 사자를 보내 맹상군을 초청했다. 당초 재상으로 삼을 생각이었으나 주위 신하들의 참언을 듣고는 생각을 바꿔 이내 죽이려 했다. 신변에 위협을 느낀 맹상군이 진소양왕의 애첩에게 사람을 보내 풀어줄 것을 청했다. 첩이 진소양왕에게 바친 호백구狐白裘를 원했다. 호백구는 하나밖에 없었다. 맹상군이 고민하자 식객 가운데 하나가 개 흉내를 내어 창고 속의 호백구를 훔쳐 돌아왔다. 간신히 풀려나온 뒤 함곡관에 도착했을 때 진소양왕이 병사를 풀어 뒤를 쫓게 했다. 닭 울음소리를 잘 내는 식객 덕분에 함곡관을 무사히 빠져나올 수 있었다. 여기서 계명구도鷄鳴狗盜 성어가 나왔다.

이후 제나라 맹상군 전문을 흉내 낸 자가 대거 출현했다. 위나라 신릉군 위무기魏無忌, 초나라 춘신군 황헐, 조나라 평원군 조승이 그들이다. 네 명을 통틀어 흔히 전국사군자戰國四君子라고 한다. 전국사군자를 흉내 낸 최후의 인물이 진시황 때 상국을 지낸 여불위다. 그 역시 휘하에 수천 명의 식객을 거느리고, 그들의 지략을 적극 활용했다.

맹상군은 이름은 문文, 성은 전씨다. 전문의 부친은 정곽군靖郭君 전영이다. 전영은 제위왕의 막내아들로, 제선왕의 이복동생이기도 하다. 전영은 제위왕 때부터 관직에 등용되어 정사에 관여했다. 성후成侯 추기鄒忌 및 장수 전기와 더불어 장군에 임명되어 위나라를 구원하고 한나라를 쳤다. 성후 추기가 전기와 군주의 총애를 다투었다. 성후가 전기를 무함하자 전기가 두려운 나머지 제나라 변경 고을을 쳤다. 이기지 못하자 이내 달아났다. 마침 제위왕이 죽고 제선왕이 즉위했다. 성후가 전기를 무함한 사실을 알고 다시 전기를 불러들여 장군으로 삼았다. 제선왕 2년, 전기와 전영이 군사軍師 손빈과 함께 위나라 군사를 마릉에서 대파했다. 위나라 태자 신을 생포하고, 장수 방연을 죽였다.

제선왕 7년, 전영이 한나라와 위나라에 사자로 갔다. 두 나라가 제나라에 복종했다. 전영이 한소후 및 위혜왕과 함께 동아東阿 남쪽에서 제선왕과 만나 맹약하고 돌아가게 했다. 제선왕 8년, 전영이 다시 위혜왕과 견 땅에서 만났다. 이해에 위혜왕이 죽었다. 제선왕 9년, 전영이 제나라 재상이 되었다. 제선왕과 위양왕이 서주徐州에서 만나 서로 왕호를 칭하기로 했다. 초위왕이 그 소식을 듣고 전영을 꾸짖었다. 이듬해인 제선왕 10년, 초나라가 서주에서 제나라 군사를 격파했다. 사자를 보내 전영을 추방시키고자 했다. 전영이 대신 장추張丑를 초위왕에게 보내 설득하자 초위왕이 당초 생각을 거두었다. 전영이 제나라에서 재상으로 있은 지 11년 만에 제선왕이 죽고, 제민왕이 즉위했다. 제민왕이 즉위한 지 3년 만에 전영을 설 땅에 봉했다.

당초 전영에게는 아들이 40여 명이나 있었다. 천한 첩에게서 난 아들이 전문이다. 전문은 5월 5일에 태어났다. 전영이 아이의 생모에게 키우지 말라고 명했다.* 그러나 그 어미가 몰래 거두어 길렀다. 전문이 장성하자 그 어미가 형제들을 통해 전영에게 아들 전문을 만나게 했다. 전영이 노해 그 어미에게 물었다.

"내가 너에게 이 아이를 버리라고 했다. 감히 키운 것은 무슨 까닭인가?"

전문이 머리를 조아리며 말했다.

"군君이 5월에 태어난 아이를 키우지 못하게 한 것은 무슨 까닭입니까?"

전영이 대답했다.

"5월에 태어난 아이는 키가 문설주 높이와 같아지면 부모에게 해롭다고 하기 때문이다."

전문이 말했다.

"사람이 태어날 때 그 운명을 하늘로부터 받는 것입니까, 아니면 문설주로부터 받는 것입니까?"

전영이 대답을 하지 못했다. 전문이 말했다.

"반드시 하늘에서 명을 받는 것이라면 군은 무엇을 근심하는 것입니까? 또 문설주에서 명을 받는 것이라면 계속 문설주를 높이면 그만입니다. 누가 그 문설주 높이를 따라 계속 클 수 있겠습니까?"

전영이 말했다.

"그만해라."

얼마 후 전문이 한가한 틈을 타서 부친 전영에게 물었다.

"아들의 아들은 무엇이라고 합니까?"

● 당시 5월 5일에 태어난 아이가 남아이면 부친을 해롭게 하고, 여아이면 모친을 해롭게 한다는 속설이 있었다.

"손자라고 한다."

"손자의 손자는 무엇이라고 합니까?"

"현손이라 한다."

"현손의 손자를 무엇이라고 합니까?"

"모르겠다."

전문이 말했다.

"군은 권력을 잡고 제나라 재상이 되어 지금까지 제위왕과 제선왕 및 제민왕까지 3대를 섬겼습니다. 그사이 제나라는 영토를 조금도 넓히지 못했는데, 군만 1만 금의 부를 쌓았습니다. 그러고도 문하에는 단 한 명의 현자도 보이지 않습니다. 장수 집안에 반드시 장수가 나오는 이야기[將門有將]와 재상 집안에 반드시 재상이 나오는 이야기[相門有相]를 들었습니다. 지금 군의 후궁들은 무늬 있는 고운 명주 옷을 질질 끌고 있지만 선비들은 짧은 바지 하나 제대로 걸치지 못하고, 하인과 첩은 쌀밥과 고기반찬을 남기지만 선비들은 술지게미와 쌀겨조차 배불리 먹지 못하고 있습니다. 지금 군은 비축이 남아도는데도 계속 쌓아두는 것만 숭상하며 알지도 못하는 어떤 자에게 주려고만 할 뿐 국력이 날로 손상되는 것을 잊고 있습니다. 저는 이것이 이상합니다."

전영이 마침내 전문을 발탁해 집안일을 돌보고, 빈객을 접대하게 했다. 빈객이 날로 모여들어 전문의 명성이 제후들 사이에 널리 퍼졌다. 제후들 모두 사람을 설공薛公 전영에게 보내 전문을 후계자로 삼을 것을 권했다. 전영이 이를 수락했다. 전영이 죽자 시호를 정곽군이라 했다. 전문이 과연 대를 이어 설 땅의 영주가 되었다. 그가 바로 맹상군이다. 맹상군이 설 땅에 있으면서 제후의 빈객과 죄를 짓

고 달아난 자들을 불렀다. 이들 모두 맹상군에게 모여들었다. 맹상군
은 집의 재산으로 빈객들을 후하게 대접하자 천하 선비의 마음이 기
울어졌다. 식객이 수천 명에 달했다. 귀천의 구분 없이 자신과 동등
하게 대우했다.

맹상군이 빈객을 대접하며 앉아 이야기할 때는 병풍 뒤에 늘 기록
을 전담한 시사侍史를 두었다. 빈객과 이야기하는 도중에 친척이 사
는 곳 등을 물으면 이를 적어두도록 했다. 빈객이 가면 맹상군은 사
람을 시켜 그 친척을 찾아가 예를 갖추어 선물을 전하게 했다. 하루
는 맹상군이 일찍이 빈객을 대접하며 저녁밥을 먹었다. 어떤 자가
불빛을 가린 탓에 방이 어두웠다. 객은 질이 낮은 식사를 대접받은
것으로 오해한 나머지 화를 내며 밥을 먹지 않고 나가려 했다. 맹상
군이 일어나 자신의 밥그릇을 들어 객의 밥그릇과 비교해 보였다. 객
이 부끄러운 나머지 스스로 목을 찌르고 죽었다. 선비들이 맹상군에
게 더욱 많이 모여든 이유다. 맹상군은 객을 가리지 않고 누구에게
나 잘 대우했다. 사람들이 모두 스스로가 맹상군과 친하다고 여겼다.

●● 孟嘗君名文, 姓田氏. 文之父曰靖郭君田嬰. 田嬰者, 齊威王少子
而齊宣王庶弟也. 田嬰自威王時任職用事, 與成侯鄒忌及田忌將而救
韓伐魏. 成侯與田忌爭寵, 成侯賣田忌. 田忌懼, 襲齊之邊邑, 不勝, 亡
走. 會威王卒, 宣王立, 知成侯賣田忌, 乃復召田忌以爲將. 宣王二年,
田忌與孫臏·田嬰俱伐魏, 敗之馬陵, 虜魏太子申而殺魏將龐涓. 宣王
七年, 田嬰使於韓·魏, 韓, 魏服於齊. 嬰與韓昭侯·魏惠王會齊宣王東
阿南, 盟而去. 明年, 復與, 梁惠王會甄. 是歲, 梁惠王卒. 宣王九年, 田
嬰相齊. 齊宣王與魏襄王會徐州而相王也. 楚威王聞之, 怒田嬰. 明年,
楚伐敗齊師於徐州, 而使人逐田嬰. 田嬰使張丑說楚威王, 威王乃止.

田嬰相齊十一年, 宣王卒, 湣王卽位. 卽位三年, 而封田嬰於薛. 初, 田
嬰有子四十餘人, 其賤妾有子名文, 文以五月五日生. 嬰告其母曰, "勿
擧也." 其母竊擧生之. 及長, 其母因兄弟而見其子文於田嬰. 田嬰怒其
母曰, "吾令若去此子, 而敢生之, 何也?" 文頓首, 因曰, "君所以不擧五
月子者, 何故?" 嬰曰, "五月子者, 長與戶齊, 將不利其父母." 文曰, "人
生受命於天乎? 將受命於戶邪" 嬰默然. 文曰, "必受命於天, 君何憂焉.
必受命於戶, 則可高其戶耳, 誰能至者!" 嬰曰, "子休矣." 久之, 文承閒
問其父嬰曰, "子之子爲何?" 曰, "爲孫." "孫之孫爲何?" 曰, "爲玄孫."
"玄孫之孫爲何?" 曰, "不能知也." 文曰, "君用事相齊, 至今三王矣, 齊
不加廣而君私家富累萬金, 門下不見一賢者. 文聞將門必有將, 相門必
有相. 今君後宮蹈綺縠而士不得短褐, 僕妾餘粱肉而士不厭糟穅. 今
君又尙厚積餘藏, 欲以遺所不知何人, 而忘公家之事日損, 文竊怪之."
於是嬰迺禮文, 使主家待賓客. 賓客日進, 名聲聞於諸侯. 諸侯皆使人
請薛公田嬰以文爲太子, 嬰許之. 嬰卒, 謚爲靖郭君. 而文果代立於薛,
是爲孟嘗君. 孟嘗君在薛, 招致諸侯賓客及亡人有罪者, 皆歸孟嘗君.
孟嘗君舍業厚遇之, 以故傾天下之士. 食客數千人, 無貴賤一與文等.
孟嘗君待客坐語, 而屏風後常有侍史, 主記君所與客語, 問親戚居處.
客去, 孟嘗君已使使存問, 獻遺其親戚. 孟嘗君曾待客夜食, 有一人蔽
火光. 客怒, 以飯不等, 輟食辭去. 孟嘗君起, 自持其飯比之. 客慚自剄.
士以此多歸孟嘗君. 孟嘗君客無所擇, 皆善遇之. 人人各自以爲孟嘗君
親己.

　　진소양왕은 맹상군이 현명하다는 소문을 듣고 먼저 동생 경양군
을 제나라에 볼모로 보냈다. 이를 구실로 맹상군을 만나고자 한 것

이다. 맹상군이 진나라로 가려 했다. 빈객 가운데 그가 진나라로 가기를 바라는 자는 한 명도 없었다. 모두 가지 말 것을 간했으나 듣지 않았다. 소대가 말했다.

"오늘 아침 밖에서 이곳으로 오는 길에 나무 인형과 흙 인형이 주고받는 말을 들었습니다. 나무 인형이 말하기를, '하늘에서 비가 오면 그대는 장차 무너질 것이다'라고 했습니다. 흙 인형이 말하기를, '나는 흙에서 태어났으니 무너져도 흙으로 돌아가면 된다. 하늘에서 비가 오면 그대는 무작정 떠내려가 멈추는 곳을 알지 못한다'고 했습니다. 지금 진나라는 범과 이리 같은 나라입니다. 군은 기어코 가고자 하나 혹여 돌아오지 못하면 흙 인형의 비웃음을 면치 못할 것입니다."

결국 맹상군이 가지 않았다. 제민왕 25년, 맹상군의 문제가 다시 거론되었다. 제민왕이 맹상군에게 진나라로 들어가게 했다. 진소양왕이 맹상군을 진나라 재상으로 삼고자 했다. 어떤 자가 진소양왕에게 이같이 말했다.

"맹상군은 현명한데다 제나라 왕족입니다. 지금 그를 진나라 재상으로 삼으면 반드시 제나라를 먼저 생각하고 진나라를 나중에 생각할 것입니다. 그러면 진나라는 위태로워질 것입니다."

진소양왕이 당초 생각을 바꾸었다. 맹상군을 억류한 뒤 죽이는 방안을 상의했다. 진소양왕이 총애하는 행희幸姬에게 맹상군이 사람을 보내 풀어줄 것을 청했다. 행희가 말했다.

"저는 흰 여우 가죽으로 만든 호백구를 가지고 싶습니다."

당초 맹상군에게 호백구가 한 벌 있었다. 값이 1,000금이나 되고 천하에 둘도 없는 것이었다. 진나라에 들어와 진소양왕에게 바친 까닭에 다른 호백구는 없었다. 맹상군이 고민에 빠져 식객에게 두루 대책을 물었으나 뾰족한 대답이 없었다. 맨 아래쪽에 앉아 있는 사람 중에 개 흉내를 내어 좀도둑질을 하는 자가 있었다. 그가 말했다.

"제가 호백구를 훔쳐오도록 하겠습니다."

밤에 개 흉내를 내 진나라 궁중 창고로 들어간 뒤 전에 바쳤던 호백구를 훔쳐 돌아왔다. 맹상군이 이를 진소양왕의 행희에게 바쳤다. 행희가 그를 위해 진언하자 진소양왕이 맹상군을 풀어주었다. 맹상군이 풀려나자마자 곧바로 말을 타고 달아났다. 국경통행증인 봉전封傳을 고치고, 이름과 성을 바꿔 관문을 빠져나가고자 한 것이다. 한밤중에 함곡관에 도착했다. 진소양왕이 맹상군을 풀어준 것을 후회해 곧 그를 찾았다. 이미 달아난 것을 알고는 곧바로 좌우에 명해 급히 말을 타고 추격하게 했다. 맹상군이 함곡관에 이르렀으나 관문에 관한 법에는 닭이 울어야 객들을 내보낼 수 있었다. 맹상군은 추격하는 자들이 도착할까 두려웠다. 식객 가운데 맨 끝에 앉은 자가 닭울음을 흉내내자 근처의 닭들이 일세히 울었다. 이내 봉선을 보이고 관을 빠져나올 수 있었다. 이들이 관문을 빠져나온 직후 과연 추격자들이 이내 도착했다. 이미 맹상군 일행이 관을 나간 까닭에 그대로 돌아갈 수밖에 없었다.

당초 맹상군이 이 두 사람을 빈객의 무리에 넣을 때 빈객 모두 수치스럽게 생각했다. 그러나 맹상군이 진나라에서 곤경에 처했을 때 정작 구해낸 사람은 바로 이들이었다. 이후 빈객 모두 맹상군에게 심복했다. 맹상군이 일행과 함께 조나라를 지날 때 조나라의 평원군 조승이 그를 빈객으로 대우했다. 조나라의 사람들 모두 맹상군이 현명하다는 이야기를 들은 까닭에 그를 보러 나왔다. 맹상군을 보고는 모두 웃음을 터뜨렸다.

"당초 설공은 키가 크고 장대한 줄 알았다. 이제 보니 작고 볼품없는 묘소장부眇少丈夫일 뿐이다."

맹상군이 이 말을 듣고 노했다. 동행했던 빈객들이 수레에서 내려 칼로 수백 명을 쳐 죽이고, 마침내 한 고을을 전멸시킨 뒤 떠났다. 제민왕은 자신이 맹상군을 진나라로 보내 곤경에 빠뜨린 까닭에 마음이 편치 않았다. 맹상군이 귀국하자 곧바로 재상으로 삼고 정사를 맡겼다. 당시 맹상군은 진나라에 원한을 품고 있었다. 마침 제나라가 한나라와 위나라를 도와 초나라를 치자 이를 기화로 한나라 및 위나라와 함께 진나라를 치기 위해 서주西周에서 무기와 군량을 빌리고자 했다. 소대가 서주를 위해 맹상군에게 유세했다.

"그대가 제나라의 힘을 이용해 한나라와 위나라를 도울 생각으로 초나라를 공격한 지 벌써 9년째가 됩니다. 그간 완성宛城과 섭현葉縣의 북쪽 일대를 빼앗아 한나라와 위나라를 강하게 만들었습니다. 그런데 지금 다시 진나라를 공격해 이들을 더욱 이롭게 하려고 합니다. 한나라와 위나라에게 남쪽으로 초나라로 인한 근심이 없고 서쪽으로 진나라로 인한 근심이 없다면 오히려 제나라가 위태로워집니다. 한나라와 위나라는 반드시 제나라를 가볍게 여기고 진나라를 두려워할 것입니다. 제가 보기에 이는 그대에게도 위험합니다. 서주와 진나라가 긴밀히 협력하게 하고, 서주를 공격하지 말고, 서주에서 무기와 군량을 빌리지 않는 것이 낫겠습니다.

그대는 함곡관에 도착할지라도 진나라를 치지 말고, 그대의 마음을 서주 진소양왕에게 전하기를, '설공 맹상군은 반드시 진나라를 깨뜨려 한나라와 위나라를 강하게 만들지는 않을 것입니다. 그가 진나라를 치려는 것은 대왕이 초회왕을 설득해 초나라 동쪽 땅을 제나라에 떼어주게 하고, 또 진나라는 초회왕을 풀어주어 서로 화친하기를 바라기 때문입니다'라고 하십시오. 그대가 서주에 이런 방법으로 진나라에 은혜를 베풀도록 하면 진나라는 초나라 동쪽 땅을 떼어주게 한 대가로 군대를 전혀 손상시키지 않고 제나라의 공격을 면할수 있어 반드시 그리하고자 할 것입니다. 초회왕이 풀려나오면 초나라 역시 반드시 제나라에 고마워할 것입니다. 제나라가 초나라 동쪽 땅을 얻으면 더욱 강해질 것이고, 그대의 영지인 설 땅도 대대로 안전할 것입니다. 진나라가 크게 약해지지 않은 상태로 삼진의 서쪽에 존재하면 삼진은 틀림없이 제나라를 소중히 여길 것입니다."

설공인 맹상군이 동조했다.

"좋은 생각이오."

한나라와 위나라에 다시 진나라에 선물을 보내 화친하게 하고, 이어 삼진이 진나라를 치지 않도록 했다. 서주에서 무기와 군량을 빌리지도 않았다. 당시 초회왕은 진소양왕에게 속아 진나라로 들어갔다가 억류되어 있었다. 제나라는 초회왕이 풀려나도록 여러모로 애썼다. 진나라가 초회왕을 풀어주어야 하는 상황에 몰린 이유다.

●● 秦昭王聞其賢, 乃先使涇陽君爲質於齊, 以求見孟嘗君. 孟嘗君將入秦, 賓客莫欲其行, 諫, 不聽. 蘇代謂曰, "今旦代從外來, 見木禺人與土禺人相與語. 木禺人曰, '天雨, 子將敗矣.' 土禺人曰, '我生於土, 敗則歸土. 今天雨, 流子而行, 未知所止息也.' 今秦, 虎狼之國也, 而君欲往, 如有不得還, 君得無爲土禺人所笑乎?" 孟嘗君乃止. 齊湣王二十五年, 復卒使孟嘗君入秦, 昭王卽以孟嘗君爲秦相. 人或說秦昭王曰, "孟嘗君賢, 而又齊族也, 今相秦, 必先齊而後秦, 秦其危矣." 於是秦昭王乃止. 囚孟嘗君, 謀欲殺之. 孟嘗君使人抵昭王幸姬求解. 幸姬曰, "妾願得君狐白裘." 此時孟嘗君有一狐白裘, 直千金, 天下無雙, 入秦獻之昭王, 更無他裘. 孟嘗君患之, 徧問客, 莫能對. 最下坐有能爲狗盜者, 曰, "臣能得狐白裘." 乃夜爲狗, 以入秦宮臧中, 取所獻狐白裘至, 以獻秦王幸姬. 幸姬爲言昭王, 昭王釋孟嘗君. 孟嘗君得出, 即馳去, 更封傳, 變名姓以出關. 夜半至函谷關. 秦昭王後悔出孟嘗君, 求之已去, 即使人馳傳逐之. 孟嘗君至關, 關法雞鳴而出客, 孟嘗君恐追至, 客之居下坐者有能爲雞鳴, 而雞齊鳴, 遂發傳出. 出如食頃, 秦追果至關, 已後孟嘗君出, 乃還. 始孟嘗君列此二人於賓客, 賓客盡羞之, 及孟嘗君有秦難, 卒此二人拔之. 自是之後, 客皆服. 孟嘗君過趙, 趙平原君客之. 趙人聞孟嘗君賢, 出觀之, 皆笑曰, "始以薛公爲魁然也, 今視之, 乃眇小丈夫耳." 孟嘗君聞之, 怒. 客與俱者下, 斫擊殺數百人, 遂滅一縣以去. 齊湣王不自得, 以其遣孟嘗君. 孟嘗君至, 則以爲齊相, 任政. 孟嘗君怨秦, 將以齊爲韓‧魏攻楚, 因與韓‧魏攻秦, 而借兵食於西周. 蘇代爲西周謂曰, "君以齊爲韓‧‧魏攻楚九年, 取宛‧葉以北以彊韓‧魏, 今復攻秦以益之. 韓‧魏南無楚憂, 西無秦患, 則齊危矣. 韓‧魏必輕齊畏秦, 臣爲君危之. 君不如令敝邑深合於秦, 而君無攻, 又無借兵食. 君臨函穀而無攻, 令敝邑以君之情謂秦昭王曰'薛公必不破秦以彊韓‧魏. 其攻秦也, 欲王之令楚王割東國以與齊, 而秦出楚懷王以爲和'. 君令敝邑以此惠秦, 秦得無破而以東國自免也, 秦必欲之. 楚王得出, 必德齊. 齊得東國益彊, 而薛世世無患矣. 秦不大弱, 而處三晉之西, 三晉必重齊." 薛公曰, "善." 因令韓‧魏賀秦, 使三國無攻, 而不借兵食於西周矣. 是時, 楚懷王入秦, 秦留之, 故欲必出之. 秦不果出楚懷王.

맹상군이 제나라 재상이 되자 사인 위자魏子가 맹상군을 위해 봉지의 조세를 거두어들였다. 봉지를 세 번 왕복하면서도 한 번도 세금을 가져오지 않았다. 맹상군이 이유를 묻자 이같이 대답했다.

"현자가 있어서 아무도 모르게 그에게 빌려주었습니다. 세금을 가져오지 못한 이유입니다."

맹상군이 화를 내며 그 자리에서 물러나게 했다. 몇 년 뒤 어떤 자가 제민왕 앞에서 맹상군을 헐뜯었다.

"맹상군이 장차 반란을 일으키려고 합니다."

마침 전갑田甲이 제민왕을 위협하자 제민왕은 내심 배후에 맹상군이 있는 것으로 의심했다. 맹상군이 두려운 나머지 밖으로 달아났다. 이때 전에 위자가 조세를 빌려주었던 현자가 그 소식을 듣고 곧바로 상서했다.

맹상군은 반란을 일으킬 사람이 아닙니다. 이 몸을 바쳐 맹서합니다.

그러고는 마침내 왕궁 문 앞에서 스스로 목을 찔러 맹상군의 결백을 증명했다. 제민왕이 크게 놀라 맹상군의 행적을 조사하게 했다. 과연 반란을 꾸미지 않은 것이 드러났다. 다시 맹상군을 불렀다. 맹상군이 병을 핑계로 사직을 청했다. 봉지인 설 땅에서 노년을 보내고자 한 것이다. 제민왕이 이를 허락했다. 이후 진나라에서 망명한 장수 여례가 제나라에서 재상이 되었다. 소대를 핍박하려 하자 소대가 맹상군에게 말했다.

"주나라 공자 주최周最는 제나라에서 매우 두터운 신임을 받고 있습니다. 제나라 왕이 그를 쫓아내고 친불親弗•의 말을 들어 여례를 재상으로 삼은 것은 진나라의 환심을 사려는 속셈입니다. 제나라와 진나라가 합치면 친불과 여례는 중용될 것입니다. 친불과 여례가 중용되면 제나라와 진나라는 반드시 그대를 가벼이 여길 것입니다. 서둘러 군사를 이끌고 북쪽으로 가 조나라 군사를 도움으로써 진나라와 위나라가 화친하게 만들고, 주최를 불러들여 후하게 대우하고, 제나라 왕이 진나라와 합치려던 마음을 돌리게 해 천하 제후들이 제나라를 등지게 하는 사태를 미리 막느니만 못합니다. 제나라가 진나라와 친교를 맺지 않으면 천하는 제나라로 모여들고, 친불은 반드시 달아날 것입니다. 그러면 제나라 왕은 장차 누구와 함께 나라를 다스리겠습니까!"

맹상군이 그의 계책을 좇았다. 여례가 맹상군을 미워해 해치려 했다. 맹상군이 두려워하며 진나라 재상인 양후 위염에게 이런 서신을 보냈다.

제가 듣건대 진나라는 여례의 힘을 빌려 제나라와 친교를 맺으려 한다고 합니다. 제나라는 천하의 강국입니다. 여례가 제나라의 환심을 사면 반드시 그대를 진나라에서 가볍게 여길 것입니다. 제나라와 진나라가 서로 합세해 삼진 위에 군림하면 여례는 반드시 제나라와 진나라 재상을 겸할 것입니다. 이는 그대가 제나라를 통해 여례를 중요한 인물로 만드는 것입니다. 만일 제나라가 진나라와 가까이해 천하의 공격을 면할 수 있다면 제나라는 틀림없이 그대를 깊이 원수로 여길 것입니다. 그대는 진나라 왕에게 제나라를 치도록 권하느니만 못

● 친불이 《전국책》 〈동주책東周策〉에는 축불祝佛로 나온다.

합니다. 제나라가 지면 진나라가 제나라에서 빼앗은 땅에 그대를 봉하도록 청하겠습니다. 제나라가 지면 진나라는 삼진이 강해질까 우려할 것입니다. 진나라는 틀림없이 그대를 중용해 삼진과 관계를 맺으려 할 것입니다. 삼진 역시 제나라와 싸우다 지치면 진나라를 겁내, 반드시 그대를 중용해 화친하고자 할 것입니다. 이리되면 그대는 제나라를 깨뜨려 공을 세우고, 삼진을 이용해 중용되는 것입니다. 이는 당신이 제나라를 깨뜨려 봉지를 얻고, 진나라와 삼진 모두 그대를 중시하도록 만드는 계책입니다. 만일 제나라가 깨지지 않고 여례가 다시 등용되면 그대는 틀림없이 매우 난처해질 것입니다.

양후 위염이 진소양왕을 부추겨 제나라를 쳤다. 여례가 황급히 달아났다. 이후 제민왕은 송나라를 병탄한 후 더욱 교만해져 이내 맹상군까지 제거하고자 했다. 맹상군이 두려워 마침내 위나라로 달아났다. 위소왕이 그를 재상으로 삼았다. 이후 그는 서쪽 진나라 및 조나라와 협력하고, 연나라와 함께 제나라를 공략했다. 제민왕이 달아나 거萬 땅에 머물다가 거기에서 죽었다. 뒤를 이어 태자가 제양왕으로 즉위했다. 맹상군은 제후들 사이에서 중립을 내세우며 어느 한쪽에 기울지 않는 무소속 입장을 견지했다. 제양왕은 맹상군을 두려워했다. 여러 제후와 화친한 뒤 다시 맹상군과 화해한 이유다. 설공 전문이 죽자 시호를 맹상군이라 했다. 이후 여러 아들이 자리를 다투었다. 제나라와 위나라가 함께 설 땅을 멸망시켰다. 맹상군은 후사가 없어 대가 끊겼다.

●● 孟嘗君相齊, 其舍人魏子爲孟嘗君收邑入, 三反而不致一入. 孟嘗君問之, 對曰, "有賢者, 竊假與之, 以故不致入." 孟嘗君怒而退魏子.

居數年, 人或孟嘗君於齊湣王曰, "孟嘗君將爲亂." 及田甲劫湣王, 湣
王意疑孟嘗君, 孟嘗君迺奔. 魏子所與粟賢者聞之, 乃上書言孟嘗君不
作亂, 請以身爲盟, 遂自剄宮門以明孟嘗君. 湣王乃驚, 而蹤跡驗問, 孟
嘗君果無反謀, 乃復召孟嘗君. 孟嘗君因謝病, 歸老於薛. 湣王許之. 其
後, 秦亡將呂禮相齊, 欲困蘇代. 代乃謂孟嘗君曰, "周最於齊, 至厚也,
而齊王逐之, 而聽親弗相呂禮者, 欲取秦也. 齊·秦合, 則親弗與呂禮重
矣. 有用, 齊·秦必輕君. 君不如急北兵, 趣趙以和秦·魏, 收周最以厚
行, 且反齊王之信, 又禁天下之變. 齊無秦, 則天下集齊, 親弗必走, 則
齊王孰與爲其國也!" 於是孟嘗君從其計, 而呂禮嫉害於孟嘗君. 孟嘗君
懼, 乃遺秦相穰侯魏冄書曰, "吾聞秦欲以呂禮收齊, 齊, 天下之彊國也,
子必輕矣. 齊秦相取以臨三晉, 呂禮必幷相矣, 是子通齊以重呂禮也. 若
齊免於天下之兵, 其讎子必深矣. 子不如勸秦王伐齊. 齊破, 吾請以所得
封子. 齊破, 秦畏晉之彊, 秦必重子以取晉. 晉國敝於齊而畏秦, 晉必重
子以取秦. 是子破齊以爲功, 挾晉以爲重, 是子破齊定封, 秦·晉交重
子. 若齊不破, 呂禮復用, 子必大窮." 於是穰侯言於秦昭王伐齊, 而呂
禮亡. 後齊湣王滅宋, 益驕, 欲去孟嘗君. 孟嘗君恐, 迺如魏. 魏昭王以
爲相, 西合於秦·趙, 與燕共伐破齊. 齊湣王亡在莒, 遂死焉. 齊襄王立,
而孟嘗君中立於諸侯, 無所屬. 齊襄王新立, 畏孟嘗君, 與連和, 復親薛
公. 文卒, 諡爲孟嘗君. 諸子爭立, 而齊魏共滅薛. 孟嘗絶嗣無後也.

당초 맹상군의 식객 풍환馮驩은[•] 맹상군이 빈객을 좋아한다는 이
야기를 듣고 짚신을 신은 채 맹상군을 만났다. 맹상군이 물었다.

[•] 풍환의'환驩'을 두고 《사기색은》 모두 환歡과 음이 같다고 했다. 환이 《전국책》에는 훤諼으
로 되어 있다. 《사기집해》는 난煖으로 된 판본도 있다고 했다.

"선생이 먼 길을 오셨소. 나에게 무엇을 가르쳐주실 생각이오?"

풍환이 대답했다.

"군이 선비를 좋아한다는 말을 듣고 가난한 이 몸을 의지하려고 왔습니다."

맹상군이 풍환을 하급의 빈객을 모시는 전사傳舍에 열흘 동안 머물게 한 뒤 전사 책임자에게 물었다.

"그 손님은 무엇을 하고 있소?"

책임자가 대답했다.

"풍환은 매우 가난해 다만 칼 한 자루만 가지고 있습니다. 그것도 손잡이를 띠 풀로 감싼 것입니다.• 그는 칼을 두드리며 노래하기를, '장검아, 돌아가자! 식사에 생선 반찬이 없구나!'라고 했습니다."

맹상군이 그를 중급의 빈객을 모시는 행사幸舍로 옮기게 했다. 식사 때 생선 반찬을 놓게 했다. 닷새 뒤에 또 전사의 책임자에게 묻자 이같이 대답했다.

"풍환이 다시 칼을 두드리며 노래하기를, '장검아, 돌아가자! 나가려 해도 수레가 없구나!'라고 했습니다."

맹상군이 그를 상급의 빈객을 모시는 대사代舍로 옮기게 했다. 외출 때 수레를 타게 했다. 닷새 뒤 전자의 책임자에게 묻자 이같이 대답했다.

"풍환이 또 칼을 두드리며 노래하기를, '장검아, 돌아가자! 집이 없구나!'라고 했습니다."

맹상군이 언짢아했다. 1년이 지나도록 풍환이 아무런 말도 하지

• 원문은 "우괴구又剄緱"다. 《사기집해》는 괴剄를 띠 풀인 모茅의 일종으로 풀이하고, 구緱를 칼의 손잡이로 해석하며 후候로 된 판본이 있다고 했다.

않았다. 맹상군은 당시 제나라 재상으로 있으면서 설 땅의 1만 호를 봉지로 받았다. 빈객은 3,000명이나 되어 조세 수입만으로는 빈객들을 대접하기에 부족했다. 설 땅의 백성에게 돈놀이를 한 이유다. 1년이 지나도록 수입이 없고, 돈을 빌려간 자의 대부분은 이자를 내지 못했다. 맹상군도 이내 빈객을 대접할 자금이 떨어질 지경이었다. 맹상군이 걱정 끝에 좌우에게 물었다.

"누가 설 땅에 가서 빚을 거두어올 수 있겠소?"

전사의 책임자가 대답했다.

"대사의 빈객 가운데 풍공馮公은 용모와 체격이 뛰어나고 말도 잘합니다. 나이는 많으나 다른 재능은 없으니 응당 그를 보내 거두어들이는 것이 좋을 듯싶습니다."

맹상군이 풍환을 불러 이 일을 부탁했다.

"빈객들이 나의 불초함을 알지 못하고 몸을 맡기고 있소. 3,000여 명이나 되오. 봉지의 수입으로는 이들을 대접하기에 부족하오. 이자를 얻기 위해 설 땅 사람에게 돈을 빌려준 이유요. 설 땅에서는 해마다 조세가 들어오지 않고, 돈을 빌려간 백성들도 대부분 이자를 갚지 못하고 있소. 이제 빈객들에게 식사마저 대접하지 못할까 걱정이 되오. 선생이 책임지고 거두어주기 바라오."

풍환이 대답했다.

"알겠습니다."

풍환이 하직인사를 한 뒤 설 땅에 이르러 돈을 빌려 쓴 자들을 모두 불러 모았다. 이자가 10만 전에 달했다. 이 돈으로 많은 술을 빚고, 살찐 소를 사들인 뒤 돈을 빌려간 자들을 모았다. 이자를 낼 수 있는 자는 물론 낼 수 없는 자들까지 오게 했다. 모두 차용증서를 가져오게 한 뒤 이쪽 것과 맞추어보았다. 이어 다시 모일 날을 정한 뒤 소를 잡고 술판을 벌였다. 술자리가 한창 무르익자 가지고 온 차용증서를 꺼내어 맞추어본 뒤 이자를 낼 수 있는 자는 원금과 이자를 갚을 날을 정해주고, 가난해서 이자를 낼 수 없는 자는 그 증서를 받아 불태워버렸다. 풍환이 말했다.

"맹상군이 돈을 빌려준 것은 돈이 없는 백성도 농사에 힘쓰게 만들려는 취지에서 나온 것이오. 또 이자를 받는 것은 빈객들을 대접할 돈이 없었기 때문이오. 지금 부유한 자에게는 갚을 기한을 정해주고, 가난한 자에게는 증서를 불태우도록 했소. 여러분은 마음껏 마시고 음식을 들도록 하시오. 백성을 생각하는 주인의 뜻이 이러한데 어찌 뜻을 저버릴 수 있겠소?"

앉아 있던 사람들이 모두 일어나 두 번 절했다. 맹상군은 풍환이 차용증서를 불태웠다는 소식을 듣고는 화가 치밀어 사자를 보내 풍환을 불러들였다. 풍환이 이르자 맹상군이 물었다.

"나의 식객이 3,000명이나 되오. 설 땅에 돈을 빌려준 이유요. 봉지가 작아 세금 수입이 적은데 백성들은 대부분 때가 되어도 이자를 주지 않고 있소. 빈객의 식사대접이 소홀해질까 두려워 선생에게 이를 책임지고 거두도록 한 것이오. 선생은 돈을 받아 많은 고기와 술을 마련하고, 차용증서를 불태웠다고 들었소. 이는 도대체 어찌 된 일이오?"

풍환이 대답했다.

"그리했습니다. 고기와 술을 많이 마련하지 않으면 돈을 빌린 자를 한꺼번에 모을 수 없고, 돈이 있는 자와 없는 자를 알 수 없습니다. 여유가 있는 자는 기한을 정해주었습니다. 그러나 여유가 없는 자는 차용증서를 10년 동안 지니고 있을지라도 이자만 늘어날 뿐입니다. 성급하게 독촉하면 달아나 스스로 그 증서를 훼손할 터이니 영원히 받을 수 없게 됩니다. 그러면 위로는 주군이 이익을 밝혀 사민을 사랑하지 않는 것이 되고, 아래로는 백성이 빚을 갚지 않기 위해 주군을 떠난다는 이야기를 듣게 됩니다. 이는 백성을 격려하고 주군의 명성을 드러내게 하는 방법이 아닙니다. 쓸모없는 차용증서를 불살라 받을 수 없는 빚을 없애면 설 땅의 백성은 주군을 가까이하며 주군의 이름을 칭송하게 됩니다. 이것이 본래 목적입니다. 여기에 어찌 조금이라도 의심할 대목이 있습니까!"

맹상군은 손뼉을 치며 칭송하고 고마워했다. 당시 제민왕은 진나라와 초나라의 비방에 현혹되어 맹상군의 명성이 군주인 자신보다 높고, 제나라의 권력을 임의로 농락한다고 여겼다. 이내 맹상군을 쫓아낸 이유다. 모든 빈객이 이를 보고 떠나버렸다. 풍환이 말했다.

"저에게 진나라로 갈 때 타고 들어갈 수레를 1승 빌려주면 반드시 선생이 제나라에 중용되고 주군의 봉지도 더욱 넓혀드리도록 하겠습니다. 가능하겠습니까?"

맹상군이 마침내 수레와 돈을 준비해 그를 진나라로 떠나보냈다. 풍환이 서쪽으로 가 진소양왕에게 유세했다.

"천하의 유세하는 선비 가운데 수레를 몰고 말을 달려 서쪽 진나라로 들어오는 자치고 진나라를 강하게 하고 제나라를 약하게 만들려 하지 않는 자가 없습니다. 또 수레를 끌고 말을 달려 동쪽 제나라로 가는 자치고 제나라를 강하게 하고 진나라를 약하게 만들려 하지 않는 자가 없습니다. 두 나라가 자웅을 다투는 사이여서 형세상 양립해 둘 다 수컷이 될 수 없기 때문입니다. 최후에 수컷이 되는 나라가 천하를 얻을 것입니다."

진소양왕이 꿇어앉아 물었다.

"어찌해야 진나라가 암컷이 되지 않을 수 있소?"

풍환이 반문했다.

"대왕은 제나라가 맹상군을 내친 사실을 알고 계십니까?"

진소양왕이 대답했다.

"알고 있소."

풍환이 말했다.

"제나라를 비중 있게 만든 당사자는 맹상군입니다. 지금 제나라 왕은 비방을 듣고 맹상군을 내쳤습니다. 맹산군은 이를 원망하며 반드시 제나라를 배반할 것입니다. 그가 제나라를 등지고 진나라로 오면 제나라의 실정을 진나라에 모두 털어놓을 것입니다. 능히 제나라의 땅을 얻을 수 있습니다. 이 어찌 수컷이 되는 것에 그치겠습니까? 대왕은 급히 사자를 시켜 예물을 싣고 가 은밀히 맹상군을 맞이하십시오. 때를 놓치면 안 됩니다. 제나라가 뒤늦게 깨닫고 다시 등용하면 천하의 자웅이 어찌 갈릴지 알 수 없게 됩니다."

진소양왕이 크게 기뻐하며 수레 10승과 황금 100일을 보내 맹상군을 맞이하게 했다. 풍환이 진소양왕과 하직하고 사자보다 먼저 제나라에 이른 뒤 제민왕에게 이같이 유세했다.

"천하의 유세하는 선비 가운데 수레를 몰고 말을 달려 동쪽 제나라로 들어오는 자치고 제나라를 강하게 하고 진나라를 약하게 만들려 하지 않는 자가 없습니다. 또 수레를 끌고 말을 달려 서쪽 진나라로 가는 자치고 진나라를 강하게 하고 제나라를 약하게 만들려 하지 않는 자가 없습니다. 두 나라는 자웅을 다투는 사이여서 진나라가 강해지면 제나라는 약해지게 마련입니다. 천하의 형세상 두 나라가 동시에 영웅이 될 수는 없습니다.

제가 가만히 들으니 진나라에서 사자를 시켜 수레 10승에 황금 100일을 싣고 가 맹상군을 맞이하도록 했다고 합니다. 맹상군이 서쪽 진나라로 가지 않으면 그만이지만, 서쪽 진나라로 가 재상이 되면 세인들의 마음이 그에게 쏠려 진나라는 수컷, 제나라는 암컷이 될 것입니다. 암컷이 되면 임치와 즉묵이 위태로워집니다. 대왕은 어찌해서 진나라 사자가 이르기 전에 맹상군을 다시 등용하고 봉지를 넓혀주면서 사과하지 않는 것입니까? 맹상군은 반드시 기뻐하며 이를 수락할 것입니다. 진나라가 아무리 강할지라도 어찌 남의 나라 재상을 맞이해 가겠다고 말할 수 있겠습니까? 진나라의 음모를 좌절시켜 패자 및 강자强者가 되는 계책을 끊는 길이 여기에 있습니다."

제민왕이 대답했다.

"좋은 말이오."

제민왕이 마침내 사람을 국경으로 보내 진나라 사자의 동정을 살펴보게 했다. 진나라 사자의 수레가 마침 국경으로 들어오고 있었다. 제나라 사자가 급히 돌아와 보고했다. 제민왕이 곧바로 맹상군을 불러 다시 재상의 자리에 앉히고, 옛 봉지 이외에도 1,000호를 더해주었다. 진나라 사자는 맹상군이 다시 제나라 재상이 되었다는 말을 듣고는 수레를 돌려 돌아갔다. 지난번에 제민왕이 참언을 듣고 맹상군을 파면시키자 식객 모두 맹상군 곁을 떠났다. 이때 다시 재상 자리에 앉히자 풍환이 빈객들을 맞아들이려 했다. 빈객들이 도착하기 직전에 맹상군이 크게 한숨을 내쉬며 이같이 탄식했다.

"나는 늘 빈객을 좋아하는 까닭에 이들을 대접하는데 실수가 없도록 세심한 주의를 기울였소. 빈객이 3,000여 명이나 된 것을 선생도 알고 있을 것이오. 빈객들은 내가 파직되는 것을 보고는 하루아침에 나를 버리고 떠나 돌봐주는 사람이 없게 되었소. 이제 선생 덕에 다시 재상 자리를 얻었지만, 빈객들은 무슨 낯으로 나를 다시 보려는 것이오? 나를 다시 보려는 자가 있으면 반드시 그 얼굴에 침을 뱉고 크게 욕보일 것이오."

풍환이 말고삐를 매어놓고 수레에서 내려와 절을 했다. 맹상군도 수레에서 내려와 마주 절하며 물었다.

"선생이 빈객을 대신해 사과하시는 것이오?"

풍환이 대답했다.

"식객들을 대신해 사과하는 것이 아닙니다. 주군의 말이 잘못되었기 때문입니다. 무릇 사물은 반드시 그리되는 결과가 있고, 일에는 당연히 그리되는 도리가 있습니다. 주군은 이를 알고 있습니까?"

맹상군이 대답했다.

"나는 어리석어 잘 알지 못하겠소."

풍환이 말했다.

"생물이 언젠가는 반드시 죽게 된다는 것은 사물의 필연적 결과이고, 부귀하면 사람이 많이 모여들고 빈천하면 친구가 적어지는 것은 일의 당연한 이치입니다. 주군은 아침 일찍 시장으로 가는 사람들을 보지 못했습니까? 새벽에는 어깨를 비비면서 다투어 문 안으로 들어가지만, 날이 저문 뒤 시장을 지나는 사람들은 팔을 휘저으며 시장을 돌아보지도 않습니다. 아침을 좋아하고 저녁을 미워하기 때문이 아닙니다. 날이 저물면 내심 손에 넣고자 했던 물건이 없기 때문입니다. 주군이 지위를 잃었을 때 빈객들이 떠난 것을 원망하면서,

일부러 빈객들이 오는 것을 막을 필요는 없습니다. 주군은 이전처럼 빈객들을 잘 대우하면 됩니다."

맹상군이 두 번 절하며 말했다.

"삼가 그 말씀을 좇겠소. 선생의 말을 듣고 어찌 감히 가르침을 좇지 않을 수 있겠소?"

●● 初, 馮驩聞孟嘗君好客, 躡蹻而見之. 孟嘗君曰, "先生遠辱, 何以教文也?" 馮驩曰, "聞君好士, 以貧身歸於君." 孟嘗君置傳舍十日, 孟嘗君問傳舍長曰, "客何所爲?" 答曰, "馮先生甚貧, 猶有一劍耳, 又蒯緱. 彈其劍而歌曰'長鋏歸來乎, 食無魚'." 孟嘗君遷之幸舍, 食有魚矣. 五日, 又問傳舍長. 答曰, "客復彈劍而歌曰'長鋏歸來乎, 出無輿'." 孟嘗君遷之代舍, 出入乘輿車矣. 五日, 孟嘗君復問傳舍長. 舍長答曰, "先生又嘗彈劍而歌曰'長鋏歸來乎, 無以爲家'." 孟嘗君不悅. 居朞年, 馮驩無所言. 孟嘗君時相齊, 封萬戶於薛. 其食客三千人, 邑入不足以奉客, 使人出錢於薛. 歲餘不入, 貸錢者多不能與其息, 客奉將不給. 孟嘗君憂之, 問左右, "何人可使收債於薛者?" 傳舍長曰, "代舍客馮公形容狀貌甚辯, 長者, 無他伎能, 宜可令收債." 孟嘗君乃進馮驩而請之曰, "賓客不知文不肖, 幸臨文者三千餘人, 邑入不足以奉賓客, 故出息錢於薛. 薛歲不入, 民頗不與其息. 今客食恐不給, 願先生責之." 馮驩曰, "諾." 辭行, 至薛, 召取孟嘗君錢者皆會, 得息錢十萬. 迺多釀酒, 買肥牛, 召諸取錢者, 能與息者皆來, 不能與息者亦來, 皆持取錢之券書合之. 齊爲會, 日殺牛置酒. 酒酣, 乃持券如前合之, 能與息者, 與爲期, 貧不能與息者, 取其券而燒之. 曰, "孟嘗君所以貸錢者, 爲民之無者以爲本業也, 所以求息者, 爲無以奉客也. 今富給者以要期, 貧窮者燔券書以捐之. 諸君彊飮食. 有君如此, 豈可負哉!" 坐者皆起, 再拜. 孟嘗君聞

馮驩燒券書, 怒而使使召驩. 驩至, 孟嘗君曰, "文食客三千人, 故貸錢
於薛. 文奉邑少, 而民尚多不以時與其息, 客食恐不足, 故請先生收責
之. 聞先生得錢, 卽以多具牛酒而燒券書, 何?" 馮驩曰, "然. 不多具牛
酒卽不能畢會, 無以知其有餘不足. 有餘者, 爲要期. 不足者, 雖守而責
之十年, 息愈多, 急, 卽以逃亡自捐之. 若急, 終無以償, 上則爲君好利
不愛士民, 下則有離上抵負之名, 非所以厲士民彰君聲也. 焚無用虛債
之券, 捐不可得之虛計, 令薛民親君而彰君之善聲也, 君有何疑焉!" 孟
嘗君乃拊手而謝之. 齊王惑於秦·楚之毀, 以爲孟嘗君名高其主而擅齊
國之權, 遂廢孟嘗君. 諸客見孟嘗君廢, 皆去. 馮驩曰, "借臣車一乘, 可
以入秦者, 必令君重於國而奉邑益廣, 可乎?" 孟嘗君乃約車幣而遣之.
馮驩乃西說秦王曰, "天下之遊士馮軾結靷西入秦者, 無不欲彊秦而弱
齊, 馮軾結靷東入齊者, 無不欲彊齊而弱秦. 此雄雌之國也, 勢不兩立
爲雄, 雄者得天下矣." 秦王跽而問之曰, "何以使秦無爲雌而可?" 馮驩
曰, "王亦知齊之廢孟嘗君乎?" 秦王曰, "聞之." 馮驩曰, "使齊重於天下
者, 孟嘗君也. 今齊王以毀廢之, 其心怨, 必背齊, 背齊入秦, 則齊國之
情, 人事之誠, 盡委之秦, 齊地可得也, 豈直爲雄也! 君急使使載幣陰
迎孟嘗君, 不可失時也. 如有齊覺悟, 復用孟嘗君, 則雌雄之所在未可
知也." 秦王大悅, 迺遣車十乘黃金百鎰以迎孟嘗君. 馮驩辭以先行, 至
齊, 說齊王曰, "天下之遊士馮軾結靷東入齊者, 無不欲彊齊而弱秦者,
馮軾結靷西入秦者, 無不欲彊秦而弱齊者. 夫秦齊雄雌之國, 秦彊則齊
弱矣, 此勢不兩雄. 今臣竊聞秦遣使車十乘載黃金百鎰以迎孟嘗君. 孟
嘗君不西則已, 西入相秦則天下歸之, 秦爲雄而齊爲雌, 雌則臨淄·卽
墨危矣. 王何不先秦使之未到, 復孟嘗君, 而益與之邑以謝之? 孟嘗君
必喜而受之. 秦雖彊國, 豈可以請人相而迎之哉! 折秦之謀, 而絕其霸

彊之略." 齊王曰, "善." 乃使人至境候秦使. 秦使車適入齊境, 使還馳告之, 王召孟嘗君而復其相位, 而與其故邑之地, 又益以千戶. 秦之使者聞孟嘗君復相齊, 還車而去矣. 自齊王毀廢孟嘗君, 諸客皆去. 後召而復之, 馮驩迎之. 未到, 孟嘗君太息歎曰, "文常好客, 遇客無所敢失, 食客三千有餘人, 先生所知也. 客見文一日廢, 皆背文而去, 莫顧文者. 今賴先生得復其位, 客亦有何面目復見文乎? 如復見文者, 必唾其面而大辱之." 馮驩結轡下拜. 孟嘗君下車接之, 曰, "先生爲客謝乎?" 馮驩曰, "非爲客謝也, 爲君之言失. 夫物有必至, 事有固然, 君知之乎?" 孟嘗君曰, "愚不知所謂也." 曰, "生者必有死, 物之必至也, 富貴多士, 貧賤寡友, 事之固然也. 君獨不見夫朝趣市朝者乎? 明旦, 側肩爭門而入, 日暮之後, 過市朝者掉臂而不顧. 非好朝而惡暮, 所期物忘其中. 今君失位, 賓客皆去, 不足以怨士而徒絕賓客之路. 願君遇客如故." 孟嘗君再拜曰, "敬從命矣. 聞先生之言, 敢不奉敎焉."

태사공은 평한다.

"내가 일찍이 설 땅에 들른 적이 있다. 그곳 풍속은 흉포하고 사나운 젊은이가 많아 맹자의 고향 추읍鄒邑이나 공자의 고국 노魯나라와 사뭇 달랐다. 그 연유를 묻자 대답하기를, '맹상군이 천하의 임협任俠을 불러들이자 설 땅으로 들어온 간인姦人이 6만여 호나 되었다'고 했다. 전하는 말에 맹상군은 빈객을 좋아해 스스로 즐거워했다고 하는데, 과연 헛된 소문은 아닌 듯하다."

●● 太史公曰, "吾嘗過薛, 其俗閭里率多暴桀子弟, 與鄒·魯殊. 問其故, 曰, '孟嘗君招致天下任俠, 姦人入薛中蓋六萬餘家矣.' 世之傳孟嘗君好客自喜, 名不虛矣."

평원군우경열전

平原君虞卿列傳

〈평원군우경열전平原君虞卿列傳〉은 조나라의 평원군 조승과 그의 친구 우경虞卿에 관한 전기다.

조승은 조혜문왕趙惠文王과 조효성왕 때 재상을 지냈다. 세 번 재상자리에서 물러났다가 세 번 복직되었다. 진나라가 조나라 수도 한단을 포위하자 조왕趙王은 초나라에 원군을 청하기 위해 평원군을 사자로 보냈다. 평원군은 출발 전 지용智勇을 겸비한 열아홉 명을 선발했으나 나머지 한 사람을 고르지 못했다. 이때 모수毛遂가 스스로를 천거했다. 초나라로 간 평원군은 모수의 기지 덕분에 마침내 원군 약속을 얻어냈다. 이후 모수를 상객으로 모셨다. 여기서 모수자천毛遂自薦 고사가 나왔다.

사마천은 평원군을 나름대로 높이 평가하면서도 "나라를 다스리는 큰 이치를 알지는 못했다"고 비판했다. 장평대전에서 군사 40여만 명을 산 채로 매장한 책임을 간접적으로 물은 것이다.

우경은 같은 시대에 상경을 지내면서 조나라에 충성한 전략가다. 전략과 계책에 밝았다. 장평대전 직전 그는 초나라 및 위나라와 연합해 진나라를 압박하는 작전을 제시한 바 있다. 한단의 포위가 풀린 후 유화적인 연횡책을 질타하면서 조나라가 중심이 된 합종책을 강력 추진했다. 나중에 조나라를 떠나 위나라에 머물며《우씨춘추虞氏春秋》등을 남겼다.

조승열전

평원군 조승은 조나라 공자 가운데 한 사람이다. 형제 가운데 조승이 가장 현명하고 빈객을 좋아했다. 그에게 모인 빈객이 수천 명이나 되었다. 평원군은 조혜문왕과 조효성왕 때 재상으로 있었다. 세 번이나 재상을 그만두었다가 세 번 다시 재상의 지위에 올랐고, 동무성東武城에 봉해졌다. 평원군 저택의 누각은 민가를 내려다보고 있었다. 그 민가에 절름발이가 있었다. 그가 절룩거리며 물을 길었다. 평원군의 애첩이 누각 위에서 이를 내려다보고 크게 웃었다. 다음날 절름발이가 평원군의 집 문 앞에 와서 청했다.

"저는 그대가 선비를 좋아한다고 들었습니다. 선비들이 수천 리를 멀다 하지 않고 오는 것은 군이 선비를 귀하게 여기고 첩을 천하게 여긴다고 생각하기 때문입니다. 저는 불행하게도 다리를 절뚝거리고, 등이 굽는 병이 있습니다. 군의 첩이 저를 내려다보고 비웃었습니다. 저를 비웃은 자의 머리를 원합니다."

평원군이 웃으며 허락했다.

"알았소."

절름발이가 돌아가자 평원군이 웃으며 말했다.

"그 작자는 한번 웃었다는 이유로 내 애첩을 죽이려 한다. 이는 너무 심하지 않은가?"

끝내 그녀를 죽이지는 않았다. 1년 남짓 사이 빈객과 문하의 사인들이 하나둘 떠나더니 마침내 그 수가 절반이 넘었다. 평원군이 이를 이상히 여겼다.

"여러분을 대우하면서 크게 실수한 적이 없소. 어찌해서 떠나는 자가 이처럼 많은 것이오?"

문하의 한 사람이 앞으로 나와 말했다.

"군은 절름발이를 비웃은 자를 죽이지 않았습니다. 선비들은 군이 여색을 좋아하고 선비를 천하게 여긴다고 생각해 떠나는 것입니다."

평원군이 마침내 절름발이를 비웃은 애첩의 머리를 벤 뒤 직접 문 앞까지 나가 절름발이에게 내주고 사과했다. 이후 문하에 다시 선비들이 모여들었다. 당시 제나라에는 맹상군, 위나라에는 신릉군, 초나라에는 춘신군이 있었다. 서로 경쟁하며 선비들을 예우했다. 한번은 진나라가 한단을 포위하자 조나라 조정이 평원군을 초나라에 보내 구원을 청하며 합종을 성사시키고자 했다. 평원군은 식객과 문하의 사인 가운데 용맹하면서 문무를 겸비한 스무 명과 함께 가기로 약속했다. 그가 조정에 맹서했다.

"글로 담판을 지어 맹약을 맺으면 좋은 일입니다. 그러나 글로 담판을 짓지 못하면 초나라 궁궐 아래서 희생의 피를 마시며 맹약을 맺고 돌아오겠습니다. 함께 갈 선비는 밖에서 찾을 필요도 없고, 저의 식객과 문하에서 뽑아도 충분합니다."

열아홉 명의 선비를 얻었으나 나머지 한 명은 마땅한 사람이 없어 미처 스무 명을 채우지 못했다. 당시 문하에 모수라는 자가 있었다. 그가 평원군 앞으로 나아가 스스로를 천거했다.

"제가 들으니 군은 장차 초나라와 합종하고자 해 식객과 문하의 스무 명과 함께 가기를 약속하고, 사람을 외부에서 찾지 않기로 했다고 합니다. 이제 한 사람이 모자라니 선생은 저를 포함해 인원을 채워 함께 가시기를 원합니다."

평원군이 물었다.

"선생은 오늘로 나의 문하에 있은 지 몇 해나 되었소?"

모수가 대답했다.

"오늘로 3년이 되었습니다."

평원군이 말했다.

"무릇 현명한 선비가 세상에 존재하는 것은 비유하자면 주머니 속에 있는 송곳[囊中之錐]처럼 곧바로 그 끝이 드러나 보이게 마련이오. 지금 선생은 나의 문하에 있은 지 오늘로 3년이 되었지만 내 주변 사람이 선생을 칭찬한 적도 없고, 나 또한 들은 적도 없소. 이는 선생에게 이렇다 할 재능이 없기 때문이오. 선생은 같이 갈 수 없으니 그냥 남아 있으시오."

모수가 반박했다.

"저는 오늘 처음으로 군의 주머니 속에 넣어 달라고 부탁한 것입니다. 만일 저를 좀더 일찍 주머니 속에 있게 했으면 그 끝만 보이는 것이 아니라 주머니 밖으로 튀어나오는 영탈穎脫의 모습을 보였을 것입니다."

평원군이 마침내 모수를 데리고 함께 떠났다. 열아홉 명의 선비는 서로 눈짓으로 모수를 비웃으며 입 밖으로 드러내지는 않았다. 모수가 초나라에 도착하기 전에 열아홉 명의 선비와 논쟁을 벌였다. 모두 탄복했다. 평원군이 초나라와 합종하기 위해 그 이해관계를 설파했다. 해가 뜰 때 시작해 한낮이 될 때까지 결론을 이끌어내지 못했다. 열아홉 명의 선비가 모수에게 말했다.

"선생이 당堂 위로 올라가시오."

모수가 칼자루를 잡고 한 걸음에 한 계단씩 빠르게 위로 올라가 평원군에게 말했다.

"합종의 이해관계는 두 마디면 결정되는 것입니다. 해가 뜰 때 시작해 한낮이 되도록 결정을 내리지 못하는 것은 무슨 까닭입니까?"

초고열왕楚考烈王이 평원군에게 물었다.

"저 빈객은 무엇하는 사람입니까?"

평원군이 대답했다.

"저의 사인입니다."

초고열왕이 꾸짖었다.

"어째서 내려가지 않느냐? 내가 그대의 주인과 함께 이야기하고 있는데, 그대는 지금 무슨 짓을 하는 것인가!"

모수가 칼을 어루만지며 앞으로 다가가 말했다.

"대왕이 저를 꾸짖는 것은 초나라 병사가 많다고 생각하기 때문입니다. 그러나 지금 대왕은 10보 안에 초나라 병사가 많다고 믿을 수는 없는 일입니다. 대왕의 목숨은 제 손에 달려 있습니다. 저의 주인이 앞에 있는데 저를 꾸짖는 것은 무슨 경우입니까? 제가 들으니 은나라 탕왕은 사방 70리 땅으로 천하의 왕이 되었고, 주문왕은 사방 100리 땅으로 제후를 신하로 삼았다고 했습니다. 이 어찌 병사가 많았기 때문이겠습니까? 세력에 의지해 위엄을 떨쳤기 때문입니다.

지금 초나라는 영토가 사방 5,000리이고, 무기를 지닌 군사가 100만 명에 달합니다. 패왕이 될 만한 바탕입니다. 천하에 초나라의 강대함에 맞설 나라는 없습니다. 진나라 장수 백기는 하찮은 자입니다. 그런 자가 수만 명의 무리로 군대를 일으켜 초나라와 싸웠습니다. 한 번 싸워 언과 영 땅을 빼앗고, 두 번 싸워 이릉을 불사르고, 세 번 싸워 초나라 왕의 조상을 욕보였습니다. 이는 초나라에게 100대代가 지나도 잊을 수 없는 원한이고, 조나라도 초나라를 위해 부끄럽게 여기는 일입니다. 대왕은 이를 부끄러워할 줄도 모릅니다. 합종은 초나라를 위한 것이지 조나라를 위한 것이 아닙니다. 저의 주인이 앞에 있는데 저를 꾸짖는 것은 무슨 경우입니까?"

초고열왕이 말했다.

"과연 그렇소. 실로 선생의 말이 맞소. 삼가 나라를 받들어 합종하도록 하겠소."

모수가 물었다.

"합종이 결정된 것입니까?"

초고열왕이 대답했다.

"결정되었소."

모수가 초고열왕의 좌우에 명했다.

"닭과 개와 말의 피를 가지고 오도록 하라."

모수가 무릎을 꿇고 받드는 모습으로 구리쟁반을 초고열왕에게 바치며 이같이 말했다.

"대왕이 먼저 삽혈해 합종을 맹서하도록 하십시오. 다음 차례는 저의 주인, 그다음 차례는 저입니다."

합종의 맹약이 어전 위에서 이루어졌다. 모수가 왼손으로 쟁반의 피를 들고, 오른손으로 열아홉 명의 선비를 불렀다.

"그대들은 당하에서 삽혈하도록 하시오. 그대들은 녹록錄錄한 * 자들로 다른 사람에 의지해 일을 이루는 자[因人成事]에 불과하오."

평원군이 합종을 결정짓고 귀국한 뒤 이같이 말했다.

"나는 감히 다시는 선비의 관상을 보는 상사相士를 언급치 않을 것

• 녹록은 평범하고 보잘것없다는 뜻으로 자갈처럼 흔하다는 뜻의 녹록碌碌과 같다. 만만해 상대하기 쉽다는 의미다.

이오.• 내가 상사한 숫자는 많으면 1,000명, 적어도 수백 명은 될 것이오. 천하의 선비를 한 사람이라도 잃지 않았다고 자부한 이유요. 그러나 지금 나는 하마터면 모 선생을 잃을 뻔했소. 모 선생은 한 번 초나라로 가 조나라를 하나라 우왕 때 만든 구정이나 주나라 종묘의 큰 종인 대려_{大呂}보다 더 무겁게 만들었소. 모 선생의 세 치 혀는 100만 대군보다 강했소. 이후 나는 감히 상사를 언급치 않을 것이오."

그러고는 마침내 모수를 상객으로 모셨다.

◉◉ 平原君趙勝者, 趙之諸公子也. 諸子中勝最賢, 喜賓客, 賓客蓋至者數千人. 平原君相趙惠文王及孝成王, 三去相, 三復位, 封於東武城. 平原君家樓臨民家. 民家有躄者, 槃散行汲. 平原君美人居樓上, 臨見, 大笑之. 明日, 躄者至平原君門, 請曰, "臣聞君之喜士, 士不遠千里而至者, 以君能貴士而賤妾也. 臣不幸有罷癃之病, 而君之後宮臨而笑臣, 臣願得笑臣者頭." 平原君笑應曰, "諾." 躄者去, 平原君笑曰, "觀此豎子, 乃欲以一笑之故殺吾美人, 不亦甚乎!" 終不殺. 居歲餘, 賓客門下舍人稍稍引去者過半. 平原君怪之, 曰, "勝所以待諸君者未嘗敢失禮, 而去者何多也?" 門下一人前對曰, "以君之不殺笑躄者, 以君爲愛色而賤士, 士卽去耳." 於是平原君乃斬笑躄者美人頭, 自造門進躄者, 因謝焉. 其後門下乃復稍稍來. 是時齊有孟嘗, 魏有信陵, 楚有春申, 故爭相傾以待士. 秦之圍邯鄲, 趙使平原君求救, 合從於楚, 約與食客門下有勇力文武備具者二十人偕. 平原君曰, "使文能取勝, 則善矣. 文不能取勝, 則歃血於華屋之下, 必得定從而還. 士不外索, 取於食客門下足矣." 得十九人, 餘無可取者, 無以滿二十人. 門下有毛遂者, 前, 自

• 상사는 말 그대로 선비의 관상을 본다는 뜻이다. 사람의 관상을 보는 것을 상인相人, 말의 관상을 보는 것을 상마相馬, 개의 관상을 보는 것을 상견相犬으로 표현하는 것과 같다.

贊於平原君曰, "遂聞君將合從於楚, 約與食客門下二十人偕, 不外索. 今少一人, 願君卽以遂備員而行矣." 平原君曰, "先生處勝之門下幾年於此矣?" 毛遂曰, "三年於此矣." 平原君曰, "夫賢士之處世也, 譬若錐之處囊中, 其末立見. 今先生處勝之門下三年於此矣, 左右未有所稱誦, 勝未有所聞, 是先生無所有也. 先生不能, 先生留." 毛遂曰, "臣乃今日請處囊中耳. 使遂蚤得處囊中, 乃穎脫而出, 非特其末見而已." 平原君竟與毛遂偕. 十九人相與目笑之而未廢也. 毛遂比至楚, 與十九人論議, 十九人皆服. 平原君與楚合從, 言其利害, 日出而言之, 日中不決. 十九人謂毛遂曰, "先生上." 毛遂按劍歷階而上, 謂平原君曰, "從之利害, 兩言而決耳. 今日出而言從, 日中不決, 何也?" 楚王謂平原君曰, "客何爲者也?" 平原君曰, "是勝之舍人也." 楚王叱曰, "胡不下! 吾乃與而君言, 汝何爲者也!" 毛遂按劍而前曰, "王之所以叱遂者, 以楚國之衆. 今十步之內, 王不得恃楚國之衆也, 王之命縣於遂手. 吾君在前, 叱者何也? 且遂聞湯以七十里之地王天下, 文王以百里之壤而臣諸侯, 豈其士卒衆多哉, 誠能據其勢而奮其威. 今楚地方五千里, 持戟百萬, 此霸王之資也. 以楚之彊, 天下弗能當. 白起, 小豎子耳, 率數萬之衆, 興師以與楚戰, 一戰而擧鄢郢, 再戰而燒夷陵, 三戰而辱王之先人. 此百世之怨而趙之所羞, 而王弗知惡焉. 合從者爲楚, 非爲趙也. 吾君在前, 叱者何也?" 楚王曰, "唯唯, 誠若先生之言, 謹奉社稷而以從." 毛遂曰, "從定乎?" 楚王曰, "定矣." 毛遂謂楚王之左右曰, "取雞狗馬之血來." 毛遂奉銅槃而跪進之楚王曰, "王當歃血而定從, 次者吾君, 次者遂." 遂定從於殿上. 毛遂左手持槃血而右手招十九人曰, "公相與歃此血於堂下. 公等錄錄, 所謂因人成事者也." 平原君已定從而歸, 歸至於趙, 曰, "勝不敢復相士. 勝相士多者千人, 寡者百數, 自以爲不失天下之士, 今乃於毛先生而失之也. 毛先生一至楚, 而使趙重於九鼎大呂. 毛先生以三寸之舌, 彊於百萬之師. 勝不敢復相士." 遂以爲上客.

평원군이 조나라에 돌아오자 초나라는 춘신군을 장수로 임명해 군사를 이끌고 달려가 조나라를 구하게 했다. 위나라의 신릉군도 진비鄙의 군사를 속임수로 빼앗은 뒤 조나라를 구하러 달려갔다. 이에 앞서 이들이 도착하기 전에 진나라 군사는 황급히 한단을 포위한 바 있다. 한단이 매우 위급해져 항복을 눈앞에 둔 상황이었다. 평원군이 이를 걱정했다. 한단의 전사傳舍를 관리하는 자의 아들 이담李談•이 평원군에게 물었다.

"주군은 조나라가 망하는 것이 걱정되지 않습니까?"

평원군이 대답했다.

"조나라가 망하면 나도 포로가 될 터인데 어찌해서 걱정이 안 되겠는가?"

이담이 말했다.

"한단의 백성은 사람의 뼈를 태우고 자식을 서로 바꿔 먹고 있으니 [炊骨易子] 실로 위급하다고 말할 수 있습니다. 주군의 후궁들은 100여 명을 헤아리고, 비첩 또한 무늬 있는 비단옷을 입고 쌀밥과 고기반찬이 남아돕니다. 그러나 백성은 거친 베옷조차 다 갖추어 입지 못하고, 술지게미와 쌀겨도 넉넉지 못합니다. 백성이 가난하고 무기까지 바닥이 나 어떤 자는 나무를 깎아 창과 화살을 만듭니다. 그런데

● 이담이 원문에는 "이동李同"으로 나온다.《사기정의》는 사마천이 부친 사마담司馬談의 이름을 피해 담談을 동同으로 바꾸었다고 풀이했다. 한신韓信의 책사로 활약한 괴통蒯通도 원명인 괴철蒯徹을 찾아주어야 하듯이 이담도 원래 이름을 찾아줄 필요가 있다.

주군의 기물器物과 종경鍾磬과 같은 악기는 그대로입니다. 만일 진나라가 조나라를 무너뜨린다면 주군이 어찌 이런 것들을 지닐 수 있겠습니까? 조나라가 안전할 수만 있다면 주군이 어찌 이런 것이 없을까 걱정할 필요가 있겠습니까? 이제 주군은 부인과 그 아랫사람을 사졸 사이에 끼워 넣어 같이 일하게 하고, 가진 것을 다 풀어 사졸을 먹이십시오. 그러면 사졸은 위태롭고 곤궁한 처지에 놓인 까닭에 쉽게 감격할 것입니다."

평원군이 이를 좇은 덕분에 죽음을 각오한 군사[敢死之士] 3,000명을 얻을 수 있었다. 이담이 이들을 이끌고 진나라 군사를 향해 돌진했다. 진나라 군사가 30리가량 물러났다. 마침 초나라와 위나라의 원군이 이르자 진나라 군사가 철군했다. 한단이 다시 보존된 이유다. 이담이 교전하다가 전사한 까닭에 그 아비를 제후인 이후李侯로 봉했다.

우경은 위나라의 신릉군이 원군을 이끌고 와 한단을 지키게 된 것은 평원군 덕분이라며 평원군에게 식읍을 더해줄 것을 청했다. 공손룡이 그 소문을 듣고 밤에 수레를 몰고 와 평원군을 만났다.

"들리는 말에 우경은 신릉군이 한단을 보존한 공을 토대로 그대에게 식읍을 더 내려줄 것을 청한다고 하는데 그것이 사실입니까?"

평원군이 대답했다.

"그렇소."

공손룡이 말했다.

"이는 옳은 일이 아닙니다. 대왕이 그대를 조나라 재상으로 삼은 것은 그대만한 지혜와 재능을 지닌 사람이 조나라에 없기 때문이 아닙니다. 동무성을 떼어내 그대에게 내린 것도 그대만 공을 세우고 조나라 백성 가운데 공을 세운 자가 없기 때문도 아닙니다. 그대가 왕의 친척이기 때문입니다. 그대는 재상의 인장을 받고도 능력이 없다며 사양하지 않고, 땅을 받고도 공이 없다며 사양하지 않았습니다. 그대 스스로 왕의 친척이라고 여겼기 때문입니다.

지금 신릉군의 힘을 빌려 한단을 보존한 것을 놓고 식읍을 청하는 것은 잘못입니다. 전에는 왕실의 친척으로 성읍을 하사받고, 이제는 조나라 백성으로 공로를 인정받고자 하기 때문입니다. 이는 절대 불가한 일입니다. 지금 우경은 양손에 떡을 들고 있는 격입니다.● 일이 이루어지면 우권右券을 쥐고 보답을 요구할 수 있고, 이루어지지 않을지라도 식읍을 청했다는 허명虛名으로 그대의 호감을 살 수 있기 때문입니다. 그대는 결코 우경의 말을 들어서는 안 됩니다."

평원군이 끝내 우경의 말을 듣지 않았다. 평원군은 조효성왕 15년에 죽었다. 후손이 대를 이었으나 조나라와 함께 패망했다. 평원군은 생전에 공손룡을 후하게 대우했다. 공손룡은 견백동이의 논리에 뛰어났다. 그러나 음양가인 추연鄒衍이 조나라를 지나면서 대도를 말한 이후 평원군은 마침내 공손룡을 멀리했다.

●● 平原君既返趙, 楚使春申君將兵赴救趙, 魏信陵君亦矯奪晉鄙軍往救趙, 皆未至. 秦急圍邯鄲, 邯鄲急, 且降, 平原君甚患之. 邯鄲傳舍吏子李同說平原君曰, "君不憂趙亡邪?" 平原君曰, "趙亡則勝爲虜, 何爲不憂乎?" 李同曰, "邯鄲之民, 炊骨易子而食, 可謂急矣, 而君之後宮以百數, 婢妾被綺縠, 餘粱肉, 而民褐衣不完, 糟糠不厭. 民困兵盡, 或剡木爲矛矢, 而君器物鍾磬自若. 使秦破趙, 君安得有此? 使趙得全,

---

● "양손에 떡을 들고 있는 있다"의 원문은 "조기양권操其兩權"이다. 조操는 말 그대로 조종한다는 뜻이고, 양권兩權은 성공 또는 실패에 따른 권한을 각각 행사할 수 있다는 의미다.

君何患無有? 今君誠能令夫人以下編於士卒之閒, 分功而作, 家之所有盡散以饗士, 士方其危苦之時, 易德耳."於是平原君從之, 得敢死之士三千人. 李同遂與三千人赴秦軍, 秦軍爲之卻三十里. 亦會楚·魏救至, 秦兵遂罷, 邯鄲復存. 李同戰死, 封其父爲李侯. 虞卿欲以信陵君之存邯鄲爲平原君請封. 公孫龍聞之, 夜駕見平原君曰, "龍聞虞卿欲以信陵君之存邯鄲爲君請封, 有之乎?"平原君曰, "然."龍曰, "此甚不可. 且王擧君而相趙者, 非以君之智能爲趙國無有也. 割東武城而封君者, 非以君爲有功也, 而以國人無勳, 乃以君爲親戚故也. 君受相印不辭無能, 割地不言無功者, 亦自以爲親戚故也. 今信陵君存邯鄲而請封, 是親戚受城而國人計功也. 此甚不可. 且虞卿操其兩權, 事成, 操右券以責, 事不成, 以虛名德君. 君必勿聽也."平原君遂不聽虞卿. 平原君以趙孝成王十五年卒. 子孫代, 後竟與趙俱亡. 平原君厚待公孫龍. 公孫龍善爲堅白之辯, 及鄒衍過趙言至道, 乃絀公孫龍.

우경열전

우경虞卿*이라는 사람은 유세를 하는 선비다. 그는 짚신을 신고 삿갓을 쓴 모습[蹻躡簦登]으로 조효성왕을 설득했다.** 조효성왕이 그를 처음 만나본 뒤 황금 100일과 백벽白璧 한 쌍을 하사했다. 두 번째 만

● 우경은 성이 우씨虞氏이나 이름은 알 길이 없어 그의 관직인 경을 덧붙여 만든 성명이다.

●●《사기집해》는 서광의 주를 인용해 섭갹첨등蹻躡簷登의 갹蹻을 짚신을 뜻하는 초리草履, 등簦을 기다란 손잡이의 삿갓인 장병립長柄笠으로 풀이했다. 갹蹻은 한 발을 젖혀 디디거나 강직하다는 뜻으로 사용될 때는 교로 읽으나 짚신을 뜻할 때는 갹으로 읽는다.《사기색은》은 갹이 교蹻로 된 판본이 있다고 했다.

나서는 조나라의 상경으로 삼았다. 우경이라 불린 이유다. 진나라와 조나라가 장평에서 싸웠다. 조나라는 이기지도 못한 데 이어 도위 한 명을 잃었다. 조효성왕이 장수 누창樓昌과 우경을 불렀다.

"우리 군사는 싸워 이기지 못한 것은 물론 도위마저 잃었소. 과인 이 직접 갑옷을 입고 출전해 진나라 진영으로 돌격하고자 하는데, 어찌 생각하오?"

누창이 말했다.

"이롭지 않습니다. 비중 있는 사자[重使]를 보내 강화하느니만 못 합니다."

우경이 말했다.

"누창이 강화를 말하는 것은 그리하지 않으면 조나라 군사가 반드 시 패할 것으로 생각하기 때문입니다. 그러나 강화 여부는 진나라에 달려 있습니다. 대왕이 판단컨대 진나라는 조나라 군사를 깨뜨리려 한다고 봅니까, 아니면 그렇지 않다고 봅니까?"

조효성왕이 말했다.

"진나라는 반드시 있는 힘을 모두 더해 조나라 군사를 깨뜨리려 할 것이오."

우경이 말했다.

"대왕은 저의 건의를 좇아 사자를 시켜 귀중한 보물을 가지고 가 초나라와 위나라를 끌어들이도록 하십시오. 초나라와 위나라는 대 왕이 보낸 귀중한 보물을 얻을 생각으로 반드시 조나라 사자를 받아 들일 것입니다. 조나라 사자가 초나라와 위나라에 들어가면 진나라 는 산동육국의 합종 행보를 알고, 반드시 두려워할 것입니다. 이리되 면 강화는 이내 성사될 것입니다."

조효성왕이 이를 듣지 않았다. 평원군과 상의해 강화를 결정한 뒤 대부 정주鄭朱를 진나라에 사자로 보내자 진나라가 이들을 받아들였다. 조효성왕이 우경을 불렀다.

"과인이 평양군 조표를 시켜 진나라와 강화를 모색하게 했소. 진나라가 이미 사자로 보낸 정주를 받아들였소. 그대는 이를 어찌 생각하오?"

우경이 대답했다.

"대왕은 강화를 성사시킬 수 없고, 조나라 군사는 또한 반드시 패할 것입니다. 지금 전쟁의 승리를 축하하는 제후국의 사자들 모두 진나라에 가 있습니다. 정주는 귀인貴人입니다. 그가 진나라에 들어가는 순간 진나라 왕은 응후 범수와 상의해 틀림없이 그를 정중히 대접할 것입니다. 초나라의 강화 사절이라는 사실을 천하에 널리 알리기 위한 것입니다. 초나라와 위나라는 조나라가 진나라와 강화한다고 여겨 반드시 대왕을 돕지 않을 것입니다. 천하가 대왕을 구원하시 않으리라는 사실을 신나라가 알년 강화는 이루어지지 않을 것입니다."

응후 범수는 과연 정주를 정중히 대우했다. 전승을 축하하러 온 사절들에게 이를 과시만 하고 끝내 강화는 승낙하지 않았다. 이후 조나라는 장평대전에서 크게 패하고, 마침내 한단까지 포위되어 천하의 웃음거리가 되었다.

●● 虞卿者, 遊說之士也. 躡蹻簷簦說趙孝成王. 一見, 賜黃金百鎰, 白璧一雙, 再見, 爲趙上卿, 故號爲虞卿. 秦趙戰於長平, 趙不勝, 亡一都尉. 趙王召樓昌與虞卿曰, "軍戰不勝, 尉復死, 寡人使束甲而趨之, 何如?" 樓昌曰, "無益也, 不如發重使爲媾." 虞卿曰, "昌言媾者, 以爲不

媾軍必破也. 而制媾者在秦. 且王之論秦也, 欲破趙之軍乎, 不邪?"王
曰, "秦不遺餘力矣, 必且欲破趙軍." 虞卿曰, "王聽臣, 發使出重寶以附
楚‧魏, 楚‧魏欲得王之重寶, 必內吾使. 趙使入楚‧魏, 秦必疑天下之
合從, 且必恐. 如此, 則媾乃可爲也." 趙王不聽, 與平陽君爲媾, 發鄭朱
入秦. 秦內之. 趙王召虞卿曰, "寡人使平陽君爲媾於秦, 秦已內鄭朱矣,
卿以爲奚如?" 虞卿對曰, "王不得媾, 軍必破矣. 天下賀戰勝者皆在秦
矣. 鄭朱, 貴人也, 入秦. 秦王與應侯必顯重以示天下. 楚‧魏以趙爲媾,
必不救王. 秦知天下不救王, 則媾不可得成也." 應侯果顯鄭朱以示天
下賀戰勝者, 終不肯媾. 長平大敗, 遂圍邯鄲, 爲天下笑.

진나라가 한단의 포위를 풀자 조효성왕은 진나라에 입조하고, 대
부 조학趙郝을 시켜 진나라에 여섯 개의 현을 떼어주며 강화하는 방
안을 모색하고자 했다. 우경이 조효성왕에게 물었다.

"대왕이 보건대 진나라가 대왕을 치다가 철군한 것은 지쳐서 그
런 것입니까, 아니면 공격할 힘이 있는데도 대왕을 아껴 그만둔 것
입니까?"

조효성왕이 대답했다.

"진나라가 나를 칠 때 온 힘을 다 기울였소. 틀림없이 지쳐서 돌아
갔을 것이오."

우경이 말했다.

"진나라는 자신들의 힘으로 취할 수 없는 곳을 치다가 지쳐서 돌
아간 것입니다. 그런데도 대왕은 저들이 힘으로 취할 수 없는 여섯
개의 현을 내주려 합니다. 이는 진나라를 돕고 스스로를 공격하는
일입니다. 내년에 진나라가 다시 대왕을 공격하면 대왕은 구원받을

길이 없게 됩니다."

조효성왕이 이를 조학에게 전하자 조학이 말했다.

"우경이 실로 진나라의 힘이 어디까지 미칠 수 있는지 어찌 알 수 있겠습니까? 진나라가 계속 공격할 여력이 없는 것이 확실하면 콩알만큼 작은 땅[彈丸之地]도 내줄 수 없습니다. 그러나 만일 진나라가 내년에 다시 공격해오면 대왕이 어찌 땅을 떼어주고 않고 강화할 수 있겠습니까?"

조효성왕이 말했다.

"그대의 말을 좇아 땅을 떼어줄 경우 그대는 내년에 진나라가 다시 공격하지 않도록 만들 수 있겠는가?"

조학이 대답했다.

"이는 감히 신이 책임질 수 있는 것이 아닙니다. 전에 삼진이 진나라와 사귀어 서로 가까이 지낸 적이 있습니다. 지금 진나라가 위나라나 한나라와 화친하면서 대왕을 치는 것은 대왕이 진나라를 섬기는 자세가 한나라와 위나라만 못하기 때문입니다. 지금 신이 내왕을 위해 친교를 친정에 나설 부담을 덜어주고, 관문을 열어 예물이 서로 오가게 하고, 한나라 및 위나라와 똑같이 진나라와 교유하게 할지라도 내년을 장담할 수 없습니다. 만일 그리하는데도 내년에 대왕만 홀로 진나라의 공격을 받게 되면 이는 대왕이 진나라를 섬기는 자세가 한나라와 위나라만 못하기 때문일 것입니다. 이는 신이 감히 책임질 수 있는 것이 아닙니다."

조효성왕이 이를 우경에게 전하자 우경이 말했다.

"조학이 말하기를, '강화를 하지 않아 진나라가 내년에 다시 공격해오면 대왕이 어찌 땅을 떼어주고 않고 강화할 수 있겠습니까?'라

고 했습니다. 조학은 또 지금 강화할지라도 진나라의 재침을 장담할
수 없다고 했습니다. 그렇다면 지금 비록 여섯 개의 성을 떼어준들
무슨 도움이 되겠습니까? 내년에 진나라가 다시 공격해오면 이들이
힘으로 얻을 수 없는 땅까지 떼어주며 강화를 할 터이니, 이는 자진
하는 길입니다. 강화하지 않는 것만도 못합니다. 진나라가 아무리 공
격에 능할지라도 여섯 개의 현을 취할 수는 없습니다. 조나라가 아
무리 수비에 무능할지라도 끝내 여섯 개의 현까지 잃지는 않을 것입
니다. 진나라가 지쳐 돌아갔으니 군사들은 반드시 피폐해 있을 것입
니다. 여섯 개의 현으로 천하의 제후들을 끌어들인 후 피폐해진 진
나라를 공격하는 것이 낫습니다. 여섯 개의 현을 천하에 주고, 진나
라로부터 그 보상을 받는 셈입니다. 이것이 조나라에 도움이 됩니다.
가만히 앉아 땅을 떼어주어 스스로를 약하게 하고 진나라를 강하게
만드는 방안과 비교해 어느 쪽이 더 낫습니까?

지금 조학이 말하기를, '진나라가 위나라나 한나라와 화친하면서
대왕을 치는 것은 대왕이 진나라를 섬기는 자세가 한나라와 위나라
만 못하기 때문이다'라고 했습니다. 이는 대왕에게 매년 여섯 개의
현을 갖다 바치며 진나라를 섬기게 하는 방안입니다. 그리하면 앉
은 상태에서 나라 안의 성읍을 다 잃게 될 것입니다. 내년에 진나라
가 다시 땅을 떼어줄 것을 요구하면 대왕은 이를 들어줄 것입니까?
들어주지 않으면 그 이전에 땅을 떼어준 효과는 사라지고 진나라가
침공하는 화만 부르게 됩니다. 들어주고자 할지라도 그때는 줄 땅도
없게 됩니다. 옛말에 이르기를, '강자는 공격에 능하고, 약자는 수비
에 무능하다'고 했습니다. 앉아서 진나라의 요구를 들어주면 진나라
군사는 애쓴 것도 없이 많은 땅을 얻게 됩니다. 이는 진나라를 강하

게 하고, 조나라를 약하게 만드는 짓입니다. 더 강해진 진나라가 더 약해진 조나라의 땅을 떼어 받는 일인 만큼 이들의 요구는 끝이 없을 것입니다. 대왕의 땅은 유한하지만, 진나라의 요구는 무한한 셈입니다. 유한한 땅으로 무한한 요구에 응하면 추세상 조나라는 반드시 사라지고 말 것입니다."

조효성왕이 계책을 결정짓지 못하고 있을 때 대부 누완이 진나라에서 돌아왔다. 조효성왕이 누완과 대책을 논의했다.

"진나라에 땅을 베어주는 것이 낫소, 그러지 않는 것이 낫소?"

누완이 사양했다.

"이는 신이 알 수 있는 것이 아닙니다."

조효성왕이 말했다.

"그래도 한번 그대의 생각을 말해보시오."

누완이 말했다.

"대왕 역시 노나라의 권신 계강자의 종부從父인 공보문백公甫文伯의 모친에 관해 들어보셨습니까? 공보문백이 노나라에서 벼슬하다가 병사하자 이를 슬퍼하며 규방에서 자진한 여인이 두 명 있었습니다. 그의 모친은 이 소식을 듣고도 울지 않았습니다. 공보문백의 유모가 묻기를, '자식이 죽었는데도 어찌해서 울지 않는 것입니까?'라고 했습니다. 그 모친이 대답하기를, '공자는 현인인데 노나라에서 쫓겨났을 때 내 자식은 따라가지 않았소. 이제 그가 죽자 그를 위해 여인 두명이 자진했소. 그는 틀림없이 덕행 있는 사람에게는 박하고 부인들에게는 후하게 대했을 것이오'라고 했습니다. 모친이 이 말을 했기에 어진 모친이 되는 것이지, 아내가 이 말을 했으면 반드시 질투하는 아내라는 말을 듣게 됩니다. 똑같은 말이지만 하는 사람에 따라

듣는 사람의 마음도 바뀌는 것입니다. 진나라에서 방금 돌아온 제가 주지 말라고 하면 좋은 계책이 아니고, 주라고 하면 대왕은 제가 진나라를 위한다고 여길 것입니다. 이것이 두려워 감히 대답하지 않은 것입니다. 신이 대왕을 위한 계책을 말하면 주는 것이 낫습니다."

조효성왕이 말했다.

"알겠소."

우경이 이 이야기를 듣고 조효성왕을 만났다.

"누완의 말은 아름답게 꾸민 말입니다. 대왕은 신중히 판단해 땅을 주는 일이 없도록 하십시오•."

누완이 그 소리를 듣고 조효성왕을 만났다. 조효성왕이 우경의 말을 전하자 누완이 대답했다.

"그렇지 않습니다. 우경은 하나만 알고 둘은 모르고 있습니다. 진나라와 조나라가 적이 되어 싸우면 천하의 제후들이 모두 즐거워합니다. 이는 무슨 까닭이겠습니까? 제후들 모두 대답하기를, '내가 강자에 의지해 약자를 올라타려 한다'고 할 것입니다. 지금 조나라 군사가 진나라에 시달리자 승리를 축하하는 제후들의 사절이 모두 진나라에 가 있을 것입니다. 빨리 땅을 떼어주고 강화해 제후들을 당황하게 만들고, 진나라의 마음을 다독이느니만 못합니다. 그리하지 않으면 제후 모두 진나라의 노여움을 이용하고 조나라의 피폐한 틈을 타 조나라를 참외처럼 쪼개려 들 것입니다[瓜分]. 조나라는 바로 망할 터인데 어찌 진나라를 도모하겠습니까? 그래서 우경을 두고 하나만 알고 둘은 모른다고 말한 것입니다. 원컨대 대왕은 이것으로

• 원문은 "왕신물여王愼勿予"다.《사기집해》는 서광의 주를 인용해 신愼이 삼갈 신愼의 옛 글자라고 했다.

결정하고, 더는 논의하지 마십시오."

우경이 그 소리를 듣고 조효성왕을 만났다.

"실로 위험한 일입니다. 누완이 진나라를 위해 세운 계책은 천하 제후들에게 조나라를 더욱 의심하도록 만들 뿐입니다. 어찌 진나라의 마음을 달랠 수 있겠습니까? 그것이 어찌 조나라의 약한 모습을 천하에 드러내 보이는 것이 아니겠습니까?

제가 땅을 떼어주지 말라고 말한 것은, 그저 주지 말라 한 것이 아닙니다. 진나라가 대왕에게 여섯 개의 현을 요구하고 있으니, 대왕은 차라리 여섯 개의 현을 제나라에 뇌물로 주십시오. 제나라는 진나라와 깊은 원한을 품고 있습니다. 제나라 왕이 여섯 개의 현을 얻으면 조나라와 힘을 합쳐 서쪽으로 진나라를 칠 것입니다. 제나라가 사자의 말이 채 끝나기도 전에 대왕의 제안을 좇을 것입니다. 대왕은 여섯 개의 현을 제나라에 내주는 대신 그 대가를 진나라에서 얻는 셈입니다. 그리되면 조나라와 제나라는 깊은 원한을 갚을 수 있고, 대왕은 탁월한 일처리 솜씨를 천하에 드러내는 것이 됩니다.

대왕이 이런 방침을 선포하면 군사들이 국경을 엿보기도 전에 신은 진나라의 많은 뇌물이 조나라에 이르고, 도리어 진나라에서 대왕에게 강화를 청할 것으로 봅니다. 진나라가 강화를 청하면 한나라와 위나라는 그 소식을 듣고 반드시 대왕을 중시할 것입니다. 대왕을 중시하면 반드시 귀중한 보물을 들고 와 앞다투어 대왕에게 바칠 것입니다. 대왕은 단 한 번의 움직임으로 제·한·위 등 3국과 화친을 맺는 동시에 진나라와 천하의 맹주 자리를 바꾸는 것이 됩니다."

조효성왕이 말했다.

"좋은 생각이오."

조효성왕은 곧 우경을 시켜 동쪽으로 가 제나라 왕을 만나게 했다. 함께 진나라를 칠 일을 꾀한 것이다. 우경이 돌아오기도 전에 진나라 사자가 이미 조나라에 와 있었다. 누완이 그 소식을 듣고 달아나버렸다. 조나라가 우경에게 한 개 성읍을 봉지로 내렸다. 얼마 후 위나라가 합종할 것을 청했다. 조효성왕이 이를 논의하기 위해 우경을 불렀다. 우경이 궁궐로 가는 도중에 평원군 조승을 예방했다. 평원군이 말했다.

　　"모쪼록 대왕에게 합종이 낫다고 진언해주십시오."

　　우경이 궁궐로 들어와 알현하자 조효성왕이 말했다.

　　"위나라가 합종을 청해왔소."

　　우경이 대답했다.

　　"위나라가 잘못했습니다."

　　조효성왕이 말했다.

　　"과인은 아직 허락지 않았소."

　　우경이 대답했다.

　　"대왕이 잘못했습니다."

　　조효성왕이 의아해하며 물었다.

　　"위나라가 합종을 청한 것을 두고 그대는 위나라의 잘못이라고 했고, 과인이 아직 허락지 않은 것을 두고 그대는 또 과인의 잘못이라고 했소. 그렇다면 결국 합종하면 안 된다는 것이오?"

　　우경이 대답했다.

　　"신이 들건대, '소국이 대국과 함께 일을 할 때 유리해지면 대국이 그 복을 받고, 불리해지면 소국이 그 화를 입는다'고 했습니다. 지금 위나라는 소국인데도 그 화를 자청하고 나섰고, 대왕은 대국의 군주인데도 그 복을 사양하고 있습니다. 대왕도 잘못했고, 위나라도 잘못했다고 언급한 이유입니다. 제가 내심 판단컨대 합종을 하는 것이 낫겠습니다."

조효성왕이 말했다.

"알겠소."

그러고는 위나라와 합종의 맹약을 했다. 우경은 범수를 거의 죽게 만든 위나라 재상 위제魏齊와 가까웠다. 만호후萬戶侯의 자리와 경상의 인수도 내던지고 위제와 함께 사람의 눈을 피해 조나라를 떠나 위나라 대량으로 달아난 뒤 고달프게 받았다. 위제가 자진한 이후에는 이루지 못한 뜻을 이내 책으로 펴냈다. 위로는 《춘추》에서 참고 사례를 따오고, 아래로는 현실을 세심히 살폈다. 그 결과로 나온 것이 〈절의節義〉·〈칭호稱號〉·〈췌마揣摩〉·〈정모政謀〉 등 여덟 편의 저술이다. 여기서 그는 나라의 득실을 신랄히 풍자했다. 세상에서는 이를 전하며 《우씨춘추》로 칭했다.

●● 秦旣解邯鄲圍, 而趙王入朝, 使趙郝約事於秦, 割六縣而媾. 虞卿謂趙王曰, "秦之攻王也, 倦而歸乎? 王以其力尙能進, 愛王而弗攻乎?" 王曰, "秦之攻我也, 不遺餘力矣, 必以倦而歸也." 虞卿曰, "秦以其力攻其所不能取, 倦而歸, 王又以其力之所不能取以送之, 是助秦自攻也. 來年秦復攻王, 王無救矣." 王以虞卿之言告趙郝. 趙郝曰, "虞卿誠能盡秦力之所至乎? 誠知秦力之所不能進, 此彈丸之地弗予, 令秦來年復攻王, 王得無割其內而媾乎?" 王曰, "請聽子割矣, 子能必使來年秦之不復攻我乎?" 趙郝對曰, "此非臣之所敢任也. 他日三晉之交於秦, 相善也. 今秦善韓·魏而攻王, 王之所以事秦必不如韓·魏也. 今臣爲足下解負親之攻, 開關通幣, 齊交韓·魏, 至來年而王獨取攻於秦, 此王之所以事秦必在韓·魏之後也. 此非臣之所敢任也."王以告虞卿. 虞卿對曰, "郝言'不媾, 來年秦復攻王, 王得無割其內而媾乎'. 今媾, 郝又以不能必秦之不復攻也. 今雖割六城, 何益! 來年復攻, 又割其力之所不能取而媾, 此自盡之術也, 不如無媾. 秦雖善攻, 不能取六縣, 趙雖不能守, 終不失六城. 秦倦而歸, 兵必罷. 我以六城收天下以攻罷秦, 是我失之於天下而取償於秦也. 吾國尙利, 孰與坐而割地, 自弱以彊秦哉? 今郝曰'秦善韓·魏而攻趙者, 必以爲韓魏不救趙也而王之軍必孤有以王之事秦不如韓·魏也', 是使王歲以六城事秦也, 卽坐而城盡. 來年秦復求割地, 王將與之乎? 弗與, 是棄前功而挑秦禍也, 與之, 則無地而給之. 語曰'彊者善攻, 弱者不能守'. 今坐而聽秦, 秦兵不獘而多得地, 是彊秦而弱趙也. 以益彊之秦而割愈弱之趙, 其計故不止矣. 且王之地有盡而秦之求無已, 以有盡之地而給無已之求, 其勢必無趙矣."

趙王計未定, 樓緩從秦來, 趙王與樓緩計之, 曰, "予秦地何如毋予, 孰吉?"緩辭讓曰, "此非臣之所能知也."王曰, "雖然, 試言公之私."樓緩對曰, "王亦聞夫公甫文伯母乎? 公甫文伯仕於魯, 病死, 女子爲自殺於房中者二人. 其母聞之, 弗哭也. 其相室曰, '焉有子死而弗哭者乎?'其母曰, '孔子, 賢人也, 逐於魯, 而是人不隨. 今死而婦人爲之自殺者二人, 若是者必其於長者薄而於婦人厚也.'故從母言之, 是爲賢母, 從妻言之, 是必不免爲妒妻. 故其言一也, 言者異則人心變矣. 今臣新從秦來而言勿予, 則非計之, 言予之, 恐王以臣爲爲秦也, 故不敢對. 使臣得爲大王計, 不如予之."王曰, "諾."虞卿聞之, 入見王曰, "此飾說也, 王愼勿予!"樓緩聞之, 往見王. 王又以虞卿之言告樓緩. 樓緩對曰, "不然. 虞卿得其一, 不得其二. 夫秦趙構難而天下皆說, 何也? 曰'吾且因彊而乘弱矣'. 今趙兵困於秦, 天下之賀戰勝者則必盡在於秦矣. 故不如亟割地爲和, 以疑天下而慰秦之心. 不然, 天下將因秦之(彊)怒, 乘趙之獘, 瓜分之. 趙且亡, 何秦之圖乎? 故曰虞卿得其一, 不得其二. 願王以此決之, 勿復計也." 虞卿聞之, 往見王曰, "危哉樓子之所以爲秦者, 是愈疑天下, 而何慰秦之心哉? 獨不言其示天下弱乎? 且臣言勿予者, 非固勿予而已也. 秦索六城於王, 而王以六城賂齊. 齊, 秦之深讎也, 得王之六城, 幷力西擊秦, 齊之聽王, 不待辭之畢也. 則是王失之於齊而取償於秦也. 而齊·趙之深讎可以報矣, 而示天下有能爲也. 王以此發聲, 兵未窺於境, 臣見秦之重賂至趙而反媾於王也. 從秦爲媾, 韓·魏聞之, 必盡重王, 重王, 必出重寶以先於王. 則是王一擧而結三國之親, 而與秦易道也." 趙王曰, "善." 則使虞卿東見齊王, 與之謀秦. 虞卿未返, 秦使者已在趙矣. 樓緩聞之, 亡去. 趙於是封虞卿以一城. 居頃之, 而魏請爲從. 趙孝成王召虞卿謀. 過平原君, 平原君曰, "願卿之論從也." 虞卿入見王. 王曰, "魏請爲從." 對曰, "魏過." 王曰, "寡人固未之許." 對曰, "王過." 王曰, "魏請從, 卿曰魏過, 寡人未之許, 又曰寡人過, 然則從終不可乎?" 對曰, "臣聞小國之與大國從事也, 有利則大國受其福, 有敗則小國受其禍. 今魏以小國請其禍, 而王以大國辭其福, 臣故曰王過, 魏亦過. 竊以爲從便." 王曰, "善." 乃合魏爲從. 虞卿旣以魏齊之故, 不重萬戶侯卿相之印, 與魏齊閒行, 卒去趙, 困於梁. 魏齊已死, 不得意, 乃著書, 上採春秋, 下觀近世, 曰節義·稱號·揣摩·政謀, 凡八篇. 以刺譏國家得失, 世傳之曰, 虞氏春秋.

태사공은 평한다.

"평원군은 혼탁한 세상에서도 마치 새가 하늘을 높이 나는 것처럼 자신의 재능을 유감없이 발휘한 뛰어난 공자였다. 그럼에도 그는 치국평천하의 큰 이치를 보지 못했다. 속담에 이르기를, '이익을 밝히면 지혜가 흐려진다'고 했다. 평원군이 한나라 상당군 태수 풍정의 그릇된 말에 혹한 나머지 장평대전에서 조나라 군사 40여만 명이 산 채로 매장을 당하고, 한단이 거의 패망 일보 직전까지 내몰리도록 만들었다. 우경이 사태를 헤아리고 상황을 추측해 조나라를 위해 도모한 계책이 그 얼마나 주도면밀했던가! 그는 친구인 위제의 불행을 차마 볼 수 없어 대량에서 고통을 받았다. 평범한 사람[庸夫]도 그것이 옳지 않다는 것을 아는데 하물며 현자인 우경의 경우이겠는가? 그러나 우경이 그런 고통과 근심이 없었다면 책을 써 후대에 자신을 드러낼 일도 없었을 것이다."

●● 太史公曰, "平原君, 翩翩濁世之佳公子也, 然未睹大體. 鄙語曰, '利令智昏.', 平原君貪馮亭邪說, 使趙陷長平兵四十餘萬衆, 邯鄲幾亡. 虞卿料事揣情, 爲趙畫策, 何其工也! 及不忍魏齊, 卒困於大梁, 庸夫且知其不可, 況賢人乎? 然虞卿非窮愁, 亦不能著書以自見於後世云."

위공자열전

魏公子列傳

〈위공자열전魏公子列傳〉은 위나라 공자인 신릉군 위무기에 관한 전기다. 신릉군은 위안희왕의 이복동생이다. 그의 누이가 평원군에게 시집을 가 평원군과 처남·매부가 되었다. 전국시대 사공자 가운데 가장 어질고 능력 있는 인물로 평가받았다. 모든 식객을 아무 차별 없이 정중히 예를 갖추어 대한 까닭에 사방에서 식객이 몰려왔다. 그 숫자가 3,000명에 달했다. 그는 조나라가 위기에 처하자 병부를 훔치는 결단으로 조나라를 구했다. 여기서 절부구조竊符救趙 일화가 나왔다. 병부를 훔친 일로 위안희왕魏安釐王이 크게 화를 내자 신릉군은 조나라에서 10년 동안 머물 수밖에 없었다. 진나라가 이를 알고 위나라를 치자 위안희왕이 황급히 사자를 보내 신릉군을 불러들였다.

신릉군은 귀국하자마자 5국 연합군을 결성해 함곡관에서 진나라 군사를 격파했다. 제후의 빈객들이 앞다투어 찾아가 다양한 전략을 진언한 이유다. 신릉군은 이를 정리해《위공자병법魏公子兵法》을 펴냈다. 신릉군은 빈객들과 밤낮으로 술로 지새다가 죽고 말았다. 상당 부분이《전국책》등의 선진 문헌에 나오지 않고 있어 사마천이 장로들의 증언을 토대로 쓴 것으로 알려져 있다. 사마천이 애정을 갖던 인물로 평가받는데, 사평에서 신릉군의 명성이 제후들 사이에서 으뜸이었다고 칭송한 것도 이런 맥락에서 이해할 수 있다.

위나라 공자 신릉군 위무기는 위소왕의 막내아들이고, 위안희왕의 이복동생이다. 위소왕 사후 위안희왕이 즉위하면서 위무기를 신릉군에 봉했다. 진나라 승상 범수는 원래 위나라에서 망명한 인물이다. 그는 자신이 모시던 위나라 재상 위제를 원수로 여겼다. 진나라 군사들에게 위나라 도성인 대량을 포위하고, 화양에 주둔한 위나라 군사를 격파하고, 위나라 장수 망묘를 망명하게 만든 배경이다. 위안희왕과 신릉군은 이를 크게 걱정했다. 신릉군은 사람이 어질고, 선비를 예우할 줄 알았다. 어진 사람과 그렇지 않은 사람[賢不肖]을 막론하고 누구에게나 겸손하게 예를 갖추어 사귀었다. 부귀하다고 선비들 앞에서 교만하게 굴지 않았다. 선비들이 사방 수천 리 먼 곳에서 앞다투어 모여든 이유다. 문하의 식객이 3,000명이나 되었다. 당시 제후들은 신릉군이 현명한데다 지략에 밝은 식객이 많은 까닭에 감히 군사를 일으켜 위나라를 침공할 생각을 하지 못했다. 그런 세월이 10여 년이나 되었다. 신릉군이 이복형인 위안희왕과 바둑을 두고 있을 때 북쪽 변경에서 봉화가 올랐다는 보고가 들어왔다.

"조나라 군사가 침공 중입니다. 지금 막 국경을 넘어서려 하고 있습니다."

위안희왕이 바둑 두는 것을 멈추고 대신들을 소집해 대책을 논의하고자 했다. 신릉군이 만류했다.

"조나라 왕은 사냥을 하는 것일 뿐 침공하려는 것이 아닙니다."

그러고는 다시 바둑을 두었다. 위안희왕은 두려운 나머지 바둑에 마음이 없었다. 얼마 후 북쪽 변경에서 전언傳言이 왔다.

"조나라 왕은 사냥을 나왔을 뿐입니다. 침공하려는 것이 아닙니다."

위안희왕이 크게 놀라 신릉군에게 물었다.

"공자는 어떻게 이를 알았소?"

신릉군이 대답했다.

"신의 빈객 가운데 조나라 왕의 은밀한 일까지 정탐할 수 있는 자가 있습니다. 매번 조나라 왕의 동정을 신에게 보고합니다. 이번 일을 능히 알 수 있었던 이유입니다."

이후 위안희왕은 신릉군의 현명함을 두려워한 나머지 신릉군에게 국정을 맡기려 하지 않았다. 당시 위나라에 한 은사가 있었다. 이름은 후영侯嬴으로, 일흔 살이었다. 집이 가난해 대량의 동쪽 문인 이문夷門을 지키는 문지기로 있었다. 신릉군이 소문을 듣고는 빈객으로 모시기 위해 많은 예물을 보냈다. 후영이 받으려 하지 않았다.

"몸을 닦고 행실을 깨끗이 한 지 수십 년이 되었습니다. 지금 문지기 생활이 고달프다고 공자의 재물을 받을 수는 없습니다."

신릉군이 곧 연회를 열고, 빈객을 대거 초대했다. 자리가 정해지자 신릉군이 거마를 이끌고 수레의 왼쪽 자리를 비워둔 채˙ 직접 동문으로 후영을 맞이하러 갔다. 후영이 해진 의관을 정제한 뒤 바로 수레에 올랐다. 신릉군보다 상석에 앉으면서 조금도 사양하지 않았다. 신릉군의 태도를 살펴보고자 한 것이다. 신릉군이 말고삐를 쥐고 더욱 공손한 모습을 보였다. 후영이 신릉군에게 말했다.

"시장의 푸줏간에 친구가 한 명 있습니다. 수고스럽지만 수레를 돌려 그곳에 들러주었으면 합니다."

● 수레의 왼쪽 자리는 상석上席이다. "왼쪽 자리를 비우다"의 원문은 "허좌虛左"로 존경을 표한 것이다. 당시 왼쪽은 좋지 않은 것으로 여겼으나 수레의 경우는 예외였다. 《춘추좌전》〈노선공 12년〉조는 군대를 좌광左廣과 우광右廣으로 새롭게 편제한 초나라는 기원전 597년에 초장왕이 우광이 아닌 좌광에서 독전督戰한 것을 계기로 오른쪽을 높이는 관행에서 왼쪽을 높이는 관행으로 바뀌었다고 기록해놓았다.

신릉군이 수레를 끌고 시장으로 들어가자 후영이 수레에서 내려 친구 주해朱亥를 만났다. 일부러 오랫동안 서서 이야기하면서 곁눈질로 조용히 신릉군을 관찰했다. 신릉군의 안색이 더욱 부드러웠다. 당시 신릉군의 집에는 위나라의 장상將相과 왕족, 빈객이 가득 모여 있었다. 이 모두 신릉군이 속히 돌아와 연회의 시작을 알리는 거주擧酒가 있기를 고대하고 있었다. 시장 사람 모두 신릉군이 말고삐를 쥐고 있는 것을 보았다. 수레를 따르던 자는 모두 속으로 후영을 욕했다. 후영은 신릉군의 안색이 끝내 변하지 않는 것을 보고, 친구 주해와 헤어져 수레에 올랐다. 집에 이르자 신릉군이 후생을 인도해 상석에 앉혔다. 이어 두루 빈객을 소개하자 빈객이 모두 크게 놀랐다. 술자리가 한창 무르익을 때 신릉군이 일어나 후영 앞으로 나아가 장수를 기원하는 술잔인 축수祝壽를 올렸다. 후영이 신릉군에게 말했다.

"저도 오늘 공자를 위해 나름대로 할 일을 했다고 생각합니다. 저는 한낱 동문의 문지기에 지나지 않는데 공자가 친히 수레를 끌고 와 많은 사람이 있는 자리로 영접했습니다. 원래 오늘 친구를 방문하지 않아도 되지만 특별히 거기까지 들러주었습니다. 저는 공자의 명성을 드높이고자 일부러 오랫동안 공자의 수레를 시장 한복판에 세워둔 채 친구와 이야기하며 공자의 태도를 살펴보았습니다. 공자는 더욱 공손한 모습이었습니다. 시장 사람 모두 저를 소인으로 비난하면서, 공자를 두고 덕행도 있고 선비에게 몸을 낮추는 사람이라고 칭송했습니다."

술자리가 끝나는 파주罷酒 후 후영이 신릉군의 상객이 되었다. 그가 신릉군에게 말했다.

"제가 들었던 백정 주해는 현인입니다. 세인들은 이를 잘 알지 못합니다. 푸줏간 사이에 숨어 사는 이유입니다."

신릉군이 자주 찾아가 빈객으로 영접하고자 했다. 주해가 일부러 답례도 하지 않았다. 신릉군이 이를 이상하게 여겼다.

●● 魏公子無忌者, 魏昭王少子而魏安釐王異母弟也. 昭王薨, 安釐王卽位, 封公子爲信陵君. 是時范雎亡魏相秦, 以怨魏齊故, 秦兵圍大梁, 破魏華陽下軍, 走芒卯. 魏王及公子患之. 公子爲人仁而下士, 士無賢不肖皆謙而禮交之, 不敢以其富貴驕士. 士以此方數千里爭往歸之, 致食客三千人. 當是時, 諸侯以公子賢, 多客, 不敢加兵謀魏十餘年. 公子與魏王博, 而北境傳擧烽, 言"趙寇至, 且入界." 魏王釋博, 欲召大臣謀. 公子止王曰, "趙王田獵耳, 非爲寇也." 復博如故. 王恐, 心不在博. 居頃, 復從北方來傳言曰, "趙王獵耳, 非爲寇也." 魏王大驚, 曰, "公子何以知之?" 公子曰, "臣之客有能深得趙王陰事者, 趙王所爲, 客輒以報臣, 臣以此知之." 是後魏王畏公子之賢能, 不敢任公子以國政. 魏有隱士曰侯嬴, 年七十, 家貧, 爲大梁夷門監者. 公子聞之, 往請, 欲厚遺之. 不肯受, 曰, "臣脩身絜行數十年, 終不以監門困故而受公子財." 公子於是乃置酒大會賓客. 坐定, 公子從車騎, 虛左, 自迎夷門侯生. 侯生攝敝衣冠, 直上載公子上坐, 不讓, 欲以觀公子. 公子執轡愈恭. 侯生又謂公子曰, "臣有客在市屠中, 願枉車騎過之." 公子引車入市, 侯生下見其客朱亥, 俾倪故久立, 與其客語, 微察公子. 公子顔色愈和. 當是時, 魏將相宗室賓客滿堂, 待公子擧酒. 市人皆觀公子執轡. 從騎皆竊罵侯生. 侯生視公子色終不變, 乃謝客就車. 至家, 公子引侯生坐上坐, 徧贊賓客, 賓客皆驚. 酒酣, 公子起, 爲壽侯生前. 侯生因謂公子曰, "今日嬴之爲公子亦足矣. 嬴乃夷門抱關者也, 而公子親枉車騎, 自迎嬴於衆人廣坐之中, 不宜有所過, 今公子故過之. 然嬴欲就公子之名, 故久立公子車騎市中, 過客以觀公子, 公子愈恭. 市人皆以嬴爲小人, 而以公子爲長者能下士也." 於是罷酒, 侯生遂爲上客. 侯生謂公子曰, "臣所過屠者朱亥, 此子賢者, 世莫能知, 故隱屠閒耳." 公子往數請之, 朱亥故不復謝, 公子怪之.

위안희왕 20년, 진소양왕이 백기를 시켜 장평에 주둔한 조나라 군사를 대파한 뒤 여세를 몰아 조나라 도성 한단을 포위하게 했다. 신릉군의 누이는 조혜문왕의 동생인 평원군의 부인이다. 평원군 조승이 누차 위안희왕과 신릉군에게 서신을 보내 도움을 청했다. 위안희왕이 장수 진비에게 군사 10만 명을 이끌고 가 조나라를 구하게 했다. 진소양왕이 사자를 위안희왕에게 보내 이같이 통고했다.

"내가 하루 사이[旦暮]에 조나라의 항복을 받아낼 것이다. 제후 가운데 감히 조나라를 구하는 자가 있으면 조나라를 함몰시킨 이후 반드시 군사를 이동시켜 그부터 넌서 칠 것이다."

위안희왕이 두려운 나머지 사람을 시켜 진비의 진격을 멈추게 한 뒤 업鄴 땅에 머물려 보루를 쌓게 했다. 겉으로는 조나라를 구한다고 떠벌이면서, 속으로는 조나라의 형세를 관망하자는 취지였다. 조나라의 평원군이 사자를 잇달아 위나라로 신릉군에게 보내 이같이 책망했다.

"내가 공자와 인척 관계를 맺은 것은 공자가 의리를 중시해 다른 사람에게 위급한 상황에 있으면 망설이지 않고 구해줄 수 있다고 여겼기 때문이오. 지금 한단이 함락 직전인데도 위나라 원병은 오지 않고 있소. 이러고도 어찌 공자가 남의 어려움을 보고 구해줄 수 있는 인물이라고 하겠소? 또 공자는 나를 업신여겨 진나라에 항복하게 내버려두고 있소. 공자의 누이가 가엾지도 않소?"

신릉군이 이를 걱정했다. 여러 차례 위안희왕에게 속히 조나라 구원에 나설 것을 청했다. 빈객과 유세하는 선비를 통해 다양한 방법으로 설득했다. 그러나 위안희왕은 진나라를 두려워한 나머지 끝내 신릉군의 청을 들어주지 않았다. 신릉군은 내심 위안희왕의 허락을 얻는 것이 불가능하다고 판단했다. 그렇다고 조나라의 멸망을 방치하며 홀로 살아남을 수는 없는 일이었다. 빈객들과 의논해 거기車騎 100여 승을 준비했다. 빈객들을 이끌고 가 진나라 군사와 정면으로 맞부딪치며 조나라와 운명을 함께하기로 결의한 것이다. 신릉군은 가는 길에 동문에 들러 후영을 만났다. 진나라 군사와 맞붙고자 한 배경을 자세히 설명했다. 작별하고 떠나려 하자 후영이 말했다.

"공자는 부디 힘껏 노력하십시오. 노신은 따라갈 수가 없습니다."

신릉군은 몇 리를 가는 동안 불쾌한 생각을 떨칠 수 없었다.

"내가 후영을 부족함 없이 대접한 것은 천하가 다 아는 일이다. 이제 내가 죽으러 길을 떠나는데도 작별 한마디조차 하지 않았다. 나에게 무슨 잘못이 있는 것인가?"

다시 수레를 돌려 후영을 찾아와 물었다. 후영이 웃으며 말했다.

"저는 공자가 다시 돌아올 줄 알고 있었습니다."

그러고는 이같이 덧붙였다.

"공자가 선비를 좋아한다는 것은 천하가 다 알고 있습니다. 지금 어려운 일을 당해 이렇다 할 계책도 없이 진나라 군사를 향해 뛰어드는 것은 비유컨대 굶주린 호랑이에게 고기를 던져주는 것과 같습니다[投肉餒虎]. 무슨 효과가 있겠습니까? 그렇다면 평소 빈객을 왜 기른 것입니까? 공자는 저를 후하게 대접했지만 저는 공자가 죽을 길을 떠나기에 아무런 말씀도 드리지 않았습니다. 공자가 이를 원망하며 다시 올 줄 알았습니다."

신릉군이 두 번 절을 하며 묘책을 물었다. 후영이 사람들을 물리친 뒤 은밀히 말했다.

"제가 들으니 장군 진비의 병부가 늘 왕의 침실 안에 있다고 합니다. 여희如姬는 가장 총애를 받는 까닭에 왕의 침실을 자유롭게 드나들 수 있습니다. 그녀가 힘을 쓰면 능히 병부를 빼낼 수 있습니다. 제가 들으니 여희는 자신의 부친이 피살된 후 3년 동안 재물을 써가며 원수를 찾았으나 실패했고, 왕 이하 여러 사람 역시 그녀의 원한을 갚아주기 위해 발 벗고 나섰으나 모두 찾지 못했습니다. 여희가 이를 공자에게 울며 말하자 공자가 곧바로 식객을 시켜 그 원수를 찾아낸 뒤 목을 베어다 바치게 했습니다. 여희는 공자의 은혜를 갚는 일이라면 죽음도 마다하지 않을 것입니다. 지금까지 그럴 기회가 없었을 뿐입니다. 공자가 실로 한번 입을 열어 도움을 청하면 여희는 반드시 허락할 것입니다. 병부를 얻으면 진비의 군사를 빼앗아 북쪽으로 조나라를 구하고, 서쪽으로 진나라 군사를 물리칠 수 있습니다. 이는 춘추오패의 공에 비할 만한 일입니다."

신릉군이 이를 좇아 여희에게 도움을 청했다. 여희는 과연 진비의 병부를 훔쳐 신릉군에게 건네주었다. 신릉군이 떠나려 하자 후영이 말했다.

"장수는 전쟁터에 있을 때 군명도 좇지 말아야 할 경우가 있습니다. 그렇게 하는 것이 나라에 이로울 때입니다. 공자가 병부를 맞추어도 진비가 군사를 내어주지 않은 채 다시 왕에게 군명을 요청하면 사태는 틀림없이 위급해질 것입니다. 저의 친구 백정 주해를 함께 데리고 가십시오. 그는 역사力士입니다. 진비가 부탁을 들어주면 다행이고, 듣지 않으면 제거하도록 하십시오."

신릉군이 눈물을 흘렸다. 후영이 물었다.

"공자는 죽는 것이 두렵습니까? 어째서 우는 것입니까?"

신릉군이 말했다.

"진비는 용맹스러운 노장이오. 내가 가도 말을 듣지 않을 것이오. 이 경우 그를 죽일 수밖에 없는데 이를 안타깝게 여겨 우는 것이오. 어찌 죽음이 두려워 눈물을 흘리겠소?"

신릉군이 주해에게 함께 갈 것을 청했다. 주해가 웃으며 말했다.

"저는 시장에서 칼을 휘둘러 짐승을 죽이는 백정입니다. 그럼에도 공자가 누차 방문했지만 일일이 답례를 하지 않았습니다. 작은 예절은 별반 쓸모가 없다고 여겼기 때문입니다. 이제 공자가 위급한 상황에 처했으니 지금이야말로 제가 목숨을 바칠 때입니다."

마침내 주해가 신릉군을 쫓아갔다. 신릉군이 후영에게 들러 작별을 나누자 후영이 말했다.

"저도 응당 따라가야 하나 늙어서 갈 수가 없습니다. 대신 저는 날짜를 헤아려 공자가 진비의 군사에 이르는 날 북쪽을 향해 자진하는 것으로 보답하겠습니다."

마침내 신릉군이 떠났다. 업 땅에 이르러 위안희왕의 명을 사칭해 진비를 대신하려 했다. 진비가 병부를 합친 뒤에도 의심을 거두지 않았다. 곧 손을 들어 신릉군을 노려보며 이같이 말했다.

"지금 저는 10만 대군을 이끌고 국경에 주둔하고 있습니다. 이는 존망과 직결된 중차대한 사안입니다. 그런데도 공자가 단신으로 와 저를 대신하려 하니 어찌 된 일입니까?"

그러고는 신릉군의 말을 들으려 하지 않았다. 이때 주해가 소매에서 40근 되는 철추鐵椎를 꺼내 진비를 쳐 죽였다. 마침내 신릉군이 진비의 군사를 통솔하면서 군중에 명을 내렸다.

"부자가 함께 군중에 있다면 아비가 집으로 돌아가고, 형제가 함께 군중에 있다면 형이 집으로 돌아가도록 하라. 또 형제가 없다면 돌아가 부모를 봉양하도록 하라."

이어 정예병 8만 명을 선발한 뒤 진나라 군사를 향해 진격했다. 진나라 군사가 마침내 포위를 풀고 물러났다. 신릉군이 마침내 한단을 구하고 조나라를 보존하게 되었다. 조효성왕과 평원군이 친히 국경까지 나와 신릉군을 맞이했다. 평원군은 친히 화살과 화살통을 메고• 신릉군을 위해 길을 인도했다. 조효성왕이 재배再拜하며 말했다.

"예로부터 현인은 많았지만 아직 공자에 미칠 수 있는 사람은 없었소."

당시 평원군은 감히 사신을 신릉군과 비교하려 들지 않았다. 신릉군이 후영과 작별하고 진비의 군대에 이르렀을 즈음 후영은 과연 북쪽을 향한 채 스스로 목을 찔러 죽었다. 위안희왕은 신릉군이 왕명을 사칭해 병부를 훔치고 진비를 죽인 사실에 대로했다. 신릉군 역시 자신이 저지른 죄를 잘 알고 있었다. 진나라를 물리치고 조나라를 보존하자 장수들에게 군사를 이끌고 위나라로 돌아가게 했다. 자신은 빈객들과 함께 조나라에 머물렀다. 조효성왕은 신릉군이 진비

• "화살과 화살통을 메고"의 원문은 "부란시負韊矢"다. 란韊은 란鑭과 같다. 활과 화살을 꽂아 넣어 등에 지도록 만든 동개를 뜻한다. 대부분 가죽으로 된 동개는 활은 반만 들어가고 화살은 아랫부분만 들어가도록 만든다.

의 군사를 속여 빼앗아 조나라를 보존하게 한 것에 감격했다. 평원군과 의논해 다섯 개의 성읍을 신릉군에게 내리고자 한 이유다. 신릉군이 이 이야기를 듣고 교만한 마음이 생겨 자신의 공을 자랑하는 안색이 드러났다. 빈객 가운데 어떤 자가 충고했다.

"세상사는 잊어서는 안 되는 일[不可忘]과 잊어야 하는 일[不可不忘]이 있습니다. 무릇 남이 공자에게 베푼 은덕은 잊어서는 안 되는 일, 공자가 남에게 베푼 은덕은 잊어야 할 대상입니다. 위나라 왕의 명을 속여 진비의 군사를 빼앗아 조나라를 구한 것은 조나라의 입장에서는 공이 있지만 위나라의 입장에서는 충신이 아닙니다. 공자는 스스로 교만한 마음에 공을 자랑하는 안색을 드러내고 있습니다. 제가 보건대 이는 공자가 취할 자세는 아닙니다."

신릉군이 곧바로 자책하며 부끄러워 어쩔 줄 몰라 했다. 조효성왕은 직접 길을 청소하며 신릉군을 맞이했다. 주인의 예로 대해 신릉군이 서쪽 계단으로 오르게 했다. 신릉군이 한쪽 가로 걸으면서[側行] 서쪽 계단으로 오르는 것을 사양하고 동쪽 계단으로 올랐다. 스스로 죄와 과를 말하고, 위나라를 저버린 까닭에 조나라에도 공이 없다고 했다. 조효성왕은 날이 저물 때까지 함께 술을 마셨지만 차마 다섯 개 성읍을 바치겠다는 말을 꺼내지 못했다. 신릉군이 극구 사양하는 모습을 보였기 때문이다. 신릉군은 결국 조나라에 머물게 되었다. 조효성왕은 호鄗 땅을 신릉군에게 탕목읍으로 내주었다. 위나라도 다시 신릉信陵을 봉지로 내렸다. 신릉군 위무기는 계속 조나라에 머물렀다.

●● 魏安釐王二十年, 秦昭王已破趙長平軍, 又進兵圍邯鄲. 公子姊爲趙惠文王弟平原君夫人, 數遺魏王及公子書, 請救於魏. 魏王使將軍晉鄙將十萬衆救趙. 秦王使使者告魏王曰, "吾攻趙旦暮且下, 而諸侯敢救者, 已拔趙, 必移兵先擊之." 魏王恐, 使人止晉鄙, 留軍壁鄴, 名爲救趙, 實持兩端以觀望. 平原君使者冠蓋相屬於魏, 讓魏公子曰, "勝所以自附爲婚姻者, 以公子之高義, 爲能急人之困. 今邯鄲旦暮降秦而魏救不至, 安在公子能急人之困也! 且公子縱輕勝, 棄之降秦, 獨不憐公子姊邪?" 公子患之, 數請魏王, 及賓客辯士說王萬端. 魏王畏秦, 終不聽公子. 公子自度終不能得之於王, 計不獨生而令趙亡, 乃請賓客, 約車騎百餘乘, 欲以客往赴秦軍, 與趙俱死. 行過夷門, 見侯生, 具告所以欲死秦軍狀. 辭決而行, 侯生曰, "公子勉之矣, 老臣不能從." 公子行數里, 心不快, 曰, "吾所以待侯生者備矣, 天下莫不聞, 今吾且死而侯生曾無一言半辭送我, 我豈有所失哉?" 復引車還, 問侯生. 侯生笑曰, "臣固知公子之還也." 曰, "公子喜士, 名聞天下. 今有難, 無他端而欲赴秦軍, 譬若以肉投餒虎, 何功之有哉? 尙安事客? 然公子遇臣厚, 公子往而臣不送, 以是知公子恨之復返也." 公子再拜, 因問. 侯生乃屛人閒語, 曰, "嬴聞晉鄙之兵符常在王臥內, 而如姬最幸, 出入王臥內, 力能竊之. 嬴聞如姬父爲人所殺, 如姬資之三年, 自王以下欲求報其父仇, 莫能得. 如姬爲公子泣, 公子使客斬其仇頭, 敬進如姬. 如姬之欲爲公子死, 無所辭, 顧未有路耳. 公子誠一開口請如姬, 如姬必許諾, 則得虎符奪晉鄙軍, 北救趙而西卻秦, 此五霸之伐也." 公子從其計, 請如姬. 如姬果盜晉鄙兵符與公子. 公子行, 侯生曰, "將在外, 主令有所不受, 以便國家. 公子卽合符, 而晉鄙不授公子兵而復請之, 事必危矣. 臣客屠者朱亥可與俱, 此人力士. 晉鄙聽, 大善, 不聽, 可使擊之." 於是公子泣. 侯生曰, "公子畏死邪? 何泣也?" 公子曰, "晉鄙嚄唶宿將, 往恐不聽, 必當殺之, 是以泣耳, 豈畏死哉?" 於是公子請朱亥. 朱亥笑曰, "臣迺市井鼓刀屠者, 而公子親數存之, 所以不報謝者, 以爲小禮無所用. 今公子有急, 此乃臣效命之秋也." 遂與公子俱. 公子過謝侯生. 侯生曰, "臣宜從, 老不能. 請數公子行日, 以至晉鄙軍之日, 北鄉自剄, 以送公子." 公子遂行. 至鄴, 矯魏王令代晉鄙. 晉鄙合符, 疑之, 擧手視公子曰, "今吾擁十萬之衆, 屯於境上, 國之重任, 今單車來代之, 何如哉?" 欲無聽. 朱亥袖四十斤鐵椎, 椎殺晉鄙, 公子遂將晉鄙軍. 勒兵下令軍中曰, "父子俱在軍中, 父歸, 兄弟俱在軍中, 兄歸, 獨子無兄弟, 歸養." 得選兵八萬人, 進兵擊秦軍. 秦軍解去, 遂救邯鄲, 存趙. 趙王及平原君自迎公子於界, 平原君負韊矢爲公子先引. 趙王再拜曰, "自古賢人未有及公子者也." 當此之時, 平原君不敢自比於人. 公子與侯生決, 至軍, 侯生果北鄉自剄. 魏王怒公子之盜其兵符, 矯殺晉鄙, 公子亦自知也. 已卻秦存趙, 使將將其軍歸魏, 而公子獨與客留趙. 趙孝成王德公子之矯奪晉鄙兵而存趙, 乃與平原君計, 以五城封公子. 公子聞之, 意驕矜而有自功之色. 客有說公子曰, "物有不可忘, 或有不可不忘. 夫人有德於公子, 公子不可忘也, 公子有德於人, 願公子忘之也. 且矯魏王令, 奪晉鄙兵以救趙, 於趙則有功矣, 於魏則未爲忠臣也. 公子乃自驕而功之, 竊爲公子不取也." 於是公子立自責, 似若無所容者. 趙王埽除自迎, 執主人主禮, 引公子就西階. 公子側行辭讓, 從東階上. 自言罪過, 以負於魏, 無功於趙. 趙王侍酒至暮, 口不忍獻五城, 以公子退讓也. 公子竟留趙. 趙王以鄗爲公子湯沐邑, 魏亦復以信陵奉公子. 公子留趙.

　　신릉군은 조나라에 두 명의 처사가 있다는 소문을 들었다. 모공毛公은 도박을 하는 무리[博徒], 설공은 술을 파는 집[賣漿家]에 숨어 있다는 내용이었다. 신릉군이 만나고자 했으나 그들은 스스로 몸을 숨기며 만나려 하지 않았다. 결국 수소문 끝에 은밀히 가서 사귀게 되자 신릉군이 크게 기뻐했다. 소문을 들은 평원군이 부인에게 말했다.

"당초 나는 부인의 동생인 신릉군이 천하에 둘도 없는 현인이라고 들었소. 지금 듣자니 망령되게도 도박하는 무리 및 술을 파는 무리와 사귄다고 하오. 그는 망령된 사람일 뿐이오."

부인이 이를 신릉군에게 알렸다. 신릉군이 누이에게 작별을 고하며 떠나려 했다.

"처음에는 평원군이 현명하다고 들었소. 위나라 왕을 저버리면서까지 조나라를 구하고, 평원군을 만족시킨 이유요. 그러나 평원군은 사람을 사귀면서 호걸 흉내만 낼 뿐 참다운 선비를 구할 생각이 없소. 나는 대량에 있을 때부터 늘 두 사람이 현명하다는 이야기를 들어왔소. 조나라에 온 이래 이들을 만나지 못할까 두려웠소. 나아가 내가 이들을 사귈지라도 이들이 나를 좋아하지 않을까 두려워했소. 지금 평원군이 이들과 사귀는 것을 부끄러워하니, 더불어 노닐 만한 자가 되지 않소."

그러고는 짐을 챙겨 떠나려 했다. 누이가 이를 평원군에게 자세히 고했다. 평원군이 관을 벗고 사죄하며 붙들었다. 평원군 문하의 식객들이 이 소문을 듣고 절반가량 평원군을 떠나 신릉군에게 왔다. 평원군 곁을 떠난 천하의 선비들도 신릉군을 찾아왔다. 신릉군이 평원군 식객의 마음을 사로잡은 결과다. 신릉군은 조나라에 10년 동안 머물며, 위나라로 돌아가지 않았다. 진나라가 이 소식을 듣고는 밤낮으로 군사를 일으켜 동쪽 위나라를 쳤다. 위안희왕이 이를 근심한 나머지 사자를 신릉군에게 보내 속히 돌아올 것을 청했다. 신릉군은 이복형인 위안희왕이 이전의 일로 화를 낼까 두려워한 나머지 문하의 식객들에게 이같이 경고했다.

"감히 위나라 왕의 사자를 데려오는 자는 모두 죽일 것이다."

빈객 모두 위나라를 저버리고 조나라에 온 자들이다. 감히 신릉군에게 돌아갈 것을 권하는 자가 없었다. 모공과 설공 두 사람이 신릉군을 찾아가 말했다.

"공자는 조나라에서 중하게 여겨지고, 그 명성이 제후들에게 널리 알려진 것은 오직 위나라가 있기 때문입니다. 지금 진나라가 위나라를 쳐 위급한 상황인데도 공자는 전혀 괘념치 않고 있습니다. 진나라가 대량을 무너뜨리고 선왕의 종묘를 허물어뜨리면 공자는 장차 무슨 면목으로 천하에 나서려는 것입니까?"

이 말이 채 끝나기도 전에 신릉군의 안색이 변했다. 급히 수레를 준비시킨 뒤 위나라로 돌아가 나라를 위기에서 구했다. 위안희왕은 신릉군을 보고 함께 울면서 상장군의 인수를 내주었다. 신릉군이 장군이 되었다.

●● 公子聞趙有處士毛公藏於博徒, 薛公藏於賣漿家, 公子欲見兩人, 兩人自匿不肯見公子. 公子聞所在, 乃閒步往從此兩人遊, 甚歡. 平原君聞之, 謂其夫人曰, "始吾聞夫人弟公子天下無雙, 今吾聞之, 乃妄從博徒賣漿者遊, 公子妄人耳." 夫人以告公子. 公子乃謝夫人去, 曰, "始吾聞平原君賢, 故負魏王而救趙, 以稱平原君. 平原君之遊, 徒豪舉耳, 不求士也. 無忌自在大梁時, 常聞此兩人賢, 至趙, 恐不得見. 以無忌從之遊, 尙恐其不我欲也, 今平原君乃以爲羞, 其不足從遊." 乃裝爲去. 夫人具以語平原君. 平原君乃免冠謝, 固留公子. 平原君門下聞之, 半去平原君歸公子, 天下士復往歸公子, 公子傾平原君客. 公子留趙十年不歸. 秦聞公子在趙, 日夜出兵東伐魏. 魏王患之, 使使往請公子. 公

子恐其怒之, 乃誠門下, "有敢爲魏王使通者, 死." 賓客皆背魏之趙, 莫
敢勸公子歸. 毛公·薛公兩人往見公子曰, "公子所以重於趙, 名聞諸侯
者, 徒以有魏也. 今秦攻魏, 魏急而公子不恤, 使秦破大梁而夷先王之
宗廟, 公子當何面目立天下乎?" 語未及卒, 公子立變色, 告車趣駕歸救
魏. 魏王見公子, 相與泣, 而以上將軍印授公子, 公子遂將.

　위안희왕 30년, 신릉군이 사자를 시켜 장군에 제수된 사실을 제
후들에게 두루 알렸다. 제후 모두 신릉군이 장군이 되었다는 소식을
듣고는 각자 군사를 보내 위나라를 위기에서 구하게 했다. 신릉군이
5국 연합군을 이끌고 황하 이남에서 진나라 군사를 격파했다. 위나
라 장수 몽오蒙驁가 황급히 달아났다. 신릉군이 여세를 몰아 진나라
군사를 추격했다. 함곡관까지 진격해 진나라 군사를 압박했다. 진나
라 군사가 감히 밖으로 나올 생각을 하지 못했다. 신릉군의 위세가
천하를 진동시켰다. 제후의 식객들이 다양한 병법을 진언했다. 신릉
군이 이를 묶어 펴내면서 이름을 붙여주었다. 세칭《위공자병법》이
그것이다. 당시 진소양왕은 이를 크게 근심했다. 위나라에 1만 금을
풀어 진비의 식객을 찾아낸 이유다. 이들이 위안희왕 앞에서 신릉군
을 이같이 헐뜯었다.

　"공자는 위나라에서 달아난 뒤 국외에서 10년 동안 있었습니다.
그런데도 지금 위나라 장군이 되었고, 제후의 장군들까지 그에게 속
해 있습니다. 제후들은 다만 신릉군이 있다는 것만 알 뿐, 위나라 왕
이 있다는 사실은 알지 못합니다. 신릉군이 이를 이용해 남면해 왕
이 되려 합니다. 제후들도 그의 위세를 두려워한 나머지 모두 그를
보위에 앉히려 합니다."

진나라는 또 누차 첩자를 보내 짐짓 신릉군을 축하하게 했다.

"공자가 위나라 왕으로 즉위한 것이오, 아니면 아직 하지 않은 것
이오?"

위안희왕이 날마다 그 비방을 듣게 되자 이내 믿을 수밖에 없게
되었다. 결국 다른 사람을 장군으로 삼았다. 신릉군도 비방으로 인해
쫓겨난 것을 알고는 병을 핑계로 조정에 나가지 않았다. 빈객들과
함께 밤새도록 술을 마시며 여자를 가까이했다. 밤낮으로 즐기며 마
시기를 4년 동안 하다가 결국 술 중독으로 죽고 말았다. 그해에 위안
희왕도 죽었다.

진나라는 신릉군이 죽었다는 소식을 듣고 몽오를 시켜 위나라를
치게 했다. 몽오가 20여 성읍을 빼앗고 그곳에 동군東郡을 두었다. 이
후 진나라는 조금씩 위나라를 잠식하다가 마침내 18년 만에 위나라
왕을 생포하고 대량을 도륙했다. 훗날 한고조 유방 역시 미천하고
젊었을 때 신릉군이 어질다는 소리를 자주 들었다. 즉위 후 대량을
지날 때마다 늘 신릉군에게 제사를 올렸다. 한고조 12년, 영포英布를
치고 돌아오면서 신릉군을 위해 묘지기의 집 다섯 채를 지은 뒤 해
와 계절에 따라 제사를 올리게 했다.

●● 魏安釐王三十年, 公子使使遍告諸侯. 諸侯聞公子將, 各遣將將
兵救魏. 公子率五國之兵破秦軍於河外, 走蒙驁. 遂乘勝逐秦軍至函谷
關, 抑秦兵, 秦兵不敢出. 當是時, 公子威振天下, 諸侯之客進兵法, 公
子皆名之, 故世俗稱魏公子兵法. 秦王患之, 乃行金萬斤於魏, 求晉鄙
客, 令毁公子於魏王曰, "公子亡在外十年矣, 今爲魏將, 諸侯將皆屬,
諸侯徒聞魏公子, 不聞魏王. 公子亦欲因此時定南面而王, 諸侯畏公子
之威, 方欲共立之." 秦數使反間, 僞賀公子得立爲魏王未也. 魏王日聞

其毀, 不能不信, 後果使人代公子將. 公子自知再以毀廢, 乃謝病不朝, 與賓客爲長夜飮, 飮醇酒, 多近婦女. 日夜爲樂飮者四歲, 竟病酒而卒. 其歲, 魏安釐王亦薨. 秦聞公子死, 使蒙驁攻魏, 拔二十城, 初置東郡. 其後秦稍蠶食魏, 十八歲而虜魏王, 屠大梁. 高祖始微少時, 數聞公子賢. 及卽天子位, 每過大梁, 常祠公子. 高祖十二年, 從擊黥布還, 爲公子置守冢五家, 世世歲以四時奉祠公子.

태사공은 평한다.

"내가 대량의 옛 터를 지나면서 이문이라는 곳을 물어서 찾아가보니 바로 성의 동문이었다. 맹상군 등 천하의 다른 공자도 선비를 좋아했다. 다만 신릉군만 굴에 숨어 사는 은자와 접촉했고, 아랫사람과 사귀는 것을 부끄러워하지 않았으니 나름의 일리가 있다. 그의 명성이 제후들 사이에 으뜸이었다는 말이 결코 헛소문이 아니다. 한고조는 매번 대량을 지날 때마다 백성들에게 그의 제사를 정성껏 받들어 끊기는 일이 없게 했다."

●● 太史公曰, "吾過大梁之墟, 求問其所謂夷門. 夷門者, 城之東門也. 天下諸公子亦有喜士者矣, 然信陵君之接巖穴隱者, 不耻下交, 有以也. 名冠諸侯, 不虛耳. 高祖每過之而令民奉祠不絕也."

춘신군열전

春申君列傳

〈춘신군열전春申君列傳〉은 전국시대 말기 초나라 재상을 지낸 황헐에 관한 전기다. 황헐은 전국사군자의 일원으로 말재주가 뛰어났다. 초경양왕의 태자 웅원熊元의 태부로 있을 때 태자가 진나라에 볼모로 잡혀가게 되자, 그를 수행해 온갖 고초를 함께 겪었다. 진나라가 초나라를 위협하기 위해 태자 원을 없앨 기미를 보이자 목숨을 걸고 은밀히 태자를 탈출시켰다. 덕분에 태자는 초나라로 돌아와 초고열왕으로 즉위할 수 있었다. 이로 인해 황헐은 영윤에 제수되었다. 강동 땅을 하사받고 춘신군에 봉해졌다.

이후 초나라의 내정을 쇄신하고 군법·행정 편제·법전 등을 정비해 쇠퇴일로에 놓인 초나라를 부흥시키고자 노력했다. 그는 합종책으로 진나라에 맞섰고, 노나라를 멸망시켜 초나라의 국위를 크게 떨쳤다. 초고열왕 밑에서 20년 동안 영윤으로 있었던 이유다. 그러나 말년에 신하인 이원李園의 음모에 휘말려 살해되는 비참한 최후를 맞았다. 〈춘신군열전〉은 《전국책》〈초책楚策〉의 내용을 대거 인용해놓았다.

춘신군은 초나라 출신이다. 이름은 헐歇, 성은 황黃이다. 각지를 두루 돌아다니며 배운 덕분에 견문이 매우 넓었다. 초경양왕을 섬겼다. 초경양왕은 그의 뛰어난 변론을 믿고 진나라에 사자로 보냈다. 이에 앞서 진소양왕은 백기에게 한나라와 위나라를 공격하게 했다. 화양에서 한나라와 위나라 군사를 격파하고, 위나라 장수 망묘를 생포했다. 한나라와 위나라가 굴복하고 진나라를 섬긴 배경이다. 진소양왕은 백기에게 명해 한나라 및 위나라와 함께 초나라를 치려고 했다. 군사가 아직 출병하지 않았을 때 초나라 사자 황헐이 마침 진나라에 이르러 이 계책을 듣게 되었다. 당시 진나라는 백기에게 명해 초나라의 무군과 검중을 빼앗았고, 언과 영을 탈취했다. 동쪽으로 경릉까지 공격해 들어갔기에 초경양왕은 도성을 동쪽 진현陳縣으로 옮겨야 했다. 황헐은 일찍이 초회왕이 진소양왕의 유인책에 넘어가 진나라로 들어갔다가 억류되어 결국 객사하는 것을 보았다. 초경양왕은 초회왕의 아들이다. 진나라가 그를 가벼이 보고 한 번 군사를 동원하기만 하면 초나라는 이내 망하지 않을까 두려웠다. 황헐이 진소양왕을 설득하기 위해 이런 글을 올렸다.

천하에 진나라와 초나라보다 더 강한 나라는 없습니다. 지금 들으니 대왕이 초나라를 치려 한다고 합니다. 이는 마치 두 마리의 호랑이가 서로 싸우는 것과 같습니다. 두 마리의 호랑이가 서로 싸우는 사이 힘이 약한 개가 그 기회를 틈타 이익을 볼 것입니다. 이는 초나라와 친선을 유지하느니만 못합니다. 제가 그 까닭을 설명 드리겠습니다. 제가 듣건대 "사물의 이치가 극에 달하면 다시 처음으로 돌아간다. 겨울과 여름은 서로 바뀌게 마련이다. 쌓인 것이 극에 달하면 위험해진다. 바둑돌을 쌓아올리면 무너지게 마련이다"라고 했습니다.

지금 진나라의 영토는 천하에 두루 펴져 있어 서쪽과 북쪽의 두 변방 지역을 모두 차지하고 있습니다. 사람이 태어난 이래 진나라처럼 거대한 대국은 일찍이 존재한 적이 없습니다. 선왕인 진혜문왕과 진무왕 및 대왕에 이르기까지• 3대에 걸쳐 진나라에서는 변경을 제나라와 맞닿게 해 제후들의 합종을 끊어내려 하지 않은 적이 없었습니다. 대왕이 성교盛橋를 한나라에 재상으로 천거해 보내자 성교는 자신이 관할하던 땅을 진나라에 바쳤습니다. 대왕은 군사를 일으키거나 위엄을 부리지 않고도 100리의 땅을 얻은 셈이니, 실로 유능한 분이라고 할 수 있습니다. 대왕은 다시 군사를 일으켜[擧甲] 위나라를 쳐서 대량의 문호를 막고, 하내를 공략하고, 연과 산조와 허와 도桃 땅을 손에 넣어 형구로 진입했습니다. 위나라 군사가 구름처럼 흩어져 달아날 뿐 감히 서로를 구할 생각을 하지 못했습니다. 이로써 보면 대왕의 공덕은 매우 크다고 하겠습니다.

대왕은 군사동원을 중지해 많은 백성을 쉬게 했습니다. 2년 뒤 다시 군사를 일으켜 포·연·수首·원垣 땅을 점령하고, 인仁과 평구平丘를 치고, 황黃과 제양을 포위함으로써•• 위나라를 굴복시켰습니다. 대왕은 또 복수濮水와 역산歷山 이북의 땅을 떼어내 제나라와 진나라 사이의 허리 부분을 빼앗고, 초나라와 조나라 사이의 등뼈 부분을 끊어버

• "선왕인 진혜문왕과 진무왕 및 대왕에 이르기까지"의 원문은 "선제문왕先帝文王 장왕지신莊王之身"이다. 장왕莊王은 무왕武王의 잘못이다. 또 장왕 밑에 왕王 내지 금왕今王도 누락되었다. 필사하는 과정에서 착오가 있었던 듯하다.

•• 《사기정의》는 영성甖城을 지명으로 간주하며 위치를 알 수 없다고 했으나 이는 잘못이다. 《전국책》〈진책〉에 대한 포표鮑彪의 주는 영甖을 빙 둘러 얽을 영縈과 같다고 했다. 영성을 두 개의 성을 묶어 수비하는 것으로 풀이한 것이다. 《한서》〈괴통·전蒯通傳〉의 영성고수甖城固守에 대한 안사고의 주는 맹강孟康의 주를 인용해 영甖을 빙 둘러 수비하는 것으로 풀이해놓았다.

렸습니다. 천하의 제후들이 여러 번 모여 연합군을 결성하고도[五合六聚] 감히 서로를 구원하지 못한 이유입니다. 대왕의 위세가 극에 달한 것을 보여준 사례입니다.●

대왕이 만일 기왕의 공적과 명망을 유지하고, 공격해 차지하겠다는 야심을 버린 채 인의의 바탕을 함양하며 후환을 방지하면 삼왕에 더해 사왕四王이 되고, 오패五霸에 더해 육패六霸가 될 것입니다. 그러나 대왕이 성이 많고 무력이 강한 것만 믿고, 위나라를 제압한 위세에 올라타 힘으로 천하의 제후들을 복종시키려 하면 후환이 있을까 두렵습니다. 《시경》 〈대아, 탕湯〉에 이르기를, "시작이 좋지 않은 사람은 없으나, 끝을 잘 맺는 사람은 드물다"고 했습니다. 또 《주역》 〈미제괘未濟卦〉 괘사卦辭에 이르기를, "여우가 물을 건너다 끝내는 꼬리를 적신다"고 했습니다.●● 모두 시작은 쉽지만 좋은 결과를 얻기가 어렵다는 것을 의미합니다.

이를 어찌 알 수 있겠습니까? 춘추시대 말기 중원 진晉나라의 권신 지씨智氏는 조나라를 치는 이익만 내다봤지 유차榆次에서 화를 입으리라고는 전혀 눈치채지 못했습니다. 또 오나라 부차는 제나라를 쳐 패자가 되는 것만 알았지 간수에서 월나라에 참패하리라는 것은 예상치 못했습니다. 이 두 나라는 공적을 이루지 못한 것은 아니지만, 앞의 이익에 혹한 나머지 뒤에 올 재난을 가볍게 여겼습니다. 오나라는 월나라를 믿고서 군사를 이끌고 제나라로 진공해 애릉에서

● 원문은 "왕지위역단의王之威亦單矣"다. 《사기집해》는 서광의 주를 인용해 단單이 다해 쓰러진다는 뜻의 탄殫으로 된 판본이 있다고 했다.
●● 원문은 "호섭수狐涉水, 유기미濡其尾"다. 《주역》 〈미제괘〉 원래 괘사는 "소호흘제小狐汔濟, 유기미濡其尾"로 되어 있다. 일을 완성시키지 못하는 것을 의미한다. 유기미는 시작이 반이라는 속언과 통한다. 미제에는 시작 자체가 사실상 성사를 의미한다는 취지다. 시작 단계에서 견지한 공경심과 신중함을 계속 유지할 수 있다면 이내 일을 성사시킬 수 있음을 암시한다.

제나라 군사를 격파한 후 되돌아오다 삼저포三渚浦에서 월왕에게 생포되었습니다. 지씨는 한나라와 위나라를 믿고 두 나라 군사와 함께 조나라를 쳤습니다.

진양성晉陽城을 포위해 승리를 눈앞에 두었을 때 한나라와 위나라가 배신하자 지씨 집안의 우두머리인 지백 요瑤는 착대鑿臺 아래서 살해당했습니다. 지금 대왕은 초나라가 망하지 않는 것만 시기할 뿐, 초나라가 망하면 한나라와 위나라가 강대해진다는 사실을 잊고 있습니다. 저는 대왕을 위해 이를 찬성할 수 없습니다.

《시경》에 이르기를, "용병을 잘하는 사람은 멀리까지 가서 정벌하지 않는다"고 했습니다.* 이것으로 보아 초나라는 진나라 편이고 이웃 나라인 한과 위 두 나라가 오히려 진나라의 적입니다. 또《시경》〈소아小雅, 교언巧言〉에 이르기를, "이리저리 날뛰는 교활한 토끼도 개를 만나면 잡힌다."** 다른 사람의 속마음을 내 마음에 비추어 알 수 있다"고 했습니다. 지금 대왕이 한나라와 위나라를 믿는 것은 두 나라가 대왕에게 잘하는 것만 믿은 결과입니다. 이는 마치 오나라가 월나라를 믿는 것과 똑같습니다. 적은 용서하면 안 되고[敵不可假] 때는 놓치면 안 된다고[時不可失] 언급하는 이야기를 들었습니다. 저는 한나라와 위나라가 공손히 말하며 진나라의 근심을 덜어줄 것처럼 구는 것은 사실 진나라를 속이려는 것이 아닌지 의심스럽습니다. 진나라는 한나라와 위나라에 오랫동안 은덕을 베풀지 않았고, 오히려 대대

● 원문은 "대무원택불섭大武遠宅不涉"이다. 유사한 구절이《전국책》〈초책〉과 유향의《신서新序》〈선모善謀〉에 나온다. 현존《시경》에는 이 구절이 나오지 않는다. 다만〈대아, 강한江漢〉에 "이제 전쟁이 사라지면[時靡有爭]"이라는 표현이 나온다.
●● 원문은 "적적참토躍躍毚兔"다.《사기집해》는 적적躍躍을 이리저리 오가는 모습, 참토毚兔를 교토狡兔로 풀이했다.《사기색은》은 적躍이 약躍으로 된 판본이 있다고 했다.

로 원한을 사고 있었기 때문입니다.

무릇 한나라와 위나라의 부모 형제가 계속 진나라와 싸우다 죽은 것이 10대에 걸쳐 이어졌습니다. 이들의 국토는 황폐해지고, 사직은 파괴당하고, 종묘도 무너졌습니다. 이들은 배가 갈리고, 창자가 파헤쳐지고, 목이 잘리고, 얼굴이 뭉개지고, 머리와 몸통이 분리되고, 몸이 풀밭에 흩어지고, 해골이 땅에 나뒹굴고, 두개골이 엎어져 국경에서 서로 바라보고 있습니다. 부모·자식·늙은이·젊은이가 손과 목이 묶인 채 진나라의 포로가 되어 끌려가는 모습이 끊이지 않고 있습니다. 사자의 영혼은 홀로 슬퍼할 뿐, 제사를 지내줄 가족조차 없습니다. 백성은 삶을 즐길 수 없고, 일가친척은 뿔뿔이 흩어져 떠돌다가 노비나 첩이 되었습니다. 그런 사람이 천하에 가득 차 있습니다. 한나라와 위나라가 멸망하지 않는 한 진나라의 우환은 계속될 것입니다. 그런데도 지금 대왕은 한나라와 위나라에 기대어 함께 초나라를 치려 하니 이 어찌 잘못된 일이 아니겠습니까? 대왕은 장차 어디서 출병하려는 것입니까? 대왕은 원수인 한나라와 위나라의 길을 빌리려는 것입니까? 그 경우 대왕은 출병 당일부터 군사가 되돌아오지 못할까 걱정해야 할 것입니다. 이는 군사를 보내 원수인 한나라와 위나라를 돕는 길입니다.

대왕이 원수인 한나라와 위나라에서 길을 빌리지 않으면 반드시 수수隨水의 오른쪽 땅을 공략해야 합니다. 그곳은 모두 넓은 강물과 산림 및 계곡으로 이루어져 농사를 지을 수 없습니다. 대왕이 이곳을 차지할지라도 땅을 얻었다고 말할 수 없습니다. 초나라를 쳤다는 이름만 있고, 실속은 하나도 없게 됩니다. 게다가 대왕이 초나라를 치면 제나라와 조나라, 한나라, 위나라가 반드시 합세해 대왕에게 대항할 것입니다. 진나라와 초나라 군사가 오랫동안 싸우게 되면 그사이 위나라는 출병해 유留·방여方與·질鉇·호릉湖陵·탕碭·소蕭·상相을 쳐 송나라의 옛 땅을 모두 차지할 것입니다. 또 제나라는 남진해 초나라를 공격하고 사수 유역을 차지할 것입니다. 이곳은 모두 사통팔달의 평원으로 비옥하고 풍요로운 땅입니다. 결국 제나라와 위나라만이 싸움으로 이익을 독점하게 됩니다.

대왕이 초나라를 치면 중원에서 한나라와 위나라를 살찌게 하고 제나라를 강하게 만드는 결과만 낳습니다. 한나라와 위나라가 강대해지면 능히 진나라에 맞서게 되고, 제나라는 남쪽으로는 사수 일대를 경계로 하며 동쪽으로 대해大海를 등지고 북쪽으로는 황하에 의지해 후환이 없게 됩니다. 그러면 천하의 열국 가운데 제나라와 위나라보다 강한 나라는 없게 됩니다. 제나라와 위나라가 땅을 얻어 이익을 지키며 짐짓 진나라를 섬기면 1년 뒤 비록 제帝는 못될지언정 대왕이 제를 칭하는 것을 방해할 만한 힘은 갖추고도 남습니다. 대왕처럼 광대한 국토와 많은 백성 및 강력한 군사로 한번 거사해 초나라와 원수를 맺고, 한나라와 위나라가 제호帝號를 제나라에 바치도록 만드는 것은 대왕의 실책이 아니겠습니까?

제가 대왕을 위해 헤아리건대 초나라와 친하게 지내는 것보다 나은 것이 없습니다. 진나라와 초나라가 하나로 합쳐 한나라를 상대하면 한나라는 반드시 복종할 것입니다. 대왕이 험준한 동산東山에 기대며 굽이치는 황하의 편리함을 이용하면 한나라는 반드시 대왕 관내關內의 제후로 남게 될 것입니다. 이후 대왕이 10만 대군으로 한나라 도성 신정을 지키면 위나라는 간담이 서늘해질 것입니다. 허와 언릉鄢陵은 성문을 닫고 방어할 것이고, 상채上蔡와 소릉은 서로 왕래할 수 없게 됩니다. 위나라도 이내 대왕 관내의 제후로 남게 될 것입니다. 대왕이 초나라와 가까이 지내면 한나라와 위나라의 군주를 관내의 제후로 만들고, 제나라와 국경을 맞대며 제나라 서쪽의 광대한 땅을 손도 움직이지 않은 채 차지할 수 있습니다. 그러면 대왕의 영토는 서해에서 동해에 이르게 되어 천하의 허리를 끊는 것이 됩니다. 연나라와 조나라는 제나라와 초나라의 도움을 받을 수 없고, 제나라와 초나라는 연나라와 조나라의 도움을 받을 수 없습니다. 이후 연나라와 조나라를 겁주고, 제나라와 초나라를 뒤흔들면 4국을 힘들여 치지 않고도 복종시킬 수 있습니다.

진소양왕이 대답했다.
"과연 그렇소."
그러고는 곧 백기의 출병을 멈추게 하고, 한나라와 위나라의 출병을 거절했다. 또 초나라에 사자를 보내 예물을 전하고, 동맹국이 될 것을 약속했다. 황헐이 이런 약속을 받고 초나라로 돌아왔다. 초나라가 황헐과 태자 웅완熊完을 진나라에 볼모로 보냈다. 두 사람을 붙잡아둔 지 몇 해가 지나 초경양왕이 병으로 자리에 누웠다. 태자 웅완은 귀국할 수 없었다. 그는 진나라 재상 응후 범수와 사이가 좋았다. 하루는 황헐이 응후에게 물었다.
"상국은 실로 초나라의 태자와 사이가 좋습니까?"
응후가 대답했다.
"그렇소."
황헐이 말했다.
"지금 초나라 왕이 병으로 자리에 누웠는데 아마 회복이 힘들 듯합니다. 진나라는 초나라 태자를 돌려보내는 것이 좋을 듯합니다. 태자가 돌아가 보위를 잇게 되면 반드시 진나라를 소중히 섬길 것이고, 그대의 은혜를 한없이 고마워할 것입니다. 이리되면 동맹관계가 더욱 탄탄해지고, 덕을 만승의 대국에 베푸는 것이 됩니다. 돌아가지 못하면 태자는 단지 함양의 한낱 지위도 벼슬도 없는 일개 백성에 불과합니다. 초나라가 새 태자를 세우면 반드시 진나라를 섬기지 않을 것입니다. 동맹국을 잃고 만승의 대국과 화친을 끊는 것은 좋은 계책이 아닙니다. 원컨대 상국은 이를 깊이 고려하기 바랍니다."

웅후가 이를 진소양왕에게 고했다. 진소양왕이 말했다.

"초나라 태자의 스승을 먼저 초나라로 보내 병세를 살핀 뒤 그가 돌아오면 다시 대책을 논의키로 합시다."

황헐이 한 가지 계책을 내 태자 웅완에게 말했다.

"진나라가 태자를 억류시킨 것은 그로 인해 어떤 이익을 얻으려는 것입니다. 그러나 지금 태자는 이익을 줄 만한 힘이 없습니다. 저는 이를 크게 우려하고 있습니다. 지금 초나라에는 양문군陽文君의 두 아들이 있습니다. 초나라 왕이 숨을 거두면 태자가 초나라에 없는 까닭에 틀림없이 양문군의 아들이 후사로 정해질 것입니다. 그 경우 태자는 보위에 올라 종묘제사를 받드는 것이 불가능해집니다. 지금 사자들과 함께 진나라를 빠져나가는 수밖에 없습니다. 제가 남아 죽음으로써 뒷일을 마무리 짓겠습니다."

태자 웅완이 곧 옷을 갈아입고 초나라 사자의 마부로 변장한 뒤 함곡관을 빠져나갔다. 황헐은 태자의 숙소에 남아 계속 병이 났다는 핑계로 빈객의 방문을 사절했다. 태자가 이미 멀리 달아나 진나라 병사가 쫓아갈 수 없게 되었을 즈음 황헐이 직접 진소양왕에게 말했다.

"초나라 태자는 이미 귀국길에 올랐으니 지금은 함곡관을 벗어나 멀리 가 있을 것입니다. 달아나도록 만든 신의 죄는 죽어 마땅합니다. 청컨대 죽음을 내려주십시오."

진소양왕이 대로한 나머지 그가 자진하는 것을 방치하려 했다. 응후가 만류했다.

"황헐은 신하 된 자로서 목숨을 바쳐 군주를 섬긴 것입니다. 태자가 보위에 오르면 반드시 황헐을 등용할 것입니다. 죄를 묻지 말고 돌려보내 초나라와 친선을 유지하느니만 못합니다."

진나라가 황헐을 돌려보냈다. 황헐이 귀국한 지 석 달 뒤 초경양왕이 죽고, 태자 웅완이 뒤를 이었다. 그가 바로 초고열왕이다. 초고열왕 원년, 초고열왕이 황헐을 재상에 임명하고 춘신군에 봉했다. 회수 이북의 열두 개 현을 봉지로 내주었다. 이로부터 15년 후 황헐이 초고열왕에게 말했다.

"회수 이북은 초나라 변경으로 제나라와 맞닿아 있습니다. 상황이 위급하니 군으로 만들어 직접 관할하는 것이 편할 것입니다."

그러고는 자신의 봉지인 회수 이북의 열두 개 현을 초고열왕에게 바치고 대신 강동의 봉지를 청했다. 초고열왕이 이를 허락했다. 춘신군이 곧 옛 오나라 터에 성을 쌓고 자신의 봉지로 삼았다. 춘신군이 초나라 재상으로 있을 당시 제나라에는 맹상군, 조나라에는 평원군, 위나라에는 신릉군이 있었다. 이들은 사인士人들을 겸허히 접대하고 빈객을 초치하는 일에 매진하며 서로 경쟁했다. 빈객들의 힘을 이용해 나라의 정사를 돕는 한편 자신들의 권력기반을 굳히고자 한 것이다.

●● 春申君者, 楚人也, 名歇, 姓黃氏. 遊學博聞, 事楚頃襄王. 頃襄王以歇爲辯, 使於秦. 秦昭王使白起攻韓·魏, 敗之於華陽, 禽魏將芒卯, 韓·魏服而事秦. 秦昭王方令白起與韓·魏共伐楚, 未行, 而楚使黃歇適至於秦, 聞秦之計. 當是之時, 秦已前使白起攻楚, 取巫·黔中之郡, 拔鄢郢, 東至竟陵, 楚頃襄王東徙治於陳縣. 黃歇見楚懷王之爲秦所誘而入朝, 遂見欺, 留死於秦. 頃襄王, 其子也, 秦輕之, 恐壹擧兵而滅楚. 歇乃上書說秦昭王曰, "天下莫彊於秦·楚. 今聞大王欲伐楚, 此猶兩虎相與鬪. 兩虎相與鬪而駑犬受其斃, 不如善楚. 臣請言其說, 臣聞物至則反, 冬夏是也, 致至則危, 累棋是也. 今大國之地, 徧天下有其二垂, 此從生民已來, 萬乘之地未嘗有也. 先帝文王·莊王之身, 三世不妄接地於齊, 以絶從親之要. 今王使盛橋守事於韓, 盛橋以其地入秦, 是王不用甲, 不信威, 而得百里之地. 王可謂能矣. 王又擧甲而攻魏, 杜大梁之門, 擧河內, 拔燕·酸棗·虛·桃, 入邢, 魏之兵雲翔而不敢捄. 王之功亦多矣. 王休甲息衆, 二年而後復之, 又幷蒲·衍·首·垣, 以臨仁·平丘, 黃·濟陽嬰城而魏氏服, 王又割濮磨之北, 注齊秦之要, 絶楚趙之脊, 天下五合六聚而不敢救. 王之威亦單矣. 王若能持功守威, 絀攻取之心而肥仁義之地, 使無後患, 三王不足四, 五伯不足六也. 王若負人徒之衆, 仗兵革之彊, 乘毀魏之威, 而欲以力臣天下之主, 臣恐其有後患也. 詩曰, '靡不有初, 鮮克有終.' 易曰, '狐涉水, 濡其尾.' 此言始之易, 終之難也. 何以知其然也? 昔智氏見伐趙之利而不知楡次之禍, 吳見伐齊之便而不知幹隧之敗. 此二國者, 非無大功也, 沒利於前而易患於後也. 吳之信越也, 從而伐齊, 旣勝齊人於艾陵, 還爲越王禽三渚之浦. 智氏之信韓·魏也, 從而伐趙, 攻晉陽城, 勝有日矣, 韓·魏叛之, 殺智伯瑤於鑿臺之下. 今王妒楚之不毀也, 而忘毀楚之彊韓·魏也, 臣爲王慮而不取也. 詩曰, '大武遠宅而不涉.' 從此觀之, 楚國, 援也, 鄰國,敵也. 詩云, '趯趯毚兔, 遇犬獲之. 他人有心, 余忖度之.' 今王中道而信韓·魏之善王也, 此正吳之信越也. 臣聞之, 敵不可假, 時不可失. 臣恐韓·魏卑辭除患而實欲欺大國也. 何則? 王無重世之德於韓·魏, 而有累世之怨焉. 夫韓·魏父子兄弟接踵而死於秦者將十世矣. 本國殘, 社稷壞, 宗廟毀. 剞腹絕腸, 折頸摺頤, 首身分離, 暴骸骨於草澤, 頭顱僵仆, 相望於境, 父子老弱係脰束手爲羣虜者相及於路. 鬼神孤傷, 無所血食. 人民不聊生, 族類離散, 流亡爲僕妾者, 盈滿海內矣. 故韓·魏之不亡, 秦社稷之憂也, 今王資之與攻楚, 不亦過乎! 且王攻楚將惡出兵? 王將借路於仇讎之韓·魏乎? 兵出之日而王憂其不返也, 是王以兵資於仇讎之韓·魏也. 王若不借路於仇讎之韓·魏, 必攻隨水右壤. 隨水右壤, 此皆廣川大水, 山林谿谷, 不食之地也, 王雖有之, 不爲得地. 是王有毀楚之名而無得地之實也. 且王攻楚之日, 四國必悉起兵以應王. 秦·楚之兵構而不離, 魏氏將出而攻留·方與·銍·湖陵·碭·蕭·相, 故宋必盡. 齊人南面攻楚, 泗上必擧. 此皆平原四達, 膏腴之地, 而使獨攻. 王破楚以肥韓·魏於中國而勁齊. 韓·魏之彊, 足以校於秦. 齊南以泗水爲境, 東負海, 北倚河, 而無後患, 天下之國莫彊於齊·魏, 齊·魏得地葆利而詳事下吏, 一年之後, 爲帝未能, 其於禁王之爲帝有餘矣. 夫以王壤土之博, 人徒之衆, 兵革之彊, 壹擧事而樹怨於楚, 遲令韓·魏歸帝重於齊, 是王失計也. 臣爲王慮, 莫若善楚. 秦·楚合而爲一以臨韓, 韓必斂手. 王施以東山之險, 帶以曲河之利, 韓必爲關內之侯. 若是而王以十萬戍鄭, 梁氏寒心, 許·鄢陵嬰城, 而上蔡·召陵不往來也, 如此而魏亦關內侯矣. 王壹善楚, 而關內兩萬乘之主注地於齊, 齊右壤可拱手而取也. 王之地一經兩海, 要約天下, 是燕·趙無齊·楚, 齊·楚無燕·趙也. 然後危動燕·趙, 直搖齊·楚, 此四國者不待痛而服矣."昭王曰,"善."於是乃止白起而謝韓·魏. 發使賂楚, 約爲與國. 黃歇受約歸楚, 楚使歇與太子完入質於秦, 秦留之數年. 楚頃襄王病, 太子不得歸. 而楚太子與秦相應侯善, 於是黃歇乃說應侯曰,"相國誠善楚太子乎?"應侯曰,"然."歇曰,"今楚王恐不起疾, 秦不如歸其太子. 太子得立, 其事秦必重而德相國無窮, 是親與國而得儲萬乘也. 若不歸, 則咸陽一布衣耳, 楚更立太子, 必不事秦. 夫失與國而絶萬乘之和, 非計也. 願相國孰慮之."應侯以聞秦王. 秦王曰,"令楚太子之傅先往問楚王之疾, 返而後圖之."黃歇爲楚太子計曰,"秦之留太子也, 欲以求利也. 今太子力未能有以利秦也, 歇憂之甚. 而陽文君子二人在中, 王若卒大命, 太子不在, 陽文君子必立爲後, 太子不得奉宗廟矣. 不如亡秦, 與使者俱出, 臣請止, 以死當之."楚太子因變衣服爲楚使御以出關, 而黃歇守舍, 常爲謝病. 度太子已遠, 秦不能追, 歇乃自言秦昭王曰,"楚太子已歸, 出遠矣. 歇當死, 願賜死."昭王大怒, 欲聽其自殺也. 應侯曰,"歇爲人臣, 出身以徇其主, 太子立, 必用歇, 故不如無罪而歸之, 以親楚. 秦因遣黃歇. 歇至楚三月, 楚頃襄王卒, 太子完立, 是爲考烈王. 考烈王元年, 以黃歇爲相, 封爲春申君, 賜淮北地十二縣. 後十五歲, 黃歇言之楚王曰,"淮北地邊齊, 其事急, 請以爲郡便."因幷獻淮北十二縣, 請封於江東. 考烈王許之. 春申君因城故吳墟, 以自爲都邑. 春申君旣相楚, 是時齊有孟嘗君, 趙有平原君, 魏有信陵君, 方爭下士, 招致賓客, 以相傾奪, 輔國持權.

춘신군이 초나라 재상이 된 지 4년째가 되는 초고열왕 3년, 진나라가 조나라의 장평에서 40만 대군을 격파했다. 재상이 된 지 7년째가 되는* 초고열왕 6년, 진나라가 여세를 몰아 조나라 도성 한단을 포위했다. 한단에서 초나라에 위급을 알리며 도움을 청했다. 초고열왕이 춘신군에게 병사를 이끌고 가 이들을 구하게 했다. 진나라 군사가 이미 돌아간 까닭에 춘신군도 곧바로 환군했다. 초고열왕 8년, 춘신군이 북쪽으로 노나라를 공격해 멸망시켰다. 순자를 난릉의 현령에 임명했다. 이 무렵 초나라가 다시 강성해지기 시작했다. 조나라 평원군이 춘신군에게 사자를 보내왔다. 춘신군이 이들을 상등의 객사에 머물게 했다. 조나라의 사자들은 자신들을 과시하기 위해 머리에 대모玳瑁로 만든 비녀를 꽂고, 구슬 등 여러 옥으로 장식한 칼집을 들고 춘신군의 문객과 만나고자 했다. 당시 춘신군의 문객은 3,000명이 넘었다. 상등의 빈객 모두 구슬로 장식된 신발을 신고 있었다. 이들을 만나본 조나라 사신들이 모두 크게 부끄러워했다.

초고열왕 14년 진나라에서 진시황의 부친인 진장양왕秦莊襄王이 즉위했다. 여불위를 재상에 임명하고 문신후에 봉한 뒤 동주를 점령했다. 초고열왕 22년, 산동의 열국이 진나라의 부단한 침공을 크게 우려했다. 서로 연합해 서쪽의 진나라를 치기로 서약한 이유다. 조고열왕이 합종의 맹주가 되고, 춘신군이 이 일을 주관해 처리했다. 5국 연합군은 함곡관에 이르렀을 때 진나라 군사의 공격을 받고 대패해 사방으로 흩어졌다. 초고열왕은 그 책임을 물어 춘신군을 책망했다. 이 일로 인해 두 사람 사이가 더욱 벌어지게 되었다. 이 무렵 문객 가운데 한 사람인 관진 출신 주영朱英이 춘신군에게 말했다.

"사람들이 모두 초나라는 원래 강했는데 그대가 정무를 맡은 이후 약해졌다고 생각합니다. 그러나 저는 그리 생각하지 않습니다. 선왕

● 원문은 5년으로 되어 있다. 〈표〉 등의 기록을 감안할 때 7년의 잘못으로 보인다.

이 살아 있을 때 진나라와 20년 동안 친선을 유지했고, 진나라는 초나라를 치지 않았습니다. 이는 무슨 까닭입니까? 진나라는 맹애黽隘[*]의 요새를 넘어서 초나라를 치는 것이 불편하고, 서주와 동주에 길을 빌려야 하고, 한나라와 위나라를 등지고 초나라로 치는 것이 위험했기 때문입니다. 그러나 지금은 그렇지 않습니다. 위나라는 이내 멸망할 것입니다. 허와 언릉을 애석해할 겨를이 없어 선뜻 진나라에 베어줄 것입니다. 그러면 초나라가 도성으로 삼고 있는 진현은 진나라 군사와 불과 160리밖에 떨어져 있지 않게 됩니다. 제가 보기에 진나라와 초나라는 날마다 싸울 수밖에 없습니다."

이해에 초나라가 진현을 떠나 수춘壽春으로 천도한 이유다. 진나라는 위衛나라를 야왕으로 옮기게 한 뒤 원래의 땅에 동군을 두었다. 춘신군은 자기 봉지인 옛 오나라 땅에 머물며 재상 일을 보았다. 당시 초고열왕은 자식이 없었다. 춘신군이 이를 걱정해 아이를 낳을 만한 여자를 물색한 뒤 차례로 바쳤다. 그 수가 매우 많았다. 그럼에도 끝내 자식을 얻지 못했다. 조나라 출신 이원이 자신의 여동생을 데리고 와 초고열왕에게 바치고자 했다. 그러나 아이를 낳을 수 없다는 이야기를 듣고는 시간이 오래 지날 경우 누이가 총애를 받지 못할까 두려워했다. 이에 먼저 춘신군을 모시기로 하고, 그의 사인이 되었다. 얼마 후 휴가를 청해 귀향했다가 고의로 기간을 어기고 늦게 돌아왔다. 춘신군을 만나자 춘신군이 늦은 이유를 물었다. 그가 대답했다.

● 맹애가 《전국책》 〈연책〉에는 명액冥阨으로 나온다. 맹黽은 발음이 세 가지다. 힘쓴다는 뜻으로 사용될 때는 민으로 읽는다. 장안 일대의 군명郡名으로 사용될 때는 면으로 읽는다. 면澠과 같다. 맹꽁이나 땅 이름을 뜻할 때는 맹으로 읽는다.

"제나라의 왕이 사자를 보내와 제 누이를 데려가려 했습니다. 그들과 술자리를 같이하다 늦어졌습니다."

춘신군이 물었다.

"폐백을 받았소?"

이원이 대답했다.

"아직 받지 않았습니다."

춘신군이 물었다.

"내가 만나볼 수 있겠소?"

이원이 대답했다.

"가합니다."

이원이 누이를 춘신군에게 바쳤다. 이내 춘신군의 사랑을 받아 아이를 임신하게 되었다. 이원이 이를 알고 누이와 계략을 꾸몄다. 이원의 누이가 한가한 틈을 타 춘신군에게 말했다.

"초나라 왕은 그대를 소중히 여기고 아끼는 것이 형제보다 더합니다. 그대는 초나라 재상으로 있은 지 20년이나 되었습니다. 지금 왕은 아들이 없습니다. 만일 왕이 돌아가신 후 형제에게 보위가 넘어가면 초나라는 군주가 바뀌고, 새 군주는 과거 친했던 사람과 친척을 소중히 여길 것입니다. 그러면 그대가 어찌 오래도록 총애를 입을 수 있겠습니까? 게다가 그대는 지위가 높고, 권력을 장악한 지 오래되어 왕의 형제들의 눈에 거슬리는 행동을 많이 했을 것입니다. 그 형제가 보위에 오르면 재앙이 곧 그대에게 떨어질 것입니다. 어떻게 재상 인수와 강동의 봉지를 보존할 것입니까? 지금 저만 임신한 사실을 알고 있고, 다른 사람은 모르고 있습니다. 제가 그대의 총애를 입은 지 얼마 되지 않습니다. 그대의 존귀한 지위를 이용해 저를 초나라 왕에게 바치면 초나라 왕은 반드시 저를 총애할 것입니다. 천행으로 사내아이를 낳으면 곧 그대의 아들이 국왕이 되는 것입니다. 그리되면 초나라를 모두 손에 넣는 셈입니다. 그대가 뜻하지 않게 화를 당하는 것과 비교할 때 어느 쪽이 더 낫습니까?"

춘신군도 이를 그럴듯하다고 생각했다. 곧 이원의 누이를 별도의 거처에 머물게 한 뒤 초고열왕에게 천거했다. 초고열왕이 왕궁으로 불러들여 사랑을 나눈 끝에 사내아이를 얻게 되었다. 사내아이가 태자에 봉해지고, 이원의 누이는 왕후가 되었다. 초고열왕은 이원을 귀하게 대했다. 이원이 정사에 개입하게 된 배경이다. 이원은 누이가 왕궁으로 들어가 왕후가 되고, 그 소생이 태자로 봉해지자 춘신군이 비밀을 누설하거나 그 일로 더욱 교만해질까 두려워했다. 몰래 결사대를 기른 뒤 춘신군을 죽여 그 입을 막고자 한 이유다. 백성 가운데 이런 비밀을 알고 있는 자가 매우 많았다. 초고열왕 25년, 초고열왕이 병이 났다. 주영이 춘신군에게 말했다.

"세상에는 생각지 못한 복[毋望之福]과 생각지 못한 화[毋望之禍]가 있습니다. 지금 그대는 생각지 못한 화와 복이 찾아오는 세상[毋望之世]에 살고 있습니다. 생각지 못한 죽음을 앞둔 군주[毋望之主]를 섬기는 것이 그렇습니다. 어찌해서 생각지도 못한 인물[毋望之人]을 곁에 두지 않는 것입니까?"

춘신군이 물었다.

"생각지 못한 복은 어떤 것이오?"

주영이 대답했다.

"그대가 초나라 재상을 지낸 지 20여 년이 되었습니다. 이름만 재상이지, 실은 초나라 왕이나 다름없습니다. 지금 초나라 왕은 크게 병들어 머지않아 숨을 거둘 것입니다. 그러면 그대는 어린 군주를 보좌하며 국정을 전담하게 됩니다. 옛날 이윤과 주공처럼 섭정을 하는 것입니다. 군주가 장성하면 정권을 돌려주든지, 아니면 스스로 즉위해 고孤를 칭하며 초나라를 다스리면 됩니다. 이것이 바로 생각지도 못한 복입니다."

춘신군이 물었다.

"생각지 못한 화는 어떤 것이오?"

주영이 대답했다.

"이원은 그대가 있으면 권력을 잡을 수 없기에 그대를 원수로 알고 있습니다. 오래전부터 결사대를 양성한 이유입니다. 초나라 왕이 죽으면 이원은 반드시 먼저 궁궐로 들어가 권력을 잡고, 이어 그대를 죽여 입을 막고자 할 것입니다. 이것이 바로 생각지도 못한 화입니다."

춘신군이 물었다.

"생각지 못한 인물은 어떤 사람이오?"

주영이 대답했다.

"저를 낭중郎中에 임명하십시오. 초나라 왕이 죽으면 이원은 반드시 먼저 궁궐로 진입할 것입니다. 그때 제가 그대를 위해 이원을 죽이도록 하겠습니다. 이것이 바로 생각지도 못한 인물입니다."

춘신군이 말했다.

"그만두시오. 이원은 나약한 자일 뿐이오. 나는 그와 매우 가깝소. 어떻게 그런 일이 있을 수 있겠소?"

주영은 자신의 의견이 수용되지 않을 것을 알았다. 이내 화가 미칠까 두려워 달아났다. 17일 뒤 초고열왕이 죽었다. 이원이 과연 먼저 궁중에 진입해 결사대를 극문棘門 안에 매복시켰다. 춘신군이 극문을 들어서자 결사대가 그를 찔러 죽인 뒤 머리를 잘라 극문 밖에 버렸다. 이어 관원을 보내 춘신군 일족을 몰살했다. 당초 이원의 누이는 춘신군의 자식을 임신한 상태에서 초나라 왕에게 바쳐진 뒤 아들을 낳았다. 그 아들이 바로 초고열왕의 뒤를 이은 초유왕楚幽王이다. 이해는 진왕 정 9년이었다. 진나라에서도 노애嫪毐가 반기를 들었다가 발각되어 삼족이 몰살당하고, 여불위도 승상 자리에서 쫓겨났다.

●● 春申君爲楚相四年, 秦破趙之長平軍四十餘萬. 五年, 圍邯鄲. 邯鄲告急於楚, 楚使春申君將兵往救之, 秦兵亦去, 春申君歸. 春申君相楚八年, 爲楚北伐滅魯, 以荀卿爲蘭陵令. 當是時, 楚復彊. 趙平原君使人於春申君, 春申君舍之於上舍. 趙使欲夸楚, 爲瑇瑁簪, 刀劍室以珠玉飾之, 請命春申君客. 春申君客三千餘人, 其上客皆躡珠履以見趙使, 趙使大慙. 春申君相十四年, 秦莊襄王立, 以呂不韋爲相, 封爲文信侯. 取東周. 春申君相二十二年, 諸侯患秦攻伐無已時, 乃相與合從, 西伐秦, 而楚王爲從長, 春申君用事. 至函谷關, 秦出兵攻, 諸侯兵皆敗走. 楚考烈王以咎春申君, 春申君以此益疏. 客有觀津人朱英, 謂春申君曰, "人皆以楚爲彊而君用之弱, 其於英不然. 先君時善秦二十年而不攻楚, 何也? 秦踰黽隘之塞而攻楚, 不便, 假道於兩周, 背韓·魏而攻楚, 不可, 今則不然, 魏旦暮亡, 不能愛許·鄢陵, 其許魏割以與秦. 秦兵去陳百六十里, 臣之所觀者, 見秦·楚之日鬪也." 楚於是去陳徙壽春, 而秦徙衛野王, 作置東郡. 春申君由此就封於吳, 行相事. 楚考烈王無子, 春申君患之, 求婦人宜子者進之, 甚衆, 卒無子. 趙人李園持其女弟, 欲進之楚王, 聞其不宜子, 恐久毋寵. 李園求事春申君爲舍人, 已而謁歸, 故失期. 還謁, 春申君問之狀, 對曰, "齊王使使求臣之女弟, 與其使者飲, 故失期." 春申君曰, "娉入乎?" 對曰, "未也." 春申君曰, "可得見乎?" 曰, "可." 於是李園乃進其女弟, 卽幸於春申君. 知其有身, 李園乃與其女弟謀. 園女弟承閒以說春申君曰, "楚王之貴幸君, 雖兄弟不如也. 今君相楚二十餘年, 而王無子, 卽百歲後將更立兄弟, 則楚更立君後, 亦各貴其故所親, 君又安得長有寵乎? 非徒然也, 君貴用事久, 多失禮於王兄弟, 兄弟誠立, 禍且及身, 何以保相印江東之封乎? 今妾自知有身矣, 而人莫知. 妾幸君未久, 誠以君之重而進妾於楚王, 王必幸妾, 妾賴天有子男, 則是君之子爲王也, 楚國盡可得, 孰與身臨不測之罪乎?" 春申君大然之, 乃出李園女弟, 謹舍而言之楚王. 楚王召入幸之, 遂生子男, 立爲太子, 以李園女弟爲王后. 楚王貴李園, 園用事. 李園旣入其女弟, 立爲王后, 子爲太子, 恐春申君語泄而益驕, 陰養死士, 欲殺春申君以滅口, 而國人頗有知之者. 春申君相二十五年, 楚考烈王病. 朱英謂春申君曰, "世有毋望之福, 又有毋望之禍. 今君處毋望之世, 事毋望之主, 安可以無毋望之人乎?" 春申君曰, "何謂毋望之福?" 曰, "君相楚二十餘年矣, 雖名相國, 實楚王也. 今楚王病, 且暮且卒, 而君相少主, 因而代立當國, 如伊尹・周公, 王長而反政, 不卽遂南面稱孤而有楚國? 此所謂毋望之福也." 春申君曰, "何謂毋望之禍?" 曰, "李園不治國而君之仇也, 不爲兵而養死士之日久矣, 楚王卒, 李園必先入據權而殺君以滅口. 此所謂毋望之禍也." 春申君曰, "何謂毋望之人?" 對曰, "君置臣郎中, 楚王卒, 李園必先入, 臣爲君殺李園. 此所謂毋望之人也." 春申君曰, "足下置之. 李園, 弱人也, 僕又善之, 且又何至此!" 朱英知言不用, 恐禍及身, 乃亡去. 後十七日, 楚考烈王卒, 李園果先入, 伏死士於棘門之內. 春申君入棘門, 園死士俠刺春申君, 斬其頭, 投

之棘門外. 於是遂使吏盡滅春申君之家. 而李園女弟初幸春申君有身
而入之王所生子者遂立, 是爲楚幽王. 是歲也, 秦始皇帝立九年矣. 嫪
毒亦爲亂於秦, 覺, 夷其三族, 而呂不韋廢.

　태사공은 평한다.

"내가 초나라로 가 춘신군의 옛 성을 구경했다. 궁실이 자못 웅장
하고 화려했다. 당초 춘신군이 진소양왕을 설득하고 몸을 던져 초나
라 태자를 귀국시킨 것은 얼마나 뛰어난 지혜였던가! 막바지에 이원
에게 당한 것은 노쇠하기 때문이었을 것이다. 속담에 이르기를, '결
단해야 할 때 결단하지 못하면[當斷不斷] 오히려 어려움을 겪게 된다'
고 했다. 이는 춘신군이 주영의 진언을 받아들이지 않은 것을 두고
한 말인가?"

　●● 太史公曰, "吾適楚, 觀春申君故城, 宮室盛矣哉! 楚, 春申君之說
秦昭王, 及出身遣楚太子歸, 何其智之明也! 後制於李園, 旄矣. 語曰,
'當斷不斷, 反受其亂.' 春申君失朱英之謂邪?"

범수채택열전

范雎蔡澤列傳

〈범수채택열전〉은 전국시대 말기 진나라의 승상을 지낸 대표적인 종횡가 범수와 채택에 관한 전기다. 범수는 위나라, 채택은 연나라 출신이다. 모두 고향에서 불우하게 살다가 진나라에 들어와 재상이 된 입지전적인 인물들이다. 범수는 진소양왕에게 원교근공遠交近攻 계책을 건의해 천하통일의 기반을 확고히 다지는 데 결정적인 공헌을 했다.

상앙이 진효공의 지은知恩을 입어 변법을 성사시킨 것처럼 범수 역시 진소양왕의 지은을 입고 천하통일의 커다란 밑그림을 완성했다. 그가 진나라의 재상이 되기까지의 과정은 한 편의 드라마를 연상시킬 만큼 극적이다. 그는 오기나 상앙과 달리 기려지신인데도 명예로운 퇴장을 선택해 전국시대 종횡가로는 보기 드물게 천수를 누렸다. 몸을 보전하면서도 명성을 떨친 매우 드문 사례에 속한다.

채택은 공을 세운 후 뒤로 물러나는 노자의 공성신퇴功成身退 논리로 범수를 설득해 후임 재상이 되었다. 그 역시 달도 차면 기운다[月滿則虧]는 명언을 남겼다. 천수를 누린 것 역시 범수와 닮았다. 단순한 종횡가로 보기 어려운 이유다. 두 사람은 소진과 장의와는 다른 차원에서 난세를 슬기롭게 헤쳐나간 성공한 유세가로 꼽을 만하다.

범수열전

범수는 위나라 출신으로 자는 숙叔이다. 일찍이 각국을 다니면서 제후들에게 유세하던 끝에 위나라 왕을 섬기려 했다. 집이 가난했던 까닭에 자신을 천거해줄 사람을 만날 길이 없었다. 먼저 위나라의 중대부 수가를 섬겼다. 한번은 수가가 위소왕의 명을 받들어 제나라에 사자로 가게 되었다. 범수도 동행했다. 몇 달 머물렀으나 수가는 제나라로부터 제대로 된 회답을 얻지 못했다. 그사이 제양왕은 범수가 언변과 말재주가 뛰어나다는 것을 듣고는 곧 사람을 보내 황금 10근을 비롯해 술과 쇠고기[牛酒]를 보냈다. 범수는 이를 받지 않았다. 수가는 범수가 위나라의 기밀을 제나라에 제공해 예물을 받게 되었다고 생각하고 크게 노했다. 곧 범수에게 술과 쇠고기만 받고 황금은 돌려보내게 했다. 귀국 후 수가는 범수를 미워해 이를 위나라 재상에게 보고했다. 위나라 재상은 위나라 공자 출신인 위제였다. 위제가 크게 화를 내며 사인을 시켜 범수를 고문하게 했다. 범수의 갈비뼈와 치아가 부러졌다. 범수가 죽은 척하자 곧 대자리로 말아서 변소에 내버려두었다. 술에 취한 빈객들이 번갈아가며 그의 몸에 소변을 보았다. 고의로 그를 모욕해 함부로 기밀을 누설하지 못하게 경계하고자 한 것이다. 범수가 대자리에 싸인 채 간수에게 말했다.

"당신이 나를 여기서 나갈 수 있게 해주면 반드시 그대에게 두텁게 사례하도록 하겠소."

간수가 곧 위제에게 대자리 속의 시체를 내다 버리겠다고 말했다. 위제가 술에 취해 곧바로 허락했다.

"그리하도록 하라."

덕분에 범수가 사지를 빠져나올 수 있었다. 얼마 후 위제가 후회하고 사람을 시켜 그를 찾게 했다. 위나라 출신 정안평鄭安平이 이 소문을 듣고 범수를 피신시켜 숨어 살게 했다. 범수의 이름도 장록으로 바꾸었다. 마침 이때 진소양왕은 알자謁者 왕계王稽를 위나라에 사자로 보냈다. 정안평이 신분을 속여 병졸로 위장한 뒤 왕계의 시중을 들었다. 왕계가 물었다.

"위나라에 나와 함께 서쪽 진나라로 가 유세할 만한 현인이 있소?"

정안평이 대답했다.

"저희 마을에 장록 선생이 있습니다. 그대를 만나 천하대사를 의논하고 싶어 합니다. 그는 원수가 있어 낮에는 얼굴을 나타낼 수 없습니다."

왕계가 청했다.

"저녁에 당신과 함께 오시오."

정안평이 밤에 장록과 함께 왕계를 만났다. 이야기가 다 끝나기도 전에 왕계는 범수가 재능이 있음을 알고 이같이 말했다.

"선생은 삼정三亭 남쪽에서 나를 기다려주시오."

왕계가 이같이 약속한 뒤 헤어졌다. 그는 위나라 조정에 하직하고 떠날 때 약속한 장소에서 범수를 수레에 태워 진나라로 갔다. 이들이 호현湖縣에 이르렀을 때 규모가 큰 수레와 기마대가 서쪽에서 다가오는 것이 보였다. 범수가 물었다.

"저기 오는 사람은 누구입니까?"

왕계가 대답했다.

"진나라 재상 양후 위염이 동쪽 현읍縣邑을 살펴보러 가는 것이오."

범수가 말했다.

"내가 듣건대, 양후는 진나라의 정권을 전횡하면서 제후의 유세가들이 입국하는 것을 싫어한다고 했소. 그가 나를 욕보일지 모르니 잠시 수레 안에 숨는 것이 좋겠소."

잠시 후 양후가 다가와 수레를 멈추게 하고는 왕계의 사행을 위로했다.

"관동에 무슨 조짐이라도 있소?"

왕계가 대답했다.

"없습니다."

양후가 또 말했다.

"그대는 제후의 유세가 따위는 데려오지 않았겠지요? 그런 자들은 쓸모없는 자들로, 나라만 혼란스럽게 만들 뿐이오."

왕계가 대답했다.

"감히 그럴 리가 있겠습니까?"

양후가 그대로 헤어져 떠나자 범수가 말했다.

"내가 듣기로 양후는 굉장히 지모가 있는 사람이라고 하더니 일처리가 꼼꼼하지 못한 듯합니다. 방금 수레 안에 사람이 숨어 있는지 의심하면서도 뒤져보는 것을 깜박한 듯하오."

그러고는 수레에서 내려 달아나면서 말했다.

"그는 반드시 이를 후회하고 있을 것이오."

10여 리쯤 갔을 때 과연 양후가 기마병을 보내 수레를 다시 수색했다. 아무도 없자 그냥 돌아갔다. 왕계가 이런 우여곡절 끝에 마침내 범수와 함께 함양으로 들어갔다. 왕계가 진소양왕에게 사자로 갔다 온 일을 보고한 뒤 이같이 덧붙였다.

"위나라에 장록 선생이라는 자가 있는데 천하의 유세가입니다. 그

는 말하기를, '진나라는 계란을 쌓아놓은 누란지위累卵之危보다 더한
위기를 맞이했고, 자신을 임용하면 무사할 수 있으나 이는 글로써
전달할 수 없다'고 했습니다. 그를 데리고 왔습니다."

진소양왕이 이를 믿지 않았다. 숙소를 내주기는 했으나 하찮은 식
사만 제공했다. 범수는 이런 상황에서 1년여를 기다렸다. 당시는 진
소양왕이 즉위한 지 36년이 지난 상태였다. 그간 진나라는 남쪽으로
초나라를 쳐 언영鄢郢을 점령하고, 초회왕을 진나라에 억류했다가 객
사하게 만들었다. 또 동쪽으로 제나라를 공략했다. 제민왕은 일찍부
터 제帝를 칭했으나 이내 이를 사용하지 않았다. 당시 진나라는 유세
가들로 인해 여러 차례 삼진에게 시달린 바가 있다. 진소양왕이 천
하의 유세가를 싫어하고 믿지 않은 이유다.

●● 范雎者, 魏人也, 字叔. 遊說諸侯, 欲事魏王, 家貧無以自資, 乃先
事魏中大夫須賈. 須賈爲秦昭王使於齊, 范雎從. 留數月, 未得報. 齊襄
王聞雎辯口, 乃使人賜雎金十斤及牛酒, 雎辭謝不敢受. 須賈知之, 大
怒, 以爲雎持魏國陰事告齊, 故得此饋, 令雎受其牛酒, 還其金. 旣歸,
心怒雎, 以告魏相. 魏相, 魏之諸公子, 曰魏齊. 魏齊大怒, 使舍人笞擊
雎, 折脅摺齒. 雎詳死, 卽卷以簀, 置廁中. 賓客飮者醉, 更溺雎, 故僇辱
以懲後, 令無妄言者. 雎從簀中謂守者曰, "公能出我, 我必厚謝公." 守
者乃請出棄簀中死人. 魏齊醉, 曰, "可矣." 范雎得出. 後魏齊悔, 復召
求之. 魏人鄭安平聞之, 乃遂操范雎亡, 伏匿, 更名姓曰張祿. 當此時,
秦昭王使謁者王稽於魏. 鄭安平詐爲卒, 侍王稽. 王稽問, "魏有賢人可
與俱西遊者乎?" 鄭安平曰, "臣里中有張祿先生, 欲見君, 言天下事. 其
人有仇, 不敢晝見." 王稽曰, "夜與俱來." 鄭安平夜與張祿見王稽. 語
未究, 王稽知范雎賢, 謂曰, "先生待我於三亭之南." 與私約而去. 王

稽辭魏去, 過載范睢入秦. 至湖, 望見車騎從西來. 范睢曰, "彼來者爲誰?" 王稽曰, "秦相穰侯東行縣邑." 范睢曰, "吾聞穰侯傳秦權, 惡內諸侯客, 此恐辱我, 我寧且匿車中." 有頃, 穰侯果至, 勞王稽, 因立車而語曰, "關東有何變?" 曰, "無有." 又謂王稽曰, "謁君得無與諸侯客子俱來乎? 無益, 徒亂人國耳." 王稽曰, "不敢." 即別去. 范睢曰, "吾聞穰侯智士也, 其見事遲, 鄉者疑車中有人, 忘索之." 於是范睢下車走, 曰, "此必悔之." 行十餘里, 果使騎還索車中, 無客, 乃已. 王稽遂與范睢入咸陽. 已報使, 因言曰, "魏有張祿先生, 天下辯士也. 曰 '秦王之國危於累卵, 得臣則安. 然不可以書傳也'. 臣故載來." 秦王弗信, 使舍食草具. 待命歲餘. 當是時, 昭王已立三十六年. 南拔楚之鄢郢, 楚懷王幽死於秦. 秦東破齊. 湣王嘗稱帝, 後去之. 數困三晉. 厭天下辯士, 無所信.

양후와 화양군은 진소양왕의 모친인 선태후의 동생이고, 경양군과 고릉군은 진소양왕의 아우로 어머니는 같지만 아버지는 다르다. 양후 위염은 재상이 되었고, 나머지 세 명은 모두 차례로 장군이 되어 봉지를 받았다. 선태후가 총애한 까닭에 이들의 개인 재산은 왕실을 능가할 정도였다. 양후는 진나라 장군이 되자 한나라와 위나라를 넘어 제나라의 강읍綱邑과 수읍壽邑을 공격하고자 했다. 자신의 봉지인 도읍陶邑을 확장하려는 속셈이었다. 범수가 진소양왕에게 상서했다.

신이 듣건대, "명군이 다스리면 공이 있는 자[有功者]가 포상을 받지 못하는 적이 없고, 유능한 자[有能者]가 관직을 얻지 못하는 경우가 없고, 노고가 큰 자[勞大者]는 녹봉이 후하고, 공이 많은 자[功多者]는 작위가 존귀하고, 백성을 잘 다스리는 자[治樂者]는 관직이 높다"고 했습니다. 무능한 자[無能者]가 감히 관직에 오르지 못하고, 유능한 자가 초야에 몸을 숨기는 일이 없는 이유입니다.

신의 말이 옳다고 생각되면 그같이 실행하십시오. 그러면 대왕의 정사에 커다란 이익이 있을 것입니다. 신의 말이 옳지 않다고 생각되면 저를 이곳에 오랫동안 머물게 해도 소용없는 일입니다. 속담에 이르기를, "평범한 군주[庸君]는 총애하는 자에게만 상을 주고, 미워하는 자에게는 벌을 준다. 그러나 명군은 공을 세운 자에게 반드시 상을 내리고 죄를 지은 자에게 반드시 벌을 내린다"고 했습니다.

지금 신의 가슴은 작두인 침질椹質을° 맞이할 가치도 없고, 허리는 큰 도끼인 부월을 맞이할 자격도 없는 천한 몸입니다. 어찌 감히 확실치 않은 일로 대왕을 시험하려 들겠습니까? 신을 천인으로 하찮게 여길지라도, 저를 책임지고 천거한 왕계가 대왕을 저버릴 자가 아니라는 것은 믿지 않겠습니까? 신이 듣건대, "보옥寶玉으로 주나라에는 지액砥砨, 송나라에는 결록結綠, 양나라에는 현려縣藜, 초나라에는 화박和樸이 있다. 이 네 가지 보옥 모두 흙 속에서 나온 것으로, 처음에는 뛰어난 옥장玉匠도 그 가치를 몰랐으나 결국 천하의 보옥이 되었다"고 했습니다. 그렇다면 선왕이 버린 자라고 해서 유독 나라에 도움이 될 일이 없다고 치부할 수는 없는 일입니다.

또 신이 듣건대, "대부의 집을 번창하도록 만들 인재는 나라 안에서 찾고, 나라를 번창하도록 만들 인재는 천하에서 찾아낸다"고 했습니

● 침질은 장작 등의 물건을 팰 때 밑에 괴는 나무토막인 모탕을 의미한다. 《사기색은》은 '침'을 꼴을 자를 때 사용하는 작두인 좌침莝椹, '질'을 모서리를 자를 때 사용하는 칼날인 좌인剉刃으로 해석했다. 침椹은 뽕나무 열매를 뜻할 때는 심, 모탕을 뜻할 때는 침으로 읽는다.

다. 천하에 명군이 있으면 다른 제후들이 멋대로 인재를 얻을 수 없는 것은 무슨 까닭이겠습니까? 명군이 그런 인재를 제후들로부터 빼앗아오기 때문입니다. 양의는 병자의 생사를 알 수 있고, 명군은 일의 성패에 밝습니다. 이로우면 행하고, 해로우면 버리고, 의심스러우면 조금씩 실행해봅니다. 순임금과 우왕이 다시 태어날지라도 이는 고칠 수 없는 일입니다. 이보다 더 긴요한 이야기는 감히 글로 표현할 수 없고, 또 하찮은 말은 진언할 가치가 없습니다.

대왕이 지금껏 신을 버려둔 것은 신이 어리석어 대왕의 마음에 들지 않았기 때문입니까? 아니면 신을 천거한 자의 지위가 비천해 신의 말을 들을 필요가 없다고 생각했기 때문입니까? 그것이 아니라면 대왕이 두루 돌아다니는 사이 틈을 조금만 내 대왕을 알현할 수 있는 영광을 내려주십시오. 신의 진언 가운데 한마디라도 나라에 도움이 되지 않는 말이 있다면 처형도 달게 받겠습니다.

진소양왕이 이 글을 보고 크게 기뻐했다. 왕계에게 사과한 뒤 곧 전거傳車를 보내 범수를 모셔오게 했다. 범수가 이궁離宮에서 알현을 허락받은 이유다. 그는 궁중의 길을 모르는 척하고 후궁이 드나드는 영항永巷으로 들어갔다. 마침 진소양왕이 나왔다. 환관이 화를 내며 큰소리로 그를 내쫓고자 했다.

"대왕이 납신다."

범수가 짐짓 이같이 말했다.

"진나라에 무슨 왕이 있단 말인가? 진나라에는 단지 태후와 양후만 있을 뿐이다."

이는 일부러 진소양왕을 노엽게 만들고자 한 것이다. 진소양왕은 범수가 환관과 다투는 소리를 듣고는 가까이 다가와 사과하며 이같이 부탁했다.

"과인이 일찍이 선생을 만나 먼저 가르침부터 받아야 했소. 의거의 일이 화급해 아침저녁으로 태후의 지시를 받아야만 했소. 이제 의거의 일도 끝나 선생의 가르침을 받을 수 있게 되었소. 과인은 자신의 어리석음을 탓하고 있소. 이제 삼가 주객의 예로써 가르침을 받고자 하오."

범수가 공손히 사양했다. 이날 범수가 진소양왕을 접견하는 광경을 목격한 신하 가운데 숙연한 자세로 안색을 바꾸지 않는 자가 없었다. 진소양왕은 이내 좌우를 모두 물리쳐 주변에 아무도 없게 했다. 이어 무릎을 꿇고 청했다.•

"선생은 과인에게 무엇을 가르칠 생각이오?"

범수가 말했다.

"예, 예."

잠시 뒤 진소양왕이 다시 무릎을 꿇고 청했다.

"선생은 과인에게 어떤 가르침을 주시겠소?"

범수가 이번에도 똑같이 말했다.

"예, 예."

이런 모습을 세 번이나 반복했다. 진소양왕이 다시 무릎을 꿇고 물었다.

"선생은 끝내 과인에게 가르쳐주지 않을 생각이오?"

• 원문은 "기이청왈跽而請曰"이다. 여기의 기跽를 두고 《사기색은》은 장궤長跪로 풀이했다. 장궤는 무릎을 꿇고 앉는 자세를 칭한다. 고대에는 바닥에 그대로 앉은 까닭에 앉을 때 두 무릎을 땅에 대고, 둔부를 발끝에 붙이도록 했다. 장궤 자세를 취할 경우 허리와 몸을 쭉 펴서 장엄하고 엄숙한 모습을 드러냈다. 이는 당시에 통상적으로 앉는 자세였다.

범수가 대답했다.

"감히 그럴 리가 있겠습니까? 제가 듣건대 옛날 여상이 주문왕을 만났을 때 단지 어부의 신분으로 위수 가에서 고기를 잡고 있었을 뿐입니다. 그리 만난 것은 두 사람 사이가 멀었기 때문입니다. 주문왕은 그의 말에 감복해 곧 그를 태사太師에 임명하고, 수레에 태워 함께 환궁했습니다. 이는 여상의 말에 깊이가 있었기 때문입니다. 이후 주문왕은 여상의 보필 덕분에 마침내 천하의 왕이 되었습니다. 당초 주문왕이 여상을 멀리하고 함께 긴밀한 이야기를 나누지 않았다면 주나라는 천하에 덕을 펼 길이 없었을 것입니다. 주문왕과 주무왕 또한 어찌 왕업을 이룰 수 있었겠습니까?

지금 저는 타향 출신으로 벼슬을 사는 신분이라 대왕과 관계가 소원합니다. 게다가 제가 말하고자 하는 것은 모두 대왕의 잘못을 바로잡으려는 것뿐이고, 대왕의 골육에 관한 이야기입니다. 어리석은 저는 오로지 모든 충성을 다하고자 합니다만 아직 대왕의 속마음을 잘 모르겠습니다. 대왕이 세 차례나 저에게 물었는데도 감히 대답을 드리지 못한 이유입니다. 제가 형벌을 받는 것이 두려워 감히 말씀드리지 못한 것이 아닙니다.

저는 오늘 대왕 앞에서 말하고, 내일 뒤에서 처형당할 수 있다는 것도 알고 있습니다. 저는 이를 피할 생각이 없습니다. 대왕이 진정 저의 의견을 받아들여 실행하면 죽더라도 두렵지 않고, 쫓겨날지라도 근심치 않고, 몸에 옻칠을 한 문둥병자나 머리를 풀어헤친 미치광이가 될지라도 부끄러워하지 않을 것입니다. 오제 같은 성인도 죽고, 삼왕 같은 인인仁人도 죽고, 오패五伯같은 현인도 죽고, 오획이나 임비 같은 역사力士도 죽고, 성형成荊과 맹분과 오왕 요의 아들 경기慶

忌와 하육夏育과 같은 용사勇士도 죽었습니다. 죽음은 인간으로서 피할 수 없는 것입니다. 반드시 죽게 될 몸으로 태어나 조금이라도 진나라에 도움을 줄 수 있다면 이는 곧 저의 가장 큰 바람입니다. 그런 제가 또 무엇을 걱정하겠습니까?

오자서는 초나라를 탈출할 때 자루 속에 숨어서 소관을 빠져나와 밤에는 걷고 낮에는 숨으며 능수陵水에 이르렀습니다. 먹을 것을 구하지 못해 오나라 시장에서 무릎으로 기어 다니고, 머리를 조아리고, 옷을 벗어 몸을 드러낸 채 배를 두드리고 피리를 불며 구걸했습니다. 이후 마침내 오나라를 일으키고 합려를 천하의 패자로 만들었습니다. 제가 오자서처럼 계책을 다할 수 있도록 허용하면 평생 옥에 갇혀 다시는 대왕을 뵐 수 없을지라도 또한 무엇을 걱정하겠습니까? 기자箕子와 접여接輿•는 몸에 옻칠을 해 문둥병자를 가장하고, 머리를 풀고 미치광이 흉내를 냈지만 자신의 군주에게 아무런 도움도 주지 못했습니다. 제가 기자와 똑같은 행동을 해 현군을 도울 수만 있다면 저에게는 큰 영광인데 제가 무엇을 부끄러워하겠습니까?

제가 두려워하는 것은 사후에 천하의 선비들이 충성을 다하고도 죽은 저의 죽음에 대해 입을 다문 채 발을 싸매며[杜口裹足] 진나라로 오지 않으려 하는 것입니다. 대왕이 위로 태후의 위엄을 두려워하고, 아래로 간신의 아첨에 빠지고, 깊은 궁궐 속에 거주하며 시종의 보호에서 벗어나지 못하고, 평생 미혹에 사로잡혀 충성과 간악을 분간하지 못할까 걱정입니다. 그리되면 크게는 나라가 패망하고, 작게는

• 접여는 춘추시대 초나라의 은자다. 성은 육陸, 이름은 통通이다. 평소 스스로 경작해 먹고 살았다. 거짓으로 미친 척하며 벼슬에 나가지 않았다. 사람들이 초광楚狂으로 부른 이유다. 《논어》〈미자微子〉에 공자를 풍자한 〈봉혜가鳳兮歌〉가 나온다.

대왕이 홀로 고립되어 위험한 처지에 놓이게 됩니다. 이것이 곧 제가 두려워하는 것입니다. 저 자신이 곤경에 처하거나 욕을 보거나[窮辱], 죽거나 망명하는[死亡] 우환을 당할지라도 이는 제가 두려워하는 바가 아닙니다. 제가 죽어 진나라가 잘 다스려지면 신의 죽음은 아무런 도움도 주지 못한 채 살아가는 것보다 훨씬 나은 것입니다."

진소양왕이 무릎을 꿇은 채 말했다.

"선생은 무슨 말씀을 그리하는 것입니까? 진나라는 한쪽으로 치우쳐 있고, 과인 또한 어리석고 재능이 없습니다. 선생이 욕되게도 여기까지 온 것은 하늘이 과인에게 선생을 욕보이게 하는 도움을 받아* 선왕의 종묘를 보존하게 한 것입니다. 과인이 선생의 가르침을 받을 수 있도록 한 것은 하늘이 선왕을 총애해 그 고아인 과인을 버리지 않았기 때문입니다. 그런데도 선생은 무슨 말씀을 그리하는 것입니까? 오늘부터 일이 크든 작든, 위로 태후에 관한 일에서 아래로 대신들에 관한 일에 이르기까지 과인에게 빠짐없이 가르쳐주십시오. 과인을 소금노 의심지 마십시오."

범수가 절을 하자 진소양왕도 맞절을 했다.

●● 穰侯, 華陽君, 昭王母宣太后之弟也, 而涇陽君·高陵君皆昭王同母弟也. 穰侯相, 三人者更將, 有封邑, 以太后故, 私家富重於王室. 及穰侯爲秦將, 且欲越韓·魏而伐齊綱壽, 欲以廣其陶封. 范雎乃上書曰, 臣聞明主立政, 有功者不得不賞, 有能者不得不官, 勞大者其祿厚, 功多者其爵尊, 能治衆者其官大. 故無能者不敢當職焉, 有能者亦不得蔽

● "선생을 욕보이게 하는 도움을 받아"의 원문은 "혼선생惠先生"이다. 혼惠은 어지럽히거나 욕되게 한다는 뜻으로 혼圂과 같다. 《사기집해》는 서광의 주를 인용해 혼을 난亂, 《사기색은》은 혼란과 같은 뜻인 골란汨亂으로 새겼다.

隱. 使以臣之言爲可, 願行而益利其道, 以臣之言爲不可, 久留臣無爲也. 語曰, "庸主賞所愛而罰所惡, 明主則不然, 賞必加於有功, 而刑必斷於有罪." 今臣之胸不足以當椹質, 而要不足以待斧鉞, 豈敢以疑事嘗試於王哉! 雖以臣爲賤人而輕辱, 獨不重任臣者之無反復於王邪? 且臣聞周有砥砨, 宋有結綠, 梁有縣藜, 楚有和樸, 此四寶者, 土之所生, 良工之所失也, 而爲天下名器. 然則聖王之所弃者, 獨不足以厚國家乎? 臣聞善厚家者取之於國, 善厚國者取之於諸侯. 天下有明主則諸侯不得擅厚者, 何也? 爲其割榮也. 良醫知病人之死生, 而聖主明於成敗之事, 利則行之, 害則舍之, 疑則少嘗之, 雖舜禹復生, 弗能改已. 語之至者, 臣不敢載之於書, 其淺者又不足聽也. 意者臣愚而不概於王心邪? 亡其言臣者賤而不可用乎? 自非然者, 臣願得少賜遊觀之閒, 望見顏色. 一語無效, 請伏斧質. 於是秦昭王大說, 乃謝王稽, 使以傳車召范雎. 於是范雎乃得見於離宮, 詳爲不知永巷而入其中. 王來而宦者怒, 逐之, 曰, "王至!" 范雎繆爲曰, "秦安得王? 秦獨有太后‧穰侯耳." 欲以感怒昭王. 昭王至, 聞其與宦者爭言, 遂延迎, 謝曰, "寡人宜以身受命久矣, 會義渠之事急, 寡人旦暮自請太后, 今義渠之事已, 寡人乃得受命. 竊閔然不敏, 敬執賓主之禮." 范雎辭讓. 是日觀范雎之見者, 羣臣莫不灑然變色易容者. 秦王屏左右, 宮中虛無人. 秦王跽而請曰, "先生何以幸教寡人?" 范雎曰, "唯唯." 有閒, 秦王復跽而請曰, "先生何以幸教寡人?" 范雎曰, "唯唯." 若是者三. 秦王跽曰, "先生卒不幸教寡人邪?" 范雎曰, "非敢然也. 臣聞昔者呂尙之遇文王也, 身爲漁父而釣於渭濱耳. 若是者, 交疏也. 已說而立爲太師, 載與俱歸者, 其言深也. 故文王遂收功於呂尙而卒王天下. 鄉使文王疏呂尙而不與深言, 是周無天子之德, 而文武無與成其王業也. 今臣羈旅之臣也, 交疏於王, 而所願陳者皆匡君之事, 處人骨肉之閒, 願效愚忠而未知王之心也. 此所以王三問而不敢對者也. 臣非有畏而不敢言也. 臣知今日言之於前而明日伏誅於後, 然臣不敢避也. 大王信行臣之言, 死不足以爲臣患, 亡不足以爲臣憂, 漆身爲厲被髮爲狂不足以爲臣恥. 且以五帝之聖焉而死, 三王之仁焉而死, 五伯之賢焉而死, 烏獲·任鄙之力焉而死, 成荊·孟賁·王慶忌·夏育之勇焉而死. 死者, 人之所必不免也. 處必然之勢, 可以少有補於秦, 此臣之所大願也, 臣又何患哉! 伍子胥橐載而出昭關, 夜行晝伏, 至於陵水, 無以餬其口, 膝行蒲伏, 稽首肉袒, 鼓腹吹篪, 乞食於吳市, 卒興吳國, 闔閭爲伯. 使臣得盡謀如伍子胥, 加之以幽囚, 終身不復見, 是臣之說行也, 臣又何憂? 箕子·接輿漆身爲厲, 被髮爲狂, 無益於主. 假使臣得同行於箕子, 可以有補於所賢之主, 是臣之大榮也, 臣有何恥? 臣之所恐者, 獨恐臣死之後, 天下見臣之盡忠而身死, 因以是杜口裹足, 莫肯鄉秦耳. 足下上畏太后之嚴, 下惑於姦臣之態, 居深宮之中, 不離阿保之手, 終身迷惑, 無與昭姦. 大者宗廟滅覆, 小者身以孤危, 此臣之所恐耳. 若夫窮辱之事, 死亡之患, 臣不敢畏也. 臣死而秦治, 是臣死賢於生."秦王跽曰, "先生是何言也! 夫秦國辟遠, 寡人愚不肖, 先生乃幸辱至於此, 是天以寡人慁先生而存先王之宗廟也. 寡人得受命於先生, 是天所以幸先王, 而不棄其孤也. 先生奈何而言若是! 事無小大, 上及太后, 下至大臣, 願先生悉以敎寡人, 無疑寡人也." 范雎拜, 秦王亦拜.

범수가 드디어 진나라를 위한 계책을 말하기 시작했다.

"대왕의 나라는 사방의 요새로 견고합니다. 북쪽으로 감천甘泉과 곡구谷口, 남쪽으로 경수涇水와 위수, 오른쪽으로 농산隴山과 촉산蜀山,

왼쪽으로 함곡관과 효판산殽阪山이 있습니다. 그리고 용맹스러운 병사[奮擊]가 100만 명, 병거가 1,000승입니다. 이로우면 나아가 싸우고, 불리하면 퇴각해 지킵니다. 이곳은 대왕이 대업을 이룰 땅입니다. 백성들은 사사로운 싸움[私鬪]에는 겁을 내지만, 나라를 위한 전쟁[公戰]에는 용맹을 발휘합니다. 이들은 대왕이 대업을 이룰 백성입니다. 대왕은 지리와 인화人和를 모두 갖춘 셈입니다. 용맹스러운 병사와 많은 병거를 동원해 제후들을 평정할 수 있습니다. 이는 마치 전설적인 명견인 한로韓盧가 절뚝거리는 토끼를 잡는 것과 같습니다. 이같이 하면 패왕의 대업을 능히 이룰 수 있습니다. 그런데도 대왕의 신하들은 자신의 직분을 감당하지 못하고, 지금까지 15년 동안 함곡관을 닫아걸고, 감히 군사를 내보내 산동 각국을 엿보지 못하고 있습니다. 이는 곧 양후가 진나라를 위한 진정한 계책을 내지 못하고, 대왕의 계책에도 일부 잘못된 면이 있기 때문입니다."

진소양왕이 무릎을 꿇고 말했다.

"과인의 잘못된 계책에 관해 듣고 싶소."

당시 좌우에 숨어 몰래 엿듣는 자들이 매우 많았다. 범수가 이를 두려워해 내부의 모순에 대해서는 감히 말하지 않았다. 외교업무에 관해 이야기하면서 진나라 왕의 태도를 관찰한 이유다. 그는 앞으로 다가앉으며 말했다.

"양후가 한나라와 위나라를 넘어 제나라의 강읍과 수읍을 치려는 것은 좋지 않습니다. 소규모의 군사로는 제나라를 칠 수 없고, 대규모 군사 동원은 진나라에 해가 되기 때문입니다. 진나라에서 소규모로 동원한 뒤 모자라는 병력을 한나라와 위나라 군사로 채우려는 대왕의 계책은 옳지 못합니다. 지금 동맹국인 제나라와 사이가 좋지 못하다는 이유로 타국의 국경을 넘어가면서까지 치는 것이 가한 일입니까? 아무래도 이 계책은 부족한 점이 있습니다.

옛날 제민왕이 남쪽 초나라를 공격해 적군을 격파하고 적장을 죽이는 파군살장破軍殺將으로 사방 1,000여 리의 땅을 차지하려 했습니다. 그러나 결국 단 한 평의 땅도 얻지 못했습니다. 이것이 어찌 땅욕심이 없었기 때문이겠습니까? 형세가 급박해 땅을 차지할 수 없었기 때문입니다. 열국 제후들은 제나라가 지쳐 있고 군신이 단결되어 있지 않은 것을 보고는 곧바로 군사를 일으켜 제나라를 치고 대승을 거두었습니다. 병사가 욕을 당하고 용병이 좌절된 것입니다[士辱兵頓]. 제나라에서 모든 책임을 왕에게 돌려 묻기를, '이 계책은 누가 세운 것입니까?'라고 했습니다. 그러나 제나라 왕이 대답하기를, '맹상군이 세운 것이오'라고 했습니다. 대신들이 모두 들고 일어나 맹상군을 축출했습니다. 원래 제나라가 참패를 당한 이유는 초나라를 쳐 한나라와 위나라를 살찌운 데 있습니다. 무기를 적에게 빌려주고 식량을 도적에게 보태준 격입니다.

대왕의 경우에는 양후와 정반대로 먼 나라와 우호관계를 맺고 인접한 나라를 치는 원교근공이 최상의 계책입니다. 그래야 1촌의 땅을 얻어도 대왕의 것이 되고, 1척의 땅을 얻어도 대왕의 것이 됩니다. 지금 원교근공 계책을 버린 채 정반대로 인접한 나라와 우호관계를 맺고 먼 나라를 치는 근교원공近交遠攻은 잘못된 것이 아닙니까?

옛날 중산은 영토가 사방 500리였는데, 중산과 가장 가까운 조나라가 이를 단독으로 차지했습니다. 공도 세우고 명분도 챙기고[功成名立], 이익을 독차지했지만 천하의 그 어떤 나라도 이를 방해하지 못했습니다. 지금 한나라와 위나라가 중원에 위치해 천하의 중심을 차지하고 있습니다. 대왕이 패업을 이루고자 하면 반드시 중원과 가까워져 천하의 중추를 장악한 뒤 초나라와 조나라를 제압해야 합니다. 초나라가 강해지면 조나라, 조나라가 강해지면 초나라를 내 편으로 만드는 것이 관건입니다. 초나라와 조나라가 모두 내 편이 되면 제나라는 반드시 진나라를 두려워할 것입니다. 제나라가 두려워하면 반드시 말을 공손히 하고 많은 예물로 진나라를 섬길 것입니다. 제나라를 내 편으로 만들면 한나라와 위나라도 손에 넣을 수 있습니다."

진소양왕이 물었다.

"과인은 오래전부터 위나라와 가깝게 지내고자 했소. 그러나 위나라가 자주 변덕을 부린 탓에 친하게 지낼 수 없었소. 위나라와 친하게 지내려면 어찌해야 하오?"

범수가 대답했다.

"대왕이 먼저 겸손한 말과 많은 예물로 섬기십시오. 그래도 통하지 않으면 땅을 떼어 뇌물로 주십시오. 만일 이마저 통하지 않으면 군사를 일으켜 치십시오."

진소양왕이 말했다.

"선생의 가르침을 잘 들었소."

곧 범수를 객경에 임명하고 군사에 관한 일을 수시로 상의했다. 마침내 범수의 계책을 받아들여 진소양왕 39년에 오대부 관縮을 보내 위나라를 치고 회성懷城을 빼앗았다. 2년 뒤인 진소양왕 41년에는 형구•를 함락시켰다. 하루는 객경으로 있던 범수가 진소양왕에게 건의했다.

• 〈표〉에는 형구가 늠구廩丘로 나온다.

"진나라와 한나라의 접경지대 지형은 마치 수를 놓은 것처럼 복잡하게 얽혀 있습니다. 진나라에 한나라가 있는 것은 마치 나무에 좀벌레가 붙어 있고, 사람의 내장에 병이 있는 것과 같습니다. 천하에 아무 일도 없으면 괜찮지만, 천하에 일이 생기면 진나라의 걱정거리로 한나라보다 더한 나라가 없을 것입니다. 한나라를 내 편으로 거두느니만 못합니다."

진소양왕이 물었다.

"과인도 원래 한나라를 내 편으로 만들고자 했으나 한나라가 듣지 않았소. 어찌해야 좋소?"

범수가 대답했다.

"한나라가 어찌 듣지 않을 수 있겠습니까? 대왕이 군사를 보내 동쪽 형양을 치면 공읍과 성고로 가는 길이 막히고, 북쪽 태항산 방향 도로를 차단하면 상당의 군사가 남하할 수 없습니다. 대왕이 한번 군사를 일으켜 형양을 치면 한나라는 삼분되는 셈입니다. 이리되면 한나라는 결국 망하게 되는데 어찌 진나라의 말을 듣지 않을 수 있겠습니까? 한나라가 말을 들으면 패업의 계책을 세워볼 만합니다."

진소양왕이 말했다.

"좋은 말이오."

진소양왕이 곧바로 한나라에 사자를 보내려 했다.

●● 范雎曰, "大王之國, 四塞以爲固, 北有甘泉·谷口, 南帶涇·渭, 右隴·蜀, 左關·阪, 奮擊百萬, 戰車千乘, 利則出攻, 不利則入守, 此王者之地也. 民怯於私鬪而勇於公戰, 此王者之民也. 王幷此二者而有之. 夫以秦卒之勇, 車騎之衆, 以治諸侯, 譬若施韓盧而搏蹇兔也, 霸王之業可致也, 而羣臣莫當其位. 至今閉關十五年, 不敢窺兵於山東者, 是穰侯爲秦謀不忠, 而大王之計有所失也." 秦王跽曰, "寡人願聞失計."
然左右多竊聽者, 范雎恐, 未敢言內, 先言外事, 以觀秦王之俯仰. 因進
曰, "夫穰侯越韓·魏而攻齊綱·壽, 非計也. 少出師則不足以傷齊, 多
出師則害於秦. 臣意王之計, 欲少出師而悉韓·魏之兵也, 則不義矣.
今見與國之不親也, 越人之國而攻, 可乎? 其於計疏矣. 且昔齊湣王南
攻楚, 破軍殺將, 再辟地千里, 而齊尺寸之地無得焉者, 豈不欲得地哉,
形勢不能有也. 諸侯見齊之罷弊, 君臣之不和也, 興兵而伐齊, 大破之.
士辱兵頓, 皆咎其王, 曰, '誰爲此計者乎?' 王曰, '文子爲之.' 大臣作
亂, 文子出走. 故齊所以大破者, 以其伐楚而肥韓·魏也. 此所謂借賊
兵而齎盜糧者也. 王不如遠交而近攻, 得寸則王之寸也, 得尺亦王之尺
也. 今釋此而遠攻, 不亦繆乎! 且昔者中山之國地方五百里, 趙獨吞之,
功成名立而利附焉, 天下莫之能害也. 今夫韓·魏, 中國之處而天下之
樞也, 王其欲霸, 必親中國以爲天下樞, 以威楚·趙. 楚彊則附趙, 趙彊
則附楚, 楚·趙皆附, 齊必懼矣. 齊懼, 必卑辭重幣以事秦. 齊附而韓·
魏因可虜也." 昭王曰, "吾欲親魏久矣, 而魏多變之國也, 寡人不能親.
請問親魏奈何?" 對曰, "王卑詞重幣以事之, 不可, 則割地而賂之, 不
可, 因擧兵而伐之." 王曰, "寡人敬聞命矣." 乃拜范雎爲客卿, 謀兵事.
卒聽范雎謀, 使五大夫綰伐魏, 拔懷. 後二歲, 拔邢丘. 客卿范雎復說昭
王曰, "秦韓之地形, 相錯如繡. 秦之有韓也, 譬如木之有蠹也, 人之有
心腹之病也. 天下無變則已, 天下有變, 其爲秦患者孰大於韓乎? 王不
如收韓." 昭王曰, "吾固欲收韓, 韓不聽, 爲之奈何?" 對曰, "韓安得無
聽乎? 王下兵而攻滎陽, 則鞏·成皋之道不通, 北斷太行之道, 則上黨
之師不下. 王一興兵而攻滎陽, 則其國斷而爲三. 夫韓見必亡, 安得不
聽乎? 若韓聽, 而霸事因可慮矣." 王曰, "善." 且欲發使於韓.

범수는 날이 갈수록 진나라 왕과 가까워졌다. 진소양왕에게 자신의 견해를 밝히며 지낸 지 몇 년이 되자 범수가 마침내 기회를 보아 이같이 진언했다.

"신이 산동에 있을 때 제나라에는 전문이 있다는 말만 들었고, 제나라 왕에 관해서는 들은 것이 없습니다. 또 진나라에는 태후와 양후와 화양군과 고릉군과 경양군이 있다는 이야기만 들었고, 진나라 왕에 관해서는 들은 것이 없습니다. 대개 나라의 정사를 임의로 할 수 있는 사람, 사람에게 이익과 해악을 내릴 수 있는 권력을 지닌 사람, 목숨을 빼앗거나 살리는 위력을 지닌 사람을 왕이라고 합니다. 지금 태후는 왕을 돌보지 않은 채 국사를 임의로 처리하고, 양후 위염은 사자로 다녀와도 대왕에게 복명하지 않고, 화양군과 경양군은 멋대로 사람을 벌하거나 죽이면서도 대왕을 전혀 꺼리지 않고, 고릉군은 인사를 좌우하면서도 대왕의 허락을 청하지도 않습니다. 이런 네 부류의 귀족이 전횡을 하는데도 나라가 위태롭지 않은 경우는 없 있습니다. 군주가 이런 부류인 귀족 아래에 있으면 아예 군왕이 존재하지 않는 상태[無王]가 일어납니다. 군왕이 존재하지 않는 상태가 되면 어찌 왕권이 기울어지지 않고, 왕명이 왕으로부터 나올 리 있겠습니까?

신이 듣건대, '나라를 잘 다스리는 군주는 안으로 위세를 공고히 하고, 밖으로 권력을 엄중히 한다'고 했습니다. 양후는 대왕의 왕권을 가로챈 뒤 멋대로 사자를 보내 제후들을 다루고, 천하의 땅을 나누어 사람을 봉하고, 적을 공격하며 다른 나라를 치고 있습니다. 진나라의 국정에 관여하지 않는 것이 없습니다. 전쟁에 이기면 그 이익을 자신의 봉지인 도읍으로 돌리고, 손해는 다른 제후들에 떠넘깁니다. 전쟁에 패하면 백성을 원망하며, 그 화를 사직에 돌립니다. 옛시에 이르기를, '나무 열매가 너무 많으면 가지가 부러지고, 가지가 부러지면 나무 기둥을 해친다. 도시가 너무 크면 나라가 위태로워지고, 신하가 존귀하면 군주가 낮아진다'고 했습니다.

제나라 권신 최저와 초나라 장수 요치淖齒가 제나라를 장악했을 당시 최저는 제장공의 넓적다리를 화살로 쏘아 죽였고, 요치는 제민왕의 힘줄을 뽑아낸 뒤 사당의 대들보에 밤새도록 매달아 죽였습니다. 이태李兌가 조나라를 장악하자 주부主父인 조무령왕을 사구沙丘의 이궁에 가두어 100일 만에 굶겨 죽였습니다. 신이 듣기로 지금 진나라는 태후와 양후가 정권을 잡고 있고, 고릉군과 화양군 및 경양군이 이들을 보좌하며 진나라 왕을 무시한다고 합니다. 이들은 요치및 이태와 같은 무리입니다.

하·은·주 3대가 차례로 망한 것은 군주가 대권을 신하에게 맡긴 채 술과 사냥에 몰두하며 조정을 돌보지 않은 데 있습니다. 대권을 위임받은 자들은 하나같이 현능한 자들을 시기하며 아래위로 누르고 가로막았습니다. 사적인 욕심만 채우고, 군주를 위해서는 일하지 않은 것입니다. 그런데도 군주가 이를 깨닫지 못한 까닭에 결국 나라가 패망하고 만 것입니다. 지금 진나라는 지방 수령을 비롯한 고관에서 시작해 심지어 대왕 좌우의 시종에 이르기까지 양후의 사람이 아닌 자가 없습니다. 신이 보건대 대왕은 지금 조정에서 완전히 고립되어 있습니다. 신이 두려워하는 것은 만대 후 진나라의 주인이 대왕의 자손이 아닐 것 같다는 점입니다."

진소양왕은 이를 듣고 두려워하며 말했다.

"옳은 말이오."

그러고는 곧 태후를 폐출시키고, 양후와 고릉군과 화양군과 경양군을 함곡관 밖으로 내쫓았다. 이어 범수를 재상으로 삼고, 양후 위염의 재상 인수를 회수해 봉지인 도읍으로 돌려보냈다. 이때 현의 관리에게 짐을 실을 수레와 소를 양후에게 제공하게 했다. 수레가 1,000승을 넘었다. 함곡관에 이르러 관원이 귀중품을 조사하자, 진귀한 보기가 왕실보다 많이 나왔다. 진소양왕이 범수를 응읍應邑에 봉하고, 응후로 불렀다. 때는 진소양왕 41년이었다.

　●● 范雎日益親, 復說用數年矣, 因請閒說曰, “臣居山東時, 聞齊之有田文, 不聞其有王也, 聞秦之有太后·穰侯·華陽·高陵·涇陽, 不聞其有王也. 夫擅國之謂王, 能利害之謂王, 制殺生之威之謂王. 今太后擅行不顧, 穰侯出使不報, 華陽·涇陽等擊斷無諱, 高陵進退不請. 四貴備而國不危者, 未之有也. 爲此四貴者下, 乃所謂無王也. 然則權安得不傾, 令安得從王出乎? 臣聞善治國者, 乃內固其威而外重其權. 穰侯使者操王之重, 決制於諸侯, 剖符於天下, 政適伐國, 莫敢不聽. 戰勝攻取則利歸於陶, 國弊御於諸侯, 戰敗則結怨於百姓, 而禍歸於社稷. 詩曰, ‘木實繁者披其枝, 披其枝者傷其心. 大其都者危其國, 尊其臣者卑其主.’ 崔杼·淖齒管齊, 射王股, 擢王筋, 縣之於廟梁, 宿昔而死. 李兌管趙, 囚主父於沙丘, 百日而餓死. 今臣聞秦太后·穰侯用事, 高陵·華陽·涇陽佐之, 卒無秦王, 此亦淖齒·李兌之類也. 且夫三代所以亡國者, 君專授政, 縱酒馳騁弋獵, 不聽政事. 其所授者, 妒賢嫉能, 御下蔽上, 以成其私, 不爲主計, 而主不覺悟, 故失其國. 今自有秩以上至諸大吏, 下及王左右, 無非相國之人者. 見王獨立於朝, 臣竊爲王恐, 萬世之後, 有秦國者非王子孫也.” 昭王聞之大懼, 曰, “善.” 於是廢太后, 逐穰侯·高陵·華陽·涇陽君於關外. 秦王乃拜范雎爲相. 收穰侯之印, 使

歸陶, 因使縣官給車牛以徙, 千乘有餘. 到關, 關閱其寶器, 寶器珍怪多
於王室. 秦封范睢以應, 號爲應侯. 當是時, 秦昭王四十一年也.

　응후 범수가 진나라 재상이 되었으나 진나라에서는 그를 장록으
로 불렀다. 위나라는 이를 전혀 몰랐다. 범수가 이미 오래전에 죽은
줄로 알았기 때문이다. 위나라는 진나라가 동쪽으로 한나라와 위나
라를 치려 한다는 소문을 듣고 곧바로 수가를 진나라에 사자로 보냈
다. 범수가 이 이야기를 듣고는 신분을 숨긴 채 해진 옷을 입고 인적
이 뜸한 길로 숙소를 찾아가 수가를 만났다. 수가가 범수를 보고 크
게 놀랐다.

　"범숙范叔은 그간 별 탈 없었는가[無恙]?"

　범수가 대답했다.

　"그렇습니다."

　수가가 웃으며 물었다.

　"범숙은 진나라에서 유세를 하고 있는가?"

　범수가 대답했다.

　"아닙니다. 저는 위나라 재상에게 죄를 짓고 도망친 몸입니다. 어
찌 감히 유세를 하겠습니까?"

　수가가 물었다.

　"지금 범숙은 무슨 일을 하고 있는가?"

　범수가 대답했다.

　"남의 집에 고용되어 먹고삽니다."

　수가가 내심 측은한 생각이 든 나머지 자리에 앉힌 뒤 함께 음식
을 나누어 먹었다.

"범숙이 어쩌다가 이처럼 딱한 신세가 되었는가!"

그러고는 자신이 입고 있던 두터운 명주옷 한 벌을 내주며 이같이 물었다.

"진나라 재상 장록 선생을 알고 있는가? 내가 들으니 진나라 왕의 총애가 두터워 천하의 모든 일이 그의 손에 결정된다고 하네. 내 사행의 성패도 장록 선생에게 달려 있네. 자네 혹시 재상과 친한 사람을 알고 있는가?"

범수가 대답했다.

"저의 주인이 잘 압니다. 저도 한 번 뵌 적이 있습니다. 그대를 위해 주인에게 면회 주선을 부탁드리겠습니다."

수가가 말했다.

"내가 타고 온 말은 병들고, 수레도 차축車軸이 부러졌네. 네 필의 말이 끄는 큰 수레가 없어 대문을 나설 수가 없다네."

범수가 말했다.

"제가 그대를 위해 주인에게 네 필의 말이 끄는 큰 수레를 빌려주도록 청하겠습니다."

범수가 되돌아가 네 필의 말이 끄는 수레를 끌고 왔다. 친히 수가를 태운 뒤 수레를 몰고 진나라 재상의 관저로 들어갔다. 관저 안에 있는 사람 가운데 범수를 아는 자는 모두 피해 숨어버렸다. 수가는 이상하게 여겼다. 재상 관저 문 앞에 이르자 범수가 수가에게 말했다.

"잠시 기다리면 제가 먼저 들어가 당신을 위해 재상에게 알리겠습니다."

수가가 입구에서 기다렸다. 한참을 기다리다 문지기에게 물었다.

"범숙이 아직 나오지 않았는데, 이는 무슨 까닭이오?"

문지기가 대답했다.

"여기에는 범숙이라는 사람이 없소."

수가가 물었다.

"아까 나와 함께 수레를 타고 와서 안으로 들어간 사람이 바로 범숙이오."

문지기가 말했다.

"그분은 우의 재상인 장록 선생이오."

수가는 속은 것을 알고 대경실색했다. 곧바로 육단肉袒한 채 무릎으로 걸어가 문지기를 통해서 죄를 빌었다.• 당시 범수는 장막을 친 뒤 많은 시종을 이끌고 수가를 접견했다. 수가가 머리를 조아리며 사죄했다.

"저는 당신이 이처럼 출세했으리라고는 미처 생각지 못했습니다. 이처럼 사람을 보는 눈이 없으니 다시는 천하의 서적을 읽을 생각도 감히 하지 못하고, 천하의 정사에 참여할 생각도 감히 하지 못하겠습니다. 저의 죄는 팽살죄에 해당합니다[湯鑊之罪]. 다만 용서를 받아 북쪽 오랑캐 땅으로 물러나고자 합니다. 너그러운 처분만 빕니다."

범수가 물었다.

"너의 죄가 얼마나 되는지 아는가?"

수가가 대답했다.

"저의 머리카락을 모두 뽑아 셀지라도 오히려 부족합니다."

범수가 말했다.

● 육단은 항복 내지 사죄의 표시로 윗옷의 한쪽을 벗어 상체의 일부를 드러내는 일을 말한다. 본문에서는 육단슬행肉袒膝行으로 표현되었다. 슬행膝行은 무릎으로 기어가는 것을 뜻한다. 통상 육단한 채 양을 끌고 가며 신하가 되겠다는 뜻의 육단견양肉袒牽羊, 육단한 채 가시나무를 등에 지고 가 사죄하겠다는 뜻의 육단부형肉袒負荊으로 사용된다.

"너의 죄목은 크게 세 가지다. 옛날 초소왕 때 신포서가 초나라를 대신해 오나라 군사를 물리치자 초소왕이 형 땅의 5,000호를 내렸다. 신포서가 사양하고 받지 않았다. 그의 조상이 형 땅에 안장되어 있었기에 당연히 할 일을 했을 뿐 초나라를 위해 한 일이 아니라고 생각했기 때문이다. 지금 내 조상의 묘도 위나라에 있어 위나라를 배반할 생각이 추호도 없었다. 그런데도 너는 전에 내가 제나라와 내통한다고 여겨 나를 위제 앞에서 무함했다. 이것이 첫 번째 죄목이다. 위제가 나를 능욕한 뒤 변소에 버렸을 때 너는 이를 저지하지 않았다. 이것이 두 번째 죄목이다. 위제의 빈객들이 술에 취해 번갈아가며 내 몸에 방뇨할 때 이를 모르는 척했다. 이것이 세 번째 죄목이다. 오늘 네가 죽임을 당하지 않은 것은 두터운 명주옷을 주면서 옛 정을 못 잊는 태도를 보였기 때문이다. 너를 석방하도록 하겠다."

그러고는 이내 접견을 마쳤다. 범수가 궁궐로 들어가 이를 진소양왕에게 보고한 뒤 수가를 돌려보냈다. 수가가 범수에게 작별을 고하러 오자 범수가 크게 연회를 열어 각국 사신을 모두 초대했다. 초청된 사신 모두 성대하게 차려진 대청 위에 앉아 풍성한 술과 안주를 즐겼다. 그러나 수가는 대청 아래에 앉힌 뒤 말먹이용 콩[莝豆]을 구유에 담아 그의 앞에 내놓았다. 이어 두 명의 묵형을 받은 죄인들에게 양쪽에서 말에게 먹이를 먹이듯 그에게 이를 먹이게 하면서 이같이 꾸짖었다.

"위나라 왕에게 나를 대신해 '곧바로 위제의 머리를 가져오라!'고 전하라. 그러지 않으면 대량성大梁城을 도륙하겠다."

수가가 귀국해 이를 위제에게 이야기했다. 위제가 두려운 나머지 조나라로 달아나 평원군 조승의 집에 숨었다. 범수가 재상이 되자 어느 날 왕계가 범수에게 고했다.

"지금 예측할 수 없는 세 가지[不可知]와 어쩔 수 없는 세 가지[不可奈何]가 있습니다. 대왕이 언제 안가晏駕할지 모르는 것이• 예측할 수 없는 첫 번째이고, 그대가 언제 문득 관사館舍를 버릴지 모르는 것이 예측할 수 없는 두 번째이고, 제가 언제 구렁에 떨어져 죽을지 모르는 것이 예측할 수 없는 세 번째입니다. 어쩔 수 없는 세 가지를 말하면 첫째, 대왕이 하루아침에 안가할 경우 그대가 보다 일찍 저를 대왕에게 천거하지 않은 것을 후회해도 이미 어쩔 수 없습니다. 둘째, 그대가 언제 문득 관사를 버릴 경우 그대가 보다 일찍 저를 임용하지 않은 것을 후회해도 이미 어쩔 수 없습니다. 셋째, 제가 문득 구학에 굴러 떨어져 죽을 경우 그대가 저를 도와주지 않은 것을 후회해도 이미 어쩔 수 없습니다."

범수는 불쾌하게 생각했으나 이내 조정에 나아가 진소양왕에게 이같이 청했다.

"왕계의 충성이 아니면 저는 함곡관 안으로 들어올 수 없고, 대왕의 현성이 아니면 저는 높은 지위에 오를 수 없었을 것입니다. 지금 저의 관직은 재상에 이르고, 작위는 열후의 반열에 들었습니다. 왕계의 관직은 아직 알자에 불과합니다. 이는 신을 진나라로 데리고 온 왕계의 뜻이 아닐 것입니다."

진소양왕이 왕계를 불러 하동태수로 임명했다. 왕계는 부임한 지 3년이 지나도록 조정에 매년 업무를 보고하는 상계上計를 행하지 않

• "대왕이 언제 안가할지"의 원문은 "궁거일일안가宮車一日晏駕"다. 궁거宮車는 제왕의 수레인 어가御駕, 일일一日은 어느 날, 안晏은 늦을 만晚, 가駕는 탈 승乘의 뜻이다. 어느 날 갑자기 제왕이 죽어 어가를 타는 일이 한없이 늦어지게 된다는 뜻이다. 제왕의 죽음을 뜻하는 아어雅語로 사용된다.

았다. 범수가 정안평을 천거하자 진소양왕이 그를 장군에 임명했다. 이후 범수는 집의 재물을 풀어 자신이 곤궁할 때 신세를 진 사람에게 일일이 보답했다. 한 끼 식사를 대접한 자에게도 반드시 보답했고, 눈을 한번 흘긴 사소한 원한에도 반드시 설욕했다.

●● 范雎既相秦, 秦號曰張祿, 而魏不知, 以爲范雎已死久矣. 魏聞秦且東伐韓·魏, 魏使須賈於秦. 范雎聞之, 爲微行, 敝衣閒步之邸, 見須賈. 須賈見之而驚曰, "范叔固無恙乎!" 范雎曰, "然." 須賈笑曰, "范叔有說於秦邪?" 曰, "不也. 雎前日得過於魏相, 故亡逃至此, 安敢說乎!" 須賈曰, "今叔何事?" 范雎曰, "臣爲人庸賃." 須賈意哀之, 留與坐飲食, 曰, "范叔一寒如此哉!" 乃取其一綈袍以賜之. 須賈因問曰, "秦相張君, 公知之乎? 吾聞幸於王, 天下之事皆決於相君. 今吾事之去留在張君. 孺子豈有客習於相君者哉?" 范雎曰, "主人翁習知之. 唯雎亦得謁, 雎請爲見君於張君." 須賈曰, "吾馬病, 車軸折, 非大車駟馬, 吾固不出." 范雎曰, "願爲君借大車駟馬於主人翁." 范雎歸取大車駟馬, 爲須賈御之, 入秦相府. 府中望見, 有識者皆避匿. 須賈怪之. 至相舍門, 謂須賈曰, "待我, 我爲君先入通於相君." 須賈待門下, 持車良久, 問門下曰, "范叔不出, 何也?" 門下曰, "無范叔." 須賈曰, "鄉者與我載而入者." 門下曰, "乃吾相張君也." 須賈大驚, 自知見賣, 乃肉袒膝行, 因門下人謝罪. 於是范雎盛帷帳, 侍者甚衆, 見之. 須賈頓首言死罪, 曰, "賈不意君能自致於青雲之上, 賈不敢復讀天下之書, 不敢復與天下之事. 賈有湯鑊之罪, 請自屏於胡貉之地, 唯君死生之!" 范雎曰, "汝罪有幾?" 曰, "擢賈之髮以續賈之罪, 尚未足." 范雎曰, "汝罪有三耳. 昔者楚昭王時而申包胥爲楚卻吳軍, 楚王封之以荊五千戶, 包胥辭不受, 爲丘墓之寄於荊也. 今雎之先人丘墓亦在魏, 公前以雎爲有外心於齊而惡雎於魏

齊, 公之罪一也. 當魏齊辱我於廁中, 公不止, 罪二也. 更醉而溺我, 公
其何忍乎? 罪三矣. 然公之所以得無死者, 以綈袍戀戀, 有故人之意,
故釋公." 乃謝罷. 入言之昭王, 罷歸須賈. 須賈辭於范雎, 范雎大供具,
盡請諸侯使, 與坐堂上, 食飲甚設. 而坐須賈於堂下, 置莝豆其前, 令兩
黥徒夾而馬食之. 數曰, "爲我告魏王, 急持魏齊頭來! 不然者, 我且屠
大梁." 須賈歸, 以告魏齊. 魏齊恐, 亡走趙, 匿平原君所. 范雎旣相, 王
稽謂范雎曰, "事有不可知者三, 有不可奈何者亦三. 宮車一日晏駕, 是
事之不可知者一也. 君卒然捐館舍, 是事之不可知者二也. 使臣卒然
塡溝壑, 是事之不可知者三也. 宮車一日晏駕, 君雖恨於臣, 無可奈何.
君卒然捐館舍, 君雖恨於臣, 亦無可奈何. 使臣卒然塡溝壑, 君雖恨於
臣, 亦無可奈何." 范雎不懌, 乃入言於王曰, "非王稽之忠, 莫能內臣於
函谷關, 非大王之賢聖, 莫能貴臣. 今臣官至於相, 爵在列侯, 王稽之官
尚止於謁者, 非其內臣之意也." 昭王召王稽, 拜爲河東守, 三歲不上計.
又任鄭安平, 昭王以爲將軍. 范雎於是散家財物, 盡以報所嘗困厄者.
一飯之德必償, 睚眥之怨必報.

　범수가 진나라 재상이 된 지 2년이 되는 해는 진소양왕 42년이다.
동쪽으로 한나라의 소곡과 고평高平을 공략했다. 진소양왕은 위제가
평원군의 집에 숨어 있다는 말을 듣고는 어떻게 해서든 범수의 원수
를 갚아주고자 했다. 다음과 같은 거짓 서신을 평원군에게 보낸 이
유다.

　과인은 오래전부터 그대의 높은 의리에 관해 들었소. 원컨대 그대와
서로 일반 서민들처럼 사귀고 싶소[布衣之友]. 그대가 과인에게 들리

면 열흘 동안 함께 술을 즐기고자 하오.

평원군은 진나라가 두렵기도 하고, 그 말이 그럴듯하기도 해 이내 진나라로 들어가 진소양왕을 만났다. 진소양왕이 평원군과 며칠 동안 술자리를 함께한 뒤 이같이 말했다.

"옛날 주문왕은 여상을 얻어 조부인 태공太公이 바란 인물이라는 뜻에서 태공망太公望(여상)으로 받들었고, 제환공은 관이오管夷吾(관중)를 얻은 뒤 그의 자인 중仲을 높여 중보仲父로 불렀소. 나는 지금 범수 선생을 두고 그의 자인 숙叔을 높여 숙보叔父로 부르고 있소. 범수 선생의 원수가 당신 집에 숨어 있으니 당신이 사람을 보내 그의 목을 베어오도록 하시오. 그리하지 않으면 나는 그대를 함곡관 밖으로 내보내지 않겠소."

평원군이 말했다.

"높은 자리에 있을 때 사람을 사귀는 것은 천한 몸이 되었을 때 도움을 빌기 위한 것입니다. 부유한 사사 사람을 사귀는 것은 가난해졌을 때 도움을 받기 위한 것입니다. 위제는 제 친구입니다. 그가 저희 집에 있을지라도 내어줄 수 없습니다. 더구나 지금 그는 저희 집에 있지도 않습니다."

진소양왕이 곧 조효성왕에게 서신을 보냈다.

지금 대왕의 동생이 진나라에 있소. 범수 선생의 원수인 위제가 평원군의 집에 숨어 있소. 대왕은 신속히 사람을 보내 위제의 목을 베어 보내시오. 그리하지 않으면 내가 곧 군사를 일으켜 조나라를 칠 것이오. 대왕의 동생도 함곡관 밖으로 내보내지 않을 것이오.

조효성왕이 곧 병사를 보내 평원군의 집을 포위했다. 사태가 긴급해지자 위제가 야음을 틈타 달아난 뒤 조나라 재상 우경을 만났다. 우경은 조효성왕이 끝내 진나라를 설득하지 못할 것을 알고, 재상의 인수를 버린 채 위제와 함께 몰래 달아났다. 우경은 의지할 제후들을 생각해보았으나 문득 찾아갈 곳이 없었다. 우선 위나라 대량으로 달아난 뒤 신릉군 위무기의 주선을 통해 초나라로 달아나고자 했다. 신릉군은 두 사람이 왔다는 이야기를 들었으나 진나라를 두려워한 나머지 주저하며 만나려 하지 않았다. 그러고는 좌우에 물었다.

　　"우경은 어떤 인물인가?"

　　당시 후영이 신릉군 곁에 있다가 말했다.

　　"사람은 원래 알기 힘들지만, 남을 아는 것도 쉬운 일이 아닙니다. 우경은 짚신을 신고 우산을 쓴[躡蹻簷簦] 초라한 모습으로 조나라 왕을 만났습니다. 조나라 왕은 처음 그를 만나 한 쌍의 백옥과 100일의 황금을 주었고, 두 번 만나 상경에 임명했고, 세 번 만나 재상에 임명하고 만호후에 봉했습니다. 당시 천하 사람들이 다투어 그를 알려 했습니다. 지금 위제가 궁지에 빠져 우경을 찾아가자 우경은 높은 관직과 많은 녹봉도 소중히 여기지 않은 채 재상의 인수와 만호후의 직위를 버리고 위제와 함께 몰래 이곳으로 찾아왔습니다. 그는 남의 곤궁을 긴박하게 여겨 공자를 의지하러 온 것입니다. 그런데 공자는 '어떤 인물인가?'라고 물었습니다. 사람은 원래 알기 힘들지만, 남을 아는 것도 쉬운 일이 아닙니다."

　　신릉군이 크게 부끄러워하며, 손수 수레를 몰아 이들을 영접하러 교외로 갔다. 위제는 신릉군이 당초 만나기를 주저했다는 소식을 듣고는 격노해 스스로 목숨을 끊었다. 조효성왕이 이 이야기를 듣고

곧 위제의 목을 잘라 진나라로 보냈다. 진소양왕이 비로소 평원군을
조나라로 돌려보냈다.

●● 范雎相秦二年, 秦昭王之四十二年, 東伐韓少曲·高平, 拔之. 秦
昭王聞魏齊在平原君所, 欲爲范雎必報其仇, 乃詳爲好書遺平原君曰,
"寡人聞君之高義, 願與君爲布衣之友, 君幸過寡人, 寡人願與君爲十
日之飮." 平原君畏秦, 且以爲然, 而入秦見昭王. 昭王與平原君飮數日,
昭王謂平原君曰, "昔周文王得呂尙以爲太公, 齊桓公得管夷吾以爲仲
父, 今范君亦寡人之叔父也. 范君之仇在君之家, 願使人歸取其頭來,
不然, 吾不出君於關." 平原君曰, "貴而爲交者, 爲賤也, 富而爲交者,
爲貧也. 夫魏齊者, 勝之友也, 在, 固不出也, 今又不在臣所." 昭王乃遺
趙王書曰, "王之弟在秦, 范君之仇魏齊在平原君之家. 王使人疾持其
頭來, 不然, 吾擧兵而伐趙, 又不出王之弟於關." 趙孝成王乃發卒圍平
原君家, 急, 魏齊夜亡出, 見趙相虞卿. 虞卿度趙王終不可說, 乃解其相
印, 與魏齊亡, 閒行, 念諸侯莫可以急抵者, 乃復走大梁, 欲因信陵君以
走楚. 信陵君聞之, 畏秦, 猶豫未肯見, 曰, "虞卿何如人也?" 時侯嬴在
旁, 曰, "人固未易知, 知人亦未易也. 夫虞卿躡屩擔簦, 一見趙王, 賜白
璧一雙, 黃金百鎰, 再見, 拜爲上卿, 三見, 卒受相印, 封萬戶侯. 當此之
時, 天下爭知之. 夫魏齊窮困過虞卿, 虞卿不敢重爵祿之尊, 解相印, 捐
萬戶侯而閒行. 急士之窮而歸公子, 公子曰 '何如人'. 人固不易知, 知
人亦未易也!" 信陵君大慙, 駕如野迎之. 魏齊聞信陵君之初難見之, 怒
而自剄. 趙王聞之, 卒取其頭予秦. 秦昭王乃出平原君歸趙.

진소양왕 43년, 진나라는 한나라 분수汾水 주변의 형성을 공략한
뒤 황하 가까이에 있는 광무산廣武山에 성을 쌓았다. 4년 뒤인 진소양

왕 47년°, 진소양왕이 응후 범수의 계책을 받아들였다. 간첩을 보내
이간계로 조나라의 군신을 속인 것이 그렇다. 조효성왕이 마복군 조
사의 아들 조괄을 보내 염파를 대신하게 했다. 결국 진나라 군사가
장평에서 조나라 군사를 대파하고, 이후 수도 한단을 포위했다. 응후
범수는 무안군 백기와 사이가 좋지 않았다. 결국 백기의 잘못을 고
해 죽음에 이르게 했다. 이후 응후는 정안평을 장군으로 천거해 조
나라를 치게 했다. 정안평은 포위를 당해 사태가 급해지자 2만 명의
병사를 이끌고 조나라에 투항했다. 응후 범수는 멍석 위에 앉아 처
벌을 기다렸다[席稾請罪].°° 진나라 법에 따르면 사람을 천거할 경우
천거받은 자가 죄를 범하면 천거한 자도 똑같은 벌을 받게 되어 있
다. 응후는 삼족을 멸하는 죄에 해당한다. 진소양왕은 응후의 의지를
상하게 할까 우려해 전국에 포고령을 내렸다.

"정안평 사건을 말하는 자는 같은 죄로 다스릴 것이다."

상국 응후에게 음식을 평소보다 더 많이 내려 그의 마음을 위로했
다. 2년 뒤, 이번에는 하동태수로 있던 왕계가 다른 나라 제후와 내
통한 사실이 드러나 처형을 당했다. 이런 일로 인해 응후는 날로 마
음이 더욱 불안해졌다. 하루는 진소양왕이 조정에 앉아 한숨을 쉬자
응후가 앞으로 나아가 말했다.

"신은 국왕이 근심하면 신하는 욕을 자처하고[主憂臣辱], 국왕이 욕
을 보면 신하는 죽음을 자처한다[主辱臣死]고 들었습니다. 오늘 대왕
이 조정에서 근심스러운 모습을 보이고 있습니다. 이는 신의 죄로

● 원문에는 5년 후로 나오나, 〈표〉에 따르면 4년 후인 진소양왕 47년에 장평대전이 일어
났다.
●● 석고청죄는 거적을 깔고 엎드려서 주군의 처분을 청하는 것으로 주군의 처분을 기다리
는 석고대죄보다 더 적극적인 모습이다. 거적 내지 짚을 뜻하는 고稾는 고稿 및 고藁와 같다.

인한 것이니 감히 벌을 내릴 것을 청합니다."

진소양왕이 말했다.

"과인이 듣건대 초나라에서 만드는 철검鐵劍은 예리하나 창우倡優의 연기는 졸렬하다고 하오.* 철검이 예리하면 병사들이 용감하고, 창우의 연기가 졸렬하면 심모원려에 능할 것이오. 초나라 왕이 심원한 계략으로 용감한 군사를 이끌고 진나라를 칠까 두렵소. 모든 일은 평소 미리 준비하지 않으면 급변에 대처할 수 없소. 지금 우리 진나라는 무안군 백기도 없고, 정안평의 무리는 적에게 귀의한 상황이오. 나라 안에 뛰어난 장수가 없고, 나라 밖에 수많은 적국이 있는 셈이오. 과인은 이를 근심하는 것이오."

진소양왕은 이로써 응후를 격려하고자 했으나 응후는 오히려 송구스러워 어찌할 바를 몰랐다. 이 소문을 듣고 종횡가 채택이 진나라를 찾아왔다.

●● 昭王四十三年, 秦攻韓汾陘, 拔之, 因城河上廣武. 後五年, 昭王用應侯謀, 縱反閒賣趙, 趙以其故, 令馬服子代廉頗將. 秦大破趙於長平, 遂圍邯鄲. 已而與武安君白起有隙, 言而殺之. 任鄭安平, 使擊趙. 鄭安平爲趙所圍, 急, 以兵二萬人降趙. 應侯席藁請罪. 秦之法, 任人而所任不善者, 各以其罪罪之. 於是應侯罪當收三族. 秦昭王恐傷應侯之意, 乃下令國中, "有敢言鄭安平事者, 以其罪罪之." 而加賜相國應侯食物日益厚, 以順適其意. 後二歲, 王稽爲河東守, 與諸侯通, 坐法誅. 而應侯日益以不懌. 昭王臨朝歎息, 應侯進曰, "臣聞'主憂臣辱, 主辱

● 원문은 "철검리이창우졸鐵劍利而倡優拙"이다. 이를 두고 《사기색은》은 사士는 뛰어나지만, 졸卒은 잘 싸우지 못하는 것으로 풀이했다. 이는 역사적 사실을 무시한 해석이다. 초나라의 검을 만드는 주조의 기술이 매우 뛰어나고, 나아가 병사가 모두 심모원려에 밝다는 뜻으로 풀이하는 것이 옳다.

臣死'. 今大王中朝而憂, 臣敢請其罪." 昭王曰, "吾聞楚之鐵劍利而倡
優拙. 夫鐵劍利則士勇, 倡優拙則思慮遠. 夫以遠思慮而御勇士, 吾恐
楚之圖秦也. 夫物不素具, 不可以應卒, 今武安君旣死, 而鄭安平等畔,
內無良將而外多敵國, 吾是以憂." 欲以激勵應侯. 應侯懼, 不知所出.
蔡澤聞之, 往入秦也.

채택열전

채택은 연나라 출신이다. 이리저리 선생을 찾아가 공부하며 크고
작은 여러 나라 제후에게 유세해 관직을 얻고자 했다.• 그러나 끝내
지우지은知遇之恩(알아주는 사람을 만나는 행운)을 얻지 못했다. 그는 곧 관상
을 잘 보는 당거唐擧••를 찾아가 관상을 보이며 물었다.

"제가 들으니 선생은 이태의 관상을 보고 '100일 내에 나라의 정권
을 잡는다'고 했다는데 그것이 사실입니까?"

당거가 말했다.

"그렇소."

채택이 물었다.

"그럼 저의 관상은 어떻습니까?"

• 원문은 "유학간제후소대심중遊學幹諸侯小大甚衆"이다. 유학遊學은 널리 선생을 찾아 공부
하는 것을 말한다. 간幹을 두고 《사기정의》는 특별한 예우를 기대하지 않고 이리저리 관직을
구하는 부대례不待禮로 풀이했다. 관직과 녹봉을 구하는 것을 간록幹祿 내지 간사幹仕로 표현
하는 점에 비추어 일리 있는 해석이다.
•• 《순자》〈비상非相〉에 당거에 관한 이야기가 나온다. "지금은 양梁나라에 당거가 있어 사람
의 형상과 안색을 보고 길흉과 화복을 알아내 세인들이 칭송한다고 한다. 그러나 이는 옛 사
람에게 없었고, 학자들도 이야기하지 않은 일이다"라는 구절이 그것이다. 《사기색은》은 《순
자》에 당거唐莒로 되어 있다고 했으나 《순자》에도 당거로 나온다.

당거가 그를 자세히 본 뒤 웃으면서 대답했다.

"선생은 코가 들창코이고,° 어깨가 목보다 높이 솟아 있고, 이마가 툭 불거져 있고, 콧마루가 내려앉았고, 다리가 활처럼 휘었소. 내가 듣건대 성인의 관상은 보아도 모른다[聖人不相]고 했소. 아마 선생을 두고 한 말이 아니오?"

채택은 당거가 자신을 비웃는 줄 알고 이같이 청했다.

"부귀는 내가 원래 가지고 태어나는 것이오. 내가 알지 못하는 것은 수명이오. 이에 관해 듣고 싶소."

당거가 대답했다.

"선생은 앞으로 43년은 더 살 수 있소."

채택이 웃으며 사의를 표한 뒤 떠나면서 마부에게 이같이 말했다.

"내가 쌀밥과 고기반찬을 먹고,°° 준마를 타고 다니고, 황금의 인수를 가슴에 품고, 허리에 자주색 비단 띠를 매고, 군주 앞에서 절을 하고, 녹봉을 받아 부귀한 생활을 할 수 있다면 43년으로도 충분할 것이다!"

당거와 헤어진 뒤 조나라로 갔으나 이내 쫓겨났고, 한나라와 위나라로 갔으나 도중에 솥 등의 취사도구마저 도둑맞았다. 이때 응후가 정안평 및 왕계로 인해 진나라에 큰 죄를 진 나머지 곤혹스러워하고 있다는 이야기를 들었다. 곧바로 서쪽 진나라로 향한 이유다.

●● 蔡澤者, 燕人也. 遊學幹諸侯小大甚衆, 不遇. 而從唐擧相, 曰,

● 원문은 "갈비曷鼻"다. 《사기집해》는 서광의 주를 인용해 게偈 또는 앙仰으로 풀이했다. 청대의 왕념손王念孫은 《독서잡지讀書雜志》〈사기史記〉에서 갈비를 들창코 내지 납작코를 뜻하는 알비遏鼻로 새겼다.
●● 원문은 "오지량자치비吾持粱刺齒肥"다. 《사기색은》은 지량持粱을 쌀밥인 미반米飯을 먹는 것으로 풀이하면서, 자치刺齒를 물어뜯은 설齧의 잘못으로 보았다.

"吾聞先生相李兌, 曰'百日之內持國秉', 有之乎?"曰,"有之."曰,"若臣者何如?"唐擧孰視而笑曰,"先生曷鼻, 巨肩, 魋顔, 蹙齃, 膝攣. 吾聞聖人不相, 殆先生乎?"蔡澤知唐擧戲之, 乃曰,"富貴吾所自有, 吾所不知者壽也, 願聞之."唐擧曰,"先生之壽, 從今以往者四十三歲."蔡澤笑謝而去, 謂其御者曰,"吾持粱刺齒肥, 躍馬疾驅, 懷黃金之印, 結紫綬於要, 揖讓人主之前, 食肉富貴, 四十三年足矣!"去之趙, 見逐. 之韓·魏, 遇奪釜鬲於塗. 聞應侯任鄭安平·王稽皆負重罪於秦, 應侯內慙, 蔡澤乃西入秦.

채택은 진나라로 오자마자 진소양왕과 만날 기회를 만들기 위해 먼저 범수를 이용하고자 했다. 사람을 시켜 자신을 자랑하는 수법으로 응후 범수를 화나게 만들고자 이런 말을 퍼뜨렸다.

"연나라 유세객 채택은 천하의 뛰어난 호걸로 변론에 뛰어나고 지혜로운 인물이다 그가 한번 진나라 왕을 만나면 이내 그를 좋아한 나머지 반드시 응후를 궁지에 몰아넣고 자리를 빼앗을 것이다."

응후가 이 소문을 듣고 말했다.

"나는 오래전부터 오제와 하·은·주 3대의 일과 제자백가의 학설을 알고 있었다. 많은 유세가의 교묘한 말을 내가 모두 물리친 이유다. 그가 어찌 나를 궁지에 몰아넣어 나의 자리를 빼앗을 수 있단 말인가?"

그러고는 사람을 시켜 채택을 불러오게 했다. 채택이 들어와 응후에게 가볍게 읍했다. 응후는 처음부터 탐탁지 않게 여기고 있었는데, 만나자마자 오만한 태도를 보자 곧바로 꾸짖었다.

"그대가 일찍이 나를 대신해 진나라 재상이 된다고 큰소리치고 다넜다는데, 과연 그런 일이 있었는가?"

채택이 대답했다.

"그렇습니다."

응후가 청했다.

"그대의 이야기를 들어보겠소."

채택이 반문했다.

"어찌해서 아직도 그 이치를 모르는 것입니까? 사계절은 순환하는 까닭에 계절의 임무를 다하면 이내 물러갑니다. 사람이 세상에 태어난 이상 신체가 건강하고, 팔다리가 성하고, 귀와 눈이 밝고, 마음이 지혜로운 것이 선비의 소원이 아니겠습니까?"

응후가 대답했다.

"그렇소."

채택이 말했다.

"인을 바탕으로 의를 지키며 도를 행하고 덕을 베풀면 천하에 자신의 뜻을 이루는 것입니다. 천하 사람이 그리워하고 사랑하며 존경하고 흠모해 군주로 받들고자 하면 이것이야말로 말재주가 뛰어나고 지혜로운 선비가 기대하는 것이 아니겠습니까?"

응후가 대답했다.

"그렇소."

채택이 말했다.

"부귀를 크게 누리고, 세상사를 잘 조절해 각자 제자리를 찾도록 하고, 목숨을 잘 지켜 요절을 피하며 천수를 누리게 하고, 천하가 전통을 잘 계승하고 사업을 지켜 영원히 전해지도록 하고, 명실이 참되어 그 은덕이 천리 먼 곳까지 전해지고, 대대로 칭송이 끊이지 않아 천지와 함께하도록 합니다. 이는 곧 도덕이 이루어지는 표시이니 성인이 말한 이른바 길상선사吉祥善事가 아니겠습니까?"

응후가 대답했다.

"그렇소."

채택이 말했다.

"저 진나라의 상앙, 초나라의 오기, 월나라 대부 문종 같은 사람은 결국 선비들이 바라고 원하는 인물이 될 수 있겠습니까?"

응후는 채택이 자신을 궁지로 몰아넣어 설득하고자 하는 것을 알아차렸다. 마음에도 없는 논리를 내세웠다.

"안 될 것이 뭐 있겠소? 상앙은 진효공을 섬기면서 시종 한마음으로 나라에 충성을 다하고 자신을 돌보지 않았소. 형벌을 만들어 간사한 행위를 끊고, 상벌을 반드시 시행해 세상을 바로잡고, 속마음을 털어놓고 진실한 감정을 피력하는 과정에서 남의 원한을 사는 것도 마다하지 않았고, 옛 친구를 속여서까지 위나라 공자 앙을 생포했고, 진나라의 사직을 안정되게 해 백성을 이롭게 했소. 결국 진나라를 위해 적장을 사로잡고 적군을 대파해 영토를 1,000리나 넓혔소. 오기는 초도왕을 섬기면서 사익이 공익을 해치지 못하게 하고, 참언하는 자들이 충간을 막는 일이 없게 하고, 말을 억지로 꾸미지 못하게 하고, 도리에 맞지 않는 행동은 구차스럽게 하지 않도록 했소. 위험에 직면해서도 방침을 바꾸지 않고, 의를 행하면서 어려움을 피하지 않았소. 군주를 패자로 만들고 나라를 강하게 만들기 위해 일신의 화와 흉을 두려워하지 않았소. 대부 문종은 월왕 구천을 섬기면서 군주가 곤경에 처하고 능욕을 당할 때 충성을 다하며 게으름을 피우지 않았소. 장차 군주의 대가 끊기고 나라가 망하려 할 때에는 재능을 다하며 결코 떠나지 않았소. 공업을 이룬 뒤에는 자신을 내세우지 않고, 재물과 관직을 탐하지도 않고, 교만하거나 게으른 모습을 보이지도 않았소.

이 세 명의 행위는 의로운 행동의 극치이고, 충절忠節의 모범에 해당하오. 군자는 의를 위해서라면 어려운 일을 하다가 죽는 것도 마다하지 않고, 죽는 것을 마치 집으로 돌아가는 것처럼 쉽게 여기오. 살아서 치욕을 당하느니 차라리 죽어서 영예로운 것이 낫다고 생각하는 것이오. 원래 선비는 자기 몸을 죽여 이름을 남기고[殺身成名], 의를 위해서라면 죽을지라도 원망치 않는 모습을 보이는 법이오[雖死無恨]. 어찌 세 명이 선비가 바라는 대상이 될 수 없겠소?"

채택이 반박했다.

"군주가 사물의 이치를 꿰고 신하가 현명한 것[主聖臣賢]*은 천하의 복이고, 군주가 밝고 신하가 정직한 것[君明臣直]은 나라의 복이고, 부모가 자상하고 자식이 효성스러운 것[父慈子孝]과 남편이 성실하고 아내가 정숙한 것[夫信妻貞]은 가정의 복입니다. 비간比干이 충성스러웠지만 은나라를 보존하지 못했고, 오자서가 지혜로웠지만 오나라를 보전하지 못했고, 신생申生이 효성스러웠지만 진晉나라는 크게 어지러웠습니다. 모두 충신 또는 효자였습니다. 그런데도 나라와 집이 망하고 어지러워진 것은 무슨 까닭입니까? 영명한 군주와 현명한 아비가 없어 충신과 효자의 말을 듣지 않았기 때문입니다.

천하 사람들은 나라와 집안을 망친 군주와 아비를 모욕하며 그 신

● 주성신현主聖臣賢의 성聖은 사물의 이치를 두루 꿰었다는 뜻이다. 현賢 역시 성聖에 가까울 정도로 사물의 이치에 밝은 것을 의미한다. 양자를 합쳐 성현聖賢으로 표현하는 이유다. 종교적 의미의 성현과 구분해야 한다.

하와 아들을 가엾게 여겼습니다. 상앙이나 오기, 대부 문종은 신하로서 뛰어났지만 그들의 군주는 훌륭하지 못했습니다. 세인들은 이 세 명이 공을 세우고도 자랑하지 않은 점을 칭송하지만 어찌 불우하게 죽은 것을 부러워하겠습니까? 죽은 뒤 비로소 충성스럽다는 명성을 얻었다면 미자微子도 어질다고 할 수 없고, 공자도 성인이라고 할 수 없고, 관중도 위대하다고 할 수 없을 것입니다. 사람이 공을 세울 때 어찌 완벽을 기하지 않는 자가 있겠습니까? 몸과 이름 모두 온전한 것이 가장 훌륭하고, 이름은 남의 모범이 될 만했지만 몸을 보전치 못한 것은 그다음이고, 이름이 모욕을 당하면서 몸만 보전한 것은 가장 아래입니다."

응후가 칭찬했다.

"과연 그렇소."

●● 將見昭王, 使人宣言以感怒應侯曰, "燕客蔡澤, 天下雄俊弘辯智士也. 彼一見秦王, 秦王必困君而奪君之位." 應侯聞, 曰, "吾帝三代之事, 百家之說, 吾旣知之, 衆口之辯, 吾皆摧之, 是惡能困我而奪我位乎?" 使人召蔡澤. 蔡澤入, 則揖應侯. 應侯固不快, 及見之, 又倨, 應侯因讓之曰, "子嘗宣言欲代我相秦, 寧有之乎?" 對曰, "然." 應侯曰, "請聞其說." 蔡澤曰, "吁, 君何見之晚也! 夫四時之序, 成功者去. 夫人生百體堅彊, 手足便利, 耳目聰明而心聖智, 豈非士之願與?" 應侯曰, "然." 蔡澤曰, "質仁秉義, 行道施德, 得志於天下, 天下懷樂敬愛而尊慕之, 皆願以爲君王, 豈不辯智之期與?" 應侯曰, "然." 蔡澤復曰, "富貴顯榮, 成理萬物, 使各得其所, 性命壽長, 終其天年而不夭傷, 天下繼其統, 守其業, 傳之無窮, 名實純粹, 澤流千里, 世世稱之而無絶, 與天地終始, 豈道德之符而聖人所謂吉祥善事者與?" 應侯曰, "然." 蔡澤曰,

"若夫秦之商君, 楚之吳起, 越之大夫種, 其卒然亦可願與?"應侯知蔡澤之欲困己以說, 復謬曰,"何爲不可? 夫公孫鞅之事孝公也, 極身無貳慮, 盡公而不顧私, 設刀鋸以禁姦邪, 信賞罰以致治, 披腹心, 示情素, 蒙怨咎, 欺舊友, 奪魏公子卬, 安秦社稷, 利百姓, 卒爲秦禽將破敵, 攘地千里. 吳起之事悼王也, 使私不得害公, 讒不得蔽忠, 言不取苟合, 行不取苟容, 不爲危易行, 行義不辟難, 然爲霸主強國, 不辭禍凶. 大夫種之事越王也, 主雖困辱, 悉忠而不解, 主雖絶亡, 盡能而弗離, 成功而弗矜, 貴富而不驕怠. 若此三子者, 固義之至也, 忠之節也. 是故君子以義死難, 視死如歸, 生而辱不如死而榮. 士固有殺身以成名, 唯義之所在, 雖死無所恨. 何爲不可哉?"蔡澤曰,"主聖臣賢, 天下之盛福也, 君明臣直, 國之福也, 父慈子孝, 夫信妻貞, 家之福也. 故比干忠而不能存殷, 子胥智而不能完吳, 申生孝而晉國亂. 是皆有忠臣孝子, 而國家滅亂者, 何也? 無明君賢父以聽之, 故天下以其君父爲僇辱而憐其臣子. 今商君 · 吳起 · 大夫種之爲人臣, 是也, 其君, 非也. 故世稱三子致功而不見德, 豈慕不遇世死乎? 夫待死而後可以立忠成名, 是微子不足仁, 孔子不足聖, 管仲不足大也. 夫人之立功, 豈不期於成全邪? 身與名俱全者, 上也. 名可法而身死者, 其次也. 名在僇辱而身全者, 下也."於是應侯稱善.

채택은 응후의 인정을 받자 잠시 뜸을 들인 뒤 계속 말을 이었다.

"상앙과 오기, 대부 문종이 신하로서 충성을 다하고 공을 세운 것은 누구나 인정합니다. 그러나 굉요閎天가 주문왕을 섬기고, 주공이 주성왕周成王을 보좌한 것 또한 극히 충성스러운 모습이 아니겠습니까? 군신의 관계로 볼 때 상앙과 오기 및 대부 문종의 경우를 굉요 및 주공의 경우와 비교할 때 선비들이 어느 쪽을 더 바라겠습니까?"

응후가 대답했다.

"상앙과 오기, 대부 문종은 그들만 못하오."

채택이 물었다.

"그렇다면 그대의 군주는 자애로워 충신을 신임하고, 옛 친구와 인정이 두텁고 후하게 지내고, 현명하고 지혜로워 도를 지키는 선비와 굳게 사귀고, 의를 지켜 공신을 저버리지 않은 점에서 상앙·오기·대부 문종의 주군이었던 진효공·초도왕·월왕 구천과 비교하면 어느 쪽이 낫습니까?"

응후가 대답했다.

"잘 모르겠소."

채택이 말했다.

"지금 그대의 군주는 충신과 가까이하는 점에서 진효공과 초도왕 및 월왕 구천만 못합니다. 그대는 자신의 지혜와 재능을 발휘함으로써 군주를 위해 위태로운 것을 안정시키며 정사를 바로잡고, 병사를 훈련시켜 난리를 평정하고, 재앙을 물리쳐 어려움을 극복하고, 영토를 확장해 농업을 발전시키고, 국고를 충실히 해 백성을 부유하게 하고, 군권君權을 강화해 나라의 위엄을 높이고 왕실을 빛나게 했습니다. 천하의 누구도 감히 그대의 주상을 업신여기거나 속일 수 없습니다. 주상의 명성이 중원을 진동시키고, 그 공업은 1만 리 밖에서도 빛납니다. 그 빛나는 이름은 천대에 걸쳐 전해질 것입니다. 이런 점에서 그대를 상앙과 오기 및 대부 문종과 비교하면 어떻습니까?"

응후가 대답했다.

"나는 그들만 못하오."

채택이 말했다.

"지금 그대의 군주가 충신을 가까이하고 옛 친구를 잊지 못하는 것은 진효공·초도왕·월왕 구천에 미치지 못하고, 그대의 공적과 군주의 총애 및 신임 또한 상앙·오기·대부 문종에 미치지 못합니다. 그런데도 그대의 녹봉은 많고, 지위는 높고, 가진 재산은 이 세 명보다 더 많습니다. 만일 그대가 물러나지 않은 채 그 자리를 지키고 있으면 그대에게 닥칠 우환은 이 세 명보다 더욱 심하지 않을까 걱정스럽습니다. 저는 그대를 위해 이 점을 위태롭게 생각합니다.

속담에 이르기를, '해가 중천에 이르면 이내 서쪽으로 기울고, 달도 차면 이내 기운다'고 했습니다. 사물은 정점에 이르면 곧 쇠락하게 마련입니다. 이는 천지만물의 변하지 않는 이치입니다. 나아가고 물러남[進退]과 차고 기우는 것[盈縮]이 때와 더불어 변하는 것은 성인의 영원한 도입니다. 그래서 공자도 말하기를, '나라에 도가 있으면 나아가 벼슬하고, 도가 없으면 몸을 숨긴다'고 한 것입니다.• 《주역》〈건괘〉괘사에 이르기를, '비룡이 하늘에 있으니 뛰어난 성군이 출현해 세상을 이롭게 한다'고 했습니다. 또 공자는 《논어》〈술이〉에서 이르기를, '의롭지 못한 부귀는 나에게 뜬구름과 같다'고 했습니다.

지금 그대는 이미 원한을 다 갚았고, 은혜도 다 보답했습니다. 내심 이루고자 한 것도 다 실현했습니다. 그런데도 시변에 적응할 계책을 세우지 않고 있습니다. 그대를 위해 그대로 있을 수 없는 일입

• 이는 《논어》〈위령공〉에서 차용한 것이다. 원문은 "나라에 도가 있으면 벼슬자리에 나아가 뜻을 펼치고, 나라에 도가 없으면 조용히 물러나 스스로를 감추었다[邦有道則仕, 邦無道則可卷而懷之]"이다. 〈범수채택열전〉은 《논어》원문의 "가권이회지可卷而懷之"를 은隱으로 축약해 표현한 것이다. 이는 공자가 위衛나라의 현대부 사어史魚를 기린 내용이다.

니다. 물총새·따오기·코뿔소·코끼리는 생활의 터전이 죽음으로부터 그리 멀리 벗어나 있지 않지만 그런 대로 천수를 누립니다. 그런데도 잡혀 죽는 것은 먹이를 탐하는 욕심에 이끌리기 때문입니다. 소진과 지백의 재주는 치욕을 피하고 죽음을 멀리하기에 충분했습니다. 그런데도 횡사한 것은 지나친 욕심에 미혹되어 그만두지 못했기 때문입니다.

성인은 예법을 제정해 욕망을 절제하게 하고, 백성으로부터 세금을 걷는 데에도 일정한 한도를 두었고, 백성을 부리는 데에도 농사철이 아닌 시기를 택하도록 제한을 두었던 것입니다. 생각은 지나치지 않고, 행동은 교만하지 않고, 늘 이런 원칙을 벗어나지 않았습니다. 천하 사람들이 끊임없이 이들의 전통을 이어간 이유입니다.

옛날 제환공이 아홉 번이나 제후들과 회맹해 처음으로 천하를 평정했습니다. 그러나 규구葵丘의 회맹에서 교만하고 과시하는 마음을 드러내 9개국이 등을 돌렸습니다. 오왕 부차의 군사는 천하무적이었지만 강대함을 자랑으로 삼고 열국을 업신여기며 제나라와 진나라를 누르고자 했습니다. 끝내 자신은 죽임을 당하고 나라는 패망하고 말았습니다. 하육과 태사교太史曒는 한번 고함을 치면 삼군을 놀라게 하는 용사였으나 정작 자신들은 하찮은 사람의 손에 죽고 말았습니다.* 이는 모두 정점에 이르렀을 때 본연의 도리로 돌아오지 않고 겸손과 절제를 지키지 않다가 화를 자초한 결과입니다.

상앙은 진효공을 위해 법령을 정비해 부정의 근원을 막고, 공적과 죄의 많고 적음에 따라 신상필벌을 행하고, 도량형을 통일해 시장과

● 《사기색은》은 고유의 주를 인용해 하육은 전박田博에게 피살되었으나, 태사교는 누구에게 피살되었는지 알 수 없다며 제민왕의 아들인 제양왕 때의 태사일 가능성을 제기했다.

재정을 조절하고, 논밭 사이로 길을 열어 백성의 생활을 안정시키며 풍속을 바로잡았습니다. 또 백성에게 농업을 장려해 생산력을 높이고, 한 집에서 두 가지 생업을 꾸리지 못하게 하고, 농업에 힘써 식량을 비축하며 군사훈련을 충실히 받게 했습니다. 덕분에 군사를 출동시킬 때마다 영토를 확장했고, 전쟁이 없을 때는 나라가 곧 부강해졌습니다. 진나라가 천하무적의 강국이 되어 위엄을 떨치고 공적을 이룬 배경입니다. 그러나 상앙은 공적에도 거열형을 받았습니다.

초나라의 땅은 사방 수천 리에 달하고, 무장한 병사가 100만 명에 이르는 대국입니다. 그럼에도 진나라 장수 백기는 겨우 수만 명의 군사를 이끌고 초나라와 싸워 대승을 거두었습니다. 첫 번째 교전에서 언과 영을 함락시키고, 이릉을 불살랐습니다. 두 번째 교전에서 촉나라와 한중을 병탄했습니다. 또 한나라와 위나라를 넘어 강대한 조나라를 공격해 북쪽에서 마복군 조괄을 생매장하고 40여만 명의 병사를 장평에서 섬멸했습니다. 흐르는 피가 강을 이루었고, 울부짖는 소리는 천지를 뒤흔들었습니다. 이어 한단을 포위·공격해 진나라가 제업帝業을 이루는 기초를 다졌습니다.

원래 초나라와 조나라는 천하의 강국으로 진나라의 원수였습니다. 이후 초나라와 조나라 모두 진나라에 굴복하고 감히 진나라를 치지 못한 것은 바로 백기의 위세 때문이었습니다. 백기는 친히 70여 개 성읍을 정복하는 공업을 이루었으나 끝내 두우에서 자진하고 말았습니다. 오기는 초도왕을 위해 법령을 제정했고, 대신의 권력을 약화시키고, 무능한 자를 파면하며 중요치 않은 자리를 없애고, 사적인 청탁을 배제했습니다. 또 초나라의 풍속을 통일시켜 놀고먹는 일을 금지하고, 농업을 장려하며 군사훈련을 강화하고, 남쪽으로 양주

楊州와 월나라를 손에 넣고, 북쪽으로 진陳나라와 채나라를 겸병하고, 합종과 연횡의 외교정책을 배척해 종횡가가 입을 열지 못하게 하고, 당파를 만드는 것을 금지시키고, 백성을 격려해 초나라 정국을 안정시켰습니다. 덕분에 군사는 천하에 용맹을 떨치고, 열국 제후들을 복종시킬 수 있었습니다. 그러나 공적을 이룬 뒤 사지가 찢기는 형벌을 받았습니다.

대부 문종은 월왕 구천을 위해 깊고도 심오한 계책을 세워 회계에서 월나라가 패망하는 위기를 모면하게 했습니다. 멸망 직전의 나라를 다시 살려 치욕을 영예로 바꿔놓고, 황무지를 일구어 새로운 고을을 건설하고, 땅을 개간해 곡식을 심고, 사방의 선비를 통솔해 위아래의 힘을 하나로 모으고, 현명한 군주인 구천을 보좌해 오왕 부차에게 받은 수모를 갚게 하고, 마침내 강대한 오나라를 멸망시켜 월나라를 패국霸國으로 만들었습니다. 그의 공훈은 너무도 뚜렷했고, 사람들 모두 이를 믿었습니다. 그러나 구천은 끝내 은혜를 저버리고 그를 죽였습니다.

네 명은 공업을 완성한 뒤 물러나야 할 때 물러나지 않은 까닭에 이런 화를 당했던 것입니다. 이를 두고 펼 줄만 알고 굽힐 줄을 모르는 신이불굴伸而不詘, 나아갈 줄만 알고 돌아올 줄 모르는 왕이불반往而不返이라고 합니다. 범리范蠡는 이런 도리를 알았습니다. 공업을 세운 뒤 초연히 세속을 떠나 오랫동안 도주공陶朱公을 자칭하면서 지냈습니다.

그대는 도박하는 사람을 보지 못했습니까? 혹자는 단판에 승부를 내려 하고, 혹자는 조금씩 걸어 천천히 승부를 내려 합니다. 이는 그대도 잘 알고 있는 것입니다. 지금 그대는 진나라 재상 자리에 앉아 계책을 세우고, 조정에 머물며 계책으로 열국을 누르고, 삼천 일대의 개발 이익으로 의양을 충실하게 하고, 양장의 험준한 곳을 끊어 태항산으로 통하는 요충지의 길을 막고, 범씨范氏와 중항씨中行氏로 통하는 길을 절단해 산동육국이 합종하지 못하게 하고, 1,000리나 되는 잔교棧橋를 이용해 촉과 한중을 연결함으로써 열국 모두 진나라를 두려워하게 만들었습니다. 이로써 진나라가 바라는 일이 이루어졌고, 그대의 공로 또한 절정에 달했습니다.

　이제 진나라는 도박할 때 금액을 나누어 걸어 조금씩 이익을 취하듯이 공을 나누어야 할 때입니다. 이런 상황에서 뒤로 물러나지 않으면 곧 상앙·백기·오기·대부 문종의 길을 걷게 됩니다. 제가 듣건대, '물을 거울로 삼으면 자신의 얼굴을 알 수 있고, 사람을 거울로 삼으면 자신의 길흉을 알 수 있다'고 했습니다. 또 고서에 이르기를, '성공을 거둔 곳은 오래 머물 수 없다'고 했습니다. 그대는 왜 이 네 명이 받은 재앙을 이어받으려는 것입니까? 그대는 왜 이 기회에 재상의 자리를 다른 현자에게 물려준 뒤 조용히 바위 밑에서 냇가의 경치를 구경하며 살려고 하지 않는 것입니까? 그리하면 반드시 백이와 숙제처럼 청렴하다는 호평을 듣고, 길이 응후로 불리며 대대로 제후의 지위를 누릴 것입니다. 나아가 허유와 연릉계자延陵季子처럼 사양하는 마음을 지녔다는 칭송도 받을 것이고, 신선이 된 것으로 알려진 주영왕周靈王의 태자 왕자교王子喬*와 곤륜산으로 들어가 신선이 된 적송자赤松子처럼 장수할 것입니다. 이것과 화를 입고 삶을

● 왕자교는 전설적인 신선이다. 유향의 《열선전》에 따르면 주영왕의 태자 희진姬晋으로, 자교는 자다. 생황 연주를 좋아했고 도사 부구공浮丘公을 만나 이수伊水와 낙수洛水 사이를 노닐다가 학을 타고 하늘로 올라가 신선이 되었다고 한다. 이후 왕씨의 조상이 되었다.

마치는 것과 비교하면 어느 쪽이 낫겠습니까? 그대는 어느 쪽을 택할 생각입니까?

지금 자리를 떠나는 것을 아까워하며 결단하지 못하면 반드시 앞서 언급한 네 명과 똑같은 화를 당할 것입니다. 《주역》〈건괘〉 괘사에 이르기를, '끝까지 올라간 용은 뉘우칠 날이 있다'고 했습니다. 이는 오를 줄만 알고 내려올 줄 모르고, 뻗을 줄만 알고 굽힐 줄 모르고, 나아갈 줄만 알고 돌아설 줄 모르는 자를 비유한 것입니다. 이를 깊이 생각하시기를 바랍니다."

응후가 말했다.

"좋은 말이오. 나도 '욕심을 그칠 줄 모르면 하고자 하는 바를 잃고, 가지고 있는데도 만족할 줄 모르면 가진 것도 잃는다'는 말을 알고 있소. 다행히 선생이 내게 가르쳐주셨으니 삼가 가르침을 따르도록 하겠소."

곧 채택을 안으로 맞아들여 상등의 빈객으로 예우했다. 며칠 뒤 범수가 조정으로 들어가 진소양왕에게 이같이 건의했다.

"산동에서 채택이라는 빈객이 저를 찾아왔습니다. 그는 언변이 뛰어나고, 삼왕의 사적과 오패의 사업에 밝습니다. 세속의 변화에 통달해 진나라의 정사를 맡기기에 충분합니다. 지금까지 신이 만나본 사람이 매우 많으나 그와 비교할 만한 자는 아직 없었습니다. 저도 그에 미치지 못합니다. 신이 무례를 무릅쓰고 감히 말씀드립니다."

진소양왕이 채택을 만나 이야기를 나눈 뒤 매우 기뻐하며 객경에 임명했다. 응후 범수는 이 기회에 병을 핑계로 재상의 인수도 반납했다. 진소양왕이 억지로라도 머물게 하려 했으나 범수는 병이 심하다며 극구 사양했다. 범수가 재상의 자리에서 물러난 배경이다. 진소양왕은 채택의 새로운 계책을 듣고 크게 만족해하며 곧 진나라 재상에 임명했다. 곧 채택의 계책을 사용해 동쪽으로 주나라 땅을 손에 넣었다. 채택이 진나라 재상이 된 지 몇 달 뒤 누군가 그를 헐뜯었다. 채택은 죽임을 당할까 두려운 나머지 병을 핑계로 재상의 인수를 반납했다. 진소양왕이 그를 강성군에 봉했다. 그는 진나라에 10년 넘게 머물면서 진소양왕을 비롯해 진효문왕秦孝文王과 진장양왕을 모셨다. 마지막에 진시황을 섬기면서 연나라에 사자로 갔다. 3년 뒤 연나라가 태자 단을 진나라에 인질로 보냈다.

●● 蔡澤少得閒, 因曰, "夫商君·吳起·大夫種, 其爲人臣盡忠致功則可願矣, 閎夭事文王, 周公輔成王也, 豈不亦忠聖乎? 以君臣論之, 商君·吳起·大夫種其可願孰與閎夭·周公哉?" 應侯曰, "商君·吳起·大夫種弗若也." 蔡澤曰, "然則君之主慈仁任忠, 惇厚舊故, 其賢智與有道之士爲膠漆, 義不倍功臣, 孰與秦孝公·楚悼王·越王乎?" 應侯曰, "未知何如也." 蔡澤曰, "今主親忠臣, 不過秦孝公·楚悼王·越王, 君之設智, 能爲主安危修政, 治亂彊兵, 批患折難, 廣地殖穀, 富國足家, 彊主, 尊社稷, 顯宗廟, 天下莫敢欺犯其主, 主之威蓋震海內, 功彰萬里之外, 聲名光輝傳於千世, 君孰與商君·吳起·大夫種?" 應侯曰, "不若." 蔡澤曰, "今主之親忠臣不忘舊故不若孝公·悼王·句踐, 而君之功績愛信親幸又不若商君·吳起·大夫種, 然而君之祿位貴盛, 私家之富過於三子, 而身不退者, 恐患之甚於三子, 竊爲君危之. 語曰 '日中則移, 月滿則虧'. 物盛則衰, 天地之常數也. 進退盈縮, 與時變化, 聖人之常道也. 故 '國有道則仕, 國無道則隱'. 聖人曰, '飛龍在天, 利見大人', '不義而富且貴, 於我如浮雲'. 今君之怨已讎而德已報, 意欲至矣, 而無變計, 竊爲君不取也. 且夫翠·鵠·犀·象, 其處勢非不遠死也, 而所以死者, 惑於餌也. 蘇秦·智伯之智, 非不足以辟辱遠死也, 而所以死者, 惑於貪利不止也. 是以聖人制禮節欲, 取於民有度, 使之以時, 用之有止, 故志不溢, 行不驕, 常與道俱而不失, 故天下承而不絶. 昔者齊桓公九合諸侯, 一匡天下, 至於葵丘之會, 有驕矜之志, 畔者九國. 吳王夫差兵無敵於天下. 勇彊以輕諸侯, 陵齊晉, 故遂以殺身亡國. 夏育·太史嗷叱呼駭三軍, 然而身死於庸夫. 此皆乘至盛而不返道理, 不居卑退處儉約之患也. 夫商君爲秦孝公明法令, 禁姦本, 尊爵必賞, 有罪必罰, 平權衡, 正度量, 調輕重, 決裂阡陌, 以靜生民之業而一其俗, 勸民耕農利土, 一室無二事, 力田稸積, 習戰陳之事, 是以兵動而地廣, 兵休而國富, 故秦無敵於天下, 立威諸侯, 成秦國之業. 功已成矣, 而遂以車裂. 楚地方數千里, 持戟百萬, 白起率數萬之師以與楚戰, 一戰擧鄢郢以燒夷陵, 再戰南幷蜀漢. 又越韓·魏而攻彊趙, 北阬馬服, 誅屠四十餘萬之衆, 盡之于長平·之下, 流血成川, 沸聲若雷, 遂入圍邯鄲, 使秦有帝業. 楚·趙天下之彊國而秦之仇敵也, 自是之後, 楚·趙皆懾伏不敢攻秦者, 白起之勢也. 身所服者七十餘城, 功已成矣, 而遂賜劍死於杜郵. 吳起爲楚悼王立法, 卑減大臣之威重, 罷無能, 廢無用, 損不急之官, 塞私門之請, 一楚國之俗, 禁遊客之民, 精耕戰之士, 南收楊越, 北幷陳·蔡, 破橫散從, 使馳說之士無所開其口, 禁朋黨以勵百姓, 定楚國之政, 兵震天下, 威服諸侯. 功已成矣, 而卒枝解. 大夫種爲越王深謀遠計, 免會稽之危, 以亡爲存, 因辱爲榮, 墾草入邑, 辟地殖穀, 率四方之士, 專上下之力, 輔句踐之賢, 報夫差之讐, 卒擒勁吳, 令越成霸. 功已彰而信矣, 句踐終負而殺之. 此四者, 功成不去, 禍至於此. 此所謂信而不能詘, 往而不能返者也. 范蠡知之, 超然辟世, 長爲陶朱公. 君獨不觀夫博者乎? 或欲大投, 或欲分功, 此皆君之所明知也. 今君相秦, 計不下席, 謀不出廊廟, 坐制諸侯, 利施三川, 以實宜陽, 決羊腸之險, 塞太行之道, 又斬范・中行之塗, 六國不得合從, 棧道千里, 通於蜀漢, 使天下皆畏秦, 秦之欲得矣, 君之功極矣, 此亦秦之分功之時也. 如是而不退, 則商君・白公・吳起・大夫種是也. 吾聞之, '鑒於水者見面之容, 鑒於人者知吉與凶'. 書曰 '成功之下, 不可久處'. 四子之禍, 君何居焉? 君何不以此時歸相印, 讓賢者而授之, 退而巖居川觀, 必有伯夷之廉, 長爲應侯, 世世稱孤, 而有許由・延陵季子之讓, 喬松之壽, 孰與以禍終哉? 卽君何居焉? 忍不能自離, 疑不能自決, 必有四子之禍矣. 易曰 '亢龍有悔', 此言上而不能下, 信而不能詘, 往而不能自返者也. 願君孰計之!"應侯曰, "善. 吾聞'欲而不知止足, 失其所以欲, 有而不知足止, 失其所以有'. 先生幸敎, 雎敬受命."於是乃延入坐, 爲上客. 後數日, 入朝, 言於秦昭王曰, "客新有從山東來者曰蔡澤, 其人辯士, 明於三王之事, 五伯之業, 世俗之變, 足以寄秦國之政. 臣之見人甚衆, 莫及, 臣不如也. 臣敢以聞."秦昭王召見, 與語, 大說之, 拜爲客卿. 應侯因謝病請歸相印. 昭王彊起應侯, 應侯遂稱病篤. 范雎免相, 昭王新說蔡澤計畫, 遂拜爲秦相, 東收周室. 蔡澤相秦數月, 人或惡之, 懼誅, 乃謝病歸相印, 號爲綱成君. 居秦十餘年, 事昭王・孝文王・莊襄王. 卒事始皇帝, 爲秦使於燕, 三年而燕使太子丹入質於秦.

태사공은 평한다.

"《한비자》〈오두〉에서 옷소매가 길어야 춤을 잘 춘다는 속담[長袖善舞]과 밑천이 많아야 장사를 잘할 수 있다는 속담[多錢善賈]을 인용한 바 있다. 이는 실로 믿을 만한 말이다! 범수와 채택은 사람들이 말하는 이른바 일체변사一切辯士로 어떤 경우든 자유자재로 변론할 수 있다. 그러나 열국을 돌며 유세했음에도 백발이 다되도록 지은을 베풀 군주를 만나지 못한 것은 계략과 전술이 모자라서가 아니다. 단지 유세한 나라들이 약하고 작았기 때문이다. 두 사람이 두루 다닌 끝에 진나라로 들어가 잇따라 재상이 되어 천하를 진동하게 한 공을 세운 것은 실로 진나라와 열국의 강약 차이에 따른 것이었다. 선비는 우연히 때를 만나는 경우도 있다. 이 두 사람 못지않은 재능을 지니고도 뜻을 이루지 못하는 사람을 어찌 다 말할 수 있겠는가! 이 두 사람도 곤궁한 처지에 빠지지 않았던들 어찌 떨치고 일어날 수 있었겠는가?"

●● 太史公曰, "韓子稱, '長袖善舞, 多錢善賈.' 信哉是言也! 范雎·蔡澤世所謂一切辯士, 然遊說諸侯至白首無所遇者, 非計策之拙, 所爲說力少也. 及二人羈旅入秦, 繼踵取卿相, 垂功於天下者, 固彊弱之勢異也. 然士亦有偶合, 賢者多如此二子, 不得盡意, 豈可勝道哉! 然二子不困戹, 惡能激乎?"

악의열전
樂毅列傳

〈악의열전樂毅列傳〉은 전국시대 말기 연나라 명장 악의樂毅에 관한 전기다. 위나라 출신인 그는 조나라에서 벼슬을 살다가 위나라를 거쳐 연나라로 갔다. 이로 인해 지조가 없다는 비판을 받았으나 당시의 상황을 감안할 필요가 있다. 그가 연나라로 간 것은 전적으로 연소왕이 천하의 인재를 두루 그러모은 데 따른 것이나. 세내로 된 대접을 받지 못해 사방을 전전하던 인재가 부름에 응한 것을 두고 지조를 운운하는 것은 전국시대의 상황을 감안치 못한 것이다. 당시 악의를 비롯한 무수한 인재들이 자신의 능력을 알아주는 주군을 찾아 수시로 옮겨 다녔다. 이는 난세에 나타나는 일반적인 모습이기도 했다.

그러나 그 역시 기려지신의 한계를 넘지는 못했다. 많은 공을 세웠음에도 연소왕 사후 무함을 받고 쫓겨난 것이 그렇다. 이후 연혜왕燕惠王이 불렀으나 그는 군신 사이의 의리를 논한 그 유명한 〈보연왕서報燕王書〉를 보내 이를 정중히 사양했다. 학자들의 연구에 따르면 제갈량의 〈출사표出師表〉는 이를 모방한 것으로 분석되고 있다. 제갈량이 초야에 있을 때 스스로를 악의와 관중에 비유한 점에 비추어보면 일리가 있는 분석이다. 악의도 연소왕을 만나지 못했다면 명장으로 이름을 남길 수 없었을 것이다. 관중이 제환공을 만나고, 제갈량이 유비를 만난 것에 비유할 만하다.

악의의 선조는 악양이다. 악양은 위문후 때 장군이 되어 중산을 쳐 빼앗았다. 위문후는 악양을 영수靈壽에 봉했다. 악양 사후 영수에 장사 지낸 까닭에 그의 후손들은 그곳에 정착해 살았다. 이후 중산은 나라를 재건했으나 조무령왕 때 다시 멸망했다. 당시 악씨樂氏의 후손 가운데 악의라는 자가 있었다. 악의는 현명하고 병법을 좋아했다. 조나라 사람이 그를 천거했다. 그러나 조무령왕이 사구의 난으로 죽자 조나라를 떠나 위나라로 갔다. 당시 연나라는 이른바 자지의 난으로 인해 나라가 어지러웠고, 이를 틈탄 제나라의 침공으로 크게 피폐해 있었다. 연왕 쾌의 뒤를 이어 즉위한 연소왕은 제나라를 원망하며 복수할 생각을 하루도 잊은 적이 없다. 그러나 연나라는 나라가 작고 멀리 구석진 곳에 위치해 있어 제나라를 제압할 길이 없었다. 연소왕이 공손한 태도로 선비를 높이 받든 이유다. 먼저 곽외郭隗를 예우해 천하의 현인을 끌어들이고자 했다.•

당시 위나라에 있던 악의는 위소왕에게 부탁해 연나라에 사자로 갔다. 연소왕은 그를 손님으로 예우하고자 했다. 악의가 이를 사양하며 연소왕에게 예물을 바치고 충성을 맹서하는 위질委質의 예를 행하고 신하가 되고자 했다. 연소왕이 이를 받아들여 그를 아경亞卿으로 삼았다. 이후 오랜 세월이 지났다.

당시는 제민왕의 세력이 강대할 때였다. 그는 남쪽으로 초나라 장수 당말唐眛을 중구重丘에서 격파하고, 서쪽으로 삼진을 관진에서 무너뜨렸다. 마침내 삼진과 힘을 합해 진나라를 치고, 조나라를 도와

• 〈연소공세가燕召公世家〉에 따르면 당시 연소왕이 곽외에게 주택을 마련해주고, 스승으로 받들자 당대의 병법가인 악의가 위나라, 음양가인 추연이 제나라, 장수인 극신이 조나라로부터 귀순하는 등 많은 인사가 앞다투어 연나라로 몰려왔다고 했다.

중산을 멸하고, 송나라를 쳐 영토를 1,000여 리나 넓혔다. 진소양왕과 제민왕이 제위를 놓고 다툰 배경이다. 각각 동제와 서제의 제호를 칭하기로 했으나 이내 왕호로 돌아갔다. 제후들이 모두 진나라를 등지고 제나라에 귀의하고자 했다. 제민왕이 교만해지기 시작한 이유다. 제나라 백성들은 그의 변덕스러운 정사를 견뎌낼 수 없었다. 당시 연소왕이 악의에게 제나라 정벌에 관해 묻자 악의가 이같이 대답했다.

"제나라는 일찍이 제환공 때 천하를 호령한 패업의 흔적이 있는 나라입니다. 땅이 넓고 인구가 많아 연나라 홀로 치기가 쉽지 않습니다. 대왕이 기필코 제나라를 치고자 하면 조나라 · 초나라 · 위나라 등과 합세하는 것보다 나은 방안이 없습니다."

연소왕이 악의를 보내 조혜문왕과 맹약을 맺게 했다. 이어 다른 사람을 초나라와 위나라로 보내 맹약을 맺었다. 진나라에 대해서는 조나라를 시켜 제나라를 치는 것이 유리하다는 점을 설득하게 했다. 당시 열국의 제후들 모두 제민왕의 교만하고 포악한 행보를 위험시했다. 앞다투어 연나라와 합종해 제나라 토벌에 나선 이유다. 악의가 돌아와 이를 보고하자 연소왕이 전군에 동원령을 내린 뒤 악의를 상장군으로 삼았다. 조혜문왕은 악의에게 상국의 인수를 내주었다. 이로써 악의는 연나라를 포함해 삼진과 초나라 등 5국 군사를 이끌고 제나라를 쳤다. 제나라 군사를 제수 서쪽에서 격파했다.

제후들은 싸움이 끝나자 각자의 나라로 돌아갔다. 그러나 악의는 연나라 군사를 이끌고 계속 추격해 제나라 도성 임치까지 쳐들어갔다. 제민왕은 제수 서쪽에서 패하자 거 땅으로 달아나 굳게 지켰다. 악의 홀로 제나라에 머물며 제나라 땅을 공략했다. 제나라의 모든 성읍은 크게 놀라 오직 수비만 할 뿐이었다.

악의는 임치로 진공한 뒤 제나라의 보물과 사당의 제기 등을 연나라로 실어 보냈다. 연소왕이 크게 기뻐하며 직접 제수 기슭까지 나아가 군사를 위로하고 상을 내렸다. 연소왕이 잔치를 벌이면서 악의를 창국昌國에 봉하고, 창국군昌國君으로 칭했다. 연소왕은 제나라에서 얻은 전리품을 거두어 연나라로 돌아가면서 악의에게 명해 아직 항복하지 않은 제나라의 각 성읍을 평정하게 했다. 악의가 제나라에 머물며 각지를 공략했다. 5년 만에 70여 개의 성읍을 함락시킨 뒤 모두 연나라 군현으로 귀속시켰다. 거와 즉묵 땅만은 항복하지 않고 버텼다.

이 와중에 연소왕이 죽고, 그 아들이 연혜왕으로 즉위했다. 연혜왕은 태자로 있을 때부터 악의를 달갑지 않게 여겼다. 연혜왕의 즉위 직후 제나라 장수 전단田單은 이 소식을 듣고는 곧바로 제나라의 첩자를 풀어 악의를 무함하는 말을 연나라에 퍼뜨렸다.

"제나라에서 항복하지 않은 성은 두 개뿐이다. 이 두 개 성읍을 빨리 함락시키지 않는 것은 악의가 새로 즉위한 연나라 왕과 사이가 좋지 않기 때문이라 한다. 악의는 전쟁을 질질 끌어 제나라에 머물며 제나라의 왕이 될 생각이라 한다. 제나라는 연나라가 다른 장수를 보낼까 우려하고 있다고 한다."

연혜왕은 전부터 악의를 의심하고 있다가 제나라 첩자의 이 말을 듣고는 곧 장수 기겁騎劫을 제나라로 보내면서 악의를 소환했다. 악의는 연혜왕이 자신을 탐탁지 않게 여겨 기겁으로 교체한 것을 알고는 이내 죽임을 당할까 두려운 나머지 서쪽 조나라로 달아났다. 조나라가 악의를 관진에 봉하고 망제군望諸君으로 칭했다. 조나라가 악의를 떠받들자 연나라와 제나라 모두 크게 놀랐다.

●● 樂毅者, 其先祖曰樂羊. 樂羊爲魏文侯將, 伐取中山, 魏文侯封樂羊以靈壽. 樂羊死, 葬於靈壽, 其後子孫因家焉. 中山復國, 至趙武靈王時復滅中山, 而樂氏後有樂毅. 樂毅賢, 好兵, 趙人擧之. 及武靈王有沙丘之亂, 乃去趙適魏. 聞燕昭王以子之之亂而齊大敗燕, 燕昭王怨齊, 未嘗一日而忘報齊也. 燕國小, 辟遠, 力不能制, 於是屈身下士, 先禮郭隗以招賢者. 樂毅於是爲魏昭王使於燕, 燕王以客禮待之. 樂毅辭讓, 遂委質爲臣, 燕昭王以爲亞卿, 久之. 當是時, 齊湣王彊, 南敗楚相唐眛於重丘, 西摧三晉於觀津, 遂與三晉擊秦, 助趙滅中山, 破宋. 廣地千餘里. 與秦昭王爭重爲帝, 已而復歸之. 諸侯皆欲背秦而服於齊. 湣王自矜, 百姓弗堪. 於是燕昭王問伐齊之事. 樂毅對曰, "齊, 霸國之餘業也, 地大人衆, 未易獨攻也. 王必欲伐之, 莫如與趙及楚·魏." 於是使樂毅約趙惠文王, 別使連楚·魏, 令趙嚹說秦以伐齊之利. 諸侯害齊湣王之驕暴, 皆爭合從與燕伐齊. 樂毅還報, 燕昭王悉起兵, 使樂毅爲上將軍, 趙惠文王以相國印授樂毅. 樂毅於是幷護趙·楚·韓·魏·燕之兵以伐齊, 破之濟西. 諸侯兵罷歸, 而燕軍樂毅獨追, 至于臨菑. 齊湣王之敗濟西, 亡走, 保於莒. 樂毅獨徇齊, 齊皆城守. 樂毅攻入臨菑, 盡取齊寶財物祭器輸之燕. 燕昭王大說, 親至濟上勞軍, 行賞饗士, 封樂毅於昌國, 號爲昌國君. 於是燕昭王收齊鹵獲以歸, 而使樂毅復以兵平齊城之不下者. 樂毅留徇齊五歲, 下齊七十餘城, 皆爲郡縣以屬燕, 唯獨莒·卽墨未服. 會燕昭王死, 子立爲燕惠王. 惠王自爲太子時嘗不快於樂毅, 及卽位, 齊之田單聞之, 乃縱反閒於燕, 曰, "齊城不下者兩城耳. 然所以不早拔者, 聞樂毅與燕新王有隙, 欲連兵且留齊, 南面而王齊. 齊之所患, 唯恐他將之來." 於是燕惠王固已疑樂毅, 得齊反閒, 乃使騎劫

代將, 而召樂毅. 樂毅知燕惠王之不善代之, 畏誅, 遂西降趙. 趙封樂毅
於觀津, 號曰望諸君. 尊寵樂毅以警動於燕·齊.

　제나라 장수 전단은 악의가 망명한 이후 기겁과 싸우게 되었다.
끝내 속임수를 써서 연나라 군사를 즉묵성卽墨城 아래서 격파했다.
이어 각지를 돌며 연나라 군사를 몰아냈다. 북쪽으로 황하 기슭에
이르기까지 제나라의 모든 성읍을 수복하고, 제양왕을 거 땅에서 임
치로 맞아들였다. 연혜왕은 나중에야 기겁을 악의와 교대시킨 탓에
군대가 깨지고 장수가 죽고[破軍亡將], 점령한 제나라 땅까지 잃게 된
것을 알고 크게 후회했다. 나아가 내심 악의가 조나라에 투항한 것
을 원망하면서, 조나라가 혹여 악의를 이용해 연나라가 지친 틈을
타 공격해올까 두려워했다. 곧 사람을 보내 악의를 책망하면서 동시
에 사과의 말을 전했다.

　"선왕은 나라를 모두 들어 장군에게 맡겼소. 장군은 연나라를 위
해 제나라를 무찌르고, 선왕의 원수를 갚았소. 천하에 흔들리지 않은
자가 없었으니, 과인이 어찌 하루인들 장군의 공을 잊을 리 있겠소?
마침 선왕이 세상을 떠나고 과인이 즉위하자 좌우에 있는 자들이 과
인을 그릇된 길로 이끌었소. 과인이 기겁을 장군과 교대시킨 것은,
장군이 오랫동안 나라 밖에서 더위와 풍우에 시달리고 있기에 안으
로 불러 잠시 쉬게 한 뒤 국가대사를 논의하고자 한 것이오. 그런데
장군은 과인과 틈이 있다고 오해하고 연나라를 떠나 조나라로 가버
렸소. 장군 자신을 위한 처신으로는 좋을지 모르나 장차 선왕이 장
군을 우대한 뜻을 어찌 보답할 생각이오?"

　그러자 악의가 연혜왕에게 답신으로 〈보연왕서〉를 보냈다.

신은 재주가 없는 자여서[不佞] 왕명을 받들지 못하고, 좌우 대신의 뜻에 따르지 못했습니다. 선왕의 명철함을 해치고 그대의 높은 덕을 상하게 만들까 두려워 조나라로 달아났던 것입니다. 지금 대왕은 사자를 보내 신의 죄를 누차 책망했습니다. 신은 대왕을 모시는 자들이 신을 총애한 선왕의 취지를 살피지 못하고, 또 신이 선왕을 섬긴 뜻을 명백히 하지 못할까 두렵습니다. 감히 글로써 회답하는 이유입니다.

신이 듣건대, "사물의 이치를 꿴 현명하고 성스러운 군주는 가깝다는 이유로 녹봉을 주지 않고, 공이 많은 자에게 상을 주고, 능력 있는 자에게 그에 맞는 일을 맡긴다"고 했습니다. 사람의 재능을 살펴 관직을 주어야 공을 이루는 군주가 되고, 덕행을 헤아려 친구를 사귀어야 명성을 세우는 선비가 됩니다. 선왕이 행한 일을 살펴보니 세상의 여느 군주보다 높은 뜻이 있다는 사실을 알았습니다. 신이 위나라 사자의 신분으로 연나라로 온 이유입니다.

선왕은 과분하게도 신을 높은 자리에 등용해 빈객의 대열에 포함시키고, 신하들 위에 오르게 하고, 왕족대신들과 상의도 없이 신을 아경으로 삼았습니다. 신은 내심 자신의 능력도 모른 채 명령과 가르침을 착실히 받들면 큰 허물은 없으리라는 생각에 사양치 않고 명을 받았습니다.

선왕은 신에게 말하기를, "과인은 제나라에 원한이 깊어 화가 치민다. 연나라의 힘이 약한 것을 헤아리지 않고 제나라를 치려 한다"고 했습니다. 신이 건의하기를, "제나라는 일찍이 천하를 제패한 업적이 있고, 전쟁에서 늘 이긴 나라입니다. 병사와 무기가 잘 갖추어 있고 전투에도 능합니다. 만일 대왕이 제나라를 치고자 하면 반드시 천하의 제후들과 함께 도모해야 합니다. 그리하려면 먼저 조나라와 동맹을 맺는 것이 좋습니다. 또 회수 북쪽의 옛 송나라 땅은 초나라와 위나라가 탐내는 땅입니다. 조나라가 승낙해 4국이 합세하면 능히 제나라를 격파할 수 있습니다"라고 했습니다. 선왕이 신의 말이 옳다고 생각해 부절을 주며 남쪽 조나라에 사자로 보냈습니다. 신이 돌아와 복명한 뒤 군사를 일으켜 제나라를 쳤습니다.

천도와 선왕의 신령 덕분에 황하 북쪽의 모든 지역이 선왕에게 복종했습니다. 그곳 군사를 모두 제수 가로 집결시킨 배경입니다. 제수 가에 결집한 연합군은 명을 받자마자 제나라를 쳐 크게 깨뜨렸고, 날랜 병사와 정예병은 멀리 적을 쫓아가 마침내 제나라 도성 임치에 이르게 되었습니다. 제나라 왕이 황급히 거 땅으로 달아나 겨우 목숨만 건졌습니다. 당시 제나라의 보옥과 수레, 무기, 진기한 그릇 등은 모두 거두어 연나라로 보냈습니다. 제나라의 진기한 그릇은 영대寧臺, 제나라의 큰 종인 대려는 원영元英에 진열했습니다. 전에 제나라에 빼앗긴 연나라의 정鼎은 역실磿室*로 되찾아오고, 문수 가의 대나무는 계구薊丘로 옮겨 심었습니다. 오패五伯 이래 선왕보다 더 큰 공을 세운 군주는 없습니다. 선왕이 만족해하며 땅을 일부 떼어 신을 봉해 소국 제후에 비길 만한 위치로 끌어주었습니다. 신은 내심 자신의 능력도 모른 채 명령과 가르침을 착실히 받들면 큰 허물은 없으리라는 생각에 사양치 않고 명을 받았습니다.

신이 듣건대, "현성한 군주는 공을 이루면 무너뜨리지 않는 까닭에 춘추春秋에 이름을 남긴다. 선견지명이 있는 선비는 이름을 세우면

• 《사기색은》은 역실이 궁궐 명칭이며 《전국책》에는 역실歷室로 되어 있다고 했다.

훼손하지 않는 까닭에 후대까지 칭송을 듣는다"고 했습니다. 선왕은 원수를 갚고 치욕을 씻어 제나라 같은 만승의 강대국을 평정했고, 800년에 걸쳐 쌓아둔 보물과 진기한 그릇을 빼앗았습니다. 또한 죽는 날까지 생전의 가르침이 조금도 시들지 않았으니, 정사를 맡은 신하들이 법령을 올바로 닦고, 적서嫡庶의 서열을 신중히 지키며 이를 밑의 하인들까지 미치도록 한 것이 그렇습니다. 모두 후대의 교훈이 될 만한 것입니다.

또한 신이 듣건대, "일을 잘 꾸민다고 반드시 성공하는 것도 아니고, 시작을 잘한다고 반드시 끝까지 잘하는 것도 아니다"라고 했습니다. 오자서의 건의가 받아들여졌기에 오왕 합려는 멀리 초나라 도성 영까지 쳐들어갈 수 있었습니다. 그러나 부차는 오자서의 견해가 옳지 않다고 여겨 죽음을 내리고, 시체를 말가죽으로 만든 자루에 넣어 장강에 띄웠습니다. 오왕 부차는 선왕의 정책을 그대로 이어가면 공을 이룰 수 있다는 것을 깨닫지 못했기에 오자서를 강에 던지고도 후회하지 않은 것입니다. 오자서 역시 두 군주의 도량이 같지 않다는 것을 일찍 알아채지 못한 까닭에 강에 내던지는 처지가 될 때까지 자기 견해를 굽히지 않은 것입니다.

신의 경우는 재앙을 벗어나고 공을 세움으로써 선왕이 신을 중용한 뜻을 밝히는 것이 가장 좋은 길입니다. 모욕적인 비난을 받아 선왕의 명성까지 훼손시키는 것이 신이 가장 두려워하는 것입니다. 이미 연나라를 버리고 조나라로 망명하는 죄를 범했음에도 요행히 살아남았는데, 조나라를 위해 지친 연나라를 치는 것은 도의상 도저히 할 수 없는 일입니다. 신이 듣건대, "옛 군자는 교제를 끊어도 그 사람의 단점을 말하지 않고, 충신은 나라를 떠나도 자신의 결백을 위해 허물을 군주에게 돌리지 않는다"고 했습니다. 신은 비록 영리하지 못한 자이지만 오랫동안 군자의 가르침을 받아왔습니다. 다만 대왕이 좌우의 말만 믿고 멀리 내쳐진 신의 행동을 제대로 살피지 못할까 우려되어 이처럼 서신으로 고하는 것입니다. 부디 신의 뜻을 마음으로 헤아려주시기 바랍니다.

연혜왕이 악의의 아들 악간樂間을 창국군으로 삼았다. 악의는 조나라와 연나라 사이를 오가며 다시 연나라와 친해졌다. 연나라와 조나라가 그를 객경에 임명했다. 악의는 조나라에서 죽었다.

●● 齊田單後與騎劫戰, 果設詐誑燕軍, 遂破騎劫於卽墨下, 而轉戰逐燕, 北至河上, 盡復得齊城, 而迎襄王於莒, 入于臨菑. 燕惠王後悔使騎劫代樂毅, 以故破軍亡將失齊, 又怨樂毅之降趙, 恐趙用樂毅而乘燕之獘以伐燕. 燕惠王乃使人讓樂毅, 且謝之曰, "先王擧國而委將軍, 將軍爲燕破齊, 報先王之讎, 天下莫不震動, 寡人豈敢一日而忘將軍之功哉! 會先王棄群臣, 寡人新卽位, 左右誤寡人. 寡人之使騎劫代將軍, 爲將軍久暴露於外, 故召將軍且休, 計事. 將軍過聽, 以與寡人有隙, 遂捐燕歸趙. 將軍自爲計則可矣, 而亦何以報先王之所以遇將軍之意乎?" 樂毅報遺燕惠王書曰, "臣不佞, 不能奉承王命, 以順左右之心, 恐傷先王之明, 有害足下之義, 故遁逃走趙. 今足下使人數之以罪, 臣恐侍御者不察先王之所以畜幸臣之理, 又不白臣之所以事先王之心, 故敢以書對. 臣聞賢聖之君不以祿私親, 其功多者賞之, 其能當者處之. 故察能而授官者, 成功之君也, 論行而結交者, 立名之士也. 臣竊觀先王之擧也, 見有高世主之心, 故假節於魏, 以身得察於燕. 先王過擧, 廁之賓客之中, 立之群臣之上, 不謀父兄, 以爲亞卿. 臣竊不自知, 自以爲奉令承敎, 可幸無罪, 故受令而不辭. 先王命之曰, '我有積怨深怒於齊, 不量輕弱, 而欲以齊爲事.' 臣曰, '夫齊, 霸國之餘業而最勝之遺事也. 練於兵甲, 習於戰攻. 王若欲伐之, 必與天下圖之. 與天下圖之, 莫若結於趙. 且又淮北 · 宋地, 楚魏之所欲也, 趙若許而約四國攻之, 齊可大破也.' 先王以爲然, 具符節南使臣於趙. 顧反命, 起兵擊齊. 以天之道, 先王之靈, 河北之地隨先王而擧之濟上. 濟上之軍受命擊齊, 大敗齊人. 輕卒銳兵, 長驅至國. 齊王遁而走莒, 僅以身免, 珠玉財寶車甲珍器盡收入于燕. 齊器設於寧臺, 大呂陳於元英, 故鼎反乎歷室, 薊丘之植植於汶篁, 自五伯已來, 功未有及先王者也. 先王以爲慊於志, 故裂地而封之, 使得比小國諸侯. 臣竊不自知, 自以爲奉命承敎, 可幸無罪, 是以受命不辭. 臣聞賢聖之君, 功立而不廢, 故著於春秋, 蚤知之士, 名成而不毁, 故稱於後世. 若先王之報怨雪恥, 夷萬乘之彊國, 收八百歲之蓄積, 及至棄羣臣之日, 餘敎未衰, 執政任事之臣, 脩法令, 愼庶孽, 施及乎萌隸, 皆可以敎後世. 臣聞之, 善作者不必善成, 善始者不必善終. 昔伍子胥說聽於闔閭, 而吳王遠跡至郢, 夫差弗是也, 賜之鴟夷而浮之江. 吳王不寤先論之據以立功, 故沈子胥而不悔, 子胥不蚤見主之不同量, 是以至於入江而不化. 夫免身立功, 以明先王之跡, 臣之上計也. 離毁辱之誹謗, 墮先王之名, 臣之所大恐也. 臨不測之罪, 以幸爲利, 義之所不敢出也. 臣聞古之君子, 交絶不出惡聲, 忠臣去國, 不絜其名. 臣雖不佞, 數奉敎於君子矣. 恐侍御者之親左右之說, 不察疏遠之行, 故敢獻書以聞, 唯君王之留意焉." 於是燕王復以樂毅子樂閒爲昌國君, 而樂毅往來復通燕, 燕 · 趙以爲客卿. 樂毅卒於趙.

악간이 연나라에서 산 지 30여 년이 되었을 때 연왕 희가 재상 율복栗腹의 계책을 써 조나라를 치려고 했다. 창국군 악간에게 의견을 묻자 악간이 반대했다.

"조나라는 사방의 적들과 자주 싸워온 나라입니다. 백성이 모두 싸움에 익숙한 까닭에 칠 수 없습니다."

연왕 희가 듣지 않고 마침내 조나라를 쳤다. 조나라가 장수 염파에게 명해 연나라를 치게 했다. 염파는 율복의 군사를 호 땅에서 대파하고, 율복과 악승樂乘을 생포했다. 악승은 악간의 집안사람이다. 악간이 조나라로 달아났다. 조나라는 마침내 연나라를 포위하자 연나라가 거듭 땅을 떼어주며 화친을 청했다. 조나라가 포위를 풀고 철군했다. 연왕 희는 악간의 의견을 듣지 않은 것을 후회했다. 그러나 악간이 이미 조나라로 가버린 뒤였다. 연왕 희가 서신을 보냈다.

은나라 주 때 기자는 자신의 의견이 받아들여지지 않았으나 계속 간하며 들어주기를 바랐소. 상용商容도 간했으나 받아들여지지 않고 몸에 치욕을 당했지만 여전히 주가 마음을 바꾸기를 기대했소. 민심이 이반되고 감옥에 갇힌 죄수들이 탈옥하는 지경에 이르자 기자와 상용은 비로소 조정을 떠나 은거했소. 주는 흉포하다는 허물을 뒤집어쓰게 되었지만, 기자와 상용은 충성스럽고 성스럽다는 이름을 잃지 않게 되었소. 이는 무슨 까닭이겠소? 이들은 나라를 걱정하는 마음을 다했기 때문이오. 지금 과인이 비록 어리석으나 주처럼 포악하지는 않고, 연나라 백성 또한 비록 어지러우나 은나라 백성처럼 심하지는 않소. 이번 일은 집안에 말썽이 있다고 해서 서로 정성을 다해 해결할 생각을 하지 않고, 이웃에 일러바친 것과 닮았소. 과인이 보기에 그대가 과인에게 간하지 않고, 또 이웃 나라인 조나라로 달아난 이 두 가지 일은 그대를 위해 잘한 일이라고 할 수 없소.

그러나 악간과 악승은 연나라가 자신들의 계책을 좇지 않은 것을 원망해 끝까지 조나라에 머물렀다. 조나라는 악승을 무양군武襄君으로 삼았다. 이듬해에 악승이 염파와 함께 조나라를 위해 연나라를 포위했다. 연나라가 정중한 예의로 화친을 청해 포위를 풀었다. 5년 뒤인 조효성왕 21년, 조효성왕이 죽었다. 뒤를 이어 즉위한 조도양왕이 악승을 염파 대신 장수로 임명했다. 염파가 불복해 악승을 쳤다. 악승이 이를 피해 달아났고, 염파도 망명해 위나라로 들어갔다. 16년 뒤인 조왕 천遷 8년, 진나라가 조나라를 멸했다. 20여 년 뒤, 한고조 유방이 조나라의 옛 땅을 지나며 이같이 물었다.

"악의의 후손이 있는가?"

사람들이 대답했다.

"악숙樂叔이라는 자가 있습니다."

한고조가 그를 악경樂卿에 봉하고 화성군華成君이라고 불렀다. 화성군은 악의의 손자다. 그밖에도 악씨의 일족으로 악하공樂瑕公, 악신공樂臣公 등이 있었다. 이들은 조나라가 진나라에게 멸망할 무렵 제나라의 고밀高密로 망명했다. 악신공은 황로학에 정통해 제나라에서 명성을 떨쳤고, 현사賢師로 일컬어졌다.

●● 樂閒居燕三十餘年, 燕王喜用其相栗腹之計, 欲攻趙, 而問昌國君樂閒. 樂閒曰, "趙, 四戰之國也, 其民習兵, 伐之不可." 燕王不聽, 遂伐趙. 趙使廉頗擊之, 大破栗腹之軍於鄗, 禽栗腹·樂乘. 樂乘者, 樂閒之宗也. 於是樂閒奔趙, 趙遂圍燕. 燕重割地以與趙和, 趙乃解而去. 燕王恨不用樂閒, 樂閒旣在趙, 乃遺樂閒書曰, "紂之時, 箕子不用, 犯諫不怠, 以冀其聽, 商容不達, 身祗辱焉, 以冀其變. 及民志不入, 獄囚自出, 然後二子退隱. 故紂負桀暴之累, 二子不失忠聖之名. 何者? 其憂患之盡矣. 今寡人雖愚, 不若紂之暴也, 燕民雖亂, 不若殷民之甚也. 室有語, 不相盡, 以告鄰里. 二者, 寡人不爲君取也." 樂閒 · 樂乘怨燕不聽其計, 二人卒留趙. 趙封樂乘爲武襄君. 其明年, 樂乘 · 廉頗爲趙圍燕, 燕重禮以和, 乃解. 後五歲, 趙孝成王卒. 襄王使樂乘代廉頗. 廉頗攻樂乘, 樂乘走, 廉頗亡入魏. 其後十六年而秦滅趙. 其後二十餘年, 高帝過趙, 問, "樂毅有後世乎?" 對曰, "有樂叔." 高帝封之樂卿, 號曰華成君. 華成君, 樂毅之孫也. 而樂氏之族有樂瑕公 · 樂臣公, 趙且爲秦所滅, 亡之齊高密. 樂臣公善修黃帝 · 老子之言, 顯聞於齊, 稱賢師.

태사공은 평한다.

"일찍이 제나라의 괴철과 주보언主父偃은 악의가 연나라 왕에게 올린 〈보언왕서〉를 읽을 때마다 책을 덮고 울지 않은 적이 없었다고 한다.● 악신공은 황로학을 배웠다. 그의 원래 스승은 하상장인河上丈人이라는 사람이다. 하상장인이 어디 출신인지 확실치 않다. 하상장인은 안기생安期生, 안기생은 모흡공毛翕公, 모흡공은 악하공, 악하공은 악신공, 악신공은 갑공蓋公에게 황로학을 가르쳐주었다. 갑공은 제나라의 고밀과 교서膠西에서 제자들을 가르치며 상국 조참曹參의 스승이 되었다."

◉◉ 太史公曰, "始齊之蒯通及主父偃讀樂毅之報燕王書, 未嘗不廢書

● 앞서 언급했듯이, 괴철이 원문에는 괴통蒯通으로 나온다. 한무제 유철의 이름을 피해 철을 통으로 바꾼 것이다.

而泣也. 樂臣公學黃帝·老子, 其本師號曰河上丈人, 不知其所出. 河上丈人教安期生, 安期生教毛翕公, 毛翕公教樂瑕公, 樂瑕公教樂臣公, 樂臣公教蓋公. 蓋公教於齊高密·膠西, 爲曹相國師."

염파인상여열전

廉頗藺相如列傳

〈염파인상여열전廉頗藺相如列傳〉은 전국시대 말기에 활약한 조나라 장수 염파와 재상 인상여藺相如에 관한 전기다. 인상여는 진나라 사자로 가 천하의 보옥인 화씨벽和氏璧을 온전히 되찾아오는 이른바 완벽完璧에 성공했다. 이때의 공으로 재상이 되었다. 염파가 이를 시기하자 스스로를 낮추는 모습으로 염파를 감동시켜 자기 사람으로 만들었다. 여기서 부형청죄負荊請罪와 문경지교刎頸之交 성어가 나왔다. 이후 조효성왕은 진나라와 맞붙은 장평대전에서 조사의 아들 조괄을 염파 대신 내세우는 바람에 대패하고 말았다. 염파는 말년에 위나라로 망명한 뒤 열국을 돌아다니다 초나라에서 죽었다. 조나라가 한때 최강국인 진나라와 맞설 수 있었던 것은 염파 및 인상여 등과 같은 충성스러운 장신將臣이 있었기에 가능했다. 이들이 죽거나 쫓겨나면서 조나라 역시 패망의 길로 접어들었다. 난세에 일어나는 흥망의 배경을 극명하게 보여주는 대목이다.

인상여열전

염파는 조나라의 뛰어난 장수다. 조혜문왕 16년, 염파는 조나라 장수가 되어 제나라를 공격해 대파하고 양진을 취했다. 이 공으로 상경에 제수되었다. 그의 용맹 역시 제후들에게 널리 알려졌다. 인상여도 조나라 출신이다. 그는 원래 환관의 우두머리인 환자령宦者令 무현繆賢의 사인으로 있었다. 조혜문왕 때 초나라의 화씨벽을 얻게 되었다. 진소양왕이 이를 듣고는 사자를 통해 조혜문왕에게 서신을 보냈다. 진나라의 열다섯 개 성읍과 화씨벽을 바꾸자는 내용이었다. 조혜문왕은 대장군 염파와 여러 대신을 모아놓고 이를 상의했다. 화씨벽을 진나라에게 주자니 진나라가 성읍을 내주지 않을까 우려되고, 주지 않자니 진나라 군사의 침공이 걱정되어 좀처럼 결정을 내리지 못했다. 또 진나라에 사자로 보낼 사람을 찾았으나 마땅한 인물이 없었다. 환자령 무현이 말했다.

"신의 사인으로 있는 인상여를 보낼 수 있을 것입니다."

조혜문왕이 물었다.

"어떻게 알 수 있소?"

무현이 대답했다.

"신이 일찍이 대왕에게 죄를 짓고 몰래 연나라로 달아날 계책을 세운 적이 있습니다. 그때 인상여가 만류하며 묻기를, '그대는 연나라 왕을 어떻게 알게 되었소?'라고 했습니다. 신이 대답하기를, '전에 대왕을 모시고 국경 부근에서 만난 적이 있소. 그때 연나라 왕이 가만히 내 손을 잡고 친구가 되고 싶다고 했소. 이 일로 연나라 왕을 알게 되었소'라고 했습니다. 인상여는 조언하기를, '조나라는 강하고 연나라는 약합니다. 그대가 조나라 왕의 총애를 받고 있기에 연나라 왕이 교제하고자 한 것입니다. 지금 그대가 조나라를 버리고 연나라로 가면 연나라는 조나라가 무서워 분명 그대를 머물게 하지 않을 뿐 아니라 그대를 포박해 조나라로 돌려보낼 것입니다. 차라리 어깨를 드러내는 육단을 한 채 도끼와 모탕인 부질斧質에 엎드려 죄를 청하느니만 못합니다. 그러면 요행히 죄를 용서받을지도 모릅니다'라고 했습니다. 신이 그대로 했더니 대왕도 은혜를 베풀어 신을 사면했습니다. 신이 보건대 그는 용맹하고 지모가 있는 사람입니다. 그를 사자로 보내는 것이 좋을 듯합니다."

조혜문왕이 인상여를 불러 물었다.

"진나라 왕이 진나라의 열다섯 개의 성읍과 과인의 화씨벽을 바꾸자고 요구하고 있소. 이를 들어주어야 하겠소?"

인상여가 대답했다.

"진나라는 강하고 조나라는 약하므로 들어주지 않을 수 없습니다."

조혜문왕이 다시 물었다.

"저들이 화씨벽만 취하고 성을 내주지 않으면 어찌해야 하오?"

인상여가 대답했다.

"진나라가 성읍을 내주는 조건으로 화씨벽을 달라고 했습니다. 조나라가 받아들이지 않으면 잘못은 조나라에게 있게 됩니다. 그러나 조나라가 화씨벽을 주었는데도 진나라가 성읍을 내주지 않으면 잘못은 진나라에게 있게 됩니다. 이 두 가지 대책을 비교해볼 때 차라리 요구를 들어준 뒤 책임을 진나라에 떠넘기는 편이 낫습니다."

조혜문왕이 물었다.

"누가 사자로 적당하겠소?"

인상여가 자청했다.

"적당한 인물이 없다면 신이 화씨벽을 받들고 사자로 가겠습니다. 열다섯 개의 성읍이 조나라 손에 들어오면 화씨벽을 두고 오고, 들어오지 않으면 화씨벽을 조나라로 온전히 가지고 돌아오겠습니다[完璧歸趙]."

조혜문왕이 마침내 인상여에게 화씨벽을 받들고 서쪽 진나라로 가게 했다. 진소양왕이 장대에 앉아 인상여를 접견했다. 인상여가 화씨벽을 받들어 진소양왕에게 바치자 진소양왕이 크게 기뻐하며 비빈들과 좌우 신하들에게 차례차례 보여주었다. 모두 만세를 외쳤다. 인상여는 진소양왕이 조나라에 성읍을 내줄 마음이 없는 것을 눈치채고 앞으로 나아가 이같이 고했다.

"이 화씨벽에도 작은 흠이 하나 있습니다. 지금 대왕에게 보여드리겠습니다."

진소양왕이 화씨벽을 내주자 인상여가 화씨벽을 받아 쥐고는 뒤로 물러나 기둥에 기대섰다. 머리털이 치솟아 관冠을 찌를 성노로 화를 내며 이같이 말했다.

"대왕이 화씨벽을 얻을 욕심으로 사자를 통해 조나라 왕에게 서신을 보냈습니다. 조나라 왕은 신하들을 모두 모아놓고 상의를 했습니다. 모두 말하기를, '진나라는 탐욕스러워 자신들의 힘이 강한 것만 믿고 빈말로 화씨벽을 가로채려는 것이다. 화씨벽만 내주고 성읍은 아마 얻지 못할 것이다'라며 화씨벽을 주지 말자는 쪽으로 의견을 모았습니다. 그러나 신은 내심 '서민의 교제인 포의지교布衣之交에도 오히려 서로 속이지 않는데 하물며 대국 간의 교제이겠는가? 화씨벽 하나 때문에 강한 진나라의 비위를 거스를 수는 없는 일이다'라고 여겼습니다.

조나라 왕은 닷새 동안 목욕재계를 한 뒤 신에게 화씨벽을 받들게 하고, 삼가 국서國書를 진나라 조정에 보낸 것입니다. 왜 그랬겠습니까? 이는 대국의 위엄을 존중해 경의를 표한 것입니다. 오늘 신이 이르자 대왕은 신을 별궁에서 접견하며 매우 오만한 자세를 보였습니다. 화씨벽을 받은 뒤에는 비빈들에게 차례로 건네주며 신을 조롱했습니다. 신은 대왕이 화씨벽을 받은 대가로 조나라에 성을 줄 마음이 없으신 것을 알았기에 화씨벽을 돌려받은 것입니다. 만일 대왕이 신을 핍박하면 신의 머리는 이 화씨벽과 함께 기둥에 부딪쳐 산산조각이 날 것입니다!"

인상여가 화씨벽을 들고 기둥을 노려보며 달려들려고 했다. 진소양왕은 화씨벽이 깨질까 걱정해 거듭 잘못을 사과했다. 이어 관원에게 지도를 가져오게 한 뒤 손가락으로 지도를 가리키며 여기부터 저기까지 열다섯 개의 성읍을 조나라에 넘겨주라고 명했다. 인상여는 진소양왕이 거짓으로 열다섯 개의 성읍을 넘겨주려는 것이고, 실제로는 성읍을 얻지 못할 것임을 알았다. 진소양왕에게 이같이 말했다.

"화씨벽은 온 천하가 인정하는 보물입니다. 조나라 왕은 대왕이 두려워 화씨벽을 감히 바치지 않을 수 없었습니다. 조나라 왕이 이 화씨벽을 보낼 때 닷새 동안 재계齋戒를 했으니 대왕도 닷새 동안 재계를 하고, 대궐 뜰에서 구빈九賓의 예를 행해야 합니다.˚ 그래야만 신도 화씨벽을 바치도록 하겠습니다."

● 구빈을두고 《사기집해》는 위소韋昭의 주를 인용해 《주례》의 구의九儀를 지칭한다고 했다. 《사기색은》은 《주례》를 인용해 구복九服의 빈객으로 해석하면서, 《열사전列士傳》을 인용해 구뢰九牢를 진설한 것으로 보는 견해도 있다고 했다. 《사기정의》는 천자만이 구빈을 행할 수 있는 까닭에 거로車輅 등을 늘어놓고 흉내만 낸 것으로 추정했다.

진소양왕은 화씨벽을 강탈할 수 없다는 것을 알고는 닷새 동안 재계하겠다고 밝히면서, 인상여를 광성전廣成傳이라는 영빈관에 묵게 했다. 인상여는 진소양왕이 재계를 할지라도 결국 약속을 저버리고 성읍을 내주지 않으리라는 것을 눈치챘다. 곧 수행원에게 허름한 옷을 입고 화씨벽을 품속에 숨긴 뒤 속히 샛길을 통해 조나라로 달아나게 했다. 진소양왕이 닷새 동안 재계를 한 뒤 구빈의 예를 대궐 뜰에서 행하면서 조나라 사자 인상여를 접견했다. 인상여가 와서는 진소양왕에게 이같이 말했다.

"진나라에는 진목공 이래 20여 명의 군주가 나왔지만, 아직까지 약속을 굳게 지킨 군주는 없었습니다. 신은 실로 대왕에게 속아 조나라를 저버릴까 두려운 나머지 사람을 시켜 화씨벽을 가지고 샛길을 통해 조나라로 돌아가게 했습니다. 진나라는 강하고 조나라는 약합니다. 대왕이 사자 한 명을 보내자마자 조나라가 당장 신을 보내 화씨벽을 바치도록 조치한 이유입니다. 지금 강한 진나라가 열다섯 개의 성읍을 떼어 조나라에 주면 조나라가 어찌 감히 화씨벽을 내놓지 않은 채 대왕에게 죄를 짓겠습니까? 신이 대왕을 속인 죄는 죽어 마땅합니다. 펄펄 끓는 물에 삶아 죽이는 탕확지형湯鑊之刑을 받고자 합니다. 다만 대왕이 군신들과 충분히 상의해주기를 바랍니다."

진소양왕과 군신들이 크게 놀라 서로 쳐다보며 성난 목소리를 내뱉었다.• 좌우의 신하들 중에는 인상여를 밖으로 끌어내려는 자도 있었다. 진소양왕이 말했다.

"지금 그를 죽여도 화씨벽은 절대로 손에 넣지 못할 것이다. 진나

• 원문은 "상시이희相視而嘻"다. 원래 희嘻는 웃으며 '아' 하는 감탄사를 내뱉는 것을 말한다. 그러나《사기색은》은 경이노지사驚而怒之辭로 풀이했다.《사기색은》의 기록을 좇았다.

라와 조나라의 우호만 끊기게 된다. 차라리 그를 후하게 대접해 조나라로 돌려보내느니만 못하다. 조나라 왕이 어찌 화씨벽 하나 때문에 우리 진나라를 기만하겠는가?"

마침내 인상여를 빈객으로 예우했다. 조정에서 접견하고, 예를 마친 뒤 돌려보낸 것이 그렇다. 인상여가 돌아오자 조혜문왕은 현대부가 사자로 간 덕분에 모욕을 당하지 않고 책임을 다했다고 생각했다. 그를 상대부로 삼은 이유다. 진나라가 성읍을 내주지 않은 까닭에 조나라 역시 화씨벽을 진나라에 주지 않았다.

●● 廉頗者, 趙之良將也. 趙惠文王十六年, 廉頗爲趙將伐齊, 大破之, 取陽晉, 拜爲上卿, 以勇氣聞於諸侯. 藺相如者, 趙人也, 爲趙宦者令繆賢舍人. 趙惠文王時, 得楚和氏璧. 秦昭王聞之, 使人遺趙王書, 願以十五城請易璧. 趙王與大將軍廉頗諸大臣謀, 欲予秦, 秦城恐不可得, 徒見欺, 欲勿予, 卽患秦兵之來. 計未定, 求人可使報秦者, 未得. 宦者令繆賢曰, "臣舍人藺相如可使." 王問, "何以知之?" 對曰, "臣嘗有罪, 竊計欲亡走燕, 臣舍人相如止臣, 曰, '君何以知燕王?' 臣語曰, '臣嘗從大王與燕王會境上, 燕王私握臣手, 曰, 願結友. 以此知之, 故欲往.' 相如謂臣曰, '夫趙彊而燕弱, 而君幸於趙王, 故燕王欲結於君. 今君乃亡趙走燕, 燕畏趙, 其勢必不敢留君, 而束君歸趙矣. 君不如肉袒伏斧質請罪, 則幸得脫矣.' 臣從其計, 大王亦幸赦臣. 臣竊以爲其人勇士, 有智謀, 宜可使." 於是王召見, 問藺相如曰, "秦王以十五城請易寡人之璧, 可予不?" 相如曰, "秦彊而趙弱, 不可不許." 王曰, "取吾璧, 不予我城, 柰何?" 相如曰, "秦以城求璧而趙不許, 曲在趙. 趙予璧而秦不予趙城, 曲在秦. 均之二策, 寧許以負秦曲." 王曰, "誰可使者?" 相如曰, "王必無人, 臣願奉璧往使. 城入趙而璧留秦, 城不入, 臣請完璧歸趙."

趙王於是遂遣相如奉璧西入秦. 秦王坐章臺見相如, 相如奉璧奏秦王. 秦王大喜, 傳以示美人及左右, 左右皆呼萬歲. 相如視秦王無意償趙城, 乃前曰, "璧有瑕, 請指示王." 王授璧, 相如因持璧卻立, 倚柱, 怒髮上衝冠, 謂秦王曰, "大王欲得璧, 使人發書至趙王, 趙王悉召羣臣議, 皆曰'秦貪, 負其彊, 以空言求璧, 償城恐不可得'. 議不欲予秦璧. 臣以爲布衣之交尙不相欺, 況大國乎! 且以一璧之故逆彊秦之驩, 不可. 於是趙王乃齋戒五日, 使臣奉璧, 拜送書於庭. 何者? 嚴大國之威以修敬也. 今臣至, 大王見臣列觀, 禮節甚倨, 得璧, 傳之美人, 以戲弄臣. 臣觀大王無意償趙王城邑, 故臣復取璧. 大王必欲急臣, 臣頭今與璧俱碎於柱矣!" 相如持其璧睨柱, 欲以擊柱. 秦王恐其破璧, 乃辭謝固請, 召有司案圖, 指從此以往十五都予趙. 相如度秦王特以詐詳爲予趙城, 實不可得, 乃謂秦王曰, "和氏璧, 天下所共傳寶也, 趙王恐, 不敢不獻. 趙王送璧時, 齋戒五日, 今大王亦宜齋戒五日, 設九賓於廷, 臣乃敢上璧." 秦王度之, 終不可彊奪, 遂許齋五日, 舍相如廣成傳. 相如度秦王雖齋, 決負約不償城, 乃使其從者衣褐, 懷其璧, 從徑道亡, 歸璧于趙. 秦王齋五日後, 乃設九賓禮於廷, 引趙使者藺相如. 相如至, 謂秦王曰, "秦自繆公以來二十餘君, 未嘗有堅明約束者也. 臣誠恐見欺於王而負趙, 故令人持璧歸, 閒至趙矣. 且秦彊而趙弱, 大王遣一介之使至趙, 趙立奉璧來. 今以秦之彊而先割十五都予趙, 趙豈敢留璧而得罪於大王乎? 臣知欺大王之罪當誅, 臣請就湯鑊, 唯大王與羣臣孰計議之." 秦王與羣臣相視而嘻. 左右或欲引相如去, 秦王因曰, "今殺相如, 終不能得璧也, 而絕秦趙之驩, 不如因而厚遇之, 使歸趙, 趙王豈以一璧之故欺秦邪!" 卒廷見相如, 畢禮而歸之. 相如旣歸, 趙王以爲賢大夫使不辱於諸侯, 拜相如爲上大夫. 秦亦不以城予趙, 趙亦終不予秦璧.

인상여가 화씨벽을 온전히 되찾아온 이후 진나라가 조나라를 쳐 석성石城을 함락시켰다. 이듬해인 조혜문왕 19년, 다시 조나라를 쳐 2만 명을 죽였다.* 진소양왕이 사자를 조혜문왕에게 보냈다. 조나라 왕과 서하 남쪽 면지에서 평화적으로 회동하고 싶다는 내용이었다. 조혜문왕은 진나라가 두려워 가지 않으려 했다. 인상여와 염파가 상 의한 뒤 이같이 건의했다.

"대왕이 가지 않으면 조나라가 약하고 비겁하다는 소리를 듣게 됩 니다."

조혜문왕이 결국 가게 되었다. 인상여는 곁에서 수행했다. 염파는 국경까지 전송을 나온 뒤 헤어지면서 이같이 말했다.

"대왕의 이번 행차를 헤아려보면 회합을 마치고 돌아오기까지 한 달이 넘지 않을 것입니다. 만일 한 달이 지나도 돌아오지 못하면 태 자를 옹립해 진나라의 야심을 끊도록 허락해주십시오."

조혜문왕은 이를 허락했다. 마침내 진소양왕과 면지에서 회합했 다. 진소양왕은 술자리가 한창 무르익자 이같이 주문했다.

"과인은 조나라 왕이 음악을 좋아한다는 말을 들었소. 거문고 연 주를 부탁하오."

조혜문왕이 거문고를 타자 도서를 관장하며 기록을 전담한 진나 라 어사御史가 앞으로 나와 이같이 기록했다.

모년 모월 모일, 진나라 왕이 조나라 왕을 만나 술을 마셨다. 조나라 왕에게 거문고를 타게 했다.

● 〈표〉에 따르면 3만 명으로 나온다.

인상여가 앞으로 나와 말했다.

"우리 조나라 왕도 대왕이 진나라 음악에 능하다고 들었습니다. 옹기로 만든 악기[盆缻]를 올릴 터이니 서로 즐길 수 있도록 해주십시오."

진소양왕이 화를 내며 승낙하지 않았다. 인상여가 앞으로 나와 옹기로 만든 악기를 바치며 무릎을 꿇고 청했다. 진소양왕이 악기를 두들기며 노래하기를 거부하자 인상여는 이같이 협박했다.

"대왕과 신의 거리는 다섯 보밖에 되지 않습니다. 제 목을 찔러 그 피를 대왕에게 뿌려서라도 청할 것입니다."

진소양왕의 좌우 신하들이 인상여를 칼로 찌르고자 했다. 인상여가 눈을 부릅뜨고 호령하자 모두 놀라 뒤로 물러났다. 진소양왕이 마지못해 악기를 한 번 두드렸다. 인상여가 뒤를 돌아보며 조나라의 어사를 불러 이같이 기록하게 했다.

모년 모월 모일, 진나라 왕이 조나라 왕을 위해 악기를 쳤다.

진나라 군신들이 말했다.

"조나라의 열다섯 개의 성읍을 바쳐 진나라 왕의 장수를 빌어주십시오."

인상여도 이같이 응수했다.

"진나라 도성 함양을 바쳐 조나라 왕의 장수를 빌어주십시오."

진소양왕은 연회가 다 끝날 때까지 조나라를 제압할 길이 없었다. 조나라 역시 많은 병사를 배치해놓고 유사시를 대비한 까닭에 진나라가 함부로 손을 쓸 수 없었던 것이다.

●● 其後秦伐趙, 拔石城. 明年, 復攻趙, 殺二萬人. 秦王使使者告趙王, 欲與王爲好會於西河外澠池. 趙王畏秦, 欲毋行. 廉頗 · 藺相如計曰, "王不行, 示趙弱且怯也." 趙王遂行, 相如從. 廉頗送至境, 與王訣曰, "王行, 度道里會遇之禮畢, 還, 不過三十日. 三十日不還, 則請立太子爲王, 以絶秦望." 王許之, 遂與秦王會澠池. 秦王飮酒酣, 曰, "寡人竊聞趙王好音, 請奏瑟." 趙王鼓瑟. 秦御史前書曰, "某年月日, 秦王與趙王會飮, 令趙王鼓瑟." 藺相如前曰, "趙王竊聞秦王善爲秦聲, 請奏盆瓿秦王, 以相娛樂." 秦王怒, 不許. 於是相如前進缶, 因跪請秦王. 秦王不肯擊缶. 相如曰, "五步之內, 相如請得以頸血濺大王矣!" 左右欲刃相如, 相如張目叱之, 左右皆靡. 於是秦王不懌, 爲一擊缶. 相如顧召趙御史書曰, "某年月日, 秦王爲趙王擊瓿." 秦之羣臣曰, "請以趙十五城爲秦壽." 藺相如亦曰, "請以秦之咸陽爲趙王壽." 秦王竟酒, 終不能加勝於趙. 趙亦盛設兵以待秦, 秦不敢動.

조혜문왕은 면지에서 회합을 마치고 돌아오자 인상여의 공을 크게 치하한 뒤 상경에 임명했다. 염파보다 윗자리였다. 소식을 들은 염파가 화를 냈다.

"나는 조나라 장수로서 전쟁에서 큰 공을 세웠다. 그러나 인상여는 겨우 입과 혀를 놀렸을 뿐인데 지위가 나보다 높다. 게다가 그는 원래 천한 출신이다. 나는 이것이 부끄러워 도저히 그의 밑에 있을 수 없다."

그러고는 이같이 다짐했다.

"그를 만나면 기어코 모욕을 주고 말 것이다."

이 말을 들은 인상여는 염파와 마주치지 않으려 했다. 조회가 있을 때마다 병을 핑계로 나가지 않았다. 염파와 서열을 다투기 싫었기 때문이다. 외출할 때도 멀리 그가 보이면 수레를 끌고 숨어버렸다. 인상여의 사인들이 불만을 표했다.

"저희가 친척을 떠나 그대를 모시는 것은 오직 그대의 높은 뜻을 사모하기 때문입니다. 지금 그대는 염파와 서열이 같습니다. 염파가 악의를 가지고 말을 퍼뜨리는데도 그가 두려워 피하는 등 지나칠 정도로 무서워하고 있습니다. 이는 통상적인 인물들[庸人]도 부끄러워하는 일입니다. 하물며 장상의 경우이겠습니까? 못난 저희는 이만 하직하고 물러날까 합니다."

인상여가 완강히 만류했다.

"그대들은 염 장군과 진나라 왕 가운데 누가 더 무섭소?"

사인들이 대답했다.

"염 장군은 진나라 왕에 미치지 못합니다."

인상여가 말했다.

"나는 진나라 왕의 위세에도 조정에서 그를 질타하고 그의 신하들을 모욕했소. 내가 아무리 어리석어도 염 장군을 두려워할 리가 있겠소? 지금 곰곰이 생각해보건대 강한 진나라가 감히 우리 조나라를 치지 못하는 것은 오직 우리 두 사람이 있기 때문이오. 만일 지금 호랑이 두 마리가 서로 싸우면 결국 둘 다 무사하지 못할 것이오. 내가 염 장군을 피하는 것은 나라의 위급함을 먼저 생각하고, 사적인 원한은 뒤로 돌렸기 때문이오."

염파가 이 말을 전해 듣고는 어깨를 드러내고 가시나무 채찍을 등에 진 육단부형 모습을 한 채 인상여의 집 문 앞에 와 이같이 사죄했다.

"비천한 저는 장군이 이토록 마음이 너그러운 인물인지 미처 몰랐습니다."

두 사람이 서로 화해하고 문경지교를 맺었다. 이해에 염파는 동쪽으로 제나라를 공격해 한 부대를 격파했다. 2년 뒤 염파는 다시 제나라의 기읍幾邑을 공략했다. 3년 뒤 위나라의 방릉防陵과 안양安陽을 쳐 손에 넣었다. 4년 뒤인 조혜문왕 28년, 인상여가 병사를 이끌고 제나라를 쳤다. 평읍平邑까지 진격했다가 돌아왔다.

●● 旣罷歸國, 以相如功大, 拜爲上卿, 位在廉頗之右. 廉頗曰, "我爲趙將, 有攻城野戰之大功, 而藺相如徒以口舌爲勞, 而位居我上, 且相如素賤人, 吾羞, 不忍爲之下." 宣言曰, "我見相如, 必辱之." 相如聞, 不肯與會. 相如每朝時, 常稱病, 不欲與廉頗爭列. 已而相如出, 望見廉頗, 相如引車避匿. 於是舍人相與諫曰, "臣所以去親戚而事君者, 徒慕君之高義也. 今君與廉頗同列, 廉君宣惡言而君畏匿之, 恐懼殊甚, 且庸人尙羞之, 況於將相乎! 臣等不肖, 請辭去." 藺相如固止之, 曰, "公之視廉將軍孰與秦王?" 曰, "不若也." 相如曰, "夫以秦王之威, 而相如廷叱之, 辱其羣臣, 相如雖駑, 獨畏廉將軍哉? 顧吾念之, 彊秦之所以不敢加兵於趙者, 徒以吾兩人在也. 今兩虎共鬪, 其勢不俱生. 吾所以爲此者, 以先國家之急而後私讎也." 廉頗聞之, 肉袒負荊, 因賓客至藺相如門謝罪. 曰, "鄙賤之人, 不知將軍寬之至此也." 卒相與驩, 爲刎頸之交. 是歲, 廉頗東攻齊, 破其一軍. 居二年, 廉頗復伐齊幾, 拔之. 後三年, 廉頗攻魏之防陵·安陽, 拔之. 後四年, 藺相如將而攻齊, 至平邑而罷.

조사열전

인상여가 제나라를 친 이듬해인 진혜문왕 29년, 조사가 진나라 군사를 한나라에서 조나라 영토로 편입된 알여성闕與城 부근에서 격파했다. 조사는 원래 조세 징수를 담당한 조나라의 전부리田部吏였다. 그가 조세를 거둘 때 평원군 조승의 집에서 세금을 내려 하지 않았다. 조사가 법에 따라 평원군 집에서 일을 보는 집사 아홉 명을 사형에 처했다. 진노한 평원군이 조사를 죽이려 하자 조사가 이같이 말했다.

"그대는 조나라의 귀공자입니다. 지금 공의 집에서 봉공奉公하지 않으면 국법이 손상되고, 국법이 손상되면 나라가 쇠약해지고, 나라가 쇠약해지면 제후들이 군사를 일으켜 침공하고, 제후들이 군사를 일으켜 침공하면 조나라는 멸망하고 맙니다. 그러면 공이 이런 부를 누릴 수 있겠습니까? 그대와 같은 귀공자가 법대로 봉공하면 위아래가 공평해지고, 위아래가 공평해지면 나라가 강해지고, 나라가 강해지면 조나라는 너욱 든든해질 것입니다. 그대는 대왕의 친족이니 친하에 그 누가 공을 가벼이 대할 수 있겠습니까?"

평원군은 조사를 현인으로 생각해 조혜문왕에게 천거했다. 조혜문왕이 그를 등용해 국세를 관장하게 했다. 국세가 매우 공평해졌고, 백성이 부유해졌고, 국고는 늘 가득 차게 되었다. 당시 진나라는 한나라를 치기 위해 알여에 군사를 주둔시키고 있었다. 조혜문왕은 염파를 불러 상의했다.

"알여를 구할 수 없겠소?"

염파가 대답했다.

"길은 멀고 험한데다 지역이 좁아 구하기 어렵습니다."

조혜문왕이 다시 악승을 불러 물었으나 그 역시 염파와 같은 대답을 했다. 이번에는 조사를 불러 물었다. 조사가 이같이 대답했다.

"그곳은 길은 멀고 험하며 지역이 좁습니다. 그곳에서 싸운다는 것은 마치 쥐 두 마리가 쥐구멍 속에서 싸우는 것과 같습니다. 결국은 용감한 쪽이 이길 것입니다."

조혜문왕은 조사를 장군으로 삼아 알여를 구하게 했다. 군대가 한단을 떠나 30리쯤에 이르렀을 때 조사가 군중에 이런 명을 내렸다.

"군사에 관해 간하는 자가 있으면 사형에 처할 것이다."

당시 진나라 군사는 무안武安 서쪽에 진을 치고 전투를 준비하고 있었다. 북을 두드리고 함성을 지르자 그 소리가 매우 커 무안성의 기왓장이 모두 흔들리는 듯했다. 조나라의 척후병 한 사람이 속히 무안을 구하자고 건의하자 조사가 그 자리에서 목을 베어버렸다. 이어 보루를 튼튼히 한 뒤 28일 동안 머물렀다. 전혀 움직이지 않은 채 오직 보루만 더 튼튼히 쌓았다. 진나라의 첩자가 보루 안으로 들어오자 조사는 음식을 잘 대접해 돌려보냈다. 첩자가 돌아가 보고하자 진나라 장수가 크게 기뻐했다.

"도성인 한단에서 겨우 30리 떨어진 곳에 주둔하며 움직이지 않고 그저 방벽만 쌓고 있다. 알여는 조나라 땅이 아니다."

조사는 진나라 첩자를 돌려보낸 뒤 곧바로 병사들에게 갑옷을 벗고 가볍게 무장한 채 급히 진나라 진지를 향해 진격하게 했다. 이틀 만에 진나라 군영 앞에 이르렀다. 알여에서 50리 떨어진 곳에 궁수들이 진을 치게 했다. 마침내 보루가 완성되었다. 진나라 군사가 이 소식을 듣고는 병사를 총동원해 쳐들어왔다. 당시 조나라 병사 가운데 허력許歷이라는 자가 죽음을 무릅쓰고 군사에 관해 간할 것이 있다고 했다. 조사가 그를 안으로 불러들였다. 허력이 간했다.

"진나라 군사는 조나라 군사가 여기까지 온 줄 모르고 맹렬한 기세로 쳐들어올 것입니다. 장군은 병력을 집중시켜 진지를 두텁게 한 뒤 이들이 오기를 기다려야 합니다. 그러지 않으면 반드시 패할 것입니다."

조사가 말했다.

"그대 의견을 좇겠소."

허력이 청했다.

"저에게 부질의 형벌을 내려주십시오."

조사가 말했다.

"한단에서 다음 명을 기다리도록 하시오."•

허력이 또 간할 일이 있다고 청했다.

"먼저 북산北山의 정상을 점령하는 쪽이 이기고, 나중에 오는 쪽은 질 것입니다."

조사는 이를 좇았다. 1만 명의 군사를 내어 급히 그곳으로 가게 했다. 진나라 병사가 나중에 달려와 정상을 다투었으나 올라가지 못했다. 조사가 군사를 풀어 이들을 쳐 크게 깨뜨렸다. 진나라 군사가 포위를 풀고 달아났다. 조나라가 알여의 포위를 풀고 개선하자 조혜문왕이 조사를 마복군에 봉하고, 허력을 군사를 전담하는 국위에 임명했다. 조사가 이를 계기로 염파 및 인상여와 같은 반열에 오르게 되었다.

• 원문은 "서후령한단胥後令邯鄲"이다. 《사기색은》은 서胥가 고대에는 기다릴 수須와 서로 통했다고 풀이했다. 군사에 관한 간언을 할 경우 참수하겠다는 이전의 명령을 철회한 까닭에 한단에서 다음 명령을 기다리라고 말한 것으로 해석했다.

●● 其明年, 趙奢破秦軍閼與下. 趙奢者, 趙之田部吏也. 收租稅而平原君家不肯出租, 奢以法治之, 殺平原君用事者九人. 平原君怒, 將殺奢. 奢因說曰, "君於趙爲貴公子, 今縱君家而不奉公則法削, 法削則國弱, 國弱則諸侯加兵, 諸侯加兵是無趙也, 君安得有此富乎? 以君之貴, 奉公如法則上下平, 上下平則國彊, 國彊則趙固, 而君爲貴戚, 豈輕於天下邪?" 平原君以爲賢, 言之於王. 王用之治國賦, 國賦大平, 民富而府庫實. 秦伐韓, 軍於閼與. 王召廉頗而問曰, "可救不?" 對曰, "道遠險狹, 難救." 又召樂乘而問焉, 樂乘對如廉頗言. 又召問趙奢, 奢對曰, "其道遠險狹, 譬之猶兩鼠鬪於穴中, 將勇者勝." 王乃令趙奢將, 救之. 兵去邯鄲三十里, 而令軍中曰, "有以軍事諫者死." 秦軍軍武安西, 秦軍鼓譟勒兵, 武安屋瓦盡振. 軍中候有一人言急救武安, 趙奢立斬之. 堅壁, 留二十八日不行, 復益增壘. 秦閒來入, 趙奢善食而遣之. 閒以報秦將, 秦將大喜曰, "夫去國三十里而軍不行, 乃增壘, 閼與非趙地也." 趙奢旣已遣秦閒, 乃卷甲而趨之, 二日一夜至, 令善射者去閼與五十里而軍. 軍壘成, 秦人聞之, 悉甲而至. 軍士許歷請以軍事諫, 趙奢曰, "內之." 許歷曰, "秦人不意趙師至此, 其來氣盛, 將軍必厚集其陣以待之. 不然, 必敗." 趙奢曰, "請受令." 許歷曰, "請就鈇質之誅." 趙奢曰, "胥後令邯鄲." 許歷復請諫, 曰, "先據北山上者勝, 後至者敗." 趙奢許諾, 卽發萬人趨之. 秦兵後至, 爭山不得上, 趙奢縱兵擊之, 大破秦軍. 秦軍解而走, 遂解閼與之圍而歸. 趙惠文王賜奢號爲馬服君, 以許歷爲國尉. 奢於是與廉頗·藺相如同位.

조괄열전

　4년 뒤 조혜문왕이 죽고 아들 조효성왕이 즉위했다. 즉위한 지 7년째가 되는 조효성왕 6년, 진나라와 조나라 군사가 다시 장평에서 대치하게 되었다. 그때 조사는 이미 죽고 인상여는 중병에 걸려 있었다. 조나라가 염파를 장군으로 삼아 진나라를 치게 했다. 진나라 군사가 누차 조나라 군사를 격파했다. 염파가 이끄는 조나라 군사는 방벽을 굳게 한 채 나가서 싸우려 하지 않았다. 진나라가 계속 싸움을 걸어왔으나 염파는 끝내 응하지 않았다. 이때 조효성왕이 진나라 첩자가 퍼뜨린 소문을 믿었다. 이런 소문이었다.

　"진나라가 우려하고 있는 것은 마복군 조사의 아들 조괄이 장수가 되는 것뿐이다."

　조효성왕은 조괄을 장수로 삼아 염파를 대신하도록 할 생각이었다. 인상여가 반대했다.

　"대왕은 명성만 듣고 조괄을 쓰려고 합니다. 이는 기문고의 인족雁足을 아교로 고정시켜 연주하는 우[膠柱鼓瑟]를 범하는 것입니다. 조괄은 어렸을 때부터 부친이 남긴 병서만 읽은 까닭에 임기응변에 대해서는 전혀 모릅니다."

　조효성왕은 이를 듣지 않고 결국 조괄을 장수로 임명했다.

　조괄은 어려서부터 병서를 열심히 읽었다. 군사에 관해 말하면 세상에 자신을 대적할 자가 없다고 생각했다. 일찍이 그의 부친 조사와 병법에 관해 토론한 적이 있다. 조사도 아들의 의견에 반박하지 못했다. 그러나 아들이 뛰어나다고 생각하지는 않았다. 부인이 그 까닭을 묻자 조사가 이같이 대답했다.

"전쟁은 목숨을 잃는 사지에 관한 것이오. 그애는 전쟁을 너무 쉽게 말하고 있소. 조나라가 그애를 장수로 삼지 않으면 천만다행이오. 만일 장수로 삼으면 틀림없이 조나라 군사를 망치고 말 것이오."

조괄이 출정할 때 그 모친이 이런 글을 올렸다.

제 아들을 장군으로 삼으면 안 됩니다.

조효성왕이 불러서 그 이유를 묻자 이같이 대답했다.

"전에 제가 조괄의 부친 조사를 모실 때 조사는 대장군이었습니다. 그가 직접 먹여 살리는 자가 수십 명이었고, 친구는 몇백 명이나 되었습니다. 왕이나 종실에서 내린 상은 모두 군리軍吏와 사대부 들에게 주었습니다. 출정 명을 받은 날부터는 집안일을 돌보지 않았습니다. 지금 조괄은 하루아침에 장군이 된 덕에 동쪽을 향해 앉은 채부하들의 문안을 받게 되었습니다. 그를 존경해 우러러보는 자는 한사람도 없습니다. 그는 대왕이 하사한 금백을 모두 집에 감추고, 날마다 싸고 좋은 밭이나 집을 매일 둘러보며 살 만한 것이면 모두 사들이곤 합니다. 대왕은 조괄을 그의 부친과 비교해볼 때 어떻게 생각합니까? 아비와 자식이 마음 쓰는 것이 이처럼 다르니 청컨대 대왕은 그를 장군으로 보내지 말아주십시오."

조효성왕이 말했다.

"더는 말하지 마시오. 과인은 이미 결정했소."

조괄의 모친이 청했다.

"대왕이 끝내 그 아이를 보내겠다면 그 아이가 소임을 감당하지 못할지라도 저를 자식의 죄에 연루시키지 말아주시겠습니까?"

조효성왕이 이를 승낙했다. 조괄은 염파를 대신하자 군령[約束]을 뜯어고치고, 군관[軍史]도 모두 교체했다. 진나라 장수 백기는 이 소식을 듣고는 기병술奇兵術을 구사했다. 싸움을 걸어 짐짓 달아나는 척하며 유인한 뒤 양도를 차단하고 조나라 군사를 둘로 갈라 군심을 이반시킨 것이다. 40여 일이 지나자 조나라 군사가 굶주리기 시작했다.

조괄이 정예 부대를 이끌고 직접 전투에 참여했다. 진나라 군사가 조괄을 활을 써서 죽였다. 조괄의 군사가 싸움에 패해 수십만 명이 항복했다. 진나라 장수 백기는 이들을 모두 산 채로 구덩이에 묻어 죽였다. 조나라는 이 싸움을 전후로 대략 45만 명의 군사를 잃었다. 조효성왕 9년,* 진나라 군사가 마침내 한단을 포위했다. 1년 남짓해 거의 위험에서 벗어날 수 없었다. 초나라 춘신군과 위나라 신릉군의 도움을 받아 가까스로 한단의 포위망을 풀 수 있었다. 조효성왕은 조괄의 모친이 앞서 한 말 때문에 그녀를 죽이지 않았다.

●● 後四年, 趙惠文王卒, 子孝成王立. 七年, 秦與趙兵相距長平, 時趙奢已死, 而藺相如病篤, 趙使廉頗將攻秦, 秦數敗趙軍, 趙軍固壁不戰. 秦數挑戰, 廉頗不肯. 趙王信秦之閒. 秦之閒言曰, "秦之所惡, 獨畏馬服君趙奢之子趙括爲將耳." 趙王因以括爲將, 代廉頗. 藺相如曰, "王以名使括, 若膠柱而鼓瑟耳. 括徒能讀其父書傳, 不知合變也." 趙王不聽, 遂將之. 趙括自少時學兵法, 言兵事, 以天下莫能當. 嘗與其父奢言兵事, 奢不能難, 然不謂善. 括母問奢其故, 奢曰, "兵, 死地也, 而括易言之. 使趙不將括卽已, 若必將之, 破趙軍者必括也." 及括將行,

---

● 원문은 "명년明年"이다. 이 경우 조효성왕 7년이 된다. 〈표〉에는 조효성왕 9년으로 나온다. 〈표〉를 좇았다.

其母上書言於王曰, "括不可使將." 王曰, "何以?" 對曰, "始妾事其父,
時爲將, 身所奉飯飮而進食者以十數, 所友者以百數, 大王及宗室所賞
賜者盡以予軍吏士大夫, 受命之日, 不問家事. 今括一旦爲將, 東向而
朝, 軍吏無敢仰視之者, 王所賜金帛, 歸藏於家, 而日視便利田宅可買
者買之. 王以爲何如其父? 父子異心, 願王勿遣." 王曰, "母置之, 吾已
決矣." 括母因曰, "王終遣之, 卽有如不稱, 妾得無隨坐乎?" 王許諾. 趙
括旣代廉頗, 悉更約束, 易置軍吏. 秦將白起聞之, 縱奇兵, 詳敗走, 而
絶其糧道, 分斷其軍爲二, 士卒離心. 四十餘日, 軍餓, 趙括出銳卒自博
戰, 秦軍射殺趙括. 括軍敗, 數十萬之衆遂降秦, 秦悉阬之. 趙前後所亡
凡四十五萬. 明年, 秦兵遂圍邯鄲, 歲餘, 幾不得脫. 賴楚 · 魏諸侯來救,
迺得解邯鄲之圍. 趙王亦以括母先言, 竟不誅也.

염파열전

한단의 포위가 풀린 지 5년여 뒤인 조효성왕 15년, 이번에는 연나
라가 재상 율복의 이런 계책을 좇았다.

"조나라 장정들은 장평의 싸움에서 다 죽었다. 이들의 어린 자식
은 아직 장성하지 않았다."

그러고는 마침내 군사를 일으켜 조나라를 쳤다. 조나라가 급히 염
파를 장군으로 삼아 공격하게 했다. 염파는 연나라 군사를 호 땅에
서 대파하고 율복을 죽였다. 여세를 몰아 연나라를 포위했다. 연나라
가 다섯 개의 성읍을 떼어주며 화친을 청했다. 조효성왕이 이를 받
아들였다. 조효성왕이 염파의 공을 높이 사 그에게 위문尉文의 땅을

봉하고 신평군信平君으로 칭한 뒤 임시 상국으로 삼았다. 전에 염파가 장평에서 면직되어 권세를 잃고 돌아왔을 때 예전부터 알고 지내던 빈객이 모두 떠났다. 그가 다시 등용되어 장군이 되자 이들이 또다시 모여들었다. 염파가 대로한 나머지 이같이 말했다.

"객들은 모두 돌아가도록 하라!"

그러나 한 빈객이 반박했다.

"아! 장군은 어찌 그다지도 생각이 더딘 것입니까? 세상은 시장에서 교역을 하듯이 교제를 합니다. 장군에게 권세가 있으면 따르고, 없으면 떠나갑니다. 이는 실로 당연한 이치인데 무엇을 원망하는 것입니까?"

6년 후 조나라 조정이 염파에게 명해 위나라의 번양繁陽을 치게 했다. 염파가 그곳을 함락시켰다. 조효성왕이 죽자 그의 아들 조도양왕이 즉위했다. 그는 악승을 염파 대신 장군에 임명했다. 격노한 염파가 악승을 치자 악승이 달아났다. 염파도 결국은 위나라 대량으로 망명했다. 이듬해인 조도양왕 2년, 소나라가 이목李牧을 징군으로 삼고 연나라를 쳐 무수와 방성方城을 함락시켰다. 염파는 오랫동안 대량에 머물렀으나 위나라는 그를 믿지 않았다. 조나라는 오랫동안 진나라 군사에 곤혹을 치르고 있었던 까닭에 다시 염파를 쓰고자 했다. 염파 역시 다시 조나라에 기용되고 싶어 했다. 조도양왕이 사자를 보내 염파가 아직 쓸모가 있는지 여부를 살피게 했다. 염파의 정적인 곽개郭開가 사신에게 많은 돈을 주어 염파를 무함하게 했다. 조나라 사자가 염파를 만나자 염파는 쌀밥 한 말과 고기 열 근을 먹고, 갑옷을 입은 채 말에 뛰어올라 아직도 건재함을 내보였다. 그러나 조나라 사자는 돌아와 이같이 보고했다.

"염장군은 비록 늙기는 했으나 식사를 잘했습니다. 그러나 신과 자리를 같이하는 동안 대변을 여러 차례 보았습니다•."

조도양왕은 염파가 늙었다고 생각해 결국 부르지 않았다. 초나라는 염파가 위나라에 와 있다는 말을 듣고 몰래 사자를 보내 그를 맞아들였다. 염파는 한 차례 초나라 장수가 되었으나 아무런 공도 세우지 못했다. 그는 이같이 말했다.

"나는 조나라 군사로 싸우고 싶다!"

염파는 결국 초나라의 수춘에서 죽었다.

●● 自邯鄲圍解五年, 而燕用栗腹之謀, 曰, "趙壯者盡於長平, 其孤未壯", 擧兵擊趙. 趙使廉頗將, 擊, 大破燕軍於鄗, 殺栗腹, 遂圍燕. 燕割五城請和, 乃聽之. 趙以尉文封廉頗爲信平君, 爲假相國. 廉頗之免長平歸也, 失勢之時, 故客盡去. 及復用爲將, 客又復至. 廉頗曰, "客退矣!" 客曰, "吁! 君何見之晚也? 夫天下以市道交, 君有勢, 我則從君, 君無勢則去, 此固其理也, 有何怨乎?" 居六年, 趙使廉頗伐魏之繁陽, 拔之. 趙孝成王卒, 子悼襄王立, 使樂乘代廉頗. 廉頗怒, 攻樂乘, 樂乘走. 廉頗遂奔魏之大梁. 其明年, 趙乃以李牧爲將而攻燕, 拔武遂·方城. 廉頗居梁久之, 魏不能信用. 趙以數困於秦兵, 趙王思復得廉頗, 廉頗亦思復用於趙. 趙王使使者視廉頗尙可用否. 廉頗之仇郭開多與使者金, 令毀之. 趙使者旣見廉頗, 廉頗爲之一飯斗米, 肉十斤, 被甲上馬, 以示尙可用. 趙使還報王曰, "廉將軍雖老, 尙善飯, 然與臣坐, 頃之三遺矢矣." 趙王以爲老, 遂不召. 楚聞廉頗在魏, 陰使人迎之. 廉頗一爲楚將, 無功, 曰, "我思用趙人." 廉頗卒死于壽春.

• "대변을 여러 차례 보았습니다"의 원문은 "삼유시의三遺矢矣"다. 삼三은 많다는 뜻이고, 시矢는 시屎를 고상하게 표현한 말이다. 《사기색은》은 시矢가 시屎로 된 판본이 있다고 했다.

이목열전

이목은 조나라 북쪽 변경을 지킨 명장이다. 일찍이 대와 안문 땅에 주둔하며 흉노의 침공에 대비했다. 형편에 맞추어 적절히 관원을 배치하고, 저잣거리의 세금은 모두 장군이 머물며 지휘하는 막부幕府로 옮겨 병사들의 비용에 충당했다. 날마다 몇 마리 소를 잡아 병사들을 먹이며 활쏘기와 말타기 훈련을 시켰다. 봉화를 신중하게 준비해두고, 많은 첩자를 풀고, 전사들을 후대했다. 그는 이같이 명했다.

"흉노가 침공해 도둑질을 할 때는 재빨리 가축들을 거두어 성안으로 들어온 뒤 굳게 지키도록 하라. 감히 흉노를 생포하는 자가 있다면 사형에 처할 것이다."

흉노가 침입할 때마다 봉화를 신중히 사용하고, 신호에 따라 재빨리 성안으로 들어와 수비하고는 싸우지 않았다. 이같이 몇 해가 지나자 아무런 손해를 보지 않았다. 흉노는 이목을 겁쟁이로 여겼다. 조나라 변경의 군사들도 자신들의 장수가 비겁하다고 여겼다. 조도양왕이 이목을 질책했으나 이목은 예전과 마찬가지였다. 조도양왕이 이내 그를 불러들이고, 다른 사람을 대신 장군으로 보냈다. 이후 1년 남짓한 사이 흉노가 쳐들어올 때마다 조나라가 나가서 싸웠지만 그때마다 불리해 손해가 많았고, 마침내 변경에서는 농사와 목축을 할 수 없게 되었다. 조나라 조정이 다시 이목을 불렀으나 이목은 두문불출하며 병을 핑계로 완강히 사양했다. 조도양왕이 억지로 그에게 병사를 통솔하게 했다. 이목이 다짐을 받았다.

"대왕이 굳이 신을 쓰겠다면 신은 이전처럼 할 것입니다. 그래도 가하다면 감히 명을 받들겠습니다."

조도양왕이 이를 허락했다. 이목은 변경에 이르자 이전과 같은 군령을 내렸다. 그가 부임하자 흉노는 이전처럼 몇 년 동안 아무런 이익을 얻을 수 없었다. 계속 그를 겁쟁이로 여겼다. 당시 변경의 장병들은 날마다 포상과 대접을 받으면서 실제로 전쟁에 쓰이지 못하자 모두 한 번 싸우기를 바랐다. 이목이 튼튼한 병거 1,300승과 전마 1만 3,000필을 선발했다. 공을 세워 100금의 상을 받은 용사 5만 명과 활을 잘 쏘는 궁사 10만 명을 선발해 전술훈련을 시켰다. 이때 많은 가축을 방목하게 하자 백성이 들에 가득 차게 되었다.

흉노가 적은 수의 군사를 먼저 들여보내자 이목은 짐짓 패해 달아나며 병사 몇천 명을 뒤에 그대로 버려두었다. 선우單于가 이 소식을 듣고는 대군을 이끌고 쳐들어왔다. 이목이 이내 기병술을 구사한 진용을 펼쳤다. 좌우 양쪽으로 학익진鶴翼陣을 펼쳐 흉노를 협공한 것이 그렇다. 흉노 기병 10여만 명을 죽이는 대승을 거두었다. 이 싸움에서 이목은 담람襤襤*을 멸망시키고, 동호東胡를 격파하고, 임호를 항복시켰다. 선우가 달아났다. 이후 10여 년 동안 흉노는 조나라 국경 가까이에 오지 못했다.

조도양왕 원년, 염파가 이미 위나라로 망명해 있었다. 조나라가 이목에게 명해 연나라를 치게 했다. 이목이 무수와 방성을 함락시켰다. 2년 뒤인 조도양왕 3년, 조나라 장수 방원龐煖이 연나라 군사를 격파하고 장수 극신을 죽였다. 7년 뒤 진나라가 조나라 군사를 격파하고, 조나라 장수 호첩扈輒을 무수에서 깨뜨린 뒤 병사 10만 명을 살해했다. 조나라는 이목을 대장군으로 삼아 의안宜安에서 진나라 군사를

• 담람을《사기집해》는 여순如淳의 주를 인용해 대 땅 북쪽 호인胡人의 부족이라고 했다.

공격해 대파했다. 진나라 장수 환의桓齮가 패해 달아났다. 이목은 이 때의 공을 인정받아 무안군에 봉해졌다. 3년 뒤 진나라가 파오를 공격해왔다. 이목이 출전해 진나라 군사를 격파하고, 남쪽으로는 한나라와 위나라 군사를 막았다.

조왕 천 7년, 진나라가 왕전을 보내 조나라를 치게 했다. 조나라 조정이 이목과 사마상司馬尙을 보내 이들을 막게 했다. 진나라는 조왕 천이 총애하는 곽개에게 많은 뇌물을 주어 이간책을 구사했다. 이목과 사마상이 반란을 꾀하고 있다는 말이 나돌았다. 이를 사실로 믿은 조왕 천이 곧 조총趙蔥과 제나라 출신 장수 안취顏聚를 보내 이목을 대신하도록 했다. 이목이 명에 따르지 않자 조나라 조정이 사람을 보내 몰래 이목을 정탐하게 한 뒤 그를 체포해 죽이고, 사마상을 해임했다. 석 달 후 왕전이 신속히 조나라를 공격해 대파한 뒤 조총을 죽이고, 조왕 천과 장수 안취를 생포했다. 이로써 조나라는 멸망하고 말았다.

●● 李牧者, 趙之北邊良將也. 常居代鴈門, 備匈奴. 以便宜置吏, 市租皆輸入莫府, 爲士卒費. 日擊數牛饗士, 習射騎, 謹烽火, 多閒諜, 厚遇戰士. 爲約曰, “匈奴卽入盜, 急入收保, 有敢捕虜者斬.” 匈奴每入, 烽火謹, 輒入收保, 不敢戰. 如是數歲, 亦不亡失. 然匈奴以李牧爲怯, 雖趙邊兵亦以爲吾將怯. 趙王讓李牧, 李牧如故. 趙王怒, 召之, 使他人代將. 歲餘, 匈奴每來, 出戰. 出戰, 數不利, 失亡多, 邊不得田畜. 復請李牧. 牧杜門不出, 固稱疾. 趙王乃復彊起使將兵. 牧曰, “王必用臣, 臣如前, 乃敢奉令.” 王許之. 李牧至, 如故約. 匈奴數歲無所得. 終以爲怯. 邊士日得賞賜而不用, 皆願一戰. 於是乃具選車得千三百乘, 選騎得萬三千匹, 百金之士五萬人, 彀者十萬人, 悉勒習戰. 大縱畜牧, 人民滿野.

匈奴小入, 詳北不勝, 以數千人委之. 單于聞之, 大率衆來入. 李牧多爲奇陳, 張左右翼擊之, 大破殺匈奴十餘萬騎. 滅襜襤, 破東胡, 降林胡, 單于奔走. 其後十餘歲, 匈奴不敢近趙邊城. 趙悼襄王元年, 廉頗旣亡入魏, 趙使李牧攻燕, 拔武遂 · 方城. 居二年, 龐煖破燕軍, 殺劇辛. 後七年, 秦破殺趙將扈輒於武遂, 斬首十萬. 趙乃以李牧爲大將軍, 擊秦軍於宜安, 大破秦軍, 走秦將桓齮. 封李牧爲武安君. 居三年, 秦攻番吾, 李牧擊破秦軍, 南距韓 · 魏. 趙王遷七年, 秦使王翦攻趙, 趙使李牧 · 司馬尙禦之. 秦多與趙王寵臣郭開金, 爲反閒, 言李牧 · 司馬尙欲反. 趙王乃使趙葱及齊將顏聚代李牧. 李牧不受命, 趙使人微捕得李牧, 斬之. 廢司馬尙. 後三月, 王翦因急擊趙, 大破殺趙葱, 虜趙王遷及其將顏聚, 遂滅趙.

태사공은 평한다.

"죽을 것을 알면 반드시 용기가 솟아나게 마련이다. 죽는 것 자체가 어려운 것이 아니라, 죽음에 대처하는 것이 어렵기 때문이다. 인상여가 화씨벽을 받쳐 든 채 기둥을 노려보며 진소양왕의 좌우를 꾸짖은 것이 그렇다. 그는 자신이 죽으면 그만이라는 것을 알고 있었다. 선비들을 보면 겁을 먹고 감히 행동하지 못하는 자들이 있다. 그러나 인상여는 다르다. 한번 용기를 내자 그 위세가 적국에 널리 떨치고, 물러나 고국으로 돌아와서는 염파에게 공손히 양보했다. 그의 이름이 태산보다 무거워진 이유다. 그는 가히 지용을 겸비한 인물이라고 할 수 있다!"

●● 太史公曰, "知死必勇, 非死者難也, 處死者難. 方藺相如引璧睨柱, 及叱秦王左右, 勢不過誅, 然士或怯懦而不敢發. 相如一奮其氣, 威信敵國, 退而讓頗, 名重太山, 其處智勇, 可謂兼之矣!"

전단열전
田單列傳

〈전단열전田單列傳〉은 전국시대 말기 패망 일보 직전에 놓인 제나라를 극적으로 구한 제나라 장수 전단의 사적을 다루고 있다. 전단은 제나라 전씨 일족의 한 사람으로 연나라의 악의가 5국 연합군을 이끌고 제나라의 70여 개 성읍을 함락시켰을 때 즉묵을 지키며 끝까지 저항했다. 이것이 제나라의 기사회생에 일대 선기로 작용했다. 전단이 없었다면 제나라는 이내 패망했을 공산이 컸다. 패망의 위기에 처한 나라를 구한 점에서 사직지신社稷之臣에 해당한다.

주목할 것은 전단이 이른바 화우진火牛陣이라는 기병을 구사해 연나라 군사를 물리친 것을 사마천이 크게 주목했던 점이다. 정규전인 정병正兵보다 비정규전인 기병을 높이 평가하는 병가의 논지를 적극 수용한 결과로 볼 수 있다. 실제로 기병은 〈전단열전〉을 관통하는 키워드로 나오고 있다. 사마천이 사평에서 기奇 자를 세 번이나 쓴 사실이 이를 뒷받침한다. 전단의 뛰어난 용병술을 기병에서 찾은 결과다. 열전 가운데 가장 짧은 〈전단열전〉이 당나라 때 유행한 기이한 이야기 모음집인 전기傳奇소설의 효시가 되었다는 평을 받는 것도 이런 맥락에서 이해할 수 있다.

전단은 제나라 전씨 일족 가운데 한 사람이다. 그는 제민왕 때 도성 임치의 시장을 감독하는 아전[市掾]이 되었다. 아무도 그를 알아주지 않았다. 연나라가 악의를 시켜 제나라를 격파하자 제민왕이 황급히 달아나 거성莒城을 지켰다. 연나라 군사가 깊숙이 쳐들어와 제나라를 평정했다. 전단은 안평安平으로 달아났다. 집안사람들에게 말해 수레바퀴 축의 양 끝을 모두 잘라버리고, 쇠로 테를 씌우도록 했다. 연나라 군사가 안평을 공략할 당시 제나라 백성 모두 앞다투어 달아났지만 바퀴 축의 양 끝이 부러져 수레가 부서지는 바람에 모두 연나라의 포로가 되었다. 그러나 전단의 집안사람들만은 바퀴 축을 쇠로 싸둔 덕분에 무사히 탈출한 뒤 동쪽 즉묵으로 가 그곳을 지킬 수 있었다. 당시 연나라 군사는 제나라의 거의 모든 성읍을 항복시켰으나 다만 거와 즉묵 땅만은 함락시키지 못했다. 연나라 군사는 제민왕이 거성에 있다는 말을 듣고 군사를 모아 공격했다. 당시 제나라를 구하기 위해 온 초나라 장수 요치는 제민왕을 거성에서 살해한 뒤 굳게 지켰다. 그는 연나라 군사에 대항해 몇 해 동안이나 항복하지 않았다. 연나라가 군사 방향을 바꿔 동쪽 즉묵으로 가 이를 포위했다. 즉묵의 대부들이 출성해 싸우다가 죽었다. 성안 사람들이 모두 전단을 추대하며 이같이 말했다.

"안평에서의 싸움 때 전단의 집안사람들은 바퀴 축을 쇠로 싸둔 덕분에 목숨을 부지할 수 있었다. 전단은 병법에 능하다."

그러고는 그를 곧바로 장군으로 삼았다. 전단이 즉묵을 지키며 연나라에 대항했다. 얼마 후 연나라에서 연소왕이 죽고 연혜왕이 즉위했다. 연혜왕은 악의와 사이가 좋지 않았다. 전단이 이 사실을 알고 첩자를 연나라로 들여보내 이런 소문을 퍼뜨렸다.

"제나라 왕은 이미 죽었고, 함락되지 않은 성읍은 두 곳뿐이다. 악의는 벌을 받을까 두려워 귀국하지 못하고 있다. 제나라 토벌이라는 명분을 내세우고 있지만, 실은 전쟁을 오래 끌어 스스로 제나라의 왕이 되려는 것이다. 제나라 백성이 따르지 않자 잠시 즉묵의 공격을 늦추어 귀순하기를 기다리고 있는 것이다. 제나라 백성은 다만 다른 장군이 와 즉묵을 폐허로 만들까 우려하고 있을 뿐이다."

연혜왕은 이를 사실로 믿었다. 악의 대신 기겁을 장군에 임명한 이유다. 악의가 달아나 조나라로 망명하자 연나라 병사들이 분통을 터뜨렸다.

●● 田單者, 齊諸田疏屬也. 湣王時, 單爲臨菑市掾, 不見知. 及燕使樂毅伐破齊, 齊湣王出奔, 已而保莒城. 燕師長驅平齊, 而田單走安平, 令其宗人盡斷其車軸末而傅鐵籠. 已而燕軍攻安平, 城壞, 齊人走, 爭塗, 以軎折車敗, 爲燕所虜, 唯田單宗人以鐵籠故得脫, 東保卽墨. 燕旣盡降齊城, 唯獨莒·卽墨不下. 燕軍聞齊王在莒, 幷兵攻之. 淖齒旣殺湣王於莒, 因堅守, 距燕軍, 數年不下. 燕引兵東圍卽墨, 卽墨大夫出與戰, 敗死. 城中相與推田單, 曰, "安平之戰, 田單宗人以鐵籠得全, 習兵." 立以爲將軍, 以卽墨距燕. 頃之, 燕昭王卒, 惠王立, 與樂毅有隙. 田單聞之, 乃縱反閒於燕, 宣言曰, "齊王已死, 城之不拔者二耳. 樂毅畏誅而不敢歸, 以伐齊爲名, 實欲連兵南面而王齊. 齊人未附, 故且緩攻卽墨以待其事. 齊人所懼, 唯恐他將之來, 卽墨殘矣." 燕王以爲然, 使騎劫代樂毅. 樂毅因歸趙, 燕人士卒忿.

당시 전단은 성안의 사람들에게 명해 끼니마다 반드시 뜰에 음식을 차려놓고 조상에게 제사를 지내도록 했다. 날아다니던 새들이 모두 성안으로 내려와 차려놓은 음식을 먹었다. 연나라 백성이 이를 이상하게 여기자 전단이 이같이 선전했다.

"신이 내려와 나를 가르쳐주시는 것이오."

그는 또한 성안의 사람들에게 이같이 예언했다.

"이제 신이 내려와 나의 스승이 될 것이오."

사병 한 사람이 물었다.

"저도 스승이 될 수 있습니까?"

그러고는 몸을 돌려 달아났다. 전단이 곧바로 일어나 그를 불러오게 한 뒤 동쪽을 향해 앉히고는 스승으로 받들고자 했다. 병사가 황급히 고했다.

"제가 장군을 속였습니다. 저는 아무런 능력도 없습니다."

전단이 당부했다.

"그대는 아무 말도 하지 마시오."

이내 스승으로 모셨다. 이어 군령을 내릴 때마다 늘 신이 하명한 지시라고 했다. 이어 이같이 선전했다.

"내가 걱정하는 것은 단지 연나라가 포로로 잡은 제나라 병사의 코를 벤 뒤 이들을 앞세워 우리와 싸우게 해 즉묵이 패하는 것일 뿐이다."

연나라 군사가 이를 듣고는 전단의 말대로 했다. 성안의 제나라 백성들은 항복한 제나라 군사들이 코를 잘리는 형벌을 당하는 것을 보고는 크게 분개했다. 성을 굳게 지키며 혹여 포로로 잡히지나 않을까 두려워했다. 전단이 또 첩자를 풀어 이런 말을 퍼뜨렸다.

"나는 연나라 군사가 성 밖의 무덤을 파헤쳐 조상을 욕되게 할까 겁이 난다. 그런 생각만 하면 가슴이 섬뜩해진다."

연나라 군사들이 또 무덤을 모두 파헤쳐 시체를 불살라버렸다. 성 위에서 이를 지켜본 즉묵 사람들 모두 눈물을 흘리며 곧바로 달려가 싸우고자 했다. 이들의 분노는 이전보다 열 배나 커졌다. 전단은 이제 병사들이 싸울 만하다는 것을 알았다. 곧 판자와 삽을 들고 병사들과 똑같이 일했다. 아내와 첩까지 군대에 편입시키고, 음식을 있는 대로 풀어 병사들을 먹였다. 이어 무장한 병사는 모두 숨겨둔 채 노약자와 부녀자 들만 성 위로 올려 보낸 뒤 사자를 연나라에 군영에 보내 투항을 약속했다. 연나라 군사들 모두 만세를 외쳤다. 전단은 또 백성들로부터 돈 2만 냥을 모은 뒤 즉묵의 부자를 통해 연나라 장수에게 보내주며 이같이 고하게 했다.

"즉묵이 항복하면 저희 가족은 포로로 잡지 말고 편히 머물게 해주십시오."

연나라 장수가 크게 기뻐하며 이를 승낙했다. 연나라 군사들이 더욱 방심하게 된 이유다. 이때 전단은 성안에서 소 1,000여 마리를 모은 뒤 붉은 비단에 오색 용무늬를 그려 넣은 옷을 만들어 입혔다. 쇠뿔에는 칼날을 붙들어 매고, 꼬리에는 갈대를 매단 뒤 마침내 시간이 되자 기름을 붓고 갈대 끝에 불을 붙였다. 이어 성벽에 수십 개의 구멍을 뚫은 뒤 밤을 틈타 구멍으로 소를 일제히 내보냈다. 장사 5,000명이 그 뒤를 따랐다. 소들은 꼬리가 뜨거워지자 화가 나 연나라 군중으로 뛰어 들어갔다. 연나라 군사들은 한밤중에 크게 놀랐다. 쇠꼬리에 붙은 횃불은 눈이 부실 정도로 빛이 났다. 연나라 군사가 자세히 보니 모두 용의 모습을 하고 있었다. 이들은 쇠뿔에 받히는 대로 죽거나 부상을 당했다.

뒤이어 제나라 장사 5,000명이 함매衛枚(나뭇가지를 입에 물다)한 채 돌격했고, 성안에서는 북을 울리며 함성을 질렀다. 노약자들도 구리 그릇을 두들기며 성원했다. 그 소리가 마치 천지를 뒤엎는 듯했다. 연나라 군사들이 모두 크게 놀라 사방으로 달아났다. 제나라 군사가 이내 연나라 장수 기겁을 죽이자 연나라 군사가 허둥대며 어지러이 달아났다. 제나라 군사가 달아나는 적을 뒤쫓았다. 이들이 지나는 성읍 모두 연나라를 배반한 뒤 전단에게 귀의했다. 전단의 병사는 날로 불어나며 승기를 탔다. 반면 연나라 군사는 날마다 패해 정신없이 달아나다가 결국 황하 가에 이르게 되었다. 제나라의 70여 개 성읍 모두 다시 제나라 차지가 되었다. 전단이 제양왕을 거 땅에서 임치로 맞아들여 정사를 처리하게 했다. 제양왕이 전단을 안평군安平君에 봉했다.

●● 而田單乃令城中人食必祭其先祖於庭, 飛鳥悉翔舞城中下食. 燕人怪之. 田單因宣言曰, "神來下敎我." 乃令城中人曰, "當有神人爲我師." 有一卒曰, "臣可以爲師乎?" 因反走. 田單乃起, 引還, 東鄕坐, 師事之. 卒曰, "臣欺君, 誠無能也." 田單曰, "子勿言也!" 因師之. 每出約束, 必稱神師. 乃宣言曰, "吾唯懼燕軍之劓所得齊卒, 置之前行, 與我戰, 卽墨敗矣." 燕人聞之, 如其言. 城中人見齊諸降者盡劓, 皆怒, 堅守, 唯恐見得. 單又縱反間曰, "吾懼燕人掘吾城外冢墓, 僇先人, 可爲寒心." 燕軍盡掘壟墓, 燒死人. 卽墨人從城上望見, 皆涕泣, 俱欲出戰, 怒自十倍. 田單知士卒之可用, 乃身操版揷, 與士卒分功, 妻妾編於行伍之閒, 盡散飮食饗士. 令甲卒皆伏, 使老弱女子乘城, 遣使約降於燕, 燕軍皆呼萬歲. 田單又收民金, 得千溢, 令卽墨富豪遺燕將, 曰, "卽墨卽降, 願無虜掠吾族家妻妾, 令安堵." 燕將大喜, 許之. 燕軍由此益懈. 田單乃收城中得千餘牛, 爲絳繒衣, 畫以五彩龍文, 束兵刃於其角, 而灌脂束葦於尾, 燒其端. 鑿城數十穴, 夜縱牛, 壯士五千人隨其後. 牛尾熱, 怒而奔燕軍, 燕軍夜大驚. 牛尾炬火光明炫燿, 燕軍視之皆龍文, 所觸盡死傷. 五千人因銜枚擊之, 而城中鼓譟從之, 老弱皆擊銅器爲聲, 聲動天地. 燕軍大駭, 敗走. 齊人遂夷殺其將騎劫. 燕軍擾亂奔走, 齊人追亡逐北, 所過城邑皆畔燕而歸田單, 兵日益多, 乘勝, 燕日敗亡, 卒至河上, 而齊七十餘城皆復爲齊. 乃迎襄王於莒, 入臨菑而聽政. 襄王封田單, 號曰安平君.

태사공은 평한다.

"용병은 정규전인 정병으로 싸우고, 비정규전인 기병을 구사해 승리를 얻는 것이다. 용병을 잘하는 자는 기병술이 무궁무진하다. 기병술과 정병술은 서로 불가분의 관계를 맺고 있어 마치 둥근 고리에 처음과 끝의 구별이 없는 것과 같다. 《손자병법》에 이르기를, '전투가 벌어지기 전에는 마치 처녀처럼 얌전해 적의 경계심을 누그러뜨리고, 전투가 벌어진 후에는 마치 덫에서 빠져나온 토끼처럼 재빨리 움직여 적이 미처 저항할 겨를이 없도록 만든다'고 했다.• 이는 전단이 구사한 병법을 두고 하는 말일 것이다!"

● 원문인 "시여처녀始如處女, 적인개호適人開戶, 후여탈토後如脫兔, 적불급거適不及距"는 《손자병법》〈구지九地〉에서 차용한 것이다. 〈구지〉에는 거距가 거拒로 되어 있다. '시여처녀'는 안팎으로 완벽한 준비태세를 갖추고 때를 기다린다는 뜻이다. 그 모습이 마치 처녀처럼 수줍어 보인다는 취지다. 맹수가 사냥할 때 땅에 납작 엎드린 채 귀를 내린 것과 다를 것이 없다. '후여탈토' 역시 단순히 토끼처럼 재빨리 내달리라고 주문한 것이 아니다. 사냥감이 사정권 안에 들어왔을 때 맹수가 땅을 박차고 뛰쳐나가듯이 폭발적인 힘을 배경으로 적진을 향해 질주하라고 주문한 것이다. 속도와 힘이 동시에 결합해야 한다. 속도를 빨리하라고 주문한 것은 힘을 배가시키기 위한 것이다. 속도를 빨리할수록 충격량도 배로 커지게 된다. '시여처녀'와 '후여탈토'의 진정한 의미가 바로 여기에 있다. 조조는 《손자약해》의 주석에서 "짐짓 처녀처럼 연약한 척하면 싸움이 시작된 후 적을 더욱 놀라게 만드는 효과가 있다"고 풀이했다.

당초 요치가 제민왕을 죽이자 거 땅 사람들은 제민왕의 아들 법장 法章을 찾았다. 그때 법장은 태사교의 집에서 정원에 물을 주는 일을 하고 있었다. 태사교의 딸이 그를 불쌍히 여겨 잘 대해주었다. 나중에 법장이 자신의 사정을 몰래 고백했고, 그녀는 법장과 정을 통하게 되었다. 거 땅 사람들 모두 법장을 제나라 왕으로 세우고 연나라에 맞서 싸웠다. 덕분에 태사교의 딸은 마침내 왕후가 되었다. 그녀가 바로 군왕후君王后다. 연나라가 당초 제나라에 침입했을 때 획읍 畵邑 출신 왕촉王蠋이 어질다는 말을 듣고 연나라 장군이 이같이 명했다.

"획읍을 중심으로 30리 안으로는 들어가지 않도록 하라!"

왕촉이 획읍 출신이기에 이런 명을 내린 것이다. 이어 사람을 보내 왕촉을 회유했다.

"제나라의 많은 사람이 그대의 절의를 높이 평가하고 있소. 나는 그대를 장수로 삼고 1만 호의 성읍에 봉하겠소."

왕촉이 굳이 사양하자 연나라 장군이 이같이 위협했다.

"당신이 내 말을 듣지 않으면 나는 삼군을 이끌고 와 획읍을 도륙할 것이오."

왕촉이 말했다.

"충신은 두 군주를 섬기지 않고, 열녀는 두 남편을 바꿔 모시지 않는다[忠臣不事二君, 貞女不更二夫]는 성어가 있소. 제나라 왕이 내 간언을 듣지 않았기에 나는 벼슬을 그만두고 들에서 밭을 일구고 있는 것이오. 나라는 이미 깨져 망한 상황에서 나는 나라를 보존할 길이 없소. 이런 상황에서 협박에 굴복해 연나라의 장수가 되는 것은 하나라 걸을 도와 포악한 일을 하는 것과 같소. 살아서 의로운 일을 하지 못할 바에는 차라리 가마솥에서 팽살당하는 것이 낫소!"

그러고는 마침내 끈으로 나뭇가지에 목을 매고는 스스로 힘껏 죄어 죽어버렸다. 전란을 피해 달아나던 제나라 대부들이 이 소문을 듣고 서로 이같이 말했다.

"왕촉은 평민에 불과하다. 그런데도 의를 지켜 연나라를 섬기지 않았다. 하물며 벼슬을 하며 녹을 먹는 우리야 더 말할 것이 있는가?"

그러고는 함께 모여 거 땅으로 달려가 제민왕의 아들을 찾아 제양왕으로 옹립했다.

●● 太史公曰, "兵以正合, 以奇勝. 善之者, 出奇無窮. 奇正還相生, 如環之無端. '夫始如處女, 適人開戶, 後如脫兔, 適不及距.' 其田單之謂邪!" 初, 淖齒之殺湣王也, 莒人求湣王子法章, 得之太史嬓之家, 爲人灌園. 嬓女憐而善遇之. 後法章私以情告女, 女遂與通. 及莒人共立法章爲齊王, 以莒距燕, 而太史氏女遂爲后, 所謂君王后也. 燕之初入齊, 聞畫邑人王蠋賢, 令軍中曰, "環畫邑三十里無入." 以王蠋之故. 已而使人謂蠋曰, "齊人多高子之義, 吾以子爲將, 封子萬家." 蠋固謝. 燕人曰, "子不聽, 吾引三軍而屠畫邑." 王蠋曰, "忠臣不事二君, 貞女不更二夫. 齊王不聽吾諫, 故退而耕於野. 國旣破亡, 吾不能存, 今又劫之以兵爲君將, 是助桀爲暴也. 與其生而無義, 固不如烹!" 遂經其頸於樹枝, 自奮絶脰而死. 齊亡大夫聞之, 曰, "王蠋, 布衣也, 義不北面於燕, 況在位食祿者乎!" 乃相聚如莒, 求諸子, 立爲襄王.

노중련추양열전

魯仲連鄒陽列傳

〈노중련추양열전魯仲連鄒陽列傳〉은 전국시대 제나라의 명사 노중련
魯仲連과 추양鄒陽의 사적을 하나로 합친 것이다. 두 사람 모두 권력
이나 부보다 명예를 높이 여겼다. 임협의 성격이 농후하다. 공자의
제자 자로처럼 인의예지를 중시하는 유협으로 분류할 수 있다. 사
마천은 두 사람 모두 언변이 뛰어난데다 소신을 굽히지 않은 점을
높이 샀다. 〈노중련추양열전〉을 편제한 근본 이유다.

〈노중련추양열전〉에는 유명한 연설과 서신이 대거 소개되어 있다.
대표적인 것이 바로 노중련이 진나라에 제호를 바칠 수 없다는 내
용을 설파한 〈불가제진설不可帝秦說〉과 연나라 장수에게 보낸 서신
인 〈유연장서遺燕將書〉, 추양이 옥중에서 양효왕梁孝王에게 올린 〈옥
중상양왕서獄中上梁王書〉 등이다. 모두 명연설 내지 명문으로 꼽히
고 있다.

노중련열전

노중련은 제나라 출신이다. 크게 뛰어나고 탁월하면서도 특이한 계책을 잘 구사했다.* 전혀 벼슬할 뜻이 없고 절개가 고상했다. 그는 일찍이 조나라를 떠돌아다니던 적이 있다. 당시는 조효성왕이 재위하던 때였다. 진소양왕이 백기를 시켜 장평대전에서 조나라 군사 약 40만 명을 격파했다. 진나라 군사가 여세를 몰아 동쪽 한단을 포위했다. 조효성왕이 두려워하며 열국의 구원병을 청했으나 열국 모두 진나라 군사와 싸울 생각을 하지 못했다. 위안희왕이 보낸 구원군은 진나라를 무서워한 나머지 탕음蕩陰에서 멈춘 채 더는 진격하지 않았다. 위안희왕은 타국 출신 장수인 객장客將 신원연新垣衍에게 지름길을 이용해 한단으로 잠입하게 했다. 신원연이 평원군 조승을 통해 조효성왕을 만난 뒤 이같이 설득했다.

"진나라가 문득 조나라를 포위한 까닭은 대략 이렇습니다. 전에 진나라 왕은 제민왕과 힘을 다투는 과정에서 서제를 칭했다가 곧바로 제호를 포기했습니다. 제민왕은 이후 점차 미약해지고, 이제는 진나라가 천하의 으뜸이 되었습니다. 한단의 포위는 반드시 한단을 차지하려는 것이 아니라 다시 제호를 칭하고 싶기 때문입니다. 조나라 사자를 보내 진나라의 왕호를 제호로 높여주면 진나라는 틀림없이 기뻐하며 철군할 것입니다."

평원군이 주저하며 결정을 내리지 못했다. 당시 노중련은 진나라

● 원문은 "기위숙당지획책奇偉俶儻之畫策"이다. 기위奇偉는 기특위대奇特偉大의 줄임말이다. 숙당俶儻을 두고 《사기색은》은 《광아》를 인용해 탁월하면서도 특이한 것[卓異]으로 풀이했다. 획책畫策은 계책과 같다.

가 조나라를 포위할 때 마침 조나라에 있었다. 그는 위나라가 신원
연을 보내 진소양왕에게 제호를 바칠 것을 종용했다는 이야기를 듣
고는 곧바로 평원군을 만났다.

"이를 장차 어찌 처리할 생각입니까?"

평원군이 대답했다.

"내 어찌 감히 이런 일에 대해 이야기할 수 있겠소? 얼마 전에 밖
으로 40만의 군사를 잃었고, 지금은 또 안으로 한단까지 포위되어
물리치지 못하고 있소. 위나라 왕이 객장 신원연까지 보내 진나라에
제호를 바칠 것을 종용하고 있소. 지금 그 사람이 이곳에 있소. 내 어
찌 이 일에 관해 감히 말할 수 있겠소?"

노중련이 말했다.

"나는 전에 그대를 천하의 현명한 공자로 생각했으나, 지금은 그
렇지 않다는 것을 알게 되었소. 위나라에서 온 객장 신원연은 지금
어디에 있습니까? 제가 그대를 위해 꾸짖어 돌려보내겠습니다."

평원군이 허락했다.

"그럼 내가 그를 선생에게 소개시키겠소."

평원군이 신원연을 찾아가 말했다.

"동쪽 제나라에 노중련 선생이 있는데, 지금 이곳에 와 있습니다.
내가 친교를 맺을 수 있도록 장군에게 소개시키겠습니다."

신원연이 대답했다.

"나는 노중련 선생이 제나라의 지조 높은 선비[高士]라고 들었습니
다. 다만 나는 위나라 왕의 신하로서 사자의 임무를 띠고 있는 까닭
에 노중련 선생을 만나고 싶지 않습니다."

평원군이 말했다.

"장군이 이곳에 있다는 이야기를 말해버렸소."

신원연이 이를 허락했다. 노중련이 신원연을 만나고도 아무런 말도 하지 않자 신원연이 먼저 말을 꺼냈다.

"제가 포위된 한단성邯鄲城 사람들을 살펴보니 모두 평원군에게 무언가를 바라는 자들뿐이었습니다. 그런데 지금 선생의 모습을 뵈니 평원군에게 바라는 것이 아무것도 없는 듯합니다. 어찌해서 포위된 한단성에 이토록 오랫동안 머물며 떠나지 않는 것입니까?"

노중련이 대답했다.

"세인들은 정사에 대한 불만으로 산속으로 들어가 굶어 죽은 포초鮑焦•를 두고 성정이 너그럽지 못하고 까다로운 탓에 죽게 되었다고 말합니다. 이는 잘못된 생각입니다. 사람들은 포초의 뜻을 이해하지 못하고 제 한 몸을 위해 죽은 사람이라고 합니다. 진나라는 예의는 내버린 채 적의 머리를 벤 전공만 숭상하는 나라입니다. 권모술수로 군사를 부리고, 백성을 노비처럼 다루고 있습니다. 그런 진나라 왕이 멋대로 제호를 칭하며 천하에 잘못된 정사를 편다면 저는 차라리 동해에 빠져 죽지, 결코 그의 백성이 되지는 않을 것입니다. 장군을 만난 것도 그리되지 않도록 조나라를 도와주고자 한 것입니다."

신원연이 물었다.

"선생이 장차 조나라를 어떻게 도울 생각입니까?"

노중련이 대답했다.

"위나라와 연나라가 조나라를 돕도록 만들겠습니다. 제나라와 초

• 주나라 초기의 은자로, 전설에 따르면 시정時政에 대한 불만으로 인해 청렴한 자세를 견지하기 위해 산속으로 들어가 나무를 끌어안고 죽었다고 한다. 후대인들은 개자추와 더불어 그의 충렬을 애도했다. 《장자》〈도척〉과 《전국책》〈조책趙策〉에 그의 이름이 나온다.

나라는 원래부터 조나라를 돕고 있었습니다."

신원연이 물었다.

"연나라에 대해서는 선생의 말을 믿겠습니다. 그러나 위나라를 말하고 있는데 제가 위나라 장수로 있습니다. 선생은 무슨 수로 위나라가 조나라를 돕도록 만든다는 것입니까?"

노중련이 대답했다.

"위나라는 진나라가 제호를 칭할 경우의 해악을 모르고 있을 뿐입니다. 진나라가 제호를 칭할 경우의 해악을 알면 분명 조나라를 돕게 될 것입니다."

신원연이 물었다.

"진나라가 제호를 칭할 경우 해악은 구체적으로 어떤 것입니까?"

노중련이 대답했다.

"옛날 제위왕은 늘 인의를 지키면서 천하의 제후들을 이끌고 주나라에 조현을 가려고 했습니다. 그러나 주나라가 너무나 가난하고 쇠약해 제후들이 조현을 가려고 하지 않았습니다. 제나라 홀로 조현한 이유입니다. 1년여 뒤 주열왕이 죽었을 때 제나라가 다른 열국보다 늦게 도착했습니다. 주나라 왕이 크게 노해 꾸짖기를, '천자가 붕어해* 새로 즉위한 나 역시 풀로 만든 자리 위에서 잠을 자고 있다. 동쪽 제후 제나라가 늦게 왔으니 참수해야 한다**'고 했습니다. 제위왕이 이 이야기를 듣고는 격분해 대꾸하기를, '뭐라고? 네 어미는 종년이다!'***라고 했습니다. 결국 제나라 왕은 천하의 웃음거리가 되고

● 원문은 하늘이 무너져 내리고 땅이 갈라진다는 뜻의 "천붕지탁天崩地坼"이다. 천자의 죽음을 에둘러 표현한 것이다.

●● "참수해야 한다"의 원문은 "즉착則斮"이다.《사기집해》는《춘추공양전春秋公羊傳》에 대한 하휴何休의 주를 인용해 착斮을 참斬으로 새겼다.

말았습니다. 주위열왕이 살아 있을 때 조현을 간 제위왕이 주위열왕 사후에 그 아들을 욕되게 한 것은 주나라 왕실의 지나친 요구를 참을 수 없었기 때문입니다. 그러나 천자란 원래 제후에게 이런 것들을 요구할 수 있는 것입니다. 이를 이상하게 여길 필요는 없습니다."

신원연이 말했다.

"선생은 저 하인들을 보지 못했습니까? 열 명의 하인이 한 사람을 따르는 것은 힘이 약하고 지혜가 부족하기 때문입니까? 그것이 아니고, 주인을 두려워하기 때문입니다."

노중련이 물었다.

"아, 그렇다면 위나라를 진나라에 비교하면 하인 같은 존재란 말입니까?"

신원연이 대답했다.

"그렇습니다."

노중련이 물었다.

"그렇다면 내가 진나라 왕에게 위나라 왕을 삶아 소금에 절이도록 만들어 드리겠습니다."

신원연이 크게 불쾌해하며 물었다.

"선생의 말씀이 지나칩니다. 무슨 수로 진나라 왕에게 위나라 왕을 삶아 소금에 절이도록 만든다는 것입니까?"

노중련이 대답했다.

"물론 할 수 있습니다. 그렇지 않아도 말씀을 드릴 생각이었습니다. 옛날에 구후九侯·악후鄂侯·주문왕은 모두 은나라 주의 삼공으로

●●● 원문은 "질차比醓, 모비야母婢也"다. 《사기정의》는 주위열왕周威烈王의 왕후가 시비侍婢 출신임을 지적한 것이라고 했다.

있었습니다. 구후에게 딸이 하나 있었는데 미인이었습니다. 그가 주에게 딸을 바쳤습니다. 그러나 주는 그녀가 못생겼다며 구후를 소금에 절여 죽였습니다. 악후가 강하게 만류하며 간하자 이번에는 악후를 포를 떠서 죽였습니다. 주문왕이 이 소식을 듣고 탄식하자 그를 유리羑里에 있는 감옥에 100일이나 가두었다가 죽이려 했습니다.

지금의 위나라 왕은 진나라 왕과 같은 지위에 있는데 어찌해서 진나라 왕에게 제호를 바쳐 결국 소금에 절여지는 신세가 되려는 것입니까? 제민왕이 노나라로 가려고 했을 때 말채찍을 들고 따르던 이유자夷維子●가 노나라 사람에게 묻기를, '그대들은 우리 군주를 어떻게 대접할 생각이오?'라고 했습니다. 노나라 사람이 대답하기를, '우리는 소와 양과 돼지를 각각 열 마리씩 바치는 십태뢰十太牢의 예로 대접하겠습니다'라고 했습니다. 이유자가 꾸짖기를, '그대들은 어떤 예절에 근거해 우리 군주를 그런 식으로 대접하고자 하는 것이오? 우리 군주는 천자요. 천자가 순행을 하면 제후는 자신의 궁궐을 내어주고, 성문과 창고 열쇠를 내맡기고, 옷깃을 여민 채 상을 들고 대청 밑에서 천자의 수라를 준비해 올리고, 천자가 식사를 끝낸 뒤에야 물러나 정사를 듣는 것이오'라고 했습니다. 노나라 사람이 화가 나 문을 닫아걸고 열쇠로 잠그고는 제민왕을 입국시키지 않았습니다.

제민왕은 노나라 입국이 거절되자 설 땅으로 가려 했습니다. 그곳으로 가려면 추 땅을 지나야 했습니다. 마침 추나라 군주가 죽었기에 제민왕은 조문을 하려고 했습니다. 이유자가 추나라의 새 군주에

● 이유자를 두고 《사기정의》는 응소應劭의 주를 인용해 동래東萊에 있는 이유 출신을 지칭한 것이라고 풀이했다. 자子는 남자의 미칭美稱이라고 했다.

게 말하기를, '천자가 조상을 하러 오면 주인은 관을 뒤로 물려 북면하도록 하고, 천자가 남면해 조상을 하는 것이오'라고 했습니다. 추나라의 군신들이 말하기를, '꼭 그리해야 하면 우리는 차라리 칼에 엎어져 죽겠다'며 끝내 추나라로 들이지 않았습니다. 추나라와 노나라의 신하들은 군주가 살아 있을 때조차 충분히 봉양하지 못했고, 사후에도 의복과 재물을 넉넉히 묻을 수 없었습니다. 제나라가 천자의 예를 추나라와 노나라에서 행하게 하려고 하자 단연코 이를 받아주지 않은 것입니다.

지금 진나라는 만승의 대국이고, 위나라 역시 만승의 대국입니다. 다 같이 만승의 대국을 이끌며 각각 왕호를 칭하고 있습니다. 그런데 위나라는 진나라가 한 번 승리하는 것을 보고 이에 복종해 진나라에 제호를 바치려 하고 있습니다. 이는 삼진의 대신들을 추나라와 노나라의 하인이나 첩만도 못하게 만드는 것입니다. 진나라가 멋대로 제호를 칭하게 되면 열국의 대신을 멋대로 바꿀 것입니다. 또 불초하다고 생각되는 자의 벼슬을 빼앗아 현명하다고 생각하는 자에게 주고, 미워하는 자의 자리를 빼앗아 좋아하는 자에게 줄 것입니다. 나아가 진나라 왕의 요사스러운 딸과 첩을 제후의 희첩姬妾으로 만들 것이니, 위나라 궁에서도 이런 여인이 살게 될 것입니다. 그리되면 위나라 왕이 어찌 편안하겠습니까? 장군은 또 지금처럼 남다른 사랑과 신임을 받을 수 있겠습니까?"

● 고대에는 북쪽을 높인 까닭에 천자가 남면해 신하들을 내려다보고, 신하들은 북면해 남쪽에 섰다. 영구靈柩를 북쪽에 두고 문상객들이 북면해 조상하는 이유다. 다만 천자의 경우는 북면할 수 없는 까닭에 영구를 남쪽으로 이동시키고 남면해 조상하게 했다.
●● "의복과 재물을 넉넉히 묻을 수 없었습니다"의 원문은 "부득부수不得賻襚"다.《사기정의》는 부賻를 장례에 보내는 금품, 수襚를 수의로 풀이했다.

신원연이 일어나 두 번 절하고 사과했다.

"처음에는 선생을 보통 사람으로 생각했습니다. 오늘 비로소 선생이 천하의 선비라는 것을 알았습니다. 저는 곧 이곳을 떠나는 순간부터 다시는 진나라 왕에게 제호를 바치는 일을 언급하지 않을 것입니다."

진나라 장군이 이 소식을 듣고 군사를 50리나 뒤로 물렸다. 마침 위나라의 신릉군 위무기가 조나라를 구하기 위해 진비의 군사를 빼앗아 진나라 군사를 공격해왔다. 진나라 군사가 끝내 철군한 이유다. 위기를 모면하자 조나라의 평원군이 노중련에게 봉지를 하사하고자 했다. 노중련이 세 번이나 사양하며 끝내 받지 않았다. 평원군은 주연을 마련한 뒤 분위기가 한창 고조되었을 때 앞으로 나아가 1,000금을 바치며 노중련의 장수를 빌었다. 노중련이 웃으며 거절했다.

"천하의 선비가 귀한 것은 다른 사람의 걱정을 덜어주고, 재난을 없애주고, 다툼을 풀어주고도 보상을 받지 않기 때문입니다. 보상을 받는다면 이는 장사꾼이 하는 짓입니다. 저는 그런 짓은 차마 할 수 없습니다."

그러고는 이내 평원군에게 작별을 고하고 떠나버렸다. 평생 다시는 만나지 않았다.

●● 魯仲連者, 齊人也. 好奇偉俶儻之畫策, 而不肯仕宦任職, 好持高節. 遊於趙. 趙孝成王時, 而秦王使白起破趙長平之軍前後四十餘萬, 秦兵遂東圍邯鄲. 趙王恐, 諸侯之救兵莫敢擊秦軍. 魏安釐王使將軍晉鄙救趙, 畏秦, 止於蕩陰不進. 魏王使客將軍新垣衍閒入邯鄲, 因平原君謂趙王曰, "秦所爲急圍趙者, 前與齊湣王爭彊爲帝, 已而復歸帝, 今

齊湣王已益弱, 方今唯秦雄天下, 此非必貪邯鄲, 其意欲復求爲帝. 趙
誠發使尊秦昭王爲帝, 秦必喜, 罷兵去." 平原君猶預未有所決. 此時魯
仲連適遊趙, 會秦圍趙, 聞魏將欲令趙尊秦爲帝, 乃見平原君曰, "事將
奈何?" 平原君曰, "勝也何敢言事! 前亡四十萬之衆於外, 今又內圍邯
鄲而不能去. 魏王使客將軍新垣衍令趙帝秦, 今其人在是. 勝也何敢
言事!" 魯仲連曰, "吾始以君爲天下之賢公子也, 吾乃今然後知君非天
下之賢公子也. 梁客新垣衍安在? 吾請爲君責而歸之." 平原君曰, "勝
請爲紹介而見之於先生." 平原君遂見新垣衍曰, "東國有魯仲連先生
者, 今其人在此, 勝請爲紹介, 交之於將軍." 新垣衍曰, "吾聞魯仲連先
生, 齊國之高士也. 衍, 人臣也, 使事有職, 吾不願見魯仲連先生." 平原
君曰, "勝旣已泄之矣." 新垣衍許諾. 魯連見新垣衍而無言. 新垣衍曰,
"吾視居此圍城之中者, 皆有求於平原君者也, 今吾觀先生之玉貌, 非
有求於平原君者也, 曷爲久居此圍城之中而不去?" 魯仲連曰, "世以鮑
焦爲無從頌而死者, 皆非也. 衆人不知, 則爲一身. 彼秦者, 棄禮義而上
首功之國也, 權使其士, 虜使其民. 彼卽肆然而爲帝, 過而爲政於天下,
則連有蹈東海而死耳, 吾不忍爲之民也. 所爲見將軍者, 欲以助趙也."
新垣衍曰, "先生助之將奈何?" 魯連曰, "吾將使梁及燕助之, 齊·楚則
固助之矣." 新垣衍曰, "燕則吾請以從矣, 若乃梁者, 則吾乃梁人也, 先
生惡能使梁助之?" 魯連曰, "梁未睹秦稱帝之害故耳. 使梁睹秦稱帝之
害, 則必助趙矣." 新垣衍曰, "秦稱帝之害何如?" 魯連曰, "昔者齊威王
嘗爲仁義矣, 率天下諸侯而朝周. 周貧且微, 諸侯莫朝, 而齊獨朝之. 居
歲餘, 周烈王崩, 齊後往, 周怒, 赴於齊曰, '天崩地坼, 天子下席. 東藩
之臣因齊後至, 則斮.' 齊威王勃然怒曰, '叱嗟, 而母婢也!' 卒爲天下
笑. 故生則朝周, 死則叱之, 誠不忍其求也. 彼天子固然, 其無足怪." 新

垣衍曰, "先生獨不見夫僕乎? 十人而從一人者, 寧力不勝而智不若邪? 畏之也." 魯仲連曰, "嗚呼! 梁之比於秦若僕邪?" 新垣衍曰, "然." 魯仲連曰, "吾將使秦王烹醢梁王." 新垣衍怏然不悅, 曰, "噫噫, 亦太甚矣先生之言也! 先生又惡能使秦王烹醢梁王?" 魯仲連曰, "固也, 吾將言之. 昔者九侯·鄂侯·文王, 紂之三公也. 九侯有子而好, 獻之於紂, 紂以爲惡, 醢九侯. 鄂侯爭之彊, 辯之疾, 故脯鄂侯. 文王聞之, 喟然而歎, 故拘之牖里之庫百日, 欲令之死. 曷爲與人俱稱王, 卒就脯醢之地? 齊湣王之魯, 夷維子爲執策而從, 謂魯人曰, 曰'子將何以待吾君?' 魯人曰, '吾將以十太牢待子之君.' 夷維子曰, '子安取禮而來待吾君? 彼吾君者, 天子也. 天子巡狩, 諸侯辟舍, 納筦籥, 攝衽抱机, 視膳於堂下, 天子已食, 乃退而聽朝也.' 魯人投其籥, 不果納. 不得入於魯, 將之薛, 假途於鄒. 當是時, 鄒君死, 湣王欲入弔, 夷維子謂鄒之孤曰, '天子弔, 主人必將倍殯棺, 設北面於南方, 然後天子南面弔也.' 鄒之羣臣曰, '必若此, 吾將伏劍而死.' 固不敢入於鄒. 鄒·魯之臣, 生則不得事養, 死則不得賻襚, 然且欲行天子之禮於鄒·魯, 鄒·魯之臣不果納. 今秦萬乘之國也, 梁亦萬乘之國也. 俱據萬乘之國, 各有稱王之名, 睹其一戰而勝, 欲從而帝之, 是使三晉之大臣不如鄒·魯之僕妾也. 且秦無已而帝, 則且變易諸侯之大臣. 彼將奪其所不肖而與其所賢, 奪其所憎而與其所愛. 彼又將使其子女讒妾爲諸侯妃姬, 處梁之宮. 梁王安得晏然而已乎? 而將軍又何以得故寵乎?" 於是新垣衍起, 再拜謝曰, "始以先生爲庸人, 吾乃今日知先生爲天下之士也. 吾請出, 不敢復言帝秦." 秦將聞之, 爲卻軍五十里. 適會魏公子無忌奪晉鄙軍以救趙, 擊秦軍, 秦軍遂引而去. 於是平原君欲封魯連, 魯連辭讓使者三, 終不肯受. 平原君乃置酒, 酒酣起前, 以千金爲魯連壽. 魯連笑曰, "所貴於天下之士者, 爲人排患釋難解紛亂而無取也. 卽有取者, 是商賈之事也, 而連不忍爲也."遂辭平原君而去, 終身不復見.

이후 20여 년이 지나 연나라 장군이 제나라의 요성聊城을 공격해 함락시켰다. 요성 출신 가운데 이들의 장군을 연나라에 중상모략한 자가 있었다. 장군은 처형을 당할까봐 겁이 난 나머지 귀국하지 않은 채 요성에 그대로 머물러 있었다. 제나라는 전단을 보내 요성을 1년 남짓 쳤다. 수많은 병사가 희생했음에도 요성을 함락시키지 못했다. 노중련이 연나라 장군에게 〈유연장서〉를 화살 끝에 매단 뒤 성안에 있는 연나라 장군에게 쏘아 보냈다.

내가 듣건대 지혜로운 자는 때를 거슬러 유리한 기회를 놓치지 않고, 용맹한 자는 죽음을 겁내 명예를 훼손하지 않고, 충성스러운 신하는 자기 한 몸을 앞세워 군주를 뒤로하지 않는다고 했소. 지금 장군은 참소를 받은 한때의 분노를 참지 못해 연나라 군주에게 좋은 신하가 없는 것을 알고도 돌아가지 않으니 이는 충성이 아니오. 요성을 잃고 장군 역시 죽게 되면 제나라에 장군의 위엄을 떨칠 길이 없으니 이는 용기가 아니오. 공적이 허물어지고 명성을 잃게 되면 후대인은 장군을 칭송하지 않을 터이니 이는 지혜가 아니오. 당대의 군주는 이런 세 가지 잘못을 범한 자를 신하로 쓰지 않을 것이고, 유세하는 선비[說士]는 그런 자를 입에 올리지 않을 것이오. 총명한 자가 사업을 다시 시작하는 식으로 주저하지 않고 과감히 결단하며, 용감한 자가 죽음을 두려워하지 않는 것은 이 때문이오.

장군은 지금 생사·영욕·귀천의 갈림길에 있소. 기회는 두 번 다시

오지 않소. 부디 깊이 생각해 속인과 같은 판단을 하지 않기 바라오. 지금 초나라는 제나라의 남양, 위나라는 평륙平陸을 치고 있소. 그러나 제나라는 남쪽의 초나라를 칠 생각이 없소. 남양을 잃는 손실은 작고, 제수 북쪽의 땅을 손에 넣는 것이 이익이 크다고 생각하기 때문이오. 이해를 꼼꼼히 따져 결정을 내려 대처하고 있는 셈이오. 지금 진나라가 병사를 풀어 제나라를 도우면 위나라는 감히 동쪽을 향해 제나라를 치지 못할 것이고, 제나라와 진나라가 손을 잡으면 초나라의 형세가 위태롭게 되오. 제나라는 남양을 버리고 오른쪽 땅인 평륙을 단념하고서라도 전력을 다해 제수 북쪽의 땅을 평정하고자 할 것이오. 이는 득실을 따져 결정한 계책이오. 제나라는 분명 요성을 다시 차지할 터이니 장군은 주저하지 말고 결단하기 바라오.

지금 초나라와 위나라 군사는 차례로 제나라에서 물러나는 중이오. 또 연나라 구원병은 오지 않고 있소. 제나라의 모든 병력은 천하의 그 어떤 제재도 받지 않고 전력을 다해 요성을 탈취할 것이오. 이미 1년 남짓 포위된 요성을 그대가 사수한다는 것은 결코 성공할 수 없소. 더구나 연나라는 지금 큰 혼란에 빠져 있소. 군신 모두 올바른 계책을 세우지 못하고, 위아래가 모두 정신을 잃고 있소. 율복은 10만 대군을 이끌고 원정했으나 다섯 번이나 패했소. 그 결과 만승의 대국 연나라는 조나라에게 도성을 포위당하고, 땅은 깎이고, 군주는 욕을 당해 천하의 웃음거리가 되었소. 나라는 피폐해지고 재난마저 잦아 백성은 마음을 붙일 곳이 없소. 지금 장군은 요성의 지친 백성을 이끌고 제나라 전체 병력에 맞서고 있으니 실로 전에 묵적이 송나라를 위해 초나라를 막아낸 것에 비할 만하오. 나아가 인육을 먹고 뼈를 땔감으로 쓰는 극한 상황[食人炊骨]에서 장병이 모두 배반할 생각을 품지 않으니 그야말로 손빈의 병사에 비할 만하오. 이제 온 천하에 장군의 능력을 보여주었소.

비록 그렇기는 하나 장군을 위해 생각해보면 병력을 온전히 보전해 철군하는 식으로 연나라에 보답하는 것이 가장 좋은 방안일 것이오. 병력을 온전히 해 철군하면 연나라 왕은 반드시 기뻐할 것이오. 또 그대가 성한 몸으로 돌아가면 백성은 부모를 만난 듯이 기뻐하고, 친구들은 흥분해 팔을 걷어붙인 모습으로 반기며 천하 사람들에게 이야기해 그대의 업적을 널리 전할 것이오. 위로는 고립된 군주를 도와 신하들을 단속하고, 아래로는 백성을 잘 살게 해 유세가들에게 이야깃거리를 제공하고, 나라를 바로잡아 타락된 풍속을 고칠 수 있소. 이것이 공명을 이루는 길이오.

혹여 이렇게 할 의향이 없다면 연나라를 떠나 세상의 여론을 등진 채 동쪽 제나라로 오는 것은 어떻겠소? 제나라는 땅을 떼어 봉지로 내려줄 것이오. 그러면 부귀가 진나라 재상 위염이나 위앙 같을 것이오.• 또한 장군의 후손은 대대로 제후가 되어 고孤를 칭하며 제나라와 더불어 길이 부귀를 누릴 수 있소. 이 또한 한 가지 방법일 것이오. 앞서 말한 이 두 가지 방안 모두 이름을 알리고 실리를 두텁게 할 수 있는 방안이오. 장군은 깊이 생각해 하나를 택하도록 하시오.

나는 작은 예절에 얽매인 사람은 영예로운 명성을 떨칠 수 없고[規小節不成榮名] 작은 치욕을 꺼리는 사람은 큰 공을 세울 수 없다[惡小恥不立大功]는 속담을 들은 적이 있소. 옛날 관중은 제환공을 활로 쏘아 그

• 원문은 "부비호도위富比乎陶衛"다. 《사기색은》은 《전국책》에 대한 연독延篤의 주가 도陶를 도주공, 위衛를 위공자衛公子 형荊으로 풀이한 것은 잘못이라고 지적했다. 그러면서 '도'는 진 소양왕 때 재상을 지내며 도 땅을 봉지로 지닌 양후 위염, '위'는 진효공 때 변법을 시행해 상군으로 불린 위앙을 지칭한다고 했다. 이를 좇았다.

의 허리띠 고리를 맞혔으니 이는 실로 보위를 빼앗으려는 찬탈행위였소. 또 공자 규에 대한 의리를 저버리고 그를 위해 죽지 않은 것은 비겁한 행동이었소. 또한 오라에 묶이고 수갑과 차꼬(죄수를 가두는 형구)를 차게 된 것은 치욕스러운 행동이었소. 세상의 군주는 이런 세 가지 행동을 저지른 자를 신하로 써주지 않을 것이오. 마을 사람들도 이들과는 교제하려 들지 않을 것이오. 만일 관중이 옥에 갇혀 세상에 나오지 못했거나 옥사해 제나라로 돌아올 수 없었다면 그는 끝내 오명을 면할 길이 없었을 것이오. 노비조차 그와 비교되는 것을 부끄러워했을 터인데 하물며 일반 속인의 경우야 어떻겠소? 관중은 오라에 묶여 갇혀 있는 것을 부끄러워하지 않고 오히려 천하를 바로잡지 못하는 것을 부끄러워했소. 또 공자 규를 위해 죽지 않은 것을 부끄러워하지 않고 제나라가 제후들 사이에서 위엄을 떨치지 못하는 것을 부끄러워했소. 세 가지 잘못을 범하고도 제환공을 오패五覇의 우두머리로 만들어 그 명성을 천하에 떨치고, 밝은 빛을 이웃 나라까지 비추게 되었소.

조말은 노나라 장군이 되어 제나라와 세 번 싸워 모두 패하고, 노나라 땅을 500리나 잃었소. 그때 뒷일을 생각지 않고 발꿈치를 돌려 달아나지 않고 스스로 목을 찔러 자진했다면 늘 패하기만 하다가 포로가 된 장군이라는 오명을 면할 수 없었을 것이오. 그러나 그는 3전 3패의 치욕을 생각지 않고 돌아와 노나라 군주와 대책을 상의했소. 제환공이 천하의 제후들과 회합하는 기회를 틈타 그는 오직 단검 한 자루만 믿고 단상으로 뛰어올라 제환공의 심장을 겨누었소. 그의 안색은 조금도 변치 않았고, 목소리 또한 떨리지 않았소. 세 번의 싸움에서 패해 잃은 땅을 하루아침에 되찾게 된 배경이오. 이로 인해

천하가 진동했고, 제후들이 경악했고, 노나라의 위엄이 멀리 오나라
와 월나라까지 미치게 되었소.

관중과 조말 두 사람은 부끄러움과 작은 절개를 이룰 수 없었던 것
이 아니오. 자신이 죽고 후손을 끊으면서 공명을 세우지 못하는 것을
지혜롭지 못하다고 여긴 것이오. 덕분에 한때의 사적인 울분과 원한
[感忿之怨]을 버리고 평생 빛나는 명성[終身之名]을 세우고, 원망에 사
로잡힌 작은 절개[忿悁之節]를 버리고 대대로 전해질 대공[累世之功]을
얻었소. 이들의 업적이 삼왕과 우열을 다투고, 그 이름이 천지와 함
께 영원히 남게 된 배경이 여기에 있소. 장군은 이 가운데 하나를 택
해 실행하도록 하시오.

연나라 장군은 노중련의 서신을 읽고 사흘 동안 울었다. 이리저
리 궁리했지만 주저하며 결단하지 못했다. 연나라로 돌아가자니 연
나라 왕과 사이가 벌어져 살해될까 두려웠고, 제나라에 항복하자니
제나라 백성을 너무 많이 죽이고 생포한 까닭에 욕을 당할까 두려웠
다. 결국 이같이 탄식하며 자진했다.

"다른 사람에게 죽느니 차라리 스스로 죽으리라."

요성이 혼란에 빠지자 전단이 이내 요성을 함락시켰다. 개선한 뒤
제양왕에게 노중련의 공적을 아뢰고 그에게 벼슬을 주기를 청했다.
그러나 노중련은 몸을 피해 달아나 어느 바닷가에 숨어 살며 이같이
말했다.

"나는 부귀를 누리며 남에게 눌려 사느니 빈천할지라도 부귀를 가
볍게 여기며 마음대로 살겠다."

●● 其後二十餘年, 燕將攻下聊城, 聊城人或讒之燕, 燕將懼誅, 因保守聊城, 不敢歸. 齊田單攻聊城歲餘, 士卒多死而聊城不下. 魯連乃爲書, 約之矢以射城中, 遺燕將. 書曰, "吾聞之, 智者不倍時而弃利, 勇士不卻死而滅名, 忠臣不先身而後君. 今公行一朝之忿, 不顧燕王之無臣, 非忠也, 殺身亡聊城, 而威不信於齊, 非勇也, 功敗名滅, 後世無稱焉, 非智也. 三者世主不臣, 說士不載, 故智者不再計, 勇士不怯死. 今死生榮辱, 貴賤尊卑, 此時不再至, 願公詳計而無與俗同. 且楚攻齊之南陽, 魏攻平陸, 而齊無南面之心, 以爲亡南陽之害小, 不如得濟北之利大, 故定計審處之. 今秦人下兵, 魏不敢東面, 衡秦之勢成, 楚國之形危, 齊棄南陽, 斷右壤, 定濟北, 計猶且爲之也. 且夫齊之必決於聊城, 公勿再計. 今楚魏交退於齊, 而燕救不至. 以全齊之兵, 無天下之規, 與聊城共據期年之敝, 則臣見公之不能得也. 且燕國大亂, 君臣失計, 上下迷惑, 栗腹以十萬之衆五折於外, 以萬乘之國被圍於趙, 壤削主困, 爲天下僇笑. 國敝而禍多, 民無所歸心. 今公又以敝聊之民距全齊之兵, 是墨翟之守也. 食人炊骨, 士無反外之心, 是孫臏之兵也. 能見於天下. 雖然, 爲公計者, 不如全車甲以報於燕. 車甲全而歸燕, 燕王必喜, 身全而歸於國, 士民如見父母, 交遊攘臂而議於世, 功業可明. 上輔孤主以制羣臣, 下養百姓以資說士, 矯國更俗, 功名可立也. 亡意亦捐燕棄世, 東遊於齊乎? 裂地定封, 富比乎陶 · 衛, 世世稱孤, 與齊久存, 又一計也. 此兩計者, 顯名厚實也, 願公詳計而審處一焉. 且吾聞之, 規小節者不能成榮名, 惡小恥者不能立大功. 昔者管夷吾射桓公中其鉤, 篡也, 遺公子糾不能死, 怯也, 束縛桎梏, 辱也. 若此三行者, 世主不臣而鄕里不通. 鄕使管子幽囚而不出, 身死而不反於齊, 則亦名不免爲辱人賤行矣. 臧獲且羞與之同名矣, 況世俗乎! 故管子不恥身在縲紲之中而恥天下之不治, 不恥不死公子糾而恥威之不信於諸侯, 故兼三行之

過而爲五霸首, 名高天下而光燭鄰國. 曹子爲魯將, 三戰三北, 而亡地
五百里. 鄉使曹子計不反顧, 議不還踵, 刎頸而死, 則亦名不免爲敗軍
禽將矣. 曹子棄三北之恥, 而退與魯君計. 桓公朝天下, 會諸侯, 曹子以
一劍之任, 枝桓公之心於壇坫之上, 顏色不變, 辭氣不悖, 三戰之所亡
一朝而復之, 天下震動, 諸侯驚駭, 威加吳・越. 若此二士者, 非不能成
小廉而行小節也, 以爲殺身亡軀, 絕世滅後, 功名不立, 非智也. 故去感
忿之怨, 立終身之名, 棄忿悁之節, 定累世之功. 是以業與三王爭流, 而
名與天壤相獘也. 願公擇一而行之."

燕將見魯連書, 泣三日, 猶豫不能自決. 欲歸燕, 已有隙, 恐誅, 欲降
齊, 所殺虜於齊甚衆, 恐已降而後見辱. 喟然歎曰, "與人刃我, 寧自刃."
乃自殺. 聊城亂, 田單遂屠聊城. 歸而言魯連, 欲爵之. 魯連逃隱於海
上, 曰, "吾與富貴而詘於人, 寧貧賤而輕世肆志焉."

추양열전

추양은 전한 초기 제나라 출신이다. 그는 양나라를 유랑하다가 오
나라 출신 장기莊忌*와 회음淮陰 출신 매승枚乘의 무리와 사귀었다. 그
는 글을 올려 양승羊勝 및 공손궤公孫詭 등과 함께 양효왕의 문객文客
이 되었다. 양승 등이 추양을 시기해 양효왕 앞에서 그를 헐뜯었다.
양효왕이 화가 나 추양을 옥리에게 넘겨 죽이려고 했다. 추양은 남
의 나라에서 유세하다가 참소를 당한 상황에서 자칫 악명을 남기고

● 원문은 "장기부자莊忌夫子"다. 《사기색은》은 성이 장莊, 이름이 기忌, 자가 부자夫子라고 했
다. 후대인이 한명제漢明帝 유장劉莊의 이름을 꺼려 성을 엄嚴으로 바꾸었다.

죽을까 두려운 나머지 옥중에서 양효왕에게 〈옥중상양왕서〉를 올렸다.

신은 일찍이 충성은 보답받지 못하는 일이 없고[忠無不報], 신뢰는 의심을 받지 않는다[信不見疑]는 이야기를 들었습니다. 신은 늘 그런 줄 알았지만 한낱 빈말일 뿐이었습니다. 옛날 형가는 연나라 태자 단의 의에 감동해 진시황을 척살하기 위해 길을 떠났습니다. 이때 하늘이 감응해 흰 무지개가 해를 뚫는 현상[白虹貫日]이 나타났습니다. 그런데도 연나라 태자 단은 형가를 의심했습니다. 또한 장평대전 당시 백기가 위선생衛先生을 진소양왕에게 보내 병력과 군량 지원을 청하자 하늘이 감응해 태백太白(금성)이 묘성昴星(이십팔수의 열여덟 번째 별자리의 별들)을 범하는 현상[太白蝕昴]이 나타났습니다. 그런데도 진소양왕은 위선생을 의심했습니다. 형가와 위선생의 정성이 천지의 자연현상까지 바꾸었지만 두 군주는 이들의 충성을 깨닫지 못한 것입니다. 이 어찌 슬픈 일이 아니겠습니까?

지금 신은 충성을 다해 마음속의 계책을 모두 밝혀 대왕이 알아주기를 바랐지만 대왕의 주변 사람이 밝지 못한 탓으로 오히려 옥리에게 심문을 당하고 사람들에게 의심을 받게 되었습니다. 형가와 위선생이 다시 태어나도 연나라와 진나라는 이들의 충성을 깨닫지 못할 것입니다. 대왕은 깊이 이를 살펴주십시오.

예전에 변화卞和가 보옥을 바쳤는데도 초나라 왕은 그것이 가짜라는 옥장의 말을 듣고 그의 발을 잘라버렸습니다. 이사 역시 충성을 다했지만 2세 황제인 호해胡亥는 그를 극형에 처하고 말았습니다. 기자가 미친 척을 하고, 초나라의 은자 접여가 세상을 피해 산 것도 이런 우환이 두려웠기 때문입니다. 바라건대 대왕은 변화와 이사의 충성을 깊이 살펴 앞으로는 초나라 왕과 호해처럼 잘못된 참소를 받아들이는 일이 없고, 신이 기자와 접여에게 비웃음을 받지 않게 해주십시오.

신이 듣건대 "비간은 간언을 하다가 가슴을 찢기고, 오자서는 말가죽 주머니에 넣어져 강물에 던져졌다"고 했습니다. 처음에는 그 말을 믿지 않았으나 지금은 그것이 사실임을 알게 되었습니다. 바라건대 대왕은 자세히 살펴 신을 조금이라도 가엾게 여겨주십시오. 신은 백발이 되도록 오래 사귀었지만 새로 사귄 듯하고[白頭如新], 사귄 지 얼마 되지 않았지만 수레의 덮개가 기울어질 정도로 정담을 나눈다[傾蓋如故]는 속담을 들었습니다. 이는 무슨 뜻입니까? 서로 상대의 마음을 아느냐 모르느냐의 차이입니다.

옛날 번오기樊於期는 진나라에서 연나라로 달아난 뒤 형가에게 자신의 머리를 내주었습니다. 형가를 시켜 진시황을 척살하고자 하는 연나라 태자 단의 계책을 돕고자 한 것입니다. 왕사王蠋는 제나라를 떠나 위나라로 망명한 뒤 성에 올라 스스로 목숨을 끊음으로써 제나라를 물리치고 위나라를 보존했습니다. 번오기와 왕사가 진나라와 제나라를 떠나 각각 연나라와 위나라 군주를 위해 목숨을 바친 것은 군주의 행보가 자신들의 뜻에 맞고 의로움을 사모하는 마음이 지극했기 때문이었습니다. 소진은 세상의 신임을 얻지 못했지만 연나라에 대해서는 미생처럼 신의를 지켰습니다. 또 백규白圭는 중산의 장수가 되어 싸움에서 패해 여섯 개의 성읍을 잃은 뒤 위나라로 망명했지만 이후 위나라를 위해 중산을 함락시켰습니다. 이는 무슨 까닭이겠습니까? 서로 마음을 알아주었기 때문입니다.

소진이 연나라 재상이 되자 연나라 출신이 연소왕에게 그에 관한 나쁜 말을 했으나 연소왕은 칼을 만지며 소진을 비방한 자를 꾸짖었습니다. 소진을 더욱 후대하며 자신의 결제駃騠(준마)를 잡아 대접했습니다. 백규가 중산에서 공을 세우자 중산의 어떤 자가 위문후에게 그를 비방했습니다만 위문후는 오히려 밤에도 빛을 발하는 옥[夜光璧]을 백규에게 내렸습니다. 이는 무슨 까닭이겠습니까? 군주와 신하가 각각 가슴을 쪼개 간을 드러내는 것[剖心坼肝]처럼 서로를 믿었기 때문입니다. 그러니 어찌 근거도 없는 말에 마음이 흔들릴 리 있겠습니까?

여인은 아름답든 추하든 상관없이 입궁하면 질투를 받게 되고, 선비는 어진 사람이든 그렇지 않은 사람이든 상관없이 입조하면 시기를 받게 마련입니다. 옛날 사마희司馬喜는 송나라에서 빈형을 받았으나 이후 중산의 재상이 되었습니다. 또 범수는 위나라에서 갈비뼈가 부러지고 이가 깨졌으나 마침내 진나라에서 응후가 되었습니다. 이 두 사람은 반드시 그리되는 계책[必然之畫]을 믿고, 사사로이 붕당을 지어 의지하려는 마음을 버리고 홀로 몸을 세운 덕분입니다. 이로 인해 다른 사람의 질투를 받지 않을 수 없었습니다.

신도적申徒狄* 은 간언이 받아들여지지 않자 스스로 강물에 몸을 던졌고, 서연徐衍은 세상이 싫어 돌을 짊어지고 바다에 뛰어들었습니다. 이들은 자신들이 세상에 받아들여지지 않을지라도 조정에서 당파를 만들어 군주의 마음을 뒤흔드는 일은 하지 않았습니다. 백리해

● 신도적은《장자》의 〈외물〉 및 〈도척〉 등에 나온다. 전한 때 한영韓嬰이 쓴《한시외전韓詩外傳》에 청렴의 상징으로 나온다. 신도적이 돌을 껴안고 죽자 군자가 말하기를, "실로 청렴하고 어질다. 나는 아직 이런 사람을 보지 못했다"고 했다고 기록해놓았다.

는 길에서 밥을 빌어먹었지만 진목공은 그에게 기꺼이 정사를 맡겼고, 영척寧戚은 수레 아래서 소를 쳤으나 제환공이 그에게 나라를 맡겼습니다. 이 두 사람이 조정 관원의 천거를 받거나 군주의 좌우로부터 칭송을 받아 진목공과 제환공에게 등용된 것입니까? 마음이 서로 통하고 행동이 일치하면 아교나 옻칠을 한 것보다 더 친밀해집니다. 사이좋은 형제도 이를 갈라놓을 수 없습니다. 어찌 다른 사람의 말에 현혹될 리 있겠습니까?

한쪽 말만 들으면 간사한 일이 생기고, 한 사람에게 모든 것을 맡기면 혼란이 일어납니다. 옛날 노나라는 계손씨의 말만 듣고 공자를 내쫓았고, 송나라는 자한子罕의 계책만 믿고 묵적을 가두었습니다. 공자와 묵적의 달변으로도 참소하고 아첨하는 자의 피해에서 벗어나지 못했고, 이로 인해 노나라와 송나라는 위태로워졌습니다. 이는 무슨 까닭이겠습니까? 여러 사람이 떠들면 무쇠도 녹이고[衆口鑠金], 참소가 쌓이면 뼈도 녹이기 때문입니다[積毁銷骨].

진나라는 호인 출신 유여를 등용해 중원을 제패했고, 제나라는 월인越人 출신인 몽蒙을 기용해 제위왕과 제선왕의 위세를 높였습니다. 이 두 나라가 어찌 세속에 얽매어 질질 끌려가거나, 아첨과 한쪽 말에 사로잡혀 그랬겠습니까? 공정하게 듣고 두루 살펴본 덕분에 당대에 이름을 남긴 것입니다. 뜻만 맞으면 호인이나 월인처럼 아주 먼 곳의 사람도 형제처럼 될 수 있습니다. 유여나 몽이 바로 그런 사람들이었습니다. 정반대로 뜻이 맞지 않으면 골육지간이라도 내쫓고 쓰지 않습니다. 요임금의 아들 단주丹朱, 순임금의 동생 상象, 주공 단의 동생 관숙管叔과 채숙蔡叔이 바로 그런 경우입니다. 오늘날 인주人主가 실로 제나라와 진나라처럼 의로운 방법을 쓰고, 송나라와 노나라처럼 잘못된 말은 듣지 않으면 오패五伯의 명성은 물론 삼왕의 공적도 쉽게 이룰 수 있을 것입니다.

성왕은 깊이 깨달은 바가 있습니다. 연나라 재상 자지 같은 간신의 마음을 읽고, 제나라 권신 전상 같은 간신의 잔재주를 싫어하는 것이 그렇습니다. 주무왕은 충신 비간의 후예를 봉하고, 은나라 주에 의해 배가 찢겨 죽은 임산부의 무덤을 손질해줌으로써 자신의 공적을 또다시 천하에 떨칠 수 있습니다. 이는 무슨 까닭이겠습니까? 주무왕이 선행에 전혀 싫증을 내지 않았기 때문입니다. 진문공은 자신을 죽이려 했던 발제勃鞮와 친하게 지낸 덕분에 제후들을 호령하는 패자가 되었고, 제환공도 자신을 죽이려 했던 관중을 등용한 덕분에 일광천하의 공업을 이룰 수 있었습니다. 어찌 그럴 수 있었겠습니까? 진문공과 제환공이 인자함과 깊고 자애로운 마음으로 사람의 마음을 감화시킨 덕분입니다. 이는 빈말로 얻을 수 있는 것이 아닙니다.

진나라는 상앙의 변법 덕분에 동쪽으로 한나라와 위나라를 약화시키고, 천하제일의 강군을 만들었습니다. 그러나 끝내 상앙을 거열형에 처했습니다. 월나라는 대부 문종의 계략 덕분에 오나라를 멸하고 중원의 패자가 되었습니다. 그러나 끝내 문종을 죽이고 말았습니다. 초장왕 때 손숙오孫叔敖가 재상의 자리에서 세 번이나 해임되었어도 낙담하지 않은 이유입니다. 어릉於陵의 자중子仲 역시 삼공 직책을 사양하고 남의 집에서 정원에 물을 대주는 일을 했습니다.*

● 어릉의 자중을 두고 《사기집해》는 《열사전》을 인용해 초왕이 그를 재상으로 삼고자 했으나 이를 거부하고 과수원에 물을 주었다고 설명했다. 《사기색은》은 《맹자》에 나오는 진중자陳仲子로 파악했다. 형이 제나라의 경이 되는 것을 의롭지 못하게 여겨 초나라로 망명해 오릉에 살았다는 것이다. 《열사전》을 인용해 그의 자가 자종子終이라고 했다. 어於는 땅이름일 때는 어, 사람 이름 내지 탄식하는 소리일 때는 오로 읽는다.

오늘날 군주는 실로 교만한 마음을 버리고, 공이 있는 자에게 보답할 뜻을 품고, 속마음을 꺼내 진심을 보여주고, 속마음을 숨김없이 털어 덕을 두터이 베풀고, 기쁨과 어려움을 선비와 함께하고, 선비에게 인색하게 굴지 않아야 합니다. 그러면 포악한 하나라 걸의 개라도 요임금을 향해 짖어대고, 도척의 식객이 천하를 넘겨주겠다는 요임금의 청을 거절한 허유를 척살하게 만들 수도 있습니다. 하물며 만승의 대국 군주로서 성왕의 자질을 갖춘 분의 경우이겠습니까? 형가가 연나라 태자 단을 위해 진시황 척살에 나섰다가 실패하는 바람에 칠족七族을 재난에 빠뜨린 것이 그렇습니다.•

춘추시대 말기 자객 요리要離가 오왕 합려의 부탁을 받고 공자 경기를 죽이기 위해 고육책을 쓴 것도 마찬가지입니다. 요리는 경기의 믿음을 사기 위해 일부러 죄를 지어 자신의 오른팔을 자르고, 처자식을 분형焚刑에 처하도록 만들었습니다. 신이 듣건대 '어두운 길을 걷는 사람에게 명월주明月珠와 야광벽夜光璧을 던지면 칼을 잡고 노려보지 않을 사람이 없다'고 했습니다. 무엇 때문입니까? 아무 이유 없이 보물이 눈앞에 나타났기 때문입니다. 또 신이 듣건대 '구불구불 뒤틀린 나무뿌리일지라도 군주의 그릇이 될 수 있다'고 했습니다. 무엇 때문입니까? 좌우에 있는 사람들이 먼저 이를 다듬어 그릇을 만들기 때문입니다. 아무 이유 없이 눈앞에 나타나면 아무리 수후주隨侯珠•• 내

• "칠족을 재난에 빠뜨렸다"의 원문은 "담칠족湛七族"이다. 담湛은 빠질 닉溺과 통한다. 칠족에 관해 여러 설이 있으나 장안張晏의 주를 인용한 《사기집해》처럼 증조에서 증손에 이르는 일족으로 풀이한 것이 가장 그럴듯하다.
•• 수나라 제후가 일찍이 상처 입은 큰 뱀을 구해준 적이 있다. 이후 뱀이 밝게 빛나는 구슬을 물고 나와 은혜에 보답했다. 여기서 수후주 명칭이 나왔다. 《장자》〈양왕〉 내지 《회남자淮南子》 등에 두루 인용되어 있다. 통상 화씨벽과 더불어 춘추이보春秋二寶로 불린다. 양자를 합쳐 수주화벽隨珠和璧 또는 수화隨和로 약칭한다.

지 야광벽일지라도 원한만 맺게 될 뿐 고마워하지 않을 것입니다. 그러나 누군가 미리 이야기를 해두면 마른 나무와 썩은 등걸과 같은 존재일지라도 잊히지 않는 공을 세우게 됩니다.

오늘날 지위도 벼슬도 없이 곤궁한 선비들은 빈천한 처지에 있습니다. 설령 요임금과 순임금의 치술治術을 이해하고, 이윤이나 관중과 같은 말재주를 지니고, 관용봉關龍逢이나 비간 같은 뜻을 품은 채 당대의 군주에게 충성을 다하고자 해도 나무뿌리를 다듬어 군주에게 바치듯이 천거해주는 자가 없습니다. 마음과 생각을 다하고 충성과 진실을 열어 군주의 정사를 보좌하고 싶어도, 군주는 문득 야광주를 던진 자를 대하듯이 칼을 잡고 노려보는 경향이 있습니다. 지위도 벼슬도 없는 선비를 마른 나무와 썩은 등걸의 쓰임만도 못하게 만드는 이유입니다.

성왕이 세속을 제어할 때[制世御俗]는 마치 도공陶工이 돌아가는 녹로인 도균陶鈞 위에서 그릇을 만들듯이 사람을 교화시킵니다. 천박하고 혼란한 말에 이끌리거나 뭇 사람들의 근거 없는 말에 마음을 빼앗기는 일이 없는 이유입니다. 진시황은 중서자 몽가蒙嘉의 말만 듣고 형가의 감언이설에 혹했다가 은밀히 감추어둔 독이 묻은 비수에 찔릴 뻔했습니다. 이와 정반대로 주문왕은 경수와 위수 가에서 사냥을 하다가 여상을 만나 수레에 싣고 돌아온 뒤 그의 보필 덕분에 천하의 왕이 되었습니다. 진시황은 좌우의 말을 듣다가 척살당할 뻔했고, 주문왕은 한데 모여 있는 까마귀 속에서 우연히 여상을 발탁해 천하의 왕이 된 것입니다. 무슨 까닭입니까? 주문왕은 그 능력이 기존의 고식적인 언행을 뛰어넘고, 한 가지 일에 국한되지 않은 광범위한 의견에 초점을 맞추고, 밝고 넓은 길을 홀로 관찰할 수 있었기 때문입니다.

오늘날 세상의 군주는 아첨하는 말에 빠져 있고, 애첩의 견제를 받고 있습니다. 뛰어난 선비들을 우대하지 않고 마치 소와 천리마를 같은 구유에서 함께 기르는 현상[牛驥同皁]•이 일어나는 이유입니다. 포초가 세상을 원망하며 부귀의 즐거움을 마다한 이유가 여기에 있습니다. 신이 듣건대 "의관을 바르게 하고 조정에 들어온 사람은 이익을 위해 의로움을 더럽히지 않고, 명성을 소중하게 관리하는 사람은 욕심 때문에 행실을 해치지 않는다"고 했습니다. 천하의 효자 증자가 어미를 이기고[勝母], 고을에 들어서지 않고, 비악非樂을 주장한 묵자가 은나라 도성 조가朝歌의 옛터에서 수레를 돌린 이유입니다.

오늘날 군주들은 천하의 뛰어난 선비들을 위엄과 막중한 권력으로 내리누르며 떨게 만들고 있습니다. 게다가 세력 있는 자리를 중시한 탓에 얼굴을 꾸미고 행실을 더럽히면서까지 아첨하는 자를 섬기게 만들고, 군주의 좌우와 줄을 대야만 출세할 수 있도록 만들고 있습니다. 이리되면 뜻있는 선비는 바위굴 속에서 늙어 죽을 수밖에 없습니다. 이런 상황에서 어찌 충성과 신의를 다하기 위해 대궐 밑으로 들어가려는 자가 나올 리가 있겠습니까?

〈옥중상양왕서〉가 양효왕에게 올라가자 양효왕이 사람을 보내 추양을 풀어준 뒤 그를 상객으로 삼았다.

●● 鄒陽者, 齊人也. 遊於梁, 與故吳人莊忌夫子·淮陰枚生之徒交. 上書而介於羊勝·公孫詭之閒. 勝等嫉鄒陽, 惡之梁孝王. 孝王怒, 下

• 우기동조牛驥同皁를 두고 《사기색은》은 조皁를 구유 력櫪으로 풀이한 응소의 주와 말을 기르는 하급관리로 풀이한 위소의 주를 언급한 뒤 위소의 주를 좇았다. 그러나 내용상 응소의 주가 더 타당하다.

之吏, 將欲殺之. 鄒陽客遊, 以讒見禽, 恐死而負累, 乃從獄中上書曰, "臣聞忠無不報, 信不見疑, 臣常以爲然, 徒虛語耳. 昔者荊軻慕燕丹之義, 白虹貫日, 太子畏之, 衛先生爲秦畫長平之事, 太白蝕昴, 而昭王疑之. 夫精變天地而信不喩兩主, 豈不哀哉! 今臣盡忠竭誠, 畢議願知, 左右不明, 卒從吏訊, 爲世所疑, 是使荊軻‧衛先生復起, 而燕‧秦不悟也. 願大王孰察之. 昔卞和獻寶, 楚王刖之, 李斯竭忠, 胡亥極刑. 是以箕子詳狂, 接輿辟世, 恐遭此患也. 願大王孰察卞和‧李斯之意, 而後楚王‧胡亥之聽, 無使臣爲箕子‧接輿所笑. 臣聞比干剖心, 子胥鴟夷, 臣始不信, 乃今知之. 願大王孰察, 少加憐焉. 諺曰, '有白頭如新, 傾蓋如故.' 何則? 知與不知也. 故昔樊於期逃秦之燕, 藉荊軻首以奉丹之事, 王奢去齊之魏, 臨城自剄以卻齊而存魏. 夫王奢‧樊於期非新於齊‧秦而故於燕‧魏也, 所以去二國死兩君者, 行合於志而慕義無窮也. 是以蘇秦不信於天下, 而爲燕尾生, 白圭戰亡六城, 爲魏取中山. 何則? 誠有以相知也. 蘇秦相燕, 燕人惡之於王, 王按劍而怒, 食以駃騠, 白圭顯於中山, 中山人惡之魏文侯, 文侯投之以夜光之璧. 何則? 兩主二臣, 剖心坼肝相信, 豈移於浮辭哉! 故女無美惡, 入宮見妬, 士無賢不肖, 入朝見嫉. 昔者司馬喜髕腳於宋, 卒相中山, 范雎摺脅折齒於魏, 卒爲應侯. 此二人者, 皆信必然之畫, 捐朋黨之私, 挾孤獨之位, 故不能自免於嫉妬之人也. 是以申徒狄自沈於河, 徐衍負石入海. 不容於世, 義不苟取, 比周於朝, 以移主上之心. 故白里奚乞食於路, 繆公委之以政, 甯戚飯牛車下, 而桓公任之以國. 此二人者, 豈借宦於朝, 假譽於左右, 然後二主用之哉? 感於心, 合於行, 親於膠漆, 昆弟不能離, 豈惑於眾口哉? 故偏聽生姦, 獨任成亂. 昔者魯聽季孫之說而逐孔子, 宋信子罕之計而囚墨翟. 夫以孔‧墨之辯, 不能自免於讒諛, 而二國以危. 何則?

衆口鑠金, 積毀銷骨也. 是以秦用戎人由余而霸中國, 齊用越人蒙而彊威·宣. 此二國, 豈拘於俗, 牽於世, 繫阿偏之辭哉? 公聽並觀, 垂名當世. 故意合則胡越爲昆弟, 由余·越人蒙是矣, 不合, 則骨肉出逐不收, 朱·象·管·蔡是矣. 今人主誠能用齊·秦之義, 後宋·魯之聽, 則五伯不足稱, 三王易爲也. 是以聖王覺寤, 捐子之之心, 而能不說於田常之賢, 封比干之後, 修孕婦之墓, 故功業復就於天下. 何則? 欲善無厭也. 夫晉文公親其讎, 彊霸諸侯, 齊桓公用其仇, 而一匡天下. 何則, 慈仁慇勤, 誠加於心, 不可以虛辭借也. 至夫秦用商鞅之法, 東弱韓·魏, 兵彊天下, 而卒車裂之, 越用大夫種之謀, 禽勁吳, 霸中國, 而卒誅其身. 是以孫叔敖三去相而不悔, 於陵子仲辭三公爲人灌園. 今人主誠能去驕傲之心, 懷可報之意, 披心腹, 見情素, 墮肝膽, 施德厚, 終與之窮達, 無愛於士, 則桀之狗可使吠堯, 而蹠之客可使刺由, 況因萬乘之權, 假聖王之資乎? 然則荊軻之湛七族, 要離之燒妻子, 豈足道哉! 臣聞明月之珠, 夜光之璧, 以闇投人於道路, 人無不按劍相眄者. 何則? 無因而至前也. 蟠伏根柢, 輪囷離詭, 而爲萬乘器者. 何則? 以左右先爲之容也. 故無因至前, 雖出隨侯之珠, 夜光之璧, 猶結怨而不見德. 故有人先談, 則以枯木朽株樹功而不忘. 今夫天下布衣窮居之士, 身在貧賤, 雖蒙堯·舜之術, 挾伊·管之辯, 懷龍逢·比干之意, 欲盡忠當世之君, 而素無根柢之容, 雖竭精思, 欲開忠信, 輔人主之治, 則人主必有按劍相眄之跡, 是使布衣不得爲枯木朽株之資也. 是以聖王制世御俗, 獨化於陶鈞之上, 而不牽於卑亂之語, 不奪於衆多之口. 故秦皇帝任中庶子蒙嘉之言, 以信荊軻之說, 而匕首竊發, 周文王獵涇·渭, 載呂尚而歸, 以王天下. 故秦信左右而殺, 周用烏集而王. 何則? 以其能越攣拘之語, 馳域外之議, 獨觀於昭曠之道也. 今人主沈於諂諛之辭, 牽於帷裳之制,

使不羈之士與牛驥同皁, 此鮑焦所以忿於世而不留富貴之樂也. 臣聞
盛飾入朝者不以利汙義, 砥厲名號者不以欲傷行, 故縣名勝母而曾子
不入, 邑號朝歌而墨子回車. 今欲使天下寥廓之士, 攝於威重之權, 主
於位勢之貴, 故回面汙行以事諂諛之人而求親近於左右, 則士伏死堀
穴巖藪之中耳, 安肯有盡忠信而趨闕下者哉!" 書奏梁孝王, 孝王使
人出之, 卒爲上客.

　태사공은 평한다.

"노중련은 지향하는 뜻이 대의에 부합한 것은 아니다. 그러나 벼
슬도 지위도 없지만 자신의 뜻을 거리낌 없이 말하고, 제후들에게
굽히는 일이 없고, 당대에 거리낌 없이 언설을 펼치고, 경상의 권세
를 꺾은 것은 칭송할 만하다. 추양은 말이 공손하지는 않았지만 사
물을 예로 들어 일일이 비유한 것은 비장한 면이 있다. 절개를 굽히
지 않는 강직함도 평가할 만하다. 그의 사적을 이 열전에 덧붙인 이
유다."

　●● 太史公曰, "魯連其指意雖不合大義, 然余多其在布衣之位, 蕩然
肆志, 不詘於諸侯, 談說於當世, 折卿相之權. 鄒陽辭雖不遜, 然其比物
連類, 有足悲者, 亦可謂抗直不撓矣, 吾是以附之列傳焉."

굴원가생열전

屈原賈生列傳

〈굴원가생열전屈原賈生列傳〉은 전국시대 말기 초나라의 우국지사 굴원과 전한 초기 뛰어난 재주를 자랑한 가의의 사적을 그린 합전이다. 굴원은 초회왕 때 언관을 지낸 당대의 시인이다. 그러나 결국 참소를 받고 절망한 나머지 멱라汨羅에 몸을 던졌다. 〈굴원가생열전〉은 전한 말기 유향이 편찬한《신서》〈절사節士〉와 더불어 굴원의 사적에 관한 최초의 기록에 해당한다. 그러나 글의 순서가 엉켜 있고 역사적 사실에 어긋나는 점이 제법 많아 주의를 요한다. 또한 사마천이 자신의 울분을 굴원의 〈이소〉에 가탁하는 바람에 굴원을 과대평가했다는 지적도 나온다.

총 373구로 이루어진 〈이소〉는 남방 초나라 문학을 대표하는 작품이다. 가의 역시 굴원 못지않게 높은 식견과 우국충정을 자랑한 인물이다. 스스로 굴원의 후신을 자처했다. 굴원이 죽은 지 100년 뒤 상수湘水 가에서 굴원을 추모하는 시를 지은 것이 그렇다. 이 때문인지 몰라도 그 또한 참소로 인해 슬픔 속에 삶을 마쳤다. 사마천이 두 사람을 합전한 것도 이런 역사적 사실과 무관치 않다.

굴평열전

굴원은 이름이 평^平이고, 원_原은 자다. 초나라 왕실과 성이 같다.[●] 그는 초회왕 곁에서 왕명과 외교문서 등을 작성하는 좌도_{左徒}로 있었다. 견문이 넓은데다 의지가 굳세고, 치란에 밝았고, 문사_{文辭}에 능숙했다. 안으로 들어가서는 초회왕과 국사대사를 논하거나 꾀한 뒤 호령을 발했다. 밖으로 나와서는 빈객을 접대하고 제후들을 응대했다. 초회왕이 그를 크게 신임한 이유다. 상관대부_{上官大夫} 근상은 그와 지위가 같았다. 왕의 총애를 다투게 되자 내심 굴원의 재능을 시기했다. 초회왕이 굴원에게 나라의 기본법령인 헌령_{憲令}을 만들도록 했다. 굴원이 초안을 아직 완성하지 않았을 때 상관대부가 보고 이를 빼앗으려 했다. 굴원이 넘겨주지 않자 초회왕 앞에서 이같이 참소했다.

"대왕이 굴원에게 법령을 만들도록 명한 일을 모르는 자가 없습니다. 법령이 나올 때마다 굴원은 자신의 공을 뽐내며 '내가 아니면 법령을 제대로 만들 수 없다'고 말합니다."

초회왕이 대로해 굴원을 멀리했다. 굴원은 초회왕이 사람의 말을 듣는데 밝지 못하고, 아첨하는 무리들이 초회왕의 총명을 가로막고, 사악하고 비뚤어진 것[邪曲]이 공정함을 해치고, 단정하고 정직한 자가 받아들여지지 않는 것을 애통히 여겼다. 근심과 걱정이 깊은 사

● 초나라 왕의 성은 미_羋, 씨는 웅_熊이다. 미성_{羋姓}이 도중에 웅씨_{熊氏}를 비롯해 3대 귀족세력인 소씨·굴씨_{屈氏}, 경씨_{景氏} 등이 갈려져 나온 것이다. 굴씨의 조상은 초무왕 웅통_{熊通}의 아들 굴하_{屈瑕}다. 굴_屈 땅을 봉지로 받은 까닭에 성을 굴씨로 삼았다 고대에는 남자의 경우 여자와 달리 성 대신 씨를 말했다. 전국시대 이후 사람들이 씨를 성으로 삼으면서 성과 씨가 점차 하나로 합치기 시작했다.

색[幽思]으로 인해 〈이소〉를 쓴 이유다. 이소는 근심스러운 일을 만났다는 뜻이다. 무릇 하늘은 사람의 시초이고, 부모는 사람의 근본이다. 사람이 궁지에 이르면 근본을 돌아본다. 힘들고 곤궁할 때 하늘을 찾지 않은 적이 없고, 질병 등으로 애처롭고 두려운 심경일 때[慘怛] 부모를 찾지 않은 적이 없다. 굴원은 정도를 곧게 실천해 충성을 다 바치고 지혜를 다 발휘해 군주를 섬겼다. 그러나 참소하는 자의 이간질로 곤궁한 상황에 처하게 되었다. 신의를 지켰으나 의심을 받고, 충성을 다했으나 비방을 당한 꼴이다. 어찌 원망스럽지 않겠는가? 굴원이 지은 〈이소〉는 원래 이런 원망스러운 마음에서 비롯된 것이다.

《시경》의 민요모음집인 〈국풍國風〉은 사랑을 노래하면서도 음탕하지 않고, 옛 하나라의 정악모음집인 〈소아小雅〉는 원망과 비난을 담고 있으나 어지럽지는 않다. 〈이소〉는 양자의 좋은 점을 겸했다고 하겠다. 위로는 제곡帝嚳을 칭송하고, 아래로는 제환공을 말하고 있다. 중간에는 은나라 탕왕과 주무왕을 서술해 세상일을 풍자했다. 넓고 숭고한 도덕과 치란의 관례조리를 밝히는 데 소홀함이 없다. 글은 간결하고, 문장은 미묘하고, 의지는 깨끗하고, 행동은 청렴하다. 그 문장은 사소한 것을 적었으나 상징하는 바는 매우 크고, 눈앞에 보이는 사물을 인용했지만 그 뜻은 심원하다. 그 의지가 깨끗하기에 비유한 사물마다 향내를 풍기고, 그 행동이 청렴하기에 죽을 때까지 받아들여지지 않았다. 진흙 구덩이에 빠져 더러워지자 매미가 허물을 벗듯이 씻어냈고, 먼지 쌓인 속세 밖으로 빠져나와 세상의 더러움에 물들지 않았다. 그는 연꽃처럼 깨끗해 진흙 속에 있는데도 더러워지지 않는다.* 그의 이런 지조는 그야말로 해와 달과 빛을 다툴 만하다.

굴원이 관직에서 쫓겨난 이후 진나라가 제나라를 정벌하고자 했다. 제나라가 초나라와 합종한 까닭에 진혜문왕은 이를 걱정했다. 장의에게 명해 거짓으로 진나라를 떠난 뒤 초나라에 두터운 예물을 바치며 이같이 말하게 했다.

"진나라는 제나라를 매우 싫어합니다. 제나라는 초나라가 합종을 맺고 있습니다. 초나라가 제나라와 맺은 합종을 끊으면 진나라는 상어商於 땅 600리를 바칠 것입니다."

초회왕은 욕심이 생겨 이를 그대로 믿었다. 마침내 제나라와 단교한 뒤 사자를 진나라로 보내 땅을 받아오게 했다. 장의는 사자를 속였다.

"나 장의는 초나라 왕과 6리를 약속했다. 600리는 들어본 적이 없다."

초나라 사자가 화를 내며 돌아간 뒤 초회왕에게 그대로 보고했다. 초회왕이 격노한 나머지 대군을 일으켜 진나라를 쳤다. 진나라도 군사를 동원해 맞서 싸웠다. 단丹과 석淅 땅에서 초나라 군사를 격파하고 8만 명의 수급을 얻었다. 초나라 장수 굴개를 생포하고, 마침내 초나라의 한중 일대마저 빼앗았다. 초회왕이 격분한 나머지 전군을 총동원해 진나라 내부로 깊숙이 쳐들어가게 했다. 남전에서 큰 전투가 벌어졌다. 위나라가 이 소식을 듣고 초나라를 쳐 등 땅까지 이르렀다. 초나라 군사가 크게 두려워하며 진나라로부터 철군했다. 제나라

● 원문은 "작연니이불재자皭然泥而不滓者"다. 작연皭然을 두고 《사기집해》는 서광의 주를 인용해 두루 깨끗하다는 뜻의 소정疏淨으로 풀이했다. 뒷문장을 감안할 때 작연은 연꽃처럼 깨끗하다는 의미가 된다. 니泥는 진흙 속에 뒹군다는 뜻의 동사, 재滓는 찌꺼기가 묻는다는 뜻의 동사로 사용된 것이다.

는 초나라의 단교에 노해 도와주지 않았다. 초나라가 커다란 곤경에 처한 이유다. 이듬해에 진나라가 한중 일대를 떼어주며 초나라와 강화하고자 했다. 초회왕이 말했다.

"땅을 얻고 싶지 않소. 장의를 손에 넣어 마음이 통쾌해지고 싶소."

장의가 그 소식을 듣고서 말했다.

"저 한 사람으로 한중 일대를 대신할 수 있으니, 청컨대 초나라로 가고자 합니다."

장의가 이내 초나라로 갔다. 많은 예물을 권신 근상에게 바치면서 초회왕의 총희인 정수에게 궤변을 늘어놓게 했다. 초회왕이 결국 정수의 말을 듣고 장의를 풀어주었다. 당시 굴원은 이미 초회왕과 소원해져 요직에 오르지 못했다. 제나라에 사자로 갔다가 돌아온 뒤 초회왕에게 복명했다.

"어찌해서 장의를 죽이지 않은 것입니까?"

초회왕이 비로소 후회하며 장의를 뒤쫓게 했다. 그러나 이미 따라잡을 수 없었다. 이후 제후들이 일제히 초나라를 공략했고, 초나라 장수 당말을 죽였다. 진소양왕은 초나라와 인척관계에 있었던 까닭에 초회왕과 만나고자 했다. 초회왕이 친히 가려 하자 굴원이 만류했다.

"진나라는 호랑이나 이리와 같은 나라이니 믿을 수 없습니다. 가지 않느니만 못합니다."

초회왕의 어린 아들 자란子蘭이 적극 권했다.

"어찌해서 진나라의 호의를 거절하려는 것입니까?"

결국 초회왕이 진나라로 갔다. 진나라의 무관으로 들어서자 진나라의 복병들이 뒤를 차단했다. 이후 초회왕을 억류한 뒤 초나라 땅의 할양을 요구했다. 초회왕이 화가 나 허락지 않았다. 이후 틈을 보아 조나라로 달아났으나 조나라가 받아주지 않았다. 다시 진나라로 갔다가 그곳에서 죽은 뒤 고국으로 옮겨 안장되었다.

초회왕의 큰아들이 초경양왕으로 즉위했다. 그의 동생 자란은 영윤이 되었다. 초나라 백성은 자란이 진나라행을 권유한 까닭에 돌아오지 못했다며 크게 질책했다. 굴원은 진작에 이를 한스럽게 여겼다. 비록 쫓기는 신세였으나 늘 초나라를 그리워하고 초회왕을 생각한 까닭에 다시 조정으로 돌아가고자 했다. 나아가 초회왕이 자신의 잘못을 깨닫고 잘못된 관행을 대대적으로 혁신하기를 간절히 바랐다. 군권과 국운의 흥성을 통한 부국강병을 이루기 위해 〈이소〉 한 편에 세 번에 걸쳐 그 뜻을 노래한 이유다. 그러나 끝내 어찌할 도리가 없었다. 초회왕이 다시 돌아오지 못한 것이 그렇다. 이로써 초회왕은 끝까지 잘못을 깨닫지 못했음을 알 수 있다.

군주 가운데 어리석은 사람과 어진 사람과, 지혜로운 사람과 그렇지 않은 사람을 막론하고 충신을 구해 자신을 위하도록 하고, 현사를 구해 자신을 보필하도록 하지 않는 자가 없다. 그럼에도 나라가 망하고 가정을 깨지는 경우[亡國破家]가 계속되고, 성군의 치세가 이어지는 경우를 찾아보기가 어렵다. 이는 이른바 충신이 충성을 다하지 않고, 현자가 지혜를 다하지 않기 때문이다. 초회왕은 충신을 분별할 줄 몰랐다. 안으로 정수에게 미혹되고, 밖으로 장의에게 속고, 굴원을 멀리하며 상관대부와 영윤 자란을 신임한 것이 그렇다. 군사가 꺾이고 영토가 깎인 이유다. 여섯 개의 군을 잃은 데 이어 자신은 진나라에서 객사하는 처지로 전락해 천하의 웃음거리가 되었다. 사람을 제대로 알아보지 못한 데 따른 재앙이다.

《주역》의〈정괘井卦〉구삼효사九三爻辭에서 말하기를, "우물을 준설해 맑은 물이 고였으나 마시러 오는 사람이 없어 내 마음을 아프게 했다. 이 물은 가히 길어 쓸 만하다. 군주가 현명하면 군신이 함께 그 복을 받을 것이다"라고 했다. 그러나 군주가 밝지 못한데, 어찌 복을 받을 수 있겠는가! 당시 영윤 자란은 굴원의 이야기를 듣고는 대로 했다. 마침내 상관대부를 사주해 굴원을 초경양왕 앞에서 혹평하게 했다. 초경양왕은 격노해 굴원을 멀리 유배 보냈다.

●● 屈原者, 名平, 楚之同姓也. 爲楚懷王左徒. 博聞彊志, 明於治亂, 嫺於辭令. 入則與王圖議國事, 以出號令, 出則接遇賓客, 應對諸侯. 王甚任之. 上官大夫與之同列, 爭寵而心害其能. 懷王使屈原造爲憲令, 屈平屬草稾未定. 上官大夫見而欲奪之, 屈平不與, 因讒之曰, "王使屈平爲令, 衆莫不知, 每一令出, 平伐其功, 以爲 '非我莫能爲' 也." 王怒而疏屈平. 屈平疾王聽之不聰也, 讒諂之蔽明也, 邪曲之害公也, 方正之不容也, 故憂愁幽思而作離騷. 離騷者, 猶離憂也. 夫天者, 人之始也, 父母者, 人之本也. 人窮則反本, 故勞苦倦極, 未嘗不呼天也, 疾痛慘怛, 未嘗不呼父母也. 屈平正道直行, 竭忠盡智以事其君, 讒人間之, 可謂窮矣. 信而見疑, 忠而被謗, 能無怨乎? 屈平之作離騷, 蓋自怨生也. 國風好色而不淫, 小雅怨誹而不亂. 若離騷者, 可謂兼之矣. 上稱帝嚳, 下道齊桓, 中述湯武, 以刺世事. 明道德之廣崇, 治亂之條貫, 靡不畢見. 其文約, 其辭微, 其志絜, 其行廉, 其稱文小而其指極大, 擧類邇而見義遠. 其志絜, 故其稱物芳. 其行廉, 故死而不容自疏. 濯淖汙泥之中, 蟬蛻於濁穢, 以浮遊塵埃之外, 不獲世之滋垢, 皭然泥而不滓者也. 推此志也, 雖與日月爭光可也. 屈平旣絀, 其後秦欲伐齊, 齊與楚從親, 惠王患之, 乃令張儀詳去秦, 厚幣委質事楚, 曰, "秦甚憎齊, 齊與楚從親, 楚誠能絕齊, 秦願獻商·於之地六百里." 楚懷王貪而信張儀, 遂絕齊, 使使如秦受地. 張儀詐之曰, "儀與王約六里, 不聞六百里." 楚使怒去, 歸告懷王. 懷王怒, 大興師伐秦. 秦發兵擊之, 大破楚師於丹·淅, 斬首八萬, 虜楚將屈匄, 遂取楚之漢中地. 懷王乃悉發國中兵以深入擊秦, 戰於藍田. 魏聞之, 襲楚至鄧. 楚兵懼, 自秦歸. 而齊竟怒不救楚, 楚大困. 明年, 秦割漢中地與楚以和. 楚王曰, "不願得地, 願得張儀而甘心焉." 張儀聞, 乃曰, "以一儀而當漢中地, 臣請往如楚." 如楚, 又因厚幣用事者臣靳尚, 而設詭辯於懷王之寵姬鄭袖. 懷王竟聽鄭袖, 復釋去張儀. 是時屈平既疏, 不復在位, 使於齊, 顧反, 諫懷王曰, "何不殺張儀?" 懷王悔, 追張儀不及. 其後諸侯共擊楚, 大破之, 殺其將唐眛. 時秦昭王與楚婚, 欲與懷王會. 懷王欲行, 屈平曰, "秦虎狼之國, 不可信, 不如毋行." 懷王稚子子蘭勸王行, "奈何絕秦歡!" 懷王卒行. 入武關, 秦伏兵絕其後, 因留懷王, 以求割地. 懷王怒, 不聽. 亡走趙, 趙不內. 復之秦, 竟死於秦而歸葬. 長子頃襄王立, 以其弟子蘭爲令尹. 楚人既咎子蘭以勸懷王入秦而不反也. 屈平既嫉之. 雖放流, 睠顧楚國, 繫心懷王, 不忘欲反, 冀幸君之一悟, 俗之一改也. 其存君興國而欲反覆之, 一篇之中三致志焉. 然終無可奈何, 故不可以反, 卒以此見懷王之終不悟也. 人君無愚智賢不肖, 莫不欲求忠以自爲, 舉賢以自佐, 然亡國破家相隨屬, 而聖君治國累世而不見者, 其所謂忠者不忠, 而所謂賢者不賢也. 懷王以不知忠臣之分, 故內惑於鄭袖, 外欺於張儀, 疏屈平而信上官大夫·令尹子蘭. 兵挫地削, 亡其六郡, 身客死於秦, 爲天下笑. 此不知人之禍也. 易曰, "井泄不食, 爲我心惻, 可以汲. 王明, 並受其福." 王之不明, 豈足福哉! 令尹子蘭聞之大怒, 卒使上官大夫短屈原於頃襄王, 頃襄王怒而遷之.

유배를 당한 굴원이 강가에 이른 뒤 머리를 풀어헤치고 물가를 거닐며 시를 읊었다. 안색은 초췌했고, 모습은 마른나무처럼 야위었다. 어떤 어부가 그를 보고 물었다.

"그대는 삼려대부三閭大夫가 아닙니까? 무슨 일로 여기까지 오게 된 것입니까?"

굴원이 대답했다.

"온 세상이 혼탁하나 나 홀로 깨끗하고, 모든 사람이 취했으나 나 홀로 깨어 있었소. 그래서 쫓겨난 것이오."

어부가 물었다.

"무릇 사물의 이치를 훤히 꿴 성인은 물질에 구애되지 않고, 능히 시변의 추이를 좇아 움직입니다. 온 세상이 혼탁하면 왜 그 흐름을 좇지 않는 것입니까? 또 모든 사람이 취해 있다면 왜 그 지게미를 먹거나 그 밑술을 마셔서 함께 취하지 않는 것입니까? 어찌해서 아름다운 옥[懷瑾握瑜]처럼 고결한 행동을 보임으로써 추방을 자초한 것입니까?"

굴원이 대답했다.

"내가 듣건대, '새로 머리를 감은 사람은 반드시 관의 먼지를 털어서 쓰고, 새로 목욕을 한 사람은 반드시 옷을 먼지를 털어서 입는다'고 했소. 사람이라면 누가 자신의 깨끗한 몸에 더러운 때를 묻히려 하겠소? 차라리 흐르는 강물에 몸을 던져 물고기의 뱃속에 장사를 지내는 것이 낫소. 어찌 희디흰 깨끗한 몸으로 속세의 더러운 먼지를 뒤집어쓸 수 있겠소!"

그러고는 〈회사懷沙〉라는 부賦를 지었다. 그 내용은 이러하다.

화사한 첫여름이여, 초목이 무성하여라

상심해 애달파하고, 서둘러 남녘에 닿는다

멀리 내다보니, 차마 견디지 못할 고요함뿐

한이 깊이 맺혀, 몸도 비통한 지경이지

가슴을 때리고 고개를 숙여 옛일을 생각한다

모난 것을 둥글게 하려 하나, 불변의 도를 못 바꾸지

애초에 마음을 바꾸려 하나, 군자가 천시하는 것이다

생각해온 정책과 법도, 이전처럼 여전히 변함없다

성품이 곧고 굳은 것은, 현인들이 찬미하는 것이다

뛰어난 장인은 다듬지 않으니, 그 누가 곡직을 알까

깊은 어둠에 처했는데, 맹인은 빛나지 않는다고 하지

이루離婁*는 실눈으로 보는데, 맹인은 밝지 않다고 한다

저들은 흰 것을 검다 하고, 위의 것을 아래로 뒤집지

봉황이 새장 속에 갇히고, 닭과 꿩은 날개짓한다

옥석을 마구 뒤섞은 뒤, 하나의 저울로 재려 하니

저들의 비루한 마음으론, 내 장점을 알 수가 없다

무거운 짐 가득 실은데다, 함정에서 빠져나오지 못한다

미옥을 움켜잡고 있으나, 보여줄 사람이 아무도 없다

성안의 개들이 무리지어 짖으니, 괴이한 것을 보는 듯하다

준걸을 비방하고 의심하는 짓은 졸렬한 자의 추태다

● 천리안을 지닌 전설상의 인물이다. 100보 밖의 가을 터럭까지 볼 수 있었다고 한다.《맹자》에 33장으로 이루어진 〈이루〉가 편제되어 있다.

재능을 안으로 감추니, 사람들은 나의 재능을 모르지

재료가 쌓여 있어도, 사람들은 내 재능을 알아주지 않지

인의를 거듭 쌓았고, 근후함을 부유한 것으로 알았지

순임금 같은 군주 못 만나니, 누가 나의 진실을 알까

예부터 병존하기 어렵다 하자, 그 까닭을 어찌 알까

탕왕과 우왕은 옛날 사람이니, 아득해 추종할 수 없다

어긋남을 꾸짖고 분함을 바꿔, 억제하며 기운을 차린다

난세를 만나도 변절치 말고, 후대 모범이 되도록 하자

북으로 걸음을 옮기니, 해는 뉘엿뉘엿 저물어가는구나

시름을 풀고 슬픔을 버린 채, 이제 죽음에 임하려 한다

난왈亂曰 •

콸콸 흐르는 원수와 상수, 갈라지며 빠르게 흐른다

먼 나그네 길은 잡초로 뒤덮여, 요원하게 뻗어 있다

더욱더 슬픈 심정을 읊노라니, 탄식만이 길어진다

세상이 날 알아주지 않으니, 누구와 마음을 나눌까

충정과 고결함을 지녔어도, 이토록 알아줄 벗이 없다

백락伯樂이 죽고 없으니, 천리마를 누가 가려줄까

사람의 운명은 누구나 제각기 정해져 있다

마음을 굳히고 뜻을 넓히면, 나머지는 뭐가 두려우랴

쌓이는 애통함이 애처로우니, 탄식만이 길어진다

• 난왈의 난亂을 두고 《사기색은》은 왕사숙王師叔의 주를 인용해 앞에서 말한 내용의 요점을 정리해놓았다는 취지의 리理로 풀이했다.

세상이 혼탁해 알아주지 않으니, 누구와 마음을 나눌까

죽음을 피할 수 없다는 것을 아는데 뭘 안타까워할까

분명히 군자에게 고하노니, 죽어서 표상이 되리라

그러고는 돌을 안은 채 마침내 멱라汨羅에 빠져 죽었다.• 굴원 사후 초나라에 송옥宋玉·당륵唐勒·경차景差 등의 무리가 모두 글짓기를 좋아해 부賦로 호평을 받았다. 모두 굴원의 겉모습만 흉내 낼 뿐 감히 직간하지 못했다. 이후 초나라는 날로 쇠락해지더니 수십 년 뒤에 결국 진나라에 의해 멸망당했다. 굴원이 멱라에 빠진 지 100여 년 후 한나라의 대부 가의가 장사왕長沙王의 태부가 되어 상수를 지나다가, 글을 지어 강물에 던지며 굴원을 애도했다.

●● 屈原至於江濱, 被髮行吟澤畔. 顏色憔悴, 形容枯槁. 漁父見而問之曰, "子非三閭大夫歟? 何故而至此?" 屈原曰, "擧世混濁而我獨淸, 衆人皆醉而我獨醒, 是以見放." 漁父曰, "夫聖人者, 不凝滯於物而能與世推移. 擧世混濁, 何不隨其流而揚其波? 衆人皆醉, 何不餔其糟而啜其醨? 何故懷瑾握瑜而自令見放爲?" 屈原曰, "吾聞之, 新沐者必彈冠, 新浴者必振衣, 人又誰能以身之察察, 受物之汶汶者乎! 寧赴常流而葬乎江魚腹中耳, 又安能以皓皓之白而蒙世俗之溫蠖乎!" 乃作懷沙之賦. 其辭曰, '陶陶孟夏兮, 草木莽莽. 傷懷永哀兮, 汩徂南土. 眴兮窈窈, 孔靜幽墨. 冤結紆軫兮, 離慜之長鞠, 撫情効志兮, 俛詘以自抑. 刓方以爲圜兮, 常度未替, 易初本由兮, 君子所鄙. 章畫職墨兮, 前度未

• 멱라의 멱汨은 통상 골똘히 몰두한다는 뜻일 때는 골로 읽으나 장강의 지류를 뜻할 때는 멱으로 읽는다. 둘 다 삼수변에 날일 자를 합친 글자로, 삼수변에 가로왈을 합친 율汩과 구분해야 한다.

改, 內直質重兮, 大人所盛. 巧匠不斲兮, 孰察其揆正? 玄文幽處兮, 矇
謂之不章, 離婁微睇兮, 瞽以爲無明. 變白而爲黑兮, 倒上以爲下. 鳳皇
在笯兮, 雞雉翔舞. 同糅玉石兮, 一槩而相量. 夫黨人之鄙妒兮, 羌不知
吾所臧. 任重載盛兮, 陷滯而不濟, 懷瑾握瑜兮, 窮不得余所示. 邑犬羣
吠兮, 吠所怪也, 誹駿疑桀兮, 固庸態也. 文質疏內兮, 衆不知吾之異
采, 材樸委積兮, 莫知余之所有. 重仁襲義兮, 謹厚以爲豐, 重華不可
牾兮, 孰知余之從容! 古固有不並兮, 豈知其故也? 湯禹久遠兮, 邈不
可慕也. 懲違改忿兮, 抑心而自彊, 離混而不遷兮, 願志之有象. 進路
北次兮, 日昧昧其將暮, 含憂虞哀兮, 限之以大故.' 亂曰, '浩浩沅·湘
兮, 分流汨兮. 脩路幽拂兮, 道遠忽兮. 曾唫恒悲兮, 永歎慨兮. 世旣莫
吾知兮, 人心不可謂兮. 懷情抱質兮, 獨無匹兮. 伯樂旣歿兮, 驥將焉程
兮? 人生稟命兮, 各有所錯兮. 定心廣志, 餘何畏懼兮? 曾傷爰哀, 永歎
喟兮. 世溷不吾知, 心不可謂兮. 知死不可讓兮, 願勿愛兮. 明以告君子
兮, 吾將以爲類兮.' 於是懷石遂自投沈汨羅以死. 屈原旣死之後, 楚有
宋玉·唐勒·景差之徒者, 皆好辭而以賦見稱, 然皆祖屈原之從容辭令,
終莫敢直諫. 其後楚日以削, 數十年竟爲秦所滅. 自屈原沈汨羅後百有
餘年, 漢有賈生, 爲長沙王太傅, 過湘水, 投書以弔屈原.

가의열전

가생賈生은 이름이 의誼이고, 낙양 출신이다. 나이 열여덟에 시를
암송하고 작문에 능통해 군내郡內에 명성이 알려졌다. 오씨吳氏 성의
정위廷尉*가 하남河南에서 태수로 있을 때 그가 수재라는 소문을 듣

고 자신의 문하로 불러들인 뒤 매우 총애했다. 한문제가 즉위 초에 하남태수의 치적이 천하제일이고, 동향 출신 이사 밑에서 학문을 배웠다는 이야기를 듣고는 곧바로 불러 정위로 삼았다. 정위는 가의가 비록 나이는 어리지만, 제자백가의 학문에 정통하다고 고했다. 한문제가 가의를 불러 박사博士로 삼았다. 당시 가의의 나이는 약 스무 살로, 박사 가운데 가장 어렸다. 조령詔令에 관해 의논할 적마다, 여러 선생들이 답변하지 못해도 가의는 모두 다 회답할 수 있었고, 사람들이 말하고자 하나 나타내기 어려운 것까지도 마음껏 두루 구사했다. 여러 선생들은 자신들이 가의의 재능에 미치지 못함을 인정했다. 한문제는 그에 관해 흡족해하고, 그를 특진시켜서 1년 만에 태중대부太中大夫까지 오르게 했다.

가의는 한나라가 개국한 이래 문제에 이르는 20여 년 동안, 천하가 태평하고, 백성이 안락하자 응당 역법曆法을 개정하고, 옷차림을 바꾸고, 제도를 재정비하고, 관직 명칭을 확립하고, 예악을 부흥시켜야 한다고 여겼다. 의례와 법률의 기준에 관해 전반적인 수성안을 제기했다. 색은 황색을 숭상하고, 숫자는 5를 표준으로 삼고, 관직을 창설해 진秦나라의 법제를 완전히 고치려 했다. 한문제는 즉위 초라서, 아직 때가 아니라고 겸손하게 미루었다. 그러나 오래된 여러 율령을 개정하고, 열후들이 모두 각자의 봉지를 잘 다스려야 한다는 것은, 모두 가의로부터 나온 견해들이다. 한문제가 가의를 공경公卿의 직위에 임명하는 것을 상의했다. 강후絳侯·관영灌嬰·동양후東陽

● 진나라 때 설치된 구경九卿의 일원이다. 진한 이래 남북조시대 북조 북제에 이르기까지 최고의 사법기관으로 형옥을 총괄했다. 《한서》〈백관공경표百官公卿表〉에 대한 주에서 안사고는 정廷을 형옥을 공평하게 한다는 취지에서 이러한 명칭이 나왔다고 해석했다.

侯·풍경馮敬 등의 무리는 모두 가의를 해치려고 이같이 헐뜯었다.

"낙양 출신의 인재는 나이가 어리고 학문이 미숙한지라, 전적으로 권력을 독점하려 하고, 모든 일을 문란하게 하고 있습니다."

한문제도 나중에는 그를 멀리했고, 그의 견해를 수용하지 않았다. 마침내 가의를 장사왕의 태부로 임명했다. 가의는 하직하고 길을 나섰다. 장사長沙 땅은 저습한 곳이라는 소리를 듣고 자신의 수명이 길지 않으리라 여겼다. 또한 귀양차 가는 것인지라 마음이 우울했다. 상수를 건널 때 가의는 부를 지어 굴원을 조문했다. 내용은 이렇다.

삼가 군명 받들어, 장사에서 처벌을 기다린다

굴원의 전설을 들으니, 멱라에 투신했다 하네

상수 물에 부쳐, 선생을 삼가 애도한다

무도한 세상을 만나, 멱라에 몸을 던지니

아, 슬프다. 좋지 못한 때를 만난 것이

난새와 봉황 숨고, 올빼미가 활개를 치네

무능한 자가 존중받고, 아첨꾼이 득세한다

현성은 곤경에 처하고, 바른 자는 좌절하니

백이를 탐욕스럽다 하고, 도척을 겸손하다 하네

막야는 무디고, 납 칼을 날카롭다 하네

아, 말문이 막히니, 무고히 재앙을 입네

주정周鼎을 버리고, 표주박을 보배로 여겨

지친 소에게 멍에 주고, 저는 나귀를 곁말로 삼는다

준마의 두 귀를 늘어뜨려, 소금 수레를 끌게 한다

관을 신발로 삼으니 어찌 오래 유지되나

아, 선생이여, 홀로 이런 재앙 만났네

뒤에 이어지는 말[訊曰]*

두어라, 알아주지 않으니, 우울한 심사 누가 위로하나
봉황이 높이 날다가, 날갯짓하며 멀리 가버린다
깊은 연못의 신룡을 본받아, 깊이 잠겨 자신을 지키니
광명이 꺼려 은거하나, 어찌 왕개미나 지렁이와 놀랴
성인의 덕성을 숭상해, 탁세를 멀리하고 자신을 숨긴다
준마도 고삐를 매면, 어찌 개나 양과 다르다 하랴
난세에 머뭇거리다 화를 입으니, 선생도 원인이 있다
천하를 돌며 명군을 돕지 않고, 왜 이 나라를 고집했나
봉황은 천길 높이를 날다가, 덕이 빛나면 내려오고
작은 덕에 험난한 징조를 보면, 멀리 날갯짓해 가다가
저 작은 우덩이, 어찌 배를 삼키는 고기를 담을까
강호를 가로지르는 대어, 땅강아지 개미에 제압되다

가의가 장사왕의 태부가 된 지 3년쯤 되자 부엉이가 가생의 집에 날아들어 방구석에 앉았다. 초나라 백성은 부엉이를 복服이라 불렀다. 당시 가의는 좌천되어 장사에 살면서 장사가 저습한 까닭에 자신의 삶이 그다지 길지 않을 것이라 여겼다. 이를 애석히 여긴 나머지 〈복조부鵩鳥賦〉를 지어 스스로 위안을 삼았다. 그 내용은 이렇다.

● 신왈의 신訊을 두고 《사기집해》는 이기李奇의 주를 인용해 고할 고告, 《사기색은》은 장안의 주를 인용해 간할 쇄誶로 새겼다.

정묘년, 4월 초여름

경자일 저물 무렵, 부엉이가 내 집에 날아왔지

방석의 가장자리에 앉으니, 그 모습이 참 한가롭다

이상한 새가 날아드니, 그 까닭이 야릇하다

점복서를 훑어보니, 점대가 그 길흉을 일러준다

들새가 방으로 들어오니, 주인이 장차 나가리

부엉이에게 묻노니, 나는 어디로 가야 하나

길사라면 내게 알려주고, 흉사라면 뭔지 말해다오

빠르기가 어떤지, 그 시기를 내게 일러다오

부엉이가 탄식하니, 머리를 들고 날개를 펼친다

입으로 말할 수 없어, 마음으로 대답을 청한다

만물은 변화하는 법, 원래 쉬지 않는 것이다

흐름을 반복해 다른 곳으로 옮기니, 일정하지 않다

형形과 기氣가 계속 도니, 변화하고 진화한다

심오하고 무궁한 이치를, 어찌 말로 표현하나

화는 복에 기대고 있고, 복에 화가 숨어 있다

우환과 환희는 한곳에 몰려들고, 길흉은 한곳에 있다

오나라도 강대했지만, 부차는 결국 패망했다

구천은 회계로 패주했지만, 끝내 천하를 잡았다

이사는 유세에 성공했으나, 끝내 형을 당했다

부열은 죄수였으나, 이내 무정의 재상이 되었다

화를 입어도 복이 따르니, 꼬인 새끼줄 같다

운명을 말로 할 수 없어, 누가 그 끝을 알까

물이 격하면 사납고, 화살이 격발되어 멀리 간다

만물은 회전하고 충돌하니, 서로 섞이며 돈다

구름이 피어올라 비 내리니, 뒤엉켜 복잡하다

조화의 신이 물건을 만들 듯, 결국 끝을 못 본다

천하를 예측할 수는 있으나, 도를 꾸밀 수는 없다

수명에도 길고 짧음이 있으나, 어찌 그때를 알 수 있나

천지가 화로라면, 조화의 신은 도구로다

음양의 조화가 숯이라면, 만물은 구리다

사물이 생멸하는데, 불변의 법칙이 있나

땅이 변화무쌍하니, 궁극의 한계는 없지

홀연히 사람이 되니, 어찌 삶에 연연할까

다른 사물이 되어도, 무엇을 우려하랴

어리석은 자가 이기적이고, 얕보는 자가 독선적이지

통달한 자가 넓게 보고, 차별을 두지 않지

탐욕은 재물로 죽고, 열사는 명예로 죽지

으스대다 권세에 죽고, 범부는 삶에 집착한다

궁색한 자가 명리에 얽매여, 공연히 분주하다

대인은 의지가 굳세서, 만물변화를 하나로 보지

어리석은 출신은 세속에 묶여, 자신도 묶인다

후덕厚德한 자는 초연하고, 오직 도와 함께 살지

범부는 미혹에 빠져, 애증이 가슴에 가득하다

진실한 자는 담백해, 오직 도와 함께 살지니

지혜를 좇지 않고 형체에 초탈해, 자신을 잊지

비고 황홀한 경지여, 도와 함께 영생한다

물결 따라 흘러가다, 구덩이 만나면 머물면 그뿐

육신은 운명에 맡겨, 내 것으로 여기지 말게

삶은 물위의 부평초, 죽음은 오랜 휴식과 같지

심연처럼 담담해, 매이지 않은 배처럼 살지

생명에 집착하지 말고, 빈 마음으로 살지니

덕인은 거리낌이 없고, 천명을 좇아 근심 없네

하찮은 가시덤불,● 어찌 걱정거리가 되랴

　이후 1년 남짓 지나 가의가 소환되어 한문제를 조현했다. 한문제가 마침 제사 고기를 받고, 정전正殿에 앉아 있었다. 한문제는 전에 귀신에 감화된 바가 있어 가의에게 귀신의 본질을 물었다. 가의가 귀신에 관한 이치를 상세히 말해주느라 밤이 깊었다. 한문제가 바싹 다가앉아 경청했다. 가의가 설명을 다 마치자 한문제가 말했다.

　"짐은 오래도록 그대를 만나지 못해 내가 그대보다 낫다고 여겼소. 이제 보니 짐은 그대에게 미치지 못하는구려."

　한문제가 얼마 후 가의를 우대해 양회왕梁懷王의 태부로 삼았다. 양회왕은 한문제의 막내아들로 한문제의 사랑을 받았다. 그가 독서를 좋아한 까닭에 가의를 스승으로 삼은 것이다. 한문제는 이때 이복동생인 회남여왕淮南厲王 유장劉長의 네 아들을 모두 열후에 봉했다. 가의는 나라의 우환이 이로부터 일어날 것이라고 간했다. 누차

● 세고새개혜細故慸葪兮의 새葲는 불안해하는 마음으로 《사기집해》는 위소의 주를 인용해 그 음을 사개반士介反이라고 했다. 개葪는 목에 걸린다는 뜻으로 《사기정의》는 그 음을 가매반加邁反이라고 했다.

상소해 제후들이 여러 군을 합치는 것은 옛 제도에 어긋나므로 점차
줄여야 한다고 주장했다. 그러나 한문제는 이를 받아들이지 않았다.

몇 년 후 양회왕이 말을 타다가 떨어져 죽었다. 그를 이을 후사가
없었다. 가의는 태부로서 책임을 다하지 못한 점을 자학하며 1년 남
짓 애도하다가 죽고 말았다. 당시 그의 나이 서른세 살이었다. 한문
제 사후에 한무제가 즉위하자 가의의 손자 두 명을 발탁해 군수에
오르게 했다. 이 가운데 가가賈嘉는 학문을 매우 좋아해 가업을 이었
다. 그는 나와 서신을 교환하기도 했다. 한소제漢昭帝 때 구경의 반열
에 올랐다.

●● 賈生名誼, 雒陽人也. 年十八, 以能誦詩屬書聞於郡中. 吳廷尉爲
河南守, 聞其秀才, 召置門下, 甚幸愛. 孝文皇帝初立, 聞河南守吳公治
平爲天下第一, 故與李斯同邑而常學事焉, 乃徵爲廷尉. 廷尉乃言賈生
年少, 頗通諸子百家之書. 文帝召以爲博士. 是時賈生年二十餘, 最爲
少. 每詔令議下, 諸老先生不能言, 賈生盡爲之對, 人人各如其意所欲
出. 諸生於是乃以爲能, 不及也. 孝文帝說之, 超遷, 一歲中至太中大
夫. 賈生以爲漢興至孝文二十餘年, 天下和洽, 而固當改正朔, 易服色,
法制度, 定官名, 興禮樂, 乃悉草具其事儀法, 色尙黃, 數用五, 爲官名,
悉更秦之法. 孝文帝初卽位, 謙讓未遑也. 諸律令所更定, 及列侯悉就
國, 其說皆自賈生發之. 於是天子議以爲賈生任公卿之位. 絳·灌·東
陽侯·馮敬之屬盡害之, 乃短賈生曰, "雒陽之人, 年少初學, 專欲擅權,
紛亂諸事." 於是天子後亦疏之, 不用其議, 乃以賈生爲長沙王太傅. 賈
生既辭往行, 聞長沙卑溼, 自以壽不得長, 又以適去, 意不自得. 及渡湘
水, 爲賦以弔屈原. 其辭曰, '共承嘉惠兮, 俟罪長沙. 側聞屈原兮, 自沈
汨羅. 造託湘流兮, 敬弔先生. 遭世罔極兮, 乃隕厥身. 嗚呼哀哉, 逢時

不祥! 鸞鳳伏竄兮, 鴟梟翺翔. 闒茸尊顯兮, 讒諛得志, 賢聖逆曳兮, 方正倒植. 世謂伯夷貪兮, 謂盜蹠廉, 莫邪爲頓兮, 鉛刀爲銛. 于嗟嘿嘿兮, 牲之無故! 斡棄周鼎兮寶康瓠, 騰駕罷牛兮驂蹇驢, 驥垂兩耳兮服鹽車. 章甫薦屨, 漸不可久, 嗟苦先生兮, 獨離此咎!' 訊曰, '已矣, 國其莫我知, 獨堙鬱兮其誰語? 鳳漂漂其高遰兮, 夫固自縮而遠去. 襲九淵之神龍兮, 沕深潛以自珍. 彌融爚以隱處兮, 夫豈從螘與蛭螾? 所貴聖人之神德兮, 遠濁世而自藏. 使騏驥可得係羈兮, 豈云異夫犬羊! 般紛紛其離此尤兮, 亦夫子之辜也! 瞝九州而相君兮, 何必懷此都也? 鳳皇翔于千仞之上兮, 覽惪輝而下之, 見細德之險微徵兮, 搖增翮逝而去之. 彼尋常之汙瀆兮, 豈能容吞舟之魚! 橫江湖之鱣鱏兮, 固將制於螻螘.' 賈生爲長沙王太傅三年, 有鴞飛入賈生舍, 止于坐隅. 楚人命鴞曰, '服.' 賈生既以適居長沙, 長沙卑溼, 自以爲壽不得長, 傷悼之, 乃爲賦以自廣. 其辭曰, "單閼之歲兮, 四月孟夏, 庚子日施兮, 服集予舍, 止于坐隅, 貌甚閒暇. 異物來集兮, 私怪其故, 發書占之兮, 筴言其度. 曰, '野鳥入處兮, 主人將去.' 請問于服兮, '予去何之? 吉乎告我, 凶言其菑. 淹數之度兮, 語予其期.' 服乃歎息, 舉首奮翼, 口不能言, 請對以意. 萬物變化兮, 固無休息. 斡流而遷兮, 或推而還. 形氣轉續兮, 變化而嬗. 沕穆無窮兮, 胡可勝言! 禍兮福所倚, 福兮禍所伏, 憂喜聚門兮, 吉凶同域. 彼吳彊大兮, 夫差以敗, 越棲會稽兮, 句踐霸世. 斯遊遂成兮, 卒被五刑, 傅說胥靡兮, 乃相武丁. 夫禍之與福兮, 何異糾纆. 命不可說兮, 孰知其極? 水激則旱兮, 矢激則遠. 萬物回薄兮, 振蕩相轉. 雲蒸雨降兮, 錯繆相紛. 大專槃物兮, 坱軋無垠. 天不可與慮兮, 道不可與謀. 遲數有命兮, 惡識其時? 且夫天地爲鑪兮, 造化爲工, 陰陽爲炭兮, 萬物爲銅. 合散消息兮, 安有常則, 千變萬化兮, 未始有極. 忽然爲人兮, 何足控摶, 化爲異物兮, 又何足患! 小知自私兮, 賤彼貴我, 通人大觀兮, 物無不可. 貪夫徇財兮, 烈士徇名, 誇者死權兮, 品庶馮生. 怵迫之徒兮, 或趨西東, 大人不曲兮, 億變齊同. 拘士繫俗兮, 攌如囚拘, 至人遺物兮, 獨與道俱. 衆人或或兮, 好惡積意, 眞人淡漠兮, 獨與道息. 釋知遺形兮, 超然自喪, 寥廓忽荒兮, 與道翱翔. 乘流則逝兮, 得坻則止, 縱軀委命兮, 不私與己. 其生若浮兮, 其死若休, 澹乎若深淵之靜, 汎乎若不繫之舟. 不以生故自寶兮, 養空而浮, 德人無累兮, 知命不憂. 細故蔕芥兮, 何足以疑!" 後歲餘, 賈生徵見. 孝文帝方受釐, 坐宣室. 上因感鬼神事, 而問鬼神之本. 賈生因具道所以然之狀. 至夜半, 文帝前席. 旣罷, 曰, "吾久不見賈生, 自以爲過之, 今不及也." 居頃之, 拜賈生爲梁懷王太傅. 梁懷王, 文帝之少子, 愛, 而好書, 故令賈生傅之. 文帝復封淮南厲王子四人皆爲列侯. 賈生諫, 以爲患之興自此起矣. 賈生數上疏, 言諸侯或連數郡, 非古之制, 可稍削之. 文帝不聽. 居數年, 懷王騎, 墮馬而死, 無後. 賈生自傷爲傅無狀, 哭泣歲餘, 亦死. 賈生之死時年三十三矣. 及孝文崩, 孝武皇帝立, 擧賈生之孫二人至郡守, 而賈嘉最好學, 世其家, 與余通書. 至孝昭時, 列爲九卿.

태사공은 평한다.

"내가 〈이소〉・〈천문天問〉・〈초혼招魂〉・〈애영哀郢〉을 읽어보니 그 내용이 슬펐다.● 장사에 가서 굴원이 빠져 죽은 깊은 못을 보니 눈물을 흘리며 그의 사람 됨됨이를 생각할 수밖에 없었다. 가의가 굴원을

● 현존하는 굴원의 작품은 모두 스물세 편이다. 〈이소〉 한 편, 〈구가九歌〉 열한 편, 〈구장〉 아홉 편, 〈초혼〉 한 편, 〈천문〉 한 편이다. 후한 중엽 왕일王逸이 펴낸 《초사장구楚辭章句》에는 〈복거〉 한 편과 〈어부漁父〉 한 편이 더 실려 있어 총 스물다섯 편에 달한다. 혹자는 〈초혼〉을 송옥의 작품으로 본다.

애도한 작품을 읽어보니 굴원의 재능으로 다른 제후에게 유세했으면 어느 나라인들 받아들이지 않을 리 없었을 터인데 스스로 이같이 생을 마친 것이 의문스러웠다. 그러나 그의 〈복조부〉를 읽고 생사를 동일시하고, 벼슬에 나아가고 물러나는 것을 가볍게 여긴 사실을 알게 되었다. 전에 가졌던 그에 대한 생각을 흔쾌히 내던진 이유다."

●● 太史公曰, "余讀離騷 · 天問 · 招魂 · 哀郢, 悲其志. 適長沙, 觀屈原所自沈淵, 未嘗不垂涕, 想見其爲人. 及見賈生弔之, 又怪屈原以彼其材, 遊諸侯, 何國不容, 而自令若是. 讀服鳥賦, 同死生, 輕去就, 又爽然自失矣."

여불위열전
呂不韋列傳

〈여불위열전呂不韋列傳〉은 전국시대 말기 최강국 진나라의 재상이된 상인 출신 여불위의 파란만장한 삶을 그린 전기다.

한나라 출신인 그는 진나라 공자 자초子楚를 설득해 천하를 건 내기에 성공한다. 진소왕이 재위 56년에 죽고, 태자인 안국군安國君이 진효문왕으로 즉위하면서 자초가 태자에 책봉된 것이다. 진효문왕은 즉위 1년 만에 죽고 태자 자초가 진장양왕으로 즉위했다. 진장양왕은 여불위의 공을 높이 평가해 승상으로 삼고 많은 봉지를 내렸다.

진장양왕은 재위 3년 만에 죽고, 태자 정政이 즉위했다. 그가 바로 진시황이다. 진왕 정은 여불위를 상국으로 높이고, 작은아버지를 뜻하는 중부仲父로 불렀다. 전무후무한 일이었다. 그가 상국으로 있을 때 천하의 선비들을 모아 후하게 대접하면서 각자의 식견을 쓰게 한 뒤 이를 하나로 묶은 《여씨춘추》를 펴낸 것도 이런 맥락에서 이해할 수 있다.

사마천은 《여씨춘추》를 극찬했다. 천지만물과 고금에 관한 모든 일이 《여씨춘추》에 실려 있다고 칭송한 것이 그렇다. 그럼에도 진시황 10년, 여불위는 태후의 음행에 관련되어 있다는 사실이 들통이 나 파면되었다. 2년 뒤 강압에 의해 자진하고 말았다. 욕심이 화를 부른 결과다.

여불위는 한나라 양적陽翟 출신의 큰 상인이다. 여러 곳을 오가며 물건을 싸게 사 비싸게 파는 식으로 천금의 재산을 모았다. 진소양왕 40년, 진나라 태자가 조나라에 볼모로 가 있다가 죽었다. 진소양왕 42년, 둘째 아들 안국군을 태자로 삼았다. 안국군의 아들은 스무 명이 넘었다. 안국군은 총애하는 희첩을 정부인正夫人으로 세운 뒤 화양부인華陽夫人이라고 불렀다. 화양부인에게는 아들이 없었다. 안국군의 둘째 아들은 이름이 자초다. 자초의 생모는 하희夏姬다. 그녀는 총애를 받지 못했다. 자초가 조나라에 볼모로 간 이유다. 진나라가 누차 조나라를 친 까닭에 조나라는 자초를 그다지 예우하지 않았다. 자초는 진나라의 많은 서얼 가운데 한 사람에 지나지 않는데다 볼모로 끌려간 까닭에 거마와 재물이 넉넉지 못했다. 곤궁에 처해 의기를 잃은 이유다. 하루는 여불위가 조나라 도성 한단으로 물건을 사러 갔다가 자초의 처지를 알고는 불쌍히 여겨 이같이 말했다.

"이는 진귀한 재화로 가히 사둘 만하다[奇貨可居]."

그러고는 자초를 찾아가 말했다.

"나는 그대의 가문을 크게 만들어줄 수 있습니다."

자초가 웃으며 말했다.

"먼저 그대 가문을 크게 만든 뒤 내 가문을 크게 만들어주시오."

여불위가 말했다.

"그대는 잘 모르고 있소. 저의 가문은 그대의 가문에 기대 커질 것입니다."

자초가 그 말뜻을 알아챘다. 곧 안으로 불러들여 마주 앉은 뒤 밀담을 나누었다. 여불위가 말했다.

"진나라 왕은 이미 늙었습니다. 안국군이 태자가 되었는데, 화양부인을 총애한다고 합니다. 화양부인에게 아들이 없으니, 후사를 내세울 수 있는 사람은 오직 화양부인밖에 없습니다. 지금 그대의 형제는 20여 명이나 되고, 그대는 서열이 둘째이고, 그다지 총애를 받지 못하고 있습니다. 또한 오랫동안 제후의 나라에 인질로 와 있습니다. 진나라 왕이 세상을 떠나고 안국군이 즉위하면 그대는 이복형인 자혜子傒 및 여러 이복동생과 조석으로 태자 자리를 놓고 다투는 것조차 기대할 수 없습니다•."

자초가 물었다.

"옳소. 이를 어찌하면 좋소?"

여불위가 대답했다.

"그대는 가난한데다 객지에 나와 있어 어버이를 모시거나 빈객과 교제할 길이 없습니다. 제가 비록 가진 것은 없으나 그대를 위해 1,000금을 가지고 서쪽으로 가 안국군과 화양부인을 섬기도록 하겠습니다. 그대를 후사로 만드는 것이 목적입니다."

자초가 머리를 숙여 말했다.

"그대의 계책대로 되면 진나라를 그대와 나누어 가지겠소."

여불위가 500금을 자초에게 주어 빈객과 사귀는 비용으로 쓰게 했다. 이어 나머지 500금으로는 진기한 물건과 노리개를 산 뒤 이를 들고 서쪽 진나라로 갔다. 먼저 화양부인의 언니를 통해 그 물건을 모두 화양부인에게 바치며 이같이 덧붙이게 했다.

"자초는 현명하고 지혜롭습니다. 지금 천하의 열국 빈객들과 두루 교제하며 늘 화양부인을 하늘같이 여깁니다. 밤낮으로 태자와 부인

• "다투는 것조차 기대할 수 없다"의 원문은 "무기득毋幾得"이다. 기幾를 두고 《사기색은》은 《춘추좌전》을 인용해 기대할 망望의 뜻으로 새겼다.

을 흠모해 눈물을 흘립니다."

화양부인이 크게 기뻐했다. 여불위는 이어 그 언니에게 화양부인을 이같이 설득하게 했다.

"제가 듣기로 미모로 섬기는 자는 미모가 스러지면 사랑도 시든다고 합니다. 지금 부인이 태자를 섬기며 총애를 받고 있으나 불행히도 아들이 없습니다. 일찌감치 여러 아들 가운데 재능 있고 효성스러운 자와 인연을 맺어 그를 후사로 발탁해 양자로 삼아야 합니다. 부군이 생존할 때도 존중받고, 부군 사후에도 양자가 보위에 오르므로 결국 세력을 잃지 않게 됩니다. 이것이 바로 한마디로 만세萬世의 이익을 얻는 길입니다. 영화를 누릴 때 근본을 다져놓아야 합니다. 미모가 스러지고 사랑이 식은 뒤에는 설령 한마디 말을 하고 싶어도 어찌 그렇게 할 수 있겠습니까? 지금 자초는 현명한 까닭에 자신이 둘째라서 스스로 후사가 될 수 없다는 사실을 누구보다 잘 알고 있습니다. 생모도 사랑을 받지 못하고 있는 까닭에 자진해 부인에게 의지하고자 할 것입니다. 부인이 이때 신심으로 그를 후사로 심아 발탁하면 평생 진나라에서 존경을 받게 될 것입니다."

화양부인은 그 말이 옳다고 생각했다. 안국군이 한가한 틈을 타 완곡한 어투로 조나라에 볼모로 있는 자초를 언급했다. 그가 매우 현명해 그곳을 내왕하는 사람들이 모두 그를 칭송한다는 내용이었다. 그러고는 눈물을 흘리며 이같이 덧붙였다.

"소첩은 다행히 후궁보다 훨씬 낫지만 불행히도 아들이 없습니다. 자초를 후사로 세워 소첩의 몸을 맡길 수 있도록 해주십시오."

안국군은 화양부인에게 옥부玉符를 새겨주며 자초를 후사로 삼겠다고 약속했다. 안국군과 부인이 곧 자초에게 많은 물품을 보내며,

여불위에게 잘 보살펴줄 것을 당부했다. 이를 계기로 자초는 열국에
그 명성이 널리 알려졌다.

●● 呂不韋者, 陽翟大賈人也. 往來販賤賣貴, 家累千金. 秦昭王四十
年, 太子死. 其四十二年, 以其次子安國君爲太子. 安國君有子二十餘
人. 安國君有所甚愛姬, 立以爲正夫人, 號曰華陽夫人. 華陽夫人無子.
安國君中男名子楚, 子楚母曰夏姬, 毋愛. 子楚爲秦質子於趙. 秦數攻
趙, 趙不甚禮子楚. 子楚, 秦諸庶孽孫, 質於諸侯, 車乘進用不饒, 居處
困, 不得意. 呂不韋賈邯鄲, 見而憐之, 曰, "此奇貨可居." 乃往見子楚,
說曰, "吾能大子之門." 子楚笑曰, "且自大君之門, 而乃大吾門!" 呂不
韋曰, "子不知也, 吾門待子門而大." 子楚心知所謂, 乃引與坐, 深語.
呂不韋曰, "秦王老矣, 安國君得爲太子. 竊聞安國君愛幸華陽夫人, 華
陽夫人無子, 能立適嗣者獨華陽夫人耳. 今子兄弟二十餘人, 子又居
中, 不甚見幸, 久質諸侯. 卽大王薨, 安國君立爲王, 則子毋幾得與長子
及諸子旦暮在前者爭爲太子矣." 子楚曰, "然. 爲之奈何?" 呂不韋曰,
"子貧, 客於此, 非有以奉獻於親及結賓客也. 不韋雖貧, 請以千金爲子
西遊, 事安國君及華陽夫人, 立子爲適嗣." 子楚乃頓首曰, "必如君策,
請得分秦國與君共之." 呂不韋乃以五百金與子楚, 爲進用, 結賓客, 而
復以五百金買奇物玩好, 自奉而西遊秦, 求見華陽夫人姊, 而皆以其物
獻華陽夫人. 因言子楚賢智, 結諸侯賓客徧天下, 常曰, "楚也以夫人爲
天, 日夜泣思太子及夫人." 夫人大喜. 不韋因使其姊說夫人曰, "吾聞
之, 以色事人者, 色衰而愛弛. 今夫人事太子, 甚愛而無子, 不以此時蚤
自結於諸子中賢孝者, 擧立以爲適而子之, 夫在則重尊, 夫百歲之後,
所子者爲王, 終不失勢, 此所謂一言而萬世之利也. 不以繁華時樹本,
卽色衰愛弛後, 雖欲開一語, 尙可得乎? 今子楚賢, 而自知中男也, 次

不得爲適, 其母又不得幸, 自附夫人, 夫人誠以此時拔以爲適, 夫人則竟世有寵於秦矣."華陽夫人以爲然, 承太子閒, 從容言子楚質於趙者絶賢, 來往者皆稱譽之. 乃因涕泣曰, "妾幸得充後宮, 不幸無子, 願得子楚立以爲適嗣, 以託妾身."安國君許之, 乃與夫人刻玉符, 約以爲適嗣. 安國君及夫人因厚餽遺子楚, 而請呂不韋傳之, 子楚以此名譽益盛於諸侯.

당시 여불위는 한단의 여러 첩 가운데 미모가 뛰어나고 춤을 잘 추는 조희趙姬와 동거하고 있었다. 그녀가 임신한 것을 알게 되었다. 하루는 자초가 여불위의 집에서 술을 마시게 되었다. 그녀를 보고는 마음에 들어 일어나 여불위의 장수를 축하하면서 그녀를 요구했다. 여불위는 화가 났으나 이미 자초를 위해 가산을 탕진하며 진기한 재화를 낚고자 한 당초의 계책을 상기하고 마침내 조희를 바쳤다. 그녀는 스스로 임신한 몸임을 숨긴 채 자초와 살다가 만삭이 되어 아들 정政을 낳았다. 자초가 조희를 아내로 삼았다.

진소양왕 50년, 왕의王齮를 시켜 조나라 도성 한단을 포위하게 했다. 전세가 다급해지자 조나라가 자초를 죽이려고 했다. 자초가 여불위와 공모한 뒤 금 600근으로 자초를 감시하는 관원을 매수해 탈출했다. 진나라 진영으로 도망친 덕분에 무사히 귀국할 수 있었다. 조나라가 자초의 부인인 조희와 아들 정을 죽이고자 했다. 자초의 부인 조희는 조나라 부호의 딸인지라 쉽게 몸을 숨길 수 있었다. 모자가 살아남은 이유다. 진소양왕 56년, 진소양왕이 죽고 태자인 안국군이 진효문왕으로 즉위했다. 화양부인은 왕후, 자초는 태자가 되었다. 조나라가 자초의 부인 조희와 아들 정을 받들어 진나라로 돌려보냈다. 안국군은 즉위한 지 1년 만에 죽었다. 시호는 효문이었다.

태자 자초가 뒤를 이어 즉위했다. 그가 진장양왕이다. 진장양왕의 양모인 화양부인은 화양태후, 생모인 하희는 하태후가 되어 존중받았다. 진장양왕 원년, 여불위를 승상으로 삼고 문신후에 봉했다. 하남 낙양의 10만 호를 식읍으로 내렸다. 진장양왕이 즉위 3년 만에 죽고, 뒤를 이어 태자 정政이 즉위했다.

진왕 정은 여불위를 존중해 상국으로 삼고, 중부로 불렀다. 진왕 정이 아직 어린 까닭에 태후가 섭정을 하며 몰래 여불위와 통간했다. 여불위의 가동家僮(집안일을 하던 사내종)이 1만 명이나 되었다. 당시 위나라에 신릉군, 초나라에 춘신군, 조나라에 평원군, 제나라에 맹상군이 있었다. 모두 선비를 존대하며 다투어 문객을 그러모았다. 여불위는 진나라가 강국인데도 그리하지 못한 것을 부끄럽게 여기고, 이내 선비를 불러들여 후하게 대접했다. 식객이 3,000명에 달한 배경이다.

당시 열국에는 유세하는 선비도 많았다. 순자 같은 사람은 글을 지어 천하에 자신의 학설을 유포했다. 여불위는 자신의 빈객에게 각각 보고 들은 바를 쓰게 했다. 이후 이들의 견해를 〈팔람八覽〉·〈육론六論〉·〈십이기十二紀〉 등으로 정리했다. 총 20만여 만 자나 되었다. 천지만물에 관한 고금古今의 모든 일을 갖춘 것으로 여겼다. 명칭을 《여씨춘추》라고 했다. 이를 함양의 시장 문 앞에 진열하고, 그 위에 1,000금을 걸어놓았다. 열국의 유세객이나 빈객 가운데 단 한 글자라도 증감할 수 있는 자에게 1,000금을 주겠다고 널리 선언했다.

진시황이 장년이 되었는데도 태후의 음행이 그치지 않았다. 여불위는 그 내막이 밝혀져 화가 자신에게 미칠까 두려워했다. 음경이 큰 노애를 몰래 찾아내 사인으로 삼았다. 때로 음탕한 음악을 연주하면서 노애에게 음경에 오동나무 수레바퀴를 달고 좌우로 걷게 했다. 태후가 그 소식을 듣고 음심을 품게 하려는 수작이었다. 과연 태후가 그 소문을 듣고는 은밀히 노애를 얻고자 했다. 여불위가 노애를 바친 뒤 어떤 사람을 시켜 남성의 기능을 제거하는 부죄腐罪에 처하도록 허위로 고발했다. 그러고는 은밀히 태후에게 일러주었다.

"거짓으로 부형을 받게 해 부릴 수 있게 되면 궁궐에서 급사 일을 하는 급사중給事中으로 삼으십시오."

태후가 부형을 주관하는 관원에게 몰래 후한 뇌물을 주고 거짓으로 부형을 집행하게 했다. 수염과 눈썹을 뽑아 환관처럼 만든 뒤 이내 태후의 시중을 들게 했다. 태후가 은밀히 사통하며 총애했다. 이내 임신하게 되자 태후는 남이 알까 두려웠다. 이내 거짓으로 점을 쳐 재앙을 피해야 한다는 구실로 거처를 옹 땅으로 옮겨 살았다. 노애는 늘 그녀 곁을 따라다녔고, 태후는 그에게 매우 많은 상을 내렸다. 모든 일이 노애에 의해 결정되었다. 노애의 가동이 수천 명에 달했다. 벼슬을 얻기 위해 노애의 빈객이 된 자는 1,000여 명이나 되었다. 진시황 7년, 진장양왕의 생모인 하태후가 죽었다. 화양태후는 진효문왕과 함께 수릉壽陵에 합장되었다. 하태후의 아들 진장양왕이 지양芷陽에 묻힌 까닭에 하태후는 두원杜原에 홀로 묻혔다. 이는 그녀의 다음과 같은 유언에 따른 것이다.

"동쪽으로 내 아들을 바라보고, 서쪽으로 내 남편을 바라보고자 한다. 100년 뒤 무덤 옆에 1만 호의 성읍이 생길 것이다."

진시황 9년, 어떤 자가 노애를 고발했다. 실제로 환관이 아니고, 태후와 간통해 낳은 아들 두 명을 숨겨놓았고, 이런 모반까지 상의했다는 내용이었다.

"왕이 죽으면 우리 아들을 후사로 삼읍시다."

진왕 정은 관원을 보내 사실을 모두 밝혀냈다. 이 사건에 상국 여불위도 연루된 것을 알게 되었다. 이해 9월, 노애의 삼족을 멸하고, 태후가 낳은 두 아들을 죽였다. 이내 태후를 옹 땅으로 내쫓았다. 노애의 가신으로 있던 자들은 가산을 몰수한 뒤 촉 땅으로 추방했다. 진왕 정은 상국 여불위까지 제거하고자 했으나 여의치 못했다. 여불위가 선왕인 진장양왕을 받든 공로가 크고, 빈객과 유세하는 선비 가운데 그를 변호하는 자가 많았다. 차마 법대로 처단하지 못한 이유다. 진시황 10년 10월, 상국 여불위를 파면시켰다. 제나라 출신 모초茅焦가 진왕 정을 설득해 조태후趙太后를 옹 땅에서 불러들여 함양으로 돌아오게 했다. 이어 문신후 여불위에게 봉지인 하남으로 떠나게 했다. 1년이 지나도록 열국의 빈객과 사자가 길에서 서로의 얼굴을 잇달아 볼 정도로 여불위를 방문했다. 진왕 정은 그가 변란을 일으킬까 두려웠다. 곧 서신을 보냈다.

그대가 진나라에 무슨 공을 세웠기에 진나라는 그대를 하남에 봉하고, 10만 호의 식읍을 내렸는가? 그대가 진나라와 무슨 친족관계가 있기에 중부로 불리는가? 그대는 가족과 함께 촉 땅으로 옮겨가 살도록 하라!

여불위는 탄압의 강도가 점차 높아지는 것을 느끼고, 자칫 주살을 당할까 두려워한 나머지 이내 독주를 마시고 죽었다. 진시황은 노여움의 대상인 여불위와 노애가 모두 죽자 촉 땅으로 내쫓았던 노애의 가신들을 모두 돌아오게 했다. 진시황 19년, 조태후가 죽었다. 시호를 제태후帝太后라고 했다. 진장양왕과 함께 채양蔡陽에 합장했다.

●● 呂不韋取邯鄲諸姬絶好善舞者與居, 知有身. 子楚從不韋飮, 見而說之, 因起爲壽, 請之. 呂不韋怒, 念業已破家爲子楚, 欲以釣奇, 乃遂獻其姬. 姬自匿有身, 至大期時, 生子政. 子楚遂立姬爲夫人. 秦昭王五十年, 使王齮圍邯鄲, 急, 趙欲殺子楚. 子楚與呂不韋謀, 行金六百斤予守者吏, 得脫, 亡赴秦軍, 遂以得歸. 趙欲殺子楚妻子, 子楚夫人趙豪家女也, 得匿, 以故母子竟得活. 秦昭王五十六年, 薨, 太子安國君立爲王, 華陽夫人爲王后, 子楚爲太子. 趙亦奉子楚夫人及子政歸秦. 秦王立一年, 薨, 諡爲孝文王. 太子子楚代立, 是爲莊襄王. 莊襄王所母華陽后爲華陽太后, 眞母夏姬尊以爲夏太后. 莊襄王元年, 以呂不韋爲丞相, 封爲文信侯, 食河南雒陽十萬戶. 莊襄王卽位三年, 薨, 太子政立爲王, 尊呂不韋爲相國, 號稱"仲父." 秦王年少, 太后時時竊私通呂不韋. 不韋家僮萬人. 當是時, 魏有信陵君, 楚有春申君, 趙有平原君, 齊有孟嘗君, 皆下士喜賓客以相傾. 呂不韋以秦之彊, 羞不如, 亦招致士, 厚遇之, 至食客三千人. 是時諸侯多辯士, 如荀卿之徒, 著書布天下. 呂不韋乃使其客人人著所聞, 集論以爲八覽·六論·十二紀, 二十餘萬言. 以爲備天地萬物古今之事, 號曰呂氏春秋. 布咸陽市門, 懸千金其上, 延諸侯遊士賓客有能增損一字者予千金. 始皇帝益壯, 太后淫不止. 呂不韋恐覺禍及己, 乃私求大陰人嫪毐以爲舍人, 時縱倡樂, 使毐以其陰關桐輪而行, 令太后聞之, 以啗太后. 太后聞, 果欲私得之. 呂不韋乃進嫪毐, 詐令人以腐罪告之. 不韋又陰謂太后曰, "可事詐腐, 則得給事中." 太后乃陰厚賜主腐者吏, 詐論之, 拔其鬚眉爲宦者, 遂得侍太后. 太后私與通, 絶愛之. 有身, 太后恐人知之, 詐卜當避時, 徙宮居雍. 嫪毐常從, 賞賜甚厚, 事皆決於嫪毐. 嫪毐家僮數千人, 諸客求宦爲嫪毐舍人

千餘人. 始皇七年, 莊襄王母夏太后薨. 孝文王后曰華陽太后, 與孝文
王會葬壽陵. 夏太后子莊襄王葬芷陽, 故夏太后獨別葬杜東, 曰, "東望
吾子, 西望吾夫. 後百年, 旁當有萬家邑." 始皇九年, 有告嫪毒實非宦
者, 常與太后私亂, 生子二人, 皆匿之. 與太后謀曰, "王卽薨, 以子爲
後." 於是秦王下吏治, 具得情實, 事連相國呂不韋. 九月, 夷嫪毒三族,
殺太后所生兩子, 而遂遷太后於雍. 諸嫪毒舍人皆沒其家而遷之蜀.
王欲誅相國, 爲其奉先王功大, 及賓客辯士爲遊說者衆, 王不忍致法.
秦王十年十月, 免相國呂不韋. 及齊人茅焦說秦王, 秦王乃迎太后於
雍, 歸復咸陽, 而出文信侯就國河南. 歲餘, 諸侯賓客使者相望於道,
請文信侯. 秦王恐其爲變, 乃賜文信侯書曰, "君何功於秦, 秦封君河
南, 食十萬戶? 君何親於秦, 號稱仲父? 其與家屬徙處蜀!" 呂不韋自
度稍侵, 恐誅, 乃飲酖而死. 秦王所加怒呂不韋‧嫪毒皆已死, 乃皆復
歸嫪毒舍人遷蜀者. 始皇十九年, 太后薨, 謚爲帝太后, 與莊襄王會
葬茝陽.

태사공은 평한다.

"여불위는 노애와 더불어 존귀할 때 봉지를 받아 문신후로 불리
었다. 어떤 자가 노애를 고발했을 때 노애도 그 이야기를 들었다. 진
시황은 좌우의 신하들을 통해 확보한 증거를 아직 발표하지 않은 채
옹 땅으로 가 교사郊祀를 지냈다. 노애는 화를 입을까 두려운 나머지
자신의 무리와 음모를 꾸몄다. 태후의 옥새를 도용해 군사를 일으키
며 기년궁蘄年宮에서 반기를 들었다. 진시황이 군관을 보내 노애를
쳤다. 노애가 패퇴해 달아나자 끝까지 추격해 호치好時에서 그의 목
을 베고, 이내 그의 일족을 모두 도륙했다. 여불위도 이 사건에 연루

되어 배척당했다. 공자가 말한 이른바 소문이라는 것은• 아마도 여불위 같은 자를 두고 한 말인가?"

●● 太史公曰, "不韋及嫪毐貴, 封號文信侯. 人之告嫪毐, 毐聞之. 秦王驗左右, 未發. 上之雍郊, 毐恐禍起, 乃與黨謀, 矯太后璽發卒以反蘄年宮. 發吏攻毐, 毐敗亡走, 追斬之好畤, 遂滅其宗. 而呂不韋由此絀矣. 孔子之所謂聞者, 其呂子乎?"

● 원문은 "공자지소위문자孔子之所謂聞者"다. 이는 《논어》〈안연〉에 나오는 공자의 언급을 지칭한 것이다. 이에 따르면 하루는 자장이 통달을 두고 말하기를, "나라에서도 반드시 이름이 나고, 집안에서도 반드시 이름이 나는 것을 말합니다"라고 했다. 그러자 공자가 반박하기를, "그것은 소문[聞]이지 통달[達]이 아니다. 무릇 통달은 질박하고 정직해서 사물의 마땅함에 부합하고, 남의 말을 자세히 듣고 낯빛을 살핀 뒤 앞뒤를 깊이 생각해 몸을 낮추는 데서 비롯된다. 이에 반해 소문은 낯빛만 인仁을 취하고 행실이 이에 어긋나는데도 여전히 여기에 안주하며 조금도 의심치 않는 것을 말한다"고 했다. 소문과 통달의 차이는 실질을 갖추었는지 여부에 달려 있다는 지적이다. 여불위도 실속도 없이 화려한 명성만 얻은 데 불과하다는 것이 사마천의 판단이다.

자객열전

刺客列傳

〈자객열전〉은 춘추전국시대를 대표하는 다섯 명의 자객인 조말·
전제·예양豫讓·섭정聶政·형가의 사적을 다루고 있다. 조말은 제환
공을 위협하고, 전제는 오왕 요를 척살하고, 예양은 조양자를 척살
하고자 하고, 섭정은 한나라 재상 협루俠累를 척살하고, 형가는 진
왕 정을 척살하고자 했다. '자객'이라는 이름에 부응하는 행보다.
일이 성사되었는지 여부를 떠나 이들 모두 개인 혹은 집단의 의리
와 이익을 위해 목숨을 바친 자들이다. 사마천이 이들을 하나로 묶
어 〈자객열전〉으로 편제한 것은 나름대로 타당하다.

《사기》에서 이처럼 특정 부류의 인물을 묶어놓은 합전으로는 〈자
객열전〉·〈순리열전循吏列傳〉·〈유림열전〉·〈혹리열전〉·〈유협열
전〉·〈영행열전佞幸列傳〉·〈골계열전〉·〈일자열전〉·〈귀책열전〉·
〈화식열전〉 등이 있다. 내용 면에서 볼 때 〈자객열전〉은 〈순리열전〉
뒤에 배치되는 것이 타당하다. 그럼에도 〈여불위열전〉과 〈이사열
전李斯列傳〉 사이에 끼워 넣었다. 〈자객열전〉에 소개된 인물을 집중
부각시키고자 하는 사마천의 의도에 따른 것이다.

조말·전제·예양·섭정·형가 모두 '선비는 자신을 알아주는 사람

을 위해 목숨을 바친다'는 격언을 추종하며 몸속에서 들끓고 일어나는 협기俠氣에 충실했던 자들이다. 다섯 명 가운데 특히 조말과 형가는 유협에 가깝다. 단순한 의미 차원을 뛰어넘어 천하와 나라를 전면에 내세운 것이 그렇다.

사마천이 〈자객열전〉을 〈여불위열전〉과 〈이사열전〉 사이에 끼워 넣은 의도도 바로 여기에 있다. 특히 형가의 행보에 유협의 색채가 짙게 나타나고 있다. 사마천이 심혈을 기울여 형가의 사적을 생생히 묘사한 것도 이런 맥락에서 이해할 수 있다.《사기》130편 가운데 인물을 묘사한 것이 112편이고, 이 가운데 절반이 넘는 쉰일곱 편이 비극적인 인물을 다루고 있다. 〈자객열전〉은 그중에서도 비극적인 색채가 가장 짙다. 배신이 난무하는 난세에 목숨을 내던지며 의리를 지킨 자객들의 다양한 행보는 많은 것을 생각하게 해준다.

조말열전

조말은 노나라 출신이다. 용기와 담력으로 노장공魯莊公을 섬겼다. 노장공은 용사를 좋아했다. 조말은 노나라 장군이 되어 제나라와 싸웠으나 세 번 모두 패해 달아났다. 노장공은 두려운 나머지 마침내 수읍遂邑을 바치고 화친을 도모했다. 그럼에도 조말은 계속 장군의 자리에 있었다. 한번은 제환공이 노장공과 가 땅에서 회맹하게 되었다. 화친의 맹약을 맺고자 한 것이다. 제환공과 노장공이 단상에서 맹약을 맺을 때 조말이 비수를 손에 쥐고 단상 위로 뛰어올라가 제환공을 협박했다. 제환공의 좌우가 이를 보고도 감히 움직일 수 없었다. 제환공이 물었다.

"그대는 무엇을 바라는 것인가?"

조말이 대답했다.

"제나라는 강하고 노나라는 약합니다. 대국인 제나라가 노나라를 침공하는 정도가 지나칩니다. 지금 노나라 도성의 담이 부너지면 제나라 땅에 떨어질 정도로 깊숙이 침공해 들어왔습니다. 군주는 이 점을 고려해주십시오."

제환공이 노나라에서 빼앗은 땅을 모두 돌려줄 것을 약속했다. 제환공의 말이 끝나자 조말이 비수를 내던지고 단에서 내려와 북쪽을 향해 신하들의 자리에 앉았다. 안색에 조금도 변함이 없고, 말소리도 여전했다. 화가 난 제환공이 약속을 어기려 하자 관중이 만류했다.

"안 됩니다. 작은 이익을 탐해 스스로 만족하면 제후들의 신망을 잃고, 열국의 지지를 잃게 됩니다. 약속대로 땅을 돌려주느니만 못합니다."

제환공이 마침내 노나라에서 빼앗은 땅을 모두 돌려주었다. 조말은 세 번의 싸움에서 잃은 땅을 일거에 되찾아 귀국할 수 있었다.

●● 曹沫者, 魯人也, 以勇力事魯莊公. 莊公好力. 曹沫爲魯將, 與齊戰, 三敗北. 魯莊公懼, 乃獻遂邑之地以和. 猶復以爲將. 齊桓公許與魯會于柯而盟. 桓公與莊公旣盟於壇上, 曹沫執匕首劫齊桓公, 桓公左右莫敢動, 而問曰, "子將何欲?" 曹沫曰, "齊强魯弱, 而大國侵魯亦甚矣. 今魯城壞卽壓齊境, 君其圖之." 桓公乃許盡歸魯侵地. 旣已言, 曹沫投其匕首, 下壇, 北面就羣臣之位, 顏色不變, 辭令如故. 桓公怒, 欲倍其約. 管仲曰, "不可. 夫貪小利以自快, 棄信於諸侯, 失天下之援, 不如與之." 於是桓公乃遂割魯侵地, 曹沫三戰所亡地盡復予魯.

전제열전

조말의 사건이 일어난 지 167년이 지난 후 오나라에 전제의 사건이 빚어졌다. 전제는 오나라 당읍堂邑 출신이다. 오자서가 초나라에서 달아나 오나라로 갔을 때, 그는 전제의 재능을 알고 있었다. 오자서는 오왕 요를 만나 초나라 토벌의 유리한 면을 역설했다. 오나라 공자 광이 반박했다.

"저 오자서는 자기 부친과 형이 모두 초나라에서 죽임을 당했습니다. 초나라를 치자고 하는 것은 개인적으로 복수하려는 것입니다. 결코 오나라를 위한 것이 아닙니다."

오왕 요가 이를 듣고 초나라 토벌 계획을 단념했다. 오자서는 공자 광이 오왕 요를 죽이려는 것을 알아챘다. 내심 이같이 생각했다.

'저 광은 장차 내란을 일으키려는 야심이 있다. 아직 나라 밖의 일을 말할 때가 아니다.'

그러고는 전제를 공자 광에게 천거했다. 공자 광의 부친이 바로 오왕 제번諸樊이다. 제번에게는 동생이 세 명 있었다. 바로 밑의 동생이 여채餘祭, 그다음이 이말夷昧, 맨 끝의 동생이 계찰季劄이다. 제번은 선왕 수몽壽夢의 유명을 좇아 계찰이 현명한 것을 알고는 태자를 세우지 않았다. 차례대로 세 아우에게 보위를 전해 결국 계찰에게 넘겨주고자 한 것이다. 제번이 죽은 뒤 여채에게 보위를 전했다. 여채가 죽은 뒤 이말에게 보위를 전했다. 이말이 죽은 뒤 계찰에게 전해져야 했다. 그러나 계찰은 즉위하지 않고 달아났다. 오나라 군신들이 부득이 이말의 아들 요를 옹립했다. 공자 광이 말했다.

"형제의 순서대로 하면 응당 막내 숙부인 계찰이 보위를 이어야 했다. 만일 아들을 세워야 한다면 나야말로 진정한 적통이니 응당 내가 즉위해야 한다."

평소 은밀히 모략에 능한 자들을 기르며 보위에 오르는 길을 모색한 이유다. 공자 광은 전제를 얻은 뒤 빈객으로 잘 대우했다. 오왕 요 11년,● 초평왕이 죽었다. 이해 봄에 오왕 요가 초나라의 국상을 틈타 초나라를 치려고 했다. 두 동생인 공자 갑여와 촉용에게 군사를 이끌고 가 초나라 잠 땅을 포위하게 했다. 또 연릉延陵에 있는 계찰을 진晉나라로 보내 제후들의 반응을 살피게 했다. 이때 초나라가 군사를 출동시켜 오나라 장수 갑여와 촉용의 퇴로를 차단하자 오나라 군사가 진퇴양난에 빠지게 되었다. 공자 광이 전제에게 말했다.

● 원문은 오왕 요 9년으로 되어 있다. 그러나 〈표〉에 따르면 초평왕이 죽은 해는 오왕 요 11년이다. 《사기색은》도 이를 지적해놓았다.

"때를 놓쳐서는 안 되오. 구하지 않으면 무엇을 얻을 수 있겠소? 나는 적통의 후사이니, 응당 즉위해야만 하오. 설령 숙부인 계찰이 올지라도 나를 폐하지는 못할 것이오."

전제가 말했다.

"오왕 요를 죽일 수 있습니다. 그의 모친은 늙었고 자식은 어립니다. 또한 두 동생이 군사를 이끌고 초나라를 치러 나갔으나 초나라는 오히려 이들의 퇴로를 끊어버렸습니다. 지금 오나라는 밖으로 초나라로 인해 곤경에 처해 있고, 안으로 조정 내에 충직한 신하[骨鯁之臣]가 없는 상황입니다. 우리의 거사를 어찌할 수 없을 것입니다."

공자 광이 돈수頓首*하며 말했다.

"내 몸은 곧 그대의 몸이오."

이해 4월 병자일, 공자 광이 무장한 병사를 지하실에 숨겨둔 뒤 연회를 마련해 오왕 요를 초청했다. 오왕 요는 병사들을 보내 왕궁에서 공자 광의 저택까지 진을 치게 했다. 문과 계단의 좌우 모두 오왕 요의 친척들로 가득 찼다. 이들 모두 오왕 요를 에워싸고 시위했는데, 하나같이 긴 칼을 차고 있었다. 주흥이 무르익자 공자 광이 거짓으로 발이 아픈 척하며 지하실로 내려갔다. 전제에게 뱃속에 비수를 감춘 구운 생선을 올리게 했다. 오왕 요 앞으로 나아간 전제는 생선의 배를 찢고 비수를 꺼내 오왕 요를 찔렀다. 오왕 요가 그 자리에서 숨을 거두었다. 오왕 요의 좌우가 곧바로 전제를 죽였다. 그러나 오왕 요를 모시던 신하들이 혼란에 빠진 사이 공자 광이 매복시킨 병

---

* 돈수는 고개를 땅에 대며 절을 하는 예법을 말한다. 돈頓은 '잠시'라는 뜻이다. 절을 할 때 머리를 땅에 대는 것이 잠시라는 취지에서 돈수 표현이 나왔다. 오늘날에도 아랫사람이 윗사람에게 경례를 표하거나 서로 맞절할 때 사용된다.

사들이 뛰쳐나와 오왕 요의 무리를 쳤다. 이들을 모두 제거한 뒤 공자 광이 비로소 스스로 즉위해 왕이 되었다. 그가 바로 오왕 합려다. 합려는 전제의 아들에게 봉지를 내리고 상경으로 삼았다.

●● 其後百六十有七年而吳有專諸之事. 專諸者, 吳堂邑人也. 伍子胥之亡楚而如吳也, 知專諸之能. 伍子胥既見吳王僚, 說以伐楚之利. 吳公子光曰, "彼伍員父兄皆死於楚而員言伐楚, 欲自爲報私讎也, 非能爲吳." 吳王乃止. 伍子胥知公子光之欲殺吳王僚, 乃曰, "彼光將有內志, 未可說以外事." 乃進專諸於公子光. 光之父曰吳王諸樊. 諸樊弟三人, 次曰餘祭, 次曰夷眛, 次曰季子札. 諸樊知季子札賢而不立太子, 以次傳三弟, 欲卒致國于季子札. 諸樊既死, 傳餘祭. 餘祭死, 傳夷眛. 夷眛死, 當傳季子札, 季子札逃不肯立, 吳人乃立夷眛之子僚爲王. 公子光曰, "使以兄弟次邪, 季子當立, 必以子乎, 則光眞適嗣, 當立." 故嘗陰養謀臣以求立. 光既得專諸, 善客待之. 九年而楚平王死. 春, 吳王僚欲因楚喪, 使其二弟公子蓋餘 · 屬庸將兵圍楚之灊, 使延陵季子於晉, 以觀諸侯之變. 楚發兵絶吳將蓋餘 · 屬庸路, 吳兵不得還. 於是公子光謂專諸曰, "此時不可失, 不求何獲! 且光眞王嗣, 當立, 季子雖來, 不吾廢也." 專諸曰, "王僚可殺也. 母老子弱, 而兩弟將兵伐楚, 楚絶其後. 方今吳外困於楚, 而內空無骨鯁之臣, 是無如我何." 公子光頓首曰, "光之身, 子之身也." 四月丙子, 光伏甲士於窟室中, 而具酒請王僚. 王僚使兵陳自宮至光之家, 門戶階陛左右, 皆王僚之親戚也. 夾立侍, 皆持長鈹. 酒既酣, 公子光詳爲足疾, 入窟室中, 使專諸置匕首魚炙之腹中而進之. 既至王前, 專諸擘魚, 因以匕首刺王僚, 王僚立死. 左右亦殺專諸, 王人擾亂. 公子光出其伏甲以攻王僚之徒, 盡滅之, 遂自立爲王, 是爲闔閭. 闔閭乃封專諸之子以爲上卿.

예양열전

전제의 사건이 일어난 지 70여 년 뒤 진晉나라에 예양의 사건이 일어났다. 예양은 진晉나라 출신이다. 일찍이 범씨와 중항씨를 섬겼으나 이름이 알려지지는 않았다. 예양이 이내 이들을 떠나 지백을 섬겼다. 지백은 그를 매우 존중하고 총애했다. 지백이 조양자를 공격하자 조양자는 한씨韓氏 및 위씨魏氏와 공모해 지백을 멸했다. 이어 지백의 후손까지 모두 제거한 뒤 그 땅을 삼분해 나누어 가졌다. 조양자는 지백을 극히 원망한 나머지 지백의 두개골에 옻칠을 해서 커다란 술잔[飮器]•으로 사용했다. 예양이 산속으로 달아나며 탄식했다.

"아! 선 비는 자신을 알아주는 사람을 위해 죽고, 여인은 자신을 좋아하는 사람을 위해 얼굴을 아름답게 단장한다고 했다. 이제 지백이 나를 알아주었으니 내가 기필코 원수를 갚고 죽겠다. 이같이 해서 지백에게 보답하면 내 혼백이 부끄럽지 않을 것이다."

마침내 성명을 바꾸고 죄수로 변장한 뒤 조양자의 궁으로 들어가 뒷간의 벽을 발랐다. 몸에 비수를 품고 있다가 기회를 보아 조양자를 척살하고자 한 것이다. 하루는 조양자가 뒷간에 갔다가 자신도 모르게 가슴이 두근거렸다. 뒷간의 벽을 바르는 죄수를 잡아다 심문해보니 예양이었다. 그의 품속에 비수가 숨어 있었다. 예양이 말했다.

"지백을 위해 원수를 갚으려 했는가!"

• 음기에 대한 해석이 분분하다. 《사기집해》는 〈대원열전大宛列傳〉에 대한 위소의 주를 인용해 둥근 술통[椑榼]으로 새겼다. 《사기색은》에 인용된 진작晉灼의 주석은 요강의 일종인 호자虎子로 나온다. 《한비자》 〈유로〉는 진작의 설을 좇아 요강인 수기溲器로 표현했다. 《여씨춘추》 〈효행람〉은 술잔 상觴으로 해석했다. 《사기정의》는 술잔인 주기酒器로 풀이했다. 이 해석이 가장 그럴듯하다.

좌우가 그를 죽이려고 하자 조양자가 만류했다.

"그는 의인義人이다. 내가 조심해 피하면 그만이다. 지백이 죽고 후사조차 없는 상황에서 그 가신이 주군을 위해 원수를 갚겠다고 하니, 이자야말로 천하의 현인이다."

그러고는 마침내 그를 풀어주어 가게 했다.● 얼마 후 예양은 다시 몸에다 옻칠을 해 문둥이로 꾸미고, 숯을 삼켜 목을 쉬게 만들었다. 자신의 모습을 아무도 못 알아보게 만든 뒤 거리에 나가 구걸을 했다. 그의 아내까지도 그를 알아보지 못했다. 친구를 찾아가 만나보니 그는 예양을 알아보았다.

"자네는 예양이 아닌가?"

예양이 말했다.

"바로 나일세."

친구가 울면서 말했다.

"자네의 재능으로 예물을 바치고 충성을 서약하는 위질의 예를 다한 뒤 조양자를 섬기면 조양자는 반드시 자네를 가까이하고 총애할 것이네. 그가 자네를 가까이하고 사랑하게 만든 뒤 비로소 자네가 하고 싶은 일을 하면 오히려 쉽지 않겠는가? 자기 몸을 해치고 모습을 추하게 만들어 조양자에게 설욕하고자 하니 이 어찌 어렵지 않겠는가!"

예양이 말했다.

"이미 위질을 해서 남의 신하가 되어 섬기면서 그를 죽이려 들면 이는 두 마음을 품고 주인을 섬기는 것이 되네. 지금 내가 하고자 하

● 원문은 "졸역거지卒釋去之"다. 역釋은 원래 맛이 텁텁한 탁주를 뜻하는 말로 여기서는 풀어줄 석釋의 가차로 사용된 것이다. 《사기색은》은 역釋이 석釋으로 된 판본이 있다고 했다.

는 바는 지극히 어려운 일일세. 그럼에도 이를 행하는 것은 이후 남의 신하가 되어 두 마음을 품고 주인을 섬기려는 자들이 부끄러움을 느끼도록 만들려는 것이네."

예양은 이같이 말하고 가버렸다. 얼마 후 조양자가 외출할 때 예양이 조양자가 지나는 다리 밑에 숨어 있었다. 조양자가 다리에 이르자 말이 돌연 놀랐다. 조양자가 말했다.

"이는 필시 예양일 것이다."

사람을 시켜 찾도록 하자 과연 예양이었다. 조양자가 꾸짖었다.

"그대는 일찍이 범씨와 중항씨를 섬기지 않았는가? 지백이 이들을 모두 멸망시켰다. 그대는 범씨와 중항씨를 위해 원수를 갚기는커녕 오히려 위질을 한 뒤 지백의 신하가 되었다. 이제는 지백도 죽었다. 그대는 어찌해서 유독 그를 위한 복수를 이토록 끈질기게 시도하는 것인가?"

예양이 대답했다.

"신이 범씨와 중항씨를 섬길 때 그들은 저를 일반 사람으로 대우했습니다. 그래서 저 또한 일반 사람으로서 보답했을 뿐입니다. 그러나 지백은 저를 국사國士로 대우했습니다. 그래서 저도 국사로서 보답하려는 것입니다."

조양자는 길게 탄식한 뒤 울면서 말했다.

"아, 예자豫子여! 그대가 지백을 위해 충절을 다했다는 명성은 이미 이루어졌다. 과인이 그대를 용서한 것도 이미 충분했다. 그대는 응당 각오해야만 한다. 과인은 그대를 다시 놓아주지 않을 것이다!"

그러고는 병사에게 명해 그를 포위하게 했다. 예양이 말했다.

"신이 듣건대 '명주는 남의 명성을 덮어 가리지 않고, 충신은 명예를 위해 죽는 의리가 있다'라고 합니다. 전에 군주가 이미 신을 관대히 용서해 천하에 그 현덕賢德을 칭송치 않는 자가 없습니다. 오늘 일을 말하면 신은 죽어야 마땅합니다. 원컨대 군주의 옷을 얻은 뒤 이를 칼로 쳐 원수를 갚으려는 뜻을 이루게 해주십시오. 그러면 죽어도 여한이 없겠습니다. 신이 감히 바랄 수 없는 일이나 다만 신의 심중을 털어놓았을 뿐입니다."

조양자는 예양의 의기를 크게 칭송하고, 사람을 시켜 자기 옷을 예양에게 주게 했다. 예양이 칼을 뽑아 들고 세 번을 뛰어 그 옷을 내리치면서 말했다.

"내가 비로소 지하의 지백에게 보답할 수 있게 되었다."

그러고는 이내 칼에 엎어져 자진했다. 그가 죽던 날, 조나라의 지사志士들은 이 소식을 듣고 모두 그를 위해 눈물을 흘렸다.

●● 其後七十餘年而晉有豫讓之事. 豫讓者, 晉人也, 故嘗事范氏及中行氏, 而無所知名. 去而事智伯, 智伯甚尊寵之. 及智伯伐趙襄子, 趙襄子與韓·魏合謀滅智伯, 滅智伯之後而三分其地. 趙襄子最怨智伯, 漆其頭以爲飮器. 豫讓遁逃山中, 曰, "嗟乎! 士爲知己者死, 女爲說己者容. 今智伯知我, 我必爲報讎而死, 以報智伯, 則吾魂魄不愧矣." 乃變名姓爲刑人, 入宮塗廁, 中挾匕首, 欲以刺襄子. 襄子如廁, 心動, 執問塗廁之刑人, 則豫讓, 內持刀兵, 曰, "欲爲智伯報仇!" 左右欲誅之. 襄子曰, "彼義人也, 吾謹避之耳. 且智伯亡無後, 而其臣欲爲報仇, 此天下之賢人也." 卒釋去之. 居頃之, 豫讓又漆身爲厲, 吞炭爲啞, 使形狀不可知, 行乞於市. 其妻不識也. 行見其友, 其友識之, 曰, "汝非豫讓邪?" 曰, "我是也." 其友爲泣曰, "以子之才, 委質而臣事襄子, 襄子必近幸子. 近幸子, 乃爲所欲, 顧不易邪? 何乃殘身苦形, 欲以求報襄子,不亦難乎!"豫讓曰, "旣已委質臣事人, 而求殺之, 是懷二心以事其君也. 且吾所爲者極難耳! 然所以爲此者, 將以愧天下後世之爲人臣懷二心以事其君者也." 旣去, 頃之, 襄子當出, 豫讓伏於所當過之橋下. 襄子至橋, 馬驚, 襄子曰, "此必是豫讓也." 使人問之, 果豫讓也. 於是襄子乃數豫讓曰, "子不嘗事范·中行氏乎? 智伯盡滅之, 而子不爲報讎, 而反委質臣於智伯. 智伯亦已死矣, 而子獨何以爲之報讎之深也?" 豫讓曰, "臣事范·中行氏, 范·中行氏皆衆人遇我, 我故衆人報之. 至於智伯, 國士遇我, 我故國士報之." 襄子喟然歎息而泣曰, "嗟乎豫子! 子之爲智伯, 名旣成矣, 而寡人赦子, 亦已足矣. 子其自爲計, 寡人不復釋子!" 使兵圍之. 豫讓曰, "臣聞明主不掩人之美, 而忠臣有死名之義. 前君已寬赦臣, 天下莫不稱君之賢. 今日之事, 臣固伏誅, 然願請君之衣而擊之, 焉以致報讎之意, 則雖死不恨. 非所敢望也, 敢布腹心!" 於是襄子大義之, 乃使使持衣與豫讓. 豫讓拔劍三躍而擊之, 曰, "吾可以下報智伯矣!" 遂伏劍自殺. 死之日, 趙國志士聞之, 皆爲涕泣.

섭정열전

예양 사건이 일어난 지 40여 년이 지난 뒤 한나라에 섭정 사건이 일어났다. 섭정은 지軹 땅의 심정리深井里 출신이다. 그는 사람을 죽인 뒤 원수를 피해 모친 및 누이와 함께 제나라로 망명해 백정으로 살았다. 오랜 세월이 흐른 뒤 복양濮陽 출신 엄중자嚴仲子가 한애후韓哀侯를 섬겼다.* 그는 한나라 재상 협루와 사이가 매우 나빴다. 엄중자는 죽임을 당할까 두려운 나머지 그곳에서 달아나 여러 곳을 돌아다니며 협루에게 원수를 갚아줄 사람을 구했다. 제나라에 이르자 어떤 제나라 출신이 말했다.

"섭정이라는 용감한 사나이가 있소. 원수를 피해서 백정들 사이에 숨어 살고 있소."

엄중자가 그의 집으로 찾아가 교제를 청했다. 자주 왕래한 뒤 술자리를 마련해 손수 섭정의 모친에게 술잔을 올렸다. 술자리가 한창 무르익자 엄중자는 황금 100일을 받쳐 들고 섭정의 모친 앞으로 나아가 장수를 축원했다. 섭정이 너무 후한 예물에 깜짝 놀라 이상하게 여기며 극구 사양했다. 엄중자가 굳이 바치려고 하자 섭정이 이같이 사양했다.

"저에게는 요행히 늙은 모친이 있고, 집은 비록 가난하고 객지를 떠돌며 개백정 노릇을 하며 아침저녁으로 달고 부드러운 음식을 얻어 모친을 봉양합니다. 모친에게 봉양할 음식을 마련할 수 있으니 당신의 예물은 감히 받을 수 없습니다."

엄중자가 사람들을 물리친 뒤 섭정에게 말했다.

"내게 원수가 있소. 그 원수를 갚아줄 사람을 찾아 열국을 두루 돌아다녔소. 제나라에 와서 그대의 의기가 매우 높다는 이야기를 들었

● 한나라는 열후烈侯·문후文侯·애후哀侯의 순으로 보위에 올랐다. 〈한세가〉 및 〈표〉에 따르면 섭정이 한나라 재상 협루를 척살한 것은 한열후 3년이다. 이로부터 20여 년 뒤인 한애후 6년에는 대부 한엄韓嚴이 한애후를 시해하는 일이 일어났다. 《사기색은》은 엄중자가 한애후를 섬겼다는 기록은 사실이 아닌 것으로 간주했다. 한엄韓嚴이 《자치통감》에는 엄수嚴遂로 나온다. 유향의 《전국책》과 풍몽룡의 《열국지》에는 기원전 371년에 엄수가 한애후를 시해한 내용이, 기원전 397년에 자객 섭정이 한나라 재상 협루를 척살한 사건과 뒤섞여 나온다. 《사기》와 《자치통감》은 두 사건을 엄히 구분했다. 유향이 《전국책》을 편찬하는 과정에서 두 사건을 하나의 사건으로 착각한 듯하다. 〈한세가〉는 한애후의 뒤를 한의후가 이었다고 했으나 〈육국연표〉에서는 한장후韓莊侯가 뒤를 이었다고 기록해놓았다. 《자치통감》에는 한장후가 등장하지 않는다. 한애후 사후에 즉위한 사람은 한의후로 보는 것이 타당하다.

소. 황금 100일을 바쳐 모친의 음식비용에나 쓰게 해서 더욱 친하게 지내자는 뜻이었소. 어찌 감히 다른 뜻이 있어 그리했겠소?"

섭정이 말했다.

"제가 뜻을 굽히고 몸을 욕되게 하며 시장에서 백정노릇을 하는 것은 단지 늙은 모친을 봉양하기 위해서입니다. 노모가 살아 계신 동안에는 제 몸을 감히 남에게 허락할 수 없습니다."

엄중자가 아무리 권해도 섭정은 끝내 받지 않았다. 엄중자는 끝까지 빈객과 주인의 예를 다하고 떠났다. 오랜 시간이 흐른 뒤 섭정의 모친이 죽었다. 섭정이 장례를 마치고 상복을 벗은 뒤 이같이 말했다.

"아, 나는 시정 바닥에서 칼을 들고 짐승을 잡는 백정일 뿐이다. 엄중자는 제후의 경상이다. 그런 분이 천 길도 멀다 하지 않고[不遠千里] 수레를 몰고 찾아와 나와 사귀었다. 그러나 그에 대한 나의 대우는 지극히 조촐했다. 아직 그를 위해 이렇다 할 공도 세우지 못했다. 그런데도 엄중자는 100일을 받들어 돌아가신 모친인 선자先慈의 장수를 기원했다. 내가 비록 받지는 않았지만 그렇게까지 한 것은 오로지 나를 깊이 알아주었기 때문이다. 그런 현자가 격분해 원수를 흘겨보며 나 같은 시골뜨기를 가까이하고 믿어주었다. 내가 어찌 가만히 있을 수 있겠는가! 게다가 지난번 그가 나를 필요로 했으나 나는 오직 노모를 핑계로 사양했다. 노모가 이제 장수를 누리고 세상을 떠났으니 지금부터 나를 알아주는 자를 위해 일할 것이다."

마침내 서쪽 복양으로 가 엄중자를 만났다.

"전에 그대에게 제 몸을 허락지 않은 것은 노모가 살아 계셨기 때문입니다. 이제 불행히도 노모가 천수를 다하고 돌아가셨습니다. 그대가 원수를 갚고자 하는 자가 누구입니까? 청컨대 저에게 그 일을 맡겨주십시오."

엄중자가 상세하게 말해주었다.

"나의 원수는 한나라 재상 협루요. 협루는 한나라 군주의 숙부이기도 하오. 일족이 크게 번성해 그 수가 많소. 거처의 경비가 매우 엄중하오. 내가 사람을 시켜 그를 척살하고자 했지만 끝내 성공하지 못했소. 지금 그대가 다행히도 마다하지 않으니 그대에게 도움이 될 만한 거마와 장사壯士들을 보태주겠소."

섭정이 말했다.

"한나라와 위衛나라는 그다지 멀리 떨어져 있지 않습니다. 지금 한나라 재상을 죽이려고 합니다. 그가 한나라 군주의 친족이라면 이런 형세에서는 많은 사람을 쓰면 안 됩니다. 사람이 많으면 생각을 달리하는 자가 나오고, 그러면 말이 새고, 말이 새면 한나라 전체가 그대를 원수로 여기게 됩니다. 이 어찌 위험하지 않겠습니까?"

섭정은 거마와 장사를 모두 사양한 뒤 엄중자와 헤어져 홀로 떠났다. 칼을 차고 한나라에 이르자 한나라 재상 협루가 마침 재상부의 당상에 앉아 있었다. 무기를 들고 호위하는 자들이 매우 많았다. 섭정이 바로 들어가 단상에 올라간 뒤 협루를 찔러 죽였다. 좌우의 부하들이 커다란 혼란에 빠졌다. 섭정이 고함을 지르며 쳐 죽인 자가 수십 명에 달했다. 그런 뒤 그는 스스로 자신의 얼굴 가죽을 벗기고, 눈을 도려내고, 배를 갈라 창자를 끄집어내고 숨을 거두었다. 한나라 조정이 섭정의 시체를 거리에 드러내놓고 누구인지 물었으나 아는 사람이 없었다. 공개적으로 상금을 내걸고, 재상 협루를 죽인 자가 누구인가 말해주는 사람에게 1,000금을 주겠다고 약속했다. 오랜 시간이 지나도록 그를 아는 사람이 나타나지 않았다. 당시 섭정의 누나 섭영聶榮도 어떤 사람이 한나라 재상을 찔러 죽였다는 이야기를 들었다. 그녀는 조정에서 범인의 신원을 알지 못해 시체를 거리에 내놓고 1,000금의 상금을 걸었다는 이야기를 듣고는 이내 소리 내어 울며 이같이 말했다.

"그는 내 동생일 것이다. 아, 엄중자가 내 동생을 알아주었구나!"

그러고는 곧바로 한나라 시장으로 갔다. 죽은 자는 과연 섭정이었다. 그녀는 시체 위에 엎드려 매우 슬피 울며 이같이 말했다.

"이 사람은 지 땅의 심정리에 살던 섭정입니다."

시장을 오가던 사람들이 입을 모아 말했다.

"이자는 재상을 죽인 까닭에 군주가 그 신원을 알고자 1,000금을 내걸었소. 부인은 이를 듣지 못한 것이오? 어찌 감히 이자를 안다고 말하는 것이오?"

섭영이 말했다.

"그 말은 들었습니다. 섭정이 오욕을 무릅쓰고 백정노릇을 한 것은 노모가 건재하고, 나도 아직 시집을 가지 않았기 때문이었습니다. 이제는 모친도 천수를 누리다 돌아가시고, 나 또한 시집을 갔습니다. 일찍이 엄중자는 내 동생의 인물 됨을 알고는 곤궁하고 천한 위치에 있는 동생과 교제했습니다. 그 은덕이 두터우니 어찌하겠습니까? 선비는 원래 자신을 알아주는 사람을 위해 죽는다고 합니다. 섭정은 동생인 제가 살아 있기에 자신의 몸을 훼손해 이 일에 연루시키지 않으려 한 것입니다. 내 어찌 죽음이 두려워 동생의 장한 이름을 없앨 수 있겠습니까?"

섭영의 말에 한나라 백성들이 모두 크게 놀랐다. 그녀는 마침내 하늘을 향해 큰소리로 세 번 외친 뒤 몹시 슬퍼하다가 섭정 곁에서 숨을 거두었다. 진晉·초·제·위衛의 백성 모두 이 소문을 듣고 입을 모아 이같이 말했다.

"섭정만 장한 것이 아니라 그 누이도 열녀다. 섭정이 실로 자신의 누이가 참고 견디는 성격이 아니라 해골을 드러내는 고난을 두려워하지 않고, 천리의 험한 길을 달려와 이름을 나란히 하며 동생과 함께 시장바닥에 죽을 사람이라는 것을 알았으면 감히 엄중자에게 몸을 허락지는 않았을 것이다. 엄중자 역시 사람을 보는 안목이 있어 용사를 얻었다고 할 수 있다."

●● 其後四十餘年而軹有聶政之事. 聶政者, 軹深井里人也. 殺人避仇, 與母·姊如齊, 以屠爲事. 久之, 濮陽嚴仲子事韓哀侯, 與韓相俠累有郤. 嚴仲子恐誅, 亡去, 遊求人可以報俠累者. 至齊, 齊人或言聶政勇敢士也, 避仇隱於屠者之閒. 嚴仲子至門請, 數反, 然後具酒自暢聶政母前. 酒酣, 嚴仲子奉黃金百溢, 前爲聶政母壽. 聶政驚怪其厚, 固謝嚴仲子. 嚴仲子固進, 而聶政謝曰, "臣幸有老母, 家貧, 客遊以爲狗屠, 可以旦夕得甘毳以養親. 親供養備, 不敢當仲子之賜." 嚴仲子辟人, 因爲聶政言曰, "臣有仇, 而行遊諸侯衆矣, 然至齊, 竊聞足下義甚高, 故進百金者, 將用爲大人麤糲之費, 得以交足下之驩, 豈敢以有求望邪!" 聶政曰, "臣所以降志辱身居市井屠者, 徒幸以養老母, 老母在, 政身未敢以許人也." 嚴仲子固讓, 聶政竟不肯受也. 然嚴仲子卒備賓主之禮而去. 久之, 聶政母死. 旣已葬, 除服, 聶政曰, "嗟乎! 政乃市井之人, 鼓刀以屠, 而嚴仲子乃諸侯之卿相也, 不遠千里, 枉車騎而交臣. 臣之所以待之, 至淺鮮矣, 未有大功可以稱者, 而嚴仲子奉百金爲親壽, 我雖不受, 然是者徒深知政也. 夫賢者以感忿睚眥之意而親信窮僻之人, 而政獨安得嘿然而已乎! 且前日要政, 政徒以老母, 老母今以天年終, 政將爲知己者用." 乃遂西至濮陽, 見嚴仲子曰, "前日所以不許仲子者, 徒以親在, 今不幸而母以天年終. 仲子所欲報仇者爲誰? 請得從事焉!" 嚴仲子具告曰, "臣之仇韓相俠累, 俠累又韓君之季父也, 宗族盛多, 居處兵衛甚設, 臣欲使人刺之, 終莫能就. 今足下幸而不棄, 請益其車騎壯士可爲足下輔翼者." 聶政曰, "韓之與衛, 相去中閒不甚遠, 今殺人之相, 相又國君之親, 此其勢不可以多人, 多人不能無生得失, 生得失則語泄, 語泄是韓擧國而與仲子爲讎, 豈不殆哉!" 遂謝車騎人徒, 聶政乃辭獨行. 杖劍至韓, 韓相俠累方坐府上, 持兵戟而衛侍者甚衆. 聶政直入, 上階刺殺俠累, 左右大亂. 聶政大呼, 所擊殺者數十人, 因自皮面決眼, 自屠出腸, 遂以死. 韓取聶政屍暴於市, 購問莫知誰子. 於是韓購縣購之, 有能言殺相俠累者予千金. 久之莫知也. 政姊榮聞人有刺殺韓相者, 賊不得, 國不知其名姓, 暴其尸而縣之千金, 乃於邑曰, "其是吾弟與? 嗟乎, 嚴仲子知吾弟!" 立起, 如韓, 之市, 而死者果政也, 伏尸哭極哀, 曰, "是軹深井里所謂聶政者也." 市行者諸衆人皆曰, "此人暴虐吾國相, 王縣購其名姓千金, 夫人不聞與? 何敢來識之也?" 榮應之曰, "聞之. 然政所以蒙汚辱自棄於市販之閒者, 爲老母幸無恙, 妾未嫁也. 親旣以天年下世, 妾已嫁夫, 嚴仲子乃察擧吾弟困汚之中而交之, 澤厚矣, 可柰何! 士固爲知己者死, 今乃以妾尙在之故, 重自刑以絶從, 妾其柰何畏歿身之誅, 終滅賢弟之名!" 大驚韓市人. 乃大呼天者三, 卒於邑悲哀而死政之旁. 晉·楚·齊·衛聞之, 皆曰, "非獨政能也, 乃其姊亦烈女也. 鄕使政誠知其姊無濡忍之志, 不重暴骸之難, 必絶險千里以列其名, 姊弟俱僇於韓市者, 亦未必敢以身許嚴仲子也. 嚴仲子亦可謂知人能得士矣!"

형가열전

섭정 사건이 일어난 지 220여 년 뒤 진秦나라에 형가의 사건이 일어났다. 형가는 위衛나라 출신이다. 원래 그의 선조는 제나라 출신이다. 형가가 뒤에 위나라로 옮겨가자 위나라 백성은 그를 경경慶卿으로 불렀고, 연나라로 옮겨가자 연나라 백성은 형경荊卿이라고 불렀다.* 형경은 독서와 검술을 좋아했다. 그 재능으로 위원군衛元君 앞에서 유세했으나 위원군은 그를 등용하지 않았다. 이후 진나라가 위나라를 쳐 동군을 설치하고, 위원군의 일족을 야왕으로 옮겼다. 형가는 일찍이 각지를 유랑할 때 유차를 지나다가 갑섭蓋聶**과 검술에 관해 논했다. 갑섭이 화를 내며 그를 노려보았다. 형가가 나가버리자 어떤 자가 형경을 다시 부르라고 했다. 갑섭이 만류했다.

"얼마 전에 나는 그와 더불어 검술을 논하다가 그의 견해가 탐탁지 않아 노려본 적이 있소. 속는 셈 치고 한번 가보시오. 그는 반드시 떠났을 것이오. 감히 머물지 못할 것이오."

사람을 시켜 그의 주인집에 가보게 했다. 과연 형경은 이미 수레를 몰아 유차를 떠난 뒤였다. 그가 돌아와 이를 고하자 갑섭이 말했다.

"당연히 떠났을 것이오. 내가 전에 눈을 부릅뜨며 혼을 내주었으니 말이오."

형가가 한단에서 노닐 때 노구천魯句踐과 장기를 둔 적이 있다. 장

• 이에 관해《사기색은》은 그의 조상은 원래 제나라의 대성인 경씨慶氏였고, 위衛나라로 옮긴 뒤 비슷한 음인 형씨荊氏로 성을 바꾼 것으로 풀이했다. 또 경卿은 자子와 유사한 경칭이라고 해석했다.
•• 갑섭의 갑蓋은 통상 덮을 개蓋의 의미로 사용된다. 그러나 이엉을 뜻할 때는 합, 고을 이름이나 성씨로 사용될 때는 갑으로 읽는다.《사기색은》도 그 음을 고랍반古臘反이라고 했다.

기판 말의 길을 다투다가 노구천이 성을 내며 꾸짖자 형가가 아무 말 없이 달아났다. 이후 다시는 그를 만나지 못했다. 형가는 연나라로 간 뒤 개백정과 축築을 잘 타는 고점리高漸離와 친하게 지냈다. 형가는 술을 즐겨 날마다 개백정 및 고점리와 어울려 연나라 시장바닥에서 술을 마셨다. 얼큰해지면 고점리가 축을 타고 형가는 그 소리에 맞추어 시장 안에서 노래를 부르며 서로 즐겼다. 그러다가 서로 울기도 했는데 마치 곁에 아무도 없는 듯이 행동했다[旁若無人].

형가는 비록 술꾼들과 사귀었지만 사람 자체는 오히려 침착하며 신중했고, 글 읽기를 좋아했다. 실제로 그가 열국을 떠돌며 사귄 인물들 모두 현인·호걸·장자長者였다. 그가 연나라로 가자 연나라의 은사隱士 전광田光 선생도 그를 잘 대우했다. 그가 통상적인 인물이 아님을 알았기 때문이다.

●● 其後二百二十餘年秦有荊軻之事. 荊軻者, 衛人也. 其先乃齊人, 徙於衛, 衛人謂之慶卿. 而之燕, 燕人謂之荊卿. 荊卿好讀書擊劍, 以術說衛元君, 衛元君不用. 其後秦伐魏, 置東郡, 徙衛元君之支屬於野王. 荊軻嘗遊過楡次, 與蓋聶論劍, 蓋聶怒而目之. 荊軻出, 人或言復召荊卿. 蓋聶曰, "曩者吾與論劍有不稱者, 吾目之, 試往, 是宜去, 不敢留." 使使往之主人, 荊卿則已駕而去楡次矣. 使者還報, 蓋聶曰, "固去也, 吾曩者目攝之!" 荊軻遊於邯鄲, 魯句踐與荊軻博, 爭道, 魯句踐怒而叱之, 荊軻嘿而逃去, 遂不復會. 荊軻旣至燕, 愛燕之狗屠及善擊築者高漸離. 荊軻嗜酒, 日與狗屠及高漸離飮於燕市, 酒酣以往, 高漸離擊築, 荊軻和而歌於市中, 相樂也, 已而相泣, 旁若無人者. 荊軻雖遊於酒人乎, 然其爲人沈深好書, 其所遊諸侯, 盡與其賢豪長者相結. 其之燕, 燕之處士田光先生亦善待之, 知其非庸人也.

얼마 후 연나라 태자 단이 진나라의 볼모로 있다가 달아나 연나라로 돌아왔다. 연나라 태자 단은 일찍이 조나라에 볼모로 가 있었다. 진왕 정은 조나라에서 태어난 어린 시절만 해도 연나라 태자 단과 사이가 좋았다. 이후 진왕 정이 진나라로 돌아가 즉위하게 되었다. 불행하게도 연나라 태자 단은 이때도 진나라의 볼모로 갔다. 진왕 정은 연나라 태자 단을 예우하지 않았다. 태자 단은 이를 원망해 도망쳐 돌아온 것이다. 연나라로 돌아온 뒤 진왕 정에게 설욕할 방안을 찾았으나 나라가 약소해 힘이 미치지 못했다. 이후 진나라는 날마다 산동으로 출병했다. 제나라와 초나라 및 삼진을 쳐 열국의 땅을 조금씩 잠식하더니 급기야 연나라 국경에 이르게 되었다. 연나라의 군신 모두 조만간 화가 미칠 것을 두려워했다. 태자 단도 이를 우려해 사부師傅인 국무鞠武에게 물었다. 국무가 대답했다.

"진나라 영토는 천하에 두루 펼쳐 있어 한나라·위나라·조나라를 위협하고 있습니다. 북쪽으로는 감천산甘泉山·곡구와 같은 험한 지대가 있습니다. 남쪽으로는 경하涇河와 위하 주변의 옥토가 닐러 있어 파 땅과 한중 일대의 풍요를 독점하고 있습니다. 오른쪽에는 농隴과 촉 같은 험한 산악지대가 있고, 왼쪽에는 관關과 효殽 같은 험준한 산이 있습니다. 백성은 수가 많고, 병사들은 패기가 넘치고, 무기와 장비도 넉넉합니다. 진나라가 쳐들어올 뜻만 있다면 장성 남쪽과 역수 북쪽의 연나라 영토가 어찌 될지 알 수 없습니다. 어찌 진왕 정에게 업신여김을 당했다는 이유로 진나라 왕의 역린을 건드리려는 것입니까*?"

● "진나라 왕의 역린을 건드리려는 것입니까?"의 원문은 "비기역린批其逆鱗"이다. 비批는 거스른다는 뜻으로 《사기색은》은 촉격觸擊으로 풀이했다.

태자 단이 물었다.

"그렇다면 어찌해야 좋소?"

국무가 대답했다.

"생각해본 뒤에 말씀드리겠습니다."

얼마 후 진나라 장수 번오기가 진나라 왕에게 죄를 짓고 연나라로 망명해왔다. 태자 단이 그를 받아들여 살게 했다. 국무가 간했다.

"안 됩니다. 저 흉포한 진나라 왕이 연나라에 관해 원한을 쌓고 있다는 사실만으로도 족히 한심寒心해집니다.● 하물며 번장군이 연나라에 있다는 소문을 듣게 된다면 어찌 되겠습니까? 이는 '굶주린 호랑이가 다니는 길목에 고기를 던져놓는다'는 속담과 같은 것이 됩니다. 그 화를 벗어날 수 없을 것입니다. 비록 관중과 안영이 살아 있을지라도 대책을 세울 수 없을 것입니다. 태자는 속히 번장군을 흉노에게 보내 진나라가 트집 잡을 일이 없게 하십시오. 서쪽으로 삼진과 맹약을 맺고, 남쪽으로 제나라 및 초나라와 연합하고, 북쪽으로 흉노의 선우와 화친을 맺으십시오. 그런 연후에 비로소 진나라에 관한 대책을 세울 수 있을 것입니다."

태자 단이 말했다.

"태부의 계책은 시간이 너무 오래 걸리오. 내 마음은 근심으로 어지러워 잠시도 견딜 수 없소. 게다가 번장군은 천하에 몸 둘 곳이 없어 나에게 의탁했소. 내가 강포한 진나라의 협박을 두려워해 애처롭고 불쌍한 친구를 저버리며 흉노 땅으로 보낼 수는 없소. 그런 일은 내 명이 다할 때나 가능할 것이오. 태부는 다시 생각해보시오."

● 한심은 정도에 너무 지나치거나 모자라 기막힌 상황이 왔다는 뜻이다. 마음이 서늘하다는 뜻으로 풀이해도 된다. 오늘날 '보잘것없다'는 의미의 '한심하다'와는 차이가 있다.

국무가 말했다.

"무릇 위태로운 일을 행하며 안전을 찾고, 재앙을 만들며 복을 구하면 계책은 얕아지고 원망은 깊어지게 마련입니다. 새로 사귄 친구한 명과 계속 친교를 맺기 위해 나라의 큰 피해를 돌보지 않는 것은 원한을 쌓고 재앙을 조장하는 것입니다[資怨助禍]. 진나라가 연나라를 치는 것은 마치 기러기의 깃털을 화로의 숯불 위에 놓고 태우는 것 [鴻毛爐炭]처럼 손쉬운 일입니다. 독수리나 매처럼 사나운 진나라가 원망에 가득 차 포악스럽게 노여워하면 그 맹렬함을 어찌 다 말할 수 있겠습니까? 연나라에 전광 선생이 있습니다. 지혜가 깊고 용감하며 침착하니 함께 의논할 만합니다."

태자 단이 청했다.

"태부의 소개로 전광 선생과 사귀고 싶소. 그럴 수 있겠소?"

국무가 대답했다.

"그리하겠습니다."

국무가 곧바로 나가 전광 선생을 만났다.

"태자가 선생과 함께 국가대사를 의논하려고 합니다."

전광이 말했다.

"삼가 가르침을 좇겠습니다."

전광이 이내 태자 단을 만나러 갔다. 태자 단이 전광을 나아가 맞이했다. 뒤로 물러서며 길을 인도한 뒤 무릎을 꿇고 전광이 앉을자리의 먼지를 털었다.* 전광이 자리에 앉을 당시 좌우에 아무도 없었

● "무릎을 꿇고 전광이 앉을자리를 털었다"의 원문은 "궤이폐석跪而蔽席"이다. 《사기집해》는 서광의 주를 인용해 폐蔽가 없앨 발撥 내지 빼앗을 발拔로 된 판본이 있다고 했다. 《사기색은》은 먼지를 털 불拂의 의미로 새겼다.

다. 마침내 태자는 가르침을 청하기 위해 앉았던 자리를 떠난 뒤[避席] 정중히 전광의 의견을 구했다.

"연나라와 진나라는 양립할 수 없으니 선생은 이를 고려해주시오."

전광이 말했다.

"신이 듣건대, '준마(빠르고 잘 달리는 말)는 기운이 왕성할 때 하루에 1,000리를 달리나, 노쇠하면 노마駑馬(느리고 둔한 말)가 이를 앞선다'고 했습니다. 지금 태자는 제가 왕성할 때의 일만 듣고, 정력이 소진된 사실을 모르고 있습니다. 비록 신이 감히 국사를 도모할 수는 없으나 다행히 신의 친구 형경은 감당할 수 있을 것입니다."

태자 단이 물었다.

"선생을 통해 형경과 친교를 맺고 싶소. 가능하겠소?"

전광이 대답했다.

"삼가 명을 따르겠습니다."

곧바로 일어나 빠른 걸음으로 나갔다. 태자가 문까지 배웅하며 이같이 경계했다.

"우리가 말한 것이나 선생이 말한 것이나 국가대사이니 선생은 말이 새지 않도록 해주시오!"

전광이 고개를 숙이고 웃으며 대답했다.

"잘 알겠습니다."

전광이 굽은 몸을 이끌고 형경을 찾아가 만났다.

"내가 그대와 친하게 지내는 사실을 연나라에서는 모르는 사람이 없소. 지금 태자는 내가 한창이던 시절의 일만 듣고는 내 몸이 쇠퇴한 줄 모른 채 황송하게도 이같이 하교했소. '연나라와 진나라는 양립할 수 없으니 선생이 이를 고려해주시오'라고 했소. 나는 감히 나와 상관없는 일이라 여기지 않고, 그대를 태자에게 천거했소. 그대가 왕궁으로 가 태자를 만나보도록 하시오."

형경이 말했다.

"삼가 가르침을 좇겠습니다."

전광이 말했다.

"내가 듣건대, '장자長者는 일을 할 때 남이 의심을 품지 않게 한다'고 했소. 지금 태자는 나에게 주의를 주기를, '우리가 말한 것은 국가 대사이니 선생은 말이 새지 않도록 해주시오'라고 했소. 이는 태자가 나를 의심한 것이오. 무릇 일을 행할 때 남의 의심을 받는 것은 절조 있는 협객[節俠]의 행동이 아니오."

그러고는 자진해서 형경을 격려하고자 했다. 그는 자진 직전에 이같이 말했다.

"속히 태자를 찾아가 전광이 이미 죽었으니 누설을 염려하지 않아도 된다고 전하시오."

그러고는 이내 스스로 목을 찔러 죽었다.

●● 居頃之, 會燕太子丹質秦亡歸燕. 燕太子丹者, 故嘗質於趙, 而秦王政生於趙, 其少時與丹驩. 及政立爲秦王, 而丹質於秦. 秦王之遇燕太子丹不善, 故丹怨而亡歸. 歸而求爲報秦王者, 國小, 力不能. 其後秦日出兵山東以伐齊·楚·三晉, 稍蠶食諸侯, 且至於燕, 燕君臣皆恐禍之至. 太子丹患之, 問其傅鞫武. 武對曰, "秦地徧天下, 威脅韓·魏·趙氏, 北有甘泉·谷口之固, 南有涇·渭之沃, 擅巴·漢之饒, 右隴·蜀. 之山, 左關·殽之險, 民衆而士厲, 兵革有餘. 意有所出, 則長城之南, 易水以北, 未有所定也. 奈何以見陵之怨, 欲批其逆鱗哉!" 丹曰, "然則何由?" 對曰, "請入圖之." 居有閒, 秦將樊於期得罪於秦王, 亡之燕, 太子受而舍之. 鞠武諫曰, "不可. 夫以秦王之暴而積怒於燕, 足爲寒心, 又況聞樊將軍之所在乎? 是謂'委肉當餓虎之蹊'也, 禍必不振矣! 雖有管·晏, 不能爲之謀也. 願太子疾遣樊將軍入匈奴以滅口. 請西約三晉, 南連齊·楚, 北購於單于, 其後迺可圖也." 太子曰, "太傅之計, 曠日彌久, 心惽然, 恐不能須臾. 且非獨於此也, 夫樊將軍窮困於天下, 歸身於丹, 丹終不以迫於彊秦而棄所哀憐之交, 置之匈奴, 是固丹命卒之時也. 願太傅更慮之." 鞠武曰, "夫行危欲求安, 造禍而求福, 計淺而怨深, 連結一人之後交, 不顧國家之大害, 此所謂'資怨而助禍'矣. 夫以鴻毛燎於爐炭之上, 必無事矣. 且以鵰鷙之秦, 行怨暴之怒, 豈足道哉! 燕有田光先生, 其爲人智深而勇沈, 可與謀." 太子曰, "願因太傅而得交於田先生, 可乎?" 鞠武曰, "敬諾." 出見田光先生, 道"太子願圖國事於先生也." 田光曰, "敬奉敎." 乃造焉. 太子逢迎, 卻行爲導, 跪而蔽席. 田光坐定, 左右無人, 太子避席而請曰, "燕秦不兩立, 願先生留意也." 田光曰, "臣聞騏驥盛壯之時, 一日而馳千里, 至其衰老, 駑馬先之. 今太子聞光盛壯之時, 不知臣精已消亡矣. 雖然, 光不敢以圖國事, 所善荊卿可使也." 太子曰, "願因先生得結交於荊卿, 可乎?" 田光曰, "敬諾." 卽起, 趨出. 太子送至門, 戒曰, "丹所報, 先生所言者, 國之大事也, 願先生勿泄也!" 田光俛而笑曰, "諾." 僂行見荊卿, 曰, "光與子相善, 燕國莫不知. 今太子聞光壯盛之時, 不知吾形已不逮也, 幸而敎之曰'燕秦不兩立, 願先生留意也'. 光竊不自外, 言足下於太子也, 願足下過太子於宮." 荊卿曰, "謹奉敎." 田光曰, "吾聞之, 長者爲行, 不使人疑之. 今太子告光曰, '所言者, 國之大事也, 願先生勿泄', 是太子疑光也. 夫爲行而使人疑之, 非節俠也." 欲自殺以激荊卿, 曰, "願足下急過太子, 言光已事, 明不言也." 因遂自刎而死.

형가가 전광의 말을 좇아 곧바로 태자 단을 찾아가 전광이 이미 죽은 사실을 밝히며 전광의 말을 전했다. 태자 단이 두 번 절한 뒤 무릎을 꿇은 채로 나아가 눈물을 흘렸다. 잠시 후 입을 열었다.

"내가 전광 선생에게 말이 새지 않게 주의를 당부한 것은 국가대사를 성사시키고자 하는 일념 때문이었소. 지금 전광 선생이 죽음으로 말이 샐 가능성을 차단했으니 그것이 어찌 내 본심일 수 있겠소!"

형가가 자리에 앉자 태자 단이 앉은 자리에서 물러나 머리를 조아린 뒤[避席頓首] 이같이 말했다.

"전광 선생은 내가 불초한 사실을 모른 채 나에게 그대를 만나 감히 말할 기회를 주었소. 이는 하늘이 연나라를 불쌍히 여겨 외로운 나의 몸을 버리지 않았다는 증거가 아니겠소? 지금 진나라는 이익을 탐하는 마음으로 인해 그 욕심이 끝이 없는 상황이오. 천하의 땅을 다 빼앗고 천하의 왕을 모두 신하로 삼지 않고는 결코 만족치 않을 것이오. 이제 진나라는 이미 한나라 왕을 생포하고, 그 땅을 모두 거두었소. 또한 군사를 일으켜 남쪽으로 초나라를 치고, 북쪽으로 조나라까지 들이닥쳤소. 장군 왕전이 수십만 대군을 이끌고 장漳과 업 땅까지 가고, 이신이 태원과 운중으로 출병한 것이 그렇소. 조나라는 진나라에 저항할 수 없어 반드시 진나라로 들어가 신하 노릇을 하게 될 것이오. 조나라가 진나라의 신하로 들어가면 그 화가 연나라에 미치게 되어 있소.

연나라는 약소해 누차 전쟁으로 시달려왔소. 이제 나라의 모든 힘을 모아도 진나라를 당해낼 수 없소. 열국의 제후들 모두 진나라에 복종하고 있는 까닭에 감히 연나라와 합종하려는 자가 없는 상황이오. 나의 어리석은 계책으로는 만일 천하의 용사를 얻을 수만 있다면 그를 진나라에 사자로 보내 커다란 이익을 미끼로 내세우는 방안이 그럴듯하오. 진왕 정이 이익을 탐하면 형세상 반드시 우리가 원하는 바를 이룰 수 있을 것이오. 진왕 정을 위협해 제후들로부터 빼앗은 땅을 모두 돌려주게 하면 이는 조말이 제환공에게 했던 것처럼 최상의 수확이 될 것이오. 이것이 안 되면 기회를 봐 찔러 죽이는 수밖에 없소.

진나라의 대장들은 지금 나라 밖에서 군사를 멋대로 통솔하고 있소. 내부에서 난이 일어나면 군신이 서로 의심을 하게 될 것이오. 이틈을 타 제후들이 합세해 대항하면 반드시 진나라를 깨뜨릴 수 있을 것이오. 이것이 나의 가장 큰 바람이오. 그러나 아직 이 일을 맡길 만한 사람을 찾지 못했소. 형경은 이 점을 유념해주시오."

한참 뒤 형가가 말했다.

"이는 국가대사입니다. 신은 어리석고 재주가 없어 그런 일을 맡기에는 부족한 듯합니다."

태자 단이 앞으로 나아가 절하며 사양하지 말기를 강력히 청하자 마침내 형가가 허락했다. 형가를 높여 상경으로 삼고, 상등의 관사에 머물게 했다. 태자 단이 날마다 문안하며 태뢰太牢의 음식을 접대하고, 진기한 물건을 주었다. 거마와 미희 등을 바치며 형가가 원하는 바를 모두 채워주었다. 그의 환심을 사고자 한 것이다.

●● 荊軻遂見太子, 言田光已死, 致光之言. 太子再拜而跪, 膝行流涕, 有頃而后言曰, "丹所以誡田先生毋言者, 欲以成大事之謀也. 今田先生以死明不言, 豈丹之心哉!" 荊軻坐定, 太子避席頓首曰, "田先生不知丹之不肖, 使得至前, 敢有所道, 此天之所以哀燕而不棄其孤也. 今秦有貪利之心, 而欲不可足也. 非盡天下之地, 臣海內之王者, 其意不厭. 今秦已虜韓王, 盡納其地. 又擧兵南伐楚, 北臨趙, 王翦將數十萬之衆距漳·鄴, 而李信出太原·雲中. 趙不能支秦, 必入臣, 入臣則禍至燕. 燕小弱, 數困於兵, 今計擧國不足以當秦. 諸侯服秦, 莫敢合從. 丹之私計愚, 以爲誠得天下之勇士使於秦, ‧闕以重利, 秦王貪, 其勢必得所願矣. 誠得劫秦王, 使悉反諸侯侵地, 若曹沫之與齊桓公, 則大善矣, 則不可, 因而刺殺之. 彼秦大將擅兵於外而内有亂, 則君臣相疑, 以其閒諸侯得合從, 其破秦必矣. 此丹之上願, 而不知所委命, 唯荊卿留意焉." 久之, 荊軻曰, "此國之大事也, 臣駑下, 恐不足任使." 太子前頓首, 固請毋讓, 然後許諾. 於是尊荊卿爲上卿, 舍上舍. 太子日造門下, 供太牢具, 異物閒進, 車騎美女恣荊軻所欲, 以順適其意.

그러나 형가는 오래도록 진나라로 떠날 뜻을 비치지 않았다. 진나라 장수 왕전이 조나라를 쳐부수고 조나라 왕을 생포한 뒤 영토를 모두 거두어들였다. 여세를 몰아 북쪽으로 땅을 공략하며 마침내 연나라 남쪽 경계까지 이르게 되었다. 태자 단이 두려워 형가에게 청했다.

"진나라 군사가 조만간 역수를 건너오면 비록 선생을 오래도록 모시고 싶어도 어찌 그럴 수 있겠소?"

형가가 대답했다.

"태자의 말씀이 없을지라도 신이 뵙고 말씀드리려 했습니다. 지금 진나라로 가도 믿을 만한 것이 없으면 진왕을 가까이할 수 없습니다. 번오기 장군은 진왕이 황금 1,000근과 식읍 1만 호를 내걸고 찾고 있습니다. 만일 번장군의 목과 연나라 옥토[督亢]의 지도를 얻어 진왕에게 바치면 진왕이 기뻐하며 반드시 신을 만나고자 할 것입니다. 그때 비로소 신이 태자의 은혜를 갚을 수 있을 것입니다."

태자 단이 말했다.

"번장군은 곤궁한 끝에 나를 찾아와 몸을 맡겼소. 사사로운 욕심으로 장자長者의 마음을 상하게 하는 짓은 차마 할 수 없소. 선생은 다른 방도를 생각해보시오."

형가는 태자가 차마 번장군의 목을 베지 못하게 할 것을 알았다. 이내 은밀히 번장군을 만나 이같이 설득했다.

"진나라가 장군을 대우하는 것이 실로 잔혹하기 짝이 없습니다. 장군의 부모를 비롯한 일족을 몰살한 것이 그렇습니다. 지금 내가 듣기에 장군의 목에다 황금 1,000근과 식읍 1만 호를 내걸었다고 합니다. 장차 이를 어찌할 생각입니까?"

번오기가 하늘을 우러러 탄식한 뒤 눈물을 흘리며 말했다.

"나는 매번 이를 생각할 때마다 골수에 사무치도록 괴롭소. 그러나 아무리 생각해도 어찌해야 좋은지 모르겠소."

형가가 말했다.

"지금 단 한마디로 연나라의 근심을 없애고 장군의 원수를 갚을 방법이 있다면 어찌할 생각입니까?"

번오기가 형가에게 다가가서 물었다.

"그게 어떤 것이오?"

형가가 대답했다.

"장군의 목을 얻어 진나라 왕에게 바치는 것이 그것입니다. 그러면 진왕은 틀림없이 기뻐하며 저를 만나볼 것입니다. 그때 제가 왼손으로 그의 소매를 잡고, 오른손으로 그의 가슴을 찌르겠습니다. 그리되면 장군의 원수도 갚고, 연나라가 당한 모욕도 씻을 수 있습니다. 장군의 의향은 어떻습니까?"

번오기가 오른쪽 옷소매를 걷어 올려 어깨를 드러내고, 왼손으로 오른팔을 움켜쥐며 분개를 표시하는 자세[偏袒搤捥]로 가까이 다가서며 이같이 말했다.

"이는 내가 밤낮으로 이를 갈고 가슴을 치며 고대하던 일이오. 이제 비로소 가르침을 듣게 되었소!"

그러고는 스스로 목을 찔러 죽었다. 태자 단이 이 소식을 듣고는 달려가 시체에 엎드려 통곡하며 매우 슬퍼했다. 그러나 이미 어쩔 수가 없었다. 번오기의 목을 상자에 넣어 봉했다. 당시 태자 단은 이미 천하에서 가장 예리한 비수를 구하고자 했다. 조나라 출신 서부인徐夫人의 비수를 찾아내 황금 100근을 주고 사들였다. 장인을 시켜 칼날에 독을 묻혀 사람을 찔러보니 피 한 방울만 흘려도 즉사하지 않는 자가 없었다. 짐을 챙겨 형가를 진나라에 보내기로 했다.

●● 久之, 荊軻未有行意. 秦將王翦破趙, 虜趙王, 盡收入其地, 進兵北略地至燕南界. 太子丹恐懼, 乃請荊軻曰, "秦兵旦暮渡易水, 則雖欲長侍足下, 豈可得哉!" 荊軻曰, "微太子言, 臣願謁之. 今行而毋信, 則秦未可親也. 夫樊將軍, 秦王購之金千斤, 邑萬家. 誠得樊將軍首與燕督亢之地圖, 奉獻秦王, 秦王必說見臣, 臣乃得有以報." 太子曰, "樊將軍窮困來歸丹, 丹不忍以己之私而傷長者之意, 願足下更慮之!" 荊軻知太子不忍, 乃遂私見樊於期曰, "秦之遇將軍可謂深矣, 父母宗族皆爲戮沒. 今聞購將軍首金千斤, 邑萬家, 將柰何?" 於期仰天太息流涕曰, "於期每念之, 常痛於骨髓, 顧計不知所出耳!" 荊軻曰, "今有一言可以解燕國之患, 報將軍之仇者, 何如?" 於期乃前曰, "爲之柰何?" 荊軻曰, "願得將軍之首以獻秦王, 秦王必喜而見臣, 臣左手把其袖, 右手

揕其匈, 然則將軍之仇報而燕見陵之愧除矣. 將軍豈有意乎?"樊於期
偏袒搤捥而進曰, "此臣之日夜切齒腐心也, 乃今得聞教!"遂自剄. 太
子聞之, 馳往, 伏屍而哭, 極哀. 旣已不可柰何, 乃遂盛樊於期首函封
之. 於是太子豫求天下之利匕首, 得趙人徐夫人匕首, 取之百金, 使工
以藥焠之, 以試人, 血濡縷, 人無不立死者, 乃裝爲遣荊卿.

　당시 연나라에 진무양秦舞陽이라는 용사가 있었다. 그는 열세 살
때 이미 살인을 했을 정도로 악명을 떨쳤다. 사람들은 감히 그를 제
대로 쳐다보지 못했다. 태자 단은 진무양을 형가의 조수로 삼고자
했다. 그러나 형가에게는 기다린 뒤 함께 가려던 사람이 있었다. 그
는 멀리 떨어진 곳에 산 까닭에 아직 도착하지 않았다. 그사이 형가
의 행장이 다 꾸려졌다. 얼마 동안 형가가 출발하지 않자 태자는 내
심 그가 시간을 끈다고 여겼다. 혹여 마음이 변해 후회하는 것이 아
닌지 의심했다. 거듭 청하며 이같이 말했다.

　"날짜가 이미 다했소. 형경에게 무슨 다른 뜻이 있는 것이오? 나는
진무양을 먼저 보냈으면 하오."

　형가가 화를 내며 태자 단을 질책했다.

　"태자는 어찌해서 그를 보내려는 것입니까? 이번 거사는 한번 가
면 돌아오지 못할 길입니다. 그는 애송이에 불과합니다! 비수 한 자
루를 들고 무슨 일이 벌어질지 알 수 없는 강포한 진나라로 들어가
는 것입니다. 제가 아직 머물고 있는 것은 제 길벗을 기다려 함께 떠
나고자 했기 때문입니다. 지금 태자가 꾸물댄다고 말하니 이만 하직
하고 길을 떠나도록 하겠습니다."

　그러고는 마침내 출발했다. 태자 단과 이 일을 알고 있는 빈객들

모두 흰 의관을 단정히 하고 그를 배웅했다. 역수 가에 이르러 도로신에게 제사를 올린 뒤 여행길에 올랐다. 고점리가 축을 타고, 형가가 화답해 노래를 불렀다. 변치조變徵調로 노래를 부르자 사람들이 모두 눈물을 흘리며 울었다. 형가가 앞으로 나아가며 노래를 불렀다.

바람소리 쓸쓸하고, 역수는 차갑다
장사 한번 가면 다시 오지 못하리니

다시 우조羽調로 노래하자 그 소리가 강개했다.• 듣는 사람들 모두 눈을 부릅떴고 머리카락은 관冠으로 치솟았다. 형가는 수레를 타고 떠났다. 끝내 뒤를 돌아보지 않고 가버렸다. 마침내 진나라에 이른 형가는 1,000금이나 되는 예물을 진왕 정의 총신으로 왕족을 관할하

• 《사기》〈악서樂書〉 및 〈율서律書〉에 따르면 춘추전국시대의 음악은 궁宮·상商·각角·치徵·우羽의 오성을 기본음으로 삼았다. 서양의 도·레·미·솔·라에 가깝다 《사기》의 기록에 비추어볼 때 전국시대에 들어와 변궁變宮과 변치變徵를 더해 칠음계가 형성된 것으로 보인다. 변궁은 화和, 변치는 무廖로도 불린다. 이는 서양의 칠음계에 매우 가깝다. 다만 변치음은 서양의 F보다 반음 높은 F#에 가깝다. 동양에서는 음과 율律을 구분했다. 열두 개의 표준음이 바로 십이율이다. 십이율은 각각 고정된 음고音高와 명칭을 가지고 있다. 이는 다음과 같이 서양의 십이음계와 일치한다. 예컨대 황종黃鐘은 C, 대려는 C#, 태주太蔟는 D, 협종夾鐘은 D#, 고선姑洗은 E, 중려中呂는 F, 유빈蕤賓은 F#, 임종林鐘은 G, 이칙夷則은 G#, 남려南呂는 A, 무역無射은 A#, 응종應鐘은 B에 해당한다. 궁을 음계의 기준 음으로 삼는 것을 궁조宮調라 한다. 이는 궁을 악곡의 선율 가운데 가장 핵심적인 주음主音으로 삼는다는 것을 뜻한다. 같은 이치로 치를 기준 음으로 삼은 것을 치조徵調라 한다. 궁宮을 기본음으로 정해 궁·상·각·치·우의 음계를 만들 경우 음 높이에 따라 모두 열두 개의 조調를 만들 수 있고, 십이음계를 기본 틀로 이용하면 총 144개의 조가 가능하다. 그러나 이는 이론이고 실제 음악에서는 몇 개의 조만을 사용했다. 수당대의 연악燕樂에서는 스물여덟 개의 조만 썼다. 이 가운데 전통적으로 많이 쓰인 것은 정궁正宮·중려궁仲呂宮·남려궁南呂宮·선려궁仙呂宮·황종궁黃鍾宮의 오궁과 대석조大石調·쌍조雙調·상조商調·월조越調의 사조였다. 오궁은 서양음악의 장조, 사조는 단조에 가깝다. 오궁과 사조를 합쳐 흔히 구궁이라고 했다. 변치조는 변치를 주음으로 삼은 사조의 음계를 지닌 것으로 처량한 느낌을 주고, 우조는 우를 기준 음으로 삼은 오궁의 음계를 지닌 것으로 씩씩한 느낌을 준다.

는 중서자 몽가에게 주었다. 몽가가 형가를 위해 진왕 정에게 먼저
이같이 말했다.

"연나라 왕이 실로 대왕의 위엄을 두려워해 감히 군사를 일으켜
우리 군사에 맞서지 못하고, 온 나라를 들어 진나라의 신하가 되기
를 원하고 있습니다. 각 제후국의 행렬에 동참해 진나라의 군현처럼
공물과 부세를 바치고 선왕의 종묘를 받들어 지킬 수 있기만 바라는
것입니다. 두려운 나머지 감히 직접 아뢰지 못하고 삼가 번오기의 목
을 벤 뒤 연나라 독항의 지도와 함께 바치려고 상자에 밀봉해 가지고
왔습니다. 연나라 왕이 궁정에서 증정 의식을 거행한 뒤 사자를 보내
대왕에게 자초지종을 아뢰고자 하니 하명해주십시오."

진왕 정이 크게 기뻐했다. 이내 조복을 갖추고 구빈의 예를 베풀
어 연나라 사자를 함양궁에서 만나기로 약속했다.

●● 燕國有勇士秦舞陽, 年十三, 殺人, 人不敢忤視. 乃令秦舞陽爲副.
荊軻有所待, 欲與俱, 其人居遠未來, 而爲治行. 頃之, 未發, 太子遲之,
疑其改悔, 乃復請曰, "日已盡矣, 荊卿豈有意哉? 丹請得先遣秦舞陽."
荊軻怒, 叱太子曰, "何太子之遣? 往而不返者, 豎子也! 且提一匕首入
不測之彊秦, 僕所以留者, 待吾客與俱. 今太子遲之, 請辭決矣!" 遂發.
太子及賓客知其事者, 皆白衣冠以送之. 至易水之上, 旣祖, 取道, 高漸
離擊築, 荊軻和而歌, 爲變徵之聲, 士皆垂淚涕泣. 又前而爲歌曰, "風
蕭蕭兮易水寒, 壯士一去兮不復還!" 復爲羽聲忼慨, 士皆瞋目, 髮盡上
指冠. 於是荊軻就車而去, 終已不顧. 遂至秦, 持千金之資幣物, 厚遺秦
王寵臣中庶子蒙嘉. 嘉爲先言於秦王曰, "燕王誠振怖大王之威, 不敢
擧兵以逆軍吏, 願擧國爲內臣, 比諸侯之列, 給貢職如郡縣, 而得奉守
先王之宗廟. 恐懼不敢自陳, 謹斬樊於期之頭, 及獻燕督亢之地圖, 函

封, 燕王拜送于庭, 使使以聞大王, 唯大王命之." 秦王聞之, 大喜, 乃朝
服, 設九賓, 見燕使者咸陽宮.

형가가 마침내 약속한 날에 번오기의 목이 든 상자, 진무양이 독
항의 지도가 든 상자를 들고 차례로 나아갔다. 어전의 계단 밑에 이
르러 진무양의 안색이 문득 바뀌며 겁에 질려 벌벌 떠는 모습을 보
였다. 군신들이 이를 괴이하게 여겼다. 형가가 진무양을 돌아보고 웃
고는 앞으로 나아가 사과했다.

"북방 오랑캐 땅의 천한 사람이라 아직 천자를 뵌 적이 없어 떨며
두려워하는 것입니다. 부디 이자의 무례를 용서해 대왕 앞에서 사자
의 임무를 마치게 해주십시오."

진왕 정이 형가에게 말했다.

"진무양이 가지고 있는 지도를 가져오라."

형가가 지도를 진왕 정에게 바쳤다. 진왕 정이 지도를 펼치자 감
추어둔 비수가 보였다. 형가가 왼손으로 진왕 정의 옷소매를 붙잡은
뒤 오른손으로 비수를 쥐고 진왕 정을 찔렀다. 그러나 비수가 몸에
닿기 전에 크게 놀란 진왕 정이 황급히 몸을 당겨 일어나는 바람에
소매만 잘렸다. 진왕 정이 칼을 뽑으려 했으나 칼이 길어 뽑지 못하
고 칼집만 잡았다. 너무나도 다급한데다 꽉 꽂혀 있었던 까닭에 즉
시 뺄 수 없었던 것이다.

형가가 진왕 정을 추격하자 진왕 정은 기둥을 돌며 달아났다. 군
신들이 모두 놀랐으나 졸지에 일어난 일이라 어찌할 바를 몰랐다.
진나라 법에 따르면 전상殿上에서 왕을 모시는 군신들은 척촌尺寸의
무기라도 몸에 지닐 수 없었다. 여러 낭중이 무기를 가지고 전하殿下

에 늘어서 있었으나 왕의 부름이 없어 전상으로 올라가지 못한 이유다. 진왕 정 역시 다급한 나머지 아래에 있는 병사들을 부를 생각을 하지 못했다. 형가가 전상에서 진왕 정을 계속 쫓아다닌 배경이다. 당시 전상의 대신들은 사태가 급박해지자 무기를 가지고 있지 않기에 맨손으로 형가를 내리쳤다. 시의侍醫 하무저夏無且는 들고 있던 약주머니[藥囊]를 형가를 향해 내던졌다. 진왕 정은 기둥을 돌며 달아나기만 할 뿐 당황한 나머지 어찌할 바를 몰랐다. 이때 좌우에 있던 신하들이 말했다.

"대왕은 칼을 등에 지십시오!"

진왕 정이 칼을 등에 진 뒤 마침내 칼을 뽑아 형가를 쳤다. 형가의 왼쪽 정강이를 끊었다. 형가가 쓰러진 채 비수를 당겨 진왕 정을 향해 던졌다. 적중시키지 못하고 구리 기둥에 맞혔다. 진왕 정이 다시 형가를 쳐서 여덟 군데나 상처를 입혔다. 형가가 일의 실패를 자인하고 기둥에 기대어 웃다가, 이내 양쪽 다리를 벌리고 앉아 꾸짖었다.

"일이 실패한 것은 진왕을 생포한 뒤 협박해서 반드시 약속을 받아내 연나라 태자에게 보답하고자 했기 때문이다."

주변의 신하들이 몰려가 형가를 죽였다. 그러나 진왕 정은 오래도록 불쾌해했다. 논공행상을 하며 각기 차등을 두었다. 하무저에게는 황금 200일을 내리며 이같이 말했다.

"하무저는 과인을 사랑한 나머지 약주머니를 형가에게 던졌다."

형가의 척살 미수 사건으로 인해 진왕 정은 크게 노했다. 더 많은 군사를 동원해 조나라로 보내고, 왕전에게 조서를 내려 연나라를 치게 했다. 열 달 만에 연나라 도성 계성薊城이 함락되었다. 연왕 희와 태자 단 등이 정예병을 이끌고 동쪽으로 달아나 요동을 지켰다. 진나라 장수 이신이 급히 연왕 희를 추격하자 대왕代王 가嘉가 연왕 희에게 곧 서신을 보냈다.

진나라가 특별히 연왕을 추격하는 것은 태자 단 때문입니다. 지금 대왕이 단을 죽여 진왕에게 바치면 진왕은 반드시 노여움을 풀고 용서할 것입니다. 그리되면 연나라 사직은 다행히 계속 제사를 받들 수 있습니다.

이신이 태자 단을 추격하자 태자 단이 연수에 있는 섬에 몸을 숨겼다. 연왕 희가 사자를 시켜 태자 단의 목을 벤 뒤 그 수급을 진나라에 바치고자 했다. 진나라가 다시 파병해 연나라를 쳤다. 5년 뒤 진나라가 마침내 연나라를 멸하고 연왕 희를 생포했다. 이듬해에 진나라가 천하를 통일하고, 황제를 칭했다. 태자 단과 형가의 식객들을 뒤쫓자 이들이 모두 숨어버렸다. 고점리는 성명을 바꾸고 남의 머슴이 되어 송자현宋子縣에서 일했다. 오랫동안 그런 생활을 하니 괴로웠다. 하루는 주인 집 마루 위에서 객이 축을 타는 소리를 듣고 주변을 떠돌며 떠날 줄 몰랐다. 매번 이같이 중얼거렸다.

"저건 잘했고, 저건 못했다."

하인이 이를 주인에게 고했다.

"저 머슴은 소리를 들을 줄 압니다. 연주의 잘잘못을 평하는 것이 그렇습니다."

집 주인이 고점리를 불러 자기 앞에서 축을 타게 했다. 그 자리에 있던 사람들이 모두 잘한다고 칭송하며 술을 주었다. 고점리는 오랫동안 이같이 숨어서 두려움과 가난 속에 살면 끝이 없겠다고 생각했다. 곧 자리에서 물러난 뒤 짐짝에서 축과 좋은 옷을 꺼내 차림새를 고치고 다시 나타났다. 자리에 앉았던 객들이 모두 놀라 자리에서 내려와 서로 대등한 예를 나눈 뒤 그를 상객으로 모셨다. 그가 다시 축을 타며 노래를 불렀다. 눈물을 흘리며 돌아가지 않은 자가 없었다. 송자현에서 그를 돌아가며 손님으로 모셨다. 그 소문이 진시황에게까지 들리게 되었다. 진시황이 그를 불러 만날 때 어떤 자가 그를 알아보았다.

"이 사람이 고점리입니다."

진시황은 축을 잘 타는 그의 솜씨를 아깝게 여겼다. 죽을죄를 용서하는 대신 그의 눈을 멀게 만든 뒤 축을 타게 했다. 연주할 때마다 칭송하지 않은 적이 없었다. 진시황이 나날이 그를 가까이했다. 고점리가 납덩어리를 축 속에 감춘 뒤 진시황 곁으로 가까이 갔을 때 문득 축을 들어 내리쳤다. 그러나 맞지 않았다. 진시황은 결국 고점리를 죽인 뒤 죽을 때까지 열국에서 온 사람들을 가까이하지 않았다. 노구천은 형가가 진시황을 척살하려 했다는 소문을 듣고는 이같이 홀로 말했다.

"아, 애석하게도 그는 칼로 찌르는 기술을 배우지 못했다! 나는 왜 그토록 사람을 알아보지 못한 것일까! 전에 내가 그를 꾸짖었을 때 그는 나를 사람으로 보지 않았을 것이다!"

●● 荊軻奉樊於期頭函, 而秦舞陽奉地圖柙, 以次進. 至陛, 秦舞陽色變振恐, 羣臣怪之. 荊軻顧笑舞陽, 前謝曰, "北蕃蠻夷之鄙人, 未嘗見天子, 故振慴. 願大王少假借之, 使得畢使於前." 秦王謂軻曰, "取舞陽所持地圖." 軻旣取圖奏之, 秦王發圖, 圖窮而匕首見. 因左手把秦王之袖, 而右手持匕首揕之. 未至身, 秦王驚, 自引而起, 袖絶. 拔劍, 劍長,操其室. 時惶急, 劍堅, 故不可立拔. 荊軻逐秦王, 秦王環柱而走. 羣臣皆愕, 卒起不意, 盡失其度. 而秦法, 羣臣侍殿上者不得持尺寸之兵, 諸郎中執兵皆陳殿下, 非有詔召不得上. 方急時, 不及召下兵, 以故荊軻乃逐秦王. 而卒惶急, 無以擊軻, 而以手共搏之. 是時侍醫夏無且以其所奉藥囊提荊軻也. 秦王方環柱走, 卒惶急, 不知所爲, 左右乃曰, "王負劍!" 負劍, 遂拔以擊荊軻, 斷其左股. 荊軻廢, 乃引其匕首以擿秦王, 不中, 中桐柱. 秦王復擊軻, 軻被八創. 軻自知事不就, 倚柱而笑, 箕踞以罵曰, "事所以不成者, 以欲生劫之, 必得約契以報太子也." 於是左右旣前殺軻, 秦王不怡者良久. 已而論功, 賞羣臣及當坐者各有差, 而賜夏無且黃金二百溢, 曰, "無且愛我, 乃以藥囊提荊軻也." 於是秦王大怒, 益發兵詣趙, 詔王翦軍以伐燕. 十月而拔薊城. 燕王喜·太子丹等盡率其精兵東保於遼東. 秦將李信追擊燕王急, 代王嘉乃遺燕王喜書曰, "秦所以尤追燕急者, 以太子丹故也. 今王誠殺丹獻之秦王, 秦王必解, 而社稷幸得血食." 其後李信追丹, 丹匿衍水中, 燕王乃使使斬太子丹, 欲獻之秦. 秦復進兵攻之. 後五年, 秦卒滅燕, 虜燕王喜. 其明年, 秦幷天下, 立號爲皇帝. 於是秦逐太子丹·荊軻之客, 皆亡. 高漸離變名姓爲人庸保, 匿作於宋子. 久之, 作苦, 聞其家堂上客擊築, 傍偟不能去. 每出言曰, "彼有善有不善." 從者以告其主, 曰, "彼庸乃知音, 竊言是非." 家丈人召使前擊築, 一坐稱善, 賜酒. 而高漸離念久隱畏約無窮時, 乃退, 出其裝匣中築與其善衣, 更容貌而前. 擧坐客皆驚, 下與抗禮, 以爲上客. 使擊築而歌, 客無不流涕而去者. 宋子傳客之, 聞於秦始皇. 秦始皇召見, 人有識者, 乃曰, "高漸離也." 秦皇帝惜其善擊築, 重赦之, 乃矐其目. 使擊築, 未嘗不稱善. 稍益近之, 高漸離乃以鉛置築中, 復進得近, 擧築樸秦皇帝, 不中. 於是遂誅高漸離, 終身不復近諸侯之人. 魯句踐已聞荊軻之刺秦王, 私曰, "嗟乎, 惜哉其不講於刺劍之術也! 甚矣吾不知人也! 曩者吾叱之, 彼乃以我爲非人也!"

태사공은 평한다.

"형가에 관한 세간의 이야기가 많다. 그 가운데 태자 단의 운명에 관한 이야기도 있다. '하늘에서 곡식이 비처럼 떨어지고, 말의 머리에 뿔이 돋아났다'는 말이 그렇다.* 이는 너무 과장된 것이다. 형가가 진왕 정을 찔러 상처를 입혔다는 이야기는 거짓이다. 당시 공손계공公孫季功과 동생董生은** 하무저와 교유한 적이 있기에 이 사건을 자세히 알고 있었다. 이들이 나에게 전한 내용은 〈자객열전〉과 꼭 같다. 조말부터 형가에 이르기까지 다섯 명의 자객은 그 의행義行이 성공하기도 하고, 실패하기도 했다. 이들의 목적은 뚜렷했고, 나아가 자신들의 뜻을 욕되게 하지도 않았다. 이들의 이름이 후대에 전해지는 것이 어찌 망령된 일이 되겠는가!"

●● 太史公曰, "世言荊軻, 其稱太子丹之命, '天雨粟, 馬生角'也, 太過. 又言荊軻傷秦王, 皆非也. 始公孫季功·董生與夏無且遊, 具知其事, 爲余道之如是. 自曹沫至荊軻五人, 此其義或成或不成, 然其立意較然, 不欺其志, 名垂後世, 豈妄也哉!"

● 《사기색은》은 《연단자燕丹子》에 나오는 일화를 인용해놓았다. 볼모로 잡혀 있던 태자 단이 진나라를 떠나려고 할 때 진왕 정이 말하기를, "까마귀 머리가 흰색으로 변하고, 하늘에서 곡식이 떨어지고, 말머리에서 긴 뿔이 돋아났다. 그래서 너를 돌아가게 하는 것이다"라고 했다. 세 가지 상서로운 조짐 덕분에 태사 단이 무사히 귀국했다는 내용이다. 〈자객열전〉의 내용과 배치된다. 사마천은 《연단자》의 내용이 역사적 사실과 어긋난다고 지적한 것이다.
●● 공손계공과 동생의 실체와 관련해 여러 설이 있다. 공손홍公孫弘과 동중서董仲舒로 파악하는 견해가 학계에서 가장 널리 인정받고 있으나 이들 모두 진시황 사후에 태어난 까닭에 하무저와 교유했다는 구절과 잘 어울리지 않는다.

이사열전

李斯列傳

〈이사열전〉은 진승상 이사에 관한 전기다. 순자 밑에서 한비자와 동문수학한 이사는 여불위의 사인으로 있다가 쫓겨나게 되었을 때 그 유명한 〈간축객서諫逐客書〉를 올려 진시황의 부름을 받게 되었다. 진시황을 도와 천하를 통일한 뒤 진나라의 제국체제를 굳건히 다지는 데 큰 공을 세우는 단초가 여기서 마련되었다. 불행하게도 그는 진시황 사후 2세 황제를 옹립하고자 하는 조고趙高의 음모에 가담했다가 비참한 최후를 맞이했다. 그는 원래 아전 출신이다. 그런 그가 승상의 자리까지 오르게 된 것은 최하층으로 분류된 상인 출신 여불위가 상국의 자리에 오른 것만큼 입지전적이다. 그만큼 우여곡절이 많았다. 이사의 삶을 크게 네 번의 탄식으로 요약하는 이유다.

첫 번째 탄식은 뒷간에 사는 쥐와 창고에 사는 쥐의 차이를 알아챈 데서 나왔다. 환경이 사람을 만든다는 이치를 터득한 데 따른 탄식이었다. 두 번째 탄식은 신하로서는 최고의 자리인 승상이 되었을 때 내뱉은 탄식이다. 사물이 극성하면 이후 반드시 쇠퇴한다는 이치를 통찰한 결과다. 세 번째 탄식은 조고의 음모에 가담해 진시황의 유조遺詔를 고칠 때 내뱉었다. 황제의 조서를 임의로 고치는 것은 난신적자亂臣賊子의 길이다. 불행한 앞날을 스스로 예감했는지도 모를 일이다. 네 번째 탄식은 조고가 쳐놓은 덫에 걸려 형장으로 끌려갈 때 내뱉은 탄식이다. 이는 절망스러운 상황에서 지난 일을 후회하며 내뱉은 것이다.

순자 밑에서 제왕학을 닦은 덕분에 마침내 사상 최초의 통일제국인 진나라의 승상 자리까지 올라갔지만 최후는 허무하기 짝이 없다. 그가 동문인 한비자를 독살했다는 누명까지 뒤집어쓴 것도 이런 맥락에서 이해할 수 있다. 여기에 결정적인 역할을 한 것이 《사기》〈노자한비열전〉이다. 이는《전국책》의 내용과 배치된다. 사마천이《전국책》의 내용을 무시하고 그같이 기록한 것인지, 아니면 베껴 쓰는 과정에서 후대인의 가필이 있었는지 여부는 확실치 않다.

이사는 초나라 상채 출신이다. 그는 젊었을 때 군의 아전으로 있었다. 관청의 변소에서 쥐가 오물을 먹다가 사람이나 개가 가까이 가면 자주 놀라고 두려워하는 것을 보았다. 어느 날 이사는 창고로 들어가 곡식을 먹는 쥐들을 보게 되었다. 창고의 쥐들은 넓은 건물 안에 살며 사람이나 개를 겁내지 않았다. 이사가 탄식했다.

"사람의 어짊과 그렇지 않음은 쥐와 같다. 스스로 처한 환경에 달렸을 뿐이다."

이후 순자를 섬기며 천하를 호령하는 통치술[帝王之術]을 배웠다. 학업을 마친 뒤 내심 초나라의 왕은 섬길 만한 인물이 아니고, 산동 육국은 모두 약소해 공을 세울 만한 나라가 없다고 판단했다. 서쪽 진나라로 갈 생각을 하게 된 이유다. 곧 스승인 순자에게 하직을 고했다.

"저는 선생님으로부터 때를 얻으면 놓치지 말라[得時無怠]는 가르침을 들었습니다. 지금은 만승의 대국이 싸우는 때입니다. 유세가들이 천하의 정사를 주도하고 있습니다. 오늘날 진나라는 천하를 삼킨 뒤 스스로 왕을 칭하고자 합니다. 지금은 지위나 관직이 없는 선비가 바삐 다녀야 할 때로, 유세가에게는 결정적인 시기時機에 해당합니다.• 비천한 지위에 있으면서 아무런 계책도 세우지 않는 것은 눈앞에 고깃덩이가 보여야 비로소 먹을 줄 아는 금수나 다름없습니다.•• 유세를 통해 부귀영화를 얻지 못하는 것은 단지 사람의 얼굴을

• 원문은 "유세자지추遊說者之秋"다. 《사기정의》는 가을에 만물이 익는 까닭에 추秋로 표현했다며 성숙으로 풀이했다. 그러나 삼국시대의 제갈량은 〈출사표〉에서 나라의 존망이 갈리는 위급한 시기라는 뜻으로 위급존망지추危急存亡之秋를 언급했다. 여기의 추는 결정적인 계기의 뜻으로 사용된 것이다.
•• "눈앞에 고깃덩이가 보여야 비로소 먹을 줄 아는 금수나 다름없습니다"의 원문은 "차금록시육此禽鹿視肉"이다. 《사기색은》은 금록禽鹿을 금수와 같다고 했다. 시육視肉은 고깃덩이가

하고 직립보행하는 것에 지나지 않습니다.* 비천보다 더 큰 부끄러움은 없고, 빈궁보다 더 심한 슬픔은 없습니다. 오랫동안 낮은 자리와 곤궁한 처지에 있으면서 세속의 부귀를 비난하고, 인간의 호리지성好利之性을 혐오하며 아무 일도 하지 않는 것은 선비의 기본 성정이 아닐 것입니다. 저는 장차 서쪽으로 가 진나라의 왕에게 유세하고자 합니다."

진나라에 이르렀을 때 마침 진시황의 부친인 진장양왕이 죽었다. 승상인 문신후 여불위의 사인이 된 이유다. 여불위는 그를 현명한 인물로 생각해 진왕을 곁에서 시위하는 낭관郞官에 천거했다. 덕분에 유세할 기회를 얻게 되었다. 그가 진왕 정에게 이같이 유세했다.

"남에게 의지하는 자는 기회를 놓치지만, 대공을 세우는 자는 남의 약점을 파고들어 강력히 밀고 나갑니다. 옛날 진목공이 패업을 이루고도 끝내 동쪽 육국을 병탄하지 못한 것은 무슨 까닭입니까? 제후들이 아직 많고, 주나라의 위세가 아직 쇠퇴하지 않았기 때문입니다. 오패五伯가 교대로 흥기해 주나라 왕실을 받든 배경입니다. 진효공 이후 주나라 왕실의 영향력이 미약해지면서 제후들이 서로를 병탄한 결과 함곡관 동쪽은 육국으로 정리되었습니다. 진나라가 승기를 잡고 제후들을 제어한 지 벌써 진효공을 시작으로 진혜문왕·진무왕·진소양왕·진효문왕·진장양왕 등 6대代나 지났습니다. 지금 제후들이 진나라에 복종하는 것은 진나라의 군현에 비유할 수 있습니다. 무릇 진나라의 강대한 무력과 대왕의 현명한 지도력이면 여

눈앞에 보여야 비로소 먹는 시육이식視肉而食으로 풀이했다.
● 원문은 "인면이능강행자이人面而能彊行者耳"다. 강행彊行은 직립보행을 뜻한다. 부귀영화를 모르는 사람은 단지 눈앞의 음식을 찾아 먹기에 바쁜 원시인에 지나지 않는다는 의미다.

인이 부뚜막 위를 소제하듯 손쉽게 제후국을 멸하고, 황제의 대업을 이루어 천하를 통일할 수 있습니다. 이는 1만 년에 한 번 있는 기회입니다. 지금 게으름을 피우고 서둘러 이루지 않으면 제후들이 다시 강대해져 서로 합종을 맺을 것입니다. 그리되면 비록 황제黃帝의 현명함을 지니고 있을지라도, 천하를 손에 넣을 수 없습니다."

진왕 정이 이사를 궁궐의 모든 일을 총괄하는 장사長史로 삼았다. 그의 계책을 좇아 은밀히 황금과 주옥을 지닌 사자를 열국으로 보내 제후에게 유세하게 했다. 명사 가운데 뇌물로 움직일 수 있는 자는 많은 예물을 보내 결탁하고, 말을 듣지 않는 자는 날카로운 칼로 찔러 죽였다. 또 그 나라 군신을 이간질하는 계략을 썼다. 이어 뛰어난 장수를 보내 이간질에 넘어가 피폐해진 열국을 처리하게 했다. 진왕 정은 이사를 객경으로 삼았다.

●● 李斯者, 楚上蔡人也. 年少時, 爲郡小吏, 見吏舍廁中鼠食不絜, 近人犬, 數驚恐之. 斯入倉, 觀倉中鼠, 食積粟, 居大廡之下, 不見人犬之憂. 於是李斯乃歎曰, "人之賢不肖譬如鼠矣, 在所自處耳!" 乃從荀卿學帝王之術. 學已成, 度楚王不足事, 而六國皆弱, 無可爲建功者, 欲西入秦. 辭於荀卿曰, "斯聞得時無怠, 今萬乘方爭時, 遊者主事. 今秦王欲吞天下, 稱帝而治, 此布衣馳騖之時而遊說者之秋也. 處卑賤之位而計不爲者, 此禽鹿視肉, 人面而能彊行者耳. 故詬莫大於卑賤, 而悲莫甚於窮困. 久處卑賤之位, 困苦之地, 非世而惡利, 自託於無爲, 此非士之情也. 故斯將西說秦王矣." 至秦, 會莊襄王卒, 李斯乃求爲秦相文信侯呂不韋舍人, 不韋賢之, 任以爲郎. 李斯因以得說, 說秦王曰, "胥人者, 去其幾也. 成大功者, 在因瑕釁而遂忍之. 昔者秦穆公之霸, 終不東幷六國者, 何也? 諸侯尙衆, 周德未衰, 故五伯迭興, 更尊周室. 自秦孝公以來, 周室卑微, 諸侯相兼, 關東爲六國, 秦之乘勝役諸侯, 蓋六世矣. 今諸侯服秦, 譬若郡縣. 夫以秦之彊, 大王之賢, 由竈上騒除, 足以滅諸侯, 成帝業, 爲天下一統, 此萬世之一時也. 今怠而不急就, 諸侯復彊, 相聚約從, 雖有黃帝之賢, 不能幷也."秦王乃拜斯爲長史, 聽其計, 陰遣謀士齎持金玉以遊說諸侯. 諸侯名士可下以財者, 厚遺結之, 不肯者, 利劍刺之. 離其君臣之計, 秦王乃使其良將隨其後. 秦王拜斯爲客卿.

당시 한나라 출신 정국이 진나라를 거대한 토목공사로 인해 피폐하게 만들 요량으로 논밭에 물을 댈 운하를 만들고자 했다. 오래지 않아 그 음모가 발각되었다. 진나라의 왕족과 대신 들이 진왕 정에게 이같이 고했다.

"진나라를 섬기는 열국 출신 유세객들은 대개 자국 군주를 위해 유세하며 진나라 군신을 이간할 뿐입니다. 청컨대 빈객을 모두 내쫓기 바랍니다."

이사 역시 축출 대상으로 거론되었다. 이사가 곧 〈간축책서〉라는 글을 올렸다.

신이 듣건대 관원들이 빈객을 내쫓는 방안을 논의한다고 합니다. 제가 생각건대 이는 잘못된 일입니다. 옛날 진목공은 인재를 구해 서쪽으로 융戎 땅에서 유여를 데려오고, 동쪽으로 완 땅에서 백리해를 얻었습니다. 또 송나라 출신 건숙蹇叔을 맞이했고, 진晉나라로부터 비표丕豹와 공손지公孫支를 불러들였습니다. 이 다섯 명은 진나라에서 태어나지 않았지만, 진목공은 이들을 등용해 20여 국을 통합하고 마침내 서융을 제패했습니다. 진효공이 상앙의 변법을 채택해 풍속을 바꾸자 백성이 유복해졌고, 나라는 부강해졌습니다. 백성은 기꺼이 부역에 나섰고, 제후들은 가까이 다가오며 복종했습니다. 초나라와 위나라 군사를 깨뜨려 넓힌 땅이 1,000리에 달합니다. 지금까지 잘 다스려지고 강성한 이유입니다. 진혜문왕은 장의의 계책을 받아들여 삼천의 땅을 빼앗고, 서쪽으로 파촉을 통합하고, 북쪽으로 상군을 거두고, 남쪽으로 한중을 점령하며 초나라의 구이九夷를 포섭해 언영을 제압하고, 동쪽으로 성고의 험준한 지형을 배경으로 비옥한 땅을 빼앗아 마침내 육국의 합종을 깨뜨렸습니다. 이들이 서쪽을 바라보며 진나라를 섬기게 된 배경입니다. 그 공로가 지금까지 미치고 있습니다.

진소양왕은 범수를 얻어 양후를 폐하고 화양군을 축출해 진나라 왕실을 강화하고 대신들의 세력이 커지는 것을 막았습니다. 덕분에 열국의 영토를 잠식하면서 제업帝業의 기반을 닦았습니다. 이 네 명의 진나라 군주 모두 빈객들을 발탁해 공을 세우게 했습니다. 이로써 보건대 빈객이 어찌 진나라를 저버린다고 말할 수 있겠습니까? 이 네 명의 진나라 군주가 빈객을 물리치고 받아들이지 않은 채 인재를 멀리하며 등용하지 않았다면 진나라는 부유하며 이로운 실익을 챙기지도 못하고, 강대하다는 명분도 얻지 못했을 것입니다. 지금 대왕은 곤륜산의 이름난 옥을 손에 넣고, 수후隨侯와 화씨벽을 보유하고 있습니다. 또 명월주를 차고 월나라에서 만든 명검[太阿]을 지니고 있습니다. 명마인 섬리마纖離馬를 타고, 취봉기翠鳳旗를 세우고, 악어가죽으로 만든 영타고靈鼉鼓를 울립니다. 이 여러 보물은 단 하나도 진나라에서 나온 것이 없습니다. 그런데도 대왕이 이를 좋아하는 것은 무슨 까닭입니까? 반드시 진나라에서 생산된 것이어야 한다면 야광주로 조정을 장식할 수도 없고, 코뿔소의 뿔이나 상아로 만든 노리개를 가지고 즐길 수도 없고, 정나라와 위衛나라의 미녀들도 후궁으로 충원될 수 없고, 결제 같은 준마로 바깥 마구간을 채울 수도 없고, 강남의 금과 주석도 쓸모가 없게 되고, 서촉西蜀의 단청丹靑 안료도 채색에 사용할 일이 없을 것입니다.

후궁을 장식하고 희첩을 꾸며 마음을 기쁘게 하고 이목을 즐겁게 하는 것 모두 반드시 진나라에서 생산된 것이어야 한다면 완주宛珠의 비녀, 부기傅璣의 귀걸이, 가볍고 가는 실로 짠 비단[阿縞]으로 지은 옷, 금수錦繡의 장식 모두 대왕 앞에 나타나지 못했을 것입니다. 또 세상의 풍속에 따라 우아하고 아름답게 차린 조나라의 미녀들도 대왕 곁에 설 수 없었을 것입니다.

무릇 항아리를 두들기고, 질장구를 치고, 쟁箏을 타며 넓적다리를 치고, 목청을 돋워 노래를 부르며 귀를 즐겁게 만드는 것이 참다운 진나라의 음악입니다. 민간음악인 〈정鄭〉과 〈위衛〉, 음란한 음악인 〈상간桑間〉, 순임금 때 나온 〈소韶〉와 〈우虞〉, 주무왕 때 나온 〈무武〉와 〈상象〉 모두 다른 나라의 음악입니다. 지금 항아리를 두들기며 질장구를 치던 것을 버리고 〈정〉과 〈위〉의 음악을 취하고, 쟁을 타던 것을 물리치고 〈소〉와 〈우〉의 음악을 받아들였습니다. 이는 무슨 까닭입니까? 당장 마음을 즐겁게 하고, 보기에도 좋기 때문입니다.

그러나 지금 인재를 뽑아 쓰는 것은 그렇지 못합니다. 그 사람의 가부可否를 묻지 않고, 곡직曲直을 따지지 않고, 진나라 출신이 아니면 돌려보내는 식으로 빈객들을 내쫓으려 합니다. 여색과 음악 및 주옥 등은 소중히 여기면서 사람은 경시하는 셈입니다. 이는 천하에 군림하며 제후들을 제압하는 방법이 아닙니다. 신은 땅이 넓으면 곡식이 많고[地廣粟多], 나라가 크면 백성이 많고[國大人衆], 병력이 강하면 병사도 용감해진다[兵彊士勇]는 이야기를 들었습니다. 또 태산은 한 줌의 흙도 마다하지 않는[不讓土壤] 자세 덕분에 높아지고, 하해河海는 작은 물줄기도 가리지 않는[擇細流] 자세 덕분에 깊어지고, 왕자는 일부 백성을 물리치지 않는[不卻衆庶] 자세 덕분에 덕을 밝힌다고 했습니다. 영토는 사방의 구분이 없고, 백성은 다른 나라의 차별이 없고, 계절은 서로 조화되어 아름답고, 귀신은 복을 내립니다. 오제과 삼왕에게 적이 없었던 이유입니다.

그러나 지금 진나라는 백성을 버려 적국을 이롭게 하고, 빈객을 물리쳐 열국의 제후에게 공을 세우게 하고, 천하의 인재를 물러나게 해 감히 서쪽 진나라로 향하지 못하게 하고, 또 인재들의 발을 묶어 진나라로 들어오지 못하게 합니다. 이는 적에게 군사를 빌려주는 자구병藉寇兵과 도적에게 양식을 보내주는 재도량賫盜糧을 행하는 것입니다. 무릇 진나라에서 생산되지 않은 재화 가운데 보배로운 것이 많고, 진나라에서 태어나지 않은 인재 가운데 충성스러운 자가 많습니다. 지금 빈객을 내쫓는 축객逐客으로 적국을 이롭게 하고, 백성을 줄여 적국에 보태주고, 안으로 국내를 텅 비게 만들면서 밖으로 제후들의 원한을 사면 아무리 나라를 위태롭지 않기를 바랄지라도 이는 불가능한 일입니다.

진왕 정이 〈간축객서〉를 읽고는 곧바로 축객령을 취소하고, 이사의 벼슬을 돌려주고, 그의 계책을 수용했다. 이사의 벼슬이 형옥을 담당하는 정위에 이르게 된 배경이다. 진왕 정은 축객령을 철회한 덕분에 20여 년 뒤 천하를 병탄할 수 있었다. 진왕 정을 높여 황제라고 했다. 이사가 승상이 되었다. 군현의 성벽을 허물고 무기를 녹여 다시는 사용하지 않겠다는 뜻을 보였다. 진나라는 척토尺土도 봉지로 내리지 않았고, 자제를 왕으로 봉하지도 않았고, 공신을 제후로 삼지도 않았다. 모두 내란의 우환을 미리 제거하고자 한 것이다.

●● 會韓人鄭國來閒秦, 以作注瀷渠, 已而覺. 秦宗室大臣皆言秦王曰, "諸侯人來事秦者, 大抵爲其主遊閒於秦耳, 請一切逐客." 李斯議亦在逐中. 斯乃上書曰, "臣聞吏議逐客, 竊以爲過矣. 昔繆公求士, 西取由余於戎, 東得百里奚於宛, 迎蹇叔於宋, 來丕豹·公孫支於晉. 此五子者, 不産於秦, 而繆公用之, 幷國二十, 遂霸西戎. 孝公用商鞅之法, 移風易俗, 民以殷盛, 國以富彊, 百姓樂用, 諸侯親服, 獲楚·魏之師, 擧地千里, 至今治彊. 惠王用張儀之計, 拔三川之地, 西幷巴·蜀, 北收上郡, 南取漢中, 包九夷, 制鄢·郢, 東據成皋之險, 割膏腴之壤, 遂散六國之從, 使之西面事秦, 功施到今. 昭王得范雎, 廢穰侯, 逐華陽, 彊公室, 杜私門, 蠶食諸侯, 使秦成帝業. 此四君者, 皆以客之功. 由此觀之, 客何負於秦哉! 向使四君卻客而不內, 疏士而不用, 是使國無富利之實而秦無彊大之名也. 今陛下致昆山之玉, 有隨·和之寶, 垂明月之珠, 服太阿之劍, 乘纖離之馬, 建翠鳳之旗, 樹靈鼉之鼓. 此數寶者, 秦不生一焉, 而陛下說之, 何也? 必秦國之所生然後可, 則是夜光之璧不飾朝廷, 犀象之器不爲玩好, 鄭·衛之女不充後宮, 而駿良駃騠不實外廐, 江南金錫不爲用, 西蜀丹靑不爲采. 所以飾後宮充下陳娛心意說耳目者, 必出於秦然後可, 則是宛珠之簪, 傅璣之珥, 阿縞之衣, 錦繡之飾不進於前, 而隨俗雅化佳冶窈窕趙女不立於側也. 夫擊甕叩缶彈箏搏髀, 而歌呼嗚嗚快耳目者, 眞秦之聲也, 鄭·衛·桑閒·昭·虞·

武·象者, 異國之樂也. 今棄擊甕叩缶而就鄭衛, 退彈箏而取昭虞, 若
是者何也? 快意當前, 適觀而已矣. 今取人則不然. 不問可否, 不論曲
直, 非秦者去, 爲客者逐. 然則是所重者在乎色樂珠玉, 而所輕者在乎
人民也. 此非所以跨海內制諸侯之術也. 臣聞地廣者粟多, 國大者人
衆, 兵彊則士勇. 是以太山不讓土壤, 故能成其大, 河海不擇細流, 故能
就其深, 王者不卻衆庶, 故能明其德. 是以地無四方, 民無異國, 四時充
美, 鬼神降福, 此五帝·三王之所以無敵也. 今乃棄黔首以資敵國, 卻
賓客以業諸侯, 使天下之士退而不敢西向, 裹足不入秦, 此所謂'藉寇
兵而齎盜糧'者也. 夫物不產於秦, 可寶者多, 士不產於秦, 而願忠者衆.
今逐客以資敵國, 損民以益讎, 內自虛而外樹怨於諸侯, 求國無危, 不
可得也." 秦王乃除逐客之令, 復李斯官, 卒用其計謀. 官至廷尉. 二十
餘年, 竟幷天下, 尊主爲皇帝, 以斯爲丞相. 夷郡縣城, 銷其兵刃, 示
不復用. 使秦無尺土之封, 不立子弟爲王, 功臣爲諸侯者, 使後無戰
攻之患.

진시황 34년, 함양궁에서 성대한 연회를 베풀었다. 박사를 지도하
는 박사복야博士僕射 주청신周靑臣 등이 시황제의 위엄과 덕망을 칭송
했다. 제나라 출신 순우월淳于越이 앞으로 나아가 간했다.

"신이 듣건대, '은나라와 주나라가 1,000여 년 동안 다스릴 수 있었
던 것은 자제와 공신을 봉해 왕실을 지지하며 보필하는 지보支輔로
삼았기 때문이다'라고 했습니다. 지금 폐하는 천하를 소유하고 있지
만, 폐하의 자제는 필부에 지나지 않습니다. 문득 제나라의 전상이나
진晉나라의 육경六卿과 같은 권신들의 발호가 있을 경우 곁에서 돕는
신하가 없으니 어떻게 나라를 구할 수 있겠습니까? 옛것을 본받는

사고師古를 멀리한 채 오랫동안 지속되었다는 말은 들은 적이 없습니다. 지금 저 주청신 등은 폐하의 면전에서 아첨하며 과오를 거듭하도록 만들고 있으니 이들은 충신이 아닙니다."

시황제는 이를 승상에게 내려보내 검토하도록 했다. 승상 이사가 순우월의 견해를 잘못된 것으로 치부해 물리치며 이같이 상서했다.

옛날에는 천하가 뒤숭숭해 아무도 통일시킬 수 없었습니다. 제후들이 동시에 흥기하고, 제후들이 나란히 일어나고, 말하는 것마다 옛것을 인용해 지금을 힐난하고, 헛된 말을 꾸며 실제를 어지럽힌 이유입니다. 사람들은 저마다 자신이 배운 것만 옳다고 여기고, 조정에서 세운 법제를 비난했습니다. 지금 폐하는 천하를 통일해 흑백을 분별하고, 오직 황제 일존一尊만 존재하도록 정했습니다. 그런데도 사적인 견해를 주장하는 자들은 서로 모여 조정에서 정한 법제를 비난하고, 조칙詔勅이 내려졌다는 말을 들으면 각자 자신이 배운 학설에 근거해 이를 비판하고, 집으로 들어가서는 마음속으로 헐뜯고, 밖으로 나와서는 거리에서 따집니다. 군주에 대한 비방을 명예로 여기고, 다른 주장을 내세우는 것을 고상한 것으로 여기고, 추종자들을 이끌며 비방을 일삼고 있습니다. 이를 금지하지 않으면 위로는 군주의 위상이 떨어지고, 아래로는 당파가 형성되니 응당 금지시키는 것이 옳습니다.

신은 《시경》과 《서경》을 비롯해 제자백가의 책을 지니고 있는 자에게 이를 없애도록 명하고, 금지령이 내린 지 한 달이 지나도록 폐기하지 않으면 묵형과 새벽부터 성벽을 쌓는 성단城旦에 처할 것을 권합니다. 폐기하지 않아도 되는 책은 의약醫藥·복서卜筮·농림農林에 관한 책입니다. 장차 학문을 익히고자 하는 자는 관원을 스승으로 삼으면 됩니다.

진시황이 이를 옳다고 여겼다. 《시경》과 《서경》, 그리고 제자백가의 책을 몰수해 백성을 우매하게 만들고, 천하에 그 누구도 옛것을 끌어들여 지금을 비방하지 못하게 했다. 법도를 밝히고 율령을 정하는 것은 모두 이때 처음 생겼다. 문자를 통일하고, 이궁과 별관을 천하에 두루 지었다. 이듬해에 천하를 순방했고, 대외적으로 사방의 오랑캐를 물리쳤다. 모두 이사가 힘써 추진한 일이다. 이사의 장남 이유李由는 삼천군三川郡 태수가 되었다. 아들 모두 진나라 공주에게 장가들었고, 딸은 모두 진나라 여러 공자에게 시집을 갔다. 삼천군 태수 이유가 휴가를 얻어 함양으로 왔을 때 이사는 주연을 베풀었다. 조정의 모든 고관이 참석해 이사에게 축수를 올렸다. 대문과 뜰에는 수레와 말이 수천 승에 달했다. 이사가 길게 한숨을 쉬었다.

"아, 나는 스승인 순자로부터 '사물이 지나치게 강성해지는 것을 경계해야 한다'고 들었다. 나는 상채에서 태어난 백성으로, 여항閭巷에서 자란 서민일 뿐이다. 주상은 나의 아둔함을 모르고 발탁한 덕분에 지금에 이르게 되었다. 현재의 인신人臣으로서 나보다 윗자리에 있는 자가 없다. 부귀가 극도에 달했다고 할 만하다. 만물은 극에 이르면 쇠퇴하게 마련이다. 앞날의 길흉이 어찌될지 알 수 없구나●."

●● 始皇三十四年, 置酒咸陽宮, 博士僕射周靑臣等頌稱始皇威德.

● 원문은 "오미지소탈가吾未知所稅駕"다. 《사기색은》은 탈가稅駕를 정거停車 내지 휴식의 뜻인 해가解駕로 풀이했다. 해가는 멍에를 풀어놓는다는 의미다. 여기의 탈稅은 탈脫 내지 탈挩과 통한다. 부귀가 극에 달한 만큼 장차 길흉이 어떻게 마무리될지 모르겠다는 취지다.

齊人淳于越進諫曰, "臣聞之, 殷周之王千餘歲, 封子弟功臣自爲支輔. 今陛下有海內, 而子弟爲匹夫, 卒有田常 · 六卿之患, 臣無輔弼, 何以相救哉? 事不師古而能長久者, 非所聞也. 今靑臣等又面諛以重陛下過, 非忠臣也." 始皇下其議丞相. 丞相謬其說, 絀其辭, 乃上書曰, "古者天下散亂, 莫能相一, 是以諸侯並作, 語皆道古以害今, 飾虛言以亂實, 人善其所私學, 以非上所建立. 今陛下幷有天下, 別白黑而定一尊, 而私學乃相與非法敎之制, 聞令下, 卽各以其私學議之, 入則心非, 出則巷議, 非主以爲名, 異趣以爲高, 率羣下以造謗. 如此不禁, 則主勢降乎上, 黨與成乎下. 禁之便. 臣請諸有文學詩書百家語者, 蠲除去之. 令到滿三十日弗去, 黥爲城旦. 所不去者, 醫藥卜筮種樹之書. 若有欲學者, 以吏爲師." 始皇可其議, 收去詩書百家之語以愚百姓, 使天下無以古非今. 明法度, 定律令, 皆以始皇起. 同文書. 治離宮別館, 周徧天下. 明年, 又巡狩, 外攘四夷, 斯皆有力焉. 斯長男由爲三川守, 諸男皆尙秦公主, 女悉嫁秦諸公子. 三川守李由告歸咸陽, 李斯置酒於家, 百官長皆前爲壽, 門廷車騎以千數. 李斯喟然而歎曰, "嗟乎! 吾聞之荀卿曰 '物禁大盛'. 夫斯乃上蔡布衣, 閭巷之黔首, 上不知其駑下, 遂擢至此. 當今人臣之位無居臣上者, 可謂富貴極矣. 物極則衰, 吾未知所稅駕也!"

진시황 37년 10월, 진시황이 천하순행 과정에서 회계산을 노닐다가 해안을 따라 북상해 낭야琅邪에 이르게 되었다. 승상 이사와 중거부령中車府令 조고가 옥새를 관리하는 부새령符璽令의 일을 겸하면서 수행했다. 진시황에게는 20여 명의 아들이 있었다. 장남 부소扶蘇가 누차 직언을 올리자 진시황이 그에게 상군의 군사를 감독하도록 해

변방으로 내보냈다. 몽념이 그곳의 장군으로 있었다. 진시황은 어린 아들 호해를 총애했다. 호해가 천하순행을 쫓아가려고 하자 이를 허락했다. 나머지 아들들은 아무도 따라가지 못했다. 이해 7월, 진시황이 사구에 이르러 병이 악화되었다. 조고를 시켜 장남 부소에게 다음과 같은 내용의 서신을 써 보내게 했다.

군사는 몽념에게 맡기고 함양으로 와서 나의 유해를 맞이해 장례를 치르도록 하라.

서신은 봉해졌지만 아직 사자에게 맡기기 전에 진시황이 죽었다. 편지와 옥새는 모두 조고가 지니고 있었다. 오직 아들 호해 승상 이사, 중거부령 조고, 그리고 환관 대여섯 명만 이 사실을 알았다. 나머지 군신들은 아무도 이런 사실을 알지 못했다. 이사는 황제가 천하순행 와중에 죽었고, 정식 태자가 책봉되지 않은 점을 감안해 이 사실을 비밀에 부쳤다. 진시황의 유해를 일종의 침대 수레인 온량거輼輬車* 속에 안치한 뒤 백관들이 정사를 아뢰고 식사를 올리는 일을 이전처럼 지속했다. 환관이 온량거 안에서 여러 국사를 결재했다. 조고가 부소에게 보내는 옥새 찍힌 서신을 들고 호해에게 이같이 말했다.

"황제가 붕어하면서 여러 아들을 책봉해 왕으로 삼는다는 조서를 내리지 않고, 오직 장남 부소에게만 글을 남겼습니다. 장남이 오면

● 온량거를 두고 《사기집해》는 상여의 일종의 상이거喪輀車와 같다고 본 문영文穎의 주를 언급한 뒤 맹강의 주를 인용해 창문을 닫으면 따뜻하고[溫], 열면 서늘한[凉] 까닭에 온량거 명칭을 얻게 되었다고 해석했다.

곧 황제로 즉위하게 되고, 공자는 척촌의 땅도 가질 수 없을 것입니다. 장차 어찌할 것입니까?"

호해가 대답했다.

"당연한 일이오. 밝은 군주는 신하를 잘 알고[明君知臣], 밝은 아비는 자식을 잘 안다[明父知子] 들었소. 부친이 운명이 다하도록 자식들을 왕으로 봉하지 않았으니 내가 무슨 말을 할 수 있겠소!"

조고가 말했다.

"그렇지 않습니다. 이제 천하의 대권을 잡는 것은 공자와 저와 승상의 손에 달려 있습니다. 공자는 이를 깊이 생각하십시오. 남을 신하로 삼는 것과 남의 신하가 되는 것, 또 남을 통제하는 것과 남에게 통제받는 것을 어찌 같다고 할 수 있겠습니까!"

호해가 말했다.

"형을 폐하고 동생을 세우는 것은 불의不義, 부친의 조서를 받들지 않고 죽음을 두려워하는 것은 불효不孝, 재능이 천박하면서 억지로 남의 공을 빼앗는 것은 불능不能이오.• 이 세 가지는 덕을 거스르는 일이오. 천하가 불복하고, 자신의 몸마저 위태롭게 되고, 사직의 제사도 받들지 못하게 될 것이오."

조고가 말했다.

"제가 듣건대, '은나라 탕왕과 주무왕은 각기 자신의 군주를 죽였지만 천하가 의롭다고 칭송하며 불충하다고 여기지 않았고, 위衛나라 군주가 자기 부친을 죽였지만•• 위나라 백성은 그 덕을 받들었고,

---

• "재능이 천박하면서"의 원문은 "능박이재전能薄而材譾"이다. 《사기집해》는 전譾을 얕을 천淺으로 풀이했다. 불능은 무능하다는 뜻이다.
•• 원문은 "위군살기부衛君殺其父"다. 위군衛君을 놓고 해석이 분분하다. 위선공衛宣公의 아들인 위혜공衛惠公 삭朔을 지칭한 것으로 보는 견해가 통설이다. 당초 위선공은 계모 이강夷

공자도 이를 기록하면서 불효라고 생각하지 않았다'고 했습니다. 무릇 큰일을 하는 사람은 작은 예절에 얽매이지 않고[大行不小謹], 큰 덕을 지닌 사람은 작은 겸양에 연연하지 않는다[盛德不辭讓]고 했습니다.* 또한 마을마다 각기 좋은 점이 있고, 백관의 공은 다 같지 않은 법입니다. 작은 일을 돌아보다가 큰일을 잊으면 나중에 반드시 화를 입고, 의심하고 주저하면 나중에 반드시 후회하게 됩니다. 결단해 감행하면 귀신도 이를 피해가고, 그래야 이후에 성공을 거둘 수 있습니다. 공자는 이를 단행하기 바랍니다."

호해는 길게 한숨을 내쉬며 탄식했다.

"아직 황제의 붕어를 발표하지도 않았고, 상례도 끝나지 않았소. 어찌 이런 일을 가지고 승상의 동의를 얻을 수 있겠소!"

조고가 말했다.

"때가 때인 만큼 길게 생각할 여유가 없습니다! 군량을 가득 싣고 병사들과 함께 말을 내달릴지라도[贏糧躍馬] 오히려 때에 맞추지 못할까 염려되는 상황입니다."

호해는 이미 조고의 말이 그럴듯하다고 여기게 되었다. 조고가 말했다.

灩과 간통해 급急을 낳았다. 이후 급이 성장하자 그를 위해 제나라에서 여자를 맞이했는데 그 여자가 바로 선강宣姜이다. 매우 아름다웠다. 위선공은 욕심이 나 선강을 차지해서 수壽와 위 혜공 삭朔을 낳았다. 이때 이강이 목을 매 죽었다. 선강은 공자 삭과 모의해 급을 무함했다. 위 선공이 급자를 죽이려 하자 수가 이를 막으려 하다가 같이 죽었다. 위선공 사후 위혜공 삭이 즉위하자 좌공자 설洩과 우공자 직職이 위혜공 3년에 난을 일으켜 위혜공을 폐위하고, 삭의 이복형제인 검모黔牟를 옹립했다. 위혜공이 제나라로 망명했다. 검모 10년, 제양공이 위나라를 쳐 검모를 죽이고, 다시 위혜공을 옹립했다. 이를 통해 알 수 있듯이 위혜공이 부친인 위선 공을 죽인 것은 아니다. 형제를 죽였다는 뜻의 위군살기형제衛君殺其兄弟에서 형제를 부父로 잘못 옮겨 적은 듯하다.
● 〈역생육가열전〉에는 대행불소근大行不小謹이 거대사불세근擧大事不細謹으로 나온다. 같은 뜻이다.

"승상과 의논하지 않으면 이 일은 성공할 수 없을 것입니다. 신이 공자를 위해 승상과 의논하도록 하겠습니다."

조고가 승상 이사에게 물었다.

"주상이 붕어하면서 장남에게 서신을 남겼습니다. 이에 따르면 함양에서 장사를 지낸 뒤 후사를 세우도록 했습니다. 편지는 아직 발송하지 않았고, 지금 주상이 붕어한 사실을 아는 사람은 아무도 없습니다. 장남에게 보내는 편지와 옥새는 모두 호해가 가지고 있습니다. 태자를 정하는 일은 그대와 저의 입에 달려 있을 뿐입니다. 이를 장차 어찌할 생각입니까?"

이사가 대답했다.

"어찌해 나라를 망칠 말을 하는 것이오? 이는 신하가 논의할 일이 아니오."

조고가 물었다.

"승상은 스스로 판단컨대 능력 면에서 몽념과 비교하면 누가 더 낫습니까? 큰 공을 세운 면에서 비교하면 누가 더 높습니까? 원대하게 일을 꾀해 실수하지 않는 면에서 비교하면 누가 더 낫습니까? 천하에 원한을 사지 않은 면에서 비교하면 누가 더 낫습니까? 맏아들 부소와 오랫동안 사귀어 신임을 받는 면에서 비교하면 누가 더 낫습니까?"

이사가 반문했다.

"이 다섯 가지 점에서 나는 몽념만 못하오. 그대는 어찌해서 이토록 심하게 따지는 것이오?"

조고가 말했다.

"저는 원래 하찮은 일이나 하는 환관에 지나지 않습니다. 다행히 아전이 되어 조정에 들어왔습니다. 일을 해온 20여 년 동안 진나라에서 파면당한 승상이나 공신 가운데 봉토를 2대에 걸쳐 보유한 경우를 보지 못했습니다. 모두 형벌을 받아 패망하고 말았습니다. 20여 명의 황자皇子는 승상도 알고 있습니다.

맏아들 부소는 강직하고 용맹스럽습니다. 사람을 믿고 인재를 분발하게 하는 인물입니다. 즉위하면 반드시 몽념을 등용해 승상으로 삼을 것이고, 승상은 결국 가장 높은 작위인 통후의 인수를 내놓고 귀향할 것이 분명합니다. 제가 칙명을 받들어 호해를 가르치며 법사法事를 익히게 한 지 몇 해가 되었습니다. 아직 잘못을 범하는 것을 본 적이 없습니다. 호해는 인자하고 독실하며 재물을 가볍게 여기고 인재를 중히 여깁니다. 마음속으로는 분별하면서도 말을 겸손하게 하고, 예의를 다해 선비를 존중합니다. 진나라의 여러 공자 가운데 아직 이런 분이 없습니다. 실로 후사로 내세울 만합니다. 승상은 잘 생각해 결정하십시오."

이사가 말했다.

"그대는 제자리로 되돌아가고, 나는 조칙을 받들어 천명을 따를 뿐이오. 이 어찌 우리가 결정할 수 있는 일이겠소?"

조고가 재촉했다.

"안정도 위험으로 바뀔 수 있고, 위험도 안정으로 바뀔 수 있습니다. 안위를 결정하지 못하면 어찌 승상을 성인의 지혜를 지닌 분으로 존중할 수 있겠습니까?"

이사가 대답했다.

"나는 원래 상채의 평민이었소. 다행히 황제가 발탁해 승상이 되고, 통후에 봉해졌소. 후손 모두 높은 지위와 많은 녹봉을 받게 되었소. 장차 나라의 존망과 안위를 신에게 맡기고자 한 것이오. 어찌 그 뜻을 저버릴 수 있겠소? 무릇 충신은 죽음을 피하고자 요행을 바라지 않고, 효자는 부모를 섬기는 데 부지런히 힘쓰며 위험한 일을 하지 않고, 인신人臣은 각기 직분을 지킬 따름이오. 그대는 다시는 그런 말을 하지 마시오. 내가 죄를 짓게 되오."

조고가 말했다.

"제가 듣건대, '성인은 수시로 변해 무상無常하고, 변화에 발맞추어 시의를 좇고, 끝을 보는 것으로 근본을 알아채고, 지향하는 바를 보면 귀착되는 바를 안다'고 했습니다. 사물이란 원래 이런 것입니다. 어찌 고정된 불변의 법칙이 있을 리 있겠습니까! 이제 천하 대권의 숙명은 공자 호해에게 달려 있고, 저는 그의 마음을 잘 알고 있습니다. 무릇 밖에서 안을 제어하는 것을 혹惑, 아래서 위를 제어하는 것을 적賊이라고 합니다. 가을에 서리가 내리면 잎과 꽃이 시들고, 봄에 물이 녹아 흐르면 만물이 일어납니다. 이는 필연의 법칙입니다. 승상은 어째서 판단이 이처럼 늦은 것입니까?"

이사가 대답했다.

"내가 듣건대, '진晉나라는 진헌공 때 태자 신생을 교체했다가 세명의 군주가 재위하는 동안 내내 평안하지 못했고, 제나라는 제환공의 형제들이 보위를 다투는 와중에 공자 규가 살육당하는 일이 일어났고, 은나라 주는 친척을 죽이고 간하는 자의 말을 듣지 않다가 나라가 폐허가 되는 등 끝내 사직을 위태롭게 만들었다'고 했소. 이 세 가지 경우 모두 하늘의 뜻을 거역하는 바람에 종묘제사가 끊긴 셈이 되었소. 나 또한 사람으로 태어나 어찌 모반을 꾸밀 수 있겠소!"

조고가 말했다.

"위아래가 같은 마음이면 오랜 세월 유지될 수 있고, 안팎이 일치하면 일의 표리가 없어집니다. 승상이 저의 계책을 수락하면 오래도록 봉후를 유지하고, 대대로 남면해서 고孤를 칭할 수 있고, 반드시 왕자교나 전설적인 신선인 적송자처럼 장수할 수 있고, 공자나 묵자처럼 지혜로운 인물로 추앙받게 될 것입니다. 지금 이를 포기하고 따르지 않으면 재앙이 후손까지 미치게 되니 족히 한심하다고 하겠습니다. 처세를 잘하는 자는 다가오는 화를 복으로 만드는 인화위복에 능합니다. 승상은 어떻게 처신할 것입니까?"

이사가 하늘을 우러러 한탄한 뒤 눈물을 흘리며 긴 한숨을 내쉬었다.

"아, 나 홀로 어지러운 세상을 만나 죽을 수도 없으니 장차 어디에 이 몸을 맡겨야 한단 말인가!"

이사가 조고의 계책을 수락했다. 조고가 곧바로 호해에게 보고했다.

"제가 태자의 밝은 명을 받들어 승상에게 전하자 승상 이사도 감히 명을 받들지 않을 수 없었습니다."

세 명이 공모해 진시황의 조서를 받은 것처럼 꾸민 뒤 호해를 태자의 자리에 오르게 했다. 맏아들 부소에게 내린 서신은 이같이 고쳤다.

짐이 천하를 순시하며 명산의 여러 신에게 기도를 드리고 제사를 올려 수명을 연장하고자 한다. 지금 부소는 장군 몽념과 함께 수십만 대군을 이끌며 변경에 주둔한 지 벌써 10여 년이 지났으나 앞으로 나아가지 못한 채 병력만 많이 소모하며 척촌의 공도 세우지 못했다.

오히려 누차 상서를 올려 짐이 하는 일을 직접 비방하고, 현재의 직분을 그만두고 태자의 자리로 돌아갈 수 없게 된 것을 밤낮으로 원망했다. 부소는 인자人子로서 효성스럽지 못한 까닭에 칼을 내리니 스스로 자진하도록 하라! 장군 몽념은 부소와 더불어 궁 밖에 머물며 바르게 시정하지 못했으니, 응당 부소가 꾀하는 바를 알았을 것이다. 인신人臣으로서 불충했기에 죽음을 내린다. 군사는 부장인 왕리에게 맡기도록 하라.

서신을 황제의 옥새로 봉한 뒤 호해의 빈객을 시켜 상군에 있는 부소에게 전하게 했다. 사자가 이르자 서신을 뜯어본 부소는 울면서 내실로 들어가서 자진하고자 했다. 몽념이 만류했다.

"폐하는 궁 밖에 계시고, 아직 태자를 세우지 않았습니다. 저에게 30만 대군을 이끌고 변경을 지키도록 하고, 공자에게 군사를 감독하게 했습니다. 이는 천하의 막중한 임무입니다. 지금 사자 한 사람이 왔다고 곧바로 자진하면 어떻게 그 진위를 알 수 있겠습니까? 다시 용서를 청하십시오. 다시 청한 뒤 자진해도 늦지 않습니다."

사자가 누차 자진을 독촉했다. 부소는 사람됨이 어질었다. 몽념에게 말했다.

"부친이 자식에게 죽음을 내리셨소. 어찌 다시 용서를 청할 수 있겠소?"

그러고는 자진했다. 몽념이 죽지 않으려 하자 사자가 옥리에게 넘겨 양주陽周의 감옥에 가두도록 했다. 사자가 돌아와서 보고하자 호해와 이사 및 조고 모두 크게 기뻐했다. 함양으로 돌아와 진시황의 죽음을 발표했다. 가짜 조서로 태자가 된 호해가 진시황의 뒤를 이어

2세 황제로 즉위했다. 조고는 낭중령郎中令이 되었다. 궁중에서 2세 황제를 모시며 권력을 장악했다.

●● 始皇三十七年十月, 行出遊會稽, 並海上, 北抵琅邪. 丞相斯·中車府令趙高兼行符璽令事, 皆從. 始皇有二十餘子, 長子扶蘇以數直諫上 上使監兵上郡, 蒙恬爲將. 少子胡亥愛, 請從, 上許之. 餘子莫從. 其年七月, 始皇帝至沙丘, 病甚, 令趙高爲書賜公子扶蘇曰, “以兵屬蒙恬, 與喪會咸陽而葬.” 書已封, 未授使者, 始皇崩. 書及璽皆在趙高所, 獨子胡亥·丞相李斯·趙高及幸宦者五六人知始皇崩, 餘羣臣皆莫知也. 李斯以爲上在外崩, 無眞太子, 故祕之. 置始皇居轀輬車中, 百官奏事上食如故, 宦者輒從轀輬車中可諸奏事. 趙高因留所賜扶蘇璽書, 而謂公子胡亥曰, “上崩, 無詔封王諸子而獨賜長子書. 長子至, 卽立爲皇帝, 而子無尺寸之地, 爲之奈何?” 胡亥曰, “固也. 吾聞之, 明君知臣, 明父知子. 父捐命, 不封諸子, 何可言者!” 趙高曰, “不然. 方今天下之權, 存亡在子與高及丞相耳, 願子圖之. 且夫臣人與見臣於人, 制人與見制於人, 豈可同日道哉!” 胡亥曰, “廢兄而立弟, 是不義也, 不奉父詔而畏死, 是不孝也, 能薄而材譾, 彊因人之功, 是不能也, 三者逆德, 天下不服, 身殆傾危, 社稷不血食.” 高曰, “臣聞湯·武殺其主, 天下稱義焉, 不爲不忠. 衛君殺其父, 而衛國載其德, 孔子著之, 不爲不孝. 夫大行不小謹, 盛德不辭讓, 鄕曲各有宜而百官不同功. 故顧小而忘大, 後必有害, 狐疑猶豫, 後必有悔, 斷而敢行, 鬼神避之, 後有成功. 願子遂之!” 胡亥喟然歎曰, “今大行未發, 喪禮未終, 豈宜以此事幹丞相哉!” 趙高曰, “時乎時乎, 閒不及謀! 贏糧躍馬, 唯恐後時!” 胡亥旣然高之言, 高曰, “不與丞相謀, 恐事不能成, 臣請爲子與丞相謀之.” 高乃謂丞相斯曰, “上崩, 賜長子書, 與喪會咸陽而立爲嗣. 書未行, 今上崩, 未有知者也. 所賜長子書及符璽皆在胡亥所, 定太子在君侯與高之口耳. 事將何如?"斯曰, "安得亡國之言! 此非人臣所當議也!"高曰, "君侯自料能孰與蒙恬? 功高孰與蒙恬? 謀遠不失孰與蒙恬? 無怨於天下孰與蒙恬? 長子舊而信之孰與蒙恬?"斯曰, "此五者皆不及蒙恬, 而君責之何深也?"高曰, "高固內官之廝役也, 幸得以刀筆之文進入秦宮, 管事二十餘年, 未嘗見秦免罷丞相功臣有封及二世者也, 卒皆以誅亡. 皇帝二十餘子, 皆君之所知. 長子剛毅而武勇, 信人而奮士, 卽位必用蒙恬爲丞相, 君侯終不懷通侯之印歸於鄉里, 明矣. 高受詔敎習胡亥, 使學以法事數年矣, 未嘗見過失. 慈仁篤厚, 輕財重士, 辯於心而訥於口, 盡禮敬士, 秦之諸子未有及此者, 可以爲嗣. 君計而定之."斯曰, "君其反位! 斯奉主之詔, 聽天之命, 何慮之可定也?"高曰, "安可危也, 危可安也. 安危不定, 何以貴聖?"斯曰, "斯, 上蔡閭巷布衣也, 上幸擢爲丞相, 封爲通侯, 子孫皆至尊位重祿者, 故將以存亡安危屬臣也. 豈可負哉! 夫忠臣不避死而庶幾, 孝子不勤勞而見危, 人臣各守其職而已矣. 君其勿復言, 將令斯得罪."高曰, "蓋聞聖人遷徙無常, 就變而從時, 見末而知本, 觀指而覩歸. 物固有之, 安得常法哉! 方今天下之權命懸於胡亥, 高能得志焉. 且夫從外制中謂之惑, 從下制上謂之賊. 故秋霜降者草花落, 水搖動者萬物作, 此必然之效也. 君何見之晚?"斯曰, "吾聞晉易太子, 三世不安, 齊桓兄弟爭位, 身死爲戮, 紂殺親戚, 不聽諫者, 國爲丘墟, 遂危社稷, 三者逆天, 宗廟不血食. 斯其猶人哉, 安足爲謀!"高曰, "上下合同, 可以長久, 中外若一, 事無表裏. 君聽臣之計, 卽長有封侯, 世世稱孤, 必有喬松之壽, 孔·墨之智. 今釋此而不從, 禍及子孫, 足以爲寒心. 善者因禍爲福, 君何處焉?"斯乃仰天而歎, 垂淚太息曰, "嗟乎! 獨遭亂世, 旣以不能死, 安託命哉!"於是斯乃聽高. 高乃報胡亥曰,

"臣請奉太子之明命以報丞相, 丞相斯敢不奉令!" 於是乃相與謀, 詐爲
受始皇詔丞相, 立子胡亥爲太子. 更爲書賜長子扶蘇曰, "朕巡天下, 禱
祠名山諸神以廷壽命. 今扶蘇與將軍蒙恬將師數十萬以屯邊, 十有餘
年矣, 不能進而前, 士卒多秏, 無尺寸之功, 乃反數上書直言誹謗我所
爲, 以不得罷歸爲太子, 日夜怨望. 扶蘇爲人仔不孝, 其賜劍以自裁!
將軍恬與扶蘇居外, 不匡正, 宜知其謀. 爲人臣不忠, 其賜死, 以兵屬裨
將王離." 封其書以皇帝璽, 遣胡亥客奉書賜扶蘇於上郡. 使者至, 發書,
扶蘇泣, 入內舍, 欲自殺. 蒙恬止扶蘇曰, "陛下居外, 未立太子, 使臣將
三十萬衆守邊, 公子爲監, 此天下重任也. 今一使者來, 卽自殺, 安知其
非詐? 請復請, 復請而後死, 未暮也." 使者數趣之. 扶蘇爲人仁, 謂蒙
恬曰, "父而賜子死, 尚安復請!" 卽自殺. 蒙恬不肯死, 使者卽以屬吏,
繫於陽周. 使者還報, 胡亥·斯·高大喜. 至咸陽, 發喪, 太子立爲二世
皇帝. 以趙高爲郞中令, 常侍中用事.

2세 황제는 한가할 적마다 조고를 불러 함께 국사를 의논했다.

"무릇 사람으로 태어나 세상을 사는 것은 비유하자면 여섯 필의
준마가 이끄는 수레가 뚫린 문틈을 지나는 육기과극六驥過隙처럼 덧
없소. 나는 이제 황제가 되어 천하에 군림하게 되었소. 귀와 눈이 좋
아하는 것을 모두 느끼고 싶고, 마음이 즐거워하는 것을 모두 행하
고, 종묘를 안정시키며 모든 백성을 기쁘게 만들고, 천하를 오래도록
소유하며 천수를 다하고 싶소. 과연 어떤 방안이 있소?"

조고가 대답했다.

"이는 현주賢主만이 누릴 수 있는 것으로, 혼주昏主는 그럴 수 없습
니다. 제가 감히 부월의 형벌을 무릅쓰고 말씀드릴 터이니 폐하는

조금만 헤아려주십시오. 지금 사구에서 꾸민 일을 여러 공자와 대신이 의심하고 있습니다. 여러 공자는 모두 폐하의 형제들이고, 대신역시 선제가 등용한 자들입니다. 폐하가 즉위하자 모두 이를 못마땅하게 여겨 심복하지 않고 있습니다. 장차 변란을 일으킬까 두렵습니다. 몽념이 이미 죽었다고 하나 일족인 몽의蒙毅는 군사를 이끌며 변경에 머물고 있습니다. 저는 전전긍긍하며 두려움을 떨치지 못하고있습니다. 상황이 이러한데 폐하가 어찌 그런 즐거움을 누릴 수 있겠습니까?”

2세 황제가 물었다.

“그럼 어찌하면 좋소?”

조고가 대답했다.

“법을 엄하게 해서 형벌을 가혹하게 하십시오[嚴法刻刑]. 명을 위배한 자는 연좌해 처단하며 그 형이 일족에 미치게 하십시오. 선제 때의 대신을 멸하고, 골육의 형제들을 멀리하십시오. 가난한 자를 부유하게 하고, 천한 자를 높이십시오. 선제의 옛 신하들을 모두 제거한뒤 폐하가 믿을 수 있는 자를 새로 두어 가까이하십시오. 이같이 하면 숨어 있던 덕이 폐하에게 모이고, 해로운 것이 제거되며 간사한음모가 막히고, 군신 가운데 폐하의 후덕을 입지 않은 자가 없게 됩니다. 그래야 폐하는 베개를 높이 베고 마음껏 즐길 수 있습니다. 이보다 나은 계책은 없습니다.”

2세 황제는 조고의 말을 옳다고 여겨 법률을 다시 제정했다. 군신과 공자 가운데 죄를 지은 자가 있으면 조고에게 맡겨 처리하게 했다. 대신 몽의 등이 죽었고, 공자 열두 명이 함양의 시장 바닥에서 죽었다. 공주 열 명도 두현杜縣에서 사지가 찢겨 죽었다.• 이들의 재산은 모두 관청에 몰수되었고, 연루된 자가 이루 다 헤아릴 수 없을 정도로 많았다. 공자 고高는 달아나려다가 일족이 구속되는 것이 두려운 나머지 글을 올렸다.

선제가 건재할 때 신이 입궁하면 음식을 내리고, 궁을 나설 때면 수레를 타게 했습니다. 황제의 물품을 관리하는 어부御府의 의복도 하사하고, 마구간의 임금이 타는 보마寶馬도 하사했습니다. 신은 선제를 따라 죽어야 했으나 그러지 못했으니 자식으로서 불효, 신하로서 불충을 범한 것이라 세상에 살아갈 명분이 없습니다. 신은 선제를 따라 죽고자 합니다. 선제의 묘가 있는 여산酈山의 기슭에 묻히기를 바랍니다.•• 오직 폐하가 저를 가엾게 여기는 것만으로도 다행입니다.

글이 올라오자 호해가 크게 기뻐하며 조고를 불러 보여주었다.

"이래도 사태가 급박하다고 할 수 있소?"

조고가 대답했다.

"신하 된 자가 죽게 될까 근심하느라 다른 생각을 할 겨를이 없는데 어찌 변란을 꾀한단 말입니까!"

호해가 허락하고, 10만 전의 돈을 내려 공자 고를 여산 기슭에 장사 지내게 했다. 법령과 형벌이 날로 가혹해지자 군신과 사람들이 스스로 위험을 느꼈고, 마침내 반기를 들려는 자가 부쩍 많아졌다. 아방궁阿房宮을 계속 짓고, 곧게 뻗은 직도直道와 넓은 길인 치도馳道

• "사지가 찢겨 죽었다"의 원문은 "탁사矺死"다. 탁矺은 돌로 치거나 찢는다는 뜻으로 사지를 찢어 죽이는 책형磔刑의 책磔과 통한다.
•• 여산이 〈팽월열전〉에는 여산麗山, 〈주본기〉에는 여산驪山으로 나온다.

를 건설했다. 세금이 가중되었고, 부역 징발이 그치지 않았다.

●● 二世燕居, 乃召高與謀事, 謂曰, "夫人生居世閒也, 譬猶騁六驥
過決隙也. 吾旣已臨天下矣, 欲悉耳目之所好, 窮心志之所樂, 以安宗
廟而樂萬姓, 長有天下, 終吾年壽, 其道可乎?" 高曰, "此賢主之所能行
也, 而昏亂主之所禁也. 臣請言之, 不敢避斧鉞之誅, 願陛下少留意
焉. 夫沙丘之謀, 諸公子及大臣皆疑焉, 而諸公子盡帝兄, 大臣又先帝
之所置也. 今陛下初立, 此其屬意怏怏皆不服, 恐爲變. 且蒙恬已死, 蒙
毅將兵居外, 臣戰戰栗栗, 唯恐不終. 且陛下安得爲此樂乎?" 二世曰,
"爲之奈何?" 趙高曰, "嚴法而刻刑, 令有罪者相坐誅, 至收族, 滅大臣
而遠骨肉, 貧者富之, 賤者貴之. 盡除去先帝之故臣, 更置陛下之所親
信者近之. 此則陰德歸陛下, 害除而姦謀塞, 羣臣莫不被潤澤, 蒙厚德,
陛下則高枕肆志寵樂矣. 計莫出於此." 二世然高之言, 乃更爲法律. 於
是羣臣諸公子有罪, 輒下高, 令鞠治之. 殺大臣蒙毅等, 公子十二人僇
死咸陽市, 十公主矺死於杜, 財物入於縣官, 相連坐者不可勝數. 公子
高欲奔, 恐收族, 乃上書曰, "先帝無恙時, 臣入則賜食, 出則乘輿. 御府
之衣, 臣得賜之, 中廄之寶馬, 臣得賜之. 臣當從死而不能, 爲人子不
孝, 爲人臣不忠. 不忠者無名以立於世, 臣請從死, 願葬酈山之足. 唯上
幸哀憐之." 書上, 胡亥大說, 召趙高而示之, 曰, "此可謂急乎?" 趙高曰,
"人臣當憂死而不暇, 何變之得謀!" 胡亥可其書, 賜錢十萬以葬. 法令
誅罰日益刻深, 羣臣人人自危, 欲畔者衆. 又作阿房之宮, 治直道·馳
道, 賦斂愈重, 戍傜無已.

마침내 초나라 출신으로 수졸戍卒을 이끌던 진승과 오광吳廣이 반
기를 들어, 효산의 동쪽에서 봉기했다. 준걸들이 서로 나서 제후와

왕을 자칭하며 진나라를 모반했다. 반란군이 홍문鴻門까지 진격했다가 퇴각했다. 이사가 누차 틈나는 대로 간하고자 했으나 2세 황제가 이를 허락지 않았다. 도리어 이사를 이같이 문책했다.

"짐에게 나름의 생각이 있소. 짐은 《한비자》에서 이런 말을 들은 적이 있소. '요임금이 천하를 소유했을 때 당堂의 높이가 3척이고, 서까래는 통나무를 그대로 썼다. 지붕을 덮은 억새풀은 처마에 늘어져도 다듬지 않았다. 나그네가 머무는 여인숙도 이보다 검소할 수 없다. 겨울에는 사슴 가죽을 걸치고, 여름에는 칡베 옷을 입었다. 거친 현미밥에 명아주 잎과 콩잎으로 끓인 국을 질그릇에 담아 먹었다. 문지기의 음식도 이보다 검소할 수 없다. 우왕은 용문산龍門山을 뚫어 대하大夏까지 통하게 하고 구하九河를 열어 통하게 하고, 구곡九曲에 둑을 쌓아 막힌 물길을 터 바다로 흘러들게 했다. 우왕은 이런 일을 하느라 넓적다리 잔털이 다 닳아 없어지고, 종아리의 털까지 사라졌다. 손바닥과 발바닥에는 못이 박히고, 얼굴은 새까맣게 그을렸다. 그러다 결국 객사해 회계산에 묻혔다. 노비의 노동도 이보다 심하지 않았을 것이다'라고 했소.

그렇다면 무릇 천하를 소유해 존귀한 까닭은 무엇이오? 어찌 육신과 정신을 괴롭히고, 몸은 여인숙에 묵고, 입은 문지기의 음식을 먹고, 손은 노비의 일을 하는 것을 말하는 것이겠소? 이는 불초자가 힘쓸 일이지, 현자가 힘쓸 일이 아니오. 현자는 천하를 소유하면 전적으로 천하를 자신에게 맞도록 할 따름이오. 천하를 소유하는 것이 존귀한 까닭이 여기에 있소. 무릇 현자는 반드시 천하를 안정시키고 모든 백성을 다스릴 수 있어야 하오. 지금 자신도 이롭게 할 수 없는 사람이 어찌 능히 천하를 다스릴 수 있겠소! 짐은 뜻과 의욕을 확장하면서 오래도록 천하에 군림하고 동시에 재해가 없기를 바라오. 그리하려면 어찌해야 하오?"

이사의 아들 이유는 삼천군 태수였다. 오광 등의 도적 무리가 삼천군 서쪽을 침공하며 지나가도 이를 막지 못했다. 진나라 장수 장함章邯이 오광 등의 도적을 쳐 쫓아냈다. 그사이 사자가 삼천군과 관련해 이사를 누차 심문했다.

"그대는 삼공의 자리에 있으면서 어찌해서 도적들이 이처럼 날뛰게 만든 것이오?"

이사는 두려워하면서도 녹봉을 중히 여긴 까닭에 어찌할 바를 몰랐다. 곧 2세 황제의 비위를 맞추어 용서를 구하고자 글을 올렸다.

무릇 현주는 반드시 온갖 수단을 다해 신하의 잘못을 꾸짖고 벌을 주는 방법을 시행하고자 합니다. 책임을 따지면 신하는 능력을 다해 군주를 따르지 않을 수 없습니다. 군신의 직분이 정해지고, 상하의 의리가 밝혀지면 천하의 어진 사람과 그렇지 않은 사람 모두 힘을 다바쳐 맡은 일을 행하며 군주를 감히 따르지 않을 수 없게 됩니다. 군주 홀로 천하를 통제하고, 통제받지 않는 이유입니다. 더없는 즐거움을 누릴 수 있어야 현주라고 할 만하니 이런 도리를 살피지 않을 수 있겠습니까?

신불해는 말하기를, "천하를 차지하고도 뜻하는 대로 행동하지 못하면 이는 천하를 차꼬와 수갑이 질곡桎梏으로 여기는 것과 마찬가지다"라고 했습니다. 이는 다른 것이 아니라 신하를 제어하지 못한 채 오히려 천하의 백성을 위해 자신의 몸을 괴롭힌 요임금과 우왕처럼 행동하면 천하가 바로 질곡이 된다는 취지입니다. 무릇 신불해나 한비자의 훌륭한 법술을 배워 신하를 제어하는 비결을 터득치도 못한 채 천하를 임의로 부리지도 못하고, 부질없이 자신의 심신을 괴롭히며 백성을 위해 봉사하는 것은 일반 백성의 일이지 천하를 양육하는 군주의 일이 아닙니다. 이래서야 어찌 군주를 존귀하다고 할 수 있겠습니까!

남이 나를 따르면 나는 존귀해지고 남은 천해집니다. 내가 남을 따르면 나는 천해지고 남은 존귀해집니다. 남을 따르는 자는 천해지고, 남을 따르게 만든 자는 존중받는 이유입니다. 옛날부터 지금까지 그리하지 않은 경우는 없었습니다. 대개 옛날에 현자를 존중한 것은 그가 존귀하기 때문이고, 불초자를 미워한 것은 그가 미천하기 때문입니다. 요임금과 우왕은 친히 천하의 백성을 따랐습니다. 이들을 좇아 백성을 존귀하게 여기면 현자를 존중하는 마음이 사라지게 됩니다! 이는 크게 잘못된 것이라고 말할 수 있습니다. 이를 두고 질곡이라고 말하는 것도 당연하지 않습니까? 이는 신하를 질책하지 않은 데 따른 잘못입니다. 한비자는 말하기를, "자상한 모친[慈母] 밑에 집안을 망치는 아들[敗子]이 있고, 엄정한 집안[嚴家]에 명을 거스르는 노비[格虜]•가 없다"고 했습니다. 왜 그렇겠습니까? 잘못을 저지르면 반드시 벌을 주었기 때문입니다.

옛날 상앙의 법에 따르면 길에 재를 버릴 경우 형벌을 내렸습니다. 재를 버리는 행위는 가벼운 죄이지만 형벌은 무거웠습니다. 오직 명주만이 가벼운 죄를 심하게 질책할 수 있습니다. 가벼운 죄도 엄하게 다스리는데 하물며 큰 죄를 지은 경우이겠습니까? 백성이 감히 법을

• 《사기색은》은 격로格虜의 격格을 강하게 저항하는 강한彊扞, 로虜를 노예로 풀이했다.

어기지 못한 이유입니다. 이에 한비자도 말하기를, "하찮은 베나 비단 조각은 통상적인 인물조차 그대로 두지 않지만, 좋은 황금 100일은 도척도 훔쳐가지 않는다"고 했습니다. 이는 용인이 하찮은 이익을 중시하는 마음이 깊고, 도척의 욕심이 얕아서 그런 것이 아닙니다. 도척이 100일이나 되는 귀중한 황금을 가볍게 여기기 때문도 아닙니다. 훔치면 반드시 손을 쓰지 못하는 형벌을 받게 되므로 도척도 100일의 황금을 훔치지 못하는 것입니다. 형벌이 시행되지 않으면 용인도 하찮은 것을 내버려두지 않게 됩니다. 성벽의 높이가 5장밖에 안 되어도 위문후의 동생인 역사力士 누계樓季도 가볍이 넘지 못했고, 태산의 높이가 100인이나 되어도 절름발이 양치기가 그 위에서 양을 칩니다. 누계도 5길의 한계를 어렵게 여겼는데 어찌해서 절름발이 양치기는 100인의 높이를 쉽게 여겼겠습니까? 이는 곧게 높아진 것과 완만하게 높아진 것의 형세가 다르기 때문입니다.

명주와 성왕이 오래도록 존귀한 자리에 있으면서, 큰 권세를 누리고 천하의 이익을 독차지할 수 있었던 것은 무슨 까닭입니까? 무슨 특이한 방법이 있기 때문이 아닙니다. 독자적으로 결단하고, 죄상을 세밀히 살펴 반드시 엄한 형벌을 내려 천하의 백성이 감히 죄를 짓지 못했기 때문입니다. 지금 죄를 짓지 못하도록 하는 데 애쓰지 않고, 자모가 자식을 망치는 바를 본받으면 성인의 논의를 살피지 못하는 것입니다. 성인의 법술을 행하지 않고, 천하를 위해 자신을 버리고 고생하는 우왕의 노선을 어찌 본받을 수 있겠습니까? 이를 어찌 애석해하지 않을 수 있겠습니까?

절검하며 인의를 행하는 자가 조정에 서면 방자한 쾌락이 그치고, 이치에 맞는 말을 하는 자가 군주 곁에서 입을 열면 방만한 의견이 물러나고, 열사가 절개를 위해 죽는 행위가 세상에 드러나면 방탕한 오락이 사라집니다. 명주는 이 세 부류의 사람을 멀리하고, 군주로서 신하를 다스리는 방법을 구사해 따르는 신하들을 제어하며 이를 위한 법을 제정해야 합니다. 그래야 자신이 존귀해지고 권세가 막중해집니다. 무릇 현주는 반드시 풍속을 고쳐 싫어하는 것을 없애고, 하고자 하는 바를 세웁니다. 그래야 살아서 존중받으며 큰 권세를 누리고, 죽어서도 현명했다는 내용의 시호를 받게 됩니다.

명군은 홀로 결단하는 까닭에 권세를 신하에게 위임할 일이 없습니다. 그런 연후에 입만 열면 인의를 말하는 자의 주장을 없애고, 이론을 따지는 자의 입을 막고, 열사의 과격한 행위를 억제함으로써 외부에서 총명을 가릴지라도 능히 마음속으로 사물을 보고 들을 수 있습니다. 명군이 밖으로 인의를 내세우는 자와 열사의 언행에 마음을 기울이지 않고, 안으로 간하며 다투는 언변에 마음을 빼앗기지 않는 이유가 여기에 있습니다. 그래야 군주가 초연히 홀로 하고 싶은 대로 할지라도 감히 거스르는 일이 없게 됩니다. 그런 연후에 비로소 신불해와 한비자의 술치와 상앙의 법치를 닦았다고 말할 수 있습니다. 이런 법술을 닦고도 천하가 혼란했다는 말을 아직 들어보지 못했습니다. '왕도는 간략해 행하기 쉽다'고 말하는 이유입니다. 이는 명군만이 오직 행할 수 있다는 취지에서 나온 것입니다.

이같이 하면 신하를 제대로 질책하며 제어할 수 있습니다. 그러면 신하들은 간사한 마음이 사라지게 되고, 신하들에게 간사한 마음이 사라지면 천하가 평안해지고, 천하가 평안해지면 군주는 존엄해지고, 군주가 존엄해지면 질책과 처벌이 타당성을 얻고, 질책과 처벌이 타당성을 얻으면 구하는 바를 얻을 수 있습니다. 구하는 바를 얻게 되면 나라가 부유해지고, 나라가 부유해지면 군주의 즐거움도 풍부해집니다. 신하를 꾸짖고 처벌하는 법술이 이루어지면 군주가 하고자 하는 바를 다 행할 수 있습니다. 군신들과 백성 모두 죄와 허물을 벗어나기에 겨를이 없을 터이니 어찌 감히 모반을 꾸밀 수 있겠습니까? 이같이 하면 제도가 갖추어지고, 군신의 도를 밝혔다고 할 수 있습니다. 비록 신불해와 한비자가 다시 태어날지라도 더 보탤 것이 없을 것입니다.

이 글을 올리자 2세 황제가 크게 기뻐했다. 신하를 처벌하는 것이 더욱 엄격해졌고, 백성으로부터 많은 세금을 거두는 자가 밝은 관리[明吏]라고 여겨졌다. 2세 황제가 말했다.

"이같이 하는 것이 신하를 잘 제어하는 것이라고 할 수 있다."

이후 길에 다니는 사람 가운데 절반가량이 형벌을 받은 자들이고, 사형당한 자들이 날로 시장 바닥에 쌓여갔다. 많은 사람을 죽인 자가 오히려 충신으로 여겨졌다. 2세 황제는 계속 이같이 말했다.

"이같이 하는 것이 신하를 잘 제어하는 것이라고 할 수 있다."

당초 조고가 낭중령으로 있을 때 사람을 죽이거나 사적인 앙갚음을 한 경우가 많았다. 그는 대신들이 조정으로 들어가 정사를 이야기하다가 자신을 나쁘게 이야기할까 두려운 나머지 2세 황제를 이같이 설득했다.

"천자가 존귀한 것은 군신들이 다만 폐하의 소리만 들을 뿐 얼굴을 볼 수 없기 때문입니다. 조짐兆朕을 뜻하는 짐朕을 스스로 칭하는 이유입니다. 게다가 폐하는 아직 젊은 까닭에 반드시 모든 일에 두루 능통할 수 없습니다. 지금 조정에 앉아 신하를 견책하거나 등용할 때 옳지 않은 것이 있으면 이는 대신들에게 단점을 보이는 것으로, 천하에 신명神明을 보이는 것이 아닙니다. 폐하는 궁궐 깊숙이 팔짱을 낀 채 법에 익숙한 신하와 시중侍中과 함께 기다리고 있다가 안건이 오면 이를 의논해 결정하도록 하십시오. 이같이 하면 대신들이 감히 의심스러운 안건을 고하지 못할 것이고, 천하의 백성은 폐하를 성주聖主로 칭송할 것입니다."

2세 황제가 이를 좇았다. 조정에 앉아 대신들의 조현을 받는 대신 궁궐 깊숙이 머문 것이 그렇다. 조고가 늘 황제를 모시며 전횡한 배경이다. 모든 사안이 조고의 손에 의해 결정되었다.

●● 於是楚戍卒陳勝·吳廣等乃作亂, 起於山東, 傑俊相立, 自置爲侯王, 叛秦, 兵至鴻門而卻. 李斯數欲請閒諫, 二世不許. 而二世責問李斯曰, "吾有私議而有所聞於韓子也, 曰, '堯之有天下也, 堂高三尺, 采椽不斲, 茅茨不翦, 雖逆旅之宿不勤於此矣. 冬日鹿裘, 夏日葛衣, 粢糲之食, 藜藿之羹, 飯土塯, 啜土鉶, 雖監門之養不觳於此矣. 禹鑿龍門, 通大夏, 疏九河, 曲九防, 決渟水致之海, 而股無胈, 脛無毛, 手足胼胝, 面目黎黑, 遂以死于外, 葬於會稽, 臣虜之勞不烈於此矣.' 然則夫所貴於有天下者, 豈欲苦形勞神, 身處逆旅之宿, 口食監門之養, 手持臣虜之作哉? 此不肖人之所勉也, 非賢者之所務也. 彼賢二之有天下也, 專用天下適己而已矣, 此所以貴於有天下也. 夫所謂賢人者, 必能安天下而治萬民, 今身且不能利, 將惡能治天下哉! 故吾願賜志廣欲, 長享天下而無害, 爲之奈何?"李斯子由爲三川守, 羣盜吳廣等西略地, 過去弗能禁. 章邯以破逐廣等兵, 使者覆案三川相屬, 誚讓斯居三公位, 如何令盜如此. 李斯恐懼, 重爵祿, 不知所出, 乃阿二世意, 欲求容, 以書對曰, "夫賢主者, 必且能全道而行督責之術者也. 督責之, 則臣不敢不竭能以徇其主矣. 此臣主之分定, 上下之義明, 則天下賢不肖莫敢不盡力竭任以徇其君矣. 是故主獨制於天下而無所制也. 能窮樂之極矣, 賢明之主也, 可不察焉! 故申子曰, '有天下而不恣睢, 命之曰以天下爲桎梏'者, 無他焉, 不能督責, 而顧以其身勞於天下之民, 若堯·禹然, 故謂之桎梏也. 夫不能修申·韓之明術, 行督責之道, 專以天下自適也, 而徒務苦形勞神, 以身徇百姓, 則是黔首之役, 非畜天下者也, 何足貴哉! 夫以人徇己, 則己貴而人賤, 以己徇人, 則己賤而人貴. 故徇人者賤, 而人所徇者貴, 自古及今, 未有不然者也. 凡古之所爲尊賢者, 爲其貴也, 而所爲惡不肖者, 爲其賤也. 而堯·禹以身徇天下者也, 因隨而尊之, 則亦失所爲尊賢之心矣, 未可謂大繆矣. 謂之爲桎梏, 不亦宜乎? 不能督責之過也. 故韓子曰, '慈母有敗子而嚴家無格虜'者, 何也? 則能罰之加焉必也. 故商君之法, 刑弃灰於道者. 夫棄灰, 薄罪也, 而被刑, 重罰也. 彼唯明主爲能深督輕罪. 夫罪輕且督深, 而況有重罪乎? 故民不敢犯也. 是故韓子曰, '布帛尋常, 庸人不釋, 鑠金百溢, 盜跖不搏'者, 非庸人之心重, 尋常之利深, 而盜跖之欲淺也, 又不以盜跖之行, 爲輕百鎰之重也. 搏必隨手刑, 則盜跖不搏百鎰, 而罰不必行也, 則庸人不釋尋常. 是故城高五丈, 而樓季不輕犯也, 泰山之高百仞, 而跛牂牧其上. 夫樓季也而難五丈之限, 豈跛牂也而易百仞之高哉? 峭塹之勢異也. 明主聖王之所以能久處尊位, 長執重勢, 而獨擅天下之利者, 非有異道也, 能獨斷而審督責, 必深罰, 故天下不敢犯也. 今不務所以不犯, 而事慈母之所以敗子也, 則亦不察於聖人之論矣. 夫不能行聖人之術, 則舍爲天下役何事哉! 可不哀邪! 且夫儉節仁義之人立於朝, 則荒肆之樂輟矣, 諫說論理之臣閒於側, 則流漫之志詘矣, 烈士死節之行顯於世, 則淫康之虞廢矣. 故明主能外此三者, 而獨操主術以制聽從

之臣, 而脩其明法, 故身尊而勢重也. 凡賢主者, 必將能拂世磨俗, 而廢
其所惡, 立其所欲, 故生則有尊重之勢, 死則有賢明之謚也. 是以明君
獨斷, 故權不在臣也. 然後能滅仁義之塗, 掩馳說之口, 困烈士之行, 塞
聰揜明, 內獨視聽, 故外不可傾以仁義烈士之行, 而內不可奪以諫說忿
爭之辯. 故能犖然獨行恣睢之心而莫之敢逆. 若此然後可謂能明申·韓
之術, 而脩商君之法. 法脩術明而天下亂者, 未之聞也. 故曰, '王道約
而易操也.' 唯明主爲能行之. 若此則謂督責之誠, 則臣無邪, 臣無邪則
天下安, 天下安則主嚴尊, 主嚴尊則督責必, 督責必則所求得, 所求得
則國家富, 國家富則君樂豐. 故督責之術設, 則所欲無不得矣. 羣臣百
姓救過不給, 何變之敢圖? 若此則帝道備, 而可謂能明君臣之術矣. 雖
申·韓復生, 不能加也." 書奏, 二世悅. 於是行督責益嚴, 稅民深者爲明
吏. 二世曰, "若此則可謂能督責矣." 刑者相半於道, 而死人日成積於
市. 殺人衆者爲忠臣. 二世曰, "若此則可謂能督責矣." 初, 趙高爲郎中
令, 所殺及報私怨衆多, 恐大臣入朝奏事毀惡之, 乃說二世曰, "天子所
以貴者, 但以聞聲, 羣臣莫得見其面, 故號曰'朕'. 且陛下富於春秋, 未
必盡通諸事, 今坐朝廷, 譴擧有不當者, 則見短於大臣, 非所以示神明
於天下也. 且陛下深拱禁中, 與臣及侍中習法者待事, 事來有以揆之.
如此則大臣不敢奏疑事, 天下稱聖主矣." 二世用其計, 乃不坐朝廷見
大臣, 居禁中. 趙高常侍中用事, 事皆決於趙高.

당시 조고는 승상 이사가 2세 황제의 행보에 관해 간하려 한다는
이야기를 듣고는 곧 이사를 만나 이같이 말했다.

"함곡관 동쪽에서 도적 떼가 대거 일어났습니다. 그런데도 폐하는
황급히 부역을 징발해 아방궁이나 짓고, 개나 말 따위의 쓸모없는

것들을 모으고 있습니다. 제가 간하려고 하나 직위가 미천합니다. 이런 일이야말로 승상이 할 일입니다. 어째서 간하지 않는 것입니까?"

이사가 대답했다.

"실로 그렇소. 나도 이를 언급하고자 한 지 오래되었소. 지금 폐하는 조정에 나오시지 않고 궁궐 깊숙한 곳에 머물고 있소. 드리고 싶은 말이 있어도 전할 수 없고, 조현하고자 해도 만날 기회조차 없소."

조고가 말했다.

"승상이 실로 간하고자 하면 승상을 위해 폐하가 한가한 틈을 엿보아 알려드리겠습니다."

조고는 2세 황제가 연회를 즐기며 미녀들을 앞에 놓고 있을 때를 기다렸다가 사람을 시켜 승상 이사에게 이를 알렸다.

"폐하가 지금 한가하니 말씀을 올릴 수 있을 것입니다."

승상 이사가 궁문에 이르러 알현을 청했다. 이를 세 번이나 거듭했다. 2세 황제가 화를 냈다.

"짐은 늘 한가한 날이 많소. 승상이 그런 때는 오지 않고, 모처럼 연회를 즐길 때 와서 말하려 하오. 승상이 짐을 어리다고 얕잡아보는 것이오? 실로 짐을 깔보는 것이오?"

조고가 곁에서 화를 부추겼다.

"그리하시는 것은 위험합니다! 저 사구의 음모에 승상도 관여했습니다. 지금 폐하는 황제의 자리에 올랐지만 승상의 지위는 더 높아지지 않았습니다. 그는 봉지라도 나누어 가져 왕이 되려는 것입니다.

폐하가 신에게 묻지 않기에 감히 말씀드리지 못한 일이 있습니다. 승상의 장남이 삼천군 태수가 되었습니다. 초나라 땅의 도적인 진승 등은 모두 승상의 이웃 고을에 살던 사람들입니다. 초나라 땅의 도적들이 공공연히 돌아다니며 삼천군을 지나가도, 태수는 성만 지킬 뿐 나가서 칠 생각을 하지 않았습니다. 이들 사이에 서신이 오간다고 들었습니다만 아직 확실한 증거를 잡지 못해 감히 아뢰지 못했습니다. 지금 궁 밖에 있는 승상의 권세는 폐하보다 무겁습니다."

2세 황제도 그리 여겼다. 승상을 심문하고자 했으나 사실이 확실하지 않을까 두려워 먼저 사람을 시켜 삼천군 태수 이유가 도적들과 내통한 정황을 조사하게 했다. 이사가 그 소식을 들었다. 2세 황제가 감천궁甘泉宮에 머물며 곡저觳抵라는 연극을 관람하고 있어 조현할 수 없었다. 글을 올려 조고의 단점을 고했다.

신이 듣건대, "신하의 세력이 군주와 비슷해지면 위태롭지 않은 나라가 없고, 첩의 세력이 남편과 비슷해지면 위태롭지 않은 집안이 없다"고 했습니다. 지금 폐하를 곁에서 모시는 대신 가운데 폐하만큼이나 임의로 남에게 이익이나 해를 주며 폐하와 차이가 없는 자가 있습니다. 이는 매우 부당한 일입니다. 옛날 사성司城 벼슬에 있던 송나라의 자한은 재상이 되자 친히 형벌을 집행하며 위엄 있게 행동하더니 1년 만에 군주를 위협했습니다. 전상도 제간공의 신하가 된 후 직위와 서열로 따를 자가 없더니 사적인 재력이 제나라 공실과 비슷해지게 되었습니다. 그러자 은혜를 베풀며 덕을 펴 아래로 민심을 얻고 위로 군신들의 마음을 끌어들여 은밀히 제나라를 빼앗고자 했습니다. 결국 그는 궁중의 뜰에서 공자의 제자 재여를 죽이고 궁중에서 제간공을 시해한 뒤 결국 제나라를 차지했습니다. 이는 천하 사람이 모두 알고 있는 것입니다.

지금 조고가 사악한 뜻을 품고 위험한 반역을 행한 것은 마치 송나라 재상 자한과 같고, 사적인 재력은 전씨가 제나라에 있을 때와 같습니다. 전상과 자한의 반역의 수법을 동원해 폐하의 위신을 위협하는 모습은 한기韓玘가 한왕 안의 재상으로 있을 때와 같습니다.* 폐하가 지금 그에 관한 대책을 강구하지 않으면 그가 변란을 일으킬까 두렵습니다.

2세 황제가 말했다.

"무슨 소리요? 저 조고는 본래 환인宦人이오.** 그러나 그는 제 몸이 편하다고 멋대로 하지 않았고, 위태롭다고 마음을 바꾸지 않았소. 행실을 맑게 하고 선행을 닦아 지금의 자리에 이르렀소. 충성으로 승진하고, 신의로 자리를 지키니 짐은 실로 그를 현명하다고 생각하오. 그대가 그를 의심하니 이는 무슨 까닭이오? 게다가 짐은 어린 나이에 부친을 잃어 아는 것도 적고, 백성을 다스리는 데도 서투르고, 그대마저 늙어 천하의 일과 동떨어지지 않을까 두렵소. 짐이 조고에게 국사를 맡기지 않으면 누구에게 맡겨야 한다는 말이오? 조고는 사람됨이 청렴하며 부지런하고, 아래로는 백성의 마음을 알고, 위로는 짐의 뜻에 부합하오. 그대는 그를 의심하지 마시오."

● 한기가 한왕 안의 재상이 되었다는 내용은 확인이 어렵다. 〈표〉에는 대부 한조韓肇가 한소후를 섬겼고, 한소후의 4세 후손이 바로 한왕 안이라고 되어 있다. 한기가 한조와 다른 인물인지 여부는 분명치 않다. 《사기색은》은 한반韓槃이 한도공韓悼公을 시해한 이야기를 언급하며 한나라에는 도공이 존재하지 않았던 점을 지적하고 있다. 한기는 한조와 한반의 고사가 뒤섞인 결과로 보인다.
●● "저 조고"의 원문은 "부고夫高"다. "무릇 조고는"으로 해석하는 견해가 있으나 부夫는 지시하는 '저'로 보는 것이 타당하다. "원래 환인이다"의 본문은 "고환인故宦人"이다. 이에 관한 해석이 엇갈린다. 대개 고환이 없는 환관宦官으로 해석하고 있으나, 환인은 원래 궁중에 근무하는 관인을 뜻하므로 후대의 환관과는 뜻이 다르다는 주장이 있다. 〈몽념열전蒙恬列傳〉에 따르면 원래 조고는 조나라 왕족의 먼 친족으로 몇 명의 형제 모두 은궁隱宮에서 태어났다. 은궁은 남자를 거세하는 궁형과 여자를 어두운 방에 100일 동안 유폐시키는 형벌을 통칭한 것이다. 주목할 것은 조고가 은궁에서 태어났다고 기록하지 않은 점이다. 남성의 기능을 상실한 엄인閹人이 아니었을 가능성이 높다. 이를 좇기로 한다.

이사가 말했다.

"그렇지 않습니다. 저 조고는 본래 미천한 출신으로, 도리를 알지 못하고, 탐욕은 끝이 없고, 이익을 추구해 그칠 줄 모릅니다. 위세는 군주에 버금하며 욕심을 끝없이 부리고 있습니다. 위험한 자라고 말한 이유입니다."

2세 황제는 이미 이전부터 조고를 신임했던 까닭에 이사가 그를 죽이지 않을까 두려워했다. 은밀히 이를 조고에게 일러주었다. 조고가 말했다.

"승상의 걱정거리는 오직 이 조고뿐입니다. 제가 죽으면 승상이야 말로 곧 제나라의 전상과 같은 짓을 벌이려 할 것입니다."

2세 황제가 명했다.

"이사를 낭중령 조고에게 넘겨 조사하도록 하라."

조고가 이사의 죄목을 심문했다. 이사는 붙잡혀 묶인 모습으로 감옥에 갇혔다. 하늘을 우러러보며 탄식했다.

"아, 슬프다. 도리를 모르는 군주를 위해 무슨 계책을 세울 수 있겠는가! 옛날 하나라 걸은 관용봉을 죽였고, 은나라 주는 왕자 비간을 죽였고, 오왕 부차는 오자서를 죽였다. 이 세 명의 신하가 어찌 충성을 바치지 않았겠는가! 그럼에도 죽음을 면치 못했다. 이들이 목숨을 걸고 충성을 바친 군주가 무도했기 때문이다. 지금 나의 지혜는 이 세 명보다 못하고, 2세 황제의 무도한 행보는 하나라 걸과 은나라 주 및 오왕 부차보다 더하다. 내가 충성을 다했기에 죽는 것도 당연하다. 장차 2세 황제의 다스림이 어찌 어지럽지 않겠는가! 지난날 그는 자기 형제들을 죽이고 스스로 즉위했고, 충신을 죽인 뒤 미천한 자를 귀하게 여기고, 아방궁을 짓기 위해 천하의 백성들로부터 무거운 세금을 거두었다. 내가 간하지 않은 것이 아니라, 간언이 받아들여지지 않았을 뿐이다.

무릇 옛날의 성왕은 음식에도 절제가 있었고, 수레나 물건에도 정해진 수가 있었고, 궁궐을 짓는데도 한도가 있었다. 조칙을 내려 어떤 일을 할 때도 비용만 들고 백성에게 도움이 되지 않는 것은 금했다. 오랫동안 평안히 다스린 이유다. 지금 형제에게 도리에 어긋난 일을 하고도 그 허물을 반성하지 않고, 충신을 죽이고도 다가올 재앙을 생각지 않고, 궁실을 크게 짓느라 백성에게 과중한 세금을 물리며 비용을 아끼지 않는다. 이 세 가지 악행이 자행되는 한 천하의 백성은 복종하지 않을 것이다. 지금 반역의 무리가 천하의 절반을 차지했는데도 황제는 깨닫지 못한 채 조고를 보좌관으로 삼고 있다. 나는 반드시 도적들이 함양까지 쳐들어오고, 도성이 황폐화되어 고라니와 사슴이 조정에서 노는 꼴을 보게 될 것이다."

2세 황제가 조고를 시켜 승상을 투옥해 처벌하게 했다. 이사가 아들 이유와 함께 모반 혐의를 추궁당했다. 일족과 빈객이 모두 구속되었다. 조고가 이사를 심문하면서 1,000번이 넘는 매질을 가하며 고문했다. 이사가 고통을 이기지 못해 허위로 자백했다. 그가 자진하지 않은 것은 자신이 말재주에 능한데다 공로가 있고, 실제로 모반의 마음이 없었고, 글을 올려 해명하면 2세 황제가 깨닫고 사면해줄 것으로 믿었기 때문이다. 이사가 옥중에서 글을 올렸다.

신이 승상이 되어 백성을 다스린 지가 30여 년이나 되었습니다. 당시는 진나라의 영토가 좁을 때였습니다. 선왕 때 진나라의 영토는 1,000리를 넘지 못했습니다. 병력도 몇십만 명에 지나지 않았습니다.

신은 변변치 못한 재주를 다해 삼가 법령을 받들고, 은밀히 모신을 시켜 보석을 가지고 가 제후들을 설득하게 했습니다. 또 남몰래 군비를 갖추고 정교를 정비했습니다. 투사(鬪士)에게 벼슬을 주고, 공신을 존중하는 식으로 이들의 작록을 성대히 해주었습니다. 그 결과 한나라를 위협하며 위나라를 약화시켰고, 연나라와 조나라를 깨뜨렸고, 제나라와 초나라를 평정함으로써 끝내 산동육국을 병탄할 수 있었습니다. 열국의 왕들을 사로잡은 뒤 진나라 왕을 내세워 천자로 옹립했습니다. 이것이 저의 첫 번째 죄입니다. 영토가 넓지 않은 것이 아니었지만 더욱 북쪽으로 확장해 호와 맥(貉)을 쫓아내고, 남쪽으로 백월을 평정해 진나라의 강성함을 보여주었습니다. 이것이 저의 두 번째 죄입니다. 대신들을 존중하며 이들의 작위를 성대히 해주고, 군신 관계를 더욱 친밀하게 만들었습니다. 이것이 저의 세 번째 죄입니다. 사직을 세우고 종묘를 구축해 황제의 현명함을 밝혔습니다. 이것이 저의 네 번째 죄입니다. 눈금을 고치며 승과 척 단위를 통일시킨 뒤 이를 천하에 널리 시행함으로써 진나라의 명성을 드높였습니다. 이것이 저의 다섯 번째 죄입니다. 수레가 내달리는 넓은 치도를 닦고 지방을 순시하며 즐겁게 만들어 주상의 뜻이 이루어지게 했습니다. 이것이 저의 여섯 번째 죄입니다. 형벌을 낮추고 세금을 가볍게 해 주상이 민심을 얻게 했고, 모든 백성이 황제를 받들며 죽어도 그 은혜를 잊지 않도록 만들었습니다. 이것이 저의 일곱 번째 죄입니다. 이사는 신하 된 몸으로 죄를 지었으니 이미 오래 전에 죽어 마땅했습니다. 폐하는 다행히 저의 능력을 다하게 해 여기까지 이르게 되었으니 깊이 살펴주시기 바랍니다.

글이 올라오자 조고가 담당 관원을 시켜 폐기시켜 올라가지 못하게 했다. 그러고는 이같이 말했다.

"죄수가 어찌 감히 폐하에게 상서한단 말인가!"

조고가 식객 10여 명을 거짓으로 어사와 알자 및 시중을 가장하게 한 뒤 교대로 이사를 찾아가 심문하게 했다. 이사가 번복해 사실대로 대답하면 사람을 시켜 다시 매질을 가했다. 나중에 2세 황제가 사람을 시켜 이사를 심문했다. 이사는 이전처럼 할 것으로 생각해 끝내 번복하지 못하고 죄를 시인했다. 판결문이 보고되자 2세 황제가 기뻐했다.

"조고가 아니었다면 승상에게 속을 뻔했다!"

2세 황제는 이사의 아들인 삼천군 태수 이유를 조사하기 위해 사자를 파견했다. 그러나 이미 반군의 우두머리 항량項梁이 이유를 공략해 죽인 뒤였다. 사자가 돌아오자 승상은 형리刑吏에게 넘겨졌다. 조고가 모반죄의 진술서를 모두 날조했다. 2세 황제 2년 7월, 이사에게 오형五刑의 형벌이 내려졌다. 함양의 시장 바닥에서 허리를 자르게 했다. 이사가 감옥에서 나오면서 함께 투옥된 둘째 아들을 돌아보고는 이같이 말했다.

"나는 너와 함께 다시 누런 개를 끌고 고향 상채의 동쪽 문으로 나가 토끼 사냥을 하려고 했다. 이제는 그리할 수 없게 되었구나!"

마침내 부자가 서로 울음을 터뜨렸다. 삼족이 모두 죽임을 당했다.

●● 高聞李斯以爲言, 乃見丞相曰, "關東羣盜多, 今上急益發繇治阿房宮, 聚狗馬無用之物. 臣欲諫, 爲位賤. 此眞君侯之事, 君何不諫?" 李斯曰, "固也, 吾欲言之久矣. 今時上不坐朝廷, 上居深宮, 吾有所言者, 不可傳也, 欲見無閒." 趙高謂曰, "君誠能諫, 請爲君侯上閒語君."

於是趙高待二世方燕樂, 婦女居前, 使人告丞相, "上方閒, 可奏事." 丞相至宮門上謁, 如此者三. 二世怒曰, "吾常多閒日, 丞相不來. 吾方燕私, 丞相輒來請事. 丞相豈少我哉? 且固我哉?" 趙高因曰, "如此殆矣! 夫沙丘之謀, 丞相與焉. 今陛下已立爲帝, 而丞相貴不益, 此其意亦望裂地而王矣. 且陛下不問臣, 臣不敢言. 丞相長男李由爲三川守, 楚盜陳勝等皆丞相傍縣之子, 以故楚盜公行, 過三川, 城守不肯擊. 高聞其文書相往來, 未得其審, 故未敢以聞. 且丞相居外, 權重於陛下." 二世以爲然. 欲案丞相, 恐其不審, 乃使人案驗三川守與盜通狀. 李斯聞之. 是時二世在甘泉, 方作觳抵優俳之觀. 李斯不得見, 因上書言趙高之短曰, "臣聞之, 臣疑其君, 無不危國, 妾疑其夫, 無不危家. 今有大臣於陛下擅利擅害, 與陛下無異, 此甚不便. 昔者司城子罕相宋, 身行刑罰, 以威行之, 朞年遂劫其君. 田常爲簡公臣, 爵列無敵於國, 私家之富與公家均, 布惠施德, 下得百姓, 上得羣臣, 陰取齊國, 殺宰予於庭, 卽弑簡公於朝, 遂有齊國. 此天下所明知也. 今高有邪佚之志, 危反之行, 如子罕相宋也, 私家之富, 若田氏之於齊也. 兼行田常·子罕之逆道而劫陛下之威信, 其志若韓玘爲韓安相也. 陛下不圖, 臣恐其爲變也." 二世曰, "何哉? 夫高, 故宦人也, 然不爲安肆志, 不以危易心, 絜行脩善, 自使至此, 以忠得進, 以信守位, 朕實賢之, 而君疑之, 何也? 且朕少失先人, 無所識知, 不習治民, 而君又老, 恐與天下絶矣. 朕非屬趙君, 當誰任哉? 且趙君爲人精廉彊力, 下知人情, 上能適朕, 君其勿疑." 李斯曰, "不然. 夫高, 故賤人也, 無識於理, 貪欲無厭, 求利不止, 列勢次主, 求欲無窮, 臣故曰殆." 二世已前信趙高, 恐李斯殺之, 乃私告趙高. 高曰, "丞相所患者獨高, 高已死, 丞相卽欲爲田常所爲." 於是二世曰, "其以李斯屬郎中令!" 趙高案治李斯. 李斯拘執束縛, 居囹圄中, 仰天而歎曰, "嗟乎, 悲夫! 不道之君, 何可爲計哉! 昔者桀殺關龍逢, 紂殺王子比幹, 吳王夫差殺伍子胥. 此三臣者, 豈不忠哉, 然而不免於死, 身死而所忠者非也. 今吾智不及三子, 而二世之無道過於桀·紂·夫差, 吾以忠死, 宜矣. 且二世之治豈不亂哉! 日者夷其兄弟而自立也, 殺忠臣而貴賤人, 作爲阿房之宮, 賦斂天下. 吾非不諫也, 而不吾聽也. 凡古聖王, 飲食有節, 車器有數, 宮室有度, 出令造事, 加費而無益於民利者禁, 故能長久治安. 今行逆於昆弟, 不顧其咎, 侵殺忠臣, 不思其殃, 大爲宮室, 厚賦天下, 不愛其費, 三者已行, 天下不聽. 今反者已有天下之半矣, 而心尙未寤也, 而以趙高爲佐, 吾必見寇至咸陽, 麋鹿遊於朝也."於是二世乃使高案丞相獄, 治罪, 責斯與子由謀反狀, 皆收捕宗族賓客. 趙高治斯, 榜掠千餘, 不勝痛, 自誣服. 斯所以不死者, 自負其辯, 有功, 實無反心, 幸得上書自陳, 幸二世之寤而赦之. 李斯乃從獄中上書曰, "臣爲丞相治民, 三十餘年矣. 逮秦地之陝隘. 先王之時秦地不過千里, 兵數十萬. 臣盡薄材, 謹奉法令, 陰行謀臣, 資之金玉, 使遊說諸侯, 陰修甲兵, 飾政教, 官鬬士, 尊功臣, 盛其爵祿, 故終以脅韓弱魏, 破燕·趙, 夷齊·楚, 卒兼六國, 虜其王, 立秦爲天子. 罪一矣. 地非不廣, 又北逐胡·貉, 南定百越, 以見秦之彊. 罪二矣. 尊大臣, 盛其爵位, 以固其親. 罪三矣. 立社稷, 修宗廟, 以明主之賢. 罪四矣. 更剋畫, 平斗斛度量文章, 布之天下, 以樹秦之名. 罪五矣. 治馳道, 興遊觀, 以見主之得意. 罪六矣. 緩刑罰, 薄賦斂, 以遂主得衆之心, 萬民戴主, 死而不忘. 罪七矣. 若斯之爲臣者, 罪足以死固久矣. 上幸盡其能力, 乃得至今, 願陛下察之!"書上, 趙高使吏棄去不奏, 曰, "囚安得上書!"趙高使其客十餘輩詐爲御史·謁者·侍中, 更往覆訊斯. 斯更以其實對, 輒使人復榜之. 後二世使人驗斯, 斯以爲如前, 終不敢更言, 辭服. 奏當上, 二世喜曰,"微趙君,幾爲丞相所賣!"及二世所使案三川之守至,則項梁已擊殺之.使者來,會丞相下吏,趙高皆妄爲反辭.二世二年七月,具斯五刑,論腰斬咸陽市.斯出獄,與其中子俱執,顧謂其中子曰,"吾欲與若復牽黃犬俱出上蔡東門逐狡兔,豈可得乎!"遂父子相哭,而夷三族.

이사가 사후 2세 황제가 조고를 궁궐에 머물며 승상의 업무를 보는 중승상中丞相으로 삼았다. 나라의 대소사가 모두 조고에 의해 결정되었다. 조고는 자신의 권한이 막중한 것을 알았다. 이내 사슴을 바치면서 말이라 했다. 2세 황제가 좌우의 신하에게 물었다.

"이는 사슴인가?"

좌우가 입을 모아 대답했다.

"말입니다."

2세 황제가 놀라 스스로 정신이 이상하다고 여겼다. 곧 태복太卜을 불러 점을 치게 했다. 태복이 말했다.

"폐하가 봄과 가을에 교사를 지낼 때 송묘 귀신을 노시면서 재계가 분명치 않아 이 지경에 이른 것입니다. 덕을 많이 쌓아 재계를 분명히 해야 합니다."

2세 황제가 재계를 구실로 상림원上林苑에 들어간 뒤 매일 사냥하며 노닐었다. 지나가는 행인이 상림원에 들어왔다가 2세 황제가 쏜 화살에 맞아 죽었다. 조고는 사위인 함양령咸陽令 염락閻樂을 시켜 이같이 탄핵했다.

"누군지 알 수는 없으나 어떤 자가 사람을 죽인 뒤 상림원으로 옮겨놓았다."

이어 조고가 2세 황제에게 말했다.

"천자가 아무런 까닭 없이 무고한 사람을 죽였으니 이는 하늘이 금하는 것입니다. 이제 귀신도 제사를 받지 않을 것이고, 하늘도 재앙을 내릴 것입니다. 응당 궁궐에서 멀리 떨어진 곳으로 가 재앙을 물리치는 기도를 올려야 합니다."

2세 황제가 망이궁望夷宮으로 나가 살았다. 사흘 뒤 조고가 위사衛士들에게 거짓 조서를 내렸다. 이들 모두 흰옷을 입고 무장한 채 궁 안으로 들어오게 한 뒤 2세 황제에게 이같이 보고했다.

"산동의 도적 떼가 대거 당도했습니다!"

2세 황제가 높은 곳에서 이를 바라보며 크게 두려워했다. 조고가 곧 2세 황제를 위협해 자진하게 했다. 조고가 황제의 옥새를 꺼내 찼지만 백관 가운데 아무도 따르지 않았다. 대전으로 올라가자 전각이 세 번이나 무너지려고 했다. 조고는 하늘이 돕지 않고 군신들도 허락지 않을 것을 알고, 진시황의 손자 자영子嬰을 불러 옥새를 넘겨주었다. 자영은 즉위 후 조고를 두려워해 병을 핑계로 정사를 돌보지 않았다. 그러고는 환관 한담韓談 및 그의 아들과 함께 조고를 살해할 계책을 꾸몄다. 마침 조고가 조현하러 와 문병을 청하자 안으로 불러들인 뒤 한담을 시켜 찔러 죽이게 했다. 이어 그의 삼족을 멸했다.

자영이 즉위한 지 석 달 만에 패공沛公 유방의 군사가 무관을 통해 함양으로 입성했다. 모든 신하와 백관이 자영을 배반하고 맞서 싸우지 않았다. 자영이 처자와 더불어 옥새가 달린 끈을 목에 걸고 지도 부근에서 항복했다. 유방이 자영을 해당 관원에게 넘겼다. 이후 항우가 와서 그의 목을 베었다. 이로써 마침내 진나라는 천하를 잃고 말았다.

●● 李斯已死, 二世拜趙高爲中丞相, 事無大小輒決於高. 高自知權重, 乃獻鹿, 謂之馬. 二世問左右, "此乃鹿也?" 左右皆曰, "馬也." 二世驚, 自以爲惑, 乃召太卜, 令卦之, 太卜曰, "陛下春秋郊祀, 奉宗廟鬼神, 齋戒不明, 故至于此. 可依盛德而明齋戒." 於是乃入, 上林齋戒. 日遊弋獵, 有行人入上林中, 二世自射殺之. 趙高教其女壻咸陽令閻樂劾不知何人賊殺人移上林. 高乃諫二世曰, "天子無故賊殺不辜人, 此上帝之禁也, 鬼神不享, 天且降殃, 當遠避宮以禳之." 二世乃出居望夷之宮. 留三日, 趙高詐詔衛士, 令士皆素服持兵內鄉, 入告二世曰, "山東羣盜兵大至!" 二世上觀而見之, 恐懼, 高卽因劫令自殺. 引璽而佩之, 左右百官莫從, 上殿, 殿欲壞者三. 高自知天弗與, 羣臣弗許, 乃召始皇弟, 授之璽. 子嬰卽位, 患之, 乃稱疾不聽事, 與宦者韓談及其子謀殺高. 高上謁, 請病, 因召入, 令韓談刺殺之, 夷其三族. 子嬰立三月, 沛公兵從武關入, 至咸陽, 羣臣百官皆畔, 不適. 子嬰與妻子自係其頸以組, 降軹道旁. 沛公因以屬吏. 項王至而斬之. 遂以亡天下.

태사공은 평한다.

"이사는 빈민 출신으로 제후들에게 유세하다가 진나라로 들어와 진시황을 섬겼다. 열국 사이에 틈이 생긴 것을 적극 활용해 진시황을 도왔다. 마침내 사상 최초의 제업帝業을 이루게 된 배경이다. 이후 이사는 삼공의 자리에 오르게 되었으니 높은 자리에 등용되었다고 할 만하다. 이사는 육예의 핵심을 잘 알면서도 군주의 결점을 메워 주려 애쓰지 않고, 높은 작록을 누리면서도 군주에게 아부하며 구차하게 영합했다. 또 조칙을 엄히 하고 형벌을 혹독하게 시행했다. 조고의 간사한 말을 듣고 적자를 폐한 뒤 서자를 즉위시켰다. 제후들이 이미 뒤돌아선 뒤 비로소 간쟁하고자 했으니 이 어찌 늦은 일이 아니겠는가! 사람들 모두 이사가 충성을 다하고도 오형을 당해 죽은 줄 안다. 그러나 그 근본을 살펴보면 세속의 공론과는 다르다. 처신을 그르치지만 않았다면 그의 공적은 주공이나 소공과 어깨를 나란히 할 만했다.”

●● 太史公曰, “李斯以閭閻歷諸侯, 入事秦, 因以瑕釁, 以輔始皇, 卒成帝業, 斯爲三公, 可謂尊用矣. 斯知六藝之歸, 不務明政以補主上之缺, 持爵祿之重, 阿順苟合, 嚴威酷刑, 聽高邪說, 廢適立庶. 諸侯已畔, 斯乃欲諫爭, 不亦末乎! 人皆以斯極忠而被五刑死, 察其本, 乃與俗議之異. 不然, 斯之功且與周 · 召列矣.”

몽념열전

蒙恬列傳

〈몽념열전〉은 진시황의 천하통일 이후 북방을 지키면서 만리장성을 쌓아 진시황의 돈독한 신임을 받은 장군 몽념의 사적을 다루고 있다. 열전에 등장하는 춘추전국시대와 진시황시대의 인물 가운데 최후의 인물로 선택되었다. 이후에 나오는 인물들은 모두 항우와 유방이 천하를 놓고 다투는 이른바 초한지제楚漢之際 이후의 인물들이다.

〈몽념열전〉은 역사적으로 볼 때 크게 두 가지 점에서 커다란 의미가 있다. 첫째, 2세 황제 호해의 등극은 기본적으로 신권臣權 세력 내의 권력투쟁의 결과다. 단순히 조고와 이사의 권력 야욕에서 비롯된 것이 아니라는 것이다. 진시황의 죽음을 계기로 막강한 황권皇權에 공백이 생기자 부소와 가까운 몽념蒙恬 일족의 위세를 두려워한 조고와 이사가 합세해 선제공격을 가함으로써 권력을 쟁취한 것으로 해석할 수 있다. 여기에는 조고가 진시황의 총애를 입고 있는 막내아들 호해의 사부로 있었던 것이 결정적인 배경으로 작용했다.

둘째, 양측이 갈등을 빚게 된 연원이 매우 깊다는 점이다. 진나라는 법치를 통해 천하를 통일한 까닭에 황자의 스승은 조고처럼 법률을 전공한 자들이었다. 주목할 것은 몽념도 원래는 장군으로 활약하기 이전에 형법을 배워 재판과 소송에 관한 문서를 맡은 적이 있다는 점이다. 이때 조고와 갈등을 빚었을 공산이 크다. 원래 법률교사는 형벌을 받은 엄인이 맡기에 문제가 많다. 조고를 환관으로 보지 않는 견해도 여기서 출발하고 있다. 몽씨 일족과 조고가 정면으로 대립하게 된 직접적인 계기는 조고가 죄를 지었을 때 몽의가 강경한 입장을 피력한 데 있다. 단초는 바로 감정싸움이었다. 당시 조고는 진시황의 은덕으로 생명을 건지기는 했으나 몽의에 대해서는 적개심을 키웠다. 이것이 훗날 거짓 조칙을 통한 부소와 몽념의 죽음으로 나타난 셈이다.

기본적으로 사상 최초의 제국인 진제국의 속망速亡은 진시황의 책임이 크다. 태자도 세우지 않은 채 제국체제를 이상적으로 끌고 간 것이 화근이다. 만대에 걸쳐 왕조가 지속될 것으로 생각하고 시황·2세·3세 등으로 제호를 정한 것부터 그렇다. 이런 상황에서 진시황 사후 신권 세력 사이의 생사를 건 권력투쟁이 일어난 것은 필연에 해당한다. 부소와 몽념은 선하고, 호해와 조고는 악하다는 기존의 이분법적 통념에 대한 일부 수정이 필요하다.

몽념은 선조가 제나라 사람이다. 조부 몽오는 제나라에서 진나라로 건너와 진소양왕을 섬기면서 벼슬은 상경에 이르렀다. 진장양왕 원년, 몽오가 진나라 장수 자격으로 한나라를 쳐 성고와 형양을 빼앗았다. 진나라는 이곳에 삼천군을 두었다. 이듬해, 몽오가 다시 조나라를 공격해 서른일곱 개의 성을 빼앗았다. 진시황 3년, 한나라를 공격해 열세 개의 성을 빼앗았다. 진시황 5년, 위나라를 쳐서 스무 개의 성을 탈취한 뒤 동군을 두었다. 진시황 7년, 몽오가 죽었다. 몽오의 아들이 몽무蒙武, 몽무의 아들이 몽념이다. 몽념은 일찍이 형법을 배워 재판과 소송에 관한 문서를 맡았다.

진시황 23년, 몽무가 진나라의 비장군裨將軍이 되어 왕전과 함께 초나라를 쳤다. 대승을 거두고 초나라 장수 항연을 죽였다. 진시황 24년, 몽무가 초나라를 공격해 초왕을 생포했다. 몽념의 아우는 몽의다. 진시황 26년, 몽념 역시 집안 대대로 장군을 지낸 인연으로 장군이 되었다. 제나라를 공격해 대승을 거둔 뒤 함양의 행정장관인 내사內史에 임명되었다. 이해에 진나라는 천하를 통일한 뒤 몽념에게 30만 대군을 이끌고 북쪽으로 가 융적을 내쫓고, 하남 일대를 점거해 장성을 쌓게 했다. 지형에 따라 험난한 곳을 이용해 장성을 쌓자 임조臨洮에서 요동까지 길이가 1만여 리나 되었다. 황하를 건너 양산陽山을 점거하고, 구불구불 북쪽으로 뻗어갔다. 장성의 축조공사를 위해 10여 년 동안 군사를 국경 밖에 내놓은 뒤 상군을 근거지로 삼아 주둔했다. 몽념이 위세를 흉노 땅에 크게 떨친 이유다.

당시 진시황은 몽씨 일족을 매우 존중하고 총애하면서 이들을 크게 신임하고 현명하다고 여겼다. 특히 몽의를 가까이해 벼슬이 상경에 이르게 되었다. 외출할 때 수레를 함께 탔고, 궁궐로 들어와서는 늘 곁에 두었다. 몽념에게는 궁 밖에서 군사를 지휘하고, 몽의는 늘 궁 안에서 정책을 떠맡았다. 충성스럽고 신의를 다하는 신하로 알려지자 여러 장상이 감히 이들과 다투려 하지 않았다.

●● 蒙恬者, 其先齊人也. 恬大父蒙驁, 自齊事秦昭王, 官至上卿. 秦莊襄王元年, 蒙驁爲秦將, 伐韓, 取成臯・滎陽, 作置三川郡. 二年, 蒙驁攻趙, 取三十七城. 始皇三年, 蒙驁攻韓, 取十三城. 五年, 蒙驁攻魏, 取二十城, 作置東郡. 始皇七年, 蒙驁卒. 驁子曰武, 武子曰恬. 恬嘗書獄典文學. 始皇二十三年, 蒙武爲秦裨將軍, 與王翦攻楚, 大破之, 殺項燕. 二十四年, 蒙武攻楚, 虜楚王. 蒙恬弟毅. 始皇二十六年, 蒙恬因家世得爲秦將, 攻齊, 大破之, 拜爲內史. 秦已幷天下, 乃使蒙恬將三十萬衆北逐戎狄, 收河南. 築長城, 因地形, 用制險塞, 起臨洮, 至遼東, 延袤萬餘里. 於是渡河, 據陽山, 逶蛇而北. 暴師於外十餘年, 居上郡. 是時蒙恬威振匈奴. 始皇甚尊寵蒙氏, 信任賢之. 而親近蒙毅, 位至上卿, 出則參乘, 入則御前. 恬任外事而毅常爲內謀, 名爲忠信, 故雖諸將相莫敢與之爭焉.

조고는 조나라 왕족인 조씨 가문의 먼 일족이다. 조고의 형제 가운데 몇 사람은 은궁에서 태어났다. 그의 모친도 형벌을 받은 까닭에 대대로 비천했다. 진시황은 조고가 능력이 뛰어나 형법에 능통하다는 말을 듣고는 곧바로 그를 등용해 중거부령으로 삼았다. 조고는 사적으로 공자 호해를 섬기며 죄를 판결하는 방법을 가르쳤다. 조고가 큰 죄를 지었을 때, 진시황은 몽의에게 법에 따라 다스릴 것을 명했다. 몽의는 법을 곡해하지 않고 사형죄에 해당된다고 판단해 그의 환적宦籍•을 삭제했다. 그러나 진시황은 이내 조고의 일처리 능력이 뛰어나다며 용서한 뒤 관작을 회복시켰다. 진시황이 천하를 순행할 때 구원을 거쳐 곧바로 감천으로 가고자 했다. 몽념에게 길을 닦도록 한 이유다. 구원에서 감천까지 산을 깎고 골짜기를 메운 것이 1,800리나 되었다.

길이 아직 완성되지 않았을 때였다. 진시황 37년 겨울, 진시황이 회계로 순행했다가 바닷길을 따라 북상해 낭야로 향했다. 도중에 병이 났다. 몽의를 시켜 도성으로 돌아가 산천의 신에게 기도 드리게 했다. 그러나 그가 도성으로 돌아오기도 전에 진시황이 사구에서 죽었다. 조고 등이 이를 비밀로 했기에 군신들은 알지 못했다. 당시 승상 이사와 공자 호해, 중거부령 조고가 늘 진시황을 곁에서 모시고 있었다. 조고는 평소 호해의 총애를 받고 있었다. 호해를 황제로 세우려 한 이유다. 그는 전에 몽의가 법대로 처리해 자신을 위해주지 않은 것에 원한을 품고 틈을 보아 해치고자 했다. 마침내 승상 이사 및 공자 호해와 모의했다. 호해를 태자로 삼는 계책이었다.

◉◉ 趙高者, 諸趙疏遠屬也. 趙高昆弟數人, 皆生隱宮, 其母被刑僇, 世世卑賤. 秦王聞高彊力, 通於獄法, 舉以爲中車府令. 高卽私事公子胡亥, 喩之決獄. 高有大罪, 秦王令蒙毅法治之. 毅不敢阿法, 當高罪死, 除其宦籍. 帝以高之敦於事也, 赦之, 復其官爵. 始皇欲遊天下, 道九原, 直抵甘泉, 迺使蒙恬通道, 自九原抵甘泉, 塹山堙谷, 千八百里. 道未就. 始皇三十七年冬, 行出遊會稽, 並海上, 北走琅邪. 道病, 使蒙毅還禱山川, 未反. 始皇至沙丘崩, 祕之, 羣臣莫知. 是時丞相李斯·公

● 원문은 "제기환적除其宦籍"이다. 환적을 두고, 조고를 엄인으로 간주하는 견해는 '환관의 등록'으로 풀이하는 데 반해, 궁중의 관원으로 해석하는 견해는 '궁관宮官의 등록'으로 해석하고 있다.

子胡亥·中車府令趙高常從. 高雅得幸於胡亥, 欲立之, 又怨蒙毅法
治之而不爲己也, 因有賊心, 迺與丞相李斯·公子胡亥陰謀, 立胡亥
爲太子.

    호해는 태자로 정해지자 곧바로 사자를 몽념에게 보냈다. 공자 부
소와 몽념에게 죄를 뒤집어씌워 죽음을 내린 것이다.● 부소가 자진
할 때 몽념은 조명의 진위를 의심했다. 다시 한 번 명을 내려달라고
청하자 사자가 몽념을 관원에게 넘긴 뒤 다른 사람에게 몽념의 자리
를 대신하게 했다. 호해는 이사의 사인을 호군護軍으로 삼았다. 사자
가 돌아와 보고하자 호해는 부소가 이미 죽었다는 말을 듣고 몽념을
즉시 풀어주려고 했다. 조고는 몽씨가 다시 귀하게 되어 권력을 잡
으면 자신을 원망할까 두려웠다. 몽의가 돌아오자 조고는 호해에게
충성하는 척하며 몽씨를 제거하기 위해 이같이 말했다.

    "신이 듣건대, '선제가 현명한 황자皇子를 태자로 세우려 한 지 오
래되었다'고 했습니다. 그러나 몽의는 간하기를, '불가하다'고 했습
니다. 황자가 현인인 줄 알면서 오래도록 세우려 하지 않았으니 이
는 불충이며 선제를 미혹시킨 것입니다. 신의 우매한 생각으로는 그
를 주살하는 것이 좋을 듯합니다."

    호해가 이를 듣고 몽의를 대 땅의 옥에 가두었다. 앞서 몽념은 이
미 양주의 옥에 갇힌 바가 있다. 진시황의 영구가 함양에 이르러 장
례를 끝내자 태자 호해가 뒤를 이어 2세 황제가 되었다. 조고가 가까

● 역사적으로 권력투쟁에서 소리 없이 사라진 황자와 황손은 헤아릴 수 없을 정도로 많다.
진시황이 사구에서 급서할 당시 가장 유력했던 부소와 몽념의 세력은 문득 호해와 조고의 세
력이 승상 이사를 끌어들이면서 패하게 되었다고 평할 수 있다. 이는 기본적으로 진시황이
태자를 정해놓지 않은 상황에서 막강한 황권을 독점적으로 행사한 사실과 무관치 않다.

이 모시면서 밤낮으로 몽씨를 헐뜯었다. 이들의 죄와 허물을 일일이 찾아내 탄핵하자 자영이 2세 황제 앞으로 나와 이같이 간했다.

"신이 듣건대, '전에 조왕 천은 어진 신하 이목을 죽인 뒤 안추顔聚를 등용했다가 패망했고, 연왕 희는 몰래 형가의 계책을 써서 진나라와의 약속을 저버렸다가 패망했고. 제왕 건은 선대의 충신들을 죽이고 후승后勝의 건의를 받아들였다가 패망했다'고 했습니다. 이 세 명의 군주는 모두 옛것을 바꾸는 변고變古를 행했다가 나라를 잃고 자기 몸에까지 재앙이 미친 경우입니다. 지금 몽씨는 진나라의 대신이며 계책을 잘 내는 모사謀士입니다. 폐하가 하루아침에 이들을 버리려 하니, 신은 내심 불가하다는 생각입니다. 신이 듣건대, '경솔한 생각[輕慮]으로는 나라를 다스릴 수가 없고, 한 사람의 지혜[獨智]로는 군주의 자리를 보존하지 못한다'고 했습니다. 충신을 죽이고 절조 없는 자를 세우면 안으로는 신하들이 서로 불신하고, 밖으로는 전쟁을 치르는 군사들의 마음이 흐트러지게 됩니다. 신이 내심 불가하다고 생각하는 이유입니다."

호해가 듣지 않았다. 곧 어사 곡궁曲宮에게 명해 전마를 타고 대 땅으로 가 몽의에게 이런 명을 전하게 했다.

"선제가 짐을 태자로 세우려 할 때 경은 이를 비난했소. 지금 승상은 경을 두고 불충하다며 그 죄가 일족에게 미친다고 했소. 짐은 차마 그리할 수 없어 경에게만 죽음을 내리니 이 또한 매우 다행으로 생각하기 바라오. 경은 명을 받들어 시행하도록 하시오."

몽의가 항변했다.

"신이 선제의 뜻을 잘 몰랐다고 하나 신은 어렸을 때부터 벼슬을 해 선제가 승하하는 날까지 그 뜻을 받들어 남다른 총애를 입었습니다. 나름대로 선제의 뜻을 알았다고 말할 수 있습니다. 신이 태자의 능력을 몰랐다고 하나 태자만이 선제를 수행해 천하를 두루 순행했으니 신 또한 태자의 능력이 여타 공자들보다 뛰어나다는 사실을 의심해본 적이 없습니다. 선제가 폐하를 태자로 세우고자 한 것은 이미 몇 년 전부터 생각해온 일입니다. 신이 감히 무슨 말을 간하고, 감히 달리 무슨 생각을 할 리 있었겠습니까? 이는 감히 말을 꾸며 죽음을 피하려는 것이 아니라, 선제의 이름에 누를 끼치는 것이 부끄럽기 때문입니다. 원컨대 대부는 깊이 생각해 신이 정당한 죄명으로 죽게 해주십시오. 대략 공을 이루고 제 몸을 온전히 보전하는 것은 사람의 도리로서 귀중한 것이고, 형벌을 받아 죽는 것은 사람의 도리로서 끝에 해당합니다.

옛날 진목공은 세 명의 어진 신하를 죽이고, 백리해에게도 죽을죄를 내렸습니다. 모두 합당한 처벌이 아니었습니다. 졸라맸다는 뜻의 목繆 시호를 받은 이유입니다. 또 진소양왕은 무안군 백기를 죽였고, 초평왕은 오사를 죽였고, 오왕 부차는 오자서를 죽였습니다. 이 네 명의 군주는 모두 커다란 실수를 범한 까닭에 천하가 이들을 비난했습니다. 현명하지 못한 군주로 제후들 사이에 알려진 이유입니다. 옛날 말에 이르기를, '도리로 다스리는 자는 죄 없는 자를 죽이거나, 무고한 자를 벌하지 않는다'고 했습니다. 원컨대 대부는 이를 유념해주십시오."

사자는 호해의 뜻을 알고 있었던 까닭에 몽의의 말을 듣지 않고 이내 그를 죽였다. 2세 황제는 다시 사자를 양주로 보내 몽념에게 이같이 명했다.

"그대는 잘못이 많다. 그대의 동생 몽의가 큰 죄를 범했는데 법률에 따르면 내사인 그대까지 죄가 미친다."

몽념이 말했다.

"저의 집안은 선조로부터 후손에 이르기까지 진나라에 공을 쌓은 지 3대가 되었습니다. 지금 신은 30여 만 대군을 이끌고 있고, 비록 죄수의 몸으로 감옥에 갇혀 있으나 그 세력이 진나라를 배반하기에 충분합니다. 그러나 반드시 죽을 것을 알면서도 의리를 지키는 것은 조상의 가르침을 감히 욕되게 할 수 없고, 선제의 은덕을 잊을 수 없기 때문입니다. 옛날 주성왕은 즉위했을 때 강보襁褓를 떠나지 못했지만 주공 단이 왕을 업고 조정에 나가 일을 처리함으로써 마침내 천하를 평정했습니다. 주성왕이 병에 걸려 위독하자 주공 단은 스스로 손톱을 잘라 황하에 던지며 기도하기를, '왕은 아직 어려 아는 것이 없기에 제가 왕 대신 모든 일을 처리하고 있습니다. 죄가 있다면 제가 그 벌을 받겠습니다'라고 했습니다. 이를 기록해 천자의 문서를 보관하는 기부記府에 간직해두었으니 충성스럽다고 할 만합니다.

주성왕이 자라 친정親政을 할 나이가 되자 어떤 간신이 무함하기를, '주공 단이 반란을 일으키려 한 지 오래되었으니 대비하지 않으신다면 반드시 큰일이 일어날 것입니다'라고 했습니다. 주성왕이 대로하자 주공 단이 초나라로 달아났습니다. 이후 기부를 조사하다가 주공 단이 황하에 던진 글을 보고는 눈물을 흘리며 말하기를, '누가 주공 단이 반란을 일으키려 한다고 했는가?'라며 그리 말한 자를 죽이고, 주공 단을 불러들였습니다. 《주서》에 이르기를, '반드시 삼경三卿에게 자문을 구하고, 오대부에게 의견을 말하도록 한다'고 했습니다.

지금까지 신의 집안은 대대로 두 마음을 품은 적이 없습니다. 그럼에도 일이 문득 여기까지 이르게 된 것은 반드시 간신이 반역을 꾀해 안으로 군주를 능욕한 탓입니다. 무릇 주성왕은 잘못했으나 다시 고쳤기에 끝내 창성했습니다. 그러나 하나라 걸은 관용봉을 죽이고 은나라 주는 왕자 비간을 죽이고 뉘우치지 않았습니다. 자신은 죽음에 이르고 나라가 패망한 이유입니다. '잘못은 바로잡아야 하고, 간언은 깨달아야 하고, 삼경과 오대부에게 자문을 구하며 살피는 것이 성왕의 도리'라고 신이 말한 것도 바로 이 때문입니다. 이는 결코 허물을 면하려는 것이 아닙니다. 단지 간언을 올리고 죽고자 할 따름입니다. 원컨대 폐하는 만민을 위해 도리를 따르도록 하십시오."

사자가 말했다.

"나는 명을 받고 형을 집행할 따름이오. 감히 장군의 말을 주상에게 전할 수는 없소."

몽념이 길게 한숨을 내쉬었다.

"내가 하늘에 무슨 죄를 지었기에 잘못도 없이 죽어야 한다는 말인가!"

한참 있다가 천천히 말했다.

"내 죄는 실로 죽어 마땅하다. 임조에서 요동에 이르기까지 장성을 1만여 리나 쌓았다. 공사 도중에 어찌 지맥地脈●을 끊어놓지 않을 수 있었겠는가? 이것이 바로 나의 죄다."

그러고는 약을 삼키고 자진했다.

●● 太子已立, 遣使者以罪賜公子扶蘇 · 蒙恬死. 扶蘇已死, 蒙恬疑而

● 지맥은 풍수학에서 만물을 낳고 기르는 생육의 기능을 지닌 것으로 간주되고 있다. 당시 지맥을 끊으면 자손이 끊기는 등의 재앙을 입는다고 생각했다.

復請之. 使者以蒙恬屬吏, 更置. 胡亥以李斯舍人爲護軍. 使者還報, 胡亥已聞扶蘇死, 卽欲釋蒙恬. 趙高恐蒙氏復貴而用事, 怨之. 毅還至, 趙高因爲胡亥忠計, 欲以滅蒙氏, 乃言曰, "臣聞先帝欲擧賢立太子久矣, 而毅諫曰'不可'. 若知賢而兪弗立, 則是不忠而惑主也. 以臣愚意, 不若誅之." 胡亥聽而繫蒙毅於代. 前已囚蒙恬於陽周. 喪至咸陽, 已葬, 太子立爲二世皇帝, 而趙高親近, 日夜毁惡蒙氏, 求其罪過, 擧劾之. 子嬰進諫曰, "臣聞故趙王遷殺其良臣李牧而用顔聚, 燕王喜陰用荊軻之謀而倍秦之約, 齊王建殺其故世忠臣而用后勝之議. 此三君者, 皆各以變古者失其國而殃及其身. 今蒙氏, 秦之大臣謀士也, 而主欲一旦棄去之, 臣竊以爲不可. 臣聞輕慮者不可以治國, 獨智者不可以存君. 誅殺忠臣而立無節行之人, 是內使羣臣不相信而外使鬪士之意離也, 臣竊以爲不可." 胡亥不聽. 而遣御史曲宮乘傳之代, 令蒙毅曰, "先主欲立太子而卿難之. 今丞相以卿爲不忠, 罪及其宗. 朕不忍, 乃賜卿死, 亦甚幸矣. 卿其圖之!" 毅對曰, "以臣不能得先主之意, 則臣少宦, 順幸沒世, 可謂知意矣. 以臣不知太子之能, 則太子獨從, 周旋天下, 去諸公子絶遠, 臣無所疑矣. 夫先主之擧用太子, 數年之積也, 臣乃何言之敢諫, 何慮之敢謀! 非敢飾辭以避死也, 爲羞累先主之名, 願大夫爲慮焉, 使臣得死情實. 且夫順成全者, 道之所貴也, 刑殺者, 道之所卒也. 昔者秦穆公殺三良而死, 罪百里奚而非其罪也, 故立號曰'繆'. 昭襄王殺武安君白起. 楚平王殺伍奢. 吳王夫差殺伍子胥. 此四君者, 皆爲大失, 而天下非之, 以其君爲不明, 以是籍於諸侯. 故曰'用道治者不殺無罪, 而罰不加於無辜'. 唯大夫留心!" 使者知胡亥之意, 不聽蒙毅之言, 遂殺之. 二世又遣使者之陽周, 令蒙恬曰, "君之過多矣, 而卿弟毅有大罪, 法及內史." 恬曰, "自吾先人, 及至子孫, 積功信於秦三世矣. 今臣將兵三十

餘萬, 身雖囚繫, 其勢足以倍畔, 然自知必死而守義者, 不敢辱先人之
敎, 以不忘先主也. 昔周成王初立, 未離襁褓, 周公旦負王以朝, 卒定天
下. 及成王有病甚殆, 公旦自揃其爪以沈於河, 曰, '王未有識, 是旦執
事. 有罪殃, 旦受其不祥.' 乃書而藏之記府, 可謂信矣. 及王能治國, 有
賊臣言, '周公旦欲爲亂久矣, 王若不備, 必有大事.' 王乃大怒, 周公旦
走而奔於楚. 成王觀於記府, 得周公旦沈書, 乃流涕曰, '孰謂周公旦欲
爲亂乎!' 殺言之者而反周公旦. 故周書曰 '必參而伍之'. 今恬之宗, 世
無二心, 而事卒如此, 是必孼臣逆亂, 內陵之道也. 夫成王失而復振則
卒昌, 桀殺關龍逢, 紂殺王子比干而不悔, 身死則國亡. 臣故曰過可振
而諫可覺也. 察於參伍, 上聖之法也. 凡臣之言, 非以求免於咎也, 將以
諫而死, 願陛下爲萬民思從道也." 使者曰, "臣受詔行法於將軍, 不敢
以將軍言聞於上也." 蒙恬喟然太息曰, "我何罪於天, 無過而死乎?" 良
久, 徐曰, "恬罪固當死矣. 起臨洮屬之遼東, 城塹萬餘里, 此其中不能
無絶地脈哉? 此乃恬之罪也." 乃吞藥自殺.

　　태사공은 평한다.

　　"나는 북쪽 변경에 갔다가 곧게 뻗은 직도를 통해 돌아왔다. 길을
가면서 몽념이 진나라를 위해 쌓은 장성의 요새를 보았다. 산을 깎
고 골짜기를 메워 직도를 통하게 했다. 실로 백성의 노고를 가벼이
여긴 것이 분명하다. 진나라가 처음 제후들을 멸할 때는 천하의 민
심이 아직 안정되지 못했다. 전쟁의 상흔도 채 가라앉지 않았을 때
였다. 몽념은 명장으로서 이런 때에 백성의 궁핍을 구제하고 노인과
고아를 부양해 모든 백성을 안온하게 만드는 일에 힘써야 한다고 강
력히 간하지 않았다. 오히려 시황제의 야심에 영합해 공사를 일으켰

다. 이들 형제가 죽임을 당한 것 또한 마땅하지 않은가! 어찌 지맥을 끊은 탓으로 돌릴 수 있겠는가?"

◉◉ 太史公曰, "吾適北邊, 自直道歸, 行觀蒙恬所爲秦築長城亭障, 塹山堙谷, 通直道, 固輕百姓力矣. 夫秦之初滅諸侯, 天下之心未定, 痍傷者未瘳, 而恬爲名將, 不以此時彊諫, 振百姓之急, 養老存孤, 務修衆庶之和, 而阿意興功, 此其兄弟遇誅, 不亦宜乎! 何乃罪地脈哉?"

●
권 89
●

장이진여열전

張耳陳餘列傳

〈장이진여열전張耳陳餘列傳〉은 진시황 사후 7년 동안 전개된 쟁패爭
霸에서 군웅의 일원으로 활약한 장이와 진여陳餘에 관한 전기다. 여
기서부터 〈번역등관열전樊酈滕灌列傳〉까지는 이른바 초한지제 인물
을 다루고 있다. 초한지제는 한고조 유방과 초패왕 항우가 천하를
놓고 다툰 시기를 밀한다. 초한시제가 상이와 진여의 이야기로 시
작하는 것은 열전의 첫 편을 〈백이열전〉으로 시작한 것만큼이나 의
미가 있다. 백이와 숙제는 신하의 시역弑逆 행위를 역성혁명易姓革
命으로 미화하는 세태를 거부하고, 산속으로 들어가 고사리를 캐먹
는 길을 택했다. 신도臣道의 전형을 그린 것이다.

이에 반해 〈장이진여열전〉은 신도가 왜곡되는 배경을 정밀하게 추
적하고 있다. 두 사람은 전국시대 말기 목이 달아나도 변치 않는 문
경지교를 맺은 친구였다. 그러나 이후 정치적 격변 속에 같은 하늘
밑에 함께 살 수 없는 불구대천不俱戴天의 원수가 되었다. 그 이유는
바로 권력 때문이다. 원래 우도友道는 신도의 중요한 덕목이다. 그
러나 권력은 우도마저 뒤흔들었다. 초한지제에 등장한 살벌한 토
사구팽兎死狗烹의 유혈참극도 따지고 보면 권력 때문에 일어난 일

이다. 한나라의 건국공신 모두 나름대로 충성을 다해 공을 세운 자들이다. 그럼에도 한고조 유방은 이들을 가차 없이 제거했다. 말 그대로 사냥개 취급을 한 것이다. 〈경포열전黥布列傳〉과 〈회음후열전〉 등에 유방의 잔인한 행보가 적나라하게 묘사되어 있다.

유방의 행보를 무턱대고 비난할 수만은 없다. 건국 초기의 혼란한 시기에 강신을 방치할 수는 없기 때문이다. 난세에 일어난 왜곡된 군도君道의 일면이기도 하다. 초한지제를 다루고 있는 열전 모두 권력 때문에 일어난 신도와 군도의 왜곡 현상을 적나라하게 보여주고 있다.

장진열전

장이는 위나라 도성이던 대량 출신이다. 어릴 때 위나라 공자 신릉 군 위무기를 추종해 그의 빈객이 된 적이 있다. 당초 그는 일찍이 죄 를 짓고 달아나 외황에서 떠돌이 생활을 했다. 외황의 한 부잣집에 아리따운 딸이 있었다. 용렬한 자에게 시집을 갔다가 도망쳐 부친의 빈객에게 신세를 지고 있었다. 부친의 빈객은 평소 장이를 잘 알고 있었다. 그가 부잣집 딸에게 말했다.

"반드시 현명한 지아비[賢夫]를 구하려면 장이를 따르도록 하라."

여인은 이 말을 좇아 마침내 남편과 헤어진 뒤 장이에게 시집갔 다. 장이는 혐의가 풀린데다 부인의 후원 덕에 사람들과 널리 사귈 수 있었다. 여인의 집에서 장이에게 후하게 돈을 대준 것이 결정적 이다. 실제로 장이는 1,000리나 떨어진 곳의 사람도 부를 수 있었다. 이후 위나라에서 벼슬을 해 외황의 현령이 되었다. 이후 명성이 더 욱 높아졌다.

진여도 대량 출신이다. 유가의 학문을 좋아해 조나라의 고형苦陘 땅을 자주 드나들었다. 그곳의 부자인 공승씨公乘氏가 딸을 그에게 시집보냈다. 진여가 통상적인 인물이 아닌 줄 알았기 때문이다. 진여 는 나이가 젊어 장이를 부친처럼 섬겼다. 두 사람이 문경지교를 맺 은 이유다. 진나라가 위나라를 멸할 때 장이는 외황에 살고 있었다. 일찍이 한고조 유방은 평민으로 있을 때 장이를 따라 떠돌아다니기 도 하고, 몇 달 동안 그의 식객이 된 적도 있다. 진나라는 위나라를 멸한 지 여러 해가 지났을 때 이 두 사람이 위나라의 명사名士라는 소 문을 듣게 되었다. 장이에게 1,000금, 진에게 500금의 현상금을 내걸고 포획하고자 한 이유다.

당시 장이와 진여는 이름과 성을 바꾸고 함께 진현으로 가 어떤 마을의 문지기 노릇을 하며 끼니를 이었다. 두 사람은 서로 마주 보며 문을 지켰다. 하루는 마을의 아전이 진여에게 잘못이 있다며 매질을 가했다. 진여가 발끈해 대들려고 하자 장이가 진여의 발을 밟아 매를 맞게 했다. 아전이 떠나자 장이가 진여를 뽕나무 아래로 데려가 이같이 꾸짖었다.

"당초 나와 그대가 약속한 것이 무엇이오? 지금 하찮은 치욕 때문에 일개 아전의 손에 죽으려는 것이오?"

진여가 이를 수긍했다. 진나라가 현상금을 내걸고 두 사람을 찾는 조서를 내리자, 두 사람은 오히려 문지기 신분으로 마을 안에 조서를 포고했다.

●● 張耳者, 大梁人也. 其少時, 及魏公子毋忌爲客. 張耳嘗亡命遊外黃. 外黃富人女甚美, 嫁庸奴, 亡其夫, 去抵父客. 父客素知張耳, 乃謂女曰, "必欲求賢夫, 從張耳." 女聽, 乃卒爲請決, 嫁之張耳. 張耳是時脫身遊, 女家厚奉給張耳, 張耳以故致千里客. 乃宦魏爲外黃令. 名由此益賢. 陳餘者, 亦大梁人也, 好儒術, 數遊趙苦陘. 富人公乘氏以其女妻之, 亦知陳餘非庸人也. 餘年少, 父事張耳, 兩人相與爲刎頸交. 秦之滅大梁也, 張耳家外黃. 高祖爲布衣時, 嘗數從張耳遊, 客數月. 秦滅魏數歲, 已聞此兩人魏之名士也, 購求有得張耳千金, 陳餘五百金. 張耳·陳餘乃變名姓, 俱之陳, 爲里監門以自食. 兩人相對. 里吏嘗有過笞陳餘, 陳餘欲起, 張耳躡之, 使受笞. 吏去, 張耳乃引陳餘之桑下而數之曰, "始吾與公言何如? 今見小辱而欲死一吏乎?" 陳餘然之. 秦詔書購求兩人, 兩人亦反用門者以令里中.

진시황 사후 진승이 처음으로 기 땅에서 봉기한 뒤 무리를 이끌고 진현에 이르렀다. 군사가 수만 명에 달했다. 장이와 진여가 진승에게 면회를 청했다. 진승과 그의 측근들은 평소 장이와 진여가 현명하다는 이야기를 자주 들었으나 만난 적이 없었기에 이들을 보자 크게 기뻐했다. 당시 진현의 호걸과 원로들은 진승을 이같이 설득하고 있었다.

"장군은 친히 갑옷을 입고, 예리한 무기를 손에 쥐고, 병사를 대동해 저 포악한 진나라를 멸했습니다. 또 초나라의 사직을 다시 세움으로써 패망한 나라를 일으키고 끊어진 후사를 잇는 존망계절을 행했으니 그 공적은 제왕이 될 만합니다. 게다가 천하의 여러 장수를 감독하기 위해서라도 왕이 되지 않으면 안 됩니다. 원컨대 장군이 초나라 왕이 되어주십시오."

진승이 이 문제를 두 사람에게 묻자 이같이 대답했다.

"저 진나라는 무도해 남의 나라를 멸망시키고, 사직을 없애고, 남의 후대를 끊고, 민력을 피폐하게 만들고, 백성의 재산을 약탈했습니다. 이때 장군은 눈을 부릅뜨며 담력을 키우는 자세[瞋目張膽]로 1만 번 죽을지언정 구차히 살지 않겠다는 계책을 냈습니다. 천하를 위해 잔악한 진나라를 제거하고자 한 것이 그렇습니다. 이제 처음으로 진현에 왔는데 제왕의 자리에 오르는 것은 천하에 자신의 사사로운 욕심을 드러내는 것이 됩니다. 원컨대 장군은 서둘러 보위에 오를 생각을 하지 말고, 속히 군사를 이끌고 서쪽 진나라를 치고, 사람을 각국에 보내 육국의 후계자를 왕으로 내세우십시오. 이는 장군에게 당여黨與(같은 편)를 심는 것이고, 진나라에게는 적을 더욱 불어나게 하는 것입니다. 적이 많으면 힘이 분산되고, 당여가 많으면 군사는 강해집니다. 이리하면 들에는 싸우는 병사가 사라지고, 공격을 받는 현에서는 성을 지킬 자가 없게 됩니다. 저 포악한 진나라를 멸할 계책이 바로 이것입니다. 연후에 함양을 차지해 천하의 제후들을 호령하십시오. 저들은 패망했다가 다시 일어선 자들이니 덕으로 복종시키면 됩니다. 그러면 제왕의 대업을 이룰 수 있습니다. 지금 호로 진현에서 보위에 오르면 천하의 인심이 흩어질까 두렵습니다."

그러나 진승은 이를 듣지 않고 초나라를 확장한다는 뜻의 장초張楚를 세운 뒤 보위에 올랐다. 진여가 다시 진현에서 즉위한 까닭에 진왕陳王으로 불리게 된 진승을 이같이 설득했다.

"대왕은 양나라와 초나라의 병사를 이끌고 서쪽으로 함곡관을 통해 관중關中으로 들어가고자 애썼습니다. 이로 인해 아직 하북河北 땅을 거두지 못했습니다. 신은 일찍이 조나라를 돌아본 적이 있어 그곳의 호걸과 지형에 관해 잘 알고 있습니다. 원컨대 기병술을 구사해 북쪽 조나라 땅을 공략하십시오."

진왕 진승이 전부터 친하게 지낸 진현 출신 무신武臣을 장군, 소소邵騷를 호군으로 삼았다. 장이와 진여를 장군 밑의 좌우 교위校尉로 삼은 뒤 3,000명의 병사를 내주며 북쪽 조나라 땅을 공략하게 했다.

●● 陳涉起蘄, 至入陳, 兵數萬. 張耳·陳餘上謁陳涉. 涉及左右生平數聞張耳·陳餘賢, 未嘗見, 見卽大喜. 陳中豪傑父老乃說陳涉曰, "將軍身被堅執銳, 率士卒以誅暴秦, 復立楚社稷, 存亡繼絶, 功德宜爲王. 且夫監臨天下諸將, 不爲王不可, 願將軍立爲楚王也." 陳涉問此兩人, 兩人對曰, "夫秦爲無道, 破人國家, 滅人社稷, 絶人後世, 罷百姓之力, 盡百姓之財. 將軍瞋目張膽, 出萬死不顧一生之計, 爲天下除殘也. 今始至陳而王之, 示天下私. 願將軍毋王, 急引兵而西, 遣人立六國後, 自爲樹黨, 爲秦益敵也. 敵多則力分, 與衆則兵彊. 如此野無交兵, 縣無守城, 誅暴秦, 據咸陽以令諸侯. 諸侯亡而得立, 以德服之, 如此則帝業成矣. 今獨王陳, 恐天下解也."陳涉不聽, 遂立爲王. 陳餘乃復說陳王曰, "大王擧梁 · 楚而西, 務在入關, 未及收河北也. 臣嘗遊趙, 知其豪桀及地形, 願請奇兵北略趙地."於是陳王以故所善陳人武臣爲將軍, 邵騷爲護軍, 以張耳 · 陳餘爲左右校尉, 予卒三千人, 北略趙地.

무신 등이 마침내 백마진에서 황하를 건넜다. 여러 현을 들르며 그곳의 호걸들을 이같이 설득했다.

"진나라가 정사를 어지럽히고 형벌을 가혹하게 해 천하에 해를 끼친 지 수십 년 되었습니다. 북쪽으로 만리장성을 쌓는 노역勞役, 남쪽으로 오령五嶺을 수비하는 병역兵役이 있었습니다.● 안팎으로 소란스럽고 백성은 피폐한데도 집집마다 식구의 수만큼 세금을 거두어들여 군비로 사용하고 있습니다. 재산은 바닥나고 힘이 다한 까닭에 이제 백성은 생계를 유지하기도 어렵게 되었습니다. 게다가 가혹한 법과 준엄한 형벌을 시행해 천하의 모든 부자父子가 서로 안심할 수 없는 사이가 되었습니다. 이때 진왕陳王 진승이 팔뚝을 걷어붙이고 천하를 위해 앞장을 선 덕분에 초나라 땅에서 즉위식을 가졌습니다. 사방 2,000리 땅 가운데 이에 호응하지 않는 곳이 없었습니다. 집집마다 스스로 떨쳐 일어나고, 사람마다 스스로 싸움에 나서면서 각기 자신들의 원한을 풀고 원수를 쳤습니다. 현에서는 현령과 현승을 죽

● 오령지수五嶺之戍를 두고 《사기집해》는 《한서음의漢書音義》를 인용해 지금의 베트남 북부인 교지交阯 일대에 있다고 했다. 《사기색은》은 《광주기廣州記》를 인용해 대유령大庾嶺 · 시안령始安嶺 · 임하령臨賀嶺 · 계양령桂陽嶺 · 게양령揭陽嶺을 지칭한다고 했다. 당시 만리장성을 쌓는 데 35만 명, 남쪽 오령을 수비하는 데 55만 명이 동원되었다고 한다.

이고, 군에서는 군수와 군위郡尉를 죽였습니다. 이제 진왕 진승은 초나라의 세력을 확장시킨다는 취지에서 장초를 세우고, 진현에서 즉위한 뒤 오광과 주문周文 등을 시켜 100만 대군을 이끌고 서진해 진나라를 치게 했습니다. 이런 시기에 제후에 봉해지는 업적을 이루지 못하는 자는 호걸이라고 할 수 없을 것입니다.

제군諸君 모두 서로 잘 생각해보십시오. 무릇 천하 사람이 한마음으로 진나라의 혹정으로 고초를 받은 지 이미 오래되었다고 느낄 것입니다. 천하의 힘으로 무도한 군주를 쳐 부모의 원한을 갚고, 봉지를 하사받아 제후에 봉해지는 대업을 이루고자 하면 이번 기회야말로 대장부에게 절호의 기회가 될 것입니다."

호걸들이 모두 수긍했다. 곧 행진하는 도중에 병사들을 불러 모아 수만 명을 얻었다. 장군 무신을 무신군으로 부르게 된 배경이다. 여세를 몰아 이내 조나라의 10여 개 성읍을 함락시켰다. 나머지 성읍은 성을 지키며 항복하려 들지 않았다. 군사를 이끌고 동북쪽으로 진격해 범양范陽을 친 이유다. 당시 범양 출신 괴철은 현령을 만나 이같이 말했다.

"가만히 듣건대 그대가 곧 죽을 것이라기에 조문하러 왔습니다. 동시에 그대가 나 괴철을 얻어 살 수 있게 된 것을 경하 드립니다."

현령이 물었다.

"무엇 때문에 나를 조문한다는 것이오?"

괴철이 대답했다.

"진나라 법은 준엄합니다. 그대가 범양 현령이 된 지 10년이 되었습니다. 남의 부모를 죽이고, 남의 아들을 고아로 만들고, 사람들의 다리를 베고, 백성의 머리에 묵형을 가하는 등의 사례가 헤아릴 수 없을 정도로 많습니다. 자애로운 아버지와 효자가 그대의 배에 비수를 꽂지 못한 것은 단지 진나라의 법이 두려웠기 때문입니다. 지금 천하는 크게 혼란스러워 진나라의 법이 제대로 시행되지 않고 있습니다. 자애로운 아버지와 효자가 그대의 배에 비수를 꽂아 이름을 떨치고자 할 것입니다. 제가 그대를 조문하는 이유입니다.

이제 제후들은 진나라를 배반하고, 무신군의 군사도 곧 이곳에 도착할 것입니다. 그대가 범양을 굳게 지키려 들면 젊은이들은 모두 앞다투어 그대를 죽이고 무신군에게 항복하려 들 것입니다. 그대가 급히 신을 보내 무신군을 만나보게 하면 가히 전화위복을 이룰 수 있습니다. 그때가 바로 지금입니다."

범양 현령이 곧 괴철을 무신군에게 보내 만나게 했다. 괴철이 무신군에게 말했다.

"그대는 싸워서 이긴 후에 땅을 경략하거나, 공격해 얻은 후에 성을 함락시키려고 합니다. 신은 그것이 잘못된 것이라고 생각합니다. 신의 계책을 쓰면 공격치 않고도 성을 함락시킬 수 있고, 싸우지 않고도 땅을 경략할 수 있습니다. 격문을 포고하는 것만으로도 1,000리를 평정할 수가 있습니다. 어떻습니까?"

무신군이 물었다.

"어떻게 그리할 수 있단 말이오?"

괴철이 대답했다.

"지금 범양 현령은 응당 그 병사들을 정돈하고 전투준비를 해야 합니다. 그런데도 그는 겁이 많아 죽음을 두려워하며 탐욕스럽게 부귀를 중시하고 있습니다. 천하의 그 누구보다도 먼저 항복할 것입니다. 자신은 진나라가 임명한 관리인 까닭에 그대가 이전의 10여 개 성읍에서 한 것처럼 자신을 반드시 죽일 것이라며 두려워하고 있습니다. 범양의 젊은이들 역시 현령을 죽인 뒤 성을 근거로 그대에게 저항하려 들 것입니다.

그대는 왜 저에게 제후의 인수를 가지고 가 그를 현령에 임명하도록 하지 않는 것입니까? 그리하면 현령은 성을 들어서 그대에게 항복할 것이고, 젊은이들 또한 감히 현령을 죽이지는 못할 것입니다. 이후 범양 현령에게 붉은 바퀴의 화려한 수레를 타고 연나라와 조나라의 교외를 달리게 하십시오. 연나라와 조나라 사람들 모두 교외에서 그 모습을 보고 말하기를, '이 사람은 범양 현령이다. 가장 먼저 항복한 사람이다'라며 기뻐할 것입니다. 그러면 연나라와 조나라의 성은 싸우지 않고도 항복을 받을 수 있습니다. 이것이 격문을 포고하는 것만으로도 1,000리를 평정할 수 있다고 언급한 방안입니다."

무신군이 그 계책을 좇아 괴철을 시켜 범양 현령에게 제후의 인수를 하사했다. 조나라 땅에서 이 소문을 듣고 저항을 포기한 채 항복한 성읍이 30여 개나 되었다. 무신군이 한단에 이르렀을 때 장이와 진여는 주장周章의 군사가 함곡관에 진입해 희정戱亭까지 이르렀다가 퇴각했다는 소식을 듣게 되었다. 여러 장수가 진왕 진승을 위해 땅을 탈취했으나 참소와 비방으로 억울하게 죽은 자가 많고, 장이와 진여 모두 자신들의 계책이 채택되지 않고 장군이 아닌 교위로 임명된 것을 원망한다는 이야기도 듣게 되었다. 두 사람이 두려운 나머지 무신을 이같이 설득했다.

"진왕 진승은 기 땅에서 봉기한 후 진현에 이르러 보위에 올랐습니다. 반드시 산동육국의 후예를 세울 것 같지도 않습니다. 장군은 현재 3,000명의 군사로 조나라의 수십여 성읍으로부터 항복을 받아 홀로 하북에 주둔하고 있습니다. 장군은 왕이 되지 않으면 이곳을 진압할 수 없습니다. 게다가 진왕은 무함하는 말을 듣고 있으니 돌아가서 보고를 할지라도 화를 면치 못할 것입니다. 그는 형제를 왕으로 앉히든지 조나라의 후손을 세울 것입니다. 장군은 이 기회를 놓치지 마십시오. 시간은 숨 돌릴 틈도 없이 촉박합니다."

무신은 이 말을 듣고 마침내 조왕으로 즉위했다. 진여를 대장군, 장이를 우승상, 소소를 좌승상으로 삼았다.

●● 武臣等從白馬渡河, 至諸縣, 說其豪桀曰, "秦爲亂政虐刑以殘賊天下, 數十年矣. 北有長城之役, 南有五嶺之戍, 外內騷動, 百姓罷敝, 頭會箕斂, 以供軍費, 財匱力盡, 民不聊生. 重之以苛法峻刑, 使天下父子不相安. 陳王奮臂爲天下倡始, 王楚之地, 方二千里, 莫不響應, 家自爲怒, 人自爲鬪, 各報其怨而攻其讎, 縣殺其令丞, 郡殺其守尉. 今已張大楚, 王陳, 使吳廣·周文將卒百萬西擊秦. 於此時而不成封侯之業者, 非人豪也. 諸君試相與計之! 夫天下同心而苦秦久矣. 因天下之力而攻無道之君, 報父兄之怨而成割地有土之業, 此士之一時也." 豪桀皆然其言. 乃行收兵, 得數萬人, 號武臣爲武信君. 下趙十城, 餘皆城守, 莫肯下. 乃引兵東北擊范陽. 范陽人蒯通說范陽令曰, "竊聞公之將死, 故弔. 雖然, 賀公得通而生." 范陽令曰, "何以弔之?" 對曰, "秦法重, 足下爲范陽令十年矣, 殺人之父, 孤人之子, 斷人之足, 黥人之首, 不可勝數. 然而慈父孝子莫敢倳刃公之腹中者, 畏秦法耳. 今天下大亂, 秦法不施, 然則慈父孝子且倳刃公之腹中以成其名, 此臣之所以弔公也. 今諸侯畔秦矣, 武信君兵且至, 而君堅守范陽, 少年皆爭殺君, 下武信君. 君急遣臣見武信君, 可轉禍爲福, 在今矣." 范陽令乃使蒯通見武信君曰, "足下必將戰勝然後略地, 攻得然後下城, 臣竊以爲過矣. 誠聽臣之

計, 可不攻而降城, 不戰而略地, 傳檄而千里定, 可乎?" 武信君曰, "何
謂也?" 蒯通曰, "今范陽令宜整頓其士卒以守戰者也, 怯而畏死, 貪而
重富貴, 故欲先天下降, 畏君以爲秦所置吏, 誅殺如前十城也, 然今范
陽少年亦方殺其令, 自以城距君. 君何不齎臣侯印, 拜范陽令, 范陽令
則以城下君, 少年亦不敢殺其令. 令范陽令乘朱輪華轂, 使驅馳燕·趙
郊. 燕·趙郊見之, 皆曰此范陽令, 先下者也, 卽喜矣, 燕·趙城可毋戰
而降也. 此臣之所謂傳檄而千里定者也." 武信君從其計, 因使蒯通賜
范陽令侯印. 趙地聞之, 不戰以城下者三十餘城. 至邯鄲, 張耳·陳餘
聞周章軍入關, 至戲卻, 又聞諸將爲陳王徇地, 多以讒毀得罪誅, 怨陳
王不用其筴不以爲將而以爲校尉. 乃說武臣曰, "陳王起蘄, 至陳而王,
非必立六國後. 將軍今以三千人下趙數十城, 獨介居河北, 不王無以塡
之. 且陳王聽讒, 還報, 恐不脫於禍. 又不如立其兄弟, 不, 卽立趙後. 將
軍毋失時, 時閒不容息." 武臣乃聽之, 遂立爲趙王. 以陳餘爲大將軍,
張耳爲右丞相, 邵騷爲左丞相.

무신은 즉위 직후 사람을 진왕 진승에게 보내 자신이 조왕으로 즉
위한 사실을 고했다. 진승이 대로한 나머지 무신 등의 일족을 모두
죽이고, 군사를 일으켜 조나라를 치려고 했다. 진왕 진승의 상국으로
있던 방군房君이 간했다.

"진나라가 아직 망하지 않았습니다. 무신 등의 일족을 모두 죽이
는 것은 또 하나의 진나라가 생기는 셈입니다. 그보다는 무신이 즉
위한 것을 축하해주고, 속히 군사를 이끌고 서진해 진나라를 치도록
하느니만 못합니다."

진왕이 이 말을 옳게 여겼다. 방군의 계책을 좇아 무신 등의 일족

을 궁궐로 옮겨 연금한 뒤 장이의 아들 장오張敖를 성도군成都君에 봉했다. 이어 사자를 보내 즉위를 경하하고, 군사를 이끌고 서진해 함곡관으로 들어갈 것을 재촉했다. 장이와 진여가 간했다.

"대왕이 조왕이 된 것은 진왕 진승의 뜻이 아닙니다. 단지 계책을 좇아 대왕을 하례한 것에 불과합니다. 저들은 진나라를 멸하면 반드시 조나라를 공격할 것입니다. 원컨대 대왕은 군사를 서쪽으로 움직이지 말고 북쪽으로 움직여 연나라와 대 땅을 취하고, 남쪽으로 하내를 거두어들여 영토를 크게 넓히도록 하십시오. 조나라가 남쪽으로 대하大河를 근거로 하고, 북쪽으로 연나라와 대 땅을 차지하면 진왕 진승이 설령 진나라를 이길지라도 감히 조나라를 누르지는 못할 것입니다."

조왕 무신이 이를 옳게 여겼다. 군사를 서쪽으로 진격시키지 않고 한광韓廣에게 연나라, 이량李良에게 상산, 장염張黶에게 상당을 치게 했다. 한광이 연나라에 이르자 연나라 사람들은 오히려 그를 연왕으로 세웠다. 조왕 무신이 장이 및 진여와 더불어 북진해 연나라 변경을 쳤다. 이때 무신은 한가한 때 군영 밖으로 나갔다가 연나라 군사에게 생포되었다. 연나라 장군이 조왕 무신을 가둔 뒤 조나라 땅의 절반을 주면 조왕을 돌려보내겠다고 했다. 조나라가 사자를 보내면 그때마다 곧바로 죽인 뒤 거듭 땅을 요구했다. 장이와 진여가 이를 크게 우려했다. 하루는 잡일을 하는 병사가 같은 막사의 동료에게 이같이 말했다.•

• 원문은 "유시양졸사기사중왈有廝養卒謝其舍中曰"이다. 《사기집해》는 위소의 주를 인용해 땔감을 마련하는 자를 시廝, 음식을 만드는 자를 양養으로 풀이했다. 또 진작의 주를 인용해 말로써 서로 고하는 것을 사謝로 해석했다. 《사기색은》은 사중舍中을 사중지인舍中之人(사인) 과 같다고 했다.

"내가 장이와 진여를 위해 연나라를 설득한 뒤 조왕을 수레에 싣고 돌아오겠다."

막사의 동료 모두 그를 비웃었다.

"사자로 간 사람이 10여 명이나 된다. 모두 가자마자 죽었다. 자네가 어떻게 왕을 구해올 수 있단 말인가?"

그러나 그는 연나라 성벽 아래로 달려갔다. 연나라 장군이 그를 보자, 연나라 장군에게 이같이 물었다.

"제가 무엇을 원하는지 아시오?"

연나라 장군이 대답했다.

"조왕을 구하고 싶을 것이다."

그 병사가 물었다.

"그대는 장이와 진여가 어떤 사람인지 아시오?"

연나라 장군이 대답했다.

"현인이다."

그 병사가 다시 물었다.

"이들이 무슨 일을 하려는지 아시오?"

연나라 장군이 대답했다.

"왕을 구하려 할 것이다."

그 병사가 웃으며 말했다.

"장군은 이 두 사람이 무엇을 바라는지 잘 모르고 있소. 저 무신과 장이 및 진여는 말채찍을 흔드는 것만으로도 조나라의 수십 개 성읍을 함락시켰소. 각기 남면해 왕 노릇을 하려는 자들이오. 어찌 경상이 되는 것으로 만족할 리 있겠소? 신하와 왕의 자리를 어찌 같은 수준에서 말할 수 있겠소? 당초 조나라 세력이 정해질 무렵 감히 나라를 삼분해 각기 왕이 될 수는 없었기에 나이의 고하를 따져 먼저 무신을 즉위시키는 식으로 조나라 백성의 마음을 얻고자 한 것이오. 이제 조나라 땅 모두 복종한 까닭에 두 사람 역시 조나라를 나누어 왕이 되고 싶어 하오. 다만 기회가 나지 않았을 뿐이오.

지금 그대가 조왕을 감금하고 있소. 두 사람은 겉으로는 조왕을 구한다고 하나, 실은 연나라가 그를 죽이기를 바라고 있소. 그리되면 이 두 사람은 조나라를 반분해 각기 왕이 될 것이오. 조나라 하나만 해도 연나라를 업신여기고 있소. 하물며 두 명의 현왕이 좌우로 이끌고 다독이는 모습[左提右挈]으로 조왕을 죽인 죄를 질책하면 연나라를 멸망시키는 것은 매우 손쉬운 일일 것이오."

연나라 장군이 그 말이 옳다고 여겨 조왕 무신을 돌려보냈다. 잡일을 하는 병사가 조왕을 수레에 태우고 귀국했다.

●● 使人陳王, 陳王大怒, 欲盡族武臣等家, 而發兵擊趙. 陳王相國房君諫曰, "秦未亡而誅武臣等家, 此又生一秦也. 不如因而賀之, 使急引兵西擊秦." 陳王然之, 從其計, 徙繫武臣等家宮中, 封張耳子敖爲成都君. 陳王使使者賀趙, 令趣發兵西入關. 張耳·陳餘說武臣曰, "王王趙, 非楚意, 特以計賀王. 楚已滅秦, 必加兵於趙. 願王毋西兵, 北徇燕·代, 南收河內以自廣. 趙南據大河, 北有燕·代, 楚雖勝秦, 必不敢制趙." 趙王以爲然, 因不西兵, 而使韓廣略燕, 李良略常山, 張黶略上黨. 韓廣至燕, 燕人因立廣爲燕王. 趙王乃與張耳·陳餘北略地燕界. 趙王閒出, 爲燕軍所得. 燕將囚之, 欲與分趙地半, 乃歸王. 使者往, 燕輒殺之以求地. 張耳·陳餘患之. 有廝養卒謝其舍中曰, "吾爲公說燕, 與趙王載歸." 舍中皆笑曰, "使者往十餘輩, 輒死, 若何以能得王?" 乃走燕壁. 燕將見之, 問燕將曰, "知臣何欲?" 燕將曰, "若欲得趙王耳." 曰, "君知張

耳·陳餘何如人也?"燕將曰, "賢人也." 曰, "知其志何欲?"曰, "欲得其
王耳." 趙養卒乃笑曰, "君未知此兩人所欲也. 夫武臣·張耳·陳餘杖馬
箠下趙數十城, 此亦各欲南面而王, 豈欲爲卿相終己邪? 夫臣與主豈
可同日而道哉, 顧其勢初定, 未敢參分而王, 且以少長先立武臣爲王,
以持趙心. 今趙地已服, 此兩人亦欲分趙而王, 時未可耳. 今君乃囚趙
王. 此兩人名爲求趙王, 實欲燕殺之, 此兩人分趙自立. 夫以一趙尚易
燕, 況以兩賢王左提右挈, 而責殺王之罪, 滅燕易矣." 燕將以爲然, 乃
歸趙王, 養卒爲御而歸.

이량이 상산을 평정하고 돌아와 보고하자 조왕 무신이 다시 이량
에게 명해 태원을 공략하게 했다. 석읍石邑에 이르자 진나라 군사가
정형井陘을 가로막아 더는 전진할 수 없었다. 이때 진나라 장수가 2세
황제의 사자라고 속여 이량에게 서신을 전했다. 그 서신은 겉봉이
봉해져 있지 않았다. 서신에는 이런 내용이 있었다.

> 그대는 일찍이 나를 섬긴 덕분에 귀한 인물이 되어 남다른 총애를 받
> 았다. 그대가 만일 조나라를 버리고 진나라를 위해 일하면 그대의 죄
> 를 용서하고 귀하게 해주겠다.

이량은 이 글을 받고 의심하면서도 믿지 않았다. 한단으로 돌아가
증원군을 청하고자 했다. 이들이 한단에 도착하기 전에 길에서 연회
를 마치고 돌아오는 조왕 무신의 자씨姉氏 행렬과 만나게 되었다. 기
병 100여 명이 따르고 있었다. 이량이 멀리서 바라보고는 조왕의 행
렬로 생각해 길옆으로 비켜서 엎드려 절했다. 조왕의 자씨는 술에

취해 그가 장군인 줄도 모르고 기병을 시켜서 이량에게 답례하게 했다. 이량은 원래 귀인 출신이다. 길에서 일어났을 때 자신을 따르는 부하들을 보기가 부끄러웠다. 부하 가운데 한 사람이 말했다.

"천하가 진나라에 반기를 들고 있습니다. 능력 있는 사람이 먼저 왕이 되는 때입니다. 조왕은 원래 장군 밑에 있던 자입니다. 지금 그의 누이조차 장군을 보고도 수레에서 내리지 않습니다. 청컨대 제가 뒤쫓아 죽이도록 하겠습니다."

당시 이량은 내심 진나라의 서신을 받고 조나라를 배신하려는 마음이 일었으나 아직 결정을 내리지 못하던 때였다. 이 일로 화가 나 사람을 보내 조왕의 누이를 죽인 뒤 마침내 군사를 이끌고 한단을 습격했다. 한단에서는 이런 일이 일어나리라고는 생각지도 못했다. 결국 무신과 소소는 죽임을 당하고 말았다. 조나라 백성 가운데 장이와 진여의 눈과 귀가 되어주는 사람이 많았다. 결국 두 사람은 무사히 탈출할 수 있었다. 이들이 흩어진 병사를 거두자 그 수가 수만 명이 되었다. 빈객 가운데 어떤 자가 장이를 설득했다.

"두 분은 기려지신의 몸이기에 조나라에 발을 붙이려 해도 어려울 것이오. 조나라의 후손을 옹립한 뒤 의義를 명분으로 내세워 도우면 가히 공을 이룰 수 있을 것입니다."

이들은 조헐趙歇이라는 사람을 찾아서 조왕으로 옹립한 뒤 신도信都에 자리를 잡았다. 이량이 진격해 진여를 쳤으나 오히려 진여가 이량을 깨뜨렸다. 이량이 달아나 진나라 장수 장함에게 투항했다. 장함은 군사를 이끌고 한단에 이르자 그곳의 백성을 모두 하내로 옮긴 뒤 성곽을 허물어뜨렸다. 장이는 조왕 헐과 함께 달아나 거록성으로 들어갔다. 진나라 장수 왕리가 이들을 포위했다. 이때 진여는 북쪽으로 가 상산의 병력을 거두어 수만 명을 얻은 뒤 거록성의 북쪽에 주둔했다. 장함은 거록성의 남쪽 극원棘原에 주둔했다. 흙담을 양쪽으로 쌓아올린 용도甬道를 하수河水까지 연결시킨 뒤 왕리에게 군량을 공급했다.

왕리의 군사는 군량이 풍부해지자 거록성에 맹공을 가했다. 거록성 안은 군량이 거의 바닥나고, 병력도 매우 적었다. 장이가 누차 사람을 진여에게 보내 전진할 것을 요구했다. 진여는 병력이 적어서 진나라 군사를 대적할 수 없다고 판단해 감히 전진하지 못했다. 이렇게 몇 달이 지나자 장이가 크게 노해 진여를 원망했다. 이내 장염과 진택陳澤을 진여에게 보내 이같이 책망했다.

"당초 나는 그대와 문경지교를 맺었소. 지금 조왕과 나는 아침저녁으로 죽을 지경에 놓여 있소. 그런데 공은 수만 명의 병사를 보유하고도 우리를 구원하려 하지 않소. 서로를 위해 목숨을 버리자던 의리는 어찌 된 것이오? 실로 그대에게 신의가 있다면 어찌해서 진나라 군사를 향해 돌진해 함께 죽으려 하지 않는 것이오? 그리하면 열에 한둘은 살아남을 수 있을 것이오."

진여가 반박했다.

"나는 전진해도 조나라를 구원하지 못한 채 군사만 잃게 될 뿐이오. 내가 그대와 함께 죽기를 각오하고 싸우지 않는 것은 조왕과 그대를 위해 장차 진나라에 복수하려는 생각 때문이오. 지금 함께 죽으면 이는 굶주린 호랑이에게 고기를 던지는 것과 같소. 무슨 이로움이 있겠소?"

장염과 진택이 물었다.

"사태가 이미 급박한데 함께 죽어 신의를 세워야지, 어찌 뒷일만 생각하는 것이오?"

진여가 대답했다.

"내가 죽는다고 무슨 보탬이 되겠소? 하지만 그대의 말에 좇도록 하겠소."

그러고는 먼저 시험 삼아 5,000명의 군사에게 명해 장염과 진택을 좇아 출정하게 했다. 진나라 군사에 맞서 싸웠으나 이내 몰살당하고 말았다. 당시 연나라와 제나라 및 초나라는 조나라의 위급한 정황을 전해 듣고 모두 달려와 원조했다. 장오도 북쪽으로 대 땅의 군사를 거두어 1만여 명을 얻었다. 이들 모두 진여의 주둔지 곁에 보루와 성벽을 쌓고 주둔했지만 감히 진나라 군사를 치지는 못했다. 이때 항우의 군사가 다가와 장함의 군사가 쌓아올린 용도를 여러 번 끊었다. 왕리의 군사가 군량부족을 겪게 된 이유다. 항우는 다시 군사를 이끌고 하수를 건넌 뒤 이내 장함의 군사를 격파했다. 장함이 군사를 물려 거록성에 대한 포위를 푼 이유다. 제후들의 군사는 거록성을 에워싸고 있는 진나라 군사를 공격해 마침내 왕리를 생포했다. 섭간涉間은 자진했다. 거록성을 보존한 것은 결국 초나라 덕분이라고 할 수 있다.

●● 李良已定常山, 還報, 趙王復使良略太原. 至石邑, 秦兵塞井陘, 未能前. 秦將詐稱二世使人遺李良書, 不封, 曰, "良嘗事我得顯幸. 良誠能反趙爲秦, 赦良罪, 貴良." 良得書, 疑不信. 乃還之邯鄲, 益請兵. 未至, 道逢趙王姊出飮, 從百餘騎. 李良望見, 以爲王, 伏謁道旁. 王姊醉, 不知其將, 使騎謝李良. 李良素貴, 起, 慙其從官. 從官有一人曰, "天下畔秦, 能者先立. 且趙王素出將軍下, 今女兒乃不爲將軍下車, 請追殺之." 李良已得秦書, 固欲反趙, 未決, 因此怒, 遣人追殺王姊道中,

乃遂將其兵襲邯鄲. 邯鄲不知, 竟殺武臣·邵騷. 趙人多爲張耳·陳餘
耳目者, 以故得脫出. 收其兵, 得數萬人. 客有說張耳曰, "兩君羈旅, 而
欲附趙, 難, 獨立趙後, 扶以義, 可就功." 乃求得趙歇, 立爲趙王, 居信
都. 李良進兵擊陳餘, 陳餘敗李良, 李良走歸章邯. 章邯引兵至邯鄲, 皆
徙其民河內, 夷其城郭. 張耳與趙王歇走入鉅鹿城, 王離圍之. 陳餘北
收常山兵, 得數萬人, 軍鉅鹿北. 章邯軍鉅鹿南棘原, 築甬道屬河, 餉王
離. 王離兵食多, 急攻鉅鹿. 鉅鹿城中食盡兵少, 張耳數使人召前陳餘,
陳餘自度兵少, 不敵秦, 不敢前. 數月, 張耳大怒, 怨陳餘, 使張黶·陳
澤往讓陳餘曰, "始吾與公爲刎頸交, 今王與耳旦暮且死, 而公擁兵數
萬, 不肯相救, 安在其相爲死! 苟必信, 胡不赴秦軍俱死? 且有十一二
相全." 陳餘曰, "吾度前終不能救趙, 徒盡亡軍. 且餘所以不俱死, 欲爲
趙王·張君報秦. 今必俱死, 如以肉委餓虎, 何益?" 張黶·陳澤曰, "事
已急, 要以俱死立信, 安知後慮!" 陳餘曰, "吾死顧以爲無益. 必如公
言." 乃使五千人令張黶·陳澤先嘗秦軍, 至皆沒. 當是時, 燕·齊·楚聞
趙急, 皆來救. 張敖亦北收代兵, 得萬餘人, 來, 皆壁餘旁, 未敢擊秦. 項
羽兵數絕章邯甬道, 王離軍乏食, 項羽悉引兵渡河, 遂破章邯. 章邯引
兵解, 諸侯軍乃敢擊圍鉅鹿秦軍, 遂虜王離. 涉閒自殺. 卒存鉅鹿者, 楚
力也.

거록성의 포위가 풀리자 조왕 조헐과 장이가 거록성에서 나와 제
후들에게 일일이 사례했다. 장이는 진여를 만나자 진여가 조나라를
구원하려 하지 않은 것을 책망하고, 장염과 진택의 소재를 캐물었다.
진여가 화를 냈다.

"장염과 진택은 반드시 죽기를 각오해야 한다며 나를 책망했소.

내가 그들에게 5,000명의 군사를 이끌고 먼저 시험 삼아 진나라 군에 맞서보게 했소. 이들은 모두 몰살당해 돌아오지 못했소."

장이는 그 말을 믿지 못했다. 진여가 이들을 죽였다고 생각해 끈질기게 캐물었다. 진여는 더욱 노했다.

"그대가 나를 이토록 심하게 책망할 줄은 생각지도 못했소! 내 어찌 장수의 자리에서 물러나는 것을 아쉬워하겠소?"

그러고는 장수의 인수를 풀어서 장이에게 내밀었다. 장이가 당황해 받지 않았다. 진여가 일어나 측간으로 가자 빈객 가운데 한 사람이 장이에게 말했다.

"신이 듣건대, '하늘이 주는 것을 받지 않으면 오히려 그 화를 입는다'고 했습니다. 지금 진여가 공에게 장수의 인수를 내주었습니다. 받지 않으면 이는 하늘의 뜻을 거역하는 것이므로 상서롭지 못합니다. 서둘러 받으십시오."

장이는 인수를 찬 뒤 휘하 병사를 거두었다. 측간에서 돌아온 진여는 장이가 인수를 돌려주지 않은 것을 원망하며 급히 그곳을 나왔다. 장이는 결국 진여의 군사를 모두 거두어들였다. 진여는 휘하 가운데 친하게 지낸 수백 명과 함께 황하 가로 가 고기를 잡으며 지냈다. 진여와 장이 사이에 돌이킬 수 없는 틈이 생긴 배경이다. 이후 조왕 조헐은 다시 신도에 머물게 되었다. 장이는 항우 및 제후들을 쫓아 함곡관 안으로 들어갔다.

한고조 원년 2월, 항우가 제후들을 각지에 봉했다. 장이는 평소 널리 교유했기에 그를 천거하는 사람이 많았다. 항우도 평소 장이의 현명함에 관해 자주 들었다. 조나라를 나누어 장이를 상산왕常山王에 봉하고 신도를 다스리게 한 이유다. 신도의 이름을 양국襄國으로 바꾸었다. 진여의 빈객 가운데 여러 사람이 항우에게 말했다.

"진여와 장이는 똑같이 조나라에 공이 있습니다."

항우는 진여가 함곡관으로 입관入關할 때 함께 따라오지 않은 것을 문제 삼았다. 그가 남피南皮에 있다는 이야기를 듣고 남피 부근의 세 개 현에 봉했다. 조왕 조헐은 대 땅의 왕으로 옮겼다. 장이가 봉국인 상산국常山國으로 가자 진여가 더욱 노했다.

"장이와 나는 공이 같다. 지금 그는 왕이 되고, 나는 다만 후侯가 되었을 뿐이다. 이는 항우가 공평하지 못하기 때문이다."

이때 제왕齊王 전영田榮이 항우에게 반기를 들었다. 진여가 하열夏說을 전영에게 보내 이같이 설득했다.

"항우는 천하를 주재하면서 공평하지 못합니다. 여러 장수를 모두 선지善地에 봉하고, 이전의 왕을 악지惡地로 옮긴 것이 그렇습니다. 지금 조왕은 대 땅에 있습니다. 원컨대 대왕이 저에게 군사를 빌려주면 남피를 대왕의 나라인 제나라를 지키는 울타리로 만들겠습니다."

전영은 내심 조나라에 친한 무리를 만들어 항우에 반기를 들 생각이었다. 곧바로 진여의 제안을 받아들여 군사를 진여에게 보낸 이유다. 진여는 남피를 비롯한 세 개 현의 군사를 모두 이끌고 상산왕 장이를 습격했다. 장이가 패해 달아났다. 그는 몸을 의탁할 만한 제후가 없다고 생각해 주변에 이같이 말했다.

"유방과 나는 예로부터 친분이 있기는 하다. 그러나 항우가 강성한데다 나를 왕으로 세워주었으니 초나라로 가는 것이 낫다."

감공甘公이 간했다.

"유방이 함곡관으로 입관할 때 금성·목성·수성·화성·토성이 동쪽 정수井宿에 모였습니다. 동쪽 정수는 진나라 분야分野입니다. 그곳에 먼저 이르는 사람이 반드시 천하를 차지하게 될 것입니다. 초나라가 비록 강하지만 이후 분명히 한나라에 종속될 것입니다."

결국 장이가 한나라로 달아났다. 당시 유방도 기세를 올려 관중의 삼진三秦을 평정한 뒤 장함의 군사를 폐구廢丘에서 포위할 즈음이었다. 장이가 유방을 만나자 유방이 그를 후하게 대우했다. 진여는 장이를 격파한 뒤 조나라 땅을 모두 거두어들였다. 대 땅에서 조헐을 맞이해 다시 조왕으로 세웠다. 조왕 조헐은 진여의 공을 높이 사 대왕代王으로 삼았다. 진여는 조왕 조헐이 아직 약하고, 나라가 겨우 안정되었을 뿐이라고 여겼다. 봉지로 가지 않고 그대로 도성에 머물며 조왕을 보필한 이유다. 하열을 시켜 상국의 자격으로 대 땅을 지키게 했다.

한고조 2년, 한나라가 동쪽으로 초나라를 쳤다. 사자를 조나라에 보내 함께 칠 것을 제의했다. 진여가 말했다.

"한나라가 장이를 죽이면 따르겠소."

유방은 장이를 닮은 사람을 찾아 죽인 뒤 그 수급을 진여에게 주었다. 진여가 군대를 보내 한나라를 도왔다. 한나라가 팽성彭城의 서쪽 싸움에서 패하고, 장이가 죽지 않은 사실이 밝혀지자 곧 한나라를 배반했다. 한고조 3년, 병법의 대가 한신이 이미 위나라 땅을 평정했다. 한왕 유방이 장이와 한신을 보내 조나라 군사를 정형에서 격파했다. 지수泜水 가에서 진여를 베고, 조왕 헐을 추격해 양국에서 죽였다. 이어 장이를 조왕으로 세웠다. 한고조 5년, 장이가 죽었다. 시호는 경왕景王이었다. 장이의 아들 장오가 뒤를 이었다. 한고조 유방의 장녀 노원공주魯元公主가 조왕 장오의 왕후가 되었다.

●● 於是趙王歇·張耳乃得出鉅鹿, 謝諸侯. 張耳與陳餘相見, 責讓陳餘以不肯救趙, 及問張黶·陳澤所在. 陳餘怒曰, "張黶·陳澤以必死責臣, 臣使將五千人先嘗秦軍, 皆沒不出." 張耳不信, 以爲殺之, 數問陳餘. 陳餘怒曰, "不意君之望臣深也! 豈以臣爲重去將哉?" 乃脫解印綬, 推予張耳. 張耳亦愕不受. 陳餘起如廁. 客有說張耳曰, "臣聞'天與不取, 反受其咎'. 今陳將軍與君印, 君不受, 反天不祥. 急取之!" 張耳乃佩其印, 收其麾下. 而陳餘還, 亦望張耳不讓, 遂趨出. 張耳遂收其兵. 陳餘獨與麾下所善數百人之河上澤中漁獵. 由此陳餘·張耳遂有卻. 趙王歇復居信都. 張耳從項羽諸侯入關. 漢元年二月, 項羽立諸侯王, 張耳雅遊, 人多爲之言, 項羽亦素數聞張耳賢, 乃分趙立張耳爲常山王, 治信都. 信都更名襄國. 陳餘客多說項羽曰, "陳餘·張耳一體有功於趙." 項羽以陳餘不從入關, 聞其在南皮, 卽以南皮旁三縣以封之, 而徙趙王歇王代. 張耳之國, 陳餘愈益怒, 曰, "張耳與餘功等也, 今張耳王, 餘獨侯, 此項羽不平." 及齊王田榮畔楚, 陳餘乃使夏說說田榮曰, "項羽爲天下宰不平, 盡王諸將善地, 徙故王王惡地, 今趙王乃居代! 願王假臣兵, 請以南皮爲扞蔽." 田榮欲樹黨於趙以反楚 乃遣兵從陳餘. 陳餘因悉三縣兵襲常山王張耳. 張耳敗走, 念諸侯無可歸者, 曰, "漢王與我有舊故, 而項羽又彊, 立我, 我欲之楚." 甘公曰, "漢王之入關, 五星聚東井. 東井者, 秦分也. 先至必霸. 楚雖彊, 後必屬漢." 故耳走漢. 漢王亦還定三秦, 方圍章邯廢丘. 張耳謁漢王, 漢王厚遇之. 陳餘已敗張耳, 皆復收趙地, 迎趙王於代, 復爲趙王. 趙王德陳餘, 立以爲代王. 陳餘爲趙王弱, 國初定, 不之國, 留傅趙王, 而使夏說以相國守代. 漢二年, 東擊楚, 使使告趙, 欲與俱. 陳餘曰, "漢殺張耳乃從." 於是漢王求人類張耳者斬之, 持其頭遺陳餘. 陳餘乃遣兵助漢. 漢之敗於彭城西, 陳餘亦復覺張耳不死, 卽背漢. 漢三年, 韓信已定魏地, 遣張耳與韓信擊破趙

井陘, 斬陳餘泜水上, 追殺趙王歇襄國. 漢立張耳爲趙王. 漢五年, 張耳
薨, 諡爲景王. 子敖嗣立爲趙王. 高祖長女魯元公主爲趙王敖后.

장오열전

　한고조 7년, 한고조 유방이 평성平城에서 조나라를 지나가게 되었
다. 조왕 장오가 조석으로 웃통을 벗고 앞치마를 걸친 채• 친히 음식
을 받들어 올렸다. 몸을 크게 낮추었으니 사위로서 예를 갖춘 것이
다. 한고조 유방이 오만하게 다리를 벌리고 앉아•• 꾸짖는 등 장오를
몹시 업신여겼다. 조나라 재상인 관고貫高와 조오趙午 등 예순 살이
넘은 사람들은 오래전부터 장이의 빈객으로 있으면서 평소 기개를
중시한 사람들이다. 이들이 분노를 터뜨렸다.

　"우리의 왕은 힘도 없는 나약한 왕이다!"

　그러고는 장오를 설득했다.

　"무릇 천하의 호걸들이 함께 봉기하는 상황에서는 능력 있는 자가
먼저 왕이 됩니다. 지금 대왕은 고조를 몹시 공손하게 섬기지만 고조
는 무례하기 그지없습니다. 청컨대 대왕을 위해 그를 죽이겠습니다."

　장오는 자신의 손가락을 깨물어 피를 내면서 말했다.

　"공들은 무슨 말을 그리 함부로 하는 것이오? 선왕이 나라를 잃었
을 때 고조의 도움으로 나라를 되찾을 수 있었고, 그 덕이 후손까지

•　원문은 "단구폐組鞲蔽"다.《사기집해》는 서광의 주를 인용해 구鞲를 활을 쏠 때 팔뚝에 걸
치는 도구인 비한臂捍으로 풀이했다.

••　원문은 "기거箕踞"다.《사기색은》은 최호崔浩의 주를 인용해 '기거'는 무릎을 꿇고 앉아 있
는 모습이 곡식을 까불 때 사용하는 키인 기箕처럼 생긴 데서 나온 명칭이라고 했다.

미치고 있소. 털끝만한 것도 모두 고조의 힘에 의한 것이오. 원컨대 공들은 다시는 이런 말을 입 밖에 내지 마시오."

관고와 조오 등 10여 명은 하나같이 서로 이같이 말했다.

"이는 우리의 잘못으로 인한 것이다. 우리 왕은 장자長者로 남의 은 덕을 배반하지 못한다. 우리는 우리 군주가 모욕을 당하는 것을 가만히 앉아 볼 수 없다. 지금 고조가 우리 군주를 모욕한 것을 원망해 죽이려는 것이다. 이 어찌 우리 군주를 더럽히는 일을 하려는 것이 겠는가? 이 일이 성공하면 그 공을 군주에게 돌리고, 실패하면 우리가 그 책임을 떠맡으면 된다."

한고조 8년, 한고조 유방이 동원에서 돌아오는 길에 조나라에 들렀다. 관고 등은 박인柏人이라는 숙소의 이중벽 뒤에 사람을 숨겨놓고 유방을 죽이려고 했다. 한고조가 그곳을 지나다 머물려다가 문득 마음이 불안해졌다. 이내 한마디를 했다.

"이 현의 이름이 무엇인가?"

"박인이라고 합니다."

"박인이란 곧 다른 사람에게 핍박받는 박어인迫於人이라는 뜻이 아닌가!"

그러고는 묵지 않고 떠났다.

한고조 9년, 관고와 원한을 맺은 사람이 이들의 음모를 알고 은밀히 조정에 고했다. 한고조 유방이 조왕 장오와 관고 등을 모두 체포했다. 10여 명의 대신이 앞다투어 자진했다. 관고만 홀로 화를 내며 이같이 꾸짖었다.

"누가 공들에게 이런 일을 하라고 시켰는가? 지금 대왕은 아무런 관련도 없는데 함께 체포되었소. 공들이 모두 죽어버리면 대왕이 모반하지 않은 사실을 어찌 밝힐 수 있겠는가?"

그러고는 죄수를 태우는 함거檻車에 실려 장오와 함께 장안으로 압송되었다. 한고조 유방은 장오의 죄를 다스리기 위해 이런 조칙을 내렸다.

조나라의 여러 신하와 빈객으로서 감히 왕을 쫓아오는 사람들은 모두 그 족속을 멸한다.

관고와 그의 빈객 맹서孟舒 등 10여 명은 스스로 머리를 깎고 칼을 쓴 채 왕실의 종이 되어 장오를 따라왔다. 관고는 장안에 이르자 옥관에게 말했다.

"모두 우리가 한 일이고, 대왕은 실로 모르는 일이다."

옥리가 곤장을 수천 대나 때리고, 쇠로 살을 찔러 더는 때릴 곳이 없을 지경이 되었다. 그런데도 관고는 끝내 다른 말을 하지 않았다. 여후는 고조에게 조왕이 노원공주 때문에 이런 일을 했을 리 없다고 누차 간했다. 한고조가 화를 냈다.

"만일 장오가 천하를 차지하면 그대의 딸과 같은 여인이 어찌 한둘이겠는가?"

그러고는 여후의 말을 듣지 않았다. 정위가 관고를 문초한 결과를 보고하자 한고조가 말했다.

"장사로다! 누가 그를 아는 사람이 없는가? 사사로이 물어보아라."

중대부 설공泄公이 말했다.

"관고는 신과 같은 고향 사람으로 평소 그를 잘 알고 있습니다. 그는 원래 조나라에서 명예와 도의를 중히 여기는 것으로 명성이 높아

믿음을 저버리지 않습니다."

한고조 유방이 설공을 시켜 황제의 부절을 들고 가 대나무 등을 엮어 만든 자리 위에* 앉은 그를 신문하게 했다. 관고가 고개를 들어 그를 보고 물었다.

"설공인가?"

설공은 그의 고통을 위로하며 평소와 다름없이 친근하게 이야기를 나누다가 물었다.

"조왕 장오가 정말로 음모를 꾸몄소?"

관고가 대답했다.

"인정상 어찌 부모와 처자를 아끼지 않는 자가 있겠는가? 지금 삼족이 모두 사형을 선고받았다. 어찌 조왕과 나의 일족을 바꿀 수 있겠는가? 실로 대왕은 모반하지 않았다. 우리끼리 음모를 꾸민 것이다."

그러고는 사건의 진상과 함께 조왕 장오는 이를 전혀 모르고 있었다는 사실을 자세히 말했다. 설공은 황궁으로 들어가 한고조 유방에게 이를 상세히 보고했다. 그제야 한고조 유방이 조왕을 풀어주었다. 유방은 신의를 지킨 관고를 높이 평가했다. 설공에게 그간의 일을 모두 알려주게 했다.

"조왕은 벌써 석방되었소."

그러고는 관고도 풀어주었다. 관고가 기뻐하며 물었다.

"우리 대왕이 실로 석방되었소?"

설공이 대답했다.

● "대나무 등을 엮어 만든 자리 위에"의 원문은 "편여전蕭輿前"이다. 《사기색은》은 복건의 주를 인용해 편蕭을 대나무와 나무 등을 묶은 것으로 풀이했다. 《사기집해》는 위소의 주를 인용해 여輿를 수레 모양의 침상인 여상輿牀으로 풀이했다.

"그렇소."

설공이 이어 말했다.

"폐하는 그대를 훌륭하다고 여겨 그대도 사면했소."

관고가 이 말을 듣고 이같이 말했다.

"몸에 성한 곳 하나 없는데도 내가 죽지 않은 것은 조왕이 모반하지 않은 사실을 밝히기 위해서였소. 지금 대왕이 이미 석방되었으니 나의 소임은 다한 셈이오. 이제는 죽어도 여한이 없소. 하물며 신하로서 군주를 시해하고자 했다는 오명을 얻게 되었으니 무슨 면목으로 다시 군주를 섬길 수 있겠소? 설령 황상이 나를 죽이지 않을지라도 내 마음에 어찌 부끄러움이 없겠소?"

그러고는 고개를 들어 목의 혈관을 끊고 죽었다. 이 일로 인해 그의 이름이 천하에 널리 알려졌다. 장오는 석방된 후 노원공주의 남편이기에 선평후宣平侯에 봉해졌다. 한고조 유방은 조왕의 여러 빈객을 높이 평가했다. 칼을 쓰고 노비가 되면서까지 장오를 따라 함곡관 안으로 들어온 자 가운데 제후의 재상이나 군수 등에 임명되지 않은 자가 없었다. 한혜제와 여후, 한문제, 한경제 때에 이르러 장오의 빈객들 자손은 모두 2,000석의 녹을 받았다.

여태후呂太后 6년, 장오가 죽었다. 아들 장언張偃은 노원왕魯元王이 되었다. 생모가 여후의 딸이었기에 여후가 노원왕에 봉했던 것이다. 노원왕은 나약하고 형제가 적었다. 장오가 다른 여자에게서 얻은 두 아들도 제후에 봉해졌다. 장수張壽는 낙창후樂昌侯, 장치張侈는 신도후信都侯가 되었다. 여후 사후 대신들이 무도한 행보를 보인 여씨 일족을 죽였다. 이때 노원왕과 낙창후, 신도후도 폐위되었다. 한문제가 즉위 후 다시 노원왕 장언을 남궁후南宮侯에 봉해 장오의 뒤를 잇게 했다.

●● 漢七年, 高祖從平城過趙, 趙王朝夕袒鞲蔽, 自上食, 禮甚卑, 有
子婿禮. 高祖箕踞詈, 甚慢易之. 趙相貫高·趙午等年六十餘, 故張耳
客也. 生平爲氣, 乃怒曰, “吾王孱王也!” 說王曰, “夫天下豪桀並起, 能
者先立. 今王事高祖甚恭, 而高祖無禮, 請爲王殺之!” 張敖齧其指出
血, 曰, “君何言之誤! 且先人亡國, 賴高祖得復國, 德流子孫, 秋豪皆
高祖力也. 願君無復出口.” 貫高·趙午等十餘人皆相謂曰, “乃吾等非
也. 吾王長者, 不倍德. 且吾等義不辱, 今怨高祖辱我王, 故欲殺之, 何
乃汙王爲乎? 令事成歸王, 事敗獨身坐耳.” 漢八年, 上從東垣還, 過趙,
貫高等乃壁人柏人, 要之置廁. 上過欲宿, 心動, 問曰, “縣名爲何?” 曰,
“柏人.” “柏人者, 迫於人也!” 不宿而去. 漢九年, 貫高怨家知其謀, 乃上
變告之. 於是上皆并逮捕趙王·貫高等. 十餘人皆爭自剄, 貫高獨怒罵
曰, “誰令公爲之? 今王實無謀, 而并捕王, 公等皆死, 誰白王不反者!”
乃檻車膠致, 與王詣長安. 治張敖之罪. 上乃詔趙羣臣賓客有敢從王
皆族. 貫高與客孟舒等十餘人, 皆自髡鉗, 爲王家奴, 從來. 貫高至, 對
獄, 曰, “獨吾屬爲之, 王實不知.” 吏治榜笞數千, 刺剟, 身無可擊者, 終
不復言. 呂后數言張王以魯元公主故, 不宜有此. 上怒曰, “使張敖據天
下, 豈少而女乎!” 不聽. 廷尉以貫高事辭聞, 上曰, “壯士! 誰知者, 以私
問之.” 中大夫泄公曰, “臣之邑子, 素知之. 此固趙國立名義不侵爲然
諾者也.” 上使泄公持節問之箯輿前. 仰視曰, “泄公邪?” 泄公勞苦如生
平驩, 與語, 問張王果有計謀不. 高曰, “人情寧不各愛其父母妻子乎?
今吾三族皆以論死, 豈以王易吾親哉! 顧爲王實不反, 獨吾等爲之.” 具
道本指所以爲者王不知狀. 於是泄公入, 具以報, 上乃赦趙王. 上賢貫
高爲人能立然諾, 使泄公具告之, 曰, “張王已出.” 因赦貫高. 貫高喜曰,

“吾王審出乎?”泄公曰, “然.”泄公曰, “上多足下, 故赦足下.”貫高曰, “所以不死一身無餘者, 白張王不反也. 今王已出, 吾責已塞, 死不恨矣. 且人臣有簒殺之名, 何面目復事上哉! 縱上不殺我, 我不愧於心乎?” 乃仰絶肮, 遂死. 當此之時, 名聞天下. 張敖已出, 以尙魯元公主故, 封 爲宣平侯. 於是上賢張王諸客, 以鉗奴從張王入關, 無不爲諸侯相 · 郡 守者. 及孝惠 · 高后 · 文帝 · 孝景時, 張王客子孫皆得爲二千石. 張敖, 高后六年薨. 子偃爲魯元王. 以母呂后女故, 呂后封爲魯元王. 元王弱, 兄弟少, 乃封張敖他姬子二人, 壽爲樂昌侯, 侈爲信都侯. 高后崩, 諸呂 無道, 大臣誅之, 而廢魯元王及樂昌侯 · 信都侯. 孝文帝卽位, 復封故 魯元王偃爲南宮侯, 續張氏.

태사공은 평한다.

“장이와 진여는 현자로 알려진 자들이다. 이들의 빈객과 종까지도 천하의 준걸이 아닌 자가 없었다. 각기 자신이 사는 나라에서 경상 의 자리를 차지했다. 당초 장이와 진여가 빈궁한 때는 서로 죽음을 무릅쓰고 신의를 지켰다. 어찌 서로를 돌아보며 의심하는 일이 있 었겠는가? 그러나 나라를 움켜쥐고 권력을 다투게 되자 마침내 서 로를 멸망시키는 데까지 이르게 되었다. 어찌해서 전에는 서로 사 모하며 믿는 것이 그리도 진실하더니 뒤에는 그리도 심하게 서로를 배반하며 뒤틀리게 되었는가? 권세와 이익을 좇아 사귄 탓이 아니 겠는가? 아무리 명성이 높고 빈객이 많았을지도 이들이 걸어온 길 은 오나라 시조 태백太伯이나 오왕 수몽의 아들 계찰의 행보와는 사 뭇 달랐다.”

●● 太史公曰, “張耳 · 陳餘, 世傳所稱賢者, 其賓客廝役, 莫非天下俊桀, 所居國無不取卿相者. 然張耳·陳餘始居約時, 相然信以死, 豈顧問哉. 及據國爭權, 卒相滅亡, 何鄉者相慕用之誠, 後相倍之戾也! 豈非以勢利交哉? 名譽雖高, 賓客雖盛, 所由殆與太伯·延陵季子異矣."

위표팽월열전

魏豹彭越列傳

〈위표팽월열전魏豹彭越列傳〉은 초한지제 당시 위왕에 봉해진 위표魏豹와 재상으로 있던 팽월彭越에 관한 전기다. 위표는 항우를 배반하고 유방에 투항했다가 유방이 항우에게 패하자 다시 유방에게 반기를 들었다. 유방이 한신을 보내 위표를 포획한 뒤 회유를 시도했다. 힘으로 생포했지만 위표의 기개를 높이 사 형양을 지키도록 했다. 항우가 다시 형양을 포위하자 주가周苛가 위표의 배신을 우려해 이내 죽이고 말았다. 유방이 위표를 사지에 내던진 것이나 다름없다.

팽월은 좀도둑 출신이다. 그는 유격전에 강했다. 위나라에서 유격전을 전개하며 초나라 군사의 보급로를 차단한 것이 그렇다. 항우는 팽월의 유격전으로 커다란 타격을 입었다. 팽월이 항우의 배후에서 이런 유격전을 전개하지 않았다면 유방이 이내 무너졌을지도 모를 일이다. 유방도 팽월의 공을 높이 사 위나라 상국으로 삼았다. 그러나 팽월 역시 위표와 마찬가지로 결국 토사구팽의 제물이 되고 말았다. 모반 혐의로 붙잡혀 유배를 가던 중에 여후에게 선처를 호소했다가 목이 잘린 것이 그렇다. 우유부단한 처신과 천하를 거

머쩐 자의 속셈을 헤아리지 못한 순진한 판단이 화근이었다. 왕조 교체기 때 이런 모습을 보이면 예외 없이 토사구팽의 제물이 되고 만다. 토사구팽의 배경을 보다 소상히 살피고자 한다면 비슷한 내용을 다루고 있는 〈항우본기〉와 함께 읽을 필요가 있다.

위표열전

위표는 원래 위나라의 공자 가운데 한 사람이다. 그의 사촌형 위구魏
咎는 위나라 때 영릉군寧陵君에 봉해진 인물이다. 진나라가 위나라를
멸한 후 위구를 서인庶人으로 격하시켰다. 진승이 봉기해 왕이 되자
위구는 진승 밑으로 가 그를 섬겼다. 진왕 진승은 위나라 출신 주불
周市에게 위나라 땅을 탈취하게 했다. 그러나 위나라 땅이 평정되자
위나라 사람들이 주불을 왕으로 세우고자 했다. 주불이 말했다.

"천하가 어지러우면 충신이 나타나게 마련입니다. 지금 천하가 함
께 진나라에게 반기를 들고 있습니다. 도의상 반드시 위나라 왕의
후예를 왕으로 세우는 것이 옳습니다."

제나라와 조나라가 각기 수레 50승을 보내 주불을 위나라 왕으로
세우고자 했다. 주불이 사양하며 받지 않고, 진왕 진승 밑에 있던 위
구를 맞이했다. 사자가 다섯 번 오간 뒤 비로소 진왕 진승이 위구를
보내 겨우 위나라 왕으로 삼을 수 있었다. 당시 진나라 장수 장함은
이미 진왕 진승을 격파하고, 여세를 몰아 임제臨濟에서 위왕 위구를
공격했다. 위구가 주불에게 제나라와 초나라로 가 구원을 요청하게
했다. 제나라와 초나라가 각각 항타項它와 전파田巴에게 명해 군사를
이끌고 주불을 따라가 위나라를 구원하게 했다. 그러나 장함이 이내
주불 등이 이끄는 군사를 대파했다. 주불을 죽이고 임제를 포위한
배경이다. 위구가 백성을 위해 투항을 약속했다. 약속이 이루어지자
위구는 스스로 불에 타 죽었다.

당시 위표는 초나라로 달아났다. 초회왕이 위표에게 군사 수천 명
을 내주면서 다시 위나라의 땅을 공략하게 했다. 그때 항우는 이미

진나라 군사를 격파하고 장함을 항복시켰다. 위표가 위나라의 20여 개 성읍을 함락시키자 항우가 위나라 왕에 봉했다. 곧 정예병을 이끌고 항우를 쫓아 함곡관으로 들어갔다.

한고조 원년, 항우가 제후들을 봉한 뒤 자신은 양나라 땅을 차지하고자 했다. 위왕 위표를 하동 땅으로 옮겨 평양에 도읍하도록 하고 서위왕西魏王으로 삼은 이유다. 유방이 삼진三秦을 평정하고 돌아오는 길에 임진臨晉을 건너게 되었다. 이때 위표가 나라를 바치고 유방에게 귀의했다. 이후 유방을 쫓아 초나라의 팽성을 친 이유다. 이때 한나라가 패하면서 형양으로 물러나자 위표는 어버이의 병간호를 구실로 귀국을 청했다. 그는 위나라에 이르자 황하의 나루를 끊고 한나라를 배반했다. 유방이 위표의 반란 소식을 들었으나 동쪽 초나라가 우려되어 위표를 칠 겨를이 없었다. 유방이 역이기酈食其에게 말했다.

"그대가 위표를 잘 설득해 항복시킬 수만 있다면 1만 호를 식읍으로 내리겠소."

역이기가 위표를 만나 설득했으나 위표가 거절했다.

"사람의 일생은 마치 흰 망아지가 작은 틈을 달려 지나가는 것[白駒過隙]처럼 극히 짧소. 현재 유방은 오만해 다른 사람을 업신여기고, 제후와 군신들을 꾸짖고 욕하며 위아래의 예절이 조금도 없소. 나는 그런 꼴을 두 번 다시 볼 수 없소."

유방이 한신을 보내 하동에서 위표를 치게 했다. 한신이 위표를 생포한 뒤 전마에 실어 유방이 있는 형양으로 보냈다. 위표가 다스린 위나라 땅은 군으로 편입했다. 유방은 형양성滎陽城을 빠져나오면서 위표에게 명해 성을 지키게 했다. 초나라가 형양을 포위해 상황이 위급해지자 주가가 이내 위표를 죽였다.

●● 魏豹者, 故魏諸公子也. 其兄魏咎, 故魏時封爲寧陵君. 秦滅魏, 遷咎爲家人. 陳勝之起王也, 咎往從之. 陳王使魏人周市徇魏地, 魏地已下, 欲相與立周市爲魏王. 周市曰, "天下昏亂, 忠臣乃見. 今天下共畔秦, 其義必立魏王后乃可." 齊·趙使車各五十乘, 立周市爲魏王. 市辭不受, 迎魏咎於陳. 五反, 陳王乃遣立咎爲魏王. 章邯已破陳王, 乃進兵擊魏王於臨濟. 魏王乃使周市出請救於齊·楚. 齊·楚遣項它·田巴將兵隨市救魏. 章邯遂擊破殺周市等軍, 圍臨濟. 咎爲其民約降. 約定, 咎自燒殺. 魏豹亡走楚. 楚懷王予魏豹數千人, 復徇魏地. 項羽已破秦, 降章邯. 豹下魏二十餘城, 立豹爲魏王. 豹引精兵從項羽入關. 漢元年, 項羽封諸侯, 欲有梁地, 乃徙魏王豹於河東, 都平陽, 魏西魏王. 漢王還定三秦, 渡臨晉, 魏王豹以國屬焉, 遂從擊楚於彭城. 漢敗, 還至滎陽, 豹請歸視親病, 至國, 卽絶河津畔漢. 漢王聞魏豹反, 方東憂楚, 未及擊, 謂酈生曰, "緩頰往說魏豹, 能下之, 吾以萬戶封若." 酈生說豹. 豹謝曰, "人生一世閒, 如白駒過隙耳. 今漢王慢而侮人, 罵詈諸侯羣臣如罵奴耳, 非有上下禮節也, 吾不忍復見也." 於是漢王遣韓信擊虜豹於河東, 傳詣滎陽, 以豹國爲郡. 漢王令豹守滎陽. 楚圍之急, 周苛遂殺魏豹.

팽월열전

팽월은 창읍昌邑 출신으로 자는 중仲이다. 늘 거야택巨野澤에서 물고기를 잡으며 무리와 함께 도둑질을 했다. 진승과 항량이 봉기하자 무리 가운데 한 젊은이가 이같이 말했다.

"많은 호걸이 서로 일어나 진나라에 반기를 들고 있습니다. 당신도 그리할 수 있으니 이들처럼 하십시오."

팽월이 대답했다.

"지금은 두 마리의 용이 한참 싸우는 때이니 조금 기다려봅시다."

한 해 남짓 지나자 연못 주변에 사는 젊은이 100여 명이 모여 팽월을 찾아갔다.

"청컨대 우리의 수령이 되어주시오."

팽월이 사양했다.

"나는 그대들과 함께하고 싶지 않소."

젊은이들이 강력히 청하자 이내 수락했다. 다음날 해가 돋을 때 만나기로 약속했다. 약속 시간에 늦는 사람은 참수키로 했다. 다음날 10여 명이 늦었다. 가장 늦게 온 사람은 해가 중천에 뜰 무렵 도착했다. 팽월이 단호히 말했다.

"나는 나이가 들었지만 그대들의 강청으로 우두머리가 되었소. 지금 약속을 해놓고도 늦게 온 사람이 많소. 이들을 다 죽일 수는 없으니 가장 늦게 온 자를 죽이겠소."

그러고는 무리의 대장에게 명해 그를 죽이도록 했다. 모두 웃으며 말했다.

"어찌 그렇게까지 할 필요가 있습니까? 다음부터는 감히 늦지 않을 것입니다."

그러나 팽월은 한 사람을 끌어내 목을 베고 제단을 차려 제사를 올렸다. 이어 무리에게 명을 내렸다. 모두 깜짝 놀라 팽월을 두려워하며 감히 올려다보는 자가 없었다.

팽월은 가는 곳마다 땅을 공략했다. 또 제후들로부터 떨어져 나온 병사를 모아 1,000여 명을 얻었다. 패공으로 있던 유방이 탕군碭郡으로부터 북진해 창읍을 칠 때 팽월이 이를 도왔다. 창읍이 좀처럼 함락되지 않자 유방은 군사를 이끌고 서진했다. 팽월도 휘하 무리를 이끌고 거야巨野에 머물며 위나라의 산졸散卒을 거두어들였다. 항우가 함곡관으로 들어가 제후들을 왕으로 봉하자 제후들 모두 자신의 봉국으로 갔다. 팽월은 1만여 명의 무리를 이끌고 있는데도 돌아갈 곳이 없었다.

한고조 원년 가을, 제나라 왕 전영田榮이 항우에게 반기를 들었다. 유방이 사람을 보내 팽월에게 장수의 인수를 주었다. 제음濟陰에서 남하해 초나라를 치도록 한 것이다. 항우가 소공蕭公 각角에게 명해 군사를 이끌고 가 팽월을 치게 했다. 팽월이 오히려 초나라 군사를 대파했다. 한고조 2년 봄, 유방이 위왕 위표를 비롯한 여타 제후들과 함께 동진해 초나라를 쳤다. 팽월이 휘하 군사 3만여 명을 이끌고 외황에서 한나라에 귀의했다. 유방이 팽월에게 말했다.

"팽 장군은 위나라 땅을 거두어 10여 개의 성읍을 얻자 서둘러 위나라의 후사를 세우려 하고 있소. 지금 서위왕 위표도 위왕 위구의 종제從弟요. 틀림없는 위나라 후손이오."

그러고는 팽월을 위나라 상국에 임명해 군사를 임의로 지휘하도록 한 뒤 위나라 땅을 평정하게 했다. 유방이 팽성 싸움에서 대패해 군대가 흩어지며 서쪽으로 물러나게 되자 팽월도 그간 함락시킨 성읍을 모두 다시 잃고 말았다. 휘하 군사를 이끌고 북쪽으로 가 황하 가에 머문 이유다. 한고조 3년, 팽월이 여기저기서 한나라의 유격병으로 활약했다. 초나라 군대를 기습해 위나라에서 초나라 후방으로 오는 군량 보급로를 차단했다. 한고조 4년 겨울, 항우가 유방과 형양 땅에서 대치했다. 팽월이 수양睢陽과 외황 등 열일곱 개의 성읍을 함락시켰다. 항우가 이 소식을 듣고는 조구曹咎를 시켜 성고를 지키게 한 뒤 자신은 동진해 팽월에게 함락당한 성읍을 차례로 거두어 다시 초나라 영토로 만들었다. 팽월이 휘하 군사를 이끌고 북쪽 곡성穀城으로 달아났다. 한고조 5년 가을, 항우가 남쪽의 양하陽夏로 달아나자 팽월은 다시 창읍 부근의 20여 개 성읍을 함락시키고 10여만 곡斛의 곡식을 손에 넣은 뒤 유방에게 군량으로 내주었다. 유방이 패한 뒤 팽월에게 사자를 보내 합세해 초나라를 칠 것을 제안했다. 팽월이 말했다.

"위나라 땅이 겨우 평정되었습니다. 아직 초나라의 공격이 두려워 떠날 수 없습니다."

유방이 항우의 뒤를 쫓다가 오히려 고릉固陵에서 대패했다. 유후留侯 장량에게 대책을 물었다.

"제후들의 군대가 나를 따르지 않으니 이를 어찌해야 좋소?"

장량이 대답했다.

"제왕 한신이 보위에 오른 것은 대왕의 뜻에 의한 것이 아닙니다. 한신도 자신의 자리가 튼튼하다고 여기지 않고 않습니다. 팽월은 원래 위나라 땅을 평정하는 데 공을 많이 세웠습니다. 당초 대왕은 위표 때문에 팽월을 위나라 상국으로 삼았습니다. 지금 위표가 죽고 뒤를 이을 사람도 없습니다. 팽월도 왕이 되고 싶어 할 것입니다. 그런데도 대왕은 속히 결정하지 않고 있습니다. 지금 이 두 나라와 약정을 맺으면 바로 초나라를 이길 수 있습니다. 수양 북쪽에서 곡성까지의 땅을 모두 상국 팽월에게 주고 그를 왕으로 삼으십시오. 또 진현에서 동쪽으로 바다에 이르는 땅을 제왕 한신에게 주십시오. 제왕 한신은 고향이 초나라에 있는 까닭에 고향을 손에 넣고 싶은 마음이 있을 것입니다. 대왕이 능히 이 땅을 내줄 수 있으면 두 사람은 금방이라도 불러올 수 있습니다. 그러나 그리할 수 없으면 천하대사는 예측할 수 없습니다."

유방이 사자를 팽월에게 보내 유후 장량의 계책대로 했다. 사자가 이르자 팽월이 휘하 병사를 이끌고 해하垓下로 달려와 회전에 참여했다. 마침내 초나라를 격파하는 데 성공했다. 항우가 죽은 뒤 봄에 팽월을 양왕으로 세우고 정도定陶에 도읍하게 했다. 한고조 6년, 팽월이 진현에서 유방을 조현했다. 한고조 9년과 10년, 양왕 팽월이 장안으로 와 조현했다. 한고조 10년 가을, 진희陳豨가 대 땅에서 반기를 들었다. 유방이 친히 대 땅으로 가 반란군을 진압했다. 한단에 이르러 양왕 팽월의 군사를 징병하고자 했다. 팽월이 병을 구실로 다른 장수를 시켜 병사를 이끌고 한단으로 가게 했다. 대로한 유방이 사람을 보내 팽월을 꾸짖었다. 양왕이 두려운 나머지 직접 가서 사죄하려 하자 휘하 장수 호첩이 만류했다.

"대왕이 처음에는 가지 않다가 꾸지람을 듣고 가면 이내 붙잡힙니다. 차제에 군사를 움직여 반기를 드느니만 못합니다."

팽월이 이를 듣지 않은 채 여전히 병을 구실로 삼았다. 때마침 그의 거마를 관리하는 태복太僕에게 화가 나 그의 목을 베려고 했다. 태복이 달아나 유방에게 팽월과 호첩이 반란을 꾀했다고 고했다. 유방이 사자를 보내 팽월을 급습하게 했다. 팽월이 이를 눈치채지 못했다. 사자가 양왕을 붙잡아 낙양의 옥에 가두었다. 해당 관원이 조사해보니 모반의 혐의가 드러났다. 법대로 처결할 것을 청했다. 유방이 그를 서인으로 폐한 뒤 촉 땅의 청의현靑衣縣으로 유배를 보냈다. 서쪽을 향해 가다가 정 땅에 이르렀을 때 장안에서 오는 여후와 마주쳤다. 여후가 낙양으로 가는 길에 팽월을 마주친 것이다. 팽월이 여후에게 울면서 무죄를 호소했다. 자신의 고향인 창읍에서 살게 해달라고 청했다. 여후가 이를 허락한 뒤 함께 동쪽 낙양으로 왔다. 곧 유방에게 청했다.

"팽월은 장사이므로 지금 그를 촉 땅으로 옮겨 보내는 것은 스스로 후환을 남기는 것입니다. 미리 제거해 후환을 없애느니만 못합니다. 첩이 그를 데리고 왔습니다."

여후는 곧 팽월의 사인에게 팽월의 모반 혐의를 재차 고하게 했다. 정위 왕염개王恬開가 그의 일족을 모두 죽일 것을 청했다. 유방이 이를 허락했다. 마침내 팽월의 일족은 모두 죽고, 그의 봉국도 폐지되었다.

●● 彭越者, 昌邑人也, 字仲. 常漁鉅野澤中, 爲羣盜. 陳勝·項梁之起, 少年或謂越曰, "諸豪桀相立畔秦, 仲可以來, 亦效之." 彭越曰, "兩龍方鬪, 且待之." 居歲餘, 澤閒少年相聚百餘人, 往從彭越, 曰, "請仲爲長." 越謝曰, "臣不願與諸君." 少年彊請, 乃許. 與期旦日日出會, 後期者斬. 旦日日出, 十餘人後, 後者至日中. 於是越謝曰, "臣老, 諸君彊以爲長. 今期而多後, 不可盡誅, 誅最後者一人." 令校長斬之. 皆笑曰, "何至是? 請後不敢." 於是越乃引一人斬之, 設壇祭, 乃令徒屬. 徒屬皆大驚, 畏越, 莫敢仰視. 乃行略地, 收諸侯散卒, 得千餘人. 沛公之從碭北擊昌邑, 彭越助之. 昌邑未下, 沛公引兵西. 彭越亦將其衆居鉅野中, 收魏散卒. 項籍入關, 王諸侯, 還歸, 彭越衆萬餘人毋所屬. 漢元年秋, 齊王田榮畔項王, 漢乃使人賜彭越將軍印, 使下濟陰以擊楚. 楚命蕭公角將兵擊越, 越大破楚軍. 漢王二年春, 與魏王豹及諸侯東擊楚, 彭越將其兵三萬餘人歸漢於外黃. 漢王曰, "彭將軍收魏地得十餘城, 欲急立魏後. 今西魏王豹亦魏王咎從弟也, 眞魏後." 乃拜彭越爲魏相國, 擅將其兵, 略定梁地. 漢王之敗彭城解而西也, 彭越皆復亡其所下城, 獨將其兵北居河上. 漢王三年, 彭越常往來爲漢遊兵, 擊楚, 絶其後糧於梁地. 漢四年冬, 項王與漢王相距滎陽, 彭越攻下睢陽·外黃十七城. 項王聞之, 乃使曹咎守成皋, 自東收彭越所下城邑, 皆復爲楚. 越將其兵北走穀城. 漢五年秋, 項王之南走陽夏, 彭越復下昌邑旁二十餘城, 得穀十餘萬斛, 以給漢王食. 漢王敗, 使使召彭越幷力擊楚. 越曰, "魏地初定, 尙畏楚, 未可去." 漢王追楚, 爲項籍所敗固陵. 乃謂留侯曰, "諸侯兵不從, 爲之奈何?" 留侯曰, "齊王信之立, 非君王之意, 信亦不自堅. 彭越本定梁地, 功多, 始君王以魏豹故, 拜彭越爲魏相國. 今豹死毋後, 且越亦欲王, 而君王不蚤定. 與此兩國約, 卽勝楚, 睢陽以北至穀城, 皆以王彭相國, 從陳以東傅海, 與齊王信. 齊王信家在楚, 此其意欲復得故邑. 君王能出捐此地許二人, 二人今可致, 卽不能, 事未可知也." 於是漢王乃發使使彭越, 如留侯策. 使者至, 彭越乃悉引兵會垓下, 遂破楚. 項籍已死. 春, 立彭越爲梁王, 都定陶. 六年, 朝陳. 九年, 十年, 皆來朝長安. 十年秋, 陳豨反代地, 高帝自往擊, 至邯鄲, 徵兵梁王. 梁王稱病, 使將將兵詣邯鄲. 高帝怒, 使人讓梁王. 梁王恐, 欲自往謝. 其將扈輒曰, "王始不往, 見讓而往, 往則爲禽矣. 不如遂發兵反." 梁王不聽, 稱病. 梁王怒其太僕, 欲斬之. 太僕亡走漢, 告梁王與扈輒謀反. 於是上使使掩梁王, 梁王不覺, 捕梁王, 囚之雒陽. 有司治反形已具, 請論如法. 上赦以爲庶人, 傳處蜀靑衣. 西至鄭, 逢呂后從長安來, 欲之雒陽, 道見彭王. 彭王爲呂后泣涕, 自言無罪, 願處故昌邑. 呂后許諾, 與

俱東至雒陽. 呂后白上曰, "彭王壯士, 今徙之蜀, 此自遺患, 不如遂誅
之. 妾謹與俱來." 於是呂后乃令其舍人告彭越復謀反. 廷尉王恬開奏
請族之. 上乃可, 遂夷越宗族, 國除.

　　태사공은 평한다.

　　"진시황의 천하통일을 계기로 평민으로 몰락한 위나라 왕족 출
신 위표와 좀도둑 출신 팽월은 신분이 낮았다. 그러나 때를 만나자
1,000리 영토를 보유하고 남면해 고孤를 칭하게 되었다. 많은 사람이
흘린 피를 밟고 승승장구해 날로 그 명성이 높아진 결과다. 그러나
이들은 결국 반역의 마음을 품었다가 패망하게 되었다. 당시 이들은
스스로 목숨을 끊지 않고 생포되었다가 형살刑殺되는 길을 걸었다.
그 이유는 무엇일까? 중간 수준의 중재中材도 이런 행위를 부끄럽게
여기는데 하물며 왕 노릇을 한 자의 경우이겠는가!

　　이는 다른 까닭이 있는 것이 아니다. 이들은 원래 지략이 다른 사
람보다 뛰어났다. 그럼에도 큰 틀에서 생각지 못하고 오직 자신의
몸을 보존하지 못하는 것만 걱정하는 모습을 보였다. 작은 권력[尺寸
之柄]을 손에 넣고 증발하는 구름을 타고 하늘로 올라가는 용이 되어
뜻을 펼치고자 하는 만용을 부린 것이 그렇다. 이들이 죄수로 수감
되는 일도 마다하지 않고 달아나지 않은 이유다."

　　●● 太史公曰, "魏豹·彭越雖故賤, 然已席卷千里, 南面稱孤, 喋血乘
勝日有聞矣. 懷畔逆之意, 及敗, 不死而虜囚, 身被刑戮, 何哉? 中材已
上且羞其行, 況王者乎! 彼無異故, 智略絶人, 獨患無身耳. 得攝尺寸
之柄, 其雲蒸龍變, 欲有所會其度, 以故幽囚而不辭云."

경포열전

黥布列傳

〈경포열전〉은 초한전 때 항우 밑에 있다가 유방과 손을 잡고 천하를 평정한 뒤 유방에게 반기를 들었다가 패망한 경포黥布의 사적을 담고 있다. 본명은 영포英布다. 경포는 진나라 법에 연좌되어 묵형을 당하는 바람에 붙은 별명이다 묵형을 당한 후 도둑질을 하며 살다가 회계 땅을 평정하고 항량 휘하로 들어갔다. 이후 항우의 선봉장이 되어 많은 승리를 거두었다. 항우가 그의 공을 높이 사 구강왕九江王으로 삼았다. 제나라가 항우를 배반할 당시 구강국九江國에서 병사동원을 시도했으나 여의치 못했다. 항우와 틈이 벌어진 계기다. 이때 유방의 책사 수하隨何가 영포를 회유하는 데 성공했다. 이것이 훗날 항우를 제압하는 주요 배경으로 작용했다. 영포는 한나라에 투항한 후 회남왕에 봉해졌다.

당시 영포는 한고조가 회음후 한신에 이어 팽월마저 주살하자 다음은 자신의 차례라고 판단해 미리 반기를 들었다. 유방과 맞서 싸웠으나 이미 천하대세가 정해진 까닭에 아무 소용이 없었다. 영포의 몰락은 난세의 시기에 혁혁한 무공으로 입신했다가 끝내 토사구팽의 제물이 된 건국공신의 대표적인 사례에 속한다.

경포는 육 땅 출신으로, 성은 영씨英氏다. 진나라 때 서민으로 있었다. 젊었을 때 어떤 자가 그의 관상을 보고 이같이 말했다.

"형벌을 받은 뒤 왕이 될 것이다."

장년이 되었을 때 법을 위반해 묵형을 받게 되었다. 영포가 기쁘게 웃으며 말했다.

"어떤 자가 나의 관상을 보고 형벌을 받은 뒤 왕이 될 것이라고 했다. 아마 이를 두고 한 말일 것이다."

이 말을 들은 사람들은 모두 그를 놀리며 비웃었다. 영포는 판결을 받고 여산麗山으로 보내졌다. 여산에는 형을 받고 끌려온 자가 수십만 명이나 있었다. 영포는 그 무리의 우두머리나 호걸과 사귀었다. 이후 무리를 이끌고 장강 부근으로 달아난 뒤 떼를 지어 도둑질을 했다. 진시황 사후 진승이 최초로 반기를 들자 곧 파양番陽의 수령인 파군番君 오예吳芮를 만났다. 이내 그의 무리와 함께 진나라에 반기를 들고 군사 수천 명을 모았다. 파군 오예가 자신의 딸을 그에게 아내로 주었다.

이때 진나라 장수 장함이 진승을 멸하고 여신呂臣의 군사를 격파했다. 영포는 군사를 이끌고 북진했다. 진나라의 좌우 교위를 공격해 청파淸波에서 격파한 뒤 여세를 몰아 동진했다. 이때 항우의 숙부인 항량이 강동의 회계 일대를 평정한 뒤 장강을 건너 서진한다는 소문이 들렸다. 동양현東陽縣 영사令史로 있다가 젊은이들에 의해 현령이 된 진영陳嬰은 항씨 집안이 대대로 초나라 장군이었다는 이유로 항량에게 귀순해 회수 남쪽으로 건너갔다. 영포와 포장군蒲將軍도 군사를 이끌고 항량 휘하로 들어갔다.

항량이 마침내 회수를 건너 서진해 진가秦嘉에 의해 초왕의 자리에 오른 초나라 귀족 출신 경구景駒와 휘하의 대사마로 있던 진가 등을 쳤다. 영포가 선봉을 섰다. 항량은 설 땅에 이르러 진왕 진승이 확실히 죽었다는 소식을 들었다. 곧 초나라 왕족의 후예인 미심羋心을 찾아 초회왕으로 옹립했다. 덕분에 항량은 무신군, 영포는 당양군當陽君에 봉해졌다. 이후 항량이 패해 정도 땅에서 전사하자 초회왕이 도읍을 팽성으로 옮겼다. 영포도 여러 장수와 함께 팽성으로 모여 굳게 지켰다.

당시 진나라가 급히 조나라를 포위·공격하자 조나라가 누차 사자를 보내 도움을 청했다. 초회왕이 송의宋義를 상장上將, 범증范曾을 말장末將, 항우를 차장次將으로 삼았다. 영포와 포장군도 장군이 되어 송의 밑에 배속되었다. 이들 모두 북진해 조나라를 구하라는 명을 받았다. 송의가 미적거리는 모습을 보이자 항우가 황하 가에서 송의를 죽였다. 초회왕이 부득불 항우를 상장군으로 삼은 뒤 여러 장군을 모두 항우에게 배속시켰다. 항우가 영포에게 먼저 황하를 건너 진나라 군사를 치게 했다. 영포가 누차 승리하자 항우도 군사를 이끌고 도강한 뒤 영포를 뒤따라갔다. 항우가 마침내 진나라 군사를 격파한 뒤 장함 등을 투항하게 만들었다. 항우가 이끄는 초나라 군사가 늘 승리를 거두면서 그 공이 제후의 연합군 가운데 으뜸이었다. 제후의 연합군이 항우에게 복속한 것은 영포가 누차 적은 군사로 많은 적군을 깨뜨리는 이소패중以少敗衆의 승리를 거둔 덕분이다.

항우는 군사를 이끌고 서진하다가 신안新安에 이르렀을 때 영포 등을 시켜 한밤중에 항복한 장함의 병사 20여만 명을 구덩이에 묻어 죽였다. 함곡관에 이르렀을 때 유방이 보낸 병사들이 관문을 막았다. 항우가 영포에게 먼저 샛길로 쳐들어가 관문을 지키는 유방의 군사를 깨뜨리도록 했다. 마침내 함곡관으로 입관해 함양에 이르게 되었다. 당시 영포는 늘 항우군의 선봉에 섰다. 항우가 장수들을 봉할 때 영포를 넓은 영지를 지닌 구강왕으로 삼고 육 땅에 도읍하게 한 이유다.

한고조 원년 4월, 제후들이 항우 곁을 떠나 각기 자신의 봉국으로 갔다. 항우가 겉으로는 초회왕을 높여 의제義帝로 받든 뒤 도읍을 멀리 떨어진 장사 땅으로 옮기게 했다. 이어 은밀히 구강왕 영포 등에게 명해 의제를 치게 했다. 이해 8월, 영포가 휘하 장수를 시켜 의제를 습격한 뒤 침현郴縣까지 쫓아가 죽였다.

◉◉ 黥布者, 六人也, 姓英氏. 秦時爲布衣. 少年, 有客相之曰, “當刑而王.” 及壯, 坐法黥. 布欣然笑曰, “人相我當刑而王, 幾是乎?” 人有聞者, 共俳笑之. 布已論輸麗山, 麗山之徒數十萬人, 布皆與其徒長豪桀交通, 迺率其曹偶, 亡之江中爲羣盜. 陳勝之起也, 布迺見番君, 與其衆叛秦, 聚兵數千人. 番君以其女妻之. 章邯之滅陳勝, 破呂臣軍, 布乃引兵北擊秦左右校, 破之淸波, 引兵而東. 聞項梁定江東會稽, 涉江而西. 陳嬰以項氏世爲楚將, 迺以兵屬項梁, 渡淮南, 英布·蒲將軍亦以兵屬項梁. 項梁涉淮而西, 擊景駒·秦嘉等, 布常冠軍. 項梁至薛, 聞陳王定死, 迺立楚懷王. 項梁號爲武信君, 英布爲當陽君. 項梁敗死定陶, 懷王徙都彭城, 諸將英布亦皆保聚彭城. 當是時, 秦急圍趙, 趙數使人請救. 懷王使宋義爲上將, 范曾爲末將, 項籍爲次將, 英布·蒲將軍皆爲將軍, 悉屬宋義, 北救趙. 及項籍殺宋義於河上, 懷王因立籍爲上將軍, 諸將皆屬項籍. 項籍使布先渡河擊秦, 布數有利, 籍迺悉引兵涉河從之, 遂破秦軍, 降章邯等. 楚兵常勝, 功冠諸侯. 諸侯兵皆以服屬楚者, 以布數以少敗衆也. 項籍之引兵西至新安, 又使布等夜擊阬章邯秦卒二十餘

萬人. 至關, 不得入, 又使布等先從閒道破關下軍, 遂得入, 至咸陽. 布
常爲軍鋒. 項王封諸將, 立布爲九江王, 都六. 漢元年四月, 諸侯皆罷戲
下, 各就國. 項氏立懷王爲義帝, 徙都長沙, 迺陰令九江王布等行擊之.
其八月, 布使將擊義帝, 追殺之郴縣.

한고조 2년, 제왕 전영이 항우를 배반하자 항우가 제나라를 치러
가면서 구강九江에서 군사를 징발하고자 했다. 구강왕 영포가 병을
핑계로 따라가지 않고, 휘하 장수에게 수천 명의 군사를 이끌고 가
게 했다. 유방이 이끄는 한나라 군사가 팽성에서 초나라 군사를 격
파했을 때도 영포는 병을 핑계로 돕지 않았다. 항우가 이로 인해 크
게 원망한 나머지 누차 사자를 영포에게 보내 책망하며 불러들이려
했다. 그러자 영포는 더욱 두려워하며 감히 가려고 하지 않았다. 당
시 항우는 북쪽으로 제나라와 조나라, 서쪽으로 유방의 한나라를 우
려했다. 가까이할 사람은 오직 구강왕 영포뿐이었다. 나아가 영포의
재능을 높이 산 항우는 가까이 두고 쓸 요량으로 공격을 가하지 않
았다. 한고조 3년, 유방이 초나라를 치면서 팽성에서 크게 싸웠지만
형세가 불리했다. 일단 위나라 땅에서 퇴각해 우나라 땅까지 이른
뒤 좌우의 신하들에게 화를 냈다.

"너희 같은 자들과는 천하대사를 함께 도모할 수 없다."

빈객 및 문서 담당인 알자 수하가 앞으로 나와 말했다.

"폐하의 말씀이 무슨 뜻인지 잘 모르겠습니다."

유방이 말했다.

"누가 능히 나를 대신해 회남淮南에 사자로 가 영포에게 군사를 일
으켜 초나라에 반기를 들도록 하겠는가? 항우를 몇 달 동안만 제나

라에 머물게 만들면 내가 천하를 얻는 것은 백에 하나도 어긋남이 없을 것이다."

수하가 청했다.

"청컨대 신이 가고자 합니다."

수하가 스무 명의 수행원을 이끌고 회남으로 갔다. 회남에 이른 뒤 태재의 집에 머물렀다.• 사흘이 지나도록 구강왕 영포를 만날 수 없었다. 수하가 기회를 보아 태재에게 말했다.

"대왕이 저를 만나주지 않는 것은 분명히 초나라가 강하고 한나라는 약하다고 생각하시기 때문일 것입니다. 신이 사자로 온 것은 이 때문입니다. 대왕을 만나게 해주십시오. 제 말이 옳으면 이는 대왕이 평소 듣고 싶어 했기 때문일 것입니다. 만일 제 말이 틀리면 저와 일행 스무 명을 회남의 시장에서 부질의 형벌에 처해, 한나라를 등지고 초나라와 함께한다는 취지를 밝히도록 하십시오."

태재가 그의 말을 영포에게 고하자 영포가 그를 만났다. 수하가 말했다.

"한나라 왕이 신에게 삼가 서신을 대왕의 측근에게 바치도록 했습니다. 신은 대왕이 초나라와 어떠한 친분이 있는지 궁금합니다."

회남왕 영포가 말했다.

"과인은 북쪽을 향해 초왕을 섬기는 신하요."

수하가 말했다.

"대왕은 항왕과 똑같은 제후이면서 북향해 그를 섬기는 것은 반드시 초나라가 강하게 여겨 나라를 의탁할 만하다고 판단했기 때문일

• "태재의 집에 머물렀다"의 원문은 "태재주지太宰主之"다.《사기색은》은 태재를 선식膳食을 관장한 관원으로 풀이하며 주主를 위소의 주를 인용해 머물 사舍로 풀이했다.

것입니다. 항왕이 제나라를 칠 때 친히 성을 쌓기 위한 판자나 공이를 짊어지고 병사들의 선봉이 되었으니 대왕도 응당 회남의 무리를 친히 이끌고 가 초나라 군사의 선봉이 되었어야 합니다. 그런데 대왕은 겨우 4,000명만 보내 초나라를 돕고 있습니다. 북향해 섬기는 자가 정녕 이리해도 되는 것입니까? 또 한나라 왕이 초나라와 팽성에서 싸울 때만 해도 대왕은 항우가 제나라에서 나오기 전에 회남의 군사를 모두 동원해 회수를 건넌 뒤 밤낮으로 달려가 유방의 군사와 팽성 밑에서 싸워야 했습니다. 그런데도 대왕은 1만 명의 군사를 거느리면서 단 한 사람도 회수를 건너게 하지 않은 채 팔짱을 끼고 어느 쪽이 이기는지 바라보기만 했습니다. 나라를 남에게 의탁했다면서 정녕 이리해도 되는 것입니까?

대왕은 신하를 칭해 북향해 초나라를 섬긴다는 허명을 내걸고 자신을 모두 맡기고자 합니다. 신이 생각건대 이는 대왕이 취할 바가 아닙니다. 그러면서 대왕이 초나라를 배반하지 않는 것은 한나라가 약하다고 보기 때문입니다. 초나라 군사가 비록 강하기는 하나 온 천하가 초나라가 불의不義하다는 오명을 씌우고 있습니다. 이는 항왕이 맹약을 저버리고 의제를 죽였기 때문입니다. 항왕은 전쟁에서 이긴 것에 고무된 나머지 스스로 강하다고 믿고 있지만, 한나라 왕은 제후들과 연합해 돌아와서는 성고와 형양을 지키고 있습니다. 촉과 한나라의 양곡을 들여오고, 물길을 깊이 파고, 성벽을 굳게 하고, 군사를 나누어 변경을 지키며 요새를 튼튼히 방어하고 있습니다. 초나라 군사가 제나라에서 초나라로 돌아가려면 가운데 있는 위나라 땅을 넘어 적진으로 800~900리나 깊숙이 들어가야 합니다. 싸우려 해도 싸울 수 없고, 성을 치려고 해도 힘이 모자라고, 노약자들이

1,000리 밖에서 양곡을 날라 와야 합니다. 초나라 군사가 형양과 성고에 이를지라도 한나라 군사가 굳게 지키고 움직이지 않으면 나아가 공격할 수도, 물러나 포위를 뚫을 수도 없는 상황에 처합니다. 초나라 군사는 믿을 만하지 못하다고 말하는 이유입니다.

초나라가 한나라를 이기면 제후들은 스스로 위기를 느끼고 두려워한 나머지 서로 한나라를 구원하고자 할 것입니다. 초나라가 강대해지는 것은 천하의 적을 불러들이는 것에 지나지 않습니다. 초나라가 한나라만 못한 것은 이런 정세만 볼지라도 쉽게 알 수 있습니다.

지금 대왕은 모든 것이 안전한 한나라와 함께하지 않고, 패망의 위기에 처한 초나라에 기대려고 하니 신은 대왕을 위해 곰곰이 생각해도 의아하기만 합니다. 신이 회남의 병력만으로 능히 초나라를 멸할 수 있다고 생각하는 것은 아닙니다. 대왕이 군사를 동원해 초나라에 반기를 들면 항왕은 반드시 제나라에 머물게 될 것입니다. 몇 달만 머물게 할지라도 그사이 한나라가 천하를 차지하는 데는 만에 하나도 어긋남이 없을 것입니다. 청컨대 신이 대왕을 모시고 칼을 찬 채 한나라에 돌아가게 해주십시오. 한나라 왕은 반드시 땅을 떼어 대왕을 봉하실 것입니다. 하물며 회남 땅뿐이겠습니까? 회남 땅은 반드시 대왕의 소유가 될 것입니다. 한나라 왕은 삼가 신을 사자로 보내 어리석은 계책을 진언하게 했습니다. 원컨대 대왕은 이를 유념해주십시오.”

회남왕 영포가 대답했다.

“말씀대로 따르겠소.”

영포가 몰래 초나라를 배반하고 한나라와 한편이 되겠다고 허락했다. 그러나 이를 감히 발설하지는 않았다.

●●漢二年, 齊王田榮畔楚. 項王往擊齊, 徵兵九江, 九江王布稱病不往, 遣將將數千人行. 漢之敗楚彭城, 布又稱病不佐楚. 項王由此怨布, 數使使者誚讓召布, 布愈恐, 不敢往. 項王方北憂齊·趙, 西患漢, 所與者獨九江王, 又多布材, 欲親用之, 以故未擊. 漢三年, 漢王擊楚, 大戰彭城, 不利, 出梁地, 至虞, 謂左右曰, "如彼等者, 無足與計天下事." 謁者隨何進曰, "不審陛下所謂." 漢王曰, "孰能爲我使淮南, 令之發兵倍楚, 留項王於齊數月, 我之取天下可以百全." 隨何曰, "臣請使之." 迺與二十人俱, 使淮南. 至, 因太宰主之, 三日不得見. 隨何因說太宰曰, "王之不見何, 必以楚爲彊, 以漢爲弱, 此臣之所以爲使. 使何得見, 言之而是邪, 是大王所欲聞也, 言之而非邪, 使何等二十人伏斧質淮南市, 以明王倍漢而與楚也." 太宰迺言之王, 王見之. 隨何曰, "漢王使臣敬進書大王御者, 竊怪大王與楚何親也." 淮南王曰, "寡人北鄉而臣事之." 隨何曰, "大王與項王俱列爲諸侯, 北鄉而臣事之, 必以楚爲彊, 可以託國也. 項王伐齊, 身負板築, 以爲士卒先, 大王宜悉淮南之衆, 身自將之, 爲楚軍前鋒, 今迺發四千人以助楚. 夫北面而臣事人者, 固若是乎? 夫漢王戰於彭城, 項王未出齊也, 大王宜騷淮南之兵渡淮, 日夜會戰彭城下, 大王撫萬人之衆, 無一人渡淮者, 垂拱而觀其孰勝. 夫託國於人者, 固若是乎? 大王提空名以鄉楚, 而欲厚自託, 臣竊爲大王不取也. 然而大王不背楚者, 以漢爲弱也. 夫楚兵雖彊, 天下負之以不義之名, 以其背盟約而殺義帝也. 然而楚王恃戰勝自彊, 漢王收諸侯, 還守成皋·滎陽, 下蜀·漢之粟, 深溝壁壘, 分卒守徼乘塞, 楚人還兵, 閒以梁地, 深入敵國八九百里, 欲戰則不得, 攻城則力不能, 老弱轉糧千里之外, 楚兵至滎陽·成皋, 漢堅守而不動, 進則不得攻, 退則不得解. 故曰楚兵不足恃也. 使楚勝漢, 則諸侯自危懼而相救. 夫楚之彊, 適足以

致天下之兵耳. 故楚不如漢, 其勢易見也. 今大王不與萬全之漢而自託
於危亡之楚, 臣竊爲大王惑之. 臣非以淮南之兵足以亡楚也. 夫大王發
兵而倍楚, 項王必留, 留數月, 漢之取天下可以萬全. 臣請與大王提劍
而歸漢, 漢王必裂地而封大王, 又況淮南, 淮南必大王有也. 故漢王敬
使使臣進愚計, 願大王之留意也." 淮南王曰, "請奉命." 陰許畔楚與漢,
未敢泄也.

　　당시 초나라 사자가 회남왕 영포에게 와 있었다. 그는 황급히 군
사를 출동시킬 것을 독촉하며 객사에 머물고 있었다. 수하가 곧바로
뛰어들어 초나라 사자의 윗자리에 앉은 뒤 이같이 물었다.

　　"구강왕이 이미 한나라에 귀의했는데, 초나라가 어떻게 병력을 동
원할 수 있겠소?"

　　영포가 깜짝 놀랐다. 초나라 사자는 벌떡 일어났다. 수하가 영포를
설득했다.

　　"일은 이미 벌어졌습니다. 초나라 사자를 죽여 돌아가지 못하게
하고, 빨리 한나라로 달려가 힘을 합치는 것이 좋습니다."

　　영포가 말했다.

　　"그대의 말대로 군사를 일으켜 초나라를 칠 수밖에 없게 되었소."

　　곧 초나라 사자를 죽인 뒤 군사를 일으켜 초나라를 쳤다. 항우가
항성項聲과 용저龍且에게 명해 영포를 치게 한 뒤 자신은 그대로 머물
며 하읍下邑을 공격했다. 용저가 회남을 쳐 영포의 군사를 깨뜨리는
데 몇 달이 걸렸다. 영포가 군사를 이끌고 한나라로 달아나고자 했
으나 항우가 뒤쫓아와 자신을 죽일까 두려웠다. 샛길로 수하와 함께
한나라로 간 이유다. 영포가 군영에 이르렀을 때 유방은 마침 평상

에 걸터앉은 채 시녀들을 시켜 발을 씻고 있었다. 그 상태로 영포를 불러들여 만났다. 영포가 너무 화가 나서 이곳으로 온 것을 후회하며 자진하고자 했다. 물러나와 숙소로 가보니 의복과 마차, 음식, 시종 등이 유방의 거처와 똑같았다. 기대보다 융숭한 예우에 크게 기뻐했다. 처자식을 부르기 위해 사람을 시켜 은밀히 구강으로 들어가게 했다. 초나라가 이미 항백項伯을 시켜 구강의 군사를 몰수하고, 영포의 처자식들을 모두 죽인 뒤였다. 사자가 영포의 옛 친구와 총신을 대거 만나 수천 명을 이끌고 한나라로 돌아온 이유다. 한나라가 영포에게 더 많은 군사를 나누어준 뒤 함께 북상해 군사를 모으면서 성고에 이르게 되었다.

한고조 4년 7월, 영포를 회남왕으로 삼은 뒤 함께 항우를 쳤다. 한고조 5년, 영포가 사람을 구강에 들여보내 여러 고을을 손에 넣었다. 한고조 6년, 영포가 유방의 사촌형인 유가劉賈와 함께 구강으로 들어가 초나라의 대사마 주은周殷을 설득했다. 주은이 초나라를 배반했다. 마침내 구강의 군사를 동원해 한나라와 함께 초나라를 쳤다. 해하에서 적을 격파했다. 항우가 죽고 천하가 평정되자 유방이 연회를 베풀었다. 이 자리에서 수하의 공적을 깎아내렸다.

"수하는 썩은 선비이니, 천하를 다스리는데 어찌 썩은 선비를 쓰겠는가?"

수하가 꿇어앉고 말했다.

"폐하가 군사를 이끌고 팽성을 치고 항왕이 아직 제나라를 떠나지 않았을 때 보병 5만 명과 기병 5,000명으로 회남을 점령할 수 있었겠습니까?"

유방이 대답했다.

"점령하지 못했을 것이오."

수하가 말했다.

"폐하가 저에게 수행원 스무 명과 함께 회남에 사자로 가게 했고, 저는 회남에 이르러 폐하의 뜻대로 했습니다. 신의 공은 보병 5만 명과 기병 5,000명보다도 나은 것입니다. 그런데도 폐하는 말하기를, '수하는 썩은 선비이니, 천하를 다스리는데 어찌 썩은 선비를 쓰겠는가?'라고 했습니다. 이는 무슨 까닭입니까?"

유방이 사과했다.

"내가 그대의 공을 생각해보겠소."

이후 수하를 장수들의 협업을 담당한 호군중위護軍中尉로 임명했다. 영포는 부절을 나누어 받고 회남왕이 되어 육 땅에 도읍했다. 구강을 비롯해 여강廬江과 형산衡山 및 예장 등의 모든 군이 영포에게 귀속되었다.

●● 楚使者在, 方急責英布發兵, 舍傳舍. 隨何直入, 坐楚使者上坐, 曰, "九江王已歸漢, 楚何以得發兵?" 布愕然. 楚使者起. 何因說布曰, "事已構, 可遂殺楚使者, 無使歸, 而疾走漢幷力." 布曰, "如使者教, 因起兵而擊之耳." 於是殺使者, 因起兵而攻楚. 楚使項聲·龍且攻淮南, 項王留而攻下邑. 數月, 龍且擊淮南, 破布軍. 布欲引兵走漢, 恐楚王殺之, 故閒行與何俱歸漢. 淮南王至, 上方踞牀洗, 召布入見, 布甚大怒, 悔來, 欲自殺. 出就舍, 帳御飲食從官如漢王居, 布又大喜過望. 於是迺使人入九江. 楚已使項伯收九江兵, 盡殺布妻子. 布使者頗得故人幸臣, 將衆數千人歸漢. 漢益分布兵而與俱北, 收兵至成皋. 四年七月, 立布爲淮南王, 與擊項籍. 漢五年, 布使人入九江, 得數縣. 六年, 布與劉賈入九江, 誘大司馬周殷, 周殷反楚, 遂擧九江兵與漢擊楚, 破之垓下.

項籍死, 天下定, 上置酒. 上折隨何之功, 謂何爲腐儒, 爲天下安用腐儒. 隨何跪曰, "夫陛下引兵攻彭城, 楚王未去齊也, 陛下發步卒五萬人, 騎五千, 能以取淮南乎?" 上曰, "不能." 隨何曰, "陛下使何與二十人使淮南, 至, 如陛下之意, 是何之功賢於步卒五萬人騎五千也. 然而陛下謂何腐儒, 爲天下安用腐儒, 何也?" 上曰, "吾方圖子之功." 迺以隨何爲護軍中尉, 布遂剖符爲淮南王, 都六, 九江·廬江·衡山·豫章郡皆屬布.

한고조 7년, 영포가 진현에서 유방을 조현했다. 한고조 8년, 낙양에서 유방을 조현했다. 한고조 9년, 장안에서 유방을 조현했다. 한고조 11년, 여후가 회음후 한신을 죽였다. 영포가 내심 두려워했다. 이해 여름, 한나라가 양왕 팽월을 죽인 뒤 그 시체를 소금에 절였다. 이어 소금에 절인 살덩이를 그릇에 담아 제후들에게 두루 하사했다. 살덩이가 회남에 이르렀을 때 회남왕 영포는 마침 사냥 중이었다. 소금에 절인 살덩이를 보고는 크게 두려워 몰래 사람을 시켜 병사를 모았다. 이웃 군의 동태를 살펴 위급한 사태를 경계한 것이다.

마침 이때 영포의 총희가 병들어 의사에게 치료를 받게 되었다. 의사의 집은 중대부 비혁賁赫의 집과 문을 마주 보고 있었다. 총희가 자주 의사의 집에 갔다. 비혁도 전에 영포의 시중으로 있었던 까닭에 많은 선물을 바친 뒤 총희를 따라 의사의 집으로 가 술을 마시기도 했다. 총희가 회남왕을 모시고 한담을 나누다가 비혁을 장자長者로 칭송했다. 회남왕 영포가 노했다.

"당신은 그를 어디서 알게 되었소?"

총희가 사정을 자세히 이야기했지만 영포는 이들이 간통한 것으

로 의심했다. 비혁이 두려운 나머지 병을 핑계로 나오지 않았다. 영
포가 더욱 화가 나 비혁을 잡아들이고자 했다. 비혁이 영포의 모반
사실을 고하기 위해 급히 전마를 타고 장안으로 달려갔다. 영포가
사람을 시켜 뒤쫓게 했지만 따라잡지 못했다. 비혁이 장안에 이르러
글을 올려 이같이 고발했다.

영포가 반란을 꾀한 단서가 있으니, 일이 터지기 전에 먼저 목을 베
야 합니다.

유방이 그 글을 읽고는 상국 소하에게 물었다. 소하가 대답했다.
"영포는 그런 일을 할 사람이 아닙니다. 영포에게 원한을 품고 일
부러 무함하는 것입니다. 청컨대 비혁을 가둔 뒤 사람을 보내 은밀
히 회남왕을 살피도록 하십시오."

회남왕 영포는 비혁이 죄를 짓고 달아나 고발했다는 사실을 알고
는 비혁이 자신에 관한 비밀을 말했을 것으로 의심했다. 얼마 후 한
나라 조정에서 사자가 와 조사까지 하자 마침내 비혁의 일족을 멸한
뒤 군사를 일으켜 한나라를 배반했다.

●● 七年, 朝陳. 八年, 朝雒陽. 九年, 朝長安. 十一年, 高后誅淮陰侯,
布因心恐. 夏, 漢誅梁王彭越, 醢之, 盛其醢徧賜諸侯. 至淮南, 淮南王
方獵, 見醢, 因大恐, 陰令人部聚兵, 候伺旁郡警急. 布所幸姬疾, 請就
醫, 醫家與中大夫賁赫對門, 姬數如醫家, 賁赫自以爲侍中, 迺厚餽遺,
從姬飮醫家. 姬侍王, 從容語次, 譽赫長者也. 王怒曰, "汝安從知之?"
具說狀. 王疑其與亂. 赫恐, 稱病. 王愈怒, 欲捕赫. 赫言變事, 乘傳詣長
安. 布使人追, 不及. 赫至, 上變, 言布謀反有端, 可先未發誅也. 上讀其

書, 語蕭相國. 相國曰, "布不宜有此, 恐仇怨妄誣之. 請繫赫, 使人微驗
淮南王." 淮南王布見赫以罪亡, 上變, 固已疑其言國陰事, 漢使又來,
頗有所驗, 遂族赫家, 發兵反.

유방은 영포가 모반했다는 보고가 올라오자 곧 비혁을 석방해 장
군으로 삼았다. 이어 제장들을 불러 대책을 물었다.

"영포가 반기를 들었으니 어찌하면 좋소?"

모두 입을 모아 말했다.

"군사를 동원해 격파한 뒤 그자를 구덩이에 묻어 죽이면 됩니다.
달리 무엇이 필요하겠습니까?"

여음후汝陰侯 하후영夏侯嬰이 전에 초나라 영윤으로 있던 식객 설공
을 불러 대책을 물었다. 설공이 대답했다.

"영포가 배반한 것은 당연한 일입니다."

하후영이 다시 물었다.

"황상이 땅을 떼어주어 왕으로 봉하고, 작위를 나누어주며 존귀한
신분이 되게 했소. 마침내 남면해 고孤를 칭하며 만승의 대국 군주가
되었는데도 배반을 했으니 이는 무슨 까닭이오?"

설공이 대답했다.

"황상이 지난해에는 팽월, 그 전해에는 한신을 죽였습니다. 이 세
명은 건국과정에서 대공을 세운, 한 몸과 같은 사람들입니다. 화가
미칠까 의심해 모반한 것입니다."

하후영이 이 말을 유방에게 전했다.

"신의 식객 가운데 전에 초나라 영윤으로 있던 설공이 있습니다.
계략이 대단하니 그에게 물어보는 것이 좋을 것입니다."

유방이 설공을 불러 대책을 물었다. 설공이 대답했다.

"영포의 모반은 조금도 이상할 것이 없습니다. 그가 상책을 쓰면 산동은 한나라 소유가 아니게 되고, 중책을 쓰면 승패를 알 수 없고, 하책을 쓰면 폐하는 베개를 높이 베고 잘 수 있습니다."

유방이 물었다.

"무엇을 상책이라고 하는 것이오?"

설공이 대답했다.

"영포가 동쪽으로 유가劉賈의 오나라와 서쪽으로 유교劉交의 초나라를 취해 후고지우後顧之憂를 없애고, 제나라를 아우르고 노나라를 취한 뒤 격문을 연나라와 조나라에 전하고 그곳을 굳게 지키는 계책입니다. 그러면 산동은 한나라의 소유가 아닐 것입니다."

유방이 물었다.

"무엇을 중책이라고 하는 것이오?"

설공이 대답했다.

"동쪽으로 오나라와 서쪽으로 초나라를 취해 후고지우를 없애고, 한韓나라를 아우르고 위나라를 취한 뒤 형양 서북쪽 오창敖倉의 곡식을 점유하고 성고의 어귀를 봉쇄하는 계책입니다. 그러면 승패는 알 수 없습니다."

유방이 물었다.

"무엇을 하책이라고 하는 것이오?"

설공이 대답했다.

"동쪽으로 오나라와 서쪽으로 하채를 취한 뒤 귀중한 물건은 월나라에 두고 자신은 장사 땅으로 돌아가는 계책입니다. 그러면 폐하가 베개를 높이 베고 잘지라도 한나라는 별일이 없을 것입니다."

유방이 물었다.

"그는 어떤 계책을 쓸 것 같소?"

설공이 대답했다.

"하책을 쓸 것입니다."

유방이 물었다.

"어찌해서 상책과 중책을 버리고 하책을 쓸 것으로 보는 것이오?"

설공이 대답했다.

"영포는 원래 여산에서 복역한 수형자 무리에 속해 있다가 자력으로 만승 대국의 군주가 된 자입니다. 모두 자기 자신을 위해 한 일이지, 뒷날을 생각하고 백성 만대의 이익을 위해 그리한 것이 아닙니다. 하책을 쓸 것이라고 말한 이유입니다."

유방이 기뻐했다.

"좋소."

그러고는 설공에게 1,000호의 봉지를 내리고, 아들 유장을 회남왕으로 삼았다. 유방이 마침내 군사를 동원해 친정에 나서면서 동쪽으로 영포를 쳤다. 당초 영포는 반기를 들 당시 휘하 장수들에게 이같이 말한 바 있다.

"황상은 늙어서 싸움을 싫어한다. 반드시 직접 오지 못하고 장수들을 보낼 것이다. 여러 장수 가운데 오직 회음후 한신과 팽월만이 걱정스러웠다. 이제 모두 죽었으니 그 외에는 두려워할 만한 자가 없다."

그러고는 마침내 반기를 들었다. 과연 설공이 짐작했던 대로 영포는 동쪽으로 유가의 형나라를 쳤다. 형왕 유가는 달아나다가 부릉 富陵에서 죽었다. 영포는 그의 군사를 모두 빼앗은 뒤 이들을 이끌고 회수를 건너 유교의 초나라를 쳤다. 초나라가 군사를 동원해 서徐와 동僮 사이에서 싸웠다. 이때 초나라가 군사를 셋으로 나누어 서로 호응하는 황당한 기책奇策을 쓰려고 했다. 어떤 자가 초나라 장수에게 이같이 충고했다.

"영포는 용병에 뛰어나 백성들이 평소 그를 두려워했습니다. 병법에도 제후가 자기 나라 땅에서 싸우는 것을 산지散地라고 했습니다. 이제 군사를 셋으로 나누었습니다. 저들이 하나를 깨뜨리면 나머지는 모두 달아나고 말 것입니다. 그러면 어떻게 서로 도울 수 있겠습니까?"

초나라 장군이 이를 듣지 않았다. 영포가 과연 한 군대를 격파하자 나머지 두 군대는 황급히 흩어져 달아났다. 영포가 마침내 서진하다가 유방의 군사와 기 땅의 서쪽 회추會甀에서 만나게 되었다. 영포의 군사는 정예 부대였다. 유방이 용성庸城을 고수하며 영포의 군사를 바라보니 군진이 항우와 같았다. 영포가 더욱 미워졌다. 영포를 마주하고 바라보다가 멀리서 물었다.

"무엇이 아쉬워 모반했는가?"

영포가 대답했다.

"황제가 되고 싶었을 뿐이다."

유방이 화를 내며 꾸짖은 뒤 마침내 크게 싸움을 벌였다. 영포의 군사가 패해 달아났다. 회수를 건넌 후 누차 멈추어 싸웠으나 불리해지자 병사 100여 명과 함께 강남으로 달아났다. 당초 영포는 파군의 딸과 결혼했다. 오예의 아들인 장사애왕長沙哀王 오신吳臣이 사람을 보내 함께 월나라로 달아나자고 유인하는 데 성공했다. 영포가 그 말을 믿고 파양으로 따라갔다. 파양 사람이 영포를 자향玆鄕의 농

가에서 죽었다. 이로써 마침내 영포가 패망했다. 유방이 아들 유장을
회남왕, 비혁을 기사후期思侯에 봉했다. 여러 장수도 대부분 공적에
따라 봉해졌다.

●● 反書聞, 上迺赦賁赫, 以爲將軍. 上召諸將問曰, "布反, 爲之奈
何?" 皆曰, "發兵擊之, 阬豎子耳, 何能爲乎!" 汝陰侯滕公召故楚令尹
問之. 令尹曰, "是故當反." 滕公曰, "上裂地而王之, 疏爵而貴之, 南面
而立萬乘之主, 其反何也?" 令尹曰, "往年殺彭越, 前年殺韓信, 此三
人者, 同功一體之人也. 自疑禍及身, 故反耳." 滕公言之上曰, "臣客故
楚令尹薛公者, 其人有籌筴之計, 可問." 上迺召見問薛公. 薛公對曰,
"布反不足怪也. 使布出於上計, 山東非漢之有也, 出於中計, 勝敗之數
未可知也, 出於下計, 陛下安枕而臥矣." 上曰, "何謂上計?" 令尹對曰,
"東取吳, 西取楚, 并齊取魯, 傳檄燕·趙, 固守其所, 山東非漢之有也."
"何謂中計?" "東取吳, 西取楚, 并韓取魏, 據敖庾之粟, 塞成皋之口, 勝
敗之數未可知也." "何謂下計?" "東取吳, 西取下蔡, 歸重於越, 身歸長
沙, 陛下安枕而臥, 漢無事矣." 上曰, "是計將安出?" 令尹對曰, "出下
計." 上曰, "何謂廢上中計而出下計?" 令尹曰, "布故麗山之徒也, 自致
萬乘之主, 此皆爲身, 不顧後爲百姓萬世慮者也, 故曰出下計." 上曰,
"善." 封薛公千戶. 迺立皇子長爲淮南王. 上遂發兵自將東擊布. 布之
初反, 謂其將曰, "上老矣, 厭兵, 必不能來. 使諸將, 諸將獨患淮陰·彭
越, 今皆已死, 餘不足畏也." 故遂反. 果如薛公籌之, 東擊荊, 荊王劉賈
走死富陵. 盡劫其兵, 渡淮擊楚. 楚發兵與戰徐·僮閒, 爲三軍, 欲以相
救爲奇. 或說楚將曰, "布善用兵, 民素畏之. 且兵法, 諸侯戰其地爲散
地. 今別爲三, 彼敗吾一軍, 餘皆走, 安能相救!" 不聽. 布果破其一軍,
其二軍散走. 遂西, 與上兵遇蘄西, 會甀. 布兵精甚, 上迺壁庸城, 望布

軍置陳如項籍軍, 上惡之. 與布相望見, 遙謂布曰, "何苦而反?" 布曰, "欲爲帝耳." 上怒罵之, 遂大戰. 布軍敗走, 渡淮, 數止戰, 不利, 與百餘人走江南. 布故與番君婚, 以故長沙哀王使人紿布, 僞與亡, 誘走越, 故信而隨之番陽. 番陽人殺布玆鄕民田舍, 遂滅黥布. 立皇子長爲淮南王, 封賁赫爲期思侯, 諸將率多以功封者.

태사공은 평한다.

"영포의 조상은 혹여 《춘추》에서 '초나라가 영英과 육 땅을 멸했다'고 언급한 고요皐陶의 후예는 아닐까? 몸에 묵형을 받고도 어찌 그렇게 빨리 입신했던 것인가? 항우가 구덩이에 묻어 죽인 자의 수가 천만이나 된다. 영포는 늘 그 포악한 일의 우두머리였고, 공적 또한 제후들 가운데 으뜸이었다. 덕분에 왕이 되었지만 자신 역시 세상에서 말하는 큰 치욕을 면하지는 못했다. 재앙은 애희愛姬로부터 싹텄고, 애희의 통간을 의심하는 질투가 우환을 낳더니,* 마침내 나라까지 패망하게 만들고 말았다!"

●● 太史公曰, "英布者, 其先豈春秋所見楚滅英·六, 皐陶之後哉? 身被刑法, 何其拔興之暴也! 項氏之所阬殺人以千萬數, 而布常爲首虐. 功冠諸侯, 用此得王, 亦不免於身爲世大僇. 禍之興自愛姬殖, 妒媚生患, 竟以滅國!"

● 원문은 "투모생환妒媚生患"이다. 모媚는 강샘할 투妬 내지 투妒와 같다. 《사기색은》은 《논형論衡》에 나오는 투부모부妬夫媚婦를 대표적인 실례로 들면서 투모妒媚는 곧 투부妒夫 영포를 지칭한다고 풀이했다.

회음후열전

淮陰侯列傳

〈회음후열전〉은 초한지제 당시 당대 최고의 병법가로 활약한 한신에 관한 전기다. 뜻이 컸던 그는 젊었을 때 과하지욕胯下之辱 일화를 남겼다. 진시황 사후 천하가 어지러워지자 항우에게 의탁하고자 했으나 여의치 못했다. 유방에게 달아났다가 소하의 천거로 장수가 된 뒤 뛰어난 군사적 재능을 유감없이 발휘했다. 군사들을 이끌고 북진해 위나라와 조나라 및 연나라, 제나라를 차례로 평정해 항우에 대한 전략적 포위망을 구축한 것이 그렇다. 항우가 최후의 결전에서 패한 가장 큰 이유는 바로 전략적 포위망을 구축한 한신을 유방의 편에 서도록 만든 데 있다. 최후의 보루에 해당하는 남쪽의 영포마저 유방에게 넘어간 상황에서는 기울어진 형세를 만회할 길이 없었다. 많은 사람이 한신이 없었다면 유방의 천하통일도 불가능했을 것으로 보는 이유다. 그런 점에서 그는 한나라 건국의 일등공신에 해당한다.

한신 역시 팽월 및 영포와 마찬가지로 토사구팽의 제물이 되고 말았다. 항우 사후 공을 인정받아 초왕에 봉해졌다가 모반 혐의를 받고 회음후로 강등되고 이내 멸족의 화를 입은 것이 그렇다. 그의 토

사구팽은 자초한 측면도 있다. 그는 당대 최고의 군사 전략가다. 북
방을 모두 평정한 뒤 유방에게 제나라 왕으로 책봉해달라고 요구
한 것은 치명적인 실수였다. 대공을 세운 신하가 군주를 위협하는
진주지위震主之威의 위세를 드러냈기 때문이다. 토사구팽의 일차
대상이 된 이유다. 대표적인 실례가 바로 한신이다. 진주지위의 출
전이 바로 〈회음후열전〉이다. 진주지위를 드러내는 것은 《한비자》
가 역설한 것처럼 역린을 범한 것이나 다름없다. 고금을 막론하고
진주지위를 드러낸 신하가 살아남은 적이 없다.

회음후 한신은 회음 출신이다. 당초 서민으로 있을 때 가난한데다 품행도 단정하지 않았다. 천거를 받아 관원이 되지도 못했고, 장사로 생계를 꾸려나갈 능력도 없어 늘 남에게 의지해 먹고살았다. 사람들이 대부분 그를 싫어한 이유다. 일찍이 하향현下鄕縣의 남창南昌 마을 정장*의 집에서 누차 얻어먹은 일이 있었다. 몇 달 후 정장의 아내가 한신을 귀찮게 여긴 나머지 새벽에 밥을 지은 뒤 이부자리에 앉아 먹어 치웠다[晨炊蓐食]. 한신이 식사시간에 맞추어 갔으나 밥을 차려주지 않았다. 한신도 그 뜻을 알고는 화를 내며 의절하고 떠났다.

한번은 한신이 성 아래서 낚시를 하고 있을 때였다. 풀솜 빨래를 하는 여인** 가운데 한 사람이 한신이 주린 것을 보고 밥을 주었다. 풀솜 빨래를 마치는 날까지 수십 일 동안을 이같이 했다. 한신은 기뻐하며 여인에게 말했다.

"내 언젠가는 반드시 이 은혜에 크게 보답하겠다."

여인이 화를 냈다.

"대장부가 스스로 밥을 먹지 못해 내가 왕손***을 불쌍히 여겨 밥을 준 것이오. 어찌 보답을 바라겠소?"

당시 회음 땅의 젊은이 가운데 한신을 업신여기는 자가 있었다. 그가 한신에게 말했다.

"너는 비록 장대해 칼 차기를 좋아하나 속은 겁쟁이일 뿐이다."

● 《사기색은》은 하향현을 회음군 속현으로 파악하면서, 남창이 《초한춘추楚漢春秋》에는 신창新昌으로 되어 있다고 했다.
●● 원문은 "제모표諸母漂"다. 《사기집해》는 위소의 주를 인용해 표漂를 물로 풀솜을 빠는 이 소격서以水擊絮로 풀이했다.
●●● 왕손을 두고 《사기집해》는 소림蘇林의 주를 인용해 공자公子로 풀이했다. 《사기색은》은 유덕劉德의 주를 인용해 진나라 말기에 나라를 잃은 자들을 왕손 내지 공자 등으로 높여 불렀다고 해석했다.

또 사람들 앞에서 이같이 모욕을 주었다.

"네가 죽을 용기가 있으면 나를 찌르고, 용기가 없다면 내 가랑이 밑으로 기어가도록 하라."

한신은 그를 한참 바라보다가 몸을 굽혀 가랑이 밑으로 기어갔다. 이 일로 시정의 모든 사람이 한신을 비웃으며 겁쟁이로 생각했다.

●● 淮陰侯韓信者, 淮陰人也. 始爲布衣時, 貧無行, 不得推擇爲吏, 又不能治生商賈, 常從人寄食飮, 人多厭之者. 常數從其下鄉南昌亭長寄食, 數月, 亭長妻患之, 乃晨炊蓐食. 食時信往, 不爲具食. 信亦知其意, 怒, 竟絶去. 信釣於城下, 諸母漂, 有一母見信飢, 飯信, 竟漂數十日. 信喜, 謂漂母曰, "吾必有以重報母." 母怒曰, "大丈夫不能自食, 吾哀曰孫而進食, 豈望報乎!" 淮陰屠中少年有侮信者, 曰, "若雖長大, 好帶刀劍, 中情怯耳." 衆辱之曰, "信能死, 刺我, 不能死, 出我袴下." 於是信孰視之, 俛出袴下, 蒲伏. 一市人皆笑信, 以爲怯.

항량이 회수를 건널 무렵 한신이 칼을 차고 그를 쫓았다. 항량 휘하에 있을 때는 이름이 널리 알려지지 않았다. 항량이 패사한 뒤에는 항우에 속하게 되었다. 항우는 그를 낭중에 임명했다. 누차 항우에게 계책을 올렸으나 받아들여지지 않았다. 유방이 촉 땅에 들어오자 한신은 초나라에서 도망쳐 한나라로 귀의했다. 이때도 알려지지 않았기에 곡식창고를 관리하는 연오連敖 벼슬을 받았다. 그러다가 법을 어겨 참형을 당하게 되었다. 같은 무리 열세 명이 이미 참수된 후 한신의 차례가 왔다. 한신이 고개를 들어 쳐다보다가 등공滕公 하후영을 발견하고는 이같이 말했다.

"주상은 천하를 취하지 않을 것입니까? 어찌해서 장사壯士를 죽이려는 것입니까!"

하후영은 그 말이 기특하고, 그 모습을 장하게 여겼다. 이내 풀어 주고 죽이지 않았다. 이어 함께 이야기를 나누고는 크게 기뻐하며 유방에게 천거했다. 유방이 한신을 양초糧草를 관리하는 치속도위治粟都尉로 임명했으나 특이하게 여기지는 않았다. 한신이 소하와 자주 이야기를 나누었다. 소하는 그가 매우 뛰어난 인물임을 알아보았다. 유방이 한중왕漢中王에 봉해져 도성인 남정에 이르렀을 때 제장들 가운데 달아난 장수가 수십 명이나 되었다. 한신도 소하가 이미 누차 천거했음에도 유방이 등용하지 않는다고 생각해 이내 달아났다. 소하는 한신이 달아났다는 말을 듣고는 유방에게 알리지도 않은 채 곧바로 그를 뒤쫓았다. 어떤 자가 유방에게 승상 소하가 달아났다고 고했다. 유방이 크게 화를 내며 양손을 잃은 것처럼 실망했다. 며칠 뒤 소하가 돌아와 유방을 만났다. 유방은 노여움과 기쁨이 뒤섞인 목소리로 힐난했다.

"그대는 어째서 달아난 것인가?"

소하가 대답했다.

"신은 감히 달아난 것이 아니라, 달아난 자를 뒤쫓았을 뿐입니다."

유방이 물었다.

"그대가 뒤쫓은 자가 누구인가?"

소하가 대답했다.

"한신입니다."

유방이 다시 꾸짖었다.

"장수 가운데 달아난 자가 수십 명인데 그대는 쫓아간 적이 없다. 한신을 쫓아갔다는 것은 거짓말이다."

소하가 대답했다.

"다른 장수야 쉽게 얻을 수 있습니다. 한신과 같은 인물은 너무 뛰어나 그 누구와도 비견될 수 없는 국사무쌍國士無雙이라고 할 수 있습니다. 대왕이 한중에서 계속 왕 노릇을 하려면 한신을 쓸 필요가 없습니다. 그러나 천하를 다투고자 하면 한신 말고는 이를 상의할 자가 없습니다. 대왕이 생각이 어느 쪽인지 여부에 달려 있습니다."

유방이 말했다.

"나 역시 동진해 천하를 다투고 싶소. 어찌 답답하게 이곳에 오래 머물 수 있겠소?"

소하가 말했다.

"대왕이 동진하고자 하면 한신을 등용할 수 있습니다. 그러면 그는 머물 것입니다. 그러나 중용하지 않으면 그는 결국 떠날 것입니다."

유방이 말했다.

"그대의 뜻을 좇아 그를 장군으로 삼겠소."

소하가 말했다.

"비록 장군으로 삼을지라도 그는 떠날 것입니다."

유방이 말했다.

"그렇다면 대장으로 삼겠소."

소하가 말했다.

"실로 다행스러운 일입니다."

유방이 한신을 곧바로 불러 대장으로 임명하고자 했다. 소하가 만류했다.

"대왕은 평소 오만하고 무례한 나머지 지금 대장을 임명하면서 마치 어린아이를 부르듯 합니다. 이런 이유로 한신이 떠난 것입니다.

대왕이 그를 대장으로 임명하려면 좋은 날을 골라 재계를 하시고, 장수를 임명하는 단壇을 설치하는 등 의식을 갖추어야 합니다."

유방이 이를 허락했다. 제장들이 모두 기뻐하며 저마다 자신이 대장이 될 것으로 생각했다. 그러나 막상 한신이 대장으로 임명되자 모두 경악했다.

●● 及項梁渡淮, 信杖劍從之, 居戲下, 無所知名. 項梁敗, 又屬項羽, 羽以爲郞中. 數以策幹項羽, 羽不用. 漢王之入蜀, 信亡楚歸漢, 未得知名, 爲連敖. 坐法當斬, 其輩十三人皆已斬, 次至信, 信乃仰視, 適見滕公, 曰, "上不欲就天下乎? 何爲斬壯士!" 滕公奇其言, 壯其貌, 釋而不斬. 與語, 大說之. 言於上, 上拜以爲治粟都尉, 上未之奇也. 信數與蕭何語, 何奇之. 至南鄭, 諸將行道亡者數十人, 信度何等已數言上, 上不我用, 卽亡. 何聞信亡, 不及以聞, 自追之. 人有言上曰, "丞相何亡." 上大怒, 如失左右手. 居一二日, 何來謁上, 上且怒且喜, 罵何曰, "若亡, 何也?" 何曰, "臣不敢亡也, 臣追亡者." 上曰, "若所追者誰何?" 曰, "韓信也." 上復罵曰, "諸將亡者以十數, 公無所追, 追信, 詐也." 何曰, "諸將易得耳. 至如信者, 國士無雙. 王必欲長王漢中, 無所事信, 必欲爭天下, 非信無所與計事者. 顧王策安所決耳." 王曰, "吾亦欲東耳, 安能鬱鬱久居此乎?" 何曰, "王計必欲東, 能用信, 信卽留, 不能用, 信終亡耳." 王曰, "吾爲公以爲將." 何曰, "雖爲將, 信必不留." 王曰, "以爲大將." 何曰, "幸甚." 於是王欲召信拜之. 何曰, "王素慢無禮, 今拜大將如呼小兒耳, 此乃信所以去也. 王必欲拜之, 擇良日, 齋戒, 設壇場, 具禮, 乃可耳." 王許之. 諸將皆喜, 人人各自以爲得大將. 至拜大將, 乃韓信也, 一軍皆驚.

당시 유방은 한신이 대장 임명식을 마치고 자리에 오르자 물었다.

"승상이 대장에 대해 자주 이야기했소. 그대는 무엇으로 과인에게 계책을 일러줄 생각이오?"

한신이 사례한 뒤 오히려 반문했다.

"지금 동진해 천하의 대권을 다툴 자는 항왕이 아니겠습니까?"

유방이 대답했다.

"그렇소."

한신이 물었다.

"대왕이 스스로를 항왕과 비교할 때 용감하고 사납고 어질고 굳센 용한인강勇悍仁彊에서 누가 더 낫습니까?"

유방이 오랫동안 대답하지 않다가 입을 열었다.

"내가 항왕만 못하오."

한신이 재배하며 칭송한 뒤 이같이 말했다.

"저 또한 대왕이 항우만 못하다고 생각합니다. 저는 일찍이 그를 섬긴 적이 있기에 항왕의 사람됨을 말씀드리겠습니다. 그가 화를 내며 큰소리를 내지르면 1,000명이 모두 엎드립니다. 그러나 현장을 믿고 병권을 맡기지 못하니 이는 일개 사내의 용기[匹夫之勇]에 지나지 않습니다. 그가 사람을 대하는 태도는 공손하고 자애롭고 말씨 또한 부드럽습니다. 누가 병에 걸리면 눈물을 흘리며 음식을 나누어줍니다. 그러나 부리는 사람이 공을 세워 봉작封爵해야 할 때 인장이 닳아 없어질 때까지 차마 내주지를 못합니다.• 이는 일개 아녀자

• "인장이 닳아 없어질 때까지"의 원문은 "인완폐印刓敝"다. 《사기집해》는 《한서음의》를 인용해 차마 수여하지 못하는 불인수不忍授로 새겼다. 완刓은 거듭 깎아 닳아 없어지는 것을 뜻한다.

의 어짊[婦人之仁]에 지나지 않습니다. 항왕은 비록 천하의 패자가 되어 여러 제후를 신하로 삼았지만 관중關中에 머물지 못하고, 팽성에 도읍했습니다. 또 의제와 맺은 약속을 저버리고 자신이 친애하는 정도에 따라 제후들을 왕으로 삼은 것은 불공평한 일입니다. 제후들은 항왕이 의제를 옮겨 강남으로 쫓는 것을 보고는 모두 자기 나라로 돌아가 그 군주를 쫓아내고 자신들이 좋은 땅의 군주가 되었습니다. 항왕의 군사가 지난 곳은 학살과 파괴가 휩쓸지 않은 곳이 없습니다. 천하의 많은 사람이 그를 원망하고 있고, 백성은 가깝게 다가가지 않고 있습니다. 단지 그의 강한 위세에 눌려 있을 뿐입니다. 항왕이 비록 패자로 불리고 있으나 실은 천하의 인심을 잃고 있는 것입니다. 그의 위세는 이내 약화되기 십상입니다.

지금 대왕이 항왕의 정책과 정반대로 천하의 용장에게 믿고 맡기면 주멸하지 못할 것이 어디 있겠습니까? 천하의 성읍을 공신에게 봉하면 심복하지 않을 신하가 어디 있겠습니까? 의병義兵의 기치를 내세워 동진하고자 하는 병사를 거느리면 이들의 전진에 놀라 흩어져 달아나지 않을 적병이 어디 있겠습니까? 삼진三秦의 왕은 원래 진나라 장수들이었습니다. 이들이 진나라의 자제를 거느린 지 여러 해가 되었습니다. 그사이 죽고 달아난 자의 수는 이루 다 헤아릴 수 없습니다. 이후 휘하 병사들을 속여 제후 연합군에 항복하고 신안으로 왔습니다. 항왕은 항복한 진나라 병사 20만여 명을 속여 구덩이에 묻어 죽였습니다. 당시 오직 장함과 사마흔司馬欣 및 동예董翳만 죽음에서 벗어났습니다. 진나라 부형들은 이 세 명을 원망해 그 원한이 골수에 사무쳐 있습니다.

지금 초나라가 위력으로 이 세 명을 왕으로 삼았습니다. 그러나 진나라 백성 가운데 이들을 사랑하는 자는 아무도 없습니다. 지금 대왕은 무관을 통해 관중으로 들어가 터럭만큼도 백성을 해치는 일이 없었습니다. 또 진나라의 혹법酷法을 폐지하면서, 진나라 백성에게 삼장三章의 법만 두기로 약속했습니다. 진나라 백성 가운데 대왕이 진나라 왕이 되는 것을 바라지 않는 자가 없습니다. 제후들끼리 먼저 관중에 들어간 자가 관중왕이 된다고 약속한 만큼 대왕이 응당 관중왕이 되어야 합니다. 관중의 백성도 이를 잘 알고 있습니다. 항왕의 견제로 대왕이 관중왕이 아닌 한중왕이 된 것을 두고 관중의 백성 가운데 원망하지 않는 자가 없습니다. 이제 대왕이 군사를 이끌고 동진하면 삼진의 땅은 격문 한 장으로 평정할 수 있습니다."

유방이 이를 듣고 크게 기뻐하며 한신을 너무 늦게 얻었다고 여겼다. 마침내 그의 계책을 좇아 제장들을 모은 뒤 각자 공격할 곳을 정했다.

●● 信拜禮畢, 上坐. 王曰, "丞相數言將軍, 將軍何以敎寡人計策?" 信謝, 因問王曰, "今東鄉爭權天下, 豈非項王邪?" 漢王曰, "然." 曰, "大王自料勇悍仁彊孰與項王?" 漢王黙然良久, 曰, "不如也." 信再拜賀曰, "惟信亦爲大王不如也. 然臣嘗事之, 請言項王之爲人也. 項王喑噁叱咤, 千人皆廢, 然不能任屬賢將, 此特匹夫之勇耳. 項王見人恭敬慈愛, 言語嘔嘔, 人有疾病, 涕泣分食飲, 至使人有功當封爵者, 印刓敝, 忍不能予, 此所謂婦人之仁也. 項王雖霸天下而臣諸侯, 不居關中而都彭城. 有背義帝之約, 而以親愛王, 諸侯不平. 諸侯之見項王遷逐義帝置江南, 亦皆歸逐其主而自王善地. 項王所過無不殘滅者, 天下多怨, 百姓不親附, 特劫於威彊耳. 名雖爲霸, 實失天下心. 故曰其彊易弱. 今大王誠能反其道, 任天下武勇, 何所不誅! 以天下城邑封功臣, 何所不服!

以義兵從思東歸之士, 何所不散! 且三秦王爲秦將, 將秦子弟數歲矣, 所殺亡不可勝計, 又欺其衆降諸侯, 至新安, 項王詐阬秦降卒二十餘萬, 唯獨邯·欣·翳得脫, 秦父兄怨此三人, 痛入骨髓. 今楚彊以威王此三人, 秦民莫愛也. 大王之入武關, 秋豪無所害, 除秦苛法, 與秦民約, 法三章耳, 秦民無不欲得大王王秦者. 於諸侯之約, 大王當王關中, 關中民咸知之. 大王失職入漢中, 秦民無不恨者. 今大王舉而東, 三秦可傳檄而定也." 於是漢王大喜, 自以爲得信晚. 遂聽信計, 部署諸將所擊.

한고조 원년 8월, 유방이 군사를 이끌고 동쪽 진창陳倉을 통해 관중으로 진격해 삼진三秦을 평정했다.● 한고조 2년, 함곡관을 빠져나와 위나라와 황하 이남의 땅을 점령했다. 한韓나라와 은나라 왕도 모두 항복했다. 제나라 및 조나라 군사와 합세해 초나라를 쳤다. 이해 4월, 팽성에 이르렀다. 항우의 급습으로 한나라 군사가 대패해 사방으로 흩어져 퇴각했다. 한신이 다시 병사를 모아 유방과 형양에서 합류했다. 초나라 군사를 경京과 삭索 사이에서 격파했다. 여세를 몰아 서진하던 초나라 군사가 더는 서진하지 못한 이유다.

한나라 군사가 팽성에서 패해 물러나자 새왕塞王 사마흔과 적왕翟王 동예가 한나라 군중에서 도망나와 초나라에 항복했다. 제나라와 조나라 역시 한나라를 배신하고 초나라와 화친했다. 이해 6월, 위왕 위표가 부모의 문병을 핑계로 귀국을 청했다. 귀국 후 곧바로 하관河關을 폐쇄하고 한나라를 배반했다. 이어 초나라와 화친 조약을 맺었

● 〈고조본기〉는 유방이 한신의 계책을 좇아 장함을 격파한 것으로 되어 있으나 〈회음후열전〉에는 아예 유방이 처음부터 군사를 이끌고 진창으로 들어가 관중을 일거에 점거한 것으로 되어 있다. 한신의 업적을 의도적으로 삭제하고자 한 후대인의 가필로 보인다.

다. 유방이 역이기를 시켜 위왕 위표를 달랬으나 뜻을 굽히지 않았다.

이해 8월, 한신을 좌승상으로 삼은 뒤 위나라를 치게 했다. 위왕 위표가 포판의 수비를 강화하면서 임진으로 통하는 물길을 막았다. 한신이 대군을 거느린 것처럼 위장한 뒤 배를 이어 임진에서 황하를 건너는 시늉을 했다. 그러고는 은밀히 하양에서 나무통인 목앵부 木罌缶를 연결한 부교浮橋를 통해 도강한 뒤 위나라 도성 안읍을 기습했다. 위표가 놀라 군사를 이끌고 나와 한신을 맞아 싸웠지만 상대가 되지 않았다. 결국 한신이 위표를 생포하고, 위나라를 평정했다. 유방은 이곳을 하동군河東郡으로 만들었다. 이때 유방이 장이를 보내 한신과 함께 동북쪽으로 진격해 조나라와 대나라를 치게 했다.

이해 윤9월, 대나라 군사를 격파하고, 알여에서 대나라 재상 하열을 생포했다. 한신이 위나라를 항복시키고 대나라를 격파하자 유방이 사자를 보내 명을 전했다. 정예병을 이끌고 형양으로 가 초나라 군사를 저지하라는 내용이었다. 한신이 장이와 함께 병사 수만 명을 이끌고 동진해 정형에서 내려와 조나라를 치려고 했다. 조왕 조헐과 성안군成安君 진여는 한나라 군사가 곧 습격할 것이라는 말을 듣고는 바로 군사를 정형 어귀에 집결시켰다. 숫자를 20만 명이라고 했다. 광무군廣武君 이좌거李左車가 성안군 진여를 설득했다.

"들은 바에 따르면 한나라 장수 한신은 서하를 건너 위왕 위표와 재상 하열을 생포하고, 알여를 피로 물들였다고 합니다. 이번에는 장이의 도움을 받아 우리 조나라를 함락시키려 한다고 합니다. 이는 승세를 타고 고국 밖에서 싸우는 것으로 이들의 예봉을 막아내기가 어려울 것입니다. 신이 듣건대, '1,000리 밖에서 식량을 운송해오면 병사들이 굶주리고, 작전 중에 땔나무나 풀을 베어 밥을 지으면 군사는 배불리 먹을 수 없다'고 했습니다.• 지금 정형의 길이 매우 좁아 수레 두 대가 나란히 갈 수 없고, 기병도 대열을 이루어 지나갈 수도 없습니다. 이런 길이 수백 리나 이어지고 있습니다. 형세로 보아 군량미는 반드시 후방에 있을 것입니다.

원컨대 그대가 신에게 기병 3만 명만 빌려주면 지름길로 가 이들의 군량미 수송대를 끊겠습니다. 족하는 도랑을 깊이 파고, 성벽과 보루를 높이 쌓는 식으로 진영을 굳게 지키기만 하면 됩니다. 한나라 군사와 맞붙어 싸우지 마십시오. 그리하면 적은 전진해 싸울 수도 없고, 물러가려 해도 돌아갈 수 없습니다. 우리의 기습이 적의 뒤를 끊고 들판에서 적이 약탈할 만한 식량을 치우면 열흘도 되지 않아 적의 두 장수 한신과 장이의 머리를 휘하에 바칠 수 있습니다. 족하는 신의 계책에 유의해주십시오. 이리하지 않으면 반드시 적의 두 장수에게 사로잡히고 말 것입니다."

성안군 진여는 유자인 까닭에 늘 의병을 기치로 내세우며 병법의 기본원칙인 사모詐謀와 기계를 거부했다. 그가 이같이 반박했다.

"내가 들으니 《손자병법》에 이르기를, '아군이 적군의 열 배가 되면 포위하고, 두 배가 되면 싸운다'고 했소.•• 지금 한신의 병력이 수

• 원문은 "천리궤량千里饋糧, 사유기색士有飢色. 초소후찬樵蘇後爨, 사불숙포師不宿飽"다. 《삼략》〈상략上略〉에 나온다. 《사기집해》는 《한서음의》를 인용해 초樵를 땔나무를 하는 취신取薪, 소蘇를 풀을 베는 취초取草로 풀이했다. 찬爨은 불을 때 밥을 짓는다는 뜻으로 취炊와 통한다.
•• 원문은 "십즉위지十則圍之, 배즉전倍則戰"이다. 《손자병법》〈모공謀攻〉에 나온다. 〈모공〉에는 배즉전倍則戰이 분산시켜 공격한다는 뜻의 배즉분지倍則分之로 나온다. 〈모공〉은 말하기를, "아군의 병력이 적의 열 배일 때는 포위해 굴복시키는 것도 가하고, 다섯 배일 때는 공격해 굴복시키는 것도 가하고, 두 배일 때는 분산시켜 공격한다. 비등할 때는 유리한 지형 등을 최대한 활용해 싸운다. 아군이 수적으로 적을 때는 충돌을 피한다. 극히 열세일 때는 과감히 퇴각한다"고 했다. 이는 원칙적인 용병술을 언급한 것으로 반드시 좇아야 하는 것은 아니다. 임기응변이 필요하다. 조조는 《손자약해》에서 풀이하기를, "아군의 병력이 적보다 열 배가 되면 포위해 싸울 수 있다고 한 것은 적과 아군의 장수가 지략과 용맹 등에서 거의 같고 병사

만 명이라고 하나 실제로는 수천 명에 지나지 않소. 게다가 1,000리 먼 곳에 와서 우리를 치는 것이니 벌써 크게 지쳤을 것이오. 지금 이런 적을 피한 채 치지 않으면 나중에 적의 대군이 쳐들어올 때는 어떻게 싸우겠다는 것이오? 그리하면 제후들이 우리를 겁쟁이로 여겨 함부로 쳐들어올 것이오."

그러고는 광무군 이좌거의 계책을 듣지 않았다. 한신이 첩자를 놓아 조나라의 동향을 염탐하게 했다. 첩자가 광무군의 계책이 채택되지 않은 것을 알고는 곧바로 돌아와 보고했다. 한신이 크게 기뻐하며 과감히 군사를 이끌고 정형의 좁은 길로 내려왔다. 정형 어귀에서 약 30리를 미치지 못한 곳에 멈추어 야영했다. 밤중에 군령을 전해 경기병輕騎兵 2,000명을 선발한 뒤 사람마다 붉은 깃발 한 개씩 들고 샛길에 숨어 조나라 군사를 주시하게 했다. 그러고는 이같이 명했다.

"조나라 군사는 우리 군사가 달아나는 것을 보면 반드시 성벽을 비우고 우리를 쫓아올 것이다. 너희는 그사이 재빨리 조나라 성벽으로 들어가 깃발을 뽑아버리고 한나라의 붉은 깃발을 세우도록 하라."

이어 비장을 시켜 가벼운 식사를 모든 군사에게 나누어주도록 한

의 사기와 무기가 거의 비슷할 때 적용되는 원칙이다. 만일 아군의 장수가 뛰어나고 병사의 사기나 무기가 적보다 압도적으로 우세한 상황[主弱客强]일 때는 병력이 반드시 열 배까지 차이가 날 필요는 없다. 나 조조는 단지 두 배의 병력만으로도 하비성下邳城을 포위해 용맹하기 그지없는 여포呂布를 생포한 바 있다. 아군의 병력이 다섯 배 많을 때는 5분의 3은 정병, 나머지 5분의 2는 기병으로 활용한다. 아군의 병력이 두 배 많을 때는 군사를 절반으로 나누어 한 부대는 정병, 다른 한 부대는 기병으로 활용한다. 적과 아군의 병력이 비등할 때는 매복이나 기습 등의 다양한 전술을 활용해야 승리를 거둘 수 있다. 아군이 적을 때는 성벽을 높이고 보루를 튼튼히 하는 방법으로 맞서야 하고, 결코 가벼이 접전해서는 안 된다. 극히 열세일 때는 병사를 이끌고 재빨리 피해야 한다"고 했다. 성안군 진여는 《손자병법》을 고식적으로 해석하는 우를 범했다.

뒤 이같이 호언했다.

"오늘 조나라 군사를 격파한 뒤 함께 모여 실컷 먹도록 하자."

제장들 모두 그 말을 믿지 않았지만 응하는 척하며 대답했다.

"그리하겠습니다."

한신이 군리에게 말했다.

"조나라 군사는 우리보다 먼저 편리한 곳을 골라 보루와 성벽을 구축했다. 또 우리 대장의 깃발과 북이 보이기 전에는 선봉을 치지 않을 것이다. 우리가 좁고 험한 곳에 부딪쳐 돌아가버릴까 두려워하기 때문이다."

한신이 선봉 1만 명을 출발시킨 뒤 정형의 어귀로 나가서는 물을 등지고 진을 치는 이른바 배수진背水陣을 펼쳤다. 조나라 군사가 이를 보고는 병법을 모른다며 한껏 비웃었다. 새벽에 한신이 대장의 깃발과 북을 세운 뒤 북을 치며 정형 어귀로 행진했다. 조나라 군사가 성벽을 열고 나와 이들을 공격했다. 오랫동안 양측이 격렬히 싸웠다. 이때 한신과 장이가 거짓으로 북과 깃발을 버리고 강가에 세운 배수진의 진지로 달아났다. 진지에서 황급히 문을 열어 이들을 맞아들였다. 이 와중에 다시 치열한 싸움이 벌어졌다.

당시 조나라 군사는 성벽을 비워둔 채 한나라의 북과 깃발을 빼앗기 위해 황급히 한신과 장이를 쫓아온 까닭에 전력을 다했다. 그러나 한나라 군사 역시 한신과 장이가 강가의 진지로 들어온 뒤에는 필사적으로 싸운 까닭에 도저히 깨뜨릴 수 없었다. 당시 한신이 앞서 파견한 경기병 2,000명은 조나라 군사가 성벽을 비운 채 전리품을 쫓는 틈을 타 조나라의 성벽 안으로 달려갔다. 조나라 깃발을 다 뽑아버린 뒤 한나라의 붉은 깃발 2,000개를 세워놓았다.

조나라 군사는 이기지도 못하고 한신 등도 생포할 수 없게 되자 성벽으로 돌아가려 했다. 그러나 조나라 성벽에는 모두 한나라의 붉은 깃발만 꽂혀 있었다. 크게 놀란 조나라 군사는 한나라 군사가 이미 조왕 조헐의 휘하 장수들을 모두 생포한 것으로 여겨 어지럽게 달아났다. 조나라 장수들이 달아나는 군사를 베어 죽이면서 막으려 했지만 소용없었다. 한나라 군사가 앞뒤에서 협공해 조나라 군사를 크게 깨뜨리고, 병사들을 대거 생포했다. 성안군 진여를 지수 가 부근에서 참수하고, 조왕 조헐을 생포했다. 한신이 군중에 명을 내렸다.

"광무군을 죽이지 말라. 생포하면 1,000금으로 사겠다."

마침내 광무군 이좌거를 결박해 끌고 오는 자가 있었다. 한신이 포승을 풀어주고 동쪽을 향해 앉도록 한 뒤 자기는 서쪽을 향해 마주 보며 스승으로 모셨다. 당시 제장들은 참수한 적의 머리와 포로를 바치며 서로 축하했다. 이어 한신에게 궁금해하던 사항을 물었다.

"병법에 이르기를, '산릉山陵을 오른쪽으로 해 등지고, 수택水澤을 앞의 왼쪽으로 둔다'*고 했습니다. 이번에 장군은 저희에게 오히려 물을 등지는 배수진을 치라고 명하고, 이어 말하기를, '오늘 조나라 군사를 격파한 뒤 함께 모여 실컷 먹도록 하자'고 했습니다. 저희는 내심 승복하지 않았으나 마침내 승리했습니다. 이는 무슨 전술입니까?"

한신이 대답했다.

● 원문은 "우배산릉右倍山陵, 전좌수택前左水澤"이다. 출처가 확실치 않다.《손자병법》〈지형〉에 우배산릉과 유사한 내용의 우배고右背高 구절이 나온다. 높은 곳을 등진 곳에 측면 날개에 해당하는 부대를 배치해야 한다는 취지다.《오자병법》〈응편應篇〉에는 오른쪽에 산, 왼쪽에 물을 두는 우산좌수右山左水 표현이 나온다. 유사한 내용의 용병술이 널리 회자되었을 공산이 크다.

"이 또한 병법에 있는 것이오. 그대들이 제대로 살펴보지 않았을 뿐이오. 《손자병법》에 이르기를, '병사들은 살아남지 못할 사지에 빠뜨려야 죽을 고비를 넘기고 살아남을 수 있고, 극히 위험한 망지亡地에 두어야 필사의 각오로 적을 물리치고 생존할 수 있다'•고 하지 않았소? 나는 평소 훈련을 받은 사대부를 이끌고 싸운 것이 아니라, 아무런 훈련도 받지 않은 시정의 사람을 몰아다가 싸운 것과 같소. 이들을 사지에 두지 않으면 각자 살아남기 위해서라도 죽기를 각오하고 싸우게 만들 방법이 없소. 이들을 살아남을 수 있는 생지生地에 두었으면 모두 달아나고 말았을 것이오. 이들을 어찌 쓸 수 있었겠소?"

제장들 모두 입을 모아 탄복했다.

"훌륭합니다. 저희는 도저히 미칠 수 없습니다."

●● 八月, 漢王擧兵東出陳倉, 定三秦. 漢二年, 出關, 收魏 · 河南, 韓 · 殷王皆降. 合齊 · 趙共擊楚. 四月, 至彭城, 漢兵敗散而還. 信復收兵與漢王會滎陽, 復擊破楚京 · 索之閒, 以故楚兵卒不能西. 漢之敗卻彭城, 塞王欣 · 翟王翳亡漢降楚, 齊 · 趙亦反漢與楚和. 六月, 魏王豹謁歸視親疾, 至國, 卽絶河關反漢, 與楚約和. 漢王使酈生說豹, 不下. 其八月, 以信爲左丞相, 擊魏. 魏王盛兵蒲阪, 塞臨晉, 信乃益爲疑兵, 陳船欲度臨晉, 而伏兵從夏陽以木罌缶渡軍, 襲安邑. 魏王豹, 引兵迎信, 信遂虜豹, 定魏爲河東郡. 漢王遣張耳與信俱, 引兵東, 北擊趙 · 代. 後九月, 破代兵, 禽夏說閼與. 信之下魏破代, 漢輒使人收其精兵, 詣滎陽以距楚. 信與張耳以兵數萬, 欲東下井陘擊趙. 趙王 · 成安君陳餘聞漢

• 원문은 "함지사지이후생陷之死地而後生, 치지망지이후존置之亡地而後存"이다. 《손자병법》〈구지〉에 유사한 내용의 "투지망지연후존投之亡地然後存, 함지사지연후생陷之死地然後生" 구절이 나온다. 《손자병법》〈구변〉에도 사지에 빠졌을 때는 죽기 살기로 싸울 수밖에 없다는 뜻의 사지즉전死地則戰 구절이 나온다.

且襲之也, 聚兵井陘口, 號稱二十萬. 廣武君李左車說成安君曰, "聞漢將韓信涉西河, 虜魏王, 禽夏說, 新喋血閼與, 今乃輔以張耳, 議欲下趙, 此乘勝而去國遠鬬, 其鋒不可當. 臣聞千里餽糧, 士有飢色, 樵蘇後爨, 師不宿飽. 今井陘之道, 車不得方軌, 騎不得成列, 行數百里, 其勢糧食必在其後. 願足下假臣奇兵三萬人, 從閒道絶其輜重, 足下深溝高壘, 堅營勿與戰. 彼前不得鬬, 退不得還, 吾奇兵絶其後, 使野無所掠, 不至十日, 而兩將之頭可致於戲下. 願君留意臣之計. 否, 必爲二子所禽矣." 成安君, 儒者也, 常稱義兵不用詐謀奇計, 曰, "吾聞兵法十則圍之, 倍則戰. 今韓信兵號數萬, 其實不過數千. 能千里而襲我, 亦已罷極. 今如此避而不擊, 後有大者, 何以加之! 則諸侯謂吾怯, 而輕來伐我." 不聽廣武君策, 廣武君策不用. 韓信使人閒視, 知其不用, 還報, 則大喜, 乃敢引兵遂下. 未至井陘口三十里, 止舍. 夜半傳發, 選輕騎二千人, 人持一赤幟, 從閒道萆山而望趙軍, 誡曰, "趙見我走, 必空壁逐我, 若疾入趙壁, 拔趙幟, 立漢赤幟." 令其裨將傳飱, 曰, "今日破趙會食!" 諸將皆莫信, 詳應曰, "諾." 謂軍吏曰, "趙已先據便地爲壁, 且彼未見吾大將旗鼓, 未肯擊前行, 恐吾至阻險而還." 信乃使萬人先行, 出, 背水陳. 趙軍望見而大笑. 平旦, 信建大將之旗鼓, 鼓行出井陘口, 趙開壁擊之, 大戰良久. 於是信·張耳詳棄鼓旗, 走水上軍. 水上軍開入之, 復疾戰. 趙果空壁爭漢鼓旗, 逐韓信·張耳. 韓信·張耳已入水上軍, 軍皆殊死戰, 不可敗. 信所出奇兵二千騎, 共候趙空壁逐利, 則馳入趙壁, 皆拔趙旗, 立漢赤幟二千. 趙軍已不勝, 不能得信等, 欲還歸壁, 壁皆漢赤幟, 而大驚, 以爲漢皆已得趙王將矣, 兵遂亂, 遁走, 趙將雖斬之, 不能禁也. 於是漢兵夾擊, 大破虜趙軍, 斬成安君泜水上, 禽趙王歇. 信乃令軍中毋殺廣武君, 有能生得者購千金. 於是有縛廣武君而致戲下者, 信乃解其縛, 東郷坐, 西郷對, 師事之. 諸將效首虜, 畢賀, 因問信曰, "兵法右倍山陵, 前左水澤, 今者將軍令臣等反背水陳, 曰破趙會食, 臣等不服. 然竟以勝, 此何術也?" 信曰, "此在兵法, 顧諸君不察耳. 兵法不曰'陷之死地而後生, 置之亡地而後存'? 且信非得素拊循士大夫也, 此所謂'驅市人而戰之', 其勢非置之死地, 使人人自爲戰, 今予之生地, 皆走, 寧尙可得而用之乎!" 諸將皆服曰, "善. 非臣所及也."

당시 한신은 광무군 이좌거를 스승으로 모시면서 이같이 물었다.

"내가 북쪽으로 연나라, 동쪽으로 제나라를 치려고 합니다. 어찌해야 공을 세울 수 있겠습니까?"

광무군이 사양했다.

"신이 듣건대 '패배한 군사의 장수는 무용武勇에 관해 말할 수 없고, 망한 나라의 대부는 나라의 존속에 관해 논할 수 없다'고 했습니다. 지금 신은 패망한 나라의 포로입니다. 어찌 그런 큰일을 꾀할 수 있겠습니까?"

한신이 말했다.

"내가 듣건대 백리해가 우나라에 있을 때는 우나라가 망했고, 진나라에 있을 때는 진나라가 패자가 되었다고 합니다. 이는 백리해가 우나라에 있을 때는 어리석었다가 진나라에 있을 때 현명해졌기 때문이 아닙니다. 군주가 그를 등용했는지, 그의 계책을 받아들였는지 여부에 달려 있을 뿐입니다. 성안군 진여가 족하의 계책을 들었다면

● 원문은 "패군지장敗軍之將, 불가이언용不可以言勇, 망국지대부亡國之大夫, 불가이도존不可以圖存"이다. 《오월춘추》〈구천입신외전句踐入臣外傳〉에 패군지장 운운과 유사한 내용의 "패군지장敗軍之將, 불감어용不敢語勇" 구절이 나온다. 흔히 말하는 "패전지장敗戰之將, 유구무언有口無言"은 후대인이 〈회음후열전〉의 구절을 변용한 것이다.

나 같은 사람은 벌써 포로가 되었을 것입니다. 그가 족하의 계책을 쓰지 않았기에 내가 족하를 모실 수 있게 되었을 뿐입니다."

이어 강압적으로 부탁했다.

"내가 마음을 다해 족하의 계책을 따를 터이니 족하는 사양하지 마십시오."

광무군 이좌거가 대답했다.

"제가 듣건대 '지혜로운 자도 1,000번 생각하다 한 번 실수하는 일[千慮一失]이 있고, 어리석은 자[愚者]도 1,000번 생각하다 한 번 적중하는 일[千慮一得]이 있다'고 했습니다. '미치광이의 말도 성인은 가려듣어 택한다'라는 이야기가 나온 이유입니다. 저의 계책이 반드시 채용될 만한 것은 되지 않지만 성의를 다하도록 하겠습니다. 저 성안군 진여는 백전백승의 계책이 있었는데도 하루아침에 실수를 범해 군사가 호 땅의 성 밑에서 격파되고 자신은 지수 가에서 죽고 말았습니다.

지금 장군은 서하를 건너 위왕 위표를 생포하고, 하열을 알여에서 생포했습니다. 또 단번에 정형을 내려와 하루아침에 조나라의 20만 대군을 깨뜨리고 성안군을 주륙했습니다. 이름이 해내海內에 널리 알려지고, 위엄이 천하를 진동시킨 이유입니다. 당시 농부들은 나라의 앞날이 얼마 남지 않았다고 여겨 농사를 그치고 쟁기를 내버린 채 아름다운 옷을 입고 맛있는 음식을 먹으며 장수의 명령을 귀 기울여 듣지 않는 자가 없습니다. 이는 장군에게 이로운 것입니다.

그러나 백성은 피로하고 병사들은 지쳐 있어 사실 부리기가 어렵습니다. 그런데도 지금 장군은 싸움에 지친 군사를 몰아 문득 연나라의 견고한 성 밑으로 쳐들어가려 하고 있습니다. 싸울지라도 싸움이 오랫동안 지속되어 힘으로는 성을 빼앗을 수 없을 것입니다. 오히려 우리 군사의 피폐한 실정만 드러내고, 기세가 꺾인 채로 시일만 오래 끌다 군량미마저 바닥날 것입니다. 그러다가 약한 연나라조차 항복하지 않으면 제나라는 반드시 국경의 방비를 갖추고 스스로 강화해나갈 것입니다. 연나라와 제나라가 서로 버티며 항복하지 않으면 유방과 항우의 싸움은 승패가 불분명해집니다. 이런 상황은 장군에게 불리합니다. 저의 어리석은 생각으로는 연나라와 제나라를 치는 것은 잘못된 계책입니다. 용병을 잘하는 자는 이쪽의 단점으로 적의 장점을 치는 것이 아니라, 이쪽의 장점으로 적의 단점을 친다고 했습니다."

한신이 물었다.

"그러면 어떤 계책을 써야 하오?"

광무군이 대답했다.

"지금 장군을 위한 계책으로는 싸움을 멈춘 채 군사를 쉬게 하고, 조나라를 진무鎭撫하는 것보다 나은 것이 없습니다. 전쟁고아를 어루만지고, 100리 안의 땅에서 쇠고기와 술로 날마다 잔치를 벌여 사대부들을 대접하며 군사들에게 술을 먹인 뒤 북쪽 연나라로 향하는 것이 그것입니다. 연후에 유세하는 선비를 시켜 서신을 가지고 가 장수의 장점을 알리면 됩니다. 그러면 연나라는 감히 복종하지 않을 수 없을 것입니다. 연나라가 복종하면 유세하는 선비에게 동쪽 제나라로 가 연나라의 복종 사실을 알리도록 하십시오. 그러면 제나라는 바람에 휩쓸리듯 복종할 것입니다. 설령 지혜로운 자가 있을지라도 제나라를 위한 계책을 낼 수 없을 것입니다. 이리되면 천하대사를 모두 도모할 수 있습니다. 용병할 때 성세聲勢로 적의 사기를 꺾고 실전은 그다음에 치르는 계책[先聲後實]은 바로 이를 말하는 것입니다."

한신이 말했다.

"좋은 계책이오."

이좌거의 계책을 좇아 사자를 연나라에 보내자 연나라가 마치 바람에 휩쓸리듯 복종했다. 사자를 보내 유방에게 이를 고하면서 장이를 조왕으로 삼아 조나라를 진무하도록 해달라고 청했다. 유방이 이를 허락해 장이를 조왕으로 세웠다.

●● 於是信問廣武君曰, "僕欲北攻燕, 東伐齊, 何若而有功?" 廣武君辭謝曰, "臣聞敗軍之將, 不可以言勇, 亡國之大夫, 不可以圖存. 今臣敗亡之虜, 何足以權大事乎!" 信曰, "僕聞之, 白里奚居虞而虞亡, 在秦而秦霸, 非愚於虞而智於秦也, 用與不用, 聽與不聽也. 誠令成安君聽足下計, 若信者亦已爲禽矣. 以不用足下, 故信得侍耳." 因固問曰, "僕委心歸計, 願足下勿辭." 廣武君曰, "臣聞智者千慮, 必有一失, 愚者千慮, 必有一得. 故曰 '狂夫之言, 聖人擇焉'. 顧恐臣計未必足用, 願效愚忠. 夫成安君有百戰百勝之計, 一旦而失之, 軍敗鄗下, 身死泜上. 今將軍涉西河, 虜魏王, 禽夏說閼與, 一擧而下井陘, 不終朝破趙二十萬衆, 誅成安君. 名聞海內, 威震天下, 農夫莫不輟耕釋耒, 褕衣甘食, 傾耳以待命者. 若此, 將軍之所長也. 然而衆勞卒罷, 其實難用. 今將軍欲擧倦獘之兵, 頓之燕堅城之下, 欲戰恐久力不能拔, 情見勢屈, 曠日糧竭, 而弱燕不服, 齊必距境以自彊也. 燕齊相持而不下, 則劉項之權未有所分也. 若此者, 將軍所短也. 臣愚, 竊以爲亦過矣. 故善用兵者不以短擊長, 而以長擊短." 韓信曰, "然則何由?" 廣武君對曰, "方今爲將軍計, 莫如案甲休兵, 鎭趙撫其孤, 百里之內, 牛酒日至, 以饗士大夫醳兵, 北首燕路, 而後遺辯士奉咫尺之書, 暴其所長於燕, 燕必不敢不聽

從. 燕已從, 使諠言者東告齊, 齊必從風而服, 雖有智者, 亦不知爲齊計
矣. 如是, 則天下事皆可圖也. 兵固有先聲而後實者, 此之謂也." 韓信
曰, "善." 從其策, 發使使燕, 燕從風而靡. 乃遣使報漢, 因請立張耳爲
趙王, 以鎭撫其國. 漢王許之, 乃立張耳爲趙王.

당시 초나라는 누차 기병을 동원해 황하를 건너와 조나라를 쳤다.
조왕 장이와 한신이 이리저리 쫓아다니며 조나라를 구원했다. 이를
계기로 가는 곳마다 조나라 성읍을 평정하며 다독였다. 덕분에 병사
를 징발해 유방에게 보낼 수 있었다. 이 와중에 초나라 군사가 문득
유방을 형양에서 포위했다. 유방이 남쪽으로 달아나다가 완과 섭 땅
사이에서 영포를 자기편으로 만든 뒤 성고로 함께 들어갔다. 초나라
군사가 다시 그곳을 급히 포위했다.

한고조 3년 6월, 유방이 성고를 빠져나왔다. 동쪽으로 황하를 건너
등공 하후영만 데리고 수무修武에 있는 장이의 군대에 몸을 맡기려
고 했다. 수무에 이르러 객사에서 잠을 잔 뒤 새벽에 한나라 사자를
칭하면서 말을 달려 한신과 장이가 자고 있는 조나라 성안으로 뛰
어들었다. 장이와 한신이 아직 일어나지 않은 상황에서 유방이 이들
의 침실로 뛰어들어 이들의 인수를 빼앗은 뒤 제장들을 모아놓고 자
리를 재배치했다. 한신과 장이는 뒤늦게 일어나 유방이 와 있는 것
을 알고는 크게 놀랐다. 유방이 두 사람의 군사권을 빼앗은 뒤 장이
에게 조나라를 지키게 하고, 한신을 조나라 상국으로 임명했다. 이어
조나라의 병력 자원 가운데 아직도 징집되지 않은 자를 거두어 제나
라를 치게 했다.

한신이 유방의 명을 좇아 군사를 이끌고 동진할 때였다. 평원진平

原津에서 황하를 건너기 직전 유방이 역이기를 시켜 이미 제나라를 설득해 항복을 받았다는 소문이 들려왔다. 한신이 제나라 공벌을 멈추려 했다. 범양 출신의 책사 괴철이 한신을 설득했다.

"장군이 한나라 왕의 명을 받아 제나라를 치는 와중에 한나라 왕이 단독으로 밀사 역이기를 보내 제나라를 항복시켰습니다. 그러나 장군이 공격을 그만두라는 명령이 어디에 있었습니까? 어찌 진격하지 않을 수 있겠습니까? 더구나 역이기는 일개 유세하는 선비에 지나지 않습니다. 그는 수레의 가로나무에 의지해 세 치 혀로 제나라의 70여 개 성읍의 항복을 받아냈습니다. 장군은 수만 명의 군사를 이끌면서 한 해가 넘도록 겨우 조나라의 50여 개 성읍의 항복을 받아냈을 뿐입니다. 장군으로 임명된 지 벌써 여러 해가 되었습니다. 어찌해서 보잘것없는 일개 유생의 전공보다 못한 것입니까?"

한신도 이 말이 옳다고 여겼다. 그의 계책을 좇아 마침내 평원진에서 황하를 건너갔다. 제나라는 역이기의 말만 듣고는 그를 머물게 한 뒤 술잔치를 벌이고 있었다. 한나라의 침공에 관한 방비를 전혀 하지 않았던 이유다. 한신이 이 틈을 타 제수 남쪽 역성현歷城縣에 주둔하고 있는 제나라 군사를 습격한 뒤 마침내 도성 임치에 이르렀다. 보고를 접한 제나라 왕 전광田廣은 역이기가 자신을 속였다고 판단해 크게 화를 내며 그를 팽살한 뒤 고밀로 달아났다. 그곳에서 항우에게 사자를 보내 구원을 청했다. 당시 한신은 임치를 평정한 뒤 전광을 동쪽으로 추격해 마침내 고밀 서쪽에 이르게 되었다. 항우도 용저를 장군으로 삼은 뒤 20만 대군을 일으키며 제나라를 구원하게 했다. 제나라 왕 전광과 용저가 합세해 싸우려고 했다. 싸움이 벌어지기 직전에 어떤 자가 용저를 설득했다.

"한나라 군사는 멀리서 싸우러 왔으니 있는 힘을 다해 싸울 것입니다. 그 예기를 꺾기가 쉽지 않습니다. 반면 제나라와 초나라는 자기 나라 땅에서 싸우는 것이기에 병사들이 패해 흩어지기 쉽습니다. 성벽을 높이 쌓아 지키면서 제나라 왕에게 신임하는 신하를 보내 잃어버린 성읍을 회유해 돌아오도록 하느니만 못합니다. 함락된 성읍의 군사들은 제나라 왕이 건재하고 초나라가 구원하러 왔다는 이야기를 들으면 반드시 한나라를 배반할 것입니다. 한나라 군사는 2,000리나 떨어진 타국에 와 있습니다. 제나라 성읍이 모두 배반하면 형세상 식량도 얻을 길이 없습니다. 그러면 싸우지 않고도 항복을 받아낼 수 있습니다."

용저가 말했다.

"나는 평소에 한신이 어떤 자인지 잘 알고 있다. 그는 상대하기가 매우 쉽다. 게다가 제나라를 구원한다고 왔는데 싸우지도 않고 한나라 군사를 항복시키면 내게 무슨 공이 있겠는가? 지금 싸워 승리하면 제나라의 절반은 내 것이 된다. 어찌 이대로 그만두겠는가?"

결국 싸우게 되었다. 유수를 사이에 두고 한신과 마주해 진을 쳤다. 한신이 밤에 사람을 시켜 1만여 개의 주머니를 만든 뒤 거기에 모래를 가득 채웠다. 이어 이를 이용해 유수의 상류를 막게 했다. 짐짓 한나라 군사를 이끌고 반쯤 건너가서 용저를 치다가 지는 체하고 뒤돌아 달아났다. 용저가 과연 크게 기뻐하며 이같이 말했다.

"나는 원래 한신이 겁쟁이라는 것을 알고 있었다!"

그러고는 한신을 뒤쫓아 유수를 건너가기 시작했다. 한신이 사람을 시켜 막아놓았던 모래주머니를 터뜨리자 문득 물이 크게 쏟아졌다. 용저의 군사가 절반도 건너지 못했다. 한신이 급습을 가해 용저를 죽였다. 용저가 죽자 유수 동쪽에 있던 용저의 군사가 사방으로 흩어져 달아났다. 제나라 왕 전광도 황급히 도망쳤다. 한신이 패해 달아나는 초나라 군사들을 뒤쫓아 성양城陽에 이르는 사이 초나라 병사가 모두 포로로 잡혔다.

●● 楚數使奇兵渡河擊趙, 趙王耳·韓信往來救趙, 因行定趙城邑, 發兵詣漢. 楚方急圍漢王於滎陽, 漢王南出, 之宛·葉閒, 得黥布, 走入成皐, 楚又復急圍之. 六月, 漢王出成皐, 東渡河, 獨與滕公俱, 從張耳軍脩武. 至, 宿傳舍. 晨自稱漢使, 馳入趙壁. 張耳·韓信未起, 卽其臥內上奪其印符, 以麾召諸將, 易置之. 信·耳起, 乃知漢王來, 大驚. 漢王奪兩人軍, 卽令張耳備守趙地, 拜韓信爲相國, 收趙兵未發者擊齊. 信引兵東, 未渡平原, 聞漢王使酈食其已說下齊, 韓信欲止. 范陽辯士蒯通說信曰, "將軍受詔擊齊, 而漢獨發閒使下齊, 寧有詔止將軍乎? 何以得毋行也! 且酈生一士, 伏軾掉三寸之舌, 下齊七十餘城, 將軍將數萬衆, 歲餘乃下趙五十餘城, 爲將數歲, 反不如一豎儒之功乎?" 於是信然之, 從其計, 遂渡河. 齊已聽酈生, 卽留縱酒, 罷備漢守禦. 信因襲齊歷下軍, 遂至臨菑. 齊王田廣以酈生賣己, 乃亨之, 而走高密, 使使之楚請救. 韓信已定臨菑, 遂東追廣至高密西. 楚亦使龍且將, 號稱二十萬, 救齊. 齊王廣·龍且幷軍與信戰, 未合. 人或說龍且曰, "漢兵遠鬪窮戰, 其鋒不可當. 齊·楚自居其地戰, 兵易敗散. 不如深壁, 令齊王使其信臣招所亡城, 亡城聞其王在, 楚來救, 必反漢. 漢兵二千里客居, 齊城皆反之, 其勢無所得食, 可無戰而降也." 龍且曰, "吾平生知韓信爲人, 易與耳. 且夫救齊不戰而降之, 吾何功? 今戰而勝之, 齊之半可得, 何爲止!" 遂戰, 與信夾濰水陳. 韓信乃夜令人爲萬餘囊, 滿盛沙, 壅水上流, 引軍半渡, 擊龍且, 詳不勝, 還走. 龍且果喜曰, "固知信怯也." 遂追信渡水.

信使人決壅囊, 水大至. 龍且軍大半不得渡, 卽急擊, 殺龍且. 龍且水東軍散走, 齊王廣亡去. 信遂追北至城陽, 皆虜楚卒.

한고조 4년, 한신이 마침내 제나라를 모두 평정한 뒤 사자를 보내 유방에게 이같이 고했다.

"제나라는 거짓과 속임수가 많고 변절이 심해 반복무상한 나라입니다. 게다가 남쪽으로 초나라와 접경하고 있습니다. 먼저 임시 왕[假王]을 세워 진정시키지 않으면 정세가 안정되기 어렵습니다. 원컨대 신을 임시 왕으로 세워주면 모든 일이 편할 것입니다."

당시 초나라 군사가 급습해 유방을 형양에서 포위하고 있었다. 이 와중에 한신의 사자가 온 것이다. 유방이 그 서신을 보고는 크게 화를 냈다.

"나는 여기서 곤경에 처해 빨리 와 도와주기를 바라고 있는데 본인은 스스로 왕이 될 생각이나 하고 있다는 것인가?"

장량과 진평陳平이 일부러 유방의 발을 밟고는 사과하는 척하며 유방의 귓가에 입을 대고 속삭였다.

"한나라는 지금 불리한 처지에 놓여 있습니다. 어찌 한신이 왕 노릇을 하고자 하는 것을 막을 수 있겠습니까? 차라리 그를 왕으로 삼고 잘 대우해 자진해서 제나라를 지키게 하느니만 못합니다. 그리하지 않으면 변란이 일어날 것입니다."

유방이 문득 깨닫고는 짐짓 사자를 점잖게 꾸짖었다.

"대장부가 제후를 평정했으면 곧 진짜 왕[眞王]이 되어야지, 어찌 임시 왕이 된단 말인가?"

그러고는 곧 장량을 보내 한신을 제왕齊王으로 삼은 뒤 그의 군사를 징발해 초나라를 쳤다. 당시 항우는 용저를 잃자 크게 두려운 나머지 우이盱眙 출신 무섭武涉을 시켜 한신을 회유하고자 했다. 무섭이 한신을 찾아가 말했다.

"천하인 모두 진나라의 폭정에 괴로움을 당한 지 오래되었습니다. 서로 힘을 합쳐 진나라를 친 이유입니다. 진나라가 무너지자 공을 헤아려 땅을 나누고, 각지에 왕을 봉해 병사들을 쉬게 했습니다. 지금 유방이 다시 군사를 일으킨 뒤 동진해 남의 봉지를 침공하며 마구 빼앗고 있습니다. 이미 삼진三秦을 깨뜨리고 군사를 대동한 채 함곡관을 빠져나온 뒤 제후의 군사를 거두면서 동쪽으로 초나라를 치고 있는 것이 그렇습니다. 천하를 모두 삼키지 않고는 그치지 않을 것입니다. 그의 탐욕은 이토록 심해 만족을 모릅니다. 그는 결코 믿을 수 없는 자입니다. 그 몸이 누차 항우의 손에 쥐어졌지만 항우는 늘 그를 가엾게 여겨 살려주었습니다. 그러나 그는 위기를 벗어나기만 하면 번번이 약속을 어기고, 다시 항우를 쳤습니다. 그를 가까이해 믿을 수 없는 것이 이와 같습니다.

지금 족하는 스스로 유방과 후교厚交가 있다고 착각한 나머지 그를 위해 있는 힘을 다해 군사를 지휘하고 있습니다. 그러나 끝내 그의 포로가 되고 말 것입니다. 족하가 아직 살아남은 것은 항우가 살아 있기 때문입니다. 지금 항우과 유방의 싸움에서 승리의 저울추는 족하에게 달려 있습니다. 족하가 추를 오른쪽으로 기울이면 유방, 왼쪽으로 기울이면 항우가 이길 것입니다. 항우가 오늘 망하면 다음에는 족하를 멸할 것입니다. 족하는 항우와 옛 연고가 있습니다. 어찌해서 한나라를 배반한 뒤 초나라와 손을 잡고 천하를 삼분해 왕이 되려 하지 않는 것입니까? 지금 절호의 기회를 버린 채 스스로 한나라를 믿고 초나라를 치고자 하니, 이것이 어찌 지혜로운 자가 할 일이겠습니까!"

한신이 사절했다.

"내가 일찍이 항왕을 섬긴 적이 있소. 벼슬은 낭중에 지나지 않았으니, 지위도 창을 잡고 숙직하며 지키는 집극執戟에 불과했소. 바른 말을 해도 들어주지 않고, 계책도 받아들여지지 않았소. 초나라를 떠나 한나라로 간 이유요. 유방은 나에게 상장군의 인수를 내주고 수만 명의 군사를 거느리게 했소. 게다가 자신의 옷을 벗어 나에게 입히고, 자신의 밥을 주어 나에게 먹도록 했소. 건의가 받아들여지고, 계책이 채택되었소. 내가 오늘 여기까지 이르게 된 배경이오. 무릇 남이 나를 깊이 친신親信하는데 이를 배신하는 것은 상서롭지 못하오. 내가 설령 죽을지언정 이 마음을 바꿀 수는 없소. 나를 위해 항왕에게 거절의 뜻을 전해주면 좋겠소!"

무섭이 힐 수 없이 자리를 떠났다.

●● 漢四年, 遂皆降平齊. 使人言漢王曰, "齊僞詐多變, 反覆之國也, 南邊楚, 不爲假王以鎭之, 其勢不定. 願爲假王便." 當是時, 楚方急圍漢王於滎陽, 韓信使者至, 發書, 漢王大怒, 罵曰, "吾困於此, 旦暮望若來佐我, 乃欲自立爲王!" 張良・陳平躡漢王足, 因附耳語曰, "漢方不利, 寧能楚信之王乎? 不如因而立, 善遇之, 使自爲守. 不然, 變生." 漢王亦悟, 因復罵曰, "大丈夫定諸侯, 卽爲眞王耳, 何以假爲!" 乃遣張良往立信爲齊王, 徵其兵擊楚. 楚已亡龍且, 項王恐, 使盱眙人武涉往說齊王信曰, "天下共苦秦久矣, 相與勠力擊秦. 秦已破, 計功割地, 分土而王之, 以休士卒. 今漢王復興兵而東, 侵人之分, 奪人之地, 已破三秦, 引兵出關, 收諸侯之兵以東擊楚, 其意非盡呑天下者不休, 其不知

厭足如是甚也. 且漢王不可必, 身居項王掌握中數矣, 項王憐而活之,
然得脫, 輒倍約, 復擊項王, 其不可親信如此. 今足下雖自以與漢王爲
厚交, 爲之盡力用兵, 終爲之所禽矣. 足下所以得須臾至今者, 以項王
尚存也. 當今二王之事, 權在足下. 足下右投則漢王, 左投則項王勝. 項
王今日亡, 則次取足下. 足下與項王有故, 何不反漢與楚連和, 參分天
下王之? 今釋此時, 而自必於漢以擊楚, 且爲智者固若此乎!" 韓信謝
曰, "臣事項王, 官不過郎中, 位不過執戟, 言不聽, 畫不用, 故倍楚而歸
漢. 漢王授我上將軍印, 予我數萬衆, 解衣衣我, 推食食我, 言聽計用,
故吾得以至於此. 夫人深親信我, 我倍之不祥, 雖死不易. 幸爲信謝項
王!" 武涉已去.

무섭이 떠난 뒤 제나라 범양 출신 괴철이 천하 대권의 향방이 한
신에게 달린 것을 알고는 기책을 동원해 한신을 설득시키고자 했다.
그가 관상을 언급하며 회유하고자 했다.

"제가 일찍이 관상을 배운 적이 있습니다."

한신이 물었다.

"선생의 관상술은 어떤 것이오?"

괴철이 대답했다.

"부귀함과 빈천함은 뼈의 상인 골법骨法, 기쁨과 걱정은 얼굴모양
과 얼굴빛인 용색容色, 성공과 실패는 결단에 달려 있습니다. 이를 참
고하면 만에 하나도 어긋나지 않습니다."

한신이 물었다.

"좋소. 선생이 보건대 과인의 관상은 어떻소?"

괴철이 말했다.

"잠시 주위 사람을 물리쳐 주십시오."

한신이 명했다.

"다들 물러가라."

괴철이 대답했다.

"장군의 얼굴을 보면 제후의 상에 불과합니다. 게다가 위태롭고 불안합니다. 그러나 장군의 등을 보면 귀하기가 이를 데 없습니다."

한신이 물었다.

"그게 무슨 말이오?"

괴철이 대답했다.

"천하가 당초 어지러워졌을 때 영웅호걸 모두 왕을 칭하며 한번 소리치자 천하의 선비들이 구름처럼 몰려들었습니다. 마치 물고기 비늘처럼 겹치거나 오색이 뒤섞여 있는 듯하고, 불똥이 튀거나 바람이 일어나는 듯했습니다.• 이때는 오직 진나라를 어떻게 멸망시킬까 하는 것만 걱정했습니다. 그러나 지금 초나라와 한나라가 서로 다투면서 상황이 달라졌습니다. 천하의 죄 없는 자들의 간과 쓸개로 땅을 칠하는 경우[肝膽塗地]와 아비와 자식의 해골이 들판에 나뒹구는 경우[暴骨中野]가 헤아릴 수 없을 정도로 많습니다.

초나라 출신 항우가 팽성에서 기의한 뒤 여기저기 돌아다니며 달아나는 적을 쫓아다니다 형양에 이르게 되었습니다. 여세를 몰아 각지를 석권하자 그 위세가 천하를 진동시켰습니다. 그러나 이내 그의 군사는 형양의 남쪽에 있는 경 땅과 북쪽에 있는 색索 땅 사이에서

• 원문은 "어린잡답魚鱗襍遝, 표지풍기熛至風起"다. 잡답襍遝은 뒤섞여 있다는 뜻으로 잡답雜遝과 같다. 여기의 잡襍은 오색이 섞여 있다는 뜻으로 잡雜과 통한다. 표지熛至는 불똥이 튀는 상황을 지칭한다.

한나라 군사와 교전하며 곤경에 처하고, 서산西山에 가로막혀 전진할 수 없게 된 지 벌써 3년이나 되었습니다. 유방은 수십만 명의 군사를 이끌면서 공鞏과 낙洛 땅 사이에서 험준한 산하를 방패 삼아 하루에도 몇 차례 싸웠지만 조그만 공도 세우지 못했습니다. 좌절하고 패배해도 구원해주는 사람이 없어 형양에서 패하고 성고에서 군사를 잃은 채 마침내 완과 섭 땅 사이로 달아났습니다. 이것이 유방처럼 지혜로운 자와 항우처럼 용맹스러운 자가 함께 곤경에 처한 이른바 지용구곤智勇俱困의 형국입니다. 날카로운 예기는 험준한 요새에서 꺾이고, 군량은 창고에서 바닥이 나고, 백성은 지칠 대로 지쳐 원망만 할 뿐 의지할 곳도 없습니다. 제가 보기에 이런 형세에서는 천하의 성현이 아니면 그 화란을 그치게 할 길이 없습니다.

지금 유방과 항우의 운명은 족하에게 달려 있습니다. 족하가 한나라를 위하면 한나라, 초나라를 위하면 초나라가 이길 것입니다. 저는 속마음을 터놓고 간과 쓸개를 드러낸 채 어리석은 계책을 건의하고자 합니다. 단지 족하가 받아들이지 않을까 걱정될 뿐입니다. 족하가 실로 저의 계책을 써주면 저는 한나라와 초나라를 이롭게 하면서 항우와 유방을 존속시킨 것보다 나은 계책은 없다고 말하고자 합니다. 이른바 천하를 셋으로 나누는 삼분천하參分天下의 계책이 그것입니다. 족하를 포함한 세 사람이 세발솥이 벌려 선 형세인 정족지세鼎足之勢로 웅거하면 어느 편도 먼저 움직이지 못할 것입니다. 이후 족하처럼 현성한 인물이 많은 갑병甲兵을 이끌고 강대한 제나라에 의지해 연나라와 조나라를 제압한 후 주인 없는 땅으로 나아가 그 후방을 누르고, 백성이 바라는 대로 서진해 두 나라의 전쟁을 종식시키면 됩니다. 그런 식으로 백성의 생명을 구해주면 천하가 바람처럼 달려오고 메아리처럼 호응할 것입니다. 그 누가 감히 족하의 명을 듣지 않겠습니까? 이후 큰 나라를 나누고, 강한 나라를 약화시켜 제후를 세우십시오. 제후가 들어서면 천하가 복종하고, 그 은덕을 제나라에 돌릴 것입니다. 그러고 나면 제나라의 옛 땅을 감안해 교膠와 사泗 땅을 보유하고 덕으로써 제후들을 회유하십시오. 궁궐 깊은 곳에서 두 손 모아 읍하며 겸양의 예를 보이면 천하의 군주들이 서로 달려와 입조할 것입니다.

옛날 말에 이르기를, '하늘이 주는 것을 받지 않으면 오히려 벌을 받고, 때가 왔을 때 결행하지 않으면 오히려 그 재앙을 입는다'고 했습니다. 족하는 이를 깊이 생각해보십시오."

그러나 한신이 이같이 말했다.

"한나라 왕은 나를 후하게 대해주었소. 자신의 수레에 나를 태워주고, 자신의 옷을 나에게 입혀주고, 자신의 음식을 나에게 먹여주었소. 내가 듣건대, '남의 수레를 얻어 타는 자는 남의 우환을 제 몸에 싣고, 남의 옷을 입는 자는 남의 근심을 제 마음에 품고, 남의 밥을 먹는 자는 남의 사업을 위해 목숨을 건다'고 했소. 내가 어찌 이익을 얻기 위해 의리를 저버릴 수 있겠소?"

괴철이 말했다.

"족하는 스스로 한나라 왕과 친하다고 착각해 만세의 공업을 세우려고 하지만 저는 그것이 잘못이라고 생각합니다. 당초 상산왕 장이와 성안군 진여는 벼슬이 없었을 때 서로 목을 베어줄 만큼 가까운 문경지교를 맺었습니다. 그러나 나중에 장염과 진택이 죽은 일로 인해 서로를 원망하게 되었습니다. 이후 상산왕 장이는 진여의 공격을 받자 머리와 목을 감싸 안은 채 쥐새끼처럼 황급히 달아나* 유방에게 귀의했습니다. 한나라 왕 유방이 장이에게 군사를 내주자 상산왕 장이가 동쪽으로 내려가서 성안군 진여를 지수 남쪽에서 죽였습니다. 진여는 머리와 다리가 따로 떨어져 나가 마침내 천하의 웃음거리가 되고 말았습니다.

상산왕 장이와 장안군 진여는 원래 천하에 둘도 없이 친한 사이였는데 마침내 서로 잡아먹으려고 한 것은 무슨 까닭이겠습니까? 우환은 욕심에서 생기는 법이고, 사람의 마음은 예측할 수 없습니다. 지금 족하는 충성과 신의를 다해 한나라 왕 유방과 사귀려고 하나 아무리 그럴지라도 상산왕과 성안군의 경우보다 더할 리는 없을 것입니다. 나아가 족하와 한나라 왕 유방 사이에 가로놓인 일은 장염과 진석이 죽은 일보다 더 많고 큽니다. 제가 판단컨대 한나라 왕 유방이 결코 족하를 위태롭게 하지는 않을 것이라는 족하의 믿음은 잘못입니다.

월나라 대부 문종과 범리는 망해가는 월나라를 존속시키고 월왕 구천을 패자로 만드는 대공을 세워 이름을 떨쳤습니다. 그러나 문종의 경우는 막상 죽임을 당하고 말았습니다. 들짐승이 사라지면 사냥개도 쓸모가 없어져 이내 삶아 먹히는 토사구팽의 신세가 되게 마련입니다. 교분으로 보면 족하와 한나라 왕 유방의 관계는 장이가 진

● 원문은 "봉항영두이찬奉項嬰頭而竄"이다. 이 구절을 두고 논란이 분분하다. 대부분 항영項嬰을 인명으로 간주한 것에 주목해 '항영의 머리를 베어 들고 달아나'로 해석하고 있다. 항영에 대해서도 해석이 다양하다. 항우의 부친으로 보는 견해와 사촌으로 보는 견해를 비롯해 상산국에 파견한 사자로 보는 견해 등 매우 다양하다. 그러나 정황상 장이가 거록성의 포위를 풀기 위해 달려온 항우의 일족 내지 그 사자를 죽일 이유가 없었다. 그보다는 원문의 구두점을 "봉항奉項, 영두嬰頭, 이찬而竄"으로 끊어 읽는 것이 설득력이 있다. 이럴 경우 '목과 머리를 감싼 채 황급히 달아났다'는 뜻이 된다.《한서》〈괴통전〉에도 황급히 머리를 감싸고 쥐새끼처럼 달아났다는 뜻의 봉두서찬奉頭鼠竄으로 되어 있다.

여와 친한 것만 못하고, 충신으로 말할지라도 대부 문종과 범리가 월왕 구천에게 한 것보다 못합니다. 이 두 가지의 일은 거울로 삼을 만합니다. 족하는 이를 깊이 생각해보십시오.

또 저는 용기와 지략이 군주를 진동시키는 용략진주勇略震主는 자신의 몸을 위험하게 만들고, 세운 공이 천하를 덮을 정도로 큰 공개천하功蓋天下는 끝내 포상을 받지 못한다는 이야기를 들었습니다. 제가 족하의 공과 지략을 말하겠습니다. 족하는 서하를 건너 위왕 위표와 재상 하열을 생포했습니다. 군사를 이끌고 정형으로 내려와 성안군 진여를 베어 죽이고 조나라를 항복시켰습니다. 연나라를 위협해 굴복시키고 제나라를 평정했습니다. 남쪽으로 내려와 초나라의 20만 대군을 꺾고, 동쪽으로 진격해 용저를 죽인 뒤 서쪽을 향해 유방에게 승리를 보고했습니다. 이것이 바로 천하에 둘도 없는 공로[功無二於天下]와 좀처럼 세상에 나타나지 못할 정도로 뛰어난 지략[略不世出]을 이룬 것입니다. 지금 족하는 군주를 진동시킬 정도의 위세를 지녔고, 포상을 받을 수 없을 정도의 대공[不賞之功]을 이루었습니다. 족하가 초나라로 갈지라도 항왕이 믿지 않을 것이고, 한나라로 갈지라도 유방이 떨며 두려워할 것입니다. 족하는 그런 위세와 공을 지닌 채 어디로 가려는 것입니까? 형세상 남의 신하 자리에 있으면서 군주를 떨게 하는 위세를 지니고 있고, 그 명성이 천하에 떨치고 있습니다. 제가 보기에 족하는 매우 위태로운 상황입니다."

한신이 사례하며 말했다.

"선생은 잠시 쉬도록 하시오. 나도 이에 관해 생각해보겠소."

며칠 뒤 괴철이 다시 한신을 설득했다.

"원래 의견의 청취는 성패의 조짐, 계획의 수립은 성패의 기틀이 됩니다. 건의를 제대로 받아들이지 못하고 계책에 실패했는데도 오래도록 편한 자는 드뭅니다. 건의의 수용에 조금도 실수하지 않으면 자잘한 말로 어지럽힐 수 없고, 계책의 수립에 본말을 잃지 않으면 교묘한 말로 분란을 일으킬 수 없습니다. 대략 나무를 하고 말을 먹이는 자는 만승의 천자가 될 권위도 잃고, 조그마한 봉록을 지키는 데 급급한 자는 경상의 자리를 지키지 못합니다. 지혜는 일을 결단하는 힘이 되고, 의심은 일을 방해하는 장애가 됩니다. 터럭처럼 작은 계책[豪氂之計]을 자세히 따지면 천하의 큰 술수를 잊게 되고, 지혜를 발휘해 일의 실체를 알게 되었는데도 결행하지 않는 것은 모든 일의 화근이 됩니다.

옛날 말에 이르기를, '맹호라도 꾸물대면 벌이나 전갈만큼도 위협을 줄 수 없고, 기기와 같은 준마라도 주춤거리면 노마가 천천히 가는 것만도 못하고, 맹분과 같은 용사도 여우처럼 의심을 일삼으며 머뭇거리면 평범한 사내가 일을 결행하는 것만도 못하고, 순임금이나 우왕의 지혜라도 우물거리며 말하지 않으면 벙어리나 귀머거리가 손짓 발짓을 하는 것만도 못하다'고 했습니다. 이는 능히 실행하는 것을 귀하게 여긴다는 뜻입니다. 대략 공은 이루기 힘들지만 실패하기는 쉽고, 시기는 얻기 어렵지만 잃기는 쉬운 법입니다. 때는 두 번 다시 오지 않습니다. 족하는 이를 자세히 살피도록 하십시오."

결국 한신은 망설이면서 차마 한나라를 배반하지 못했다. 내심 자신의 공이 많으니 한나라가 끝내 제나라를 빼앗지는 않을 것으로 여겼다. 마침내 괴철의 건의를 거절한 이유다. 괴철은 한신이 자신의 말을 들어주지 않자 짐짓 미친 척하며 무당이 되었다. 유방이 고릉에서 궁지에 몰렸을 때 장량의 계책을 좇아 제왕齊王 한신을 불렀다.

한신이 군사를 이끌고 해하에서 유방과 만났다. 항우가 패하자 한고
조 유방이 곧바로 제왕 한신의 군사를 전격적으로 빼앗았다.

●● 齊人蒯通知天下權在韓信, 欲爲奇策而感動之, 以相人說韓信曰,
"僕嘗受相人之術." 韓信曰, "先生相人何如?" 對曰, "貴賤在於骨法, 憂
喜在於容色, 成敗在於決斷, 以此參之, 萬不失一." 韓信曰, "善. 先生
相寡人何如?" 對曰, "願少閒." 信曰, "左右去矣." 通曰, "相君之面, 不
過封侯, 又危不安. 相君之背, 貴乃不可言." 韓信曰, "何謂也?" 蒯通曰,
"天下初發難也, 俊雄豪桀建號壹呼? 天下之士雲合霧集, 魚鱗襍遝, 熛
至風起. 當此之時, 憂在亡秦而已. 今楚漢分爭, 使天下無罪之人肝膽
塗地, 父子暴骸骨於中野, 不可勝數. 楚人起彭城, 轉鬪逐北, 至於滎
陽, 乘利席卷, 威震天下. 然兵困於京·索之閒, 迫西山而不能進者, 三
年於此矣. 漢王將數十萬之衆, 距鞏·雒, 阻山河之險, 一日數戰, 無尺
寸之功, 折北不救, 敗滎陽, 傷成皋, 遂走宛·葉之閒, 此所謂智勇俱困
者也. 夫銳氣挫於險塞, 而糧食竭於內府, 百姓罷極怨望, 容容無所倚.
以臣料之, 其勢非天下之賢聖固不能息天下之禍. 當今兩主之命縣於
足下. 足下爲漢則漢勝, 與楚則楚勝. 臣願披腹心, 輸肝膽, 效愚計, 恐
足下不能用也. 誠能聽臣之計, 莫若兩利而俱存之, 參分天下, 鼎足而
居, 其勢莫敢先動. 夫以足下之賢聖, 有甲兵之衆, 據彊齊, 從燕·趙,
出空虛之地而制其後, 因民之欲, 西鄉爲百姓請命, 則天下風走而響應
矣, 孰敢不聽! 割大弱彊, 以立諸侯, 諸侯已立, 天下服聽而歸德於齊.
案齊之故, 有膠·泗之地, 懷諸侯以德, 深拱揖讓, 則天下之君王相率
而朝於齊矣. 蓋聞天與弗取, 反受其咎, 時至不行, 反受其殃. 願足下孰
慮之." 韓信曰, "漢王遇我甚厚, 載我以其車, 衣我以其衣, 食我以其食.
吾聞之, 乘人之車者載人之患, 衣人之衣者懷人之憂, 食人之食者死

人之事, 吾豈可以鄉利倍義乎!" 蒯生曰, "足下自以爲善漢王, 欲建萬世之業, 臣竊以爲誤矣. 始常山王・成安君爲布衣時, 相與爲刎頸之交, 後爭張黶・陳澤之事, 二人相怨. 常山王背項王, 奉項嬰頭而竄, 逃歸於漢王. 漢王借兵而東下, 殺成安君泜水之南, 頭足異處, 卒爲天下笑. 此二人相與, 天下至驩也. 然而卒相禽者, 何也? 患生於多欲而人心難測也. 今足下欲行忠信以交於漢王, 必不能固於二君之相與也, 而事多大於張黶・陳澤. 故臣以爲足下必漢王之不危己, 亦誤矣. 大夫種・范蠡存亡越, 霸句踐, 立功成名而身死亡. 野獸已盡而獵狗亨. 夫以交友言之, 則不如張耳之與成安君者也, 以忠信言之, 則不過大夫種・范蠡之於句踐也. 此二人者, 足以觀矣. 願足下深慮之. 且臣聞勇略震主者身危, 而功蓋天下者不賞. 臣請言大王功略, 足下涉西河, 虜魏王, 禽夏說, 引兵下井陘, 誅成安君, 徇趙, 脅燕, 定齊, 南摧楚人之兵二十萬, 東殺龍且, 西鄉以報, 此所謂功無二於天下, 而略不世出者也. 今足下戴震主之威, 挾不賞之功, 歸楚, 楚人不信, 歸漢, 漢人震恐, 足下欲持是安歸乎? 夫勢在人臣之位而有震主之威, 名高天下, 竊爲足下危之." 韓信謝曰, "先生且休矣, 吾將念之." 後數日, 蒯通復說曰, "夫聽者事之候也, 計者事之機也, 聽過計失而能久安者, 鮮矣. 聽不失一二者, 不可亂以言, 計不失本末者, 不可紛以辭. 夫隨廝養之役者, 失萬乘之權, 守儋石之祿者, 闕卿相之位. 故知者決之斷也, 疑者事之害也, 審豪氂之小計, 遺天下之大數, 智誠知之, 決弗敢行者, 百事之禍也. 故曰'猛虎之猶豫, 不若蜂蠆之致螫, 騏驥之跼躅, 不如駑馬之安步, 孟賁之狐疑, 不如庸夫之必至也, 雖有舜禹之智, 吟而不言, 不如瘖聾之指麾也'. 此言貴能行之. 夫功者難成而易敗, 時者難得而易失也. 時乎時, 不再來. 願足下詳察之." 韓信猶豫不忍倍漢, 又自以爲功多, 漢終不奪我齊, 遂謝蒯通. 蒯通說不聽, 已詳狂爲巫. 漢王之困固陵, 用張良計, 召齊王信, 遂將兵會垓下. 項羽已破, 高祖襲奪齊王軍.

한고조 5년 정월, 제왕 한신을 초왕으로 이봉한 뒤 하비下邳에 도읍하게 했다. 한신이 초나라에 이르자 전에 자신에게 밥을 먹여준 표모漂母를 불러 1,000금을 내렸다. 또 하향의 남창 정장에게도 100전을 내리면서 이같이 말했다.

"그대는 소인이다. 남에게 은덕을 베풀다가 중간에 끊었기에 그렇다."

또 자신을 욕보인 젊은이 가운데 가랑이 밑으로 기어가는 모욕을 준 자를 불러 초나라 중위中尉로 삼은 뒤 장상들에게 이같이 말했다.

"이 사람은 장사다. 나를 욕보일 때 내가 어찌 이 사람을 죽일 수 없었겠는가? 죽인들 이름날 것도 없어 참은 덕분에 오늘의 공업을 이룰 수 있었다."

항우 휘하의 장수 종리매鍾離昧는 이려伊廬에 집이 있었다. 원래 그는 한신과 사이가 좋았다. 항우가 죽은 뒤 달아나 한신에게 온 것이다. 한고조는 종리매에게 원한이 있었다. 그가 초나라에 와 있다는 말을 듣고는 초나라에 조서를 내려 종리매를 체포하게 했다. 당시 한신은 초나라에 처음 왔기에 현읍을 순행할 때면 군사를 세워놓고 출입했다. 한고조 6년, 어떤 자가 상서해 초왕 한신의 모반을 고발했다. 한고조 유방은 진평의 계책을 좇아 천자의 순수를 구실로 제후들을 불러 모으기로 했다. 남쪽에 운몽택이라는 큰 호수가 있었다. 사자를 각지로 보내 제후들에게 고했다.

"진현에 모이도록 하라. 내가 운몽으로 순행할 것이다."

실은 한신을 습격하려는 속셈이었다. 한신은 그 내막을 알지 못했다. 한고조 유방이 초나라에 도착할 무렵 한신은 내심 군사를 일으켜 모반할 생각도 있었다. 그러나 자기에게는 죄가 없다고 생각해 이내 알현하고자 했다. 그러면서도 생포될까 우려되었다. 어떤 자가 한신에게 말했다.

"종리매의 목을 잘라 조현하면 황상이 반드시 기뻐할 것입니다. 그러면 조금도 걱정할 것이 없습니다."

한신이 종리매를 만나 의논하자 종리매가 말했다.

"한나라가 초나라를 공격해 빼앗지 않는 것은 내가 그대 밑에 있기 때문이오. 만일 그대가 나를 체포해 한나라에 잘 보이고자 하면 나는 오늘이라도 죽겠소. 그러나 그리하면 다음 차례는 그대가 되어 패망하고 말 것이오."

그러고는 큰소리로 꾸짖었다.

"그대는 장자長者가 아니오!"

마침내 스스로 목을 찔러 죽었다. 한신이 그의 목을 가지고 진현으로 가 유방을 조현했다. 유방이 무사를 시켜 한신을 결박한 뒤 후거後車에 싣게 했다. 한신이 탄식했다.

"과연 사람들이 교활한 토끼가 죽고 나면 훌륭한 사냥개를 삶아 죽이고, 높이 나는 새가 없어지면 훌륭한 활도 한쪽으로 치워버리는고, 적국을 깨뜨리고 나면 지모가 있는 신하를 죽인다고 언급한 것이 맞다. 천하가 이미 평정된 뒤 내가 팽살을 당하는 것은 당연하다!"

유방이 말했다.

"공이 모반했다고 밀고한 자가 있다."

마침내 한신의 손발에 수갑과 차꼬를 채웠다. 낙양에 이른 뒤 죄를 용서하고 회음후로 삼았다.

●● 漢五年正月, 徙齊王信爲楚王, 都下邳. 信至國, 召所從食漂母, 賜千金. 及下鄉南昌亭長, 賜百錢, 曰, "公, 小人也, 爲德不卒." 召辱己之少年令出胯下者以爲楚中尉. 告諸將相曰, "此壯士也. 方辱我時, 我寧不能殺之邪? 殺之無名, 故忍而就於此." 項王亡將鍾離眛家在伊廬, 素與信善. 項王死後, 亡歸, 信. 漢王怨眛, 聞其在楚, 詔楚捕眛. 信初之國, 行縣邑, 陳兵出入. 漢六年, 人有上書告楚王信反. 高帝以陳平計, 天子巡狩會諸侯, 南方有雲夢, 發使告諸侯會陳, "吾將遊雲夢." 實欲襲信, 信弗知. 高祖且至楚, 信欲發兵反, 自度無罪, 欲謁上, 恐見禽. 人或說信曰, "斬眛謁上, 上必喜, 無患." 信見眛計事. 眛曰, "漢所以不擊取楚, 以眛在公所. 若欲捕我以自媚於漢, 吾今日死, 公亦隨手亡矣." 乃罵信曰, "公非長者!" 卒自剄. 信持其首, 謁高祖於陳. 上令武士縛信, 載後車. 信曰, "果若人言, '狡兔死, 良狗亨, 高鳥盡, 良弓藏, 敵國破, 謀臣亡.' 天下已定, 我固當亨!" 上曰, "人告公反." 遂械繫信. 至雒陽, 赦信罪, 以爲淮陰侯.

초왕에서 회음후로 강등된 한신은 한고조 유방이 자신의 재능을 두려워하며 시기하는 것을 뒤늦게 알게 되었다. 늘 병을 핑계 대며 조현하지도 않고, 수행하지도 않았다. 이후 밤낮으로 한고조를 원망하며 늘 불만을 품었다. 특히 강후 주발周勃이나 관영 등과 동급의 자리에 있는 것을 부끄럽게 여겼다. 하루는 한신이 번쾌樊噲의 집에 들렀다. 번쾌가 무릎을 꿇고 절하면서 마중을 나왔다가 나중에 배웅까지 했다. 나아가 한신에게 자신을 신臣이라고 일컬으며 이같이 말했다.

"대왕이 이내 신의 집까지 왕림하셨습니다."

한신이 문을 나와 쓴웃음을 지었다.

"내가 살아서 번쾌 등과 같은 반열이 되었다."

한고조 유방이 일찍이 한신과 함께 제장들의 능력을 허심탄회하게 논하며 등급을 매긴 적이 있다. 한고조가 물었다.

"나 같은 사람은 얼마나 많은 군사를 거느릴 수 있겠소?"

한신이 대답했다.

"폐하는 그저 10만 명을 이끌 수 있을 뿐입니다."

유방이 물었다.

"그대는 어떠한가?"

한신이 대답했다.

"신은 많으면 많을수록 좋습니다."

유방이 웃으며 말했다.

"많으면 많을수록 좋다면서 어째서 나에게 사로잡혔는가?"

한신이 대답했다.

"폐하는 병사를 이끄는 장병將兵에는 무능하지만, 장수를 이끄는 장장將將에는 능합니다. 이것이 바로 신이 폐하에게 사로잡힌 이유입니다. 폐하의 장장 능력은 하늘이 내린 것이지 인력으로 될 수 있는 것이 아닙니다."

진희가 거록군鉅鹿郡 태수로 임명되자 회음후 한신에게 작별을 고하러 왔다. 회음후 한신이 그의 손을 잡고 좌우를 물리친 뒤 함께 뜰을 거닐며 하늘을 우러러 이같이 탄식했다.

"그대는 가히 더불어 이야기할 수 있겠지? 그대와 상의하고 싶은 것이 있소."

진희가 말했다.

"오직 장군이 명만 내리십시오."

회음후 한신이 말했다.

"그대가 부임하는 곳은 천하의 정예병이 모인 곳이오. 더구나 그대는 폐하가 신임하는 총신이오. 누군가 그대의 모반을 고할지라도 폐하는 반드시 믿지 않을 것이오. 그러나 그런 통보가 두 번 오면 의심하고, 세 번 오면 반드시 화를 내며 친정에 나설 것이오. 그대가 일어설 경우 내가 그대를 위해 안에서 호응하면 가히 천하를 도모할 수 있을 것이오."

진희는 전부터 한신의 능력을 익히 알았기에 그 말을 믿었다.

"삼가 가르침을 좇겠습니다."

한고조 10년, 진희가 과연 모반했다. 한고조 유방이 스스로 장수가 되어 친히 정벌에 나섰다. 한신이 병을 핑계대고 따라가지 않았다. 이어 아무도 모르게 진희에게 사람을 보내 이같이 말했다.

"동생이 거병하면 내가 여기서 그대를 돕겠소."

한신이 가신들과 음모했다. 밤중에 거짓 조서를 각 관아에 내려 죄수와 관노를 푼 뒤 이들을 동원해 여후와 태자를 습격하는 방안이었다. 각기 맡을 부서를 정한 뒤 진희의 회답만 기다렸다. 이때 마침 한신의 사인 가운데 한신에게 죄를 지은 자가 있었다.• 한신이 그를 잡아 죽이려고 했다. 사인의 동생이 고발하며 모반의 정황을 알렸다. 여후가 한신을 불러들이려다 혹시 오지 않을까 우려해 상국 소하와 의논했다. 사람을 시켜 한고조가 있는 곳에서 온 것처럼 가장해 전하게 했다.

• 《사기색은》은 진작의 주를 인용해 《초한춘추》에는 그의 성이 사씨謝氏로 되어 있다고 했다.

"진희가 이미 사형을 당했습니다. 여러 제후와 군신이 모두 축하하고 있습니다."

상국 소하도 한신을 속이는 데 가담했다.

"비록 병중이기는 하나 억지로라도 들어와 축하하도록 하시오."

한신이 궁 안에 들어가자 여후가 무사를 시켜 그를 포박한 뒤 장락궁 종실鍾室에서 목을 베었다. 한신이 죽으면서 이같이 탄식했다.

"내가 괴철의 계책을 쓰지 못한 것이 후회스럽다. 아녀자에게 속은 것이 어찌 운명이 아니겠는가?"

여후가 곧 한신의 삼족을 멸했다. 한고조는 진희를 토벌한 뒤 돌아와 한신이 죽은 것을 알게 되었다. 일면 기쁘고 일면 가련하게 생각되어 이같이 물었다.

"한신이 죽을 때 뭐라고 했소?"

여후가 대답했다.

"괴철의 계책을 쓰지 못한 것이 후회스럽다고 했습니다."

유방이 말했다.

"괴철은 제나라 출신의 유세하는 선비요."

곧 제나라에 조서를 내려 괴철을 체포하게 했다. 괴철이 잡혀오자 유방이 물었다.

"네가 회음후 한신에게 모반하도록 가르쳤는가?"

괴철이 대답했다.

"그렇습니다. 신이 틀림없이 그리 말했습니다. 그러나 그 어린애[豎子]는 신의 계책을 쓰지 않아 자멸하고 말았습니다. 만일 그 어린애가 신의 계책을 썼다면 폐하가 어찌 그를 이길 수 있었겠습니까?"

유방이 대로했다.

"저자를 팽살하라."

괴철이 한탄했다.

"아, 팽살을 당하니 원통하구나!"

유방이 물었다.

"한신에게 모반을 가르쳐놓고는 무엇이 원통하다는 말인가?"

괴철이 대답했다.

"진나라의 기강이 해이해지자 산동이 크게 어지러워졌습니다. 진나라 황실과 성씨가 다른 이들이 일시에 일어나자 영웅준걸英雄俊傑이 까마귀 떼처럼 모여들었습니다. 진나라가 천하의 대권을 상징하는 사슴을 잃는 이른바 실록失鹿을 하자 천하가 모두 그 사슴을 쫓는 축록逐鹿에 나섰습니다. 뛰어난 재주와 발이 빠른 질족疾足을 지닌 자가 먼저 사슴을 잡는 주인공이 되었습니다. 도척의 개가 요임금을 보고 짖는 것은 요임금이 어질지 못하기 때문이 아닙니다. 개는 본래 자기 주인이 아니면 짖게 마련입니다. 당시 신은 오직 한신만 알았을 뿐 폐하를 알지 못했습니다. 게다가 당시 천하에는 칼끝을 날카롭게 간 뒤 폐하가 한 일을 똑같이 해보려고 하는 자들이 매우 많았습니다. 생각해보면 이들 모두 능력이 모자랐을 뿐입니다. 폐하는 장차 이들을 모두 삶아 죽일 것입니까?"

유방이 말했다.

"이자를 풀어주도록 하라."

이내 괴철의 죄를 용서했다.

●● 信知漢王畏惡其能, 常稱病不朝從. 信由此日夜怨望, 居常鞅鞅, 羞與絳·灌等列. 信嘗過樊將軍噲. 噲跪拜送迎, 言稱臣, 曰, "大王乃肯臨臣!" 信出門, 笑曰, "生乃與噲等爲伍!" 上常從容與信言諸將能不,各有差. 上問曰, "如我能將幾何?" 信曰, "陛下不過能將十萬." 上曰, "於君何如?" 曰, "臣多多而益善耳." 上笑曰, "多多益善, 何爲爲我禽?" 信曰, "陛下不能將兵, 而善將將, 此乃信之所以爲陛下禽也. 且陛下所謂天授, 非人力也." 陳豨拜爲鉅鹿守, 辭於淮陰侯. 淮陰侯挈其手, 辟左右與之步於庭, 仰天歎曰, "子與言乎? 欲與子有言也." 豨曰, "唯將軍令之." 淮陰侯曰, "公之所居, 天下精兵處也, 而公, 陛下之信幸臣也. 人言公之畔, 陛下必不信, 再至, 陛下乃疑矣, 三至, 必怒而自將. 吾爲公從中起, 天下可圖也." 陳豨素知其能也, 信之, 曰, "謹奉敎!" 漢十年, 陳豨果反. 上自將而往, 信病不從. 陰使人至豨所, 曰, "弟舉兵, 吾從此助公." 信乃謀與家臣夜詐詔赦諸官徒奴, 欲發以襲呂后·太子. 部署已定, 待豨報. 其舍人得罪於信, 信囚, 欲殺之. 舍人弟上變, 告信欲反狀於呂后. 呂后欲召, 恐其黨不就, 乃與蕭相國謀, 詐令人從上所來, 言豨已得死, 列侯羣臣皆賀. 相國紿信曰, "雖疾, 彊入賀." 信入, 呂后使武士縛信, 斬之長樂鍾室. 信方斬, 曰, "吾悔不用蒯通之計, 乃爲兒女子所詐, 豈非天哉!" 遂夷信三族. 高祖已從豨軍來, 至, 見信死, 且喜且憐之, 問, "信死亦何言?" 呂后曰, "信言恨不用蒯通計." 高祖曰, "是齊辯士也." 乃詔齊捕蒯通. 蒯通至, 上曰, "若敎淮陰侯反乎?" 對曰, "然, 臣固敎之. 豎子不用臣之策, 故令自夷於此. 如彼豎子用臣之計, 陛下安得而夷之乎!" 上怒曰, "亨之." 通曰, "嗟乎, 冤哉亨也!" 上曰, "若敎韓信反, 何冤?" 對曰, "秦之綱絶而維弛, 山東大擾, 異姓並起, 英俊烏集. 秦失其鹿, 天下共逐之, 於是高材疾足者先得焉. 蹠之狗吠堯, 堯非不仁, 狗因吠非其主. 當是時, 臣唯獨知韓信, 非知陛下也. 且天下銳精持鋒欲爲陛下所爲者甚衆, 顧力不能耳. 又可盡亨之邪?" 高帝曰, "置之." 乃釋通之罪.

태사공은 평한다.

"내가 회음에 갔을 때 회음 사람들이 나에게 말하기를, '한신은 포의布衣로 있을 때도 그 뜻이 여느 사람과 달랐다. 모친이 죽었을 때 너무 가난해 장사도 치를 수 없었다. 훗날 높고 넓은 땅에 무덤을 만들어 그 곁에 1만 호의 집이 들어갈 수 있게 했다'고 했다. 내가 그의 모친 무덤을 보니 실로 그러했다. 만일 한신이 도리를 배워 겸양하는 자세로 공을 자랑하지 않고, 능력을 뽐내지 않았으면 한나라를 세운 그의 공훈은 주나라의 주공과 소공 및 태공망 여상에 견줄 만했다. 후대까지 사당에서 제향祭享을 받았을 것이다. 그는 이같이 되려고 힘쓰기는커녕 천하가 이미 안정된 뒤 반역을 꾀했으니 종족宗族이 전멸한 것 또한 당연하지 않은가!"

●● 太史公曰, "吾如淮陰, 淮陰人爲余言, 韓信雖爲布衣時, 其志與衆異. 其母死, 貧無以葬, 然乃行營高敞地, 令其旁可置萬家. 余視其母冢, 良然. 假令韓信學道謙讓, 不伐己功, 不矜其能, 則庶幾哉, 於漢家勳可以比周 · 召 · 太公之徒, 後世血食矣. 不務出此, 而天下已集, 乃謀畔逆, 夷滅宗族, 不亦宜乎!"

한신노관열전
韓信盧綰列傳

〈한신노관열전韓信盧綰列傳〉은 초한지제 당시 유방 쪽에 선 한왕 한신과 유방의 죽마고우인 연왕 노관盧綰, 그리고 최초로 유방에게 반기를 든 진희에 관한 전기다. 한왕 한신은 회음후 한신과 동명이인이다. 전국시대 말기 한양왕의 후손으로 유방을 도와 천하를 평정한 덕분에 한왕에 봉해졌다. 이후 흉노에 투항했다가 잡혀 죽고 말았다. 노관은 유방과 같은 마을에서 자랐다. 이후 유방을 도운 덕분에 장안후長安侯에 봉해졌다가 다시 연왕이 되었다. 그는 유일하게 한고조의 침실을 드나들 수 있도록 허용을 받은 인물이었다. 유방이 진희를 칠 때 노관이 흉노에게 사자로 보낸 장승張勝에게 설득당해 흉노와 친하게 지내며 진희와 내통했다. 얼마 후 진희의 부장이 그 내막을 실토하면서 배신행보가 드러났다. 유방이 탄식하며 세상을 떠나자 노관도 동호의 노왕盧王으로 살다가 한나라를 그리워하며 그곳에서 죽었다.

노관은 당초 어떤 까닭으로 한고조를 따라다니게 되었는지 알 수 없다. 다만 그가 유방의 두터운 신임을 배경으로 열후가 된 것만은 확실하다. 조나라와 대나라의 변경에 주둔한 군사를 감독하게 된 것이 그렇다. 그러나 그는 한신의 사주를 받고 반기를 들었다가 결국 패망하고 말았다. 사마천은 한왕 한신과 연왕 노관을 비롯해 반기를 들었다가 패사한 진희의 삶이 서로 비슷하다고 보았다. 세 사람의 사적을 하나로 묶는 합전 형식으로 〈한신노관열전〉을 편제한 이유다.

한왕열전

한왕 한신*은 원래 한양왕의 첩이 낳은 손자다[孼孫]. 키가 8척 5촌
이나 되었다. 항량이 초나라의 왕손인 미심을 찾아 초회왕을 세우자
연나라와 조나라 및 위나라 역시 이전의 왕족을 찾아내 다시 왕으로
세웠다. 오직 한韓나라만 후사가 없었다. 한나라의 여러 공자 가운데
한 사람인 횡양군橫陽君 한성韓成을 한왕으로 삼았다. 그를 내세워 한
나라의 옛 땅을 수복하고자 한 것이다. 이후 항량이 정도 땅에서 패
사하자 한성이 초회왕 미심에게 달아났다. 패공 유방이 군사를 이끌
고 와 양성陽城을 친 뒤 장량을 한나라의 사도로 삼아 한나라의 옛 땅
을 평정하게 했다. 당시 장량은 한신을 한나라 장수로 삼았다. 한나
라 장수가 된 한신이 병사를 이끌고 패공 유방을 쫓아 무관으로 들
어갔다. 이후 유방이 항우에 의해 한중왕에 봉해지자 한왕 한신이
유방을 쫓아 한중으로 들어갔다. 이때 유방에게 이같이 건의했다.

"항우는 장수들을 가까운 땅의 왕으로 봉했습니다. 대왕만 홀로
멀리 이곳에 있으니 이는 좌천입니다. 대왕의 병사 모두 산동 출신
으로 발돋움하며 고향으로 돌아가고자 합니다. 칼날을 동쪽으로 향
하면 천하를 다툴 수 있습니다."

유방이 군사를 돌려 삼진三秦을 평정하고, 한신을 한왕에 제수한
이유다. 이에 앞서 한신을 한나라의 태위로 삼은 뒤 군사를 이끌고
가 한나라 땅을 공략하게 했다. 항우가 여러 왕을 봉할 때 왕으로 봉

● 《사기집해》는 서광의 주를 인용해 한왕 한신의 이름이 한신도韓信都라고 된 판본이 있다
고 했다. 《사기색은》은 《초한춘추》에 《사기집해》에만 한신도라고 기록되어 있어 이는 오류일
가능성이 크다고 진단했다. 한왕 한신이 당초 한韓나라 사도司徒였던 것이 와전되어 신도申徒
로 불리었고, 결국 한신이 한신도로 와전되었다고 분석했다.

해진 자들은 모두 봉국으로 갔다. 다만 한왕 한성은 항우를 따라가지 않았던 탓에 공을 세우지 못해 봉국을 수여받지 못했다. 왕이 아닌 열후가 된 이유다. 당시 항우는 유방이 한신을 시켜 한나라의 옛 땅을 공략하게 했다는 이야기를 듣고는 곧 자신이 오나라에 머물 당시 그곳 현령으로 있던 정창鄭昌을 한왕으로 삼고 유방의 공격을 막게 했다.

한고조 2년, 한신이 한韓나라의 10여 개 성을 공략해 평정했다. 유방이 하남에 이르자 한신이 급히 항우에 의해 한왕에 임명된 정창을 양성에서 공격했다. 정창이 항복하자 유방이 한신을 정창 대신 한왕에 봉했다. 이후 한왕 한신은 늘 한韓나라 군사를 이끌고 유방을 수행했다. 한고조 3년, 유방이 형양을 빠져나가자 한왕 한신과 주가 등이 대신 형양을 지켰다. 항우가 형양을 깨뜨리자 한왕 한신이 초나라에 항복했다. 그러나 얼마 후 달아나 다시 유방에게 귀의했다. 유방이 다시 그를 한왕에 봉했다. 이를 계기로 한왕 한신은 마침내 유방을 쫓아 항우를 격파하고, 천하를 평정하는 데 일조했다.

한고조 5년 봄, 유방이 마침내 부절을 쪼개 한신을 정식으로 한왕에 봉하고, 영천에 도읍하게 했다. 이듬해인 한고조 6년 봄, 유방이 조서를 내려 한왕 한신을 북쪽 태원국太原國의 왕으로 이봉하며 진양晉陽에 도읍하게 했다. 한왕 한신처럼 군사적인 재능이 있고 용맹스러운 자는 북쪽으로 공과 낙 땅, 남쪽으로 완과 섭, 동쪽으로 회양淮陽이 가까이 있어 천하의 사나운 군대만 득실대는 태원 같은 곳에서 왕 노릇을 하는 것이 적당하다는 이유였다. 한신이 글을 다음과 같이 올렸다.

나라가 변경에 치우쳐 있어 흉노가 자주 쳐들어옵니다. 도성 진양은 변경의 요새와 너무 멀리 떨어져 있으니, 부디 마읍으로 옮기게 해주십시오.

유방이 허락하자 한신이 마읍으로 천도했다. 이해 가을, 흉노의 선우 묵돌冒頓이 대규모로 한신을 에워쌌다. 한신이 누차 오랑캐에게 사자를 보내 화해를 청했다. 유방이 군대를 보내 구원하려 했으나 한신은 자주 흉노에게 사적으로 사자를 보냈다. 한나라 조정은 그가 두 마음을 품었다고 의심했다. 곧 사자를 보내 꾸짖었다. 한신은 참수될까 두려워 흉노와 함께 한나라를 치기로 약속하고 반기를 들었다. 마읍을 흉노에게 내주어 항복한 뒤 태원을 친 것이 그렇다.

한고조 7년 겨울, 유방이 친정에 나서 한신의 군사를 동제에서 격파하고, 한신의 장수 왕희王喜의 목을 베었다. 한신이 흉노가 있는 쪽으로 달아났다. 한신의 휘하 장수인 백토현白土縣 출신 만구신曼丘臣과 왕황王黃 등이 조나라의 후예인 조리趙利를 조나라 왕으로 삼고, 한신의 패잔병을 그러모은 뒤 한신 및 묵돌과 모의해 유방의 한나라를 치기로 했다. 묵돌은 좌현왕左賢王과 우현왕右賢王에게 명해 1만여 명의 기병을 이끌고 왕황 등과 함께 광무廣武에 진을 친 뒤 남쪽 진양으로 내려와 유방의 군사와 싸우게 했다. 한나라 군사가 흉노를 대파한 뒤 이석까지 추격해 다시 격파했다. 흉노의 군사가 누번 서쪽에 다시 모이자 한나라가 거기車騎를 대거 동원해 흉노를 격파했다. 흉노가 번번이 패해 달아나자 한나라 군사가 여세를 몰아 북쪽으로 달아나는 흉노 군사를 뒤쫓았다. 당시 진양에 있던 유방은 묵돌이 대곡代谷에 있다는 말을 듣고는 사람을 시켜 묵돌의 실정을 살피게 했다. 첩자가 돌아와 보고했다.

"공격해도 됩니다."

한고조 유방이 마침내 평성에 도착했다. 유방이 백등산白登山으로 나가자 흉노 기병들이 유방을 에워쌌다. 유방이 사람을 시켜 선우의 부인 연지閼氏에게 후한 선물을 보내자 연지가 묵돌에게 말했다.

"지금 한나라 땅을 얻을지라도 오히려 그곳에서 살 수 없습니다. 게다가 두 군주가 서로 고난을 겪을 이유가 없습니다•."

결국 일주일 만에 흉노 기병이 물러났다. 그때 짙은 안개가 뒤덮인 것을 계기로 한나라는 사자를 왕래하게 했지만, 흉노는 이를 눈치채지 못했다. 호군중위 진평이 유방에게 고했다.

"흉노는 병사를 온전하게 하려고 합니다. 강한 쇠뇌에 화살을 두 개씩 메긴 뒤 밖을 향하게 하고, 천천히 걸어 포위를 벗어나도록 하십시오."

유방이 평성으로 돌아오자 이내 한나라 구원병도 도착했다. 흉노 기병이 마침내 포위를 풀고 물러갔다. 한나라 역시 싸움을 끝내고 돌아갔다. 이때 한신이 흉노를 위해 군사를 이끌고 오가면서 변경을 공격했다. 한고조 10년, 한신이 왕황 등을 시켜 진희를 꼬드김으로써 마침내 반기를 들게 만들었다. 한고조 11년 봄, 이전의 한왕 한신이 다시 흉노 기병과 함께 삼합參合에 들어와 한나라에 대항했다. 한나라 조정은 장군 시무柴武••에게 명해 이들을 치게 했다. 시무가 한신에게 글을 보냈다.

• 원문은 "양주불상액兩主不相厄"이다. 액厄은 고난을 겪는다는 뜻의 동사로, 액厄과 같다.
•• 원문은 "시장군柴將軍"이다. 《사기집해》는 등전鄧展의 주를 인용해 시기施奇라고 했으나 《사기색은》은 응소의 주를 인용해 시기의 부친인 시무라고 했다. 정황상 시무가 맞다.

폐하는 너그럽고 어진 분이오. 비록 한나라를 배반하는 제후일지라도 다시 돌아오면 목을 베지 않고 전의 지위와 칭호를 돌려주었소. 이는 대왕도 잘 알고 있을 것이오. 지금 대왕은 싸움에서 져 흉노에게 달아났을 뿐, 큰 죄를 범한 것이 아니니 속히 돌아오도록 하시오.

한신이 답장을 보냈다.

폐하는 나를 여항의 서민 가운데서 뽑고, 남면해 고孤를 칭하게 만들어주었소. 이는 나에게 행운이었소. 형양의 싸움에서 나는 죽지 못하고 항우에게 사로잡혔소. 이것이 첫 번째 죄요. 흉노가 마읍을 공격해왔을 때 나는 굳게 지키지 못하고 성을 들어 항복했소. 이것이 두 번째 죄요. 지금 오히려 흉노를 위해 군사를 이끌고 한나라 장수와 맞서며 한순간에 목숨을 다투게 되었소. 이것이 세 번째 죄요.
옛날 월나라 대부 문종과 범리는 한 가지 죄도 없었지만 죽임을 당했소. 그러나 지금 나는 폐하에게 세 가지 죄를 저질렀소. 그러고도 세상에 살아남기를 바라며 한나라로 가면 마치 오자서가 오왕 부차에 의해 비참한 최후를 맞은 것과 같은 꼴이 되오. 지금 나는 산골짜기로 달아난 뒤 흉노에게 아침저녁을 구걸하며 지내고 있소. 한나라로 돌아가기를 바라는 것은 마치 앉은뱅이가 일어서는 것을 잊지 못하고, 장님이 보는 것을 잊지 못하는 것과 같으나 세상의 이치상 돌아갈 수가 없소.

그러고는 마침내 싸웠다. 시무가 삼합을 도륙하면서 한신의 목을 베었다. 일찍이 한왕 한신이 흉노에 들어갈 때 태자도 함께 갔다. 이들이 퇴당성韻當城에 이르렀을 때 한신의 아들이 태어났다. 이름을 한퇴당韓韻當이라고 지었다. 태자도 아들을 낳아, 한영으로 이름 지었다. 한문제 전前 14년, 한퇴당과 한영이 부하들을 이끌고 한나라에 투항했다. 한나라 조정이 한퇴당을 궁고후弓高侯, 한영을 양성후襄城侯로 삼았다. 오초칠국의 난이 일어났을 때 제장 가운데 궁고후의 공이 으뜸이었다. 궁고후가 작위를 아들에게 전해 손자 대까지 이르렀다. 손자가 아들이 없어 제후의 지위를 잃었다. 한영의 손자는 불경죄를 범해 제후의 지위를 잃었다. 한퇴당의 첩이 낳은 손자인 한언韓嫣은 황제의 총애를 받아 명성과 부귀가 당대를 진동시켰다. 그의 동생 한열韓說이 다시 제후에 봉해졌다. 누차 장군으로 일컬어지다가 마침내 안도후案道侯가 되었다. 그 아들이 대를 잇다가 한 해 남짓 지나 법을 어겨 죽었다. 이후 다시 한 해 남짓 뒤에 한열의 손자 한증韓曾이 용액후龍額侯에 임명되어 한열의 뒤를 이었다.

●● 韓王信者, 故韓襄王孼孫也, 長八尺五寸. 及項梁之立楚後懷王也, 燕·齊·趙·魏皆已前王, 唯韓無有後, 故立韓諸公子橫陽君成爲韓王, 欲以撫定韓故地. 項梁敗死定陶, 成奔懷王. 沛公引兵擊陽城, 使張良以韓司徒降下韓故地, 得信, 以爲韓將, 將其兵從沛公入武關. 沛公立爲漢王, 韓信從入漢中, 迺說漢王曰, "項王王諸將近地, 而王獨遠居此, 此左遷也. 士卒皆山東人, 跂而望歸, 及其鋒東鄉, 可以爭天下." 漢王還定三秦, 迺許信爲韓王, 先拜信爲韓太尉, 將兵略韓地. 項籍之封諸皆就國, 韓王成以不從無功, 不遣就國, 更以爲列侯. 及聞漢遣韓信略韓地, 迺令故項籍遊吳時吳令鄭昌爲韓王以距漢. 漢二年, 韓信略定韓十餘城. 漢王至河南, 韓信急擊韓王昌陽城. 昌降, 漢王迺立韓信爲韓王, 常將韓兵從. 三年, 漢王出滎陽, 韓王信·周苛等守滎陽. 及楚敗滎陽, 信降楚, 已而得亡, 復歸漢, 漢復立以爲韓王, 竟從擊破項籍, 天下定. 五年春, 遂與剖符爲韓王, 王潁川. 明年春, 上以韓信材武, 所王北近鞏·洛, 南迫宛·葉, 東有淮陽, 皆天下勁兵處, 迺詔徙韓王信王太原以北, 備禦胡, 都晉陽. 信上書曰, "國被邊, 匈奴數入, 晉陽去塞遠, 請治馬邑." 上許之, 信乃徙治馬邑. 秋, 匈奴冒頓大圍信, 信數使使胡求和解. 漢發兵救之, 疑信數閒使, 有二心, 使人責讓信. 信恐誅, 因與匈奴約共攻漢, 反, 以馬邑降胡, 擊太原. 七年冬, 上自往擊, 破信軍銅鞮, 斬其將王喜. 信亡走匈奴. 其將白土人曼丘臣·王黃等立趙苗裔趙利爲王, 復收信敗散兵, 而與信及冒頓謀攻漢. 匈奴使左右賢王將萬餘騎與王黃等屯廣武以南, 至晉陽, 與漢兵戰, 漢大破之, 追至于離石, 復破之. 匈奴復聚兵樓煩西北, 漢令車騎擊破匈奴. 匈奴常敗走, 漢乘勝追北, 聞冒頓居代上谷, 高皇帝居晉陽, 使人視冒頓, 還報曰, "可擊." 上遂至平城. 上出白登, 匈奴騎圍上, 上乃使人厚遺閼氏. 閼氏乃說冒頓曰, "今得漢地, 猶不能居, 且兩主不相戹." 居七日, 胡騎稍引去. 時天大霧, 漢使人往來, 胡不覺. 護軍中尉陳平言上曰, "胡者全兵, 請令彊弩傅兩矢外嚮, 徐行出圍." 入平城, 漢救兵亦到, 胡騎遂解去. 漢亦罷兵歸. 韓信爲匈奴將兵往來擊邊. 漢十年, 信令王黃等說誤陳豨. 十一年春, 故韓王信復與胡騎入居參合, 距漢. 漢使柴將軍擊之, 遺信書曰, "陛下寬仁, 諸侯雖有畔亡, 而復歸, 輒復故位號, 不誅也. 大王所知. 今王以敗亡走胡, 非有大罪, 急自歸!" 韓王信報曰, "陛下擢僕起閭巷, 南面稱孤, 此僕之幸也. 滎陽之事, 僕不能死, 囚於項籍, 此一罪也. 及寇攻馬邑, 僕不能堅守, 以城降之, 此二罪也. 今反爲寇將兵, 與將軍爭一旦之命, 此三罪也. 夫種·蠡無一罪, 身死亡, 今僕有三罪於陛下, 而欲求活於世, 此伍子胥所以僨於吳也. 今僕亡匿山谷閒, 旦暮乞貸蠻

夷, 僕之思歸, 如痿人不忘起, 盲者不忘視也, 勢不可耳." 遂戰. 柴將軍
屠參合, 斬韓王信. 信之入匈奴, 與太子俱, 及至頹當城生子, 因名曰頹
當. 韓太子亦生子, 命曰嬰. 至孝文十四年, 頹當及嬰率其衆降漢. 漢封
頹當爲弓高侯, 嬰爲襄城侯. 吳楚軍時, 弓高侯功冠諸將. 傳子至孫, 孫
無子, 失侯. 嬰孫以不敬失侯. 頹當孼孫韓嫣, 貴幸, 名富顯於當世. 其
弟說, 再封, 數稱將軍, 卒爲案道侯. 子代, 歲餘坐法死. 後歲餘, 說孫曾
拜爲龍頟侯, 續說後.

노관열전

　　노관은 풍읍豐邑 출신으로 한고조와 같은 마을에 살았다. 노관의
부친은 한고조의 부친인 태상황太上皇과 친했다. 두 사람의 아들 한
고조와 노관은 같은 날에 태어났다. 마을 사람들이 양고기와 술을
가지고 와 두 집안의 경사를 축하했다. 한고조와 노관은 장성한 뒤
함께 글도 배우고, 서로 친하게 지냈다. 마을 사람들은 두 집안이 서
로 친하고, 아들도 같은 날에 태어나 자라서도 서로 친하게 지내는
것을 아름답게 여겼다. 다시 두 집에 양고기와 술을 가지고 와 축하
했다. 한고조가 아직 벼슬하기 전에 죄를 짓고 피해 숨은 적이 있다.
노관은 늘 그를 따라다니며 시중을 들었다.

　　당초 한고조 유방이 패현沛縣에서 진나라에 반기를 들고 일어났을
때 노관이 그의 빈객이 되어 참여했다. 이어 한중까지 따라가 장군
이 된 뒤 늘 안에서 유방의 시중을 들었다. 한고조를 따라 동진해 항
우를 칠 때는 태위가 되어 유방을 늘 모셨다. 유일하게 침실까지 드

나들었다. 한고조 유방이 옷이나 음식을 상으로 내릴 때도 군신들은 감히 그와 같은 총애를 바라지 못했다. 비록 소하와 조참 등이 남다른 예우를 받았다고 하나 총애의 정도를 따지면 노관을 따를 수 없었다. 노관의 작위는 장안후다. 장안은 옛 함양을 말한다.

한고조 5년 겨울 12월,[•] 이때 한고조 유방이 항우를 격파했다. 당시 노관은 별장別將으로 참여해 유가劉賈와 함께 임강왕臨江王 공위共尉를 격파했다. 후대의 음력으로는 이듬해에 해당하는 한고조 5년 7월, 돌아온 뒤 유방을 쫓아 연왕 장도臧荼를 쳤다. 장도가 항복했다. 한고조가 천하를 평정했을 때 제후 가운데 유씨가 아니면서 왕이 된 자는 모두 일곱 명이다. 당초 유방은 노관도 왕으로 삼고 싶었으나 군신들이 불만스러워할까봐 그만두었다. 이후 연왕 장도를 생포하자 여러 장상과 열후에게 조서를 내려 군신 가운데 큰 공을 세운 자를 연왕으로 삼겠다고 선언했다. 군신 모두 한고조 유방이 노관을 왕으로 삼고자 하는 것을 알았다. 모두 입을 모아 말했다.

"태위 장안후 노관이 늘 황상을 따라다니며 천하를 평정했으니 그의 공이 가장 큽니다. 그를 연왕으로 삼는 것이 좋을 듯합니다."

한고조가 조서를 내려 노관을 연왕으로 삼도록 했다. 한고조 5년 8월, 노관을 연왕으로 삼았다. 제후나 왕 가운데 연왕 노관만큼 총애를 받는 사람이 없었다. 한고조 11년 가을, 진희가 대 땅에서 반기를 들었다. 한고조 유방이 친정에 나선 뒤 한단으로 가 진희의 군사를 공격했다. 연왕 노관도 그 동북쪽을 쳤다. 진희가 왕황을 시켜 흉노에게 구원을 청하게 했다. 연왕 노관도 휘하의 장승을 흉노에 사자

• 이때는 전해의 10월을 세수歲首로 하는 진나라 음력으로는 새해의 세 번째 달인 12월이나 후대의 음력으로는 기원전 203년의 겨울 12월에 해당한다.

로 보내 진희의 군사가 이미 격파되었다고 말하게 했다. 장승이 흉노 땅에 도착하고 보니 이전의 연왕 장도의 아들 장연臧衍이 망명해 있었다. 장연이 장승을 보고 이같이 말했다.

"그대가 연나라에서 중용된 것은 오랑캐 사정에 밝기 때문이오. 또한 연나라가 오래 존속하는 것은 제후들이 자주 배반하고, 군사를 합쳐 승패를 결정짓지 못하기 때문이오. 지금 그대는 연나라를 위해 빨리 진희 등을 멸망시키려 하나 진희 등이 멸망하면 다음 재앙이 연나라에 미칠 것이오. 그대도 이내 포로가 되고 말 것이오. 어찌해서 그대는 진희의 토벌을 잠시 늦추고, 흉노와 화친하는 방안을 연왕에게 건의하지 않는 것이오? 일이 느슨해지면 연왕은 오랫동안 왕의 자리를 누릴 수 있소. 만일 한나라에 급한 일이 생기면 오히려 그 때문에 연나라는 편안해질 것이오."

장승도 그 말을 옳게 여겼다. 은밀히 흉노에게 진희를 도와 연나라를 치게 한 이유다. 연왕 노관은 장승이 흉노와 공모해 배반한 것으로 의심했다. 장승 일족의 주살을 상서한 이유다. 장승이 돌아와 그 배경을 자세히 말하자 연왕 노관도 깨달았다. 짐짓 다른 사람의 일인 것처럼 꾸민 뒤 장승의 가족을 탈출시켜 흉노의 첩자가 되게 한 배경이다. 그러고는 몰래 범제范齊를 진희에게 보내 가능한 한 전쟁을 오래 끌어 승패가 쉽게 나지 않도록 했다.

한고조 12년, 한고조가 동쪽으로 가 영포를 쳤다. 진희는 늘 군사를 이끌고 대 땅에 머물러 있었다. 유방이 번쾌를 시켜 진희를 베어 죽이게 했다. 진희의 비장이 항복하면서 이같이 고했다.

"연왕 노관이 범제를 진희에게 보내 서로 내통하도록 계책을 꾸몄습니다."

한고조 유방이 사자를 보내 노관을 불렀다. 노관이 병을 핑계로 오지 않았다. 한고조가 다시 벽양후辟陽侯 심이기審食其와 어사대부御史大夫 조요趙堯를 보내 노관을 데려오게 했다. 이어 연왕 노관의 좌우 사람들을 심문하게 했다. 노관이 더욱 두려워하며 문을 닫아걸고 숨었다. 이어 자신의 총신에게 이같이 말했다.

"유씨가 아니면서 왕이 된 자는 나와 장사왕 오예 두 사람뿐이다. 지난해 봄에 한나라는 회음후 한신을 멸족시키고, 여름에는 팽월을 베어 죽였다. 이는 모두 여후의 계략이다. 지금 황상은 병들어 모든 국사를 여후에게 맡기고 있다. 여후는 부인婦人으로서 이성 왕과 제후를 죽이는 것을 일삼고 있다."

그러고는 병을 핑계대고 끝내 가지 않았다. 그의 좌우 신하 모두 달아나 숨어버렸다. 이 말이 누설되어 벽양후 심이기의 귀에까지 들리게 되었다. 심이기가 이를 한고조 유방에게 자세히 고했다. 유방이 더욱 노했다. 마침 흉노에서 투항한 자가 있었다. 그가 말했다.

"장승이 달아나 흉노에 와 있습니다. 그는 연나라의 사자입니다."

이를 듣고 한고조 유방이 탄식했다.

"노관이 과연 나를 배신했다!"

유방이 번쾌를 시켜 연나라를 치게 했다. 연왕 노관은 자신의 궁인과 가솔, 기병 수천 명을 이끌고 장성 아래에 머물면서 상황을 살폈다. 유방의 병이 나으면 들어가 사죄하고자 했던 것이다. 그러나 이해 4월, 한고조가 숨을 거두었다. 노관이 무리를 이끌고 달아나 흉노 땅으로 갔다. 흉노가 그를 동호의 노왕으로 삼았다. 그러나 다른 오랑캐에게 침공과 약탈을 당하자 늘 한나라로 돌아갈 생각을 했다. 이후 1년여 남짓 그같이 지내다가 오랑캐 땅에서 죽었다. 여태후 때 노관의 아내와 자식이 흉노에서 달아나 한나라로 투항했다. 마침 여태후가 병중이라 만날 수 없었다. 이 와중에 노관의 아내도 병들어 죽었다. 한경제 전前 6년, 노관의 손자 동호의 왕 노타지盧他之가 투항했다. 한나라 조정이 그를 봉해 아곡후亞谷侯로 삼았다.

●● 盧綰者, 豐人也, 與高祖同里. 盧綰親與高祖太上皇相愛, 及生男, 高祖·盧綰同日生, 里中持羊酒賀兩家. 及高祖·盧綰壯, 俱學書, 又相愛也. 里中嘉兩家親相愛, 生子同日, 壯又相愛, 復賀兩家羊酒. 高祖爲布衣時, 有吏事辟匿, 盧綰常隨出入上下. 及高祖初起沛, 盧綰以客從, 入漢中爲將軍, 常侍中. 從東擊項籍, 以太尉常從, 出入臥內, 衣被飮食賞賜, 羣臣莫敢望, 雖蕭曹等, 特以事見禮, 至其親幸, 莫及盧綰. 綰封爲長安侯. 長安, 故咸陽也. 漢五年冬, 以破項籍, 迺使盧綰別將, 與劉賈擊臨江王共尉, 破之. 七月還, 從擊燕王臧荼, 臧荼降. 高祖已定天下, 諸侯非劉氏而王者七人. 欲王盧綰, 爲羣臣觖望. 及虜臧荼, 迺下詔諸將相列侯, 擇羣臣有功者以爲燕王. 羣臣知上欲王盧綰, 皆言曰, "太尉長安侯盧綰常從平定天下, 功最多, 可王燕." 詔許之. 漢五年八月, 迺立盧綰爲燕王. 諸侯王得幸莫如燕王. 漢十一年秋, 陳豨反代地, 高祖如邯鄲擊豨兵, 燕王綰亦擊其東北. 當是時, 陳豨使王黃求救匈奴. 燕王綰亦使其臣張勝於匈奴, 言豨等軍破. 張勝至胡, 故燕王臧荼子衍出亡在胡, 見張勝曰, "公所以重於燕者, 以習胡事也. 燕所以久存者, 以諸侯數反, 兵連不決也. 今公爲燕欲急滅豨等, 豨等已盡, 次亦至燕, 公等亦且爲虜矣. 公何不令燕且緩陳豨而與胡和? 事寬, 得長王燕, 卽有漢急, 可以安國." 張勝以爲然, 迺私令匈奴助豨等擊燕. 燕王綰疑張勝與胡反, 上書請族張勝. 勝還, 具道所以爲者. 燕王寤, 迺詐論它人, 脫勝家屬, 使得爲匈奴閒, 而陰使范齊之陳豨所, 欲令久亡, 連兵勿決.

漢十二年, 東擊黥布, 豨常將兵居代. 漢使樊噲擊斬豨. 其裨將降, 言燕
王綰使范齊通計謀於豨所. 高祖使使召盧綰, 綰稱病. 上又使辟陽侯審
食其·御史大夫趙堯往迎燕王, 因驗問左右. 綰愈恐, 閉匿, 謂其幸臣
曰, "非劉氏而王, 獨我與長沙耳. 往年春, 漢族淮陰, 夏, 誅彭越, 皆呂
后計. 今上病, 屬任呂后. 呂后婦人, 專欲以事誅異姓王者及大功臣."
迺遂稱病不行. 其左右皆亡匿. 語頗泄, 辟陽侯聞之, 歸具報上, 上益
怒. 又得匈奴降者, 降者言張勝亡在匈奴, 爲燕使. 於是上曰, "盧綰果
反矣!" 使樊噲擊燕. 燕王綰悉將其宮人家屬騎數千居長城下, 候伺, 幸
上病愈, 自入謝. 四月, 高祖崩, 盧綰遂將其衆亡入匈奴, 匈奴以爲東胡
盧王. 綰爲蠻夷所侵奪, 常思復歸. 居歲餘, 死胡中. 高后時, 盧綰妻子
亡降漢, 會高后病, 不能見, 舍燕邸, 爲欲置酒見之. 高后竟崩, 不得見.
盧綰妻亦病死. 孝景中六年, 盧綰孫他之, 以東胡王降, 封爲亞谷侯.

진희열전

진희는 위나라 원구宛朐 출신이다. 당초 어떤 까닭으로 한고조를
따라다니게 되었는지 알 수 없다. 한고조 7년 겨울, 한왕 한신이 한
나라를 배반해 흉노로 들어갔다. 친정에 나선 한고조 유방이 평성까
지 갔다가 돌아온 뒤 진희를 열후에 봉했다. 이어 조나라 상국의 자
격으로 장수가 되어 조나라와 대 땅의 변경에 주둔하고 있는 군사를
감독하게 했다. 변경의 군사 모두 진희에게 소속되었다. 한번은 진희
가 휴가를 얻어 돌아오는 길에 조나라에 들르게 되었다. 조나라 재
상 주창周昌이 진희를 따르는 빈객을 보니 수레가 1,000여 승이나 되

었다. 조나라 도성 한단의 관사가 가득 찬 이유다. 진희가 빈객을 대하는 태도는 포의의 사귐과 같았다. 자기 몸을 낮추고 빈객을 높인 것이 그렇다. 진희가 대 땅으로 돌아가자 주창이 유방에게 면회를 청했다.

"진희의 빈객이 지나치게 성대합니다. 밖에서 몇 년 동안 마음대로 지휘한 까닭에 무슨 변란이라도 일어날까 두렵습니다."

한고조 유방이 그 말을 듣고는 곧 사람을 시켜 대 땅에 사는 진희 빈객들의 재물과 불법 사례를 조사하게 했다. 과연 진희와 관련된 일이 많았다. 진희가 두려워한 나머지 유사시를 대비해 은밀히 빈객을 시켜 왕황 및 만구신과 내통했다. 한고조 10년 7월, 태상황이 죽었다. 한고조가 사람을 보내 진희를 불렀다. 진희가 병이 깊다고 핑계 대며 가지 않았다. 이해 9월, 진희가 마침내 왕황 등과 함께 반기를 들었다. 스스로 대왕代王을 칭한 뒤 조나라와 대 땅을 탈취했다. 유방이 이 이야기를 듣고는 조나라와 대 땅의 관원 가운데 진희에게 속거나 협박당해 넘어간 자들을 모두 용서했다. 이어 친히 한단까지 가 돌아가는 형세를 살펴보고는 크게 기뻐했다.

"진희는 남쪽으로 장수漳水에 의지하지 않고, 북쪽으로 한단을 지키지도 않았다. 이로써 그가 어떤 일도 할 수 없다는 것을 알 수 있다."

이때 조나라 재상 주창이 상산의 군수와 군위를 참하기 위해 한고조 유방에게 이같이 고했다.

"진희의 모반으로 인해 상산의 스물다섯 개 성읍 가운데 스무 개를 잃었습니다."

한고조가 물었다.

"군수와 군위가 모반했소?"

주창이 대답했다.

"모반하지는 않았습니다."

한고조가 말했다.

"그렇다면 힘이 모자랐을 뿐이다."

그러고는 이들을 용서해 다시 상산의 군수와 군위로 삼았다. 유방이 주창에게 물었다.

"조나라에 장수로 삼을 만한 자가 있소?"

주창이 대답했다.

"네 명이 있습니다."

거명된 네 명이 한고조 유방을 조현하자 유방이 이들을 욕했다.

"너희 같은 어린애[豎子]가 어찌 장수가 될 수 있겠는가!"

네 명 모두 부끄러운 나머지 땅에 엎드렸다. 한고조 유방이 이들을 각각 1,000호에 봉하고 장군으로 삼았다. 좌우 신하들이 물었다.

"황상을 따라 촉과 한중까지 따라 들어가고 초나라를 친 사람에게도 두루 상을 주지 못했습니다. 지금 이들이 무슨 공을 세웠다고 1,000호에 봉하는 것입니까?"

한고조가 대답했다.

"이는 그대들이 알 바가 아니오. 진희가 모반해 한단 이북의 땅은 모두 진희의 소유가 되었소. 짐이 천하에 격문을 띄워 군사를 불렀지만 달려온 자가 없소. 지금은 한단의 군사만 있을 뿐이오. 내 어찌 4,000호를 아까워하겠소? 이 네 명을 1,000호에 봉해 조나라의 자제들을 격려해야 하지 않겠소!"

입을 모아 칭송했다.

"옳습니다."

한고조 유방이 물었다.

"진희의 장수는 누구인가?"

좌우의 신하들이 대답했다.

"왕황과 만구신입니다. 전에 모두 장사꾼이었습니다."

한고조 유방이 말했다.

"나도 그들을 알고 있소."

그러고는 왕황과 만구신의 목에 각각 1,000금의 상금을 내걸었다. 한고조 11년 겨울, 한나라 군사가 공격을 개시해 곡역曲逆 아래서 진희의 장수 후창侯敞과 왕황 등을 베고, 요성에서 장춘張春을 격파했다. 이때 참수한 자가 1만 명이 넘었다. 태위 주발이 쳐들어가 태원과 대 땅을 평정했다.

이해 12월, 한고조 유방이 친히 동원을 쳤다. 동원이 항복하기는 커녕 오히려 병사들이 유방에게 욕을 했다. 나중에 동원이 항복하자 유방에게 욕을 한 병사들은 참수하고, 욕하지 않은 병사들은 묵형에 처했다. 이어 동원의 이름을 진정眞正으로 바꾸었다. 왕황과 만구신 휘하에 있던 자들이 상금을 받기 위해 두 사람을 산 채로 잡아왔다. 이로써 진희의 군사는 마침내 패하고 말았다. 한고조 유방이 낙양에서 돌아온 뒤 이같이 말했다.

"대 땅은 상산의 북쪽에 있다. 조나라가 상산 남쪽에 있으면서 그곳을 다스리기에는 거리가 너무 멀다."

그러고는 아들 유항劉恒을 대왕代王으로 삼고, 중도中都에 도읍하게 했다. 이로써 대 땅과 안문 모두 대나라에 속하게 되었다. 한고조 12년 겨울, 번쾌의 군사가 달아난 진희를 끝까지 추격해 영구에서 참수했다.

●● 陳豨者, 宛朐人也, 不知始所以得從. 及高祖七年冬, 韓王信反, 入匈奴, 上至平城還, 迺封豨爲列侯, 以趙相國將監趙·代邊兵, 邊兵皆屬焉. 豨常告歸過趙, 趙相周昌見豨賓客隨之者千餘乘, 邯鄲官舍皆滿. 豨所以待賓客布衣交, 皆出客下. 豨還之代, 周昌迺求入見. 見上, 具言豨賓客盛甚, 擅兵於外數歲, 恐有變. 上乃令人覆案豨客居代者財物諸不法事, 多連引豨. 豨恐, 陰令客通使王黃·曼丘臣所. 及高祖十年七月, 太上皇崩, 使人召豨, 豨稱病甚. 九月, 遂與王黃等反, 自立爲代王, 劫略趙·代. 上問, 迺赦趙·代吏人爲豨所詿誤劫略者, 皆赦之. 上自往, 至邯鄲, 喜曰, "豨不南據漳水, 北守邯鄲, 知其無能爲也." 趙相奏斬常山守·尉, 曰, "常山二十五城, 豨反, 亡其二十城." 上問曰, "守·尉反乎?" 對曰, "不反." 上曰, "是力不足也." 赦之, 復以爲常山守·尉. 上問周昌曰, "趙亦有壯士可令將者乎?" 對曰, "有四人." 四人謁, 上謾罵曰, "豎子能爲將乎?" 四人慙伏. 上封之各千戶, 以爲將. 左右諫曰, "從入蜀·漢, 伐楚, 功未徧行, 今此何功而封?" 上曰, "非若所知! 陳豨反, 邯鄲以北皆豨有, 吾以羽檄徵天下兵, 未有至者, 今唯獨邯鄲中兵耳. 吾胡愛四千戶封四人, 不以慰趙子弟!" 皆曰, "善." 於是上曰, "陳豨將誰?" 曰, "王黃·曼丘臣, 皆故賈人." 上曰, "吾知之矣." 迺各以千金購黃·臣等. 十一年冬, 漢兵擊斬陳豨將侯敞·王黃於曲逆下, 破豨將張春於聊城, 斬首萬餘. 太尉勃入定太原·代地. 十二月, 上自擊東垣, 東垣不下, 卒罵上, 東垣降, 卒罵者斬之, 不罵者黥之. 更命東垣爲眞定. 王黃·曼丘臣其麾下受購賞之, 皆牲得, 以故陳豨軍遂敗. 上還至洛陽. 上曰, "代居常山北, 趙迺從山南有之, 遠." 迺立子恒爲代王, 都中都, 代·鴈門皆屬代. 高祖十二年冬, 樊噲軍卒追斬豨於靈丘.

태사공은 평한다.

"한왕 한신과 연왕 노관은 원래 조상 대대로 덕을 쌓고 선행을 한 것이 아니다. 한때의 권모술수로 벼슬을 구하고 간사한 사력詐力으로 공을 이룬 자들이다. 한나라가 천하를 평정한 초기에 봉지를 받아 남면하며 고孤를 칭한 이유다. 그러나 이후 안으로는 지나치게 강대해졌다고 의심을 받고, 밖으로는 흉노를 후원자로 믿고 의지하는 모습을 보였다. 날마다 조정과 멀어지고 스스로 위태로움을 느끼게 된 배경이다. 일이 막다른 골목에 이르고, 지혜가 다하자 마침내 흉노 땅으로 달아났으니 이 어찌 슬픈 일이 아닌가!

진희는 위나라 출신이다. 젊었을 때 위공자 신릉군 위무기를 자주 칭송하고 사모했다. 군사를 이끌고 변경을 지킬 때 빈객들을 불러 모으고, 선비에게 몸을 낮추어 겸양해하는 모습을 보인 배경이다. 그러나 그는 명성이 사실보다 지나쳤다. 실제로 조나라 재상 주창이 그를 의심해 조사하자 많은 잘못이 드러났다. 진희가 화가 미칠 것을 두려워한 나머지 간사한 말을 받아들여 마침내 무도하게 반기를 든 이유다. 아, 슬프다! 계책의 설익고 무르익은 생숙生熟과 일의 성패가 사람에게 미치는 영향이 이토록 심할 줄이야!"

●● 太史公曰, "韓信·盧綰非素積德累善之世, 徼一時權變, 以詐力成功, 遭漢初定, 故得列地, 南面稱孤. 內見疑彊大, 外倚蠻貊以爲援, 是以日疏自危, 事窮智困, 卒赴匈奴, 豈不哀哉! 陳豨, 梁人, 其少時數稱慕魏公子, 及將軍守邊, 招致賓客而下士, 名聲過實. 周昌疑之, 疵瑕頗起, 懼禍及身, 邪人進說, 遂陷無道. 於戲悲夫! 夫計之生熟成敗於人也深矣!"

전담열전
田儋列傳

〈전담열전田儋列傳〉은 제나라 왕실인 전씨의 후예로 초한지제 당시 제나라 왕으로 있었던 전담田儋과 그의 일족에 관한 전기다. 전담이 제나라를 세운 장본인인 까닭에 〈전담열전〉이라는 편명을 달게 되었다. 그러나 주로 그의 사촌동생인 진영과 전횡이 차례로 제나라 즉위했다가 패망하는 과정을 소개하고 있다.

전영은 항우의 논공행상에서 반발해 독립해 제왕이 되었으나 항우에게 패해 죽었다. 전영의 동생 전횡은 조카인 전영의 아들 전광을 왕으로 세우고 자신은 재상이 되어 국사를 전담했다. 이후 싸움에 져 섬으로 달아났으나 유방의 부름을 받고 치욕스럽게 느껴 스스로 목을 찌르고 죽었다. 당시 그를 따르던 수백 명의 문객이 그의 뒤를 이어 자진했다. 절개를 지키고자 한 것이다. 전국시대의 임협의 풍조가 그대로 이어졌음을 확인할 수 있다.

담불열전

전담은 적현狄縣 출신으로, 원래 제나라 왕족 전씨의 후예다. 전담의 사촌 동생 전영과 전영의 동생 전횡은 모두 호걸이다. 모두 호족 가문을 배경으로 인심을 얻었다. 당초 진승은 군사를 일으켜 장초를 세웠을 당시 휘하 장수 주불을 시켜 위나라 땅을 평정한 후 적현으로 북상하게 했다. 그러나 적현의 성은 방비가 굳건했다. 이때 적현의 호족 출신 전담이 짐짓 자신의 노복을 결박한 뒤 젊은이들을 대동한 채 관아로 가 노복을 죽이는 시늉을 했다. 이를 보고받은 적현의 현령이 나타나자 곧바로 격살擊殺했다. 이어 권세를 부리는 관원인 호리豪吏와 그 자제 들을 소집한 뒤 이같이 말했다.

"제후들이 진나라에 반기를 들고 스스로 일어서고 있소. 제나라는 오래 전에 세운 나라요. 나는 전씨의 후예인 만큼 응당 왕이 되어야 하오."

그러고는 마침내 스스로 보위에 오른 뒤 군사를 일으켜 주불을 쳤다. 주불이 철군하자 전담은 군사를 이끌고 동쪽 제나라 땅을 점령했다. 당시 진나라 장수 장함이 임제에서 위왕 위구를 포위했다. 그 형세가 매우 급했다. 위왕 위구가 제나라에 구원을 청했다. 제나라 왕 전담이 군사를 이끌고 위나라를 구하러 갔다. 장함의 군사가 밤중에 함매한 뒤 기습을 가했다. 제나라와 위나라 군사를 대파하고, 임제 아래서 전담을 죽였다. 전담의 사촌 동생 전영이 패잔병을 모아 동쪽 동아 땅으로 달아났다.

제나라 백성들은 전담이 죽었다는 소식을 듣고 곧바로 옛날 제나라의 마지막 왕인 전건田建의 동생 전가田假를 제나라 왕으로 옹립했다. 이어 전각田角을 재상, 전간田間을 장군으로 세운 뒤 제후들의 침입에 대항하게 했다. 전영이 동아 땅으로 패주할 당시 장함이 그를 추격해 이내 포위했다. 이때 전영이 위급하다는 소식을 들은 항량이 곧바로 병사를 이끌고 달려가 장함의 군사를 동아의 성 아래서 격파했다. 장함이 서쪽으로 달아나자 항량이 승세를 몰아 급히 추격했다. 당시 전영은 제나라 백성이 전가를 옹립한 것에 크게 화를 냈다. 곧바로 병사를 이끌고 귀국해 제나라 왕 전가를 몰아냈다. 전가는 초나라, 제나라 재상 전각은 조나라로 달아났다. 전각의 동생 전간은 조나라에 구원을 청하러 갔다가 거기에 체류하면서 돌아오려 하지 않았다. 전영은 전담의 아들 전불田市을 옹립한 뒤 재상이 되어 보필했다. 전영의 동생 전횡은 장군이 되어 제나라 땅의 평정에 박차를 가했다.

당시 항량이 여세를 몰아 장함을 추격했지만 여의치 않았다. 장함의 병력이 원군에 의해 더욱 강성해지자 항량은 사자를 조나라와 제나라에 보내 함께 출병해 장함을 칠 것을 제의했다. 제의를 접한 전영이 이같이 말했다.

"초나라가 전가를 죽이고, 조나라가 전각과 전간을 죽이면 기꺼이 출병하겠소."

초회왕이 반대했다.

"전가는 동맹국인 여국與國의 왕으로, 궁지에 몰려 우리에게 의지하러 온 것이다. 그를 죽이는 것은 의롭지 못하다."

조나라 역시 전각과 전간을 죽이면서까지 제나라의 환심을 사려 하지 않았다. 제나라 사자가 이같이 위협했다.

"독사가 손을 물면 손을 자르고, 발을 물면 발을 자릅니다. 왜 그렇겠습니까? 자르지 않으면 몸 전체를 해치기 때문입니다. 지금 전가·

전각·전간은 초나라와 조나라에게 손과 발 같은 관계가 있는 것도 아닌데 왜 죽이지 않는 것입니까? 진나라가 다시 천하 사람의 마음을 얻으면 모반한 자들을 모두 죽이는 것은 물론 그 무덤까지 파헤쳐 훼손을 가할 것입니다•."

그러나 초나라와 조나라가 말을 듣지 않았다. 전영이 화를 내며 끝내 출병하지 않았다. 이사이 장함은 항량을 죽이고 초나라 군사를 격파했다. 초나라 군사가 동쪽으로 달아나자 장함은 황하를 건너 조나라의 거록성을 포위했다. 항우가 급히 달려가 조나라를 구원했다. 항우는 이 일로 인해 전영을 원망하게 되었다.

항우는 조나라를 구한 뒤 장함 등을 굴복시켰다. 이어 서진해 함양을 피로 물들이며 진나라를 멸한 뒤 제후들을 왕으로 책봉했다. 제나라 왕 전불을 교동왕膠東王으로 책봉하면서 즉묵에 도읍하게 했다. 제나라 장수 전도田都는 항우를 쫓아 조나라를 구원하고 내친 김에 함곡관 안으로 따라 들어간 바 있다. 항우가 전도를 제나라 왕으로 봉한 뒤 임치에 도읍하게 했다. 옛 제나라 왕 전건의 손자인 전안田安은 항우가 막 황하를 건너 조나라를 구할 때 제수 북쪽의 몇 개의 성을 무찌른 뒤 군사를 이끌고 항우에게 투항한 바 있다. 항우가 전안을 제북왕濟北王으로 세우고 박양博陽에 도읍하게 했다. 반면 전영은 항량의 요청을 접하고도 초나라와 조나라를 원조해 진나라를 치는 일에 호응하지 않은 탓에 왕이 되지 못했다. 조나라 장수 진여 역시 직책을 잃고 왕이 되지 못했다. 두 사람 모두 항우를 원망했다.

• 원문은 "의흘용사자분묘斷齕用事者墳墓"다.《사기집해》는 여순의 주를 인용해 의흘斷齕을 씹고 물어뜯는 색설齰齧과 같다고 했다.《사기정의》는 진나라가 다시 뜻을 이루면 모반 당사자를 죽일 뿐 아니라 마치 오자서가 초평왕의 시신에 채찍을 가한 것처럼 분묘까지 훼손해 모욕을 가할 것이라는 뜻으로 풀이했다.

항우가 귀국하자 제후들도 각자 자신의 봉국으로 돌아갔다. 전영이 사람을 시켜 군사를 이끌고 가 진여를 도와 조나라에서 반란을 일으키도록 했다. 자신 역시 군사를 이끌고 임치를 기습해 제나라 왕으로 봉해진 전도를 쳤다. 전도가 황급히 초나라로 달아났다. 전영이 교동왕으로 봉해진 전불을 붙잡고 교동 땅으로 가지 못하게 했다. 전불의 좌우 신하들이 말했다.

"항왕은 포악한 자입니다. 대왕은 교동 땅으로 가야만 합니다. 가지 않으면 반드시 위험해집니다."

전불이 두려운 나머지 곧바로 봉지로 도망치듯 가버렸다. 화가 난 전영이 전불을 추격해 즉묵 땅에서 살해했다. 돌아오는 길에 제북왕 전안을 공격해 죽였다. 전영이 스스로 제나라 왕의 자리에 올라 제와 교동 및 제북濟北 등 이른바 삼제三齊의 땅을 모두 병탄한 배경이다.

●● 田儋者, 狄人也, 故齊王田氏族也. 儋從弟田榮, 榮弟田橫, 皆豪, 宗彊, 能得人. 陳涉之初起王楚也, 使周市略定魏地, 北至狄, 狄城守. 田儋詳爲縛其奴, 從少年之廷, 欲謁殺奴. 見狄令, 因擊殺令, 而召豪吏子弟曰, "諸侯皆反秦自立, 齊, 古之建國, 儋, 田氏, 當王." 遂自立爲齊王, 發兵以擊周市. 周市軍還去, 田儋因率兵東略定齊地. 秦將章邯圍魏王咎於臨濟, 急. 魏王請救於齊, 齊王田儋將兵救魏. 章邯夜銜枚擊, 大破齊 · 魏軍, 殺田儋於臨濟下. 儋弟田榮收儋餘兵東走東阿. 齊人聞王田儋死, 酒立故齊王建之弟田假爲齊王, 田角爲相, 田閒爲將, 以距諸侯. 田榮之走東阿, 章邯追圍之. 項梁聞田榮之急, 酒引兵擊破章邯軍東阿下. 章邯走而西, 項梁因追之. 而田榮怒齊之立假, 酒引兵歸, 擊逐齊王假. 假亡走楚. 齊相角亡走趙, 角弟田閒前求救趙, 因留不敢歸.

田榮乃立田儋子市爲齊王, 榮相之, 田橫爲將, 平齊地. 項梁旣追章邯, 章邯兵益盛, 項梁使使告趙·齊, 發兵共擊章邯. 田榮曰, "使楚殺田假, 趙殺田角·田閒, 迺肯出兵." 楚懷王曰, "田假與國之王, 窮而歸我, 殺之不義." 趙亦不殺田角·田閒以市於齊. 齊曰, "蝮螫手則斬手, 螫足則斬足. 何者? 爲害於身也. 今田假·田角·田閒於楚·趙, 非直手足戚也, 何故不殺? 且秦復得志於天下, 則齮齕用事者墳墓矣." 楚·趙不聽, 齊亦怒, 終不肯出兵. 章邯果敗殺項梁, 破楚兵, 楚兵東走, 而章邯渡河圍趙於鉅鹿. 項羽往救趙, 由此怨田榮. 項羽旣存趙, 降章邯等, 西屠咸陽, 滅秦而立侯王也, 迺徙齊王田市更王膠東, 治卽墨. 齊將田都從共救趙, 因入關, 故立都爲齊王, 治臨淄. 故齊王建孫田安, 項羽方渡河救趙, 田安下濟北數城, 引兵降項羽, 項羽立田安爲濟北王, 治博陽. 田榮以負項梁不肯出兵助楚·趙攻秦, 故不得王, 趙將陳餘亦失職, 不得王, 二人俱怨項王. 項王旣歸, 諸侯各就國, 田榮使人將兵助陳餘, 令反趙地, 而榮亦發兵以距擊田都, 田都亡走楚. 田榮留齊王市, 無令之膠東. 市之左右曰, "項王彊暴, 而王當之膠東, 不就國, 必危." 市懼, 迺亡就國. 田榮怒, 追擊殺齊王市於卽墨, 還攻殺濟北王安, 於是田榮迺自立爲齊王, 盡幷三齊之地.

전횡열전

당시 항우는 전영이 삼제의 땅을 모두 병탄했다는 소식을 듣고는 크게 화를 냈다. 곧바로 북쪽으로 제나라를 토벌한 이유다. 제왕 전영의 군사가 평원平原으로 패주하자 평원 사람들이 전영을 살해했다. 항우가 제나라 성곽에 불을 질러 평평히 만든 뒤 지나가는 자들을 모두 도륙했다. 제나라 백성들이 서로 합세해 대항한 이유다. 전영의 동생 전횡은 흩어진 병사를 수습해 수만 명이 되자 성양 땅에서 항우에게 반격을 가했다. 당시 유방은 제후들을 이끌고 초나라 군사를 무찌른 뒤 팽성으로 들어갔다. 항우는 이 소식을 듣자마자 제나라를 포기하고 재빨리 귀국해 팽성에서 유방이 이끄는 연합군을 기습했다. 이후 양측은 거듭 전투를 벌였고, 형양에서 서로 대치하게 되었다. 이사이 전횡은 다시 제나라의 성읍을 거두어들였다. 전영의 아들 전광을 제나라 왕으로 옹립한 뒤 자신은 그를 보좌하며 국정을 도맡았다. 크고 작은 국정이 모두 재상인 그의 손에 의해 결정되었다.

전횡이 제나라를 평정한 지 3년이 지나자 유방은 유세객 역이기를 전광과 재상 전횡에게 보냈다. 한나라에게 항복하도록 유인하고자 한 것이다. 전횡이 역이기의 유세에 호응해 역성현에 주둔하고 있던 군사를 해산시켰다. 이때 유방의 군사軍師 한신이 병사를 끌고 장차 동쪽 제나라를 치려고 했다. 이에 앞서 제나라는 화무상華毋傷과 전해田解를 시켜 역성현 주변에 진을 치고 한나라와 대치하게 했다. 전횡이 역이기의 설득에 넘어간 이후 한나라 사자가 이르자 수비를 풀고 사병에게 음주를 허락했다. 제나라는 답례로 사자를 보내 한나라와 화친을 맺고자 했다.

그러나 이 와중에 한나라 장수 한신은 이미 조나라와 연나라를 평정한 뒤 괴철의 계책을 좇아 독자적으로 평원진에서 황하를 건너 역성현 일대의 제나라 군사를 기습했다. 이어 승세를 몰아 임치성으로 입성했다. 제나라 왕 전광과 재상 전횡이 대로했다. 역이기가 자신들을 속였다고 판단해 역이기를 팽살했다. 제나라 왕 전광은 동쪽 고밀, 재상 전횡은 박博 땅, 임시 재상 전광田光은 성양으로 달아났다. 장수 전기田旣는 교동에 진을 쳤다. 항우가 장수 용저를 보내 제나라를 구하게 했다. 용저가 제나라 왕 전광과 함께 고밀에서 진을 쳤다.

유방의 장수 한신과 부장 조참은 용저를 죽인 뒤 제나라 왕 전광을 생포했다. 또 유방의 장수 관영은 제나라의 임시 재상 전광을 추격해 생포한 뒤, 전횡을 포획하기 위해 박 땅으로 진격했다. 전횡은 제나라 왕 전광이 죽었다는 소식을 듣고 스스로 보위에 오른 뒤 관영에게 반격했다. 관영은 전횡의 군사를 영嬴 땅 아래서 격파했다. 전횡이 위나라로 달아나 팽월에게 귀의했다. 팽월은 당시 위나라 땅을 거점으로 중립을 지키고 있었다. 상황에 따라 유방과 항우 사이를 오가며 이익을 취하고자 했다. 당시 한신은 용저를 죽인 뒤 조참에게 명해 교동까지 계속 전진해 전기를 파살破殺하게 했다. 또 관영에게는 제나라 장수 전흡田吸을 천승 땅에서 파살하게 했다. 한신이 마침내 제나라를 평정한 뒤 유방에게 사자를 보내 자신을 제나라의 임시 왕으로 임명해줄 것을 청했다. 유방이 장량 등의 건의를 좇아 그를 진짜 제나라 왕으로 옹립했다.

이로부터 1년여 뒤 유방이 항우를 제압한 뒤 황제의 자리에 올랐다. 팽월을 위나라 왕으로 삼았다. 전횡은 주살될까 두려워 휘하의 무리 500여 명을 이끌고 바다로 들어가 섬에서 살았다. 유방이 이 소식을 듣고는 이들을 방치해 거두지 않으면 나중에 반란을 일으킬 공산이 크다고 생각했다. 전영과 전횡 형제가 독자적으로 제나라를 평정한 데 이어 제나라의 많은 현자가 이들을 좇고 있는 점에 주목한 결과다. 이내 사자를 전횡에게 보내 사면을 조건으로 불러오게 한 이유다. 그러나 전횡은 이런 이유로 사절했다.

"저는 폐하의 사자 역이기를 팽살했습니다. 들건대 지금 그의 동생 역상酈商이 한나라 장군이 되었고 그 또한 어진 인물이라고 합니다. 저는 두려워 감히 조서를 받들지 못하겠습니다. 청컨대 평민이 되어 해도海島나 지키며 살게 해주십시오."

사자가 돌아와 보고하자 유방이 곧바로 위위衛尉 역상에게 조서를 내렸다.

"만일 제나라 왕 전횡이 왔을 때 인마人馬와 종자從者를 동요하게 만드는 자가 있으면 그 일족을 멸할 것이다."

다시 사신에게 명해 부절을 들고 전횡에게 간 뒤 역상에게 조서를 내린 정황을 자세히 설명하며 이같이 설득하게 했다.

"전횡이 오면 크게는 왕, 작게는 제후에 봉할 것이다. 오지 않으면 군대를 보내 주살할 것이다!"

전횡은 곧 자신의 빈객 두 명과 함께 전마를 타고 낙양으로 향했다. 낙양에서 30리 떨어진 시향尸鄕 역에 이르렀을 때 전횡이 유방의 사자에게 완곡하게 말했다.

"신하 된 자가 천자를 조현하려면 응당 몸을 씻고 머리를 감아야 하오."

그러고는 그곳에 유숙하며 자신의 빈객에게 말했다.

"당초 나는 한나라 왕 유방과 함께 남면하며 고孤를 칭했소. 지금 그는 천자가 되었고, 나는 망명을 다니는 포로의 몸으로 북면해 그를 섬겨야 하오. 이 치욕스러운 심경은 실로 참기 어렵소. 나는 역상의 형을 삶아 죽였는데 장차 역상과 어깨를 나란히 하며 유방을 섬겨야 하오. 비록 역상이 천자의 조서가 두려워 감히 나를 괴롭히지 못할지라도 내 어찌 내심 부끄러움이 없을 수 있겠소? 또한 폐하가 나를 만나려는 것은 얼굴을 한번 보려는 것에 불과하오. 지금 폐하는 낙양에 있소. 지금 내 목을 자른 뒤 30리 길을 말로 내달리면 모습이 크게 변질되지 않아 그런 대로 알아볼 수 있을 것이오."

그러고는 마침내 자신의 목을 찌르며 빈객에게 자신의 목을 받들고 사자를 따라 말을 타고 내달려 유방에게 이를 고하게 했다. 유방이 탄식했다.

"아, 역시 나름의 이유가 있었구나! 평민에서 몸을 일으켜 세 형제가 번갈아 보위에 올랐으니 어찌 어질지 않겠는가!"

이어 그를 위해 눈물을 흘린 뒤 두 명의 빈객을 도위로 임명하고, 병사 2,000명을 선발해 왕의 예로 장례를 치르게 했다. 장례가 끝나자 두 명의 빈객 모두 무덤 곁에 구덩이를 판 뒤 스스로 목을 찔러 전횡의 뒤를 좇았다. 유방이 이 소식을 듣고는 크게 놀라 전횡의 빈객들 모두 현명하다고 여겼다. 또 나머지 500명이 여전히 바다에 있다는 이야기를 듣고는 사자를 시켜 모두 불러오게 했다. 사자가 그곳에 이르러 전횡의 사망 소식을 전하자 모두 자진했다. 이로써 전횡 형제가 선비들의 마음을 크게 얻고 있었음을 알 수 있다.

●● 項王聞之, 大怒, 迺北伐齊. 齊王田榮兵敗, 走平原, 平原人殺榮. 項王遂燒夷齊城郭, 所過者盡屠之. 齊人相聚畔之. 榮弟橫, 收齊散兵, 得數萬人, 反擊項羽於城陽. 而漢王率諸侯敗楚, 入彭城. 項羽聞之, 迺釋齊而歸, 擊漢於彭城, 因連與漢戰, 相距滎陽. 以故田橫復得收齊城邑, 立田榮子廣爲齊王, 而橫相之, 專國政, 政無巨細皆斷於相. 橫定齊三年, 漢王使酈生往說下齊王廣及其相國橫. 橫以爲然, 解其歷下軍. 漢將韓信引兵且東擊齊. 齊初使華無傷 · 田解軍於歷下以距漢, 漢使

至, 迺罷守戰備, 縱酒, 且遣使與漢平. 漢將韓信已平趙·燕, 用蒯通計,
度平原, 襲破齊歷下軍, 因入臨淄. 齊王廣·相橫怒, 以酈生賣己, 而亨
酈生. 齊王廣東走高密, 相橫走博陽, 守相田光走城陽, 將軍田旣軍於
膠東. 楚使龍且救齊, 齊王與合軍高密. 漢將韓信與曹參破殺龍且, 虜
齊王廣. 漢將灌嬰追得齊守相田光. 至博陽, 而橫聞齊王死, 自立爲齊
王, 還擊嬰, 嬰敗橫之軍於嬴下. 田橫亡走梁, 歸彭越. 彭越是時居梁
地, 中立, 且爲漢, 且爲楚. 韓信已殺龍且, 因令曹參進兵破殺田旣於
膠東, 使灌嬰破殺齊將田吸於千乘. 韓信遂平齊, 乞自立爲齊假王, 漢
因而立之. 後歲餘, 漢滅項籍, 漢王立爲皇帝, 以彭越爲梁王. 田橫懼
誅, 而與其徒屬五百餘人入海, 居島中. 高帝聞之, 以爲田橫兄弟本定
齊, 齊人賢者多附焉, 今在海中不收, 後恐爲亂, 迺使使赦田橫罪而召
之. 田橫因謝曰, "臣亨陛下之使酈生, 今聞其弟酈商爲漢將而賢, 臣恐
懼, 不敢奉詔, 請爲庶人, 守海島中." 使還報, 高皇帝迺詔衞尉酈商曰,
"齊王田橫卽至, 人馬從者敢動搖者致族夷!" 迺復使使持節具告以詔
商狀, 曰, "田橫來, 大者王, 小者迺侯耳, 不來, 且擧兵加誅焉." 田橫迺
與其客二人乘傳詣雒陽. 未至三十里, 至尸鄉廄置, 橫謝使者曰, "人臣
見天子當洙沐." 止留. 謂其客曰, "橫始與漢王俱南面稱孤, 今漢王爲
天子, 而橫迺爲亡虜而北面事之, 其恥固已甚矣. 且吾亨人之兄, 與其
弟並肩而事其主, 縱彼畏天子之詔, 不敢動我, 我獨不愧於心乎? 且陛
下所以欲見我者, 不過欲一見吾面貌耳. 今陛下在洛陽, 今斬吾頭, 馳
三十里閒, 形容尚未能敗, 猶可觀也." 遂自剄, 令客奉其頭, 從使者馳
奏之高帝. 高帝曰, "嗟乎, 有以也夫! 起自布衣, 兄弟三人更王, 豈不賢
乎哉!" 爲之流涕, 而拜其二客爲都尉, 發卒二千人, 以王者禮葬田橫.
旣葬, 二客穿其冢旁孔, 皆自剄, 下從之. 高帝聞之, 迺大驚, 以田橫之

客皆賢. 吾聞其餘尙五百人在海中, 使使召之. 至則聞田橫死, 亦皆自
殺. 於是迺知田橫兄弟能得士也.

　태사공은 평한다.

　"심하다, 괴철의 계략이! 제나라의 전횡을 어지럽히고 회음후 한
신을 교만하게 만들어 마침내 두 사람을 망쳤으니! 괴철은 책사로서
종횡가의 유세술[長短說]에 능했다. 전국시대의 권모술수를 논한 여
든한 편의 글을 지은 《준영雋永》을 펴낸 것이 그렇다.* 괴철은 제나라
출신 안기생과 친했다. 안기생은 일찍이 항우에게 벼슬자리를 구했
지만, 항우가 그의 계책을 쓰지 않았다. 얼마 후 항우가 이 두 사람을
봉하려 했으나 이미 두 사람은 끝내 받지 않은 채 달아나버렸다. 전
횡의 절개는 매우 고상했다. 그의 빈객들마저 그 의리를 흠모해 따
라 죽은 것이 그렇다. 어찌 이보다 더한 지현至賢이 있을 수 있겠는
가! 내가 그의 사적을 〈전담열전〉에 넣은 이유다. 제나라에 계책을
잘 세우는 자가 없지 않았을 터인데, 전횡을 보좌해 나라를 지키지
못한 것은 어찌 된 까닭인가?"

　●● 太史公曰, "甚矣, 蒯通之謀! 亂齊驕淮陰, 其卒亡此兩人! 蒯通
者, 善爲長短說, 論戰國之權變, 爲八十一首. 通善齊人安期生, 安期生
嘗幹項羽, 項羽不能用其筴. 已而項羽欲封此兩人, 兩人終不肯受, 亡
去. 田橫之高節, 賓客慕義而從橫死, 豈非至賢! 余因而列焉. 不無善
畫者, 莫能圖, 何哉?"

● 《사기집해》는 《한서》를 인용해 《준영》이 《준구雋求》로 된 판본도 있다고 했다. 《준영》은
현존하지 않는다. 안사고는 주에서 준雋을 원래 새의 고기가 풍성하고 맛있는 것을 뜻하는 글
자로 새겼다. 준영은 의미심장하다는 의미로 사용된다.

번역등관열전

樊酈滕灌列傳

〈번역등관열전〉은 한나라 개국공신이며 장수인 번쾌와 역상·하후영·관영에 관한 전기를 모아놓은 것이다. 이들은 모두 미천한 출신이었으나 시대의 조류에 편승해 제후에 봉해졌다. 사상 처음으로 평민 출신 황제가 된 유방과 마찬가지로 시대가 인물을 만들어낸 대표적인 사례에 속한다. 〈번역등관열전〉은 초한지제에 활약한 인물들의 대미를 장식하고 있다. 〈장이진여열전〉·〈위표팽월열전〉·〈경포열전〉·〈회음후열전〉·〈한신노관열전〉·〈전담열전〉·〈번역등관열전〉 등 일곱 편이 바로 초한지제에 활약한 인물들의 사적을 그린 것이다.

〈번역등관열전〉은 등장인물의 사적 및 행보를 묘사하는 데 초점을 맞춘 앞의 여섯 편과 달리 무미건조하게 전투와 전공을 나열하는 방식을 취하고 있다. 그 이유는 무엇일까? 여러 해석이 있으나 토사구팽을 당한 한신과 팽월 및 영포 등의 전공을 이들 건국공신의 공으로 돌리기 위한 것이 아니냐는 지적이 그럴듯하다. 의도적이었다기보다는 《사기》를 집필할 당시에는 이미 한신의 공적은 한없이 축소되어 있었다고 보는 것이 옳다.

번쾌열전

무양후舞陽侯 번쾌는 패현 출신이다. 개 잡는 일을 생업으로 했고, 한 때 유방과 함께 숨어 살기도 했다. 당초 유방을 쫓아 풍읍에서 군사를 일으킨 뒤 패현을 공격해 함락시켰다. 유방이 패공이 되자 번쾌를 사인으로 삼았다. 번쾌는 호릉胡陵과 방여를 치고 돌아오다가 풍읍을 방비하면서 사수군泗水郡의 군감郡監을 풍읍 부근에서 쳐 격파했다. 다시 동쪽으로 패현을 평정하고, 설현薛縣에서 사수군의 군수를 깨뜨렸다. 진나라 장수 장함의 별장인 사마 니딘와 탕현碭縣 동쪽에서 접전해 물리쳤다. 이때 적군 열다섯 명을 참수하고, 그 공으로 국대부國大夫의 작위를 받았다.

그는 늘 패공을 모시며 따라다녔다. 복양현에서 장함의 군사를 칠 때 성을 먼저 올라가 공략하고 적군 스물세 명을 참수해 열대부의 작위를 받았다. 또 패공을 쫓아 성양을 칠 때도 가장 먼저 성에 올라갔다. 호유향戶牖鄉을 함락시키고, 이유李由의 군사를 격파해 적군 열여섯 명을 참수한 공으로 상간작上間爵•의 벼슬을 받았다. 패공을 쫓아 성무현成武縣에서 동군의 군수와 군위守尉를 공격해 포위하는 식으로 적을 물리쳤다. 적군 열네 명을 참수하고, 포로 열한 명을 잡아 오대부의 작위를 받았다.

또 패공을 쫓아 진나라 군사를 치고, 박亳 땅 남쪽으로 나아갔다. 강리杠里에 주둔하고 있던 하간군河間郡 군수의 군사를 격파했다. 또

• 상간작은 20등급의 작위에 없다.《사기집해》는 여순의 주를 인용해 간삐이 문삐으로 된 판본이 있으며,《여씨춘추》에 따르면 위문후가 장성 부근에서 제나라를 격파했을 때 천자가 상문작을 내렸다는 기록이 있다고 했다.《사기색은》은 장안의 주를 인용해 천자에게 곧바로 공적이 알려져 하사되는 작위로 해석했다.

개봉開封 북쪽에 주둔하고 있던 조분趙賁의 군사를 격파해 적을 물리쳤다. 척후병 한 명을 포함해 적군 예순여덟 명을 참수하고, 스물일곱 명의 포로를 잡아 경의 작위를 받았다. 패공을 쫓아 곡우曲遇에 주둔하고 있던 양웅楊熊의 군사를 격파했다. 완릉성宛陵城을 공략할 때 가장 먼저 성에 올랐다. 적군 여덟 명을 참수하고 마흔네 명의 포로를 잡아 현성군賢成君의 봉호를 받았다. 패공을 쫓아 장사와 환원轘轅을 치고, 하진河津을 건너 동진해 시향에 주둔한 진나라 군사를 치고, 남쪽으로 주읍犨邑에 주둔한 진나라 군사를 공략했다. 남쪽으로 양성에 있던 남양 군수 여의呂齮를 격파했다. 동쪽으로 완현성宛縣城을 칠 때 가장 먼저 성에 올라갔다. 서쪽으로 역현酈縣에 이르러 적을 대거 물리쳤다. 적군 스물네 명을 참수하고 포로 마흔 명을 잡아 추가로 녹봉을 받았다. 무관을 공격한 뒤 파상에 이르러 도위 한 명을 포함해 적군 열 명을 베고, 포로 마흔여섯 명을 잡고, 사병 2,900명을 항복시켰다.

항우가 희정에 진을 치고 패공을 치려고 하자 유방이 100여 명의 기마병을 대동하고 항백을 통해 항우를 접견한 뒤 함곡관을 의도적으로 막은 적이 없다고 해명했다. 항우가 장병들을 위해 주연을 베풀었다. 주흥이 무르익자 범증이 패공을 죽이려고 했다. 항장項莊에게 명해 칼춤을 추다가 패공을 치라고 명했다. 그러나 항백이 계속 패공을 엄호했다. 당시 패공과 장량만이 연회에 참석해 있었다. 번쾌는 군영 밖에 있다가 사태가 급박하다는 소식을 듣고 곧바로 철로 된 방패를 들고 병영 안으로 뛰어들었다. 군영의 보초가 저지하자 곧바로 돌진해 장막 아래에 섰다. 항우가 그를 보고 물었다.

"이자는 누구인가?"

장량이 대신 대답했다.

"수레 오른쪽에 앉아 경호하는 패공의 참승_{參乘} 번쾌입니다."

항우가 말했다.

"장사로다."

그러고는 큰 술잔에 술을 따라주고, 돼지 어깻죽지를 내렸다. 번쾌는 술을 마신 뒤 칼을 뽑아 고기를 잘라 모두 먹어치웠다. 항우가 물었다.

"더 마실 수 있는가?"

번쾌가 대답했다.

"신은 죽음도 피하지 않는데, 술 한 잔을 어찌 사양하겠습니까! 패공은 먼저 무관을 통해 함양으로 입성해 관중을 평정했지만 파상에 주둔하면서 대왕을 기다렸습니다. 그런데 대왕은 오늘에 이르러 소인배의 말만 듣고 패공과 틈을 만들었습니다. 신은 이 일로 천하가 분열되고, 사람들이 대왕을 의심하지 않을까 우려됩니다."

항우가 아무 말도 하지 않았다. 유방이 측간에 가는 척하면서 손짓으로 번쾌를 불러냈다. 군영을 벗어나자 유방이 수레를 남겨둔 채 홀로 말을 탔고, 번쾌를 비롯해 하후영과 근강_{靳强} 및 기신_{紀信} 등 네 명은 걸어서 그 뒤를 쫓았다. 유방이 산 아래의 샛길을 따라 파상의 군영으로 돌아온 뒤 장량을 시켜 항우에게 사과하게 했다. 항우 역시 마음이 흡족한 나머지 패공을 죽이려고 하지는 않았다. 이날 번쾌가 군영으로 달려들어 항우를 질책하지 않았다면 패공의 대업은 거의 끝났을 것이다.

●● 舞陽侯樊噲者, 沛人也. 以屠狗爲事, 與高祖俱隱. 初從高祖起豐, 攻下沛. 高祖爲沛公, 以噲爲舍人. 從攻胡陵·方與, 還守豐, 擊泗水監豐下, 破之. 復東定沛, 破泗水守薛西. 與司馬鳰戰碭東, 卻敵, 斬首十五級, 賜爵國大夫. 常從, 沛公擊章邯軍濮陽, 攻城先登, 斬首二十三級, 賜爵列大夫. 復常從, 從攻城陽, 先登. 下戶牖, 破李由軍, 斬首十六級, 賜上閒爵. 從攻圍東郡守尉於成武, 卻敵, 斬首十四級, 捕虜十一人, 賜爵五大夫. 從擊秦軍, 出亳南. 河閒守軍於杠里, 破之. 擊破趙賁軍開封北, 以卻敵先登, 斬候一人, 首六十八級, 捕虜二十七人, 賜爵卿. 從攻破楊熊軍於曲遇. 攻宛陵, 先登, 斬首八級, 捕虜四十四人, 賜爵封號賢成君. 從攻長社·轘轅, 絶河津, 東攻秦軍於尸, 南攻秦軍於犨. 破南陽守齮於陽城. 東攻宛城, 先登. 西至酈, 以卻敵, 斬首二十四級, 捕虜四十人, 賜重封. 攻武關, 至霸上, 斬都尉一人, 首十級, 捕虜百四十六人, 降卒二千九百人. 項羽在戲下, 欲攻沛公. 沛公從百餘騎因項伯面見項羽, 謝無有閉關事. 項羽既饗軍士, 中酒, 亞父謀欲殺沛公, 令項莊拔劍舞坐中, 欲擊沛公, 項伯常肩屏蔽之. 時獨沛公與張良得入坐, 樊噲在營外, 聞事急, 乃持鐵盾入到營. 營衛止噲, 噲直撞入, 立帳下. 項羽目之, 問爲誰. 張良曰, "沛公參乘樊噲." 項羽曰, "壯士." 賜之卮酒彘肩. 噲既飲酒, 拔劍切肉食, 盡之. 項羽曰, "能復飲乎?" 噲曰, "臣死且不辭, 豈特卮酒乎! 且沛公先入定咸陽, 暴師霸上, 以待大王. 大王今日至, 聽小人之言, 與沛公有隙, 臣恐天下解, 心疑大王也." 項羽黙然. 沛公如廁, 麾樊噲去. 既出, 沛公留車騎, 獨騎一馬, 與樊噲等四人步從, 從閒道山下歸走霸上軍, 而使張良謝項羽. 項羽亦因遂已, 無誅沛公之心矣. 是日微樊噲奔入營譙讓項羽, 沛公事幾殆.

홍문의 연회가 있은 다음날 항우가 함양에 입성한 뒤 성안을 도륙했다. 이어 패공 유방을 한왕漢王으로 삼았다. 한왕 유방은 번쾌에게 열후의 작위를 내리고 임무후臨武侯로 불렀다. 번쾌는 낭중으로 승진한 뒤 유방을 쫓아 한중으로 들어갔다. 유방은 이내 군사를 돌려 삼진三秦을 평정할 때 번쾌는 홀로 백수白水 북쪽에서 서현西縣의 현승이 이끄는 군사를 쳤다. 옹현雍縣 남쪽에서 옹왕雍王의 날쌘 기마병을 격파했다. 유방을 쫓아 옹현과 태성漐城을 쳤을 때 가장 먼저 성에 올라갔다. 호치에서 장평의 군사를 칠 때도 가장 먼저 올라가 진지를 함락시켰다. 이때 현령과 현승 각각 한 명을 포함해 적군 열한 명을 참수했고, 포로 스무 명을 잡았다. 그 공으로 낭중기장郎中騎將으로 승진했다.

번쾌는 한왕 유방을 쫓아 양향襄鄕 동쪽에서 진나라의 기마병을 공격해 물리치고 장군으로 승진했다. 진나라 장수 조분이 이끄는 군사를 공격해 미郿와 괴리와 유중柳中과 함양을 잇달아 함락시켰다. 폐구를 수몰시킨 것은 번쾌가 거둔 최고의 공적이다. 약양현櫟陽縣에 이르러 식읍으로 두현의 번향樊鄕을 받았다. 유방을 쫓아 항우를 공격하는 와중에 자조를 도륙했다. 외황에서 왕무王武와 정처程処의 군사를 격파했다. 추현鄒縣과 노성魯城과 하구瑕丘 및 설현을 공략했다. 항우가 팽성 싸움에서 기습을 가해 유방의 연합군을 격파한 뒤 노나라와 위나라 땅을 수복했다. 번쾌는 형양으로 돌아와 식읍으로 평음平陰의 2,000호를 더 받았다. 장군으로서 유방과 항우가 대치한 광무산을 지켰다. 1년 뒤 항우가 군사를 이끌고 동쪽으로 가자 곧바로 유방을 쫓아 항우를 공격했다. 양하를 함락시키고 초나라 주장군周將軍의 사병 4,000명을 생포했다. 진현에서 항우를 포위해 대파하고, 호릉을 도륙했다.

항우 사후 유방이 황제가 되었다. 번쾌는 견고한 수비와 전공 덕분에 식읍으로 800호를 더 받았다. 한고조 유방을 쫓아 반기를 든 연왕 장도를 공격해 생포하고, 연나라 땅을 평정했다. 초왕 한신이 반란이 일으키자 한고조 유방을 쫓아 진현에 이르러 한신을 체포하고, 초나라를 평정했다. 다시 열후의 작위를 내린 뒤 제후의 부절을 쪼개주어 대대로 세습하게 했다. 식읍으로 무양을 내리고 무양후로 불렀다. 앞서 받은 식읍은 해제했다. 번쾌는 장군으로서 유방을 쫓아 대 땅에서 모반을 일으킨 한왕 한신을 쳤다. 강후 등과 함께 곽인霍人에서 운중으로 가면서 대 땅을 평정한 공을 인정받아 식읍 500호를 더 받았다. 진회陳豨와 만구신을 격파하면서 양국에서 접전했다. 백인현柏人縣을 격파할 때 가장 먼저 성에 올랐다. 청하와 상산 등 모두 스물일곱 개 현을 함락시켜 평정하고, 동원현東垣縣은 철저히 도륙했다. 좌승상으로 승진했다.

무종無終과 광창廣昌에서 기무앙綦母卬과 윤반尹潘의 군사를 격파했다. 대 땅의 남쪽에서 진회의 부대장인 흉노 왕황의 군사를 격파하고, 여세를 몰아 삼합에서 한왕 한신의 군사를 쳤다. 번쾌의 휘하 사병이 한왕 한신의 목을 베었다. 또 횡곡현橫谷縣에서 진회의 흉노 기마병을 공격해 장수 조기趙旣의 목을 베었다. 대나라의 승상 풍량馮梁, 군수 손분孫奮, 대장 왕황, 태복太僕 해복解福 등 열 명을 생포했다. 제장들과 함께 대 땅의 일흔세 개 향읍을 평정했다.

이후 연왕 노관이 반기를 들자 재상의 신분으로 노관을 공격했다. 계현薊縣 남쪽에서 승상인 저抵를 격파하고 연나라의 열여덟 개의 현과 쉰한 개 향읍을 평정했다. 식읍으로 1,300호를 더 받았다. 이로써 무향현의 식읍은 모두 5,400호가 되었다. 한고조 유방을 쫓아 적군 176명을 참수하고 288명을 생포했다. 단독으로 일곱 개의 군대를 격파하고, 다섯 개 성읍을 함락시켰다. 여섯 개 군과 쉰두 개의 현을 평정했다. 이 과정에서 승상 한 명, 장수 열두 명, 2,000석에서 300석까지 모두 열한 명을 생포했다.

번쾌는 여후의 여동생 여수呂須를 아내로 맞이해 아들 번항樊伉을 낳았다. 다른 제장들에 비해 한고조 유방과 가장 가까웠다. 영포가 반기를 들었을 때 한고조 유방은 병이 깊어 사람을 만나기 꺼려 하며 궁중에서 요양했다. 호위병을 불러 군신들이 들어오지 못하게 명했다. 강후와 관영 등이 열흘 넘게 들어가지 못했다. 이때 번쾌가 궁중의 작은 문을 열어젖히고 곧바로 들어갔다. 대신들도 그 뒤를 쫓았다. 한고조 유방이 홀로 환관의 무릎을 베고 누워 있었다. 번쾌 등이 유방을 보고 눈물을 흘리며 말했다.

"당초 폐하가 신등과 함께 풍패豐沛에서 기의해 천하를 평정할 때만 해도 혈기가 얼마나 장했습니까! 이제 천하가 이미 평정되었는데 어찌 이토록 지쳐 보이는 것입니까! 폐하의 병이 깊어지자 대신들이 몹시 놀라 크게 두려워하고 있습니다. 신 등을 불러 국사를 논하지 않고, 도리어 일개 환관만 상대하며 세상일을 멀리하는 것입니까? 폐하 홀로 조고의 일을 모르는 것입니까?"

한고조 유방이 웃으면서 일어났다. 이후 노관이 반기를 들자 유방이 번쾌에게 명해 재상 신분으로 연나라를 치게 했다. 당시 유방의 병이 위중했다. 어떤 자가 번쾌를 헐뜯었다.

"번쾌는 여씨 일족입니다. 만일 황상이 문득 어느 날 붕어하는 궁거안가宮車晏駕가 일어나면 번쾌는 군사를 이끌고 척부인戚夫人과 척부인 소생의 조왕 유여의劉如意 일족을 멸살하려 들 것입니다."

한고조 유방이 이 소리를 듣고는 대로했다. 곧바로 진평을 시켜 강후 주발을 수레에 싣고 가 번쾌를 대신해 군사를 통솔하게 한 뒤 번쾌는 곧바로 참수할 것을 명했다. 진평은 여후가 두려운 나머지 번쾌를 참하지 않고 장안으로 압송했다. 이사이 한고조 유방이 숨을 거두었다. 여태후가 번쾌를 석방하고 작위와 식읍을 되돌려주었다.

한혜제 6년, 번쾌가 죽었다. 무후의 시호가 내려졌다. 아들 번항이 뒤를 이었다. 번항의 모친 여수 역시 임광후臨光侯가 되었다. 여태후가 전권을 휘두르자 대신들이 모두 두려워했다. 번항이 작위를 세습한 지 9년 만에 여태후가 죽었다. 대신들이 여씨 자제와 여수의 가솔을 주살했다. 그 여파로 번항도 주살되었다. 무양후 번쾌의 가통이 몇 달 동안 끊겼다. 한문제가 즉위한 후 곧바로 번쾌의 서자 번불인樊市人을 무양후로 책봉하고, 옛 작위와 식읍을 돌려주었다. 번불인은 무양후가 된 지 29년 만에 죽었다. 시호는 황후荒侯였다. 아들 번타광樊他廣이 대를 이었다. 6년 뒤 무양후 집안의 한 사인이 번타광에게 죄를 지어 벌을 받자 원한을 품고 상서했다.

황후 번불인은 병이 있어 아들을 낳을 수 없자 자기 부인을 동생과 간통하게 해 번타광을 낳았습니다. 번타광은 황후의 아들이 아니므로 그 뒤를 이을 수 없습니다.

한경제가 법관을 불러 물었다. 한경제 중中 6년, 번타광이 작위를 박탈당하고 서민이 되었다. 봉지도 폐지되었다.

●● 明日, 項羽入屠咸陽, 立沛公爲漢王. 漢王賜噲爵爲列侯, 號臨武侯. 遷爲郞中, 從入漢中. 還定三秦, 別擊西丞白水北, 雍輕車騎於雍南, 破之. 從攻雍·斄城, 先登. 擊章平軍好畤, 攻城, 先登陷陣, 斬縣令丞各一人, 首十一級, 虜二十人, 遷郎中騎將. 從擊秦車騎壤東, 卻敵, 遷爲將軍. 攻趙賁, 下鄠·槐里·柳中·咸陽, 灌廢丘, 最. 至櫟陽, 賜食邑杜之樊鄉. 從攻項籍, 屠煮棗. 擊破王武·程處軍於外黃. 攻鄒·魯·瑕丘·薛. 項羽敗漢王於彭城, 盡復取魯·梁地. 噲還至榮陽, 益食平陰二千戶, 以將軍守廣武. 一歲, 項羽引而東. 從高祖擊項籍, 下陽夏, 虜楚周將軍卒四千人. 圍項籍於陳, 大破之. 屠胡陵. 項籍既死, 漢王爲帝, 以噲堅守戰有功, 益食八百戶. 從高帝攻反燕王臧荼, 虜荼, 定燕地. 楚王韓信反, 噲從至陳, 取信, 定楚. 更賜爵列侯, 與諸侯剖符, 世世勿絕, 食舞陽, 號爲舞陽侯, 除前所食. 以將軍從高祖攻反韓王信於代. 自霍人以往至雲中, 與絳侯等共定之, 益食千五百戶. 因擊陳豨與曼丘臣軍, 戰襄國, 破柏人, 先登, 降定淸河·常山凡二十七縣, 殘東垣, 遷爲左丞相. 破得綦母印·尹潘軍於無終·廣昌. 破豨別將胡人王黃軍於代南, 因擊韓信軍於參合. 軍所將卒斬韓信, 破豨胡騎橫谷, 斬將軍趙旣, 虜代丞相馮梁·守孫奮·大將王黃·將軍·太卜太僕解福等十人. 與諸將共定代鄉邑七十三, 其後燕王盧綰反, 噲以相國擊盧綰, 破其丞相抵薊南, 定燕地, 凡縣十八, 鄉邑五十一. 益食邑千三百戶, 定食舞陽五千四百戶. 從, 斬首百七十六級, 虜二百八十八人. 別, 破軍七, 下城五, 定郡六, 縣五十二, 得丞相一人, 將軍十二人, 二千石已下至三百石十一人. 噲以呂后女弟呂須爲婦, 生子伉, 故其比諸將最親. 先黥布反時, 高祖嘗病甚, 惡見人, 臥禁中, 詔戶者無得入羣臣. 羣臣絳·灌等莫敢入. 十餘日, 噲乃排闥直入, 大臣隨之. 上獨枕一宦者臥. 噲等見上流涕曰, "始陛下與臣等起豐沛, 定天下, 何其壯也! 今天下已定, 又何憊也! 且陛下病甚, 大臣震恐, 不見臣等計事, 顧獨與一宦者絶乎? 且陛下獨不見趙高之事乎?"高帝笑而起. 其後盧綰反, 高帝使噲以相國擊

燕. 是時高帝病甚, 人有惡噲黨於呂氏, 卽上一日宮車晏駕, 則噲欲以
兵盡誅滅戚氏‧趙王如意之屬. 高帝聞之大怒, 乃使陳平載絳侯代將,
而卽軍中斬噲. 陳平畏呂后, 執噲詣長安. 至則高祖已崩, 呂后釋噲, 使
復爵邑. 孝惠六年, 樊噲卒, 諡爲武侯. 子伉代侯. 而伉母呂須亦爲臨光
侯, 高后時用事專權, 大臣盡畏之. 伉代侯九歲, 高后崩. 大臣誅諸呂‧
呂須婘屬, 因誅伉. 舞陽侯中絶數月. 孝文帝旣立, 乃復封噲他庶子市
人爲舞陽侯, 復故爵邑. 市人立二十九歲卒, 諡爲荒侯. 子他廣代侯. 六
歲, 侯家舍人得罪他廣, 怨之, 乃上書曰, "荒侯市人病不能爲人, 令其
夫人與其弟亂而生他廣, 他廣實非荒侯子, 不當代後." 詔下吏. 孝景中
六年, 他廣奪侯爲庶人, 國除.

역상열전

　　곡주후曲周侯 역상은 고양현高陽縣 출신이다. 진승이 봉기했을 때
젊은이를 유인하고 사방으로 사람을 강제로 끌어모았다. 이내 수천
명을 헤아리게 되었다. 패공 유방이 여러 곳을 공략하며 진류현陳留縣
에 이른 지 여섯 달 남짓 되었을 때 역상이 병사 4,000명을 이끌고 기
현岐縣에서 패공에게 귀의했다. 역상은 패공을 쫓아 장사를 칠 때 성
에 가장 먼저 오른 공으로 신성군信成君에 책봉되었다. 이어 패공을
쫓아 구씨현緱氏縣을 치고, 하진을 봉쇄했다. 낙양 동쪽에서 진나라
군사를 격파했다. 패공 유방을 쫓아 완과 양 땅을 공략하고 열일곱
개 현을 평정했다. 또 단독으로 군사를 동원해 순관旬關을 치고 한중
을 평정했다.

이때 항우가 진나라를 멸하고, 패공 유방을 한왕으로 삼았다. 유방이 역상에게 신성군의 작호를 내리자 역상이 장수의 신분으로 농서도위隴西都尉가 되었다. 이후 단독으로 군사를 동원해 북지北地와 상군을 평정했다. 언지현焉氏縣에서 옹왕의 장군을 격파하고, 순읍栒邑에서는 장군 주류周類를 무찌르고, 이양泥陽에서는 소장 소타蘇駔을 깨뜨렸다. 덕분에 식읍으로 무성현武成縣 6,000호를 받았다. 역상은 농서도위의 자격으로 패공 유방을 좇아 항우의 군사를 다섯 달 동안 공격했다. 거야 밖으로 빠져나가서는 종리매와 싸웠다. 전투가 매우 격렬했다. 유방이 역상에게 위나라 재상의 인수를 내리고, 식읍 4,000호를 보태주었다. 역상이 위나라 재상 자격으로 유방을 좇아 2년 3개월 동안 항우를 공격했다. 이사이에 호릉을 공략했다. 항우 사후 유방이 황제가 되었다.

한고조 5년 가을, 연왕 장도가 반기를 들었다. 역상이 장수 자격으로 유방을 좇아 장도를 쳤다. 용탈현龍脫縣에서 전투가 벌어졌다. 역상이 가장 먼저 성에 올라가 진지를 함락시켰다. 이어 역현易縣 아래서 장도 군사를 격파했다. 이때의 공으로 우승상으로 승진하고, 열후의 작위를 받았다. 제후의 부절을 나누어받은 뒤 대대로 세습하게 되었다. 식읍으로 탁현涿縣의 5,000호를 받았다. 봉호는 탁후涿侯였다. 역상은 우승상 신분으로 따로 군사를 이끌고 가 상곡을 평정했다. 이어 대 땅을 공격해 조나라 재상의 인수를 받았다. 우승상과 조나라 재상의 자격으로 따로 강후 등과 함께 대나라와 안문을 평정했다. 이때 대나라 승상 정종程縱, 임시 재상 곽동郭同, 장군 이하 600석을 받는 관원 열아홉 명을 생포했다. 역상은 돌아온 뒤 장군의 자격으로 태상황을 1년 7개월 동안 호위했다. 우승상의 자격으로 진희를 친 뒤 동원현을 도살했다. 또 우승상 자격으로 유방을 쫓아 영포를 쳤다. 영포의 선두를 공략해 진지 두 개를 함락시켜 영포의 군대를 깨뜨렸다. 다시 곡주曲周의 5,100호를 식읍으로 받았다. 앞서 받은 식읍은 반환했다. 따로 군사를 이끌고 가 적군을 물리친 것이 세 번, 항복받은 군현이 여섯 개 군 73현이다. 승상, 임시 재상, 대장 각 한 명과 소장小將 두 명, 연봉 2,000석 이하 600석까지의 관원 열아홉 명을 생포했다.

역상은 한혜제와 여태후를 섬길 때 병이 나서 일을 할 수 없었다. 아들 역기酈寄는 자가 황況이다. 여록呂祿과 친하게 지냈다. 여태후 사후 대신들이 여씨 일족을 주살하고자 했다. 당시 여록은 장군이 되어 북군에 주둔하고 있었다. 태위 주발이 북군으로 들어갈 수 없게 되자 사람을 시켜 역상을 위협했다. 아들 역황을 시켜 여록을 유인하라는 내용이었다. 여록이 역황의 말을 믿고 함께 외출했다. 이사이 태위 주발이 북군으로 들어가 군을 장악한 뒤 마침내 여씨 일족을 주살했다. 이해에 역상이 죽었다. 경후景侯라는 시호가 내려졌다. 아들 역기가 뒤를 이었다.

당시 천하 사람들은 역황이 친구를 팔았다고 수군댔다. 한경제 전 3년, 오초칠국의 난이 일어났다. 한경제가 역기를 장군으로 삼아 조나라 성을 포위하게 했다. 그러나 열 달 동안 함락시키지 못했다. 유후兪侯 난포欒布가 제나라를 평정하고 돌아오자 그의 도움을 얻어 조나라 성을 함락시키고, 조나라를 멸했다. 조나라 왕이 자진하자 봉국도 폐지되었다. 한경제 중 2년, 역기가 평원군 장아臧兒를 부인으로 삼으려다가 한경제의 노여움을 샀다. 형리에 넘겨진 후 죄가 드러나면서 작위를 박탈당했다. 한경제가 역상의 다른 아들인 역견酈堅을 무현에 봉해 역씨의 작위를 잇게 했다. 무정후繆靖侯 역견 사후 아들 무강후繆康侯 역수성酈遂成, 역수성이 사후 아들 무회후繆懷侯 역세종酈世宗, 역세종이 사후 아들 역종근酈終根이 뒤를 이었다. 역종근은 태상太常이 되었으나 죄를 짓는 바람에 봉지가 폐지되었다.

●● 曲周侯酈商者, 高陽人. 陳勝起時, 商聚少年東西略人, 得數千. 沛公略地至陳留, 六月餘, 商以將卒四千人屬沛公於岐. 從攻長社, 先登, 賜爵封信成君. 從沛公攻緱氏, 絶河津, 破秦軍洛陽東. 從攻下宛·穰, 定十七縣. 別將攻旬關, 定漢中. 項羽滅秦, 立沛公爲漢王. 漢王賜商爵信成君, 以將軍爲隴西都尉. 別將定北地·上郡. 破雍將軍焉氏, 周類軍枸邑, 蘇駔軍於泥陽. 賜食邑武成六千戶. 以隴西都尉從擊項籍軍五月, 出鉅野, 與鍾離眜戰, 疾鬪, 受梁相國印, 益食邑四千戶. 以梁相國將從擊項羽二歲三月, 攻胡陵. 項羽旣已死, 漢王爲帝. 其秋, 燕王臧荼反, 商以將軍從擊荼, 戰龍脫, 先登陷陣, 破荼軍易下, 卻敵, 遷爲右丞相, 賜爵列侯, 與諸侯剖符, 世世勿絶, 食邑涿五千戶, 號曰涿侯. 以右丞相別定上谷, 因攻代, 受趙相國印. 以右丞相趙相國別與絳侯等定代·鴈門, 得代丞相程縱·守相郭同·將軍已下至六百石十九人. 還, 以將軍爲太上皇衛一歲七月. 以右丞相擊陳豨, 殘東垣. 又以右丞相從高帝擊黥布, 攻其前拒, 陷兩陳, 得以破布軍, 更食曲周五千一百戶, 除前所食. 凡別破軍三, 降定郡六, 縣七十三, 得丞相·守相·大將各一人, 小將二人, 二千石已下至六百石十九人. 商事孝惠·高后時, 商病, 不治. 其子寄, 字況, 與呂祿善. 及高后崩, 大臣欲誅諸呂, 呂祿爲將軍, 軍於北軍, 太尉勃不得入北軍, 於是乃使人劫酈商, 令其子況紿呂祿, 呂祿信之, 故與出遊, 而太尉勃乃得入據北軍, 遂誅諸呂. 是歲商卒, 謚爲景侯. 子寄代侯. 天下稱酈況賣交也. 孝景前三年, 吳·楚·齊·趙反,

上以寄爲將軍, 圍趙城, 十月不能下. 得兪侯欒布自平齊來, 乃下趙城,
滅趙, 王自殺, 除國. 孝景中二年, 寄欲取平原君爲夫人, 景帝怒, 下寄
吏, 有罪, 奪侯. 景帝乃以商他子堅封爲繆侯, 續酈氏後. 繆靖侯卒, 子
康侯遂成立. 遂成卒, 子懷侯世宗立. 世宗卒, 子侯終根立, 爲太常, 坐
法, 國除.

등공열전

　여음후 하후영은 패현 출신이다. 패현의 관청 말을 기르며 수레를
모는 사어司御를 지냈다. 매번 사자와 빈객을 전송하고 돌아올 때면
패현의 사상정泗上亭에 들러 정장인 유방과 대화를 나누었다. 단 하
루도 이야기를 나누지 않고 넘긴 적이 없었다. 얼마 후 하후영이 아
전인 현리縣吏 시보試補가 되었으나 이전처럼 유방과 사이좋게 지냈
다. 하루는 유방이 장난을 치다가 하후영에게 상처를 입혔다. 어떤
자가 유방을 고발했다. 유방은 당시 정장으로 있었던 까닭에 남에게
상처를 입히면 가중처벌을 받게 되어 있었다. 유방은 하후영에게 상
처를 입힌 일이 없다고 진술했고, 하후영도 이를 증언했다. 그러나
이후 사안이 번복되면서 하후영은 위증죄에 연루되어 1년여 동안
옥살이를 하고 매를 수백 대나 맞았다. 그러나 끝내 진술을 번복하
지 않아 유방은 사건에서 벗어났다.

　당초 유방이 휘하들과 함께 패현을 치려고 할 때 하후영은 문서를
관리하는 아전인 영리令吏로 있었다. 그는 유방을 위해 사자 역할을
했다. 유방은 패현을 하루 만에 항복시키고 패공이 되자 하후영에게

칠대부七大夫의 작위를 내리고, 태복太僕으로 삼았다. 하후영은 패공 유방을 쫓아 호릉을 칠 때 소하와 함께 사수군의 군감 평平을 항복시켰다. 이때 평은 호릉을 들어 투항했다. 이때의 공으로 오대부의 작위를 받았다. 또 패공 유방을 쫓아 탕현 동쪽에서 진나라 군사를 쳤고, 제양을 쳐 호유향을 항복시켰다. 옹구雍丘 아래서 진나라 승상 이사의 아들 이유의 군사를 격파했다. 병거로 질주하면서 치열하게 싸운 공을 인정받아 집규 다음가는 집백執帛의 작위를 받았다.

하후영은 늘 태복의 자격으로 패공 유방을 수레에 모시고 다녔다. 패공 유방을 쫓아 동아현東阿縣 아래서 장함의 군사를 칠 때 병거를 질주하며 치열하게 싸운 공을 인정받아 집규의 작위를 받았다. 또 일찍이 패공을 수레에 모시고 개봉에서 진나라 장수 조분의 군사를 격파하고, 곡우에서 양웅의 군사를 쳤다. 하후영은 포로 예순여덟 명을 잡고, 병사 850명의 투항을 받고, 관원의 인수 한 상자를 노획했다. 이어 패공을 수레에 모시고 낙양 동쪽에서 진나라 군사를 칠 때 병거를 질주하며 치열하게 싸운 공을 인정받아 등공의 작호를 받았다. 다시 수레에 패공을 모시고 남양을 치고, 남전과 지양에서 싸웠다. 이때 병거를 질주해 치열하게 싸움을 벌이면서 파상에 이르렀다.

항우가 함양에 입성해 진나라를 멸한 뒤 패공을 한왕에 봉했다. 유방이 하후영에게 열후의 작위를 내리고, 소평후昭平侯로 불렀다. 다시 태복이 되어 유방을 모시고 촉한蜀漢 땅으로 들어갔다. 하후영이 돌아와 삼진三秦을 평정하고, 유방을 쫓아 항우를 쳤다. 유방이 팽성 싸움에서 형세가 불리해 달아날 때 한혜제 유영과 노원공주를 발견하고 수레에 실었다. 유방은 사태는 다급한데다 말은 지쳐 있고, 적이 뒤에서 바짝 추적해오자 두 아이를 발로 차 수레 밖으로 떨어뜨렸다. 하후영이 수레 아래로 내려가 이들을 겨우 다시 실었다. 천천히 가면서 두 아이가 자신의 목을 끌어안게 했다. 유방이 대로해 달리는 와중에 하후영의 목을 10여 차례 베려고 했다. 마침내 탈출에 성공해 유방의 두 자녀를 풍읍으로 보낼 수 있었다. 유방은 형양에 이르러 흩어진 병사를 다시 모아 세력을 회복한 뒤 하후영에게 기양祈陽을 식읍으로 내려주었다. 하후영이 다시 유방을 수레에 모시고 항우를 쳤다. 진현까지 추격해 마침내 초나라 땅을 평정했다. 하후영은 노성으로 돌아갔고, 식읍으로 자씨현兹氏縣을 더 받았다.

유방이 황제에 즉위한 한고조 5년 가을, 연왕 장도가 반기를 들었다. 하후영이 태복의 자격으로 한고조 유방을 쫓아가 장도를 쳤다. 이듬해인 한고조 6년, 한고조를 따라 진현으로 가 초왕 한신을 체포했다. 한고조 유방이 하후영에게 다시 식읍으로 여음현汝陰縣을 내렸다. 부절을 나누어주며 대대로 계승하게 했다. 하후영이 태복의 자격으로 한고조를 따라 대 땅을 치면서, 무천武泉과 운중까지 이르렀다. 그 공으로 식읍 1,000호를 더 받았다. 한고조를 쫓아 진양 부근에 있던 한왕 한신 군사 내의 흉노 기마병을 쳐 대파했다. 계속 이들을 추격해 평성에 이르게 되었다. 그러나 이내 흉노에게 포위되어 일주일 동안 연락이 두절되었다. 한고조 유방이 사자를 시켜 선우의 부인 연지에게 후한 예물을 보냈다. 연지의 부탁으로 묵돌이 한쪽 포위망을 풀었다. 한고조 유방이 포위망을 벗어나 달아나려 했으나 하후영이 일부러 천천히 걸으면서 쇠뇌를 당겨 밖으로 향하게 해놓았다. 무사히 탈출할 수 있었던 배경이다. 그 공을 인정받아 식읍으로 세양현細陽縣의 1,000호를 더 받았다.

이후 다시 태복의 자격으로 한고조 유방을 쫓아 구주산 북쪽에서 흉노의 기마병을 공격해 대파했다. 태복의 자격으로 평성 남쪽에서 흉노의 기마병을 공격해 진지를 세 번 함락시켰다. 그 공을 인정받아 빼앗은 성읍 가운데 500호를 상으로 받았다. 태복의 자격으로 진회와 영포의 군사를 공격해 진지를 함락시키고 적을 물리쳤다. 그 공으로 1,000호의 식읍을 더 받았다. 이로써 여음현의 6,900호를 식읍을 확정하고 이전에 받은 식읍은 반납했다.

하후영은 한고조 유방이 처음 패현에서 봉기할 때부터 시작해 죽는 날까지 늘 태복의 자리에 있었고, 태복의 신분으로 유방은 물론 한혜제까지 섬겼다. 한혜제와 여태후는 하후영이 하읍에서 한혜제와 노원공주를 거듭 수레에 태워 구해준 것에 늘 고마워했다. 이를 보답하기 위해 궁궐 북쪽에 제일 훌륭한 저택을 내려주고, 가깝게 지내며 각별히 존중했다. 한혜제 사후 하후영은 태복의 신분으로 여태후를 섬겼다. 여태후가 사후 대왕代王이 들어오자 하후영은 태복의 신분으로 동모후東牟侯와 함께 궁중으로 들어가 잔당을 말끔히 정리하고, 한소제漢少帝를 폐위시켰다. 천자의 어가를 준비한 뒤 대왕을 관저로 맞아들여 대신들과 함께 한문제로 옹립했다. 다시 태복이 되어 8년 뒤에 죽었다. 시호는 문후文侯였다. 그의 아들 이후夷侯 하후조夏侯竈가 작위를 이었다. 7년 뒤 하후조가 죽자 그의 아들 공후共侯 하후사夏侯賜가 대를 이었고, 31년 뒤 죽었다. 하후사의 아들 하후파夏侯頗는 평양공주平陽公主와 결혼했다. 대를 이은 지 19년 뒤인 한무제 원정元鼎 2년, 하후파가 황제로부터 하사받은 부친의 하녀와 간통한 죄로 자진했다. 봉지도 폐지되었다.

●● 汝陰侯夏侯嬰, 沛人也. 爲沛廄司御. 每送使客還, 過沛泗上亭,與高祖語, 未嘗不移日也. 嬰已而試補縣吏, 與高祖相愛. 高祖戲而傷嬰, 人有告高祖. 高祖時爲亭長, 重坐傷人, 告故不傷嬰, 嬰證之. 後獄覆, 嬰坐高祖繫歲餘, 掠笞數百, 終以是脫高祖. 高祖之初與徒屬欲攻沛也, 嬰時以縣令史爲高祖使. 上降沛一日, 高祖爲沛公, 賜嬰爵七大夫, 以爲太僕. 從攻胡陵, 嬰與蕭何降泗水監平, 平以胡陵降, 賜嬰爵五大夫. 從擊秦軍碭東, 攻濟陽, 下戶牖, 破李由軍雍丘下, 以兵車趣攻戰疾, 賜爵執帛. 常以太僕奉車從擊章邯軍東阿·濮陽下, 以兵車趣攻戰疾, 破之, 賜爵執珪. 復常奉車從擊趙賁軍開封, 楊熊軍曲遇. 嬰從捕虜六十八人, 降卒八百五十人, 得印一匱. 因復常奉車從擊秦軍雒陽東, 以兵車趣攻戰疾, 賜爵封轉爲滕公. 因復奉車從攻南陽, 戰於藍田·芷陽, 以兵車趣攻戰疾, 至霸上. 項羽至, 滅秦, 立沛公爲漢王. 漢王賜嬰爵列侯, 號昭平侯, 復爲太僕, 從入蜀·漢. 還定三秦, 從擊項籍. 至彭城, 項羽大破漢軍. 漢王敗, 不利, 馳去. 見孝惠·魯元, 載之. 漢王急, 馬罷, 虜在後, 常蹶兩兒欲棄之, 嬰常收, 竟載之, 徐行面雍樹乃馳. 漢王怒, 行欲斬嬰者十餘, 卒得脫, 而致孝惠·魯元於豐. 漢王既至榮陽, 收散兵, 復振, 賜嬰食祈陽. 復常奉車從擊項籍, 追至陳, 卒定楚, 至魯, 益食玆氏. 漢王立爲帝. 其秋, 燕王臧荼反, 嬰以太僕從擊荼. 明年, 從至陳, 取楚王信. 更食汝陰, 剖符世世勿絶. 以太僕從擊代, 至武泉·雲中, 益食千戶. 因從擊韓信軍胡騎晉陽旁, 大破之. 追北至平城, 爲胡所圍, 七日不得通. 高帝使使厚遺閼氏, 冒頓開圍一角. 高帝出欲馳, 嬰固徐行, 弩皆持滿外向, 卒得脫. 益食嬰細陽千戶. 復以太僕從擊胡騎句注北, 大破之. 以太僕擊胡騎平城南, 三陷陳, 功爲多, 賜所奪邑五百戶. 以太僕擊陳豨·黥布軍, 陷陳卻敵, 益食千戶, 定食汝陰六千九百戶, 除前所食. 嬰自上初起沛, 常爲太僕, 竟高祖崩. 以太僕事孝惠. 孝惠帝及高后德嬰之脫孝惠・魯元於下邑之閒也, 乃賜嬰縣北第第一, 曰, "近我", 以尊異之. 孝惠帝崩, 以太僕事高后. 高后崩, 代王之來, 嬰以太僕與東牟侯入清宮, 廢少帝, 以天子法駕迎代王代邸, 與大臣共立為孝文皇帝, 復為太僕. 八歲卒, 謚為文侯. 子夷侯竈立, 七年卒. 子共侯賜立, 三十一年卒. 子侯頗尚平陽公主. 立十九歲, 元鼎二年, 坐與父御婢姦罪, 自殺, 國除.

관영열전

영음후潁陰侯 관영은 수양에서 비단을 팔던 자다. 한고조 유방은 패공으로 있을 때 각지를 공략하다 옹구 일대에 이르게 되었다. 이때 진나라 장수 장함이 항량을 격살했다. 크게 놀란 유방이 탕현으로 철군했다. 이때 관영은 본래 중연中涓의 신분으로 패공 유방을 쫓아 성무에서 동군의 군위郡尉를 무찌르고, 강리에서 진나라 군사를 격파했다. 치열하게 전투를 벌인 공로로 칠대부의 작위를 받았다. 이후 관영은 패공 유방을 쫓아 박 땅의 남쪽, 개봉, 곡우에서 진나라 군사를 쳤다. 치열한 전투를 벌인 공로로 집백의 작위를 받았고, 선릉군宣陵君의 작호를 얻게 되었다. 패공 유방을 쫓아 양무陽武 서쪽에서 낙양에 이르기까지 공략했다. 진나라 군사를 시尸 땅의 북쪽에서 격파하고 북진해 하진을 봉쇄했다. 남쪽으로 남양 군수 여의를 양성 동쪽에서 격파해 마침내 남양을 평정했다. 또 서쪽 무관으로 진입해 남전에서 치열한 전투를 벌였다. 패공 유방을 도와 파상에 이른 공을 인정받아 집규의 작위의 받았다. 창문군昌文君으로 불리었다.

유방이 한왕으로 즉위해 낭중으로 임명하자 관영은 유방을 쫓아 한중으로 들어갔다. 열 달 사이 다시 접견을 담당한 중알자中謁者로 임명되었다. 이후 유방을 쫓아 출병해 삼진三秦을 평정하고, 약양을 함락시켰다. 이 와중에 새 왕을 항복시켰다. 다시 돌아와 폐구에서 장함을 포위했으나 함락시키지는 못했다. 이어 유방을 쫓아 동쪽으로 임진관臨晉關을 나와 은왕殷王을 공격해 항복을 받으면서 그 일대를 평정했다. 정도 땅 남쪽에서 항우의 장수 용저, 위나라 재상 항타의 군사와 접전했고, 치열한 전투 끝에 이들을 격파했다. 그 공로로 열후의 작위를 받았고, 창문후昌文侯로 불리었다. 식읍으로 두현의 평향平鄉을 받았다. 관영은 다시 중알자의 자격으로 유방을 쫓아 탕현을 항복시키고, 팽성에 도착했다. 이때 항우가 기습공격을 가해 유방의 연합군을 대파했다. 유방이 황급히 서쪽으로 달아나자 관영이 유방을 쫓아 회군해 옹구에 주둔했다. 왕무와 위공魏公 신도信徒가 반란을 일으키자 유방을 쫓아 이들을 격파했다. 하황현下黃縣을 치고, 서쪽으로 병사들을 수습해 형양에 주둔했다. 초나라 기병대가 대거 밀려오자 유방이 군중에서 기병대 장군을 뽑고자 했다. 모두 이같이 천거했다.

"옛 진나라 기사騎士로 활약한 중천重泉 출신 이필李必과 낙갑駱甲이 좋습니다. 기마에 익숙하고 현재 교위로 있기에 기마대장으로 삼을 만합니다."

유방이 이들을 임명하려 하자 두 사람이 말했다.

"신들은 옛 진나라의 백성이니 아마도 군인들이 저희를 믿지 않을 것입니다. 대왕의 측근에서 기마에 능한 자를 선발하면 신들이 그분을 보좌하도록 하겠습니다."

유방은 관영이 비록 나이가 어렸지만 누차 치열한 전투를 치른 경험이 있으므로 곧바로 중대부에 임명한 뒤 이필과 낙갑을 좌우 교위로 삼아 관영을 보좌하게 했다. 관영이 낭중의 기병을 이끌고 출격해 형양 동쪽에서 초나라 기병대를 공격해 대파했다. 관영이 조서를 받고 단독으로 초나라 군사의 후방을 공격해 양무에서 양읍에 이르는 이들의 군량 보급로를 차단했다. 노성 일대에서 항우의 장수 항관項冠을 쳐 무찔렀고, 휘하 병사가 항우의 우사마右司馬와 기병대장 각 한 명의 머리를 베었다. 관영은 자공柘公 왕무를 친 뒤 연나라 땅 서쪽에 주둔했다. 휘하 병사가 북쪽 누번의 장수 다섯 명과 초나라의 사관射官인 연윤連尹 한 명을 참수했다. 이후 백마 일대에서 왕무의 별동대장 환영桓嬰을 공격해 격파했다. 휘하 병사가 도위 한 사람을 참수했다. 관영이 기마병을 이끌고 황하 남쪽을 건너 유방을 낙양으로 전송했고, 사자가 되어 북쪽 한단에 이르러 조나라 상국으로 임명된 한신의 군사를 영접했다. 관영은 오창으로 돌아와 어사대부로 승진했다. 3년 뒤 열후 신분으로 두현의 평향을 식읍으로 받았다. 이후 어사대부 자격으로 조서를 받아 낭중의 기마병을 이끌고 동쪽으로 제나라 상국 한신에 예속되었다. 이때 역성현 일대에서 제나라 군사를 격파했다. 휘하 병사가 항우의 거기장군車騎將軍 화무상과 군관에 해당하는 장리將吏 마흔여섯 명을 생포했다.

이후 제나라 도성 임치를 함락시키고, 제나라 임시 재상 전광을 생포했다. 또 제나라 재상 전횡을 추격한 결과 영 땅과 박 땅에 이르러 그의 기마부대를 격파했다. 휘하 병사가 기마대장 가운데 한 명을 참수하고 네 명을 생포했다. 관영이 영과 박 땅을 공격하는 와중에 천승에서 제나라 장수 전흡을 격파하자, 휘하 병사가 전흡을 참수했다. 관영이 동쪽으로 한신을 쫓아 고밀에서 초나라 장수 용저와 유공留公 선旋을 쳤다. 휘하 병사가 용저를 참수하고, 우사마와 연윤 각 한 명과 누번의 장수 열 명을 생포했다. 관영 자신은 아장亞將 주란周蘭을 생포했다.

제나라 땅이 이미 평정되자 한신은 제왕齊王으로 자립했다. 그는 관영을 별동대장으로 삼아 노나라 땅 북쪽에서 초나라 장수 공고公杲를 공격해 무찌르게 했다. 관영이 남쪽으로 방향을 바꿔 설군薛郡의 태수를 격파했다. 자신은 기병대장 한 명을 생포했다. 관영이 부양傅陽을 친 데 이어 더욱 전진해 하상下相과 그 동남쪽의 동僮과 취려取慮 및 서徐 땅에 이르렀다. 이어 회수를 건너 일대 성읍을 모두 항복시키고 광릉廣陵에 이르렀다. 이때 항우가 항성과 설공 및 담공郯公을 시켜 다시 회수 북쪽을 평정하게 했다. 관영이 회수 북쪽을 건너 하비에서 항성과 담동을 격파하고, 이어 설공을 참수하면서 하비를 평정했다. 평양에서 초나라 기마병을 격파하고, 이내 팽성을 함락시켰다. 이때 초나라 주국柱國 항타를 포로로 잡았다. 또 유留ㆍ설ㆍ패ㆍ찬鄼ㆍ소ㆍ상 등의 현을 항복시켰다. 고현과 초현譙縣을 공격해 다시 초나라 아장 주란을 생포했다. 관영은 유방과 함께 이향頤鄉에서 회동했다. 이어 유방을 쫓아 진성陳城 아래서 항우의 군사를 공격해 격파했다. 휘하 병사가 누번의 장수 두 명을 참수했고, 기병대장 여덟 명을 생포했다. 이때의 공으로 2,500호의 식읍을 더 받았다.

●● 潁陰侯灌嬰者, 睢陽販繒者也. 高祖之爲沛公, 略地至雍丘下, 章邯敗殺項梁, 而沛公還軍於碭, 嬰初以中涓從擊破東郡尉於成武及秦軍於杠里, 疾鬪, 賜爵七大夫. 從攻秦軍亳南ㆍ開封ㆍ曲遇, 戰疾力, 賜爵執帛, 號宣陵君. 從攻陽武以西至雒陽, 破秦軍尸北, 北絶河津, 南破南陽守齮陽城東, 遂定南陽郡. 西入武關, 戰於藍田, 疾力, 至霸上, 賜爵執珪, 號昌文君. 沛公立爲漢王, 拜嬰爲郎中, 從入漢中, 十月, 拜爲中謁者. 從還定三秦, 下櫟陽, 降塞王. 還圍章邯於廢丘, 未拔. 從東出臨晉關, 擊降殷王, 定其地. 擊項羽將龍且‧魏相項他軍定陶南, 疾戰, 破之. 賜嬰爵列侯, 號昌文侯, 食杜平鄉. 復以中謁者從降下碭, 以至彭城. 項羽擊, 大破漢王. 漢王遁而西, 嬰從還, 軍於雍丘. 王武‧魏公申徒反, 從擊破之. 攻下黃, 西收兵, 軍於滎陽. 楚騎來衆, 漢王乃擇軍中可爲車騎將者, 皆推故秦騎士重泉人李必‧駱甲習騎兵, 今爲校尉, 可爲騎將. 漢王欲拜之, 必‧甲曰, "臣故秦民, 恐軍不信臣, 臣願得大王左右善騎者傅之." 灌嬰雖少, 然數力戰, 乃拜灌嬰爲中大夫, 令李必‧駱甲爲左右校尉, 將郎中騎兵擊楚騎於滎陽東, 大破之. 受詔別擊楚軍後, 絶其餉道, 起陽武至襄邑. 擊項羽之將項冠於魯下, 破之, 所將卒斬右司馬‧騎將各一人. 擊破柘公王武, 軍於燕西, 所將卒斬樓煩將五人, 連尹一人. 擊王武別將桓嬰白馬下, 破之, 所將卒斬都尉一人. 以騎渡河南, 送漢王到雒陽, 使北迎相國韓信軍於邯鄲. 還至敖倉, 嬰遷爲御史大夫. 三年, 以列侯食邑杜平鄉. 以御史大夫受詔將郎中騎兵東屬相國韓信, 擊破齊軍於歷下, 所將卒虜車騎將軍華毋傷及將吏四十六人. 降下臨菑, 得齊守相田光. 追齊相田橫至嬴‧博, 破其騎, 所將卒斬騎將一人, 生得騎將四人. 攻下嬴‧博, 破齊將軍田吸於千乘, 所將卒斬吸. 東從韓信攻龍且‧留公旋於高密, 卒斬龍且, 生得右司馬‧連尹各一人, 樓煩將十人, 身生得亞將周蘭. 齊地已定, 韓信自立爲齊王, 使嬰別將擊楚將公杲於魯北, 破之. 轉南, 破薛郡長, 身虜騎將一人. 攻博傅陽, 前至下相以東南僮‧取慮‧徐. 度淮, 盡降其城邑, 至廣陵. 項羽使項聲‧薛公‧郯公復定淮北. 嬰度淮北, 擊破項聲‧郯公下邳, 斬薛公,下下邳, 擊破楚騎於平陽, 遂降彭城, 虜柱國項佗, 降留·薛·沛·酇·蕭·相. 攻苦·譙, 復得亞將周蘭. 與漢王會頤鄉. 從擊項籍軍於陳下, 破之, 所將卒斬樓煩將二人, 虜騎將八人. 賜益食邑二千五百戶.

항우가 해하전투[*]에서 패하고 달아나자 관영은 어사대부의 신분으로 조서를 받고 단독으로 기마병을 동원해 동성東城까지 추격해 격파했다. 휘하 병사 다섯 명이 함께 항우의 몸을 나누어가졌다. 덕분에 이들이 열후가 되었다. 관영은 좌우 사마 각각 한 명과 병사 2,000명을 항복시켰다. 또 장리를 모두 생포했다. 이때 항우를 죽인 동성을 포함해 약양歷陽 일대를 모두 평정했다. 이어 장강을 건너 오현吳縣 일대에서 오군吳郡의 군사를 격파한 데 이어 오군태수를 생포했다.[**] 이로써 마침내 오군·예장군豫章郡·회계군會稽郡을 평정하게 되었다. 관영이 귀국하는 길에 회수 북쪽의 쉰두 개의 현을 평정했다. 유방이 황제로 즉위한 후 관영에게 3,000호의 식읍을 더 내렸다. 이해 가을, 관영이 거기장군의 신분으로 한고조 유방을 쫓아 반기를 든 연왕 장도를 쳤다. 이듬해, 한고조 유방을 쫓아 진현에 이르러 초

● 〈항우본기〉의 각주에서 설명했듯이, 결전의 장소는 해하가 아니라 진현의 현성縣城인 진성 아래에 있는 진하陳下라는 설이 정설이다. 〈번역등관열전〉에서 번쾌가 항적을 진陳에서 포위해 크게 깨뜨리고, 관영이 유방과 이향에서 만나 항우의 군사를 진하에서 공격해 격파하고, 하후영이 유방을 수레에 태우고 항우를 추격해 진陳에 이르렀다는 구절이 잇달아 나온다. 진하로 해석해야 북쪽에 있던 유방군, 동쪽 이향의 관영군, 남쪽 성보로부터 공격해온 유가와 주은의 군이 항우를 삼면에서 협공하는 모습이 완성된다. 항우가 서쪽 방향인 해하로 달아날 경우 스스로 초나라에서 완전히 떨어져나가는 꼴이 되므로 현실성이 없다.
●● "오군의 군사를 격파한 데 이어 오군태수를 생포했다"의 원문은 "破吳郡長吳下, 득오수得吳守"다. 여기서 오군장吳郡長과 오수吳守가 동일 인물인지 여부를 놓고 해석이 엇갈린다.《사기집해》는 여순의 주를 인용해 장長을 웅장雄長으로 해석하며 별개의 인물로 보았다.《사기색은》은 장을 태수 밑의 현령인 령令으로 해석해 별개의 인물로 보았다.《사기정의》는 오군장과 오군수吳郡守 및 오수 모두 같은 뜻이라며 '오군의 군사를 격파한 데 이어 오군 태수를 생포했다'고 풀이했다.《사기정의》를 따랐다.

왕 한신을 체포했다. 귀경 후 한고조 유방이 부절을 쪼개주며 대대로 세습하게 했다. 식읍으로 영음潁陰 땅 2,500호를 내리고, 영음후로 불렀다.

이후 관영은 거기장군의 신분으로 한고조 유방을 쫓아 흉노에 투항한 한왕 한신을 대 땅에서 격파했다. 마읍에 이르러 조서를 받고 따로 누번 북쪽의 여섯 개 현을 함락시키고, 대나라의 좌상左相을 참수했다. 무천 북쪽에서 흉노의 기마병을 격파했다. 다시 한고조 유방을 쫓아 진양 일대에서 한왕 한신이 이끄는 흉노 기마병을 쳤다. 휘하 병사가 흉노 백제白題 부락의 장수 한 명을 참수했다. 관영이 다시 조서를 받고 연·조趙·제·위魏·초의 거기車騎를 하나로 해 사석硈石에서 흉노의 기마병을 격파했다. 평성에 이르렀을 때 흉노에게 포위되었다가 한고조 유방을 따라 동원으로 회군했다. 이후 유방을 쫓아 반기를 든 진희를 쳤다. 조서를 받고 따로 곡역 아래서 진희의 승상인 후창의 군사를 공격해 물리쳤다. 이때 휘하 병사가 후창과 특장特將 다섯 명을 참수했다. 이어 곡역·노노盧奴·상곡양上曲陽·안국安國·안평을 평정했다. 동원을 쳐 함락시켰다.

이후 영포가 반기를 들자 거기장군의 신분으로 먼저 출격해 상 땅에서 영포의 별동대장을 공격해 무찔렀다. 이때 부대장과 누번의 장수 세 명을 참수했다. 또 영포의 상주국과 대사마가 이끄는 반군을 격파하고, 영포의 별동대장 비주肥誅가 이끄는 군사를 깨뜨렸다. 관영 자신은 좌사마 한 명을 생포했다. 휘하 병사는 소대장 열 명을 참수하고, 북쪽으로 회수까지 추격했다. 그 공으로 식읍 2,500호를 더 받았다. 한고조 유방이 영포를 격파하고 귀경한 뒤 관영의 식읍을 영음 땅 5,000호로 확정하고 이전의 식읍을 해제했다. 관영의 공적을 보면 대략 한고조 유방을 쫓아 2,000석 관원 두 명을 생포하고, 단독으로 열여섯 부대를 격파하고. 마흔여섯 개의 성읍을 함락시키고, 한 개의 국國과 두 개의 군 및 쉰두 개의 현을 평정했다. 또 장수 두 명, 주국과 재상 각 한 명, 2,000석 관원 열 명을 생포했다. 관영이 영포를 격파하고 귀경했을 때 한고조 유방은 이미 숨을 거두었다. 이후 열후의 신분으로 한혜제와 여태후를 섬겼다.

여태후가 죽었을 때 여록 등이 조왕의 신분으로 스스로 장군이 되어 장안에 주둔하며 반기를 들었다. 제애왕齊哀王이 소식을 듣고는 군사를 동원해 서쪽으로 진격한 뒤 여씨 일족을 주살하고자 했다. 상장군 여록 등이 이 소문을 듣고는 곧 관영을 대장으로 삼은 뒤 군사를 이끌고 가 이들을 치게 했다. 관영이 출정해 형양에 이른 뒤 강후 주발 등과 모의해 형양에 주둔했다. 또 제왕齊王에게 여씨를 주살할 것이라는 소문을 퍼트리자 제나라 군사도 더는 전진하지 않았다. 얼마 후 강후 주발 등이 여씨 일족을 주살하자 제나라 군사가 철군했다. 관영도 철군해 형양에서 돌아왔다. 이후 강후 주발 및 진평과 함께 대왕代王을 한문제로 옹립했다. 한문제는 즉위 후 관영에게 식읍 3,000호를 더해주고, 황금 1,000근을 하사하고, 태위로 임명했다.

3년 후 강후 주발이 승상을 사직하고 봉지로 돌아가자 관영이 태위의 직책을 사직한 뒤 그 뒤를 이어 승상이 되었다. 이해에 흉노가 북지와 상군으로 대거 침공했다. 한문제가 승상 관영에게 명해 기마병 8만 5,000명을 이끌고 가 이들을 치게 했다. 흉노가 퇴각하자 이번에는 제북왕 유흥거劉興居가 반기를 들었다. 조서를 내려 흉노 토벌에 나선 관영의 군사를 귀환시켰다. 1년여 뒤 관영이 승상의 자리에 있다가 죽었다. 시호는 의후懿侯다.

관영의 아들 평후平侯 관아灌阿가 작위를 이었다. 28년 뒤 관아가 죽자 아들 관강灌強이 뒤를 이었다. 13년 뒤 관강이 죄를 지어 2년 동안 작위 세습이 단절되었다. 한무제 원광 3년, 한무제가 관영의 손자 관현灌賢을 임여후臨汝侯에 봉하고, 관씨의 작위를 잇게 했다. 8년 뒤 관현이 수뢰죄(뇌물죄)를 범하면서 봉지가 폐지되었다.

●● 項籍敗垓下去也, 嬰以御史大夫受詔將車騎別追項籍至東城, 破之. 所將卒五人共斬項籍, 皆賜爵列侯, 降左右司馬各一人, 卒萬二千人, 盡得其軍將吏. 下東城·歷陽. 渡江, 破吳郡長吳下, 得吳守, 遂定吳·豫章·會稽郡. 還定淮北, 凡五十二縣. 漢王立爲皇帝, 賜益嬰邑三千戶. 其秋, 以車騎將軍從擊破燕王臧荼. 明年, 從至陳, 取楚王信. 還, 剖符, 世世勿絶, 食潁陰二千五百戶, 號曰潁陰侯. 以車騎將軍從擊反韓王信於代, 至馬邑, 受詔別降樓煩以北六縣, 斬代左相, 破胡騎於武泉北. 復從擊韓信胡騎晉陽下, 所將卒斬胡白題將一人. 受詔幷將燕·趙·齊·梁·楚車騎, 擊破胡騎於硰石. 至平城, 爲胡所圍, 從還軍東垣. 從擊陳豨, 受詔別攻豨丞相侯敞軍曲逆下, 破之, 卒斬敞及特將五人. 降曲逆·盧奴·上曲陽·安國·安平. 攻下東垣. 黥布反, 以車騎將軍先出, 攻布別將於相, 破之, 斬亞將樓煩將三人. 又進擊破布上柱國軍及大司馬軍. 又進破布. 別將肥誅. 嬰身生得左司馬一人, 所將卒斬其小將十人, 追北至淮上. 益食二千五百戶. 布已破, 高帝歸, 定令嬰食潁陰五千戶, 除前所食邑. 凡從得二千石二人, 別破軍十六, 降城四十六, 定國一, 郡二, 縣五十二, 得將軍二人, 柱國·相國各一人, 二千石十人. 嬰自破布歸, 高帝崩, 嬰以列侯事孝惠帝及呂太后. 太后崩, 呂祿等以趙王自置爲將軍, 軍長安, 爲亂. 齊哀王聞之, 擧兵西, 且入誅不當爲王者. 上將軍呂祿等聞之, 乃遣嬰爲大將, 將軍往擊之. 嬰行至滎陽, 乃與絳侯等謀, 因屯兵滎陽, 風齊王以誅呂氏事, 齊止不前. 絳侯等旣誅諸呂, 齊王罷兵歸, 嬰亦罷兵自滎陽歸, 與絳侯·陳平共立代王爲孝文皇帝. 孝文皇帝於是益封嬰三千戶, 賜黃金千斤, 拜爲太尉. 三歲, 絳侯勃免相就國, 嬰爲丞相, 罷太尉官. 是歲, 匈奴大入北地·上郡, 令丞相嬰將騎八萬五千往擊匈奴. 匈奴去, 濟北王反, 詔乃罷嬰之兵. 後歲餘, 嬰以丞相卒, 謚曰懿侯. 子平侯阿代侯. 二十八年卒, 子彊代侯. 十三年, 彊有罪, 絶二歲. 元光三年, 天子封灌嬰孫賢爲臨汝侯, 續灌氏後, 八歲, 坐行賕有罪, 國除.

태사공은 평한다.

"내가 풍패에 가서 진나라 때부터 살던 노인들을 방문한 적이 있다. 소하·조참·번쾌·등공의 옛 집과 이들의 평소의 사람됨을 물어보니 들은 내용이 세상에 전해진 것과 사뭇 달랐다. 이들이 칼로 개를 도살하고 비단을 팔 때 파리가 준마의 꼬리에 붙어 천리를 가는 것처럼[附驥之尾] 한고조 유방 덕에 한나라 조정에 이름을 날리고 후손에게까지 은덕을 내릴지 누가 짐작이나 했겠는가? 나는 번타광과 교분이 있다. 그는 나에게 한고조의 공신이 처음 일어날 때의 상황을 이같이 들려주었다."

●● 太史公曰, "吾適豐沛, 問其遺老, 觀故蕭·曹·樊噲·滕公之家, 及其素, 異哉所聞. 方其鼓刀屠狗賣繒之時, 豈自知附驥之尾, 垂名漢廷, 德流子孫哉? 餘與他廣通, 爲言高祖功臣之興時若此云."

부록

열국성씨보

노魯나라

맹손씨孟孫氏

중손씨仲孫氏

공자 경보慶父(노환공의 둘째 아들) → 공손 오敖(맹목백孟穆伯) → 중손곡仲孫穀 (맹문백孟文伯) → 중손멸仲孫蔑(맹헌자孟獻子) → 중손속仲孫速(맹장자孟莊子. 중손멸의 셋째 아들) → 중손갈仲孫葛(맹효백孟孝伯) → 중손확仲孫貜(맹희자孟僖子) → 중손하기 仲孫何忌(맹의자孟懿子) → 중손체仲孫彘(맹유자孟孺子 설洩, 맹무백孟武伯)

* 맹유자孟孺子 질秩(중손갈의 형), 중손열仲孫說(남궁경숙南宮敬叔. 중손하기의 동생)

자복씨子服氏

자복타子服它(중손멸의 큰 아들) → 자복초子服椒(자복추子服湫, 맹초孟椒, 자복혜백子服惠 伯) → 자복회子服回(자복소백子服昭伯) → 자복하子服何(자복경백子服景伯)

* 자복의백子服懿伯(중손멸의 둘째 아들)

숙손씨叔孫氏

숙손씨叔孫氏

공자 숙아牙(희숙僖叔. 노환공의 셋째 아들) → 공손 자兹(숙손대백叔孫戴伯) → 숙손 득신叔孫得臣(숙손장숙叔孫莊叔) → 숙손표叔孫豹(숙손목자叔孫穆子) → 숙손착叔孫婼(숙손소자叔孫昭子) → 숙손불감叔孫不敢(숙손성자叔孫成子) → 숙손주구叔孫州仇(숙손무숙叔孫武叔, 무숙의자武懿子) → 숙손서叔孫舒(숙손문자叔孫文子)

*숙손교여叔孫僑如(숙손선백叔孫宣伯. 숙손표의 형), 숙손첩叔孫輒(자장子張. 숙손주구의 족형제)

숙중씨叔仲氏

공손 자兹 → 숙중팽생叔仲彭生(숙중혜백叔仲惠伯. 숙손득신의 동생) → → 숙중대叔仲帶(숙중자叔仲子, 숙중소백叔仲昭伯, 숙중소자叔仲昭子. 숙중팽생의 손자) → 숙중소叔仲小(숙중목자叔仲穆子) → 숙중지叔仲志

계손씨叔孫氏

공자 우友(계우季友. 노환공의 넷째 아들) → 무질無秩 → 계손행보季孫行父(계문자季文子) → 계손숙季孫宿(계무자季武子) → 계손흘季孫紇(계도자季悼子) → 계손의여季孫意如(계평자季平子) → 계손사季孫斯(계환자季桓子) → 계손비季孫肥(계강자季康子)

*계손앙季孫軮(계공지季公之. 계손의여의 동생), 계오季寤(자언子言. 계손사의 동생), 계촉季歜(공보문백公父文伯. 계환자의 종제)

동문씨東門氏 · 자가씨子家氏

공자 수遂(동문양중東門襄仲, 양중襄仲. 노장공의 아들) → 공손 귀보歸父(자가子家) → 자가기子家羈(자가자子家子, 자가의백自家懿伯)

*중영제仲嬰齊(공손 귀보의 동생)

숙씨叔氏

숙힐叔肸(노문공의 아들) → 공손 영제嬰齊(자숙영제子叔嬰齊, 자숙성백子叔聲伯) → 숙로叔老 → 숙궁叔弓(자숙자子叔子, 경자敬子) → 숙앙叔鞅 → 숙예叔詣 → 숙선叔還 → 숙청叔靑

*숙첩叔輒(자숙子叔. 숙앙의 동생)

장손씨臧孫氏

① 공자 구彄(자장子臧, 장희백臧僖伯. 노은공의 숙부) → 장손달臧孫達(장애백臧哀伯) → 장손진臧孫辰(장문중臧文仲) → 장손허臧孫許(장선숙臧宣叔) → 장손흘臧孫紇(장무중臧武仲)

*장주臧疇(장손흘의 형)

② 장위臧爲(장손흘의 형) → 장소백臧昭伯, 장숙손臧叔孫(장소백의 동생)

③ 장고臧賈(장손흘의 형) → 장회臧會(장경백臧頃伯) → 장빈여臧賓如 → 장석臧石

공족

노소공魯昭公 → 공과公果, 공분公賁, 공행公行, 공위公爲(공숙무인公叔務人)

기타 성씨

시씨施氏

시보施父(노혜공의 아들) → 시효숙施孝叔(노혜공의 5세손)

후씨郈氏

후혜백郈惠伯(노효공의 아들) → 후척郈瘠(후성숙郈成叔) → 후소백郈昭伯

전씨展氏

공자 전展(노효공의 아들) → 무해無駭 → 전금展禽(유하혜柳下惠)

＊전희展喜(전금의 동생)

그 외

남유南遺 → 남괴南蒯

공자 은憖(자중子仲)

공자 휘翬(우보羽父)

안우顔羽(자우子羽)

야설野洩(설성자洩聲子)

진晉나라

극씨郤氏

① 극표郤豹 → 극예郤芮(기예冀芮) → 극결郤缺(극성자郤成子) → 극극郤克(극헌자郤獻子) → 극기郤錡(구백駒伯)

＊극칭郤稱(극예의 일족)

② 극표 →→ 보양步揚 → 극주郤犫(고성숙苦成叔)

＊극지郤至(극주의 조카), 극의郤毅(보의步毅. 극주의 조카)

난씨欒氏

① 진정공晉靖公 → 공자 난欒 → 난빈欒賓 → 난공숙欒共叔 → 난지欒枝(난정자欒貞子) → 난돈欒盾 → 난서欒書(난무자欒武子) → 난염欒黶(난환자欒桓子) → 난영欒盈(난회자欒懷子)

＊난감欒鍼(난서의 큰아들)

② 난공숙 →→→→→ 난방欒魴, 난락欒樂, 난표欒豹

사씨士氏, 범씨范氏

① 습숙隰叔 → 사위士蔿(자여子輿, 사여士輿) → → 사회士會(범회范會, 수회隨會, 사계士季, 수계隨季, 범무자范武子, 수무자隨武子) → 사섭士燮(범섭范燮, 범숙范叔, 범문자范文子, 사문자士文子) → 사개士匄(범개范匄, 범선자范宣子) → 사앙士鞅(범앙范鞅, 범헌자范獻子) → 사길석士吉射(범길석范吉射, 범소자范昭子)

*사곡士縠(사위의 족자族子), 사부士富(사회의 족자), 사방士魴(체계彘季, 체공彘共, 사섭의 동생) → 체구彘裘, 사고이士皐夷(범고이范皐夷, 사길석의 동생)

② 사위 → → 사악탁士渥濁(사정자士貞子, 사정백士貞伯, 사회의 형) → 사약士弱(공삭鞏朔, 사장백士莊伯, 사장자士莊子) → 사개士匄(백하伯瑕, 사문백士文伯) → 사미모士彌牟(사경백士景伯)

순씨荀氏

중항씨中行氏

서오 → 순림보荀林父 → 순경荀庚(중항백中行伯) → 중항언中行偃(순언荀偃, 백유伯遊, 중항헌자中行獻子) → 중항오中行吾(순오荀吾, 중항목자中行穆子) → 중항인中行寅(순인荀寅, 중항문자中行文子)

*정정程鄭(순력荀驩의 증손이자 정계程季의 아들. 중항오의 족형제)

지씨知氏

서오逝遨 → 순수荀首(지계知季, 지장자知莊子. 순림보의 동생) → 지앵知罃(순앵荀罃, 지무자知武子) → 지삭知朔(순삭荀朔) → 지영知盈(순영荀盈, 백숙伯夙, 지도자知悼子) → 지력知躒(순력荀躒, 지문자知文子) → → 지요知瑤(순요荀瑤, 지양자知襄子)

*지서오知徐吾(순요의 백부)

양설씨羊舌氏

진무공晉武公 → 백교伯僑 ••• 양설돌羊舌突(양설대부羊舌大夫) → 양설직羊舌職 → 양설힐羊舌肸(숙향叔向) → 양식아楊食我(백석伯石, 양석楊石)

*양설직 → 양설적羊舌赤(백화伯華. 양설힐의 형) → 자용子容

**양설직 → 양설부羊舌鮒(숙어叔魚. 양설힐의 동생), 양설호羊舌虎(숙호叔虎. 양설힐의 이복동생)

위씨魏氏

① 필만畢萬(필공畢公 고高의 후예이자 위주魏犨의 조부) → → 위주魏犨(위무자魏武子) → 위강魏絳(위장자魏莊子) → 위서魏舒(위헌자魏獻子) → → 위만다魏曼多(위양자魏襄子)

② 위주 → 여기呂錡(위기魏錡, 주무자廚武子. 위강의 형) → 여상呂相(위상魏相, 여선자呂宣子)

③ 위주 → 위과魏顆(위강의 동생) → 위힐魏頡(영호문자令狐文子)

조씨趙氏

① 공명公明 → 조최趙衰(성계成季, 자여子餘, 조성자趙成子) → 조돈趙盾(조선자趙宣子) → 조삭趙朔(조장자趙莊子) → 조무趙武(조문자趙文子) → 조성趙成(조경자趙敬子) → 조앙趙鞅(지보志父, 조간자趙簡子) → 조무휼趙無恤(조양자趙襄子)

*조동趙同(원동原同. 조돈의 이복형), 조괄趙括(병계屛季, 조병趙屛. 조동의 이복동생), 조영제趙嬰齊(누영樓嬰. 조괄의 동복동생)

② 공명 → 조숙趙夙(조최의 형) → → 조천趙穿 → 조전趙旃 → 조승趙勝 → 조오趙午(한단오邯鄲午) → 조직趙稷

*조조趙朝(조승의 증손)

한씨韓氏

곡옥 환숙桓叔(성사成師) → 한만韓萬(곡옥 장백莊伯의 동생) → 한간韓簡 → 자여子輿 → 한궐韓厥(한헌자韓獻子) → 한기韓起(한선자韓宣子) → 한수韓須 → 한불신韓不信(백음伯音, 한간자韓簡子)

＊한무기韓無忌(한목자韓穆子. 한기의 형) → 한양韓襄, 한고韓固(한불신의 종형제)

기타 성씨

호씨狐氏

호돌狐突(백행伯行) → 호언狐偃(자범子犯) → 호야고狐射姑(가계賈季)

＊호모狐毛(호언의 형) → 호진狐溱, 호국거狐鞫居(속국거續鞫居, 속간백續簡伯. 호야고의 족형제)

선씨先氏

선진先軫(원진原軫) → 선저거先且居(곽백霍伯) → 선극先克

＊선곡先縠(체자彘子, 원곡原縠. 선극의 족형제)

시씨胥氏

서신胥臣(사공 계자季子, 구계臼季, 서신구계胥臣臼季) → 서갑胥甲(서갑보胥甲父) → 서극胥克 → 서동胥童

적씨籍氏

손백염孫伯黶 → 적언籍偃 → 적담籍談 → 적진籍秦

동씨董氏

유신有辛 → 동씨董氏 → 동호董狐 → 동안우董安于

그 외

악왕부樂王鮒(악환자樂桓子)

우무휼郵無恤(자량子良)

제齊나라

고씨高氏

① 제문공齊文公 → 자고子高 → 고혜高傒(고경중高敬仲) → → 고고高固(고선자高宣子) → 고후高厚 → 고지高止 → 고수高竪

② 고혜 → 고연高鄏(고혜의 증손) → 고언高偃 → 고장高張(고소자高昭子) → 고무비高無丕

국씨國氏

국의중國懿仲 → 국귀보國歸父(국장자國莊子) → 국좌國佐(국무자國武子, 빈미인嬪美人) → 국약國弱 → 국하國夏(국혜자國惠子) → 국서國書 → 국관國觀

*국승國勝(국약의 형)

진씨陳氏 · 전씨田氏

진완陳完(진경중陳敬仲) → 진수무陳須無(진문자陳文子, 진완의 증손) → 진무우陳無宇(진환자陳桓子) → 진기陳乞(전기田乞, 진희자陳僖子) → 진항陳恒(전항田恒, 진상陳常, 전상田常, 진성자陳成子, 전성자田成子)

*진기 → 진영陳盈(진망자陳芒子), 진의자陳懿玆(진늠구자陳廩丘子), 진득陳得(진혜자陳惠子), 진안陳安(진목자陳穆子), 진치陳齒(진간자陳簡子), 진관陳瓘(자옥子玉), 진장陳莊(진소자陳昭子), 진이陳夷(진선자陳宣子)

*진무자陳武子(자강子彊, 진기의 형), 진서陳書(손서孫書, 자점子占, 진기의 동생), 진표陳豹(자피子皮, 진기의 족형), 진역陳逆(자행子行, 진기의 족형)

공족

① 제혜공齊惠公 → 공자 난欒 → 공손 조竈(자아子雅) → 난시欒施(자기子旗)

*제혜공 → 공자 고高(공자 난欒의 동생) → 공손 채蠆(자미子尾) → 고강高彊(자량子良)

② 제경공齊頃公 →→ 공손 청靑(자석子石), 공손 첩捷(자연첩子淵捷, 자거子車)

③ 제경공齊景公 → 공자 구駒, 공자 가嘉, 공자 서鉏(남곽저우南郭且于), 공자 검黔

기타 성씨

최씨崔氏

제정공齊丁公 → 최요崔夭 → 최저崔杼(최무자崔武子) → 최성崔成, 최명崔明, 최강崔彊

경씨慶氏

제환공齊桓公 → 경극慶克 → 경봉慶封(자가子家) → 경사慶舍(자지子之)

*경좌慶佐(경봉의 형), 경사慶嗣(자식子息. 경봉의 족형제), 경혈慶襄(경승慶繩. 경사慶嗣의 동생)

포씨鮑氏

포숙아鮑叔牙 → 포국鮑國(포문자鮑文子. 포숙아의 증손) →→ 포목鮑牧

*포견鮑牽(포국의 형)

안씨晏氏

안약晏弱(안환자晏桓子) → 안영晏嬰(안평중晏平仲) → 안국晏圉

*안리晏犛(안약의 동생)

여구씨閭丘氏

여구영閭丘嬰 → 여구명閭丘明 → 여구식閭丘息

관씨管氏

관중管仲 → 관수管脩 (관중의 7세손)

북곽씨北郭氏

북곽자北郭佐 (북곽자거北郭子車) → 북곽계北郭啓

신씨申氏

신선우申鮮虞 → 신부지申傅摯

안씨顏氏

안경顏庚 (안탁취顏涿聚) → 안진顏晉

그 외

감지闞止 (자아子我)

석귀보析歸父 (자가子家, 석문자析文子)

종루宗樓 (종자양宗子陽)

양구거梁丘據 (자유子猶)

공손명公孫明 (자명子明)

초楚나라

투씨鬪氏

① 약오若敖 → 투백비鬪伯比 → 투누오도˙鬪穀於菟 (투자문鬪子文) → 투반鬪般
(자양子揚) → 잠윤箴尹 투극황鬪克黃 → 궁구윤宮廏尹 투기질鬪棄疾 → 투위구鬪

● 두예의 《춘추경전집해》〈노장공 30년〉조의 주석은 穀穀의 발음을 노주절奴走切로 풀이해
놓았다. 초나라 사람은 젖을 누라고 발음했다는 것이다. 《한서》〈서전敍傳〉은 오於를 오烏, 도
菟를 도徒로 새겼다. 이에 따라 투자문의 어릴 때 이름을 투누오도로 표기했다.

韋龜 → 투성연鬪成然(만성연蔓成然, 자기子旗) → 투회鬪懷, 투신鬪辛, 투소鬪巢

*투백비 → 사마 투자량鬪子良(투자문의 동생) → 투월초鬪越椒(투초鬪椒, 자월子越, 자월초子越椒, 백분伯棼, 백분伯賁) → 묘분황苗賁皇

*사마 투의신鬪宜申(자서子西. 투반의 족형제), 투발鬪勃(자상子上. 투씨 일족)

③ 약오 → 투렴鬪廉(투역사鬪射師) → 투반鬪班 → 투극鬪克(자의子儀)

성씨成氏

약오若敖 → → 성득신成得臣(자옥子玉) → 성대심成大心(대손백大孫伯) → 성호成虎(성웅成熊)

*성가成嘉(자공子孔. 성대심의 동생)

위씨蔿氏 · 위씨蓮氏

약오 → 소오宵敖 → 분모蚡冒 → 위장蔿章(위장蓮章) → 위여신蔿呂臣(위여신蓮呂臣, 숙백叔伯) → 위가蔿賈(백영伯嬴) → 위오蔿敖(손숙오孫叔敖) → 위자빙蔿子馮(위자빙蓮子馮) → 위엄蔿掩(위엄蓮掩)

*위파蔿罷(자탕子蕩. 위씨 일족)

굴씨屈氏

① 초무왕楚武王 → 막오莫敖 굴하屈瑕 → 막오 굴중屈重 → 막오 굴완屈完 → 막오 굴탕屈蕩 → 막오 굴도屈到 → 굴건屈建(자목子木) → 막오 굴생屈生

*굴하 → 굴어구屈御寇(자변子邊. 굴중의 동생) → 식공息公 자주子朱

② 굴탕 → 굴무屈巫(신공무신申公巫臣, 굴신屈申, 자령子靈. 굴도의 동생) → 굴호용屈狐庸

*자염子閻(굴호용의 족형제), 자탕子蕩(자염의 동생)

공족

① 초목왕楚穆王 → 공자 영제嬰齊(자중子重. 초장왕의 동생)

*초목왕 → 양개陽匄(자하子瑕) → 양영종陽令終, 양완陽完, 양타陽佗

② 초장왕楚莊王 → 공자 정貞(자낭子囊), 공자 오午(사마 자경子庚), 공자 추서追舒(자남子南)

*낭와囊瓦(자상子常, 공자 정의 아들)

③ 초장왕 → 침윤沈尹 술戌 → 섭공葉公 심제량沈諸梁(자고子高), 후장后臧

④ 초공왕楚共王 → 공자 소昭(초강왕), 공자 위圍 또는 건虔(초영왕), 공자 비比(자간子幹, 자오訾敖), 공자 흑굉黑肱(자석子晳), 공자 기질棄疾 또는 거居(초평왕)

⑤ 초평왕楚平王 → 태자 건建(자목子木), 초소왕 진珍, 공자 계啓(자려子閭), 공자 결結(자기子期), 공자 신申(자서子西)

*태자 건 → 백공白公 승勝, 왕손王孫 연燕

*공자 결 → 공손 관寬, 공손 평平

*공자 신 → 공손 영寧(자국子國), 공손 조朝(무성윤武城尹)

④ 초소왕楚昭王 → 영윤 자량子良(초혜왕의 동생)

⑤ 초무왕楚武王 → 초문왕, 영윤 자원子元

기타

반씨潘氏

반숭潘崇 → 반왕潘尫 → 반당潘黨(숙당叔黨) → 반자신潘子臣

신숙씨申叔氏

신숙시申叔時 → 신숙궤申叔跪 → 신숙예申叔預 → 신무우申無宇(우윤芋尹 무無宇) → 신해申亥

오씨伍氏

오삼伍參 → 오거伍擧 → 오사伍奢 → 오원伍員(오자서伍子胥) → 오풍伍豊

*초명椒鳴(오사의 동생)

*오상伍尙(당군상棠君尙. 오원의 형)

관씨觀氏

관기觀起 → 개복대부開卜大夫 관종觀從(자옥子玉) → 관첨觀瞻

그 외

신주申舟(자주子舟, 문지무외文之無畏) → 신서申犀

연윤連尹 양로襄老 → 흑요黑要

극완郤宛(자오子惡)

공자 임부壬夫(자신子辛)

공자 측側(자반子反)

정鄭나라

정무공계鄭武公系

정무공 → 공숙단共叔段(경성태숙京城大叔. 정장공의 동생) → 공손 활滑 → 공보
정숙公父定叔

정장공계鄭莊公系

정장공 → 공자 돌突(자원子元, 정여공), 공자 홀忽(만백曼伯, 정소공), 자미子亹,
자의子儀(정자鄭子), 공자 어語(자인子人)

*자인 → 자인구子人九

정문공계鄭文公系

정여공 → 공자 첩捷(정문공) → 공자 난蘭(정목공), 자화子華, 자장子臧, 자사子士, 자하子瑕, 자유미子愈彌

정목공계鄭穆公系

정목공 → 공자 이夷(정영공), 공자 견堅(정양공), 공자 발發(자국子國), 공자 비騑(자사子駟), 공자 희喜(자한子罕), 공자 가嘉(자공子孔), 자풍子豊, 공자 언偃(자유子遊), 공자 거질去疾(자량子良), 자인子印, 자연子然, 사자공士子孔, 자우子羽

풍씨豊氏

자풍 → 공손 단段(백석伯石) → 풍시豊施, 풍권豊卷(자장子張)

국씨國氏

공자 발 → 공손 교僑(자산子産, 자미子美) → 국참國參(환자사桓子思, 자사子思)

사씨駟氏

공자 비 → 공손 하夏(자서子西) → 사대駟帶(자상子上) → 사언駟偃(자유子遊) → 사홍駟弘(자반子般)

*공자 비 → 공손 하 → 사기駟乞(자하子瑕) → 사천駟歂(자연子然) → 사사駟絲

*공자 비 → 공손 흑黑(자석子晳. 공손 하의 동생) → 인印

한씨罕氏

공자 희 → 공손 사지舍之(자전子展) → 한호罕虎(자피子皮) → 영제嬰齊(자차子齹) → 한달罕達(자요子姚, 무자잉武子媵)

*공자 희 → 공손 서鉏 → 한삭罕朔

*공자 희 → 공손 사지 → 한퇴罕魋(한호의 동생)

유씨遊氏

공자 언 → 공손 채蠆(자교子蟜) → 유길遊吉(자태숙子大叔) → 유속遊速(자관子寬,

혼한(睴罕)

*공자 언 → 공손 초楚(유초遊楚, 자남子南)

*공손 채 → 유판遊販(자명子明) → 유량遊良

양씨良氏

공자 거질 → 공손 첩輒(자이子耳) → 양소良霄(백유伯有) → 양지良止

인씨印氏

자인 → 공손 흑굉黑肱(자장子張) → 인단印段(자석子石) → 자류子柳

기타

*정목공 → 자공 → 공손 설洩 → 공신孔申(공장孔張, 자장子張)

*정목공 → 자연 → 연단然丹(정단鄭丹, 자혁子革)

*정목공 → 사자공 → 자량子良

*정목공 → 자우 → 공손 휘揮(자우子羽) → 우힐羽頡(마사힐馬師頡)

정성공계鄭成公系

정성공 → 공자 곤완髠頑(정희공), 공자 반班(자여子如), 공자 방䮫

*공자 반 → 손숙孫叔

*공자 방 → 손지孫知

기타

황술皇戌 → 황이皇耳

위지尉止 → 위편尉翩

사신司臣 → 사제司齊

공자 송宋(자공子公)

공자 귀생歸生(자가子家)

종멸殲蔑(연명然明)

위衛나라

손씨孫氏

위무공衛武公 → 혜손惠孫 → 손소자孫昭子 → 손장자孫莊子 → 손량부孫良夫
(손환자孫桓子) → 손림보孫林父(손문자孫文子) → 손가孫嘉, 손괴孫蒯, 손양孫襄(손백국
孫伯國)

영씨寗氏

위무공 → 계흔季亹 → 영궤寗跪 → 영속寗速 → 영유寗俞(영무자寗武子) →
영상寗相 → 영식寗殖(영혜자寗惠子) → 영희寗喜(영도자寗悼子)

석씨石氏

석작石碏 → 석후石厚 → 석직石稷(석성자石成子) → 석매石買(석공자石共子) → 석
오石惡(석도자石悼子)

  *석포石圃(석오의 조카)

  *석만고石曼姑 → 석퇴石魋(석씨 일족)

공씨孔氏

공달孔達 → 공증서孔烝鉏(공성자孔成子) → 공기孔羈 → → 공어孔圉(공문자孔文
子) → 공회孔悝(공숙孔叔)

세숙씨世叔氏 · 태숙씨大叔氏

위희공 → 세숙의世叔儀(태숙의大叔儀, 태숙문자大叔文子. 위희공의 8세손) → → 세숙신世叔申(태숙의자大叔懿子) → 태숙질大叔疾(세숙제世叔齊, 태숙도자大叔悼子)

*세숙신 → 태숙유大叔遺(태숙희자大叔僖子. 태숙질의 동생)

공숙씨公叔氏

위헌공 → 공숙성자公叔成子 → 공숙발公叔發(공숙문자公叔文子) → 공숙수公叔戍

북궁씨北宮氏

위성공 → 북궁괄北宮括(북궁의자北宮懿子. 위성공의 증손) → 북궁타北宮佗(북궁문자北宮文子) → 북궁희北宮喜(북궁정자北宮貞子)

*북궁괄 → 북궁유北宮遺

사씨史氏

사조史朝 → 사추史鰌(사어史魚), 사구史狗(사구史苟, 사문자史文子)

공족

위장공계衛莊公系

위장공 양揚 → 공자 완完(위환공), 공자 진晉(위선공), 좌공자 설洩, 우공자 직職, 효백孝伯, 공자 주우州吁

위선공계衛宣公系

위선공 진晉 → 공자 삭朔(위혜공), 태자 급자急子, 수자壽子, 공자 완頑(소백昭伯), 공자 검모黔牟

위문공계衛文公系

위문공 훼颱 → 공자 정鄭(위성공), 숙무叔武, 공자 하瑕(자적子適), 자의子儀

위목공계衛穆公系

위목공 → 자숙흑배子叔黑背(흑배黑背. 위정공의 동생) → 공자 표剽(자숙子叔. 위상
공) → 태자 각角

*석주서析朱鉏(석성자析成子. 위상공의 조카)

위정공계衛定公系

위정공 장臧 → 공자 간衎(위헌공), 자전子展, 공자 전鱄(자선子鮮)

위영공계衛靈公系

위영공 원元 → 태자 괴외蒯聵(위장공), 공자 겸郢(위도공), 공자 기起, 공자
영郢

*괴외 → 공자 첩輒(위출공)

기타 성씨

거씨蘧氏

거무구蘧無咎 → 거원蘧瑗(거백옥蘧伯玉. 거장자蘧莊子)

공맹씨公孟氏

위양공 → 공맹집公孟縶(공맹公孟. 맹집孟縶) → 공맹구公孟彄

남씨南氏

공자 영郢 → 공손미모公孫彌牟(자지子之. 문자文子)

제씨齊氏 · 제자씨齊子氏

제오齊惡 → 제표齊豹

하정씨夏丁氏

하무夏戊 → 사도 하기夏期

왕손씨王孫氏

왕손가王孫賈 → 왕손제王孫齊 (왕손소자王孫昭子)

저사씨褚師氏

저사정자褚師定子 → 저사비褚師比 (저사성자褚師成子)

그 외

공문요公文要 (공문의자公文懿子)

공자 형荊 (공남초公南楚, 남초南楚)

언힐鄢肹 (언무자鄢武子)

축타祝佗 (자어子魚)

미자하彌子瑕 (팽봉미자彭封彌子)

송宋나라

화씨華氏

① 송대공宋戴公 → 공자 열說 → 화독華督(화보독華父督) → → 화어사華御事
→ 화원華元 → 화열華閱 → 화경華䐙, 화합비華合比, 화고비華皋比, 화해華亥

*화해 → 무척無慼

*화독 → 화희華喜 (화열의 족형제)

*화원 → 화신華臣 (화열의 동생)

② 화독 → → 화초華椒 (자초子椒, 화원의 족제) → 화우華耦 (사마 자백子伯) → 화
약華弱

*화초 → 화정華定 → 화계華啓

③ 화독 → 화비수華費遂 (화약의 족형제) → 화등華登, 화다료華多僚, 화추華貙
(자피子皮)

*화표華豹(화비수의 족형제)

악씨樂氏

송대공 → 공자 간衎 → → 악려樂呂 → 악희樂喜(사성司城 자한子罕) → 악만樂輓, 악대심樂大心, 악기樂祁(악기리樂祁犁, 사성 자량子梁), 악사樂舍

*악기 → 악혼樂溷(자명子明) → 악패樂茷(자로子駱)

*악만 → 악주서樂朱鉏

*공자 간 → 악예樂豫(송대공의 현손), 악비樂轡(자탕子蕩. 악씨의 일족)

황씨皇氏

송대공 → 황보충석皇父充石 → 황국보皇國父 → 황야皇野(사마 자중子仲) → 황비아皇非我, 황백皇伯

*황보충석 → 황운皇鄖(황야의 족형제)

*황회皇懷(황비아의 종제)

*황국보 → 황원皇瑗(황야의 족형제) → 황균皇麇

*황완皇緩 두예는 황원의 조카로 보았으나 공영달은 종손으로 간주

상씨

① 송환공 어열御說 → 공자 상向 → 합좌사合左師 상술向戌(송환공의 증손) → 상녕向寧, 상의向宜(자록子祿), 상정向鄭

*상녕 → 상라向羅

② 공자 상 → 상대向帶(상술의 족형제) → 상퇴向魋(사마 환퇴桓魋), 사마우司馬牛(사마경司馬耕, 자우子牛), 자거子車, 상소向巢(좌사左師 소巢), 자기子頎

*상위인向爲人(상대의 종형제)

중씨仲氏

송장공 빙馮 → 공자 중仲 → 공손 사師 → 중강仲江 → 중기仲幾 → 중타仲佗

어씨魚氏

송환공 → 공자 어魚(자어子魚, 목이目夷) → 공손 우友 → 어부魚府, 어석魚石

탕씨蕩氏

송환공 → 공자 탕蕩 → 공손 수壽 → 사성 탕의제蕩意諸 → 탕택蕩澤(자 산子山)

*공손 수 → 탕훼蕩虺(탕의제의 동생)

인씨鱗氏

송환공 → 공자 인鱗 → 인관鱗矔 → → 인주鱗朱

기타

채蔡나라

채문공 신申 → 공자 조朝(태사 자조子朝) → 공손 귀생歸生(성자聲子, 자가子家) → 조오朝吳

조曹나라

조선공曹宣公 노盧 → 공자 흔시欣時(자장子臧)

주邾나라

주문공邾文公 거저蘧篨 → 주정공邾定公 확저貜且→ 주선공邾宣公 경牼 → 주도공邾悼公 화華 → 주장공邾莊公 천穿 → 주은공邾隱公 익益 → 주환공邾桓公 혁革

＊모이홍茅夷鴻(모성자茅成子)

거莒나라

① 거자비공莒妓丕公 → 거기공莒紀公 서기庶其 → 거거구공莒渠丘公 주朱 → 거이비공莒犂比公 밀주密州 → 거폐공莒廢公 전여展輿, 거저구공莒著丘公 거질去疾, 거공공莒共公 경여庚輿

② 거공공 → 거교공莒郊公 광狅

허許나라

허장공許莊公 불弗 → 허목공許穆公 신신新臣 → 허희공許僖公 업業 → 허소공許昭公 석아錫我 → 허영공許靈公 甯→ 허도공許悼公 매買 → 허남許南 사斯 → 허원공許元公 성成

진陳나라

① 진평공陳平公 섭燮 → 진문공陳文公 어圉 → 진환공陳桓公 포鮑 → 진여공陳厲公 약躍, 진장공陳莊公 임林, 진선공陳宣公 저구杵臼

② 진선공 → 진목공陳穆公 관款 → 진공공陳共公 삭朔 → 진영공陳靈公 평국平國 → 진성공陳成公 오午 → 진애공陳哀公 약弱 → 언사偃師 → 진혜공陳惠公 吳 → 진회공陳懷公 유柳

기杞나라

① 기환공杞桓公 고용姑容 → 기효공杞孝公 개丐, 기문공杞文公 익고益姑, 기평공杞平公 욱鬱

② 기평공 → 기도공杞悼公 성成→ 기은공杞隱公 기乞, 기희공杞僖公 수遂

설薛나라

설헌공薛獻公 곡殼 → 설양공薛襄公 정定 → 설군薛君 비比 → 설혜공薛惠公 이夷

오吳나라

오왕 수몽壽夢 → 제번諸樊, 여채餘祭, 이말夷昧(이말夷末, 여말餘昧), 궐유蹶由, 계찰季劄(연주래계자延州來季子)

*이말 → 오왕 요僚, 엄여掩餘, 촉용燭庸

*오왕 요 → 왕자 경기慶忌

*제번 → 공자 광光(합려闔廬), 부개왕夫槩王

*합려 → 태자 종류終纍, 부차夫差, 자산子山

*부차 → 태자 우友, 왕자 고조姑曹, 왕자 지地

월越나라

손백孫伯 규絴 → 백종伯宗(진晉나라 대부) → 백주리伯州犁(초나라 대부) → → 백비伯嚭(자여子餘)

| 부록 2 |

사마천 연보

나이	연대(기원전)	사건
1세	경제 11년(145)	섬서성 한성시 남쪽인 하양현에서 태어남.
4세	14년(142)	부친을 따라 서원에서 글자를 배우기 시작함.
5세	15년(141)	한경제가 죽고 열여섯의 한무제가 즉위함.
7세	무제 건원 2년(139)	사마담이 태사승이 되어 무릉 축조에 참여함. 사마천이 고문을 배움.
8세	3년(138)	태사령이 된 사마담이 장안으로 이주해 천문과 역법을 주관함.
10세	5년(136)	사마천이 고향에서 농사를 짓고 목축을 함.
11세	6년(135)	황로를 숭상한 두태후가 사망하자 한무제가 유가정사를 펼침.
12세	원광 원년(134)	유가인 동중서와 공손홍이 발탁됨.
13세	2년(133)	사마담이 잠시 고향으로 와 사마천과 함께 각지를 다니며 자료를 수집함.
14세	3년(132)	한무제가 황하의 치수사업에 10만 명을 동원함.
17세	6년(129)	동중서 및 공안국 밑에서 《춘추공양전》과 《고문상서古文尙書》를 배움.
19세	원삭 2년(127)	호족과 부호가 무릉으로 이주함. 유협 곽해郭解가 훗날 〈유협열전〉의 주인공이 됨.
20세	3년(126)	학업을 일시 중단하고 부친의 권유로 천하를 답사함.

940 | 완역 사기 열전 1

21세	4년(125)	흉노의 침입으로 사마담이 한무제를 수행해 감천으로 감.
22세	5년(124)	사마천이 낭중이 되어 벼슬길에 나섬.
24세	원수 원년(122)	부친과 함께 한무제를 수행해 옹현으로 가 제사를 지냄.
33세	원정 4년(113)	한무제가 지방 순시에 나서자 부친과 함께 수행함.
35세	6년(111)	황명을 받아 서남 일대를 순시함. 〈화식열전〉 저술의 배경이 됨.
36세	원봉 원년(110)	한무제 봉선 가운데 부친이 위독하다는 전갈을 받고 낙양으로 와 유언을 들음.
37세	2년(109)	치수사업을 벌이자 역대 치수사업을 개괄한 〈하거서〉를 씀.
38세	3년(108)	태사령이 됨.
42세	태초 원년(104)	태초력 완성을 계기로 본격적으로 《사기》 저술에 들어감.
47세	천한 2년(99)	전투에서 패한 이릉을 보호하다 탄핵을 받음.
48세	3년(98)	태사령 직에서 파면되고 황제를 무고한 혐의로 사형이 확정됨.
49세	4년(97)	궁형을 자청해 죽음을 면함.
50세	태시 원년(96)	사면되어 중서령에 제수됨. 《사기》 완성에 박차를 가함.
51세	2년(95)	황제를 수행해 4년 동안 천하 각지를 순시함.
55세	정화 2년(91)	친구 임안에게 〈보임안서〉를 보냄.
60세	시원 원년(86)	한소제 원년. 늦어도 이해 전에 사망한 것으로 추정됨.

| 참고문헌 |

기본서

《논어》,《맹자》,《관자》,《순자》,《한비자》,《도덕경》,《장자》,《묵자》,《상군서》,《안자춘추》,《춘추좌전》,《춘추공양전》,《춘추곡량전》,《여씨춘추》,《회남자》,《춘추번로》,《오월춘추》,《월절서》,《신어》,《세설신어》,《잠부론》,《염철론》,《국어》,《설원》,《전국책》,《논형》,《공자가어》,《정관정요》,《자치통감》,《독통감론》,《일지록》,《명이대방록》,《근사록》,《설문해자》,《사기》,《한서》,《후한서》,《삼국지》.

저서 및 논문

• 한국어판

가오 나오카, 오이환 옮김,《중국철학사》, 을유문화사, 1995.

가이쯔까 시게끼, 김석근 외 옮김,《제자백가》, 까치, 1989.

강상중,《오리엔탈리즘을 넘어서》, 이산, 1997.

곽말약, 조성을 옮김,《중국고대사상사》, 까치, 1991.

김승혜,《원시유교》, 민음사, 1990.

김엽,〈전국·진한대의 지배계층〉,《동양사학연구》, 1989.

김용옥,《동양학 어떻게 할 것인가》, 민음사, 1985.

김충렬 외,《논쟁으로 보는 중국철학》, 예문서원, 1995.

김학주,《공자의 생애와 사상》, 태양문화사, 1978.

김형효,《맹자와 순자의 철학사상》, 삼지원, 1990.

니시지마 사다오, 최덕경 외 옮김,《중국의 역사: 진한사》, 혜안, 2004.

니콜로 마키아벨리, 강정인 옮김,《군주론》, 까치, 1997.

라이샤워 외, 고병익 외 옮김,《동양문화사》, 을유문화사, 1973.

마루야마 마사오, 김석근 옮김,《일본정사사상사연구》, 한국사상사연구
    소, 1995.

마쓰시마 다까히로 외, 조성을 옮김,《동아시아사상사》, 한울아카데미, 1991.

마준, 임홍빈 옮김,《손자병법강의》, 돌베개, 2010.

마오쩌둥, 이승연 옮김,《실천론·모순론》, 두레, 1989.

모리모토 준이치로, 김수길 옮김,《동양정사사상사 연구》, 동녘, 1985.

모리야 히로시, 이찬도 옮김,《중국고전의 사람학》, 을지서적, 1991.

박덕규 엮음,《중국역사이야기》, 일송북, 2006.

박한제,《중국역사기행》, 사계절, 2003.

벤자민 슈월츠, 나성 옮김,《중국고대사상의 세계》, 살림, 1996

북경대중국철학사연구실 엮음, 박원재 옮김,《중국철학사》, 자작아카데
    미, 1994.

사마광, 권중달 옮김,《자치통감》, 삼화, 2009.

서울대동양사학연구실 엮음,《강좌 중국사》, 지식산업사, 1989.

소공권, 최명 옮김,《중국정사사상사》, 서울대출판부, 2004.

송영배,《제자백가의 사상》, 현암사, 1994.

송인창, 〈공자의 덕치사상〉,《현대사상연구 4》, 1987.

시오노 나나미, 김석희 옮김,《로마인이야기 1~6》, 한길사, 1998.

신동준,《인물로 읽는 중국근대사》, 에버리치홀딩스, 2010.

신동준,《조선국왕 대 중국황제》, 역사의아침, 2010.

양계초, 이민수 옮김,《중국문화사상사》, 정음사, 1980.

양지강, 고예지 옮김,《천추흥망》, 따뜻한손, 2009.

에드워드 맥널 번즈 외, 손세호 옮김,《서양문명의 역사》, 소나무, 1987.

에드워드 W. 사이드, 박홍규 옮김,《오리엔탈리즘》, 교보문고, 1997.

여동방, 문현선 옮김,《삼국지강의》, 돌베개, 2010.

오카다 히데히로, 이진복 옮김,《세계사의 탄생》, 황금가지, 2002.

윤내현,《상주사》, 민음사, 1988.

윤사순,《공자사상의 발견》, 민음사, 1992.

이강수, 〈장자의 정사윤리사상〉,《정신문화연구》, 1986.

이성규,《동아사상의 왕권》, 한울아카데미, 1993.

이성규,《중국고대제국성립사 연구》, 일조각, 1984.

이재권, 〈순자의 명학사상〉,《동서철학연구 8》, 1991.

이종오, 신동준 옮김,《후흑학》, 인간사랑, 2010.

이춘식, 〈유가 정사사상의 이념적 제국주의〉,《인문논집 27》, 1982.

이탁오, 김혜경 옮김,《분서》, 한길사, 2004.

전락희, 〈동양 정사사상의 윤리와 이상〉,《한국정사학회보 24》, 1990.

전목, 권중달 옮김,《중국사의 새로운 이해》, 집문당, 1990.

____, 신승하 옮김,《중국역대정사의 득실》, 박영사, 1975.

____, 추헌수 옮김,《중국역사정신》, 연세대출판부, 1977.

전세영,《공자의 정사사상》, 인간사랑, 1992.

전해종 외,《중국의 천하사상》, 민음사, 1988.

정영훈,〈선진 도가의 정사사상〉,《민주문화논총》, 1992.

조광수,〈노자 무위의 정사사상〉,《중국어문논집 4》, 1988.

차하순 엮음,《사관이란 무엇인가》, 청람, 1984.

최명,《삼국지 속의 삼국지》, 인간사랑, 2003.

____,《춘추전국의 정치사상》, 박영사, 2004.

최성철,〈선진유가의 정사사상 연구〉,《한국학논집 11》, 1987.

크레인 브린튼 외, 민석홍 외 옮김,《세계문화사》, 을유문화사, 1972.

퓌스텔 드 쿨랑주, 김응종 옮김,《고대도시》, 아카넷, 2000.

풍우란, 정인재 옮김,《중국철학사》, 형설출판사, 1995.

플라톤, 박종현 옮김,《나라·정체》, 서광사, 1997.

한국공자학회 엮음,《공자사상과 현대》, 사사연, 1986.

한조기, 이인호 옮김,《사기강의》, 돌베개, 2010.

헤로도토스, 박광순 옮김,《역사》, 범우사, 1995.

헤리슨 솔즈베리, 박월라 외 옮김,《새로운 황제들》, 다섯수레, 1993.

황원구,《중국사상의 원류》, 연세대출판부, 1988.

H. G 크릴, 이성규 옮김,《공자, 사람과 신화》, 지식산업사, 1989.

• 중국어판

郭志坤,《荀學論彙》, 三聯書店, 1991.

匡亞明,《孔子評傳》, 齊魯出版社, 1985.

喬木靑,〈荀況法後王考辨〉,《社會科學戰線 2》, 1978.

金德建,《先秦諸子雜考》, 中州書畫社, 1982.

勞思光,〈法家與秦之統一〉,《大學生活 153-155》, 1963.

童書業,《先秦七子思想硏究》, 齊魯書社, 1982.

鄧小平,《鄧小平文選》, 人民出版社, 1993.

毛澤東,〈新民主主義論〉,《毛澤東選集 2》, 人民出版社, 1991.

潘富恩·甌群,《中國古代兩種認識論的鬪爭》, 上海人民出版社, 1973.

方立天,《中國古代哲學問題發展史》, 中華書局, 1990.

傅樂成,〈漢法與漢儒〉,《食貨月刊 復刊 5-10》, 1976.

史尙輝,〈韓非: 戰國末期的反孔主將〉,《學習與批判 1974-9》, 1974.

徐復觀,《中國思想史論集》, 臺中印刷社, 1951.

聶文淵,〈孟子政治觀中的民本思想〉,《貴州社會科學 1993-1》, 1993.

蕭公權,《中國政治思想史》, 臺北聯經出版事業公司, 1980.

蘇誠鑑,〈漢武帝 獨尊儒術 考實〉,《中國哲學史硏究 1》, 1985.

蘇新鋈,〈孟子仁政首重經濟建設的意義〉,《中國哲學史硏究 1》, 1988.

蕭一山,《淸代通史》, 臺灣商務印書館, 1985.

孫 謙,〈儒法法理學異同論〉,《人文雜誌 6》, 1989.

孫家洲,〈先秦儒家與法家 忠孝 倫理思想述評〉,《貴州社會科學 4》, 1987.

孫開太,〈試論孟子的 仁政 學說〉,《思想戰線 1979-4》, 1979.

孫立平,〈集權·民主·政治現代化〉,《政治學硏究 5-15》, 1989.

梁啓超,《先秦政治思想史》, 商務印書館, 1926.

楊立著,〈對法家 法治主義 的再認識〉,《遼寧大學學報, 哲學社會科學
2》, 1989.

楊善群,〈論孟荀思想的階級屬性〉,《史林 1993-2》, 1993.

楊雅婷,〈荀子論道〉,《中國文學研究 2》, 1988.

楊幼炯,《中國政治思想史》, 商務印書館, 1937.

楊鴻烈,《中國法律思想史》, 商務印書館, 1937.

呂凱,〈韓非融儒道法三家成學考〉,《東方雜誌 23-3》, 1989.

呂思勉,《秦學術概論》, 中國大百科全書, 1985.

吳康,〈荀子論王霸〉,《孔孟學報 22》, 1973.

吳乃恭,《儒家思想研究》, 東北師範大學出版社, 1988.

吳辰佰,《皇權與紳權》, 儲安平, 1997.

王德敏,〈管子思想對老子道德論的影響〉,《中國社會科學 1991-2》, 1991.

王德昭,〈馬基雅弗裏與韓非思想的異同〉,《新亞書院學術年刊 9》, 1967.

王道淵,〈儒家的法治思想〉,《中華文史論叢 19》, 1989.

王文亮,《中國聖人論》, 中國社會科學院出版社, 1993.

王錫三,〈淺析韓非的極端專制獨裁論〉,《天津師大學報 1982-6》, 1982.

王亞南,《中國官僚政治研究》, 中國社會科學出版社, 1990.

王威宣,〈論荀子的法律思想〉,《山西大學學報, 哲學社會科學 2》, 1992.

王曉波,〈先秦法家之發展及韓非的政治哲學〉,《大陸雜誌 65-1》, 1982.

於孔寶,〈論孔子對管仲的評價〉,《社會科學輯刊 4》, 1990.

熊十力,《新唯識論 原儒》, 山東友誼書社, 1989.

劉奉光,〈孔孟政治思想比較〉,《南開學報, 哲學社會科學 6》, 1986.

劉如瑛,〈略論韓非的先王觀〉,《江淮論壇 1》, 1982.

劉澤華,《先秦政治思想史》, 南開大學出版社, 1984.

遊喚民,《先秦民本思想》, 湖南師範大學出版社, 1991.

李侃,〈中國近代儒法鬥爭駁議〉,《歷史研究 3》, 1977.

李德永,〈荀子的思想〉,《中國古代哲學論叢 1》, 1957.

李宗吾,《厚黑學》, 求實出版社, 1990.

李澤厚,《中國古代思想史論》, 人民出版社, 1985.

人民出版社編輯部 編,《論法家和儒法鬪爭》, 人民出版社, 1974.

林聿時·關 峰,《春秋哲學史論集》, 人民出版社, 1963.

張豈之,《中國儒學思想史》, 陝西人民出版社, 1990.

張國華,〈略論春秋戰國時期的法治與人治〉,《法學研究 2》, 1980.

張君勱,《中國專制君主政制之評議》, 弘文館出版社, 1984.

張岱年,《中華的智慧: 中國古代哲學思想精髓》, 上海人民出版社, 1989.

田久川,〈孔子的覇道觀〉,《遼寧師範大學學報, 社會科學 5》, 1987.

鄭良樹,《商鞅及其學派》, 上海古籍出版社, 1989.

曹謙,《韓非法治論》, 中華書局, 1948.

趙光賢,〈什麼是儒家? 什麼是法家?〉,《歷史教學 1》, 1980.

曹思峰,《儒法鬪爭史話》, 上海人民出版社, 1975.

趙守正,《管子經濟思想研究》, 上海古籍出版社, 1989.

趙如河,〈韓非不是性惡論者〉,《湖南師範大學社會科學學報 22-4》, 1993.

曹旭華,〈管子論富國與富民的關係〉,《學術月刊 6》, 1988.

趙忠文,〈論孟子仁政與孔子仁及德政說的關係〉,《中國哲學史研究 3》,
    1987.

鍾肇鵬,《孔子研究, 增訂版》, 中國社會科學出版社, 1990.

周立升 編,《春秋哲學》, 山東大學出版社, 1988.

周雙利,〈略論儒法在名實問題上的論爭〉,《考古 4》, 1974.

周燕謀 編,《治學通鑑》, 臺北, 精益書局, 1976.

曾小華,《中國政治制度史論簡編》, 中國廣播電視出版社, 1991.

陳大絡,〈儒家民主法治思想的闡述〉,《福建論壇, 文史哲 6》, 1989.

陳飛龍,《荀子禮學之研究》, 文史哲出版社, 1979.

陳進坤,〈論儒家的人治與法家的法治〉,《廈門大學學報, 哲學社會科學 2》, 1980.

鄒華玉,〈試論管子的富國安民之道〉,《北京師範學院學報, 社會科學 6》, 1992.

湯新,〈法家對黃老之學的吸收和改造: 讀馬王堆帛書 經法 等篇〉,《文物 8》, 1975.

夏子賢,〈儒法鬪爭的歷史眞相〉,《安徽師大學報, 哲學社會科學 3》, 1978.

郝鐵川,〈韓非子論法與君權〉,《法學研究 4》, 1987.

韓學宏,〈荀子法後王思想研究〉,《中華學苑 40》, 1990.

向仍旦,《荀子通論》, 福建人民出版社, 1987.

黃公偉,《孔孟荀哲學證義》, 臺北, 幼獅文化事業公司, 1975.

黃偉合,〈儒法墨三家義利觀的比較研究〉,《江淮論壇 6》, 1987.

黃俊傑,〈孟子王霸三章集釋新詮〉,《文史哲學報 37》, 1989.

曉東,〈政治學和政治體制改革〉,《瞭望 20-21》, 1988.

• 일본어판

加藤常賢,《中國古代倫理學の發達》, 二松學舍大學出版部, 1992.

角田幸吉,〈儒家と法家〉,《東洋法學 12-1》, 1968.

岡田武彦,《中國思想における理想と現實》, 木耳社, 1983.

鎌田正,《左傳の成立と其の展開》, 大修館書店, 1972.

高文堂出版社 編,《中國思想史》, 高文堂出版社, 1986.

高山方尙,〈商子·荀子·韓非子の國家: 回歸と適應〉,《中國古代史研究 4》, 1976.

高須芳次郎,《東洋思想十六講》,東京,新潮社,1924.

高田眞治,〈孔子的管仲評: 華夷論の一端として〉,《東洋研究 6》,1963.

顧頡剛 著 小倉芳彦 等 譯,《中國古代の學術と政治》,大修館書店,1978.

菅本大二,〈荀子の禮思想における法思想の影響について〉,《築波哲學 2》,1990.

館野正美,《中國古代思想管見》,汲古書院,1993.

溝口雄三,《中國の公と私》,研文出版,1995.

宮崎市定,《アジア史研究,1-V》,同朋社,1984.

宮島博史 外,〈明清と李朝の時代〉,《世界の 歴史》,中央公論社,1998.

金谷治,《管子の研究: 中國古代思想史の一面》,岩波書店,1987.

內山俊彦,《荀子: 古代思想家の肖像》,東京,評論社,1976.

大久保隆郎也,《中國思想史,上: 古代·中世》,高文堂出版社,1985.

大濱晧,《中國古代思想論》,勁草書房,1977.

大野實之助,〈禮と法〉,《東洋文化研究所創設三十周年紀念論集, 東洋 文化と明日》,1970.

渡邊信一郎,《中國古代國家の思想構造》,校倉書房,1994.

木村英一,《法家思想の探究》,弘文堂,1944.

____,《孔子と論語》,創文社,1984.

茂澤方尙,〈韓非子の聖人について〉,《駒澤史學 38》,1988.

服部武,《論語の人間學》,東京,富山房,1986.

福澤諭吉,《福澤諭吉選集》,岩波書店,1989.

山口義勇,《列子研究》,風間書房,1976.

森秀樹,〈韓非と荀況: 思想の繼蹤と繼絶〉,《關西大學文學論集 28-4》, 1979.

森熊男, 〈孟子の王道論: 善政と善教をめぐて〉, 《研究集録, 岡山大學教育學部 50-2》, 1979.

上野直明, 《中國古代思想史論》, 成文堂, 1980.

相原俊二, 〈孟子の五覇について〉, 《池田末利博士古稀記念東洋學論集》, 1980.

上田榮吉郎, 〈韓非の法治思想〉, 《中國の文化と社會 13》, 1968.

小林多加士, 〈法家の社會體系理論〉, 《東洋學研究 4》, 1970.

小野勝也, 〈韓非.帝王思想の一側面〉, 《東洋學學術研究 10-4》, 1971.

小倉芳彦, 《中國古代政治思想研究》, 靑木書店, 1975.

松浦玲, 〈王道論をめぐる日本と中國〉, 《東洋學術研究 16-6》, 1977.

守本順一郎, 《東洋政治思想史研究》, 未來社, 1967.

狩野直禎, 《韓非子の知慧》, 講談社, 1987.

守屋洋, 《韓非子の人間學: 吾が存に善なる恃まず》, プレジデント社, 1991.

信夫淳平, 《荀子の新研究》, 研文社, 1959.

兒玉六郎, 〈荀況の政治論〉, 《新潟大學教育學部紀要, 人文社會科學 31-1》, 1989.

安岡正篤, 《東洋學發掘》, 明德出版社, 1986.

安居香山 編, 《讖緯思想の綜合的研究》, 國書刊行會, 1993.

栗田直躬, 《中國古代思想の研究》, 岩波書店, 1986.

伊藤道治, 《中國古代王朝の形成》, 創文社, 1985.

日原利國, 《中國思想史, 上·下》, ペリカン社, 1987.

＿＿＿, 〈王道から覇道への轉換〉, 《中國哲學史の展望と模索》, 東京, 創文社, 1976.

張柳雲, 〈韓非子の治道與治術〉, 《中華文化復興月刊 3-8》, 1970.

町田三郎 外,《中國哲學史研究論集》, 葦書房, 1990.

佐川修, 〈董仲舒の王道説: その陰陽説との關連について〉,《東北大學
  教養部紀要 19》, 1974.

中村哲, 〈韓非子の專制君主論〉,《法學志林 74-4》, 1977.

中村俊也, 〈孟荀二者の思想と公羊傳の思想〉,《國文學漢文學論叢 20》,
  1975.

紙屋敦之,《大君外交と東アジア》, 吉川弘文館, 1997.

陳柱著 中村俊也 譯,《公羊家哲學》, 百帝社, 1987.

津田左右吉,《左傳の思想史的研究》, 東京, 岩波書店, 1987.

淺間敏太, 〈孟荀における孔子〉,《中國哲學 3》, 1965.

淺井茂紀他,《孟子の禮知と王道論》, 高文堂出版社, 1982.

村瀨裕也,《荀子の世界》, 日中出版社, 1986.

貝塚茂樹 編,《諸子百家》, 築摩書房, 1982.

布施彌平治, 〈申不害の政治説〉,《政經研究 4-2》, 1967.

戶山芳郎,《古代中國の思想》, 放送大敎育振興會, 1994.

丸山松幸,《異端と正統》, 每日新聞社, 1975.

丸山眞男,《日本政治思想史研究》, 東京大出版會, 1993.

黃介騫, 〈荀子の政治經濟思想〉,《經濟經營論叢 5-1》, 1970.

荒木見悟,《中國思想史の諸相》, 中國書店, 1989.

• 서양어판

Ahern, E. M., *Chinese Ritual and Politics*, Cambridge Univ. Press, 1981.

Allinson, R., ed., *Understanding the Chinese Mind The Philosophical Roots*,
  Hong Kong: Oxford Univ. Press, 1989.

Ames, R. T., *The Art of Rulership: A Study in Ancient Chinese Political Thought*, Honolulu Univ. Press of Hawaii, 1983.

Aristotle, *The Politics*, London: Oxford Univ. Press, 1969.

Barker, E., *The Political Thought of Plato and Aristotle*, New York: Dover Publications, 1959.

Bell, D. A., "Democracy in Confucian Societies The Challenge of Justification" in Daniel Bell et. al., *Towards Illiberal Democracy in Pacific Asia*, Oxford: St. Martin's Press, 1995.

Carr, E. H., *What is History*, London: Macmillan Co., 1961.

____, *Nationalism and After*, London: Macmillan, 1945.

Cohen, P. A., *Between Tradition and Modernity Wang T'ao and Reform in Late Ch'ing China*, Cambridge Harvard Univ. Press, 1974.

Creel, H. G., *Shen Pu-hai. A Chinese Political Philosopher of The Fourth Century B.C.*, Chicago: Univ. of Chicago Press, 1975.

Cua, A. S., *Ethical Argumentation: A study in Hsün Tzu's Moral Epistemology*, Univ. Press of Hawaii, 1985.

De Bary, W. T., *The Trouble with Confucianism*, Cambridge, Mass.: Harvard Univ. Press, 1991.

Fingarette, H., *Confucius The Secular as Sacred*, New York: Harper and Row, 1972.

Fukuyama, F., *The End of History and the Last Man*, London: Hamish Hamilton, 1993.

Hegel, F., *Lectures on the Philosophy of World History*, Cambridge: Cambridge Univ. Press, 1975.

Held, D., *Models of Democracy*, Cambridge: Polity Press, 1987.

Hsü, L. S., *Political Philosophy of Confucianism*, London: George Routledge & Sons, 1932.

Huntington, S. P., "The Clash of civilization.", *Foreign Affairs 7*, no. 3, summer.

Johnson, C., *MITI and the Japanese Miracle*, Stanford: Stanford University Press, 1996.

Machiavelli, N., *The Prince*, Harmondsworth Penguin, 1975.

Macpherson, C. B., *The Life and Times of Liberal Democracy*, Oxford: Oxford Univ. Press, 1977.

Mannheim, K., *Ideology and Utopia*, London: Routledge, 1963.

Marx, K., *Oeuvres Philosophie et Économie 1-5*, Paris: Gallimard, 1982.

Mills, C. W., *The Power Elite*, New York: Oxford Univ. Press, 1956.

Moritz, R., *Die Philosophie im alten China*, Berlin: Deutscher Verl. der Wissenschaften, 1990.

Munro, D. J., *The Concept of Man in Early China*, Stanford: Stanford Univ. Press, 1969.

Peerenboom, R. P., *Law and Morality in Ancient China: The Silk Manuscripts of Huang-Lao*, Albany, New York: State Univ. of New York Press, 1993.

Plato, *The Republic*, Oxford Univ. Press, 1964. Pott, W. S., *A Chinese Political Philosophy*, Alfred. A. Knopf, 1925.

Rawls, J., *A Theory of Justice*, Cambridge: Harvard Univ. Press, 1971.

Rubin, V. A., *Individual and State in Ancient China: Essays on Four Chinese Philosophers*, Columbia Univ. Press, 1976.

Sabine, G., *A History of Political Theory*, Holt, Rinehart and Winston, 1961.

Sartori, G., *The Theory of Democracy Revisited*, Catham House Publisher, Inc., 1987.

Schumpeter, J. A., *Capitalism, Socialism and Democracy*, London: George Allen & Unwin, 1952.

Schwartz, B. I., *The World of Thought in Ancient China*, Cambridge: Harvard Univ. Press, 1985.

Strauss, L., *Natural Right and History*, Chicago: Univ. of Chicago Press, 1953.

Taylor, R. L., *The Religious Dimensions of Confucianism*, Albany, New York: State Univ. of New York Press, 1990.

Tocqueville, Alexis de, *Democracy in America*, Garden City, N.Y.: Anchor Books, 1969.

Tomas, E. D., *Chinese Political Thought*, New York: Prentice-Hall, 1927.

Tu, Wei-ming, *Way, Learning and Politics: Essays on the Confucian Intellectual*, Albany, State Univ. of New York Press, 1993.

Waley, A., *Three Ways of Thought in Ancient China*, doubleday & company, 1956.

Weber, M., *The Protestant Ethics and the Spirit of Capitalism*, London: Allen and Unwin, 1971.

Wu, Geng, *Die Staatslehre des Han Fei: Ein Beitrag zur chinesischen Idee der Staatsräson*, Wien & New York Springer-Verl., 1978.

Wu, Kang, *Trois Theories Politiques du Tch'ouen Ts'ieou*, Paris: Librairie Ernest Leroux, 1932.

Zenker, E. V., *Geschichte der Chinesischen Philosophie*, Reichenberg: Verlag Gebrüder Stiepel Ges. M. B. H., 1926.